Aristotelische Diskurse

Thomas Gutschker

Aristotelische Diskurse

Aristoteles in der politischen Philosophie
des 20. Jahrhunderts

Verlag J.B. Metzler
Stuttgart · Weimar

Gedruckt mit Unterstützung der Deutschen Forschungsgemeinschaft
D 384

Die Deutsche Bibliothek – CIP-Einheitsaufnahme

Ein Titeldatensatz für diese Publikation ist bei der Deutschen Bibliothek erhältlich.

Gedruckt auf chlorfrei gebleichtem, säurefreiem und alterungsbeständigem Papier

ISBN 3-476-01905-5

Dieses Werk einschließlich aller seiner Teile ist urheberrechtlich geschützt. Jede Verwertung außerhalb der engen Grenzen des Urheberrechtsgesetzes ist ohne Zustimmung des Verlages unzulässig und strafbar. Das gilt insbesondere für Vervielfältigungen, Übersetzungen, Mikroverfilmungen und die Einspeicherung und Verarbeitung in elektronischen Systemen.

© 2002 J.B. Metzlersche Verlagsbuchhandlung und Carl Ernst Poeschel Verlag GmbH in Stuttgart
www.metzlerverlag.de
info@metzlerverlag.de
Einbandgestaltung: Willy Löffelhardt
Satz: Johanna Boy, Brennberg
Druck und Bindung: Ebner & Spiegel GmbH, Ulm
Printed in Germany
Juli/2002

Verlag J.B. Metzler Stuttgart · Weimar

Meinen Eltern und meiner Frau

VORWORT

Dieses Buch ist das Ergebnis einer jahrelangen Auseinandersetzung mit der griechischen und der modernen politischen Philosophie. Viele Personen haben einzelne Kapitel gelesen, Anregungen gegeben, Fragen gestellt, bei der Suche nach Antworten geholfen und Gutachten geschrieben. Sie alle werden ihren Beitrag an den entsprechenden Stellen wiederfinden. Namentlich gedankt sei Wilhelm Hofmann, der mit Seminaren zur Nikomachischen Ethik und Politik meine Begeisterung für das aristotelische Philosophieren weckte und es zugleich verstand, den Bogen zu gegenwärtigen Problemlagen zu schlagen. Die Professoren Theo Stammen und Severin Müller haben diese Untersuchung von Anfang an mit viel Aufmerksamkeit, Sympathie und kritischem Verstand gefördert, in einem frühen Stadium als Magisterarbeit, dann als Dissertation. Dieses außergewöhnliche Engagement bleibt die prägende Erinnerung meiner Studienjahre an der Universität Augsburg.

Ideelle und materielle Förderung waren eng verbunden. Ich danke der Konrad-Adenauer-Stiftung, die das ruhige und konzentrierte Studium bis zum Magisterabschluß mit einem Begabtenstipendium ermöglichte, ebenso der Studienstiftung des deutschen Volkes, die die Dissertation mit einem Promotionsstipendium förderte. Der Stiftung der Universität Augsburg sei für die Verleihung des Wissenschaftspreises 2001 gedankt, der Deutschen Forschungsgemeinschaft für einen großzügigen Druckkostenzuschuß. Beim Zugang zu unveröffentlichten Quellen aus den Nachlässen Martin Heideggers, Hannah Arendts und Dolf Sternbergers halfen die Mitarbeiter des Deutschen Literaturarchivs in Marbach; hilfreich waren auch das Eric-Voegelin-Archiv in München und die dort veranstalteten Eric-Voegelin-Symposien. Beim Metzler-Verlag danke ich Herrn Oliver Schütze für die gute Zusammenarbeit.

Diese Untersuchung wurde im Wintersemester 2000/2001 von der Philosophischen Fakultät I der Universität Augsburg als Dissertation angenommen. Für die Drucklegung wurde das Manuskript leicht überarbeitet. Forschungsliteratur, die nach Januar 2001 erschienen ist, konnte nur in Einzelfällen berücksichtigt werden.

Frankfurt am Main, im Frühjahr 2002   Thomas Gutschker

INHALTSVERZEICHNIS

EINFÜHRUNG 1
    (a) Stand der wissenschaftlichen Forschung 4
    (b) Methode der Untersuchung............................... 8
    (c) Struktur des Untersuchungsfeldes und Gliederung
        der Abhandlung.. 11

I. NEUE WEGE ZU ARISTOTELES – MARTIN HEIDEGGER......... 13
    1. Destruktion und Hermeneutik: Zurück zu Aristoteles 15
        1.1 Die Aufgabe einer Destruktion der überlieferten Philosophie 15
        1.2 Hermeneutik und Ontologie 17
    2. Aristoteles als Phänomenologe 19
        2.1 Kritik der Husserlschen Phänomenologie 20
        2.2 Phänomen und *phainomenon*............................ 21
        2.3 Logik und *logos* 23
        2.4 Legein und *theōrein* 27
    3. Aristoteles als Existenzialphilosoph 30
        3.1 *Technē* und *phronēsis* – Verdecktheit und Durchsichtigkeit
            des Daseins 31
        3.2 *Phronēsis* und *sophia* – Zeitlichkeit, Ganzheit, Eigenständigkeit
            des Daseins 34
    4. Aristotelische Spuren in *Sein und Zeit* 38
        4.1 Strukturen der Faktizität: *praxis, poiēsis, theōria* 39
        4.2 Strukturen der Existenzialität: *phronēsis, kairos, ēthos* 41
    5. Folgewirkungen: Strauss, Jonas, Gadamer, Arendt 44
        5.1 Wege zu Aristoteles – Heidegger als Vorbild und Lehrmeister 44
        5.2 Wege zum Politischen – Kritik an Heidegger 49

II. DEUTSCHE EMIGRANTEN IN AMERIKA 53
II.1 Eric Voegelin – Transzendenzerfahrung und Geschichtsphilosophie 62
    1.1 Ordnung des Seins
        (a) Ordnung und Erfahrung: *psychē* 65

      (b) Menschlicher und göttlicher *nous* 67
  1.2 Ordnung der Existenz............................... 71
      (a) Existenzanalyse mit Aristoteles: Voegelin und Heidegger 72
      (b) Der *spoudaios* und die existenziellen Tugenden 75
  1.3 Ordnung der Gesellschaft 77
      (a) Pragmatisches Handlungswissen und kritisches Ordnungswissen .. 78
      (b) Platon und Aristoteles: Der *bios theōrētikos*
          als Gesellschaftsmodell............................. 79
      (c) Gute Gesellschaft und moderne Industriegesellschaft 83
  1.4 Ordnung und Geschichte 87
      (a) Noetische und zyklische Zeiterfahrung 87
      (b) Unilineare und plurale Geschichtsdeutung 89
      (c) Das doppelte Vermächtnis des Aristoteles 90

II.2 Leo Strauss – Naturrecht und die Politik der Philosophie 93
  2.1 Die Politik der Philosophie 95
      (a) Politische Philosophie: Der Konflikt zwischen Philosophen
          und Bürgern 96
      (b) Philosophische Politik: Die politische Lehre des Aristoteles 98
      (c) Philosophische Hermeneutik: Strauss, Heidegger, Gadamer 100
      (d) Die Politik der Hermeneutik: Leo Strauss' Kunst
          des Kommentierens 102
  2.2 Die Natur des Menschen 104
      (a) Die philosophische Frage nach der Natur des Menschen 104
      (b) Der *bios apolaustikos* und die Natur des Pöbels 107
      (c) Der *bios politikos* und die Natur der Vornehmen 109
      (d) Der *bios theōrētikos* und die Natur der Weisen 111
  2.3 Die Natur der politischen Ordnung 114
      (a) Die *aristē politeia*: Herrschaft der Weisen 115
      (b) Die *kakistē politeia*: Herrschaft des Pöbels 118
      (c) Die *aristē politeia ek tōn hypokeimenōn*: Herrschaft der
          Vornehmen 119
  2.4 Strauss und Nietzsche 122
      (a) Nietzsche und die Kunst des Schreibens 123
      (b) Nietzsches Naturphilosophie: Sklaven, Herren, Philosophen..... 124
      (c) Nietzsche, Strauss und das Bild der Antike 127

II.3 Hannah Arendt – Entdeckung der Pluralität 130
  3.1 Tradition und Dekonstruktion 132
      (a) Traditionsbruch und Geschichtsbruch 133
      (b) Dekonstruktion der Metaphysik 135
      (c) Dekonstruktion der politischen Philosophie 140
  3.2 Anthropologie, Existenzphilosophie und Phänomenologie 143
      (a) Leiblichkeit und Arbeit *(ponein)* 145
      (b) Weltlichkeit und Herstellen *(poiēsis)* 148
      (c) Pluralität 151
  3.3 Das Handeln 155

      (a) Das Anfangen: *archein* 156
      (b) Das Vollziehen: *prattein* 159
      (c) Das Ziel und der Sinn des Handelns: *energeia* 162
  3.4 Das Urteilen 166
      (a) Rehabilitation der Meinung: *doxa* 167
      (b) Die Urteilskraft: *phronēsis* und *synesis* 169
      (c) Denken und Urteilen: Das *ēthos*-Problem 173
  3.5 Politische Ordnung 176
      (a) Das Politische und das Soziale 177
      (b) Politische Repräsentation und die Aristokratie der Räte 180

II.4 Ergebnisse 184

III. REHABILITIERUNG DER PRAKTISCHEN PHILOSOPHIE
    IN DEUTSCHLAND 189

III.1 Hans-Georg Gadamer – Hermeneutik als praktische Philosophie 198
  1.1 Praktisches Wissen: Die Entdeckung des *allo eidos gnōseōs* 201
      (a) Platonische Dialektik und aristotelische Ethik: Die Frage
          nach dem *agathon* 203
      (b) Sich-Wissen: *phronēsis* 206
      (c) Sich-im-Anderen-Wissen: *synesis, dialegesthai* und *philia* 209
      (d) Sich-aus-der-Geschichte-Wissen: *ēthos* 212
  1.2 Philosophische Hermeneutik: Die ontologische Wende von der
    praxis zur *energeia* 216
      (a) Das Sein des Kunstwerks als *energeia* 217
      (b) Das Sein des Kunstverstehenden als *ekstasis* 222
      (c) Die Einheit von Erklären, Verstehen und Anwenden:
          phronēsis als Modell 226
      (d) Das Sein der Sprache als *energeia* – das Sein als Sprache 229
      (e) Wahrheit: *methexis* und *sensus communis* 233
  1.3 Praktische Philosophie: Verstehen, Handeln, Verantworten 238
      (a) Praktische Philosophie, praktische Vernünftigkeit und Ideologie-
          kritik 239
      (b) Praktische Vernünftigkeit und moderne Wissenschaft 245
      (c) Bedingtheit des Handelns und Unbedingtheit der Pflicht 248
      (d) Tradition, Solidarität und kulturelle Vielfalt im Zeitalter
          der Globalisierung 251

III.2 Joachim Ritter – Metaphysik und Politik 255
  2.1 Theorie und Praxis 259
      (a) *Bios* und *praxis, praxis* und *poiēsis* 259
      (b) *Technē* und *epistēmē, epistēmē* und *theōria* 264
      (c) Die substanzielle Einheit von Theorie und Praxis
          im geschichtlichen Dasein des Menschen 268
  2.2 Hermeneutik und Spekulation: Philosophie als »ihre Zeit
    in Gedanken erfaßt« 271

- (a) Hypolepsis: Anknüpfen an die Vielheit der Meinungen und die Kontinuität der Tradition 272
- (b) Hermeneutik und Spekulation: Die Frage nach der verborgenen Tätigkeit der Natur 274
- (c) Philosophie zwischen Dämmerung und Morgengrauen 277

2.3 Lebenswelten des Bürgers 281
- (a) Individuelles Selbstsein (*eleutheria*) und gemeinsames Seinkönnen (*technē*) 281
- (b) Überlieferter Brauch (*ēthos*) und gesatztes Recht (*nomos*) 285
- (c) Antike und moderne Lebenswelt, Entzweiung und Kompensation 287

III.3 Dolf Sternberger – Metamorphosen des Politischen 293
3.1 Vor den Ruinen von Athen: Ist das Politische mit der Polis untergegangen? 297
- (a) Die versunkene Stadt – Auseinandersetzung mit Hannah Arendt 298
- (b) Der Weg der Wörter – semantische Spurensuche 301
- (c) Hermeneutische Phänomenologie – Aristoteles als Vorbild 304
- (d) Metamorphose – Morphologie und Anthropologie 308

3.2 Politische Legitimität: Die Bürgerschaft als *koinonia politikē* 313
- (a) Freiheit: Autonomie, Gesetz, Sitte 314
- (b) Gleichheit: menschenrechtlich, politisch, sozial 317
- (c) Gerechtigkeit: Wirtschaft, Gesellschaft, Pluralität 320

3.3 Politische Ordnung: Der Verfassungsstaat als *synkrisis* von Demokratie und Oligarchie 323
- (a) Vorschlag und Wahl 324
- (b) Alte und neue Politie 329
- (c) Diagnose von Legitimitätsschäden...................... 332
- (d) Verfassungspatriotismus und Staatsfreundschaft als Metamorphosen der *philia politikē* 335

III.4 Ergebnisse 341

IV. DIE AMERIKANISCHE KOMMUNITARISMUS-LIBERALISMUS-KONTROVERSE 349

IV.1 Alasdair MacIntyre – Rehabilitation der Tugendethik 359
1.1 Tugendethik – die Erneuerung der Frage nach dem guten Leben 362
- (a) Dynamisierung des *telos*: Die »metaphysische Biologie« und das *ergon tou anthrōpou* 363
- (b) Sozialisierung des *telos*: Zwischen *praxis* und *poiēsis*............ 366
- (c) Narrativierung des *telos*: Vom *zōon logon echon* zum »story-telling animal« und zur narrativen Einheit des Selbst 370
- (d) Historialisierung des *telos*: Lebendige Tradition und moralischer Fortschritt 373
- (e) Materialisierung des *telos*: Antike und christliche Tugenden, *megalopsychia* und *misericordia*........................... 376

1.2 Rationalität – Vernunft im Kontext der aristotelisch-thomistischen
Tradition 379
   (a) Wissenschaftliche Vernunft zwischen Metaphysik und Dialektik –
epistēmē 381
   (b) Praktische Vernunft zwischen universellen Zielen und partikularen
Situationen – *phronēsis*................................... 383
   (c) Das Modell des praktischen Syllogismus 385
1.3 Politische Ordnung – von der antiken Polis zur modernen
›community‹ 388
   (a) Politische Tugenden: Freundschaft und Gerechtigkeit 389
   (b) »The Politics of Local Community«: Zeitkritik und utopischer
Gegenentwurf 393
   (c) Trotzki und der heilige Benedikt: MacIntyre zwischen Revolution
und Restauration 398

IV.2 Martha Craven Nussbaum – Die Fragilität des guten Lebens 404
  2.1 Praktische Philosophie und Literatur – *Tithenai ta phainomena* 407
    (a) ›Perzeptives Gleichgewicht‹: Hermeneutik zwischen Theorie
und Praxis 408
    (b) Kathartische Rationalität: Emotion (*pathos*), Imagination
(*phantasia*) und Identifikation (*syngnomē*) 413
    (c) Von der antiken Tragödie zum modernen Roman und zurück
zur praktischen Philosophie................................. 418
  2.2 Kontingenzerfahrung: Die Fragilität des guten Lebens 422
    (a) Externe Kontingenz: *tychē* und *eudaimonia* 423
    (b) Interne Kontingenz: *pathos* und *hybris*...................... 427
    (c) Externe versus interne Transzendenz 431
  2.3 Natur als Norm – die Potenz des guten Lebens 435
    (a) Metaphysischer versus internalistischer Essenzialismus 436
    (b) Grunderfahrungen, Grundfähigkeiten, Grundfunktionen –
die starke vage Konzeption des guten Lebens 440
    (c) Norm und Wirklichkeit: Hermeneutische versus therapeutische
Dialektik 445
  2.4 Politische Planung – Abschaffung der Kontingenz? 447
    (a) Distribution: Zwischen »aristotelischem Sozialdemokratismus«
und Utilitarismus 448
    (b) Partizipation: Zwischen Liberalismus und Paternalismus........ 452
    (c) Zugehörigkeit: Zwischen Patriotismus und Kosmopolitismus 456

IV.3 Ergebnisse... 460

SYNOPSIS: ARISTOTELISCHE DENKFIGUREN IN DER POLITISCHEN
PHILOSOPHIE DES 20. JAHRHUNDERTS 467

   (a) Praktische Philosophie................................... 468
   (b) *Phronēsis* 470
   (c) *Ethos* 472

(d)	Freundschaft	474
(e)	*Eudaimonia*	476
(f)	Teleologie	478
(g)	Politische Freiheit	480
(g)	Soziale Gerechtigkeit	483
(f)	Ausblick	485

LITERATURVERZEICHNIS 487

1. Aristoteles-Ausgaben, Neoaristotelismus, Heidegger 487
   - (a) Textausgaben Aristoteles 487
   - (b) Weitere philosophische Quellen 487
   - (c) Untersuchungen zum ›Neoaristotelismus‹ in Politik und Ethik ... 488
   - (d) Aristotelische Ansätze in Rhetorik, Ökonomie und Pädagogik ... 489
   - (e) Aristoteles-Rezeption vor 1945 489
   - (f) Primärliteratur Martin Heidegger 490
   - (g) Sekundärliteratur Martin Heidegger 490
2. Deutsche Emigranten in Amerika 491
   - (a) Primärliteratur Eric Voegelin 491
   - (b) Sekundärliteratur Eric Voegelin 492
   - (c) Primärliteratur Leo Strauss 493
   - (d) Sekundärliteratur Leo Strauss 493
   - (e) Primärliteratur Hannah Arendt 494
   - (f) Sekundärliteratur Hannah Arendt 495
3. Rehabilitierung der praktischen Philosophie in Deutschland 496
   - (a) Literatur zum Kontext der Debatte 496
   - (b) Primärliteratur Hans-Georg Gadamer 497
   - (c) Sekundärliteratur Hans-Georg Gadamer 498
   - (d) Primärliteratur Joachim Ritter 499
   - (e) Sekundärliteratur Joachim Ritter 499
   - (f) Primärliteratur Dolf Sternberger 500
   - (g) Sekundärliteratur Dolf Sternberger 501
4. Die amerikanische Kommunitarismus-Liberalismus-Kontroverse 502
   - (a) Literatur zum Kontext der Debatte 502
   - (b) Primärliteratur Alasdair MacIntyre 503
   - (c) Sekundärliteratur Alasdair MacIntyre 504
   - (d) Primärliteratur Martha Craven Nussbaum 504
   - (e) Sekundärliteratur Martha Craven Nussbaum 505

SIGLENVERZEICHNIS 507
PERSONENREGISTER 511
SACHREGISTER 513

EINFÜHRUNG

»Ein Grund, von Aristoteles weitläufig zu sein, liegt darin, daß keinem Philosophen soviel Unrecht getan worden ist durch ganz gedankenlose Traditionen, die sich über seine Philosophie erhalten haben und noch an der Tagesordnung sind, obgleich er lange Jahrhunderte der Lehrer aller Philosophen war. Man schreibt ihm Ansichten zu, die gerade das Entgegengesetzte seiner Philosophie sind. Platon wird viel gelesen; Aristoteles ist in neuerer Zeit fast unbekannt, und es herrschen die falschesten Vorurteile über ihn.«
(G.W.F. Hegel)[1]

»Wir verstehen die klassischen Texte eigentlich nur dann und nur insoweit wirklich aus dem Grunde, als der Sinn uns aus unserer eigenen Erfahrung durchsichtig wird. Es ist immer gut zu lernen und sich einzuprägen, was die großen Autoren vorgetragen haben, aber das eigentliche Verstehen – wenn einem plötzlich ein Licht aufgeht – erwächst erst dann, wenn wir bemerken, daß der klassische Autor unsere eigene Erfahrung deutet. Woraus mit Notwendigkeit folgt, daß gerade das eigentliche und tiefere Verständnis immer nur ein partikulares Verständnis sein kann – man faßt es an einem Zipfel, es wird partienweise hell an dieser und jener Stelle, in einem gewissen Sinne und Grade.«
(Dolf Sternberger)[2]

Im 20. Jahrhundert ist in der politischen Philosophie eine Renaissance aristotelischer Denkfiguren zu verzeichnen. Von Eric Voegelin, Leo Strauss und Hannah Arendt über Hans-Georg Gadamer, Joachim Ritter und Dolf Sternberger bis zu Alasdair MacIntyre und Martha Nussbaum zieht sich ein Band, das sie in vielfältiger Weise mit dem Gründervater der *epistēmē politikē* verbindet. Einflußreiche Schulen der deutschen wie amerikanischen Politikwissenschaft und Philosophie waren und sind aristotelisch ausgerichtet.

Dieser Befund muß überraschen, wenn man bedenkt, daß die lange Tradition des Aristotelismus im 16. Jahrhundert ihre Dominanz im europäischen Denken verloren

---

1 Vorlesungen über die Geschichte der Philosophie II, Werke, Bd. 19, Frankfurt a.M. 1971, 133.
2 Maßstäbe des Regierens I. Legitimität und Kontinuität, Vorlesung im Wintersemester 1956/57, Ms., Nachlaß Sternberger, Deutsches Literaturarchiv Marbach, 1. VL, 11.1.1957, 10.

hat. Machiavelli, Bodin und Hobbes vollzogen einen Paradigmenwechsel, indem sie Ethik und Politik der neuzeitlichen Auffassung von naturwissenschaftlich-technischer Rationalität unterwarfen. Statt des guten Lebens rückte das bloße Überleben in den Mittelpunkt, die natürliche Gemeinschaft der Bürger wurde durch ein künstliches Vertragsmodell abgelöst, die Menschen standen sich untereinander und im Verhältnis zum Staat wie Fremde gegenüber. Dieser Wandel in der Theorie spiegelte die neuen Rahmenbedingungen der politischen Praxis wider, die sich mit den tradierten Kategorien nicht mehr erklären ließen. Hobbes sprach für viele als er im *Leviathan* erklärte, »daß in der Naturphilosophie kaum etwas gesagt worden ist, das so absurd wäre wie das, was nunmehr *aristotelische Metaphysik* genannt wird, oder etwas, das mit der Regierungsgewalt unverträglicher wäre als vieles von dem, was Aristoteles in seiner *Politik* gesagt hat, oder etwas, das weniger Kenntnisse verriete als ein großer Teil seiner *Ethik*«.[3] Was ihm unmittelbar vor Augen stand, waren indessen weniger die aristotelischen Schriften als die spätscholastische, längst in Dogmen erstarrte Aristoteles-Tradition. Im protestantischen Europa, insbesondere in Deutschland und den Niederlanden, vermochte sich diese Tradition zeitweise zu verjüngen, mit neuzeitlichen Strömungen zu verbinden und bis ins 18. Jahrhundert zu erhalten.[4] Gleichwohl endete auch sie im zwar eindrucksvollen, jedoch leblosen Gedankengebäude der Wolffschen Schulmetaphysik. Nachdem Kant es »zermalmt« hatte, verschwanden *Politik* und *Nikomachische Ethik* aus dem Kanon der akademischen Lehre. An ihre Stelle traten einerseits Naturrechtslehre, andererseits politische Ökonomie und Verwaltungskunde.[5] Hegel erkannte im frühen 19. Jahrhundert, daß das Kind mit dem Bade ausgeschüttet worden war. Die selbsterklärten Statthalter des Stagiriten hatten durch »gedankenlose Traditionen« den Niedergang seines Ruhmes noch befördert (s.o.). Bis in die Gegenwart hinein gibt es eine mächtige Denkströmung, die die Legitimität der Neuzeit auf eine anti-aristotelische Haltung gründen will. Jürgen Habermas bringt sie auf den Punkt, wenn er schreibt: »Die Moderne kann und will ihre orientierenden Maßstäbe nicht mehr Vorbildern einer anderen Epoche entlehnen, *sie muß ihre Normativität aus sich selber schöpfen.* Die Moderne sieht sich, ohne Möglichkeit der Ausflucht, an sich selbst verwiesen.«[6]

Freilich haben zwei Weltkriege, das Wettrüsten des Kalten Krieges, der Siegeszug des Totalitarismus und innere Umbrüche in den westlichen Gesellschaften Zweifel am Vermögen der Moderne aufkommen lassen, aus eigenen (geistigen) Kräften Wege aus der Krise zu finden. Wer im 20. Jahrhundert auf Aristoteles zurückgreift, ist jedenfalls von solchen Zweifeln durchdrungen und gewinnt aus dem kritischen Abstand zur eigenen Zeit ein geschärftes Bewußtsein von den unreflektierten Voraussetzungen des neu-

---

3   Hg. von Iring Fetscher, Frankfurt a.M. 1966, Teil IV, Kap. 46, 511.
4   Vgl. Peter Petersen: Geschichte der aristotelischen Philosophie im protestantischen Deutschland, Leipzig 1921. Diese weitgespannte Untersuchung zeichnet nach, wie Melanchthons Anknüpfung an Aristoteles das Denken und die akademische Lehre im protestantischen Deutschland geprägt hat. Horst Denzer: Moralphilosophie und Naturrecht bei Samuel Pufendorf, München 1972, bes. 296–324 gibt einen neueren Überblick über die Stellung der praktischen Philosophie an den Universitäten und zeigt, wie das Naturrecht aus diesem Kontext hervorgegangen ist.
5   Vgl. Hans Maier: Die Lehre der Politik an den älteren deutschen Universitäten, in: Politische Wissenschaft in Deutschland. Lehre und Wirkung, München 1969, ²1985 (erw.), 31–67; ders.: Die ältere deutsche Staats- und Verwaltungslehre, Neuwied/Berlin 1966, München ²1980, bes. 166–172, 190f.
6   Jürgen Habermas: Der philosophische Diskurs der Moderne, Frankfurt a.M. 1985, 16.

zeitlich-modernen Denkens. Auf diese Weise wird es möglich, auch einmal die Verlustrechnung des Fortschritts- und Autonomiestrebens aufzumachen und das Zurückgelassene mit neuen Augen zu betrachten. In dieser Hinsicht unterscheiden sich die genannten Autoren von den selbsternannten Propheten der Postmoderne, die im Horizont der Moderne bleiben, sich jedoch die Freiheit herausnehmen, mit ihren Bestandteilen zu spielen. Der »aristotelische Diskurs« sprengt diesen Horizont grundsätzlich auf.[7] Gemeint sind hier solche Ansätze, die der politischen bzw. praktischen Philosophie zugehören, also gemäß der aristotelischen Grundlegung Ethik und Politik betreffen.[8] Es ist das Ziel der vorliegenden Arbeit, ihre Eigenart im Hinblick auf die Diagnose der Mo-

---

7   Allerdings nahmen jene, die diesen Propheten kritisch gegenüberstehen und die die Postmoderne weniger als eine Epoche denn als überzeitliche Geisteshaltung sehen, selbst wieder auf Aristoteles Bezug. Jean-François Lyotard bezeichnet den Stagiriten als jenen Denker, dem er sich am nächsten fühle. Dabei stellt er die *phronēsis* als Vorbild eines pluralen, regellosen Typus von Urteilskraft heraus; vgl. die zusammen mit Jean-Loup Thébaut geschriebene Studie: Au Juste, Paris 1973, S. 52 u. 58f. In Deutschland übernahm Wolfgang Welsch diese Perspektive und präsentierte Aristoteles als »Philosophen der Pluralität«, der die Diversität des lebensweltlichen Wissens gegen homogenisierende Übergriffe der theoretischen Vernunft in Schutz nimmt; Unsere postmoderne Moderne, Berlin [5]1997, 277–284. Es wäre gewiß lohnenswert zu untersuchen, wie sich diese genuin postmodernen Positionen zu den hier untersuchten verhalten.
8   Nach einem sehr weiten Verständnis gehören zur praktischen Philosophie auch Rhetorik, Ökonomie und Pädagogik, die sich erst im neuzeitlichen Fächerkanon als eigenständige Wissenschaften etablieren konnten. Bemerkenswerterweise hat es auch in diesen Disziplinen zahlreiche Versuche einer mit Aristoteles unternommenen Erneuerung gegeben. In der *Rhetorik* zog die von Chaïm Perelman: La théorie de l'argumentation, Louvain/Paris 1963 u. (gemeinsam mit Lucie Olbrechts-Tyteca) Traité de l'argumentation, Paris 1958 initierte *nouvelle rhétorique* zuerst ein argumentationstheoretisches Interesse an der aristotelischen *Topik* und *Rhetorik* nach sich; vgl. Stephen Toulmin: Der Gebrauch von Argumenten, Kronberg 1975; Josef Kopperschmidt: Allgemeine Rhetorik. Einführung in die Theorie der persuasiven Kommunikation, Stuttgart 1976. In einer späteren Phase entstanden eine Reihe von Grundlagenarbeiten, die sich alle auf Aristoteles berufen. Zu nennen sind etwa Gonsalv K. Mainberger: Rhetorica I: Reden mit Vernunft. Aristoteles, Cicero, Augustinus, Stuttgart 1987; Markus H. Wörner: Das Ethische in der Rhetorik des Aristoteles, Freiburg/München 1990; Peter L. Oesterreich: Fundamentalrhetorik. Untersuchung zu Person und Rede in der Öffentlichkeit, Hamburg 1990 und Peter Ptassek: Rhetorische Rationalität. Stationen einer Verdrängungsgeschichte von der Antike bis zur Neuzeit, München 1993. Perelman wirkte über Theodor Viehweg: Topik und Jurisprudenz, München 1954, [5]1974 in die deutsche Rechtswissenschaft hinein, der seinerseits über Wilhelm Hennis: Politik und praktische Philosophie. Eine Abhandlung zur Rekonstruktion der politischen Wissenschaft (1963), in: Politikwissenschaft und politisches Denken. Politikwissenschaftliche Abhandlungen II, Tübingen 2000, 1–126 die politikwissenschaftliche Diskussion bereicherte.
    In der *Ökonomie* gibt es aristotelische Ansätze zum einen in der Wohlfahrtsökonomie eines Amartya Sen, der mehrere Jahre eng mit Martha Nussbaum zusammengearbeitet und wesentliche Elemente ihres »aristotelian essentialism« (s. IV.2) übernommen hat, zum anderen in der Wirtschaftsethik. In diesem Feld sind zu nennen: Robert C. Solomon: Ethics and Excellence: Cooperation and Integrity in Business, New York 1992; ders.: Corporate Roles, Personal Virtues: An Aristotelean Approach to Business Ethics, in: Business Ethics Quarterly 2 (1992), 317–339; Peter Koslowski: Prinzipien der Ethischen Ökonomie: Grundlegung der Wirtschaftsethik und der auf die Ökonomie bezogenen Ethik, Tübingen 1988; ders.: Politik und Ökonomie bei Aristoteles, Tübingen [3]1993; ders.: Die Ordnung der Wirtschaft: Studien zur Praktischen Philosophie und Politischen Ökonomie, Tübingen 1994.
    In der *Pädagogik* gibt es ebenfalls Versuche, sich einer aristotelischen Grundlage zu versichern; vgl. Jochen Riemen: Die Suche nach dem Glück als Bildungsaufgabe. Zur Rehabilitierung einer verschwundenen pädagogischen Kategorie, Essen 1991; Andreas von Prondczynsky: Pädagogik und Poiesis. Eine verdrängte Dimension des Theorie-Praxis-Verhältnisses, Opladen 1993.
    Die Hinweise auf aristotelische Ansätze in Ökonomie und Pädagogik verdanke ich einer Bonner Tagung zum »Aristoteles-Revival im 20. Jahrhundert« und den dortigen Vorträgen von Anne van

derne, die Art der Aufnahme und Transformation aristotelischer Positionen und die daraus folgenden Neuorientierungen im Denken zu analysieren. Dabei sollen neben der Originalität jedes einzelnen Ansatzes Verbindungslinien zwischen den Denkern transparent werden. Das Ziel wäre erreicht, wenn sich die einzelnen Untersuchungen zu einem aussagekräftigen Strukturgeflecht des aristotelischen Diskurses in unserem Jahrhundert verbinden.

Der Begriff ›Diskurs‹ wird in seiner basalen Bedeutung ›Gespräch‹, ›gemeinsame Erörterung‹ verwendet. Jeder einzelne Philosoph führt in der Auslegung des aristotelischen Textes ein solches Gespräch über eine gemeinsame Sache und bringt die fremden Gedanken zum Sprechen. Jedoch verläuft kein Gespräch je in völliger Isolation; der Fragende bewegt sich in einem Horizont, der auch durch die Gespräche anderer mit demselben Text, soweit sie ihm bekannt sind, geformt wird. Verschiedene Dialoge überlagern einander, grenzen sich ab und stellen Bezüge her. Sofern sie Aristoteles zum Thema haben, sind auch sie aristotelische Diskurse. Mit dem Ausdruck ist also ein zweifaches gemeint, das Gespräch *mit* Aristoteles ebenso wie das Gespräch *über* Aristoteles mit anderen. In einer rezeptionsgeschichtlichen Untersuchung muß beides berücksichtigt werden, da das eine nicht ohne das andere zu verstehen ist. Darüber hinaus ist es wichtig, eine Position zu finden, welche die kritische Distanz zu diesen Gesprächen mit der Einsicht verbindet, daß sie selbst in einem Gesprächshorizont steht, für den es keinen archimedischen Punkt außerhalb der Diskurse gibt. Jeder erfahrungsgeleitete Zugang zu den überlieferten Texten bleibt notwendigerweise ein partieller – diese von Dolf Sternberger formulierte Einsicht gilt für die hier verhandelten Autoren nicht anders als für den Verfasser. Nach einem Abriß des Forschungsstandes (Abschnitt (a)) wird die Einführung vor allem dazu dienen, einen entsprechenden methodischen Ansatz zu skizzieren (b). Abschließend ist das Untersuchungsfeld abzustecken und die Gliederung der Abhandlung zu begründen (c).

(a) Stand der wissenschaftlichen Forschung

»Es gibt eine Tradition des politischen Aristotelismus seit dem späten 13. Jahrhundert [...], sie ist freilich noch niemals insgesamt dargestellt und ins Bewußtsein gehoben worden.« (IV 178). Obwohl Dolf Sternberger schon in den siebziger Jahren auf dieses Manko hinwies, hat sich bis heute niemand gefunden, der es beheben wollte. Es wäre freilich eine Lebensaufgabe, allen Spuren des politischen Aristotelismus nachzugehen, da es solche immer gegeben hat, wenn auch vier Jahrhunderte lang im Schatten der philosophischen Hauptströmungen. In dieser Arbeit geht es allein um das 20. Jahrhundert, in dessen zweiter Hälfte Aristoteles ins politikphilosophische Rampenlicht tritt. Für diesen Abschnitt liegt bislang keine Gesamtdarstellung vor. Trotzdem gibt es einige Studien, auf die zurückgegriffen werden kann. Sie betreffen in ihrer überwiegenden Mehrzahl jenen Teilbereich der Aristoteles-Rezeption, der unter dem Schlagwort »Re-

---

Aaken, Christian List, Christoph Lütge und Gabriele Weiß. Sie belegen, wie weit die Rezeption und Transformation aristotelischer Denkfiguren in der Gegenwart reicht, und zeigen zugleich, daß es längst nicht mehr möglich ist, in einzelwissenschaftlicher Forschung alle Entwicklungen zu erfassen. Aus diesem Grund ist die hier vorgenommene Beschränkung auf praktische Philosophie im engeren Sinne (Ethik und Politik) mehr als geboten.

habilitierung der praktischen Philosophie« bekannt geworden ist. So lautete der Titel zweier in den siebziger Jahren von Manfred Riedel herausgegebener Bände mit deutschen Beiträgen zur Wiederbelebung einer eigenständigen praktischen Philosophie.[9] Die meisten Autoren wählten entweder Kant oder Aristoteles zu ihren Vorbildern, wodurch eine Scheidelinie zwischen Ansätzen gezogen wurde, die im Horizont der Moderne verbleiben und solchen, die ihn überschreiten. Die zweite Richtung repräsentierten Joachim Ritter, Hans-Georg Gadamer und ihre Schüler. Die wissenschaftliche Auseinandersetzung mit ihnen war, wie oft bei zeitlich naheliegenden Gegenständen, vor allem von der Konkurrenz der Schulen geprägt, hinter der die Sache des Denkens nicht selten zurückstehen mußte.

Jürgen Habermas eröffnete 1975 den Konflikt und prägte dabei den Begriff »Neoaristotelismus«, der sich international durchsetzen konnte. Er sprach mit Bezug auf Hans-Georg Gadamer und Joachim Ritter von einem »hermeneutisch gebrochene[n] Neoaristotelismus, der mit neohegelianischen Gedanken zusammenfließt« und wertete ihn als Erscheinungsform des »Neokonservatismus«.[10] Damit gab er ein ideologiekritisches Raster vor: Neoaristotelisch sollte sein, was zugleich als neohegelianisch erschien, d.h. als neokonservativ eingestuft werden konnte. Habermas fand einen gewissenhaften Nachahmer in Herbert Schnädelbach.[11] Dieser verortete Friedrich Adolf Trendelenburg am Anfang des Neoaristotelismus,[12] obwohl ausgerechnet Trendelenburg für keinen der ›Neoaristoteliker‹ eine Rolle spielte. Er hielt es für »unmöglich«, »den Neoaristotelismus vom Neohegelianismus in der politischen Philosophie abzugrenzen«, obwohl er durchaus feststellte, daß die deutsche Politikwissenschaft nach dem Zweiten Weltkrieg »stark aristotelisch bestimmt [war], ohne deswegen durchgängig konservativ zu sein«. Um daher Widersprüche zu vermeiden, entschied er sich dafür, die Phänomene durch ein »idealtypisches Verfahren« zu sortieren.[13] So gelangte er zu der bestechend stringenten Feststellung: »[...] von Hegels Philippika gegen die Burschenschaften über Carl Schmitts und Arnold Gehlens Denunziation der Intellektuellen bis zur philosophischen Terrorismus-Hysterie der 70er Jahre reicht eine ungebrochene neoaristotelische Traditionslinie«.[14]

Gegen diese Betrachtungsweise meldete sich zuerst Maurizio Passerin d'Entrèves zu Wort.[15] Er warf Schnädelbach vor, das weite Feld produktiver Anknüpfungen an Aristoteles so zu verengen, daß nur mehr eine Form konservativen Traditionalismus übrig bleibe, die eher an Edmund Burke als an den Stagiriten erinnere. In dieser Optik ver-

---

9 Rehabilitierung der praktischen Philosophie. Band I: Geschichte, Probleme, Aufgaben, hg. von Manfred Riedel, Freiburg 1972; Band II: Rezeption, Argumentation, Diskussion, hg. von Manfred Riedel, Freiburg 1974.
10 Vgl. Rückkehr zur Metaphysik? – Eine Sammelrezension (1987), in: Nachmetaphysisches Denken. Philosophische Aufsätze, Frankfurt a.M. 1992, 270f und Die Kulturkritik der Neokonservativen in den USA und in der Bundesrepublik (1982), in: Die Neue Unübersichtlichkeit. Kleine Politische Schriften V, Frankfurt a.M. 1985, 30–56.
11 Was ist Neoaristotelismus?, in: Moralität und Sittlichkeit. Das Problem Hegels und die Diskursethik, hg. von Wolfgang Kuhlmann, Frankfurt a.M. 1986, 38–63.
12 Ebd., 39.
13 Ebd., 42.
14 Ebd., 61 (Anm. 31).
15 Aristotle or Burke? Some comments on H. Schnaedelbach's »What is Neo-Aristotelianism?«, in: Praxis International 7 (1987/88), 238–245.

möge er vielleicht einige Neokonservative in der Bundesrepublik adäquat zu beschreiben, doch entgehe ihm »the profound and stimulating revaluation« des aristotelischen Werkes in den Schriften angelsächsischer Autoren, die dieses keineswegs gegen die Moderne ausspielen wollten.[16] Eine ähnliche Position bezog auf deutscher Seite René Weiland.[17] Als neoaristotelisch definierte er jeden Denkansatz, »der sich in irgendeiner Weise bindend auf aristotelische Topoi beruft, ohne aber deswegen dogmatisch-methodologisch auf Aristoteles – etwa in polemischer Opposition gegen genuin moderne Positionen – zurückzugreifen«. Der Neoaristoteliker sei daran zu erkennen, daß er den Bruch, den die Neuzeit vollzogen habe, abschwächen wolle. »Indem er auf aristotelische Denkfiguren zurückgreift, hält er jenem Bruch Vor-Bilder entgegen, die er von keiner Entzauberung betroffen glaubt.«[18] Habermas' und Schnädelbachs Bezugnahme auf Hegel scheint jedoch noch nachzuwirken, wenn er hervorhebt, die betreffenden Denker könnten lediglich »eine versöhnende Umwertung« leisten,[19] eine Korrektur moderner Defizite. Daran knüpfte Joachim Klowski an, der eine Reihe weiterer ›Neoaristoteliker‹ in die Diskussion einbrachte und erstmals auf den amerikanischen Kommunitarismus verwies.[20] Er bescheinigte Weiland, daß er »Wesentliches der gegenwärtigen philosophischen Diskussion trifft«.[21] Beide gingen wie selbstverständlich davon aus, daß der ›Neoaristoteliker‹ der entzauberten Moderne ein verzauberndes »Vorbild« entgegenhält.

Eine solche Betrachtungsweise ist jedoch in hohem Maße fraglich, weil die »Vorbilder« radikal *entzaubert* und transformiert wurden, bevor sie überhaupt erneut zur Gegenwart sprechen konnten. Was das bedeutet, klingt in den Worten Franco Volpis an, der als exzellenter Aristoteles-Kenner bedauert, daß dessen Auslegung in einem »horizon post-métaphysique« stehe, »dans un horizon assez plat et plus faible que celui d'Aristote, autrement dit dans un horizon minimal, ou même dans l'absence de tout cadre«.[22] Man muß dieses Bedauern nicht teilen, um die Trefflichkeit der Bemerkung anzuerkennen. Tatsächlich ist der »Verlust jedes Rahmens« das wesentliche Kennzeichen des aristotelischen Diskurses, sowohl Preis des post-metaphysischen Denkens als auch Voraussetzung der produktiven Auseinandersetzung mit der Überlieferung. Diese Erkenntnis konnte offenbar erst in der größeren Distanz italienischer Forscher hervortreten, die die philosophischen Bemühungen ihrer deutschen Nachbarn mit großer Aufmerksamkeit zu verfolgen pflegen.[23] Jedoch vollziehen auch sie eine weitgehende Gleichsetzung zwischen der deutschen Rehabilitierungs-Debatte und der Renaissance

---

16 Ebd., 243.
17 Bruch und Vor-Bild. Auf neoaristotelischer Spur, in: Merkur 43 (1989), 358–365.
18 Ebd., 358f.
19 Ebd., 365.
20 Die Bedeutung der Antike für die Gegenwart dargestellt am Aristotelismus, in: Gymnasium 101 (1994), 177–192.
21 Ebd., 178.
22 Franco Volpi: Réhabilitation de la philosophie pratique et néo-aristotélisme, in: Aristote politique. Etudes sur la ›Politique‹ d'Aristote, hg. von Alonso Tordesillas, Paris 1993, 483.
23 Vgl. L. Cortella: Aristotele e la razionalita della prassi. Una analisi del dibattito sulla filosofia pratica aristotelica in Germania, Rom 1987; Franco Volpi: Che cosa significa neoaristotelismo? (1984), in: Tradizione e attualità della filosofia pratica, hg. von Enrico Berti, Genua 1988, 111–135; Enrico Berti: La philosophie pratique d'Aristote et sa ›réhabilitation‹ récente, in: Revue de Métaphysique et de Morale 2 (1990), 249–266.

aristotelischer Philosophie. Deshalb bleiben die Weite dieses Phänomens und dessen innere Verflechtungen außer Betracht, obwohl die deutsche Auseinandersetzung keineswegs aus dem Nichts entstanden ist.

Mangelndes Gespür für die strukturellen Interferenzen des aristotelischen Diskurses offenbart auch John R. Wallach, der den »Neo-Aristotelianism« als alleiniges Phänomen der gegenwärtigen amerikanischen Philosophie behandelt.[24] Wallach diagnostiziert einen »Aristotelian turn« und unterschiedet drei Erscheinungsweisen, nämlich »analytical Aristotelianism, fundamentalist Aristotelianism, and traditional Aristotelianism«.[25] Der ersten Gruppe ordnet er Autoren zu, die bislang zwar allein durch philologische Studien zu Aristoteles aufgefallen sind, jedoch darin auf die Bedeutung aristotelischer Positionen für gegenwärtige Problemlagen hinweisen. In der zweiten Gruppe führt er Martha Nussbaum und den Leo Strauss-Schüler Steven Salkever auf, in der dritten schließlich Alasdair MacIntyre und Hans-Georg Gadamer, den er allerdings nicht näher untersucht. Wallach, der während der Abfassung dieses Aufsatzes selbst an einem Buch über antike politische Theorie arbeitete, versucht, sich von allen drei Spielarten des »Neo-Aristotelianism« mit denselben Argumenten abzugrenzen. Erstens moniert er die Selbst-Etikettierung der angeführten Autoren als »Aristotelians«, weil sie dadurch auf ganz und gar ahistorische Weise eine falsche Autorität für Argumente reklamierten, die nur teilweise auf Aristoteles rekurrieren könnten. »Contemporary Aristotelians do not acknowledge either the ambiguity of their theoretical authority or the constructive character of their own project.«[26] Über diese philologisch gerechtfertigte Kritik hinaus äußert er zweitens den noch stärkeren Vorwurf, alle Neuauslegungen seien »antidemocratic«.[27] Zwar befreiten die ›Neo-Aristoteliker‹ ihr Vorbild von allen politisch unliebsamen Elementen (Rechtfertigung der Sklaverei, niedrige Stellung der Frau, Überlegenheit der Philosophen), doch fehle es ihnen an Verständnis für den Konnex von Politik und Philosophie, nicht bloß in der Antike, sondern eben auch in ihrer eigenen Gegenwart. Anstatt neue Blickbahnen für eine demokratische Gesellschaft zu eröffnen, beharrten sie auf philosophischen Standpunkten, welche die Handlungsfreiheit die Bürger beschränkten.[28] Wallach wird sich angesichts seiner Polemik fragen lassen müssen, ob er selbst bereit ist, sein eigenes Demokratieverständnis in der Auseinandersetzung mit anderen Positionen zu bedenken. Auf jeden Fall versperrt ihm die argumentative Voreingenommenheit für einen bestimmten ›liberalen‹ und somit ebenfalls philosophischen Standpunkt den Weg zu einer differenzierten Würdigung nichtliberaler, aber deswegen keineswegs ›undemokratischer‹ Modernitätskritik.

Neben den genannten Studien gibt es eine Reihe von Monographien zu einzelnen Philosophen, in denen der jeweilige Rückgriff auf Aristoteles zur Sprache kommt. Freilich werden entsprechende Verweise oft bloß *en passant* gemacht. Ausführlichere Untersuchungen kranken dagegen meistens an einem dogmatischen Umgang mit den aristotelischen Texten. In vielerlei Hinsicht frag*würdige* oder einander widersprechende Stel-

---

24 Contemporary Aristotelianism, in: Political Theory 20 (1992), 613–641.
25 Ebd., 618.
26 Ebd., 628.
27 Ebd., 631.
28 Ebd., 632–635.

len werden auf *einen* Sinn festgelegt, um dann Übereinstimmung oder Nichtübereinstimmung des Rezipienten mit diesem Sinn zu konstatieren. Wer so vorgeht, arbeitet nicht bloß philologisch unsauber, sondern, schlimmer noch, verkennt die Vielschichtigkeit der griechischen Texte, welche sich in den Rezeptionsprozessen erst entfaltet. Um diesen Fehler zu vermeiden, kommt der Ausarbeitung einer hermeneutischen Position besonderes Gewicht zu, gerade auch im Licht von Wallachs Kritik.

(b) Methode der Untersuchung

Wenn hier vom aristotelischen Diskurs die Rede ist, steht dahinter auch die Absicht die ideologiekritischen Implikationen des Konzepts ›Neoaristotelismus‹ zu vermeiden. Solange es darum geht, Dogmatismen der Auslegung aufzudecken, besteht keine Differenz zu Habermas oder Schnädelbach. Die Wege trennen sich aber dort, wo Ideologiekritik dem anderen ein falsches Bewußtsein unterstellt – in der Annahme, es gäbe ein »richtiges Bewußtsein«, einen zu jeder Zeit und an jedem Ort gültigen Maßstab, um das Denken zu beurteilen. Man kann mit Recht fragen, ob sich die Ideologiekritik an dieser Stelle nicht selbst in eine Ideologie höherer Stufe verwandelt.[29] Der Begriff des aristotelischen Diskurses soll dagegen den Weg zu einer hermeneutisch orientierten Rezeptionsforschung ebnen, welche auf die ertragreiche Diskussion innerhalb der philosophisch-literarischen Hermeneutik zurückgreift.

Die dialogische Struktur des Verstehens ist von niemandem so prägnant herausgearbeitet worden wie von Hans-Georg Gadamer. Jede Auslegung, so die Hypothese von *Wahrheit und Methode*, kann nach dem Modell des Dialogs verstanden werden. In einem gelingenden Gespräch behaupten die Partner weder, nur sie hätten recht, noch übernehmen sie einfach die Ansicht des anderen. Im ersten Fall wäre jede Unterhaltung zum Scheitern verurteilt, im zweiten gäbe es gar keine Notwendigkeit zum Austausch. Vielmehr besteht zwischen zwei Gesprächspartnern und ebenso zwischen einem Text und seinem Interpreten »eine unaufhebbare Differenz«, welche im Fall der Textauslegung »durch den historischen Abstand gegeben ist« (WM 301). »Die hermeneutische Aufgabe besteht darin, diese Spannung nicht in naiver Angleichung zuzudecken, sondern bewußt zu entfalten.« (WM 311). Bewußte Entfaltung erfordert, daß sich ein Interpret den Unterschied zwischen seinem eigenen Verstehenshorizont und dem des Textes vergegenwärtigt. Beide sind bei aller Verschiedenheit offenbar dadurch verbunden, daß ein Text einen Interpreten anspricht, d.h. zu ihm spricht, und umgekehrt sich ein Interpret fragend einem Text nähert. Gadamer spricht vom »hermeneutischen Vorverstehen«, das jede Auslegung fundiert und sie durch eine »Sinnantizipation« steuert (WM 270–276, 368–375). Der Dialog des Verstehens beginnt mit einer Frage an den Text, welche eine Richtung vorgibt, in der allein die Antwort erfolgen kann, ohne daß der Interpret diese schon kennen würde. Vielmehr bringt er als Fragender seine Vor-Urteile (Vor-Verstehen) ins Spiel, wodurch er sie aufs Spiel setzt. Zum Fragen gehört korrelativ das Hören auf die Antwort des anderen.

Bei der Textauslegung wird der Dialog dadurch erschwert, daß der Text nicht von sich aus antwortet. In Wahrheit ist es immer der Interpret, der ihn zur Sprache bringt.

---

29 Vgl. Rüdiger Bubner: »Philosophie ist ihre Zeit, in Gedanken erfaßt«, in: Hermeneutik und Ideologiekritik, hg. von Jürgen Habermas u.a., Frankfurt a.M. 1971, 210–243, bes. 237f.

Dabei spricht er weder einen vom Autor vorgegebenen Sinn nach, noch projiziert er ihn in den Text hinein, vielmehr aktualisiert er Bedeutungsmöglichkeiten, die im Text angelegt sind, in denen er sich aber niemals erschöpft. Jede Lektüre und jede Auslegung kann deshalb zu neuen, überraschenden und auch widersprüchlichen Ergebnissen führen. »Nicht nur gelegentlich, sondern immer übertrifft der Sinn eines Textes seinen Autor. Daher ist Verstehen kein nur reproduktives, sondern stets auch ein produktives Verhalten.« (WM 301). Der Interpret ist gehalten, sich zum »Anwalt des Wahrheitsanspruches« des Textes zu erheben (WM 398), oder, wie Heidegger sagt, er soll seine »Gegner« stark machen: »Verstehende Vorbildnahme, der es um sich selbst geht, wird von Grund aus die Vorbilder in die schärfste Kritik stellen und zu einer möglichen fruchtbaren Gegnerschaft ausbilden.« (PhIA 239). Auf diese Weise wird der gemeinsame Boden eines Gesprächs, der im Vorverstehen gründet, bewußt herausgearbeitet, ohne die Differenzen zu verkennen. Die gemeinsame Sache bietet sich in der Multiperspektivität dar, und es bleibt die Aufgabe und Leistung des Interpreten, diese Vielfalt zu einem sinnhaften Ganzen zu verbinden. Wo dies gelingt, vollzieht sich im Dialog eine »Horizontverschmelzung«, in der sowohl der Horizont des Texturhebers als auch der des Interpreten auf ein neues, besseres Verstehen hin überstiegen werden (WM 311f, 380f).

Dieses Modell sei hier so verstanden, daß beide Gesprächspartner auf gleicher Ebene stehen, wie es im offenen Dialog der Fall sein muß. Gadamer tendiert dagegen zum Modell des magistralen Dialogs, bei dem der Auslegende die Autorität des Textes, seine »Ursprungsüberlegenheit« immer schon anerkannt hat, weshalb der Text in einem kontinuierlichen Vermittlungsprozeß (»Wirkungsgeschichte«) zwar zu jeder Zeit neu spricht, doch in seinem Sprechen ein bruchloses »Wahrheitsgeschehen« zeitigt. (WM 294, GW2 476). Kritiker wie Hans Robert Jauß und Manfred Frank haben auf die Problematik einer solchen Sichtweise im Feld der Literaturwissenschaft hingewiesen, die dann nur noch Klassiker behandeln dürfte und sich zwangsläufig um die Produktivität des Verstehens bringen würde.[30] Im Feld der politischen Philosophie kann von einer Kontinuität der Reflexion aufgrund des Bruchs der Neuzeit mit der Überlieferung erst gar nicht gesprochen werden. Wer im 20. Jahrhundert auf Aristoteles zurückgreift, rückt keineswegs in ein »Überlieferungsgeschehen« ein, »in dem sich Vergangenheit und Gegenwart beständig vermitteln«. Vielmehr handelt es sich um tentative, experimentelle Textzugänge aus dem Horizont einer metaphysik-kritischen Haltung. Die genannten Philosophen springen nicht einfach aus ihrer Zeit heraus, sondern bleiben Kinder der späten Moderne. Daher entstehen Spannungen auch zum aristotelischen Denken, das neben der praktischen eine wirkungsmächtige theoretische Philosophie umfaßt. Entfaltung der Differenzen heißt deshalb, die Fortwirkung letzterer in der Neuzeit und der Moderne kritisch zu hinterfragen und Verdeckungen an ihrem Ursprung aufzuweisen. Nur so wird der tragende Boden eines an Phänomenen und nicht am System ausgerichteten Denkens freigelegt. Als Gemeinsames stellen sich humane Erfahrungen von politisch handelnden Menschen heraus; sie sind es, die das Vorverste-

---

30 Hans Robert Jauß: Literaturgeschichte als Provokation der Literaturwissenschaft, Frankfurt a.M. 1970; ders: Ästhetische Erfahrung und literarische Hermeneutik, Frankfurt a.M. 1991, bes. 392–399, 666–671; Manfred Frank: Das individuelle Allgemeine. Textstrukturierung und Textinterpretation nach Schleiermacher, Frankfurt a.M. 1985, bes. 20–34.

hen prägen, das Befragen des Textes und die Sinnantizipation steuern. Unterscheiden sich die Philosophen des 20. Jahrhunderts auch untereinander in ihrer je dominanten Grunderfahrung, verbindet sie doch das Bestreben, ihr Weltverhältnis in der Auseinandersetzung mit Aristoteles zu explizieren.

Nach Auffassung des Verfassers läßt sich die Typik dieser Rezeptionsprozesse mit dem skizzierten hermeneutischen Ansatz am besten erfassen. Aus ihm folgen fünf Überlegungen, welche die Untersuchung anleiten sollen:

(1.) In jeder Auslegung wird der aristotelische Text auf markante Weise überschritten. Die Typik der Rezeption kann daher phänomenal nur als *produktive Differenz* zwischen Text und Interpreten aufgewiesen werden. Diese Differenz besteht jedoch nicht in der je verschiedenen Applikationen desselben Textsinns auf moderne Verhältnisse. Vielmehr entwirft jeder Interpret einen von seinem eigenen Horizont abhängigen, aber nicht damit identischen Horizont des Texturhebers. Beides ist gemäß der hermeneutischen Maxime zu erfassen, daß man einen Text (des Philosophen unserer Zeit) nur verstehen kann, wenn man die Frage (an Aristoteles) verstanden hat, auf die er eine Antwort (als Horizontverschmelzung) ist.

(2.) Produktive Differenzen sind nicht selbstevident. Oft geben Interpreten ihre Gedanken entweder als eigene Ideen oder als Ideen anderer Autoren aus. Im ersten Fall wird dann eine falsche Originalität, im zweiten eine falsche Autorität in Anspruch genommen. Wo dem Leser nur noch das Produkt des Dialogs, die Horizontverschmelzung, begegnet, muß die Aufgabe darin bestehen, die ursprünglich verschiedenen Horizonte voneinander abzuheben, um die Spannungen im Rezeptionsprozeß wieder aufscheinen zu lassen. Diese Abhebung bleibt zwangsläufig experimentell, wenn man eingesteht, daß der Horizont des Aristoteles nicht unabhängig von einer spezifischen Frageintention erschlossen werden kann. Darin liegt die Schwierigkeit, aber auch die Bereicherung des hermeneutischen Geschäfts.

(3.) Eine gemeinsame Sache erfordert eine gemeinsame Sprache, die Text und Interpret in ihrem Dialog erst hervorbringen. Jede Übersetzung des griechischen Textes impliziert eine bestimmte Interpretation. Der Rezeptionsforscher muß diese Sprache mitsprechen, sonst könnte er dem Verstehensprozeß nicht folgen, jedoch darf er ihr nicht erliegen. Die Verhandlungsbasis jeder Auslegung muß deshalb der *griechische* Text sein; wichtige Begriffe und Passagen müssen zwangsläufig im Original zitiert werden, damit die Partialität ihrer Übersetzung nachvollziehbar bleibt. Allein die Übertragung von griech. *phronēsis* als »Gewissen« (Heidegger), »Existenzialtugend« (Voegelin), »common sense« (Strauss) und »Urteilskraft« (Arendt) weist auf die gemeinte Problematik hin.

(4.) Für den Rezeptionsforscher gibt es keinen absoluten Maßstab, an dem die verschiedenen Auslegungen zu messen wären. Vielmehr ist er selbst in ein Gespräch mit seinen Texten einbezogen. Der einzige diskursinterne Maßstab ist das von einem Interpreten erreichte Problembewußtsein. Die kritische Distanz des Forschers zu den Interpreten erwächst deshalb aus der Frage, inwieweit sie sich der Spannung zum aristotelischen Text aussetzen und sie entfalten. Wo sie ihr eher ausweichen, ist es seine Aufgabe, die Spannung in das Gespräch zurückzutragen, den Diskurs neu zu entfachen.

(5.) Hermeneutische Rezeptionsforschung meint also kein bloßes Verzeichnen von produktiven Differenzen, keine zweite Auslegung einer ersten Auslegung, die sich immer weiter vom Ursprungstext entfernte. Vielmehr stellt sie ihr eigenes Geschäft in einen hermeneutischen Zirkel, wendet sich also von der ersten Auslegung zum Urtext zurück, um die vorliegende Interpretation mit- und weiterzudenken. Damit gesteht der Forscher ein, daß er die behandelten Probleme als Probleme seiner Zeit ansieht und an ihrem Verstehen Interesse hat. Zugleich billigt er anderen zu, daß sie ein abweichendes Verständnis sowohl der aristotelischen Philosophie als auch ihrer modernen Transformationen gewinnen. Seine Untersuchung bleibt relativ auf ihren Kontext bezogen – wie es immer gewesen ist, doch nur selten eingestanden wurde. Dies ist kein Nachteil, sondern die notwendige Voraussetzung zeitkritischer Ordnungsreflexion.

(c) Struktur des Untersuchungsfeldes und Gliederung der Abhandlung

Die Wahl eines ganzen Jahrhunderts als Untersuchungsfeld wirft die Frage nach dessen innerer Struktur auf. Zunächst ist der Ausgangspunkt des aristotelischen Diskurses zu benennen. Er liegt sicherlich nicht bei Hegel oder Trendelenburg, die zwar in ihrer Rechtsphilosophie stark an Aristoteles anknüpften, aber doch mit beiden Beinen im 19. Jahrhundert standen. Auch Nicolai Hartmann scheidet aus; zwar griff er im frühen 20. Jahrhundert auf Aristoteles zurück und entwarf eine Ethik (1926), doch verblieb er wie die beiden anderen innerhalb des vom deutschen Idealismus geprägten Denkrahmens. Bei Lichte besehen, beginnt die Aristoteles-Renaissance in der politischen Philosophie erst nach dem Zweiten Weltkrieg, als Reaktion auf den Niedergang des Politischen in Europa. Es waren deutsche Denker, Verfolgte der nationalsozialistischen Herrschaft, die nach der Machtübernahme in die Vereinigten Staaten geflüchtet waren und dort Anfang der fünfziger Jahre mit scharfen Analysen des Totalitarismus auf sich aufmerksam machten. Eric Voegelin, Leo Strauss und Hannah Arendt verbanden ihre Zeitkritik mit der Forderung einer an Aristoteles, z.T. auch an Platon orientierten Neubegründung der politischen Wissenschaft. Ihre Interpretationen zur griechischen Philosophie eröffneten grundsätzlich neue Perspektiven, gerade weil sie sich nicht an überlieferte Schulmeinungen hielten, sondern die Texte in eine hermeneutische Denkbewegung aufnahmen.

In den späten fünfziger Jahren wirkten die deutschen Emigranten, zu denen auch Hans Jonas zu zählen ist, nach Deutschland zurück, wo ihre Texte in Übersetzungen erschienen. Zu dieser Zeit bereitete sich dort bereits unter Führung von Hans-Georg Gadamer, Joachim Ritter und Dolf Sternberger eine eigenständige Wiederaufnahme aristotelischer Ansätze in die praktische Philosophie und politische Wissenschaft vor, welche die philosophische Diskussion der sechziger und siebziger Jahre stark beeinflußte und über ihre Schüler bis in die Gegenwart hinein vermittelt wird. In den Vereinigten Staaten kam es im Zuge der Kommunitarismus-Liberalismus-Debatte in den achtziger und neunziger Jahren zu einem intensiven aristotelischen Diskurs, an dem sich v.a. Alasdair MacIntyre und Martha Nussbaum beteiligten. Obwohl zwischen der deutschen und der amerikanischen Debatte eine Reihe struktureller Parallelen bestehen, sind direkte Einflüsse auszuschließen. Es scheint insgesamt, als hätten wir es mit drei relativ geschlossenen, in unterschiedlichem Grad interdependenten Diskurszusammenhängen (deutsche Exilanten in Amerika – Rehabilitierung der praktischen Philosophie in Deutschland – amerikanischer Kommunitarismus) zu tun.

Freilich haben mindestens die ersten beiden Diskurse eine gemeinsame Wurzel, wodurch die Frage nach dem Ursprung des aristotelischen Diskurses in der politischen

Philosophie des 20. Jahrhunderts neu zu positionieren ist. Strauss, Arendt, Jonas und Gadamer waren in den frühen, Sternberger und Ritter in den späten zwanziger Jahren Studenten bei Heidegger in Freiburg bzw. Marburg. Alle setzten sich, wenngleich unterschiedlich intensiv, nach dem Krieg kritisch mit dem politischen Engagement ihres Lehrers auseinander. Zuvor aber hatten sie, vor allem die vier Erstgenannten, von ihm gelernt, die aristotelische Philosophie in einem grundsätzlich neuen Licht zu sehen. Zwischen 1921 und 1925 behandelte Heidegger in seinen Vorlesungen und Seminaren ausschließlich Aristoteles und Husserl, dessen Assistent er war. In diesen Veranstaltungen entwickelte er die Grundlagen der modernen Phänomenologie, der modernen Hermeneutik und der Existenzialphilosophie. Was in *Sein und Zeit* als »Aufgabe einer Destruktion der überlieferten Ontologie« (§6) firmieren sollte, wurde dort vorbereitet. *Sein und Zeit* läßt sich als fundamentale, höchst produktive Transformation der *Nikomachischen Ethik* verstehen. Das entging zwar der deutschen Heidegger-Forschung, wurde jedoch von internationalen Wissenschaftlern in jüngerer Zeit überzeugend herausgearbeitet. Grund dieser späten Einsicht ist, daß die frühen Vorlesungen erst seit Mitte der achtziger Jahre im Rahmen der Heidegger-Werkausgabe erschienen sind und zum Teil noch immer ausstehen. Das veröffentlichte Material sowie zahlreiche Aussagen der genannten Schüler und nicht zuletzt natürlich ihre eigene Auslegungspraxis belegen, daß der aristotelische Diskurs in der politischen Philosophie ohne Heidegger so nicht geführt worden wäre. Wohlgemerkt, Heidegger selbst verbaute sich durch seinen existenzialphilosophischen Ansatz den Weg zu einer politischen Philosophie, seinen Schülern aber eröffnete er Denkwege, die breiter waren als sein eigener Pfad. Diese Verbindungslinien werden in der vorliegenden Arbeit erstmals in ihrem Gesamtzusammenhang dargestellt.

Durch den Rückgang auf Heidegger wird das Untersuchungsfeld in vier zeitlich aufeinander folgende Diskursebenen gegliedert: (I.) Heideggers neue Wege zur aristotelischen Philosophie in den zwanziger Jahren, (II.) deutsche Emigranten in den Vereinigten Staaten in den fünfziger und sechziger Jahren, (III.) die deutsche Rehabilitierungs-Debatte der sechziger und siebziger Jahre, schließlich (IV.) die amerikanische Kommunitarismus-Liberalismus-Kontroverse der achtziger und neunziger Jahre. Diesen vier Ebenen entsprechen die Hauptteile der Untersuchung. Bei den herangezogenen Autoren handelt es sich zwar nicht um die einzigen Diskursteilnehmer, wohl aber um die am stärksten profilierten und philosophisch interessantesten. Jeder Hauptteil beginnt mit einer Untersuchung der jeweils relevanten Kontextfaktoren, welche die Art der Problemstellung bei den Autoren bestimmen und sie untereinander verbinden. Um die Typik der einzelnen Rückgriffe zu würdigen, werden sie dann in monographischer Form behandelt. Am Ende eines jeden Hauptteils erfolgt eine vergleichende Zusammenfassung und Zwischenbewertung der gewonnenen Ergebnisse. Die Untersuchung schließt mit einer Synopsis jener Denkfiguren, die in allen Diskursen rezipiert und transformiert werden, ab. Aufgrund dieser individuelle und strukturelle, historische und systematische Elemente verknüpfenden Form ist es nicht zwingend erforderlich, die Arbeit linear von vorne bis hinten zu lesen. Vielmehr können einzelne Kapitel herausgenommen werden, wobei die Einführungen und Resümees der Hauptteile bzw. der Gesamtarbeit den größeren Zusammenhang herstellen.

I. NEUE WEGE ZU ARISTOTELES – MARTIN HEIDEGGER

Wenn Martin Heidegger hier am Anfang einer Untersuchung des aristotelischen Diskurses im politischen Denken des 20. Jahrhunderts steht, sind vorweg einige klärende Hinweise angebracht, um Mißverständnisse und fehlgeleitete Erwartungen zu vermeiden. Seit Alexander Schwans Abhandlung von 1965 sind eine Reihe von Studien zu Heideggers politischer bzw. praktischer Philosophie erschienen, die in ihrer Mehrzahl zu sehr kritischen Ergebnissen kommen. Heideggers nationalsozialistisches Engagement läßt nicht nur die vollzogene »Kehre« in einem zweifelhaften Licht erscheinen,[1] sondern wirft auch Schatten zurück auf *Sein und Zeit* (SZ).[2] Selbst Interpreten, die positive Ansätze in *Sein und Zeit*[3] bzw. im Spätwerk[4] herausstellen, sehen sich gehalten, diese mit Blick auf die Rektoratszeit von 1933/34 zu relativieren bzw. sie ausdrücklich davon abzuheben. Gerade durch die Ende der achtziger Jahre neu entflammte Debatte

---

[1] Das ist die Position von Alexander Schwan: Politische Philosophie im Denken Heideggers, Opladen 1965, ²1989, der, vom Kunstwerk-Aufsatz (1936) ausgehend, Heideggers grundsätzliches Verständnis von »Politik als Werk der Wahrheit« lobt, jedoch kritisiert, daß Heideggers Wahrheitsbegriff eine essentialistische Politikauffassung hintertreibe und auf den politischen Irrweg führen mußte.

[2] Für Richard Wolin: Seinspolitik. Das politische Denken Martin Heideggers, Wien 1991 weist das »dezisionistische ethische Vakuum« in *Sein und Zeit* voraus auf die »schändliche Lebensentscheidung von 1933« (94). Auch Karsten Harries: Heidegger as a Political Thinker, in: The Review of Metaphysics 29 (1976), 642–669 sieht die Wurzeln der Rektoratsrede bereits in der anti-pluralistischen Haltung von *Sein und Zeit* angelegt.

[3] Carl Friedrich Gethmann: Heideggers Konzeption des Handelns in ›Sein und Zeit‹, in: Heidegger und die praktische Philosophie, hg. von Otto Pöggeler u. Annemarie Gethmann-Siefert, Frankfurt a.M. 1988, 140–176 arbeitet zwar heraus, daß Heidegger in *Sein und Zeit* »die im deutschsprachigen Bereich früheste Konzeption eines konsequenten *Pragmatismus*« entwerfe (143), betont abschließend jedoch, daß »das Fehlen eines positiven Institutionenbegriffs durchaus von den Zeitgenossen Heideggers als Anstoß zur Verachtung politischer Institutionen gelesen werden [konnte]« (170); Gerold Prauss: Heidegger und die Praktische Philosophie, in: Heidegger und die praktische Philosophie, aaO., 177–190 lobt die »einzigartigen Ansätze zu einer Theorie des Handelns« in *Sein und Zeit* (177), tadelt aber, daß die mit der »Kehre« vollzogene Destruktion der Subjektivität vom anfänglichen Weg abweiche.

[4] Otto Pöggeler: Philosophie und Politik bei Heidegger, Freiburg/München 1972 erblickt angesichts der sich in den dreißiger Jahren manifestierenden »verfängliche[n] Zeitbezogenheit« von *Sein und Zeit* (18) Ansatzpunkte für eine produktive politische Philosophie erst in Heideggers Technik-Kritik nach 1945 (44).

über Heideggers politischen Irrweg stellt das Rektoratsjahr den Dreh- und Angelpunkt fast aller Analysen dar.[5] In der vorliegenden Arbeit können die Ergebnisse und Positionen dieser Forschungen nicht weiter behandelt werden. Statt dessen geht es darum, einen Fokuswechsel vorzunehmen und Heideggers Bedeutung für das politische Denken und die praktische Philosophie im 20. Jahrhundert über das inzwischen erschienene Frühwerk zu erschließen.[6]

Zwischen 1921 und 1925 legte Heidegger in seinen Lehrveranstaltungen fast ausschließlich Texte des Aristoteles aus, insbesondere *De Anima*, die *Nikomachische Ethik* und die *Metaphysik*. Während er sich von Husserls Einfluß löste, fand Heidegger in Aristoteles den für seinen weiteren Denkweg entscheidenden Philosophen. Indem er die Verdeckungen einer zweitausendjährigen Auslegungstradition zu beseitigen suchte, eröffnete er sich und den Teilnehmern seiner Lehrveranstaltungen neue Perspektiven auf das Werk des Stagiriten. Wenn Heidegger selbst auch keinen politischen oder ethischen Zugang zu Aristoteles fand, waren die von ihm gebahnten Wege doch breiter als der eigene Denkpfad. Das zeigte sich, als nach 1945 vier seiner Schüler – Hannah Arendt, Leo Strauss, Hans-Georg Gadamer, Hans Jonas – mit Aristoteles das politische Denken zu erneuern suchten. So verschieden ihre Ansätze auch sind, alle Fäden laufen zurück zu Heideggers Seminaren und Vorlesungen der frühen zwanziger Jahre. Heideggers Bedeutung für die politische und praktische Philosophie ist in dieser Blickbahn zwar eine indirekte, jedoch keineswegs zu unterschätzende. Sie kann in doppelter Optik vermessen werden, sowohl hinsichtlich seiner bahnbrechenden Aneignung der aristotelischen Philosophie als auch hinsichtlich der dabei ausgesparten politischen Dimension.[7] In dieser Intention wird zunächst Heideggers destruktive Hermeneutik analysiert (Kap. 1), die bis 1925 den Weg zur Innovation der Phänomenologie (2) und Existenzialphilosophie (3) aus aristotelischer Quelle bahnte. Sodann können die in *Sein und Zeit* eingeschriebenen Spuren dieser Jahre aufgewiesen werden (4), bevor abschließend Heideggers Wirkung aus den Zeugnissen seiner Schüler zu rekonstruieren ist (5).

---

5   Stellvertretend kann der Sammelband von Otto Pöggeler und Annemarie Gethmann-Siefert genannt werden, in dem die Frage nach Heideggers Bezug zur praktischen Philosophie konzeptuell allein im Horizont der Jahre 1933–34 diskutiert wird.

6   Diesen Weg schlägt auch Manfred Riedel: Heidegger und der hermeneutische Weg zur praktischen Philosophie, in: Für eine zweite Philosophie, Frankfurt a.M. 1988, 171–196 ein, für den mit der frühen Vorlesung *Ontologie. Hermeneutik der Faktizität* »die Vorgeschichte der ›Rehabilitierung der praktischen Philosophie‹ in unserem Jahrhundert beginnt« (174).

7   Es kann angesichts jüngster Veröffentlichungen nicht genug betont werden, daß Heideggers frühe Arbeiten bis einschließlich *Sein und Zeit* keine politischen Absichten verfolgen. Michael Allen Gillespie: Martin Heidegger's Aristotelian National Socialism, in: Political Theory 28 (2000), 140–166 ist daher entschieden zu widersprechen, wenn er Heideggers Aristoteles-Transformation zugleich als Antwort auf seine Diagnose der Moderne und als politisches Programm für den Nationalsozialismus darstellt. Der Verfasser unterschlägt zum einen, daß die diagnostische Technikkritik und das zugrundeliegende Seinsverständnis dem Denken nach der »Kehre« zugehören und keineswegs in den Kontext der zwanziger Jahre fallen. Zum anderen überträgt er, ohne dies auch nur im entferntesten belegen zu können, die von Heidegger aufgenommenen aristotelischen Begriffe in die Schriften aus der kurzen Rektoratszeit. Seine Schlußfolgerung, nach Heideggers Überzeugung sei »political life dependent on a mystical insight into the abyss of Being« (161), hat mit den frühen Arbeiten nichts zu tun. Ebenso unsinnig ist die Behauptung, Heidegger habe das Führerprinzip nach dem Modell der *phronēsis* verstanden. Wie noch im einzelnen zu sehen sein wird, legte er *phronēsis* als Gewissen aus, worüber Gillespie kein Wort verliert.

1. Destruktion und Hermeneutik: Zurück zu Aristoteles

Heidegger hat seinen radikal neuen Zugang zur philosophischen Tradition im allgemeinen und zu Aristoteles im besonderen in zwei programmatischen Vorlesungen der frühen Freiburger Zeit dargelegt. Im Wintersemester 1921/22 hielt er die zweistündige Vorlesung *Phänomenologische Interpretationen zu Aristoteles: Einführung in die phänomenologische Forschung* (GA61), die als *Einleitung* für konkrete Analysen zum aristotelischen Werk in den Lehrveranstaltungen des folgenden Studienjahrs konzipiert war. Auf der Basis dieser Vorlesung erstellte Heidegger im Oktober 1922 die 28 (von insgesamt 51) Seiten umfassende Einleitung zu seinem Manuskript *Phänomenologische Interpretationen zu Aristoteles (Anzeige der hermeneutischen Situation)* (PhIA), das die Grundlage seiner Berufung auf ein Extraordinariat in Marburg bilden sollte (GW3 286).[8] Im Sommersemester 1923 faßte er den eigenen Ansatz, abermals vor dem Hintergrund zweier Seminare zu Aristoteles, in der einstündigen Vorlesung *Ontologie. Hermeneutik der Faktizität* (GA63) konzentriert und prägnant zusammen. Mit Hilfe dieser Vorlesungen sowie des inzwischen ebenfalls veröffentlichten Manuskripts soll nun zunächst jener Denkansatz erläutert werden, der die aristotelischen Texte in einen grundsätzlich neuen Horizont der Auslegung stellt.

1.1 Die Aufgabe einer Destruktion der überlieferten Philosophie

Im Unterschied zum moderat-verbindlich gehaltenen Bewerbungs-Manuskript schlagen beide Vorlesungen einen emphatischen, bisweilen kämpferischen Ton an. Heidegger tritt für ein Philosophieren ein, das nicht voraussetzungslos sein will, sondern aus dem »faktischen Leben« heraus grundsätzliche Fragen stellt und konkrete Antworten sucht. Das erfordert zuerst die »radikale und klare Ausbildung der hermeneutischen Situation als die Zeitigung der philosophischen Problematik selbst« (GA61 2f). Er unternimmt dazu eine Bestandsaufnahme der deutschen Philosophie Anfang der zwanziger Jahre. Als Leitmotiv fungiert die Feststellung, »daß noch nie eine so ›unphilosophische Zeit‹ war wie die heutige und [...] die metaphysischen Bedürfnisse aufschießen« (GA61 26). Die Philosophie komme diesen Bedürfnissen willig entgegen und lege »sich ihre Korruption aus als ›Auferstehung der Metaphysik‹« (GA63 5), wie Heidegger zwei Jahre später wiederholt, auf einen zeitgenössischen Buchtitel anspielend. Gemünzt sind seine Vorwürfe auf den Neukantianismus in der Logik (Heinrich Rickert, Hermann Lotze), in der Kulturphilosophie (Ernst Cassirer), in der Wertethik (Max Scheler, Nicolai Hartmann) und in der Bewußtseinsphänomenologie seines eigenen Lehrers Edmund Husserl. Alle diese Richtungen folgten der überlieferten Philosophie darin, »das *All des Seienden* in seinen verschiedenen Bezirken und imgleichen das jeweilige Bewußtsein davon und beides in umschließender Einheit nach letzten Grundlagen (Prinzipien) zu bestimmen« (GA63 40). Der selbstverordnete Zwang zum System, zur

---

8 Dieses Manuskript galt als verschollen, bis es 1989 wiedergefunden und mit einer Einleitung von Hans-Georg Gadamer sowie einem editorischen Nachwort von Hans-Ulrich Lessing im Dilthey-Jahrbuch 6 (1989), 228–274 publiziert worden ist. Zu den Hintergründen vgl. auch Hans-Georg Gadamer: Heidegger und die Griechen, in: Zur philosophischen Aktualität Heideggers, hg. von Dietrich Papenfuss u. Otto Pöggeler, Bd. 1 (Philosophie und Politik), Frankfurt a.M. 1991, 59.

universalen Ordnung lasse das Konkrete jeweils nach vorgefaßter Typik in seinem »Wesensallgemeinen« begegnen, wodurch die »Zeitlichkeit in das Ewige hineingeordnet wird«. Daraus folgen nach Heideggers Analyse zwei philosophische Fiktionen. Zum ersten die Illusion einer objektiven, streng wissenschaftlichen Philosophie, welche meint, gleichsam standpunktfrei reine Wahrheiten verkünden zu können (GA63 59–63). Auf diese Weise entzieht sie sich einerseits jeder Reflexion auf die Bedingtheit ihres Standpunktes (GA61 1), während sie andererseits an den Universitäten auf die universale Lehr- und Lernbarkeit von Wissen »in der beruhigten Zeitlosigkeit« (GA61 66) pocht. Zum zweiten hält Heidegger ihren selbsterklärten Anspruch auf systemintegrierte Konkretheit und Lebensnähe für unhaltbar, weil ein solches Philosophieren das faktische Leben geradezu abwehre (GA63 64). Heidegger spricht vom »Platonismus der Barbaren« – Platon galt unter Neukantianern als Vorläufer Kants –, weil dem modernen Erkenntnisanspruch der »eigentliche Wurzelboden Platos fehlt« Der Neukantianismus verdeckt in dieser Optik nicht nur die faktische Lebenserfahrung, sondern auch eine Tradition des philosophischen Fragens, die aus konkreter Erfahrung hervorgegangen ist. Als negatives Beispiel führt er Trendelenburg an, der Aristoteles bloß durch die Brille Hegels zu sehen vermöge (GA63 42f). Mit ironischem Unterton faßt Heidegger die Lage zusammen: »Die Philosophie bietet dem Dasein objektiven Schutz, Aussicht auf die beruhigende Sicherheit der Übereinstimmung, die Herrlichkeit der Unmittelbarkeit der Lebensnähe« (GA63 64).

Vor dieser kritischen Folie wird das Gegenprogramm entfaltet. Der »feste Boden«, so Heidegger, bestehe nicht im Systemdenken, sondern »im Ergreifen der Fragwürdigkeit, d.h. in der radikalen Zeitigung des Fragens« (GA61 37). Die Philosophie wird auf das faktische Leben, die »existenzielle Grunderfahrung« verwiesen (GA61 20). Er folgt darin den kritischen Impulsen des Historismus Diltheyscher Prägung sowie der außerakademischen Lebens- und Weltanschauungsphilosophie (Henri Bergson, Sören Kierkegaard, Friedrich Nietzsche). Allerdings sieht Heidegger in der Relativierung des eigenen geschichtlichen und lebensweltlichen Standortes keine wirkliche Alternative zum vorgeblich standpunktfreien Systemdenken des Neukantianismus. Vielmehr sucht er einen Ausweg aus der Trennung von systematischem Universalismus und geschichtlichem Relativismus bzw. aus der harmonischen Aufhebung dieser Gegensätze (GA61 110). Wie aber ist das möglich, wie kann Philosophieren einerseits die Vollzugssituation des faktischen Lebens zum Ausgang und Ziel wählen, ohne dieser Faktizität andererseits schicksalhaft ergeben ausgeliefert zu sein? Indem, so Heideggers Antwort, die Faktizität selbst in die »Vorhabe« (GA61 19) des Philosophierens gebracht werde, um kritisch durchleuchtet zu werden. Der gesamte Frageansatz gewinnt dadurch eine hermeneutische, selbstreflexive, mithin selbstklärende Struktur. Die faktische Situation soll weder transzendiert noch blindlings hingenommen, sondern überhaupt erst einmal voll erfaßt werden. Hermeneutik bezeichnet hier nicht eine Lehre von der Auslegung, sondern meint die Selbstauslegung des faktischen Lebens. Deshalb spricht Heidegger 1923 von der »Hermeneutik der Faktizität«. Die Kritik des Neukantianismus hatte ergeben, daß die dominierenden Philosophenschulen das Konkrete nur als Typisches, d.h. als präkonzeptualisiertes, potentielles Element eines Gesamtsystems begegnen lassen. Könnte es also sein, daß die Selbstauslegung der Gegenwart mit tradierten Erklärungsmustern arbeitet, die das faktische Leben eher verdecken als erhellen? Könnte es außerdem sein, daß die schärfsten Opponenten dieser Schulphilosophie, die Lebensphilosophen, in ihrer Kritik bipolar auf ihre Gegner bezogen bleiben, anstatt sich der faktischen Erfahrung auszusetzen? Die Schwierigkeiten des Verstehens gründeten, so Heidegger, gar »nicht in der Verwickeltheit der Gegenstände, die im Grunde einfach genug sind, sondern in der Verranntheit des überkommenen philosophischen Denkens und der faktisch historischen Verbundenheit jedes und gerade des vorzugehenden Philosophierens an seine Umgebung und Tradition« (GA61 113).

»Tradition« wird für Heidegger zum Schlüsselbegriff. Jede Zeit hat ihre Tradition, jede Philosophie beruft sich auf ihre Ahnherren. Die Bezugnahme auf die Früheren dient der Selbstbestimmung. Tradition ist also ein wesentliches Konstituens des faktischen Lebens. Die »Hermeneutik der Faktizität« muß daher die Traditionsgebundenheit der eigenen Auslegung in die »Vorhabe« nehmen. Befragt werden soll das Selbstverständliche der eigenen Ausgelegtheit, das nicht für klärungsbedürftig gehalten wird und gerade deshalb »die herrschende Wirkungskraft der Problemvorgabe und der Führung des Fragens behält«. Selbstverständlich ist, was die Überlieferung verbürgt und dadurch die Würde des »gesicherten« Wissensbestandes annimmt. Heidegger hält dagegen, daß alle Fraglosigkeit Ausdruck einer »uneigentlich[en]« Aneignung des Vergangenen sei (PhIA 19). Bevor etwas selbstverständlich wird, muß es fragwürdig gewesen sein. Diese Dimension der Fragwürdigkeit, derer die selbstgefällige Gegenwartsphilosophie schon lange verlustig gegangen sei, gelte es freizulegen. »In der Philosophie kein Kompromiß. Eines gewiß: nicht zu Ende; also anfangen, *echt anfangen*, auf den Anfang zugehen, wenn er selbst allererst gesucht werden muß, d.h. wenn der Zugang zu ihm in Verlust geraten ist.« (GA61 186). So steht es in einer Notiz Heideggers zur Vorlesung von 1921. »Echtes Anfangen«, Rückgang auf den Anfang – dieses philosophiekritische Programm bezeichnet Heidegger kurz als »Destruktion« (GA61 32, 67). Der Begriff stellt eine Provokation der Schulphilosophie dar, dennoch darf er nicht mißverstanden werden. Keineswegs geht es Heidegger darum, Philosophie insgesamt zu verabschieden. Vielmehr will er sie erst dort wiedergewinnen, wo sie noch aus echtem und ursprünglichem Fragen motiviert wird. Destruktion meint daher nicht Zerstörung, sondern im eigentlichen Sinn *De-konstruktion*, Zerlegung von Systemen bis zur Freigabe ihrer Elemente. Das Motiv des Rückbaus unterscheidet sich deutlich vom Neukantianismus. Weder soll ein Standpunkt jenseits der Geschichte bezogen, noch objektives Wissen angesammelt werden. Die Destruktion steht in einer hermeneutischen Situation, von der *aus* und *in* die zurück gefragt wird. »Die Situation der Auslegung, als der verstehenden Aneignung des Vergangenen, ist immer solche einer lebendigen Gegenwart.« Jede Aneignung ist relativ auf diese Gegenwart bezogen, weshalb philosophische Forschung »nie mit dem Anspruch wird auftreten wollen, kommenden Zeiten die Last und die Bekümmerung radikalen Fragens abnehmen zu dürfen und zu können« (PhIA 1–3).

1.2 Hermeneutik und Ontologie

Wie aber kann die Vergangenheit angeeignet werden? Ein leichtes Verstehen gibt es nicht, das hebt Heidegger eindringlich hervor. »Vorbild« ist ihm die Vergangenheit zuerst »in der je erreichten und konkret ausgebildeten Frageursprünglichkeit«. Um zur »Frageursprünglichkeit« zurückzukehren, muß die *gesamte* Tradition der Antworten suspendiert werden. Am Anfang dieser Tradition aber steht der Frager selbst, sofern er Lösungen für seine Probleme sucht. Die Destruktion kennt keine Ausnahmen; sie enthüllt den Anfang ursprünglichen Fragens, indem sie die Fragen von den Antworten trennt. »Verstehende Vorbildnahme, der es um sich selbst geht, wird von Grund aus die Vorbilder in die schärfste Kritik stellen und zu einer möglichen fruchtbaren Gegnerschaft ausbilden.« (PhIA 3f). In der »fruchtbaren Gegnerschaft« sind der destruktive und der hermeneutische, der zerstörerische und der verstehende Impuls in der notwendigen Spannung. Diese Spannung wird produktiv, wenn die Kritik am Gegner zurückschlägt auf die eigene faktische Situation, so daß deren Verdeckungen offenbar werden. Erst wenn die eigene Faktizität ebenso offenliegt wie die des ›Gegners‹, kann *eigentliches* Verstehen Raum greifen. Über die Zeiten hinweg wird ein Diskurs über das Gemeinsame möglich, im Verdeckten wie im Entdeckten. Dieses Gemeinsame bezeichnet Heidegger als die jenseits aller historischen Unterschiede liegende »existenzielle Grunderfahrung« (GA61 20). Im Dialog mit dem Gegner, der nun Partner wird, können die Strukturen solcher Erfahrungen herausgearbeitet werden. Deswegen ist die Hermeneutik der Faktizität eine »Ontologie« des Daseins, wie der Titel der Vorlesung von 1923 ankündigte. Ziel des »auslegenden Rückgangs« ist es, den »*Seinscharakter* der Faktizität in den Griff zu bekommen«, ihn dann »zu Begriff zu bringen, d.h. als Existenzial durchsichtig zu machen, um damit einen ersten ontologischen Zugang zur Faktizität auszubilden« (GA63 35). Heidegger unterscheidet, wenngleich nicht immer konsequent, ontologische »Existenzialien« von ontischen Kategorien, die allein das nicht daseinsmäßig Seiende bestimmen. Die Existenzialien sind weder konkret noch allgemein, vielmehr geben sie »formale Anzeige« (GA61 33; GA63 18) von der Faktizität des Daseins. Mehr kann eine Hermeneutik der Faktizität für ihre eigene Zeit nicht leisten; die Konkretisierung ist Sache des Daseins selbst.

Wo aber ist der Gegner und Partner zu finden, der verdeckt und entdeckt, der ursprüngliche Fragen stellt und verstellende Antworten gibt? Für Heidegger muß die Suche in der griechischen Antike beginnen, in einer Zeit, als die Philosophen originär Fragen stellten und erst danach Antworten suchten, als das Fragen noch auf wirklicher Erfahrung beruhte, nicht auf weltferner Spekulation. Die gegenwärtige Philosophie, schreibt Heidegger in seinem Bewerbungsmanuskript für Marburg, »bewegt sich zum großen Teil uneigentlich in der griechischen Begrifflichkeit«. »Die Grundbegriffe haben ihre ursprünglichen, auf bestimmt erfahrene Gegenstandsregionen bestimmt zugeschnittenen Ausdrucksfunktionen eingebüßt« (PhIA 19f). Die Gegenwart ist in dieser Hinsicht das Opfer des Christentums. In Heideggers Perspektive erklärten die ersten Christen ihre Lebenserfahrung mit Begriffen der griechischen Philosophie, so jedoch, daß sie auf eine »Gegenstandsregion« rekurrierten, welche ihrer existenzialen Erfahrung nicht angemessen sein konnte. Diese Region war die *theōria*, eine bestimmte Haltung des Daseins, die sich von der konkreten Existenz entfernte, um sich *ta meta ta physika* zuzuwenden, dem, was die beobachtbare Natur überschreitet. Eine solche Vorbildnahme christlicher Denker an der griechischen Philosophie beginnt für Heidegger mit Paulus und der Patristik (GA61 6); sie erreicht ihren Höhepunkt mit Thomas von Aquin. Die theologischen Problemstellungen und die in ihnen »im vorhinein angesetzte Idee des Menschen und des Lebensdaseins gründen in der aristotelischen ›Physik‹, ›Psychologie‹, ›Ethik‹ und ›Ontologie‹«. Auch Luthers Angriff gegen diese Tradition, »erwachsen aus seiner ursprünglich zugeeigneten Paulus- und Augustinus-Auslegung« (PhIA 22), sei bald durch ihn selbst, später dann durch Melanchthon in die scholastische Begriffstradition zurückübersetzt worden. Die protestantische Dogmatik »mit ihren wesentlichen aristotelischen Direktionen ist der Wurzelboden des *deutschen Idealismus*«. So verortet Heidegger Kant, Fichte, Schelling und Hegel als theologische Denker in der Fluchtlinie griechisch-aristotelischen Denkens (GA61 7).

Es geht ihm freilich nicht darum, irgendeine »Aktualität« des Aristoteles herauszustellen, vielmehr nimmt er dessen lange, *verdeckende*, sich bis zum aristotelesfeindlichen Neukantianismus durchhaltende Fernwirkung ins Visier. Die vielfachen Verdeckungen will er primär nicht Aristoteles anlasten, sondern jeder Zeit selbst, sofern sie ihre genuinen Erfahrungen auf dem Boden einer unreflektierten Tradition zu artikulieren sucht – und damit verstellt. Heidegger wiederholt also in verschärfter Form die Kritik Luthers an der »Gräzisierung des christlichen Lebensbewußtseins« (GA61 6). Vor diesem Hintergrund wird eine Notiz zur Vorlesung von 1923 verständlich: »Griechische Ontologie; Idee des Menschen; Christliche Theologie, Augustin – Destruktion!« (GA63 107). Damit ist stichwortartig ein ambitioniertes Forschungsprogramm umrissen. Heidegger will sowohl die griechische Ontologie als auch die christliche Theologie »zerstören«, jedoch nicht aus purer Lust an der Destruktion, sondern mit Blick auf die existenzialen Erfahrungen, welche von den genannten Gedankengebäuden verdeckt werden. »Abbau [der Tradition], das heißt hier: Rückgang zur griechischen Philosophie, zu *Aristoteles*, um zu sehen, wie ein bestimmtes Ursprüngliches zu Abfall und Verdeckung kommt, um zu sehen, daß wir in diesem *Abfall* stehen.« (GA63 76). Wie selbstverständlich setzt Heidegger Aristoteles an den Anfang der Destruktion – nicht Platon, auch nicht Parmenides, obwohl beide ihm denkgeschichtlich vorausgehen. Im »Lichte des angesetzten Faktizitätsproblems«, erscheint ihm Aristoteles als der Vollender der vorangegangenen Philosophie und zugleich als derjenige, der den Horizont des griechischen Denkens am radikalsten erschließt (PhIA 24). In diesem Rahmen stehen Heideggers umfangreiche Aristoteles-Auslegungen der Jahre 1921–25. Es eröffnen sich neue Perspektiven auf Aristoteles. Das selbstgestellte Motto für diese Blicköffnung hat Heidegger in einer Notiz prägnant festgehalten: »E. Hermeneutik der Faktizität: jetzt radikale Faktizität mitnehmen im Zurück zu A.«[9] (GA63 105).

2. Aristoteles als Phänomenologe

Heidegger unternimmt seinen Rückgang auf Aristoteles in zweifacher Hinsicht. Zum einen arbeitet er die inhaltlichen Grundlagen und ungelösten Fragestellungen der aristotelischen Ontologie heraus. Zum anderen findet er in Aristoteles – »der erste große und radikale wissenschaftliche Mensch« (GA61 4) – sein methodisches »Vorbild« (GA63 5). Als »Weise der Forschung, nämlich: etwas Ansprechen [sic], wie es sich zeigt und nur soweit es sich zeigt« sei Phänomenologie »für jede Wissenschaft eine pure Trivialität, und doch ist sie in der Philosophie seit Aristoteles mehr und mehr abhanden gekommen« (GA63 71). Wie Gadamer berichtet, hat Heidegger sogar den neukantianisch ausgerichteten Husserl, der immerhin als Begründer der Phänomenologie galt, davon überzeugen können, daß der Grieche »ein wirklicher Phänomenologe gewesen

---

9 Mit »A.« ist natürlich Aristoteles gemeint. Vgl. zu dieser Stelle auch die Bemerkungen von Hans-Georg Gadamer in GW10 64ff.

sei« (GW3 402). So sei es dazu gekommen, daß Aristoteles schon 1923 »im Vorhof der Phänomenologie zugelassen war« und Husserl ihn als »Anima naturaliter phänomenologica« betrachtet habe.[10]

2.1 Kritik der Husserlschen Phänomenologie

Offensichtlich hatte Husserl nicht gemerkt, daß der Rückgriff auf Aristoteles indirekt gegen ihn, Husserl, selbst gerichtet war. Zwar erkannte Heidegger die *Logischen Untersuchungen* als Meilenstein der neueren Philosophie an, doch hielt er die darin liegende und später weiterverfolgte Tendenz der Forschung für einen falschen Weg. Die Kritik entzündete sich an zwei Punkten. Thematisch war Husserl in Heideggers Augen von einer ontologischen Fragestellung abgefallen.[11] In der frühen Schrift hatte er herausgearbeitet, daß ein Gegenstand nicht bloß etwas »ist«, sondern daß sein Sein als Phänomen erst durch intentionale Bezugnahme konstituiert wird. Allerdings waren Husserls gesamte Interessen auf logische Zusammenhänge der Wahrnehmung gerichtet, weshalb deren konkreter Gegenstand zweitrangig wurde. Husserl, so sah es Heidegger, verlor sich in »Scheinproblemen« (GA63 82). Eine Notiz von 1923 spricht deutliche Worte: »Göttingen 1913: Ein Semester lang haben Schüler Husserls darüber gestritten, wie ein Briefkasten aussieht. In dieser Behandlungsart unterhält man sich dann auch über religiöse Erlebnisse. Wenn das Philosophie ist, dann bin ich auch für Dialektik.« (GA63 110). Husserls thematische Gleichgültigkeit war innerhalb des selbstverfolgten Denkansatzes völlig konsequent. Er wollte die für Wahrnehmung und Denken konstitutiven allgemeinen Bewußtseinsstrukturen ausloten, gerade unabhängig vom konkret Vernommenen. Gegen diese Fixierung auf das Bewußtsein wendet sich Heideggers methodische Kritik an Husserls Phänomenologie. Die Übernahme des typisch neuzeitlichen Subjekt-Objekt-Schemas läßt in seinen Augen jede Fragestellung zu einer erkenntnistheoretischen werden, deren Fundament entweder im Objekt, im Subjekt oder, wie bei Husserl, in deren Korrelation in apriorischen Bewußtseinsstrukturen liegt. »Diese konstruktive, durch die Hartnäckigkeit einer verhärteten Tradition fast unausrottbare Vorhabe verbaut grundsätzlich und für immer den Zugang zu dem, was als faktisches Leben (Dasein) angezeigt ist.« (GA63 81). Subjekt und Objekt stellen für Heidegger nicht die originären Weisen dar, wie Welt erfahren wird, vielmehr sieht er sie im faktischen Leben fundiert, das sich immer schon in einer Welt vorfindet. Weil Husserl Welt nur auf der Ebene des theoretischen Erkennens untersuche, bleibe er in der Sphäre der »Dinglichkeit« stehen (GA63 60) und betreibe Phänomenforschung bloß als »deskriptive Psychologie« (GA63 70). Geleitet werde er vom Erkenntnisideal der mathematischen Naturwissenschaften, gegen das Heidegger seinen hermeneutischen Ansatz profiliert. Die Vorwürfe wiegen schwer. Im Kern besagen sie, daß Husserls Parole »Zu den

---

10 Erinnerungen an Heideggers Anfänge, in: Dilthey-Jahrbuch 4 (1986), 20. Zum Einfluß des Aristoteles auf Heideggers phänomenologisches Programm vgl. auch Walter Brogan: The Place of Aristotle in the Development of Heidegger's Phenomenology, in: Reading Heidegger from the Start. Essays in His Earliest Thought, hg. von Theodore Kisiel u. John van Buren, Albany 1994, 213–227.

11 Vgl. Thomas Sheehan: Heidegger's Philosophy of Mind, in: Contemporary Philosophy IV: Philosophy of Mind, hg. von Guttrum Floistad, Den Haag 1983, 291.

Sachen selbst« wegen einer falschen Konzeption der »Sachen« seiner ursprünglichen Intention zuwiderläuft.

Aus dieser Situation, einer Sackgasse neuzeitlicher Subjektphilosophie, bietet die Rückwendung zu Aristoteles für Heidegger einen doppelten Ausweg. Einerseits liege dessen Philosophieren vor der Dichotomie von Innen- und Außenwelt und handele »vom Erkennen als Umwelt-Erhellung« (GA61 5). Aristoteles sichtet die Umwelt in ihrer mannigfaltigen Phänomenalität und reflektiert zugleich die ontologischen Voraussetzungen dieser Sichtung (GA19 19). Es geht ihm darum, das Sein des Menschen in der Welt aufzuklären. Thematisch wie methodisch kommt dieser Zugang Heideggers eigenen Interessen entgegen. Andererseits entwirft Aristoteles ein Erkenntnisideal, das bis in die Husserlsche Philosophie hinein prägend und verstellend bleibt. Erst wenn diese unreflektierten Grundlagen des abendländischen Denkens am Ursprung ihrer Genese aufgespürt werden, eröffnet sich die Aussicht, phänomenologische Forschung in ihrer vollen Spannweite zu begreifen und zu betreiben. Heideggers Rekonstruktion der aristotelischen Phänomenologie ist mithin ein Musterfall für die Anwendung der »Hermeneutik der Faktizität«. Sie geht zu den griechischen Wurzeln des Wortes ›Phänomenologie‹, *phainomenon* und *logos*, zurück und versucht diese von Verdeckungen zu befreien, die bei Aristoteles zwar teilweise angelegt sind, im Zuge ›uneigentlicher Aneignung‹ jedoch vervielfacht wurden. Hinter der etymologischen Begriffsanalyse steht das Ziel, den Boden zurückzugewinnen, auf dem die Begriffe zuerst entstanden sind. Auf diesem Boden vermutet Heidegger auch ein ursprüngliches Verständnis von Wahrheit, das er mit und gegen Aristoteles rekonstruiert. Die ausführlichsten Textpassagen finden sich in der ersten vierstündigen Marburger Vorlesung *Einführung in die phänomenologische Forschung* vom Wintersemester 1923/24 (GA17 6–47) und in der zwei Jahre später gehaltenen Vorlesung *Logik. Die Frage nach der Wahrheit* (GA21 127–195).[12]

2.2 Phänomen und phainomenon

Phainomenon ist das mediale Partizip des Verbums *phainomai*, sich zeigen, dessen Aktivum *phainō* Heidegger mit »etwas an den Tag bringen, sichtbar machen an ihm selbst, in die Helle stellen« übersetzt. Diese Übersetzung erinnert den Stamm *pha-* bzw. *phōs*, was Licht, Helligkeit bedeutet. Die Gesamtbestimmung von *phainomenon* lautet: »das, was sich an ihm selbst als ein solches zeigt und als solches unmittelbar da ist« (GA17 6–9). Das Sichzeigen des Phänomens stellt für Heidegger die nicht weiter hintergehbare Erst- und Letztgegebenheit des Erkennens dar. Ein solches ursprüngliches Verständnis sieht er beispielhaft in De An. II.7 zum Ausdruck gebracht, einem Kapitel, in dem Aristoteles vom Sehen handelt. Es beginnt mit der Feststellung, sichtbar sei das Farbige (*chrōma*) und das, was zwar in Worten umschrieben werden könne (*ho logō men estin eipein*), jedoch nie einen eigenen Namen erhalten habe (*anōnymon de tygchanei on*; 418a26–28). Jenes wird in der Helle des Tages wahrgenommen, dieses in der Dunkel-

---

12 Zu nennen ist außerdem die Vorlesung *Prolegomena zur Geschichte des Zeitbegriffs* (SS 1925), die *Sein und Zeit* §7 vorwegnimmt (GA20 110–122).

heit der Nacht, die Aristoteles als Beraubung (*sterēsis*) von Helligkeit umschreibt (b9–21). In der Dunkelheit könne das feuerartig Leuchtende (*ta purodē phainomena*, 419a3) vernommen werden, zum Beispiel Schuppen und Fischaugen; für diese *phainomena* gebe es jedoch keinen zusammenfassenden Begriff (*anōnyma d'esti tauta eni onomati*, a4). Diese Feststellung hält Heidegger für höchst bemerkenswert. Er betont, daß es für Aristoteles Phänomene in der Helle *und* in der Dunkelheit gebe. Seine Absicht sei es, auch die letzteren aufzuspüren, selbst wenn dafür keine Oberbegriffe vorlägen, weil »unsere Sprache (Kategorienlehre) eine Sprache des Tages ist«. Nicht etwa helfe eine Kategorienlehre der Nacht weiter, folgert Heidegger, vielmehr müsse dieser Gegensatz überwunden werden. Aristoteles, der Phänomenologe, habe erkannt, daß die Phänomene den »ausdrücklichen Anspruch« erhöben, »als der Boden für alles weitere Fragen und Explizieren zu dienen«. Das komme zum Ausdruck in seiner Devise *sozein ta phainomena*, die Phänomene retten. Diesen Anspruch könne jedoch nur der Forscher erfüllen, der vorgängig mit seinem Untersuchungsgegenstand vertraut sei und die angemessene Untersuchungsmethode wähle (GA17 10–13). Die von Aristoteles geleistete Explikation des Sehens hält er in dieser Hinsicht für vorbildlich: »Eine so konkrete Explikation wurde später nicht wieder versucht.« (GA17 7).

Heideggers Deutung ist mit und gegen Aristoteles gewonnen. *Mit*, weil sie den ursprünglichen Blick des Aristoteles vor Augen führt. *Gegen*, weil sie einen Weg erinnert, der ebenfalls von Aristoteles stammt und in Heideggers Optik dazu beiträgt, die Phänomene zu verstellen. Gemeint ist die Kategorienlehre, der Versuch das Seiende im Hinblick auf seine allgemeinen Merkmale zu erfassen. Bei Aristoteles entsteht die Kategorienlehre, um die mannigfaltigen Phänomene zu ordnen, also aus der Situation konkreter, verstehender Forschung heraus. Wenn in seiner Nachfolge diese Lehre in den Wissensbestand übergeht, tritt jedoch ein unwiederbringlicher Verlust ein: Die Kategorien leiten den Blick, ohne ursprünglich angeeignet zu sein. Aus dem Anspruch der Phänomene, als Sichzeigende den Boden des Forschens abzugeben, wird der Anspruch des Forschers, nur das sich zeigen zu lassen, was in sein Wahrnehmungsraster fällt. Alles andere wird im Denken ergründet. Auf dieser Basis ruht die philosophiegeschichtlich wirkungsmächtige Theorie, daß an einer Sache nur ihre akzidentielle *Erscheinung* kategorial erfaßt werden kann, während ihr Wesen der Wahrnehmung verborgen bleibt. Heidegger nennt das »naive Metaphysik« (GA17 11), gegen die er Aristoteles ausdrücklich in Schutz nimmt. Nur eine »äußerlich gewordene Philosophie« habe zu einem solchen Begriff von Erscheinung gelangen können. Heidegger weiß sehr wohl, daß Aristoteles der geistige Ahnherr dieser Theorie ist. Jedoch geht es ihm an diesem Punkt seiner Vorlesung primär darum, hinter die Kategorienlehre zurückzufragen und den Horizont zu ergründen, in welchem die Begriffe der »Substanzmetaphysik« entstanden sind. *Hypokeimenon* bezeichne ursprünglich nicht das der sinnlichen Erfahrung »unterliegende« Wesen bzw. die Substanz, sondern »das Vorliegende, das, was vor allem Sich-umtun im Dasein schon da ist« (GA17 27). Dieses zeige sich auch nicht in akzidentieller Spezifizierung, vielmehr meine *kata symbebekos* »das im nächsten Vernehmen Mitbegegnende«, also die Umstände, in denen ein *hypokeimenon* angetroffen wird. »Hinsichtlich der Vernehmbarkeit eines *kata symbebekos* ist Täuschung möglich und sogar die Regel.« (GA17 9). Es wäre jedoch falsch, deswegen ein Vorliegendes aus seinen Umständen heraus zu nehmen und es in Absehung von seiner Begegnungsweise »an sich« zu bestimmen.

Dieses Problembewußtsein hinsichtlich des phänomenalen Erkennens hat die Philosophie, will man Heidegger folgen, nach Aristoteles verloren und bei aller Selbstkritik bis in die Neuzeit nicht zurückgewonnen. Kant etwa wendet sich gegen die klassische Metaphysik, an deren Anfang er Platon und Aristoteles wähnt, nur um dann selbst die im Zuge nicht ausdrücklicher Aneignung überlieferten Wissensbestände neu zusammenzusetzen, anstatt sie als solche zu hinterfragen. Am Leitfaden der auf der Kategorienlehre beruhenden traditionellen Logik konstruiert er transzendentale Bewußtseinsstrukturen, welche ermöglichen sollen, daß ein Ding in der sinnlichen Anschauung als einheitliches *Phänomen* konstituiert wird. Die Substanzmetaphysik kehrt, wenngleich in starker Verwandlung, in seiner Annahme wieder, daß das *Ding an sich* nur im Denken zugänglich sei, als *Noumenon*. Es müsse eine Erkenntnis möglich sein, »dadurch uns nämlich die Gegenstände vorgestellt werden, *wie sie sind*, da hingegen im empirischen Gebrauch unseres Verstandes Dinge nur erkannt werden, *wie sie erscheinen*«[13]. Die Möglichkeit, daß sich ein Phänomen als es selbst zeigt, ist damit schon definitorisch ausgeschlossen (dann wäre es nämlich ein *Noumenon*). Husserl erkannte die Schwäche dieses Ansatzes, der Innen- und Außenwelt radikal trennt. Das transzendentale Bewußtsein steht seiner Auffassung nach in einem Erfahrungshorizont, auf den es intentional bezogen ist. »Das Wort Phänomen ist doppelsinnig vermöge der wesentlichen Korrelation zwischen Erscheinen und Erscheinendem.«[14] Ein Phänomen ist also keine reine Bewußtseinstatsache. Dennoch neigt Husserl, besonders in seinen späteren Untersuchungen, zur einseitigen Fundierung des Phänomens in der transzendentalen Subjektivität.

Hingegen folgt Heidegger der anfänglichen Spur Husserls und stößt im Zuge des Abbaus der Verdeckungen, die eine lange Philosophiegeschichte angehäuft hat, auf den, wie er meint, ursprünglichen Sinn von Phänomen als *phainomenon*. Den Begriff der Erscheinung vermeidet er, nicht nur wegen seiner transzendentalphilosophischen Vorbelastung, sondern auch wegen eines bestimmten umgangssprachlichen Verständnisses. So spreche man üblicherweise von »Krankheitserscheinungen« und meine damit Symptome, die etwas indizieren, das selbst nicht erscheint. Fieber etwa ist die Anzeige einer organischen Störung, die nicht selbst erscheint. Oder, anders gewendet: Die organische Störung zeigt sich als etwas, das nicht sie selbst ist. Das setzt freilich voraus, daß sie zunächst sie selbst ist und sich erst dann als etwas anderes zeigt. Das Symptom einer Krankheit ist mithin kein »bloßer Schein«, sondern etwas, das sich im Zurückfragen als Erscheinung *von* etwas herausstellt, das *es selbst* ist, etwa eine organische Störung (GA20 112f). Es genügt also nicht, einfach Erscheinungen zu konstatieren, man muß sie verfolgen, bis das ganze Phänomen zutage tritt. Das ist die Aufgabe nicht nur des Arztes, sondern auch des Phänomenologen.

2.3 Logik und logos

Phänomenologie heißt »Wissenschaft von den Phänomenen«. Das Suffix *-logie* ist eine Ableitung von gr. *logikē*, der Wissenschaft vom Wissen. Die *logikē* wurde als eigenstän-

---

13 Kritik der reinen Vernunft, A 250f.
14 Die Idee der Phänomenologie (1907), in: Husserliana (Gesammelte Werke), Bd. 2, hg. von Walter Biemel, Den Haag ²1958, 14.

dige Disziplin von Aristoteles begründet; sie ist in den Schriften des sogenannten *Organon* überliefert. Diese handeln von Begriffen, Sätzen und Schlüssen; ihre Grund- und Bezugseinheit ist die Aussage (*logos*), welche Anspruch auf Wahrheit erhebt. Nach dem traditionellen, sich auf Aristoteles berufenden Verständnis der Philosophie, ist eine Aussage dann wahr, wenn sie mit ihrem Gegenstand übereinstimmt (*adaequatio ad intellectus rei*). Die Wahrheit ist im Satz, in der Aussage, nicht im Gegenstand selbst. Für eine Wissenschaft von den Phänomenen heißt das: Die Phänomene werden qua Aussage bestimmt; diese Aussage ist wahr, wenn sich die Bestimmung mit dem Phänomen deckt. Was aber würde dann aus *ta purodē phainomena*, von denen Aristoteles ausdrücklich sagt, sie ließen sich nicht mit einem Oberbegriff bestimmen? Solche Phänomene existierten schlechthin nicht, über sie wäre keine Aussage möglich. Ein Dilemma der Logik wie der Phänomenologie, aus dem Heidegger einen Ausweg sucht. Die Definition des *phainomenon* als das, was sich an ihm selbst zeigt, gibt bereits die Richtung vor. Nicht etwa liegt die Wahrheit in der Aussage, sondern in den Phänomenen. Um die Wahrheit der Phänomene aufzuzeigen, bedarf es einer bestimmten Weise des Ansprechens. Um darüber Aufschluß zu gewinnen, wendet sich Heidegger genau jenen Passagen zu, in denen Aristoteles den *logos* als bestimmende Aussage definiert. Er will zeigen, daß diese Funktion des *logos* auch für Aristoteles nicht die primäre und ursprüngliche ist.

In *De Interpretatione* (Int.; gr. *Peri Hermeneias*) unterscheidet Aristoteles zwischen Sätzen, die etwas sagen (*phasis*) und solchen, die etwas aussagen (*kataphasis*; 4, 16b26–28). In diesem Zusammenhang heißt es: *esti de logos hapas men sēmantikos, [...], apophantikos de ou pas, all'en hō to alētheuein hē pseudesthai hyparchei* – in der Übersetzung der deutschen Akademieausgabe[15]: »Jedes Wortgefüge hat zwar eine Bedeutung, [...], ein Behauptungssatz aber ist nicht jedes, sondern nur eines, dem es zukommt, wahr oder falsch zu sein.« Als Beispiel für den *logos sēmantikos* nennt Aristoteles Bitten und solche *logoi*, wie sie in der Rhetorik und der Poetik vorkommen (17a3–7), Aussagen also, die nicht ausdrücklich einen Anspruch auf Wahrheit erheben. Letztere sind Gegenstand der nachfolgenden Kapitel, in welchen sie unter den Gesichtspunkten der Qualität (zusprechende oder absprechende Aussagen), der Quantität (allgemeine, unbestimmte und spezielle Aussagen) sowie der Modalität (Aussagen über Wirklichkeit, Notwendigkeit und Möglichkeit) verhandelt werden. Vor diesem Hintergrund scheint *logos apophantikos* nichts anderes zu bedeuten, als was die Tradition darunter verstanden hat, eine Aussage, deren Wahrheit im Satz liegt und nirgendwo anders.

Heidegger sucht eine andere Annäherung, indem er die griechischen Begriffe mit Rücksicht auf ihre etymologische Bedeutung übersetzt. *Apophainesthai* besagt dann nicht ›behaupten‹, ›bestimmen‹ oder ›urteilen‹, sondern: »*sehen lassen von etwas an ihm selbst und zwar – apo – von ihm selbst her*« (GA20 115; GA21 133). »In der Rede soll, sofern sie echt ist, das, was geredet wird – *apo* –, aus dem, worüber geredet wird, geschöpft sein, so daß die redende Mitteilung in ihrem Gehalt, in dem was sie sagt, und

---

15 Aristoteles. Werke in deutscher Übersetzung, Bd. 1/II – Peri Hermeneias, übers. von Hermann Weidemann, Berlin 1994.

dem worüber sie redet, offenbar macht.« (GA20 115). Nach dieser Auslegung ist der *logos apophantikos* genau jene Rede, welche die *phainomena* an ihnen selbst erfaßt und sie in Worten zugänglich macht; sie ist maßstäblich an das Phänomen zurückgebunden. Sofern der *logos apophantikos* diesem Anspruch gerecht wird, leistet er ein *alētheuein*, in Heideggers Worten gibt er »Seiendes als Unverdecktes« (GA17 20). Heidegger übersetzt nicht, wie üblich, mit ›Wahrheit‹, sondern setzt den etymologischen Sinn von *alētheia* voraus. Das Wort ist zusammengesetzt aus einem Alpha privativum und *-lētheia*, einer Ableitung von *lanthanō*, verborgen, verdeckt. An anderer Stelle vermerkt er dazu: »Dieser privative Ausdruck zeigt an, daß das Unverdecktsein der Welt erst *errungen* werden muß, daß es etwas ist, was zunächst und zumeist nicht verfügbar ist.« (GA19 16). Wenn der *logos* verdeckt, bewirkt er ein *pseudesthai*, ist nicht einfach falsch, sondern »verdeckend« (GA21 132). Unter Berücksichtigung dieser Übersetzungen bekommt die Stelle in Int. 4, 16b26–28 einen ganz neuen Sinn: »aufweisend sehenlassend (Aussage) ist nur das Reden, darin das Entdecken oder Verdecken vorkommt«. Heidegger spricht von der primären Bedeutung der Aussage, der gegenüber die bestimmende oder behauptende Aussage abgeleitet sei (GA21 132–135). Die Satzwahrheit gründet also in der Entdecktheit von Sich-Zeigendem. Diese Auslegung beruht zunächst nur auf der wortgenauen Übersetzung, sie wird vom Sachzusammenhang des Textes weder bestätigt noch widerlegt. Heidegger »unterfüttert« *De Interpretatione* mit einem Wahrheitsverständnis, das seiner Ansicht nach im vorphilosophischen Bewußtsein der Griechen lebendig war und von den Philosophen geteilt wurde, ohne ausdrücklicher Erklärung zu bedürfen. Zur Erläuterung greift er auf andere Passagen im aristotelischen Werk zurück.

Im philosophischen Wörterbuch von Met. V führt Aristoteles in Kap. 29 drei Möglichkeiten des *pseudos* an: den *logos* selbst, die von ihm angezeigte Sache, *pragma*, und den Menschen als »Benutzer« des *logos*. Heidegger zeichnet diese Möglichkeiten nach, vermerkt jedoch, daß es sich um drei Hinsichten auf ein »*eigentümliches Grundphänomen*« handele, was Aristoteles so nicht gesehen habe. »*Das faktische Dasein des Sprechens als solches, sofern es da ist und lediglich sofern es da ist als Sprechen, ist die eigentliche Quelle der Täuschung.*« Erstens liegt in jedem Sprechen die Möglichkeit, etwas anderes zu sagen, als man meint. Das ist möglich in der Weise der absichtlichen Täuschung oder im Nur-so-Dahinreden, wenn die Tatbestände »nicht eigentlich zugeeignet [sind]«. Zweitens kann der *logos* die *pragmata* zwar thematisch präparieren, jedoch bietet das »Dasein der Dinge« viel reichere Möglichkeiten. Heidegger spricht von der »Umständigkeit«, in der Dinge begegnen, und von der darin gründenden möglichen »Entgänglichkeit« der Welt (GA17 35–37), eine Erinnerung des *kata symbebekos* bei Aristoteles. Entscheidend ist, daß nicht die Phänomene verdeckt sind, sondern daß in der Bezugnahme auf sie Verdeckungen entstehen können. Für ein angemessenes Verständnis von Phänomenologie muß daher der Bezugscharakter des Phänomenologen zum Phänomen geklärt werden. Zu diesem Zweck rekurriert Heidegger auf Passagen aus *De Anima*.

Nach De An. III.3, 427a17–20 ist die menschliche *psychē* gekennzeichnet durch *kinēsis*, Bewegung, *aisthēsis*, Wahrnehmung, und *noēsis*, normalerweise mit ›Denken‹, von Heidegger jedoch, ebenso wie *aisthēsis*, durchgehend mit ›Vernehmen‹ übersetzt. Im Marburg-Manuskript bezeichnet er dies als die »phänomenologische Fassung des *nous*« (PhIA 30). Sie beruht auf der von Aristoteles selbst geäußerten Annahme, daß sich *aisthēsis* und *noēsis* durch ein gleiches Strukturmerkmal auszeichnen: Beide erfassen Welt in der Art des »Sehens« (*aisthanesthai*), das näherhin als *krinein* (a22) bestimmt werden kann. In diesem Zusammenhang bedeutet *krinein* zugänglich machen, abheben. In der *aisthēsis* ist das Abheben immer *alēthēs* (b11f); in der *noēsis* hingegen kann es auch *pseudōs* sein (b12–14). Das liegt an der *phantasia*, die die Wahrnehmungsinhalte in Vorstellungen verwandelt, aus denen der *nous* sein Material schöpft (428 a11f). Heidegger interessiert an der genannten Stelle besonders, daß Aristoteles den Weltbezug von Wahrnehmen und Vernehmen durch *kinēsis* spezifiziert. Welches also ist die dem Menschen zukommende Bewegungsart, in der er den Phänomenen begegnet und sie vernimmt?

Heidegger spricht vom »umgehende[n] Besorgen«, dem die Dinge nicht als Gegenstände begegneten, sondern als *pragmata*, »womit man im Umgang zu tun hat« (GA17 14). Umgang ist eine Übersetzung von *praxis*. Heidegger sucht damit hervorzuheben, daß der Mensch primär die Dinge nicht als etwas ihm Entgegenstehendes, sondern im vertrauten Umgang erfährt. Diesen Umgang bezeichnet er als »Gebrauch«. Die Welt begegne in den Gebrauchsdingen, die immer schon in ihrer »Bewandtnis«, ihrem »Wozu« erschlossen seien. Er gewinnt aus der Interpretation von *pragma* eine Grundbestimmung menschlicher *kinēsis*: »Dasein ist an ihm selbst von Hause aus welt-offen, offen für die Welt, die ihrerseits aufgeschlossen ist.«. Das Vernehmen gehe dieser Aufgeschlossenheit nicht voraus, vielmehr stehe es immer schon in ihr. »Jedes Vorsichhaben und Vernehmen von Dingen hält sich in diesem Aufschluß über sie, den sie einem primären Bedeuten aus dem Wozu verdanken.« (GA21 143f). Bedeuten meint hier: Etwas wird vernommen als *zum Schreiben* oder *zum Sitzen*; die Bedeutung ist im Wozu gegeben. Das *krinein* hebt das eine Wozu gegen das andere ab und macht Welt in der Mannigfaltigkeit ihrer Wozus zugänglich. Bezugnahme auf das Wozu – Heidegger leistet damit eine subtile Interpretation von Intentionalität. Der neue Begriff dafür lautet »umgehendes Besorgen«. Der Mensch bewegt sich in einer Welt, die nicht erst zu konstituieren, sondern immer schon in vorgängiger Erschlossenheit da ist. Intentionale Bezugnahme ist primär kein Erkennen, vielmehr ein Handeln. Das Handeln wird begleitet vom Vernehmen, das die Dinge gegeneinander abhebt und verfügbar macht: *dieser* Füller ist *zum Schreiben*, *dieser* Stuhl ist *zum Sitzen*. Voraussetzung des Vernehmens ist also eine vorgängige, im Handeln erfahrene Vertrautheit mit den *pragmata*. Der Phänomenologe muß sein *pragma* kennen; diese Forderung hatte Heidegger auch Aristoteles zugeschrieben.

Vertrautes Vernehmen, das bedeutet strukturell: etwas nehmen *als* zu etwas gut. Heidegger spricht von der »*Als-Struktur*« (GA21 144), die hermeneutisch sei, weil sie auf ein Verstehen des umgehenden Besorgens aus diesem heraus und auf es zurück ziele (GA21 150). Diese Verhaltensweise geht mit *logos* zusammen. Aristoteles nennt das Unterscheidungsvermögen beim denkenden und wahrnehmenden »Vernehmen« *legein* (De An. III.2, 426b20–22). »Der *logos* ist hier lebendig als ein *mitteilender logos*.« (GA17 28). Das *legein* stellt aus Heideggers Perspektive den ursprünglichen Weltbezug des Menschen dar (GA17 294). Diese Erfahrung habe sich in der klassischen Bestimmung des Menschen niedergeschlagen: »Das Ansprechen- und Besprechen-können des Begegnenden (Welt und Selbst), welches nicht Philosophie sein braucht, charakterisiert er [Aristoteles] als Menschsein: *logon echein*, Sprache haben.« Heidegger übersetzt *logon echein* nicht, wie üblich, mit »Vernunft haben«. Der Mensch ist seiner Grundbestimmung nach kein *animal rationale*, wie die latinisierte Form behauptet.[16] Vielmehr sieht er in der Rede vom *zōon logon echon* einen Beleg dafür, daß die Griechen in »ausgezeichneter Weise« und mit vollem Bewußtsein in der Sprache gelebt hätten und von ihr gelebt worden seien (GA17 18). Vernunft, Rationalität ist davon in doppelter Hinsicht zu unterscheiden. Einerseits gibt es ein reines Vernehmen, *noein aneu logou*, welches bei Aristoteles die *archai* ent-deckt, jedoch beim Menschen ausgesprochen selten vorkommt; Heidegger meint, es sei »keine [dauerhafte] Seinsmöglichkeit des Menschen« (GA19 59; GA17 298). Andererseits entspringt dem hermeneutischen Ansprechen das »Ausgesprochensein«, welches »im Satz eine eigene Existenz gewinnt« (GA17 25). Damit ist der *logos apophantikos* in dem engeren Sinn gemeint, in dem er von Aristoteles in *De Interpretatione* behandelt wird. Heidegger spricht vom »apophantischen ›Als‹« als bestimmenden ›Als‹ der Aussage, welches immer im »hermeneutischen ›Als‹« fundiert sei (GA21 153). Einer solchen Aussage wohne immer die Gefahr inne, sich zu verselbständigen, *legomenon* zu werden im Sinne einer allgemeinen Richtigkeit, die nicht weiter hinterfragt werde (GA17 25). Nach Heideggers Darstellung ist die »urteilende Vernunft« ein bloß abkünftiger Modus des originären Weltbezugs im vertrauten Ansprechen der *pragmata*.

Damit schließt sich der Kreis der Auslegung des *logos apophantikos* in *De Interpretatione*. Heidegger modifiziert den aristotelischen Text, indem er ihn zunächst wortwörtlich, d.h. *kontext-unabhängig* übersetzt und ihn dann in den Kontext von *De Anima* transferiert. Auf diese Weise lädt er ihn mit daseinsbezogener Semantik auf und gelangt zu einem *logos apophantikos* im weiteren Sinne, welcher dem ursprünglichen und primären Lebensvollzug entsprechen soll. Diesen *logos* projiziert er anschließend auf *De Interpretatione* zurück, um ihn vom *logos apophantikos* im engeren Sinne abzuheben.[17] Dieses subtile Verfahren ermöglicht es ihm in einem zweiten Schritt, mit Aristoteles eine hermeneutische, existenziale Logik zu entwickeln und diese gegen die theoretische Logik des Stagiriten auszuspielen. Die Destruktion der traditionellen Logik ist beim produktiven Dialog mit Aristoteles immer schon vorausgesetzt, selbst wenn sie von Heidegger erst ab dem Wintersemester 1925 (GA 21) explizit aufgewiesen wird.

2.4 Legein und theōrein

Heideggers Destruktion und Rekonstruktion der Logik beruhen auf der Interpretation des jeweils vorausgesetzten Weltbezugs unter dem Aspekt der Temporalität. Diese Interpretation wurde möglich, als Heidegger aufging, daß Ansprechen und Beurteilen, Besorgen und Betrachten zeitlich unterscheidbare Vollzugssituationen des Daseins involvieren. Seine Bewertung geschieht vor der leitenden Frage nach derjenigen Vollzugssituation, in der die Phänomene als sie selbst begegnen und aufgewiesen werden kön-

---

16 Die ausdrückliche Kritik am lateinischen *animal rationale* steht in GA63 21–27. »*Logos* bedeutet in der klassischen wissenschaftlichen Philosophie der Griechen (*Aristoteles*) nie ›Vernunft‹, sondern Rede, Gespräch; also Mensch ein Seiendes, das seine Welt hat in der Weise des Angesprochenen.« (GA63 21).

17 Vgl. die aufschlußreiche Untersuchung von Thomas Sheehan: ›Hermeneia‹ and ›Apophansis‹. The early Heidegger on Aristotle, in: Heidegger et l'idée de la phénoménologie (= Phaenomenologica, Bd. 108), hg. von Franco Volpi u.a., Dordrecht 1988, 67–80.

nen. Wie aus dem Vorstehenden ersichtlich, hält Heidegger das vertraute Ansprechen (*legein*) für den primären Weltbezug, während er das betrachtende Beurteilen (*theōrein*) als sekundäre Daseinshaltung ansieht. Um zu einer hermeneutischen Logik des *legein* zu gelangen, übersetzt Heidegger die Modi der Satzaussage (*logos apophantikos* im engeren Sinne) – *synthesis* und *dihairesis* (verbinden und trennen), *kataphasis und apophasis* (bejahen und verneinen), *alēthēs* und *pseudos* (wahr und falsch) – in Strukturen des »umgehenden Besorgens«, um diese anschließend in destruktiver Absicht auf das *theōrein* zurückzuwenden.

Was bedeutet es, wenn die Dinge in ihrem Wozu vernommen werden? Heidegger beschreibt diese Struktur phänomenal als ein »Immer-schon-vorweg-sein-bei-etwas«. Das Wozu bezeichnet etwas Zukünftiges. *Dieser Stuhl ist zum Sitzen* meint: Ich werde mich auf diesen Stuhl setzen. Der Stuhl begegnet mithin im Zurücklaufen (»bei ihm sein«) aus dem Vorwegsein in der Orientierung an seinem Wozu. Diese Struktur des Erfassens beschreibt Heidegger als ontologischen Grundbefund: »Weil mein Sein ständig so ist, daß ich mir selbst vorweg bin, muß ich, um etwas Begegnendes zu fassen, aus diesem Vorwegsein auf das Begegnende zurückkommen.« Was sich phänomenal zunächst ganz unspektakulär ausnimmt, birgt eine philosophisch brisante Einsicht: Alles Begegnen von Welt steht für den Menschen primär im Horizont der Zeit, so zwar, daß es nicht *in* der Zeit »stattfindet«, sondern die Zeit selbst erst hervorbringt, zeitigt. Um den Unterschied zu markieren, spricht Heidegger von der Zeitlichkeit. Im zurücklaufenden Verstehen werden zwei Momente verbunden, das Woher und das Was des Deutens, deshalb sieht er die Struktur einer *synthesis* vorliegen. Im Vollzug der Deutung muß dagegen beides auseinandergehalten werden, denn nur dann ist das Deuten als ein zeitliches verstehbar; das Auseinanderhalten könnte als *dihairesis* bezeichnet werden (GA21 147–149). So gefaßt, sind *synthesis* und *dihairesis* Grundoperationen jeder *apophansis*. Ob etwas als entdeckt (wahr), *alēthēs*, oder als verdeckt (unwahr), *pseudos*, aufgezeigt wird, ob es bejaht, *kataphasis*, oder verneint, *apophasis*, wird, – alle diese Aussagemodi beruhen immer auf einer zeitlichen Beziehung zwischen dem Aufzeigenden und dem Aufgezeigten. Anders gewendet: Intentionale Bezugnahme zur Welt ist markiert durch Zeitlichkeit. Im umgehenden Besorgen entspricht die Temporalität der dem menschlichen Dasein eigenen *kinēsis*.

Den Unterschied zwischen Besorgen und Betrachten kann man sich leicht an einem Beispiel gemäß der im *Organon* formulierten Logik verdeutlichen. Die Wahrheit einer Satzaussage wird diskursiv an einem Syllogismus überprüft. Die primäre Erfahrung *dieser Stuhl ist zum Sitzen* verwandelt sich dann wie folgt: Wenn gilt, (a) alle Stühle sind zum Sitzen, und (b) dieses ein Stuhl ist, dann (c) ist das Urteil *dieser Stuhl ist zum Sitzen* wahr. Entscheidend ist der Obersatz (a), das Urteil wird abgeleitet aus einer verallgemeinernden Bestimmung. Nun begegnen aber niemandem jemals ›alle Stühle‹; im Gegenteil, ein Stuhl kann im besorgenden Umgehen auch dazu dienen, hinaufzusteigen oder etwas darauf abzulegen. Die situative Vielfalt von Wozu-Bezügen wird in der bestimmenden, thematischen Aussage gar nicht erfaßt. »In dem Aussagevollzug in der Form der Prädikation, und zwar im Sinne der kategorischen Aussage, nivelliert sich das primär verstehende ›als‹ zugleich in der reinen einfachen Dingbestimmung.« (GA21 153). Hier findet sich der Anschluß zur bereits skizzierten Kritik der aristotelischen Kategorienlehre. Die Aussage weist einem Ausgesagten bestimmte kategorische Eigenschaften zu, die das Einzelne in seiner Allgemeinheit aufzeigen sollen. Auf diese Weise werde jedoch, so Heideggers Einwand, die »eigentümliche Seinsart« des im Besorgen begegnenden Gebrauchsdinges »eingeebnet auf dieses durchschnittliche Vorhandensein von etwas, in dem es sich nicht von anderen Dingen unterscheidet«. Das aussagende Bestimmen wende sich vom hermeneutischen Verstehen ab und verliere dessen »primäres und ursprüngliches Verhältnis zum Seienden« (GA21 158f). Dieser Verlust ist jedoch kein Zufall. Er beruht, wie Heidegger aufzeigt, auf einer bestimmten Modifikation der hermeneutischen Situation, auf einem Verständnis von Zeitlichkeit, welches nicht dem umgehenden Besorgen entsprechen kann. Die Destruktion richtet sich daher nicht gegen einzelne Sätze der Logik, sondern gegen die ihr zugrundeliegende Haltung des *theōrein*.

Heidegger vollzieht die Destruktion in einer Interpretation von Met. IX.10 (GA21 171–195). Nachdem Aristoteles in den vorangegangenen Kapiteln das Seiende in der Bedeutung der Kategorien und der Möglichkeit bzw. Wirklichkeit bestimmt hat, stellt er die Buch IX abschließende Frage nach der *alētheia* des Seienden, womit für Heidegger »die höchste Stufe der Seinsbetrachtung erreicht wird« (GA21 179). Der Argumentationsgang bestätigt die Unterscheidung zwischen zwei Ebenen der Aussage. Aristoteles hebt hervor, *hou gar tauto kataphasis kai phasis* (1051b24f), in Heideggers Übersetzung: »denn Zusprechen von etwas und schlichtes Ansprechen von etwas besagt nicht dasselbe« (GA21 176). Das Zusprechen bezieht sich auf das *syntheton* (b19), das, was verbunden sein kann. Hingegen zielt das Ansprechen auf die *asyntheta* (b17), die nicht zusammengesetzt sind. Das *syntheton* sei dann *alēthēs*, wenn es mit einem *asyntheton* verbunden ist und *pseudos*, wenn ein solches *synkeitai*, »Zusammenliegen«, nicht besteht (b33–35). Die Struktur der *synthesis* läßt erkennen, daß die Ebene des Urteilens in der Ebene des Anschauens fundiert ist; jede *kataphasis* beruht auf einer *phasis*. Anders gesagt, bevor das Seiende als *alēthēs* ausgesagt werden kann, muß es in seinem unverborgenen Sein begegnet sein. Die Art der Begegnung bestimmt Aristoteles ganz genau als *thigein kai phanai* (b24), in Heideggers Übertragung »das Betasten und Ansprechen des Unverborgenen«. Dabei ist keine Täuschung möglich; Aristoteles stellt vor die Alternative *ē noein ē mē*, »Vernehmen oder Nichtvernehmen« (GA17 176). Das unverborgene Sein ist schlicht vorhanden. Es wird befreit vom *kata symbebēkos* (b26), von allen Umständen, aufgezeigt. Das wäre aus dem umgehenden Besorgen heraus unmöglich, denn in der *praxis* begegnet alles in seinen Umständen und Bezügen (*dieser* Stuhl, nicht *der* Stuhl schlechthin), d.h. in der temporalen Struktur des zurücklaufenden Begegnenlassens.

Im schlichten Vernehmen des Vorhandenen ist offensichtlich die *kinēsis*-Struktur des Lebens suspendiert. Das Vorhandene ist »jetzt« da und bleibt in allen folgenden Momenten anwesend. Das Entdeckte ist in Heideggers Worten »reine unverlegte und unverlegbare Gegenwart des Anwesenden«. Er spricht vom Vernehmen als »Gegenwärtigen«, was nichts anderes heißt, als daß Sein aus der Gegenwart verstanden wird (GA21 192f). Im Griechischen heißt diese Weise des Erkennens *theōrein*, reines Anschauen (GA21 415). Dabei wird aus Heideggers Perspektive das verstehende *legein* der menschlichen *praxis* nivelliert. Das Dasein tritt aus dem Besorgen heraus und stellt sich der Welt beziehungslos gegenüber. Die *kinēsis* scheint im ›Jetzt‹ »eingefroren« zu sein; die Dinge begegnen als Gegenstände, welche »an sich« und ohne vorgängige Vertrautheit erfaßt werden. Aristoteles, der Theoretiker, verläßt den Boden, den Aristoteles, der Phänomenologe, im ursprünglichen Fragen freigelegt hatte.

Heidegger hat das »Vorbild« stark gemacht und zur »fruchtbaren Gegnerschaft« ausgebildet. Mit dem Phänomenologen kommt er ins Gespräch, den Theoretiker verabschiedet er.[18] Mit dem Theoretiker steht die gesamte philosophische Tradition, so sie auf der aristotelischen Logik und Metaphysik aufbaut, zur Disposition. Durch alle Verwandlungen hindurch – in der antiken Kategorienlehre, in der neuzeitlichen Entdeckung des Bewußtseins, des Subjekts und transzendentaler Strukturen – blieb das *theōrein* als nicht hinterfragte, selbstverständliche Haltung des Erkennens erhalten, bis hin zur ›reinen Logik‹ Husserls. Heideggers Destruktion zeigt, wie eine bestimmte Verdeckung der Zeitlichkeit des menschlichen Daseins die moderne Phänomenologie daran hindert, die Faktizität dieses Daseins zu erschließen. Erst mit der Wendung auf den ›anderen‹ Aristoteles wird »die Tendenz der *phänomenologischen* Forschung in ihre eigene Ursprünglichkeit zurückverlegt« (GA61 151f). In methodischer Hinsicht gewinnt Heidegger in seiner Transformation der aristotelischen Texte ein ursprüngliches Verständnis von *phainomenon* und *logos* bzw. *legein*, mithin die Grundlagen einer hermeneutischen ›Phänomeno-Logik‹. Sie kann jedoch kein Selbstzweck sein. Die »Hermeneutik der Faktizität« sucht nach den Strukturen des Daseins. Aus der hermeneutischen Logik muß erst eine *existenziale* Logik werden. In dieser ›Vorhabe‹ begegnet Heidegger der *Nikomachischen Ethik*.

3. Aristoteles als Existenzialphilosoph

Die *Nikomachische Ethik* war eine Wegmarke der frühen Lehrtätigkeit Heideggers. In Freiburg stand sie im Mittelpunkt zweier Seminare, im Wintersemester 1922/23 und im Sommersemester 1923. In Marburg widmete er ihr das erste Drittel seiner vierstündigen Vorlesung über Platons Dialog *Sophistēs* aus dem Wintersemester 1924/25. Zur gleichen Zeit, Anfang Dezember 1924, hielt Heidegger auf Einladung der Kant-Gesellschaft mehrere Vorträge mit dem Titel *Dasein und Wahrsein nach Aristoteles*.[19] Alle Veranstaltungen drehten sich um das sechste Buch der *Nikomachischen Ethik*.[20] Aristoteles untersucht darin verschiedene Weisen des *alētheuein* im Hinblick auf ihre Bestleistung, *aretē*. Verhandelt werden *epistēmē*, *technē*, *phronēsis* und *sophia* als je verschiedene Vollzugsweisen des *nous* (1139b15–17).

Während Met. IX.10 das Entdecken allein in Bezug auf das ewige Sein thematisiert, öffnet NE VI den Blick für ein Sein, das sich durch eine ihm eigentümliche zeitliche Bewegtheit und Veränderung auszeichnet. Daran entzündet sich Heideggers besonderes Interesse. Erwägt Aristoteles eine Weise des *alētheuein*, in der sich das fakti-

---

18 Zu einer ähnlichen Einschätzung kommt Theodore Kisiel: The Genesis of Heidegger's ›Being and Time‹, Berkeley 1993: »A very ambiguous figure of Aristotle thus emerges in Heidegger's story of Greek philosophy, at times typically Greek in his ground concepts, at other times more modern than the moderns, perhaps the first, certainly the best, of its phenomenologists!« (224).
19 Dieser Vortrag ist bislang nicht öffentlich zugänglich. Für eine paraphrasierte Zusammenfassung vgl. Kisiel: The Genesis, aaO., 281–286.
20 Auch im Abstand von fünfzig Jahren nennt Heidegger NE VI neben Met. IX als wichtigstes Buch seiner frühen Jahre; Brief an William J. Richardson, in: William J. Richardson: Heidegger. From Phenomenology to Thought, Den Haag 1974, XIf.

sche Dasein auf eine seiner *kinēsis*-Struktur angemessene Art durchsichtig werden kann? Heidegger grenzt, Aristoteles folgend, zuerst die *phronēsis* gegen die *technē* ab, die beide auf veränderliches Sein bezogen sind. In einem zweiten Schritt stellt er die *phronēsis* gegen die *sophia*, von Aristoteles je als Bestformen ihres Seinsbereichs ausgewiesen. Leitend ist die Frage nach der höchsten Seinsmöglichkeit des faktischen Lebens, bei Aristoteles zugespitzt auf die Wahl zwischen dem *bios theōrētikos* und dem *bios politikos*, dem betrachtenden und dem tätigen Leben. Als Textgrundlage wird die Vorlesung *Platon: Sophistēs* (GA19 21–188) herangezogen, die ausführlichste je von Heidegger geleistete Interpretation von NE VI. Aufschlußreich ist auch der kurze Abriß zu diesem Buch in Heideggers Bewerbungsmanuskript für Marburg (PhIA 29–39).[21]

3.1 Technē und phronēsis – Verdecktheit und Durchsichtigkeit des Daseins

Aristoteles nennt zwei Grundarten des Menschen, den *logos* zu haben (NE VI.1, 1139a6), das *epistēmonikon* und das *logistikon*. Jenes ist auf das Unveränderliche gerichtet und kann daher theoretisches Wissen sammeln und in sprachlicher Weise bereitstellen. Dieses ist mit dem befaßt, was weder immer noch notwendig besteht, sondern veränderlich ist. Deshalb läßt es ein *bouleuesthai kai logizesthai* (a12f) zu, von Heidegger übersetzt als »das umsichtige Betrachten, das Überlegen mit ausbilden kann« (GA19 28) bzw. als »Durchsprechen« (GA19 50). Aristoteles grenzt dafür den Bereich der menschlichen Dinge aus, der veränderlich ist, weil seine Gestaltung dem Menschen selbst obliegt. Als konkrete Weisen der Gestaltung nennt er *poiēsis kai praxis* (1140a2), Herstellen und Handeln. Sie stehen unter der Leitung zweier Vollzugsweisen des *nous*, der *technē*, dem herstellenden Können, und der *phronēsis*, der praktischen Ein- und Umsicht. In welcher Hinsicht kann von ihnen gesagt werden, daß sie ein *alētheuein*, ein Entdecken bewirken? Aristoteles arbeitet zur Beantwortung dieser Frage beider Unterschiede heraus bezüglich ihres Seinsgrundes, *archē*, ihres Zieles, *telos*, und der ihnen eigenen Vollzugsart, *kinēsis*. Heidegger geht den Gedankengang Schritt für Schritt mit und sichtet die von Aristoteles vorgenommene Strukturanalyse der *technē* und *phronēsis* mit Blick auf ihre *existenziale* Bedeutung für den Menschen.

Für die *technē* liegt die *archē* im Herstellenden selbst, nicht im Hergestellten (1140a13f). Dieses gilt es ja erst ins Sein zu bringen. Dafür bedarf es der Überlegung in der für die *technē* charakteristischen Art des *technazein*, von Aristoteles näherhin bestimmt als ein *theōrein hopōs an genētai ti tōn endechomenōn* (a11f). Es handelt sich um kein Betrachten um seiner selbst willen, *theōria*, sondern um eines, das auf ein spezifisches Entstehen gerichtet ist. Nicht auf die *archē* an sich zielt das Überlegen, sondern auf ihre Realisierung. Diese Gedanken stehen in NE VI.4 sehr komprimiert.

---

21 Bis die *Sophistēs*-Vorlesung 1992 erschien, mußte Heideggers Auslegung der Nikomachischen Ethik rekonstruiert werden aus Hinweisen von Hans-Georg Gadamer und aus dem dritten Kapitel (»Menschliches Dasein – *praxis*«, 99–153) von Helene Weiss: Kausalität und Zufall in der Philosophie des Aristoteles, Darmstadt 1967 (Nachdruck, Original 1942). Weiss beruft sich ausdrücklich auf ihren philosophischen Lehrer der zwanziger Jahre: »Dieses Kapitel ist in besonderem Maße mündlich vorgetragenen Aristoteles-Interpretationen von Heidegger verpflichtet.« (100, Anm. 2). Aus diesen Quellen schöpft auch Riedel: Heidegger und der hermeneutische Weg zur praktischen Philosophie, aaO., bes. 183–188.

Heidegger erläutert sie mit einer Komplementärstelle in Met. VII.7: *apo technēs de gignetai hodōn to eidos en tē psychē* (1032a33f), »durch *technē* entsteht dasjenige, dessen *eidos* in der Seele ist«. Er übersetzt *eidos* mit »Aussehen«. Der Herstellende »vergegenwärtigt« sich das Aussehen und zwar als eines *aneu hylēs*, ohne Material (b12). Der Bauarbeiter hat, bevor er ein Haus bauen kann, dessen Bauplan vor Augen. Dieser Bauplan, die *archē*, das *eidos* des Hauses, ist jedoch vorgegeben, das *technazein* setzt erst bei der stofflichen Fertigung ein. Dieser Unterschied ist wichtig, um die Entdeckungsleistung der *technē* einschätzen zu können. Zwar ist sie im Besitz der *archē*, doch erhellt sie diese nicht in ihrem Vollzug. So wenig wie sie über die *archē* verfügen kann, so wenig hat sie Zugriff auf ihr *telos*, das Werk, *ergon*. Dieses ist nämlich *ou telos haplōs*, kein Ende schlechthin, vielmehr *pros ti kai tinos*, zu etwas und für jemanden gut (NE VI.2, 1139b2). Das Produkt »fällt als fertiges aus der *technē* heraus«, es wird von ihr nicht in Verwahrung genommen. Hinsichtlich der *archē* und des *telos* offenbart sich so aus Heideggers Sicht ein »fundamentaler Mangel des *alētheuein*«, das daher als ein »uneigentliches« gelten müsse (GA19 41–44).

Damit ist der Boden gewonnen, auf dem die *phronēsis* von Heidegger kontrastiv profiliert wird. Bei Aristoteles heißt es knapp, daß die *archai* des Handelns im Ziel des Handelns selbst gegeben sind (VI.5, 1140b16f). Das Seiende ist identisch mit seinem Seinsgrund, sofern das Handeln ein gutes ist, *eupraxia* (b7). Das besorgt die *phronēsis*. Im Unterschied zum praktischen Können richtet sie sich auf *archē und telos*, die zirkulär, nicht linear, aufeinander bezogen werden. »Das *alētheuein* der *phronēsis* hat also in sich selbst die *Direktion der Verweisung auf den alētheuōn selbst*.« Der *phronimos* entdeckt *poia pros to eu zēn holōs* (a28) – Heidegger übersetzt: »was gut ist für die rechte Weise des Seins des Daseins im Ganzen«. Mit der *phronēsis* wendet sich der Überlegende auf sich selbst, sein eigenes Dasein zurück, damit dieses im ganzen ein rechtes sei. Der Seinsgrund und das angezielte Sein sind aus dem Dasein selbst geschöpft, nicht von außen übernommen bzw. zu äußerer Verfügung gestellt. Das Werk der *phronēsis*, das *prakton*, »ist *vom selben Seinscharakter wie das alētheuein* selbst«. Heidegger findet in der *phronēsis* eine Weise der Selbstentdeckung des Daseins aus diesem heraus und für es selbst. Das ist möglich, weil er *praxis* gleichsetzt mit der Vollzugsweise, der *kinēsis* des faktischen Daseins. Die Erkenntnisstruktur der *phronēsis* ist dem Dasein nicht fremd, weil sie seiner *praxis* entspricht. Aristoteles spricht von der *phronēsis* als *hexis alēthēs meta logou praktikē peri ta anthrōpō agatha* (b5); Heidegger paraphrasiert: »ein solches Gestelltsein des menschlichen Daseins, daß es über die Durchsichtigkeit seiner selbst verfügt« (GA19 48–50).

Daraus, daß Aristoteles überhaupt den Menschen zum Gegenstand eines *alētheuein* macht, schließt Heidegger auf eine im Dasein selbst liegende Undurchsichtigkeit. Er sieht dies bei Aristoteles thematisiert in den »Stimmungen« der Lust, *hēdonē* und Unlust, *lupē*. Sie sorgten dafür, daß der Mensch ins Nebensächliche abschweife und sich selbst verdecke.[22] Die »Eigentlichkeit des Seins« habe er sich selbst abzuringen. Dazu

---

22 Heidegger hat die »Stimmungen« des Daseins ausführlich am zweiten Buch der *Rhetorik* untersucht. Eine entsprechende, im Sommersemester 1924 gehaltene, vierstündige Vorlesung soll unter dem Titel *Aristoteles: Rhetorik* als Band 24 der Gesamtausgabe erscheinen. Eine knappe Skizze der dort geleisteten Interpretation steht in GA20 393–397. Da die Vorlesung noch nicht zugänglich ist, wird Heideggers Lektüre der aristotelischen Rhetorik in dieser Arbeit ausgeklammert.

müsse die *phronēsis* in einer *proairesis*, in einem Entschluß, ergriffen werden. Wo dies geschehe, befinde sie sich »*in einem ständigen Kampf gegenüber der Verdeckungstendenz, die im Dasein selbst liegt*«. In diesem »Kampf« gebe es kein Sowohl-als-Auch, nur ein Entweder-Oder. Die *phronēsis* trifft entweder die rechte Mitte oder sie verfehlt sich selbst.[23] Dagegen gibt es bei der *technē* ein Mehr oder Minder; weil das Ziel nicht absolut, nur im unstofflichen Aussehen vorgezeichnet ist, kann es keinen Maßstab für das Treffen geben, der über das *eidos* hinausweist. Zwar erfordert die stoffliche Umsetzung Können und Geschick, doch wird dieses im Ausprobieren erworben, also im bewußten Fehlgehen und Korrigieren. Die *phronēsis* hingegen könne man nicht erlernen, deshalb gebe es bei ihr auch kein Vergessen, keine *lēthē* (1140 b28–30). Diese Bemerkung des Aristoteles ist äußerst knapp und dunkel. Wenn die *phronēsis* weder erlernt noch anerzogen ist (das gilt nur für die *aretai* des Charakters), in welcher Form wird sie dann »besessen«? In Heideggers Sicht ist »Aristoteles hier auf das *Phänomen des Gewissens* gestoßen«. Das Gewissen könne zwar durch Leidenschaften verdeckt, nicht jedoch vergessen werden. »Die *phronēsis* ist nichts anderes als das in Bewegung gesetzte Gewissen, das eine Handlung durchsichtig macht.« (GA19 51–56).

Es dürfte in der Nachzeichnung deutlich geworden sein, wie Heidegger dem Text sehr genau folgt, ihn jedoch in eine *existenzial-ontologische* Sprache überträgt. Diese Operation ist mehr als bloße Paraphrase; es handelt sich um eine *existenziale Transformation* des Textes.[24] Diese Transformation legt eine mögliche Bedeutungsebene des Textes frei, welche Aristoteles gar nicht anspricht. Zunächst gilt die Untersuchung von *phronēsis* und *technē* ja nur der systematischen Frage, ob es sich um dianoetische Höchstformen handelt. Die Klärung geschieht auf dem »inhaltlich schweren Boden« phänomenaler Beobachtungen bezüglich des Handelns und Herstellens. Heidegger legt sie am Leitfaden seiner eigenen »Vorhabe« einer »*Phänomenologie des Daseins*« aus (GA19 60–62). Für diesen hermeneutischen Zugang gilt, was er an anderer Stelle in bezug auf Platon sagt: »Gerade das, was ein Autor verschweigt, ist das, wobei man ansetzen muß, um das zu *verstehen*, was der Autor selbst als das Eigentliche bezeichnet.« (GA19 46). Das »Eigentliche« in NE VI ist das *alētheuein*, das in seiner ontologischen Tragweite erst erschlossen ist, wenn es nicht als Einteilungskriterium für die Bestformen menschlicher Tätigkeiten, sondern im Hinblick auf deren *daseinserschließende* Kraft interpretiert wird. In dieser Blickbahn erscheint die *technē* als eine »uneigentliche« Weise des Daseins, über sich selbst Aufschluß zu erhalten. Dem *technazein* ist sein Seinsgrund (*archē*, *eidos*) vorgegeben und sein Ziel (*telos*, *ergon*) entzogen. Es ordnet sich dem Wozu des Tätigseins unter, ohne es auf ein Um-willen, das »eigentliche« *telos*, hin auslegen zu können. Der *technitēs* verfügt zwar über Können, jedoch nicht über die notwendige Umsicht; wohl begegnet ihm die Welt als vertraute, jedoch nicht als die für *ihn* er-

---

23 Schon 1921 legt Heidegger die *mesotēs*-Lehre im Hinblick auf die Selbstverdeckung des Daseins aus. Das Mitte-Halten sei das Schwierige, ihr Verfehlen »das Leichte«. »Das faktische Leben sucht jeweils Erleichterung, die Neigung folgt dem Zug, von selbst, ohne Zutun.« (GA61 108).

24 Vgl. dazu die einfühlsame Auslegung von Jacques Taminaux: La fille de Thrace et le penseur professionnel. Arendt et Heidegger, Paris 1992, Kap. 1–3 (11–154). Franco Volpi: ›Being and Time‹: A »Translation« of the ›Nicomachean Ethics‹, in: Reading Heidegger from the Start. Essays in His Earliest Thought, hg. von Theodore Kisiel u. John van Buren, Albany 1994, 195–211 vertritt in ähnlicher Weise die These, daß Heidegger die *Nikomachische Ethik* in eine ontologische Sprache übersetzt, d.h. transformiert.

schlossene. Heideggers Deutung der Verfallsgeneigtheit legt nahe, daß das Dasein zumeist in diesem selbstverlorenen Weltbezug steht. Es geht auf im nächsten, doch verdeckt es dabei seine eigentlichen Möglichkeiten. Aus dieser Verdeckung rettet die *phronēsis*, die nun weder als »praktische Klugheit« noch als »sittliche Einsicht«, wie die traditionellen Übersetzungen lauten, auftritt. Vielmehr handelt es sich um das Gewissen in streng phänomenaler Deutung. Das Gewissen ruft das Dasein zurück auf sich selbst, fordert es zur Entschlossenheit auf, den eigenen Seinsgrund und das eigene ›Worumwillen‹ zu ergreifen. Weil es nicht vergessen kann, ist das Gewissen auch Gewähr für die mögliche Ganzheit des Daseins. Heidegger gewinnt durch seinen hermeneutischen Ansatz, durch die existenziale Übersetzung des Textes erste formale Grundstrukturen der Faktizität bzw. der Existenzialität. Sie werden weiter ausgearbeitet in der Konfrontation der *phronēsis* mit der *sophia*.

3.2 Phronēsis und sophia – Zeitlichkeit, Ganzheit, Eigenständigkeit des Daseins

Die *sophia* stellt sich im auf das Immerseiende gerichteten *epistēmonikon* als die Weise heraus, die ewigen *archai* zu entdecken. Dagegen dient die *epistēmē* bloß deren Verwahrung und Weitergabe; deshalb ist sie lehr- und lernbar (GA19 35–37). Strukturell entspricht sie also der *technē* im Bereich des veränderlichen Seins. So konkurrieren *phronēsis* und *sophia* um das höchste *alētheuein*. Aristoteles analysiert beide in NE VI und bringt das Vorrangsproblem in NE X.7–9 zur Entscheidung. Diese wird getroffen hinsichtlich der Fragestellung der *Nikomachischen Ethik:* Welches ist das höchste Gut des Menschen, in welcher Tätigkeit kann es erreicht werden, und welche Lebensweise entspricht dieser Tätigkeit? Die Vorhabe der aristotelischen Untersuchung ist also eine *ethische*. Dagegen begegnet Heidegger dem Text in *existenzial-ontologischer* ›Vorhabe‹. Er will erstens die von Aristoteles aufgewiesenen Phänomene durchleuchten, um die sich darin zeigenden existenzialen Erfahrungen herauszustellen. Zweitens geht es darum, die ontologischen Voraussetzungen zu benennen, auf deren Grundlage Aristoteles seine Entscheidung zugunsten der *sophia* trifft. Weil die *sophia* die *aretē* des *theōrein* ist, kehrt die in der Auslegung von Met. IX.10 aufgetauchte Seinsproblematik wieder, jedoch in spezifischer Verwandlung. Im Rahmen der *Nikomachischen Ethik* steht die *theōria* primär nicht in ihrer Bedeutung für das Erkennen, sondern in ihrer Bedeutung für das Dasein des Menschen zur Verhandlung.

Heidegger betont, daß Aristoteles die *sophia* nicht als Möglichkeit des Daseins erfinde, sondern sie »aus dem *natürlichen Verständnis des griechischen Daseins selbst*« aufzeige (GA19 64). Das zeigt er im Rekurs auf Met. I.1–2. Streng dem Text folgend, stellt er fünf Stufen des Daseins heraus, die Welt zu verstehen. Am Anfang stünden die *koinai aisthēseis* (Met. I.1, 981b14; 980a21ff), die gemeinsamen Wahrnehmungen, welche jedem die »Orientierung über die Welt« ermöglichten. Von allen Sinnen leiste dies der Sehsinn am besten. Als durch den *logos* ausgezeichnetes Lebewesen könne sich der Mensch das Gesehene nicht nur »ausführlicher aneignen« als die Tiere, sondern es auch erinnern und weitersagen. Aus der Erinnerung erwachse die zweite Stufe des Verstehens, die *empeiria* (980b28), Erfahrung, im wörtlichen Sinn »Eingefahrensein« (GA19 67–70). Die *empeiria* halte Vorkommnisse im Zusammenhang von »*sobald das*..., *dann das*...« fest (GA19 72). Heidegger hebt den darin liegenden Zeitcharakter des »*Gegenwärtigens*« hervor. Wenn der temporale Zusammenhang eingefahren sei, wandele er sich in ein kausales Verständnis: *weil* das und das eintritt, *deshalb* muß dieses und jenes geschehen (GA19 74f). Was noch nicht vorhanden sei, werde so verfügbar im Rückgang auf seinen Grund, die *archē*. Das leiste die *technē* (981a5). Heidegger klärt in diesem Zusammenhang den Ort der *technē* im Verstehen des Daseins. Als eine auf das Herstellen gerichtete Fertigkeit habe sie es zwar mit dem Veränderlichen zu tun, entdecke dabei jedoch das *eidos*, ohne es freilich als solches zu thematisieren (GA19 91). Das sei die Aufgabe des *architekton* (a30), des Bauführers, der den Bauplan entwerfe, ohne selbst zu arbeiten (GA19 67). Er verfüge über lehrbares Wissen, *epistēmē* (981b9), und werde daher bewundert (b13–17). Heidegger weist darauf hin, daß die *epistēmē* im Dasein selbst angelegt sei: »Das Dasein hat selbst die Tendenz das Seiende zu entdecken [...]« (GA19 93). Die fünfte und höchste Stufe des Verstehens ist die *sophia*, die Aristoteles aus den Erfahrungen des *thaumazein* (I.2, 982b11f) und des *aporein* (b17), des Verwunderns und des Nicht-Durchkommens herleitet. Aus diesen Erfahrungen resultiere, so Heidegger, die »Tendenz auf das Nur-Sehen-und-lediglich-Verstehen« (GA19 126). Diese Tendenz unterscheidet den *sophos* vom *architekton*, dessen *epistēmē* eine Funktion erfüllt. Sie begründet zugleich die Überlegenheit des *theōrein* als einer Haltung, die nur um ihrer selbst willen gewählt werde (b19–21). »So zeigt sich in der *sophia* eine Möglichkeit des Daseins, in der sich das Dasein als frei, als völlig auf sich selbst gestellt verrät.« (GA19 130). Die *sophia* stellt also ernsthafte Konkurrenz für die *phronēsis* dar.

Im nächsten Schritt untersucht Heidegger, auf welche Weise *phronēsis* und *sophia* die *archai* ihres Seinsbereiches aufdecken. Dazu findet sich bei Aristoteles dieser Hinweis: *Kai ho nous tōn eschatōn ep'amphotera* (NE VI.11, 1043a35f), »der *nous* ist auf das Äußerste sich an ihm selbst Zeigende in zweierlei Richtung bezogen«, einerseits auf *tōn prōton horōn*, die »ersten Ausgrenzungen«, die »*archai* schlechthin«, andererseits auf *tōn eschatōn* (a36), »das Äußerste im Sinne *des jeweils einzelnen Dies-da*« (GA19 158). Jenes trifft auf die *sophia* zu und wurde von Heidegger bereits im Zusammenhang mit dem *theōrein* gemäß Met. IX.10 behandelt. Das Ergebnis ist dasselbe: Das »Betasten und Ansprechen des Unverborgenen« sei nur möglich als reines Gegenwärtigen, als »das Betrachten dessen, was *aei* ist, *was immer in Selbigkeit gegenwärtig ist*« (GA19 164). Diese Zeitigung leiste jedoch keinen Aufschluß über das Dasein. Anders das *noein* der *phronēsis*, das die Konkretion (*tōn eschatōn*) menschlicher Praxis betrifft. Heidegger demonstriert das *alētheuein* der *phronēsis* am Modell des »praktischen Syllogismus«, auf den Aristoteles selbst anspielt (b3; GA19 159). Der Obersatz enthalte das in einer *proairesis*, Entscheidung, vorweggenommene Gute, um desentwillen eine bestimmte Handlung vollzogen werden solle, das *telos*. Im Untersatz werde die Entschlossenheit auf die Umstände der Handlung gewendet, um diese auf die intendierte Handlung hin durchsichtig werden zu lassen. Der entsprechende Reflexionsprozeß sei ein *logizesthai*, ein Durchsprechen der Lage. Dieses erreiche jedoch notwendig ein Ende, wenn nämlich die *archai*, die »*jeweils einzelnen Dies-da*«, d.h. die äußersten sich zur Verwirklichung anbietenden Möglichkeiten, in voller Evidenz aufgedeckt seien. Das *noein* der *phronēsis* wäre dann nur mehr das »*Erblicken des Diesmaligen*«, der »*Augen-blick auf das jeweils Konkrete*« (GA19 163f). Der Schluß ist die Handlung selbst.

Augenblick und Immersein – Heidegger stellt die Entdeckungsproblematik in den Horizont der Zeitlichkeit. *Phronēsis* und *sophia* nehmen beide das Dasein in seiner Ganzheit in den Blick, doch in je verschiedener Zeitigung. Die *phronēsis* ergreift den

Augenblick; an anderen Stellen spricht Heidegger auch vom *kairos* (PhIA 35) und vom »praktischen Augenblick« (GA22 312). Aristoteles weist darauf hin, daß das Handeln im richtigen Augenblick (*en chronō kairō*) eine mögliche Qualifikation des *agathon* sei (NE I.4, 1096a24–29); als Beispiele nennt er die Feldherrn- und die Heilkunst (*strategikē, hiatrikē*; a31–34). Offenbar schließt Heidegger an diese Stellen an. Erinnert man seine phänomenale Deutung der *phronēsis* als Gewissen, dann ist es dieses, das, die Entschlossenheit des Handelnden vorausgesetzt, die konkrete Handlung erhellt. Zugleich nimmt es den *kairos* in Verwahrung (PhIA 34), weil es nicht vergessen kann. Dadurch ist gewährleistet, daß das Dasein bei aller Vergänglichkeit und Jeweiligkeit ein Ganzes sein kann. Die Ganzheit besteht im Vorgreifen auf das in der Zukunft liegende *hou heneka*, das Worumwillen des Handelns, und im Rücklaufen auf die gezeitigte Vergangenheit, eine Bewegung, die die Gegenwart als Augenblick begegnen läßt. Dagegen begreift die *sophia* die Ganzheit des Daseins aus dem »*reine[n] Gegenwärtigsein bei dem, was immer ist*« (GA19 172). Wiewohl diese Haltung nichts für die Erhellung der Existenz austrägt (GA19 167f), vollzieht Heidegger keine vollständige Destruktion. Zur Entscheidung stehen nun nicht Erkenntnis- sondern Existenzweisen, bei Aristoteles als *bios theōrētikos* und *bios politikos* ausgewiesen. Heidegger sucht zu verstehen, was, rein existenzial gesehen, den Vorrang des theoretischen Lebens ausmacht, was es an Eigentlichkeit dem handelnden Leben voraus hat.

Der Schlüsselbegriff für die Einstufung der Existenzformen ist bei Aristoteles *eudaimonia*, das höchste *telos* des Menschen. Heidegger übersetzt nicht mit »Glück« oder »gutes Leben«, sondern mit »Eigentlichkeit«. In der *eudaimonia* sei das Sein des Daseins nicht Möglichkeit, sondern Wirklichkeit im vollen Sinne. Unmittelbare Anwesenheit, das meine *energeia*, »reine Gegenwart des Lebenden hinsichtlich seiner zu Ende gebrachten Seinsmöglichkeit«. Heidegger spricht deshalb von der *eudaimonia* als »*teleiōsis* [Vollendung] des Seins des Seienden als In-Sein [In-der-Welt-Sein]«. Ihre Strukturmomente führt er im Rückgang auf NE X.7 an. *Eudaimonia* sei (a) ein Tätigsein gemäß der *kratistē hexis* (1177a13) des Menschen, der »höchste[n] Seinsbestimmung«, (b) bezogen auf Seiendes, das selbst das Höchste ist und deshalb (c) ein »Sich-Aufhalten bei dem Seienden, das in sich selbst nicht anders sein kann«. (d) Verbunden sei damit die »Befindlichkeit« der *hēdonē*, der Freude, dem »reinste[n] Gestimmtsein«. (e) Das Dasein sei in der *autarkeia* (a27) ganz auf sich selbst gestellt und (f) liebe seine Seinsart um ihrer selbst willen. (g) Das alles qualifiziere die *eudaimonia* aber nur dann in ihrer höchsten Form, wenn sie ein *ganzes* Leben währe (GA19 172–177). Diese Momente der *eudaimonia* sind von Aristoteles aus der Erfahrung des *theōrein* gewonnen, folglich erweisen sie die Überlegenheit des *bios theōrētikos*. Er sagt, daß dieses Leben den Göttern am nächsten komme, daß es selbst etwas Göttliches sei (*bios theios*, b30f). Auf diesen Vergleich berufen sich theologische Interpretationen; das *theōrein* wäre dann als religiöse Verehrung eines Gottes aufzufassen. Schon im 2. Jahrhundert n. Chr. wurde *theōrein* nicht mehr von *thea* (Anblick) und *horaō* (sehen), sondern von *theos* (Gott) abgeleitet.

Solche »Umdeutungen« haben aus Heideggers Sicht zwar »in gewissen Darlegungen des Aristoteles ihren Boden«, den Sinn des *bios theōrētikos* treffen sie jedoch nicht. Dieser kann nur existenzial gefaßt werden, im Hinblick auf die zugrundeliegenden Erfahrungen von Zeitlichkeit, Ganzheit und Eigenständigkeit. Was die Zeitlichkeit angeht, so liege im Streben nach Unsterblichkeit »*die eigentümliche Tendenz der Anmes-*

sung des menschlichen Daseins hinsichtlich seines Zeitlichseins an das Immersein der Welt«. Diese Erklärung kann sich auf jene Passagen stützen, in denen Aristoteles aus der stetigen Bewegung der sichtbaren Himmelskörper auf ein oberstes Wesen schließt, das in gleicher Stetigkeit den gesamten Kosmos bewegt (vgl. Met. XII.7–8). Die Vorbildnahme am ›Immersein‹ gibt auch Aufschluß über eine bestimmte Erfahrung der Ganzheit des Lebens. »*Für die Griechen ist die Betrachtung der menschlichen Existenz rein orientiert am Sinn des Seins selbst, d.h. daran, inwieweit das menschliche Dasein die Möglichkeit hat, immer zu sein.*« Das Leben ist in sich vollendet, wenn es sich in der vollsten Wirklichkeit seiner eigensten Möglichkeiten hält. Dieses »radikal ontologisch[e]« Verständnis von »Eigentlichkeit« hält Heidegger fest als »die ontologische Bedingung der faktischen, konkreten Existenz des Menschen« (GA19 63). Alles faktische Dasein steht unter der Bedingung der Eigentlichkeit; es ist gehalten, seine Möglichkeiten ganz auszuschöpfen, um es selbst zu sein. Das setzt jene Eigenständigkeit voraus, die nur ein Leben gewähren kann, das – wie in der *theōria* – ganz auf sich gestellt ist (GA19 176f). Gerade diesen letzten Punkt, die Unabhängigkeit und Bindungslosigkeit des *sophos*, stellt Heidegger besonders eindringlich heraus.

Insgesamt gesehen, läßt Heidegger keinen Zweifel daran, daß seiner Ansicht nach nur die *phronēsis* dem Dasein Aufschluß über es selbst gewähren kann. Aristoteles trifft seine Entscheidung für die *sophia* nach einem Maßstab – dem Immersein der Welt –, der für menschliche *praxis* unerreichbar ist. Jedoch scheint die Intention, die beide verfolgen, identisch zu sein. Es geht darum, die höchsten Möglichkeiten des Daseins zu verwirklichen, »eigentlich« zu sein. Eigentlichkeit erfordert jedoch Eigenständigkeit, Autarkie in der Gestaltung des Daseins. Heideggers Kommentare deuten in vielem darauf hin, daß er diesen Gedanken aus der Behandlung der *sophia* übernimmt. Jedenfalls verraten sie immer dann eine gewisse Voreingenommenheit, wenn Aristoteles auf die Unselbständigkeit des *bios politikos* verweist. Heidegger betrachtet es als Hauptmanko der *phronēsis*, daß sie »nicht *vollständig eigenständig* ist, sondern in ihrer Struktur auf ein anderes Verhalten des Menschen bezogen bleibt«. Dieses »andere Verhalten« ist die *ēthikē aretē*, die sittliche Trefflichkeit, welche Aristoteles immer schon beim *phronimos* voraussetzt. »Also kann einer nur *phronimos* sein, wenn er schon *agathos* ist.« (GA19 166). Aristoteles spricht diesen Zusammenhang deutlich aus. Es sei unmöglich, *phronimon* zu sein *aneu tēs ēthikēs aretēs* (NE VI.13, 1144b32), denn diese legten das Ziel (*to telos*) fest, während die *phronēsis* die richtigen Wege zum Ziel (*ta pros to telos*) überlege (a5f). Auf Heideggers Auslegung des praktischen Syllogismus übertragen, heißt das: Der Obersatz, das Ziel des Handelns wird wesentlich durch jene *aretai* bestimmt, welche den *ēthos* einer Gemeinschaft konstituieren und per Erziehung von Generation zu Generation weitergegeben und -gebildet werden. Oder, in Heideggers Worten: »[...] alle Seinsmöglichkeiten der *praxis* des vorphilosophischen Menschen sind auf das Miteinandersein ihrem Sinne nach angewiesen. Daher können sie nicht die eigentlichen Seinsmöglichkeiten des Menschen sein [...]«. Paraphrasiert er hier bloß Aristoteles? Wenn Eigentlichkeit die »ontologische Basis der faktischen, konkreten Existenz des Menschen« sein soll (GA19 176), dann spricht Heidegger auch für sich selbst. Es besteht ein fundamentaler Konflikt zwischen der Selbsterhellung des Daseins durch *phronēsis* und seiner »Fremdbestimmung« durch *ēthikē aretē*. Dieser Konflikt wäre nur für den Fall gelöst, daß *ēthos* tatsächlich »*Haltung, eigentliches Sein*« bedeutet, wie Heidegger mit Bezug auf den *bios theōrētikos* feststellt. Eigentliches Dasein erfordert offenbar sowohl die

Eigenständigkeit des *bios theōrētikos* als auch die Zeitigung des *bios politikos*. Kann es dazwischen eine Vermittlung geben? Diese Frage schwebt über Heideggers Interpretation,[25] ausdrücklich thematisiert wird sie erst in *Sein und Zeit*.

4. Aristotelische Spuren in *Sein und Zeit*

Heidegger begann im Herbst 1925 mit den ersten Arbeiten zu *Sein und Zeit*. Die 1927 veröffentlichte Endfassung ist per 8. April 1926 Edmund Husserl gewidmet. Im selben Zeitraum hielt Heidegger die *Logik*-Vorlesung (GA21), die einen Wendepunkt in der Auseinandersetzung mit Aristoteles markiert.[26] Nachdem er in der Interpretation von Met. IX.10 den aristotelischen Wahrheitsbegriff im Horizont der Zeit als Seinsverstehen aus der Gegenwart expliziert hat, eröffnet Heidegger den folgenden zweiten Teil der Vorlesung mit Kant. In der gesamten Philosophiegeschichte sei Kant »der einzige, der etwas ahnte über den Zusammenhang des Verstehens des Seins und der Seinscharaktere mit der Zeit« (GA21 194). Obwohl dieser Fokuswechsel überraschend kommt, ist es angesichts der vorangegangenen Vorlesungen wohl übertrieben, von einem »dramatischen Bruch« zu sprechen.[27] Die Abwendung von Aristoteles läßt sich in doppelter Hinsicht erklären. Erstens hat Heidegger nach vier Jahren beinahe ausschließlicher Beschäftigung mit Aristoteles die Verdeckungen am Anfang des abendländischen Denkens aufgewiesen. Im Gesamtprogramm der Destruktion ist der nächste Schritt, deren Fortwirken in der Scholastik und in der Neuzeit zu untersuchen, wobei unter den Verdeckungen ursprüngliche Erfahrungen zutage treten können (wie z.B. der Zeitbegriff bei Kant). Zweitens erbrachte die transformative Auslegung der *Nikomachischen Ethik* wesentliche Ansatzpunkte für den Entwurf einer neuen Ontologie des Daseins. Heidegger führt dieses Projekt weiter, indem er seine Einsichten in einen systematischen Zusammenhang stellt. Beide Tendenzen, Destruktion der neuzeitlichen Philosophie und Ausarbeitung der »Fundamentalontologie«, markieren den Übergang von der frühen Aristoteles-Interpretation zu *Sein und Zeit*. Aus diesem Grund trägt das Werk, dem Heidegger seinen Ruhm verdankt, nur mehr aristotelische ›Spuren‹ in sich.

Die expliziten Hinweise auf Aristoteles sind äußerst knapp gehalten. Heidegger legt nur einen Text aus (Met. I, SZ 212f) und verweist lediglich in den Fußnoten auf die von ihm immer wieder behandelten Kapitel des aristotelischen Werks.[28] Sofern er Aristoteles direkt anspricht, ergibt sich dasselbe ambivalente Bild wie in den Jahren zuvor. Einerseits wird Aristoteles als der zu destruierende Weichensteller der abendländischen Ontologie profiliert (SZ 25f). Im Gesamtüberblick etwa erscheint die Destruktion der

---

25 Vgl. auch GA22 312f (Nachschrift Mörchen). Heidegger skizziert den Dualismus zwischen *bios politikos* und *bios theōrētikos*, ohne ihn weiter zu thematisieren.
26 Vgl. Franco Volpi: Heidegger e Aristotele, Padua 1984, 26, 89f, 117f; ders: Heidegger in Marburg. Die Auseinandersetzung mit Aristoteles, in: Philosophischer Literaturanzeiger 37 (1984), 181.
27 Diese These stellt Otto Pöggeler: Der Denkweg Martin Heideggers, Pfullingen ³1990, 354f auf. Heideggers Rückgriff auf Aristoteles steht seit 1921 im Zeichen der Auseinandersetzung mit den ontologischen Fundamenten des Wahrheitsbegriffs. Daß Sein in der griechischen Metaphysik als Anwesenheit gedacht ist, stellt 1925/26 keine »dramatische« Einsicht mehr dar.
28 *Nikomachische Ethik*: 32, 225; *Metaphysik*: 32, 138, 171, 225; *Physik*: 26; *Rhetorik*: 140.

aristotelischen Zeitabhandlung (Phys. IV.10) als drittes Kapitel des geplanten, jedoch nie ausgeführten zweiten Hauptteils von *Sein und Zeit* (SZ 40). Einige grundlegende Gedanken zur aristotelischen Zeitbestimmung sind in §81 und §82 eingearbeitet. Andererseits ordnet Heidegger Met. VII.4 in die Reihe der »in ihrem Niveau unvergleichliche[n] seinsanalytische[n] Forschungen ein« (SZ 39). Er verteidigt ihn gegen die Indienstnahme in der modernen Logik und bescheinigt, daß bei den Griechen »das ursprüngliche, wenngleich vorontologische Verständnis der Wahrheit lebendig war und sich sogar gegen die in ihrer Ontologie liegende Verdeckung – mindestens bei *Aristoteles* – behauptete« (SZ 225). Unerwähnt bleibt jedoch die Bedeutung Aristoteles' für die von Heidegger vorgelegte »Fundamentalontologie«.[29] In welcher Weise die in der Auslegung der *Nikomachischen Ethik* gewonnenen Strukturen in *Sein und Zeit* eingegangen sind, soll deshalb kurz nachgezeichnet werden, zuerst in der Analytik der Faktizität (SZ, Teil 1), dann in der existenzialen Interpretation des Daseins (SZ, Teil 2).[30]

4.1 Strukturen der Faktizität: praxis, poiēsis, theōria

Heidegger bezeichnet den ersten Teil von *Sein und Zeit* als »ontologische Analytik des Daseins« (SZ 15). Es geht darum, die Strukturen faktischen Daseins zu durchleuchten und zwar so, wie es »zunächst und zumeist« ist, in seiner Alltäglichkeit und Durchschnittlichkeit. Als solches hält es sich in seiner Geworfenheit und muß erst freiwerden für das Entwerfen auf die eigenen Möglichkeiten, für seine Existenzialität. Heidegger führt jeden ontischen Befund auf ein ontologisches »Existenzial« zurück. Das Dasein sei deshalb ontisch und ontologisch bestimmbar, weil es »diesem Seienden in seinem Sein *um* dieses Sein selbst geht« (SZ 12). Hinter dieser Definition steht der aristotelische *praxis*-Begriff. Heidegger sieht *praxis* jedoch nicht als ontisches »Attribut« des Daseins, als Handeln. Vielmehr entdeckt er in der *praxis* die ontologische Struktur des Daseins überhaupt. Es geht diesem wesenhaft um es selbst, als in sein ›Da‹ Geworfenes kann es sich nur aus sich selbst heraus verstehen. In der Regel ist aber gerade das nicht der Fall, das Dasein hält sich im Bezug zur Welt und im Bezug zu anderem Dasein in einer durchschnittlichen Erschlossenheit.

---

29 Zu dieser Feststellung kommt auch Franco Volpi: Dasein comme praxis. L'assimilation et radicalisation heideggerienne de la philosophie pratique d'Aristote, in: Heidegger et l'idée de la phénoménologie, hg. von Franco Volpi u.a.: »[...] les résultats de l'assimilation vorace d'Aristote se sédimentent souvent dans des passages et des noeuds argumentatifs dans lesquels Heidegger ne parle pas explicitement d'Aristote« (14).
30 Die bislang ausführlichsten Analysen zu diesem Komplex sind dem Italiener Franco Volpi zu verdanken. Volpis interpretatives Gespür ist um so höher einzuschätzen, als er die Spuren der *Nikomachischen Ethik* in *Sein und Zeit* ohne Kenntnis der erst in den neunziger Jahren erschienenen frühen Vorlesungen (GA17, 19, 22) rekonstruiert. Vgl. Volpi: Heidegger e Aristotele, aaO., 90–116, 150–156; ders: Heidegger in Marburg, aaO., 186f; ders: Dasein comme praxis, aaO.,1–41; ders: ›Being and Time‹: A »Translation of the ›Nicomachean Ethics‹, aaO., 195–211. Zur Auslegung von *poiēsis* und *praxis* in *Sein und Zeit* vgl. Jacques Taminiaux: ›Poiēsis‹ et ›Praxis‹ dans l'articulation de l'ontologie fondamentale, in: Heidegger et l'idée de la phénoménologie, 107–125, ders.: La fille de Thrace et le penseur professionnel, aaO., Kap. 1 (39–76) sowie Robert Bernasconi: The Fate of the Distinction between ›Praxis‹ and ›Poiesis‹, in: Heidegger Studies 2 (1986), 111–120.

Das Dasein ist immer schon in einer Welt; Heidegger spricht vom Existenzial des »In-Seins«. Das In-sein manifestiert sich in einer Vielfalt von Tätigkeiten, in denen Dasein und Welt in einer Beziehung stehen, etwa: »zutunhaben mit etwas, herstellen von etwas, bestellen und pflegen von etwas [...]«. Diese Weisen des Weltbezugs faßt Heidegger zusammen als »Besorgen«. Das Besorgen gründet in der »Sorge«, die ebenfalls ein Existenzial ist, weil sie eine ontologische Struktur des Daseins bezeichnet (SZ 56f). In einer Fußnote erwähnt Heidegger, daß ihm das Phänomen der Sorge aufgegangen sei »im Zusammenhang der Versuche einer Interpretation der augustinischen – das heißt griechisch-christlichen – Anthropologie mit Rücksicht auf die grundsätzlichen Fundamente, die in der Ontologie des Aristoteles erreicht wurden« (SZ 199, Anm. 1). Auch wenn es nicht möglich ist, dies hier nachzuzeichnen, kann doch die aristotelische Herkunft der Sorge aufgezeigt werden. Aristoteles führt in NE VI.2 neben *aisthēsis* und *nous* die *orexis* als integrale Komponente jedes menschlichen Verhaltens an (1139a18, vgl. GA19 39). Die gängige Übersetzung lautet ›Streben‹, nicht jedoch bei Heidegger. Den ersten Satz der *Metaphysik pantes anthrōpoi tou eidenai oregontai physei* (Met. I.1, 980a21) übersetzt er: »Im Sein des Menschen liegt wesenhaft die Sorge des Sehens.« (GA20 380). *Orexis* wird also als Sorge wiedergegeben[31] und bezeichnet die spezifische *kinēsis* des Daseins. In diesem Sinne sprach Heidegger auch vom »umgehenden Besorgen« in seiner Neuinterpretation der Intentionalität. Im Besorgen des Menschen gründet der primäre Weltbezug. In dieser Linie bewegt sich auch die weitere Untersuchung von *Sein und Zeit*. Nicht Dinge begegnen im »besorgenden Umgang«, sondern »*pragmata*« – Heidegger übersetzt jetzt mit »Zeug«. Das Zeug zeigt sich dem Menschen als es selbst in der Verweisung auf sein Um-zu, in seiner »Zuhandenheit« (SZ 68f).

Dem Besorgen ist das Zeug nicht fremd, es steht »auf dem Grunde einer Vertrautheit mit der Welt« (SZ 76). Diese Vertrautheit ist jedoch im alltäglichen Dasein noch keine eigentliche Erschlossenheit. Das begegnende Zeug wird nicht auf das Dasein bezogen, also auf sein Worumwillen hin befragt (SZ 84). Statt dessen »unterstellt« sich der besorgende Umgang »der Verweisungsmannigfaltigkeit des ›Um-zu‹. Die Beispiele, die Heidegger anführt, stammen alle aus dem Feld des Herstellens (SZ 69–71). Vorbild dafür ist die *poiēsis* bei Aristoteles, die Heidegger analog zur *praxis* nicht als Tätigkeit, sondern als faktische Seinsweise ausweist. Solange sich die *poiēsis* dem Umzu fügt und keinen Bezug zur *praxis* stiftet, hält sich das Dasein in der Uneigentlichkeit. Es ist zwar vertraut mit der Welt, jedoch kann es diese nicht im Hinblick auf es selbst erhellen. Diese Struktur hatte Heidegger bei der *technē* aufgewiesen, ein Können, das weder über den Grund noch über das letzte Ziel der *poiēsis* verfügen kann. Zunächst und zumeist geht das Dasein, die *praxis*, im Besorgen der *poiēsis* auf und verliert sich »an das innerweltlich Begegnende«. Wenn dieses Aufgehen in der Welt gestört wird, etwa weil etwas *nicht* verwendbar ist, kann sich der Weltbezug ändern. Aus dem Zuhandenen wird das »Unzuhandene«, das sich in den Modi der »Auffälligkeit, Aufdringlichkeit und Aufsässigkeit« zeigt und dem Besorgen *entgegensteht* als »Vorhandenes« (SZ 74). Darauf reagiert das Dasein, indem es entweder die Vertrautheit mit der Welt resti-

---

31 Zur *orexis* als Sorge vgl. auch GA 20 193.

tuiert oder in der Fremdheit verharrt und das Vorhandene bar seiner Bezüge vernimmt (SZ 61f). Der Weltbezug ist dann kein Besorgen mehr, sondern ein Betrachten, *theōrein* (vgl. SZ 138). Heidegger stellt seine Kritik der aristotelischen Urteilslehre und der *theōria* in den Horizont der Daseinsanalyse. So wird deutlich, daß die *theōria* ein abkünftiger Modus des ursprünglichen Verhaltens zur Welt ist. Sie führt zur »Entweltlichung des Zuhandenen« (SZ 75). Dieselbe Folge hatte in Heideggers Auslegung das *thaumazein* und *aporein* in der Genesis der *sophia* aus dem natürlichen Dasein der Griechen: die Störung des vertrauten Weltbezugs. Aus diesem Grund kann auch die *sophia* des Handelnden das Dasein nicht durchleuchten, die die *praxis* auszeichnende Sorgestruktur ist suspendiert. *Poiēsis* und *theōria* entpuppen sich beide als verdeckende Vollzugsweisen des Daseins.

In der Welt begegnet nicht nur Zuhandenes und Vorhandenes, sondern auch anderes Dasein. Das Dasein steht immer schon in Bezügen zur Mitwelt, das »Mitsein« ist ein Existenzial (SZ 114). Auch hier liegt ein aristotelischer Gedanke zugrunde, wie ein kurzer Hinweis in der *Sophistēs*-Vorlesung vermuten läßt: »Sofern der *anthrōpos* das *zōon politikon* ist, ist die *praxis* als Sein im Miteinandersein zu verstehen [...]« (GA19 140). Heidegger übernimmt die Einsicht des Aristoteles, daß Menschen immer schon in Bezügen zu anderen Menschen stehen. In der Sprache von *Sein und Zeit* heißt es folglich: »Als Mitsein ›ist‹ daher das Dasein wesenhaft umwillen Anderer.« Dies will Heidegger als »existenziale Wesensaussage« verstanden wissen (SZ 123). Das Verhältnis zu anderem Dasein kann zwar nie aufgehoben werden, jedoch unterscheidet Heidegger eigentliche und uneigentliche Modi der »Fürsorge« (SZ 121). Im »alltägliche[n] Miteinandersein« begegnen die anderen als »Man«. »Abständigkeit, Durchschnittlichkeit, Einebnung konstituieren als Seinsweisen des Man das, was wir als ›die Öffentlichkeit‹ kennen. Sie regelt zunächst alle Welt- und Daseinsauslegung und behält in allem Recht.« (SZ 126f). Im Unterschied zu Aristoteles ist das Politische, hier: die Öffentlichkeit, ausgesprochen negativ gezeichnet, in der Regel verdeckt sie das eigentliche Selbstsein. Damit wiederholt sich in aller Schärfe die von Heidegger an der *Nikomachischen Ethik* herausgearbeitete Frage, ob der *bios politikos* oder der *bios theōrētikos*, Mitsein oder Selbstsein die höchste Möglichkeit des Daseins ist. In *Sein und Zeit* deutet er einen Mittelweg an: Eigentliche Fürsorge nimmt dem anderen seine Sorge nicht ab, sondern gibt sie zurück und verhilft ihm dazu, »*in* seiner Sorge sich durchsichtig und *für* sie *frei* zu werden« (SZ 122). Eigentliches Mitsein kann es also nur als Gemeinsamkeit in der Jeweiligkeit eigener *praxis* geben. Reicht aber solche Gemeinsamkeit schon aus für eine Gemeinschaft in der *praxis*?

4.2 Strukturen der Existenzialität: phronēsis, kairos, ēthos

Der zweite Teil von *Sein und Zeit* nimmt einen Fokuswechsel vor. Nicht aus der Alltäglichkeit und Verfallenheit, sondern im eigentlichen Sinne aus sich selbst soll das Dasein verstanden werden. Nachdem die Strukturen der Faktizität (Geworfenheit) durchleuchtet sind, sichtet Heidegger das Dasein in seiner Existenzialität (Entwurf, Sein-können). Das führt zu der »Frage nach dem Ganzseinkönnen« des Daseins, deren Antwort nur im Horizont der Zeitlichkeit gefunden werden könne (SZ 233). Was folgt, liest sich wie die systematische Entfaltung von Heideggers existenzialer Deutung der *phronēsis* bei Aristoteles.

Für Heidegger liegt die Möglichkeit der Ganzheit beschlossen in der Endlichkeit des menschlichen Daseins. Der Tod, das Nicht-sein ist die äußerste Möglichkeit eines Seins, dem es um es selbst geht. Das »Vorlaufen« auf den Tod erschließt dem Dasein sein »*eigenstes* Seinkönnen« (SZ 263). Bei Aristoteles wird die Ganzheit durch die Orientierung an der *eudaimonia* gewährt. In der Wechselhaftigkeit alles Tuns stellt sie die Eigentlichkeit vor Augen, an der alle Einzelziele des Handelns auszurichten sind. Diese ›Funktion‹ übernimmt bei Heidegger der Tod als Erinnerung des Ganzseinkönnens. Man beachte den Wechsel: vom höchsten Glück zur tiefsten Angst, von der Unsterblichkeit zur Sterblichkeit. Da das Dasein zunächst und zumeist in der Welt, beim Zuhandenen und im Man aufgeht, ist das Ganzseinkönnen in der Abwendung von der alltäglichen Selbstverdeckung erst zu erringen. Das bewirkt die »*Stimme des Gewissens*« (SZ 268). Das Gewissen ruft das Dasein aus dem »Gerede« des Man zurück (SZ 271). Diese selbstreflexive Erhellung hatte Heidegger an der *phronēsis* demonstriert und sie als Gewissen herausgestellt. Das dabei verwendete Modell des praktischen Syllogismus scheint auch die phänomenale Auslegung des Gewissens in *Sein und Zeit* zu gliedern.

Der Obersatz enthält nach Heideggers Darstellung das in einer Entscheidung (*proairesis*) vorweggenommene Gute. In *Sein und Zeit* ist dieses Gute das Ganzseinkönnen des Daseins, verbürgt im Phänomen des Gewissens. Der Ruf des Gewissens erschließt zunächst das »Schuldigsein« des Daseins. Obwohl sich das Dasein nicht selber geworfen hat, muß es doch die eigene Geworfenheit übernehmen; darin besteht seine Schuld. Das Dasein kann seine Existenz nicht frei wählen, es muß sie aus seiner Faktizität schöpfen. Die Wahlmöglichkeiten des Sichentwerfens sind deshalb faktisch beschränkt, wie auch die *proairesis* eine Auswahl unter vorgegebenen Möglichkeiten ist. Darin liegt der zweite Aspekt der Schuldigkeit: Jede Wahl ist zugleich eine Nichtwahl, die sie mitverantworten muß (SZ 283–285). Wenn das Dasein seine Schuldigkeit annehme, habe es den Ruf des Gewissens mit »*Entschlossenheit*« beantwortet, bereit zum »*verschwiegene[n], angstbereite[n] Sichentwerfen auf das eigenste Schuldigsein*« (SZ 297). Der gesamte Obersatz enthält dann die Entscheidung zum Entwurf eigener Ganzheit aus der Faktizität heraus. Im Untersatz sollen aus der Entschlossenheit die konkreten Umstände einer Handlung erhellt werden. Heidegger spricht von der »*Situation*«, in die das Gewissen vorruft. »Die Situation ist das je in der Entschlossenheit erschlossene Da, als welches das existierende Seiende da ist.« (SZ 299). In der Situation entwirft sich das Dasein auf die »je eigenste faktische Möglichkeit des In-der-Welt-sein-könnens« (SZ 295). Wenn der Obersatz, die Ganzheit der Existenz, auf den Untersatz, die konkrete Situation des Existierens, bezogen wird, dann ist der Schluß dieser existenzialen Auslegung des Syllogismus keine Handlung (wie bei Aristoteles), sondern eigentliches Dasein.

Faktizität, Situation, Existenzialität sind ihrem Wesen nach zeitlich bestimmt, so jedoch, daß sie nicht *in* der Zeit sind, sondern Zeit erst ermöglichen. Dasein, dem es in seinem Sein um es selbst geht, bringt seine Zeit je erst hervor; ohne Dasein gäbe es keine Zeit. Der existenziale Sinn der Faktizität liegt in der Gewesenheit, der Sinn der Existenzialität in der Zukunft; in der Situation begegnet Gegenwart (SZ 328f). Eigentlich ist das Dasein, wenn es aus der Geworfenheit (Gewesenheit) vorläuft in den Entwurf (Zukunft) und aus der eigenen, entschlossenen Ganzheit heraus Gegenwart begegnen läßt. Wird die Gegenwart so erschlossen, ist sie in der Situation präsent als »Augenblick« (SZ 338). Diese zeitliche Struktur hatte Heidegger auch bei der *phronēsis* entdeckt, die nicht vergessen kann und so in der Ausrichtung auf die *eudaimonia* ein vorlaufendes Rücklaufen umfaßt, das jede Situation kairologisch erschließt. Wenn er auch in *Sein und Zeit* diese Zusammenhänge nicht herausstellt, so bringt er sie doch weiterhin in seinen Vorlesungen in Erinnerung: »Schon Aristoteles hat das Phänomen des Augenblicks, den *kairos*, gesehen und im VI. Buch seiner *Nikomachischen Ethik* umgrenzt, aber wiederum so, daß es ihm nicht gelang, den spezifischen Zeitcharakter des *kairos* mit dem in Zusammenhang zu bringen, was er sonst als Zeit (*nun*) kennt.« (GA 24 409). In *Sein und Zeit* tritt Aristoteles explizit nur als zu destruierender philosophischer »Urheber« der ›Jetzt‹- (*nun*-) Zeit auf. Zeitverstehen aus dem Jetzt der Gegenwart charakterisiert nicht nur das *theōrein*, sondern ebenfalls das *poiein*, welches in der Welt aufgeht und sich aus dem Besorgbaren versteht. Vergangenheit wird vergessen, Zukunft bloß gewärtigt (SZ 347). Dieser Verfallenheit an die Welt entspringt der »vulgäre Zeitbegriff«. Danach wird Zeit nicht gezeigt, sondern Dasein verstanden als In-der-Zeit-sein; Heidegger spricht von der »Innerzeitigkeit«. Sie ist zählbar als Abfolge von ›Jetzt‹-Punkten als Jetzt-nicht-mehr bzw. Jetzt-noch-nicht. Das sei exakt die Definition der Zeit, die Aristoteles in der *Physik* (IV.11, 219b1f) gebe (SZ 420f), und an der sich noch Hegel wortwörtlich orientiere (SZ 432f).

Heidegger arbeitet die Verstellungen des vulgären Zeitbegriffs auch im Hinblick auf das traditionelle Geschichtsverständnis heraus. Wie die Zeit ist die Geschichte ursprünglich nichts mit Kalender und Uhr Meßbares, vielmehr gründet sie in der Zeitlichkeit des Daseins (SZ 376). Uneigentlich versteht das Dasein die Vergangenheit aus der Gegenwart, was bedeutet, daß es, verloren in »die Gegenwärtigung des Heute«, die Geschichte vergißt – gerade, wenn es sie datiert (SZ 391). Eigentliches Dasein dagegen läuft aus der Zukunft zurück in die Vergangenheit und beurteilt sie nach ihrer Wiederholbarkeit (SZ 386). »Die Entschlossenheit, in der das Dasein auf sich selbst zurückkommt, erschließt die jeweiligen faktischen Möglichkeiten eigentlichen Existierens *aus dem Erbe*, das sie als geworfene *übernimmt*.« Man kann »Erbe« als Übersetzung von *ēthos* ansehen, der tradierten Sitte, die zur Gewohnheit geworden ist und den Menschen auf das Gute, *agathon*, ausrichtet (vgl. NE VI.13, 1144a8f). Der Text legt diese Vermutung nahe, kommt Heidegger doch zwei Sätze später ganz unvermittelt auf das ›Gute‹ zu sprechen: »Wenn alles ›Gute‹ Erbschaft ist und der Charakter der ›Güte‹ in der Ermöglichung eigentlicher Existenz liegt, dann konstituiert sich in der Entschlossenheit je das Überliefern eines Erbes.« So verstanden, bezeichnet »Erbe« bzw. *ēthos* die in ihrer geschichtlichen Tiefe erhellte Faktizität, die freigelegten Möglichkeiten »zur *Wiederholung* einer überkommenen Existenzmöglichkeit«. Wo sie angenommen werden, ergreift das Dasein sein »Schicksal«. Im eigentlichen Mitsein ist es eingebettet in das »Geschick« der Gemeinschaft. »Das schicksalhafte Geschick des Daseins in und mit seiner ›Generation‹ macht das volle, eigentliche Geschehen des Daseins aus.« (SZ 383–385). Schicksal und Geschick dürfen nicht verstanden werden als blindes Sich-ausliefern an kontingente Umstände, sondern sie setzen die volle Erhellung kontingenter Faktizität voraus. Heideggers Auslegung liegt auf einer Linie mit seiner früheren Deutung von *ēthos* als »eigentlichem Sein«. Die damit verbundene, im ersten Teil von *Sein und Zeit* aufgeworfene Frage, wie das Schicksal der einzelnen mit dem Geschick der Gemeinschaft vermittelt ist, bleibt jedoch auch im zweiten Teil merkwürdig unbestimmt. Was bedeutet es denn, wenn Heidegger sagt, »in der Mitteilung und im Kampf wird die Macht des Geschickes erst frei« (SZ 384)? Welche Mitteilung, welcher Kampf?

Es scheint, daß der existenziale Ansatz genuin politische Fragen entweder bewußt ausgrenzt oder sie gar nicht erst in den Blick bekommt.

5. Folgewirkungen: Strauss, Jonas, Gadamer, Arendt

Die politische und ethische Dimension menschlicher Praxis zu erforschen, machten sich vier Schüler Heideggers zur Aufgabe ihres philosophischen Schaffens. Leo Strauss, Hans Jonas, Hans-Georg Gadamer und Hannah Arendt hatten Anfang und Mitte der zwanziger Jahre Heideggers Lehrveranstaltungen in Freiburg und Marburg besucht. Wenngleich dort, wie vorstehend aufgezeigt wurde, genuin politische Fragen ausgeklammert blieben, erhielten alle nach eigener Einschätzung Impulse, die ihren weiteren Werdegang entscheidend prägten. An erster Stelle ist die praktische Philosophie Aristoteles' zu nennen, zu der Heidegger neue Zugangswege eröffnete, ohne diese in ihrer Gesamtheit selbst zu beschreiten.[32] Von der Vielfalt der möglichen Wege zeugen die Werke der Schüler, die mit Aristoteles das Politische in je verschiedenen Blickbahnen ausloten. Die angestrebte Erneuerung des Politischen stand unter dem Eindruck von Nationalsozialismus, Antisemitismus – Strauss, Arendt und Jonas mußten als Juden in die Vereinigten Staaten emigrieren – und Krieg. Vor dem zeitgeschichtlichen Hintergrund erschien der einstige Lehrer nur noch eingeschränkt als Vorbild. Gerade den Schülern fielen, wenngleich in unterschiedlicher Intensität und Bewertung, Parallelen zwischen Heideggers Aussparung des Politischen und seinem Irrweg als Rektor der Universität Freiburg auf. Der abermalige Rückgriff auf Aristoteles mußte deshalb die von Heidegger übersprungenen Bereiche ergründen.

Die Bedeutung Heideggers für das politische Denken im 20. Jahrhundert ist daher in doppelter Optik zu vermessen. Zum einen soll seine blickeröffnende Kraft aufgezeigt werden; dafür bieten sich die Selbstzeugnisse der genannten Schüler an. Dies ist zum anderen durch ihre Kritik an Heideggers politischem Engagement und seiner philosophischen Position zu ergänzen, sofern die Kritik nämlich auf alternative Denkwege führt. Das Profil dieser Wege ist dann (mit Ausnahme von Jonas) Gegenstand der folgenden Kapitel. In den drei Hauptteilen werden mit Ritter und Sternberger noch zwei weitere Autoren begegnen, die während ihrer akademischen Lehrjahre bei Heidegger studierten. Sie werden an dieser Stelle nicht weiter ins Auge gefaßt, weil sie aufgrund der Kürze des Kontakts und ihrer eindeutig ablehnenden Haltung kaum als »Schüler« zu bezeichnen sind.

5.1 Wege zu Aristoteles – Heidegger als Vorbild und Lehrmeister

»Man geriet in seinen Bann, noch ehe man ihn verstand«, bekennt Hans Jonas im Rückblick auf seinen Studienanfang 1921 bei Heidegger in Freiburg.[33] Der Bann, den

---

32 Vgl. die treffende Einschätzung von Seyla Benhabib: The Reluctant Modernism of Hannah Arendt, Thousand Oaks 1996: »If one way to judge a philosophical doctrine in retrospect is the depth of readings and creative misreadings it can give rise to, then there is little question that Heidegger's phenomenological appropriation of Aristotle remains one of the most significant chapters in the history of twentieth-century philosophy.« (117).
33 Wissenschaft als persönliches Erlebnis, Göttingen 1987, 14.

Heidegger, ohne jahrelang ein einziges Buch zu veröffentlichen, durch bloße Mund-zu-Mund-Propaganda ausübte, zog in den folgenden Jahren auch Strauss, Gadamer und Arendt an. Strauss kam nach seiner Promotion bei Ernst Cassirer im Herbst 1921, um bei Husserl und Heidegger zu studieren. Im Abstand von fünf Jahrzehnten beschreibt er seine Eindrücke vom jungen Universitätsdozenten: »Ich besuchte von Zeit zu Zeit seine Vorlesung, ohne ein Wort zu verstehen, aber ich begriff, daß er von etwas von höchster Wichtigkeit für den Menschen als Menschen handelte. Einmal verstand ich etwas: als er den Beginn der *Metaphysik* interpretierte. Ich hatte niemals dergleichen gehört oder gesehen – solch eine gründliche und intensive Interpretation eines philosophischen Textes. Auf meinem Weg nach Hause besuchte ich Franz Rosenzweig und sagte ihm, daß verglichen mit Heidegger Max Weber, der von mir bis dahin als die Inkarnation des Geistes der Wissenschaft betrachtet wurde, ein Waisenknabe sei.«[34] Strauss ging 1925 nach Berlin, wo er neben seiner Stelle an der Akademie für die Wissenschaft des Judentums auch Lehrveranstaltungen von Werner Jäger, dem damals führenden deutschen Altphilologen, besuchte. Jäger legte dieselben Stellen wie Heidegger aus – »Charity compels me to limit my comparison to the remark that there was no comparison.« Es sei ihm nach und nach klar geworden, welche geistige Revolution Heidegger auslöste: »We saw with our own eyes that there had been no such phenomenon in the world since Hegel.« (IHE 28).

Gadamer hatte als Mitarbeiter Paul Natorps eine Kopie von Heideggers Bewerbungsmanuskript für die vakante Marburger Professur (PhIA) erhalten, unter dessen Eindruck er im Sommersemester 1923 nach Freiburg wechselte, um ein Semester später mit Heidegger nach Marburg zurückzugehen.[35] »Für mich damals, das kann ich gar nicht energisch genug sagen, war alles neu, aber vor allem die Sprache. Das war ein Denker, der sich bemüht, von der gesprochenen lebendigen Sprache aus die Eigenbewegung des Gedankens am griechischen Text vollziehbar zu machen.«[36] Gadamer kontrastiert das Erlebnis mit dem plauderhaften Vortragsstil Karl Jaspers': »Ganz anders war die Erscheinung und die Haltung des jungen Heidegger: ein geradezu dramatisches Auftreten, eine Wucht der Diktion, eine Konzentration im Vortrag, die alle Zuhörer in ihren Bann schlug.« (GW3 182, vgl. PhL 214). Keine Spur von jenem akademischen Pflichtprogramm, das jeder Professor vormittäglich zu absolvieren hatte, um sich danach seinen wirklichen Interessen zu widmen. Heidegger, der sich seines dramatischen Auftretens wohl bewußt gewesen ist, machte die Hörsäle zu Foren eines radikalen, jede Büchergelehrsamkeit meidenden Philosophierens.

Es war dieses Auftreten, daß ihn zu einer Sonderfigur im deutschen Universitätsleben werden ließ. Man muß sich heute klarmachen, daß er damals außer seinen akademischen Pflichtschriften nichts Nennenswertes veröffentlicht hatte, gleichwohl aber seit dem Beginn seiner Lehrtätigkeit (1919) weit über Freiburg hinausstrahlte. Gadamer erinnert sich, daß schon 1921 der in München lehrende Moritz Geiger einen höchst seltsam und ungewöhnlich sprechenden Studenten mit der Bemerkung versah, dieser

---

34 Jacob Klein/Leo Strauss: A Giving of Accounts, in: The College 22 (1970), 3; zitiert nach (dt. Übersetzung): Eintrag »Leo Strauss« (Heinrich Meier), in: Metzler Philosophen Lexikon, hg. von Bernd Lutz, Stuttgart 1989, 761.
35 Heideggers ›theologische‹ Jugendschrift, in: Dilthey-Jahrbuch 6 (1989), 229.
36 Heidegger und die Griechen, aaO., 60.

sei »verheideggert« (PhL 212). Offenbar verbreitete sich der Name wie ein Lauffeuer, und so eilte ihm bald der Ruf vom »heimlichen König« voraus, welcher die achtzehnjährige Hannah Arendt Anfang 1924 zum Studium nach Marburg lockte. Der ungekrönte König im Reich des Denkens schien Husserls Versprechen einzulösen und tatsächlich zu den Sachen selbst vorzudringen. »Das Gerücht sagte es ganz einfach: Das Denken ist wieder lebendig geworden, die totgeglaubten Bildungsschätze der Vergangenheit werden zum Sprechen gebracht, wobei sich herausstellt, daß sie ganz andere Dinge vorbringen, als man mißtrauisch vermutet hat.« (MH 172–175). Arendt unterhielt von den Schülern die intensivste persönliche Beziehung mit Heidegger. Schon nach kurzer Zeit wurde sie seine heimliche Geliebte. Um sich nicht zu kompromittieren, schickte er die junge Studentin nach nur zwei Semestern zu seinem Freund Jaspers nach Heidelberg. Wenn die intime Beziehung auch auf diese Weise endete, bestand die philosophische bis zu Arendts Tod fort. Sie war die kritischste seiner Schülerinnen und Schüler, zugleich entwickelte sie ein so tiefes Verständnis seiner Philosophie, daß sie die von Heidegger eröffneten und wieder verschütteten Wege zum Politischen schließlich deutlicher erkannte als er selbst.[37]

Neben dem persönlichen geben die Schüler als entscheidendes philosophisches Erlebnis Heideggers Aristoteles-Auslegungen an.[38] Jonas nahm in seinem ersten Semester an einer philosophischen Übung für Anfänger teil, in der *De Anima* behandelt wurde. »Wie man dort mit dem Text konfrontiert wurde, war wohl das, was Goethe ein ›Urerlebnis‹ nannte. Da wurde einem nichts geschenkt, unnachsichtig wurde auf dem Sinn einfachster Worte bestanden, unverstellt von späterer Terminologie.«[39] Heidegger ließ die Texte im griechischen Original lesen und im Seminar übersetzen. Jede Art von

---

37 Die philosophische Beziehung zwischen Arendt und Heidegger ist Gegenstand monographischer Untersuchungen von Dana R. Villa: Arendt and Heidegger. The Fate of the Political, Princeton 1996 und Jacques Taminiaux: La fille de Thrace et le penseur professionnel. Arendt et Heidegger, Paris 1992. Dana Villa, der vor allem das Konzept der *praxis* beleuchtet, vertritt die These, daß »Arendt's notion of action refers us less to Aristotle than it does to another overcomer of the tradition: her teacher, Martin Heidegger« (5). Villas Untersuchung krankt an dieser Opposition, weil er den gemeinsamen Nenner von Arendt und Heidegger verkennt, nämlich dessen frühe Aristoteles-Auslegungen. Die entsprechenden Vorlesungen, die noch nicht in englischer Sprache vorliegen, scheinen ihm lediglich durch Aufsätze von Jacques Taminiaux bekannt zu sein (vgl. 143, 169, 228, 253). Statt dessen legt er als Vergleichsgröße Heideggers *praxis*-Kritik nach der ›Kehre‹ (vgl. *Brief über den Humanismus*) zugrunde, die für Arendts geistige Entwicklung weniger bedeutsam gewesen ist. Hingegen setzt Taminiaux bei Heideggers *Sophistēs*-Vorlesung ein und analysiert in sehr umsichtiger Weise den spannungsvollen Dialog zwischen ihm und Arendt, der auch ein Dialog über Aristoteles ist. Wie der Titel bereits sagt, sieht der Verfasser Heidegger auf der Seite des *bios theōrētikos*, Arendt dagegen auf der des *bios politikos*, Positionen, die beide im Rückgriff auf den Stagiriten zu klären suchen.
38 Auch wenn sie zu unterschiedlicher Zeit und verschieden lange bei Heidegger studierten, darf die Kenntnis der in den vorstehenden Kapiteln behandelten Vorlesungen im großen und ganzen bei allen Schülern vorausgesetzt werden. Die Studenten trafen sich regelmäßig in privaten Kreisen, um Vorlesungs- und Seminarmitschriften auszutauschen und zu besprechen. Ein solcher Kreis bildete sich in Marburg um Arendt und Jonas, dessen Mitschrift der *Sophistēs*-Vorlesung inzwischen archiviert ist. Vgl. Elisabeth Young-Bruehl: Hannah Arendt. Leben, Werk und Zeit (1982), Frankfurt a.M. 1986, 104f. Seit der Veröffentlichung des Briefwechsels zwischen Arendt und Heidegger (Briefe 1925–1975, hg. von Ursula Ludz, Frankfurt a.M. 1998) ist zudem klar, daß beider Beziehung in jener *Sophistēs*-Vorlesung ihren Anfang nahm (aaO., 62, 139f); vgl. dazu die Rezension des Briefwechsels durch den Verfasser in: Politische Vierteljahrsschrift 40 (1999), 182–184.
39 Wissenschaft als persönliches Erlebnis, aaO., 14.

philosophischer Gelehrsamkeit wies er ab. Die Studenten sollten »das ursprüngliche Fragen und Sagen des Aristoteles« freilegen.[40] »Der Text war jung, nicht alt; jetzig, nicht ehemalig.«[41] Jonas nahm die Einsicht mit, daß eine solche Lesart notwendig sei, »um selber neu anfangen zu können«.[42] *De Anima* wurde zu einem wichtigen Text für seine spätere Philosophie des Organischen. Hatte Heidegger in *Sein und Zeit* das Problem der Leiblichkeit ausgeklammert, fand Jonas bei Aristoteles erste Ansätze für eine Ontologie des Organischen. Daraus erwuchs später das ebenfalls aristotelisch inspirierte Programm einer Ethik, die den modernen Menschen auf die Bewahrung der natürlichen Lebensgrundlagen verpflichtet.

Gadamer war, vom Bewerbungsmanuskript wie vom Schlag getroffen (PhL 212), mit dem ausdrücklichen Ziel nach Freiburg gegangen, bei Heidegger Aristoteles zu studieren. Seine Erinnerungen, in zahlreichen Aufsätzen festgehalten, sind mit denen von Jonas vergleichbar. Heidegger habe den griechischen Text sowohl von den »scholastischen Übermalungen« als auch vom »Zerrbild«, das der zeitgenössische Kritizismus im Stile Herman Cohens von Aristoteles zeichnete, befreit, so daß »er auf eine unerwartete Weise zu sprechen begann« (GW3 199). Gadamer beeindruckte, wie Aristoteles nicht als historischer Gegenstand, sondern aus dem »Problemdruck« der Gegenwart zur Sprache kam.[43] Wenngleich er im Rückblick immer wieder auf den bisweilen »gewaltsamen« Charakter von Heideggers Aneignung hinweist,[44] bewertet er sie doch als ein »Vorbild hermeneutischer ›Horizontverschmelzung‹«. Die Verschmelzung ging offenbar so weit, »daß man zeitweise jeden Abstand verlor und nicht einmal realisierte, daß Heidegger sich nicht selber mit Aristoteles identifizierte« (GW3 286).[45] Den Studenten erschien der Professor wie ein »*Aristoteles redivivus*«. Gadamer hatte sein »Urerlebnis« im Seminar über die *Nikomachische Ethik*, das Heidegger im Sommersemester 1923 parallel zur Vorlesung *Ontologie. Hermeneutik der Faktizität* hielt. Die Geschichte, wie Heidegger die Seminarteilnehmer mit seiner Auslegung der *phronēsis* als Gewissen überraschte, hat er oft erzählt (GW2 485f, GW3 199f).[46] Ihm selbst ging damals etwas anderes an der *phronēsis* auf, nämlich das *allo genos gnōseōs*, die ganz andere Art des mit ihr gewonnenen Wissens (GW3 312). Gadamer erkannte darin die Grundlegung der praktischen Philosophie wieder und entwickelte unter dieser Maßgabe sowohl eine universale Hermeneutik als auch eine philosophische Ethik. Dabei stellte er im Unterschied zu Heidegger die kommunikative und die ethische Dimension menschlicher Praxis heraus, mit bewußter Bezugnahme auf Aristoteles.

Von Strauss wird berichtet, er habe die Auslegung der *Physik* als »first serious reading« seit der Aufklärung empfunden und von Heidegger gelernt »how to read the text

---

40 Ebd., 14f.
41 Ebd., 14.
42 Ebd., 15.
43 Heideggers ›theologische‹ Jugendschrift, aaO., 229f.
44 Heidegger und die Griechen, aaO., 73; ders: Die Griechen (1979), GW3 290.
45 Vgl. PhL 216: »In Heideggers Vorlesungen rückten einem die Sachen derart auf den Leib, daß wir nicht mehr wußten: spricht er in eigener Sache oder in der des Aristoteles? Es ist eine große hermeneutische Wahrheit, die wir damals alle an uns zu erfahren begannen und die ich später theoretisch rechtfertigen und vertreten sollte.«
46 Siehe auch Heideggers ›theologische‹ Jugendschrift, aaO., 230f.

of a great book«.⁴⁷ Das akribisch genaue Lesen und Interpretieren klassischer Texte, insbesondere von Platon und Aristoteles, wurde eines seiner späteren Markenzeichen. Die Rückwendung zu den Griechen war wie bei Heidegger durch die Auffassung von einer Krise der westlichen Zivilisation motiviert. Man kann durchaus die These vertreten, daß bereits der Titel von Strauss' Hauptwerk *Naturrecht und Geschichte* an *Sein und Zeit* erinnere, wobei jedoch die philosophische in politische Begrifflichkeit übersetzt sei.⁴⁸ Strauss betont, daß Recht kein geschichtliches Phänomen sei, sondern auf einer unveränderlichen Natur beruhe, die sich geschichtlich manifestiere. In der Besinnung auf die »Wahrheit« des Naturrechts, das Strauss keineswegs moralisch oder theologisch versteht, ist den Menschen ein Instrument an die Hand gegeben, mit dem sie ihre politisch-kulturelle Krise analysieren und bewältigen können. Um diese Wahrheit herauszustellen, kehrt Strauss, seinem Lehrer folgend, dahin zurück, wo das Rechte von Natur zuerst problematisiert worden ist: zu den Anfängen der politischen Philosophie in Griechenland. Nur dort findet er jenes echte, durch keine Tradition (die gab es schließlich noch nicht) beeinträchtigte Verständnis der »simple and primary issues« (WIPP 25), jene »direct relation to political life« (OCPP 60), denen gegenüber aller späteren Philosophie nur ein »derivative character« (WIPP 25) zukomme.

Sieht man von der Betonung des Politischen ab, könnten diese Aussagen auch von Heidegger stammen. Daß dieser ihr geistiger Urheber ist, läßt sich aus zwei Bemerkungen von Strauss ersehen. Sein Freund Jacob Klein, ebenfalls Student bei Heidegger, habe ihm erklärt, warum der gemeinsame Lehrer so wichtig wäre: »[...] by uprooting and not simply rejecting the tradition of philosophy, he made it possible for the first time after many centuries [...] to see the roots of the tradition and thus perhaps to know, what so many merely believe, that those roots are the only natural and healthy roots.«⁴⁹ Der zweite Hinweis findet sich in einer Fußnote zu einer unveröffentlichten Fassung seines späteren Buchs über Hobbes, in welcher Strauss vermerkt: »Heideggers Idee einer ›Destruktion der Tradition‹ hat die in diesem und dem vorigen Paragraphen durchgeführte Untersuchung überhaupt erst möglich gemacht.«⁵⁰ Freilich unterscheidet sich Strauss' Rückgang auf die Tradition in einer Hinsicht stark von Heidegger. Nach seinem Verständnis sind die Verdeckungen in griechischen Texten absichtlich von ihren Verfassern angelegt worden. Er geht davon aus, daß die klassischen Philosophen über eine Kunst des Schreibens verfügten, die es ihnen ermöglichte, bittere Wahrheiten so zu formulieren, daß sie von den Schülern verstanden wurden (›esoterisches‹ Schreiben), ohne die für das Funktionieren politischer Gemeinschaften notwendigen Vorurteile der Vielen zu zerstören (›exoterisches‹ Schreiben). Alle Verstellungen sind deshalb willentlich und dienen dem Schutz sowohl der Philosophen vor der Stadt als auch der Stadt vor den Philosophen. Unter dieser Voraussetzung kann sich die Destruktion nur auf die Auslegungstradition beziehen, welche die Kunst des Schreibens verkannte, nicht jedoch auf

---

47 So Harvey Mansfield in einer ›Roundtable Discussion‹ über Arendt und Strauss, abgedruckt in: Hannah Arendt and Leo Strauss. German Emigrés and American Political Thought After World War II, hg. von Peter Graf Kielmannsegg u.a., Washington, D.C. 1995, 170.
48 Timothy Fuller in derselben Diskussionsrunde; ebd., 165.
49 An Unspoken Prologue to a Public Lecture at St. John's, in: Interpretation 7 (1978), 2.
50 Diese Stelle erwähnt Heinrich Meier: Die Denkbewegung von Leo Strauss. Die Geschichte der Philosophie und die Intention des Philosophen, Stuttgart 1996, 29 (Anm. 10).

die Philosophen selbst. Platon und Aristoteles gelten Strauss als Vorbilder; ihre Nachfolger werden daran gemessen, inwieweit sie von den ursprünglichen Einsichten in die Natur von Gott, Mensch und Welt abgefallen sind. Hingegen hatte Heidegger das Dilemma der Philosophie seiner Zeit vor allem darin gesehen, daß sie immer noch im Bannkreis der antiken Metaphysik stand.[51]

5.2 Wege zum Politischen – Kritik an Heidegger

Arendt und Strauss haben nach 1945 deutliche Kritik an Heideggers politischem Engagement für die Nationalsozialisten in Verbindung mit seiner philosophischen Position geübt. Jonas und Gadamer schlugen mildere Töne an, besonders Gadamer, der nicht emigrieren mußte und wegen seiner persönlichen Lebenssituation im nationalsozialistischen Deutschland am meisten Verständnis für Heidegger aufzubringen vermochte. Seine Kritik richtete sich vor allem gegen *Sein und Zeit* und ist rein philosophisch motiviert. Er empfand die Daseinsanalyse im transzendentalen Gewand als Abfall von Heideggers hermeneutischem Ansatz aus den frühen Vorlesungen.[52] Die »Kehre« lobt er deshalb vor allem als Überwindung transzendentaler Restbestände in Heideggers Denken (GW3 205). In den Zusammenhang der »Kehre« gehört Heideggers explizite Zurückweisung einer Ethik, die »Anweisungen für das tätige Leben« an die Hand gibt.[53] Gadamer gesteht ihm dafür gute Gründe zu, schlägt selbst jedoch einen anderen Weg ein. Er sieht, daß die »soziale Problem-Dimension« nicht, wie Heidegger meinte, im rechnenden Denken aufgehe (GW3 366–369). Mit dieser Einsicht führt Gadamers eigene Denkbewegung in den Horizont des gemeinschaftlichen Zusammenlebens von Menschen.

Arendt hat ihre schärfste, bisweilen polemische Kritik an Heidegger unmittelbar nach dem Krieg verfaßt, spürbar getragen von der persönlichen Enttäuschung über den Irrweg des einstigen Geliebten. In einer Fußnote zu *Was ist Existenz-Philosophie?* (WEP) vermerkt sie, Heidegger habe »in seiner politischen Handlungsweise alles dazu getan, uns davor zu warnen, ihn ernst zu nehmen«. Freilich nimmt sie ihn im folgenden sehr ernst, gerade weil seine »Charakterlosigkeit« nicht »rein personal« bedingt, sondern in seiner Philosophie angelegt sei. Der Essay präsentiert Heidegger als Denker, der den Versuch, »neue Fragen und Inhalte in den alten ontologischen Rahmen spannen zu wollen« mit Nihilismus bezahle. Als Wesen, dessen Essenz in seiner Existenz aufgehe, stelle er den Menschen an die traditionelle Stelle Gottes, löse ihn dann jedoch in »an-

---

51 Vgl. die Einschätzung von Hilail Gildin: Leo Strauss: An Introduction to Political Philosophy, hg. von Hilail Gildin, Detroit 1989: »The effort by Klein [Jacob Klein, langjähriger Freund von Strauss, den er in Freiburg als Student Heideggers kennenlernte] and Strauss to revive classical philosophy was somehow made possible by Heidegger, contrary to his own intention.« (XX). Vgl. auch Laurence Berns: The Prescientific World and Historicism: Some Reflections on Strauss, Heidegger, and Husserl, in: Leo Strauss's Thought, hg. von Alan Udoff, 1994, 176 u. Rémi Brague: Vers la découverte d'un art d'écrire oublié (uveröffentl. Ms.). Brague, dem ich für die Überlassung des Manuskripts zu danken habe, weist auf Spuren von Heideggers Aristoteles-Auslegung im Frühwerk Strauss' hin.
52 Erinnerungen an Heideggers Anfänge, aaO., 16f.
53 Martin Heidegger: Brief über den Humanismus (1946), in: Wegmarken, Frankfurt a.M. ³1996, 358.

archische Seinsmodi« auf. Arendt weist darauf hin, daß Heidegger statt vom Menschen nur vom Dasein spreche, das sich zu sich selbst verhalten könne. Die so aufgezeigten Selbstverhältnisse fügten sich zu einem ontologischen Raster, aus dem jedoch alle aus der Spontaneität des Menschen entspringenden Charaktere – Arendt nennt Freiheit, Menschenwürde und Vernunft – herausfallen müßten. Da keine Idee vom Menschen die Auswahl der Seinsmodi leite, spricht sie von einem Modell, das, dem Hobbesschen ähnlich, den Menschen rein funktionalistisch bestimme. In seiner Konsequenz liege es, daß »der Mensch noch besser innerhalb eines Vorgegebenen funktionieren würde, weil er von aller Spontaneität ›befreit‹ wäre« (WEP 66–69). Es ist kaum zu überlesen, wie Arendts Analyse nationalsozialistischer Mechanismen – später ausgeführt in *Elemente und Ursprünge totaler Herrschaft* – auf ihr Verständnis Heideggers zurückwirkt. Daß *Sein und Zeit* nichts von Freiheit weiß und einem menschenverachtenden Funktionalismus huldigt, läßt sich am Text nicht nachweisen. Von der Tendenz her richtig, wenn in der Formulierung auch überzogen, ist Arendts Vorwurf, Heidegger reduziere Menschsein auf Selbstsein, das gekennzeichnet sei »durch seine absolute Selbstischkeit, seine radikale Abtrennung von allen, die seinesgleichen sind«. Das Selbst solle so einzeln und einzigartig wie ein Gott sein. Arendt unterschlägt, daß Heidegger auch einen positiven Modus des Mitseins im Auge hat, wenngleich er ihn selbst nicht auszuführen vermag. Bei Lichte betrachtet, setzt ihre eigene politische Reflexion an dieser Stelle ein. Arendt geht ausdrücklich davon aus, daß es »zum Begriff des Menschen gehört, daß er mit anderen, die seinesgleichen sind, die Erde zusammen bewohnt« (WEP 71–73). Nichts anderes kann Heidegger mit seinem Konzept eines im Mitsein fundierten Selbstseins gemeint haben, obwohl er die darin liegenden Möglichkeiten nicht erkannte. Diese zu durchdenken, macht sich Arendt in ihrer politischen Philosophie zur Aufgabe. Später spricht sie von der »Pluralität« als Grundbedingung menschlicher Existenz. Daß sie den Anstoß für diese Gedanken durch Heidegger – und, vermittelt über ihn, durch Aristoteles – erhielt, verschweigt der Essay.[54]

Im größeren zeitlichen Abstand, zumal nach der Versöhnung mit Heidegger, stellte Arendt den einstigen Lehrer in ein freundlicheres Licht. Der erste Teil von *Vom Leben des Geistes* über *Das Denken* ist stark von Heideggers Denken nach der »Kehre« beeinflußt (man denke nur an das vorangestellte Motto). Dem *Denker* zollte Arendt ihre Anerkennung, auch in ihrem Aufsatz zu seinem achtzigsten Geburtstag. Als solcher stünde er in einer Reihe mit Platon. Das gilt allerdings auch für sein politisches Engagement. Arendt findet es nun »auffallend und vielleicht ärgerlich«, daß »Plato wie Heidegger, als sie sich auf die menschlichen Angelegenheiten einließen, ihre Zuflucht zu

---

[54] Es gibt nur eine, niemals veröffentlichte Stelle in Arendts Werk, die ihr Anknüpfen an Heidegger explizit belegt. In der frühen Fassung eines 1954 gehaltenen Vortrags heißt es: »It is almost impossible to render a clear account of Heidegger's thoughts that may be of political relevance without an elaborate report on his concept and analysis of ›world‹. This is all the more difficult because Heidegger himself has never articulated the implications of his philosophy in this regard, and in some instances has even used terms with connotations that are quite apt to mislead the reader into believing he is dealing with the old prejudice of the philosopher against politics as such, or with the modern rashness of escaping from philosophy into politics. [...] For our purposes what is much more important than these concepts is Heidegger's definition of human being as being-in-the-world.« (446, Anm. 5). Concern with Politics in Recent European Philosophical Thought, in: Essays in Understanding. 1930–1954, hg. von Jerome Kohn, New York 1994, 428–446.

Tyrannen und Führern nahmen«. Keine Charakterschwäche, sondern eine »›déformation professionnelle‹« trage Schuld daran. Sie besteht darin, daß Philosophen versuchen, das Politische mit Kategorien zu erfassen, die ihm wesensfremd sind, was spätestens bei der praktischen Umsetzung philosophischer Gedanken offenkundig wird. Arendts Achtung vor Heidegger beruht darauf, daß er aus seinem Fehler von 1933/34 lernte und sich auf die Domäne des Denkens beschränkte (MH 183f). Es handelt sich um die souveräne Respektbekundung der ehemaligen Schülerin, die ihren »Wohnsitz mitten in der Welt« genommen und dafür selbst viel Anerkennung erhalten hat.

Auch Strauss steht mit deutlicher Kritik an Heidegger nicht zurück. Er versucht, den einstigen Lehrer mit dessen eigenen Waffen zu schlagen. Heidegger, der schon in den zwanziger Jahren den Historismus zu überwinden suchte, sei diesem letzthin selbst erlegen. Strauss bezeichnet ihn sogar als »most radical historicist« (WIPP 23). Wie bei Hegel, Marx und Nietzsche diene das Einbekenntnis der eigenen Historizität – Strauss meint wohl die von Heidegger geforderte Explikation der »Vollzugssituation des Philosophierens« – gar nicht der Selbstbeschränkung, sondern eröffne vielmehr einen »eschatological prospect«, nämlich die Aussicht auf die schlechthinnige Lösung aller geschichtlichen Probleme. Hegel präsentiere diese Lösung in der Gestalt des »Weltgeistes«, Marx rekurriere auf den Kommunismus, Nietzsche auf den Übermenschen. Heideggers Lösung sei die Rückführung des Menschen aus der extremsten Bodenlosigkeit zu »an entirely novel kind of *Bodenständigkeit*« (PRS 32–33). Nach Strauss' Darstellung hat er dieses Angebot in dreifacher Hinsicht unterbreitet: philosophisch in der Form des frühen Existenzialismus, nach der »Kehre« in der Verschmelzung von westlichem und fernöstlichem Denken (IHE 43–45), politisch in seinem Eintreten für Hitlers Nationalsozialismus (PRS 30). Letzteres sei kein Betriebsunfall gewesen; Strauss hebt die »intimate connection with the core of his philosophic thought« hervor, auch wenn dies für ein Gesamtverständnis des Heideggerschen Denkens eine zu schmale Basis sei. Sie bestehe in der Aussparung politischer Philosophie. »There is no room for political philosophy in Heidegger's work, and this may well be due to the fact that the room in question is occupied by god or the gods.« Für Strauss, der den Antagonismus zwischen Philosophie und Theologie in vielen Schriften thematisiert hat, fällt Heideggers Seinsspekulation in den Bereich des Glaubens, des Übernatürlichen, das menschlichem Wissen nicht zugänglich sei.[55] Hingegen müsse sich politische Philosophie der Menschenwelt zuwenden und die klassische Frage nach »the best or just order of society which is by nature best or just everywhere or always« stellen. Diese Frage sei nur zu beantworten, wenn, wie bei Platon und Aristoteles der Fall, zwischen unveränderlicher Natur und veränderlicher Geschichte unterschieden werde. Weil Heidegger in Strauss' Sicht nur das Übernatürliche als unveränderlich anerkennt, muß ihm das Philosophieren über die Natur des Politischen unzugänglich bleiben. Ob Heideggers Position so zureichend wiedergegeben ist, kann hier nicht diskutiert werden. Hinzuweisen ist jedoch darauf, daß Strauss bei aller Kritik tief in Heideggers Schuld steht.[56] Das gilt nicht nur formal

---

55 »*Esse*, as Heidegger understands it, may be described crudely, superficially, and even misleadingly (but not altogether misleadingly) by saying that it is a synthesis of Platonic ideas and the Biblical God: it is as impersonal as the Platonic ideas and as elusive as the Biblical God.« (IHE 46).
56 Zum Einfluß von Heidegger auf Strauss vgl. die Bewertung von Ted McAllister: Revolt Against Modernity. Leo Strauss, Eric Voegelin, and the Search for a Postliberal Order, Lawrence (Kansas)

für die Rückwendung auf die Griechen, sondern auch inhaltlich, etwa, wenn er den *bios theōrētikos* als Vollendung der menschlichen Natur ausweist und in beinahe allen Schriften mit der Frage befaßt ist, wie diese »eigentliche« Existenz politisch durchgesetzt und gerechtfertigt werden kann. Solche Fragen, die in eminenter Weise die Auslegung der aristotelischen Schriften betreffen, gehören jedoch in den zweiten Teil der vorliegenden Untersuchung.

Unter Berücksichtigung der Kritik an Heideggers fehlender Reflexion über das Politische, kann abschließend Heideggers Einfluß und Wirkung auf Jonas, Gadamer, Strauss und Arendt in dreifacher Hinsicht subsumiert werden, wobei Aristoteles den gemeinsamen Nenner darstellt. Erstens präsentierte Heidegger seinen Schülern den Griechen nicht als Klassiker, sondern als lebendigen Gesprächspartner, der, hermeneutische Schulung vorausgesetzt, bei allem zeitlichen Abstand der eigenen Zeit viel zu sagen hatte. Das war möglich, weil, wie Heidegger zweitens aufwies, die griechischen Philosophen ihr Denken auf *erfahrungsgesättigtem* Boden entwickelten, im Unterschied zur oftmaligen Lebensferne neuzeitlicher Spekulation. Deshalb konnte er drittens zeigen, daß insbesondere die praktische Philosophie des Aristoteles grundsätzliche Fragen des menschlichen Daseins aufwirft und konzeptualisiert. In den Lehrveranstaltungen arbeitete er mit präziser Schärfe die Unterschiede von *praxis* und *poiēsis*, von *phronēsis* und *technē* bzw. *sophia*, von *bios politikos* und *bios theōrētikos* heraus. Wenn Heidegger dies auch in existenzial-ontologischer »Vorhabe« tat, legte er dennoch die Fundamente für die spätere ethische und politische Auslegung dieser Konzepte durch seine Schüler.

1996: »Strauss's fifty-year career may be reduced to a struggle with the problems Heidegger presented to this Jewish philosopher. Strauss's deep adimiration for and hatred of Heidegger lie behind every significant thing he wrote, and almost every reference Strauss made to Heidegger displays the tension.« (72).

II. DEUTSCHE EMIGRANTEN IN AMERIKA

Eric Voegelin, Leo Strauss und Hannah Arendt emigrierten zwischen 1938 und 1941 in die Vereinigten Staaten. Als sie in der ›neuen Welt‹ ankamen, waren sie in ihren Dreißigern und standen am Anfang wissenschaftlicher Laufbahnen. Voegelin ergatterte zuerst eine Assistenzstelle an der Harvard University, bevor er 1942 eine Professur an der State University of Louisiana in Baton Rouge annahm. Strauss trat 1941 in die von Emigranten gegründete *New School for Social Research* in New York ein und wechselte 1949 als Professor an die Universität von Chicago. Arendt war zunächst als Lektorin und freie Publizistin tätig; ab 1952 übte sie mehrere Gastprofessuren aus. Alle drei wurden binnen kurzer Zeit zu den renommierten *Walgreen Lectures* in Chicago geladen, wo sie den Grundstein für vielbeachtete Veröffentlichungen legen sollten. Strauss machte den Anfang mit *Naturrecht und Geschichte* (1949, ersch. 1953), es folgten Voegelin mit *Die Neue Wissenschaft der Politik* (1951, ersch. 1952) und Arendt mit *Vita activa* (1956). Diese drei Werke waren es, die seit den fünfziger Jahren erheblichen Einfluß auf die Entwicklung erst des amerikanischen, später auch des deutschen politischen Denkens nahmen. Im akademischen Betrieb fielen sie auf, weil sie etwas versuchten, das es seit einigen Jahrhunderten nicht mehr gegeben hatte: die Wiederbegründung politischer Wissenschaft im Anschluß an Aristoteles.

Zu diesem Unternehmen brachten sie einige Gemeinsamkeiten mit. In persönlicher Hinsicht waren sie alle vor dem Nationalsozialismus geflüchtet und hatten in ihrer Biographie einen deutlichen Einschnitt hinnehmen müssen. Diese Erfahrung gab Anlaß zu politisch-philosophischer Reflexion, die in eine gründliche Bestandsaufnahme und Abrechnung mit der Moderne mündete. Arendt und Strauss waren dabei stark von Heidegger beeinflußt, bei dem sie in den zwanziger Jahren studiert hatten. Auch Voegelin setzte sich in seinen Veröffentlichungen intensiv mit Heidegger auseinander und entwarf eine eigene, diesem entgegengesetzte Existenzanalyse. Der Rückgriff auf Aristoteles war daher für alle immer auch Anlaß zur Auseinandersetzung mit Heideggers frühen Interpretationen. Die Gemeinsamkeiten reichten aus, um zumindest eine Zeit lang das wechselseitige Gespräch zu tragen. Auf die Dauer mußten jedoch die Differenzen in den Vordergrund treten, zu unterschiedlich waren ihre Temperamente und Überzeugungen. Strauss und Voegelin pflegten nach ihrer Übersiedlung in die Vereinigten

---

1   Vgl. Faith and Political Philosophy. The Correspondence Between Leo Strauss and Eric Voegelin, 1934–1964, übers. und hg. von Peter Emberley und Barry Cooper, University Park (PA) 1993.

Staaten einen regelmäßigen, inzwischen veröffentlichten Briefwechsel.[1] Als 1954 offenbar wurde, wie sehr sie in Grundfragen divergierten, beschränkte sich der Austausch nur mehr auf Höflichkeitsfloskeln.[2] Mit Arendt hatte Voegelin kurz zuvor eine engagierte Kontroverse über ihr Totalitarismus-Buch ausgetragen.[3] Der scharfe Tonfall und die unübersehbaren Konfliktlinien würden erwarten lassen, daß es anschließend keine Grundlage mehr für einen Dialog gab. Gleichwohl finden sich in beider Nachlässen Briefe, die einen losen Kontakt bis 1972 belegen.[4] Arendt fungierte als Mitherausgeberin der anläßlich von Voegelins sechzigstem Geburtstag veranstalteten Festschrift.[5] Voegelin lud sie während seines Intermezzos an der Münchner Universität zu Vorträgen ein und bot ihr 1966 sogar eine Gastprofessur an, die sie ablehnte. Soweit ersichtlich, schätzten sie einander trotz der wohlbekannten und fortdauernden Gegensätze auf philosophischem Terrain.[6] Arendt und Strauss waren sich erstmals Anfang der dreißiger Jahre in Berlin begegnet; Strauss hatte Avancen gemacht, Arendt ihn zurückgewiesen – danach herrschte offenbar völlige Funkstille.[7] Als Arendt 1963 wie Strauss eine Professur an der Universität Chicago innehatte und wegen ihres Prozeßberichtes vom Eichmann-Prozeß heftig in die Kritik geraten war, schrieb sie an Karl Jaspers: »Der einzige, der hier auf dem Campus hetzt, ist natürlich Leo Strauss, und der hätte dies ohnehin getan.«[8] Freilich steht der These nichts im Wege, daß es auch ohne explizite Hinweise in beider Werken einen »tacit or latent dialogue« gegeben hat,[9] nämlich einen Dialog über Aristoteles und das ›Wesen‹ des Politischen.

---

2   Vgl. dazu die Analyse des Briefwechsels durch je einen Schüler Strauss' und Voegelins, in der sich die philosophischen Divergenzen fortschreiben: Ernest L. Fortin/Glen Hughes: The Strauss-Voegelin-Correspondence: Two Reflections and two Comments, in: Review of Politics 56 (1994), 337–357. Zu beachten sind auch die Aufsätze von James L. Wiser, Hans-Georg Gadamer, Stanley Rosen, Thomas J. J. Altizer, Timothy Fuller, Ellis Sandoz, Thomas L. Pangle und David Walsh im Anschluß an die Textedition des Briefwechsels.
3   Die Debatte wurde in der Review of Politics 15 (1953) geführt. Voegelin schrieb eine Rezension [OT 68–76] über Arendts Buch *The Origins of Totalitarianism*, die von Arendt mit *A Reply* [AR 76–84] beantwortet wurde und mit einer *Concluding Remark* (84f) Voegelins abschloß. – Eine Zusammenfassung findet sich in Abschnitt (a).
4   Der Voegelin-Nachlaß in der Hoover-Institution enthält dreizehn Briefe (Box 6.23); im Arendt-Nachlaß in der Library of Congress sind noch acht weitere Briefe zu finden, darunter ein Schreiben Voegelins vom 16.3.1951, das die Leitlinien der späteren Rezension skizziert, jedoch in verbindlich-freundlichem Ton gehalten ist. Arendt wollte darauf am 8.4.1951 mit einem Brief antworten, der die philosophischen Unterschiede aus ihrer Sicht sehr eindringlich herausstellte. Tatsächlich entschied sie sich aber, am 22.4.1951 eine verkürzte, weniger pointierte Version abzuschicken, die auch im Voegelin-Nachlaß enthalten ist.
5   Politische Ordnung und menschliche Existenz. Festgabe für Eric Voegelin zum 60. Geburtstag, hg. von Alois Dempf, Hannah Arendt u. Friedrich Engel-Janosi, München 1960.
6   Arendt wollte zunächst keinen Beitrag für die Festschrift verfassen, um Voegelin nicht mit Positionen zu düpieren, von denen sie wußte, daß er sie ablehnte. Als sie ihm dies mitteilte, bat er sie, keine falsche Rücksicht zu nehmen und ihren Streit ruhig fortzusetzen. Später lobte er den Beitrag über *Action and the Pursuit of Happiness*, der in Arendts Revolutions-Buch einging, ohne jedoch Details zu nennen.
7   Vgl. Young-Bruehl: Hannah Arendt, aaO., 155.
8   Hannah Arendt/Karl Jaspers: Briefwechsel 1925–1969, hg. von Lotte Köhler u. Hans Saner, München 1985, 571 (24.11.1963).
9   Ronald Beiner: Hannah Arendt and Leo Strauss. The Uncommenced Dialogue, in: Political Theory 18 (1990), 238. Beiner konfrontiert beider Bild der Antike und behauptet, daß Arendt im Unterschied zu Strauss ihre geistigen Wurzeln eher in der Neuzeit, bei Kant, habe (247). Wenngleich Beiners Einzelbeobachtungen in vielen Punkten treffend sind, rechtfertigen sie keineswegs

In dieser Einleitung soll zunächst Arendts, Voegelins und Strauss' Auseinandersetzung mit dem Totalitarismus betrachtet werden. In ihrer je verschiedenen Problemperzeption zeichnen sich ganz unterschiedliche Fragestellungen ab, die nicht minder differente Zugangswege zur griechischen Antike und zu Aristoteles eröffnen. Damit verbunden ist bei allen dreien die Forderung nach einer ›neuen‹ politischen Wissenschaft, die die Selbstbeschränkungen positivistischer Sozialforschung überwinden soll; dies ist Thema des zweiten Abschnitts. Typik und Struktur des Rückgriffs auf Aristoteles werden anschließend in drei Hauptkapiteln monographisch untersucht.

Als Voegelin, Strauss und Arendt nach 1945 mit eigenen Veröffentlichungen an die amerikanische Öffentlichkeit traten, versuchten sie, die Erfahrung des deutschen Nationalsozialismus und des sowjetischen Stalinismus zu diagnostizieren. Ihre Gemeinsamkeit bestand darin, daß sie das Geschehene und selbst Erlebte in einen größeren Zusammenhang stellten und die eigene Zeit als vermutlichen End- und Höhepunkt einer tiefgreifenden Krise der Moderne überhaupt begriffen. Voegelin sprach von der »earthwide expansion of Western foulness« (OT 68), Strauss von der »crisis in Western civilization« (PR 249) und Arendt konstatierte »einen beinahe vollständigen Bruch mit allen Traditionen und Überlieferungen des Abendlandes« (ET 285). Über diese Befunde bestand Einigkeit, zu Auseinandersetzungen kam es jedoch bezüglich des Bruchpunkts, mithin der jeweils verlorenen Tradition. Sie wurden am heftigsten zwischen Voegelin und Arendt geführt, während Strauss eher Distanz wahrte, seine Zeitkritik in philosophische Betrachtungen übersetzte und es vermied, in historische Kontroversen hineingezogen zu werden.[10]

Den Anlaß zum Disput lieferte Arendts 1951 erschienenes Werk *The Origins of Totalitarianism*,[11] das ihr binnen kürzester Zeit zu großer Bekanntheit verhalf. Der Begriff des Totalitarismus war zuerst in den zwanziger Jahren von politischen Gegnern des italienischen Faschismus geprägt und in der Folge auch auf Nationalsozialismus und Stalinismus angewendet worden. Arendt schloß an entsprechende Analysen an, gab ihnen jedoch eine Wendung, die das Problemfeld erheblich ausweitete. Ausgehend von den totalitären Erscheinungen sowohl der unmittelbaren Vergangenheit wie auch der Gegenwart fragte sie zu den Anfängen und Ursprüngen des Totalitarismus zurück. Ihre Untersuchung besteht aus etwa drei gleich langen Teilen, von denen die ersten beiden die Geschichte des Antisemitismus und des Imperialismus behandeln. In beiden Entwicklungen sieht sie jene Elemente angelegt, die den Untergang des Nationalstaats bewirkten und den Aufgang totalitärer Staatswesen ermöglichten. Den Antisemitismus führt sie nicht allein auf Judenhaß zurück, sondern auf den Versuch eines Mobs aus deklassierten Bürgern, die staatlichen, oft durch jüdische Beamten und Finanziers gesicherten Strukturen insgesamt zu unterminieren (ET 105). Es komme zum Zusammenbruch staatsbürgerlicher Gesinnung (ET 122) und zur Radikalisierung der gesellschaftlichen Kräfte (ET 257). Arendt stellt einen Zusammenhang zwischen dieser inneren

---

dieses Urteil. In beiden Werken vollziehen sich Rezeptions- und Transformationsprozesse, die weit komplizierter sind als Beiner annimmt.

10 Für einen forschungsgeschichtlichen Vergleich von Arendt und Voegelin, der auch auf Strauss eingeht, vgl. Hans Maier: ›Totalitarismus‹ und ›Politische Religionen‹. Konzepte des Diktaturvergleichs, in: Totalitarismus im 20. Jahrhundert, hg. von Eckhard Jesse, Bonn 1996, 118–134.

11 Elemente und Ursprünge totaler Herrschaft, Frankfurt a.M. 1955, München ⁵1996 – [ET].

Erosion des Staates und seiner externen Erosion infolge des Imperialismus her. Bourgeoise Kapitalisten instrumentalisierten staatliche Organe für ihr zielloses Streben nach immer mehr Macht (ET 285, 314). Sie fänden willige Vollstrecker in den Kolonialverwaltungen (ET 345), die nicht davor zurückschreckten, außergesetzliche Herrschaftsformen zu errichten (ET 405, 459, 516). Diese Tendenzen schlügen nach Europa zurück, wo sich rassische Massenbewegungen zeitweilig mit der bürgerlichen Elite verbündeten, um die Macht zu ergreifen (ET 702f). Wo dies gelinge, träten die Bewegung an die Stelle des Staates und der Parteien, Terror an die Stelle von Gesetzen, Ideologie und Propaganda an die Stelle freien politischen Handelns.

Wenngleich Arendt immer wieder geistesgeschichtliche Faktoren in Betracht zieht, etwa das neuzeitliche Prozeßdenken oder die Ideen des Liberalismus, ist sie vor allem um eine politische Erklärung des Totalitarismus bemüht. Es kommt ihr darauf an, seine »schreckliche Originalität« (VZ 112) herauszustellen und die historische Diskontinuität zu betonen. Arendt unterscheidet daher zwischen dem philosophischen Bruch, der im Selbstverständnis der Neuzeit angelegt war, und dem historisch gesehen noch folgenreicheren Bruch, der durch Antisemitismus und Imperialismus vorbereitet und durch den Totalitarismus vollzogen wurde. Diese Analyse wurde von Voegelin in einer Besprechung des Buches vehement zurückgewiesen. Voegelin warf Arendt vor, sie übertreibe unter dem Eindruck der unmittelbaren Ereignisse die Unterschiede zwischen dem Totalitarismus und der vorangegangenen Epoche, verschleiere deren »essential sameness« durch »phenomenal difference«. Bei nüchterner Betrachtung stelle sich der Ausbruch des Totalitarismus lediglich als »climax of a secular revolution« heraus. »The spiritual disease of agnosticism is the peculiar problem of the modern masses, and the manmade paradises and man-made hells are its symptoms; and the masses have the disease whether they are in their paradise or in hell.« (OT 69–73). Voegelin schließt an Überlegungen an, die er bereits 1938 in einer Schrift über *Die politischen Religionen* formuliert[12] und 1951 in Vorlesungen mit dem Titel »Truth and Representation« – veröffentlicht als *New Science of Politics* (1952)[13] – ausgeweitet hatte. Er sieht das »Wesen der Modernität« in der »Re-Divinisation« (NWP 158) der Gesellschaft, die sich vom Christentum abwende, um ihr Heil in einer »immanentistischen Eschatologie« zu finden (NWP 182). Die Menschen konstruierten sich eine »Traumwelt« (NWP 236) und verursachten ihre eigene Zerstörung (NWP 244f). Was im Totalitarismus endet, beginnt für Voegelin bereits mit den gnostischen Bewegungen der Spätantike; als entscheidende Bruchstelle führt er die Reformation an, »die als ein erfolgreicher Einbruch gnostischer Bewegungen in die westlichen Institutionen zu verstehen ist« (NWP 194).

Was die Analyse des Totalitarismus betrifft, gab es wichtige Übereinstimmungen zwischen Voegelin und Arendt. Beide gingen davon aus, daß totale Herrschaft, auch und besonders in Deutschland, von der Mehrzahl der Bevölkerung getragen worden war.[14] Sie erklärten dies mit einem eklatanten Verlust des Realitätssinns und der Flucht in eine zweite Wirklichkeit, die Voegelin als Gnosis, Arendt als inhaltsleere Ideologie auffaßte. Im Mittelpunkt des Streits standen jedoch die methodischen Differenzen und

---

12 Politische Religionen, Wien 1938, Stockholm ²1939; neu herausgegeben von Peter Opitz, München 1994.
13 Die Neue Wissenschaft der Politik. Eine Einführung, München 1959, Freiburg/München ⁴1991 – [NWP].

grundsätzlichen Annahmen über den Charakter der Moderne. Voegelin griff Arendt persönlich an, indem er ihre Analyse als »symptom of the intellectual breakdown of Western civilization« abqualifizierte. Insbesondere nahm er daran Anstoß, daß sie die Möglichkeit erwogen hatte, der Totalitarismus könne die Natur des Menschen grundsätzlich verändern (vgl. ET 940f). Das sei ein Widerspruch in sich, denn eine Natur müsse *per definitionem* stets dieselbe bleiben. Allein der Gedanke spiegle eine »typically liberal, progressive, pragmatist attitude toward philosophical problems« wider, Arendt sei selbst der »immanentist ideology« unterlegen. Voegelin zog Parallelen zwischen liberalem und totalitärem Denken und zeichnete eine neue Konfliktlinie: »The true dividing line in the contemporary crisis does not run between liberals and totalitarians, but between the religious and philosophical transcendentalists on the one side, and the liberal and totalitarian immanentist sectarians on the other side.« (OT 74f).

Arendt erhielt die Chance, direkt auf diese schweren Anschuldigungen zu antworten. Sie wies die Einstufung als »liberal« und »pragmatist« zurück (AR 80) und stellte im Gegenzug die ideologischen Momente in Voegelins Argumentation heraus: »[...] what separates me from Professor Voegelin's [point] is that I proceed from facts and events instead of intellectual affinities and influences«. Voegelin verwechsle Ideen mit Ereignissen, weil er letztere allein im Licht vorgefertigter Überzeugungen betrachte. Darauf antwortete er, wahre Untersuchungskonzepte kämen nur zustande, »when the principles furnished by philosophical anthropology are applied to historical materials«.[15] Arendt zog diesem Ansinnen enge Grenzen. Eine unveränderliche Natur des Menschen könne man nicht einfach postulieren und zum Ausgangspunkt der Theoriebildung erheben. »Historically, we know of man's nature only insofar as it has existence, and no realm of eternal essences will ever console us if man loses his essential qualities.« (AR 80–84).

Strauss stand innerhalb dieser Auseinandersetzung gewissermaßen zwischen den Fronten. Arendt betonte den Freiheitsverlust, Voegelin den Transzendenzverlust in der Moderne – Strauss beklagte beides, jedoch in eigentypischer Wendung. Die Vitalität der westlichen Zivilisation habe seit jeher im unlösbaren »conflict between the biblical and the philosophical notions of the good life« (PR 289) bestanden. Darunter versteht er den Gegensatz zwischen einem »life of obedient love« und einem »life of autonomous understanding« (PR 273), oder, anders formuliert, zwischen der Gebundenheit des Gläubigen und der Freiheit des Philosophen. Strauss läßt keinen Zweifel daran, daß

---

14 »Es ist mehr als ein Zeichen allgemein menschlicher Schwäche oder spezifisch deutschen Opportunismus, daß die Alliierten nach der Niederlage von Nazideutschland vergeblich nach einem einzigen überzeugten Nazi in der Bevölkerung fahndeten, und dies besagt nichts gegen die Tatsache, daß vermutlich achtzig Prozent des deutschen Volkes irgendwann einmal überzeugte Anhänger oder Sympathisierende der Nazis gewesen waren.« (ET 766). »Was Hitler zur Macht getragen hat, war nicht die politische Nation –, denn hätte es sie gegeben, wäre das Phänomen Hitler unmöglich gewesen –, sondern die Masse der existentiellen Untertanen mit nationalkonservativer Mentalität, die sich einer neuen, menschlich noch so grotesken Obrigkeit mit Enthusiasmus zuwenden, wenn eine Regierung, die im politischen Sinne national zu sein versucht, in einem krisenhaften Augenblick zu versagen scheint.«; Eric Voegelin: Universität und Öffentlichkeit. Zur Pneumopathologie der deutschen Gesellschaft, in: Wort und Wahrheit 21 (1966), 497–518. Voegelin schickte einen Sonderdruck dieser Rede an Arendt und erhielt ein seine Haltung bestätigendes Antwortschreiben.

15 Concluding Remark, in: The Review of Politics 15 (1953), 85.

er persönlich der zweiten Variante anhängt. Allerdings besteht für ihn die Krise der Moderne vor allem darin, daß *beide* Lebensformen verlorengegangen seien, weil sich die Menschen sowohl vom Glauben als auch vom Wissen abgewandt hätten. Als Folgen macht er radikale Orientierungslosigkeit und selbstzerstörerischen Relativismus aus. »The crisis of modernity reveals itself in the fact, or consists in the fact, that modern western man no longer knows what he wants – that he no longer believes that he can know what is good and bad, what is right and wrong.« (TWM 81). Strauss verankert den Beginn dieser Krise am Anfang der Moderne, den er bei Machiavelli setzt. Dieser habe als erster mit der abendländischen Tradition gebrochen, als er die teleologische Auffassung von der menschlichen Natur zurückgewiesen habe (TWM 85f).

Auf Machiavelli führte Strauss auch seine eher indirekte Stellungnahme zur gesamten Totalitarismus-Debatte zurück. Er hatte festgestellt, daß dieser in *Il Principe* vorzugsweise auf Xenophons *Hieron* Bezug nimmt, ein in Vergessenheit geratener Dialog zwischen dem Weisen Simonides und dem Tyrannen Hieron. Strauss übersetzte den Text 1948, versah ihn mit einem ausführlichen Kommentar[16] und schrieb in der Einleitung, durch eine Gegenüberstellung beider Texte könne »man am ehesten die höchst subtilen und zugleich entscheidenden Unterschiede zwischen sokratischer politischer Wissenschaft und der Lehre Machiavellis verstehen«. Wenngleich er die Unterschiede zwischen moderner und vor-moderner Tyrannis – »gewissermaßen die natürliche Form der Tyrannis« – hervorhob, hielt er die Kenntnis *beider* Formen für unabdingbar, um die eigene Gegenwart zu verstehen (ÜT 33–35). Strauss betrachtete den Nationalsozialismus nicht als etwas völlig Neues, sondern wollte ihn in den Bahnen jener Wendung analysiert wissen, die Machiavelli dem Bereich des Politischen gegeben hatte. Wie eine solche Analyse hätte aussehen können, überließ er dem Denkvermögen des Lesers; *On Tyranny* sollte allein die notwendigen Analyseinstrumente bereitstellen. Damit wollte er beheben, was er als größte Schwäche der Moderne und Ursache ihrer Krise ansah: den Verlust antiker Weisheit.

Es zeichneten sich somit in den ersten Jahren nach 1945 drei grundverschiedene Diagnosen der Moderne ab. Alle beruhen auf der Annahme eines Traditionsbruchs, sei er politischer, religiöser oder philosophischer Art. Voegelin, Strauss und Arendt waren gleichermaßen überzeugt, daß die Moderne ihre Krise nicht aus eigener Kraft überwinden konnte. Sie wandten sich, jeder auf seine Art, in die Vormoderne zurück, um jenen Horizont zu sprengen, der ihrer Ansicht nach Voraussetzung wie Folge der modernen Irrwege war. Voegelin forschte den Transzendenzerfahrungen der griechischen Philosophen nach, Strauss versuchte, ihre politische Philosophie zu rekonstruieren, und Arendt nahm sich der politischen Erfahrungen der Polis an. Alle drei sollten auf ihren Wegen zu Aristoteles stoßen und ihn in Dialoge über die Probleme des 20. Jahrhunderts verwickeln.

Dabei sahen sie sich mit erheblichen innerwissenschaftlichen Widerständen konfrontiert. Voegelin, Strauss und Arendt lehrten Zeit ihres Lebens in den politikwissenschaftlichen Departments amerikanischer Universitäten. Als sie ihre Laufbahnen im Exil begannen, waren diese in der Hand von Sozialwissenschaftlern, die das verfolgten, was später als ›empirisch-analytischer Ansatz‹ bezeichnet werden sollte. Die Rückwendung

---

16 Über Tyrannis, Neuwied 1963 – [ÜT].

zur Philosophie, zumal der griechischen, zu Anthropologie, Ontologie und Metaphysik ebenso wie zu Ethik und Politik, widersprach der dominanten Wissenschaftsauffassung. So unterschiedlich die jeweiligen Rekonstruktionen auch angelegt waren, alle drei Exilanten verspürten die Not, *ihr* Verständnis von politischer Wissenschaft zu rechtfertigen und die Schwächen der Kollegen auf grundsätzliche Weise zu thematisieren. Arendt erinnerte gerne an die Einleitung von Alexis de Tocquevilles Werk *De la Démocratie en Amérique*, in welcher die Forderung steht: »Il faut une science politique nouvelle à un monde tout nouveau.«[17] (vgl. VZ 96, ÜR 64). Voegelin erhob den Anspruch, selbst die *neue* Wissenschaft der Politik zu etablieren, deren Ziel es sein sollte, »die Politische Wissenschaft im klassischen Sinne wiederherzustellen«, nämlich als platonisch-aristotelische *epistēmē politikē* (NWP 13–15). Auch Strauss machte deutlich, daß er diesen Ansatz für die eigentliche Form hielt, philosophisch und wissenschaftlich über Politik nachzudenken (WIPP 9, CM 12). Der Gegner wurde von ihnen übereinstimmend als ›Positivismus‹ identifiziert. Ihre Kritik betraf seine beiden hauptsächlichen Spielarten, die historistische Variante und Max Webers Versuch, eine ›objektive‹ Sozialwissenschaft zu begründen.

Leo Strauss unterscheidet zwei Phasen des Historismus, den Beginn der historischen Schule im 19. Jahrhundert (NRG 14) und ihr Aufgehen im Positivismus, wodurch er sich als »radikaler Historismus« ausforme (NRG 18, 24). Strauss stellt heraus, daß die historische Forschung als Reaktion auf die Französische Revolution entstanden sei, um die in abstrakten Vernunftprinzipien zum Ausdruck kommende Entfremdung des Menschen von der Welt zu beheben. »Örtliche und zeitliche Vielgestaltigkeit schien einen sicheren Standpunkt zwischen antisozialem Individualismus und unnatürlicher Universalität zu gewähren.« Als die Vertreter der historischen Schule für diesen Standpunkt objektive Maßstäbe finden wollten, setzte die zweite Phase ein. Der Positivismus konnte Theologie und Metaphysik ein für allemal verwerfen, ein empirisches, nach dem Vorbild der Naturwissenschaften ausgerichtetes Erkenntnisprogramm verkünden und die Geschichte zum einzigen Forschungsfeld erheben (NRG 15–18). Ihm liegt die Annahme zugrunde, daß alles Denken historisch sei, wovon er sich jedoch ausnimmt, schließlich beansprucht die These selbst transhistorische Gültigkeit (NRG 26). Um diese Aporie zu umgehen, postuliert er für die eigene Einsicht in das Denken aller früheren Epochen einen »absoluten Augenblick in der Geschichte« (NRG 31). Strauss führt das philosophische System Hegels als Beispiel an und verweist darauf, daß die Zerstörung solcher Gebäude zum Nihilismus geführt habe. »Der Versuch, den Menschen in dieser Welt vollkommen heimisch zu machen, endete damit, daß der Mensch gänzlich heimatlos wurde.« (NRG 19).

Arendt teilt diese Diagnose und betont ihre Gültigkeit für die moderne Sozialwissenschaft. Sie bezeichnet Marx als »Vater der sozialwissenschaftlichen Methoden«. Indem er das Hegelsche System auf den Kopf stellte, habe er Geschichte nicht mehr als Feld der Erkenntnis betrachtet, sondern als Feld des »Geschichte-machen[s]« entdeckt. Der Philosoph, der die wahren Bewegungsgesetze kenne, ersetze alles freie Handeln durch notwendiges Herstellen (VZ 109, 313). Zugleich erkläre er die Erkenntnis aller Andersgesinnten zum ideologischen Überbau. Marx habe sich entschieden, niemals das

---

17 De la Démocratie en Amérique, in: Oeuvres, Bd. 1, hg. von J.-P. Mayer, Paris 1982, 8.

ernst zu nehmen, was die Menschen sagten (VZ 312). Vielmehr erhalte jede Aussage und jedes Ereignis Bedeutung nur durch die Stellung im vorausgesehenen Gesamtprozeß, ein Gedanke, den Arendt auf Hegel zurückführt (VZ 71). »Der Prozeß, der alles und alle zu Exponenten herabwürdigt – Napoleon zum Exponenten des Weltgeistes, Katharina die Große zum Exponenten feudaler Klassenkämpfe –, hat sich ein Monopol auf Sinn und Bedeutung angeeignet, so daß der einzelne oder das Besondere nur dann und nur dadurch sinnvoll sein können, daß sie als bloße Funktionen verstanden werden können.« (VZ 81). Diese Betrachtungsweise ist nach Arendts Überzeugung das epistemologische Erbe der modernen Sozialwissenschaften. Sie versuchten, hochformalisierte Kategorien zu bilden, als »allgemeine Regeln zur Subsumtion von Begebenheiten aller Zeiten und aller Art«. Auf diese Weise beschäftigten sie sich immer nur mit der berechenbaren Funktion eines Phänomens innerhalb der Gesellschaft, nie jedoch mit seiner Substanz. Arendt nennt dies die »entsubstantialisierende Funktionalisierung unserer Kategorien«, welche darauf beruhe, die »wahrheit-enthüllende Eigenschaft der Sprache« zu negieren. Wer, so ein Beispiel, Hitler und Jesus unter den Weberschen Idealtypus des ›charismatischen Führers‹ subsumiere, weigere sich, jemals zur Kenntnis zu nehmen, was beide gesagt hätten (VZ 312–317). Für Arendt ist ein solches Denken das geistige Spiegelbild der radikalen Funktionalisierung des Menschen in der modernen Gesellschaft.

Der zweite Angriffspunkt gegen den Historismus betrifft Max Webers Unterscheidung zwischen Werten und Tatsachen, welcher bis auf den heutigen Tag als Voraussetzung ›wertfreier‹ und ›objektiver‹ Forschung angesehen wird. Obwohl Voegelin, Strauss und Arendt diesen Ansatz als grundsätzlich verfehlt erachten, zollen sie dem Wissenschaftler und der Person Max Weber durchaus Respekt. Strauss bezeichnet ihn als »größte[n] Sozialwissenschaftler des Jahrhunderts« (NRG 38). Aus Voegelins Sicht brachte er die positivistische Methodologie zu ihrem »immanent-logischen Abschluß« und bereitete zugleich einen Neubeginn vor, weil er der theoretischen Auseinandersetzung wieder Gewicht verlieh (NWP 35f). Beider Argumentation läuft darauf hinaus, daß sie nachzuweisen suchen, wie Weber gegen seine eigenen methodischen Prinzipien verstoßen mußte, weil er als echter Forscher ihre Unzulänglichkeit erkannte. Sie betonen, daß Weber sehr wohl Werte in die wissenschaftliche Analyse einbezog, sie jedoch wie Fakten behandelte. Indem er etwa die Bedeutung religiöser Überzeugungen in der Entwicklung des Kapitalismus herausstelle, erkenne er, so Voegelin, den ›Glauben‹ als handlungsleitenden Faktor grundsätzlich an. Seine Religionssoziologie enthalte »gewaltige Massen mehr oder weniger klar gesehener Wahrheiten über die menschliche und soziale Ordnung«, wodurch er »so etwas wie Rationalität« zurückgewinne (NWP 40f). Voegelin nimmt Weber auch vom Vorwurf der »Materialhuberei« aus (NWP 29), weil er wichtige Phänomene der Menschheitsgeschichte behandele und keineswegs alle Werte als gleichrangig ansehe. »Wenn ihm auch ein durchdachtes Prinzip der Theoretisierung fehlte, so ließ er sich doch nicht von ›Werten‹ leiten, sondern von der *auctoritas majorum* und von seinem eigenen Gefühl für das Bedeutende.« (NWP 44f).[18]

---

18 Vgl. Voegelins Einschätzung von Max Webers Person in seinen Lebenserinnerungen: »[...] Weber klammerte die Analyse der Erfahrungen, die Maßstäbe für die existentielle Ordnung und für verantwortungsvolles Handeln liefern, aus seinen Überlegungen aus. Wenn Weber trotzdem nicht in eine Form von Relativismus abglitt, so ist das auf die Tatsache zurückzuführen, daß er auch ohne

Strauss fällt ein ähnliches Urteil: »Weber hatte die Wahl zwischen Blindheit gegenüber den Erscheinungen und Werturteilen. In seiner sozialwissenschaftlichen Praxis traf er eine gute Wahl.« Seine Untersuchungen hätten sowohl auf Wertentscheidungen beruht als auch solche impliziert. Strauss macht darauf aufmerksam, daß Weber oftmals wertende Ausdrücke verwende, sie jedoch stets in Anführungszeichen setzte – »ein Trick, der es einem erlauben soll, die Vorteile des ›common sense‹ mit der Verleugnung des ›common sense‹ zu verbinden« (NRG 54f). Auch bewerte er soziale Phänomene, etwa wenn er zwischen echter und unechter Religion differenziere; Webers Forschungsgegenstände ergäben sich somit durch Wertbezüge und vorgängiges Wertverstehen (NRG 66). Er selbst habe eine grundsätzliche Wahl getroffen, als er sich für die Wissenschaft entschied, nämlich für menschliche und gegen göttliche Führung (NRG 77). Strauss und Voegelin machen übereinstimmend deutlich, daß Weber aufgrund seiner integren Persönlichkeit nie die radikalen Konsequenzen aus seiner Methode gezogen und tatsächlich »wertfrei« geurteilt habe. Das unterscheide ihn von vielen seiner wissenschaftlichen Nachfolger, gegen die sich beider Kritik indirekt richtet. Über diese – »unsere Sozialwissenschaft« – schreibt Strauss, sie wären bereit, »Tyrannen mit der gleichen Befugnis und Bereitwilligkeit zu beraten wie freie Völker«, da sie keine rationalen Handlungsprinzipien anerkennen würden (NRG 4).

Strauss wie Voegelin sahen den Weg aus dieser Sackgasse in einer Rückkehr zur vorwissenschaftlichen Lebenswelt, in der Menschen nicht zwischen Werten und Fakten unterscheiden. Strauss war sicher, daß die Analyse der sozialen Wirklichkeit die »fundamentalen Alternativen« verständlichen machen würde, »die wesentlich dem sozialen Leben angehören« (NRG 80f). Voegelin wollte verhindern, daß die Wissenschaft Seinsbereiche ausblende, an welchen jeder Mensch mit seiner Seele partizipiere (NWP 24). Beiden ging es darum, ihr Untersuchungsfeld nicht mit künstlichen Begrenzungen zu belegen, eine Intention, die im übrigen auch Arendt verfolgte. Jedoch sahen sie in ihrer eigenen Zeit keine Möglichkeit, überhaupt ein unverfälschtes Untersuchungsfeld zu gewinnen (NRG 81f, NWP 49f). Alle drei betrachteten die Gegenwart als Epoche des Verfalls; was sie suchten, fanden sie erst in früheren Zeiten. Ihre ›neue‹ Wissenschaft von der Politik sollte die alte und ursprüngliche *epistēmē politikē* rehabilitieren, weil diese, wie sie annahmen, auf unverkürzten Erfahrungen des Menschseins beruht.

---

die Durchführung einer solchen Analyse eine durch nichts zu erschütternde Persönlichkeit und tatsächlich auch – wie die Biographie seines Neffen Eduard Baumgarten darlegt – ein Mystiker war.« (AB 30).

II.1 Eric Voegelin – Transzendenzerfahrung und Geschichtsphilosophie

Im Rückblick berichtete Eric Voegelin, daß er um 1930 die Absicht verfolgt habe, eine »systematische Theorie der Politik zu schreiben«, was jedoch fehlgeschlagen sei: »Ich hatte die ›Theorie des Rechts‹ und die ›Theorie der Macht‹ abgeschlossen, dann aber fand ich heraus, daß ich das Problem der politischen Ideen nicht auf befriedigende Weise behandeln konnte [...].«[19] Etwa in dieser Zeit beschloß er auch, Griechisch zu lernen, überzeugt davon, daß ein guter Politikwissenschaftler in der Lage sein sollte, Aristoteles und Platon im Original zu verstehen (AB 57). Voegelin nutzte die folgenden Jahre, um ein umfangreiches ideengeschichtliches Wissen zu erwerben. Kurz nach seiner Ankunft in Amerika unterzeichnete er einen Vertrag für eine als einführendes Lehrbuch gedachte *History of Political Ideas*. Dieses Projekt sollte ihn ein ganzes Jahrzehnt beschäftigen, ohne jemals zu der geplanten Veröffentlichung zu führen. Nachdem er bereits mehr als tausend Seiten geschrieben hatte, ging Voegelin auf, daß »der Begriff der Ideen eine ideologische Deformierung der Realität ist«. »Es gab keine Ideen, wenn es keine Symbole unmittelbarer *Erfahrungen* gab.« (AB 83). Aus der politischen Ideengeschichte wurde eine Geschichte der Transzendenzerfahrung und ihrer Symbolisierung in politischen Ordnungsformen. Dieser Paradigmenwechsel eröffnete Voegelin neue Perspektiven und bahnte einen ungewöhnlichen Weg zu Aristoteles.

Der theoretische Durchbruch ereignete sich nach seinen Angaben anläßlich der *Walgreen Lectures* über »Truth and Representation«, die er 1951 in Chicago hielt und danach zur *New Science of Politics* ausarbeitete (AB 84). Bereits in der Einleitung, stärker noch im Vorwort für die deutsche Ausgabe (1959), stellte Voegelin heraus, daß er an die *epistēmē politikē* platonisch-aristotelischer Provenienz anzuknüpfen gedachte (NWP 16, 19f). Wenige Jahre darauf erschienen die ersten drei Bände von *Order and History*, so der neue Titel des ursprünglich geplanten Lehrbuchs.[20] Der dritte Band galt ausschließlich Platon und Aristoteles. Sein zweiter Teil, eine Untersuchung der *Politik*, war im Kern 1949 entstanden; Voegelin sprach von »höchst interessanten Resultaten«.[21]

---

19 Brief an Francis W. Cooker, 1. Mai 1946, zitiert nach Peter J. Opitz: Erste Spurensicherung: Zur Genesis und Gestalt von Eric Voegelins ›History of Political Ideas‹, in: Eric Voegelin: Das Volk Gottes, hg. von Peter J. Opitz, München 1994, 148.
20 Order and History. Volume I: Israel and Revolution, Baton Rouge 1956 – [OH1]; Volume II: The World of the Polis, Baton Rouge 1957 – [OH2]; Volume III: Plato and Aristotle, Baton Rouge 1957 – [OH3].
21 Brief an Aron Gurwitsch, 27. August 1949, zitiert nach Opitz: Erste Spurensicherung, aaO., 137. Zur Entstehungsgeschichte des Aristoteles-Teils vgl. Peter J. Opitz: Philosophieren aus kontemplativer Distanz, in: Eric Voegelin: Ordnung und Geschichte, Bd. VII: Aristoteles, hg. von Peter J. Opitz, München 2001, 157–189. Opitz weist darauf hin, daß Voegelin schon 1939 ein erstes

Daneben veröffentlichte er eine Reihe von Aufsätzen, in denen er vor allem die *Metaphysik* des Aristoteles auslegte und sie in eine Heidegger entgegengesetzte Existenzanalyse überführte.[22] Der vierte Band von *Order and History* ließ bis 1974 auf sich warten, weil Voegelin unter dem Eindruck des enormen historischen Quellenmaterials seine Geschichtstheorie weiter differenziert hatte.[23] Die früheren Analysen wurden durch die modifizierte Theorie zwar nicht grundsätzlich verändert, jedoch bewertete Voegelin die Stellung neu, die Platon und Aristoteles in seiner Transzendenz- und Ordnungsgeschichte zufiel. Nachfolgend werden alle Werkphasen seit 1952 berücksichtigt. Ziel der Untersuchung ist es, die Typik von Voegelins Rezeption der aristotelischen Philosophie herauszuarbeiten und ihre strategische Bedeutung innerhalb seines Denkansatzes aufzuweisen.

In der vorliegenden Studie fällt dem 1901 in Köln geborenen und in Wien aufgewachsenen Voegelin eine besondere Rolle zu. Er hat als einziger direkt an zwei Diskursen teilgenommen, zum einen an dem der deutschen Exilanten in den Vereinigten Staaten, zum anderen als Rückkehrer, der von 1958–1969 das politikwissenschaftliche Institut der Ludwig-Maximilians-Universität München aufbaute und die deutsche Debatte um die Rehabilitierung der praktischen Philosophie des Aristoteles mitprägte.[24] Noch im Jahr seiner Ankunft erschien die Übersetzung der *New Science of Politics*. Voegelin reiste durchs Land, hielt Vorträge und veröffentlichte zahlreiche Aufsätze. Innerhalb der entstehenden deutschen Politikwissenschaft repräsentierte er gemeinsam mit dem zweiten Münchner Ordinarius, dem bei Arnold Bergstraesser in Freiburg habilitierten Hans Maier, die sogenannte »Münchener Schule«.[25] Was später »normativ-ontologischer Ansatz« gennant und mit dem ›Neoaristotelismus‹ in Verbindung gebracht werden sollte, ging maßgeblich auf Voegelins Schriften zurück. Es erhebt sich daher die

---

Manuskript zu Aristoteles für die geplante *History of Political Ideas* abgefaßt hatte, das jedoch bis heute als verschollen gilt. Der Text von 1949 ist nach Opitz' Darlegung weitgehend mit der gedruckten Fassung identisch gewesen.

22 Die wichtigsten, nachfolgend im Blick auf Aristoteles analysierten Aufsätze sind: Die industrielle Gesellschaft auf der Suche nach der Vernunft, in: Die industrielle Gesellschaft und die drei Welten. Das Seminar von Rheinfelden, Zürich 1961, 46–64 – [IG]; Das Rechte von Natur (1963), in: Anamnesis. Zur Theorie der Geschichte und Politik, München 1966, 117–133 – [RN]; Was ist Natur? (1965), in: Anamnesis, 134–152 – [WN]; Was ist Politische Realität? (1965), in: Anamnesis, 283–354 – [WPR]; On Debate and Existence (1967), in: The Collected Works of Eric Voegelin. Volume 12 (Published Essays 1966–1985), hg. von Ellis Sandoz, Baton Rouge 1990, 36–51 – [DE]; Immortality (1967), in: Collected Works. Vol. 12, aaO., 52–94 – [I]; The Gospel and Culture (1971), in: Collected Works. Vol.12, aaO., 172–212 – [GC]; Conversations with Eric Voegelin, hg. von Eric O'Connor, Thomas More Institute Papers 76 (Transcript of four Lectures and Discussions in Montreal in 1965, 1967, 1970, and 1976), Montreal 1980 – [CEV]; Vernunft: Die Erfahrung der klassischen Philosophen (1974), in: Ordnung, Bewußtsein, Geschichte. Späte Schriften – eine Auswahl, hg. von Peter J. Opitz, Stuttgart 1988, 127–164 – [V].
23 Order and History. Volume IV: The Ecumenic Age, Baton Rouge 1974 – [OH4].
24 Zum biographischen Hintergrund vgl. allg. Thomas Noetzel: Eric Voegelin: Episteme und Doxai – eine Verfallsgeschichte des politischen Wissens, in: ders. u. Hans Karl Rupp: Macht, Freiheit, Demokratie. Anfänge der deutschen Politikwissenschaft, Marburg 1991, 137–152; Michael Henkel: Eric Voegelin zur Einführung, Hamburg 1998, 13–35.
25 Vgl. Dietmar Herz u. Veronika Weinberger: Die Münchener Schule der Politikwissenschaft, in: Schulen in der deutschen Politikwissenschaft, hg. von Wilhelm Bleek u. Hans J. Lietzmann, Opladen 1999, 269–292.

Frage, mit welchem Recht er innerhalb des zweiten und nicht des dritten Diskurses verhandelt wird. Zur Beantwortung ist auf die bereits in der Einleitung dieses Hauptteils herausgestellten Berührungspunkte mit Arendt und Strauss zu verweisen. Wie im nächsten Hauptteil zu sehen sein wird, unterscheiden sich alle drei hinsichtlich ihres Bildes von der Moderne markant von jenen Philosophen, die während des Krieges in Deutschland geblieben waren. Eine Folge dieser Differenzen, die auch in den jeweiligen Rückgriff auf die Antike hineinspielen, war, daß Voegelin trotz seiner Vorliebe für das akademische Klima einer deutschen Universität dort niemals richtig heimisch wurde. Er hielt Distanz zu den Kollegen, sowohl in München als auch innerhalb des Fachs insgesamt, machte sich mit seiner bisweilen hochfahrenden und hochmütigen Art viele Feinde und fühlte sich meistens mißverstanden.[26] Folglich führte sein Weg nach der Emeritierung auf direktem Weg in die Vereinigten Staaten zurück, deren Staatsbürger er geblieben war. Auch dieser Schritt spricht dafür, Voegelin im Kontext der Emigranten zu verhandeln, jenem Kontext, in dem er sich noch am ehesten verstanden wähnte.

Voegelins gesamtes Denken kreist um die Erfahrung und Symbolisierung von Ordnung. Deshalb gibt die Frage nach den verschiedenen Dimensionen von Ordnung den Leitfaden der folgenden Analyse ab. Zuerst wird seine Annahme untersucht, der Mensch partizipiere qua transzendenter Erfahrung an einer göttlichen Seinsordnung (Kap. 1.1). Den Entwurf einer solchen Ordnung, »eine durchgearbeitete Ontologie«, sieht er als Voraussetzung jeder Einzelwissenschaft, auch der *epistēmē politikē* an (NWP 16). Sie stellt nach seiner Überzeugung das Maß für die Ordnung der menschlichen Existenz dar. Das Verhältnis zwischen ewiger Seins-ordnung und individueller (Kap. 1.2) sowie gesellschaftlicher (1.3) Ordnung ist daher Gegenstand der beiden folgenden Analyseschritte. Sie umfassen den Bereich von Ethik und Politik, mithin den Kernbereich der *epistēmē politikē* im aristotelischen Sinne. Im abschließenden Kapitel (1.4) steht das Verhältnis von überzeitlicher Seinsordnung und zeitlichem Erkennen zur Untersuchung. Es wird nach dem Ort gefragt, den Voegelin der aristotelischen Philosophie im Gesamtkontext der von ihm konzipierten Erfahrungsgeschichte der Transzendenz zuweist. Dies geschieht vor dem Hintergrund sowohl seines anfänglich unilinearen als auch des späteren, plural-diskontinuierlichen Geschichtsmodells.

1.1 Ordnung des Seins

Politische Wissenschaft ist für Voegelin die »Wissenschaft vom rationalen Handeln des Menschen in Gesellschaft«. Als solche müsse sie über einen Standard von Rationalität verfügen, der dem bloßen Meinen überlegen sei (NWP 15f). Diese Position deckt sich dem Wortlaut nach mit dem Selbstverständnis neuzeitlicher Wissenschaft, auch des Positivismus. Die Untersuchung von Meinungen will mehr als selbst nur eine Meinung sein und erhebt daher den Anspruch auf wissenschaftliche Genauigkeit. Genauigkeit, besser: Vollständigkeit, Geschlossenheit und innere Stimmigkeit sind die wesentlichen

---

26 Hans Maier: Eric Voegelin und die deutsche Politikwissenschaft, in: Hans Maier/Peter J. Opitz: Eric Voegelin – Wanderer zwischen den Kontinenten, Occasional Papers XIV, München 2000, 37–63.

Parameter, nach denen die Neuzeit die Rationalität einer Aussage bemißt. Es handelt sich um binnenräumliche Kriterien, um Konstruktions- und Strukturmomente *menschlicher* Vernunft. Voegelin jedoch hält ein solches Verständnis von Rationalität nicht für ausreichend. Solange es nur binnenräumliche Kriterien gibt, kann die Bedeutung gleich genauer Aussagen nicht weiter differenziert werden. Keine Aussage darf den Anspruch erheben, wahrer als die anderen zu sein. Deshalb erscheint ihm das selbsterklärte Zeitalter der Rationalität eher als eines der Irrationalität (NWP 16, 46). Um von den Meinungen zum Wissen zu gelangen, müsse es einen absoluten Maßstab der Beurteilung geben. Dieser Maßstab liege außerhalb der menschlichen Vernunft, es sei die göttliche Ratio. An ihr teilzuhaben, ist für Voegelin sowohl das höchste Ziel des Menschen als auch der Ermöglichungsgrund menschlicher Vernunft. Rationalität bedeutet daher die Ausrichtung des Menschen auf einen Seinsbereich, der ihn selbst übersteigt. Dieses, so Voegelin, sei die entscheidende ontologische Einsicht von Platon und Aristoteles gewesen, die die Begründung der *epistēmē politikē* ermöglicht habe. »Die Voraussetzung des Unternehmens, das über bloße Meinungen (*doxai*) zur Wissenschaft (*epistēmē*) von der Ordnung vordringen will, ist eine durchgearbeitete Ontologie, die alle Seinsbereiche, vor allem den welt-jenseitigen, göttlichen als real anerkennt [...]« (NWP 16).

(a) Ordnung und Erfahrung: psychē

Freilich wirft diese Voraussetzung ein handfestes Problem auf. Wie kann es vernünftig sein, etwas als real anzuerkennen, das in der menschlichen Realität nicht sinnlich erfahren werden kann? Die Frage ist aus Voegelins Perspektive falsch gestellt. Sie reduziert das Reale auf das Sinnliche und setzt Erfahrung mit Sinneswahrnehmung gleich. Dieses Verständnis wurde vom neuzeitlichen Empirismus geprägt. Dagegen will Voegelin ein umfassenderes Verständnis von Empirie rehabilitieren, über das Menschen, wie er meint, seit jeher, auch ohne Wissenschaft, verfügten.[27] Es handelt sich um die Erfahrung, »daß der Mensch voll und ganz Mensch ist kraft seiner Teilnahme an einem Ganzen, das über seine gesonderte Existenz hinausgreift«. Diese Erfahrung werde von Platon und Aristoteles geteilt und zu größerer Klarheit geführt (NWP 53). In philosophischer Auslegung werde das ›Ganze‹ als geordnete Hierarchie von Seinsbereichen begriffen. Diese Ordnung beruhe nicht primär auf Wissen, sondern auf Erfahrung, *transzendenter* Erfahrung. Alles Wissen stellt den Versuch dar, so Voegelins These, kompakte Transzendenzerfahrung auf möglichst differenzierte Weise auszulegen. Wissen ist Symbolisierung von Erfahrung. Die Einsicht von Platon und Aristoteles in die Ordnung des Seins besitzt den Charakter symbolischer Erkenntnis. Dafür aber kann es keine binnenräumlichen Kriterien geben, denn nicht das Wissen, sondern die Erfahrung ist primär ›wahr‹. Ontologie ist eine empirische Wissenschaft, ihr Gegenstand und ihr Maß ist transzendente Erfahrung. Das hält Voegelin für die Entdeckung der griechischen Philosophen, obschon er Aristoteles bisweilen vorhält, er tendiere dazu, transzendente

---

27 Zu den Einflüssen der modernen Anthropologie, bes. von Max Scheler, auf Voegelins Begriff der Erfahrung vgl. Jürgen Gebhardt: Die Suche nach dem Grund – eine zivilisationsgeschichtliche Konstante?, in: Symbol- und Ordnungsformen im Zivilisationsvergleich. Wissenschaftliches Symposion in memoriam Eric Voegelin, hg. von Peter Hampe, Tutzing 1990, 7–28.

gegen immanente Erfahrung einzutauschen. Gerade deshalb, fordert Voegelin, sei die griechische Metaphysik mit Blick auf die Symbolisierung ursprünglich religiöser Erfahrungen zu untersuchen (NWP 50). Seine Annahme, es gebe eine dem Menschen empirisch zugängliche Seinsordnung, ist das Ergebnis eines solchen Studiums.

Die Plausibilität von Voegelins Theorie ist nur zu prüfen, wenn das von ihm vorgeschlagene Studium wiederholt wird. Entspricht sein Verständnis von Rationalität, Ordnung und Erfahrung dem aristotelischen? Oder handelt es sich um gezielte Transformationen der aristotelischen Texte? Beruht die aristotelische Ontologie auf transzendenter oder auf immanenter Erfahrung? Im einzelnen müssen drei Thesen untersucht werden, auf die Voegelin unter Berufung auf Aristoteles (und Platon) seine Rekonstruktion der Ontologie stützt: (1.) Der Mensch partizipiert »an allen Seinsbereichen, vom anorganischen bis zum geistigen« (NWP 16). (2.) Die Seinsbereiche sind hierarchisch gegliedert; höherstufige können nicht durch Kausalerklärungen auf niederstufige reduziert werden. (3.) An der Spitze der Seinsordnung steht die göttliche Ratio; die menschliche Ratio konstituiert sich erst durch Teilhabe an ihr.

Die erste These ist die Bedingung der Möglichkeit einer umfassenden Ontologie, wie Voegelin sie als Grundlage jeder *epistēmē* vorsieht. Nur wenn der Mensch an allen Seinsbereichen partizipiert, kann er Einsicht in die umfassende Seinsordnung nehmen. Vorerst sei der oberste Seinsbereich als geistiger verstanden; ob er auch ein göttlicher ist, gehört in die Untersuchung der dritten These. Die genaue Differenzierung von Seinsbereichen wurde nach Voegelin möglich, als die Griechen die *psychē* entdeckten, »als ein neues Zentrum im Menschen [...], in welchem er sich als aufgeschlossen für transzendente Realität erfährt« (NWP 103). In einem für seine Studenten angefertigten Schaubild führt Voegelin unter Berufung auf Aristoteles folgende Seinsbereiche auf (von oben nach unten): »göttlicher *nous, psychē*-noetisch, *psychē*-Leidenschaften, Natur-animalisch, Natur-vegetativ, Natur-anorganisch, *apeiron*-Tiefe« (V 162). Aus der Aufzählung geht hervor, daß Voegelin nur zwei Seinsbereiche mit der *psychē* in Verbindung bringt, die menschliche Vernunft und die menschlichen Leidenschaften. Davon abgesetzt sind nach unten hin die Bereiche tierischer, pflanzlicher, anorganischer und »dämonischer« Natur. Offensichtlich ist es das Privileg des Menschen, eine *psychē* zu besitzen; alle anderen Organismen werden als bloße Natur, *physis*, eingestuft. Diese Auslegung steht eindeutig im Widerspruch zur aristotelischen Lehre in *De Anima* (gr. *Peri Psychēs*). Gleich zu Beginn erklärt Aristoteles, daß die *psychē archē tōn zōōn* (I.1, 402a6f), Ursache des Lebendigen sei und wehrt ausdrücklich die Behauptung ab, nur Menschen besäßen eine *psychē* (b3–5). Auch den Pflanzen und Tieren weist Aristoteles eine *psychē* zu. Sie ist das Prinzip der Lebendigkeit, die Form, die der Materie Leben verleiht (vgl. II.1, 412a19–21); sie unterscheidet das Organische vom Anorganischen. Die Seinsbereiche, welche Aristoteles aufführt, stimmen mit den von Voegelin genannten Bereichen des Organischen überein, allerdings handelt es sich je um Vermögen (*dynamenai*) der *psychē*. Pflanzen besitzen danach nur das Nährvermögen (*threptikon*), Tiere zusätzlich das Vermögen des Strebens, der Wahrnehmung und der Ortsbewegung (*orektikon, aisthētikon, kinētikon kata topon*), während beim Menschen noch das Denkvermögen (*dianoētikon*) hinzu kommt (II.3, 414a31f). Wohl ist der *nous* das Spezifikum des Menschen, nicht aber die *psychē*. Vor diesem Hintergrund ist die Frage zu wiederholen, ob tatsächlich die Erfahrung der Transzendenz zur Entdeckung und Ausdifferenzierung der *psychē* geführt hat, wie Voegelin behauptet. Die aristotelische Abhandlung scheint eher von der Erfahrung der *Lebendigkeit* geprägt. Die philosophische Differenzierung dieser Erfahrung führt Aristoteles dazu, verschiedene Stufen innerhalb der *psychē* zu unterscheiden. Mit der Auffassung, daß auch Tieren und Pflanzen eine *anima* zukommen soll, hatte das Christentum große Schwierigkeiten. Zwar wollte man dem Menschen die leibliche Wiederauferstehung zugestehen, nicht aber anderen Lebewesen. Deshalb wurde die Bedeutung von *anima* in genau dem Sinne auf den Menschen eingeschränkt, in dem Voegelin den Begriff verwendet. Vor diesem Hintergrund wird verständlich, warum Voegelin *psychē* durchgängig mit Seele, einem christlich besetzten Wort (statt des neutralen ›Psyche‹), übersetzt. Sicherlich kann man sagen, daß die christliche Gottes-erfahrung dazu führte, die Seele als Zentrum menschlicher Transzendenz zu entdecken; für die griechische Philosophie des Aristoteles muß die Aussage jedoch auf die genannten Einwände treffen. Die grundsätzliche These, der Mensch partizipiere an allen Seinsbereichen bleibt davon unberührt. Fraglich ist allein, ob Voegelins Begründung nicht eher für die christliche als für die aristotelische Erfahrung zutrifft.

Die bloße Aufzählung von Seinsbereichen stellt für sich genommen noch keine Ordnung dar. Mit der zweiten These bekundet Voegelin, es gäbe eine solche Ordnung und zwar in streng hierarchischer Abfolge vom höchsten zum niedrigsten Bereich. Zu fragen ist nach dem Gliederungsprinzip, das Aristoteles verwendet. Aufschluß bietet folgende Hypothese: »Wenn es eine Leistung oder Eigenschaft gibt, die nur der *psychē* zu eigen ist, dann könnte sie sich [vom Körper] abtrennen« (*ei men oun esti ti tōn tēs psychēs ergōn ē pathēmatōn idion, endechoit' an autēn chorizesthai*; De An. I.1, 403a10f). Die Leistung der *psychē* bemißt sich nach ihrer Unabhängigkeit vom Leib, d.h. nach ihrem Vermögen, das Sterbliche zu überdauern. Entsprechend richtet sich ihre Binnengliederung nach dem Grad der Freiheit vom Körperlichen. An der Spitze steht daher beim Menschen ein bestimmter »Teil« des *nous*, der vom Leib unabhängig ist und diesen nach dem Tod überdauert (III.5, 430a22–25). Alle anderen Vermögen der *psychē* sind mit dem Körper verflochten, so jedoch, daß diese Verflechtung nach unten hin immer stärker wird. Die Nahrungsaufnahme einer Pflanze scheint enger mit ihrem »Körper« verbunden zu sein als etwa die Ortsbewegung eines Tieres. Diese Teile der *psychē* vergehen mit dem Körper, ihr *eidos* lebt nur im übertragenen Sinne fort, nämlich durch die Fortpflanzung der Gattung (II.4, 415a26 – 415b1). Voegelin kann sich bezüglich einer hierarchischen Stufung der Seinsbereiche durchaus auf Aristoteles berufen; als Ordnungskriterium ist freilich Transzendenz des Körperlichen festzuhalten. Auch die zweite Hälfte der These, daß kein höherer Seinsbereich durch Kausalerklärung auf einen niedrigeren reduziert werden könne, trifft für Aristoteles zu. Eine solche Reduktion findet erst in der Neuzeit statt, etwa wenn die französischen Materialisten das Denken zur Funktion des Körpers erklären, wenn Nietzsche den Willen zur Macht als Ursache aller organischen und geistigen Vermögen auslegt, oder wenn Freud das Bewußtsein vom Unterbewußtsein ableitet.

(b) Menschlicher und göttlicher nous

Entscheidend für Voegelins Argumentation ist seine dritte These, der gemäß sich die menschliche Ratio durch Teilhabe an der göttlichen Ratio konstituiere und dadurch Einsicht in die *göttliche* Ordnung des Seins gewinne. Es geht im Kern um das Wesen des *nous* bei Aristoteles. Ist er nur menschlicher oder zuerst göttlicher Natur? Ist er das Zentrum geistiger oder göttlicher Transzendenzerfahrung? Diese Fragen müssen an jene Textpassagen herangetragen werden, in denen Aristoteles das obere Ende der Seinsordnung zu ergründen sucht. Dafür bieten sich insbesondere De An. III.5, Met. XII.8 und NE X.7-9 an, Stellen, auf die Voegelin selbst verweist (OH3 276, Anm. 1).

Der sechzehn Zeilen kurze Text von De An. III.5 unterscheidet zwischen einem *nous*, der alles wird (*tō panta gignesthai*) und einem *nous*, der alles macht bzw. wirkt (*tō panta poiein*). Von diesem sagt Aristoteles, er sei abtrennbar (*choristos*), leidensunfähig (*apathēs*), mit nichts vermischt (*amigēs*), seinem Wesen nach stets in voller Tätigkeit (*energeia*), unsterblich (*athanathon*) und ewig (*aidion*; 430a14–18). Von jenem gilt das Gegenteil: Er ist in gewisser Hinsicht mit dem Körper verbunden, leidensfähig (*pathētikos*), vergänglich (*phthartos*; a24f), folglich keine reine *energeia*. Aufgrund dieser Attribute spricht man üblicherweise von *nous poiētikos* und *nous pathētikos*. Beider Verhältnis wird durch zwei Analogien erklärt. Der *nous poiētikos* verhalte sich zum *nous pathētikos* wie die Kunst (*technē*) zum Stoff (*hylē*; a10–14); er sei wie das Licht, welches die Farben erst zum Vorschein bringe (a16f). Aus diesen Bildern, insbesondere aus der Analogie zum Herstellen, könnte gefolgert werden, daß der *nous poiētikos* etwas geradezu Übermenschliches im Menschen sei, das auf ihn einwirke, seine Gedanken forme und ihn »erleuchte«. Handelt es sich womöglich um einen göttlichen *nous poiētikos*, an dem der menschliche *nous pathētikos* teilhat? Auf dieser Linie läge Voegelins Auslegung. Die *noēsis* richtet sich auf ihren göttlichen Grund als ihr *noēma* oder *noēton*, so hat er es unter Berufung auf Aristoteles formuliert (V 137). Indessen weist der Stagirit darauf hin, daß der *nous poiētikos* ohne den *nous pathētikos* nichts denken könne (a25). Das scheint gegen göttliche Einwirkung zu sprechen. Angesichts der Ausführungen über Wahrnehmung, Vorstellung und Denken in den anderen Büchern von De An. III bietet sich folgende Erklärung an: Die Wahrnehmungsinhalte (*aisthēmata*) werden durch die Vorstellungskraft (*phantasia*) in Vorstellungsbilder verwandelt (*phantasmata*; III.6, 431a14f). Diese Bilder wirken auf den *nous pathētikos* ein, er »erleidet« sie und ist insofern mit dem Körper, der Einbildungskraft und den Sinnesorganen, verbunden. Der *nous poiētikos* erfaßt seinerseits in den *phantasmata* die intelligiblen Formen (*eidē*; III.7, 431b2), welche nur am sinnlich Gegebenen vernommen werden können, jedoch vom Stofflichen (*hylē*) unabhängig sind und deshalb ewig fortbestehen. Aristoteles hätte nach dieser Deutung ein aktives und ein rezeptives Moment des *nous* unterschieden. Das *noēton*, das Intelligible, wäre nichts Göttliches, sondern eine geistige Abstraktion aus sinnlich vorgegebenen Wahrnehmungsinhalten. Folglich würde De An. III.5 nicht die Transzendenz des menschlichen zum göttlichen *nous*, die Erfahrung Gottes, sondern die Transzendenz des Sinnlichen zum Geistigen, die Selbsterfahrung des Denkens, symbolisieren.

In Met. XII.8 spricht Aristoteles vom unbewegten Beweger (*to akinēton kinoun*), der höchsten Wesenheit im Kosmos. Sie bewege, ohne selbst bewegt zu werden. »Der *nous* wird vom Denkbaren (*noētou*) in Bewegung gesetzt (*kineitai*), denkbar aber an sich ist die eine Reihe der Dinge; in ihr nimmt die Wesenheit die erste Stelle ein (*hē ousia protē*).« (1072a30f). Ist also der unbewegte Beweger, der Gott des Aristoteles, der eigentliche Beweger des Denkens? Die Stelle scheint für Voegelins Theorie zu sprechen, dennoch ist sie nicht unproblematisch. Aristoteles leitet das oberste Wesen im Kosmos aus einer Kausalreihe ab: Jede Ursache hat eine andere Ursache, am Ende der Reihe muß jedoch eine Ursache stehen, die auf nichts anderes zurückgeführt werden kann, damit man überhaupt sinnvoll von Ursachen sprechen kann. Der Ausschluß des *regressus ad infinitum* ist ein grundsätzliches Denkprinzip des Aristoteles.[28] Philosophie fragt nach den ersten Prinzipien und Ursachen (*ta prōta kai ta aitia*; Met. I.2, 982b2). Die Lehre von den vier Ursachen – Material-, Form-, Bewegungs- und Zweckursache – entwickelt Aristoteles am Modell des Herstellens (Beispiele der Bildsäule aus Erz, des Hausbaus, vgl. Met. VII–IX). In Met. XII führt die Frage nach der Letztursache allen Seins zur obersten Wesenheit. Analogien zum Herstellen weisen dem gedanklichen Aufstieg den Weg. Es müsse ein Prinzip des Bewegens (*kinētikon*) und Hervorbringens (*poiētikon*) geben, das, in wirklicher Tätigkeit (*energeia*) befindlich, alles bewege (Met. XII.6, 1071b12f) – der Baukunst ähnlich (*technikē*, b30).

Aus solchen Analogien resultiert der sogenannte Anthropomorphismus-Verdacht: Der bewegende Gott sei bloß eine Hypostasierung des Menschen. Für Voegelin verfehlt er jedoch die tatsächliche Erfahrungsdimension, nämlich »die Erleuchtung, die von der demiurgischen Gotteserfahrung ausgeht« (WN 146). Unter ihrer Dominanz würden im griechischen Denken Gottes- und Menschenbild einander zugeordnet, als Symbol der »erfahrene[n] Zusammenstimmung mit dem göttlichen Seinsgrund« (WN 147). Auf dieser Grundlage deutet er das in Met. XII.7 entworfene Bild vom ersten Beweger als Symbolisierung eines »theophantischen Ereignisses«. Daß der Gott das Denken auf sich ziehe, sei Ausdruck einer Bewegung, in der sich »der *nous* als die göttlich ordnende Kraft in der *psychē* des Fragenden und im Kosmos in seiner Gesamtheit offenbart« (V 144). Hinter der ätiologischen Reihung (gr. Grund: *aition*) verbirgt sich in Voegelins Blickbahn keine logische Operation, sondern die Frage des Menschen nach seinem Platz in der Gesamtordnung (WN 149).

Diese Auslegung trifft jedoch auf mindestens zwei Schwierigkeiten. In Met. XII.8 errechnet Aristoteles, daß es *wahrscheinlich* neben dem einen unbewegten Beweger noch fünfundfünfzig weitere geben müsse, denn so groß sei die Zahl der Sphären von Sonne und Planeten (1074a6–17). Die mathematisch-physikalische Begründung und die kosmologische Form der Argumentation lassen sich schwer mit einem theophantischen Ereignis erklären. Voegelin versucht das auch gar nicht. Vielmehr schließe Aristoteles an die von den Vätern ererbte mythische Symbolisierung kosmischer Primärerfahrung an, weil er sie für göttlich inspiriert und daher für wahr halte. Diese Symbolik übernehme er auch in das kosmische Bild vom unbewegten Beweger, doch enthalte die alte Form eine ganz neue Bedeutung: den Übergang vom Polytheismus zum Monotheismus, vom kompakten Kosmos zur Entdeckung Gottes als des Seinsgrundes der Welt (WPR 298f). Diese Einsicht ist für Voegelin die eigentliche Leistung des Aristoteles und daher von gewissen Konzessionen an die Symbolwelt der Polis abzuheben. Der zweite Einwand wiegt schwerer. Met. XII.7 kulminiert in der Beschreibung des Verschmelzens von menschlichem und göttlichem *nous*: »Sich selbst denkt der *nous* in Ergreifung (*metalepsin*) des Denkbaren (*tou noētou*); denn denkbar wird er selbst, den Gegenstand berührend und denkend (*thigganōn kai noōn*), so daß *nous* und Gedachtes (*noēton*) dasselbe ist.« (1072b20–22). Aristoteles sagt, das Gedachte sei göttlicher als

---

28 Vgl. Met. II.2, Met XII.10, NE I.1.

das, was der *nous* an Göttlichem zu enthalten scheine (1072b23f). Es könnte hier der Eindruck entstehen, der *nous* setze sich an die Stelle des Göttlichen. Selbsterfahrung des Denkens oder Erfahrung Gottes? Voegelin hat sich Zeit seines Schaffens mit dieser Stelle geplagt. Seine Erklärung läuft darauf hinaus, daß der aristotelische »Wille zum Wissen« zu »überschwenglich« sei (WPR 308). Deshalb versäumt er es auch nicht, sich in dieser Hinsicht vom Griechen zu distanzieren. Aristoteles beschreibe die Aussicht auf »immerwährende Glückseligkeit in der Realität Gottes« und mache sich so, obzwar ungewollt, zum Eideshelfer der »gnostisch-dialektischen Spekulation Hegels«, der auf die genannte Stelle am Schluß der *Enzyklopädie* rekurriert (ebd.; vgl. V 154f). Von seiner grundsätzlichen These, das ätiologische Denken, gerade auch in der Kulmination von Met. XII, symbolisiere religiöse Erfahrung, weicht Voegelin jedoch nicht ab (vgl. DE 42–49).

In NE X.7–9 bestimmt Aristoteles den *bios theōrētikos* als höchste Lebensform des Menschen. Der Mensch sei vollendet glücklich, wenn er ein Leben gemäß der höchsten *aretē* führe. Diese beziehe sich auf das Beste (*tou aristou*) im Menschen; man nenne sie *nous* oder anders; sie scheine (*dokei*) auf das Schöne und Göttliche (*kalōn kai theiōn*) gerichtet zu sein; vielleicht sei sie göttlich oder stamme vom Göttlichsten in uns. Es handle sich um die Trefflichkeit des *theōrētikē*, der »geistigen Schau«, wie die Übersetzung oftmals lautet (NE X.7, 1177a12–18). Alle Attribute, die Aristoteles dem *nous* zuschreibt, sind hypothetisch eingeschränkt. So geht es über drei Kapitel hinweg. Aristoteles zweifelt nicht daran, daß die *theōria* die höchste Leistung des Menschen sei. Wenn es jedoch darum geht, diese Leistung einzuschätzen, verwendet er sehr vorsichtige Formulierungen (vgl. 1177b30f: *ei dē theîon ho nous...*), oder er beruft sich auf allgemeine Annahmen (vgl. 1178b8f: *tous theous gar malista hypeilēphamen makarious kai eudaimonas eînai* und b18f: *pantes hypeilēphasin...*). Wie es scheine (*hōsper dokei*, 1179a25), werde der Philosoph von den Göttern am meisten geliebt (*theophilestatos*, a30). Die genannten Passagen bewegen sich mehr auf der Ebene der *doxai*, der Meinungen, als auf der des Wissens (*epistēmē*). Das zeigt sich auch daran, daß Aristoteles von den Göttern im Plural spricht. Daß der *nous* eine *göttliche* Kraft sei, an der der philosophische Mensch teilhabe, geht aus den Stellen jedenfalls nicht mit Sicherheit hervor. Ebenso könnte es sein, daß sich der Verfasser mit Prädikaten (Unsterblichkeit, *athanatizein*, 1177b33) versieht, die das Volk den Göttern zuschreibt. Voegelin dagegen betrachtet diese Passagen als Ausdruck religiöser Erfahrung (V 147f, GC 184, I 87f). Aristoteles wolle herausstellen, daß der Mensch mehr als nur ein Sterblicher sei. »Er ist das unvollendete Wesen, das sich von der Unvollkommenheit des Todes in diesem Leben zu der Vollkommenheit des Lebens im Tode bewegt.« (V 148). Jedoch scheint Voegelin der ungewisse Status der aristotelischen Aussagen nicht entgangen zu sein. In *Order and History* merkt er an: »The idea of a life of the intellect, however, has certain religious ramifications which in the account in *Ethics*, though touched upon, are not sufficiently clarified.« (OH3 306). Ist die religiöse Dimension nur ungenügend herausgestellt, oder ist sie gar nicht vorhanden? Die Frage läßt sich angesichts von NE X.7–9 nicht vermeiden. Um zu belegen, daß Aristoteles religiöser Transzendenzerfahrung fähig gewesen sei, sieht sich Voegelin bemüßigt, auf das Aristoteles-Fragment *Über das Gebet* zurückzugreifen (OH3 275). Davon abgesehen, daß dieses Fragment von Philologen längst nicht mehr dem Stagiriten zugerechnet wird, bleibt der interpretatorische Sprung von einem inneren *pathein* zur *cognitio dei* völlig unbegründet.²⁹ Voegelin sieht Aristoteles, der sonst eher als Rationalist und Realist gilt, als »mystischen Philosophen«, ohne entsprechende Belege vorbringen zu können.³⁰

Insgesamt kann festgehalten werden, daß die Aussagekraft der ersten beiden Thesen Voegelins – der Mensch hat an allen Seinsbereichen teil und diese sind hierarchisch gegliedert – vom Beweis der dritten These – die göttliche Ratio konstituiert als höchster Seinsbereich die menschliche, an ihr teilhabende Ratio – abhängig ist. Will man Voegelin folgen, dann erhebt die aristotelische Ontologie den Anspruch, religiöse Erfahrung in differenzierter Weise zu symbolisieren. Die von ihm herausgearbeitete Ordnung des Seins würde ein »Höchstmaß an Differenzierung« darstellen, an dem alle Späteren zu messen wären (NWP 120f). Freilich erbrachte die Durchmusterung zentraler Stellen im Werk des Aristoteles beträchtliche Einwände. Es erscheint nicht minder plausibel, daß die aristotelische Ontologie auf Erfahrungen des Herstellens bzw. Denkens beruht, so daß die Rede vom Göttlichen naturphilosophisch oder gar metaphorisch gedeutet werden müßte. Weil Voegelin diese Einwände nicht zu entkräften vermag, ist sein Zugriff auf Aristoteles mehr als die philologische Rekonstruktion transzendenter Erfahrung. Er vollzieht eine *religiöse Transformation* der aristotelischen Texte. Damit ist neben Heideggers existenzialer Transformation ein zweiter paradigmatischer Zugang zu Aristoteles aufgewiesen. Nun ist zu untersuchen, welche Folgen dieser Zugang für eine Theorie der Ethik und der Politik hat.

1.2 Ordnung der Existenz

Die Teilhabe des Menschen an der göttlichen Vernunft will Voegelin nicht als reine Kontemplation verstanden wissen. »Der Genius der hellenischen Philosophen entdeckte Vernunft als die Quelle von Ordnung in der *psyche* des Menschen.« (V 127). Zwar befindet sich das Sein in einer unveränderlichen, von Gott konzipierten Ordnung, nicht jedoch die Existenz des Menschen. Meistens sei sie in Unordnung, wenn auch deren Ausmaß individuell wie historisch sehr unterschiedlich sein könne. Besonders groß erscheint sie Voegelin in der Neuzeit, die er häufig in Anlehnung an Camus' *L'homme révolté* mit dem Bild eines Aufstands des Menschen gegen die *conditio humana* beschreibt (WPR 312f, 330; DE 49). Nicht minder große Unordnung habe jedoch zur Zeit Platons und Aristoteles' geherrscht, als die Polis unterging. In der Erfahrung solcher Unordnung hätten sie, so Voegelin, den *nous* als Ordnungskraft und als Ordnungskriterium entdeckt. Gerade wegen der Vergleichbarkeit der Umstände, könne sich die Gegenwart daran ein Beispiel nehmen (V 127–130). Die griechischen Philosophen

---

29 Diesen Hinweis verdanke ich dem Vortrag von Hellmut Flashar: Dekomposition einer mythischen Philosophie – Eric Voegelin über Aristoteles, gehalten beim IV. Internationalen Eric-Voegelin-Symposium, München, 15.12.2000.
30 In einem Brief, den Voegelin am 9.12.1942 an Strauss schrieb, spricht er von Aristoteles zunächst als »intellectual mystic«; später ist sogar vom »unmythical, intellectual mystic« die Rede. Voegelin begründet dies damit, daß Aristoteles den von Platon entdeckten »myth of man« als Rahmen übernehme und in ihn »masses of empirical material« einordne. Vgl. Faith and Political Philosophy. The Correspondence Between Leo Strauss and Eric Voegelin, 1934–64, hg. von Peter Emberley und Barry Cooper, University Park (PA) 1993, 8f.

hätten Einsicht in die gottgewollte Ordnung gewonnen, weil sie sich der Transzendenz öffneten, um ein Leben im »Einklang mit der göttlichen Ordnung« zu führen (V 139). Da Voegelin mit Aristoteles (und Platon) die Stufen dieser Ordnung aufgezeigt hat, kann er sich der Frage zuwenden, wie der Mensch von der Erfahrung der Unordnung zur Erfahrung der Ordnung und dem Wandel seiner Existenz aufsteigt – *die* zentrale Frage in Voegelins Ethik. Die Antwort darauf findet er abermals bei Aristoteles, in Met. I.1–2. Die beiden Bücher berichten, wie der Mensch von der puren Sinneswahrnehmung zum höchsten Wissen gelangt, wie, in Voegelins Worten, aus dem »*zoon agnoian echon*« das »*zoon noun echon*« wird (V 142).

(a) Existenzanalyse mit Aristoteles: Voegelin und Heidegger

Mit Blick auf die bisherigen Ergebnisse bietet sich eine interessante Parallele an. Met. I.1–2 ist genau jener Text, an dem Heidegger in der *Sophistēs*-Vorlesung den Erfahrungshintergrund des *bios theōrētikos* herausarbeitet. Beide, Voegelin und Heidegger, lesen ihn im Hinblick auf die zugrundeliegenden existenziellen Erfahrungen.[31] In Heideggers Optik mißt sich der Mensch am unvergänglichen Sein der Welt und verfehlt damit den Sinn seines Daseins. In Voegelins Optik bezieht er sich auf das ewige Sein Gottes und gewinnt so den Sinn seiner Existenz. Ein Text, zwei entgegengesetzte Auslegungen. Der Vergleich bietet sich allein deshalb an, weil, was nachfolgend belegt wird, Voegelins Existenzanalyse mit voller Absicht gegen die Analytik des Daseins in *Sein und Zeit* gerichtet ist.

»Alle Menschen streben von Natur nach Wissen« (*pantes anthrōpoi tou eidenai oregontai physei*; Met. I.1, 980a21), mit dieser formelhaften Erklärung hebt das erste Buch der *Metaphysik* an. Für Voegelin artikuliert sie die zentrale Erfahrung der griechischen Philosophen, nämlich »fragende Unruhe« (V 136; vgl. V 134) nach dem Grund des Menschen. Diese Unruhe sei »unverkennbar freudig, da das Suchen in sich eine Richtung hat«. Die Richtung sei durch das Streben (*oregontai*) zu Gott gegeben (V 144). Voegelin zieht zur Erklärung Met. XII.7, 1072a26f heran (V 137). Aristoteles bezeichnet die oberste Wesenheit des Kosmos als das Erstrebte (*orekton*), das bewege, ohne selbst bewegt zu werden.[32] Auch wenn der Mensch noch in Unwissenheit sei, so Voegelins Deutung, erfahre er die Gerichtetheit seiner Bewegung als den »Beginn eines theophantischen Ereignisses« (V 144). Die *kinēsis* sei Bewegung zum sich offenbarenden Gott. Dagegen legt Heidegger die *orexis* als spezifisch menschliche Form der *kinēsis* aus, nämlich als wesenhafte »Sorge« des Daseins um es selbst. Sofern die Sorge auf das reine »Sehen« (*eidenai*) gerichtet ist, verfehlt sich das Dasein, weil es der Umwelt auf eine Weise begegnet, die bedeutungsvolle Zuhandenheit auf bedeutungslose Vorhandenheit reduziert. Der Beginn der *Metaphysik* kündet für Heidegger von der im Dasein liegenden Tendenz zur Selbstverdeckung. Sie besteht wesenhaft darin, daß es sich an etwas zu messen sucht, das stets in reiner *energeia* anwesend ist, was ihm selbst verwehrt bleiben muß. Erst wenn es seine Existenz als seine Essenz begriffen hat, wird die Sorge zur »eigentlichen« Sorge. Ein solches Begreifen geschieht aus tiefer existenzieller Angst

---

31 »[...] classic philosophy is the great existential analysis.« (CEV106).
32 Vgl. II.1.1.(b).

heraus. Genau an diesem Punkt setzt Voegelins explizite Kritik an Heidegger ein. Die Erfahrung der von Hobbes und Heidegger artikulierten Angst sei ein spezifisches Phänomen der Neuzeit, deren Stimmung sich verschoben habe »von freudiger Teilnahme an einer Theophanie zu der *agnoia ptoiodes*, zur feindseligen Entfremdung von einer Wirklichkeit, die sich mehr verbirgt, als daß sie sich offenbart« (V 145). Heidegger und seine Zeitgenossen verschulden aus Voegelins Betrachtungswinkel ihre *agnoia* selbst, weil sie sich transzendenter Erfahrung verweigerten, die erst zum wirklichen Grund des Seins, zu Gott führe.[33] Mit Heidegger ließe sich dagegenhalten, daß die von Aristoteles beschriebene Freude des Sehens Ausdruck jener verhängnisvollen »Neugier« sei, aus der erst die in der *Nikomachischen Ethik* thematisierte selbstreflexive Sorge herausführe.[34]

Zurück zu Met. I.2. Wenn der Mensch der kinetischen Anziehung folgt, gelangt er nicht direkt zum Wissen. Zunächst wird er von Verwunderung (*thaumazein*, 982b11f) befallen. In diesem Zustand geht ihm der eigentliche Grund seines Wissenwollens auf, in Voegelins Auslegung das unzulängliche Wissen um das ihn anziehende Göttliche (V 134). »Ein Mensch in Verwirrung (*aporōn*) oder Verwunderung (*thaumazōn*) glaubt, in Unwissenheit zu sein (*oietai agnoein*).« (b17f). Mit dem Wissen vom Nichtwissen läßt Aristoteles die *philosophia*, die Liebe zur Weisheit (b12f) beginnen. Der *philosophos* unterscheidet sich vom *philomythos* (b17) dadurch, daß er nicht beim Staunen stehen bleibt, sondern zum Wissen aufsteigt. Der ›Freund des Mythos‹ legt, wie Voegelin erläutert, kosmische Primärerfahrung im Symbol des von vielen Göttern durchwalteten Kosmos aus (WN 138f). Der Freund der Weisheit unterziehe dieses und verwandte Sprachsymbole einer kritischen Klärung im Bewußtsein seiner eigenen Erfahrung (NWP 84), was Voegelin auch als »noetische Exegese« bezeichnet (WPR 288). Sie führe zu einem differenzierten Verständnis des Kosmos: Nicht lebten Menschen und Götter in ein und derselben Welt, sondern der Kosmos zerfalle in eine »entgötterte Ordnung der Dinge und ein Göttliches, dessen Beziehung zu dem neu entdeckten Charakter noch unklar ist« (WN 139). Bei Aristoteles erreiche die noetische Exegese auch in diesem Punkt höchste Klarheit: Das Göttliche werde erfahren als Urgrund des Seins, an dem der Mensch qua *nous* teilhabe (WPR 288f). Voegelin beruft sich auf die in 1.1.(a) analysierten Stellen, um zu beweisen, daß Aristoteles mit der Rede vom menschlichen und göttlichen *nous* der Erfahrung »existenzieller Spannung zum Grund« Ausdruck verleihen wolle (V 138). Mit der genauen Analyse des *nous* bringe er das »noetische Bewußtsein« zur »optimalen Helle« (WPR 293). Voegelin verwendet den Ausdruck »noetisches Bewußtsein«, um sich von den neuzeitlichen Begriffen der Ratio und des Bewußtseins abzuheben. Niemals werde der Mensch seiner selbst durchsichtig, wenn er

---

33 In seinem Vortrag Universität und Öffentlichkeit: Zur Pneumopathologie der deutschen Gesellschaft, in: Wort und Wahrheit 21 (1966), 497–518 hat Voegelin seine Kritik an einer Passage aus *Sein und Zeit* (§17) exemplifiziert. Es geht ihm vor allem um die sprachliche Gestalt, die er als »Syndrom geistiger Unordnung« wertet: »Sprache und Sache sind irgendwie auseinandergeraten, und entsprechend hat sich das Denken von der Realität entfremdet.« (502). Er führt dies auf starke »Störungen in der Spannung zum göttlichen Seinsgrund« zurück (505).
34 Vgl. Heideggers Kommentar zum Einleitungssatz der Metaphysik: »Für ihn [Aristoteles] wird nun geradezu die Neugier zu einem ursprünglichen Verhalten, aus dem sich das theoretische Verhalten, das *theōrein*, nur im griechischen Sinne betrachtet, motiviert.« (GA20 381).

nur auf sich bezogen sei, wie es die Neuzeit verstehe.³⁵ »The consciousness of being caused by the Divine ground and being in search of the Divine ground – that is reason.« (CEV 138). Met. I 2 berichtet in dieser Perspektive von der Entdeckung des »noetischen Bewußtseins«, deren Gipfelpunkt der Entwurf einer Wissenschaft vom Göttlichen als dem obersten Grund ist (983a5–10). Das *zōon agnoian echon* ist zum *zōon noun echon* geworden.

Dieses unterscheidet sich auf markante Weise vom *zōon logon echon* Heideggers, dessen Vernunft dem Sprachvermögen entspringt, mithin eine rein menschliche, wenngleich fragwürdige Leistung ist. Vernunft (nicht *nous* im ›phänomenologischen Sinn‹ als ›Vernehmen‹) ist für Heidegger der Ort der *legomena*, urteilender Aussagen, die ihre Herkunft aus dem primären Ansprechen (*legein*) und Unterscheiden (*krinein*) von Phänomenen abgelegt haben und das Dasein ständig mit der Objektivierung hermeneutischer Erfahrung bedrohen. Im Unterschied zum *logos* birgt die Vernunft daher eher die Gefahr der Verdunkelung der Existenz als die Aussicht ihrer Erhellung. In Voegelins Sicht beraubt Heidegger den Menschen, indem er ihn zu einem »weltimmanenten Wesen« erklärt, des göttlichen Spannungspols, der dem menschlichen *nous* erst seinen Inhalt, sein Ordnungszentrum gebe und seiner Existenz Sinn verleihe (V 148, V 153). Die Erhellung des Daseins aus ihm selbst ist deshalb ein »mode of existence in untruth« (OH1 XIV). »Wo der göttliche *nous* menschlicher Konstruktion unterworfen wird, ist Gott tatsächlich tot.« (V 156). Die Folge sind aus Voegelins Sicht gnostische Entwürfe, die dem Menschen ewiges Heil oder Unheil in Aussicht stellen. Eine von Gott befreite, gewissermaßen »leere« Vernunft lasse sich mit jedem beliebigen Weltinhalt verbinden, auch mit »abgründiger Tiefe, Tod und Angst« (V 157). Die Anspielung auf Heidegger ist kaum zu verkennen, auch wenn der Name unausgesprochen bleibt.³⁶

---

35 Voegelin hat seine Kritik der neuzeitlichen Bewußtseinsphilosophie vor allem gegen Husserl gewendet; vgl. Brief an Alfred Schütz über Edmund Husserl, 17. September 1943, in: Anamnesis, aaO., 21–37. »Ursache für die Korrespondenz mit Schütz war die Lektüre von Edmund Husserls Krisis der europäischen Wissenschaften. Diese Untersuchung interessierte mich sehr aufgrund des großen Bogens, den Husserl hierin von Descartes bis zu seinem eigenen Werk schlug. Aber sie verärgerte mich auch in einem hohen Maße wegen der hier zum Ausdruck kommenden, ziemlich naiven Arroganz eines Philosophen, der glaubte, daß mit seiner Methode der Phänomenologie letztendlich der, wie er es nannte, apodiktische Horizont der Philosophie erreicht worden sei und daß von nun an jeder, der ein wahrer Philosoph sein wollte, in der Nachfolge Husserls zu stehen habe.« (AB 90).
36 Voegelins Kritik richtet sich grundsätzlich gegen *Sein und Zeit*. Hingegen bestehen bemerkenswerte Gemeinsamkeiten mit den späteren, nach der »Kehre« entstandenen Arbeiten Heideggers, die sehr schön herausgearbeitet werden von Christian Schwaabe: Seinsvergessenheit und Umkehr. Über das »richtige Denken« bei Eric Voegelin und Martin Heidegger, Occasional Papers V, München 1997. John Francis Burke: Voegelin, Heidegger, and Arendt: Two's a Company, Three's a Crowd?, in: Social Science Journal 30 (1993), 83–97 verneint in der Frage seines Aufsatzes und argumentiert, daß allein eine Kombination aller drei Denkansätze eine befriedigende Grundlage für politikphilosophisches Denken liefern könne. Dabei erscheint Heidegger als Brücke zwischen Voegelins ontologischem und Arendts anthropologischem Denkansatz, weil er die Frage nach dem Sein mit der nach der Pluralität der Erscheinungsweisen von Sein zu kombinieren erlaube. So zutreffend es ist, sich nicht auf einen einzigen Ansatz zu beschränken und vielmehr mehrere Impulse gleichzeitig aufzunehmen, so problematisch bleibt doch das Bestreben, Spannungen in Vermittlungen restlos aufzulösen. Dagegen zeigt Schwaabe treffend auf, wie fremd die politischen Bedingungen pluralistischer Gesellschaften sowohl Voegelin als auch Heidegger bleiben (aaO., 46–55), ein Vorwurf, der Arendt eben nicht treffen kann.

(b) Der spoudaios und die existenziellen Tugenden

Was bedeutet Ordnung der Existenz konkret, so wie Voegelin sie durch Aristoteles aufgewiesen sieht? Wodurch zeichnet sich die geordnete Existenz aus? Aristoteles habe sein Bewußtsein des früheren Epochen überlegenen Wissens im Sprachsymbol des *spoudaios* zum Ausdruck gebracht, was Voegelin mit »reifer Mann« (NWP 100), »spiritual man« (CEV 120) oder sogar »Vollmensch« übersetzt (WN 144). Er repräsentiere *das* Paradigma geordneter Existenz. »Der *spoudaios* ist der Mann, der die Möglichkeiten der menschlichen Natur im höchsten Grade aktualisiert hat, dem es zur Gewohnheit geworden ist, seinen Charakter ganz auf die Aktualisierung der dianoetischen und ethischen Tugenden hin zu formen, der Mann der auf der Höhe seiner Entwicklung fähig ist zum *bios theōrētikos*.« (NWP 100). Der *spoudaios* zeichnet sich nach dieser Charakterisierung durch die Tugenden der *sophia* und der *phronēsis* aus. Er besitzt das Wissen um die unveränderliche göttliche Ordnung und kann es auf seine eigene veränderliche Existenz anwenden. In Voegelins Terminologie gesprochen, ist er »optimal für die kosmisch-göttliche Bewegung des Seins durchlässig« (WN 144). Die *phronēsis* trägt die Seinsbewegung in die Formung des Selbst, daher ist sie eine ganz besondere Tugend. Voegelin nennt sie eine »Existentialtugend« und stellt ihr *dikē* und *philia* zur Seite. Die Existenzialtugenden betreffen das Verhältnis des Menschen zu Gott (RN 129f, CEV 88). Dieser Darstellung liegen zwei Transformationen zugrunde, die Voegelin mit dem aristotelischen Text vollführt. Erstens versucht er, die bei Aristoteles angelegte Dichotomie von *bios theōrētikos* und *bios politikos*, von *sophia* und *phronēsis* zu überwinden. Das erfordert zweitens eine Neuinterpretation des Tugendkatalogs, die die Trennung von Tugenden des Wissens und solchen des Handelns aufhebt.

In NE VI.1, 1139a5–8 unterscheidet Aristoteles zwei Bereiche innerhalb des durch *logos* aufgezeichneten Seelenteils; einer betrifft das unveränderliche, der andere das veränderliche Sein. In den letzteren fällt das, was überlegt werden kann, denn nur dieses könne so oder anders sein (a11–14). Gegenstand des Überlegens seien alle menschlichen Handlungen. Richtiges Überlegen erfordere *dianoia praktikē* (a26f). Die Tugend des richtigen Überlegens nennt Aristoteles *phronēsis* (NE VI.5, 1140a24ff); die Tugend der *dianoia theōrētikē* (VI.1, 1139a28), des wahren Wissens vom Unveränderlichen, bezeichnet er als *sophia* (VI.7, 1141a9ff). Die Rede von zwei Erkenntnisbereichen und die Aufteilung der *aretai* legt die Vermutung nahe, Aristoteles definiere zwei autonome Bereiche innerhalb des *nous*. Sie wird durch eine Parallelstelle in *De Anima* gestützt, die zwischen einem *nous theōrētikos* und einem *nous praktikos* unterscheidet (De An. III.9, 432b26–29; III.10, 433a13–18). Diese Trennung führt im Kontext der Ethik zur Zweiteilung von *bios theōrētikos* und *bios politikos*. Der *philosophos* weiß um die unveränderlichen Dinge, um die Ordnung des Seins. Der *politikos* bzw. *phronimos* vermag klug zu handeln. Jener kennt die allgemeinen, dieser die konkreten Sätze. Beide sind auf ihre Art glücklich, doch nur der *philosophos* ist *vollkommen* glücklich. Wissen und Handeln scheinen durch eine Kluft voneinander getrennt zu sein. Genau diese Kluft will Voegelin überwinden. Dabei stellt er, ohne dies jedoch explizit hervorzuheben, Aristoteles gegen Aristoteles.

Ausgangspunkt ist eine methodische Erwägung in NE II.7, 1107a28–33: In praxisbezogenen Abhandlungen (*tas praxeis logois*) hätten allgemeine (*katholou*) Aussagen zwar ein weiteres Anwendungsfeld (*koinoteroi*), jedoch seien konkrete Aussagen (*kath'hekasta*) für das Handeln die wahreren *(alēthinoteroi)*. Diese Identifizierung des Wahren mit dem Konkreten zeige, so Voegelin, daß es Aristoteles nicht »um den Rückzug des Daseins aus den Verstrickungen der Welt und seine Kontraktion in einen Spannungszustand der eschatologischen Erwartung«, sondern um »die Wahrheit der Existenz in der Wirklichkeit des Handelns von Fall zu Fall« gehe (RN 125). Zwischen den Zeilen gelesen, besagt das: Der *bios theōrētikos*, von Aristoteles explizit als Lebensform der Muße (*scholē*) dem unruhigen und unsteten *bios politikos* entgegengesetzt (NE X.7, 1177b4–26), ist für sich genommen *kein* Weg zur Ordnung der menschlichen Existenz. Wer sich aus dem Leben flüchtet und ganz in der *theōria* aufgeht, wiegt sich in der Illusion, er könne so leben wie ein Gott. Dann aber wäre die den Menschen konstituierende existenziale Spannung aufgehoben. Etwas später formuliert Voegelin diesen Vorwurf ein wenig deutlicher. Der *bios theōrētikos* sei bei Aristoteles eine Lebensform, die »vieldeutig zwischen kosmischer Primärerfahrung, transzendenter Orientierung und immanenter Zwecksetzung schillert« (RN 129). »Immanente Zwecksetzung« ist bei Voegelin ein Synonym für die Illusion gnostischer Erkenntnis. Dieselbe Kritik äußerte er im Bezug auf die von Hegel übernommene Formel der *noēsis noēseōs*, des Selbstdenkens der Vernunft.

Den wahren Weg zur Ordnung der Existenz sieht Voegelin am Modell des *spoudaios* vorgezeichnet. Er sei zwar »auf der Höhe seiner Entwicklung« zum *bios theōrētikos* fähig. Dennoch, das ist die Pointe, flüchtet er sich nicht aus dem Leben in eine Scheinexistenz. Der *spoudaios*, so sieht es Voegelin, stellt sich der Spannung seiner Existenz zwischen Unsterblichkeit und Sterblichkeit; durch ihn gelangt die »göttliche Ordnung des Kosmos zu ihrer Wahrheit im Bereich des Menschlichen« (RN 133). Diese Auslegung konkurriert mit derjenigen Heideggers. Für Heidegger zeichnet sich der *spoudaios* oder *phronimos* dadurch aus, daß er sich der eigenen Sterblichkeit und Geworfenheit mit aller Radikalität bewußt ist und daher den Sinn seiner Existenz aus ihr selbst schöpft. Dagegen sieht Voegelin ihn als Menschen, der nur deshalb glücklich sein kann, weil er sich auf etwas ausrichtet, das mehr ist, als er selbst; der Sinn der Existenz wird transparent in der Spannung zwischen Immanenz und Transzendenz. Ein Blick in den aristotelischen Text zeigt, daß beide Möglichkeiten darin angelegt, aber nicht ausgearbeitet sind. In NE III.4 führt Aristoteles den *spoudaios* in die ethische Abhandlung als ihr *kanōn kai metron*, Vorbild und Maßstab ein (1113a33). Er zeichne sich dadurch aus, daß ihm das wahrhaft (*kat'alētheian*, a25) Gute als Gutes erscheine (*phainomenon*, a24). Diese Aussage ist kryptisch, gerade weil sie einen Kompromiß anstrebt zwischen ethischem Absolutismus – das Wünschen (*boulēsis*) zielt auf das Gute schlechthin (a14f) – und ethischem Relativismus – die Menschen streben immer nach dem, was ihnen als Gut erscheint (a15f). Gegen die erste Position wendet Aristoteles ein, daß sie das Gute von der Menschenwelt abtrenne, gegen die zweite hält er, daß es verschieden gute Menschen gibt. Was den *spoudaios* zum Maßstab macht, ist sein Ansehen unter den Menschen, also ein »externes« Kriterium. Dagegen erklären ihn Voegelin und Heidegger wegen seiner Existenzerfahrung zum Vorbild – ein »internes« Kriterium. Durchmustert man die *Nikomachische Ethik* in dieser Hinsicht, lassen sich am ehesten negative Aussagen machen. Gegen Heidegger spricht, daß Aristoteles an keiner Stelle die Erfahrung existenzialer Verlassenheit artikuliert. Doch ist von einer die Existenz formenden Seinserfahrung, wie Voegelin sie voraussetzt, ebenfalls nicht die Rede. Allenfalls vollzieht der Stagirit im Kontext seiner Theorie der Freundschaft zwischen den Guten einen schleichenden Übergang von der bürgerlichen zur philosophischen Existenz, die freilich ihrerseits keine eindeutig religiöse Erfahrung zu eröffnen scheint. Beide, Heidegger und Voegelin, überschreiten den Text, indem sie ihn in produktiver Weise transformieren.

Diese Transformation schlägt sich auch in Voegelins Konzept der Existenzialtugenden nieder. *Phronēsis, philia* und *dikaiosynē* sollen die im »Katalog« verbleibenden dianoetischen und ethischen Tugenden aufeinander beziehen. Nur durch ihre vermittelnde Funktion wird gewährleistet, daß die *sophia* das konkrete Handeln formt. Die dazu erforderliche Kraft kann sie nämlich nicht aus sich selbst schöpfen; das Wissen um die göttliche Ordnung reicht allein nicht. Erst wenn sich der Mensch in Liebe, *philia*, Gott als dem Grund seiner selbst zuwendet, kann er das Wissen in sein Handeln überleiten. Die *phronēsis* besorgt dann das richtige Handeln, die *dikaiosynē* stellt die Ordnung der Seelenteile her. Die Funktion der *dikaiosynē* übernimmt Voegelin von Platon; bei Aristoteles sieht er sie am Anfang der Gerechtigkeitsabhandlung (NE V.1, 1130a3–14) abgehandelt. Dort bezeichnet Aristoteles die *dikaiosynē* als das Ganze der Tugend (*hē holē aretē*; a10), wendet sich im folgenden jedoch der *dikaiosynē* als einer speziellen *aretē* zu. Voegelins Auslegung der *phronēsis* ist ebenfalls platonisch inspiriert. Bei Platon werde sie in der Schau des Guten aktiviert als »eine die ganze Existenz durchformende Tugend«. Das gelte auch für Aristoteles, jedoch werde ihr Charakter »im kosmologischen Denkklima nicht hinreichend deutlich, weil ihre Aktivierung durch eine Transzendenzerfahrung nicht zur Sprache kommt«. Mit seltener Freimütigkeit macht Voegelin auf seine spekulative Transformation des aristotelischen Textes aufmerksam. Ebenso ist es bei der *philia*. »Das Platonische Erbe der Transzendenzerfahrung macht sich geltend und zwingt zur Anerkennung der Philia genannten Tugend, die als noetische Liebe sowohl die Gottesliebe umspannt wie die Liebe zum Göttlichen im Selbst und im Nebenmenschen.« (RN 129). Worin besteht das platonische Erbe? Im transzendenten Erlebnis oder in der nominalistischen Auswertung fremder Erfahrungen? Diese Stellen geben weitere Hinweise zum Charakter der Voegelinschen Transformation. Aristoteles wird ausgelegt vor dem Hintergrund platonischer und jüdisch-christlicher Transzendenzerfahrung. Wenn auch keine Sicherheit besteht, ob er diese Erfahrungen teilt, scheint Aristoteles für Voegelin doch unverzichtbar zu sein. Warum das so ist, wird im letzten Kapitel (1.4) behandelt.

1.3 Ordnung der Gesellschaft

Die Ordnung der Existenz wäre unvollkommen, vielleicht sogar unmöglich, wenn sie nicht mit einer Ordnung der Gesellschaft zusammenstimmte. Der Mensch ist nicht nur ein *zōon noun echon*, sondern auch ein *zōon politikon* (V 131). Als Handelnder steht er immer in Beziehungen zu anderen. Die göttliche Ordnung kann daher nur dann zur Wirklichkeit gelangen, wenn sie allen Handelnden gleichermaßen Vorbild ist. »Die wahre Ordnung der Seele kann zum Maßstab für menschliche Typen wie auch für Typen der Gesellschaftsordnung werden, weil sie die Wahrheit über menschliche Existenz an der Grenze der Transzendenz repräsentiert.« (NWP 104). Auf diesem anthropologischen Prinzip beruht für Voegelin die Gültigkeit der von Aristoteles und Platon entwickelten Ordnungsmaßstäbe (NWP 108). Weil sich am Prinzip nichts geändert hat, gelten auch die Maßstäbe noch. Voegelin behandelt daher das Problem politischer Ordnung analog zur Ordnung individueller Existenz.

(a) Pragmatisches Handlungswissen und kritisches Ordnungswissen

Existenziale Ordnung vollzieht sich im Prozeß, weil der Mensch kein Gott ist, sondern über eine zusammengesetzte (*syntheton*) Natur verfügt, wie Voegelin in Anspielung auf Aristoteles (NE X.8, 1178a19f) zu betonen pflegt. Wiewohl der *nous* seine spezifische Natur konstituiere, sei sein Bewußtsein immer in der Leiblichkeit fundiert. Ebenfalls in der Leiblichkeit habe die »soziale Existenz« des Menschen ihr Fundament. Mithin stellt die Partizipation an den unteren Seinsbereichen die nicht hintergehbare Basis aller individuellen wie gesellschaftlichen Ordnungsentwürfe dar. »Wie immer wohlgeordnet die Gesellschaft aber sein mag, so bleibt sie doch durch ihre Leiblichkeit, die zur materiellen Fürsorge und zur Bändigung der Begierden nötigt, auf Existenz in herrschaftlich organisierter Form angewiesen.« Wie der *nous* über den Leib herrscht, müssen Menschen über Menschen herrschen – Voegelin gibt den klassischen Analogieschluß zwischen Seelen- und politischer Ordnung wieder. Bei Platon herrscht nur ein Mensch, der Philosophenkönig, bei Aristoteles kommt dieses Privileg den Freien (*eleutheroi*; Pol. I.2, 1255a1–3) zu. Sie herrschen über die Sklaven und regieren einander im Wechsel. Voegelin spricht von den »Repräsentanten« einer Gesellschaft, die sich dadurch legitimieren, daß sie ihre Herrschaftsaufgaben erfüllen (WPR 340). Sie müssen einerseits die materielle Fürsorge übernehmen und die rechtliche Ordnung der Gesellschaft sicherstellen. Damit werden sie der korporalen Dimension menschlicher Existenz gerecht; Voegelin spricht auch von »existentieller Repräsentation« (NWP 64–83). Andererseits rege sich im noetischen Teil der *psychē* der Anspruch von Menschen, mehr zu sein als bloße (Über-)Lebensgemeinschaften. Sie verstünden ihre Ordnung als Ausdruck einer höheren Wahrheit. Wo diese Wahrheit auf transzendenter Erfahrung beruht, spricht Voegelin von »transzendenter Repräsentation« (NWP 84–117) als der zweiten Aufgabe politischer Herrschaft.

Die existenzielle und die transzendente Ordnung der Gesellschaft erfordern politisches Wissen von unterschiedlicher Natur. Die Sicherung der existenziellen Fortdauer einer Gesellschaft läßt sich in Voegelins Sicht mit pragmatischem Handlungswissen, mit Common Sense, bewältigen (WPR 351, CEV 34). Common-Sense-Wissen geht nach Voegelins Darstellung aus konkreten politischen Ordnungsproblemen hervor. Sein Hauptcharakteristikum ist geringe zeitliche Beständigkeit; es zeige »die Neigung mit den Stürmen der Geschichte zu schwanken« (WPR 351). In einem Gespräch hat Voegelin den durchschnittlichen Geltungsrahmen von Common-Sense-Einsichten mit zehn Jahren beziffert (CEV 35). Daher ließen sich aus ihnen, selbst wenn sie noch so stabil seien, niemals Grundsätze guter Ordnung ableiten (WPR 352). Solche Grundsätze entstehen erst auf der Ebene des noetischen Bewußtseins. Zumeist werden sie in Krisensituationen gesucht, in denen das Selbstverständnis einer Gesellschaft in Frage steht. Der *epistēmē politikē* fällt dann die Aufgabe zu, die vorhandenen *doxai* zu überwinden und zum Wissen von der guten Ordnung der Gesellschaft vorzudringen (NWP 16). Dieses *philosophische* Wissen nennt er »kritisches Ordnungswissen«. Kritisch ist es, weil der Philosoph eine höhere Rationalität beansprucht als die normalen Bürger. Damit verschiebt sich der Konflikt unter den Bürgern zu einem Konflikt zwischen der Gesellschaft und den Philosophen (WPR 284f). In diesem Spannungsfeld entstanden die politischen Ordnungsentwürfe Platons und Aristoteles' – in ihm steht aus Voegelins Sicht auch noch der politische Wissenschaftler des 20. Jahrhunderts. Freilich können die Antworten auf die beschriebene Konfliktsituation sehr unterschiedlich ausfallen. Das gilt für Platon wie für Aristoteles; es gilt auch für Voegelins transformative Auslegung der griechischen Texte, mithin für seine eigene Ordnungsvision.

Platon und Aristoteles stellten die Frage nach der guten Ordnung (*eunomia*) in einer Zeit, da die innere und äußere Ordnung der hellenischen Poleis zerfiel (OH3 288). Sie lebten in einer Gesellschaft, die sich einst als Repräsentant kosmischer Ordnung verstanden hatte, als mikrologische Nachbildung des Makrokosmos (NWP 87), angesichts ihrer Krise jedoch weitgehend orientierungs- und führungslos war. Beide standen in deutlichem Abstand zu ihren Mitbürgern, Philosophie war ihr persönlicher »way of life« (OH3 273). Ihre Ordnungsentwürfe entstammten nicht dem Vorbild der politischen Praxis – dort gab es keines –, sondern sie beruhten auf dem, was Voegelin eine »noetische Interpretation von Mensch, Ordnung und Geschichte« (WPR 284) nennt. Daraus, aus der differenzierten Auslegung transzendenter Erfahrung, hätten sie das Prinzip des Makroanthropos abgeleitet: Nicht die Götter des Kosmos, sondern der Gott in der Seele des Menschen sollte das Maß politischer Ordnung sein (NWP 96). Aus Sicht des Kults der Polis seien sie dadurch zu »Atheisten« geworden (WPR 285). Dennoch stellten sie sich nicht einfach gegen die kosmische Primärerfahrung des Kosmos, sondern sahen sich vor, diese in ihre noetische Interpretation zu integrieren. Das Resultat war die Rede von der menschlichen Natur schlechthin; diese Erfahrung konnte nicht aus der individuellen noetischen Exegese, sondern nur aus der Primärerfahrung gemeinsamer Teilhabe am Ganzen stammen. Platon und Aristoteles hätten, so Voegelin, die Legitimität ihres Ordnungswissens mit dem Anspruch ausgewiesen, »menschlich repräsentativ und darum für alle Menschen verbindlich zu sein« (WPR 291).

(b) Platon und Aristoteles: Der bios theōrētikos als Gesellschaftsmodell

Dennoch führte dieser Anspruch zu zwei sehr unterschiedlichen Entwürfen von Ordnung. Platon läßt Sokrates in Gedanken die gute Stadt gründen, in der der Philosoph als König über den Wehrstand herrscht, welcher seinerseits das Volk beherrscht. Jede Funktion entspricht einem Teil der *psychē*, der Philosoph der Vernunft (*logistikon*), der Krieger dem Mut (*thymoeides*), das arbeitende Volk der Leidenschaft (*epithymetikon*). Die Seele des Philosophen wird zum Paradigma des Menschen wie der Gesellschaft. Karl Popper hat in der Herrschaft des Philosophenkönigs Ansätze zu »totalitärem« Denken gesehen.[37] Ganz anders Voegelin. Platon sei von der Vision eines »spiritually reformed, national Hellenic empire« beseelt (OH3 288f, vgl. OH3 312). »In Plato's work we feel the somber tension that stems from his theocratic will to achieve the impossible and to restore the bond between spirit and power.« (OH3 289). In dieser Auslegung wird das Bild vom Philosophenkönig zum mythischen Symbol für die spirituelle Durchformung der gesamten Gesellschaft. Platons Entwurf der guten Stadt ist für Voegelin kein konkretes Ordnungsmodell, sondern Vision einer Ordnungsbewe-

---

37 Die offene Gesellschaft und ihre Feinde. I: Der Zauber Platons (engl. 1944), Bern 1957, bes. 126ff.

gung, die von Gott ausgeht und durch den Menschen zur Wirklichkeit der individuellen und gemeinschaftlichen Existenz gelangt. Voegelin hebt besonders hervor, daß Platon die Grenzen der noch existenten Ordnung in Gedanken überschreite; im Zerfall der Polis erscheine ihm ein hellenisches Imperium vor Augen. Platon wäre danach seiner Zeit weit voraus gewesen, ein Vorbote zwar nicht der hellenischen, wohl aber der ökumenischen Reiche. Inwiefern Voegelin den platonischen Text transformiert, ist hier nicht weiter zu betrachten.[38] Jedoch kann sein Zugang zur aristotelischen *epistēmē politikē* nur vor dem Hintergrund seiner Auslegung Platons richtig eingeschätzt werden.

Popper und Aristoteles haben beide scharfe Kritik an Platons politischem Modell geübt (für Aristoteles vgl. Pol. II.1–3). Wenn Voegelin auch in einzelnen Punkten der Kritik (des Aristoteles) zustimmt, verfehlen beide aus seiner Sicht das Wesen der platonischen Lehre. Der Fehler liegt darin, daß sie die von Platon artikulierten transzendenten Erfahrungen nicht symbolisch, sondern als »concepts referring to sense experience« auffaßten. Mit Aristoteles beginnt die von Voegelin heftig kritisierte »transformation of symbols developed for the purpose of articulating the philosopher's experiences into topics of speculation«. Dadurch geht die intensive religiöse Erfahrung Platons verloren, wenngleich Voegelin betont, daß sie bei Aristoteles in schwächerer Form durchaus noch nachweisbar sei (OH3 274–277) – die *conditio sine qua non* seiner gesamten Auslegung aristotelischer Texte. Die mittelbare Folge des Erfahrungsschwundes ist in Voegelins Optik, daß Aristoteles die Frage nach der von Natur guten Ordnung von der Frage ihrer geschichtlichen Verwirklichung abtrenne. Aus der einen politischen Wissenschaft Platons werde die zweifache Wissenschaft von der Polis: Pol. VII und VIII behandelten »the philosopher's polis«, während die verbleibenden Bücher »the lawgiver's polis« in den Blick nähmen (OH3 325).

Das Ergebnis ist für Voegelin die Trennung von Ordnungswissen und Handlungswissen, von noetischer Interpretation und Common Sense, von theoretischem und praktischem Leben. Kann der *spoudaios* der *Nikomachischen Ethik* diese Kluft noch überwinden, ist er in der *Politik* auf den *bios theōrētikos* beschränkt, während der *nomothetēs* und der *politikos* zwar mit *phronēsis*, aber ohne *sophia*, d.h. mit purem Common Sense ihr Werk verrichten.[39] »In Aristotle we feel a coolness and serenity which stems from the fact, if we may address it drastically, that he has ›given up‹. He can accept the polis as the adequate form of Hellenic civilizational existence; he can dispassionately survey the varieties in his vast collection of 158 constitutions; he can formulate standards and give therapeutical advice for treating unhealthy cases [...]« (OH3 289). Die Kraft für einen Entwurf, der die Realität der Polis überschreite, bringe er jedoch nicht auf.[40] Aristoteles als politischer Denker zeichnet sich daher vor allem

---

38 Vgl. dazu die Kritik des Strauss-Schülers George Anastaplo: On How Eric Voegelin has Read Plato and Aristotle, in: Independent Journal of Philosophy 5/6 (1988), 85–91. Der Artikel behandelt, entgegen des Titels und von wenigen Ausnahmen abgesehen, lediglich Platon.
39 Für ihr Wissen gilt, was Voegelin an anderer Stelle über den Common Sense sagt: »[...] der Habitus eines Aristotelischen spoudaios, vermindert um die Helle des Wissens von der Ratio als dem Ursprung seines rationalen Urteilens und Verhaltens.« (WPR 353). Vgl. dazu Abschnitt (c).
40 Die dieser Wertung zugrundeliegenden Annahmen werden von Eckart Schütrumpf: Eric Voegelins Deutung der aristotelischen Politik in Order and History, Occasional Papers, Bd. XXIV, München

durch »conservatism« aus, weil er an der gewohnten Ordnungsform festhält (OH3 294). Als Philosoph verlegt er sich auf den ganz vom politischen Leben gelösten *bios theōrētikos*. (OH3 289). Dadurch öffnet er sich für transzendente Erfahrungen, die zu unübertroffener noetischer Differenzierung führen. Auch bewahrt er sich den scharfen Blick auf die Gesellschaft, bringt ihr *ēthos* zur Klärung und entdeckt den *spoudaios* als Vorbild eines Lebens zwischen Transzendenz und Gesellschaft.[41] Doch all dies bleibt in Voegelins Sicht für seine Entwürfe realisierbarer politischer Ordnung bedeutungslos. Um es auf den Punkt zu bringen: Nicht Platon, dessen politisches Modell auf den ersten Blick so lebensfern wirkt, ist der eigentliche Theoretiker, sondern Aristoteles, der weithin als Pragmatiker Anerkennung findet.

Diese provokative Verdrehung des üblichen Bildes beruht auf der Annahme, die »wahre« von Aristoteles intendierte Ordnungsvorstellung sei der Entwurf in Pol. VII und VIII. Dort führe er das platonische Erbe fort und konstruiere eine »paradigmatische Sozialordnung«, welche »die Wahrheit des *spoudaios* ausdrücken sollte« (NWP 101, vgl. OH3 296). Sie komme in der Erhebung des *bios theōrētikos* zur gesamtgesellschaftlichen, spirituellen Lebensform zum Ausdruck. Diese Einsicht weist für Voegelin in die richtige Richtung. Seine Kritik bezieht sich vorrangig darauf, daß sie von der politischen Praxis, dem »Leibfundament« (WPR 340) des *nous* abgehoben werde, daß Aristoteles die Verwirklichung der guten Ordnung für gar nicht realisierbar halte und sich statt dessen mit pragmatischem »advice for unhealthy cases« begnüge. Diese Lesart wirft die Frage nach dem Verhältnis zwischen der schlechthin besten (*tēn kratistēn*) und der nach den Umständen besten (*tēn ek tōn hypokeimenōn aristēn*) Verfassung (*politeian*; Pol. IV.1, 1288b21–30) auf. Welches ist der ›wichtigere‹ Ordnungsentwurf des Aristoteles, die Mischverfassung (»Politie«, Pol. IV) oder die Herrschaft des geistigen Adels (Pol. VII/VIII)? Da sich Voegelin eindeutig für letztere ausspricht, sei hier ein möglicher Einwand angeführt: Die Politie verbindet den Maßstab der »besten« Verfassung mit dem Common Sense der politischen Praxis und ist daher die eigentliche Verfassung des *spoudaios*.[42]

Aus Voegelins Perspektive beruht die »bestmögliche« Verfassung auf nomothetischem Wissen, das nicht die Rationalitätsstufe noetischen Wissens erreicht. Das einzige

---

2001, in Frage gestellt. Mit Blick auf Platons *Siebten Brief*, der von seinem gescheiterten Versuch eines Philosophen-Regiments berichtet, könne von jenem »theocratic will to achieve the impossible and to restore the bond between spirit and power« (OH3 289), den Voegelin bei Platon erkennen will, keine Rede sein. Umgekehrt sei die »coolness and serenity« des Aristoteles nicht mit einem Mangel an politischem Engagement zu verwechseln. Schütrumpf vertritt die Ansicht, daß gerade Aristoteles in seiner *Politik* nach praktikablen Lösungen für handfeste Ordnungsprobleme suche und keineswegs aufgegeben habe.

41 Manfred Henningsen: Between Philosophy and Common Sense: Voeglin's Evasion of Politics, Vortrag während der Jahrestagung der APSA 1995 (unveröffentl. Manuskript) macht in diesen Angaben vor allem Züge eines Selbstporträts Voegelins aus (7).

42 Auch Schütrumpf: Eric Voegelins Deutung der aristotelischen Politik, aaO. und Flashar: Dekomposition einer mythischen Philosophie, aaO. machen sich für eine angemessene Würdigung des Entwurfs von Pol. IV stark und behaupten, daß Voegelin zu sehr einer platonischen Optik verhaftet bleibe, um den konzeptionellen Fortschritt des Aristoteles würdigen zu können. Beide sehen diesen (wie D. Sternberger) in der Differenzierung von politischer und despotischer Herrschaft, in der Ablösung der Politischen Wissenschaft von der Seelenkunde und in der Suche nach einem Verfassungsentwurf, der sowohl mit der Schwäche als auch mit der Verschiedenheit der Menschen rechnet.

Ordnungskriterium sei Stabilität, ein Maßstab, der *nur* das »Leibfundament« der politischen Ordnung berücksichtigt. Der Entwurf von Pol. IV betrifft daher lediglich die innere, nicht jedoch die gute Ordnung, er ist allein aus Common-Sense-Wissen geformt. »Such empiricism, however, is no basis for a critical, philosophical interpretation of man in political existence.« Pol. IV sei nicht mehr als eine »average constitution« (OH3 348–350). Voegelin erweckt den Eindruck, es handle sich um ein der Realität entnommenes Ordnungsmodell. Tatsächlich konzipiert Aristoteles jedoch mit vollem Bewußtsein eine Verfassung, die so nirgendwo in Hellas verwirklicht ist. Für sie gibt es daher auch keinen Eigennamen in der politischen Sprache; Aristoteles nennt sie schlicht *politeia*. Woher soll dann das Common-Sense-Wissen stammen? Es scheint, als wendete Aristoteles den absoluten Maßstab von der »besten« Verfassung auf das pragmatische Handlungswissen und käme zu der Erkenntnis, daß ein realisierbarer Ordnungsentwurf qualitative (Wie gut ist die Ordnung?) mit quantitativen (Wer hat an der Ordnung teil?) Erwägungen verbinden muß. Das beste Argument für diese These ist seine Unterscheidung zwischen dem guten Bürger (*politēn spoudaion*) und dem guten Mann (*spoudaios anēr*; Pol. III.2, 1276b34f). In der »besten« Verfassung ist diese Trennung nicht notwendig, weil alle Bürger gleichzeitig gute Männer sind. In der Wirklichkeit bestehe jedoch keine Polis jemals nur aus guten Männern (1276b37 – 1277a1). Daher schlägt Aristoteles folgende Lösung vor: Die *aretē* der Regierten solle der Verfassung entsprechen, jene der Regierenden jedoch der *aretē* des guten Mannes (1276b27–34; 1277a20–27). Das Verhältnis darf jedoch nicht als statisches gedacht werden, denn die freien Bürger regieren einander im Wechsel. Daher lautet die abschließende Definition des Bürgers: »Der gute Bürger (*politēn agathon*) muß zu beidem fähig sein, zum Regiertwerden (*archesthai*) und zum Regieren (*archein*).« (1277b13–15). Auf kunstvolle Weise verschränkt Aristoteles zwei Maßstäbe. Während für die jeweils verantwortlichen Staatsmänner Höchstmaß gilt, reicht für die regierten Bürger die Loyalität zur Verfassung aus. Loyalität ist ein Kriterium des *Common Sense*, Verantwortlichkeit im Sinne der höchsten *aretē* erfordert Ordnungswissen. Der gute Bürger kann beides verbinden. Aristoteles nennt ihn den *politēn spoudaion*, weil er kein anderer ist als die politische ›Ausgabe‹ des *spoudaios* der Nikomachischen Ethik. Die Verfassung, in der sich der *politēn spoudaion* real entfalten kann, ist die »bestmögliche« Verfassung aus Pol. IV.

Der Grund, warum Voegelin diese Auslegung niemals akzeptieren könnte, ist, daß Aristoteles an keiner Stelle von Pol. IV Hinweise auf eine spirituelle Lebensdimension gibt. Diese sieht Voegelin allein in der »besten« Verfassung angemessen berücksichtigt. Damit ist abermals der Punkt erreicht, an dem die religiöse Transformation des Textes evident wird. Gäbe Aristoteles die schweren Mängel der Polis zu, so Voegelin, »a perspective would open on the possibility of human existence, in satisfactory modes of actualization of human nature, in societies of a type other than the polis« (OH3 332). Voegelin behauptet also, die *Politik* des Aristoteles weise entgegen seines eigenen Verständnisses in eine ganz andere Richtung: weg von der Polis, hin zu der spirituellen Erneuerung, welche das Christentum im Weltmaßstab anstreben sollte. Daran habe er sogar praktischen Anteil gehabt. »Platon und Aristoteles schufen selbst den neuen Gesellschaftstypus, der zum Träger ihrer Wahrheit werden konnte, nämlich die Philosophenschulen. Die Schulen überlebten die politische Katastrophe der Polis und wurden zu gestalterischen Kräften erster Ordnung [...]« (NWP 114). Die beiden Griechen als

Vorboten des Christentums – dieser spekulative Gedanke weist bereits auf die im abschließenden Kapitel zu behandelnde Geschichtsphilosophie Voegelins voraus.

(c) Gute Gesellschaft und moderne Industriegesellschaft

Zuvor ist aber noch zu klären, in welchem genauen Sinn die von Platon und Aristoteles entworfene Sozialordnung für die moderne Gesellschaft paradigmatisch sein kann. Diese Frage ist problematisch, weil Voegelin es immer wieder auf die Konfrontation zwischen der unübertroffenen Maßstäblichkeit der Griechen und der heillos verlorenen Moderne anlegt. Antike und Moderne stehen einander unversöhnlich gegenüber, und es wird nicht deutlich, ob überhaupt eine Chance der Vermittlung besteht. Voegelin erweckt den Eindruck, die Gegenwart könne sich nur durch eine Art religiös-philosophischer *periagogē* aus ihrer Krise befreien. Bereits in der Einleitung zu *Die Politischen Religionen* (1938) ist von einer »religiösen Erneuerung« die Rede, die nur von »großen religiösen Persönlichkeiten« ausgehen könne, obwohl jeder das Seine tun solle, »um den Boden zu bereiten, aus dem sich der Widerstand gegen das Böse erhebt«.[43] Er betrachtet »philosophical inquiry« als *seinen* Beitrag gegen »the disorder of the time« (OH1 XIV). Gewiß können so Maßstäbe erinnert werden, die vom Strudel der Zeit hinweggespült worden sind. Damit diese Maßstäbe aber praktisch wirksam werden, müssen sie in das Handeln der Menschen übergehen. Dieser Überschritt erweist sich jedoch als überaus schwierig. Wenn philosophisches Ordnungswissen meditativen Ursprungs ist, beruht es auf einer Spannung in der Seele des einzelnen zu Gott. Diese Spannung ist diskursiv nicht ausweisbar, sie bleibt im Kern eine persönliche Erfahrung. Voegelin mag darüber schimpfen, daß unsere Gesellschaft durch Personen dominiert werde, die nur Privatmeinungen verträten und so eine »Schein-Öffentlichkeit« schüfen. Wie er aber »gegen diese Unordnung [...] die wahre Öffentlichkeit der meditativen Realität« durchsetzen will, bleibt sein Geheimnis.[44] Das Philosophenkönigtum war schon zu Platons Zeiten keine reale Möglichkeit politischer Ordnung. In der *Neuen Wissenschaft der Politik* schreibt er ganz zutreffend, daß die Spannung zwischen einer differenzierten Wahrheit der Seele und der Wahrheit der Gesellschaft in der historischen Realität nicht dadurch beseitigt werden könne, daß man sich einer von beiden entledige (NWP 225). Der wirkliche politische Denker muß hingegen lernen, die Gesellschaft nicht nur von außen, sondern auch von innen zu verstehen, und er muß ihre Selbstauslegung ernst nehmen. Es fiel Voegelin schwer, diese Einsicht für sein eigenes Bild der Moderne fruchtbar zu machen.

Die *Neue Wissenschaft* läßt bei aller Kritik am modernen Gnostizismus immerhin eine Hintertür offen. Man dürfe nicht vergessen, heißt es da, »daß die westliche Gesellschaft nicht durch und durch modern ist, sondern daß die Modernität etwas in ihr Gewachsenes, ihrer klassischen und christlichen Tradition Entgegengesetztes ist«. Wäre die westliche Gesellschaft im Gnostizismus aufgegangen, hätte nach jeder großen Revolution das Chaos ausbrechen müssen. Tatsächlich sei jedoch nach kurzer Aufregung immer wieder ein Zustand öffentlicher Ordnung eingetreten, der das »Gleichgewicht

---

43 Neu hg. von Peter J. Opitz, München 1996, 6.
44 Der meditative Ursprung philosophischen Ordnungswissens, in: ZfP 28 (1981), 137.

der sozialen Kräfte, mit ihren wirtschaftlichen Interessen und kulturellen Traditionen« ausgedrückt habe (NWP 248). Am Ende des Bandes stellt Voegelin heraus, daß auch die letzte Revolution des »gnostischen Totalitarismus« nicht in gleicher Weise über den Westen hinweggefegt sei. Nur in Deutschland habe sie sich in ihrer »hemmungslosen Modernität« entfalten können. Hingegen hätten England und Amerika ihr den stärksten Widerstand entgegengesetzt. Voegelin führt dies darauf zurück, daß beide Demokratien über die »am festesten konsolidierte Schicht kultureller Tradition« verfügten, mithin in ihren Institutionen »die Wahrheit der Seele am stärksten repräsentieren«. Er wertet dies als »Hoffnungsstrahl« für die »Wiederherstellung der Kräfte der Zivilisation« (NWP 264–266). Offenkundig sind Antike und Moderne, noetisches Wissen und politische Ordnung zumindest in einigen Staaten nicht so stark getrennt, wie die Verfallsgeschichte nahelegt. Sie vermögen auch ohne religiöse Erneuerer oder philosophische Führer der Herausforderung des Totalitarismus zu begegnen. Diese zweifellos zutreffende Beobachtung wirft die Frage auf, worin die Widerstandskräfte eigentlich bestehen.

Voegelin hat sich damit an keiner Stelle seines theoretischen Werks systematisch beschäftigt. Es gibt allerdings einzelne Äußerungen, vor allem in eher politisch-pädagogisch orientierten Vorträgen, die in etwa die Richtung seiner Antwort andeuten. Sie betreffen zum einen die institutionelle Struktur, zum anderen den Rationalitätstypus der angelsächsischen Gesellschaft. Hinsichtlich des ersteren beruft sich Voegelin auf Hobbes, Locke und die konstitutionelle Demokratie. Aus seiner Perspektive ist Hobbes der erste neuzeitliche Denker, welcher der gnostischen Herausforderung wirksam zu begegnen weiß. Nachdem die Puritaner die öffentliche Ordnung bedroht hatten und sie im Sinne ihrer partikularen Wahrheit mit Gewalt ändern wollten, entwarf er das Modell eines zwangsbewehrten Staates, in dem es »keine öffentliche Wahrheit außer dem Gesetz von Frieden und Eintracht« geben sollte (NWP 218). Dieses Modell vermochte auf wirksame Weise den Bürgerkrieg einzudämmen. Was Voegelin daran kritisiert, ist allein, daß es mit dem Krieg auch die Dimension der Transzendenz abschafft und den Bürger auf reine Immanenz reduziert (NWP 229). Dagegen sieht er den Fortschritt im Lockeschen Denken in einer Ausdifferenzierung der privaten Sphäre, die, vom Monopol der Öffentlichkeit abgetrennt, »dem Leben der Vernunft und des Geistes und seinen sozialen Manifestationen vollständige Freiheit« läßt und nur solche Sekten und Ideologien verbietet, welche ihrem Glauben politische Tragweite verleihen wollen. Auf diesem theoretischen Konzept beruht nach Voegelins Verständnis die praktische Regierungsform der konstitutionellen Demokratie, wie sie in den angelsächsischen Ländern entstanden und inzwischen in allen westlichen Staaten verwirklicht ist. Sie kann sich einen Pluralismus der intellektuellen und geistigen Bewegungen leisten, weil die Zivilregierung von der *theologia civilis* des Glaubens an die Verfassung getragen wird. Da solchermaßen die Redivination der weltlichen Sphäre unterbunden wird, kann Voegelin von einem »gelungenen Experiment der Organisation einer Gesellschaft mit klassischer und christlicher Tradition« sprechen (IG 53f).[45]

---

45 Ähnlich argumentiert Voegelin in: Die geistige und politische Zukunft der westlichen Welt (1959), hg. von Peter J. Opitz, Occasional Papers I, München ²2000, 33ff und in: Demokratie im Neuen Europa, in: Gesellschaft – Staat – Erziehung 4 (1959), 293–300.

Mit der Ziviltheologie rückt die zweite Widerstandskraft des Westens gegen den Gnostizismus in den Blickpunkt. Welche Rationalität liegt ihr zugrunde? Man könnte denken, daß die Verfassung jenen Platz einnimmt, der in früheren Zeiten Gott zustand, was Voegelin als irrationale Störung des Bewußtseins ablehnen müßte. Tatsächlich gelangt er in seiner Analyse der öffentlichen Kultur angelsächsischer Staaten jedoch zu einem anderen Ergebnis. In diesem Kontext spricht er nicht von Ziviltheologie, sondern von Common Sense. Wie bereits im ersten Abschnitt dieses Kapitels deutlich wurde, vermag er nicht die Rationalitätsstufe kritischen Ordnungswissens zu erreichen. Allerdings gesteht Voegelin ihm durchaus einen gewissen Vernunftstatus zu. Worin er positiv besteht, tritt jedoch erst angesichts des gnostischen Irrationalismus hervor. In dieser Perspektive erweist er sich als »Refugium der Ratio in der Ordnungskrise der Neuzeit«. Voegelin beschreibt ihn als »kompakten Typus von Rationalität«, dem der »Urteils- und Verhaltenshabitus eines von der Ratio her geformten Menschen« zugrunde liege: »man könnte sagen: der Habitus eines Aristotelischen *spoudaios*, vermindert um die Helle des Wissens von der Ratio als dem Ursprung seines rationalen Urteilens und Verhaltens«. Daran schließt sich die bemerkenswerte Aussage an, der zivilisierte *homo politicus* brauche nicht Philosoph zu sein, müsse aber über Common Sense verfügen (WPR 352f). Sie geht auf Erfahrungen zurück, die Voegelin bereits während seines ersten Amerika-Aufenthaltes (1924) machte. Wie er im Rückblick schreibt, habe er damals eine erste Ahnung davon bekommen, »was die klassische Philosophie und ihre Fortführung auf der common-sense-Ebene für das geistige Klima und den Zusammenhalt in einer Gesellschaft bedeuten könnten« (AB 47).

Mit Blick auf England und Amerika vermag Voegelin somit einen Bezug zwischen der konstitutionellen Demokratie der westlichen Industriegesellschaften und dem von Platon und Aristoteles entwickelten Konzept der »guten Gesellschaft« herzustellen.[46] Nach seiner Darlegung beruht dieses Konzept auf zwei wesentlichen Bedingungen. Erstens müsse das Gemeinwesen groß und blühend genug sein, um das Leben der Vernunft zu gestatten, »wenigstens für die Minderheit, die fähig ist, diese menschliche Möglichkeit zu erreichen«. Zweitens müsse es so organisiert sein, daß das Leben der Vernunft »soziale Kraft« entfalten und die Kultur durchformen könne. Die erste Bedingung betrifft jene philosophisch-meditative Tätigkeit, der Voegelin selbst nachgeht, während die zweite auf den Habitus des Common Sense anspielt. Zusammengezogen ließe sich sagen, daß eine Gesellschaft gut sei, wenn sie neben zivilisierten Bürgern auch aus Philosophen bestehe. Andere von den beiden Griechen angeführte Kriterien wie Beschränkung der Polisgröße und Angewiesenheit auf Sklaven sind aus Voegelins Sicht nur kontingenter Natur. Um unter modernen Bedingungen die materiellen Voraussetzungen für ein Leben der Vernunft zu garantieren, muß ein Staat sehr viel größer sein als es in der Antike vorstellbar gewesen ist. Zwar wird dadurch die Teilnahme an den öffentlichen Angelegenheiten schwieriger und abstrakter, doch vertraut Voegelin in diesem Punkt auf die Verbesserung der Infrastruktur, die Entwicklung der repräsentativen Regierung, den Föderalismus und das Christentum, welches den Wert menschlicher Existenz nicht mehr von ihrem Ausdruck im politischen Leben abhängig mache. Mit der christlichen Vorstellung von der Würde jedes Menschen hat sich auch das Pro-

---

46 Vgl. auch John J. Ranieri: Eric Voegelin and the Good Society, Columbia/London 1995, 206ff.

blem der Sklaverei erledigt. Voegelin rechtfertigt seine Unterscheidung zwischen wesentlichen und kontingenten Bestandteilen, indem er auf die Flexibilität des Konzepts verweist: »Das Modell der guten Gesellschaft ist nicht *a priori* gegeben. Es ist sehr elastisch konstruiert und muß mit unserem empirischen Erkennen des menschlichen Wesens und der Gesellschaft ändern [sic]. Daß die sich stets entwickelnde soziale Wirksamkeit des Lebens der Vernunft mit eingeschlossen werden muß, ist sein einziger fester Punkt.« (IG 54–56).

Solche Stellen, die den Willen dokumentieren, zwischen Antike und Gegenwart zu vermitteln, sind im Voegelinschen Werk rar gesät.[47] Allerdings werden sie durch Unklarheiten belastet, die in seiner religiösen Transformation des aristotelischen Denkens angelegt sind. Es ist nämlich nicht zu erkennen, wie philosophische und bürgerliche Existenz zueinander stehen. Der *spoudaios* vermag nach Voegelins Auffassung beides in seinem Leben zu verbinden. In der Neuzeit bleibt hingegen nur mehr der »um die Helle des Wissens von der Ratio als dem Ursprung seines rationalen Urteilens und Verhaltens« verminderte *homo politicus* übrig, dem der meditierende Philosoph zur Seite tritt. Von wem geht nun aber jene »soziale Wirksamkeit« des Vernunftlebens aus, die Voegelin zum Kriterium der guten Gesellschaft erhebt? Wird sie erst vom Philosophen gestiftet, der die religiösen Voraussetzungen des Common Sense expliziert? Oder beruht sie allein auf dem tradierten Habitus? Im letzten Fall wäre eine gute Gesellschaft überhaupt nicht auf philosophische Transzendenzerfahrung und kritisches Ordnungswissen angewiesen, weil sie sich aus ihrer eigenen Substanz heraus regulieren könnte. Voegelin muß gespürt haben, welche Sprengkraft dieser Gedanke birgt. Deshalb hat er seine Anerkennung des Common Sense unter einen mächtigen Vorbehalt gestellt: In Krisensituationen vermag er sich nicht selbst zu verteidigen, sondern bedarf philosophischer Hilfestellung. Nur der Philosoph kann gnostischen Ideologien überzeugend entgegentreten, indem er die wahre Struktur des Bewußtseins aufweist und seinen Mitbürger vor Augen führt, was ihr Handeln immer schon bestimmt (WPR 354). Solchermaßen gewinnt der meditative Denker in Zeiten, wie Voegelin sie durchlebte, die Definitionsmacht über den Common Sense.[48] Er kann regelrecht dekretieren, daß das gute Urteilen und Handeln einen Gottesbezug voraussetzt. Und er kann von erhobener Warte mitteilen, daß Common-Sense-Einsichten höchstens zehn Jahre gültig seien, folglich von selbst noch keine Basis langfristig rationalen Handelns bereitstellten (CEV 35). Um die überlegene Rolle des Philosophen zu rechtfertigen, mußte Voegelin seine eigene Erfahrung mit der angelsächsischen Kultur außer Kraft setzen. Diese hatte dem Totalitarismus getrotzt, weil ihr Common Sense weit beständiger war als der Wandel der Meinungen.

---

47 In diesem Zusammenhang ist es nicht unwichtig, daß Voegelin noch in seinem 1959 gehaltenen Vortrag über *Die geistige und politische Zukunft der westlichen Welt* das Konzept der vollkommenen Gesellschaft (*societas perfecta*; aaO., 9) verwendet hatte und es nur auf eine Bevölkerung anwenden wollte, die »substantiell christlich« ist (34). Der hier zugrundegelegte Aufsatz von 1961 schlägt mit seiner Rede von der »guten Gesellschaft« und mit seiner Betonung der Elastizität des Konzepts einen versöhnlicheren Tonfall an.

48 Freilich gewinnt der Common Sense auch eine gewisse Macht über ihn, sofern er den Philosophen auf ein politisches Engagement verpflichtet. Darauf weist Henningsen: Between Philosophy and Common Sense, aaO. hin: »Voegelin's Platonism was saved by common sense from moving too far in the direction of a theological disinterest in the world.« (11).

Er war sogar so beständig, daß es niemals religiöser Erneuerer oder philosophischer Führer bedurft hatte, um die politische Ordnung zu gewährleisten.

1.4 Ordnung und Geschichte

Der Mensch ist aus Voegelins Perspektive nicht nur *zōon noun echon* und *zōon politikon*, sondern auch »*zoon historikon*« (V 131). Er partizipiert an der göttlichen Seinsordnung als geschichtliches Lebewesen. Jeder Versuch, die Erfahrung dieser Ordnung zu symbolisieren, ist ein »geschichtliches Ereignis« (V 127). Das Ereignis manifestiert sich, diachron und synchron gesehen, im Prozeß symbolischer Selbstauslegung von Menschen. Der Stellenwert einer solchen Auslegung kann aus zwei verschiedenen Perspektiven betrachtet werden: aus der Innensicht des Auslegenden und aus der Außensicht des Historikers der Transzendenzerfahrung. Voegelin versucht in seiner Interpretation, beiden Blickbahnen gerecht zu werden. Welches Bewußtsein besitzt Aristoteles von seinem historischen Ort? Welche Stellung kommt ihm innerhalb der Geschichte symbolischer Selbsterhellungen zu? Diese Fragen werden nacheinander beantwortet. Es geht darum, den genauen Status zu ergründen, den Voegelin der aristotelischen Philosophie zuspricht.

(a) Noetische und zyklische Zeiterfahrung

Zōon historikon ist *keine* Qualifikation, die Aristoteles dem Menschen zuweist. Geschichte spielt auf den ersten Blick keine große Rolle im aristotelischen Denken. Aristoteles erklärt historische Abläufe im wesentlichen zyklisch: auf Epochen der Blüte folgen solche des Verfalls. Innerhalb dieses Denkens besteht berechtigte Aussicht, absolutes Wissen zu gewinnen. Voegelin spricht vom »cycle in the theory of knowledge«. »All great insights, whether they be religious or whether they belong in the class of necessities of order, have been gained.« (OH3 291). Der Philosoph muß das verschüttete Wissen nur wieder auffinden. Geschichte ist ein geschlossenes Erkenntnisfeld, daher keine Leitgröße des Philosophierens. Voegelin arbeitet diese Struktur heraus, nur um mit einem zweiten Blick zu einem ursprünglicheren Geschichtsverständnis des Aristoteles vorzudringen.

In Voegelins Darstellung erleben die hellenischen Philosophen ihre Zeit als scharfe Zäsur. Die philosophische Erklärung der Welt ersetzt den Mythos, eine neue Rationalitätsstufe ist erreicht. Sie verfügen daher über das, was er »consciousness of epoch« nennt (OH3 284). Dieses Bewußtsein ist neu, das wissen die Philosophen. Als Beispiel dafür verweist Voegelin immer wieder auf die Genealogie des Wissens in Met. I.1–2, welche darin gipfelt, daß Aristoteles den *philomythos* als durch den *philosophos* überwundene historische Erscheinung charakterisiert (WPR 298 f; V 128; OH4 12, 251f). Der Wissenssprung ist ein Sprung in der Zeiterfahrung: Aus der kosmischen Identität von Ewigkeit und Vergänglichkeit, von Entstehen und Vergehen wird die Spannung zwischen einem transzendenten Pol der Ewigkeit und einem immanenten Pol der Sterblichkeit. »Existence in tension which is consciousness moves in two dimensions at the same time; it is eternal and mundanely timebound.« Die »intersection of time and timeless« bezeichnet Voegelin mit dem paradoxen Ausdruck »flow of presence« (CEV 62).

In diesem von Aristoteles entschlüsselten Zustand erreiche das Bewußtsein die »optimale Helle« und könne frühere Deutungen der Welt als zwar gleich motivierte, jedoch weniger differenzierte Auslegungen erkennen. Die damit vollzogene Überwindung des Mythos betrachtet Voegelin als »eine geschichtsphilosophische Leistung, die bis heute nicht übertroffen wurde« (WPR 297–299).

Wenn Aristoteles jedoch diese Einsicht besaß, warum hielt er dann trotzdem am zyklischen Geschichtsbild fest, das auf mythischer Zeitdeutung beruht? Das Bild vom Zyklus stammt aus einem Mythos Platons. Für Platon sei der Mythos das Mittel, sein epochales Bewußtsein auszudrücken. Die traditionelle Form ermögliche es ihm, den Bürgern neue Wahrheiten mit kaum zu ermessender Sprengkraft zu vermitteln. Eine Generation später sei Epochenbewußtsein vor allem Bewußtsein von der Wichtigkeit Platons gewesen (OH3 284–286).[49] Aus den platonischen Mythen seien *topoi* der Spekulation, dogmatische Lehrsätze geworden. »For Aristotle the myth of the cycle has become a doctrine [...]« (OH3 291f). In dem Maße wie Platons Lehre von der zugrundeliegenden Transzendenzerfahrung abgelöst wurde, entstand aus Voegelins Sicht das, was später Metaphysik genannt werden sollte: der Versuch, mit immanentem Wissen das Ganze der Wirklichkeit zu deuten. Er sieht Aristoteles am Anfang dieser Entwicklung. Als Modelle für Wirklichkeit dienten der Kosmos, das Artefakt und der Organismus – Beobachtungseinheiten, die unveränderlich in Raum und Zeit gegeben waren. Von ihnen gab es ungeschichtliches, absolutes Wissen. Voegelin besteht jedoch darauf, daß diese Modelle nur sekundären Stellenwert besäßen. Sie legten Erfahrung aus – zu dieser primären Ebene müsse der Forscher vordringen (OH5 31). Die Erfahrung sei »noetischer« Natur, aber bei ihrer Symbolisierung blieben die kosmische Primärerfahrung und ihre mythische Ausdeutung noch wirksam, daher das kosmologische Denken (OH4 12; DE 41). Wenn sich Voegelin immer wieder um diese Differenzierung, das Zurückfragen zur religiösen Erfahrung bemüht, so macht er doch eine Einschränkung. In der *Politik* gehe Aristoteles den umgekehrten Weg: Kurzschlußartig übertrage er die ontologischen Kategorien der *Metaphysik* und *Physik* auf die Analyse gesellschaftlicher Ordnung (OH3 333, WN 134f). Die Verfassung werde zum *eidos*, der Bürger zur *hylē*; die historische Ordnungsform der Polis gewinne die Dignität einer unveränderlichen *physis* (OH3 332–336). Durch diese theoretischen Vorentscheidungen habe Aristoteles die Fülle empirischer Daten künstlich verengt, weshalb kurioserweise der weniger dogmatische Platon der bessere Empiriker gewesen sein soll (OH3 317). Weil er sich den Blick auf die Wirklichkeit verstelle, verkenne Aristoteles das tatsächliche Schicksal der Polis, nämlich ihren zwangsläufigen Untergang (OH3 332).

Die Bewußtseinshelle noetischer Exegese sieht Voegelin daher nicht in der *Politik*, sondern in der *Nikomachischen Ethik* verwirklicht. Der *spoudaios* sei Ausdruck des radikal neuen Epochenbewußtseins (OH3 300f). Er meint sogar, Aristoteles habe die *Nikomachische Ethik* von der *Politik* getrennt, um die Höchstleistung des *spoudaios* nicht politischen Zwängen opfern zu müssen. »In view of the threatening possibility that the course of political history would annihilate the actual formation of a polity through the

---

49 H. Flashar: Dekomposition einer mythischen Philosophie, aaO. weist darauf hin, daß diese Sichtweise weniger dem Selbstverständnis des Aristoteles als dem Platon-Bild des George-Kreises entspreche, das die griechische Philologie (Kurt Hildebrandt u.a.) zu Voegelins Zeit stark geprägt habe.

mature man, it became desirable to articulate the wisdom of the excellences independent of the problem of its political actualization.« (OH3 303). Insgesamt betrachtet, zeichnet Voegelin ein ambivalentes Bild vom historischen Selbst-Bewußtsein des Aristoteles: einerseits zyklisches Denken und Neigung zu dogmatischer Metaphysik, andererseits noetische Erfahrung und Wissen um epochale Neuheit. Dieses Ergebnis der ersten Frage enthält wichtige Hinweise für die Beantwortung der zweiten Frage nach dem Ort Aristoteles' in Voegelins Erfahrungsgeschichte der Transzendenz.

(b) Unilineare und plurale Geschichtsdeutung

Das Kriterium, mit dem Voegelin den geschichtlichen Ort eines Denkers zu bestimmen sucht, ist *Differenzierung* in der Auslegung transzendenter Erfahrung. Die Geschichte der Symbolisierungen erhält ihre Struktur durch Fortschritte und Rückschritte im Grad der Differenzierung. Den ersten drei Bänden von *Order and History* liegt die Arbeitshypothese einer linearen Aufstiegs- und Verfallsgeschichte zugrunde (NWP 232f). Die griechischen Philosophen erreichen auf dem »aufsteigenden Ast« die maximale Differenzierung der Seele, die »anthropologische Wahrheit«. Sie wird nur noch übertroffen durch die »soteriologische Wahrheit« des Christentums. Mit dem Erscheinen Christi, der Inkarnation des Logos, offenbart Gott sich den Menschen (NWP 117f). Da das Christentum jedoch das Vakuum der entgötterten Welt nicht zu füllen vermag, entstehen gnostische Strömungen. Damit beginnt der Verfall, dessen (vorläufiger) Tiefpunkt der Totalitarismus des 20. Jahrhunderts ist (NWP 231–233). Je weiter Voegelin in der Auswertung historischer Quellen vordrang, desto unhaltbarer wurde dieses einfache Modell. Der vierte Band von *Order and History* (1974) erschien siebzehn Jahre nach der Studie über Platon und Aristoteles (1957) und enthielt ein stark modifiziertes Verständnis von Geschichte. Wenn sich an den konkreten Ergebnissen der vorangegangenen Studien auch nichts änderte, nahm Voegelin doch eine Neubewertung ihres kontextuellen Stellenwertes vor. Davon war auch seine Einschätzung der aristotelischen Philosophie betroffen. Sie muß daher vor dem Hintergrund des Neuansatzes von *Order and History IV* untersucht werden.

Voegelin hält am Kriterium von progressiver bzw. regressiver Differenzierung fest, nicht jedoch an der unilinearen Betrachtungsweise. Dahinter steht die Annahme, es bestünden »important lines of meaning in history that did not run along lines of time«. Die Auswertung der historischen Quellen habe ein »pluralistic field of [spiritual] outbursts« ergeben. Sie verliefen diskontinuierlich und könnten in kein totalisierendes Schema integriert werden. »The process of history, and such order as can be discerned in it, is not a story to be told from the beginning to its happy, or unhappy end; it is a mystery in process of revelation.« (OH4 2–6). Die methodische Fragerichtung betrifft nun die Diskontinuitäten und Transformationen je sich ereignender Differenzierungsprozesse. Israel und Hellas stellen danach für Voegelin zwei völlig getrennte Linien in der Geschichte dar. In beiden Zivilisationen wird das kosmologische Weltbild erschüttert, in Israel durch das Erscheinen Gottes als des Schöpfers von Himmel und Erde, in Hellas durch die noetische Erfahrung der Philosophen, allen voran Platon und Aristoteles. Die Juden verfügen in Voegelins Genealogie über die unmittelbare Gotteserfahrung, die Griechen über das größere Differenzierungspotential (OH4 11–13).

Vor *Order and History IV* war Voegelin davon ausgegangen, daß beide Zivilisationen im frühen Christentum zur überlegenen Einheit amalgamieren.[50] Die Auseinandersetzung mit den ökumenischen Reichen ergab jedoch ein anderes Bild. Unter dem Eindruck imperialer Expansion verloren Juden und Griechen nicht nur ihre staatliche Existenzbasis, auch ihr symbolisches Wissen erlitt schwere Deformationen. Die philosophischen Einsichten Platons und Aristoteles' wurden von der Stoa allegorisch ausgelegt und dadurch vollständig von ihrer Erfahrungsgrundlage getrennt (OH4 43f). Denselben Effekt hatte die »creation of a canonical scripture«, die Gleichsetzung von göttlichem Wort und dem Wort der Thora (OH4 49, 55f). Die Zusammenführung dessen, was von jüdischem Glauben und griechischer Philosophie übrig geblieben war, besorgte Philon von Alexandria. In ihm sieht Voegelin den für das gesamte Christentum weichenstellenden Denker. Philon übernahm die vorangegangenen Deformationen, verstärkte sie sogar noch, indem er die Thora allegorisch auszulegen suchte (OH4 29–36). Die Allegorese wurde von da an *die* Methode der Bibelexegese.[51] Damit ist in Voegelins Augen das weitere Schicksal der Theologie besiegelt: Niemals sollte es einem christlichen Denker in Philons Nachfolge gelingen, zum unmittelbaren Erfahrungsreichtum Israels und zum Grad philosophischer Differenzierung, wie sie im Werk Platons und Aristoteles' vorliegt, zurück zu gelangen und beides zu verbinden.[52] Die neue Aufgabe von *Order and History IV* und *V* sieht Voegelin daher darin, die Verstellungen religiöser Erfahrungen durch eine dogmatische Auslegungstradition aufzuweisen und zu den »experiences which constitute mea-ning« zurückzukehren (OH4 58).

(c) Das doppelte Vermächtnis des Aristoteles

Dieser Abriß von Voegelins konzeptionellem Neuansatz war notwendig, um die volle Tragweite seiner Auslegung und Transformation der aristotelischen Philosophie ermessen zu können. Voegelin verortet Aristoteles am Scheideweg zwischen höchster philosophischer Differenzierung und doktrinärer Spekulation. Einerseits bringt er mythisch formulierte Einsichten Platons zur Prägnanz begrifflichen Ausdrucks, andererseits schwindet ihm die den Lehrer prägende intensive Einheit von religiösem Erleben und philosophischem Denken.

Die positive Leistung, die gelungene Symbolisierung von »experiences which constitute meaning« sieht Voegelin in der Phänomenologie sowohl der noetischen Erfahrung als auch des *spoudaios* gegeben. In beiden Fällen hat der Stagirit sich der geschichtlichen Dimension humaner Erfahrung geöffnet – und Zeitloses hinterlassen. Von der Struktur des Bewußtseins hat Voegelin in einem Gespräch gesagt, sie sei »better worked out in classical philosophy than anywhere in Christianity« (CEV 96). Gerade in seinen späteren Aufsätzen beruft er sich dabei auf Met. I und XII sowie NE X. Die Beschreibung des *spoudaios* hält Voegelin inhaltlich wie methodisch für vorbildlich. Zum einen sieht er den *spoudaios* als transhistorisch gültigen Maßstab für gelungenes Menschsein: »Through the *Nikomachean Ethics*, rather than the *Politics*, the prudential wisdom of Hellas has separated from the contingencies of actualization and become the possession of mankind, or rather of that part of mankind that can recognize authority and bow to

---

50 Vgl. Morrissey: Consciousness and Transcendence, aaO., 79–113.

it. The *Nikomachean Ethics* is the great document in which the authority of the *spoudaios* asserts itself through the ages, beyond the accidents of politics.« Zum anderen entdeckt er in der aristotelischen »pathology of morals« die Grundlagen einer »philosophy of historical existence« (OH3 302f). Voegelins eigener Ansatz versteht sich als Ausarbeitung dieser Grundlagen. Er will die politische Wirklichkeit ausgehend von einer »kritischen Klärung« der Sprachsymbole, in denen sich eine Gesellschaft auslegt, verstehen (NWP 52–57). »Die hier umrissene Methode ist im wesentlichen das aristotelische Verfahren.« (NWP 57, vgl. NWP 61). *Order and History* verwirklicht diese Methode im geschichtlichen Großmaßstab.

Das für die Gegenwart maßgebliche Vermächtnis des Aristoteles befindet sich für Voegelin folglich in den Büchern I und XII der *Metaphysik*, in den Büchern VII und VIII der *Politik* und in der *Nikomachischen Ethik*.[53] Im Umkehrschluß gelten ihm insbesondere die »Substanzbücher« der *Metaphysik* (VII–IX) und die seiner Überzeugung nach in diesem Geist verfaßten Bücher I–III der *Politik* als philosophische Irrwege. Die Entfremdung von transzendenter Erfahrung, die Deutung von Wirklichkeit mit spekulativen Kategorien und das »intellectual thinning out of experience in comparison to Plato« (OH 281) führen auf den Weg, welchen die Stoa – wiewohl auf ungleich radikalere Weise – gehen sollte.[54] Sein Urteil über Aristoteles' negatives Erbe beruht auf demselben Kriterium wie das über sein positives Vermächtnis, nämlich auf dem Grad an Offenheit für noetische Zeiterfahrung, für »timelessness in time«.

Aus dem ambivalenten Bild, das Voegelin von Aristoteles zeichnet, ergibt sich auch die Strategie seiner Auslegungspraxis. Er hebt all jene Stellen, die Ausdruck von Transzendenzerfahrung sein sollen, von solchen Passagen ab, die immanente Deutungsmodelle für Wirklichkeit anbieten. Die Überlegenheit der ersten wird ausgewiesen durch die Abkünftigkeit der letztgenannten. Auf diese Weise sucht Voegelin sicherzustellen, daß der Erfahrungsbegriff für »theophantische Ereignisse« offen bleibt. Von der Struktur her ist dieses Argumentationsverfahren identisch mit dem Heideggerschen, nur in

---

51 Unter Allegorese versteht Voegelin folgenden Umgang eines Interpreten mit einem Text: »First, the older symbolic language, separated from its compact engendering experience, is declared to have a surface or literal meaning of its own; and second, this literal meaning is transmogrified into an underlying meaning, an hyponoia.« (OH4 35).
52 Als eine der folgenschwersten Verstellungen der Allegorese im Stile Philons betrachtet Voegelin die theologische Unterscheidung zwischen natürlicher und übernatürlicher Vernunft, zwischen menschlichem Wissen und göttlicher Offenbarung (OH4 29; CV 104f, 134f, 138). Diese Unterscheidung, terminologisch festgeschrieben von Thomas von Aquin, führt im Prozeß der Ablösung der Philosophie von der Theologie zur neuzeitlichen Konzeption einer vom Menschen selbst hervorgebrachten Vernunft. »We are beset in all philosophical and theological discussions, everywhere in the Western world today, with the unfortunate distinction Thomas made between philosophy as the result of natural reason, and theology as the result of supernatural revelation. Empirically this just doesn't hold water.« (CEV134).
53 Dieses Vermächtnis müßte nach Voegelin auch die Grundlage für einen Dialog zwischen dem Christentum und den anderen Weltreligionen sein: »If it is conducted by the method of an original reading of the theology of Plato and Aristotle, that would be best. [...] It is better to start right from the beginning, from the experiences which engendered philosophical symbols before they became deformed into metaphysical dogma.« (CEV43).
54 Voegelin hat das Verhältnis zwischen Aristoteles und seinen Nachfolgern auf diese Formel gebracht: »What with Aristotle's philosophy is still in suspense, and does not lead yet, in his works, to any kind of metaphysics, becomes such immediately after him.« (CEV53f).

inhaltlich umgekehrter Richtung.⁵⁵ Voegelin wie Heidegger greifen auf Aristoteles zurück, um einen erhellenden Teil seiner Philosophie gegen einen verstellenden Teil zu rehabilitieren. Eigentliche werden von »uneigentlichen« Erfahrungen abgehoben. Der Phänomenologe Aristoteles tritt gegen den Theoretiker Aristoteles an. Beide verabschieden die auf raum-zeitlichen Modellen beruhende Metaphysik und sehen in Aristoteles den Phänomenologen der Existenz. Die Wege scheiden sich am zugrundeliegenden Verständnis von Existenz. Heidegger betrachtet eigentliches Existieren als selbstreflexive Struktur des Daseins, Voegelin als noetische Spannung des Menschen zu Gott. Diese so unterschiedlichen Ansätze finden in den aristotelischen Texten Kristallisationspunkte. Damit sich an ihnen kohärente Bedeutungsschichten anlagern können, nehmen Voegelin und Heidegger bewußt selektive und spekulative Textlektüren vor. Dieses Verfahren wurde vorstehend als produktive Transformation des Originaltextes gekennzeichnet. Heidegger vollzieht eine existenziale, Voegelin eine religiöse Transformation. Beiden fällt es gleichermaßen schwer, eine politische Perspektive zu entwerfen. Während der eine den Menschen auf sich selbst zurückwirft, konfrontiert der andere ihn mit einem theophantischen Ereignis. Den Ansätzen ist gemein, daß sie jenen intersubjektiven Praxiszusammenhang suspendieren, den die praktische Philosophie des Aristoteles voraussetzt. Dies beschränkt ihren Beitrag zu einer Erneuerung der politischen Philosophie.⁵⁶

---

55 Voegelin scheint sich der Parallele bewußt gewesen zu sein; jedenfalls setzt er sich deutlich von Heidegger ab: Die Fundamentalontologie sei ein »bemerkenswerter Versuch«, jedoch »auf das schwerste gehemmt [...] durch die analytische Unzulänglichkeit seines Rückgriffs auf die klassische Philosophie« (WPR 335; vgl. DE 47).
56 Mit gutem Recht hat sich in der Forschung inzwischen die Auffassung etabliert, Voegelin sei weniger als politischer Philosoph denn als politischer Theologe anzusehen; vgl. Hans-Christof Kraus: Auf der Suche nach der verlorenen Ordnung. Theologische Spekulation als politische Philosophie bei Eric Voegelin, in: Criticón 120 (1990), 177–181; ders.: Eric Voegelin redivivus? Politische Wissenschaft als Politische Theologie, in: Criticón 146 (1995), 105–109; Henkel: Eric Voegelin zur Einführung, aaO., 10, 28, 86ff, 127ff. Allerdings scheint der Hinweis angebracht zu sein, daß die politische Philosophie der Antike keineswegs in selbiger Weise als politische Theologie bezeichnet werden kann. Trifft dies u.U. für Platon zu, so hat gerade Aristoteles die *politikē epistēmē* aus der Umklammerung einer Universalontologie gelöst, die alles Denken und Handeln auf einen göttlichen Ursprung zurückführt. Ähnliches gilt auch für die Sophisten, insbesondere Protagoras.

II.2 Leo Strauss – Naturrecht und die Politik der Philosophie

Im Werk von Leo Strauss gibt es, ähnlich wie bei Eric Voegelin, eine auffallende Bruchstelle. Zwischen 1936 und 1948 veröffentlichte er lediglich einige Aufsätze und Rezensionen, jedoch keine Monographie. Vor 1936 waren Arbeiten über Spinoza, Maimonides und Hobbes erschienen,[57] nach 1948 schrieb Strauss, von einer Ausnahme abgesehen,[58] ausschließlich über griechische Philosophen.[59] Offenbar fand in den zwölf dazwischen liegenden Jahren eine Neuorientierung statt, ein Übergang von der neuzeitlichen bzw. mittelalterlichen Philosophie zum antiken Denken. Zwar war Strauss durch seine Studien bei Jäger in Berlin und bei Heidegger in Freiburg schon früh in intensiven Kontakt mit klassischer Philosophie gekommen, seinen eigenen Weg zur Tradition fand er jedoch erst in der Auseinandersetzung mit sowohl neuzeitlicher als auch mit jüdisch-arabischer Philosophie des Mittelalters. In Strauss' Denken fließen auf diese Weise mindestens zwei heterogene Strömungen zusammen, einerseits Heideggers Dekonstruktion der Tradition, andererseits die Wiederentdeckung der Kunst des Schreibens bei den von religiöser Verfolgung bedrohten mittelalterlichen Denkern. Beide weisen in die attische Polis zurück und eröffnen einen ungewöhnlichen Zugang zu den Anfängen der politischen Philosophie.

Geht man allein nach dem Werkverzeichnis, dann scheint Aristoteles bei Strauss' Rückwendung keine große Rolle zu spielen. Die ausführlichste zusammenhängende Interpretation nimmt gerade einmal 36 Seiten ein (CM 13–49); hinzu kommen längere Passagen in verschiedenen Aufsätzen[60] sowie in Strauss' bekanntestem Werk, *Natur-*

---

57 Die Religionskritik Spinozas als Grundlage seiner Bibelwissenschaft. Untersuchungen zu Spinozas Theologisch-Politischem Traktat, Berlin 1930 (jetzt in: Leo Strauss: Gesammelte Schriften, Bd. 1: Die Religionskritik Spinozas und zugehörige Schriften, unter Mitwirkung von Wiebke Meier hg. von Heinrich Meier, 2. Aufl. Stuttgart 2001); Philosophie und Gesetz. Beiträge zum Verständnis Maimunis und seiner Vorläufer, Berlin 1935 (jetzt in: Leo Strauss: Gesammelte Schriften, Bd. 2: Philosophie und Gesetz - Frühe Schriften, unter Mitwirkung von Wiebke Meier hg. von Heinrich Meier, Stuttgart 1997); The Political Philosophy of Hobbes: Its Basis and Its Genesis, Oxford 1936 (jetzt in: Leo Strauss: Gesammelte Schriften, Bd. 3: Hobbes' politische Wissenschaft und zugehörige Schriften – Briefe, hg. von Heinrich und Wiebke Meier, Stuttgart 2001).
58 Thoughts on Machiavelli, Glencoe 1958.
59 On Tyranny: An Interpretation of Xenophon's ›Hiero‹, Glencoe 1948 (dt. Über Tyrannis. Eine Interpretation von Xenophons ›Hieron‹ mit einem Essay über Tyrannis und Weisheit von Alexandre Kojève, Neuwied 1963 – [ÜT]); Natural Right and History, Chicago 1953 (dt. Naturrecht und Geschichte, Stuttgart 1956 – [NRG]); The City and Man, Chicago 1964 – [CM]; Socrates and Aristophanes, New York 1966; Xenophon's Socratic Discourse. An Interpretation of the ›Oeconomicus‹, Ithaca 1970; Xenophon's Socrates, Ithaca 1972; The Argument and the Action of Plato's Laws, Chicago 1975; Studies in Platonic Political Philosophy, Chicago 1983 (posthum).
60 On Classical Political Philosophy (1945), in: What is Political Philosophy and Other Studies, Glencoe 1959, 78–94 – [OCPP]; On a New Interpretation of Plato's Political Philosophy (1946), in: Social Research 13 (1946), 326–367 – [NIP]; The Mutual Influence of Theology and Philosophy

recht und Geschichte (NRG 161–168). Im Mittelpunkt stehen bei allen Veröffentlichungen nach 1948 Platon und Xenophon. Dennoch ist Aristoteles geradezu omnipräsent. Strauss bezieht sich grundsätzlich auf Platon *und* Aristoteles und verweist in den Fußnoten extensiv auf den Stagiriten. Nach seiner Überzeugung repräsentieren beide »the classic form of political philosophy« (WPP 24), die er ihrer modernen Variante für weit überlegen hält. »I can only say that what Aristotle and Plato say about man and the affairs of men makes infinitely more sense to me than what the moderns have said or say.«[61] Die Frontstellung der Klassiker gegen die Modernen ebnet die Frage nach Unterschieden zwischen den beiden Griechen ein: »[...] the quarrel between the ancients and the moderns seems more fundamental to us to be than either the quarrel between Plato and Aristotle or that between Kant or Hegel« (JA 168).

Strauss hat die *querelle des anciens et des modernes* mit großem Erfolg in den Vereinigten Staaten wiederbelebt. Wie kein zweiter Universitätslehrer sammelte er einen Kreis von Schülern um sich, die »Straussians«, deren Loyalität und Einfluß mit großem Staunen betrachtet worden ist. Strauss wirkte weit über universitäre Kreise hinaus und trat mit dem Nimbus des konservativen Vordenkers in der Öffentlichkeit auf.[62] Seiner Bekanntheit in den USA korreliert jedoch eine relative Nichtwahrnehmung in seinem Heimatland. Nach dem Erscheinen von *Naturrecht und Geschichte* wurde er (wie Voegelin) als Vertreter des »normativ-ontologischen Ansatzes« in der politischen Wissenschaft eingestuft, ein Prädikat, das die Rezeption eher hemmte als förderte. Wie groß die Unkenntnis von Strauss' Schriften ist, läßt ein Aufsatz von 1988 erkennen. Der Autor stuft Leo Strauss zusammen mit Joachim Ritter als Vertreter eines »neuhumanistisch geprägten Aristotelismus« ein, »der im Bannkreis von Dilthey der Tradition der Geistesgeschichte verhaftet blieb«.[63] Diese Einschätzung reproduziert eine gewisse äußere Fassade des Denkens von Strauss, eine Gefahr, vor der auch neuere deutsche Darstellungen nicht immer gefeit sind.[64]

(1952), in: Independent Journal of Philosophy 3 (1979), 111–118 – [MITP]; Progress or Return? The Contemporary Crisis in Western Civilization (1952), in: Leo Strauss. An Introduction to Political Philosophy, hg. v. Hilail Gildin, Detroit 1989, 249–289 – [PR]; What is Political Philosophy? (1955), in: What is Political Philosophy and Other Studies, 9–55, bes. 27–40 – [WIPP]; The Liberalism of Classical Political Philosophy (1959), in: Liberalism Ancient and Modern, New York 1968, 26–64 – [LCPP]; An Epilogue (1962), in: Political Philosophy. Six Essays by Leo Strauss, hg. von Hilail Gildin, Indianapolis 1975, 99–129, bes. 102–106 – [AE]; Political Philosophy and the Crisis of Our Time (1964), in: The Post-Behavioral Era. Perspectives on Political Science, hg. von George Graham u. George Carey, New York 1972, 217–242, bes. 226–242 – [PP]; Marsilius of Padua (1963), in: History of Political Philosophy, hg. von Leo Strauss u. Joseph Cropsey, Chicago ²1972, 251–270 – [MP]; Jerusalem and Athens. Some Preliminary Reflections (1967), in: Studies in Platonic Political Philosophy, 147–173 – [JA]

61 Brief an Helmut Kuhn (ohne Datum), in: Independent Journal of Philosophy 2 (1978), 24.
62 Vgl. Ted McAllister: Revolt Against Modernity. Leo Strauss, Eric Voegelin, and the Search for a Postliberal Order, Lawrence (Kansas) 1996.
63 Riedel: Heideggers Weg zur praktischen Philosophie, aaO., 171.
64 Heinrich Meier: Die Denkbewegung von Leo Strauss. Die Geschichte der Philosophie und die Intention des Philosophen, Stuttgart 1996 vertritt die These, daß in Strauss' Werken die »hermeneutische Anstrengung«, das Verstehen früherer Denker, »fugenlos in die im eigentlichen Sinne philosophische Aktivität« übergehe (33). Auf diese Weise läßt sich zwar erklären, warum Strauss' historische Abhandlungen über andere Denker mehr als nur Kommentare sind. Um jedoch seine eigene Philosophie zu begreifen, müßte die ›Fugenlosigkeit‹ selbst hinterfragt werden, so daß die Differenzen zu den ausgelegten Texten sichtbar werden. Da Meier diese Aufgabe umgeht (41f),

Wenngleich in diesem Kapitel keine umfassende Interpretation seines Werkes geleistet werden kann, ist die Frage nach der Typik von Strauss' Rezeption und Transformation aristotelischer Philosophie doch nur im Horizont seines Grundverständnisses von politischer Philosophie zu beantworten. Deshalb sind zuerst die Voraussetzungen seines Rückgangs zum griechischen Denken herauszuarbeiten, d.h. sein an Heidegger und den mittelalterlichen Philosophen geschultes Verständnis von Tradition (Kapitel 2.1). In den beiden folgenden Abschnitten werden die Konsequenzen von Strauss' hermeneutischem Programm für seine Auslegung des Aristoteles ermittelt. Diese Frage führt zum zentralen Begriff der ›Natur‹, welcher für Strauss etwa denselben Stellenwert besitzt wie der Begriff der ›Ordnung‹ bei Voegelin. Im einzelnen werden sowohl seine Deutung der menschlichen Natur (2.2) wie auch das daraus abgeleitete Verständnis der politischen Ordnung (2.3) analysiert. Vor dem Hintergrund der so gewonnenen Ergebnisse ist dann die Frage nach Strauss' Auslegungshorizont in verschärfter Form zu wiederholen (2.4). Es soll deutlich werden, daß dieser neben Heidegger und der jüdisch-arabischen Philosophie des Mittelalters durch ein drittes, von Strauss weitgehend verschwiegenes Element präformiert ist, nämlich die Philosophie Nietzsches.

2.1 Die Politik der Philosophie

In der Auseinandersetzung mit Spinoza wurde Strauss schon 1930 mit einem Denker konfrontiert, dessen Existenz als Philosoph von religiöser Verfolgung durch die Mitmenschen bedroht war. Über Spinoza stieß Strauss auf Maimonides und dessen Vorläufer, die im Mittelalter vor demselben Problem standen: Als Philosophen gehörten sie politischen Gemeinschaften an, die ausschließlich religiösen Gesetzen gehorchten. Die wichtigsten Fragen waren immer schon beantwortet, bevor sie überhaupt gestellt werden konnten. Maimonides, Judas Halevi und Al Farabi wandten sich in dieser mißlichen Lage den griechischen Philosophen, besonders Platon, zu.[65] In Platon sahen sie nicht nur, zumindest nach Strauss' Deutung, ihre eigene Lage widergespiegelt. Vielmehr fanden sie in seinem Denken einen Weg, wie die philosophische Existenz trotz des Konflikts mit der eigenen Gemeinschaft bewahrt werden konnte. Dieser Weg führte Strauss zur *politischen* Philosophie der Antike. Er soll nachfolgend in vier Stationen aufgezeigt werden: Strauss' Auffassung vom natürlichen Konflikt zwischen dem Philosophen und den Bürgern sowie seine Entdeckung der Kunst des Schreibens (a), die

---

verschenkt er den kritischen Abstand, aus dem erst die esoterische Werkdimension erkennbar ist. Diesem Problem unterliegt auch die erste deutschsprachige Gesamtdarstellung von Clemens Kauffmann: Leo Strauss zur Einführung, Hamburg 1997. Kauffmann übernimmt den Ansatz Meiers und reproduziert über viele Seiten hinweg die äußere (exoterische) Fassade von Strauss. Nur ein Beispiel von vielen: Kauffmann beruft sich auf Al Farabis Geschichte vom frommen Asketen, die illustriere, »in welcher Weise die ›edle Lüge‹ des Philosophen gar keine Lüge« (144). Dabei verkennt er, daß Strauss diese Geschichte zur (exoterischen) Oberfläche von Farabis Text rechnet, die nur zwischen den Zeilen auf den gar nicht frommen und aufrichtigen Charakter der philosophischen Lüge verweist: »Plato was not a pious ascetic. Whereas the pious ascetic almost always says explicitly and unambiguously what he thinks, Plato almost never says explicitly and unambiguously what he thinks.« (FRP 137).
65 Vgl. die Aufsätze in Persecution and the Art of Writing, Glencoe 1952 – [PAW].

Bedeutung der politischen Wissenschaft des Aristoteles innerhalb dieses Denkrahmens (b), Strauss' Auseinandersetzung mit Heideggers und Gadamers Theorie der Hermeneutik (c) sowie die politische Dimension seines eigenen hermeneutischen Programms (d). Alle vier Schritte sind erforderlich, um die weitere inhaltliche Auslegung vorzubereiten.

(a) Politische Philosophie: Der Konflikt zwischen Philosophen und Bürgern

Politische Philosophie entsteht nach Strauss' Überzeugung als Reaktion auf die Verurteilung des Sokrates vor dem Gericht der attischen Bürger und seinen erzwungenen Tod. Sokrates war täglich auf die Agora gegangen und hatte mit den Bürgern gesprochen. In Strauss' Sicht wurde ihm zum Verhängnis, daß er zu allen gleich sprach und keinen Unterschied zwischen den Weisen und dem Pöbel machte. Seine Fragen hätten die unreflektierten Meinungen und Vorurteile bedroht, deshalb sei er zur Gefahr für die öffentliche Ordnung geworden. Sokrates habe vor der Alternative gestanden, »whether he should choose security and life, and thus conform with the false opinions and the wrong way of life of his fellow citizens, or else non-conformity and death« (PAW 16); er wählte letzteres. Seinem Schüler Platon stellte sich dieselbe Frage, jedoch fand er nach Strauss' Ansicht einen Ausweg. Platon verband äußere Konformität mit innerer Nonkonformität, er huldigte den Gesetzen und Erwartungen der Bürger, um sie doch heimlich zu hintergehen. Weil er die politische Dimension der Philosophie erkannte, sei Platon zum Begründer der politischen Philosophie geworden.

Politische Philosophie in diesem Sinne bezieht sich nicht primär auf politische Fragen und Probleme, sondern bezeichnet eine bestimmte Art und Weise, Philosophie in der Öffentlichkeit zu betreiben. Strauss unterscheidet in dieser Hinsicht zwei Aufgaben, die Rechtfertigung des Philosophen vor dem »tribunal of the political community« und »the political introduction to philosophy« (OCPP 77f), d.h. die »Anwerbung« qualifizierten Nachwuchses. Die Verteidigung der Philosophie müsse sich einer Sprache und solchen Argumenten bedienen, die ausschließlich Bürger ansprächen, ohne von philosophischer Bedeutung zu sein. »Sie besteht darin, den Regierenden der Stadt klarzumachen, daß die Philosophen keine Atheisten sind, daß sie nicht alles, was der Stadt heilig ist, entheiligen, daß sie verehren, was die Stadt verehrt, daß sie keine Umstürzler sind, kurz, keine verantwortungslosen Abenteurer, sondern gute Bürger, ja sogar die besten Bürger.« (ÜT 229). Strauss sieht dieses Programm mustergültig in den platonischen Dialogen verwirklicht, besonders in den eingestreuten Mythen. Diese interpretiert er unter Berufung auf einige Aussagen des platonischen Sokrates als »noble lies«, »pious frauds« und als »economy of the truth« (PAW 35; CM 68, 102, 114, 125).[66]

---

66 Die fraglichen Bemerkungen finden sich in der *Politeia*. Sokrates unterscheidet zwischen der »wahren Lüge« (*alēthōs pseudos*, 382a4), der Unwissenheit eines Menschen, und der »nützlichen Lüge« (*to pseudos chrēsimon*, 382d2–3). Letztere solle in der Form von Mythen als Erziehungsmittel zur Anwendung kommen, damit die Menschen die Götter ehren, untereinander Freundschaft halten und ihre Gemeinschaft tapfer verteidigen (386a–b). Jedoch seien alle (Mythen-)Dichter zu überwachen, damit sie nichts Schädliches erzählen (386c). Während die Regenten jederzeit das Recht hätten, im Interesse der Polis zu lügen (als »eine Art Heilmittel«), sollten sie alle Bürger hart bestrafen, die sie selbst belügen (389b–d; 459c–d). Als Beispiel einer solchen Lüge, erzählt Sokrates eine phönizische Geschichte, die als »edle Täuschung« (*pseudos gennaios*) tauge und dem Zweck diene,

Wenn sich die Philosophen als »gute Bürger« ausgeben, dann lügen sie in diesem »vornehmen« Sinn, weil sie ihrer »sozialen Verantwortung« nachkommen (ÜT 39; PAW 36).

Daß die Philosophen keineswegs gute Bürger sind, hängt mit ihrer zweiten Aufgabe zusammen. Der Philosoph hat nach Strauss' Verständnis ein natürliches Bedürfnis, potentielle Mitdenker heranzubilden (ÜT 224). Dazu muß er den privaten Kreis verlassen und sich unter das Volk begeben, »to lead the qualified citizens, or rather their qualified sons, from the political life to the philosophic life« (OCPP 78). Mit anderen Worten: Der Philosoph entzieht der Stadt ihren besten Nachwuchs. Er befreit einige Wenige vom »natürlichen Zauber« des bürgerlichen Daseins, den er selbst verbreitet (ÜT 227). Beide Aufgaben stellen zusammen die politische Herausforderung dar. Die nachsokratischen Philosophen kommen ihr nach, indem sie sich in einer ›Kunst des Schreibens‹ üben. Ihre Texte sprechen verschiedene Arten von Lesern an, sie kommunizieren gleichzeitig auf mehreren Ebenen. Strauss hat diese Kunst bei den jüdischen und arabischen Philosophen des Mittelalters ausgiebig studiert, als ihren Schöpfer sieht er jedoch Platon an.

Strauss unterscheidet zwischen einer »exoterischen« und einer »esoterischen« Lehre. Die exoterische Lehre wendet sich an das Volk und an die politischen Machthaber. Sie besteht in der »provisional acceptance of the accepted opinion« (PAW 17), in der vordergründigen Anpassung an die Überzeugungen der politischen Gemeinschaft. Der durchschnittliche Leser hört, was er zu hören erwartet, ohne die vom Autor beabsichtigten Dissonanzen zu vernehmen. Diese sprechen nur die kleine Zahl der »trustworthy and intelligent readers« an und enthalten den Schlüssel zur Dekodierung der esoterischen Botschaft. Wie das möglich ist, demonstriert Strauss an einem Beispiel: Angenommen, ein in einem totalitären Regime lebender Historiker hegte Sympathien für den Liberalismus. Wollte er diese äußern, so wäre das nur möglich, wenn er offiziell ein Buch gegen den Liberalismus schriebe. Dazu wäre er jedoch gezwungen, die Sache des Liberalismus erst einmal vorzustellen, bevor er sie zurückweisen könnte. Um keinen Verdacht zu erwecken, würde er sie auf eine ruhige, unspektakuläre, sogar langweilige Weise darstellen, viele Zitate und technische Ausdrücke verwenden. »Only when he reached the core of the argument would he write three or four sentences in that terse and lively style which is apt to arrest the attention of young men who love to think. That central passage would state the case of the adversaries more clearly, compellingly and mercilessly than it had ever been stated in the heyday of liberalism [...]« (PAW 24f). Daraufhin würde der empfängliche Leser den Text mit anderen Augen lesen: Die Zitate erhielten einen neuen Sinn, es offenbarten sich Widersprüche, Ungenauigkeiten und verdeckte Anspielungen. Zwischen den Zeilen leuchtete die wahre Botschaft auf.

---

die hierarchische Struktur der besten Polis zu rechtfertigen (414b–c). Danach hat der Gott den Seelen der Menschen vor ihrer Erschaffung Metalle beigemischt, die ihren Rang kennzeichnen: Eisen und Erze für die Bauern und Handwerker, Silber für die Wärter und Gold für die Regenten (414c–415d); später erklärt Sokrates den Untergang der besten Polis mit der Vermischung der Elemente (546a–547a). Die Bedeutung und Aussagekraft dieser Stellen ist umstritten; am radikalsten ist die Auslegung Poppers, der die Lüge als Instrument totalitärer Machterhaltung wertet, jedoch den literarischen Kontext (Sokrates wird förmlich gezwungen, ein Polis-Modell zu entwerfen; unter den Zuhörern ist der Sophist Thrasymachus) unterschätzt. Vgl. Die offene Gesellschaft und ihre Feinde. I: Der Zauber Platons, aaO., 191–213.

»An exoteric book contains then two teachings: a popular teaching of an edifying character, which is in the foreground; and a philosophic teach-ing concerning the most important subject, which is indicated only between the lines.« (PAW 36).

Strauss' Theorie einer exoterisch-esoterischen Schreibkunst ist streng vom philologischen Ansatz der sogenannten Tübinger Schule zu unterscheiden. Die Anhänger dieser Schule bemühen sich seit langem um die Rekonstruktion der esoterischen, d.h. für den engeren Schülerkreis gedachten Lehre Platons. Sie forschen unter der Prämisse, daß diese Lehre *nicht* den exoterischen Schriften, also den überlieferten Dialogen, entnommen werden kann. Dagegen behauptet Strauss, daß sie auf kunstvolle Weise in die Dialoge verwoben ist und von einer kongenialen Kunst des Lesens entziffert werden kann. Diese Sichtweise sprengt die übliche philologische Praxis, zwischen populären (exoterischen) und philosophischen (esoterischen) Schriften zu unterscheiden.[67] Das hat wichtige Folgen für Strauss' Auslegung der überlieferten aristotelischen Texte, die nach gewöhnlicher Sicht allesamt als esoterisch eingestuft werden.

(b) Philosophische Politik: Die politische Lehre des Aristoteles

Im bisher behandelten Sinn ist Philosophie immer dann politisch, wenn sie auf bewußte Weise unter den Bedingungen politischer Öffentlichkeit betrieben wird. Sie muß sich dabei mitnichten auf im engeren Sinne politische Fragen beziehen. Strauss betrachtet etwa Platons Ideenlehre als eine pädagogische »doctrine«, die zwar jedem Philosophen »utterly incredible« erscheinen müsse, jedoch bei jenen Wirkung zeige, die auch sonst an die göttlichen Mythen glaubten (CM 119f). Wenn Strauss Aristoteles ins Feld führt, bezieht er sich vor allem auf die *Politik*, die institutionellen und gesetzgeberischen Problemen gewidmet ist – politische Philosophie im herkömmlichen Verständnis. In Strauss' Optik unterliegt sie freilich denselben Bedingungen wie alle Philosophie in der Öffentlichkeit, wenn auch in einem eingeschränkten Sinn. Die politische Wissenschaft des Aristoteles wendet sich nicht an alle Bürger, wie die platonischen Dialoge, sondern an die erlesene Klasse der politischen Führer und Gesetzgeber. Weil die Zielgruppe qualitativ eingegrenzt ist, verschieben sich die Kommunikationsbedingungen.

---

67 Die Unterschiede zwischen Strauss und der Tübinger Schule beruhen auf einer abweichenden Auslegung des Siebten Briefs, in dem Platon mitteilt, daß er den innersten Kern seiner Lehre niemals einer Schrift anvertrauen würde (341c–d). Seine Einsichten in die höchsten Dinge ließen sich nicht angemessen schriftlich festhalten; versuchte er es dennoch, hätte er selbst den größten Schaden davon (341d). Platon fährt fort: »Aber ich halte die Wiedergabe dieser Forschungen für die Menschen für nichts Gutes, außer für ganz wenige, die imstande sind, aufgrund einer kurzen Anleitung selbst die Sache zu finden (*ei mē tisin oligois hoposoi dynatoi aneurein autoi dia smikras endeicheōs*), und von den übrigen würde es die einen in ganz ungehöriger Weise mit übel angebrachter Geringschätzung gegen die Philosophie erfüllen, die anderen mit verstiegenem und törichtem Selbstbewußtsein, als ob sie weiß wie etwas Herrliches gelernt hätten.« (341e–342a). Dieser Satz steht grammatikalisch im Optativ; die Möglichkeit der Umsetzung des Gesagten bleibt also offen. Aus Sicht der Tübinger Forscher hat Platon seine eigentliche Lehre nur im intensiven Gespräch der Akademie entwickelt, niemals aber in den veröffentlichten Dialogen. Dagegen betrachtet Strauss diese Stelle als subtilen Hinweis für jene, die »aufgrund einer kurzen Anleitung« die Sache selbst finden: »According to the Seventh Letter nothing would have prevented Plato from writing about the highest subjects in such a way as to give subtle hints to those for whom those hints would suffice, and thus not communicate anything about the highest subjects to the large majority of readers.« (NIP 350).

Wenn der Philosoph den Staatsmann anspricht, verfolgt er nach Strauss ein doppeltes Interesse, die Sicherung sowohl seiner Lebensweise als auch seines Einflusses auf das politische Geschehen. Dieses Eigeninteresse ist in gewisser Hinsicht mit dem Interesse der Allgemeinheit verbunden. Der Philosoph kann nur dann in Ruhe und Frieden leben, wenn die gesamte politische Gemeinschaft über eine gute und stabile Ordnung verfügt. Um dieses Ziel zu erreichen, muß er geeignete Bürger finden, die mit der Leitung der Staatsgeschäfte betraut werden können. Der Auswahl, Erziehung und Belehrung solcher Männer dient aus Strauss' Blickwinkel die praktische Philosophie des Aristoteles, »the original form of political science« (CM 12). Diese Aufgaben erfordern eine bestimmte Qualität des Wissens. Es muß mehr als bloße Meinung über Veränderliches, aber weniger als philosophisches Wissen über Unveränderliches sein; diesen Anspruch erfüllt nach Strauss' Überzeugung das Wissen von der Art der *phronēsis* (CM 24–26, engl. *prudence*). Politische Wissenschaft als »fully conscious form of the common sense understanding of political things« (CM 12) – in diesem Sinne sei Aristoteles der Begründer des Fachs: »as one discipline and by no means the most fundamental discipline, among a number of disciplines«. Während Platon in der »populäreren« Form des Dialogs philosophiere, wähle Aristoteles die für seine Absichten angemessenere Darstellungsweise des »treatise«, der wissenschaftlichen Abhandlung (CM 21).

Freilich meint Strauss, daß *prudence* einen doppelten Sinn besitze. Nicht nur sei das vermittelte Wissen von dieser Art, sondern auch die entsprechende Wissenschaft (CM 26f). Oder, etwas deutlicher gesagt, die Vermittlung selbst unterliegt den Bedingungen der *prudentia*, was den Aspekt der Vorsicht einschließt. Aristoteles lüftet einige Geheimnisse des politischen Lebens, jedoch längst nicht alle. Damit der Staatsmann seine Aufgabe verrichten kann, muß er bestimmte »noble lies« und »pious frauds« kennen, mit denen ein Gemeinwesen wohl zu ordnen ist. Andere Wahrheiten, die die Existenz des Staatsmannes selbst betreffen, müssen dagegen verborgen bleiben. Dieser kann seine Aufgabe nur dann mit voller Kraft verrichten, wenn er sie für das Wichtigste überhaupt hält. Tatsächlich dient er aber dem philosophischen Dasein, der höchsten Lebensweise von Menschen. Von ihr spricht Aristoteles nur zwischen den Zeilen, um jene wenigen, dazu qualifizierten Männer anzuziehen, ohne sich verdächtig zu machen. In diesem Sinne versteht Strauss die politische Philosophie des Aristoteles als exoterisch-esoterische Lehre. Zur Bekräftigung beruft er sich auf die Autorität Lessings, der noch im ausgehenden 18. Jahrhundert behauptete, daß alle antiken Philosophen die Form der »exoterischen Rede« praktizierten.[68] Jedoch sei dieses Wissen im Zuge des Wahrheitsideals der Aufklärung aus der Philologie verschwunden (ExT 65). Strauss plante eine theoretische Abhandlung zum exoterischen Charakter der aristotelischen Schriften, führte sie aber niemals aus.[69] Seine Lesart kann daher nur aus der Praxis seiner Aristoteles-Interpretationen rekonstruiert werden.

---

68 Vgl. Gotthold Ephraim Lessing: Leibniz von den ewigen Strafen, in: Werke, hg. von Petersen/von Olshausen, Bd. 21, 147.
69 Im Nachlaß Strauss' befindet sich ein entsprechender Entwurf zu *Exoteric Teaching*, in dem ein Kapitel unter der Überschrift »Aristotle's exoteric writings« verzeichnet ist (Leo Strauss Papers, Box 12, Folder 2); vgl. Meier: Denkbewegung, aaO., 15 (Anm. 4).

(c) Philosophische Hermeneutik: Strauss, Heidegger, Gadamer

Die Kunst des Schreibens erfordert eine Kunst des Lesens, damit kodierte Texte entschlüsselt werden können. Der sorgfältige Leser, als dessen Prototyp sich Strauss selbst sieht, findet die richtige Mitte zwischen dem Blick für das Detail und dem für das Ganze. Er verliert sich weder in Einzelheiten noch geht er vorschnell über sie hinweg (SMP 207). Zwischen den Zeilen liest er nur, wenn sich dadurch die Komplexität des Verstehens erhöht. Ein solcher Leser kann von sich behaupten, ein »truly exact historian« zu sein (PAW 30). »Historical understanding means to understand an earlier author exactly as he understood himself.« Der Ausdruck »historical understanding« ist etwas verwirrend. Strauss meint gerade nicht, daß ein Text in geistesgeschichtlicher Betrachtungsweise interpretiert werden soll. Kein Autor würde sich selbst jemals in einem solchen Licht verstehen. Der historisch genaue Leser soll vielmehr von seinem eigenen Wissen absehen und sich ganz auf die Perspektive des Autors einstimmen. Nur so könne er von einem Autor der Vergangenheit wirklich etwas lernen (SMP 208f).

Strauss' Gedanken über historisches Verstehen und sorgfältiges Lesen stellen eine indirekte, jedoch bewußt geführte Auseinandersetzung mit Heideggers Programm einer dekonstruktiven Hermeneutik dar. Wie der akademische Lehrer fordert er den Abbau von Verdeckungen, welche eine bestimmte Auslegungstradition angehäuft hat. Ein Text kann nicht mit den Augen der Späteren verstanden werden, er ist im Selbststudium zu entdecken. Der Zugang zum richtigen Selbststudium, zur »eigentlichen Aneignung« erfordert eigenständiges Nachdenken über die Bedingungen des Verstehens. Wirkliches Verstehen kann nur greifen, wenn die Ursache von Verdeckungen im Text selbst aufgespürt ist. Bis zu diesem Punkt besteht Einigkeit zwischen Strauss und Heidegger. Bei der Erklärung der Ursache gehen sie jedoch unterschiedliche Wege. Für Heidegger handelt es sich um eine unwillentliche, für Strauss um eine willentliche Verdeckung des Autors. Jener verweist auf den kulturell vorgeprägten und daher eingeschränkten Horizont, dieser beruft sich auf die Überlegenheit des vorsichtigen Schreibens. Während Heidegger behauptet, die gesamte philosophische Tradition habe die im Seinsverständnis der Griechen, mithin auch die von Aristoteles angelegten Verdeckungen reproduziert, geht Strauss davon aus, daß die Neuzeit sowohl die Kunst des Schreibens als auch die des Lesens verlernt habe. Mit einem Wort, für Strauss ist auch Heidegger nie zur eigentlichen Lehre des Aristoteles vorgedrungen.

Den divergenten Positionen bezüglich der Dekonstruktion entsprechen unterschiedliche Programme der Rekonstruktion, d.h. der hermeneutischen Aneignung. Strauss versucht zu zeigen, daß die Historizität eines Textes der Exoterik des Verfassers, seiner Anpassung an äußere Umstände geschuldet ist. Meinungen und Ansichten, die sich als zeitgebunden ausnehmen, enthüllen sich bei näherer Betrachtung bloß als Außenfassade der eigentlichen Lehre. Wo die Fassade durchbrochen wird, blitzt die eigentliche Wahrheit auf. Wer einen Autor versteht, wie er sich selbst verstand, hält den Schlüssel zur Wahrheit in der Hand. Dagegen besteht Rekonstruktion für Heidegger darin, einen Autor gegen ihn selbst auszuspielen, um die eigentlichen Entdeckungen gegen die uneigentlichen Verdeckungen zu rehabilitieren. In diesem Sinne gilt sein Satz, daß »die Späteren die Vorausgegangenen immer besser verstehen, als diese sich selbst verstanden haben« (GA19 11). Heidegger konnte daher davon überzeugt sein, daß er Aristoteles letzthin besser verstanden habe als dieser sich selbst. Strauss hat dieses Ansinnen, mit explizitem Verweis auf Heidegger, als »radical historicism« disqualifiziert (PRS 30–32). Mit dem »historicist insight« würden alle Früheren des Irrtums überführt, während sich der Entdecker solcher Einsicht von der allumfassenden Relativierung ausnehme.

Die Debatte über Hermeneutik führte Strauss nicht direkt mit Heidegger, sondern mit Gadamer. Strauss eröffnete sie mit einer privaten Kritik von *Wahrheit und Methode*, das er als »most important book written by a Heideggerian«, als akademische Ausarbeitung von Heideggers hermeneutischem Programm ansieht.[70] Er reibt sich besonders an Gadamers Konzept der »Horizontverschmelzung«.[71] In einem Brief schreibt er: »Still I cannot accept a theory of hermeneutics which does not bring out more emphatically the essentially ministerial element of interpretation proper which is concerned with understanding the thought as someone else meant it.«[72] Im Unterschied zu Gadamer will er den Anspruch einer Interpretation auf Objektivität nicht einfach dem produktiven Verstehen opfern. »For the infinite variety of ways in which a given text can be understood does not do away with the fact that the author of the text when writing it, understood it in one way only.« (SMP 210; vgl. WPP 68).

Gadamer antwortete auf Strauss' Kritik und dessen eigenen hermeneutischen Ansatz in einem Aufsatz, der der zweiten Auflage von *Wahrheit und Methode* im Anhang beigefügt wurde.[73] Strauss, so die Replik, unterschätze die Schwierigkeiten des Verstehens. Derer nennt er zwei: (1.) Kann ein Autor in vollem Maß verstehen, was er selbst sagt? (2.) Kann ein anderer verstehen, was der Autor gesagt hat, ohne es zuerst selbst verstanden zu haben (GW2 417)? Gadamers Antwort ist in beiden Fällen negativ. Hinsichtlich der ersten Frage verweist er auf die Geschichte philosophischer Selbstinterpretation, welche alles andere als eindeutig sei. Strauss' Rückführung von Widersprüchen auf die gezielte Strategie des Schreibens unter den Bedingungen von Verfolgung und Zensur stellt in Gadamers Augen bloß den »seltene[n] Extremfall zu einer häufigen, ja zu einer allgemeinen Normalsituation« dar, weshalb es sich um »kein eindeutiges Kriterium beim hermeneutischen Geschäft« handele. Bezüglich der zweiten Frage führt er an, daß auch Strauss' Anspruch, einen Autor so zu verstehen, wie der sich selbst verstand, nur auf der »hermeneutische[n] Basis« eines »sachlichen Einverständnisses« möglich sei, das ihn mit dem Text verbinde, ohne objektiv nachweisbar zu sein (GW2 420–422).

Gadamers Kritik wurde niemals von Strauss beantwortet, obwohl ihr persönlicher Kontakt fortdauerte.[74] Allem Anschein nach wies sie in eine Richtung, die zu thematisieren nicht in Strauss' Interesse sein konnte. Gadamers Hinweis auf die »hermeneutische Basis« seiner Interpretationen unterminierte den Nimbus des unmittelbaren »historical understanding«. Die stille Frage nach den Motiven, welche Leo Strauss' Deutungen anleiten, führt zur exoterisch-esoterischen Dimension seines eigenen Werkes.

---

70 Correspondence Concerning ›Wahrheit und Methode‹. Leo Strauss and Hans-Georg Gadamer, in: Independent Journal of Philosophy 2 (1978), 5 (Brief vom 26.2.1961).
71 Ebd., 6.
72 Ebd., 11 (Brief vom 14.5.1961).
73 Hermeneutik und Historismus, in: GW2 387–424.
74 Vgl. Gadamer on Strauss: An Interview, in: Interpretation 12 (1984), 8.

(d) Die Politik der Hermeneutik: Leo Strauss' Kunst des Kommentierens

Strauss' Theorie einer Kunst des Schreibens beruht auf zwei Voraussetzungen: (1.) Der Konflikt zwischen dem Philosophen und den Bürgern besteht von Natur aus, transzendiert also die Geschichte; (2.) es gibt »basic truths which would not be pronounced in public by any decent man« (PAW 36). Wenn beides zutrifft, steht jeder Kommentator eines kunstvoll verfaßten Textes vor demselben Problem wie dessen Autor: Enthüllt er die »basic truths«, setzt er sich der Verfolgung aus. Natürlich macht es einen Unterschied, ob jemand in der attischen Demokratie, im islamischen Gottesstaat oder in der aufgeklärten Gesellschaft der Moderne lebt; das Faktum der Verfolgung, mit welchen Mitteln auch immer, bleibt jedoch nach Strauss' Überzeugung bestehen. Aus diesem Grund erfordert die Kunst des Schreibens nicht nur eine solche des Lesens, sondern auch eine Kunst des Kommentierens. Leo Strauss war ein Meister dieser Kunst.

Strauss hat zu keiner Zeit ein systematisches Werk verfaßt. Stets legt er die Texte anderer Autoren aus. Alle Schriften gleichen pedantisch genauen Kommentaren, in denen er sich mit Vorliebe als Philologe, als »truly exact historian« ausgibt (PAW 36). Diese Lektion hat er in seinem Studium verfolgter Denker des Mittelalters gelernt.[75] Über Al Farabi schreibt Strauss: »Farabi avails himself then of the specific immunity of the commentator or of the historian in order to speak his mind concerning grave matters in his ›historical‹ works, rather than in the works in which he speaks in his own name.« (PAW 14, FP 375). Farabi prätendiert, lediglich eine Zusammenfassung der wichtigsten Gedanken Platons vorzulegen. An der Oberfläche seines Kommentars reproduziert er jene »Doktrinen« Platons, die sich mit den religiösen Erwartungen seiner Gemeinschaft vereinbaren lassen, etwa die Aussicht auf ein Leben nach dem Tod (FP 375). Zwischen den Zeilen macht er dagegen deutlich, daß nur das philosophische Leben und – mit Einschränkungen – die Politik den Menschen zum Glück führen können (FP 372, 375, 378, 381). Wie Platon gibt er verdeckte Hinweise auf die Notwendigkeit, vornehm zu lügen und »dangerous truths« nur bestimmten Ohren zuzuführen. All das gilt auch für Strauss selbst. Zwar weist er auf die Kunst des Schreibens hin, jedoch so, daß er nie »explicitly« und »unambiguously« sagt, was er bzw. ein anderer Autor wirklich denkt. »For to allude to a thought means, not indeed to explain that thought, but to intend to explain it; whether or not the intention is consummated depends decisively, not on the author, but on the reader.« (FRP 135–137).

Unter Strauss' Schülern besteht weitgehend Einigkeit darüber, daß ihr Lehrer selbst die Kunst des Schreibens praktizierte.[76] Über seine Intentionen sind sie jedoch seit

---

75 »It may be added that by transmitting the most precious knowledge, not in ›systematic‹ works, but in the guise of a historical account, Fârâbî indicates his view concerning ›originality‹ and ›individuality‹ in philosophy: what comes into sight as the ›original‹ or ›personal‹ ›contribution‹ of a philosopher is infinitely less significant than his private, and truly original and individual, understanding of the necessarily anonymous truth.« (FP 377).

76 Vgl. Victor Gourevitch: Philosophy and Politics I/II, in: Review of Metaphysics 22 (1968/69), 61–63; Nathan Tarcov: On a certain critique of ›Straussianism‹, in: Leo Strauss. Political Philosopher and Jewish Thinker, hg. von Kenneth Deutsch u. Walter Nicgorski, Lanham 1994, 265; Stewart Umphrey: Natural Right and Philosophy, in: Leo Strauss. Political Philosopher and Jewish Thinker, aaO., 290–294; Stanley Rosen: Leo Strauss and the Quarrel between the Ancients and the Moderns, in: Leo Strauss's Thought – Toward a Critical Engagement, hg. von Alan Udoff, Boulder 1991, 163–165; ders: Hermeneutics as Politics, Oxford 1987, 107–140.

dessen Tod heftig zerstritten und in zwei Lager geteilt. Eine Nicht-Schülerin hat sehr schlüssig gezeigt, daß dies durchaus im Einklang mit Strauss' Intention gewesen sein könnte.[77] Gemäß seinem Selbstverständnis habe er nicht nur zukünftige Philosophen, sondern auch »Staatsmänner« ausbilden wollen; diesen mußte er anderes erzählen als jenen – ganz so wie Aristoteles. Diese Theorie wurde von den beiden Fraktionen seiner Schüler mit Entsetzen zurückgewiesen, was die Autorin freilich vorausgesehen hatte.[78]

Im Rahmen der hier verfolgten Fragestellung ist vor allem wichtig, welche Konsequenzen Strauss' Kunst des esoterisch-exoterischen Kommentars für seine Rezeption des Aristoteles hat. Sollte er wirklich die »basic truths« des Stagiriten aufdecken, dürfte von einer Transformation keine Rede sein. Freilich könnte die Behauptung solcher Wahrheiten auch ein Schutzschild sein, mit dem Strauss seine eigene Philosophie verhüllt.[79] Oder Strauss könnte sich in der Annahme wähnen, sein »private, and truly original and individual understanding of the necessarily anonymous truth« stimme mit dem des Aristoteles überein. Alle drei Möglichkeiten schwingen in seiner Charakterisierung Al Farabis mit, die einige Kommentatoren für selbstexplikativ halten:[80] »His attitude to the historical Plato is comparable to the attitude of Plato himself to the historical Socrates, and to the attitude of the Platonic Socrates himself to, say, historical Egypt: ›With what ease dost thou, o Fârâbî, invent Platonic speeches.‹ By this very fact he reveals himself as a true Platonist. For Platonists are not concerned with the historical (accidental) truth, since they are exclusively interested in the philosophic (essential truth).« (FP 376f). Wenn Strauss' Haltung gegenüber Aristoteles (und Platon) analog verstanden werden kann, ist nicht auszuschließen, daß zwischen beider »Wahrheit« eine Differenz besteht. Der Zugang zur Wahrheit des Leo Strauss führt dann notwendig über die von ihm ausgelegten Denker. Sie eröffnet sich jedoch nicht in den behaupteten Übereinstimmungen, sondern in den produktiven Differenzen, welche Strauss beharrlich zu verwischen sucht. Als Lektüre in diesem Sinne ist die folgende Analyse zu verstehen.

---

77 Shadia B. Drury: The Political Ideas of Leo Strauss, Houndmills 1988, 188–192.
78 Ebd., 17. Drurys Sichtweise wird geteilt von Stephen Holmes: Wahrheiten für wenige. Leo Strauss und die Gefährlichkeit der Philosophie, in: Merkur 44 (1990), 554–569 und von Dietmar Herz: Der Philosoph als Verführer – Überlegungen zur Philosophie des Leo Strauss, in: Archiv für Rechts- und Sozialphilosophie 79 (1993), 544–549.
79 Diese These vertreten all jene (Schüler), die in Strauss vor allem den Skeptiker sehen, für den es überhaupt kein sicheres philosophisches Wissen gebe. Victor Gourevitch, Stanley Rosen und Steward Umphrey nehmen übereinstimmend an, daß Strauss' wahre Philosophie »zetetic«, »socratic«, »aporetic« bzw. »sisyphean« sei. Vor diesem Hintergrund erscheint jede Art von Wissen, auch das bei anderen Philosophen als »esoterisches« enthüllte, wie eine Schutzmaske, die eine Relevanz der Philosophie vortäuscht, die nur politisch, nicht aber »philosophisch« gerechtfertigt werden kann. Auf der esoterischen Ebene wäre der eloquente Gegner des Relativismus dann selbst der überzeugteste aller Relativisten gewesen. Vgl. Gourevitch: Philosophy and Politics, aaO., I: 61–64, 69, 82 und II: 283–293, 299, 304, 307, 315f, 325; Rosen: Hermeneutics as Politics, aaO., 115, 118f, 125, 134f, 138; Umphrey: Natural Right and Philosophy, aaO., 288f, 294f.
80 Meier: Leo Strauss, in: Metzler Philosophen Lexikon, aaO., 760f; Kauffmann: Leo Strauss zur Einführung, aaO., 18f.

2.2 Die Natur des Menschen

Strauss wurde einer breiteren Öffentlichkeit in und außerhalb Amerikas erst durch seine Abhandlung *Naturrecht und Geschichte* (engl. 1953, frz. 1954, ital. und dt. 1956) bekannt. In einer Zeit, die aufgrund der totalitären Erfahrungen nach überpositiven Rechtsnormen suchte, präsentierte er sich als Wiederentdecker des klassischen Naturrechts. Wer jedoch bei Strauss objektive, neutrale und allgemein zustimmungsfähige Rechtsmaßstäbe zu finden glaubte, nahm nur seine exoterische Botschaft wahr. Die esoterische Botschaft – das wahre Naturrecht – wäre, so läßt er durchblicken, »Dynamit für die bürgerliche Gesellschaft« (NRG 158). Strauss leitet den Charakter des Rechts aus einer bestimmten Sicht der menschlichen Natur ab. Nachstehend wird untersucht, auf welche Weise Strauss die Frage nach der menschlichen Natur stellt (Kap. (a)) und wie er sie beantwortet (b, c, d), jeweils unter Berücksichtigung des Bezugs zu Aristoteles.

(a) Die philosophische Frage nach der Natur des Menschen

Philosophie entstand nach Strauss' Darstellung in der Auseinandersetzung mit politischen Gemeinschaften, die das Gute mit dem Angestammten gleichsetzten. Was den Menschen als göttliches Geschick erschien, führten die Philosophen auf menschliche Autorität und Konvention zurück. Zugleich entdeckten sie einen Maßstab, der von solcher Willkür frei war: die *physis*, die natürlich Beschaffenheit einer Sache. Was für den Menschen gut sei, sollte fortan aus seiner Natur heraus verstanden werden, frei von allen gemeinschaftlichen Zwängen. Strauss betrachtet diese Entdeckung als »Verwirklichung einer menschlichen Möglichkeit [...], welche zumindest ihrer eigenen Deutung zufolge transhistorisch, transsozial, transmoralisch und transreligiös ist« (NRG 83–91).

Die Frage nach der humanen Natur impliziert die Frage nach dem Ganzen, d.h. nach der Natur von Mensch, Welt und Gott. In dieser Form könne sie jedoch vom Menschen nicht beantwortet werden, da philosophisches Wissen auf das beschränkt sei, was »the unassisted human mind« (WIPP 13, MITP 116) zu begreifen vermöge. Wissen von Gott gebe es nur durch Offenbarung, also durch »äußere Hilfe«. Im klassischen Verständnis beruhe Philosophie ausschließlich auf Sinneswahrnehmung, Überlegung und *noēsis*, wofür Strauss die Übersetzung »awareness with the mind's eye« vorschlägt. *Noēsis* in diesem Sinne ist immer an »sense perception« gebunden, also grundsätzlich von der Deutung Voegelins verschieden. »In other words, philosophy only recognizes such experiences as can be had by all men at all times in broad daylight.« (MITP 112–116). Folgerichtig kommt Strauss zu dem Schluß, die Grundlage klassischer politischer Philosophie sei »quest for cosmology rather than a solution to the cosmological problem« gewesen (WIPP 39). Wann immer er griechische Philosophie mit christlich-jüdischer Theologie konfrontiert, präsentiert Strauss diese Sicht der *theōria* als Universalaussage. Wenn er zwischen Aristoteles und Platon unterscheidet, was sehr selten der Fall ist, gibt Strauss eine andere Deutung: »Aristotle's cosmology, as distinguished from Plato's, is unqualifiedly separable from the quest for the best political order« (CM 21), d.h. sie ist *nicht* die Grundlage seiner politischen Philosophie. Wie läßt sich der Widerspruch erklären?

Strauss verabschiedet die aristotelische *Metaphysik*, sofern sie den Anspruch auf Endgültigkeit erhebt und sich auf sinnlich nicht ausweisbare Erfahrungen stützt. In diesem Sinne weist er »Aristotle's basic doctrine of the eternity of the universe« (NIP 338f) zurück, nicht als widerlegt, sondern als in den Bereich jener philosophischen Probleme gehörig, die nur mehr unendliche »Diskussion oder Disputation« zulassen (NRG 129). Wenn sie nicht die aristotelische *Politik* tangieren sollen, stellt sich die Frage, wie die Verwendung »metaphysischer« Begriffe in Pol. III.1–3 – aus dem *politēs* als *hylē* und der *politeia* als *eidos* ergibt sich die *physis* der Polis – erklärt werden kann. Für Strauss handelt es sich nicht um metaphysische Begriffe, die dem Politischen wesensfremd sind, sondern vielmehr um »empirical proposition[s]«. Aristoteles artikuliere die politische Erfahrung, daß die *politai* wesenhaft durch eine *politeia* konstituiert würden, die wiederum dem natürlichen Ziel des »preponderant part of society« entspreche, also selbst natürlich sei. »Metaphysical means the same as common sensible here.« (PP 238f; CM 45f). Aus dieser Perspektive scheint der Kategorienverwendung innerhalb der *Politik* eine erkenntnistheoretische Haltung zugrundezuliegen, die Strauss als *noēsis* auf der Basis von »sense perception« definiert. Seine Behauptung, klassische politische Philosophie beruhe auf einer »quest for cosmology«, ist in diesem Sinne zu verstehen und trifft dann auch für Aristoteles zu. Strauss' Rückführung theoretischer Kategorienbildung auf lebenspraktische Erfahrung erinnert stark an Heideggers Vorgehen in den frühen Vorlesungen. Wenn Strauss »common sensibles« gegen »doctrines«, theoretische Begriffsbildung auf empirischer Grundlage gegen metaphysische Spekulation rehabilitiert, scheint er selbst eine Dekonstruktion der aristotelischen Metaphysik zu vollziehen. Jedoch meint er mit »doctrines« meistens exoterische Lehren; aus der Optik von Strauss verstößt die Zurückweisung der »doctrine of the eternity of the universe« daher nicht zwangsläufig gegen seine Absicht, Aristoteles so zu verstehen wie er sich selbst verstand.

Wenn der Mensch sicheres Wissen allein aufgrund von Sinneswahrnehmung erreichen kann, ist die Frage nach dem Ganzen auf menschliche Verhältnisse einzuschränken. »The whole eludes us but we know parts: we possess partial knowledge of parts.« Je nach Art der Teile ist auch das Wissen verschieden. In der Mathematik sowie im gesamten Feld technischer Kenntnisse verfüge der Mensch über »knowledge of homogeneity«. Dagegen gebe es im Bereich menschlicher Angelegenheiten »knowledge of heterogeneity, and in particular of heterogeneous ends« (WIPP 39). Dieses sei jenem überlegen, weil es die Ziele des Menschen betreffe. Das richtige Verstehen dieser Stelle ist entscheidend für den Zugang zu Strauss' philosophischem Ansatz. »Knowledge of heterogeneity« meint nicht ungenaues Wissen, sondern ein genaues Wissen von den unterschiedlichen Zielen der Menschen.[81] Die Frage nach der Natur des Menschen

---

81 Das übersehen jene, die Strauss zum Skeptiker und Relativisten erklären (s.o. Anm. 22). Dieses Urteil gilt nur, insofern Strauss eine metaphysische Gesamtdeutung von Mensch, Welt und Gott ablehnt, nicht aber für den Erkenntnisbereich der »unassisted human mind«: »Philosophie ist nur dann möglich, wenn der Mensch, obschon unfähig, Weisheit oder ein volles Verständnis des Ganzen zu erwerben, doch fähig ist, ›das zu wissen, was er nicht weiß‹, d.h. wenn er die Grundprobleme und damit die grundlegenden Alternativen erfassen kann, die grundsätzlich immer dieselben bleiben.« (NRG 37). Es kann zwar keine allgemeine Aussage über die menschliche Natur geben, wohl aber ein philosophisch präzises Wissen darüber, wie sich diese Natur bzw. die Naturen aus menschlicher Perspektive ausnehmen, d.h. erfahrbar manifestieren. Das »Grundproblem« ist dann die Irreduzibilität verschiedener Naturen (Ziele) auf eine (potentielle) Natur (ein Gesamtziel), während die »grundlegenden Alternativen« in der Unterschiedlichkeit der Ziele gegeben sind. Gerade in dieser Auslegung ist die Brisanz des Denkens von Leo Strauss begründet.

erfordert nicht eine, sondern mehrere Antworten, weil die *Naturen* der Menschen, »bei Tageslicht betrachtet«, grundverschieden sind. Das ist die esoterische Botschaft des Leo Strauss.

Strauss erläutert seine Annahme unterschiedlicher natürlicher Ziele von Menschen in Anlehnung an ein erkenntnistheoretisches Modell von Aristoteles. »In der Sprache des Aristoteles könnte man sagen, daß die Beziehung der Tugend zur menschlichen Natur mit derjenigen zwischen Akt und Potenz vergleichbar ist, und daß der Akt nicht von der Potenz als Ausgangspunkt her bestimmt werden kann, sondern im Gegenteil die Potenz erkannt wird, indem man vom Akt auf sie zurückschaut.« (NRG 150). Aus diesem Modell lassen sich zwei Schlüsse ziehen. Zum einen ist es möglich, von der vollen Spannweite beobachtbarer Akte auf eine allgemeine Potenz zu schließen, die der menschlichen Natur *an sich* zueigen ist. Diese Betrachtungsweise abstrahiert von der Vielfalt der Akte und ihrer »Vollzieher«, um daraus etwas allen Gemeinsames abzuleiten. Es gibt *eine* Natur, aber viele verschiedene Aktualisierungen. Aus der empirischen Beobachtung des Konkreten wird theoretisch auf ein nicht zu beobachtendes Allgemeines geschlossen. Zum anderen kann aus der Verschiedenheit der Akte auf die Verschiedenheit ihrer Vollzieher geschlossen werden, nicht im akzidentiellen, sondern im essentiellen Sinn. Die Rede von *dem* Menschen oder *der* Natur verfehlt in diesem Fall die beobachteten Phänomene. Auf der Basis streng empirischen Vorgehens kann nur von unterschiedlichen *Naturen* gesprochen werden. Die Behauptung essenzieller Unterschiede beruht jedoch nicht auf »metaphysischer« Spekulation, sondern auf »Evidenz« und Erfahrung. In diesem zweiten Sinn ist Strauss' Theorie zu verstehen.

Strauss vermeidet es, in seinem eigenen Namen von »essential differences« zu sprechen (PP 230), sondern er schreibt diese Betrachtungsweise vornehmlich Platon und Aristoteles zu. »Da die klassischen Denker sittliche und politische Angelegenheiten im Lichte der Perfektion des Menschen sahen, waren sie keine Gleichmacher. Nicht alle Menschen sind von der Natur in gleicher Weise für den Aufstieg zur Vollkommenheit begabt, oder: nicht alle ›Naturen‹ sind ›gute Naturen‹.« (NRG 138). Aristoteles, heißt es an anderer Stelle, habe es als Faktum angesehen, »that men are by nature unequal in politically relevant aspects«, nämlich bezüglich ihrer geistigen Fähigkeiten. Strauss fügt hinzu: »This kind of natural inequality can hardly be denied.« (NRG 232). Er konfrontiert diese angeblichen Annahmen des klassischen, nicht-egalitären Liberalismus mit dem egalitären Liberalismus der Moderne. Dieser führe entweder die Gleichheit der Menschen auf eine »equality regarding breathing and digestion« zurück, was jedoch lediglich ein Ausweichmanöver darstelle. Oder er wähle eine moralische Betrachtungsweise und gelange zu dem »postulate that a God concerned with justice has created all men equal as regards their possibility of becoming good or bad«. Strauss lehnt dies mit Verweis auf die griechische Vorstellung eines Gottes ab, der seinen Geschöpfen »nichts schuldet«, auch nicht Gerechtigkeit (CM 38f). Weil die gesamte neuzeitliche politische Philosophie seit Machiavelli einer dieser beiden Versionen des Egalitarismus anhänge, wirft er ihr hauptsächlich ein Herabsetzen der »standards« vor (WIPP 46, WM 91), die Illusion, natürliche Unterschiede könnten durch Fortschritt aus der Welt geschafft werden (ÜT 236).

Es bleibt die Frage, mit welchem Recht Strauss seine Theorie der klassischen Philosophie zuweisen kann. Auf den ersten Blick scheint sie Platon am nächsten zu sein. In der *Politeia* leitet dieser aus den drei Teilen der *psychē* drei Klassen von Menschen ab. In der besten *politeia* entspricht der Nährstand dem triebhaften (*epithymētikon*), der Wehrstand dem mutigen (*thymoeides*) und der Philosophenkönig dem vernünftigen Element der *psychē* (*logistikon*, 439d–e; 440e–441a). Sokrates spricht von »drei Arten von Naturen« (*tritta genē physeōn*, 435b); freilich ist zu berücksichtigen, daß die Analogiebildung zwischen *psychē* und *polis* im Rahmen eines Gedankenexperimentes vollzogen wird. Aristoteles, der die *psychē* empirisch und theoretisch erforscht, kommt zu einem widersprüchlichen Ergebnis. Einerseits grenzt er den Menschen nach »oben« (Gestirne, göttliches Wesen) und nach »unten« (Pflanzen, Tiere) ab und gelangt zu Aussagen über eine allgemeine humane Potenz: das Vermögen des *logos*, des *nous* und des politisch geordneten Zusammenlebens. Solche universal-anthropologischen Bestimmungen finden sich in allen Schriften. Andererseits berichtet Aristoteles gerade in seiner praktischen Philosophie auch von natürlichen »Entartungen« menschlicher Wesen, von vernunftlosen Sklaven und Barbaren sowie von gottähnlichen Philosophen. Nach Strauss' Überzeugung stellt diese radikale Sicht des Menschen die eigentliche, esoterische Lehre des Aristoteles dar, die er jedoch zu politischen Zwecken durch die Rede von einer allgemeinen, perfektiblen Menschennatur abmildern mußte. Ob eine solche These plausibel ist, kann nur im genauen Vergleich beider Positionen ermittelt werden. Als Vergleichsbasis bieten sich die drei von Aristoteles beschriebenen Lebensformen des *bios apolaustikos* (Leben niederer Genüsse), *bios politikos* (bürgerliches Leben) und *bios theōrētikos* (philosophisches Leben) an; ihnen entspricht Strauss' Einteilung der Menschennaturen in die Typen des Pöbels (»the vulgar«), der Vornehmen (»the gentlemen«, »the noble«) und der Weisen (»the wise«).

(b) Der bios apolaustikos und die Natur des Pöbels

Nach Aristoteles setzen die meisten und vulgärsten Menschen (*hoi polloi kai phortikōtatoi*) das Gute mit dem Angenehmen (*hēdonē*) gleich (NE I.3, 1095b15f). Sie wählten ein geradezu sklavisches (*andropodōdeis*) Leben, welches dem eines Rindviehs vergleichbar sei (*boskēmaton bion prohairoumenoi*, b19f). Aristoteles rückt eine solche, unter den Möglichkeiten des Menschen bleibende Lebensform in die Nähe sklavischer und animalischer Existenz. Der Sklave unterscheide sich nicht von den Tieren, weil ihm das spezifisch humane Vermögen des *nous* fehle. Um dennoch daran »teilzuhaben«, müsse er sich einem Herren unterstellen und ihm gehorchen wie ein Werkzeug; für einen solchen »Menschen« sei die Sklaverei das von Natur aus Beste (Pol. I.5, 1254b15–26, a1–3; 1255b5–15). Ähnliche Aussagen finden sich über die barbarischen Völker (Pol. III.14, 1285a19–22; VII.7, 1330a25–33).

Strauss beruft sich mit Vorliebe auf diese Stellen, da sie eindeutig auf essentielle Unterschiede zwischen den Menschen hinzudeuten scheinen (CM 22f; PP 230, 232). Daß Aristoteles in seinem Entwurf der besten *politeia* vorschlägt, den Leibeigenen die Freiheit in Aussicht zu stellen (Pol. VII.10, 1330a31–33), weist er lapidar ab: »The very nature of public affairs often defeats reason.« (CM 22). Eine solche Bemerkung spricht nicht gerade dafür, daß Strauss Aristoteles so zu verstehen trachtet, wie dieser sich selbst verstand. Aristoteles läßt trotz seiner ontologischen Begründung der Sklaverei die Möglichkeit offen, daß auch Sklaven von Natur ein freies Leben führen können – ein bemerkenswerter Widerspruch. Strauss überträgt die Aussagen bezüglich der tierischen Natur des Sklaven auf die gesamte Gruppe des Pöbels (»the vulgar«). Als ihren paradigmatischen Vertreter sieht er den von Xenophon beschriebenen Tyrannen Hieron an. Hieron beurteilt sein Leben allein am Maßstab der Lust, die er als Herrscher erlangen kann (ÜT 48f, 52f). Er hält sich für einen unglücklichen Tyrannen, weil er in seinem Überfluß die Freuden des Essens und der Sexualität nicht recht schätzen kann (ÜT 61, 67). Der ihn beratende Dichter Simonides versucht Hieron Geschmack an seiner Herrschaft zu machen, indem er ihm nachweist, daß diese tatsächlich lustvoll sei (ÜT 82). Wenn er daher von guten, ehrenvollen Taten spricht, handelt es sich nach Strauss' Auslegung nicht um die Erziehung des Tyrannen zu einem besseren Menschen, sondern um »eine wohlbedachte Lektion in politischer Klugheit«. Simonides lehre Hieron nicht, wie er ein besserer Mensch werden könne, »sondern wie ein Tyrann von seinen Untertanen gesehen werden sollte« (ÜT 85). Strauss ist der festen Überzeugung, daß Menschen wie Hieron nicht erzogen werden können; sie sind von Natur aus schlecht.

Hieron praktiziert wie Thrasymachus, Glaukon und Adeimantos in der *Politeia* die Lehre des »vulgären Konventionalismus«, welche Strauss als eine Art ›Epikureismus für das Volk‹ charakterisiert. Für ihre Anhänger sei das »größte Gut oder das Angenehmste, mehr als andere zu haben und andere zu beherrschen«. Weil die politische Gemeinschaft dieses Streben durch Gesetze beschränkt, wird sie von ihnen als widernatürlich empfunden. Da sie dennoch in einer solchen Gemeinschaft leben, gehen sie zur »klugen Ausbeutung« über, indem sie den Anschein der Gerechtigkeit wahren, nur um die Mitmenschen möglichst hinterhältig zu betrügen. Die Erfolgreichsten von ihnen stellen die natürliche Elite des Pöbels; in einer Tyrannis können sie es, wie Hieron, zu höchster politischer Macht bringen (NRG 117–119). Damit solche Menschen das innere Gleichgewicht der Polis nicht zerrütten, schlägt Strauss zwei Maßnahmen vor, um sie zur Tugend zu zwingen: vornehme Lügen und harte Gesetze (vgl. NRG 111). Von beiden nimmt er an, sie stimmten mit den Überzeugungen des Aristoteles überein.

In Met. XII.8 hebt Aristoteles sein philosophisches Gottesbild von den aus archaischer Zeit überlieferten Mythen ab (1074b1–14). Daß die Gestirne Götter seien und das Göttliche die ganze Natur umfasse, läßt er gelten. Alle angenommenen Ähnlichkeiten zwischen Göttern und Menschen weist er jedoch zurück. Sie seien in sagenhafter Weise (*mythikōs*) hinzugefügt worden, weil es zur Überredung der Menge, zur Durchsetzung der Gesetze und zum allgemeinen Nutzen nötig gewesen sei (*pros tēn peithō tōn pollōn kai pros tēn eis tous nomos kai to sympheron chrēsin*, b3–5). Strauss bezieht diese Bemerkung auf eine Passage in Pol. II.8, in der Aristoteles darauf verweist, daß das Gesetz sich vor allem durch Gewohnheit (*ethos*) Macht verschaffe, weshalb häufige Gesetzesänderungen schädlich seien (1269a20–24). Strauss schließt: »The law, the most important instrument for the moral education of ›the many‹, must then be supported by ancestral opinions, by myths – for instance, by myths which speak of the gods as if they were human beings – or by a civil theology.« (CM 22). Diese Folgerung ist nur unter der Voraussetzung möglich, daß Aristoteles in den erwähnten Stellen etwas anderes meint, als er sagt. Was er sagt, besitzt lediglich beschreibenden Status; Strauss jedoch erkennt darin einen Hinweis für den klugen Staatsmann.

Freilich geht Strauss davon aus, daß Aristoteles der Überredungskraft nur eingeschränkten Wert beimißt. Den Übergang von der *Nikomachischen Ethik* zur *Politik* erklärt er mit der Einsicht des Verfassers in »the insufficiency of persuasion for the guidance of ›the many‹ and the necessity of laws with teeth in them« (CM 23). Weil Aristoteles von der Schlechtigkeit und Minderwertigkeit des Pöbels überzeugt gewesen sei, soll er mit der *Politik* ein Lehrbuch für erfolgreiche *law and order*-Politik vorgelegt haben. Auch hier ist ein prüfender Blick in den Text angebracht. In NE X.10 erklärt der Verfasser, daß die vorangegangene Abhandlung wohl nur bei wenigen jungen Leuten von freiem Wesen (*tōn neōn tous eleutherious*) Gehör finden würde, nicht jedoch bei der Mehrzahl der Menschen (1179b6–10). Aus diesem Grund sei es erforderlich, ein Gemeinwesen nach guten Gesetzen einzurichten. Diese betreffen ein zweifaches, Verbote und Strafen (1180b3–6) einerseits, politische Vorsorge zur sittlichen Erziehung und geistigen Bildung andererseits (b15–30). Strauss unterschlägt den zweiten Punkt, der Aristoteles allem Anschein nach wichtiger als der erste ist. Was der Gesetzgeber in staatlichen Bildungseinrichtungen lehren soll, ist nämlich Gegenstand der *Nikomachischen Ethik*. Um Strafen geht es darin nur im Zusammenhang mit der Gerechtigkeit, die Aristoteles vornehmlich als *aretē* behandelt. Die *Politik* behandelt daher weniger die Einrichtung von »laws with teeth in them«, als vielmehr solche Gesetze, die freiwillig befolgt werden, weil wohlerzogene Bürger sie als gut und rechtmäßig anerkennen.

Wenn Strauss den Aspekt der Erziehung verschweigt bzw. auf die Verbreitung von vornehmen Lügen beschränkt, ist das die logische Konsequenz seiner Sicht der Natur des Pöbels. Wenn dieser in fundamentaler Weise minderwertig ist, kann auch Erziehung nichts ausrichten. Der Staat muß »the vulgar« so behandeln, wie Aristoteles es für Sklaven vorschlägt: Er läßt sie an der Vernunft teilhaben, indem er ihnen Befehle erteilt. Strauss scheint jedoch zu verkennen, daß Aristoteles den *bios apolaustikos* als eine *gewählte* Lebensform ausweist (NE I.3, 1095b20). Wählen kann nur, wer eine Auswahl hat, d.h. wer aufgrund seiner natürlichen Potenz zu einer höheren Lebensweise tauglich ist. Wenn Aristoteles auch einräumt, daß einige Menschen wegen natürlicher Schlechtigkeit (*mochtēras physeis*, NE VII.6, 1148b19) oder schwerer Krankheit ein tierisches Wesen besitzen (*thēriodeis*, b20), so macht er doch hinreichend deutlich, daß es sich dabei um extreme Ausnahmen und nicht um die Regel handelt (1149a15–20). Von ihnen abgesehen, sei die *eudaimonia* ein Gemeingut für viele (*polukoinon*), weil die *aretē* durch Lernen und Üben (*mathēseōs kai epimeleias*) erworben werden könne (NE I.10, 1099b17–19). Sollte dieser Satz, der das ganze Programm der *Nikomachischen Ethik* zusammenzufassen scheint, wirklich nur eine vornehme, exoterische Lüge sein?

(c) Der bios politikos und die Natur der Vornehmen

Die Lebensweise des Bürgers steht im Mittelpunkt der *Nikomachischen Ethik*. Der *bios apolaustikos* wird nur am Rande behandelt, als negative Kontrastfolie, vor der das guter Praxis gewidmete Leben um so strahlender erscheint. Aus diesem Grund könnte man die Schrift durchaus als Werbung oder Verteidigung des *bios politikos* auffassen. ›Politisch‹ oder ›bürgerlich‹ meint im Kontext der antiken Polis ein Leben, das vornehmlich mit öffentlichen Angelegenheiten befaßt ist, also die Teilnahme an den Institutionen der Polis erfordert. Aristoteles bezeichnet als Ziel (*telos*) des *bios politikos* die *aretē*, nicht jedoch die Ehre (*timē*). Feine Männer (*hoi charientes*) und Männer des Handelns (*praktikoi*) strebten die Ehre nur an, um sich ihrer eigenen Güte (*heautous agathous*) zu versichern (NE I.3, 1095b29–31).

Auch Strauss findet viele lobende Worte für diese Lebensweise, besonders, wenn er sie mit dem modernen Anspruch auf »comfortable self-preservation« (LER 20f, CM 4) vergleicht. Gerne erinnert er an »quality, excellence, or virtue« (LCPP 64), an das »good or noble life (CM 25). Wenn Strauss vom *bios politikos* spricht, verwendet er die Ausdrücke »the noble« oder »the gentlemen«, was am besten mit ›die Vornehmen‹ zu übersetzen ist. Unter Berufung auf die *Nikomachische Ethik* charakterisiert er sie als Menschen, deren einzelne Vorzüge unter den beiden Generaltugenden der Gerechtigkeit (*dikaiosynē*) und der »magnanimity« (*megalopsychia*, dt. Großgesinntheit, Hochsinnigkeit) zusammengefaßt werden könnten. Während die Gerechtigkeit den rechten Verkehr zwischen Menschen betreffe, beziehe sich die Hochsinnigkeit auf die Perfektionierung des einzelnen Charakters. Strauss hebt besonders hervor, daß Hochsinnigkeit ein entsprechendes »economic underpinning« erfordere und »a man's conviction of his own worth« voraussetze, weshalb er auch von »noble pride« spricht (PR 276f). Da er keine Zitatstellen anführt, ist die Bezugsgrundlage für diese Äußerungen unklar. Das ist wichtig, weil Aristoteles *megalopsychia* in einem anderen Sinn verwendet, als er es vom Common Sense der Polis annimmt. In NE IV.7 referiert er die Ansichten seiner Mitbürger, welche Hochsinnigkeit allein mit dem Besitz äußerer Güter – Ehre, Reichtum, Macht – in Verbindung bringen. Im folgenden Kapitel leitet er dann mit der Bemerkung, in Wahrheit gebühre allein dem Guten die Ehre (*kat' alētheian d' ho agathos monos timēteos*, 1124a25), zu seiner eigenen Bestimmung über. Diese zeichnet sich dadurch aus, daß sie die Aspekte der Bescheidenheit, Hilfsbereitschaft und Bedächtigkeit hervorhebt, also die inneren gegenüber den äußeren Gütern aufwertet. Strauss scheint diese nicht unwichtige Bedeutungsverschiebung zu »überlesen«, was bei einem so genauen Leser verdächtig stimmen muß.

Ein Blick auf Aussagen an anderer Stelle erhärtet den Verdacht. Der Vornehme sei ein »man of leisure«, weshalb Bildung im antiken Sinne auch »the preserve of a certain kind of wealthy people« sei (LER 11, vgl. NRG 146f). Ihre Auffassung von Gerechtigkeit faßt Strauss in einem Bild zusammen, das er mit voller Zustimmung ausmalt: »But only on the ground of a narrow conception of justice, owing its evidence to the power of the ignoble passion of envy, must one prefer a flat building which is equally drab to a structure which from a broad base of drabness rises to a narrow plateau of distinction and of grace and therefore gives some grace and some distinction to its very base.« (LER 12). Davon abgesehen, daß Strauss an dieser Stelle vor allem seine eigene Meinung wiedergibt, kann es durchaus sein, daß diese Aussage auch das Selbstverständnis der attischen Oberschicht trifft. Jedoch zeigt Aristoteles' Behandlung der *megalopsychia*, daß dieses keineswegs mit seinem eigenen identisch sein muß. Zwar spielt auch für Aristoteles Besitz eine wichtige Rolle, jedoch mit zwei qualifizierenden Einschränkungen: (1.) der Hochsinnige zeichnet sich durch Großzügigkeit aus, indem er Wenigerbemittelte reichlich unterstützt (NE IV.8, 1124b9–18) und grundsätzlich eher gibt als nimmt (NE IV.1, 1120a10f); (2.) äußere Güter sind weniger wichtig als innere Güter. Vor diesem Hintergrund trifft das von Strauss gegebene Bild nicht die Typik des aristotelischen Verständnisses von Ethik.

Daß Strauss die inneren Güter – *philia*, *hēdonē*, *eudaimonia* – im Zusammenhang mit den Vornehmen nur am Rande erwähnt, ist kein Zufall. Er geht schließlich davon aus, daß alle diesbezüglichen Äußerungen des Aristoteles Teil seiner exoterischen Lehre sind, die der Ausbildung von Staatsmännern dient. Damit diese ihre Aufgabe mit vollem Elan verrichten, müssen sie annehmen, daß ihre *aretē* im Dienst der Polis steht, bzw. daß die Stadt zur Praxis der *aretē* dient. Sie bewegen sich ausschließlich in der politischen Sphäre, weshalb ihr Selbstverständnis beschränkt sei (CM 25–27). »Sie unterscheiden sich von den Weisen durch ihre vornehme Verachtung der Präzision und durch ihre Weigerung, von gewissen Aspekten des Lebens Kenntnis zu nehmen.« (NRG 146). Strauss spielt auf das philosophische Leben an, die eigentliche Vollendung menschlicher Natur. Aus der Sicht des Philosophen ist das Dasein des Staatsmannes »in the service of noble leisure«, worunter er nicht »poetry and other imitative arts« sondern seine eigene Lebensform, den *bios theōrētikos*, versteht. Hochsinnigkeit ist dann kein Ziel an sich, sondern »praiseworthy because the city needs men who are born to command and who know that they are born to command«. »He [Aristotle] articulates for his addressees the unwritten *nomos* which was the limit of their vision while he himself stands above that limit.« Auf diese Weise kläre und verbessere er das Verständnis des Common Sense, wodurch der Staatsmann mit Philosophie »affiziert« und in der Folge zum »enlightened statesman« werde (CM 27f). Mit anderen Worten: Aristoteles erleuchtet den Vornehmen so weit, daß er, ohne Verdacht zu schöpfen, nicht in seinem eigenen, sondern im Sinne des Aristoteles handelt. Er spielt ihm vor, daß seine *aretai* die wichtigsten seien und zum höchsten Glück führten, um dann selbst in Ruhe danach streben zu können. »The best life is the life devoted to understanding or contemplation as distinguished from the practical or political life. Therefore practical wisdom is lower in rank than theoretical wisdom which is concerned with the divine things or the *kosmos*, and <u>subservient</u> to it [...]« (CM 25 – Hervorhebung T. G.).

Erziehung ist nach dieser Auslegung also die spezifische Kunst des Philosophen. Es geht darum, den Staatsmann so auf die Führung des Gemeinwesens vorzubereiten, daß die Überlegenheit und Unabhängigkeit des Denkers gewahrt bleibt. Sittliche Trefflichkeit stellt kein an sich wählenswertes Gut dar, sondern wird erst durch Überredung als ein solches empfunden. Die *eudaimonia* der Vornehmen beruht letzthin auf der Suggestion des Weisen. Diese Deutung des *bios politikos* führt direkt zu Strauss' Interpretation des *bios theōrētikos*. Ihre nähere Typik sei daher im folgenden Abschnitt näher bestimmt.

(d) Der bios theōrētikos und die Natur der Weisen

Aristoteles behandelt den *bios theōrētikos* in der *Nikomachischen Ethik* erst ganz zum Schluß. Die drei Kapitel (NE X.7–9) scheinen die gesamte vorangegangene Untersuchung auf den Kopf zu stellen: Nicht das politische, sondern das philosophische Leben stellt sich als das wahre Glück des Menschen heraus. Aristoteles weist nach, daß dieses jenem in puncto Stetigkeit, Autarkie und Muße überlegen ist. Es verspricht göttliche Erfüllung im Unterschied zu bloß menschlichem Glück. Jedoch beläßt er es nicht bei diesem krassen Gegensatz. Das betrachtende Leben sei nur möglich, sofern dem Menschen ein göttliches Element innewohne (NE X.7, 1177b26–28). Da er aber einen Körper besitze und mit anderen in einer Gemeinschaft lebe, müsse er die sittlichen *aretai* kultivieren (NE X.8, 1178a19–22; b5–7). Sofern das Gemeinwesen nicht in rechter Ordnung sei, habe der Philosoph darüber hinaus die Aufgabe, Verbesserungsvorschläge auszuarbeiten (NE X.10).

Strauss drückt den von Aristoteles beschriebenen Sachverhalt in der Formel aus, der Philosoph habe zwei natürliche Ziele, das soziale Leben und die Philosophie, sein eigentliches Ziel (CM 27). Sofern er letzteres verfolge, führe er ein zurückgezogenes Leben am Rande der Gesellschaft (NRG 117). »Das selbstische oder Klasseninteresse der

Philosophen besteht darin, daß man sie allein läßt und ihnen erlaubt, das Leben der Gesegneten auf Erden zu führen, indem sie sich der Erforschung der wichtigsten Dinge widmen.« (NRG 148). Weil dieses Gut, das höchste Gut des Menschen, nicht mit dem Gut der Stadt identisch sei, gehöre der Philosoph eigentlich gar nicht zum Gemeinwesen dazu (MP 254, ÜT 135f). Seinem leidenschaftlichen Streben nach Wahrheit enthüllten sich »alle menschlichen Dinge als armselig und ephemer«. Diese »radikale Entwertung des Menschen und aller Menschen« bringt es nach Strauss mit sich, daß der Philosoph außerhalb seiner natürlichen sozialen Beziehungen (Familie) lebt (ÜT 134, 220–223). Dennoch komme er nicht ohne Freunde aus, was Strauss in einem doppelten Sinn versteht. Zum einen wünscht er sich echte Freunde, d.h. tatsächliche oder potentielle Philosophen (ÜT 217f, 224); *zōon politikon* bedeutet in diesem engeren Sinn die Fähigkeit zur »union in pure thought« (CM 17). Zum anderen braucht der Philosoph nützliche Freunde, weil er auch ein *zōon politikon* im weiteren Sinne ist. »Der Philosoph kann sein Leben nicht seiner eigenen Arbeit widmen, wenn andere nicht bereit sind, seinen Hunger zu stillen.« Aus diesem Grund wird er *politischer* Philosoph und berät seine Stadt oder ihre Herrscher. Die Beratung aber steht im Zeichen vornehmer Lügen. Dem Pöbel erzählt er von göttlichen Strafen und einem Leben nach dem Tode; in Strauss' vornehmer Diktion heißt das, daß er seinen Mitmenschen »die Übel erleichtert, die in der menschlichen Existenz beschlossen sind« (ÜT 222f). Den Staatsmännern oder Herrschern erzählt er vom Nutzen solcher Mythen, von harten Gesetzen und von ihrer eigenen Größe. So kommt der Philosoph seiner »sozialen Verantwortung« nach.

In Strauss' Auslegung gleicht der Philosoph beinahe dem aristotelischen Gott: »Man is not his image: man is much lower in rank than other parts of the world. For Aristotle it is almost a blasphemy to ascribe justice to his god; he is above justice as well as injustice.« (JA 165). Wie der Gott steht der Philosoph qua Philosoph jenseits aller bloß menschlichen *aretai*: »[...] one must start from the facts that according to him [Aristotle] the highest end of man by nature is theoretical understanding or philosophy and this perfection does not require moral virtue as moral virtue, i.e. just and noble deeds as choiceworthy for their own sake«. Strauss hat sich diese angeblich von Aristoteles stammende Ansicht zueigen gemacht, wie ein Brief an Karl Löwith belegt. Für den Philosophen, schreibt Strauss, sei Sittlichkeit (im Original in Anführungszeichen) nicht mehr als »ein bewundernswertes Geheimnis«, wie überhaupt »moralisch-politische Erwägungen notwendig sekundär« sein müßten.[82] Sekundär heißt, daß sie nur insofern in den Blick kommen, als der Denker stets zu überlegen habe, »how he can secure the conditions for his philosophizing here and now«. Um in der Öffentlichkeit kein Aufsehen zu erregen, sei er daher gezwungen, tugendhaftes Verhalten vorzutäuschen. Seine *aretai* sind »actions resembling moral actions proper, but the actions in question are intended by the philosopher as mere means toward his end« (CM 26f). Der Philosoph steht so weit über den andereren Menschen, daß er die *aretai* nur zur Täuschung, keineswegs jedoch zur Selbstbeherrschung braucht. Erziehung kann für ihn oder für zukünftige Denker nur Erziehung zur Philosophie einerseits, zur vornehmen Lüge ande-

---

82 Correspondence Concerning Modernity. Karl Löwith and Leo Strauss, in: Independent Journal of Philosophy 4 (1983), 113 (Brief vom 20.8.1946).

rerseits sein. Solche Ausnahmemenschen gibt es freilich nur selten, sie zählen zur »small minority of those who have good natures« (PR 261). Nur sie können sich allein den dianoetischen *aretai* widmen, während die »bloßen« Menschen für die sittlichen *aretai* »zuständig« sind. Strauss hat seine Annahme essentieller Unterschiede zwischen den Menschen bis zu ihrer extremsten Möglichkeit entfaltet. Damit ist der Punkt erreicht, von dem aus der Abstand zu Aristoteles vermessen werden kann.

Die von Strauss vorgelegte Deutung des Verhältnisses von *bios theōrētikos* und *bios praktikos* läuft auf die Externalisierung bzw. Personalisierung der Elemente der *psychē* hinaus. Der Philosoph verkörpert den *nous*, während der Staatsmann bzw. Bürger auf die *orexis* beschränkt bleibt. Die hierarchische Struktur wird durch die *phronēsis* gesichert, die praktische Vernunft des Philosophen, welche den Staatsmann anleitet, ohne daß er dies merkt. Im Unterschied zu dieser Auslegung wählt Aristoteles eine integrale Betrachtungsweise der *psychē*. In NE VI.13, dem letzten Kapitel dieses Buches, stellt Aristoteles die Frage, wozu *sophia* und *phronēsis* denn eigentlich nützlich seien (1143b17f), nicht in erkenntnistheoretischer, sondern in lebenspraktischer Hinsicht. Die Beantwortung geht von zwei Aporien aus: (1.) Die *sophia* betrachte nichts von dem, woraus dem Menschen das Glück erwachse, dennoch gelte sie als der *phronēsis* übergeordnet. (2.) Die *phronēsis*, das Wissen von der sittlichen Trefflichkeit, wäre für die charakterlich festen Menschen nicht erforderlich; für die Unsteten würde es ausreichen, sie unterstellten sich der Leitung der ersteren. Auf die erste Aporie antwortet Aristoteles, daß *sophia* und *phronēsis* an sich wählenswert seien, weil sie die Vollendung je eines Teils der *psychē* darstellten (1144a1–3). Daher sei die *sophia* Teil (*meros*) der ganzen Trefflichkeit des Menschen (*tēs holēs aretēs*), mithin seiner *eudaimonia* (a5f). Aristoteles vergleicht die *sophia* mit der Gesundheit (*hygieia*, a4), ein Bild, auf das er im letzten Abschnitt des Kapitels zurückkommt. Die *phronēsis*, so heißt es dort, diene der *sophia* wie die Heilkunst (*hiatrikē*) der Gesundheit (1145a6–11). Somit ist die *phronēsis* nicht nur für die sittliche Trefflichkeit und das gute Handeln zuständig, sondern auch die *conditio sine qua non* der *sophia*. Nur der charakterlich feste Mensch kann auch geistig voll gesund sein.

Aristoteles erläutert diese Einsicht in seiner Antwort auf die zweite Aporie. Er unterscheidet zwischen echter und unechter Trefflichkeit, wobei letztere auf Unwissenheit, Zwang (1144a11–22) oder Gerissenheit (*panourgia*, a27) beruhen kann. Das Ergebnis, treffliches Handeln, ist in allen Fällen dasselbe, nicht jedoch sein Ursprung. Aristoteles will beides – Akt und Potenz, Handlung und Motivation – nicht isoliert voneinander betrachten. Eine gelungene Handlung ist noch keine gute Handlung. Gerissenheit gehe auf »intellektuelle Gewandtheit« (*kalousi deinotēta*, a23f) zurück, die jedoch nicht mit *phronēsis* identisch sei (a28f). Wer die *phronēsis* nicht in sich selbst ausbildet, läuft somit Gefahr, sich Menschen zu unterstellen, deren Ziele nur scheinbar im Dienst der Sittlichkeit stehen. Es scheint, als antwortete Aristoteles direkt auf Strauss' Auslegung, widerlegt er doch eben jene Thesen, welche der moderne Interpret in seiner Abhandlung erkannt haben will. Freilich bliebe diesem die Möglichkeit, alle zitierten Stellen zur exoterischen Lehre des Aristoteles zu rechnen. Dann müßten jedoch zwei Bedingungen erfüllt sein. Erstens erfordert die Kunst des Schreibens, daß der Verfasser zwischen den Zeilen Hinweise auf seine wahre Intention gibt, d.h. sich offensichtlich widerspricht, falsche Angaben macht, auf die Notwendigkeit des Lügens anspielt und ähnliches. Solche Signale sind jedoch nicht zu erkennen. Zweitens erfordert die Kunst des Lesens, daß die Komplexität einer Textaussage durch die Unterscheidung mehrerer Kommunikationsebenen steigt. Da Strauss aber mögliche Einwände zu seiner Auslegung gar nicht diskutiert, glättet er den Text eher, als daß er seine Nuancen ausschöpfte.[83]

Die von Strauss vollzogene Interpretation der politischen Philosophie des Aristoteles kann nur als *Transformation* adäquat verstanden werden. Ihr liegt eine bestimmte Deutung der menschlichen Natur zugrunde, welche im aristotelischen Text zwar Ansätze findet (ontologische Begründung der Sklaverei, Minderwertigkeit barbarischer Völker, bestialische Natur bestimmter Menschen), diese jedoch in eine Richtung entwickelt, die die Textbasis eindeutig verläßt (Personalisierung der Teile der *psychē*). Strauss setzt bei inhärenten Widersprüchen an, um diese in der produktiven Überschreitung des Textes durch Einführung einer doppelten Kommunikationsebene aufzulösen. Insgesamt kann sein Zugriff als *naturalistische Transformation* bezeichnet werden. Unter ›naturalistisch‹ ist die These zu verstehen, daß aus der Vielfalt beobachtbarer humaner Realisationsweisen auf essentiell verschiedene, menschliche Naturen zu schließen sei, die eine natürliche Rangordnung bilden.[84] Im nächsten Kapitel ist zu untersuchen, welche Auswirkungen diese These auf Strauss' Auslegung der aristotelischen Staatsformen- und Rechtslehre hat.

2.3 Die Natur der politischen Ordnung

Unter philosophischem Wissen versteht Strauss die »Bewußtheit der Grundprobleme und damit der grundlegenden Alternativen zu ihrer Lösung, die schon ebensolange bestehen wie das Denken der Menschen« (NRG 35). Wenn sich die menschliche Natur nicht ändert, worauf hinzuweisen Leo Strauss nie müde wird, dann besteht *das* Grundproblem jeder Gesellschaft in den essentiellen Unterschieden zwischen den Menschen. Ein jeder will die politische Macht, ob er zum Pöbel, zu den Vornehmen oder zu den Weisen gehört. Das Naturrecht, wie Strauss es versteht, liefert den Maßstab, um über

---

83 Vgl. die Kritik von James V. Schall: A Latitude for Statesmanship? Strauss on St. Thomas, in: Leo Strauss. Political Philosopher and Jewish Thinker, aaO., 211–230: »And when it is suggested that intellectual perfection does not require moral virtue, as Strauss intimated to be the view of Aristotle, certain cautions must be put in place.« (221). Jedoch gibt Schall die Vorsicht auf, wenn er Strauss' Forderung nach »moderation« als Einsicht in die Notwendigkeit sittlicher Tugend für philosophische Praxis wertet (227). »Moderation« bei Strauss ist nicht *sophrosynē*, sondern ein dianoetischer Vorzug, der gewährleistet, daß »basic truths« nur den entsprechenden Ohren zugeführt werden.
84 Der Begriff »naturalistisch« wird im vollen Bewußtsein dessen verwandt, daß Popper in seiner Platon-Kritik von (biologischem) »Naturalismus« spricht, um exakt dasselbe Phänomen zu beschreiben: die »Rechtfertigung der natürlichen Vorrechte der ›Vornehmen‹ oder ›Auserwählten‹ oder ›Weisen‹« (Die offene Gesellschaft, aaO., 110, vgl. 109–117). Platons Idee des Menschen sei das »aristokratische Ideal eines stolzen Übergriechen; und darauf beruht der Glauben – nicht an die Brüderlichkeit der Menschen – sondern an eine Hierarchie der aristokratischen und der sklavischen ›Naturen‹, deren Rangordnung von ihrer größeren oder geringeren Ähnlichkeit mit dem Original bedingt ist, mit dem Urvater der menschlichen Rasse« (aaO., Anm. 3). Wenn im folgenden von »naturalistischer Transformation« gesprochen wird, bezieht sich dies auf Strauss' Deutung des Aristoteles und stellt keinen Beleg für die Richtigkeit oder Falschheit von Poppers These dar. Strauss' Deutung Platons wirft ein Problem auf, das im Rahmen dieser Arbeit nicht behandelt werden kann.

den Vorrang zu entscheiden. Die Frage lautet: Wer hat von Natur aus das Recht zu herrschen? Für Strauss ist diese Frage identisch mit der nach der besten *politeia* in der klassischen politischen Wissenschaft (NRG 140). Die Antwort darauf sagt jedoch noch nichts über die Möglichkeiten ihrer Verwirklichung aus. Deshalb betrachtet er wie sein »Vorbild« Aristoteles auch das jeweils bestehende Regime und die unter diesen Bedingungen best*mögliche* politische Ordnung. Alle drei Modelle, die grundlegenden Lösungsalternativen, sind nachfolgend im Blick auf Strauss' Lesart näher zu analysieren.

(a) Die aristē politeia: Herrschaft der Weisen

Strauss geht davon aus, daß zwischen Platon und Aristoteles hinsichtlich des besten Regimes keine Differenzen bestünden, weil beide dieselbe Vorstellung von der menschlichen Natur hätten. Das beste Regime sei dasjenige, in dem die Besten regierten, d.h. die Weisen. »Tatsächlich schien den klassischen Denkern die Weisheit als der der Natur gemäße höchste Rechtsanspruch auf die Herrschaft. Es wäre absurd, den freien Fluß der Weisheit durch irgendwelche Vorschriften zu behindern. Daher muß die Herrschaft der Weisen eine absolute Herrschaft sein.« Das, so gibt Strauss zu verstehen, sei die eigentliche Bedeutung von Aristokratie (NRG 145). Innerhalb der überlieferten Staatsformenlehre steht die absolute Herrschaft freilich der Tyrannis näher. Diesen Zusammenhang hat Strauss selbst gesehen und in seiner Interpretation des *Hieron* thematisiert.

Er betrachtet den Dialog als Lehrstück, wie aus der schlechten Tyrannis des vulgären Hieron eine »wohltätige Tyrannis« (ÜT 101) werden könne, welche den »höchsten politischen Ansprüchen genügen kann« (ÜT 94). »Die absolute Herrschaft eines Mannes, der weiß, was Herrschen bedeutet, der ein geborener Herrscher ist, ist sogar besser als die Herrschaft der Gesetze, da ja der gute Herrscher ein ›sehendes Gesetz‹ ist.« (ÜT 100). Dieser Mann sei der Weise Simonides, der als einziger die »Kunst der Tyrannis« beherrsche (ÜT 90, 102) und daher zu Recht von Hieron gefürchtet werde (ÜT 57). Diese (esoterische) Botschaft des Xenophon findet Strauss' uneingeschränkte Zustimmung. Im Essay-Dialog mit Alexandre Kojève schreibt er über den russisch-französischen Hegel-Anhänger: »Da er [Kojève] ein Philosoph ist, weiß er, daß der Philosoph im Prinzip besser zur Herrschaft taugt als andere Menschen [...]« (ÜT 207). – Da Aristoteles ein Philosoph war, wußte auch er von dieser »basic truth«?

Strauss verweist zum Beleg auf die in Pol. III.13–18 geführte Diskussion über die Frage, wer in einem Gemeinwesen ein politisches Amt ausüben dürfe. Aristoteles führt als Maßstab die *aretē* an und überprüft dann die Konsequenzen für verschiedene Staatsformen. Auf diese Weise gelangt er zu folgendem Gedankenspiel: Angenommen, es gebe in einer Polis einen oder wenige, die an *aretē* und politischer Fähigkeit (*politikēn dynamin*) besser wären als alle anderen zusammen, dann dürften diese nicht als bloße Teile des Gemeinwesens behandelt werden, die sich nach den Gesetzen der anderen zu richten hätten (Pol. III.13, 1284a3–10). Vielmehr wäre ein solcher Mann wie ein Gott unter den Menschen (*theon en anthrōpois*) anzusehen, für den es kein Gesetz geben könne, weil er selbst das Gesetz sei (a10–15). Er müßte König auf Lebenszeit sein, dem die Untertanen ob seiner Tüchtigkeit freiwillig gehorchten (b32–34). Nach Strauss' Darstellung verrät Aristoteles an dieser Stelle seine wahre Botschaft. »He is the man of the highest self-sufficiency who therefore cannot be a part of the city: is he not, if not the philosopher, at least the political reflection of the philosopher?« (CM 37). Anders formuliert: Handelt es sich nicht um den »aufgeklärten Staatsmann«, d.h. den vom Philosophen erleuchteten Herrscher, Hieron unter Simonides' Führung?

Die Frage wäre nur dann positiv zu beantworten, wenn Aristoteles das gleiche Verständnis von *aretē* und menschlicher Natur hätte wie Strauss. Jedoch zeigt sich im Kontext der erwähnten Stellen abermals, daß dies nicht zutrifft. Aristoteles weist die Möglichkeit, daß es einen gottgleichen König auf Erden gibt, mit zwei Argumenten zurück. Das erste bezieht sich auf die Annahme, daß ein einziger alle anderen an *aretē* übertreffe. Eine solche Situation ist für Aristoteles nicht naturgegeben, sondern sie gehört einer seiner Überzeugung nach überwundenen Vergangenheit an. Daß sich Menschen freiwillig einem König unterworfen hätten, sei für frühere Zeiten typisch gewesen, in denen es nur wenig herausragende Männer gegeben habe (Pol. III.15, 1286b8–10). Als sich dann aber eine größere Zahl von Männern gleicher Trefflichkeit gefunden habe, sei die Alleinherrschaft nicht mehr ertragen worden; man habe nach etwas Gemeinsamen gestrebt und eine Polis nach Gesetzen eingerichtet (b11–13). Aristoteles betrachtet die menschliche Natur als Potenz, welche, entsprechende Erziehung vorausgesetzt, in der Zeit aktualisiert werden kann (jedoch nicht *muß*). Diese Potenz wohnt allen (gesunden) Menschen inne, weshalb sittlicher Fortschritt für eine ganze Gemeinschaft möglich ist – ein Gedanke, den Strauss in seiner Kritik am Optimismus der Aufklärung beharrlich zurückweist. Das zweite Argument betrifft die Hypothese, daß der alle überragende gute Mann ohne Gesetze regieren könne. Nach reichlichem Bedenken und Abwägen kommt Aristoteles zu diesem Schluß: »Wer also dem Gesetz die Regierung (*archein*) zuweist, der weist sie, wie es scheint, allein Gott (*theon*) und der Vernunft (*noun*) zu, wer sie aber dem Menschen (*anthrōpon*) zuweist, der fügt auch noch das Tier (*thērion*) hinzu. Denn die Begierde (*epithymia*) ist etwas derartiges und der Zorn (*thymos*) verleitet die Regierenden (*archontas*), auch wenn sie die besten Männer (*aristous andras*) sind.« (Pol. III.16, 1287a28–32). Nur das Gesetz (und Gott) darf als *aneu orexeōs nous* bezeichnet werden (a32), denn kein Mensch kann den *nous* ohne ein entsprechendes Streben aktualisieren. Der gottgleiche Herrscher ist aufgrund dieser fundamentalen anthropologischen Grundüberzeugung des Aristoteles nicht mehr als eine Fiktion, während er für Strauss das Naturrecht des Weisen symbolisiert.

Aristoteles' Auseinandersetzung mit dieser Fiktion steht im Zeichen seiner Kritik an Platons *Politeia*. Platon läßt die beste, freilich nur in Gedanken bestehende Polis von einem Philosophenkönig beherrschen, der die menschliche Fähigkeit des vernünftigen Denkens (*logistikon*) personifiziert. Aus der Perspektive des Aristoteles entspricht eine solche Monarchie eher der Natur der Hausverwaltung (*oikonomikē*) als der naturgemäßen Ordnung der Polis. Denn jene sei Herrschaft (*despoteia*) über Ungleiche, diese aber Regierung von Freien und Gleichen (*politikē eleutherōn kai isōn archē*, Pol. I.7, 1255b16–20). Wenn alle das natürliche Recht zum Regieren besäßen, sei es nur gerecht, daß sie einander im Wechsel regierten (Pol. II.3, 1261a39–b9). Auf der Grundlage dieser Annahme über die Natur der gerechten politischen Ordnung entwickelt Aristoteles in Pol. VII/VIII sein Modell der *aristē politeia*. In der besten Polis sind die Bürger Freie und Gleiche im höchstmöglichen Sinne: Sittliche und dianoetische *aretē* haben ihre Vollendung erreicht. Aus diesem Grund verschwimmen die Trennlinien von *bios politikos* und *bios theōrētikos* so stark, daß von zwei unterschiedlichen Lebensweisen kaum mehr gesprochen werden kann (1325b14–30). Die Aristokratie des Aristoteles ist daher nicht die Herrschaft der Weisen, sondern die wechselseitige Regierung vollendet guter Männer.

Strauss betrachtet den Entwurf der besten Ordnung nur am Rande, weil er ihn zum exoterischen Programm des Aristoteles rechnet. Er beruft sich auf eine methodische Bemerkung in Pol. VII.2. Aristoteles weist darauf hin, daß es im Rahmen der Untersuchung der besten *politeia* wichtiger sei zu ermitteln, wer daran teilhaben solle, als über den Vorrang von *bios politikos* oder *bios theōrētikos* zu entscheiden (1324a13–23). Strauss kommentiert: »Aristotle reaches his apparent result only by an explicit abstraction, appropriate to a political inquiry strictly and narrowly conceived, from the full meaning of the best life of the individual; in such an inquiry the trans-political, the supra-political – the life of the mind in contradistinction to political life – comes to sight only as the limit of the political.« (CM 49). Der Hinweis ist völlig berechtigt, solange er nicht mehr besagt, als daß der *bios theōrētikos* als individuelle Lebensform innerhalb der *Nikomachischen Ethik* verhandelt werde. Wie bereits deutlich wurde, ergibt sich dann, daß beide Lebensformen verschieden sind, wobei das betrachtende Leben jedoch nicht ohne die zum bürgerlichen Leben erforderlichen charakterlichen Fähigkeiten möglich ist. Strauss, der diese Sicht ablehnt, spielt dagegen mit seinem Hinweis auf die esoterische Ebene des aristotelischen Textes an. Aristoteles zeige seinen Hörern, potentiellen Staatsmännern, »as far as possible that the way of life of the perfect gentleman points toward the philosophic way of life« (CM 28). »So weit wie möglich«, d.h. so weit, daß die Mehrzahl der Hörer die Darstellung als Lob des politischen Lebens auffaßt, während nur die »small minority of those who have good natures« (PR 261) die eigentliche Botschaft versteht, nach der das betrachtende Leben *ihr* wahres Ziel ist. Für einen Moment gewährt Aristoteles einen Blick auf die »verbotene Frucht« – »he removes a screen« (CM 28).

Aufgrund der bisherigen Ergebnisse kann Strauss' Auslegung abermals als naturalistische Transformation charakterisiert werden. Bezeichnend ist, daß er die Unterscheidung zwischen Hausverwaltung bzw. monarchischer Herrschaft einerseits und politischer Herrschaft andererseits mit keinem Wort erwähnt. Auf diese Weise geht Strauss nicht nur über die spezifische Differenz hinweg, die Aristoteles nach seiner Selbsteinschätzung von Platon trennt, sondern läßt alle anthropologischen Grundlagen aus, die eindeutig gegen eine naturalistische Deutung der menschlichen Natur sprechen. Wie groß der Abstand zwischen beiden ist, erweist auch ihre Auffassung von der Möglichkeit, die beste Verfassung in der Praxis zu verwirklichen. Zwar verweisen beide auf »glückliche Umstände«; sofern sich diese jedoch beeinflussen lassen, haben sie ganz unterschiedliche Vorstellungen. Strauss setzt auf die Kraft der Lüge: »To bring about the needed change on the part of the city, of the non-philosophers or the multitude, the right kind of persuasion is necessary and sufficient. The right kind of persuasion is supplied by the art of persuasion, the art of Thrasymachus, directed by the philosopher and in the service of philosophy. [...] Without ›Thrasymachus‹ there will never be a just city.« (CM 123). Dagegen setzt Aristoteles auf die Kraft der Erziehung: »Da wir nun aber behaupten, daß die *aretē* des Bürgers (*politou*) und Regierenden (*archontos*) mit der des besten Mannes (*tou aristou andros*) übereinstimme und daß derselbe Mensch erst regiert werden und dann selbst regieren soll, wird es für den Gesetzgeber (*nomothētē*) wichtig sein herauszufinden, wie und durch welche Beschäftigungen (*epitēdeumatōn*) man gute Männer (*andres agathoi*) bildet und was das Endziel des tüchtigen Lebens (*tēs aristēs zōēs*) ist.« (Pol. VII.14, 1333a11–16). Die Passage leitet über zur ausführlichen Behandlung von Erziehung und Bildung, welche wiederum den Kreis zur *Nikomachischen Ethik* schließt.

(b) Die kakistē politeia: Herrschaft des Pöbels

Aristoteles charakterisiert die Demokratie, die Herrschaft des *demos*, als Verfallsform politischer Ordnung (Pol. III.7, 1279b4–10). Wenn die Mehrheit herrsche und das Gesetz nach Belieben ändere, könne von Verfassung (*politeia*) kaum die Rede sein (Pol. IV.4, 1292a31–37). Das einzige beständige Gesetz einer Demokratie scheint die willkürliche Festlegung der Gleichheit und Freiheit aller zu sein, unabhängig vom Maß der je praktizierten *aretē* (1291b31–34). Strauss findet in der Kritik des Aristoteles an demokratischer Herrschaft einen willkommenen Resonanzboden für seine Auffassung des Pöbels. Beschreibt Aristoteles nicht Zustände, in denen Menschen herrschen, welche von Natur aus eher beherrscht werden müßten? Weist er nicht die Annahme natürlicher Gleichheit aller Menschen zurück? Trifft seine Anlayse der Demokratie nicht auf die Zustände moderner westlicher Gesellschaften zu? Strauss beantwortet diese Fragen positiv und verwendet Aristoteles als Speerspitze gegen das politische Ideal der Aufklärung.

Die moderne Gesellschaft ist in Strauss' Optik das praktische Resultat des theoretischen Bruchs mit der aristotelischen Physik, d.h. der Annahme von »essential differences«. Für Aristoteles stehe fest, daß es »essential differences between the common good and the private good« gebe, gerade weil die Menschen von Natur aus wesensverschieden seien (PP 230–232). »On the basis of the break with Aristotle, one could come to believe in the possibility of a simply rational society, i.e. of a society each member of which would be of necessity perfectly rational so that all men would be united by fraternal friendship [...]« (CM 38). Diese Illusion habe zu der fatalen Annahme geführt, man müsse nicht nur einzelne Gesellschaften, sondern die ganze Welt demokratisch regieren (CM 4, ÜT 235f). Im klassischen Verständnis sei eine durch das Volk gewählte und von seiner Gunst abhängige Regierung jedoch »against nature«, denn das würde bedeuten, »that the higher is responsible to the lower« (LER 12; NRG 145). Strauss glaubt, daß diese Einsicht zwar unterdrückt, jedoch nicht verloren gegangen sei. Sollte es jemals einen universalen Staat geben, wäre dessen Oberhaupt gezwungen, »jede Andeutung des Inhalts zu verbieten, daß es politisch relevante natürliche Unterschiede zwischen den Menschen gibt, die durch den Fortschritt von Wissenschaft und Technologie nicht aus der Welt geschaffen oder neutralisiert werden können« (ÜT 236).

Gegen die mit Aristoteles unternommene Pauschalverurteilung der Demokratie sprechen jedoch einige Passagen in Pol. III.11. Zwar fordert Aristoteles, daß ein Gemeinwesen durch oberste Gesetze bestimmt sein müsse (1282b1–6), jedoch erwägt er, ob es nicht von Vorteil sei, wenn auch der *demos* an den politischen Institutionen teilhabe. Wenngleich kein Einzelner die volle *aretē* besitze, könne es doch sein, daß sich partikulare Vorzüge (*aretē*) und Einsichten (*phronēsis*) in der Gesamtheit vereinigten und die Menge (*plēthos*) ein Mensch (*hena anthrōpon*) mit vielen Füßen, Händen und Sinnen würde, der einem einzigen besonders tüchtigen Mann überlegen sei (1281a42 – 1281b7). Diese These, die sogenannte »Summationstheorie«, wird mitunter als naiv bezeichnet. Für Strauss gehört sie zum »populist reasoning«, das Aristoteles wiedergebe, ohne es zu teilen (MP 258f, CM 36f). Allerdings verteidigt Aristoteles diese These gegen eine Reihe möglicher Einwände und bestätigt sie am Ende des Kapitels nochmals. Im Zuge der Überlegung macht er zwei qualifizierende Zusätze: (1.) Die Volksmenge darf nicht allzu sklavisch (*andrapodōdes*) sein (1282a15f), und (2.) sie soll nur an der Volksversammlung (*ekklesia*), am Rat (*boulē*) und den Gerichten (*dikastērion*) teilnehmen, ohne Zugang zu den höchsten (Exekutiv-)Ämtern zu erhalten (a28–32). Unter diesen Voraussetzungen sei es möglich, daß die Menge besser als der Fachmann urteile (*krinei*, a14–23).

Diese Gedanken als »populist reasoning« abzutun, heißt, ihre Originalität zu verkennen. Aristoteles rechnet nicht nur damit, daß die Angehörigen des *demos* Urteilsvermögen entfalten können, sondern er deutet einen Weg an, wie sich dieses Vermögen allein durch politische Praxis, d.h. unabhängig von formaler Erziehung herausbilden kann. Die gemeinsame Meinungsbildung in entsprechenden Institutionen gibt jedem Bürger die Möglichkeit, seinen eigenen Horizont zu überschreiten und dianoetische *aretē*, in diesem Fall *phronēsis* oder Urteilsvermögen, zu kultivieren. Strauss ist gezwungen, diese Überlegungen zu eliminieren, weil sie seiner Auffassung von der unverbesserlichen Natur des Pöbels zuwiderlaufen. Die Kunst des Lesens erweist sich einmal mehr als Kunst des Überlesens.

(c) Die aristē politeia ek tōn hypokeimenōn: Herrschaft der Vornehmen

Nach der Betrachtung der besten und der schlechtesten Verfassung stellt sich für Strauss folgendes Problem: Die beste Verfassung entspricht zwar der Natur (des Philosophen), findet jedoch nicht die Zustimmung der Masse; der Pöbel will die schlechteste Verfassung, die aber wider die Natur ist. Da der Philosoph keine *stabile* politische Ordnung gegen den Willen des Pöbels einführen kann, ist er zu einem Kompromiß gezwungen. »Das politische Problem besteht darin, die Forderung nach Weisheit mit der Forderung nach Zustimmung zu versöhnen.« Die Lösung findet er bei den klassischen Denkern; sie besteht in der »Schaffung eines Kodex durch einen weisen Gesetzgeber [...], den dann die gebührend überredete Bürgerschaft freiwillig annimmt«. Dieser Kodex dürfe nur so wenig wie möglich verändert werden, daher müsse mit der Rechtsprechung ein Menschentyp betraut werden, der die Gesetze »im Geiste des Gesetzgebers« auslege bzw. vervollständige – die Vornehmen (NRG 146). Die *aristē politeia ek tōn hypokeimenōn* (vgl. Pol. IV.1, 1288b30), die nach den Umständen beste Verfassung, sei daher ein aus aus monarchischen, aristokratischen und demokratischen Elementen gemischtes Regime, in dem die Vornehmen die Schlüsselstellung einnehmen. »Das bürgerliche Leben erfordert einen grundsätzlichen Kompromiß zwischen Weisheit und Torheit, und das bedeutet einen Kompromiß zwischen dem Naturrecht, welches durch Vernunft oder Verstand erkannt wird, und dem Recht, welches sich allein auf Meinung stützt.« (NRG 158). Wie dieser Kompromiß aussehen kann, demonstriert Leo Strauss an der »exoterischen« Version der aristotelischen Naturrechtslehre.

Diese Version befindet sich in NE V.10, also im Kontext der Untersuchung von ausgleichender und austeilender Gerechtigkeit. Strauss bezieht sich auf eine Passage in der Aristoteles politisches Recht (*politikou dikaiou*) nach natürlichem (*physikon*) und konventionellem (*nomikon*) Recht differenziert (1134b18 – 1135a5). Aristoteles trifft zwei fundamentale Aussagen: (1.) Das natürliche Recht habe überall dieselbe, von menschlicher Zustimmung unabhängige Geltung (1134 b19f). (2.) Nur bei den Göttern unterliege das Natürliche keiner Veränderung, im Bereich des Menschlichen sei alles Natürliche veränderlich (b24–30). Die zweite Aussage führt zu einem Paradoxon: Für den Menschen ist sowohl das Naturrecht als auch das konventionelle Recht veränderlich, obwohl beide wesensverschieden sind (b30–33). Dieser Widerspruch hat eine Vielzahl von Deutungen und Auflösungsversuchen hervorgerufen, von denen Strauss zwei diskutiert. Der erste stammt von Thomas von Aquin, der zwischen göttlichen, universal gültigen, unveränderlichen Naturrechts*prinzipien* und daraus abgeleiteten besonderen, veränderbaren Naturrechts*regeln* unterscheidet. Der Zusammenhang wird durch das auf Gott bezogene »Gewissen« (*synderesis*) des Menschen gewährleistet. Strauss weist diese Argumentation zurück, weil das Konzept der *synderesis* auf die Patristik, nicht jedoch auf das aristotelische Denken zurückgehe. Die zweite Auslegung stammt von Averroes und ist nach Strauss' Ansicht für alle islamischen und jüdischen Aristoteliker des Mittelalters charakteristisch. Danach beruht Naturrecht auf »allgegenwärtiger Konvention«, wodurch es vom bloß positiven Recht unterschieden sei. Mit allgegenwärtiger Konvention sind Regeln gemeint, die in allen bürgerlichen Gesellschaften als »Mindestforderungen der Gesellschaft« entstehen. Wiewohl sie »in groben Zügen« der zweiten Tafel der Zehn Gebote einschließlich des Gebots göttlicher Verehrung entsprächen, seien sie doch konventionell, weil die bürgerliche Gesellschaft mit keiner unveränderlichen Regel vereinbar sei. »Aus pädagogischen Gründen jedoch muß die Gesellschaft bestimmte allgemeingültige Regeln als universal hinstellen.« (NRG 162f).

Strauss gibt an, er strebe einen »sicheren Mittelweg« zwischen Thomas und Averroes an. Dieser Mittelweg entspricht freilich der zweiten Position: Auf der exoterischen (»pädagogischen«) Ebene folgt Strauss Thomas, auf der esoterischen Ebene der eigentlichen Lehre des Averroes.[85] So betont er einerseits, daß Aristoteles »allgemeine Prinzipien« des Rechts, wie ausgleichende und austeilende Gerechtigkeit, kenne, schränkt andererseits jedoch ein, daß in »extremen Fällen« die Selbsterhaltung der Gesellschaft Vorrang vor den Forderungen der »allgemeinen Prinzipien« haben müsse. Anders formuliert: Das Recht der Polis beruht auf »allgegenwärtiger Konvention« und darf gemäß den »Erfordernissen der öffentlichen Sicherheit« (NRG 164–166) verändert werden. Wann diese Erfordernisse eintreten, kann jedoch durch keine universale Regel festgelegt werden; die Entscheidung darüber liegt allein beim verantwortlichen Staatsmann (NRG 168). Der Staatsmann könnte daher in einem solchen Maß die Prinzipien der Polis mißachten, wie der innere Friede nicht beeinträchtigt wird. Diese (esoterische) Deutung läuft darauf hinaus, daß der kluge Staatsmann wohlberaten ist, wenn er die »allgemeinen Prinzipien« der Gerechtigkeit als unveränderliches Naturrecht ausgibt. »Die Wirksamkeit der allgemeinen Regeln hängt davon ab, daß sie ohne Einschränkungen, ohne Wenn und Aber gelehrt werden.« (NRG 163). So verstandenes Naturrecht besitzt den kognitiven Status der vornehmen Lüge; es weist sich nicht durch überpositive Wahrheit, sondern durch Nutzen (Stabilität der Ordnung) aus. Es stellt jenen notwendigen Kompromiß zwischen Weisheit, d.h. echtem Naturrecht, und Torheit, d.h. bloß konventionellem Recht, dar (vgl. NRG 158). Auf diese Weise kann auch

---

85 Vgl. Helmut Kuhn: Naturrecht und Historismus, in: Zeitschrift für Politik 3 (1956), 289–304. Kuhn setzt »Strauss' kühne exegetische Interpolation« (297) vom Aristoteles-Kommentar Thomas von Aquins ab, der seiner Ansicht nach die Unstimmigkeiten der Aussagen zum Naturrecht am besten aufzulösen vermag (298f).

die Unklarheit und Widersprüchlichkeit der aristotelischen Aussagen in NE V.10 erklärt werden: Aristoteles läßt die wahre Bedeutung des Naturrechts, des natürlichen Rechts der Weisen, bewußt im »Zwielicht«, um die Spannungen zwischen seinem Ziel, der Herrschaft der Weisen, und dem Ziel der Polis, der wechselseitigen Regierung von Freien und Gleichen, zu verschleiern. »In dem Zwielicht, das für das menschliche Leben als bloß menschliches wesentlich ist, erscheint die in dem Gemeinwesen erreichbare Gerechtigkeit als vollkommen und zweifelsfrei gut.« (NRG 162). Im strahlenden Licht des Philosophen, so wäre zu ergänzen, erscheint das Zwielicht als notwendige Maßnahme, um den Staatsmann keinen Verdacht schöpfen zu lassen und ihn gleichwohl im Sinne der Weisen zu lenken. Der Lenkungsspielraum entspricht dem Spielraum der »allgemeinen Prinzipien«. Er sichert den Weisen den unsichtbaren Platz an der Macht, in Strauss' Worten, die »mehr mittelbare« Leitung der »Höhle« (NRG 157) in der »alliance between philosophers and enlightened princes« (FP 378).

Die bestmögliche Verfassung des Aristoteles stellt gemäß dieser Auslegung ein subtiles Programm zur geheimen Machtergreifung der Weisen dar. Der Unterschied zur besten Verfassung besteht allein darin, daß die Weisen darauf verzichten, ihren Machtanspruch offen und direkt auszuüben. So gewinnen sie ein Stück Freiheit zur reinen Philosophie, während sie ein Stück Freiheit abgeben, solange sie auf das Niveau der Polis hinabsteigen und politische Wissenschaft lehren. Das Prestige des öffentlichen Herrschers, die Anerkennung durch die Masse, ist ihnen ohnehin zuwider. Strauss vergleicht die »Selbst-Bewunderung des Philosophen« mit dem »guten Gewissen«, das keiner Bestätigung durch andere bedürfe (ÜT 228). Diese Zeilen enthüllen ihren Sinn erst, wenn sie auf Strauss selbst bezogen werden. Er ist bescheiden genug, sich in den Schatten des Aristoteles zu stellen, um den griechischen Text verdeckt zu transformieren. Freilich kann die Transformation keinem aufmerksamen Leser entgehen. Daß Strauss die bestmögliche Verfassung behandelt, ohne mit einem Wort auf Pol. IV einzugehen, sollte Anlaß genug sein, zur Intention des Interpreten zurückzufragen.

Der Aristoteles unterstellte Versuch der heimlichen Machtergreifung erweist sich als Idee des Leo Strauss, welche er auf die klassische politische Philosophie zurückprojiziert. Er hat die Lektion des Al Farabi ernst genommen: »Farabi avails himself then of the specific immunity of the commentator or of the historian in order to speak his mind concerning grave matters in his ›historical‹ works, rather than in the works in which he speaks in his own name.« (FP 375). Strauss verstand seine Rolle genau so, wie er es von Farabi und Aristoteles annahm. Einerseits wollte er eine (politische) Aristokratie in der modernen Massengesellschaft gründen und appellierte an die Vornehmen: »Liberal education is the necessary endeavor to found an aris-tocracy within democratic mass society. Liberal education reminds those members of a mass democracy, who have ears to hear, of human greatness.« (WLE 5). Andererseits züchtete er die fähigsten »Aristokraten« zu wirklichen Philosophen heran. Ihnen enthüllte er die »basic truth«, daß sie von Natur aus allen anderen überlegen seien und daß sie mit den Nicht-Philosophen niemals wirkliche Gedanken austauschen könnten (LER 14). Wer »Ohren hatte, zu hören«, wußte, daß Strauss in erster Linie von sich und nicht von den »klassischen Philosophen« sprach.[86]

---

86 Freilich bemerkten das nicht nur einige Schüler, sondern auch Kritiker. Vgl. Stanley Rothman: The Revival of Classical Political Philosophy: A Critique, in: American Political Science Review 56

2.4 Strauss und Nietzsche

Es sollte in der bisherigen Untersuchung hinreichend deutlich geworden sein, daß Strauss keineswegs als Anhänger eines »neuhumanistisch geprägten Aristotelismus« (M. Riedel) zu bezeichnen ist. Zwar präsentiert er sich im Gewand des Philologen, der die humanistische Bildung vor dem Vergessen retten will, doch gehen seine Interpretationen weit über philologische Kommentare hinaus. Es wurde bereits gezeigt, in welchem Ausmaß Strauss' Rückgriff auf die Antike dem nicht-christlichen Aristotelismus mittelalterlicher Philosophen sowie der dekonstruktiven Hermeneutik seines Lehrers Heidegger verbunden ist. Jedoch kann die Annahme essentieller Unterschiede zwischen den Menschen nicht auf diese Quellen zurückgeführt werden. Deshalb ist die Frage nach der »hermeneutischen Basis« (Gadamer) oder dem Auslegungshorizont von Leo Strauss in verschärfter Form zu wiederholen. Die Antwort, welche im folgenden vorgeschlagen wird, führt zu jenem Denker, von dem Strauss bekennt, daß er ihn zwischen dem 22. und 30. Lebensjahr »so beherrscht und verzaubert hat, dass ich ihm alles, was ich von ihm verstand [...] aufs Wort glaubte«:[87] Nietzsche.[88]

Der entsprechende Zeitraum (1921–29) überschneidet sich mit Strauss' Studium bei Heidegger und seiner Arbeit über Spinoza. Aus den verfügbaren Dokumenten ist nicht zu ersehen, welcher Art die Interferenzen dieser verschiedenen Beschäftigungen gewesen sind. Sicher ist jedoch, daß das Interesse an Nietzsche nicht abrupt abbrach, sondern sich in den dreißiger Jahren noch vertiefte. Strauss stellte fest, daß man gerade Nietzsche nicht alles aufs Wort glauben durfte, »daß bei Nietzsche etwas ›nicht stimmt‹«. Er sah »wesentliche Schwierigkeiten mit der Lehre N[ietzsches] in ihrem polemischen Charakter begründet«, welcher verschwinde, wenn man zwischen polemischer Hinführung zur Lehre und der Lehre selbst unterscheide. Im Zuge dieser Differenzierung entdeckte er, daß die Lehre selbst januskörpfig ist und sowohl ein exoterisches als auch ein esoterisches Gesicht besitzt. Um Nietzsches Einfluß auf Strauss ergründen zu können, müssen Strauss' Annahmen über Nietzsches Kunst des Schreibens (Kap. (a)) und seine Deutung des Menschen (b) rekonstruiert werden. Abschließend ist Nietzsches Bild von der Antike und dessen Wirkung auf Strauss zu untersuchen (c). Als Textgrundlage dienen verstreute Äußerungen von Strauss und insbesondere ein Aufsatz zu *Jenseits von Gut und Böse*.

(1962), 341–352: »We are drawn to the further conclusion that this ›prudence‹ [practiced by Strauss] is accompanied by a rejection of the values underlying the American experience, and is designed to prepare the way for that unlikely conjunction of philosophy and power which will place in power the philosopher kings and the guardians, i.e., Strauss and his disciples.« (352).

87 Karl Löwith – Leo Strauss. Briefwechsel, aaO., 183 (Brief vom 23.6.1935).

88 Die Bedeutung Nietzsches für Strauss wurde bereits von einigen Kommentatoren herausgestellt. Besonders gelungen ist die Analyse von Drury (The Political Ideas of Leo Strauss, aaO., Kap.9, 170–181), die annimmt, »that his [Strauss'] greatest intellectual debt is to Nietzsche« (170, 181). Sie bezeichnet Strauss und Nietzsche als »postmoderne« Philosophen, deren politische Absicht es sei, »to reintroduce rank and hierarchy in place of the modern egalitarianism which serves only to perpetuate and exalt mediocrity« (180). Gourevitch erinnert, ohne konkret zu werden, an »the unstated but important affinities between his [Strauss'] own and Nietzsche's critique of modernity« (Philosophy and Politics, aaO., II: 306). Rosen zieht ebenfalls eine Parallele zwischen Nietzsche und Strauss. Beide hielten gesichertes philosophisches Wissen für unerreichbar und praktizierten Philosophie nur mehr aufgrund eines »act of the will« (Hermeneutics as Politics, aaO., 123, 137).

(a) Nietzsche und die Kunst des Schreibens

Was bei Nietzsche »nicht stimmt«, wurde Strauss in seiner Auseinandersetzung mit dem Historismus deutlich. Einerseits enthüllte Nietzsche die historische Relativität jeglicher moralischer »Werte« und stellte die radikale Bedingtheit menschlicher Erkenntnis heraus. Andererseits nahm er selbst eine Umwertung aller Werte vor und verkündete neue Universallehren vom Willen zur Macht und von der ewigen Wiederkehr. Es wäre ein Leichtes gewesen, diese Widersprüche als Aporien des radikalen Historismus bloßzustellen. Wenn Strauss diese Möglichkeit auch in Betracht zog, stellen entsprechende Erwägungen doch bloß die exoterische Ebene seiner Nietzsche-Auslegung dar. In Wahrheit ist Strauss zu der Erkenntnis gelangt, daß viele Ambiguitäten im Werk Nietzsches bewußt kalkuliert seien.

In einer aufschlußreichen Passage von *Naturrecht und Geschichte* hat er diese Einsicht so formuliert: »Nach Nietzsche würde die theoretische Analyse des menschlichen Lebens, welche die Relativität aller umfassenden Anschauungen erkennt und sie auf diese Weise entwertet, dieses menschliche Leben selbst unmöglich machen, denn sie würde die schützende Atmosphäre zerstören, innerhalb welcher allein das Leben, die Kultur oder das Handeln möglich ist. [...] Nietzsche konnte, um die Gefahr vom Leben abzuwenden, einen von zwei Wegen wählen: er konnte auf dem streng esoterischen Charakter der theoretischen Analyse des Lebens bestehen, d.h. die platonische Vorstellung vom edlen Trugbild wiederherstellen, oder aber er konnte die Möglichkeit einer eigentlichen Theorie verneinen und sich so das Denken als vom Schicksal abhängig oder ihm wesentlich dienstbar vorstellen. Wenn Nietzsche es auch nicht tat, seine Nachfolger haben auf jeden Fall die zweite Alternative gewählt.« (NRG 28). Nietzsche ist nach dieser Bemerkung *kein* Vertreter des radikalen Historismus, sondern ein moderner Nachfahr Platons. Der Platon-Bezug sei zunächst eingeklammert, da er von Nietzsche wegführt. In welchem Sinne aber verstand er sich selbst als »Esoteriker«?

In der Selbstdarstellung des *Ecce Homo* unterscheidet Nietzsche zwischen dem *Zarathustra*, seinem »größte[n] Geschenk« an die Menschheit (KSA6 259), und den nachfolgenden Werken, welche weniger weit in die Zukunft blicken und statt dessen »Angelhaken« für jene sein sollten, »die aus der Stärke heraus *zum Vernichten* mir die Hand bieten würden«. Um dieser Aufgabe gerecht zu werden, habe das »Raffinement in der Form, in Absicht, in der Kunst des *Schweigens*« im Vordergrund gestanden (KSA6 350f). Die Bemerkungen beziehen sich direkt auf *Jenseits von Gut und Böse*, das Strauss aus diesem Grund als »most beautiful of Nietzsche's books« charakterisiert (NPN 174). Die »Kunst des Schweigens« wird darin sowohl praktiziert als auch theoretisch begründet. Eine Philosophie, die jenseits von Gut und Böse steht, erkennt nach Nietzsche die »Unwahrheit als Lebensbedingung« an (KSA5 18). Damit eröffnet sie »neue Reiche gefährlicher Erkenntnisse«, von denen sich jeder, der es kann, besser fernhalten soll (KSA5 38). Der Blick in solche Abgründe muß den »tiefen« Menschen vorbehalten bleiben (KSA5 60), die die Pflicht haben, ihre Einsichten hinter Masken zu verbergen (KSA5 42, 57, 168, 229). »Jeder tiefe Geist braucht eine Maske: mehr noch, um jeden tiefen Geist wächst fortwährend eine Maske, Dank der beständig falschen, nämlich *flachen* Auslegung jedes Wortes, jedes Schrittes, jedes Lebens-Zeichens, das er giebt.–« (KSA5 58). Solche Bemerkungen, die die notwendige Verstellung des Philosophen hervorheben, rahmen die Abhandlung förmlich ein. Nietzsche stellt sein Vorgehen in einen größeren Zusammenhang: »Das Exoterische und das Esoterische, wie man ehedem unter Philosophen unterschied, bei Indern, Persern und Muselmännern, kurz überall, wo man an eine Rangordnung und *nicht* an Gleichheit und gleiche Rechte glaubte, – das hebt sowohl dadurch voneinander ab, dass der Exoteriker draussen steht und von aussen her, nicht von innen her, sieht, schätzt, misst, urtheilt: das Wesentlichere ist, dass er von Unten hinauf die Dinge sieht, – der Esoteriker aber *von Oben herab*!« (KSA5 48). Vermutlich waren es Äußerungen wie diese, die Strauss den Weg zur Erklärung der »Unstimmigkeiten« im Werk Nietzsches wiesen und ihn lange vor der Beschäftigung mit mittelalterlicher Philosophie die Kunst des Schreibens entdecken ließen.

In seinem erst 1973 verfaßten Aufsatz *Note on the Plan of Nietzsche's ›Beyond Good and Evil‹* spielt Strauss nur mit kurzen Hinweisen auf die theoretischen Aussagen zur Exoterik bzw. Esoterik an. Im Mittelpunkt seines Interesses steht die Art und Weise, wie Nietzsche seine Theorie in *Jenseits von Gut und Böse* in die Praxis überführt. Strauss bezeichnet die Rede vom Willen zur Macht und von der Ewigen Wiederkehr als »deliberately enigmatic« und spricht beständig von »doctrines«, was bei ihm stets auf die exoterische Textebene verweist. Er geht davon aus, daß es sich um »Wahrheiten« handele, die »powerful« und »life-giving« seien, weil sie alte, verfallene Wahrheiten ablösten (NPN 177–179). Um die für alles Leben und Handeln erforderliche schützende Atmosphäre wiederherzustellen, erfinde er den »stark und tapfer machenden Mythos« der ewigen Wiederkehr (vgl. NPN 185f).[89] Die »Doktrin« des Willens zur Macht nennt er mehrfach »vindication of God«, womit jedoch nicht der christliche Gott gemeint sei (NPN 178f, 181). Dabei bezieht er sich auf Aphorismus 37, der unmittelbar auf Nietzsches Erklärung des Willens zur Macht als der universalen innerweltlichen Kraft folgt: »›Wie? Heisst das nicht, populär geredet: Gott ist widerlegt, der Teufel aber nicht –?‹ Im Gegentheil! Im Gegentheil meine Freunde! Und, zum Teufel auch, wer zwingt euch, populär zu reden! –« (KSA5 56). In Strauss' Perspektive führt der »freie Geist« einige Auserwählte zur Religion der Zukunft, zur Lehre des Dionysos bzw. Zarathustra, die erst der »Philosoph der Zukunft« frei verkünden könne (NPN 178–180). Diese Lehre sei jedoch nicht die eigentliche Lehre von »men of intellectual probity«: »The true solution comes to sight once one realizes the essential limitation of objective knowledge in general.« (R 25). Wenn Nietzsche auf den »problematic, tentative, tempting hypothetical character« des Willens zur Macht hinweist, nimmt Strauss dies als Beleg, daß es sich nicht um einen »historicist insight« handele (NPN 177f; vgl. KSA5 54f). Was auf der exoterischen Ebene eine nützliche Wahrheit ist, weist für Strauss auf der esoterischen Ebene in Richtung einer Rückkehr zur *beobachtbaren, vorgegebenen* Natur als der angemessenen Größe, um faktische Wesensunterschiede von Menschen philosophisch zu thematisieren.

(b) Nietzsches Naturphilosophie: Sklaven, Herren, Philosophen

Wenn Strauss Nietzsche als »*the* philosopher of relativism« bezeichnet, ist diese Charakterisierung nur mit einer qualifizierenden Einschränkung zu verstehen. Nietzsche sei »the first thinker who faced the problem of relativism in its full extent and pointed to

---

[89] Karl Löwith – Leo Strauss. Briefwechsel, aaO., 183.

a way in which relativism can be overcome«. Als diesen Weg betrachtet er sein »movement from the supremacy of history towards the supremacy of nature«. Für Strauss ist Nietzsche die große Lichtgestalt der modernen Philosophie, weil er zur Natur (zurück-)findet und somit die Überwindung des Relativismus vorbereitet. Der Fehler des Existenzialismus sei gewesen, daß er diese Lösung als »relapse into metaphysics« abgetan und so leichtfertig verspielt habe (R 24–26). Strauss selbst sieht sich daher als Vollender von Nietzsches Weg.[90]

Unter dem Eindruck der spekulativen Lehre vom alles durchwaltenden Willen zur Macht könnte es so scheinen, als leugne Nietzsche, daß es weder eine vom Tier verschiedene Natur des Menschen noch unterschiedliche natürliche Ziele der Menschen gebe; alle Ziele wären bloß das Ergebnis humaner Kreativität (NPN 185). Strauss erwähnt diesen Einwand, gibt seiner Argumentation jedoch eine ganz andere Richtung. Wenn Nietzsche von der menschlichen Natur spreche, gehe er stets von der real bestehenden »order of rank of the natures« (NPN 190) aus, also von Unterschieden, über die der Mensch keineswegs beliebig verfügen kann. Nicht ohne Grund handle das zentrale fünfte Kapitel in *Jenseits von Gut und Böse* von der »Naturgeschichte der Moral« (NPN 182). Nietzsche spricht auch von einer »*Typenlehre* der Moral« (KSA5 105) als einer synchron wie diachron zu führenden Untersuchung von Morallehren. Als Konstante im historischen Wandel muß sich dann »die abgründlich verschiedene Rangordnung und Rangkluft zwischen Mensch und Mensch« (KSA5 83) herausstellen, welche mal gefördert, mal gehemmt, jedoch nie ausgelöscht wird. Sie beruhte am Anfang der Menschheit auf dem unterschiedlichen Grad an Barbarei; wer über »ungebrochene Willenskräfte und Macht-Begierden« verfügte, beherrschte – wie im Tierreich – die Schwächeren. Im Zuge der Zivilisierung wurden diese Kräfte sublimiert und in hierarchische Gesellschaftsstrukturen überführt. Man dürfe sich hinsichtlich der natürlichen Rangordnung der Menschen keine Illusionen machen, so Nietzsche: »die Wahrheit ist hart« (KSA5 205f). Die »harte« Wahrheit erinnert an Strauss' »basic truth«; vielleicht ist sie sogar ihr Ursprungskeim. Dieser Verdacht erhärtet sich in der näheren Analyse von Nietzsches Konzept einer natürlicher Rangordnung, die sich im Licht seiner Naturgeschichte der Moral als Hierarchie dreier Moraltypen erweist: Sklavenmoral, Herrenmoral und Philosophenmoral. Sie ähneln in auffälliger Weise »the vulgar«, »the noble« und »the wise« bei Strauss.

Aus Nietzsches Sicht hat das Christentum die Sklavenmoral am weitesten entwickelt, als »Opferung aller Freiheit, alles Stolzes, aller Selbstgewißheit des Geistes; zugleich Verknechtung und Selbst-Verhöhnung, Selbst-Verstümmelung« (KSA5 66). Der Aufstieg des Christentums habe zur »Entartung und Verkümmerung des Menschen« geführt (KSA5 83), die von seinem säkularen Erben, der demokratischen Bewegung, fortgesetzt worden sei. Nietzsche spricht abschätzig von der »*Heerdenthier-Moral*« (KSA5 124f). Zugleich betont er, daß die Sklaverei bislang stets die »Bedingung jeder höheren Cultur, jeder Erhöhung der Cultur« gewesen sei (KSA5 177, 205). Aus diesem Grund hält er nicht nur »Härte, Gewaltsamkeit, Sklaverei« (KSA5 61) für unverzichtbar, son-

---

90 Zu diesem Ergebnis scheint auch H. Meier zu kommen: »Die Bewegung, die Leo Strauss mit seinem philosophischen Unternehmen vollzieht, ist eine Bewegung von der Geschichte zur Natur.« (Denkbewegung, aaO., 33).

dern auch den richtigen Gebrauch der Religion. Der freie Geist bediene sich ihrer »zu seinem Züchtungs- und Erziehungswerke«, als Mittel, »um Widerstände zu überwinden, um herrschen zu können«. Den »gewöhnlichen Menschen«, die »zum Dienen und zum allgemeinen Nutzen da sind und nur insofern dasein *dürfen*«, verkläre und verschönere die Religion die »Halbthier-Armuth ihrer Seele« (KSA5 79f). In diesen Zeilen klingen alle Themen an, die Strauss im Zusammenhang mit dem Pöbel behandelt: die niedere Natur, die Notwendigkeit der »Erziehung« durch harte Gesetze und religiöse Täuschung (»In unsrem sehr volkstümlichen, will sagen pöbelhaften Zeitalter *muss* »Erziehung« und »Bildung« wesentlich die Kunst, zu täuschen, sein [...]«, KSA5 219), die Abwertung des demokratischen Egalitarismus.

Herrenmoral entsteht nach Nietzsches Typologie nur unter »vornehmen Seelen« (KSA5 219, 232f). Während diese alle Schwächeren ausbeuten, pflegen sie unter ihresgleichen Stolz und Selbstverherrlichung sowie Selbstbeherrschung, Zartsinn, Treue und Freundschaft (KSA5 5 207–210; KSA5 274, 277). »Im Vordergrunde steht das Gefühl der Fülle, der Macht, die überströmen will, das Glück der hohen Spannung, das Bewusstsein eines Reichthums, der schenken und abgeben möchte [...]« (KSA5 209). Der Vornehme hilft Schwächeren nie aus Mitleid, sondern stets aus dem stolzen Gefühl seiner Überlegenheit heraus – eine an Strauss erinnernde Auslegung der *megalopsychia*. Wenn sich nach Nietzsche an der Typik der Herrenmoral im Lauf der Zeit nichts Wesentliches geändert hat, so stellt sich ihm ihre Neubegründung in einem christlich geprägten Zeitalter als Aufgabe des Philosophen dar. Er soll, wie Strauss es ausdrückt, die »new breed of atheists«, welche nicht mehr an Gott glauben und voller Pessimismus vor dem Nichts stehen, ansprechen (NPN 180) und zu einem stark machenden Glauben bekehren. Vor diese Aufgabe gestellt, entdeckt Nietzsche in den Tiefen des Pessimismus das »umgekehrte Ideal [...] des übermüthigsten und weltbejahenden Menschen, der sich nicht nur mit dem, was war und ist, abgefunden und vertragen gelernt hat, sondern es, *so wie es war und* ist, wieder haben will, in alle Ewigkeit hinaus [...]« (KSA5 74f). Strauss rechnet die Lehre von der ewigen Wiederkehr daher zur Klasse der lebensspendenden Wahrheiten, zur »religion of the future« (NPN 180). Damit diese Religion ihre Wirksamkeit voll entfaltet und die »Zucht« des Philosophen gelingt (KSA5 80, 143, 161), muß sie mit voller Härte gelehrt werden (KSA5 161). Strauss führt Nietzsches Polemik darauf zurück, »dass er sich und uns von der jahrtausendealten Verwöhnung (Verweichlichung) durch den Glauben an Schöpfung und Vorsehung entwöhnen musste«.[91] Der Wille zur Macht als »vindication of God« trete an die Stelle des platonischen *eros*, als Streben nach dem Guten an sich (NPN 176). Als exoterische Doktrin richtet er die starken Naturen auf die Annahme der neuen Werte aus, die der künftige Philosophen-Gott als »letzter Jünger und Eingeweihte[r] des Gottes Dionysos« (KSA5 238) auslobt.

Nietzsches Gesellschaftsideal ist eine Aristokratie, »welche an eine lange Leiter der Rangordnung und Werthverschiedenheit glaubt und Sklaverei in irgend einem Sinne nöthig hat«. »Das Wesentliche an einer guten und gesunden Aristokratie ist aber, dass sie sich nicht als Funktion (sei es des Königthums, sei es des Gemeinwesens), sondern als dessen *Sinn* und höchste Rechtfertigung fühlt [...]« (KSA5 205f). Nietzsche geht also davon aus, daß eine aristokratische Gesellschaft durchaus mit einer monarchischen

---

91 Karl Löwith – Leo Strauss. Briefwechsel, aaO., 183.

politischen Ordnung vereinbar ist, sofern die Vornehmen sich nicht als Funktion eines Überlegenen empfinden, selbst wenn sie es in Wahrheit sind. Die einzig legitimen Herrscher müßten der »neue[n] Art von Philosophen und Befehlshabern« entspringen (KSA5 126); sie wären »*Befehlende und Gesetzgeber*« (KSA5 145). Mit ihrem »feinsten verkapptesten geistigsten Willen zur Macht« (KSA5 162), ihrer »hohe[n] Geistigkeit« wüßten sie sich beauftragt, »die *Ordnung des Ranges* in der Welt aufrecht zu erhalten« (KSA5 154). Strauss findet in diesen Äußerungen Nietzsches das Modell der heimlichen Tyrannis vorgezeichnet: »the philosophers of the future must become the invisible spiritual rulers of a united Europe without ever becoming its servants« (NPN 187, AI 40). Im Philosophen bzw. Weisen als höchstem Exemplar der Gattung sei die gesamte Existenz niederer Menschen gerechtfertigt. Als einziger benötige er keine Schutzhülle, keine lebensspendenden Wahrheiten, sondern erzeuge diese im vollen Bewußtsein seiner »cosmic responsibility«. Moral bedeute für den Philosophen »intellectual probity« gepaart mit dem höchsten, nämlich geistigen Willen zur Macht (NPN 187f). Von diesem Willen zur Macht, der gegenüber anderen ein Wille zur Täuschung ist, sagt Strauss an anderer Stelle: »Nietzsche meant it in a very subtle and noble manner [...]« (PR 265). Auch in der Lehre von der ewigen Wiederkehr erkennt er einen esoterischen Sinn. »While paving the way for the complementary man, one must at the same time say unbounded Yes to the fragments and cripples.« (NPN 190).

Es scheint, als habe Strauss in seiner frühen Nietzsche-Lektüre jene Lebensform entdeckt, die ihm als Ausweis einer überlegenen, beinahe göttlichen Natur erscheint. Der Weise erkennt die Relativität der Moral und erhebt sich über sie; er »hat nachgerade ein *Recht* auf ›schlechten Charakter‹« (KSA5 53) bzw. auf »Immoralität« (KSA5 162). Als starker und unabhängiger Geist (KSA5 57) hält er sich von der Menge fern, wahrt das »Pathos der Distanz« zum Pöbel wie zu den Vornehmen (KSA5 43, 149, 205) und lebt als Einsiedler (KSA5 234). Wenn er zu den Menschen herabsteigt, praktiziert er die Tugenden als schützende Maske und mit pädagogischem Hintersinn. Er lobt, womit er selbst nicht übereinstimmt, »um beständig *missverstanden* zu werden« (KSA5 231). Die Vornehmen mögen sich als höchste und stärkste Wesen fühlen, untereinander feine Tugenden ausbilden, sich stolz auf ihren Willen zur Macht berufen und alles bejahen, was war und ist – in Wahrheit beweisen sie damit nur die Überlegenheit des Philosophen, der jenseits von Gut und Böse steht. Es kann hier nicht weiter untersucht werden, welchen Stellenwert diese Aussagen aus der letzten Werkphase (1886–88) für eine Gesamtdeutung der Philosophie Nietzsches besitzen und ob die Unterscheidung zwischen Exoterik und Esoterik wirklich die Widersprüche in seinem Denken beseitigen kann. Jedoch ist festzuhalten, daß Strauss' Deutung des *bios theōrētikos* Nietzsches Bild des Philosophen näher steht als dem aristotelischen Text. Offenbar ist Strauss' naturalistische Deutung der Menschen in hohem Maße durch seine Nietzsche-Rezeption präformiert. Diese Präformation macht sich auch, wie abschließend zu zeigen ist, in seinem Rückgriff auf die griechische Philosophie bemerkbar.

(c) Nietzsche, Strauss und das Bild der Antike

Strauss' Äußerungen zu Nietzsche stammen, von wenigen Briefstellen abgesehen, aus der Zeit, als er seine Philosophie in Werken über antike Denker entwickelt. Daher mißt er Nietzsche vor allem am Maßstab Platons; er gilt in dieser Perspektive als moderner

Nachfolger des großen Griechen. So bezeichnet Strauss Nietzsches Kunst des Schreibens als Wiederherstellung der »platonischen Vorstellung vom edlen Trugbild« (NRG 28). Die natürliche Rangordnung der Menschen habe er »along Platonic lines« verstanden (TWM 97). Die Eloge auf die Philosophen der Zukunft erinnert ihn an Platons Philosophenkönig (AI 41), der in gleicher Weise das »sacred right of ›merciless extinction‹ of large masses of men« verkünde (WIPP 54f). Bedenkt man, daß Strauss Nietzsche studierte, bevor er sich intensiv mit Platon beschäftigte, dann ist diese Darstellung zu korrigieren. Was Strauss Platon, Aristoteles und anderen griechischen Denkern unterstellt, hat er zuerst bei Nietzsche gelernt. Mehr noch, er übernimmt von Nietzsche eine ganz bestimmte Sichtweise der griechischen Antike.

Nietzsche betrachtet die griechische Polis als »unfreiwillige Veranstaltung zum Zweck der Züchtung«, in der eine bestimmte Rasse von Menschen ihre Art auf Kosten schwächerer Naturen durchsetzt (KSA5 214). Die Aristokraten erfinden jene starken Werte und eine entsprechende politische Ordnung, die Nietzsche zweieinhalbtausend Jahre später wieder einführen will, um das Christentum und die moderne Demokratie zu besiegen. Es handelt sich um das Ideal einer Gesellschaft, die sich nach innen durch sublime Agonalität und Vornehmheit, nach außen aber durch äußerste Härte und Grausamkeit auszeichnet, wodurch sie ihre ursprünglichen Raubthier-Instinke verrät (KSA5 274f; KSA1 784–789). Das höchste Ziel der Menschen ist die »olympische Existenz«, die unter hohen Kosten nur von wenigen errungen werden kann (V3–1 767, 776f). Dieses Bild der Antike findet Nietzsche vor allem in den Schriften Homers, Hesiods und Thukydides' wieder, auf die er sich vorzugsweise beruft (KSA1 783–792). Wenn Nietzsche sich als »Zögling älterer Zeiten, zumal der griechischen« (KSA1 247) ausgibt, dann sieht er als seine geistigen Eltern die vorsokratischen Denker an. Sokrates, Platon und Aristoteles gelten ihm im Vergleich dazu nur als »décadents des Griechentums«, als Bewegung »gegen den agonalen Instinkt, gegen die Polis, gegen den Werth der Rasse, gegen die Autorität des Herkommens« (KSA6 158, 68). Platon sei »langweilig«, zur Erholung lese er Thukydides (KSA6 156f).

Dennoch ist sich Nietzsche in seinem Urteil gerade über Platon nicht so sicher, wie diese Äußerungen vermuten lassen. Nietzsche ist ein Gegner des ›Platonismus‹ nur, sofern er dem ›Sokratismus‹ gleicht, der ihm als plebejisch gilt. Wenn Platon auch manchmal dem Sokratismus verfalle, sei er doch »eigentlich zu vornehm« dafür gewesen: »[...] er, der verwegenste aller Interpreten, der den ganzen Sokrates nur wie ein populäres Thema und Volkslied von der Gasse nahm, um es ins Unendliche Unmögliche zu variiren: nämlich in seine eigenen Masken und Vielfältigkeiten« (KSA5 190). Ohne den Gedanken genauer auszuführen, deutet Nietzsche an, daß der platonische Sokrates auch eine Maske Platons gewesen sein könnte, eine absichtliche Verstellung. Platons Lehre von der besten *politeia* faßt er als »wunderbar große Hieroglyphe einer tiefsinnigen und ewig zu deutenden *Geheimlehre vom Zusammenhang zwischen Staat und Genius*« auf (KSA1 777). An anderer Stelle sagt er, Platon und große Religionsstifter hätten »nie an ihrem Recht zur Lüge gezweifelt« (KSA6 102). Auch erwähnt Nietzsche den »Metallmythos« der *Politeia*, den er als »Nothlüge« für die »erste Generation seiner [Platons] neuen Gesellschaft« auffaßt (KSA1 327f). Genau diese Stelle ist es, die Strauss immer wieder als Beleg für Platons Kunst des Schreibens anführt. Ob Platon sich bewußt verstellt oder ob Verstellung in einer widersprüchlichen (tragischen) Persönlichkeit zwangsläufig angelegt ist, läßt Nietzsche jedoch offen. Beides schwingt mit, wenn er von »*Plato's* Verborgenheit und Sphinx-Natur« träumt und bedenkt, daß unter dem Kopfkissen seines Sterbelagers nichts »Platonisches«, sondern ein Werk des Aristophanes gelegen habe: »Wie hätte auch ein Plato das Leben ausgehalten – ein griechisches Leben, zu dem er Nein sagte, – ohne einen Aristophanes! –« (KSA5 47).

In Nietzsches Schriften sind viele Gedanken Strauss' vorweggenommen, ohne freilich in ein kohärentes System zu passen. Die Kohärenz stellt Strauss selbst her, wenn er Platon und Aristoteles mit und gegen Nietzsche rehabilitiert, indem er alle Ambiguitäten Nietzsches durch die konsequente Anwendung eines Exoterik-Esoterik-Schemas beseitigt. Es scheint beinahe, als wolle er Nietzsche nachweisen, daß dessen Bild der Antike auch für die Nachsokratiker noch zutreffe, wenn man nur zwischen den Zeilen zu lesen verstünde. An Thukydides knüpft Strauss wohl in Nietzsches direkter Nachfolge an (vgl. CM 139–241): »Man muss ihn [Thukydides] Zeile für Zeile umwenden und seine Hintergedanken so deutlich ablesen wie seine Worte: es giebt wenige so hintergedankenreiche Denker.« (KSA6 156). In diesem Sinne legt Strauss sich in den Text hinein – so weit, daß am Ende Nietzsche aus ihm zurückzurufen scheint: »the Spartans were members of a herd rather than individuals; Sparta did not, like Athens, bring forth lions« (CM 213). Die Dichotomie zwischen »Heerdenthieren« und Löwen läßt sich leicht auf Nietzsche zurückführen;[92] Strauss verweist auf Belegstellen bei Platon und Aristophanes. Vielleicht ist das nur Zufall, vielleicht aber auch ein subtiler Hinweis auf Nietzsches Wort von der »Sphinx-Natur« Platons, die Strauss so versteht, wie er Nietzsche auslegt: als intendierte Rätselhaftigkeit, die die »harten Wahrheiten« gleichzeitig verbirgt und enthüllt.

Nietzsche glaubte allem Anschein nach, daß er das wahre Bild der Antike entdeckt hatte, gerade dort, wo er hinter ihre »Maske« blickte (vgl. KSA6 67f). Wähnt auch Strauss sich in diesem Glauben? Meint er wirklich, daß er die esoterische Wahrheit Platons und Aristoteles' entdeckt hat? Oder schreibt er, wie er in einer Rezension andeutete, Bücher »on the political problem of our time in the guise of a book on Plato's political philosophy«? (NIP 364).[93] Daß Strauss mindestens die politische Philosophie des Aristoteles transformiert, indem er sie aus dem Horizont eines bestimmten Verständnisses von Nietzsche, Heidegger und jüdisch-islamischen Denkern des Mittelalters auslegt, sollte in diesem Kapitel deutlich werden. Die Frage, ob er sich über den Transformationscharakter seiner Interpretation hinwegtäuscht oder Aristoteles bewußt als Maske eines an Nietzsche geschulten Denkens einsetzt, kann offen bleiben, ohne diesen Befund zu tangieren.[94]

---

92 Zum »Heerdenthier« vgl. KSA5 83, KSA5 270–274; der Löwe steht bei Nietzsche als Symbol des freien Geistes: »Freiheit sich schaffen und ein heiliges Nein auch vor der Pflicht: dazu, meine Brüder, bedarf es des Löwen.« (Also sprach Zarathustra, KSA4 30).
93 Tarcov legt den Gedanken nahe, daß Strauss an dieser Stelle über sich selbst spricht (On a certain critique of ›Straussianism‹, aaO., 273f).
94 Vgl. die Einschätzung von Drury: Die Frage, ob Strauss die Moderne im Rückgriff auf die Griechen oder auf Nietzsche überwinden wolle, sei letztlich bedeutungslos, »because the ancients to whom Strauss appeals have been transfigured by Nietzsche« (The Political Ideas of Leo Strauss, aaO., 170, 181).

II.3 Hannah Arendt – Entdeckung der Pluralität

Hannah Arendt studierte von 1924–28 Philosophie, protestantische Theologie und griechische Philologie. Sie promovierte mit einer Arbeit über den Liebesbegriff bei Augustinus und arbeitete danach an einer Biographie der deutschen Jüdin Rahel Varnhagen, die sie als Habilitationsschrift einreichen wollte. Im Rückblick sagte sie über diese Zeit wie über ihre gesamte Jugend, sie habe sich »weder für Politik noch für Geschichte interessiert« (SA 29). Das änderte sich schlagartig, als sie im Juli 1933 in Berlin verhaftet wurde, wieder frei kam und anschließend sofort nach Paris flüchtete (SA 48–49). Arendt nutzte die Emigrationszeit, um sich systematisch mit Politik und politischer Philosophie zu beschäftigen (SA 47).[95] Die wohl wichtigste ›Hilfestellung‹ war dabei jener Mann, den sie einst geliebt hatte und dessen persönliches Engagement im Nationalsozialismus sie zutiefst verabscheute, Martin Heidegger. Sie übernahm Heideggers Ansatz einer Dekonstruktion der philosophischen Tradition ebenso wie seine Versuche, das Zerlegte phänomenologisch zu fassen und existenzialphilosophisch zu rekonstruieren. Zugleich ging sie jedoch über Heidegger hinaus, dessen frühe Existenzialphilosophie aus ihrer Sicht noch immer im Bann der Tradition verblieben war. Nicht wollte sie aus philosophischer Sicht etwas über Politik sagen, sondern gerade umgekehrt die Philosophie vom Standpunkt des Politischen neu bedenken. Auf diese Weise gelangte sie wie der frühere Lehrer zu Aristoteles, sogar zu denselben Texten. Da sie aber andere Fragen an diese herantrug, stieß sie auf nicht minder verschiedene Antworten.

Das erste große Resultat ihres Nachdenkens über das Politische war das Totalitarismus-Buch von 1951 (dt. 1955 – ET). Darin mischen sich auf ungewöhnliche Weise historische Forschung und philosophische Reflexion über menschliches Tätigsein. Dieses zweite Moment arbeitete sie systematisch in *The Human Condition* (1958) aus, 1960 unter dem Titel *Vita activa* in deutscher Sprache erschienen (VA). Zeitgleich schrieb sie an einer Einführung in die Politik, die zu Lebzeiten Fragment blieb, heute aber eine wertvolle Quelle für die Genese ihrer politischen Theorie darstellt.[96] In den sechziger Jahren erschienen ein wichtiger Band mit Essays und Vorträgen, ein vieldiskutierter Bericht vom Eichmann-Prozeß in Jerusalem und eine Untersuchung über das Phänomen der Revolution.[97] Die Spätphase ihres Schaffens ist dem auf drei Bände konzipierten Werk *Vom Leben des Geistes* verschrieben, mit dessen drittem Teil über das Urteilen

---

95 Brief an Gerhard Scholem (20.7.1963), in: SA 29–36.
96 Was ist Politik? Fragmente aus dem Nachlaß, hg. von Ursula Ludz, München 1993 – [WP].
97 Über die Revolution (engl. 1963), München 1965, ⁴1994 – [ÜR]; Eichmann in Jerusalem: Ein Bericht von der Banalität des Bösen (engl. 1963), München 1964; Zwischen Vergangenheit und Zukunft. Übungen im politischen Denken I (engl. 1968), hg. von Ursula Ludz, München 1994 – [VZ].

Arendt gerade beginnen wollte, als sie 1974 einem Herzinfarkt erlag.[98] Die nachfolgende Analyse erstreckt sich auf alle angeführten Werke.

Arendt ist im Unterschied zu Voegelin und Strauss schon sehr früh mit Aristoteles in Zusammenhang gebracht worden. Jürgen Habermas kritisierte 1976 ihre »aristotelisch inspirierte Handlungstheorie«.[99] Dolf Sternberger lobte dagegen, daß ihr »die schönste philosophische Rekonstruktion der griechischen Polis oder des aristotelischen Staates verdankt wird, die wohl in unseren Tagen geglückt ist«.[100] Otfried Höffe erklärte, sie sei »auf eine vielleicht überraschende, jedenfalls originelle Weise [...] eine Neoaristotelikerin«.[101] Ob diese Bezeichnung jeweils in zustimmender oder kritischer Absicht verliehen wird, ist nur von sekundärer Bedeutung. Wichtiger ist angesichts der hier verfolgten Fragestellung, daß sie die Gefahr birgt, die Konturen zwischen aristotelischer Quelle und Arendtscher Auslegung zu verwischen. Es wird daher besonders darauf ankommen, die in Arendts politischer Theorie vollzogene ›Horizontverschmelzung‹ soweit zu ihren Wurzeln zurückzuverfolgen, daß die ursprünglich verschiedenen Horizonte wieder sichtbar werden. Nur auf diese Weise kann die Typik ihrer Transformation der aristotelischen Philosophie adäquat erhellt werden. Darin liegt die Chance, sowohl die Originalität des Arendtschen Denkens als auch seine Aporien und Begrenzungen besser zu verstehen.[102]

Gegenstand des ersten Kapitels ist Arendts Auffassung eines Traditionsbruchs und ihre Weiterentwicklung von Heideggers Verfahren philosophischer Dekonstruktion (3.1). Allein vor dem Hintergrund ihrer methodischen und erkenntnistheoretischen Überlegungen kann die Art ihres Rückgriffs auf Aristoteles und andere Philosophen der Vergangenheit überhaupt ermessen werden. Die nächsten drei Kapitel betreffen Arendts anthropologisch wie existenzialphilosophisch geführte Rekonstruktion. Zuerst sind die von ihr genannten Grundbedingungen menschlicher Existenz zu untersuchen, denen die Tätigkeiten der *vita activa* entsprechen (3.2). Da das Handeln *die* politische

---

98 Vom Leben des Geistes. Band I: Das Denken (engl. 1977), München 1979, ³1993 – [VGD]; Band II: Das Wollen (engl. 1978), München 1979 – [VGW].
99 Jürgen Habermas: Hannah Arendts Begriff der Macht (1976), in: Hannah Arendt. Materialien zu ihrem Werk, hg. von Adelbert Reif, Wien 1979, 296.
100 Dolf Sternberger: Politie und Leviathan. Ein Streit um den antiken und den modernen Staat (1984), in: Schriften X, Frankfurt a.M., 1990, 246f.
101 Otfried Höffe: Politische Ethik im Gespräch mit Hannah Arendt, in: Die Zukunft des Politischen. Ausblicke auf Hannah Arendt, hg. von Peter Kemper, Frankfurt a.M. 1993, 17.
102 Dana R. Villa: Arendt and Heidegger. The Fate of the Political, Princeton 1996 scheint eine ähnliche Absicht zu verfolgen, wenn er darauf hinweist, daß in der Gleichsetzung von aristotelischem und Arendtschem Denken die Gefahr liege, letzteres zu domestizieren (3f). Er arbeitet sowohl Parallelen als auch Differenzen zwischen beider Verständnis von *praxis* heraus (17–79). Allerdings liest Villa Aristoteles allein aus der Perspektive Arendts, weil er die Überlegenheit ihres »postmodernen« Ansatzes herausstellen will. In dieser Blickbahn versperrt er sich selbst den Weg, Arendts Dekonstruktion kritisch hinterfragen zu können. Villa verkennt daher, wie sehr Arendts Begriff der Pluralität auf Aristoteles zurückgeht. Auf die Unmöglichkeit, Arendts Denken einfach aus den Positionen anderer Philosophen zu deduzieren, verweist, mit kritischem Unterton gegenüber der bisherigen Forschung, auch Dag Javier Opstaele: Politik, Geist und Kritik. Eine hermeneutische Rekonstruktion von Hannah Arendts Philosophiebegriff, Würzburg 1999, 44f. – Vgl. vor diesem Hintergrund den Literaturbericht des Verfassers: Polis-Nostalgie oder kritische Theorie der Moderne? Neue Beiträge zur Hannah-Arendt-Forschung, in: Philosophisches Jahrbuch 107 (2000), 498–510.

Tätigkeit schlechthin darstellt, wird es in einem eigenen Kapitel behandelt (3.3). Von den Vermögen der *vita contemplativa* soll dem Urteilen als der für das Handeln wichtigsten Geistestätigkeit ebenfalls ein eigenes Kapitel gelten (3.4). Abschließend steht Arendts Konzeption politischer Ordnung zur Verhandlung (3.5).

3.1 Tradition und Dekonstruktion

Hannah Arendt hat ihre Philosophie noch stärker als Leo Strauss und Eric Voegelin in die Erfahrung eines Traditions- und Geschichtsbruchs gestellt. Während Voegelin neue Bedeutungslinien in die Geschichte einzuziehen sucht und Strauss die Natur als transhistorischen Maßstab rehabilitieren will – ein Weg, der beide zu Platon und Aristoteles führt –, hält Arendt weder Geschichte noch Natur für angemessene Größen, um über die Probleme des 20. Jahrhunderts nachzudenken (ET 617). Für sie ist ausgeschlossen, daß die überlieferte philosophische Tradition der Gegenwart noch ein festes Maß an Orientierung gewähren kann. Durch das Aufkommen des Totalitarismus, so Arendt, sei »der Ruin unserer Denkkategorien und Urteilsmaßstäbe ans Licht gebracht worden« (VZ 122). In dieser Feststellung liegt zweierlei, die Absage an bestimmte Modelle abendländischen Denkens und die Forderung, den Ruin nicht einfach hinzunehmen, sondern ihn traditionskritisch zu überwinden. Beides umschreibt die Herausforderung, der sich Arendts Philosophieren stellen will.

Arendt hat die Gefahr, die jeder Kritik der Tradition innewohnt, deutlich gesehen. Die Tradition habe seit den Römern die Funktion eines Ariadnefadens gehabt, der durch die Vergangenheit führte, auswählte und bewahrte (VZ 161). Wenn dieser Faden gerissen ist, wie Arendt annimmt (ebd., vgl. VZ 17f, VGD 207f), droht die Flucht aus dem Extrem der Traditionsgläubigkeit in das der Fortschrittsgläubigkeit, mithin der Verlust der gesamten Vergangenheit. Dann jedoch würde die menschliche Existenz ihrer »Tiefendimension« beraubt werden und müßte unweigerlich verflachen (VZ 161). Die Kritik der Tradition darf daher nicht auf Kosten der Vergangenheit gehen; vielmehr soll sie diese Vergangenheit in ihrer Fülle überhaupt erst zugänglich machen. Der wegweisende Ariadnefaden ist aus Arendts Sicht immer auch eine Kette gewesen, die jeder neuen Generation angelegt wurde, weil sie die Vergangenheit nur unter einem vorgezeichneten Aspekt erscheinen ließ. Nach dem Riß des Fadens kann von *der* Vergangenheit keine Rede mehr sein. Es bleiben Bruchstücke, die ihre »Bewertungsgewißheit« verloren haben, aber gerade deshalb als besonders wertvoll und bewahrenswert erscheinen (VGD 208). Dazu gehört auch die aristotelische Philosophie, in deren Trümmern Arendt wichtige Ansatzpunkte für ein Denken findet, das den Ruin der Urteilsmaßstäbe überwinden soll.

Um zu verstehen, wie und aus welcher Perspektive Arendt auf Aristoteles zurückgreift, soll in diesem Kapitel der Horizont erschlossen werden, in dem und aus dem heraus der Rückgriff erfolgt. Der erste Abschnitt behandelt den von ihr konstatierten Zusammenhang zwischen dem vom Totalitarismus hervorgerufenen Geschichtsbruch und dem vorangegangenen philosophischen Traditionsbruch, der mit der Neuzeit einsetzt und im 19. Jahrhundert abgeschlossen ist (3.1). Arendt »bewältigt« diesen Bruch, indem sie die Tradition zerlegt, deren »Vorurteile« auf ursprüngliche Erfahrungen zurückführt, die Erfahrungen aus der gewohnten Bewertungsgewißheit befreit und die

Bruchstücke in einer Weise zusammensetzt, die frühere Hierarchisierungen aufhebt, gleichwohl aber neue Prioritäten setzt. Dieses Vorgehen entspricht der dekonstruktiven Hermeneutik Heideggers, was in den beiden folgenden Abschnitten deutlich werden soll. Zu behandeln sind zum einen Arendts Dekonstruktion der traditionellen Metaphysik, ihre Übernahme eines phänomenologischen Weltverständnisses und die damit gegebene Transformation der aristotelischen Erkenntnislehre (3.2). Zum anderen wird ihre Dekonstruktion der politischen Philosophie analysiert, die Neuverortung des Gegensatzes von Denken und Handeln, die eine Auseinandersetzung mit dem aristotelischen Verständnis von praktischer und theoretischer Philosophie enthält (3.3).

(a) Traditionsbruch und Geschichtsbruch

Arendt hat immer wieder nach Metaphern gesucht, um die Situation der modernen Philosophie zu beschreiben. Sie nahm eine Wendung des französischen Résistance-Schriftstellers René Char auf und sprach vom »Erbe ohne Testament«. Wie ein Ariadnefaden durch das Labyrinth der Vergangenheit führt, regelt ein Testament vergangenen Besitz für die Zukunft und sagt dem Erben, was sein eigen ist (VZ 7–11). Diese Regelung, die für Kontinuität zwischen den Generationen sorgt, ist abgebrochen. Dem Denken, so ein weiteres Bild, ist das »Geländer« abhanden gekommen, an dem es sich festhalten konnte (ET 42, SA 110). Beide Metaphern bezeichnen einen Traditionsbruch im Denken, der im Selbstverständnis der Neuzeit angelegt war, aber erst im 19. Jahrhundert mit voller Radikalität vollzogen wurde. Was den Denker des 20. Jahrhunderts von seinen Vorgängern trennt, ist ein zweiter Bruch. »Die Gaskammern des Dritten Reichs und die Konzentrationslager der Sowjetunion haben die Kontinuität abendländischer Geschichte unterbrochen, weil niemand im Ernst die Verantwortung für sie übernehmen kann.« (ET 946, vgl. VZ 35). Dieser Geschichtsbruch stellt die Intellektuellen vor eine grundsätzlich neue Ausgangslage: Sie können nicht einfach bei der Zerstörung der Tradition, dem Werk ihrer Vorgänger, stehen bleiben, weil diese Zerstörung erst den Boden bereitete, auf dem das totalitäre Denken gedeihen und praktisch wirksam werden konnte. Die Geschichte der neuzeitlichen Philosophie wird in dieser Blickbahn zum Vorspiel des modernen Totalitarismus.

Tradition ist ursprünglich ein römischer Begriff, der nach Arendts Darstellung zusammen mit Autorität und Religion eine Trias bildet, deren Wurzeln in der Erfahrung der Republiksgründung liegen (VZ 187–192). Die Autorität aller Machthaber leitete sich von den Gründern her; die Tradition überlieferte ihr Zeugnis und die Religion band alle Menschen an die Heiligkeit des Gründungsaktes zurück, worin die Bekräftigung seiner ewigen Erhaltung lag. Wiewohl diese Dreieinigkeit mit dem Ende der Republik überkommen war, blieb sie für das abendländische Denken prägend und, da sie sich von der ursprünglichen Erfahrung gelöst hatte, verstellend (VZ 191f). Am Übergang zur Neuzeit wurde sie zum ersten Mal in Frage gestellt, jedoch stets so, daß ein Teil verabschiedet, die anderen jedoch bewahrt bleiben sollten. Luther forderte die weltliche Autorität der Kirche heraus, wollte jedoch Tradition und Religion intakt lassen; Hobbes hoffte, man könne Autorität und Religion ohne Tradition erhalten, während die Humanisten auf eine Tradition ohne Autorität und Religion setzten (VZ 194). Durch diese Attacken wurde die Trias geschwächt, bis sie im 19. Jahrhundert ganz zerfallen mußte. Hegels Geschichtsphilosophie setzte, so Arendt, »die Liquidierung der

Autorität aller Traditionen« voraus und substituierte die Verpflichtung auf spezifische Inhalte durch die spekulative Konstruktion eines kontinuierlichen Entwicklungsprozesses (VZ 37). Für Arendt ist damit der Punkt erreicht, an dem sich das philosophische Denken am weitesten von wirklicher Erfahrung entfernt hatte und gewissermaßen »implodieren« mußte. Diese Implosion ereignet sich aus ihrer Sicht in den Werken von Kierkegaard, Marx und Nietzsche. Alle drei beendeten das philosophische Denken des Abendlandes, indem sie Hegel auf je verschiedene Weise auf den Kopf stellten, wodurch die Überlieferung vollends ad absurdum geführt wurde (VZ 38–45).

Kierkegaard wollte nach Arendts Überzeugung die Würde des Glaubens vor der modernen Vernunft retten. Da er die Entscheidung für den Glauben aber nur noch als blinde und unbegründete Wahl ausweisen konnte, habe er einerseits den Zweifel in die Religion getragen und andererseits das Vertrauen in die menschliche Vernunft erschüttert. Dadurch sei der überlieferte Gegensatz von Glauben und Vernunft zur unlösbaren Aporie geworden. Im Marxschen Denken vermutet Arendt das Motiv, die von der politischen Philosophie überlieferte Verachtung der Politik aufzuheben. Allerdings unterwerfe sein Sprung von der Theorie in die Praxis letztere einer Notwendigkeit, die frühere Zeiten nie gekannt hätten. So hebe er sowohl Theorie als auch Praxis auf und wisse sich nur mit der Annahme dialektischer Bewegungsgesetze in der Geschichte sowie der Verherrlichung der Arbeitskraft zu helfen. Nietzsche schließlich habe die Würde des Lebens gegen die Sinnenfeindlichkeit der Philosophie retablieren wollen. Jedoch sei mit der Abschaffung des Übersinnlichen auch das Sinnliche verschwunden, so daß ihm nur mehr die Umwertung aller Werte, mithin die Entwertung des Gegebenen übrig geblieben sei. Kierkegaard, Marx und Nietzsche sind für Arendt die ersten ›Denker ohne Geländer‹, weil sie keine überlieferte Autorität mehr anerkannten (VZ 37). Dennoch seien sie gescheitert, da sie sich immer noch im kategorialen Gerüst der Tradition bewegt und an Gegensatzpaaren orientiert hätten, die ursprünglich »in gültigen menschlichen Erfahrungen verwurzelt gewesen«, aber längst »zu bloßen Begriffen geworden waren« (VZ 40). Hannah Arendt wertet die Aushebelung der Gegensatzpaare als philosophische Leistung von größter Bedeutung, obwohl sie, politisch gesehen, ein Desaster vorbereitete.

Kierkegaards unbedingte Wahl, Marx' Verherrlichung der Arbeitskraft und Nietzsches Umwertung der Werte implizierten die radikale Entwertung alles dessen, was dem Menschen vorgegeben und nicht von ihm geschaffen ist. In dieser Entwertung lag nicht nur ein gefährlicher Nihilismus, sondern der Keim für die Entwicklung des Totalitarismus. Dieser ersetzt nach Arendts Analyse das Denken durch eine Ideologie, die völlig von jeder Erfahrung losgelöst ist, den Verlust des gesunden Menschenverstandes voraussetzt wie fördert (ET 41, 904, 964) und durch vollkommene Stringenz und innere Stimmigkeit (ET 965–69) die Menschen für sich einzunehmen versucht. An die Stelle des Handelns tritt der Terror, der kein Ziel mehr verfolgt, außer die Massen in permanenter Bewegung zu halten, wodurch jeder Zweck und jedes Mittel gerechtfertigt werden kann (ET 529, 711, 726f, 958f). Ideologie und Terror schaffen die Wirklichkeit ab, bis zur Vernichtung des Menschen; ihr Ideal ist erfüllt, wenn der Mensch selbst überflüssig geworden ist (ET 938). Auf diese Weise ersetzen sie das ›Denken ohne Geländer‹ durch fiktive Welten, die jenen Menschen eine Heimat bieten, die sich weder durch Tradition, Autorität und Religion gebunden fühlen noch bereit sind, die bestehende Wirklichkeit anzuerkennen. Die geistigen Voraussetzungen dafür liegen nach Arendts Überzeugung in der Philosophie der Neuzeit und ihrem Ende im 19. Jahrhundert. Durch den Totalitarismus eskaliert der philosophische Traditionsbruch zum Geschichtsbruch.

Philosophisches Denken in der zweiten Hälfte des 20. Jahrhunderts trägt die Bürde dieses doppelten Bruchs, auch wenn es ihn nicht verantworten kann. Für Arendt folgt daraus die sowohl philosophische als auch ethische Verpflichtung, einen neuen Bezugsrahmen zu finden, in dem der Mensch seine Tiefendimension wiederfinden kann. Ohne einen solchen Rahmen gebe es weder Vergangenheit noch Zukunft, »nur immerwährenden Wandel der Welt und den biologischen Kreislauf der lebendigen Geschöpfe in ihr« (VZ 9). Der Philosoph der Gegenwart darf nicht bei den Aporien des 19. Jahrhunderts verharren; er muß aber auch davor zurückstehen, neue absolute Wahrheiten zu verkünden. Die Rekonstruktion eines Bezugsrahmens soll daher ebenso experimentell, d.h. revisionsfähig, wie wirklichkeitsbezogen sein. Angesichts einer philosophischen Tradition, die stets über die Wirklichkeit hinaus gefragt hat, ist diese Aufgabe für Arendt nur zu lösen, wenn das Denken an menschliche *Erfahrung* gebunden wird, die sinnlich ausweisbar und allen Menschen zugänglich ist. Ihre Rekonstruktionsversuche beruhen auf der Annahme, »daß das Denken aus Geschehnissen der lebendigen Erfahrungen erwächst und an sie als die einzigen Wegweiser, mit deren Hilfe man sich orientiert, gebunden bleiben muß« (VZ 18). In dieser Blickbahn enthalten die »metaphysischen Trugschlüsse« der Tradition »die einzigen Hinweise darauf, was Denken denen bedeutet, die es betreiben«. Sie sind erst dann verstanden, wenn sie auf ursprüngliche Erfahrungen zurückgeführt werden können. Darüber hinaus liegt darin die Chance, »unbelastet und ungeleitet von jeder Tradition, die Vergangenheit mit neuen Augen [zu] sehen und damit an einen ungeheuren Schatz unbearbeiteter Erfahrungen heran[zu]kommen, ohne an irgendwelche Behandlungsvorschriften gebunden zu sein« (VGD 22). Es ist möglich, daß auf diese Weise Erfahrungen, derer die Menschen im Zuge der Traditionsbildung verlustig gegangen sind, wieder ans Licht treten.[103] Vergangenheit könnte dann in einem doppelten Sinne für die Gegenwart von Bedeutung sein: als Quell vielfältiger Erfahrungen, von denen die einen überbewertet wurden und bis in die Moderne hinein verstellend wirkten, die anderen vergessen wurden, gleichwohl aber von fortdauernden Entfaltungsmöglichkeiten des Menschen zeugen (vgl. WP 41f).

(b) Dekonstruktion der Metaphysik

Am Schluß der ursprünglich als Vorlesung gehaltenen Abhandlung über das Denken bekennt Arendt, sie sei »eindeutig denen beigetreten, die jetzt schon einige Zeit versuchen, die Metaphysik und die Philosophie mit allen ihren Kategorien, wie wir sie seit ihren Anfängen in Griechenland bis auf den heutigen Tag kennen, zu demontieren«. Sie erwähnt, daß diese Demontage eine eigene Methode habe, auf die sie jedoch »nur am Rande« eingegangen sei (VGD 207f). Angesichts ihrer Biographie kann kein Zwei-

---

103 Für Arendt gilt, was sie über die Revolutionäre des 18. Jahrhunderts schreibt: »Sie wandten sich an die Antike nicht aus Traditionsbewußtsein, sondern, im Gegenteil, weil ihnen klar war, daß sie dort etwas entdecken würden, was die Tradition ihnen nicht überliefert hatte.« (ÜR 254).

fel daran bestehen, wer mit »denen« und was mit »Methode« gemeint ist. Arendts Demontage der Metaphysik geht auf Heideggers frühe Vorlesungen zurück.[104] Wie der frühere Lehrer sucht sie nach den Erfahrungen hinter den »metaphysischen Trugschlüssen« (VGD 207), arbeitet Verdeckungen heraus und läßt der Dekonstruktion eine Rekonstruktion folgen.[105] Freilich geht sie noch über Heidegger hinaus, weil sie aus einem anderen Horizont heraus fragt, wodurch selbst Heidegger als Denker erscheint, der sich nicht völlig von den Vorurteilen der abendländischen Philosophie befreien konnte.[106] Beides, Nähe und Distanz zu Heidegger, soll in diesem und dem folgenden Abschnitt deutlich werden. Die leitende Frage betrifft jedoch die Konsequenzen, die Arendts Demontage von Metaphysik und politischer Phiosophie für ihren Zugriff auf Aristoteles hat.

Unter Metaphysik versteht Arendt einen Deutungsversuch von Wirklichkeit im ganzen, der die sinnlich gegebene, veränderliche Welt zu transzendieren sucht, um dahinter eine wahre und unveränderliche Welt zu finden, die jene erklärt, jedoch nur dem Denken zugänglich ist. Diese »Zwei-Welten-Theorie« habe seit Parmenides zur metaphysischen Unterscheidung von wahrem Sein und bloßer Erscheinung geführt (VGD 33). Zwar ist diese Theorie seit Nietzsche gründlich diskreditiert, jedoch kann ihr Entstehen nur im Rückgang auf das griechische Denken verstanden werden. Arendt bezieht sich vor allem auf Platon, ohne jedoch einen grundlegenden Unterschied in der Metaphysik des Aristoteles anzunehmen. Daher lassen sich ihre Äußerungen auf Aristoteles übertragen. Als Basistext bietet sich, wie schon bei Heidegger und Voegelin, Met. I.1–2 an. Aristoteles führt den Anfang des Philosophierens auf das Staunen (*thaumazein*) zurück (982b12–14). Die ersten Philosophen seien über unmittelbar sich darbietende Erscheinungen verwundert gewesen und wären dann bei der Erklärung von Größerem, wie Mond und Sonne, schließlich der Entstehung des Ganzen überhaupt, auf Unwege geraten (*diaporēsantes*, b14–17). Das Staunen ist also eine zwiespältige

---

104 Seyla Benhabib: Hannah Arendt – Die melancholische Denkerin der Moderne, Hamburg 1998 führt das, was sie als Arendts Methode »fragmentarischer Geschichtsschreibung« herausarbeitet, auf Einflüsse Walter Benjamins zurück. Hingegen schreibt sie ihre Neigung zur ursprungsphilosophischen Erhöhung der Vergangenheit Martin Heidegger zu (156–159, 191f). Zwar ist der Hinweis auf Benjamin berechtigt, doch verkennt Benhabib den in methodischer Hinsicht viel größeren Einfluß Heideggers. Gewiß gibt es bei ihm wie bei Arendt Neigungen, das Griechische als das einzig Wahre hinzustellen. Allerdings weicht er dann selbst von seinem Vorhaben einer Dekonstruktion der Tradition ab.
105 Vgl. Ernst Vollrath: Politik und Metaphysik – Zum Politischen Denken Hannah Arendts, in: Hannah Arendt. Materialien zu ihrem Werk, aaO., 19–57: »Diese Destruktion vollzieht also für das politische Denken das, was Heidegger für die Metaphysik überhaupt unternommen hat.« (29). Daß sich Dekonstruktion und Rekonstruktion nicht ausschließen, übersieht Phillip Hansen: Hannah Arendt: Politics, History and Citizenship, Stanford 1993, der annimmt, »that her work offers an ontology, a conception of what it means to be distinctively human« (5), und daher schließt: »Thus Arendt is neither a ›deconstructionist‹ intent upon demolishing conceptual thought, nor a political ›rationalist‹ with a system of notions within which experience must be tightly fitted.« (4).
106 Vgl. die Einschätzung von Villa: »I see Arendt as appropriating Heidegger in a highly antagonistic manner; as twisting, displacing, and reinterpreting his thought in ways designed to illuminate a range of exceedingly un-Heideggerian issues; for example, the nature of political action, the positive ontological role of the public realm, the nature of political judgment, and the conditions for an antiauthoritarian, antifoundational democratic politics.« (Arendt and Heidegger, aaO., 13). Zur Methode der Dekonstruktion bei Heidegger und Arendt vgl. ebd., 114.

Erfahrung: Es bewirkt zum einen die Einsicht, daß das aus Sinneswahrnehmung gewonnene Wissen nicht ausreiche, um das Sein der Erscheinungen zu erklären; zum anderen verleiht es eine Ahnung von der Ordnung des Ganzen, die den Staunenden antreibt, sein Unwissen zu überwinden. Arendt sieht im bewundernden Staunen *die* basale Erfahrung am Anfang der abendländischen Metaphysik. Es richte das philosophische Fragen auf etwas aus, das Ganze, das sich im Unterschied zur Summe der Gegenstände niemals zeige (VGD 142–145). Bei Aristoteles führt diese Haltung zur Annahme erster Prinzipien und Ursachen (*ta prōta kai ta aitia*, b1–4), die etwas Göttliches sind (*tōn theiōn*, 983 a6f). So wie ein Gott das Wissen um diese Dinge besitze, müsse auch jeder Philosoph nach der Welt des Göttlichen forschen (a7–10). Damit ist die Trennung zwischen einer Welt sinnlich wahrnehmbarer Veränderung und einer Welt ewiger Ursachen zugunsten letzterer vollzogen.

Arendt läßt die Erfahrung des Staunens gelten, weil sie Momente der »Bewunderung, Bestätigung und Bejahung« (VGD 152) der wahrnehmbaren Welt enthalte und von einem natürlichen Bedürfnis künde, über die Grenzen sinnlicher Erkenntnis hinauszudenken (VGD 21). Zugleich stellt sie drei Gefahren heraus, die darin liegen, dem bewundernden Staunen einen absoluten Vorrang vor dem *aporein* und sinnlicher Erkenntnis einzuräumen. Das *thaumazein* lasse »keinen Raum für das tatsächliche Vorhandensein von Disharmonie, Häßlichkeit und letzten Endes des Bösen« (VGD 151). Darüber hinaus setze es einen Prozeß in Gang, der mit einer Erkenntnis abschließe. Diese Betrachtungsweise verkenne die Prozessualität und die Unruhe des Denkens, das keineswegs zur klaren Erkenntnis kommen müsse (VGD 24f). Außerdem führe das *thaumazein* aus der Wirklichkeit heraus, was eine ›Entwirklichung‹ der den Menschen gemeinsamen Welt zur Folge habe (VGD 32f). Arendt ist bemüht, die philosophische Vorrangstellung von *thaumazein* gegenüber *aporein*, sinnhafter Welterklärung gegenüber sinnlicher Erkenntnis, Sein gegenüber Schein aufzuheben, ohne beider Spannungsverhältnis aufzulösen. Dieser Versuch, sowohl die Erfahrungen früherer Philosophen zu retten als auch bestimmte Verdeckungen und Ausgrenzungen aufzuheben, führt sie zu einem phänomenologischen Weltverständnis und zur Unterscheidung von Denken und Erkennen.

Die »Zwei-Welten-Theorie« trennt zwar zwischen wahrem Sein und bloßem Schein, doch beruht die zugrundeliegende Bewertung nach Arendts Überzeugung auf der Grunderfahrung, daß die Welt dem Menschen *erscheine*. Die sinnlich wahrnehmbare Erscheinung lasse sich zwar transzendieren, doch könne die sich dann eröffnende Welt wieder nur als eine dem Geist *erscheinende* vorgestellt werden (VGD 33f). Für Arendt ist »der Primat der Erscheinungen eine Sache des täglichen Lebens, der sich weder der Wissenschaftler noch der Philosoph entziehen kann« (VGD 34). Der Mensch lebe in einer Welt der Erscheinungen; er sei selbst ein Wesen, das in der Welt erscheine. »In dieser Welt, in die wir aus dem Nirgends eintreten und aus der wir wieder ins Nirgends verschwinden, *ist Sein und Erscheinen dasselbe*. [...] Es gibt in dieser Welt nichts und niemanden, dessen bloßes Sein nicht einen *Zuschauer* voraussetzte«. Vom Standpunkt der Welt, den Arendt hier bezieht, erscheint alles Seiende bzw. ist alles Erscheinende um der Wahrnehmung durch andere willen. Die Intentionalität liegt sowohl in der Wahrnehmung wie auch in der Erscheinung selbst. Es gibt keine einzelne und abgetrennte Existenz; die Welthaftigkeit des Menschen, die nicht in seiner freien Wahl steht, hat ihren Grund in der Pluralität der Menschen. »Nicht der Mensch bewohnt diesen

Planeten, sondern Menschen. Die Mehrzahl ist das Gesetz der Erde.« Der Mensch, der unter anderen Menschen erscheint, zeichnet sich wie alles Lebendige durch einen »Drang zur Selbstdarstellung« (VGD 29–31) aus. Selbstdarstellung entbirgt eine Oberfläche und verbirgt etwas, das darunter liegt. Aus diesem Grund habe jede Erscheinung etwas Scheinhaftes, denn ihr Grund erscheine nicht. Darin liegt, wie Arendt hervorhebt, die Möglichkeit des Irrtums und der Täuschung. In einer Welt der Erscheinungen ist der Schein jedoch der notwendige »Preis für die Wunder der Erscheinung« und beruht selbst auf dem Primat der Erscheinung. So können alle Erkenntnisse der Naturwissenschaften nichts daran ändern, daß uns die Sonne als auf- und untergehende erscheint (VGD 47f).

Für den Wahrnehmenden existiert die Welt der Erscheinungen als *dokei moi* (es scheint mir), das vom jeweiligen Ort in der Wirklichkeit und vom Wahrnehmungsorgan abhängt (VGD 47). Daß alle Sinneswahrnehmungen von einer Wirklichkeitsempfindung begleitet werden, führt Arendt auf den Gemeinsinn bzw. den *sensus communis* zurück, der alle privaten Wahrnehmungen in die gemeinsame Welt einfüge (VGD 59). Der Gemeinsinn gewährleistet, daß die fünf Sinne denselben Gegenstand haben, stellt den Bezug zwischen verschiedenen Wahrnehmenden her und ermöglicht so, daß sich alle auf etwas Gemeinsames beziehen, auch wenn sie es aus verschiedenen Perspektiven wahrnehmen. Perspektivität ist somit keine Einbuße an Wirklichkeit, sondern ihre Voraussetzung in einer pluralen Welt. Etwas wird um so »wirklicher«, von je mehr verschiedenen Seiten es betrachtet wird. Arendt bezeichnet diese Art des Welt- und Wirklichkeitsbezugs als Erkennen. Das Erkennen ist jene Grundhaltung, die den Menschen in die Welt einfügt, seiner Orientierung in der Welt dient und die unter Berücksichtigung der Pluralität bzw. Perspektivität zu einer gewissen Wahrheit gelangen kann.

Davon unterschieden ist das Denken, das zwar vom sinnlich Gegebenen ausgeht, es jedoch überschreiten kann, etwa indem es Unsichtbares einbezieht (VGD 24, 76). Das Denken ist Sache des Einzelnen und löst ihn aus der Welt der Vielen heraus (VGD 56), was den »Verlust des Gemeinsinns« und das Schwinden des Wirklichkeitsgefühls zur Folge hat (VGD 62). Arendt spricht auch von der »Heimatlosigkeit« des Denkens und beruft sich auf entsprechende Stellen im *Protreptikos*, einem nur fragmentarisch überlieferten Frühwerk des Aristoteles (VGD 195f). Aufgrund des Rückzugs aus der gemeinsam verbürgten Wirklichkeit kann das Denken zu keiner Wahrheit gelangen, die in einer Welt der Erscheinungen von Bedeutung wäre. Seine eigentliche Leistung ist die Suche nach dem Sinn. Arendt spricht bewußt von Suche, um den Prozeßcharakter des Denkens und die Unmöglichkeit abgeschlossener Sinngebung zu betonen (VGD 128, 207). Sie interpretiert in diesem Zusammenhang die *noēsis noēseōs*, nach Aristoteles die Tätigkeit des sich selbst denkenden göttlichen Wesens, als kreisförmige Bewegung, die zu keinem Ende, d.h. zu keiner Erkenntnis kommen kann und dennoch von einem Moment der Suche in Gang gehalten wird (VGD 128). Für einen Menschen, der aus dem Nirgends kommt und ins Nirgends geht, kann es nach Arendts Auffassung keine Gewißheit über den Sinn seiner Erscheinung geben. Wohl aber ist sein Aufenthalt in der Welt zeitlich begrenzt, und Arendt versteht das Denken als eine Tätigkeit, die dem »indifferenten Zeitstrom« eine Richtung gibt (VGD 203). Im Denken vollzieht sich ein »Kampf« zwischen Vergangenheit und Zukunft, der von dem Bedürfnis getrieben wird, sich mit der Gegenwart auszusöhnen, ohne sich ihr auszuliefern (VGD 149, 153f).

Mit der Gleichsetzung von Sein und Erscheinen, von Wahrheit und sinnlicher Erkenntnis knüpft Arendt an die Phänomenologie Heideggers an. Gegenüber einer Tradition des Denkens, die die natürliche Welt des Menschen zu transzendieren sucht, wollen beide die Würde der Erscheinungswelt rehabilitieren. Für Heidegger beruht diese Würde auf der Gleichsetzung von *alētheia*, Wahrheit im Sinne der Unverborgenheit, und Sinnhaftigkeit, insofern Existenz und Essenz des Menschen in seinem unverdeckten Sein zusammenfallen. Für Arendt steht er damit immer noch im Bann der überlieferten Metaphysik, die – aus der Erfahrung des Denkens heraus – stets vom Einzelnen ausgehe (VGD 25). Dagegen bezieht sie den Standpunkt der Welt, von dem aus Erscheinung nicht Unverborgenheit für den Einzelnen, sondern Entbergung für andere ist. Dem von ihr verteidigten »Primat der Erscheinungswelt« (VGD 114) entspricht der Primat der Pluralität und der Welthaftigkeit. Das Denken kann diesen Primat nur zeitweilig außer Kraft setzen und bestätigt ihn sogar, sofern seine Sinnsuche der Aussöhnung mit der gegenwärtigen Wirklichkeit dient. Dennoch ist es ihr nie ausgeliefert und niemals durch sie determiniert.

Arendts Demontage der Metaphysik beläßt dem Denken das im Staunen liegende Bejahen der Welt und die im Fragen beschlossene Suche nach Sinn, die alles Erscheinende zu transzendieren vermag. Zugleich nimmt sie ihm den Anspruch auf allgemeingültige Wahrheit und auf eine »höhere Wirklichkeit«. Für Arendt überlasten diese Ansprüche das Denken und gründen ursprünglich in der Welthaftigkeit der Menschen. Während die Philosophie jahrhundertelang diese Welthaftigkeit nur aus der Perspektive des Denkens betrachtete, wechselt Arendt die Blickrichtung und beurteilt das Denken vom Standpunkt der Welt. Auf diese Weise rehabilitiert sie jene Erfahrungen der Pluralität und des gemeinsamen, perspektivisch konstituierten Wirklichkeitsbezugs, die – etwa in Met. I.1–2 – im staunend-verwunderten Rückzug aus dieser Welt ausgeblendet wurden. In ihrer Kritik der Tadition ist somit eine deutliche Relativierung und Neuverortung auch der theoretischen Philosophie des Aristoteles impliziert. Aus der Wahrheitssuche der Wenigen, die auf das Allgemeine zielt, wird das Bedürfnis jedes Menschen, über den Sinn seines individuellen Daseins nachzudenken. Dagegen wird das Bedürfnis nach Wahrheit, d.h. für Arendt nach Wirklichkeit und Welthaftigkeit, auf der Ebene vorphilosophischer, gemeinsamer Existenz verortet. Dort geht es weder um das Ganze noch um das Allgemeine (*katholou*, Met. I.2, 982a22), sondern um das je einzelne (*kath' hekaston*, a9), das allen gemeinsam ist. Gerade dieses einzelne ist aber nicht Gegenstand der theoretischen, sondern der praktischen bzw. politischen Philosophie des Aristoteles (vgl. VGD 196), deren Auslegung durch Arendt noch zu untersuchen ist. Bis hierher kann festgehalten werden, daß ihre Transformation sowohl der aristotelischen Erkenntnislehre als auch der gesamten abendländischen Metaphysik vom Standpunkt der Pluralität[107] aus geführt wird und daher *plurale* Transformation heißen kann.

---

107 Die fundamentale Bedeutung des Standpunkts der Welt/Öffentlichkeit/Pluralität betont vor allem Shiraz Dossa: The Public Realm and the Public Self. The Political Theory of Hannah Arendt, Waterloo (Ontario, Canada) 1989: »On each and every fundamental political and moral question, Arendt deployed her critical intellect from the point of view of the public realm.« (Preface, X).

(c) Dekonstruktion der politischen Philosophie

Arendts Denkweg setzt von Anfang an ihr phänomenologisches Weltverständnis und ihre entsprechende Demontage der Metaphysik voraus. Dennoch wird diese Demontage erst im Spätwerk *Vom Leben des Geistes* ausdrücklich vorgeführt. Arendts Priorität war Zeit ihres Lebens die Auseinandersetzung mit *politischer* Philosophie. Dabei gelangte sie zu der Einsicht, daß das Politische nur dann seine volle Würde (zurück-)erlangen kann, wenn es nicht, wie in der Tradition üblich, vom Standpunkt des Philosophen, sondern vom Standpunkt der Welt und der Pluralität betrachtet wird, dem das Politische natürlicherweise zugehört. Arendt betonte diesen Perspektivenwechsel, der eine Dekonstruktion der überlieferten politischen Philosophie voraussetzt, indem sie als ihren »Beruf« grundsätzlich »politische Theorie« angab[108] und die Bezeichnung »politische Philosophin« zurückwies. »Ich will Politik sehen mit, gewissermaßen, von der Philosophie ungetrübten Augen.« (SA 44f).[109]

Arendt will auf diese Weise Anschluß an eine Haltung gewinnen, die ihrer Überzeugung nach vor der Spaltung von Politik und Philosophie natürlich gewesen ist. Als »Modellfall« dafür sieht sie Sokrates an, »der in seiner Person zwei scheinbar widersprüchliche Leidenschaften vereinigt, die zum Denken und die zum Handeln«. Sokrates' Heimat sei gleichermaßen die Erscheinungswelt, das Gespräch mit den Bürgern auf der Agora, und die Welt des Denkens gewesen (VGD 167f). Er habe die Menschen in der Polis verbessern wollen, ohne jedoch auf eine lernbare Lehre oder auf Herrschaftswissen zurückzugreifen (VGD 173). Als »reinste[r] Denker des Abendlandes« habe er das Denken als Tätigkeit verstanden, dessen Bedeutung nicht an einem »neuen Glauben«, sondern an einer Verunsicherung aller bestehenden »Glaubensbekenntnisse« zu messen sei (VGD 176). Sokrates verkörpert für Arendt somit jene Selbstrelativierung des Denkens und der Vernunft, die den Raum für ein Handeln (und Erkennen) eröffnet, das sich weder aus höheren Wahrheiten ableitet noch solchen Anspruch für sich reklamiert. Obwohl Arendt auf die Schwierigkeit hinweist, ein authentisches Bild des historischen Sokrates zu gewinnen, und den idealtypischen Zug ihrer Auslegung zugesteht, besteht sie doch auf der grundsätzlichen Differenz zwischen Sokrates und Platon sowie allen seinen Nachfolgern (VGD 168f).

Platon ist für Arendt der erste in der langen Reihe der »professionellen Denker« (VGD 167) oder der »Denker von Gewerbe«, eine Wendung Kants, die sie häufig gebraucht. Bei Platon finde die Entzweiung der Sphären des Denkens und des Handelns statt; beide würden zu getrennten Lebensformen, nämlich *bios politikos* und *bios theōrētikos* (VA 18f). Als Grund dafür sieht sie den Prozeß gegen Sokrates an, der die Philosophen in Distanz und Feindschaft zu den Bürgern der Polis gebracht habe (ebd.; VZ 23, 181). Fortan sollte sich das Denken zuerst vom Bereich des Politischen abwenden, um dann zu ihm mit Maßstäben zurückzukehren, »deren Ursprung und Erfahrungsgrundlage außerhalb des Politischen lagen« (VZ 23, vgl. WP 54). »Die politische

---

108 Auch Arendts Professur an der New School of Social Research war für »Political Theory« ausgeschrieben.
109 Die Aussagen stammen aus einem Fernsehgespräch mit Günter Gaus, das im Oktober 1964 geführt wurde (Transkript in SA 44–70). In der Sache besteht zwischen Theorie und Philosophie indessen kein Unterschied; beide Begriffe bezeichnen dieselbe Einstellung zur Welt.

Philosophie, die hier entstand und den Grund zu der abendländischen Tradition von Philosophie und Politik legte, hat einen großen Teil der Erfahrungen einer früheren Vergangenheit einfach eliminiert [...]« (VA 18). Arendt sprach daher auch von der »apolitia« politischer Philosophen (WP 57), deren Bemühungen theoretisch und praktisch darauf hinausgelaufen seien, »Politik überhaupt abzuschaffen« (VA 216). Diese schweren Vorwürfe richten sich gleichermaßen gegen Platon und Aristoteles. Arendts Dekonstruktion führt beider politisches Denken auf identische Grunderfahrungen mit der Polis einerseits und dem philosophischen Denken andererseits zurück, um dagegen die Erfahrungen politisch Handelnder zu profilieren. Dabei stellt sich indessen heraus, daß sie gerade den Blick auf solche Erfahrungen in der politischen Philosophie des Aristoteles freigibt, weshalb sich durch Arendts eigene Rekonstruktion viele aristotelische Spuren ziehen.

Im Prozeß gegen Sokrates wurden dessen Schüler nach Arendts Auffassung auf extreme Weise mit der Instabilität und Unberechenbarkeit der menschlichen Angelegenheiten konfrontiert. Dieses Erlebnis habe zur Gründung der Akademie geführt als eines Ersatzraumes für die freie, ungefährdete Rede. Insofern sei die in der Akademie verwirklichte Freiheit der Wenigen durchaus politischer Natur gewesen. Jedoch habe die akademische Freiheit nicht nur wie die der Bürger auf der Freiheit vom lebensnotwendigen Broterwerb beruht, sondern darüber hinaus die Befreiung von politischem Handeln erfordert (WP 54f). In diesem Unterschied gründet für Arendt jene Verzerrung, die die bürgerliche Selbstauslegung in der Optik der Akademie erfährt. Die Bürger betrachteten ihre Lebensform nicht nur als frei, sondern auch als einen Weg, durch gutes Handeln über den eigenen Tod hinaus in Erinnerung zu bleiben und so im Bewußtsein der Späteren weiterzuleben. Die Philosophen jedoch fänden in der Vereinzelung des Denkens eine weit größere Unabhängigkeit, als es jemals im gemeinsamen Handeln möglich sei. Sie erführen die reine Tätigkeit des Denkens, in der die Vergänglichkeit des Irdischen aufgehoben zu sein scheine, als Sprung in die Ewigkeit, der die Unsterblichkeit von Worten und Taten weit übertreffe (VA 23–26). Auf diese Weise erklärt Arendt das Aufkommen der Gegensatzpaare Freiheit und Notwendigkeit sowie Ewigkeit und Vergänglichkeit. Der Abstand von philosophischem und politischem Leben werde so groß, daß der Philosoph letzteres nicht mehr in dessen eigenen Kategorien, sondern in solchen des Haushalts zu fassen suche (WP 56). Nur für den Oikos sei typisch, daß er im Zeichen von Notwendigkeit und Sterblichkeit stehe, wie Arendt nie müde wird zu betonen.

Die schwerwiegende Folge für die politische Philosophie liegt darin, daß die Philosophen, wenn sie sich dem Politischen zuwenden, zu Ordnungsmodellen greifen, die nicht der Polis, sondern dem Oikos entstammen. Arendt demonstriert dies an der zentralen Kategorie der Herrschaft (*archein*) durch Zwang und Gewalt, die es nur im Bereich des Hauses gegeben habe (WP 56, VZ 170–187, VA 214–225). Die hierarchische Organisationsstruktur des Hauses beruhe auf dem Verhältnis von Herr und Sklave und diene als »Beherrschung der Lebensnotwendigkeiten« dem Zweck der »Befreiung für das Politische« (WP 56). In der Philosophie Platons werde daraus entweder die Herrschaft des Philosophenkönigs oder die »Tyrannis der Vernunft« (VZ 172). Wie der Herr den Sklaven führe, erhöben die Wenigen den Anspruch, entweder persönlich oder durch von ihnen erlassene Gesetze die Vielen zu beherrschen (VZ 175, VA 217f). Auf diese Weise vollziehe sich die Trennung von Wissen und Tun, wobei das Wissen mit Befehlen und Herrschen, das Tun aber mit Gehorchen und Vollstrecken identifiziert werde (VA 219).

Bei Lichte besehen, wiederholt Arendt einen Vorwurf, der zuerst von Aristoteles geäußert wurde.[110] Sokrates, so steht es in Pol. II.2, wolle in der *Politeia* der Polis eine Einheit auferlegen, die dazu führe, daß sie zur Familie (*oikia*) und schließlich zum Einzelmenschen (*poleōs anthrōpos*) werde, also gar keine Polis mehr sei (1261a15–20). Aristoteles kritisiert, daß das Streben nach Einheit die natürliche Differenz zwischen der Familie und der politischen Gemeinschaft verkenne: Jene sei eine strengere Einheit als diese, weil die Polis von Natur her eine Vielheit sei (*plēthos gar physin estin hē polis*, a18). Diese Vielheit, so heißt es weiter, sei nicht nur eine der Zahl, sondern auch eine der Art (*ex eidei*), denn aus ganz gleichen Menschen könne keine politische Gemeinschaft entstehen (*ou gar ginetai polis ex homoiōn*, a22–24). In diesen Zeilen steht die anthropologische Begründung für die aristotelische Unterscheidung zwischen *despoteia* und *politikē*, der Herrschaft des Herrn über den Sklaven und der wechselseitigen Regierung von Freien und Gleichen (Pol. I.7, 1255b16–20). Um so überraschender ist daher Arendts Vorwurf, »daß Aristoteles in der *Politik* versucht, die Kategorie des Herrschens und Beherrschtwerdens in die Angelegenheiten der Polis einzuführen« (VZ 185). Aristoteles sagt, daß unter Freien und Gleichen die einen »herrschten« (*archousin*), während die anderen »beherrscht« würden (*archontai*), was jedoch im Wechsel geschehe, weshalb jeder Bürger (zumindest potenziell) jedes Amt bekleiden könne (Pol. II.2, 1261b4–6). Diese Differenz zur Herrschaft des Hauses legt es nahe, im Fall der politischen »Herrschaft« besser von »Regierung« zu sprechen.[111] Arendt ebnet den Unterschied jedoch ein, wenn sie behauptet, daß dem Bereich des Politischen *jede* Form asymmetrischer Beziehungen fremd sei, möge sie auch temporär begrenzt, gesetzlich geregelt und funktional begründet sein. Diese Sicht stellt nicht nur einen radikalen Gegenentwurf zu philosophischen Herrschaftstheorien dar, sondern widerspricht auch den institutionellen Strukturen der attischen Polis, die politisch begründet wurden, bevor sie zum Gegenstand der philosophischen Reflexion werden konnten. Offenbar deckt sich Arendts Verständnis des Politischen nicht ohne weiteres mit dem Selbstverständnis der attischen Bürger.[112]

---

110 Auch Margaret Canovan: Hannah Arendt. A Reinterpretation of Her Political Thought, Cambridge 1992 betont die Differenz zwischen Arendt und Aristoteles einerseits und Platon andererseits: »If one links together Arendt's reflections on Socrates and Aristotle with some of the observations she later makes about political thinking as practised by philosophers like Jaspers and Kant [...] one can produce a plausible interpretation of her position as straightforwardly anti-Platonist [...]« (259).
111 Vgl. Sternberger: Politie und Leviathan, aaO., 249–251.
112 Auch in diesem Punkt ist Villas Argumentation bezeichnend. Er treibt ihre Kritik an Aristoteles auf die Spitze und kommt zu dem Schluß: »Aristotle's teleocratic model of action is thus mirrored in a basically authoritarian conception of the political association, one that suppresses equality and plurality and curtails deliberative speech [...]« (Arendt and Heidegger, aaO., 52). Die teleologische Struktur des Handelns ist jedoch keine Erfindung des Philosophen, sondern der politisch Handelnden selbst. Wenn Villa Aristoteles einen »bias against plurality-based politics« (78) vorwirft, verkennt er, daß die Dekonstruktion bestimmter Teile der aristotelischen Philosophie die Rekonstruktion anderer Teile möglich werden läßt. Sein Versuch, Pluralität ausgerechnet auf Nietzsche zurückzuführen, in dessen Handlungstheorie individuelle Agonalität auf Kosten jeder nur denkbaren Anerkennung von anderen um ihrer selbst willen geht, und sein Schweigen bezüglich der aristotelischen Theorie der Vielheit der Polis zeugen davon.

Arendts Dekonstruktion der politischen Philosophie ist vom Willen geleitet, die Autonomie des Politischen sowohl gegen die Sphäre des Hauses als auch gegen die der Akademie zu behaupten. Auf diese Weise soll der Erfahrungsbereich der Polis – Pluralität, Freiheit, Unsterblichkeit – zu voller Geltung kommen und aus ihm selbst heraus verstanden werden. Dazu muß Arendt jedoch zwangsläufig auf philosophische Quellen zurückgreifen, da es im Wesen politisch Handelnder liegt, das eigene Tätigsein nicht auch noch schriftlich zu reflektieren.[113] Die mit Abstand wichtigste Quelle ist in dieser Hinsicht die politische Philosophie des Aristoteles. Was Arendt daran attackiert, sind allein jene Verzerrungen, die ihrer Überzeugung nach aus dem philosophischen Betrachtungswinkel resultieren. Sobald sie behoben sind, findet sie bei Aristoteles viele Vorstellungen und Konzepte, die »nur die artikulierte und begrifflich geklärte Meinung der Polis« wiedergäben (VA 30). Im Unterschied zu Platon halte sich die aristotelische politische Philosophie viel näher an der »öffentlichen Meinung« (VA 354, Anm. 8), weshalb sie nicht nur zu deren Rekonstruktion taugt, sondern mangels anderer Quellen auch unverzichtbar ist. Arendt übernimmt die in der *Politik* geäußerte Einsicht in die irreduzible Vielfalt des politischen Raums und wendet sie konsequent gegen alle Elemente des aristotelischen Denkens, die dahinter zurückzufallen scheinen. Auf diese Weise unterzieht Arendt die theoretische wie die praktische Philosophie des Aristoteles einer pluralen Transformation. Dadurch wird eine Fülle von »Perlen« und »Korallen« frei (vgl. VGD 208), aus denen ihre politische Theorie einen neuen Bezugsrahmen rekonstruiert, ohne auf die »Tiefendimension« menschlicher Existenz verzichten zu müssen.

3.2 Anthropologie, Existenzphilosophie und Phänomenologie

Unter politischer Theorie versteht Arendt nicht die Beschäftigung mit politischen Problemen in einem engeren Sinne. Durch die Demontage der Tradition wird die Unterscheidung zwischen theoretischer und praktischer bzw. politischer Philosophie hinfällig. Es gibt keine ontologisch abgrenzbaren Seinsbereiche mehr, die je nach Problemlage getrennt zu durchmessen wären. Die für die »Bruchstücke« verbleibende Bezugsgrundlage ist bei Arendt die menschliche Existenz und ihre basalen Erfahrungen. Das Politische erweist sich in dieser Hinsicht als vielfach vernetzte Erfahrungsdimension des Menschen. Die Ergründung des Zusammenhangs, also die Einstufung und Bewertung der Erfahrungen, entspricht der rekonstruktiven Seite des Arendtschen Philosophierens. In der Gesamtschau ergibt sich ein anthropologisches Modell, das Gegenstand dieses Kapitels ist.

Arendt trifft viele Aussagen über den Menschen, die sie jedoch nicht als Aussagen über seine »Natur« oder sein »Wesen« verstanden wissen will. Die menschlichen Erkenntnisformen seien, so sagt sie in Anlehnung an Kant, nur auf ein ›Was‹, nicht je-

---

[113] Arendt hat dieses Problem im Zusammenhang mit der Amerikanischen Revolution erörtert: »Es ist also unbestreitbar, daß Büchergelehrsamkeit und begriffliches Denken, und zwar auf einem sehr hohen Niveau, das Gebäude der amerikanischen Republik errichtet haben; nur ist es ebenso unbestreitbar, daß dieses Interesse an politischer Theorie und Begrifflichkeit sofort wieder erlahmte und schließlich ganz von der politischen Bildfläche verschwand.« (ÜR 283).

doch auf ein ›Wer‹ anwendbar. Frühere Versuche, etwas über letzteres auszusagen, hätten zumeist in der Konstruktion eines Göttlichen geendet, das sich bei näherer Betrachtung bloß als Hypostasierung einer bestimmten Idee vom Menschen erweise, wie etwa der Philosophengott der griechischen Denker. Die Vielzahl solcher Entwürfe spreche gegen die begriffliche Bestimmung des menschlichen Wesens. Statt dessen nähert sich Arendt dem Menschen aus phänomenologischer Warte. Wenn sich auch keine Aussagen über die humane Natur treffen ließen und es noch nicht einmal sicher sei, ob es so etwas überhaupt gebe (VA 16–18), besteht dennoch die Möglichkeit, dem Menschen eignende Fähigkeiten und Tätigkeiten phänomenal zu beschreiben und zu analysieren. Arendt unterscheidet zwischen Tätigkeiten, die den von ihr festgestellten Grundbedingungen menschlicher Existenz entsprechen, und solchen, die diese Bedingungen transzendieren; jene gehören zur *vita activa*, diese zur *vita contemplativa* oder, wie sie später sagen wird, zum *Leben des Geistes*.

Unter *vita activa* versteht die mittelalterliche Philosophie jede Art des mit Unruhe (*ascholia*) verbundenen Tätigseins (VA 20f). Diese Einschätzung erfolgt, wie Arendt demonstriert, vom Standpunkt der *vita contemplativa* aus. Wenngleich dieser Standpunkt im Zuge des Traditionsbruchs der Moderne abgelehnt werde, bleibe auch bei Marx und Nietzsche das mittelalterliche Begriffsgefüge noch erhalten (VA 22). Dadurch würden »Gliederungen und Unterschiede« innerhalb der *vita activa*, die ursprünglich bestanden hätten, verwischt. Arendt erinnert an die griechische, von Aristoteles vollzogene Unterscheidung zwischen dem Leben des Bürgers (*bios politikos*) und dem des Sklaven sowie dem des Handwerkers (VA 19f). Ihr Bestreben ist, diese Tätigkeiten im Hinblick auf menschliche Grunderfahrungen zu fassen und auf Bedingungen irdischen Menschseins zurückzuführen. Wie die *vita activa* nicht bloß »unruhiges Tätigsein« ist, stellt die *vita contemplativa* keineswegs nur geistige Ruhe dar. Arendt beseitigt die auf dem Kriterium der *scholia* aufbauende Hierarchie und unterscheidet das Leben des Geistes nach Denken, Wollen und Urteilen. Ihre Gemeinsamkeit besteht darin, daß sie die menschliche Bedingtheit zu transzendieren vermögen.

Arendts Auslegung der *condition humaine* bzw. ihrer Transzendenz geht immer wieder auf das Werk des Aristoteles zurück. Der Rückgang ist vielfach von Heideggers frühen Vorlesungen beeinflußt. Neben Dekonstruktion und Phänomenologie knüpft Arendt auch an Heideggers Existenzialphilosophie an. Diese Philosophie hatte sie zuerst in seinen Interpretationen zu Aristoteles kennengelernt. Ihre die menschliche Existenz auslotende Anthropologie stellt daher nicht nur eine Auseinandersetzung mit Aristoteles, sondern auch mit Heideggers Aristoteles-Auslegungen dar, was nachfolgend zu belegen ist.[114] Dieses Kapitel behandelt die drei Grundbedingungen der Leiblichkeit (a), Weltlichkeit (b) und Pluralität (c), denen die Tätigkeiten des Arbeitens, Herstellens und Handelns entsprechen. Das Handeln, die politische Tätigkeit der *vita activa*, wird in Kapitel 3.3 getrennt analysiert; dabei geht es auch um den Zusammenhang zwischen Handeln und Wollen. Kapitel 3.4 untersucht das Urteilen als die für das politische Handeln entscheidende Geistestätigkeit und thematisiert das Verhältnis zwischen Urteilen und Denken.

---

114 Diese Zusammenhänge hat bislang vor allem Jacques Taminiaux: La fille de Thrace et le penseur professionnel. Arendt et Heidegger, Paris 1992 herausgearbeitet.

(a) Leiblichkeit und Arbeit (ponein)

Die basale Bedingung der menschlichen Existenz ist für Arendt das Leben selbst (VA 14, 88f). Darunter versteht sie die Notwendigkeit sowohl für den einzelnen als auch für die menschliche Gattung, den biologischen Lebensprozeß aufrecht zu erhalten. Über die biologischen Körperfunktionen hat der Mensch Anteil an der Natur, am Zyklus von Wesen und Verwesen. Diese Teilhabe ist ambivalent. Zum einen lebt der Mensch nur aufgrund zyklischer Prozesse innerhalb seines Organismus, wie es etwa für den Stoffwechsel zutrifft. Zum anderen unterliegt der Organismus als ganzer ebenfalls einem zyklischen Prozeß, dessen Anfang die Erzeugung des Lebens und dessen Ende sein Verfall ist. »Kreisend wie die Natur sind auch die Vorgänge des lebenden Organismus und des menschlichen Körpers, so lange nämlich als er dem Prozeß standhalten kann, der ihn durchdringt und zugleich aufreibt und am Leben erhält.« (VA 89). Der Mensch erfährt seine Bedingtheit durch das Leben somit an und in der eigenen Leiblichkeit.

Die Erfahrung der Leiblichkeit, im Stoffwechsel wie in der Fortpflanzung, ist rein privater Natur (VA 100–102). Sie beruht auf Empfindungen der Lust und des Schmerzes, die sich als Selbsterfahrungen der Mitteilbarkeit entziehen. »Sie sind unmitteilbar und unaussprechlich, weil die Sprache, was immer unsere Theorien darüber sagen mögen, hartnäckig darauf besteht, sich an der Welt und ihrer dinglichen Gegenständlichkeit zu orientieren, und dies in einem Maße, daß für das absolut Private und Subjektive selbst ihre metaphorische Kraft versagt.« (VA 106). Wenn der Mensch allein auf seine Lebendigkeit zurückgeworfen ist, macht er, wie Arendt an der stoischen Philosophie demonstriert, die »ganz natürliche und ganz und gar radikale Erfahrung von Weltlosigkeit« (VA 102). Er lebt im Bewußtsein einer Subjektivität, die sich jeder Objektivierung entzieht und daher niemals weltliche Wirklichkeit erlangen kann. Arendt greift bei dieser Einschätzung auf ihre Theorie einer perspektivisch konstituierten, durch den Gemeinsinn verbürgten Wirklichkeit zurück. »Die Faktizität des gesamten Bereichs menschlicher Angelegenheiten hängt davon ab, einmal daß Menschen zugegen sind, die gesehen und gehört haben und darum erinnern werden, und zum anderen davon, daß eine Verwandlung des Nichtgreifbaren in die Handgreiflichkeit eines Dinghaften gelingt.« (VA 87). Beide Bedingungen können nach ihrer Auffassung bei Empfindungen der Lust und des Schmerzes nicht erfüllt werden, daher erleidet der Mensch in der Erfahrung seiner Leiblichkeit grundsätzlich einen Welt- und Wirklichkeitsverlust.

Als menschliche Tätigkeit, die der Bedingung des Lebens und der Leiblichkeit entspricht, führt Arendt das Arbeiten an. Dabei greift sie auf Marx zurück, der die Arbeit als »Prozeß zwischen Mensch und Natur« bestimmt, in dem »der Mensch seinen Stoffwechsel mit der Natur durch seine eigene Tat vermittelt, regelt und kontrolliert«. Das Arbeiten bereitet Naturprodukte zum Verzehr vor, die über den Körper wieder in die Natur zurückgeführt werden. Arendt betont die zyklische Struktur von Arbeiten und Konsumieren und beschreibt beides als Momente eines verzehrenden Prozesses, in dem Materie weniger verwandelt als »zerstört« werde: »[...] die Gestalt, die die Arbeit ihrem ›Material‹ aufprägt, ist nur die Präparierung für die bevorstehende Vernichtung« (ebd.). In dieser Optik spricht sie der Arbeit gerade jene Produktivität ab, die nach Smith, Locke und Marx ihre Würde begründet. Produktivität kommt ihrer Auffassung nach nur dem Herstellen zu, eine Unterscheidung, die in der neuzeitlichen Gleichsetzung von *vita activa* und Arbeit verlorengehe. Erst wenn die Arbeit »vom Standpunkt der

Welt und im Gegensatz zum Herstellen betrachtet wird«, zeige sie ihren »destruktivverzehrenden Aspekt« (VA 90–93). Das *animal laborans* werde ausschließlich von seinen Körperbedürfnissen getrieben und könne daher »nicht Herr seines Körpers« sein, weshalb ihm die kritische Distanz zum eigenen Tätigsein fehle. Es sei aus der Welt gestoßen »in die unzugängliche Privatheit des eigenen Körpers, wo es sich gefangen sieht, von Bedürfnissen und Begierden, an denen niemand teilhat und die sich niemandem voll mitteilen können« (VA 107). Der Charakter der Arbeit hat sich nach ihrer Auffassung durch die moderne Automation eher verstärkt als abgeschwächt. Der Mensch werde zum »Knecht der Maschinen«, deren Rhythmus dem von Naturprozessen nachgebildet sei (VA 132f). Aus Arendts Perspektive, der die Gleichsetzung von Arbeits- und Lebensprozeß zugrundeliegt, erweist sich Arbeit als unproduktiv, unbeherrschbar und weltlos.

Mit dieser abwertenden Deutung der Arbeit »vom Standpunkt der Welt« setzt sie einen markanten Kontrapunkt zu ihrer Verherrlichung in der Neuzeit und Moderne (VA 11, 81). Arendt betrachtet Arbeit nicht als Entfaltung humanen Selbstseins, sondern vielmehr als der Bedingtheit des Lebens geschuldete natürliche »Knechtschaft und Sklaverei« (VA 107). Damit greift sie das antike Verständnis von Arbeit auf. Aristoteles begründet die Entstehung des Hauses (*oikos*) mit der Allianz von Mann und Frau sowie von Herren (Vernunft) und Sklaven (Leib; Pol. I.2, 1252a26–34). Bei den Vorstehern des Hauses verbleibt von den natürlichen Lebensbedingungen nur die Notwendigkeit der Fortpflanzung, d.h. der Arterhaltung, während die Sorge um das Überleben des Hauses auf die Sklaven abgewälzt wird. Aristoteles bezeichnet deren Tätigkeit als »Mühen des Körpers« (*tō sōmati ponein*, a33) und beschreibt damit dasselbe Phänomen, das Arendt als Arbeiten zu fassen sucht. Am *ponein* können alle drei von ihr akzentuierten Strukturmerkmale der Unproduktivität, Unkontrollierbarkeit und Weltlosigkeit aufgewiesen werden. Aristoteles nennt den Sklaven ein lebendiges Besitzstück (*ho doulos ktēma ti empsychon*) und Werkzeug (*organon*; Pol. I.4, 1253b30–33). Als Werkzeug dient er jedoch nicht zur Herstellung von etwas, sondern allein dem Gebrauch (*hē chrēsis monon*; 1254a1–8). Arendt spricht daher von »lebende[n] Arbeitsgeräte[n], deren Dienste sich so erneuern und so verzehrt werden wie der Lebensprozeß, dem sie dienen« (VA 111). Die spezifische Leistung des Sklaven besteht somit nicht in der Produktivität, sondern in der Fruchtbarkeit seiner Arbeitskraft, die ausreicht, um nicht nur sich selbst, sondern das ganze Haus zu erhalten. Erst die der Arbeitskraft innewohnende Überschüssigkeit ermögliche es aus Arendts Sicht der griechischen Oberschicht, die Sorge um das eigene Leben durch Einführung der Sklaverei zu externalisieren (VA 98). Das *ponein* erfüllt darüber hinaus das Strukturmerkmal der Unbeherrschbarkeit, denn aus der Sicht des Sklaven ist seine Tätigkeit richtungslos und bedarf der Leitung durch einen fremden *nous*. Schließlich ist das *ponein* bei Aristoteles eine an das Haus (*oikos*) gebundene Tätigkeit, was den Sklaven dauerhaft vom Raum der Polis ausschließt, ihn in Arendts Worten also zur Weltlosigkeit verdammt.

Wenngleich Arendts Begriff der Arbeit die Elemente des *ponein* übernimmt, steckt in ihm auch eine Korrektur der antiken Auffassung von Sklaverei und ihrer Rechtfertigung bei Aristoteles. Arendt weist das Arbeiten als Tätigkeit *jedes* Menschen aus. Obwohl es vom »Standpunkt der Welt« gute Gründe für seine Externalisierung gäbe, stellt sie das privative Moment heraus, das darin läge: »[...] der Preis, um den allein man der Last des Lebens ledig sein kann, ist, daß eine Art Ersatzleben zurückbleibt, ein künstliches Leben, das seine natürliche Lebendigkeit verloren hat« (VA 108). Wer immer versucht, der Grundbedingung des Lebens und der Leiblichkeit zu entraten, wird sich um jene Vitalität bringen, die zwar kein Zweck, wohl aber ein Bestandteil humaner Existenz ist. Aus feministischer Warte ist dagegen eingewendet worden, Arendt verkenne die sozialen Verhältnisse. Was sie als Arbeit beschreibe, entspreche exakt den »traditionellen Tätigkeiten von Frauen«, nämlich den Haushalt in endlos wiederkehrenden Prozessen der Hausarbeit zu führen und Kinder zu gebären.[115] Arendt, so scheint es, perpetuiere mit ihrem Rückgriff auf griechisches Denken eine schon dort anzutreffende Diskriminierung von Frauen.[116] Immerhin wird ihr zugestanden, daß das Aufziehen von Kindern eine »weltschaffende Dimension« habe.[117] Gegen solche Einwände ist zweierlei zu erinnern. Erstens ist Arendts Begriff der Arbeit ebenso auf Hausarbeit wie auf moderne Fabrikarbeit gemünzt und besitzt dann die kritische Funktion, auf die Herabstufung des Menschen zur lebendigen Maschine hinzuweisen (vgl. VA 314f). Zweitens sind Tätigkeitsräume nach Arendts Verständnis nicht ontologisch festgeschrieben, sondern *modal* bestimmt. Tätigkeiten finden nicht in Räumen statt, sondern bringen diese erst hervor. Das Arbeiten ist daher nicht auf den Haushalt oder die Fabrik festgelegt. Wo immer sich Menschen wie Arbeiter verhalten, d.h. »ihre Tätigkeit vornehmlich als Lebensunterhalt für sich selbst und ihre Familien ansehen«, schaffen sie Arbeitsräume (VA 47f). Im Unterschied zur Polis betreibt Arendt somit eine Auflösung fester, vorgegebener Raumstrukturen.[118]

Freilich wird die Kritik an Arendts Begriff der Arbeit dadurch nicht einfach gegenstandslos. Die strenge Abhebung gegen das Herstellen führt zu einem »Restbegriff«, der in anthropologischer und soziologischer Hinsicht fragwürdig ist.[119] In der Wirklichkeit wird dieser »Restbegriff« von Arbeit, dem alle produktiven Eigenschaften abgehen, kaum nachweisbar sein. Weder Haus-, noch Fabrikarbeit sind rein konsumtive Vorgänge. Außerdem finden sie nicht in völliger menschlicher Isolation statt. Wie zur Arbeit im Haus das Erziehen der Kinder zählt, steht der Fabrikarbeiter, so monoton seine Beschäftigung auch sein mag, in einem Interaktionsverhältnis zu Kollegen, spricht mit ihnen über die Arbeit und findet vielleicht sogar Anerkennung für seine Leistung. In der modernen, von Hegel ausgehenden Gesellschaftstheorie sind deshalb Arbeit, Produkt und soziale Anerkennung miteinander verknüpft, wodurch die körperliche Tätig-

---

115 Mary G. Dietz: Hannah Arendt and Feminist Politics, in: Feminist Interpretations and Political Theory, hg. von Mary Lyndon Shanley u. Carole Pateman, Oxford 1991, 239f.
116 Hanna Fenichel Pitkin: The Attack of The Blob. Hannah Arendt's Concept of the Social, Chicago 1998, 148, 159, 164–166.
117 Benhabib: Hannah Arendt, aaO., 217–219.
118 Dies ist gegen Benhabibs Behauptung anzuführen, Arendt vertrete einen »phänomenologischen Essentialismus«, wonach »jedem Typus menschlicher Aktivität ein gebührender ›Platz‹ zukommt, an dem er ausgeführt werden kann« (ebd., 199).
119 Severin Müller: Phänomenologie und philosophische Theorie der Arbeit, Band I: Lebenswelt, Natur, Sinnlichkeit, Freiburg/München 1992, 168. Im Rückgriff auf Arnold Gehlen unternimmt Müller eine grundsätzliche Kritik der anthropologischen Trennung von Arbeiten und Herstellen. Auch Bikhou Parekh: Hannah Arendt and the Search for a New Political Philosophy, London 1981 weist die strenge Unterscheidung der verschiedenen Tätigkeiten zurück: »It splits the human person into three neat compartments and does not grasp him as a unitary self who manifests himself in his indivisible totality in all his activities. [...] It is the tripartite view of man that prevents Arendt from giving an adequate account of both labour and action.« (129f).

keit eine über jede Bedürfnisbefriedigung hinausreichende, emanzipatorische Bedeutung gewinnt.[120] Hingegen wird in Arendts Verständnis durch die in der Neuzeit entstehende Gesellschaft »der Lebensprozeß in den verschiedensten Formen in den Raum des Öffentlichen hineingeleitet«, um sich dort zu etablieren und zu organisieren (VA 46). »Die Gesellschaft ist die Form des Zusammenlebens, in der die Abhängigkeit des Menschen von seinesgleichen um des Lebens selbst willen und nichts sonst zu öffentlicher Bedeutung gelangt, wo infolgedessen die Tätigkeiten, die lediglich der Erhaltung des Lebens dienen, in der Öffentlichkeit nicht nur erscheinen, sondern die Physiognomie des öffentlichen Raums bestimmen dürfen.« (VA 47). Gemeint sind an dieser Stelle Tätigkeiten, die Arendt unter den Begriff Arbeit subsumiert; Gesellschaft ist gleichbedeutend mit Arbeitsgesellschaft. Alle produktiven und interaktiven Momente sind davon abstrahiert und werden dem Bereich des Politischen zugeschlagen. Wie in der griechischen Polis ist Arbeit eine sklavische Tätigkeit, die jeder sozialen Anerkennung ermangelt. Der einzige Unterschied zur Moderne besteht aus Arendts Sicht darin, daß die Sklaverei zum Lebensideal aller geworden ist (VA 306ff).

Von diesem Restbegriff der Arbeit, dem ein Restbegriff der Gesellschaft korrespondiert, wird man keine zureichende Phänomenbestimmung erwarten dürfen. Gleichwohl wäre es falsch, ihn deshalb einfach zu verwerfen. Zum einen kommt ihm kritisch-diagnostische Bedeutung zu. Was Arendt als Arbeitsgesellschaft anprangert, ist die Tendenz moderner Gesellschaften, Konsumtion über Produktion, Leiblichkeit über Weltlichkeit, isolierte Tätigkeit über gemeinsame Interaktion zu stellen. Sie wurden bereits von Karl Marx als Entfremdungserscheinungen des modernen Kapitalismus analysiert, worauf Arendt sogar einmal hinweist (VA 362, Anm. 4).[121] Zum anderen hat Arendt mit ihren Begriffen der Weltlichkeit und der Pluralität jene Phänomene behandelt, die sie von der Arbeit abstrahiert. Darin liegt der Vorzug, daß Herstellen und Handeln nicht einfach als Teilaspekte von Arbeit erscheinen, sondern als eigene humane Vermögen hervortreten. Problematisch ist allein die scharfe, übergangslose Trennlinie, die Arendt zwischen ihnen zieht. Eine produktive Anknüpfung an Arendt muß die Grenzen überschreiten und die verschiedenen Tätigkeiten aufeinander beziehen, ohne indessen in einer Totalvermittlung ihre unterschiedlichen Aspekte zum Verschwinden zu bringen. Leiblichkeit, Weltlichkeit und Pluralität können zwar vermittelt, nicht jedoch restlos aufgehoben werden, denn sie sind irreduzible Bedingungen der *conditio humana*. Darin liegt der positive Sinn von Arendts phänomenaler Anthropologie, der nachfolgend für die Bedingungen der Weltlichkeit und der Pluralität noch aufzuweisen ist.

(b) Weltlichkeit und Herstellen (poiēsis)

Als biologisches Wesen schwingt der Mensch im Rhythmus der Natur: Leben wird gezeugt, verfällt und bringt neues Leben hervor; im Zyklus »unwandelbarer, todloser

---

120 Vgl. G.W. F. Hegel: Phänomenologie des Geistes, Werke III, Frankfurt a.M. ⁵1996, Abschnitt IV.A. (»Selbständigkeit und Unselbständigkeit des Selbstbewußtseins; Herrschaft und Knechtschaft«), 145–155. Zum Verhältnis von Arendts und Hegels Theorie der Gesellschaft vgl. Rahel Jaeggi: Welt und Person. Zum anthropologischen Hintergrund der Gesellschaftskritik Hannah Arendts, Berlin 1997, 8–15.
121 Zu Arendts Rezeption der Marxschen Entfremdungsthese vgl. Jaeggi: Welt und Person, aaO., 99–106 u. Pitkin: Attack of the Blob, aaO., 127–144.

Wiederkehr« gibt es weder Anfang noch Ende. Geburt und Tod können dagegen, so Arendt, »nur mit Bezug auf eine Welt verstanden werden, in die Einzelne – einmalig, unverwechselbar und unwiederholbar – hineingeboren werden und aus der heraus sie sterben«. Das Leben folgt ihrem Verständnis nach zwei Bewegungsrichtungen. Während sich die leibliche Existenz im Kreis bewegt, verläuft die weltliche Existenz linear (VA 89). Die Linearität wird möglich, weil der Mensch in der Lage ist, aus dem Material der Natur ein »Haus« auf Erden zu errichten, das dem Zyklus von Entstehen und Vergehen enthoben ist (VA 122). Dieses Haus, das sich durch Dauerhaftigkeit und Beständigkeit auszeichnet, stellt die »eigentlich menschliche Heimat des Menschen« dar (VA 124). Wiewohl seine ›Ausstattung‹ erheblich mehr Freiheit als der Arbeitsprozeß läßt, ist seine Errichtung für den Menschen notwendig. Er unterliegt der Bedingung der Weltlichkeit, worunter Arendt »die Angewiesenheit menschlicher Existenz auf Gegenständlichkeit und Objektivität« versteht (VA 14).

Die Verdinglichung wird durch die spezifische Tätigkeit des Herstellens geleistet. Das weltlose *animal laborans* verwandelt sich in den weltschaffenden *homo faber*. Arendt hebt das prometheische Element der Werktätigkeit hervor. Wenn Gott der Schöpfer der Natur sei, lehne sich *homo faber* gegen diese Schöpfung auf, indem er sie durch Gewalt seinen Zwecksetzungen anverwandle. Die Welt steht zwischen Mensch und Natur, sie umfriedet jenen Bereich, in dem sich der Mensch den Naturgewalten widersetzt, um selbst zu herrschen. Arendt kontrastiert die Grunderfahrungen des Arbeitens und des Herstellens, »qualvoll-erschöpfende Anstrengung« einerseits, »Gewalttätigkeit« andererseits. Jene könne mit einem sehr intensiven Lustgefühl verbunden sein, welches jedoch den Arbeitsprozeß nicht überdauere. Dagegen stammten aus dieser »Selbstgewißheit und Selbstgefühl«, die zur »Quelle lebenslänglicher Zufriedenheit« werden könnten. Das Selbstbewußtsein beruht auf einer bleibenden Grundlage, die das Herstellen der Natur abgerungen hat: »[...] Substanz und Substantialität sind bereits Dinge von Menschenhand« (VA 125–128).[122] Der Abwertung des Arbeitens entspricht somit die Aufwertung des Herstellens, das die positiven Momente des neuzeitlichen Arbeitsbegriffs erbt.

Arendt weist jedoch auch auf die Begrenzung hin, die dem Herstellen als immer noch bedingter Tätigkeit innewohnt. Obwohl sein unmittelbarer Zweck das Produkt ist, kann dieses Produkt nur mit Bezug auf den verstanden werden, für dessen Gebrauch es bestimmt ist. Alle Gegenstände werden somit an ihrem Nutzen gemessen, dem Maßstab *homo fabers* (VA 137). Es besteht dann eine Spannung zwischen ihrem ›Selbstwert‹ und ihrer Bewertung durch den Menschen. Wenn diese Spannung aus der Balance gerät und wenn, wie in der modernen Ökonomie, der Marktwert vom Eigenwert unabhängig wird, verwandeln sich objektive Produkte in subjektive Werte. Auf diese Weise wird ihre Dingqualität entwertet, Haltbarkeit und Beständigkeit fallen dem Konsum zum Opfer. Gesamtgesellschaftlich entspricht diesem in der Neuzeit sich anbahnenden Umschwung die Verwandlung von weltstiftendem Eigentum in handelbaren Besitz (VA 66). Arendt spricht von der »Aporie des Utilitarismus«, daß zwar nur das

---

[122] Diese Behandlung von Substanz und Substantialität ist ein Beispiel für Arendts phänomenologische Interpretation metaphysischer Begrifflichkeiten. Wie Heidegger (PhIA 47f) verweist sie darauf, daß die gesamte aristotelische Metaphysik auf Erfahrungen des Herstellens zurückzuführen sei (VA 129).

Herstellen eine beständige Welt hervorbringen könne, diese jedoch wertlos werde, wenn der Maßstab des Herstellens, der Nutzen, in der fertigen Welt weitergelte. Sie sei die logische Konsequenz der Gleichsetzung von Sinn (Um-willen) und Zweck (Um-zu), die Arendt rückgängig machen will (VA 141–143). Dann wird es möglich, einen Gegenstand in doppelter Hinsicht zu betrachten. Aus der Perspektive des Herstellungsprozesses dient er subjektivem Gebrauch, während er aus der Perspektive der fertigen Welt einen darüber hinausweisenden objektiven Sinn besitzt, der sich in seiner Fortdauer und Beständigkeit, seinem irreduziblen »Sosein« niederschlägt. Das Herstellen korrespondiert der Bedingung der Weltlichkeit insofern, als es Gegenstände erzeugt, die in die »Welt der Dinge« eingehen können, weil sie Qualitäten besitzen, die über die »Sphäre des nur Zweckdienlichen« hinausweisen (VA 161).

Arendts Begriff der Weltlichkeit liegt eine intensive Auseinandersetzung mit Heidegger zugrunde. Dieser führte Weltlichkeit überhaupt erst in die phänomenologische Existenzanalyse ein, als bewußtes Gegenkonzept zu ›Natur‹ (SZ 65). In *Sein und Zeit* unterscheidet er zwei uneigentliche Modi von einem eigentlichen Modus der Existenz, in denen je Weltlichkeit begegnet. Das ›An-sich-sein‹ der Dinge, ihre »Zuhandenheit« manifestiert sich im »Besorgen« durch ein Dasein, das sich der »Verweisungsmannigfaltigkeit des ›Um-zu‹« unterstellt (SZ 69). Wird der Verweisungszusammenhang gestört, kann sich die Bezugnahme des Daseins radikal ändern. Aus dem Aufgehen in der Welt wird abständiges Betrachten, Zuhandenheit verwandelt sich in Vorhandenheit (SZ 73–75). Heidegger spricht vom Paradoxon, daß mit dem (bewußten) »Aufleuchten der Welt« eine »Entweltlichung des Zuhandenen zusammengeht, so daß an ihm das Nurvorhandensein zum Vorschein kommt« (SZ 75). Die pure Gegenständigkeit der Welt wird vom Dasein als Verlust erfahren. Heidegger löst die Aporie, indem er zwischen der Bewandtnis (Um-zu) und der Bedeutsamkeit (Um-willen) eines Dinges, seinem Zweck und seinem Sinn für das Dasein, unterscheidet. Die uneigentlichen Existenzweisen des Besorgens und des Betrachtens betreffen allein das Um-zu, während im eigentlichen Existieren das Um-zu aus dem Um-willen des Daseins geschöpft wird. Weltlichkeit als Existenzial meint bei Heidegger, daß Bewandtnis (Zweck) der Bedeutsamkeit (Sinn) unterstellt wird (SZ 83–88).

Für Arendt ist das Problem der »Entweltlichung« auf diese Weise nur verschoben, nicht gelöst. Heidegger verankert Welt in der intentionalen Bezugnahme durch einzelnes Dasein; so hat zwar jedes Dasein *seine* Welt, eine gemeinsame, für alle wirkliche Welt gibt es jedoch nicht. Dieses Problem zeigt sich erst von Arendts Standpunkt der Pluralität aus. Danach erscheint die Störung des individuellen Verweisungsbezugs als etwas Positives, weil sie auf den Sinn-Überschuß jedes brauchbaren Gegenstandes hinweist. Seine Weltlichkeit gründet in der Vielfalt perspektivischer Bezugnahmen. Der Gegenstand enthüllt seinen »Sinn« in seinem unverfügbaren »Sosein«, das von allen erkannt werden kann. Das ist erst die Voraussetzung für eine von jedem Einzelnen zu leistende individuelle Sinngebung im Denken, die die ›Sinnoffenheit‹ des Gegenstandes zur Voraussetzung hat. Arendt unterzieht auf diese Weise die vom isolierten Dasein ausgehende Existenzanalyse Heideggers einer pluralen Transformation.

Die Auseinandersetzung mit Heidegger ist auch eine Konfrontation mit Aristoteles und dem griechischen Verständnis von Weltlichkeit und Herstellen. Die Griechen bezeichnen den (in öffentlichen Diensten stehenden) Werktätigen (*dēmiourgos*, aus *dēmos* und *ergon*) mit einem geringschätzigen Ausdruck als *banausos*. Handwerker und Bauern werden allein als Nutzbringer des Gemeinwesens gesehen, denen Aristoteles im Entwurf der *aristē politeia* das Bürgerrecht abspricht (Pol. VII.9, 1328b33 – 1329 a2). Hier handelt es sich für Arendt nicht um ein philosophisches Vorurteil, sondern um die Sichtweise der Bürger, die die »einfache Vulgarität einer konsequent utilitaristischen Gesinnung verachteten« (VA 144) und verhindern wollten, daß die Mentalität des *homo faber* den öffentlichen Raum erobere (VA 19, 144f). Arendt folgt dieser Ansicht, erkennt jedoch das Herstellen, Heidegger folgend, als existenziale Dimension jedes Menschen an. Wie im Fall des Arbeitens kommt die Externalisierung einer Tätigkeit auf eine bestimmte Gruppe von Menschen für sie grundsätzlich nicht in Frage. Die für jeden Menschen *positive* Bedeutung des Herstellens, nämlich die Errichtung von Weltlichkeit, muß Arendt gegen Aristoteles und Heidegger gleichermaßen verteidigen. Aristoteles mißt der *poiēsis* einen geringeren Rang als der *praxis* zu, weil der Herstellende im Unterschied zum Handelnden über das *telos* seiner Tätigkeit nicht frei verfügen könne (NE VI.2, 1139b1–4). Heidegger hatte dies in seiner (von Arendt besuchten) *Sophistēs*-Vorlesung herausgestellt und von einem »fundamentale[n] Mangel des *alētheuein*« (GA19 44) gesprochen. Aristoteles schließt daraus auf den exklusiven Vorrang der *praxis*; Heidegger versucht, *poiēsis* in *praxis* zu integrieren. Arendt übernimmt den integralen Ansatz, löst jedoch beide Tätigkeiten wieder voneinander ab. Während Aristoteles und Heidegger der *poiēsis* vom Standpunkt des Einzelnen die Anerkennung versagen müssen, läßt Arendt sie ihr vom Standpunkt der Vielen zuteil werden: als einer Tätigkeit, die die allen gemeinsame Welt errichtet und die menschlichen Angelegenheiten stabilisiert. Ihre plurale Transformation betrifft daher sowohl Heidegger als auch Aristoteles.[123]

(c) Pluralität

Seiner Struktur nach ist das Herstellen eine einsame Tätigkeit, die erst im fertigen Produkt welthafte Wirklichkeit erlangt. Die einzige Tätigkeit, bei der Menschen direkt und ohne vermittelndes Material untereinander in Kontakt treten, ist das Handeln. Nach Arendts Darstellung entspricht es der Grundbedingung der Pluralität, worunter sie die »Tatsache« versteht, »daß nicht ein Mensch, sondern viele Menschen auf der Erde leben und die Welt bevölkern«. Diese Grundbedingung ist gegenüber den beiden anderen dadurch hervorgehoben, daß sie nicht nur die *conditio sine qua* non, sondern auch die *conditio per quam* sein soll (VA 14f). Im gemeinsamen Handeln erfahren die Menschen wenn nicht den Sinn, so doch wenigstens den Grund ihrer Existenz: eine Freiheit jenseits der Notwendigkeiten des Überlebens und der Errichtung eines Hauses auf Erden. Dieser Abschnitt beschränkt sich allein auf die Untersuchung von Arendts Begriff der Pluralität; das Handeln ist Gegenstand von Kapitel 3.3.

Pluralität manifestiert sich für Arendt als Gleichheit und Verschiedenheit der Menschen. Gleichartigkeit ist die Bedingung sowohl gegenseitiger Verständigung als auch des generationsübergreifenden Verstehens. Die Notwendigkeit zu Verstehen und Ver-

---

[123] Zu Arendts Kritik an Platon und Aristoteles, sie übertrügen Maßstäbe des Herstellens auf die Politik, vgl. Kap. 3.1.(c). Auch diese Kritik intendiert eine plurale Transformation der politischen Philosophie des Aristoteles.

ständigung beruht dagegen auf dem »absolute[n] Unterschiedensein jeder Person von jeder anderen, die ist, war oder sein wird«. Während alles Seiende in der Mannigfaltigkeit existiert, ist es »nur dem Menschen eigen, sich selbst von Anderen zu unterscheiden und eventuell vor ihnen auszuzeichnen, und damit schließlich der Welt nicht nur etwas mitzuteilen – Hunger und Durst, Zuneigung oder Abneigung oder Furcht –, sondern in all dem auch immer zugleich sich selbst« (VA 164f). Menschen sind nicht bloß verschieden, weil sie als einzige Lebewesen aktiv ›in Erscheinung treten‹ können. »Handelnd und sprechend offenbaren die Menschen jeweils, wer sie sind, zeigen aktiv die personale Einzigartigkeit ihres Wesens, treten gleichsam auf die Bühne der Welt.« Auf dieser Bühne können sie zwar Talente und Defekte verbergen, mithin Eigenschaften, die auch andere Menschen besitzen, jedoch »ist das eigentlich personale Wer-je-mand-jeweilig-ist unserer Kontrolle darum entzogen, weil es sich unwillkürlich in allem mit-offenbart, das wir sagen oder tun« (VA 169). Jede Verstellung und jede Zur-Schau-Stellung verrät etwas über den je eigenen Charakter, das gerade nicht vom »Auftretenden« intendiert ist. Die Persönlichkeit existiert immer nur in den Augen der anderen – darin liegt sowohl der Reiz als auch das Risiko des öffentlichen Auftritts.

Aus Arendts Perspektive besteht zwischen Individualität und Pluralität kein Gegensatz. Persönliche Einzigartigkeit kann es überhaupt nur auf der Basis von Pluralität geben; sie existiert allein in der perspektivischen Wahrnehmung durch andere (vgl. VA 57, VZ 183). Diese ungewöhnliche Betrachtungsweise setzt abermals den Standpunkt der Welt voraus. Nur was alle sehen können, erlangt welthafte Wirklichkeit: »Menschlich und politisch gesehen, sind Wirklichkeit und Erscheinung dasselbe [...]« (VA 192, 56). Arendt gelingt es auf diese Weise, die neuzeitliche Gleichsetzung von Individualität und Subjektivität zu demontieren. Jene wird in den »Erscheinungsraum« der Öffentlichkeit verlegt, während diese in den Raum des Privaten fällt. Die neuzeitliche Fixierung auf Subjektivität erweist sich dann als »Weltentfremdung« und »Verkümmerung des Gemeinsinns« (VA 203f). Im Privaten ist der Mensch auf die Unwirklichkeit leiblicher Erfahrungen zurückgeworfen, die zwar nur ihm zukommen, jedoch nicht Ausweis von Individualität sein können, da sie der stets gleichen biologischen Verfaßtheit aller Menschen entspringen. Erst im »Wagnis der Öffentlichkeit« (SA 70) enthüllt sich, wer jemand wirklich ist. Die Privatsphäre ist für Arendt nur insofern positiv, als sie das Leben vor der »Verflachung« bewahrt, die ein dauerhafter Aufenthalt im »überhellen Licht der Öffentlichkeit« nach sich zieht. »Gerade weil es sich ständig in der Sichtbarkeit hält, verliert es die Fähigkeit, aus einem dunkleren Untergrund in die Helle der Welt aufzusteigen; es büßt die Dunkelheit und Verborgenheit ein, die dem Leben in einem sehr realen, nicht-subjektiven Sinn seine jeweils verschiedene Tiefe geben.« (VA 68).

Arendts Theorie der Pluralität und Individualität kann als Antwort auf eine Aporie in Heideggers Existenzanalyse verstanden werden. In *Sein und Zeit* postuliert er einerseits, daß »Mitsein« mit je einzelnem »In-der-Welt-sein gleich ursprünglich« sei (SZ 114). Andererseits führt er als positiven Modus des Mitseins eine Sorgestruktur an, die den anderen für eigenes Selbstsein »freigibt« (SZ 122). Es zeigt sich, daß Heidegger Mitsein mehr als Bedrohung denn als Ermöglichung eigentlichen Selbstseins betrachtet. Unter Öffentlichkeit versteht er ausschließlich die »Seinsweise des Man«, d.h. die Herrschaft der »Durchschnittlichkeit«. »Sie regelt zunächst alle Welt- und Daseinsauslegung und behält in allem Recht. [...] Die Öffentlichkeit verdunkelt alles und gibt das so Verdeckte als das Bekannte und jedem Zugängliche aus.« (SZ 127). Wenn Arendt dagegen vom »Licht des Öffentlichen« spricht, korrigiert sie die Heideggersche Position. Es gibt, so ihre Botschaft, eine eigentliche Existenz im öffentlichen Raum, weil Selbstsein nur auf der Basis von Mitsein, Einzigartigkeit nur auf der Basis von Pluralität möglich ist. Dazu jedoch muß der Auftretende anerkennen, daß er nicht die volle Autonomie über sein Selbstsein besitzt, weil sich dieses überhaupt erst im gemeinsamen Handeln »unter der Bedingung der Nicht-Souveränität« (VA 240) herausstellt. Arendts Lösung der Heideggerschen Aporie beruht somit auf der Unterscheidung von Souveränität und Individualität und auf der Annahme, daß diese den Verzicht auf jene voraussetzt.

Heideggers Auffassung von Mitsein war aus einer Interpretation der aristotelischen Bestimmung des Menschen als *zōon politikon* hervorgegangen. Arendt korrigiert die Heideggersche Auslegung, indem sie zu dieser Definition zurückkehrt und ihren Erfahrungshintergrund aufzeigt. Aristoteles meine nicht, wie die lateinische Übersetzung mit *animal sociale* nahelege, daß es dem Menschen eigentümlich sei, in Gesellschaft zu leben. Das natürliche Zusammenleben (im *oikos* bzw. in der *oikia*, Familie) erkläre er mit der Bedingtheit des Menschen durch das pure Überleben (ebd). Im griechischen Verständnis beziehe sich die »Fähigkeit für politische Organisation« auf die spezifisch politischen Tätigkeiten des Handelns und Sprechens (VA 28f). »Aristoteles' Bestimmung des Menschen als eines politischen Lebewesens beruhte also auf Erfahrungen, die gerade außerhalb des natürlichen Bereichs menschlichen Zusammenlebens gemacht waren und zu diesen in einem ausgesprochenen Gegensatz standen. Wirklich verständlich wird sie zudem erst, wenn man ihr die zweite berühmte aristotelische ›Definition‹ hinzufügt, nämlich daß der Mensch *zōon logon echon* ist, ein Lebewesen im Besitz des Logos.« Arendt betont, daß mit *logos* das »redende Argumentieren und argumentierende Denken« gemeint sei, nicht jedoch »die Fähigkeit der Kontemplation«, wie es die lateinische Übertragung *animal rationale* impliziert. Zwar folgt dieser Hinweis entsprechenden Äußerungen Heideggers, doch stellt Arendt besonders das argumentative Moment der Rede heraus. Die Sprache dient aus ihrer Sicht weniger dem Ansprechen der begegnenden Umwelt als dem gewaltlosen Überreden und Überzeugen im politischen Raum. Die beiden Bestimmungen des Menschen verweisen somit auf den öffentlichen, plural konstituierten Raum als denjenigen, in dem sich das Menschsein erst in seiner Wesensart entfalten kann. Arendt vollzieht an dieser Stelle keine Dekonstruktion, weil die aristotelischen Definitionen »in Wahrheit nur die artikulierte und begrifflich geklärte Wiedergabe der öffentlichen Meinung der Polis über das Wesen des Menschen [sind], sofern er Polisbewohner und politisch ist« (VA 30).[124]

Zwar gibt es im Werk des Aristoteles keine Theorie der Pluralität, jedoch behandelt er die Beziehungen zwischen handelnden Menschen, das Verhältnis von Gleichheit und

---

124 Vergleichbare Äußerungen finden sich bereits im Totalitarismus-Buch (ET 615). Eine weit kritischere, dekonstruktive Auslegung unternimmt Arendt in einem Manuskript, das etwa zeitgleich mit *Vita activa* entstanden ist. Sie versteht *zōon politikon* als philosophisches Konzept und kommentiert: »[...] als ob es *im* Menschen etwas Politisches gäbe, das zu seiner Essenz gehöre. Das gerade stimmt nicht; *der* Mensch ist a-politisch. Das Politische entsteht in dem *Zwischen-den-*Menschen, also durchaus *außerhalb des* Menschen.« (WP 11). Jedoch verwirft sie diese Deutung in einem weiteren Manuskriptfragment schon bald wieder zugunsten der in *Vita activa* vertretenen Auffassung (WP 38).

Verschiendenheit, sehr ausführlich im Zusammenhang mit der Freundschaft (*philia*; NE VIII/IX). Er unterscheidet die Freundschaft zwischen Guten (*tōn agathōn philia*; NE VIII.4, 1156b7) von der zwischen Bürgern (*politikē philia*, NE IX.6, 1167b2). Letztere nennt er auch *homonoia* (a22). Sie bezieht sich auf die gesamte Bürgerschaft, sofern sie mit Dingen der politischen Praxis (*ta prakta*, a28) beschäftigt ist. In politischen Gemeinschaften herrscht Eintracht (*homonoia*), so Aristoteles, wenn die Bürger über gemeinsame Interessen (*peri tōn sympherontōn*) eines Sinnes sind und die Beschlüsse einmütig umsetzen (*kai tauta proairōntai kai prattōsi ta koinē doxanta*; a26–28). Unter gemeinsamen Interessen versteht er etwas anderes als die Summe je verschiedener Privatinteressen. *Ta sympheronta*, Dinge, die allen zuträglich sind, betreffen die Polis im ganzen; wo das Interesse am eigenen Vorteil alleiniges Motiv des gemeinsamen Handelns ist, kann von echter Freundschaft keine Rede sein (NE VIII.3, 1156a16–19). Arendt bringt »politische Freundschaft‹, die der Nähe und der Intimität nicht bedarf« mit Respekt in Zusammenhang: »[...] er drückt die Achtung vor der Person aus, die aber in diesem Fall aus der Entfernung gesehen ist, welche der weltliche Raum zwischen uns legt, wobei diese Achtung ganz unabhängig ist von Eigenschaften der Person, die wir bewundern mögen, oder von Leistungen, die wir hochschätzen« (VA 238). Mit der *homonoia* scheint Aristoteles demnach ihrem Verständnis von Pluralität im öffentlichen Raum gerecht zu werden.

Die *homonoia* erfüllt für Aristoteles Grundbedingungen der *philia*: Sie beruht auf Gleichheit (politischen Rechten), auf Gemeinschaft und auf dem Interesse am gemeinsamen Wohl. Diese Kriterien erfüllt auch die Freundschaft unter Guten, jedoch in viel intensiverer Form. Sie beruht auf starker persönlicher Bindung, die dadurch gegeben ist, daß jeder den anderen als ein zweites Selbst ansieht (*heteros gar autos ho philos estin*, NE IX.9, 1170b6). Das wird möglich, wenn Menschen sich als solche erkennen, deren Gleichheit eine Gleichheit des Strebens nach demselben Guten ist (NE VIII.7, 1157b25–34). Dieses enthält das Gut der Polis, geht jedoch darüber hinaus: *to sympheron* ist ein schwächerer Ausdruck als *to agathon*. Jenes kann Gegenstand politischer Auseinandersetzung sein, dieses beruht auf einem durch höchste *aretē* gleichgerichtetem »Angezogenwerden« durch das Gute. Darin liegt eine deutliche Tendenzwende von der *praxis* zur *theōria*, scheint sich doch als das wahre Selbst gerade der *nous* herauszustellen (*doxeie d'an to nooun hekastos einai hē malista*, NE IX.4, 1166a22f). Eine solche Freundschaft der Guten mit dem Guten hält Aristoteles nur unter wenigen für möglich; *polyphiloi* gebe es nur im Rahmen der loseren *homonoia* (NE IX.10, 1171a15–20). Während Aristoteles *tōn agathōn philia* für die höchste Form menschlicher Gemeinschaft hält, ist die »Liebe zum Guten« bzw. die »Liebe zur Weisheit« für Arendt eine Lebensform, deren Ort zwar noch in der Welt liege, die sich aber durch »Verlassenheit« auszeichne. Darunter versteht sie den einsamen Dialog des Philosophen mit sich selbst (VA 73). An der Einsamkeit ändere sich nicht viel, wenn der Dialog mit Freunden geführt werde, die ein »anderes Selbst« darstellten, denn »so kommt man nie zum Wir, der wahren Pluralität des Handelns« (VGW 191).

Sofern das Gute nicht mit der Weisheit identisch ist, spricht Arendt von »tätiger Güte« und »guten Werken«. Diese praktische Dimension ist in der aristotelischen Freundschaft der *agathoi* inbegriffen, Arendt behandelt sie jedoch allein als christliche, religiös motivierte Lebens-einstellung. Von der Güte heißt es, daß sie als »stimmige Lebensform innerhalb der Grenzen des öffentlichen Bereichs nicht nur unmöglich, sondern, wo immer sie versucht wird, ausgesprochen zerstörerisch« sei. Güte gehöre in die Privatsphäre und Verborgenheit, im öffentlichen Raum negiere sie die weltliche Distanz der Menschen und könne daher »nur einen korrumpierenden Einfluß haben« (VA 72–74). Auf Aristoteles übertragen, bedeutet dies, daß allein die *philia politikē* die Ansprüche des öffentlichen Raums erfüllt, weil sie die Balance von Gleichheit und Verschiedenheit wahrt. Der Bereich des Politischen verlöre seine Autonomie, wenn er einen höheren Maßstab als seinen eigenen zuließe. Wo immer die Grenzen zwischen Politik und Philosophie bei Aristoteles verschwimmen könnten, zieht Arendt vorsorglich eine klare Trennlinie: zugunsten der Politik und der Pluralität der Menschen.

3.3 Das Handeln

Arbeiten und Herstellen sind einsame Tätigkeiten, die zwar dem Menschen zukommen, jedoch nicht ihm ausschließlich. Die Aufrechterhaltung des Lebensprozesses teilt der Mensch mit allen organischen Lebensformen, die Errichtung einer Welt wurde zumindest im Mythos wiederholt demiurgischen Gottesgestalten zugeschrieben. »Handeln allein ist das ausschließliche Vorrecht des Menschen; weder Tier noch Gott sind des Handelns fähig, und nur das Handeln kann als Tätigkeit überhaupt nicht zum Zuge kommen, ohne die ständige Anwesenheit einer Mitwelt.« (VA 27). Auf diese Weise begründet Arendt den anthropologischen Vorrang des Handelns, der politischen Tätigkeit schlechthin.[125] Ihre im engeren Sinne politische Theorie ist als Phänomenologie des Handelns der wichtigste Teil ihrer Anthropologie und Existenzialphilosophie.

Die griechische Sprache verfügt über zwei Wörter, die den Bedeutungsbereich von *praxis* umgrenzen: *archein* (anfangen, anführen) und *prattein* (ausführen, vollziehen). In der politischen Sprache haben die Begriffe jedoch eine Bedeutungsverengung erfahren, an der aus Arendts Sicht die politische Philosophie nicht unschuldig ist. Platon definiert den *archon* als einen, der nicht selbst etwas verrichte (*prattein*), sondern nur über die, denen Verrichtungen obliegen, herrsche (*archein*; Politikos 305). »In dieser Aufteilung der Funktionen verwischt sich die dem Handeln selbst eigene Artikulation, die zwischen den Stadien des Beginnens und Vollbringens unterscheidet, und an die Stelle der dieser Artikulation adäquaten Bezüge zwischen dem Einen, der allein anfängt, und den Vielen, die gemeinsam vollbringen, tritt das Verhältnis zwischen Befehl und Vollstreckung [...]« (VA 181). Platons Auslegung, die Trennung von Wissen und Tun, ermöglicht es, daß der Anführer souveräner Herr seiner Aktion bleibt. Aus Arendts Sicht wird das Handeln auf diese Weise als Herstellen re-interpretiert und zum Gegenstand philosophischer Herrschaftstheorien (VA 216f).

Eine der politischen Erfahrung angemessene phänomenale Deutung des Handelns muß die philosophische Verzerrung rückgängig machen, dekonstruieren – so lautet Arendts Intention. Erst wenn das Handeln nicht aus der Sicht einzelner Zielverfolgung, sondern vom Standpunkt der Pluralität betrachtet wird, gibt es seine »natürlichen«

---

125 Vermutlich handelt es sich um eine Paraphrase von Pol. I.1, 1253a26–29; wer der politischen Gemeinschaft, d.h. ihrer Autarkie, nicht bedürfe, so Aristoteles, sei entweder ein Tier oder ein Gott (*hōste hē thērion hē theos*). Aristoteles begründet den Vorrang der Polis, Arendt den des politischen Handelns.

Strukturen und Elemente frei. Arendts Ergebnisse und ihre Kritik der Tradition sind Thema dieses Kapitels. Die ersten beiden Abschnitte betreffen die beiden Handlungsdimensionen des *archein* (a) und des *prattein* (b), des einzelnen Anfangens und des gemeinsamen Vollziehens. Im dritten Abschnitt wird gezeigt, wie Arendt die Frage nach dem Sinn des Handelns von der nach seinen Zielen trennt und so das teleologische *praxis*-Modell des Aristoteles transformiert (c).

(a) Das Anfangen: archein

Obwohl die weltliche Existenz des Menschen mit der Geburt beginnt, wächst jeder »Neuankömmling« (VA 15), wie Arendt zu sagen pflegt, zunächst in der Geborgenheit der Familie auf, d.h. in der Verborgenheit vor der Welt. Das Eintreten in den öffentlichen Raum beruht im Unterschied zur »passiven« Geburt auf »aktive[m] In-Erscheinung-Treten«. Arendt spricht von einer »zweite[n] Geburt, in der wir die nackte Tatsache des Geborenseins bestätigen, gleichsam die Verantwortung dafür auf uns nehmen«. Der Antrieb dafür sei weder in der Aussicht auf einen Nutzen, noch in der Anwesenheit anderer im Erscheinungsraum zu suchen. Auch bedürfe es keines Beschlusses, vielmehr scheine der Antrieb »in dem Anfang selbst zu liegen, der mit unserer Geburt in die Welt kam, und dem wir dadurch entsprechen, daß wir selbst aus eigener Initiative etwas Neues anfangen« (VA 165f). In diesem Sinne will Arendt *archein* verstanden wissen, als Fähigkeit und Bedürfnis jedes Menschen, einen neuen Anfang in der Welt zu setzen.

Diesen phänomenologischen Begriff des *archein* hat Arendt in einer Interpretation des Augustinus gewonnen. Dieser bezeichnet Gottes Schöpfung der Welt als *principium*, die Erschaffung des Menschen dagegen als *initium*: »damit ein Anfang sei, wurde der Mensch geschaffen, vor dem es niemand gab« (*[initium] ergo ut esset, creatus est homo, ante quem nullus fuit*; De Civitate Dei XII, 20). Während Gott ewig ist und außerhalb der Zeitordnung steht, kommt die Zeit erst mit *dem* Menschen in die Welt. *Die* Menschen entstehen durch Fortpflanzung, oder, wie Arendt sagt, »mit der Erschaffung des Menschen erschien das Prinzip des Anfangs, das bei der Schöpfung der Welt noch gleichsam in der Hand Gottes und damit außerhalb der Welt verblieb, in der Welt selbst und wird ihr immanent bleiben, solange es Menschen gibt« (VA 166). Mit jeder Geburt wiederholt sich daher das *initium* des ersten Menschen. Dessen existenziale Bedeutung besteht für Arendt darin, daß jeder Mensch als freies Wesen geschaffen wird, das nicht *in* der Zeit ist, sondern als absoluter Anfang seine eigene Zeit hat. Diese Freiheit, die mit jeder Art von (augustinischer) Prädestination unvereinbar ist (VGW 103), wird vom Menschen ausdrücklich anerkannt und als Aufgabe übernommen, wenn er öffentlich in Erscheinung tritt. Arendt überführt die theologische Erklärung des Augustinus in eine anthropologische, phänomenal gefaßte Theorie: Der Mensch besitzt die Gabe, aus freien Stücken einen Anfang zu setzen, kraft des »Faktum[s] der Natalität« (VA 167).[126]

---

[126] Arendts Bestimmung von humaner Zeitlichkeit greift auf grundsätzliche Überlegungen Heideggers im zweiten Teil von *Sein und Zeit* zurück. Während dieser aber Zeitlichkeit als »Sein zum Tode« (SZ 234) faßt, betont Arendt mit Natalität eine Dimension der Zukünftigkeit, die von Mortalität verschieden ist.

Arendts Untersuchung des Willens im zweiten Teil von *Vom Leben des Geistes* kehrt nach einer großen *tour d'horizon* durch die abendländische Philosophiegeschichte zur augustinischen Theorie des *initium* zurück. Sofern der Wille als »Triebfeder des Handelns« in den Blick genommen werde, lasse sich von ihm nichts weiter sagen, als daß er auf der Tatsache der Natalität beruhe (VGW 12, 206f). Im Ich-will, wie Arendt es deutet, liegt die Vorwegnahme eines Ich-kann; dieses Können wird allein durch das *initium*, das der Mensch selbst ist, verbürgt. Arendt spricht auch von der »Freiheit der Spontaneität« (VGW 107), die Kant als »Vermögen, eine Reihe in der Zeit ganz von selbst anzufangen« (KrV B478) bestimmt. Diese Freiheit verträgt sich nach ihrer Auffassung mit keiner Bindung des Willens an die Vernunft oder eine andere Instanz. Sie interpretiert die Freiheit des Willens als Freiheit des Wollens, die im Menschen qua seiner Geburt angelegt ist und ihn auf die Zukunft ausrichtet, ohne jemals ein Maß ihrer Bewältigung bereitzustellen.

Arendt entwickelt diese Theorie als bewußten Gegenentwurf zum aristotelischen Begriff der *proairesis*, der Vorzugswahl zwischen verschiedenen Wegen des Handelns. Aristoteles definiert die *proairesis* als Zusammenspiel von *nous* und *orexis* (NE VI.2, 1139b4f). Das Streben (*orexis*), für welches die Trefflichkeit des Charakters sorgt, richtet den Menschen auf das Ziel (*telos*), das *nicht* Gegenstand menschlicher Wahl sei (NE III.4, 1112b11f). Damit ist nicht irgendein ›Zwischenziel‹ gemeint, sondern das Endziel jedes Menschen, die *eudaimonia*. Erst nachdem dieses Ziel aufgestellt ist, setzt das Überlegen (*bouleuesthai*) ein, wie es unter den gegebenen Umständen am besten zu erreichen sei (b15f). Dieses betrifft sowohl die Zwischenziele wie auch die Wege zu ihnen und von ihnen zum Endziel. Das Suchen mündet in eine Entscheidung, die schließlich in einer Handlung vollzogen wird. Arendt stellt heraus, daß der »Spielraum für die Freiheit« nach diesem Modell »sehr eng« sei. Die (End-)Ziele würden aus der menschlichen Natur abgeleitet und seien daher für alle dieselben. Auch die Auswahl der Mittel sei beschränkt, da sie von den jeweiligen Umständen abhingen. Der Anfang des Handelns werde von Aristoteles weder als spontan noch als autonom gedacht (VGW 61). Arendt führt dies auf die Grundannahmen seiner Metaphysik zurück. Aristoteles geht davon aus, daß jedes *telos* bereits als *archē*, als Ursprung oder Prinzip, existiert. Alles, was durch Handeln Wirklichkeit wird, besteht immer schon als Möglichkeit. Diese Theorie »leugnet indirekt die Zukunft als authentische Zeitform« (VGW 18). Für Aristoteles kann es innerhalb seines metaphysischen Modells nichts grundsätzlich Neues geben. Jeder Mensch handelt in Bahnen, die durch die Natur klar vorgezeichnet sind. Das ist die philosophische Konsequenz eines zyklischen Weltbildes, nach dem alles, was kommt, schon einmal gewesen ist (VGW 19). Zwar betont Aristoteles in der Ethik die Kontingenz der menschlichen Angelegenheiten, jedoch bietet er in der Metaphysik ein Modell an, alles praktisch Ungewisse zumindest in theoretische Gewißheit zu überführen. Aus Arendts Sicht ist er nicht bereit, »den Preis der Kontingenz für das Geschenk der Freiheit zu bezahlen« (VGW 185).

Arendt zahlt diesen Preis, indem sie den Anfangenden auf eine absolut ungewisse Zukunft verweist. Wenngleich das Anfangen keines besonderen Beschlusses bedarf, ist die notwendige Initiative keine Selbstverständlichkeit. Der Mensch muß bereit sein, die »Kluft zwischen einem gesicherten Leben innerhalb der Familie und dem erbarmungslosen Ausgesetztsein der Person« im öffentlichen Raum zu überwinden (VA 36). Diese Bereitschaft bezeichnet Arendt als »Mut«, eine der »Kardinaltugenden des Politischen« (VA 36f, FUP 208, WP 45). »Der Mut befreit von der Sorge um das Leben für die Freiheit der Welt. Des Mutes bedarf es, weil es in der Politik niemals primär um das Leben, sondern immer um die Welt geht, die so oder anders aussehen, so oder anders uns überdauern soll.« (FUP 208). Der Mutige bekundet seinen Willen, die solipsistische Begrenzung der Privatsphäre zu sprengen und sich der Pluralität der Menschen zu stellen. Der Lohn für den Mut ist die Enthüllung der personalen Einzigartigkeit, welche als Spur in der Welt zurückbleibt und den individuellen Tod überdauert. Ohne Mut würde es weder Auszeichnung noch Größe geben, nur eine den Lebensnotwendigkeiten geschuldete Existenz in der Verborgenheit. Arendts Auslegung des Mutes in bezug auf das Licht der Öffentlichkeit unterscheidet sich markant von der aristotelischen Behandlung der *andreia* in NE III.9–12.

Aristoteles bestimmt *andreia* als Mitte zwischen den beiden Extremen der Feigheit (*deilia*) und des Wagemuts (*thrasytēs*; NE III.10, 1116a4–9). Die Abgrenzung erfolgt vor dem Hintergrund des homerischen Verständnisses von *andreia* als einer sich im Kampf beweisenden *aretē*. Diese beruht auf dem Streben nach Ehre und Anerkennung in der Gemeinschaft (NE III.11, 1116a18–29), also auf genau demselben Motiv, das auch Arendt anführt. Wiewohl Aristoteles es anerkennt, verwendet er anschließend sehr viel Aufwand darauf, zwischen *tapfer scheinen* und *tapfer sein* zu unterscheiden. Von echter *andreia* könne keine Rede sein, wenn Menschen unter Zwang (*anagkē*) handelten (a29–b2), allein durch Zorn (*thymos*) angetrieben würden oder sich aus Unwissen in Gefahr begäben (1117a4–8). Vielmehr müsse der Tapfere auf das Edle (*tou kalou*) zielen (NE III.10, 1115b11–24). Dem Edlen wird jedoch nicht immer dieselbe Anerkennung zuteil, wie dem der allein nach Ehre strebt. Es sei gut möglich, so Aristoteles, daß nicht die Besten (*tous kratistous*) das Heer anführten, sondern jene, die kein *agathon* kennten und daher nichts zu verlieren hätten (NE III.12, 1117b17–20). Aristoteles ersetzt den Maßstab der Ehre durch das Maß des Guten, das unabhängig von öffentlicher Anerkennung bestehen kann. Arendt kehrt dagegen zum homerischen Motiv der *andreia* zurück. Aus ihrer Sicht kann der Mutige nur danach beurteilt werden, wie sehr er den »Lebenstrieb« überwindet und im öffentlichen Raum nach Auszeichnung strebt.[127]

Das *archein* besitzt nicht nur eine existenziale Dimension für jeden einzelnen, sondern auch für politische Gemeinschaften im ganzen. Dem individuellen Neuanfang entspricht die Gründung eines Staatswesens, sei es als Neustiftung oder infolge einer Revolution. Darin liegt Arendts Interesse sowohl an der Gründung Roms als auch an den Revolutionen in Amerika, Frankreich und Ungarn begründet.[128] Immer versucht sie in ihren historischen Untersuchungen der Erfahrung des »absoluten Anfangs« angesichts eines »Abgrund[s] der Freiheit« (VGW 197) nachzuspüren. Sie will zeigen, daß Menschen der Kontingenz nicht einfach »ausgeliefert« sind, sondern daß sie zugleich die Bedingung der Möglichkeit des Neubeginns ist. Für Arendt »beweisen« die großen Revolutionen, daß die Natur des Menschen ebenso wenig determiniert ist wie die Entfaltung des Menschen in der Zeit, d.h. in der Geschichte (ÜR 23f). In dieser Optik erscheint jeder Neuanfang als »Wunder der Freiheit« (WP 34, VA 241) und als »real

---

127 Zu Arendts Homer-Rezeption vgl. Dossa: The Public Realm and the Public Self, aaO., 36–41 und Canovan: A Reinterpretation, aaO., 136, 142f.
128 Vgl. *Über die Revolution* sowie *Revolution und Freiheit* (VZ 227–251).

nachweisbare Transzendenz jeden Anfangs mit Bezug auf den Prozeßzusammenhang, in den er einbricht« (WP 32).

(b) Das Vollziehen: prattein

Wenn der Mensch im öffentlichen Raum erscheint, unterbricht er zwar auf gleichsam wundersame Weise bestehende Prozeßabläufe, das »Bezugsgewebe menschlicher Angelegenheiten« bleibt jedoch bestehen. Arendt vergleicht den Neuanfang, der sich im Sprechen und Handeln enthüllt, mit Fäden, »die in ein bereits vorgewebtes Muster geschlagen werden und das Gewebe so verändern, wie sie ihrerseits alle Lebensfäden, mit denen sie innerhalb des Gewebes in Berührung kommen, auf einmalige Weise affizieren«. Wie ein Lebensfaden verläuft, liegt nie in der Macht eines einzelnen. »Kein Mensch kann sein Leben ›gestalten‹ oder seine Lebensgeschichte hervorbringen, obwohl ein jeder sie selbst begann, als er sprechend und handelnd sich in die Menschenwelt einschaltete.« Wenngleich jeder Mensch bestimmte Absichten verwirklichen will, wird der Verlauf des Fadens im Gewebe der Welt nicht durch sie gesteuert, sondern durch »die von ihm ursprünglich gar nicht intendierten Geschichten, die sich ergeben, wenn bestimmte Ziele verfolgt werden« (VA 174f). Mögen sie dem Handelnden zunächst wie »Nebenprodukte« seines Tuns erscheinen, enthüllen sie in Wahrheit, wer jemand ist. Rein phänomenal und vom Standpunkt der Welt gesehen, hinterläßt jeder Mensch eine Fülle von Geschichten, die alle etwas über ihn aussagen, ohne doch jemals von ihm verfaßt oder intendiert worden zu sein.

Das *prattein* stellt für jeden Handelnden eine höchst ambivalente Erfahrung dar. Einerseits verfolgt jeder, der einen Anfang gesetzt hat, Ziele; auch das Streben nach Auszeichnung beruht auf der Vorwegnahme eines Ziels, von dem anzunehmen ist, daß es Ruhm einträgt. Andererseits können diese Ziele unter den Bedingungen der Pluralität niemals autonom umgesetzt werden, was eine Art »Persönlichkeitsspaltung« zur Folge hat: Selbstwahrnehmung und Fremdwahrnehmung treten in dem Maße auseinander wie das beabsichtigte Resultat einer Handlung nicht mit dem Gehandelten übereinstimmt. Aus Arendts Sicht geht aus der Erfahrung dieser Spannung die griechische Vorstellung der *eudaimonia* hervor. Der Begriff bezeichne wörtlich das »Wohlbefinden des *daimōn*, der die Menschen jeweils durchs Leben geleitet und ihre eindeutige Identität für andere ausmacht, aber von ihnen selbst gerade nicht erblickt wird« (VA 185). Der *daimōn* schaut den Menschen gewissermaßen von hinten über die Schulter, er stellt eine bleibende Befindlichkeit dar, die doch nicht vom einzelnen bewirkt werden kann. Wenn er sich umdreht, um seiner selbst ansichtig zu werden, muß er dafür mit dem eigenen Leben bezahlen – darin sieht Arendt die paradigmatische Bedeutung der homerischen Geschichte vom Tod des jungen Achill (VA 186). Die im Handeln sich einstellende *eudaimonia* kann nur verfolgt, nie jedoch vom Handelnden selbst ergriffen werden. Gleichwohl ist gerade dieses öffentliche Glück viel wertvoller als jene Befriedigung, die im privaten Streben nach Besitz liegt. Das war nach Arendts Überzeugung die Erfahrung der amerikanischen Gründerväter, die ursprünglich der in die Unabhängigkeitserklärung aufgenommenen Formel vom *pursuit of happiness*, dem ›Verfolg des Glücks‹, zugrundelag (ÜR 152–171).

Diese phänomenale Deutung der *eudaimonia* ist mit und gegen Aristoteles gewonnen. Dauerhaftes Glück ist, wie es in der *Nikomachischen Ethik* heißt, der Kampfpreis (*athlon*) und das höchste Ziel (*telos ariston*) der *aretē*, weshalb es zu Recht als göttliches und seliges Gut gilt (*kai theion ti kai makarion*). Alle trefflichen Menschen streben nach diesem einen Ziel, das doch als solches nie gewählt werden kann. Je tiefer Aristoteles in das Problem der *eudaimonia* eindringt, desto mehr zeigt sich, wie chimärenhaft sie sein kann. Im vollen und eigentlichen Sinne können allein die Götter als glücklich und selig gelten (NE X.8, 1178b9f); nur sie sind der Kontingenz menschlicher Angelegenheiten enthoben und verfügen über jene Identität mit sich selbst, die sich darin erweist, daß sie selbst der einzige Gegenstand ihres Denkens sind (vgl. Met. XII.7, 1072b19–21). Für den Menschen, der einen Körper besitzt und in der Gegenwart anderer lebt, ist solches Glück außer Reichweite (NE X.8, 1178a14–16, b5–7). Aristoteles gerät in eine schwierige Aporie: Wenn der Kampfpreis der *aretē* in Wahrheit unerreichbar ist, worin liegt dann überhaupt das Gut der *praxis*? Die ›Lösung‹ läuft darauf hinaus, daß die Menschen nur glücklich sein können, wenn sie wie die Götter leben, in der Muße und Vereinzelung der *theōria*, die jede praktische Tätigkeit ausschließt. Arendt kann der Bestandsaufnahme des Aristoteles bis zur besagten Aporie zustimmend folgen. Ihr Ausweg weist jedoch in eine andere Richtung. Die *eudaimonia* ist zwar im Handeln nicht zu greifen, sie enthüllt sich jedoch für andere. Dagegen wird die »Flucht« in die *theōria* mit einer Verhüllung der Identität bezahlt, die niemals den Charakter welthafter Wirklichkeit erlangen kann.

Arendt sieht noch ein anderes Problem der griechischen Auffassung von Handeln, nicht der aristotelischen, sondern der homerischen, nämlich, daß das Phänomen der Selbstenthüllung stets auf Kosten aller anderen Faktoren gehe. Die Kehrseite des agonalen Geistes sei ein relatives Desinteresse für jene Dimensionen des Handelns, die mit der Selbstenthüllung nicht direkt zusammenhingen. So rechneten die Griechen die Gesetzgebung nicht unter die eigentlich politischen Tätigkeiten, sondern übertrügen sie einem auswärtigen Gesetzgeber. Erst die Römer hätten das Gesetzgeben als alles politische Handeln begleitende Tätigkeit entdeckt (VA 187f). Arendt will deutlich machen, daß sie das *prattein* auch als Ausgestaltung des Gemeinwesens in den Blick zu nehmen trachtet. Erst aus diesem Blickwinkel zeigt sich die »Eigentümlichkeit des Handelns, daß es einen unabsehbaren und potentiell endlosen Prozeß anfängt«, was »von der Antike kaum bemerkt worden [ist]« und »in der Philosophie der Alten kaum eine Rolle gespielt [hat]« (VA 227). Sie meint damit drei allem Handeln inhärente Aporien: (1.) seine Konsequenzen sind unabsehbar, (2.) begonnene Prozesse können nicht wieder rückgängig gemacht werden, und (3.) kein Einzelner ist je für das Entstandene verantwortlich zu machen (VA 214). Die »ungeheure Zähigkeit des Getanen« bedroht die Freiheit und Spontaneität aller Handelnden. Dagegen gibt es unter den Bedingungen der Pluralität nur einen Ausweg, den Verzicht des einzelnen auf Souveränität. Bei der Gestaltung des Gemeinwesens manifestiert sich dieser Verzicht in den menschlichen Vermögen, Versprechen zu geben und zu halten sowie einander zu verzeihen (VA 228–231).

Die »Macht des Versprechens« ist das Heilmittel gegen die »Unabsehbarkeit des Zukünftigen«. Diese Unabsehbarkeit ist der Unzuverlässigkeit sowohl des einzelnen Menschen als auch des *prattein* angesichts der Pluralität geschuldet, da sich die Folgen einer Tat nicht aus ihr selbst, sondern aus dem Bezugsgewebe ergeben, in das sie sich verstrickt. Wenn die so beschriebene Kontingenz der menschlichen Angelegenheiten auch nicht aus der Welt zu schaffen ist, kann sie doch in gewissem Grade bewältigt werden. Darin besteht die Macht des Versprechens, der freiwilligen Selbstbindung von Menschen durch Abkommen und Verträge. Solche Versprechen nach dem Modell des Bündnisses zwischen freien und gleichen Partnern sind für Arendt der einzig akzeptable Weg, »so etwas wie Ordnung in die Angelegenheiten der Menschen untereinander zu bringen« (VA 239f). In dem Maße, wie eine Gruppe von Handelnden durch die Kraft gegenseitiger Versprechen zusammengehalten wird, kann sie begrenzte Souveränität erlangen, denn auf der Basis des Vertrauens läßt sich die Zukunft wie eine Gegenwart behandeln. Zurück bleibt jedoch immer ein Gehandeltes, das unwiderruflich ist und seine Spur im Bezugsgewebe menschlicher Angelegenheiten hinterläßt. Das Getane stellt deshalb das Vertrauen der Handelnden auf die Probe. Um diese Probe zu bestehen, müssen sie einander verzeihen können. Das Verzeihen beruht im Unterschied zum Versprechen auf Nicht-Berechenbarkeit. Es realisiert in gewisser Hinsicht die Natalität, da jeder Akt des Verzeihens einen neuen Anfang schafft, der sowohl dem Verzeihenden als auch dem Verziehenen seine Freiheit zurückgibt (VA 235).

Arendt hält Versprechen und Verzeihen für die einzigen Möglichkeiten, in der Politik Prinzipien zu konstituieren, die nicht von außen an das Handeln herangetragen werden, sondern dem freien Verkehr der Handelnden entspringen (VA 232, 242). Dadurch unterschieden sie sich von den »›moralischen‹ Maßstäben, welche die politische Philosophie seit Plato der Politik vorzuschreiben versucht«. Diese Maßstäbe würden dem Umgang mit der eigenen *psychē* entnommen und entstammten daher der Erfahrung »mit sich selbst, und nicht mit anderen«. Arendt sieht die Gefahr, daß aus Selbst-Beherrschung das Recht zur Herrschaft über andere abgeleitet werde (VA 232f). Das sei etwa der Fall, wenn Platon und Aristoteles »die Figuren des Städtebauers und des Gesetzgebers in den Mittelpunkt ihrer politischen Philosophien stellten«. Die Gesetzgebung trete in den Mittelpunkt des Interesses, »weil bei ihr, wie bei der Vollstreckung von Beschlüssen, in der Form der Herstellung gehandelt wird« (VA 188). Der *nomothētēs* als Vollstrecker philosophischer Weisheit – trifft dieser Vorwurf die Intention des Aristoteles?

Die *Politik* verfolgt ein theoretisches und ein praktisches Interesse, denn Aristoteles behandelt einerseits die Grundfragen jeder politischen Ordnung, während er andererseits bestehende Polisverfassungen kritisiert, konkrete Verbesserungen vorschlägt und selbst einen pragmatischen Verfassungsentwurf vorlegt (vgl. Pol. IV.1). Aus theoretischer Sicht stehen die Grundfragen der Verfassungsgebung im Mittelpunkt, nämlich: (1.) wie die Regierungsämter (*archai*) zu verteilen sind, (2.) welches die oberste Regierungsgewalt (*to kyrion*) und (3.) welches das höchste Ziel (*telos*) der politischen Gemeinschaft ist (Pol. IV.1, 1289a15–18). Aristoteles beantwortet alle drei Fragen auf prinzipielle Weise. Die Verteilung der Regierungsämter muß dem Prinzip der Vielheit freier und gleicher Männer gerecht werden (Pol. IV.2, 5; III.4; VII.3), die oberste Regierungsgewalt soll keinem Menschen, sondern der Verfassung obliegen (Pol. III.9–11) und das höchste Ziel der *koinonia* besteht im vollendeten, selbstgenügsamen Leben (*zoēs teleias kai autarkēs*; Pol. I.2, III.9). Aus praktisch-politischer Sicht können diese allgemeinen Prinzipien nur mit Leben erfüllt werden, wenn die in jeder politischen Gemeinschaft gegebenen Umstände genügend in Betracht gezogen werden. Aus diesem Grund wendet sich Aristoteles den vielen Einzelfragen politischer Ordnung zu und arbeitet die konkreten Probleme heraus, denen sich jeder Gesetzgeber stellen muß, wie etwa zwischen Qualität und Quantität der Bürger einen Ausgleich zu schaffen (Pol. IV.12).

Wenngleich Aristoteles eine Reihe von Hilfestellungen gibt, betont er doch, daß der Gesetzgeber immer mit praktischer Ein- und Umsicht (*phronēsis*) wird handeln müssen (Pol. IV.1, 1289a10–13). Zwar benennt der Philosoph die Prinzipien, nicht jedoch ihre Anwendungen; die »Kunst« des *nomothētes* ist daher nicht, wie Arendt annimmt, mit der des *cheirotechnēs* identisch (VA 189).

Unter dieser Voraussetzung erscheint auch Arendts Behauptung, Aristoteles erhebe den Gesetzgeber zur »repräsentativen Figur des politisch Handelnden« (ebd), in einem anderen Licht. Wer immer regiert, so Aristoteles, habe sich zwar nach dem Gesetz zu richten, doch regele das Gesetz nur das Allgemeine (*katholou*) und nie alles (*pantōn*; Pol. III.2, 1282b1–6). Es sei unmöglich, über die konkrete politische Beratung Gesetze zu erlassen (*peri hōn gar bouleuontai nomothetēsai tōn adynatōn estin*; Pol. III.16, 1287b22f). Schließlich räumt Aristoteles sogar die Möglichkeit ein, daß aus dieser Beratung auch Gesetzesänderungen hervorgehen können, wenngleich er dabei zu großer Vorsicht rät (Pol. II.8, 1269a9–12). Der Gesetzgeber ist in der Tat die repräsentative Figur des politisch Handelnden, weil beide zwar allgemeine Vorgaben besitzen, jedoch stets unter konkreten, nicht berechenbaren Umständen Entscheidungen treffen müssen. Daß diese Vorgaben dem Handeln wesensfremde »moralische Maßstäbe« wären, läßt sich von Aristoteles nicht gerade sagen. Wenn alles gesetzgeberische und alles konkrete Handeln die Prinzipien der Vielheit sowie der gemeinschaftlichen Autarkie anzuerkennen haben, wird Aristoteles Arendts Forderung nach politischer Freiheit unter den Bedingungen von Pluralität und Nicht-Souveränität des einzelnen durchaus gerecht.[129] Beider Bestimmung des gemeinsamen *prattein* beruht auf mehr Parallelen, als es auf den ersten Blick scheint.

(c) Das Ziel und der Sinn des Handelns: energeia

Was die phänomenale Beschreibung des politischen Handelns anbelangt, besteht kein allzu großer Unterschied zwischen Arendt und Aristoteles. Beide weisen *praxis* als Tätigkeit aus, in der sich das Wesen des Menschen verwirklicht. Sie gehen davon aus, daß dieses Wesen (*daimōn*) dem je Handelnden fremd bleibt; es manifestiert sich zwar im Handeln, doch kann es weder direkt beeinflußt noch einfach ergriffen werden. Daraus folgt die ambivalente Erfahrung der *eudaimonia*: Der Mensch strebt handelnd ein Ziel an, über das er doch nie so verfügt wie über die stofflichen Produkte des Herstellens. Beide erklären die Ungreifbarkeit des Wesens mit den spezifischen Bedingungen des Handelns. Der *politēs* ist stets der Unberechenbarkeit des Zufalls, der Mithandelnden und seiner selbst ausgeliefert.

Die wesentliche Differenz zwischen Arendt und Aristoteles erweist sich in der Bewertung des politischen Handelns. Aristoteles erkennt zwar die Spielregeln des politischen Raumes an, sucht jedoch sein Heil in einer Weise der *praxis*, die sich auf Ewiges richtet, in Einsamkeit vollzogen wird und nur das ›Ewige‹ im Menschen (*nous*) invol-

---

129 Das gilt, mit Einschränkungen, auch für das Prinzip der Gesetzesherrschaft, das heute auch Rechtsstaatsprinzip genannt wird. Arendt hat dieses Prinzip in ihrer Abhandlung *Über die Revolution* ausdrücklich verteidigt. Sie hält die Herrschaft der Gesetze für das Charakteristikum einer Republik (USA) im Unterschied zur Demokratie, die auf der Herrschaft der Mehrheit beruhe (ÜR 212–216).

viert: die *theōria*. Nur im *theōrein*, so die Vorstellung, kann der einzelne voll und ganz er selbst sein. Es ist die Tätigkeit, bei der Vollzug und Höchstziel des Menschen (*eupraxia*, *eudaimonia*) am stärksten zur Deckung kommen; sie ist in unübertreffbarer Weise *autotelēs* (Pol. VII.4, 1325b16–21). Arendt versucht dagegen zu zeigen, daß dem politischen Handeln nur aus der Innenperspektive ein Manko innewohnt. *Solipsistisch* gesehen, kann der einzelne niemals seine Ziele uneingeschränkt durchsetzen und erleidet eine Identitätsstörung – *plural* gesehen, enthüllt er sein Wesen in der Interaktion mit anderen und hinterläßt eine wirkliche Spur in der Welt. Wenn er aus der Mitwelt flüchtet, kann er zwar seine Ziele verwirklichen, aber nur in der Einbildungskraft. So mag er Identität mit sich selbst gewinnen, doch bleibt sie ebenso weltlos wie »psychologisch festlegbar«. Die Ziele, Absichten und Motive, welche ein Mensch verfolgt, ob im Denken oder Handeln, konstituieren niemals seine Einzigartigkeit, vielmehr »sind sie ihrem Wesen nach typisch, sie kehren in bestimmten Kombinationen als Typen und Charaktere wieder«. Deshalb wäre es falsch, den Wert des Handelns an irgendwelchen Zielen zu messen, vielmehr liegt er im »Modus des Tuns selbst«. Dafür verwendet Arendt das Wort »Sinn« (VA 201), d.h. sie unterscheidet zwischen dem Ziel und dem Sinn des Handelns. Dagegen fallen bei Aristoteles Ziel und Sinn im vollendeten Handeln zusammen: die *eudaimonia* ist Endziel und Sinn der menschlichen Existenz zugleich.

Dieser fundamentale Unterschied hinsichtlich der Einschätzung des Handelns läßt sich an Arendts Auslegung der für Aristoteles zentralen Begriffe *entelecheia* und *energeia* ablesen.[130] »Daß die lebendige Tat und das gesprochene Wort das Größte sind, wessen Menschen fähig sind, findet sich theoretisch in dem aristotelischen Begriff der *energeia* ausgesprochen, also jener Aktualität, die allen Tätigkeiten eignet, die keinen Zweck verfolgen (sondern *a-teleis* sind) und kein Endziel außerhalb ihrer selbst hinterlassen (keine *par'autas erga*), deren volle Bedeutung sich vielmehr im Vollzug erschöpft.« (VA 201). Arendt zitiert nach dem Beginn der *Nikomachischen Ethik* (1094a1–5), nimmt jedoch eine bedeutsame Veränderung vor. Aristoteles charakterisiert weder dort noch anderswo *energeiai* als *a-teleis*, als ziellos oder unvollendet.[131] Vielmehr verwendet er

---

130 Es handelt sich um ontologische Konzepte, mit denen ›Sein‹ auf je verschiedene Weise angesprochen werden kann. Aristoteles geht davon aus, daß alles ›Sein‹ entweder in der Möglichkeit (*dynamis*) oder in Wirklichkeit (*energeia*) existiert. *Energeia* ist eine Ableitung von *ergon* (Werk) und besagt wörtlich ›Am-Werk-sein‹ (Met. IX.8, 1050a21–23). Aristoteles spricht daneben auch von *entelecheia*, wörtlich ›Im-Ziel-sein‹, also das *ergon* ist eine Art *telos*. Jenes betont den Aspekt des Vollzugs, dieses den der Vollendung. Als Beispiele nennt Aristoteles immer wieder Sehen (*horasis*), Wahrnehmen (*aisthēsis*), Betrachten (*theōria*), Denken (*noein*) und Leben (*zoē*; Met. IX.6, 1048b23–26; IX.8, 1050a36). Das Ziel ist in der Tätigkeit selbst enthalten: Jemand sieht und hat zugleich gesehen, jemand denkt und hat zugleich gedacht. Davon unterschieden sind Tätigkeiten, die ihr Ziel nicht enthalten, sondern in einem Werk »erlöschen«. Aristoteles spricht abstrakt von einer Bewegung (*kinēsis*), die unvollendet (*atelēs*) ist (Met. IX.6, 1048b29). Konkret nennt er etwa Bauen, Gehen und Abnehmen als Beispiele. Diese Bewegungen führen zu einem Ziel bzw. Werk (etwa einem Haus), das erst Wirklichkeit ist, wenn sie selbst geendet haben (b30–35). Vom Tätigen aus gesehen – die ontologische Perspektive des Aristoteles – steht eine Tätigkeit, die ihr Ziel enthält, höher als eine, die nur zu einem Ziel führt.
131 Das verkennt Villa, der für die Bestimmung der *energeia* als *ateleis* sogar eine Belegstelle anführt (»NE 1176b«). Offenbar hat er den griechischen Text aber gar nicht konsultiert, da sich für eine solche Prädikation an der fraglichen Stelle überhaupt kein Hinweis findet. Dies ist ein besonders deutliches Beispiel für Villas Art, Aristoteles allein durch Arendts Augen zu lesen – und dabei an der Oberfläche ihres Blickes hängenzubleiben (Arendt and Heidegger, aaO., 21f).

diese Kennzeichnung allein für Bewegungen, die zu einem Ziel hinführen, es aber nicht enthalten.[132] Das Bauen ist eine solche Bewegung, die zum Haus führt, aber *atelēs* ist, weil das *telos* unabhängig von ihr besteht. Arendts Zusatz legt *energeia* als *kinēsis* ohne Ziel oder Vollendung aus, eben als reine »Aktualität«. Dagegen bezeichnet *energeia* bei Aristoteles eine Tätigkeit, die ihr Werk (*ergon*) enthält und auch *entelecheia* heißen kann, weil das Werk ein *telos* ist (Met. IX.8, 1050a21–23).[133] Jede gute, d.h. jede gemäß einer *aretē* vollzogene Handlung ist eine *entelecheia*. Wer besonnen handelt, handelt um der Besonnenheit willen, nicht mit Blick auf ein Werk, das ein solches Handeln ins Leben rufen könnte. Wenngleich alle guten Handlungen ihre Ziele enthalten, so werden diese selbst von einem großen Gesamtziel umfaßt, der *eudaimonia* (NE I.5, 1097a34). Sie tritt gewissermaßen zu jeder einzelnen *energeia* oder *entelecheia* hinzu. Der gut handelnde Mensch realisiert Möglichkeiten seiner Natur – die *aretai* beziehen sich auf die einzelnen Anlagen der *psyché* – und erfährt dies in der bleibenden Befindlichkeit der *eudaimonia* (NE I.10). Freilich stellt sich heraus, daß die *eudaimonia* nur in der *energeia* des *noein* wirklich er- und begriffen werden kann. Genau genommen, ist diese höchste *energeia* eine *kinēsis aidios*, eine unendliche vollendete Bewegung (Met. IX.8, 1050a20; XII.7, 1072b27–30).

Arendt unterzieht dieses teleologische Modell der Demontage. Sie entwendet der *entelecheia* – ein Begriff, der ohnehin »paradox« sei – das *telos*, wodurch diese sich in ungerichtete, reine Bewegung verwandelt. Als Beispiele führt Arendt Tanzen und Theaterspielen an (VA 201). Somit deutet sie *praxis* in den Kategorien dessen, was Aristoteles als Spiel (*paidiōn*) bezeichnet, eine Beschäftigung, die zwar um ihrer selbst willen betrieben werde (NE X.6, 1176b9f), jedoch kein Gut enthalte (b28–30). Der einzige Gewinn des Spiels, Erholung (*anapausis*), sei kein *telos*, sondern bloß um der Tätigkeit (*energeia*) willen (b35 – 1177a1). Daher führe das Spiel niemals zur *eudaimonia* (1176b26–31). Für Arendt entfällt diese Begründung, weil sie davon ausgeht, daß der Handelnde nie souverän sein Ziel erreichen könne und sein *daimōn* nur anderen erscheine. Aufgrund der Unberechenbarkeit des Handelns gebe es nichts, »was man jenseits der Aktualität des Vollziehens noch erreichen könnte« (VA 291). Nachdem das Ziel aus dem Handlungsprozeß herausgefallen ist, bleibt nur noch der im Vollzug liegende »Sinn« zurück. Dieser Deutung gemäß kann *aretē* niemals mit ›Tugend‹ übersetzt werden. Arendt verwendet den treffenderen Begriff der ›Virtuosität‹, dessen Wurzeln sie sowohl im homerischen Zeitalter als auch in der Renaissance (Machiavellis *virtu*) aufspürt (FUP 206f, WP 46, VA 74, ÜR 49).[134]

---

132 Vgl. Met. IX.6, 1048b29; De An. II.5, 417a16f, III.7, 431a7f, Phys. III.1–3.
133 Parekh verkennt die Differenz zwischen Arendt und Aristoteles, wenn er annimmt, daß *energeia* und *entelecheia* bei Aristoteles strukturverschiedene Konzepte seien (Hannah Arendt and the Search, aaO., 27). Nicht die Struktur, nur die Betrachtungsrichtung (Vollzug bzw. Vollendung) ist unterschiedlich.
134 Villa betrachtet die Verwandlung von *praxis* in eine »performance ontology« (Arendt and Heidegger, aaO., 53) als *die* philosophische Leistung Arendts. Er verweist auf Machiavelli und v.a. Nietzsche (80–109) als Vorbilder: »Arendt's high modernist insistence on politics for the sake of politics, on preserving action from the reductive effects of external (moral or utilitarian) criteria, places her in an uneasy alliance with two other proponents of an agonistic, theatrical ›politics of appearance‹, Machiavelli and Nietzsche.« (55).
Auch andere Kommentatoren haben einen Bezug zu Nietzsche und Machiavelli hergestellt, sehen aber darin gerade die Schwäche von Arendts Handlungstheorie. George Kateb: Hannah Arendt.

Doch was genau ist der »Sinn« virtuosen Handelns? Die griechische Antwort – der Handelnden, nicht des Philosophen – besteht nach Arendts Darstellung im »Ruhm«, den jemand zu Lebzeiten erringen konnte und von dem er hoffte, er werde im Werk der Dichter verewigt. So würde der Sterbliche im Bewußtsein der Nachwelt weiterleben; er hätte die Bühne der Welt betreten, ohne sie je zu verlassen (VA 190f). Arendt erkennt das Motiv der Selbstenthüllung und Unsterblichkeit an, verlagert in ihrer eigenen Antwort jedoch den Schwerpunkt. »Der Sinn von Politik ist Freiheit.« (WP 28). Aus Sicht des einzelnen sind Ruhm und Einzigartigkeit ungewiß, während Freiheit in jedem Vollzug erfahrbar ist. Nach Arendts Phänomenologie des Handelns besitzt Freiheit zwei Aspekte. Sie ist »gleichsam präpolitisch« (WP 53) im *archein* angelegt, wirklich zur Geltung kommt sie erst im *prattein*, das jenen weltlichen Zwischenraum ausfüllt, der die Menschen trennt und verbindet (WP 52). Wo immer Menschen handeln und sprechen, entsteht *zwischen* ihnen ein politischer Raum, der ein »Erscheinungsraum für die unendlichen Variationen des Virtuosen ist, in denen Freisein sich manifestiert« (VZ 208).

Diese Auslegung ist trotz oder gerade wegen der Akzentverlagerung nicht ohne Spannungen und Widersprüche. Arendt vermengt virtuoses Erscheinen und gemeinsames Handeln auf der Basis von Versprechen bzw. Verzeihen. Jeweils wird Freiheit erfahren, allerdings beruht jene auf der Initiative von einzelnen, während diese Gemeinschaftsgeist erfordert. Wie aber kann beides in der *praxis* zur Vermittlung kommen? Arendt hat diese Frage niemals klar in den Blick genommen. Ein wesentlicher Grund dafür mag darin liegen, daß sie Handeln mit Sprechen gleichsetzt. Mitunter behauptet sie sogar einen Primat des Sprechens, da Worte besser als Taten geeignet seien, »Aufschluß über das Wer-einer-ist zu verschaffen« (VA 167). Der politische Diskurs beruht zwar auf der Anerkennung gewisser Regeln, jedoch besteht ein grundsätzlicher Unterschied zur gemeinsamen Aktion. Die Debatte erfordert Meinungsvielfalt und kontroverse Positionen, das Handeln aber Konsens und Selbstbeschränkung.[135] Arendt weist selbst darauf hin, daß der »agonale Geist« der attischen Bürger auf Kosten der Gesetzgebung gegangen sei (VA 187). Ihre eigene Theorie oszilliert zwischen diesen beiden

---

Politics, Conscience, Evil, Oxford 1983 vermißt die moralische, bei Aristoteles mitbedachte moralische Dimension der Handlungstheorie: »How can morally unlimited action be anything but gravely immoral?« (33).
Nicht minder heftig ist die Kritik von Martin Jay und Leon Botstein: Hannah Arendt: Opposing Views, in: Partisan Review 45 (1978), 34–56: Arendt erliege dem »decisionism« der zwanziger Jahre (351f), verkünde das Programm einer »*politique pour la politique*« (353) und betreibe somit eine »aestheticization of politics« (363). Auch Parekh weist ihren »aesthetic view of politics« zurück, da sie nicht in der Lage sei, »to fully appreciate the moral dimension of politics« (Hannah Arendt and the Search, aaO., 180f).

135 Vgl. Maurizio Passerin d'Entrèves: The Political Philosophy of Hannah Arendt, London 1994. Passerin d'Entrèves vertritt eine entgegengesetzte Ansicht, wenn er von der »fundamental tension in her theory between an *expressive* and a *communicative* model of action« spricht (84): »Communicative action is oriented to reaching understanding and is characterized by the norms of symmetry and reciprocity between subjects who are recognized as equal. Expressive action, on the other hand, allows for the self-actualization or self-realization of the person, and its norms are the recognition and confirmation of the uniqueness of the self by others.« (85). Es scheint, als würde Arendt hier vorschnell in den Horizont der Diskursethik gestellt; sie selbst fordert für das Sprechen keine anderen Normen als für das Handeln, nämlich die Anerkennung von politischer Gleichheit und personaler Differenz.

Konzeptionen von *praxis*.[136] Zur Vermittlung wären sie nur zu bringen, wenn Debatte und Entscheidung als Strukturmomente desselben Prozesses begriffen werden, so daß jeder Diskurs im Handeln seine Grenze findet. Eine solche Konzeption könnte durchaus als ›aristotelisch‹ bezeichnet werden. Sie setzt freilich eine Auseinandersetzung mit der rationalen Dimension des Entscheidungsprozesses voraus, welche Gegenstand des folgenden Kapitels ist.

3.4 Das Urteilen

In *Vita activa* behandelt Arendt allein jene »allerelementarsten Gliederungen«, die »innerhalb des Erfahrungsbereichs jedes Menschen liegen sollten« (VA 12). Als das Buch 1957/58 entstand, waren das die Tätigkeiten des Arbeitens, Herstellens und Handelns, nicht jedoch die des Denkens. Arendts späteres Schaffen, besonders das auf drei Bände konzipierte Werk *Vom Leben des Geistes*, dient dem Ziel, diese Auslassung zu füllen. Von den drei Geistestätigkeiten, die sie unterscheidet – Wollen, Urteilen, Denken –, ist nur die erste schon ins Frühwerk eingearbeitet. Arendt führt das Wollen auf die durch die Natalität verbürgte Fähigkeit des Anfangenkönnens zurück und »befreit« es so vom metaphysischen Problem der Willensfreiheit. Die Schrift über das Denken als private, von den Erscheinungen zurückgezogene Tätigkeit führt Gedanken fort, die in den früheren Schriften vorausgesetzt waren, ohne ausführlich begründet zu werden. Konsequenzen für ihre politische Theorie haben allein die Überlegungen zur Urteilskraft, nach Arendt »das politischste der geistigen Vermögen« (VGD 191).

Das Urteilen ist politisch, weil es wie das Handeln der Bedingung der Pluralität unterliegt. Arendt deutet es als geistiges Vermögen, sich in andere Standpunkte und Meinungen hineinzuversetzen, um die eigene beschränkte Perspektive zu erweitern. Sie entwickelt diese Theorie im Rückgriff sowohl auf Kant als auch auf Aristoteles, was in diesem Kapitel näher zu untersuchen ist. Eine Schwierigkeit besteht freilich darin, daß Arendt verstarb, bevor sie mit der Niederschrift von *Das Urteilen* beginnen konnte. Rekonstruktionen dessen, was sie vermutlich geschrieben hätte, gehen in der Regel von den Manuskripten einer 1971 gehaltenen Vorlesung über Kants politische Philosophie aus.[137] Dadurch wird Arendts Denkweg jedoch stark beschnitten, der schon in den fünfziger Jahren begann und ursprünglich bei dem aristotelischen Konzept der *phronēsis* ansetzte. Aus diesem Grund greift die vorliegende Analyse vor allem auf die frühen Überlegungen zurück, zumal erst in deren Licht die späteren Aporien von Arendts eigener Theorie transparent werden.

---

136 Peter Fuss beschreibt die Gegenpole mit den Begriffen »agonal« und »accomodational«, jenes sei ihrem Polis-Denken, dieses ihrer Analyse der Amerikanischen Revolution geschuldet; Hannah Arendt's Conception of a Political Community (1973), in: Hannah Arendt: The Recovery of the Public World, hg. von Martin Hill, New York 1979, 172. Parekh spricht in ähnlicher Weise von einer »confusion between the heroic and the participatory views of politics«, wobei letzterer dem Spätwerk zugehöre (Hannah Arendt and the Search, aaO., 177f). Im Anschluß an beide Kommentatoren sowie an Passerin d'Entrèves unterscheidet Benhabib ein agonales und ein narratives Handlungsmodell und hebt hervor, daß die Identität einer Person erst in einer nachträglich erzählten Geschichte durch andere konstituiert werde (Hannah Arendt, aaO., 200–204).

137 Hannah Arendt. Das Urteilen. Texte zu Kants politischer Philosophie (engl. 1982), hg. und mit einem Essay von Ronald Beiner, München 1985 – [U].

Wie Arendt das Problem des Urteilens stellt, soll aus zwei Richtungen betrachtet werden. Zum einen aus der werk*internen* Perspektive, ihrem Versuch, den »Rang und die Würde der Meinung« zu rehabilitieren, der auf erkenntnistheoretischen Überzeugungen fußt. Arendts Erwägungen zur Meinungsbildung führen automatisch zum Urteilsvermögen; sie sind in Abschnitt (a) behandelt. Zum anderen soll aus einer werk*externen* Perspektive deutlich werden, wie sehr Arendts Entdeckung der Urteilskraft mit ihrer Totalitarismus-Analyse zusammenhängt, besonders mit den von ihr aufgewiesenen Problemen des Sittenverfalls und des Nichtdenkens. Dies ist Gegenstand von Abschnitt (c), während der mittlere Abschnitt die Genesis von Arendts Theorie der Urteilskraft thematisiert (b).

(a) Rehabilitation der Meinung: doxa

Wirklichkeit entsteht und besteht nach Arendts Auffassung in der perspektivischen Wahrnehmung von ›Welt‹. Mit diesem Generalbegriff kann zweierlei gemeint sein, die Produkte des Herstellens und die Resultate des Handelns, die sich vor allem in der gesetzlichen und institutionellen Ausgestaltung des Gemeinwesens niederschlagen. Diese wie jene sind Objekte der Wahrnehmung, Gegenstände des gemeinsamen Sprechens und Erkennens. Jeder erkennt und bespricht sie zunächst aus der Perspektive, die seinem Standort innerhalb der Welt entspricht. Arendt sagt daher, daß Welt grundsätzlich als *dokei moi*, als Es-scheint-mir begegne. Welthafte Existenz erlangt das *dokei moi*, wenn es in Form einer Meinung ausgesprochen wird. Arendt stellt sich politische Auseinandersetzung als Austausch von Meinungen vor. Dabei soll es jedoch nicht um *die* richtige Meinung gehen, vielmehr liege es in der Natur der Sache, daß sie aus verschiedenen Perspektiven betrachtet werden müsse. Die Wirklichkeit des öffentlichen Raums erwachse »aus der gleichzeitigen Anwesenheit zahlloser Aspekte und Perspektiven, in denen ein Gemeinsames sich präsentiert, und für die es keinen gemeinsamen Maßstab und keinen Generalnenner je geben kann« (VA 56). Je mehr Standpunkte es in einem Volk gebe, desto »bedeutender und weltoffener« werde eine Nation sein (WP 106). Umgekehrt führe der Versuch, die Pluralität der Perspektiven durch eine einzige Perspektive zu ersetzen, notwendig zum Welt- und Wirklichkeitsverlust (VA 57). Diese Gefahr droht dem Bereich des Politischen aus Arendts Sicht von zwei Seiten her. Nach außen muß er sich dem philosophischen Ansinnen erwehren, Meinungen durch Wahrheit zu ersetzen, nach innen ist er ideologischer Blickverengung und Leugnung der Tatsachen ausgesetzt. In beide Richtungen zielt Arendts Absicht, die Integrität politischer Meinungen zu rehabilitieren.

Mit Leibniz unterscheidet Arendt zwischen Vernunft- und Tatsachenwahrheiten. Mathematische, wissenschaftliche und philosophische Wahrheiten, die den Grundsätzen strenger Logik genügen müssen, fallen in die erste Gruppe, während Aussagen, die sich nur durch *dokei moi* belegen lassen und lediglich wahrscheinlich sind, den Status einer Tatsachenwahrheit besitzen. Der Konflikt zwischen Philosophie und Politik betrifft die Vernunftwahrheit, hat jedoch schwerwiegende Folgen für die Tatsachenwahrheit. Die Philosophen wenden sich vom Bereich menschlicher Angelegenheiten ab, weil dort alles im Fluß ist und sich die Meinungen ebenso schnell wandeln wie die Dinge (VZ 332). Ihnen halten sie Wahrheiten über ewige, unveränderliche Dinge entgegen und leiten daraus Maßstäbe zur Stabilisierung der Menschenwelt ab. So kommt es zum

Gegensatz von Vernunftwahrheit und Meinung, die nur mehr als Illusion erscheint; die Unabhängigkeit der Seinsbereiche wird aufgehoben. Arendt wendet ein, »daß innerhalb des Bereichs menschlicher Angelegenheiten jeder Anspruch auf absolute Wahrheit, die von den Meinungen der Menschen unabhängig zu sein vorgibt, die Axt an die Wurzeln aller Politik und der Legitimität der Staatsformen legt« (VA 333). Sie richtet ihre Kritik gegen die gesamte Tradition der politischen Philosophie seit Platon, doch tatsächlich wiederholt sie nur in verschärfter Form den Vorwurf des Aristoteles gegen seinen Lehrer.

Aristoteles wendet sich im ersten Buch der *Nikomachischen Ethik* gegen die platonische Ideenlehre. Seine Argumentation läuft darauf hinaus, daß es in Untersuchungen zu ethischen und politischen Problemen nie um ein abgetrennt vom Menschen existierendes Gut-an-sich gehen kann, sondern immer nur um ein Gut-für-uns (NE I.4). Aristoteles trennt zwischen den Seinsbereichen der ewigen und der menschlichen Dinge, denen eine unterschiedliche Methode und ein verschiedener Grad wissenschaftlicher Genauigkeit korrelieren (NE I.1, 1094b12–14). Während theoretische Erkenntnis von den *archai* hinabsteigt, geht praktische Erkenntnis vom je einzelnen aus, das starken Schwankungen unterliegt (NE I.4, 1095a30–32; I.1, 1094b16–18). Sie bezieht ihr ›Material‹ sowohl aus beobachtbaren Handlungen als aus den Meinungen der Menschen darüber (*ek tōn legomenōn*, NE I.8, 1098b2f). Wie mit ihnen zu verfahren sei, läßt sich nicht technisch bestimmen (NE II.2, 1104a8f). Unter diesen Umständen kann eine Untersuchung die Wahrheit bloß im Umriß angeben (*typō*; NE I.3, 1094b20f). Diese Aussagen machen deutlich, daß Arendt dieselbe Absicht wie Aristoteles verfolgt. Beide wollen die Vielfalt der Meinungen, die sich im Handeln und Sprechen der Menschen enthüllt, keinem totalisierenden Prinzip unterwerfen. Sie unterscheiden die Bereiche ewigen bzw. veränderlichen Seins und bestehen darauf, daß praktisches Wissen anderen Ansprüchen als theoretisches Wissen genügen muß. Mag Aristoteles auch aus Arendts Sicht bisweilen von der selbstgesetzten Forschungsmaxime abweichen, dürfte sie sich über die grundsätzliche Verwandtschaft im Denken doch klar gewesen sein. Nur weil diese besteht, kann Aristoteles überhaupt zur Hauptquelle ihrer politisch-philosophischen Rekonstruktion werden.

Der wirkliche Gegensatz der Meinung oder Tatsachenwahrheit zeigt sich nach Arendts Darstellung erst in der politischen Auseinandersetzung. Jeder Debatte wohnt die Möglichkeit inne, ungeliebte Fakten als Meinungen hinzustellen. Arendt bezeichnet ein solches Verhalten als ›Lüge‹, die den Unterschied zwischen Meinungen und Tatsachen aufzuheben sucht (VZ 352). Die Lüge kann im politischen Raum wegen des prekären Status' von Tatsachen gedeihen. Einerseits bestehen Tatsachen unabhängig von Bewertungen und erheben »den Anspruch zwingender Gültigkeit« (VZ 340). Andererseits »macht sich ihre Wirklichkeit erst geltend, wenn sie bezeugt und Gegenstand einer Kundgebung geworden sind« (VZ 338). Wo politische Akteure solche Kundgebung verhindern können, besteht die Gefahr der regelrechten Auslöschung von Wirklichkeit (ET 801). Wenn sie darin vordergründig eine Stärkung ihrer Position sehen, fügen sie sich allerdings auf längere Sicht eine Schwächung bei, da die Lüge niemals einen dauerhaften Ersatz für die »stabilisierende Kraft des Wirklichen« bieten kann (WP 363, ET 858).

Arendt sieht eine weitere Gefahr für die Meinung, wenn sie als »öffentliche« konstituiert werden soll. In ihrer Untersuchung der Französischen Revolution greift sie die

Demokratietheorien von Sieyès und Rousseau an, weil in ihnen die Pluralität des Volkes zu einer falschen Einheit – sei es im *intérêt du corps* (Sieyès) oder in der *volonté générale* – reduziert werde (ÜR 96–99, 211–214). Dagegen hält sie die Überlegungen der amerikanischen ›Federalists‹ für überlegen, weil diese die Vielfalt der Meinungen als Voraussetzung von Regierung ausdrücklich anerkannt hätten (ÜR 291). Die Herrschaft einer einmütig vertretenen öffentlichen Meinung, so Arendt mit Bezug auf Madison, verhindere, daß überhaupt Meinungen entstünden. »Kein Mensch kann sich eine eigene Meinung bilden, ohne sich auf andere Meinungen einzulassen und sich an ihnen auszuprobieren [...].« Die amerikanischen Gründerväter hätten jedoch auch gesehen, daß Meinungen der Reinigung und Vertretung bedürften. Diese Aufgabe habe der amerikanische Senat erfüllen sollen, nämlich »die von allen Seiten auf ihn einstürmenden Meinungen zu sichten, das Willkürliche oder rein Individuelle auszuscheiden und nur die Meinungen an die Öffentlichkeit zu lassen, die eine gewisse Gültigkeit beanspruchen dürften« (ÜR 290–292). Mit diesen Worten ist praktisch beschrieben, was Arendt theoretisch als geistiges Vermögen der Urteilskraft zu bestimmen sucht.

(b) Die Urteilskraft: phronēsis und synesis

Arendt unterscheidet selten zwischen Meinungen und Urteilen, dennoch legt ihre Theorie des Urteilens eine Differenzierung nahe. Einer Meinung kann durchaus etwas »Willkürliches oder rein Individuelles« anhaften; in ihr manifestiert sich dann *eine* Perspektive auf die Welt, d.h. sie bleibt an den jeweiligen Betrachterstandpunkt gebunden. Wenn dieser individuelle und notwendig begrenzte Standpunkt überwunden wird – wie etwa bei den amerikanischen Senatoren, die verschiedene Meinungen sichten und abwägen –, setzt ein Prozeß ein, den Arendt als Urteilsbildung bezeichnet. In ihm formiert sich ein Urteil, eine Ansicht der Welt, die möglichst viele Standpunkte umgreift und die rein subjektiven Elemente der Meinung »auslöscht«. Arendt will die Urteilskraft als autonome Tätigkeit des Geistes begründen. Dabei beruft sie sich in gleicher Weise auf Kants Theorie des Geschmacksurteils und auf Aristoteles' Konzept der *phronēsis*. Auch wenn Kant besonders in den späten Werken den einzigen Bezugspunkt darstellt, ist Aristoteles immer noch präsent. Arendt rezipiert Kant in einem aristotelischen Horizont, ebenso wie sie Aristoteles in einen kantischen Horizont stellt.[138] Ihre Theo-

---

138 Das wurde bislang von vielen Kommentatoren verkannt, weil sie i.d.R. allein Kants Theorie des Geschmacksurteils mit Arendts Theorie des Urteilens vergleichen. Vgl. Ronald Beiners Essay im Anschluß an Arendts Vorlesungstexte zu Kant (U 113–197). Beiner erwähnt zwar einmal, daß Arendt zur *phronēsis* Bezug nehme (U 134), führt aber ihren gesamten Gedankengang auf Kant zurück: »Wir müssen untersuchen, warum sie sich ausschließlich von Kant inspirieren ließ, als sie das Thema des Urteilens zu erkunden suchte [...].« (U 178).
Richard Bernstein: Judging – the Actor and the Spectator, in: Philosophical Profiles, Cambridge 1986, 221–237 sieht zwar den Zusammenhang, hält Arendt jedoch vor, daß es sich bei aristotelischer *phronēsis* und der reflektierenden Urteilskraft Kants um inkompatible Konzepte handele, weil diese auf das Allgemeine ziele, jene aber auf das Besondere (was so nicht stimmt, denn die *phronēsis* bewegt sich in zwei Richtungen).
Passerin d'Entrèves spricht von »close affinities with Aristotle's notion of *phronesis*« (Political Philosophy of Hannah Arendt, aaO., 123). Jedoch neige Arendt Kant zu, weil dessen Theorie des Geschmacksurteils viel »demokratischer« sei als die *phronēsis*, »the privilege of a few experienced individuals« (ebd.). Damit führt er allerdings ein zweifelhaftes Kriterium ein, denn *per se* stellt die *phronēsis* nicht höhere oder niedrigere Ansprüche an den Menschen als Kants Urteilskraft.

rie der Urteilskraft ist somit ein Lehrstück in Sachen De- und Rekonstruktion; es zeigt sowohl die Stärken als auch die Schwächen des kreativen, ungebundenen Rückgriffs auf die »Töpfe« der Tradition.[139]

Arendts erste (überlieferte) Auseinandersetzung mit dem Urteilen steht in unmittelbarem Zusammenhang mit ihrer Totalitarismus-Analyse. Im Aufsatz *Verstehen und Politik* (1953) untersucht sie zwei zusammenhängende Probleme: (1.) Wie ist es möglich, die »schreckliche Originalität« (VZ 112) des Totalitarismus zu verstehen, ohne auf die »Regeln des ›Normalen‹« (VZ 117) zurückgreifen zu müssen, die dieser Originalität nie gerecht werden könnten? (2.) Wie können Menschen in sittlich-politischen Angelegenheiten Orientierung finden, nachdem der Totalitarismus die gewohnten Sitten und Maßstäbe unwiederbringlich zerstört hat? Die Frage nach dem historischen Urteil involviert die nach dem praktisch-politischen Urteil. Arendts Antwort lautet in beiden Fällen: »Ein Geschöpf, dessen Wesen das Anfangen ist, mag in sich genügend Ursprung haben, um ohne vorgegebene Kategorien verstehen und ohne Kodex von Sittenregeln, das heißt Moral, zu urteilen.« (VZ 125). Sie verweist auf das Vermögen der Einbildungskraft, das es erlaube, sowohl das Nahe in die Distanz zu rücken als auch das Ferne heranzuholen und beides in einen »Verstehensdialog« zu verwickeln. Diese Art von Einbildungskraft sei »der einzige Kompaß, den wir haben« (VZ 127). In einem drei Jahre später geschriebenen Fragment engt Arendt Verstehen auf Urteilen ein. Sie lehnt »das ordnende Subsumieren des Einzelnen und Partikuklaren unter etwas Allgemeines und Universales« als »Vorurteil« ab, weil ein Maßstab zur Anwendung komme, der nicht hinterfragt werde. Wenn Menschen mit etwas völlig Neuem konfrontiert würden – wie es für Arendt der Totalitarismus war –, für das es gar keine Maßstäbe gebe, sei die »menschliche Fähigkeit der Urteilskraft« gefragt, die mehr mit der Fähigkeit des Unterscheidens als mit der des Subsumierens zu tun habe (WP 20). Arendt erwähnt hier zum ersten Mal Kants Theorie des Geschmacksurteils.

Wieder ein oder zwei Jahre später stellt sie das Problem des Urteilens in einen politischen Horizont. Arendt fühlt sich anläßlich der von Homer geschilderten Redekämpfe an den politischen Raum der Polis erinnert, »in welchem alle Dinge erst voll in ihrer Allseitigkeit zur Geltung kommen können«. Nicht so sehr die Fähigkeit des Argumentierens, sondern die des unparteiischen Blicks sei für die Griechen entscheidend gewesen. Das gegenseitige Überzeugen habe bereits eine Freiheit vorausgesetzt, die an keinen festen Standpunkt gebunden war. In diesem Zusammenhang kommt sie auf die *phronēsis* zu sprechen, die Aristoteles als »Kardinaltugend des Politischen« ansehe und die das »Ideal« des griechischen Bürgers gewesen sei. Sie habe so wenig mit der Weisheit

---

Albrecht Wellmer: Hannah Arendt on Judgement: The Unwritten Doctrine of Reason, in: Hannah Arendt. Twenty Years Later, hg. von Larry May und Jerome Kohn, Cambridge 1996 gelangt zu der Überzeugung, »it can safely be said that her theory of judgment was not meant as a reappropriation of an Aristotelian conception of phronesis, with phronesis understood as a virtue connecting sound deliberation with prudent action« (33). Alle aufgeführten Autoren übersehen, daß Arendts Auslegung des Urteilens keine Entscheidung für oder gegen Aristoteles bzw. Kant darstellt, sondern auf einer tiefgreifenden Transformation *beider* Denker beruht.

139 In einem Fernsehinterview mit Roger Errera erläutert Arendt René Chars Metapher vom »Erbe ohne Testament« mit den Worten: »Das heißt, es steht uns völlig frei, uns aus den Töpfen der Erfahrungen und Gedanken unserer Vergangenheit zu bedienen.« (SA 123).

zu tun, »daß Aristoteles sie sogar in betontem Gegensatz zu der Weisheit der Philosophen definieren konnte« (WP 96f). In einem gleichzeitig entstandenen Aufsatz äußert Arendt denselben Gedanken und fügt noch hinzu, daß er dabei »wohl wie auch sonst gerade in seinen politischen Schriften der öffentlichen Meinung der athenischen Polis [folgt]« (VZ 299). Beide Äußerungen zeigen, daß Arendt gewillt ist, an die *phronēsis* anzuschließen. »Einsicht in einen politischen Sachverhalt heißt nichts anderes, als die größtmögliche Übersicht über die möglichen Standorte und Standpunkte, aus denen der Sachverhalt gesehen und von denen her er beurteilt werden kann, zu gewinnen und präsent zu haben.« (WP 97). So lautet Arendts Auslegung. Inwiefern kann sie sich damit auf Aristoteles berufen?

Wer *phronēsis* besitze, heißt es im sechsten Buch der *Nikomachischen Ethik*, erkenne Mittel und Wege zum guten Leben im ganzen (*poia pros to eu zēn holōs*; NE VI.5, 1140a27f). Die Erkenntnis richte sich sowohl auf das Allgemeine (*katholou*) als auch auf das Einzelne (*kath' hekasta*), um das es in der *praxis* gehe (8, 1141b14–16). Was damit gemeint ist, erläutert Aristoteles am Beispiel der Politik (*politikē*), die eine *hexis* von derselben Art wie die *phronēsis* sei (b23f). Ihre Aufgabe bestehe zum einen in der übergeordneten (*architektonikē*) Gesetzgebung (*nomothetikē*), zum anderen im Handeln und Beraten (*praktikē kai bouleutikē*, b24–27). Wichtig ist Aristoteles in jedem Fall der Bezug zum Handeln, das die Gesetzgebung für den politischen Raum ermöglichen soll. Im Handelnden wird die *phronēsis* aktiviert, wenn bereits eine durch die sittlichen *aretai* ausgeprägte Charakterhaltung die Richtung des vorgibt (NE VI.5). Sie löst dann als *ethikē dianoetikē* ein Mit-sich-zu-Rate-gehen (*bouleuesthai*) aus, eine Suchbewegung (*zētein*) bezüglich des besten Weges, um das Streben ins Ziel zu führen (10, 1142a31f). Sie endet, wenn eine Entscheidung gefallen ist und handelnd vollzogen werden kann. Diese Phänomenologie des Überlegens und Entscheidens hat mit Arendts Darstellung zunächst nur wenig zu tun. Aristoteles behandelt die *phronēsis* mit Blick auf den einzelnen und auf dessen eigenes Handeln. Zwar gibt es für das *bouleuesthai* keinen vorgegebenen Maßstab, doch besitzt es durch die charakterliche Festigkeit eine vorgezeichnete Richtung; die Reflexionsbewegung geht vom Allgemeinen zum je Konkreten. Arendt beschreibt dagegen einen Denkprozeß, der in umgekehrter Weise verläuft: vom einzelnen zu den anderen, mithin vom eigenen, parteiischen Standpunkt zu dem der anderen. Nicht der Aspekt des Handelns, sondern der des Beurteilens steht im Vordergrund.

Das, worauf Arendt abzielt, wird von Aristoteles als *synesis*, Verständigkeit, behandelt. Obwohl sie sich auf den gleichen Problembereich wie die *phronēsis* beziehe, der Zweifel (*aporēseien*) und Selbst-Beratung (*bouleuesthai*) erlaube, sei sie nicht mit ihr identisch (11, 1143a4–8). Denn die *phronēsis* habe befehlende Kraft (*epitaktikē*), weil sie auf das Handeln (*prattein*) ziele, während die *synesis* nur eine unterscheidende (*kritikē monon*) Funktion besitze (a8–10). Jemand sei verständig, wenn er bezüglich dessen, was ein anderer sage und was in den Bereich der *phronēsis* falle, die Fähigkeit der Meinungsbildung gebrauche (*chrēsthai tē doxē*), um ein gutes Urteil zu fällen (*krinein kalōs*; a12–15). Aristoteles nennt diese Fähigkeit ein Lernen (*manthanein*, a11f); sie entfalte sich wie die *phronēsis* im Bereich des Handelns (a33–35). Wenn beide auch nicht identisch sind, rechnet er sie doch demselben Ablauf zu (12, a26–28), d.h. die *synesis* ergänzt die *phronēsis* oder wird von ihr umfaßt. Offenbar stellt die *synesis* jenes Moment dar, welches die Urteile über anderer Handeln in den Prozeß des *bouleuesthai* zu integrieren vermag. Der *phronimos* muß in der Lage sein, die Erwägungen der Mithandelnden zu verstehen und, wenn möglich, für seine eigenen Überlegungen fruchtbar zu machen. In dieser Struktur liegt dann tatsächlich ein Element des von Arendt beschriebenen repräsentativen und horizonterweiternden Denkens. Es bleibt jedoch der Unterschied bestehen, das Aristoteles das Urteilen nie als Selbstzweck ansieht, sondern als Moment innerhalb des auf Entscheidung hin geordneten Abwägens von verschiedenen Handlungsmöglichkeiten.

Arendts tendenzielle Herauslösung des Urteilens aus dem Entscheidungsprozeß läßt sich erklären, wenn man die zweite Wurzel ihrer Theorie hinzunimmt. Sie lehnt sich an Kants Theorie des ästhetischen Urteils an, die im ersten Teil der *Kritik der Urteilskraft* entwickelt wird. Es geht um das Vermögen, über schöne Dinge in subjektiver Allgemeinheit zu urteilen. Ein solches Urteil soll unparteiisch und daher für jedermann zustimmungsfähig sein; Kant spricht vom »reinen uninteressierten Wohlgefallen« (KdU B7). Er bringt das Geschmacksurteil in Zusammenhang mit dem *sensus communis*, den er als »Idee eines gemeinschaftlichen Sinnes« und »Beurteilungsvermögens« interpretiert, »welches in seiner Reflexion auf die Vorstellungsart jedes anderen in Gedanken (a priori) Rücksicht nimmt, um gleichsam an die gesamte Menschenvernunft sein Urteil zu halten, und dadurch der Illusion zu entgehen, die aus subjektiven Privatbedingungen, welche leicht für objektiv gehalten werden könnten, auf das Urteil nachteiligen Einfluß haben würde« (KdU B157). Der »Mann von erweiterter Denkungsart« bringe sich in die Lage, aus einem allgemeinen Standpunkt über sein eigenes Urteil zu reflektieren (KdU B159). Arendt, die diese Stellen seit 1958 immer wieder zitiert, sieht die Theorie des Geschmacksurteils als »großartigste und originellste Seite von Kants politischer Philosophie« an (VZ 298), wenngleich Kant dies selbst nicht gesehen und an seiner Lehre vom kategorischen Imperativ festgehalten habe (WP 98, VZ 342). Indem sie das ästhetische Urteil aus dem Bereich des Kunstschönen herauslöst und in die politische Urteilsbildung hineinträgt, stellt sie es in einen aristotelischen, zumindest aber einen griechischen Horizont.[140] Zugleich transferiert sie die aristotelische Theorie der *phronēsis* und *synesis* in einen kantischen Horizont und legt sie im Hinblick auf ästhetische Urteile aus. Aus dieser Horizontverschmelzung geht dann Arendts eigene Interpretation des Urteilens hervor, die wegen der verschiedenen Ursprünge ein recht spannungsreiches Gebilde ist. Nach ihrer aristotelischen Seite tendiert sie zur Verklammerung von Urteilen und Handeln, nach ihrer kantischen Seite zu beider Trennung.

In den fünfziger und sechziger Jahren überwiegt die aristotelische Seite. Arendt behandelt das Urteilen als Fähigkeit des Handelnden, die das Werben um Zustimmung (*peithein*) erst ermöglicht. Im Geschmack entscheide sich nicht nur, »wie die Welt aussehen soll, sondern auch wer in der Welt zusammengehört«, worin Arendt zustimmend ein »im wesentlichen aristokratisches Prinzip der [politischen] Organisation« erblickt (VZ 301). Sie betont, daß es im öffentlichen Raum um »Urteilen und Entscheiden« gehe, »um das urteilende Begutachten und Bereden der gemeinsamen Welt und die Entscheidung darüber, wie sie weiterhin aussehen und auf welche Weise in ihr gehandelt werden soll« (VZ 300). In dieser Blickbahn füllt das Urteilsvermögen jene normative ›Lücke‹, die in Arendts Handlungstheorie bewußt geöffnet wurde. Die Akteure sind

---

140 Vgl. dazu Verf.: Ästhetik und Politik. Annäherungen an Kants politische Philosophie, in: Kant als politischer Schriftsteller, hg. von Theo Stammen, Würzburg 1999, 43–56.

zwar nicht mehr in der Lage, individuelle Absichten durchzusetzen, jedoch können sie sich durch eine »erweiterte Denkungsart« gemeinsame Ziele stecken. Damit findet Arendt auch eine Antwort auf das Dilemma, das der Totalitarismus durch die Pervertierung aller guten Sitten hinterlassen hatte. Als sie sich im Zuge ihrer philosophischen Arbeiten der *vita contemplativa* zuwendet, überwiegen die kantischen Elemente der Urteilstheorie, wodurch Handeln und Urteilen auseinandertreten. Sie unterscheidet jetzt zwischen der unparteiischen Position der Betrachter und dem engagierten Akteur: »[...] der Handelnde ist von der Meinung des Zuschauers abhängig; er ist nicht autonom (in Kants Sprache); er beträgt sich nicht gemäß einer angeborenen Stimme der Vernunft, sondern im Einklang mit dem, was die Zuschauer von ihm verlangen mögen. Der Maßstab der Zuschauer ist autonom.« (U 76). Der öffentliche Raum wird nicht mehr, wie es noch in *Vita activa* hieß, durch die Akteure, sondern durch die Betrachter konstituiert (U 85). Obgleich Arendt betont, daß jeder Akteur auch Zuschauer sei, gelingt es ihr nicht mehr, beide Tätigkeiten zu verbinden. Das Urteil verliert seine handlungsleitende, an Gegenwart und Zukunft orientierte Funktion. Statt dessen wird es zum historischen Urteil, dem es zukommt, immer wieder neu über vergangenes Handeln zu richten.[141] Arendts letztes Wort zur Sache bezeichnet die Urteilskraft als »unser Vermögen, mit der Vergangenheit umzugehen« (VGD 212). Von den ursprünglich zwei Fragen – wie der Totalitalitarismus zu beurteilen sei und wie man neue Maßstäbe für das Handeln finden könne – setzt sich zum Schluß die erste auf Kosten der zweiten durch.[142]

(c) Denken und Urteilen: Das ēthos-Problem

Arendt entdeckte das Problem der Urteilskraft in der Auseinandersetzung mit dem »Geschichtsbruch«, den der Totalitarismus über Europa gebracht hatte.[143] Wenn sie

---

141 Eine schlüssige Rekonstruktion von Arendts Theorie historischer Urteilskraft hat Opstaele vorgelegt. Er belegt auch, welche Rolle historische Urteile für die politische Selbstvergewisserung eines Gemeinwesens spielen (Politik, Geist und Kritik, aaO., 137–140). Allerdings meint er, damit sei das Problem der Urteilskraft bei Arendt bereits erschöpft. Tatsächlich macht es aber einen wesentlichen Unterschied, ob Menschen über ihr vergangenes Tun richten oder ob sie sich über zukünftige Ziele verständigen. Im einen Fall stehen ihnen – als Zuschauer – die Resultate klar vor Augen, im anderen Fall müssen sie sich – als Handelnde – auf etwas einigen, das erst bewirkt werden soll.

142 Das hat in der Forschung zu unterschiedlichen Einschätzungen geführt. Mehrere Interpreten schließen aus Arendts unaufgelöstem Dualismus zwischen aristotelischen und kantischen Denkfiguren auf das zwangsläufige Scheitern eines Vermittlungsversuchs. Vgl. Christopher Lasch: Einleitung, in: Salmagundi 60 (1983) [Sonderheft zu Hannah Arendt], XI; David Ingram: The Postmodern Kantianism of Arendt and Lyotard, in: Review of Metaphysics 42 (1988), 52ff; Frank Hermenau: Urteilskraft als politisches Vermögen. Zu Hannah Arendts Theorie der Urteilskraft, Lüneburg 1999, 44ff.
Im Unterschied dazu erblickt Seyla Benhabib gerade die Chance, Einseitigkeiten in den moralphilosophischen Debatten der Gegenwart mit Arendt zu überwinden. Sie plädiert für einen Brückenschlag zwischen einem prinzipiengeleiteten kantischen Universalismus und einer aristotelischen, kontextsensiblen Urteilstheorie. Freilich geht sie dabei deutlich über Arendts Positionen zu Kant hinaus, indem sie das erweiterte Urteil in den Horizont des kategorischen Imperativs stellt. Vgl. Selbst im Kontext. Gender Studies (OA 1992), Frankfurt a.M. 1995, 134–152 u. Urteilskraft und die moralischen Grundlagen der Politik im Werk Hannah Arendts, in: Zeitschrift für philosophische Forschung 41 (1987), 521–547.

143 Vgl. dazu ausführlich Hermenau: Urteilskraft als politisches Vermögen, aaO., 78ff.

den »Ruin unserer Denkkategorien und Urteilsmaßstäbe« konstatiert (VZ 122, 116, AR 80), bezieht sie sich auch auf die Maßstäbe, mit denen Menschen ihr »gewöhnliches Leben« regeln, nämlich »Sitten und Gebräuche«. Mit Montesquieu stellt sie fest, daß diese ihre Grundlage verlören, wenn sie nicht mehr in staatlicher Gesetzgebung verankert seien (VZ 117f). Ein solcher Verlust ereignete sich ihrer Überzeugung nach im 19. Jahrhundert, im Zuge von Industrialisierung und Imperialismus. Die ersten beiden Teile von *Elemente und Ursachen des Totalitarismus* illustrieren diese These. Arendt schildert, wie sich ein gefährliches Gemisch von Antisemitismus, kapitalistischem Expansionsdrang, Rassetheorien, Mob- und Bürokratie-Herrschaft auf dem alten Kontinent zusammenbraute und die bestehenden Gesetze unterminierte, bis schließlich die deutschen Nationalsozialisten die Sitten in den Konzentrationslagern endgültig zu Grabe trugen. Arendts Unwillen, an die bei Aristoteles immerhin zielkonstitutive Dimension des *ēthos* anzuschließen, liegt in dieser Bestandsaufnahme begründet. Die Tradition eines allgemeinverbindlichen *ēthos* ist nicht bloß gebrochen, sie kann in keiner Weise rekonstruiert werden.[144]

Arendt weist darauf hin, daß sowohl Moral als auch Ethik ursprünglich von ›Gewohnheit‹ abgeleitet sind. Unter Gewohnheiten versteht sie den lehr- und lernbaren »*Besitz* von Regeln, unter die man Einzelfälle subsumieren kann« (VGD 177, 15). »Tritt jemand auf, der, zu welchem Zweck auch immer, die alten ›Werte‹ oder Tugenden abschaffen möchte, so fällt ihm das gar nicht schwer, falls er nur einen neuen Kodex anbietet [...].« Die Menschen würden ihn willig und ohne viele Überzeugungsbemühungen annehmen, zuerst jene, die am stärksten den alten Kodex verteidigt hätten. Genau das sei in Nazi-Deutschland und im stalinistischen Rußland geschehen. Den »Erfolg« alliierter *Reeducation*-Programme nach dem Krieg schätzt sie ebenso ein, als »Umkehrung der Umkehrung« (VGD 177). Wie leicht Menschen bereit sind, sich unter fremde Leitung zu stellen, hat Arendt in ihrem Bericht vom Jerusalemer Eichmann-Prozeß darzustellen versucht. Mit Blick auf Eichmann prägte sie die Formel von der »Banalität des Bösen«, welche an die Stelle des »radikal Bösen« trat, die sie im frühen Totalitarismus-Buch verwendet hatte. Ihr war aufgegangen, daß »das Böse immer nur extrem ist, aber niemals radikal, es hat keine Tiefe, auch keine Dämonie« (SA 36).[145] Die Oberflächlichkeit des Bösen, seine Banalität besteht für Arendt im unreflektierten Besitz von Regeln. Diese Einsicht, so bekennt sie im Vorwort zum ersten Teil von *Vom Leben des Geistes*, habe sie vor die Frage gestellt, ob nicht das Denken als solches »zu den Bedingungen gehöre, die die Menschen davon abhalten oder dagegen prädisponieren, Böses zu tun« (VGD 15).

Was Arendt in ihrer Untersuchung des Denkens herausstellt, ist seine zerstörerische Wirkung »auf alle verfestigten Kriterien, Werte, Maßstäbe für Gut und Böse, kurz, auf

---

144 In dieser Hinsicht ist eine Bemerkung Ernst Vollraths von Interesse, nach der Arendt »zunächst und noch lange« an die aristotelische *phronēsis* angeknüpft und sich unter dem Eindruck der totalitären Erfahrung Kant zugewendet habe, weil die *phronēsis* an das »Paradigma eines real existierenden und letztlich wohlgeordneten Gemeinwesens gebunden« sei (Hannah Arendts ›Kritik der politischen Urteilskraft‹, aaO., 44). Vgl. auch die Einschätzung von Wellmer: »She proves to be a decidedly modern thinker in that she denies the existence of anything like an *ethical community* that could provide the basis for the exercise of phronesis.« (Hannah Arendt on Judgement, aaO., 34).
145 Brief an Gerhard Scholem, aaO.

die Sitten und Verhaltensregeln, die Gegenstand der Moral und Ethik sind« (VGD 174). In »Extremsituationen«, ein Begriff, den Arendt von Jaspers übernimmt, komme der »ausräumenden Seite des Denkens« eine mittelbar politische Funktion zu (VGD 191). Die Zerstörung wirke befreiend auf die Urteilskraft, die das Denken in der Erscheinungswelt zur Geltung bringen könne (VGD 191f). Darin sieht sie den Zusammenhang zwischen Denken und Urteilen. Das Denken dekonstruiert, das Urteilen rekonstruiert.[146] Arendt weist dem Urteilen somit eine kaum ermeßbare Verantwortung zu: Nicht nur soll es *die* intellektuelle Tätigkeit schlechthin sein, sondern zugleich an die Stelle aller gemeinschaftlich-sittlichen Verbindlichkeiten treten.

Es fällt auf, daß Arendt mit dieser zweiten Forderung eine auffallende Leerstelle in ihrer politischen Theorie hinterläßt. Wie Heidegger klammert sie das *ēthos*-Problem, die Angewiesenheit von Handelnden auf dauerhafte gemeinsame Überzeugungen und Haltungen, aus. Was Arendt als Ethik und Moral bezeichnet, hat mit der aristotelischen Herkunft dieser Begriffe jedoch nichts mehr zu tun. Aristoteles geht weder davon aus, daß Ethik in »Verhaltensvorschriften« oder in einem lehrbaren Regelkodex besteht, noch nimmt er an, daß die *ēthikē aretē* durch Gesetze verbürgt ist. Warum vermag Arendt diese Unterschiede nicht zu sehen? Offenkundig verstellt sie sich selbst den Weg zu einem angemessenen Verständnis von *ēthos*, indem sie den Geschichtsbruch als unhintergehbares Faktum mehr postuliert als begründet. Gewiß trifft es zu, daß in Auschwitz und anderen Vernichtungslagern abendländische Vorstellungen von Sittlichkeit in ihre äußerste Perversion getrieben worden sind. Gleichwohl ist von diesem unbestrittenen Extrem nationalsozialistischer Gewaltherrschaft aus das alltägliche Leben zwischen Anpassung und stillem Protest, Opportunismus und innerer Emigration nicht angemessen zu erfassen. Würden tatsächlich alle sittlichen Verbindlichkeiten einfach ausgewechselt, wäre nicht begreiflich zu machen, wie es zum organisierten Widerstand oder zum schleichenden inneren Systemwandel kommt. In beiden Fällen geriet Arendt in erhebliche Erklärungsnöte. Über die Männer des 20. Juli fällte sie, im Eichmann-Bericht nicht anders als im Briefwechsel mit Karl Jaspers, ein vernichtendes Pauschalurteil. In »Wort und Tat von der Sache [des Nationalsozialismus] angesteckt«, sei ihnen der Widerstand »nie zum Prinzip geworden«.[147] Mit Ausnahme allein der Geschwister Scholl sei »das, was man gemeinhin unter Gewissen versteht«, in Deutschland »so gut wie verlorengegangen« gewesen.[148] Über die Möglichkeit einer inneren Reform totaler Herrschaft wußte Arendt ebensowenig Erhellendes beizutragen. Ihre eigene Theorie kennt nur die Möglichkeit eines katastrophenartigen Zerfalls, wenn Herrscher die von ihnen erzeugte Macht nicht mehr zu kontrollieren vermögen. Im neu geschriebenen Vorwort zum dritten Teil von *Elemente und Ursprünge totaler Herrschaft* vermerkte Arendt 1966 lapidar, nach Stalins Tod habe die Geschichte des Totalitarismus ein vorläufiges Ende gefunden (ET 656). Wie es möglich war, daß dieses Ende nicht mit dem Untergang der Sowjetunion zusammenfiel, vermochte sie jedoch nicht zu erklären. Phänomene wie die von Michail Gorbatschow eingeleitete Perestroika oder die Solidarnosc-Bewegung in Polen hätte Arendt gar nicht erst in den Blick bekommen. Die zu-

---

146 Wie beides im Reflexionsprozeß ineinander greift, rekonstruiert sehr deutlich D.J. Opstaele: Politik, Geist und Kritik, aaO., 100ff, 126ff.
147 Brief an Karl Jaspers, 9.8.1963, aaO., 553f.
148 Eichmann in Jerusalem, aaO., 193.

gespitzte Alternative zwischen totaler Macht einerseits und totaler Ohnmacht andererseits erwies sich als blind für Erscheinungen des Übergangs und des Wandels.

Widerstand, Opposition und Reformen sind nur möglich, wenn es totalen Herrschern nicht gelingt, Sitten einfach auszuwechseln. Arendt gesteht im Eichmann-Bericht immerhin zu, daß es eine »lautlose Opposition« in Deutschland gegeben habe, »vielleicht hunderttausend, vielleicht viel mehr, vielleicht viel weniger«. »Sie waren weder Helden noch Heilige, ›nur‹ tadellose Menschen.«[149] Am Untergang des nationalsozialistischen Regimes hatten diese Menschen keinen besonderen Anteil, weil die Niederlage von außen kam. Der Aufbau einer demokratischen Gesellschaft und ihrer politischen Institutionen wäre ohne sie jedoch nicht möglich gewesen. Daß die junge Bundesrepublik nur das Produkt einer abermaligen Auswechslung der Werte im Zuge der *reeducation* sei, diese Polemik Arendts vermag die historische Wirklichkeit nicht zu erschöpfen. Tatsächlich hat die Bundesrepublik im Unterschied zum ›Dritten Reich‹ eine beachtliche Stabilität erlangt, welche sowohl in ihren Institutionen als auch in ihrer demokratischen politischen Kultur gründet. Diese politische Kultur ist nicht aus dem Nichts entstanden; jene »tadellosen Menschen«, von denen Arendt spricht, brachten in sie Erfahrungen und Prägungen nicht nur der nationalsozialistischen Herrschaft, sondern auch der Weimarer Republik ein. Dieses Phänomen, das sie durchaus sah, aber nicht besonders ernst nahm, relativiert die Rede vom absoluten Geschichtsbruch. Es läßt deutlich werden, daß Tradition und Sittlichkeit nicht einfach durch ein ungebundenes, quasi-transzendentales Urteilsvermögen zu ersetzen sind.[150] Auf diesem Pfad vermochte Arendt indessen nicht weiterzudenken. Gleichwohl gab es andere Philosophen, v.a. Hans-Georg Gadamer, die in eine abermalige Auseinandersetzung mit den aristotelischen Konzepten *ēthos* und *phronēsis* eintraten. Davon wird noch zu sprechen sein.

3.5 Politische Ordnung

Arendt setzte sich viele Jahre lange mit den Ordnungsvorstellungen der griechischen Polis, der römischen sowie der französischen und amerikanischen Republik auseinander. Die Frucht ihres Dialogs mit der Vergangenheit war eine politische Theorie, die sowohl zu den Vorbildern als auch zum modernen Staatsdenken so quer steht, daß

---

149 Ebd., 192f.
150 Vgl. Beiner: »Was sind die *substantiellen* Bedingungen, die es uns gestatten, Weisheit und Erfahrung im urteilenden Subjekt sowie Angemessenheit und Bedeutsamkeit im Gegenstand des Urteils anzuerkennen? [...] An dieser Nahtstelle hätte Arendt gewiß gut daran getan, sich bei Aristoteles Rat zu holen; denn er stellt das Urteil fest in den Zusammenhang der substantiellen Ziele und Zwecke des politischen Nachdenkens und Beratens, der Rhetorik und der Gemeinschaft.« (U 175).
Zu einer Synthese zwischen Kantscher Urteilskraft und aristotelischer *phronēsis* rät auch Michael G. Gottsegen: The Political Thought of Hannah Arendt, Albany 1994: »Finally, on behalf of such a synthesis, it should be observed that as *phronesis* in Aristotle's conception is dependent upon and derivative of a prior understanding of the virtues which *phronesis* actualizes anew in every present, so one might expect an Aristotelian *phronesis* would remain dependent upon, and derivative of, a temporally prior *sensus communis* which it would actualize anew in every present – thereby securing, and resecuring, the end of political community perpetually.« (232).

Kritiker immer wieder Schwierigkeiten haben mußten, sie einzuordnen.[151] Arendts Modell einer politischen Ordnung beruht im wesentlichen auf zwei Überlegungen. Zum einen trennt sie strikt zwischen den Sphären des Politischen und des Sozialen, zum anderen verzichtet sie auf repräsentative Strukturen im herkömmlichen Sinne. Hinter beidem steht die Intention, einen unverkürzten Begriff politischen Handelns zu bewahren.

Kein Teil des Arendtschen Werkes hat so viel Kritik erfahren wie dieser. Die Kritik wird im folgenden einbezogen, da in ihrem Licht sowohl die Schwächen als auch die Stärken eines ungewöhnlich verfremdeten Blicks auf die Neuzeit hervortreten. Darüber hinaus soll deutlich werden, daß die Kritik nur dann ihr Ziel trifft, wenn sie sich statt auf ›Vorbilder‹ auf Arendts eigenes Denken richtet, in dem die Vorbilder, auch und gerade Aristoteles, immer einer Transformation unterliegen. Der erste Abschnitt behandelt Arendts Abgrenzung zwischen dem Sozialen und dem Politischen (a), der zweite ihre Kritik an der Repräsentationstheorie sowie ihren Gegenentwurf einer Räte-Aristokratie (b).

(a) Das Politische und das Soziale

Arendt wendet sich der griechischen Polis zu, weil sie in ihr eine Organisationsform sieht, die auf der strengen Trennung von politischer und privater Sphäre beruhe. Jeder Bürger gehöre zwei Seinsordnungen an. Der Bereich des Oikos, des Hauses und der Familie, diene der Besorgung des Lebensnotwendigen und bloß Nützlichen (VA 29). Er sei streng hierarchisch gegliedert und unterstehe der Herrschaft des Hausherrn, welcher, solange er mit der Führung des Hauses beschäftigt sei, selbst als unfrei gelte (VA 34). Dagegen betrachtet Arendt die Polis als »Reich der Freiheit« (VA 33), des freien Sprechens und Handelns zwischen den Bürgern. Ihre Freiheit und Gleichheit sei von den Griechen nicht aus der Natur des Menschen abgeleitet worden, sondern habe allein auf politischer Übereinkunft beruht. Sie erinnert an die Bedeutung von *isonomia*, worunter »Gleichheit im Rahmen des Gesetzes, nicht der Lebensumstände« zu verstehen sei. Arendt erkennt freilich an, daß die Lebensumstände immerhin insofern vergleichbar sein mußten, als die Herrschaft im Oikos die Freiheit in der Polis erst garantierte (ÜR 35f). Wie sie selbst sagt, hatte die mit *isonomia* gemeinte Gleichheit »mit Gerechtigkeit nicht das mindeste zu tun« (WP 40).

Die Entstehung des neuzeitlichen Staates beruht nach ihrer Einschätzung darauf, daß die Trennlinien von privatem und öffentlichem Raum aufgehoben werden. Das Charakteristikum dieses Staates, die Gesellschaft, habe sich zwischen diese Räume geschoben und sie im Zuge ihrer Machtausdehnung nahezu vollständig absorbiert. »Was wir heute Gesellschaft nennen, ist ein Familienkollektiv, das sich ökonomisch als eine gigantische Über-Familie versteht und dessen politische Organisationsform die Nation

---

[151] Nur zwei Beispiele: Parekh bezeichnet Arendts philosophische Anthropologie als »uneasy amalgam of existentialism and Aristotelianism« (Hannah Arendt and the Search, aaO., 177). Benhabib trifft folgendes Urteil: »Während Hannah Arendt, die staatenlose und verfolgte Jüdin, philosophisch und politisch Vertreterin der Moderne ist, ist Arendt, die Schülerin Martin Heideggers, die antimodernistisch eingestellte, gräkophile Theoretikerin der Polis und einer originären Erfahrung von Praxis.« (Hannah Arendt, aaO., 191).

bildet.« Durch die Übertragung privater Maßstäbe auf den politischen Bereich sei es zu einer völligen Umwertung der antiken Auffassung gekommen. »Freiheit hat ihren Sitz im Gesellschaftlichen, während Zwang und Gewalt im Politischen lokalisiert sind und so das Monopol des Staates werden.« Politik werde als System der Bedürfnisbefriedigung betrachtet, als »Funktion der Gesellschaft«, eine Einschätzung, die sie mit Marx teilt (VA 32–35, ET 719). Als Endpunkt des neuzeitlichen Staatsdenkens sieht sie eine Massengesellschaft, in der »Sich-Verhalten« an die Stelle des Handelns getreten sei (VA 42, 44) und die zugleich als »Arbeitsgesellschaft« Menschen regelrecht in Maschinen verwandle (VA 48, 314). Nach ihrer Einschätzung handelt es sich um »radikale Phänomene der Privatisierung«. Im Streben nach Gerechtigkeit, also nach Gleichheit und Freiheit für alle, haben die Menschen eine Lebensform erreicht, die sich für Arendt nicht mehr wesentlich von der des antiken Sklaven unterscheidet (VA 57f).

Arendt erkennt das Ziel der Gerechtigkeit an. Was sie ablehnt, ist der Verlust des öffentlichen Geistes, des Strebens nach »Vortrefflichkeit« (VA 48) und die Aufgabe aller früheren Maßstäbe zugunsten des bloßen Lebens. Sie sieht ernste »Gefahrensignale dafür, daß der Mensch sich anschicken könnte, sich in die Tiergattung zu verwandeln, von der er seit Darwin abzustammen meint« (VA 315). Es steht außer Frage, daß diese vernichtende Kritik der Moderne mit grobem Pinsel ausgeführt ist und auf feine Schattierungen wenig Wert legt. Dafür hat Arendt viel Widerspruch erfahren, wenngleich ihre Kritiker nicht immer gewillt waren, von der nicht ganz unberechtigten Diagnose der Gegenwart zu lernen. Zudem erleichterte sie ihnen das Handwerk, weil sie auf der strikten, vermittlungslosen Trennung von politischen und sozialen Fragen bestehen wollte.[152] Sozialen Fortschritt führte sie weder auf »politische Ideen oder Ideologien« noch auf soziale Bewegungen zurück, sondern einzig und allein auf die Segnungen der modernen Technik (VZ 145). Hinsichtlich des Problems der Massenarmut hegte sie die »sehr berechtigte Hoffnung, daß sich mit der Fortentwicklung der Naturwissenschaften und ihrer Technologie in nicht allzu ferner Zukunft Möglichkeiten eröffnen werden, um diese wirtschaftlichen Angelegenheiten auf technischer und naturwissenschaftlicher Grundlage, außerhalb des Rahmens politischer Überlegungen zu handhaben« (ÜR 250). So verwandelte sich die Kritikerin des modernen Bürokratismus immer dann in dessen vorderste Apologetin, wenn es um die Lösung sozialer Probleme ging. Dieser Widerspruch ist Arendt offenbar nie zu Bewußtsein gestiegen, auch nicht als sie bei einer Diskussion mit Kollegen und Freunden direkt darauf angesprochen wurde. Sie hatte erklärt, daß man bei sozialen im Unterschied zu politischen Fragen »die richtigen Maßnahmen verwaltungsmäßig errechnen kann«. Aufgefordert, dies zu belegen, gab sie ein Beispiel aus der Wohnungsbaupolitik. Das politische Problem bestehe darin, ob Menschen in ihren gewachsenen Wohnvierteln bleiben wollten, selbst wenn sie dafür auf modernen Komfort verzichten müßten. »Aber wenn es darum geht, wie viele Quadratmeter jedes menschliche Wesen braucht, um atmen und ein anständiges Leben leben zu können, so ist das etwas, was man wirklich errechnen kann.« Die

---

152 Vgl. Kritik und Vermittlungsversuche bei Passerin d'Entrèves: Political Philosophy of Hannah Arendt, aaO., 58–63; Bernstein: Rethinking the Social and the Political, in: Philosophical Profiles, aaO., 238–259; Habermas: Hannah Arendts Begriff der Macht, aaO., 294–296; Benhabib: Hannah Arendt, aaO., 209–264. Die ausführlichste Abhandlung über Arendts Verständnis von Gesellschaft stammt von Pitkin, Attack of the Blob, aaO.

Mitanwesenden konnten mit dieser Antwort kaum zufrieden sein. Arendt demonstrierte indirekt und ungewollt, daß die strikte Trennung des Politischen vom Sozialen den politischen Diskurs nicht gerade beleben würde. Die Frage ihrer Freundin Mary McCarthy blieb unbeantwortet im Raum stehen: »Was eigentlich soll jemand auf der öffentlichen Bühne, im öffentlichen Raum noch tun, wenn er sich nicht mit dem Sozialen befaßt?« (SA 87–91).

Kritiker führen Arendts Ausgrenzung des Sozialen oft darauf zurück, daß ihr Denken sich nicht vom Horizont der Antike lösen könne. Dieser Vorwurf geht jedoch am Ziel vorbei. Nicht die Antike an sich, sondern Arendts Bild von ihr wäre zu hinterfragen. Schon Aristoteles ist ihr nicht ›politisch‹ genug. Daß er die Entstehung der Polis auf den primären Zweck des Überlebens zurückführt, dem die Entdeckung des guten Lebens erst nachgefolgt sei (*ginomenē men tou zēn heneka, ousa de tou eu zēn*; Pol. I.2, 1252b29f), diese Feststellung des Griechen kann sie sich nur mit dem Hochmut des Philosophen erklären, der das gute Leben eigentlich für sich beansprucht und deshalb das Dasein der Bürger an »menschliche Lebensnotwendigkeiten« zurückbindet (VA 35f). Wenn Aristoteles die politische Gemeinschaft mit der Regelung des allen Zuträglichen (*to koinē sympheron*, vgl. NE VIII.11, 1160a11–14) betraut, wähnt sie darin bereits den Keim einer materialistischen Geschichtsauffassung, die den Menschen auf materielle Bedürfnisse und private Interessen reduziert. Aristoteles und Platon, schreibt sie, seien »in Wahrheit die Vorläufer der Interessentheorie« (VA 353f, Anm. 8). An anderer Stelle erkannte sie indessen an, daß Interessen zwischen Menschen entstehen und als Gruppeninteressen politisch von Bedeutung sind (ÜR 292). Menschen, die sich auf gemeinsame Ziele einigen, verständigen sich über ihre gemeinsamen Interessen – in diesem Punkt bestehen gar keine Differenzen zwischen Arendt und Aristoteles. Einen tatsächlichen Unterschied gibt es aber in der Frage, ob solche gemeinsamen Interessen nicht auch sozial-ökonomischer Natur sein können.

In der *Politik* des Aristoteles spielt das Ökonomische sehr wohl eine Rolle, ohne jemals mit dem Politischen gleichgesetzt zu werden. Er weist die Erwerbskunst (*chrēmatistikē*) eindeutig dem Hausverwalter (*oikonomikos*) zu, gegen den er den *politikos* abhebt (Pol. I.10, 1258a19–25). Außerdem kritisiert er jene Form des Regierens (*politeuesthai*), die allein auf die Beschaffung von Geld hinauslaufe und sich daher nicht wesentlich von *oikonomia* unterscheide (Pol. I.11, 1259a33–36), ganz zu schweigen von seiner Ablehnung der von *Platon* in der *Politeia* konzipierten Idee einer Gütergemeinschaft (Pol. II.1–5). Gerade weil Aristoteles verhindern will, daß ökonomische Zwänge den politischen Raum beherrschen – die eigene Polis steht ihm als negatives Beispiel vor Augen –, weist er den Regenten und Gesetzgebern die Pflicht zu, für einen wirtschaftlichen Ausgleich zu sorgen. Der wahrhafte Volksfreund (*ton alēthinōs dēmotikon*) müsse in einer Demokratie darauf achten, daß die große Menge nicht zu arm (*aporon*) werde, denn dies sei der Grund für die Schlechtigkeit (*mochthēran*) der Demokratie (Pol. VI.6, 1320a32–35). Aristoteles fordert, daß überschüssige Einnahmen der Polis an die Armen verteilt werden sollten, damit diese eigenen Besitz erwerben und so zu eigenem Wohlstand (*euporia*) gelangen könnten (a35–39). Im Entwurf der besten Verfassung geht er noch weiter und schlägt vor, den gesamten Boden der Polis zu gleichen Teilen als Gemein- und als Privatbesitz zu verteilen (Pol. VII.10, 1330a9–16). Zu den politischen Interessen der Bürger zählt somit auch die Frage, wie der soziale Friede bewahrt und die wirtschaftliche Eigenständigkeit der Bürger erreicht werden kann.

Freilich geht es Aristoteles nur um die Autarkie der Bürger, nicht die der Sklaven. Als diese im Laufe der Neuzeit ihrer Rechtlosigkeit entkommen und sich die alte Struktur des Hauses auflöst, gewinnen die sozialen Probleme eine ganz andere Dimension als in der griechischen Welt. Mit der entstehenden Gesellschaft entwickeln sich neue, der Antike unbekannte Politikfelder wie Wirtschafts-, Sozial-, Gesundheits- und Familienpolitik. Im Grundsatz erkennt Aristoteles jedoch an, was Arendt abstreitet: daß soziale Probleme nicht technisch, sondern nur politisch gelöst werden können.

Der Sinn von Arendts Unterscheidung zwischen den Sphären des Sozialen und des Politischen kann somit nicht darin liegen, die moderne Politik wesentlicher Inhalte zu berauben. Vielmehr scheint er in der Differenz zwischen Privat- und Gruppeninteressen besser deutlich zu werden. Schließlich macht es einen erheblichen Unterschied, ob jemand nur private Zwecke verfolgt oder ob er sie in die Öffentlichkeit einbringt, Argumente vorträgt und um Zustimmung wirbt. Wenn er dafür Zuspruch und Unterstützung gewinnt, sind die ursprünglich privaten Zwecke zu öffentlichen Zielen geworden. Vermutlich ist nicht nur ihre Unterstützung größer geworden; aller Wahrscheinlichkeit nach sind im Werben und Argumentieren neue Aspekte aufgetaucht, wurden Ansichten miteinander vermittelt und Kompromisse geschlossen. Dann wäre praktisch wirksam geworden, was Kant als »erweiterte Denkungsart« und Arendt als politische Urteilskraft beschreibt. Gewiß sind Gruppenstandpunkte parteilich und bedürfen ihrerseits institutioneller Regulierung. Der entscheidende Unterschied zu Privatstandpunkten ist indessen ihr öffentlicher Charakter. Seyla Benhabib, die in dieselbe Richtung denkt, unterscheidet zwischen »Einstellungen«. Solange Menschen auf ihr eigenes Wohl beschränkt bleiben, folgen sie einer ›ökonomisch-gesellschaftlichen‹ Einstellung. Wagen sie den Schritt in die Öffentlichkeit, verallgemeinern sie ihre Interessen und gewinnen eine ›politische‹ Einstellung.[153] »Ein Engagement in der Politik bedeutet nicht, ökonomische oder soziale Themen fallen zu lassen, sondern dafür zu kämpfen im Namen von Grundsätzen, Interessen und Wertvorstellungen, die eine verallgemeinerbare Grundlage haben und uns als Mitglieder eines Kollektivs angehen.«[154] Auf solche Weise läßt sich die Differenz zwischen dem Sozialen und dem Politischen bewahren, im Widerspruch zwar zu Arendts Äußerungen über Fragen der Sozialpolitik, im Einklang jedoch mit ihren Überlegungen zum Urteilsvermögen. Sie steht der *Politik* des Aristoteles näher als jene strikte Trennung von Oikos und Polis, auf die Arendt abhebt.[155]

(b) Politische Repräsentation und die Aristokratie der Räte

Arendt stellt die griechische Polis gerne als herrschaftsfreien Raum dar. »Freisein hieß, frei zu sein von der allen Herrschaftsverhältnissen innewohnenden Ungleichheit, sich in einem Raum zu bewegen, in dem es weder Herrschen noch Beherrschtwerden gab.« (VA 34). Den Philosophen wirft sie vor, erst sie hätten *archein* und *kratein* in die politische Welt eingeführt. Die Kritik richtet sich nicht nur gegen Platons Philosophenkönigtum, sondern auch gegen Aristoteles' Forderung, daß freie Bürger einander im Wech-

---

153 Benhabib: Hannah Arendt, aaO., 225–233.
154 Ebd., 223.
155 Vgl. zum Verhältnis von Wirtschaft und Politik auch Kap. III.3.2.(c).

sel regieren müßten. Damit erzeugt sie jedoch den historisch unhaltbaren Eindruck, Aristoteles entwerfe eine ›Theorie‹, die mit der politischen Wirklichkeit der attischen Polis nichts zu tun habe. In Wahrheit stellen weder für Aristoteles noch für die griechischen Bürger *isonomia* und funktionale Ämterteilung unvereinbare Gegensätze dar.

Sowohl die Reformen des Kleisthenes als auch die des Perikles folgten der Idee der *isonomia*. Kleisthenes zerstörte die natürlichen Phylenverbände, die Machtzentren des Adels. Die neuen Phylen waren überregional gemischte, aus lokalen Selbstverwaltungen (*Demen*) zusammengesetzte Verbände. Alle Mitglieder der *Demen*, freie Männer über 18 Jahre, hatten unbeschränkten Zugang zur Volksversammlung (*ekklesia*), konnten also nicht nur an den Beratungen der Gemeindeverwaltungen, sondern auch an den politischen Geschäften der Polis aktiv teilnehmen. Dann agierten sie als Bürger, als *politēs* und waren Gleiche, *isotēs*, unabhängig von Stand oder Besitz. Das war vielleicht die Hauptmotivation, so viel Engagement in die öffentlichen Angelegenheiten zu stecken.[156] Die Phylen bestellten auch das Personal des Rates der 500 (*boulē*), der die Fragen der Volksversammlung vorberiet, und die Beamten. Um die Leitung der Staatsgeschäfte durften sich nur Adelige bewerben, deren zweites Machtzentrum der Rat der ehemaligen Archonten auf dem Areopag war, welcher eng mit den Beamten zusamenarbeitete und die oberste Rechtssprechung innehatte. Die Reformen Perikles' beseitigten auch diese Privilegien. Die Beamten wurden von der Volksversammlung gewählt und vom Rat beaufsichtigt; ein umfassendes Gerichtswesen öffnete den Bürgern den Weg in die Geschworenengerichte. Gewiß war der Zugang zu den wichtigsten Ämtern auch in Athen auf wenige beschränkt; Aristoteles beschreibt die Verfassungswirklichkeit als Dualismus demokratischer und oligarchischer Kräfte.[157] Gleichwohl nahmen die Bürger über Volksversammlung und Gerichte Anteil am politischen Leben der Stadt.

Was Arendt daran ablehnt, ist das Prinzip funktionaler Macht- und Ämterteilung durch Repräsentation. Sie sieht den »entscheidenden Fehler« der neugegründeten amerikanischen Republik darin, daß sie dem Volk zwar die Freiheit gegeben, jedoch keinen Raum vorgesehen habe, in dem diese »nun auch wirklich ausgeübt werden konnte« (ÜR 302). Durch die Einführung repräsentativer Institutionen habe sich »die uralte Unterscheidung von Herrschern und Beherrschten, welche durch die Revolution ja gerade auf immer abgeschafft werden sollte, in neuer Form wieder durchgesetzt; wieder sind die öffentlichen Angelegenheiten zum Privileg der wenigen geworden, denen allein es vergönnt ist, ›sich in Tugend zu üben‹ [...]« (ÜR 305). Arendt will um keinen Preis der Welt eine Verkürzung politischen Handelns hinnehmen. Weder die antike Polis noch das amerikanische Regierungssystem können dem hohen Standard radikaler Pluralität genügen.[158]

---

156 Vgl. Christian Meier: Athen. Ein Neubeginn der Weltgeschichte, München 1995: »Was die ›Semiaristokraten‹ bedeuteten, welches ihr Rang war, mußte sich im Vergleich zu den Adligen unterscheiden. Sie waren ihnen in den meisten Hinsichten unterlegen. Nur in einer konnten sie gleich sein; das war die Politik. Deswegen wurde die politische, die einzig mögliche Gleichheit für sie so wichtig.« (199f).
157 Vgl. dazu ausführlich Kapitel III.3.3.
158 Habermas wirft Arendt vor, sie bleibe »der historischen und begrifflichen Konstellation des aristotelischen Denkens verhaftet« (Hannah Arendts Begriff der Macht, aaO., 290) und werde daher »Opfer eines auf moderne Verhältnisse unanwendbaren Politikbegriffs« (294). »Der von Hannah

Im letzten Kapitel von *Über die Revolution* entwirft sie die Theorie einer alternativen Staatsform, die es ihrer Darstellung nach bisher immer nur in Ansätzen gegeben hat: eine aus basisdemokratischen Räten strukturierte Republik. Als historische Vorbilder führt sie die *townhall meetings* der amerikanischen Kolonien an, die *communes* der Pariser Revolutionen von 1789 und 1871, die *Sowjets* der Oktoberrevolution, die Arbeiterräte des ungarischen Aufstands von 1956. Bei allen historischen Unterschieden zeichnen sich diese Räte durch die Spontaneität ihrer Entstehung, ihr Streben nach unbeschränkter, ordentlicher Teilnahme am öffentlichen Leben, ihre Unparteilichkeit und ihre dezentrale Organisation aus (ÜR 338–344). Die andere Seite der Gemeinsamkeiten war jedoch, daß sie sehr schnell unter die Kontrolle von Berufsrevolutionären gerieten und in dem Maße entmachtet wurden, wie sich Parteien etablieren konnten. Das Ergebnis war dann im besten Fall die republikanische Verfassung der USA, im schlechtesten die sowjetische Einparteiendiktatur. Angesichts dieser historischen Mißerfolge liegt die Frage nahe, warum es niemals gelungen ist, die spontanen Räte strukturell zu sichern.[159] Das aber ist nicht die Frage Arendts. Worum es ihr geht, ist das in den historischen Beispielen transparent werdende Ideal einer sich selbst organisierenden politischen Elite. »In gewissem Sinne kann man sagen, daß hier einmal eine Elite nicht von anderen, nach welchen Kriterien auch immer, ausgesucht worden, sondern vielmehr durch sich selbst entstanden ist; diejenigen, die sich in Räten zusammentaten und organisierten, waren identisch mit den Verantwortungsbewußten, welche die Initiative ergreifen wollten; sie waren in Wahrheit die politische Elite des Volkes, welche die Revolution nur ans Tageslicht gebracht hatte.« (ÜR 357f).

Diese natürliche Elite käme zwar in einem von ihr zu errichtenden Staatswesen ebenfalls nicht ohne Repräsentation aus, jedoch würden die Gewählten ihre Wahl »ausschließlich dem Vertrauen von ihresgleichen« verdanken. Die gesamte Binnenselektion beruhte auf Spontaneität und einem gegenseitigen Versprechen, nirgends gäbe es deformierende Strukturen. »Zweifellos würde diese Staatsform in voller Entfaltung wieder die uralte Gestalt der Pyramide annehmen, also die Gestalt aller Staatsformen, die wesentlich auf Autorität beruhen. Während aber in autoritären Regierungen, die wir kennen, die autoritätgebende Macht von oben nach unten ›fließt‹, würde in diesem Fall die Autorität weder oben noch unten ihre Quelle haben, sondern auf jeder Stufe der Pyramide gleichsam neu entstehen.« (ÜR 358). Arendt verwendet hier Ansätze, die sie später in *Macht und Gewalt* ausführlich erläuterte. Macht bestimmt sie dort als Handlungs-Macht, die immer entstehe, wenn Menschen sich zu einer Gruppe zusammenfänden, um ein gemeinsames Ziel zu verfolgen (MG 45, 53). Ihr Gegenteil sei Gewalt, die nicht natürlich entspringe, sondern erst erzeugt werden müsse und immer der Feind der Macht sei (MG 47, 52f). Unter Autorität versteht sie die »fraglose Anerkennung sei-

---

Arendt entwickelte Begriff der Macht kann nur dadurch zu einem scharfen Instrument gemacht werden, daß wir ihn aus der Verklammerung mit einer aristotelisch inspirierten Handlungstheorie lösen.« (296). Er unterschlägt die spezifische Transformation, der Arendt aristotelische Konzepte unterwirft, wenngleich Habermas in der Sache den wunden Punkt der Arendtschen Handlungstheorie treffsicher herausstellt.

159 Vgl. die Kritik von John F. Sitton: Hannah Arendt's Argument for Council Democracy, in: Hannah Arendt. Critical Essays, hg. von Lewis P. und Sandra K. Hinchman, New York 1994, 307–329 und von Dolf Sternberger: Die versunkene Stadt. Über Hannah Arendts Idee der Politik (1976), in: Schriften IV, Frankfurt a.M. 1980, 173–190, bes. 184–187.

tens derer, denen Gehorsam abverlangt wird; sie bedarf weder des Zwanges noch der Überredung« (MG 46). Eine Räte-Republik würde also allein auf solchen hierarchischen Strukturen beruhen, die durch Macht fundiert sind und könnte daher der Bedingung humaner Pluralität in unbeschränkter Weise gerecht werden. Aus Arendts Sicht dürfte sie als »im wahrsten Sinne des Wortes ›aristokratische‹ Staatsform« gelten, eine Staatsform, an der nur Anteil hätte, »wer an der Welt wirklich interessiert ist« (ÜR 360).

Dieses Modell ist ebenfalls auf wenig Zustimmung gestoßen. Es wurde mit der »Staatsutopie Platons« verglichen[160] und brachte Arendt die Vorwürfe des Elitarismus[161] und der Demokratiefeindschaft[162] ein. Im Zusammenhang der hier verfolgten Fragestellung ist zu betonen, daß Arendt ihren euphorischen und existenzial begründeten Handlungsbegriff in sein eigenes Extrem treibt. Es wäre zu einfach, von diesem Extrem aus ihre gesamte Theorie und die Fülle phänomenaler Beobachtungen einfach zu verwerfen. Eher schon sollte es dazu dienen, sie in seinem Licht zu prüfen und die ihr inhärenten Grenzen deutlicher zu sehen. In jedem Fall schärft Arendts Transformation der aristotelischen Philosophie den Blick für diese selbst. Zeichnet sich da nicht ein weniger extremer Versuch ab, Pluralität in politische Strukturen zu übersetzen – ein Versuch, der immer noch das moderne Staatsdenken herausfordern könnte? Auf diese Frage wird im Kapitel zu Dolf Sternberger zurückzukommen sein.

---

160 Sternberger: Politie und Leviathan, aaO., 254.
161 Margaret Canovan: The Contradictions of Hannah Arendt's Political Thought, in: Political Theory 6 (1978), 5–26; Sheldon Wolin: Hannah Arendt: Democracy and the Political, in: Salmagundi 60 (1983), 3–19; Heiner Bielefeldt: Wiedergewinnung des Politischen. Eine Einführung in Hannah Arendts politisches Denken, Würzburg 1993, 65; Seifried Seyer: Die versunkene Welt. Hannah Arendts Theorie des öffentlichen Handelns, Frankfurt a.M. u.a. 1998, 24.
162 George Kateb: The Questionable Influence of Arendt and Strauss, in: Hannah Arendt and Leo Strauss. German Emigrés and American Political Thought after World War II, hg. von Peter Graf Kielmannsegg u.a., Cambridge 1995, 29–44: »The influence of Hannah Arendt and Leo Strauss on political theory in the United States has been considerable. I have no wish to deny that the great power of their work earned them their standing. Still, their influence is, to some nontrivial extent, worrisome. The nub of the matter is that both radiate disapproval of modern democracy.« (29).

II.4 Ergebnisse

Die in diesem zweiten Teil behandelten Autoren verbindet eine dreifache Erfahrung des Bruchs. In *persönlicher* Hinsicht mußten sie vor dem nationalsozialistischen Regime flüchten und sich in der neuen Welt eine Existenz aufbauen. In *politischer* Hinsicht erlebten sie den Untergang der Weimarer Republik und den Siegeszug totalitärer Herrschaft. In *philosophischer* Hinsicht diagnostizierten sie einen Abbruch der abendländischen Überlieferung, der im neuzeitlichen Denken angelegt war, sich aber erst in ihrer Zeit ganz zu vollenden und in seinen Konsequenzen zu zeigen schien. Wie die gesamte Generation der Anfang des Jahrhunderts Geborenen wurden sie durch Heimatlosigkeit, Entwurzelung und Orientierungslosigkeit geprägt. Nach 1945 gab es kein Leben, kein Staatswesen und keine Tradition, an die sie unmittelbar hätten anknüpfen können. Die herkömmlichen Maßstäbe hatten sich entweder aufgelöst oder sie waren diskreditiert worden. Daß Voegelin, Strauss und Arendt in Amerika lebten, bescherte ihnen persönlichen Wohlstand und politische wie akademische Freiheit. Es vermochte jedoch nicht das Bedürfnis nach neuen Maßstäben im Handeln wie im Denken zu kompensieren. Die Vereinigten Staaten zeigten ihr Janusgesicht: einerseits die Segnungen der Freiheit, andererseits die Schatten der Modernisierung. Die drei Emigranten hatten die alte Welt in Krieg und Verfolgung untergehen sehen, in der neuen stießen sie auf eine geschichtslose Konsumgesellschaft, deren Fortschrittsoptimismus sie nicht teilen mochten. Wenn sie totalitäre Strukturen erforschten, fragten sie immer auch nach deren Keimen in der amerikanischen Gesellschaft. Es beeindruckte sie wenig, während des Kalten Krieges auf der »richtigen« Seite des Westens zu stehen. Die Frage, die alle drei verfolgten, zielte auf die geistigen Grundlagen der westlichen Demokratien. Sie teilten die Einschätzung, daß letztere solange nicht dem Totalitarismus widerstehen konnten, wie sie ihre Substanz allein aus dem Horizont der Moderne schöpften. Deshalb wendeten sie den Blick zurück auf die antike Polis, auf Platon und auf Aristoteles, um dort nach Maßstäben und Grundlagen zu suchen, die der Gegenwart abhanden gekommen waren. So unterschiedlich ihre Antworten auch ausfielen, so sehr glichen sich doch ihre Motive für eine Erneuerung der aristotelischen Philosophie.

Was sich ebenfalls glich, war ihr philosophischer Zugang zu Aristoteles, sowohl der methodische als auch der topologische. Wie es scheint, kann das nicht ohne die frühen Arbeiten Martin Heideggers hinreichend erklärt werden. Diese hatten die Basis für einen hermeneutischen Dialog mit den griechischen Texten gelegt, der zugleich de- und rekonstruktiv verfährt. Es war Heidegger darum gegangen, zu den Erfahrungen vorzudringen, die dem aristotelischen Denken zugrundeliegen, und so eine unverkürzte Dimension des Fragens zurückzugewinnen. Dieselbe Strategie läßt sich bei den drei Autoren dieses Teils konstatieren. Zunächst weisen sie die starken ontologischen Ansprüche zurück, welche zumindest in der aristotelischen Überlieferung mit der Metaphysik verbunden worden sind. Für keinen gibt es die eine, absolut gültige Wahrheit über die

Ordnung des Ganzen, sondern bloß das menschlich-eingeschränkte Wissen. Während Strauss dieses Wissen gegen den Offenbarungsglauben ausspielt, versucht Voegelin beides zu verbinden. Aus seiner Sicht beruht die Dignität menschlichen Wissens auf einer vorgängigen Teilhabe an der göttlichen Vernunft, die aber immer als Spannung, niemals als Verschmelzung zu denken ist. Arendt setzt Sein und Erscheinen gleich. Damit verliert die Opposition ihre kritische Funktion, denn alle Erscheinungen sind Manifestationen von Sein. Menschliches Denken ist der beständige, erst mit dem Tod endende Versuch, ihnen Sinn abzugewinnen. Mit Strauss teilt sie den in keiner Weise göttlich inspirierten Standpunkt eines rein menschlichen Denkens, mit Voegelin das Bedürfnis nach Sinngebung. Alle drei lehnen *theōria* als Erkenntnishaltung, die objektives Wissen hervorbringt, ab. Für Strauss handelt es sich um Dogmen, die er der exoterischen Seite des Philosophierens zurechnet. Vogelin und Arendt sehen darin die Gefahr eines vergegenständlichenden Weltbezugs, der das genuin Humane verfehlt, weil er den Menschen nach dem Muster von raum-zeitlichen Dingen zu fassen sucht. Wo Aristoteles selbst dieser Gefahr unterliegt, stellen sie dies kritisch heraus. Dadurch wollen sie Verdeckungen im Text abbauen und solche Erfahrungen freilegen, die Aufschluß über die *conditio humana* geben. Dieses existenzialphilosophische Interesse an den Griechen übernehmen sie von Heidegger und unterscheiden wie er Modi des eigentlichen und des uneigentlichen Seins.

Arendt differenziert drei Tätigkeiten des Menschen: Arbeiten, Herstellen und Handeln. Sofern der Mensch nur den ersten beiden nachgeht, verfehlt er die *conditio per quam* seiner Existenz. Er wäre auf den Austausch mit der Natur – einmal verbrauchend, einmal gestaltend – beschränkt, ohne sprechend und handelnd mit seinesgleichen in Kontakt zu treten, sein Sein zu enthüllen und einen Faden im pluralen Gewebe der menschlichen Angelegenheiten zu hinterlassen. Einen solchen emphatischen Begriff des Handelns, abgegrenzt gegen die lebensnotwendigen Momente menschlichen Tuns, rekonstruiert Arendt aus der *Nikomachischen Ethik*. In ihrer Optik hat Aristoteles darin das Selbstverständnis der attischen Bürger im Begriff festgehalten und als Erinnerung humaner Möglichkeiten der Nachwelt bewahrt. Strauss unterscheidet nicht zwischen Tätigkeiten, sondern zwischen Naturen, die jeweils auf eine Lebensweise festgelegt sind. Analog zur aristotelischen Rede von *bios apolaustikos, bios politikos* und *bios theōrētikos* spricht er vom Pöbel, von den Vornehmen und von den Weisen. Nur letztere führen ein eigentliches Sein im höchsten Sinne, weil sie »noble leisure« nachgehen können. Allerdings müssen sie, um dieses Dasein am Rande der Gesellschaft führen zu können, gute Staatsmänner ausbilden, die sich in der Tugend üben. Deren Aufgabe besteht wiederum darin, den Pöbel, die mit Abstand niedrigste Lebensform, in Schach zu halten. Strauss betrachtet es als besondere Leistung des Aristoteles, die Qualitäten des philosophischen und bürgerlichen Lebens so darzustellen, daß die jeweilige Zielgruppe erreicht wird. Während Arendt der aktiven, Strauss dagegen der kontemplativen Lebensform den Vorzug gibt, ist Voegelin um eine Vermittlung bemüht. Sein Vorbild ist der *spoudaios* der *Nikomachischen Ethik*, der mitten im Leben steht und sich zugleich transzendenter Erfahrung zu öffnen vermag. »Optimal für die kosmisch-göttliche Bewegung des Seins durchlässig« (WN 144), ordnet er seine Existenz im Einklang mit der Seinsordnung und verleiht dem Leben des Geistes soziale Kraft und Wirklichkeit.

Welches sind die basalen Erfahrungen, die die drei Autoren bei Aristoteles freizulegen meinen? Auf der Seite der Uneigentlichkeit handelt es sich um solche der Unordnung, Angst, Bedrohung und Mühsal, auf der Seite der Eigentlichkeit dagegen um Orientierung, Ganzheit, Unabhängigkeit und Pluralität. Sie gehören zweifellos zur Spannweite menschlichen Daseins und vermögen über die Zeiten hinweg einen hermeneutischen Dialog zu tragen. Allerdings folgt aus ihrer Universalität keineswegs, daß die darauf basierenden normativen Rekonstruktionen bereits von Aristoteles her legitimiert wären. Das läßt sich am besten an den jeweiligen Ordnungsvorstellungen ablesen. Strauss und Voegelin entwickeln ihre Entwürfe ausgehend von den Erfahrungen der Unordnung, Angst und Bedrohung. Diese entspringen sowohl dem sozialen Miteinander als auch dem Verhältnis zwischen Vernunft und Leiblichkeit in der Seele jedes einzelnen Menschen. Beide sind sich der Parallele voll bewußt; Voegelin spricht von der Analogie zwischen Makroanthropos und Mikrokosmos. Die wahre Ordnung der Seele könne zum Maßstab für menschliche Typen wie auch Typen der Gesellschaftsordnung werden, weil sie die Wahrheit über menschliche Existenz an der Grenze der Transzendenz repräsentiere (NWP 104). Diesem Satz könnte Strauss zustimmen, wiewohl er ›Grenze‹ anders als Voegelin nicht als Spannung, sondern als unübersteigbare Begrenzung auslegen würde. Beide leiten aus der Hierarchie der Vernunft über die anderen Elemente der Seele eine hierarchische Gesellschaftsordnung ab, in der die Philosophen jene erziehen, welche staatliche Macht ausüben. Auf diese Weise schützen sie sowohl ihre eigene Sicherheit als auch die jener Masse von Menschen, welche keiner rationalen Seelenordnung fähig sind. Voegelin hält es für ein Postulat »klassischer Politik«, daß immer nur eine Minderheit der Menschen ihre Natur optimal entfalten könne und folglich Gesellschaft *de facto* hierarchisch gegliedert sei (IG 50).

Tatsächlich handelt es sich jedoch um ein Postulat Platons, das Aristoteles im zweiten Buch der *Politik* widerlegt, indem er zwischen *archē despotikē* im Oikos und *archē politikē* in der Polis unterscheidet. Auf diese Differenz hat ganz zu recht Hannah Arendt hingewiesen. Aus der privaten Erfahrung von Mühsal, Ungleichheit und Notwendigkeit läßt sich keine öffentliche Ordnung ableiten. Arendt wendet gegen Platon ein, daß er Maßstäbe, die dem Umgang mit der eigenen Körperlichkeit entspringen, auf die Gesellschaft übertrage, obwohl sie dieser wesensfremd seien. Dieser Einwand muß ebenso Strauss und Voegelin treffen, die mit dem Gedanken einer Pluralität wesensgleicher Bürger nicht zurechtkommen. Allerdings bringt sich Arendt um ihre Einsicht, wenn sie Pluralität gegen *jede* Form von Rollendifferenzierung zwischen Regierenden und Regierten auszuspielen sucht. Am Ende landet sie beim Entwurf einer Räte-Aristokratie, der dem platonischen Philosophenkönigtum verdächtig nahe kommt. Während Strauss und Voegelin dezidiert anti-idealistisch argumentieren, weist Arendts Denken einen eher utopischen Zug auf. Gleichwohl kommen alle drei in die Nähe eines eher platonischen als aristotelischen Ordnungsmodells, sofern man letzteres mit Pol. IV anstatt mit Pol. VII/VIII identifiziert. Diese Koinzidenz hängt offenbar mit jenem existenzialphilosophischen Ansatz zusammen, den sie jeweils verfolgen. Für Strauss ist eigentliches Dasein »noble leisure« im unendlichen philosophischen Gespräch, für Voegelin ist es die Teilhabe am transzendenten Seinsgrund, für Arendt die unverkürzte Erfahrung des Handelns und Sichentbergens. Alle drei Bestimmungen sind mit einer politischen Existenz unvereinbar, welche Freiheit, Selbstdarstellung und Eigentlichkeit nie um ihrer selbst willen anstrebt, sondern im Hinblick auf drängende Probleme des Miteinanders. Wiewohl die drei Autoren im Unterschied zu Heidegger ethische und politische Fragen explizit behandeln, bleiben sie in einer nicht unproblematischen Weise seinem existenzialen Ansatz verhaftet.

Das läßt sich auch an zwei weiteren aristotelischen Konzepten studieren, die schon Heidegger Schwierigkeiten bereiteten, *ēthos* und *phronēsis*. Für ihn gab es *ēthos* in zweifacher Hinsicht, zum einen als uneigentlichen Verhaltenshabitus des durchschnittlichen ›Man‹, zum anderen als eigentliches ›Erbe‹, das dem je einzelnen Dasein aus der Vergangenheit zufiel und auf kongeniale Weise zu wiederholen war. Der existenziale Blick vermochte nur die Pole des ›Man‹ und der Existenz wahrzunehmen, am Ende von *Sein und Zeit* auch jene von Man und ›Geschick‹ der ›Generation‹. Wie überhaupt gemeinsame Prägungen und Orientierungen zustandekommen, blieb unklar. In Heideggerscher Manier stellen die drei Autoren dieses Diskurses das Ethos unter Vorbehalt. Voegelin will es nur akzeptieren, sofern es der Seelenordnung des *spoudaios* entspringt; Strauss hält es für ein Mittel zum Zweck, das der Philosoph einsetzt, um gute Staatsmänner zu erziehen; Arendt meint, in der gegenwärtigen Welt gebe es nur mehr leicht auswechselbare ›Gewohnheiten‹, die jederzeit manipuliert werden könnten. Offenkundig nehmen alle drei die Erfahrung von Totalitarismus und Ideologien zum Anlaß für eine skeptische Zurückhaltung gegenüber modernen Gesellschaften.

Ähnlich verhält es sich mit der *phronēsis*, die bei Aristoteles in einem integralen Zusammenhang mit dem *ēthos* steht, da sie von ihm her eine Ausrichtung auf Handlungsziele erfährt. Heidegger hatte die *phronēsis* hingegen als Gewissen gedeutet, welches das Dasein aus dem Man zurückruft, vereinzelt und mit sich selbst konfrontiert. Auch Arendt will sie nicht einfach unreflektierten Gewohnheiten ausliefern und orientiert sich statt dessen an Kants Modell der reflektierenden Urteilskraft. Danach soll der Urteilende seinen Privatstandpunkt überwinden und eine Sache aus vielen Perspektiven anzuschauen lernen. Auf solche Weise löst sie jedoch das Urteilen vom Moment des Entscheidens ab, welches den Horizont der Reflexion sowohl vorzeichnet als auch begrenzt. Folgerichtig spricht sie im Spätwerk vor allem vom historischen Urteil, welches dem unmittelbaren Handlungsdruck und der Zukunftsungewißheit entzogen ist. Voegelin und Strauss gehen im Unterschied zu Arendt zwar davon aus, daß Common Sense noch eine Rolle im öffentlichen Leben spielt. Jedoch steht diese Rolle nicht anders als die des Ethos unter dem Vorbehalt philosophischer Führung. Während Aristoteles *phronēsis* und *sophia* nebeneinander stellt, wollen seine Interpreten nur noch eine Vorrangstellung der *sophia* anerkennen. Sie ist dadurch eingeschränkt, daß das Wissen der *sophia* an den menschlichen Standpunkt gebunden bleibt.

Dabei fällt es allen drei Autoren schwer, ihre Überlegungen in ein Verhältnis zur Neuzeit zu setzen. Die Antike erscheint in um so hellerem Licht, je düsterer ihr Bild der Moderne ausfällt. Gleichwohl können sie ebensowenig wie andere einfach aus ihrer Zeit herausspringen. Ihre Fragen nach Maßstäben sind durch ihre Lebensumstände motiviert; ihre Antworten wollen kein antiquarisches Interesse befriedigen. Daß dies nicht hinreichend deutlich wird, liegt an einer hermeneutischen Schwäche: Sie versuchen zwar die Griechen, nicht jedoch die Horizontgebundenheit ihres eigenen Rückgriffs auf die Tradition zu verstehen. Dadurch erwecken sie allzu oft den Eindruck, sie fänden einen ganz ursprünglichen Zugang zu Platon und Aristoteles. Aus einigem Abstand ist hingegen zu erkennen, wie sehr ihre Interpretationen durch ihre Diagnose der Gegenwart beeinflußt sind. Bei genauerem Hinsehen wird obendrein deutlich, daß diese Gegenwart nicht ganz so schlimm ist, wie es auf den ersten Blick scheint. So kritisch

Voegelin, Strauss und Arendt über die Vereinigten Staaten sprechen konnten, so sehr fühlten sie sich doch ihrer staatlich-institutionellen Ordnung verbunden. Sie spürten deren Widerstandskraft gegen totalitäre Strömungen und begegnetem einem das öffentliche Leben tragenden Gemeinsinn und Gemeingeist. Voegelin führte dies auf ein kompaktes Transzendenzbewußtsein zurück, welches den »amerikanischen Geist« geprägt habe und in den Institutionen tradiert worden sei. Arendt verankerte den Common Sense dagegen nicht im Gottesbezug des Menschen, sondern im gemeinsamen Handeln, wie es in den kleinen, selbstverwalteten *townships* an der Tagesordnung gewesen sei. Vielleicht besteht der gemeinsame Nenner beider Positionen darin, daß die ersten amerikanischen Gemeinden zugleich religiöse und zivile Gemeinschaften gewesen sind. In jedem Fall aber waren Arendt, Voegelin und Strauss davon überzeugt, daß es Kontinentaleuropa und insbesondere Deutschland einer Tradition des Common Sense ermangelte. Deshalb zogen sie es vor, ihre Heimstatt in Amerika zu nehmen, und standen der jungen Bundesrepublik überaus skeptisch gegenüber. Es blieb den Autoren des folgenden Hauptteils vorbehalten, einen hermeneutischen Blick auf ihr Land und auf die Griechen zu werfen, ohne die *querelle des anciens et des modernes* zu erneuern.

III. REHABILITIERUNG DER PRAKTISCHEN PHILOSOPHIE IN DEUTSCHLAND

Der Titel, unter dem hier der dritte aristotelische Diskurs verhandelt wird, geht auf zwei Sammelbände zurück, die Manfred Riedel 1972 bzw. 1974 veröffentlichte.[1] Sie enthalten Beiträge nahezu aller damals führenden Philosophen und philosophischen Schulen der Bundesrepublik, die sich mit den Möglichkeiten einer Erneuerung der praktischen Philosophie auseinandersetzen. Wie nicht anders zu erwarten, ist das Meinungsspektrum breitgefächert, und es werden ganz verschiedene Traditionen berufen, um einer verschwundenen Disziplin neues Leben einzuflößen. Gleichwohl lassen sich die meisten Beiträge idealtypisch zwei Gruppen zuordnen: die einen knüpfen an Kant, die anderen an Aristoteles an.[2] Welche systematischen Differenzen daraus resultieren, wird noch darzulegen sein. Zunächst ist festzuhalten, daß im Zuge der Debatte eine regelrechte Wiederentdeckung und Neuauslegung der praktischen Philosophie des Stagiriten stattfand, die sowohl von den Protagonisten als auch von ihren Gegnern sowie von ausländischen Beobachtern als erstaunliches Phänomen wahrgenommen wurde.[3] Als Protagonisten sind zuförderst Hans-Georg Gadamer und Joachim Ritter zu nennen. Ihnen sekundierten Schüler, die ihrerseits einflußreiche Philosophen der nachfolgenden Generation werden sollten, Rüdiger Bubner[4] und

---

1 Rehabilitierung der praktischen Philosophie. Bd. I: Geschichte, Probleme, Aufgaben, Freiburg 1972; Bd. II: Rezeption, Argumentation, Diskussion, Freiburg 1974.
2 Vgl. Helmut Fahrenbach: Ein programmatischer Aufriß der Problemlage und systematischen Ansatzmöglichkeiten praktischer Philosophie, in: Rehabilitierung der praktischen Philosophie I, aaO., 23ff.
3 Was die ausländische Rezeption angeht, so ist ein großes Interesse in Italien zu verzeichnen. Von dort stammen die bislang genauesten und umfassendsten Untersuchungen zur Rehabilitierungs-Debatte. Vgl. Lucio Cortella: Aristotele e la razionalita della prassi. Una analisi del dibattito sulla filosofia pratica aristotelica in Germania, Rom 1987; Tradizione e attualita della filosofia pratica, hg. von Enrico Berti, Genua 1988; Enrico Berti: La philosophie pratique d'Aristote et sa ›réhabilitation‹ récente, in: Revue de Métaphysique et de Morale, Bd. 2 (1990), 249–266; Franco Volpi: Réhabilitation de la philosophie pratique et néo-aristotélisme, in: Aristote politique. Etudes sur la ›Politique‹ d'Aristote, hg. von Alonso Tordesillas, Paris 1993, 461–484.
4 Handlung, Sprache und Vernunft. Grundbegriffe praktischer Philosophie, Frankfurt a.M. 1976; Geschichtsprozesse und Handlungsnormen, Frankfurt a.M. 1984; Dialektik als Topik, Frankfurt a.M. 1990; Antike Themen und ihre moderne Verwandlung, Frankfurt a.M. 1992; Welche Rationalität bekommt der Gesellschaft? Vier Kapitel aus dem Naturrecht, Frankfurt a.M. 1996. Von Bubner stammt auch ein pointierter Literaturbericht über Eine Renaissance der praktischen Philosophie, in: Philosophische Rundschau 22 (1975), 1–34, der in etwa die Perspektive der Gadamer-Schule widerspiegelt.

Wolfgang Wieland[5] auf der Seite Gadamers, Günther Bien[6] und Robert Spaemann[7] auf der Seite Ritters. Sie sorgten dafür, daß aristotelische Denkfiguren über die siebziger Jahre hinaus im Diskurs der deutschen Philosophie vertreten blieben, bis in die Gegenwart hinein.

Was den Anfang der Rehabilitierungsdebatte angeht, so wird in der Regel auf den Beginn der sechziger Jahre verwiesen, als Gadamer und Ritter mit programmatischen Arbeiten das akademische Interesse auf Aristoteles lenkten.[8] Indessen verzerrt diese Optik den Entstehungskontext, weil sie insinuiert, es habe sich von Anfang an um einen rein philosophischen Diskurs gehandelt. Tatsächlich scheint dieser Diskurs aber zumindest teilweise von Überlegungen beeinflußt zu sein, deren Ort in der Politikwissenschaft lag. Nachdem das Fach nach Kriegsende an deutschen Hochschulen (wieder-)begründet worden war, bestand bei den ersten Vertretern, die selbst keine Politikwissenschaftler waren, das eminente Bedürfnis, Gegenstand und Methode ihrer Disziplin zu klären. Einige nahmen an der in Amerika obwaltenden neopositivistischen Ausrichtung der *political science* Maß und arbeiteten sich in die quantitativen und qualitativen Methoden der empirischen Sozialforschung ein. Für sie war Politikwissenschaft oder »Politologie« eine moderne, am neuzeitlichen Ideal methodischer Strenge und Exaktheit orientierte Disziplin. Andere, geisteswissenschaftlich geprägte Vertreter empfanden demgegenüber dasselbe Ungenügen wie die nach Amerika emigrierten Eric Voegelin, Leo Strauss und Hannah Arendt. Sie erinnerten sich daran, daß die Wissenschaft der Politik von Aristoteles geprägt und noch im 18. Jahrhundert an deutschen Universitäten in dieser Tradition gelehrt worden war. Allerdings mußten sie auch erkennen, wie sehr dies alles im Dunkeln lag – weiße Flecken im zeitgenössischen Wissenschaftsbewußtsein. Wer so dachte, hatte ein Interesse daran, Herkunft und Geschichte seines Fachs aufzuklären, bevor er sich mit den drängenden Fragen aktueller Politik beschäftigte. Folglich entstanden im Umfeld von »Gründervätern« wie Dolf Sternberger (ab 1947 in Heidelberg), Arnold Bergstraesser (ab 1954 in Freiburg), Siegfried Landshut (ab 1952 in Hamburg), Carlo Schmid (ab 1953 in Frankfurt) und Eric Voegelin (ab 1958 in München) mehrere Studien, die sowohl die Fachgeschichte aufklären wollten

---

5   Die aristotelische Physik. Untersuchungen über die Grundlegung der Naturwissenschaft und die sprachlichen Bedingungen der Prinzipienforschung bei Aristoteles, Göttingen 1962; Praktische Philosophie und Wissenschaftstheorie, in: Rehabilitierung der praktischen Philosophie I, aaO., 505–534.

6   Das Theorie-Praxis-Problem und die politische Philosophie bei Platon und Aristoteles, in: Philosophisches Jahrbuch 76 (1968/69), 264–314; Die Grundlegung der praktischen Philosophie bei Aristoteles, Neuwied 1972; Die menschlichen Meinungen und das Gute. Die Lösung des Normproblems in der Aristotelischen Ethik, in: Rehabilitierung der praktischen Philosophie I, aaO., 345–371.

7   Moralische Grundbegriffe, München 1982; Philosophische Essays, Stuttgart 1983, erw. 1994; Glück und Wohlwollen. Versuch über Ethik, Stuttgart 1989; zus. mit Reinhard Löw: Die Frage Wozu? Geschichte und Wiedererinnerung des teleologischen Denkens, München 1981, erw. 1985.

8   Für Gadamer vgl. Wahrheit und Methode. Grundzüge einer philosophischen Hermeneutik, bes. den Abschnitt »Die hermeneutische Aktualität des Aristoteles« (317–329), Tübingen 1962; für Ritter vgl. Zur Grundlegung der praktischen Philosophie bei Aristoteles (1960), in: Rehabilitierung der praktischen Philosophie II, aaO., 479–500; ›Politik‹ und ›Ethik‹ in der praktischen Philosophie des Aristoteles (1967), in: ders.: Metaphysik und Politik, Frankfurt a.M. 1969, 106–132.

als auch systematischen Rückhalt bei der Tradition suchten.⁹ Auf diese Weise wurde die Politikwissenschaft als Teil der praktischen Philosophie wiederentdeckt, was Fragen nach Stellung und Eigenart der praktischen Philosophie innerhalb des aristotelischen Denkens zur Folge hatte. Vieles deutet darauf hin, daß es diese Fragen waren, die zuerst das Interesse von Gadamer, Ritter und anderen Philosophen wie Helmut Kuhn oder Ludwig Landgrebe anzogen und dann zu einer innerphilosophischen Debatte über die Rehabilitierung der praktischen Philosophie führten. Was die von Riedel herausgegebenen Sammelbände dokumentieren, ist nur diese Debatte, sachlich steht sie jedoch in Zusammenhang mit der Selbstfindung der deutschen Politikwissenschaft. Um dies zum Ausdruck zu bringen, werden nachstehend sowohl die Philosophen Gadamer und Ritter als auch der Politikwissenschaftler Sternberger behandelt. Alle drei verfolgen die Frage, wie die praktische Philosophie aristotelischer Herkunft für die Gegenwart erneuert werden könne.

Daß solche Erneuerung bzw. Rehabilitierung nicht nur in der Politikwissenschaft, sondern auch in der Philosophie als notwendig empfunden wurde, hat verwandte Gründe. Die alte Lehre von der Politik riß in dem Moment ab, als sich Philosophie und Wissenschaft voneinander ablösten. Der Philosophie fiel die Aufgabe zu, erfahrungsunabhängig zu bestimmen, unter welchen apriorischen Bedingungen politische Herrschaft legitim sei. Hingegen nahm sich die Wissenschaft ganz des Faktischen an, um seine internen Regelmäßigkeiten aufzuspüren und ein technisches Wissen zur Bewältigung politischer Probleme bereitzustellen. Der von der praktischen Philosophie vorausgesetzte, integrale Zusammenhang von praktischer Erfahrung und theoretischer Reflexion über gute Ordnung ging verloren. Die *epistēmē politikē* zerbrach einerseits in Naturrecht, andererseits in Kameralistik (Verwaltungswissenschaften) und Ökonomik. Ein ähnliches Schicksal traf die Ethik, seit jeher neben der Politik Teil der praktischen Philosophie. Sie zerfiel in apriorische Moralphilosophie und Sittenkunde. Hernach war Philosophie nur mehr als rein theoretische, allem Praktischen enthobene Disziplin denkbar. Für Deutschland ist dieser für die Politikwissenschaft und die praktische Philosophie im ganzen verheerende Wandel auf das Kantsche Denken zurückgeführt worden.¹⁰ Es entfaltete seine größte Wirkung auf die akademische Lehre im sogenannten Neukantianismus, der sich vorrangig mathematischen und logischen Fragen zuwandte. Einzelne Versuche, das neukantianische Denken für ethische Fragen zu öffnen, etwa durch Nicolai Hartmann, blieben dem Formalen und Künstlichen des zugrundegelegten Philosophiebegriffs verhaftet. Die dagegen aufbegehrende, von Heidegger angeführte Exi-

---

9 Wilhelm Hennis: Politik und praktische Philosophie. Eine Abhandlung zur Rekonstruktion der politischen Wissenschaft, Neuwied 1963; Politik als praktische Wissenschaft. Aufsätze zur politischen Theorie und Regierungslehre, München 1968; Politik und praktische Philosophie, Stuttgart 1977; Hans Maier: Die ältere deutsche Staats- und Verwaltungslehre, Neuwied/Berlin 1966; ders.: Die Lehre der Politik an den älteren deutschen Universitäten, in: ders.: Politische Wissenschaft in Deutschland. Lehre und Wirkung, München 1969, erw. 1985, 31–67; Jürgen Dennert: Die ontologisch-aristotelische Politikwissenschaft und der Rationalismus. Eine Untersuchung des politischen Denkens Aristoteles', Descartes', Hobbes', Rousseaus und Kants, Berlin 1970; Wissenschaftliche Politik. Eine Einführung in Grundfragen ihrer Tradition und Theorie, hg. von Dieter Oberndörfer, Freiburg 1966.
10 H. Maier: Die Lehre der Politik an den älteren deutschen Universitäten, aaO., 61f.

stenzialphilosophie speiste sich zwar, wie im ersten Hauptteil der Arbeit gezeigt, aus der Quelle der praktischen Philosophie des Aristoteles. Sie tat das jedoch mit einem ausschließlich fundamentalontologischen Interesse, das von allen lebenspraktischen, ethischen wie politischen, Fragen absah. Das existenzielle Pathos stand im kaum verkennbaren Mißverhältnis zur Fähigkeit, konkrete Orientierung zu gewähren.[11]

Indessen bedurfte die Praxis nichts mehr als solcher Orientierung. Mit dem Untergang der nationalsozialistischen Gewaltherrschaft waren zwar (in Westdeutschland) alle ideologischen Heilsversprechen diskreditiert. Zurück blieben aber ein geistiges Vakuum und gewaltige Herausforderungen beim Aufbau eines demokratischen Staatswesens. Es war nötig, sich auf abgerissene Traditionen zu besinnen, um neue Maßstäbe des Handelns zu finden. Die Politikwissenschaft der ersten Jahre verstand sich explizit als normative »Demokratiewissenschaft« in ebenso wissenschaftlicher wie pädagogischer Absicht. Es galt, den Bürgern jene neuen, im Entstehen begriffenen Institutionen und Verfahren des politischen Systems nahe zu bringen und ihre Legitimität aufzuweisen. Dafür konnte man zum einen auf neuzeitliche Vorbilder rekurrieren, Frankreich, England und Amerika, jene Staaten, die als Sieger- und Besatzungsmächte den Wiederaufbau der Bundesrepublik begleiteten. Zum anderen konnte man zu den Anfängen der Demokratie in Athen und Rom zurückgehen. Letzteres empfahl sich vor allem denjenigen, die den Faschismus als Folge bestimmter, im neuzeitlichen Denken angelegter Tendenzen (Dialektik von Fortschrittsstreben und Regression, Erneuerung der Werte und Wertezerfall, Individualisierung und Vereinsamung) ansahen. Für sie mußte das Fundament einer guten Ordnung in einer Tradition aufgesucht werden, die von solchem Verdacht frei war. Damit gerieten nicht nur die Institutionen der Antike, die Lehren von Aristoteles und nachfolgenden Denkern in den Blick, sondern auch die Eigenheiten einer genuin praktischen Wissenschaft, die der neuzeitliche Rationalismus beseitigt hatte. Die Nachkriegsphilosophie blieb zwar von pädagogischen Aufgaben entlastet, mußte aber ebenso ihren Ort innerhalb eines demokratischen Gemeinwesens neu bestimmen. Sie konnte sich nicht mehr ganz von den Bedingungen abwenden, welche sie erst ermöglichten und trugen. Auch diskutierte die Öffentlichkeit zahlreiche Fragen, die nach philosophischer Reflexion verlangten, von der Bestimmung verfassungsmäßiger Grundsätze bis zur Sicherung der Lebensbedingungen in einer zunehmend technisch bestimmten Welt.[12] Dieser Problemdruck mag ähnlich wie in der Politikwissenschaft dazu beigetragen haben, daß Philosophen ihr Verhältnis zur Praxis einer ausdrücklichen Klärung unterzogen.

Jene, die in den zwanziger Jahren bei Heidegger studiert hatten, konnten ahnen, welch reiche Quelle das aristotelische Denken dafür bereit hielt, auch wenn sie dem Weg ihres Lehrers nicht oder nur bedingt folgen wollten. Die drei hier zu analysierenden Autoren waren in jener Zeit mit Heidegger und auf dem ein oder anderen Weg auch mit seiner Aristoteles-Auslegung in Kontakt gekommen. Inwiefern letzteres Spuren in ihrem Denken hinterließ, wird in den einzelnen Kapiteln zu behandeln sein. An

---

11 Vgl. Helmut Kuhn: Philosophie der Gegenwart und ihre Beziehung zu den geistigen Strömungen unserer Zeit, in: Philosophisches Jahrbuch 71 (1963/64), 1–13; Manfred Riedel: Vorwort, in: Rehabilitierung der praktischen Philosophie I, aaO., 9–12.
12 Vgl. Helmut Fahrenbach: Ein programmatischer Aufriß der Problemlage, aaO., 15f.

dieser Stelle interessiert nur, daß der Heidegger-Bezug eine Parallele zwischen den Denkern des dritten und denen des zweiten Diskurses darstellt. Daneben gibt es weitere Gemeinsamkeiten. Alle sind in den Jahren von 1899 bis 1907 geboren worden. Sie erlebten den ersten Weltkrieg als Jugendliche, erhielten ihre akademische Ausbildung im Klima der zwanziger Jahre und standen 1933 vor hoffnungsvollen wissenschaftlichen bzw. journalistischen (Sternberger) Laufbahnen. Dann schieden sich die Wege: Während Voegelin, Strauss und Arendt in die Vereinigten Staaten emigrierten, wählten Gadamer, Ritter und Sternberger den Weg der inneren Emigration. Damit fiel für sie die Möglichkeit offener Opposition und Kritik aus. Sie mußten eine Haltung zwischen äußerer Anpassung und innerer Distanz finden.

Sehr allgemein gesprochen, bestand sie darin, sich auf Themenstellungen zurückzuziehen, die den neuen Herrschern unverdächtig erscheinen mußten. Gadamer schrieb über Platon, Hegel und Herder, Ritter über Cusanus und Augustinus, Dolf Sternberger entwarf »Ansichten vom 19. Jahrhundert«. Alle hielten sich mit Veröffentlichungen auffallend zurück und spürten den Argwohn nationalsozialistischer Zensoren. Es mag sein, daß dieser Rückzug aus der Gegenwart, dieses Eintauchen in vergangene Zeiten ihren historischen Sinn und ihre hermeneutischen Fähigkeiten schulte – Fähigkeiten, welche die geschichtslose Bundesrepublik nach 1945 benötigen sollte, um ihr geistiges Vakuum zu füllen. Unsinnig ist jedoch der später von Vertretern eines »faschismustheoretischen Ansatzes« erhobene Vorwurf gegen Gadamer und Ritter, sie hätten das diktatorische System mit ihren Arbeiten geistig legitimieren wollen. Teresa Orozco behauptet, Gadamers Hermeneutik habe dazu gedient, die überlieferten Klassiker mit faschistischen Bedeutungen aufzuladen und dadurch die Herrschaftsideologie humanistischen Kreisen schmackhaft zu machen.[13] Und Thomas Weber bringt gegen Ritter vor, die von ihm vollzogene »anthropologische, metaphysische Wendung der Philosophie« korrespondiere einer »faschistischen Wendung der Politik«, welche die Methodenkämpfe ideologisch aufzuheben strebe.[14] Orozcos Unterstellung scheitert an einer einfachen Überlegung: Warum sollte Gadamer faschistisches Gedankengut nur auf indirekte Weise zum Ausdruck gebracht haben, wenn er sich den nationalsozialistischen Machthabern hätte empfehlen wollen? Möglichkeiten zur offenen Unterstützung gab es schließlich zur Genüge.[15] Was Webers These angeht, so würde jedes philosophische Fragen nach Wahrheit als faschistisch zu bezeichnen sein, weil es danach strebt, Inkohärenzen, Unstimmigkeiten und »Methodenkämpfe« zu überwinden. Auch da erübrigt sich jeder weitere Kommentar. Was die Frage nach dem aristotelischen Diskurs angeht, ist vielmehr festzuhalten, daß bei allen drei Autoren erst nach 1945 eine intensive Zuwen-

---

13 Platonische Gewalt. Gadamers politische Hermeneutik der NS-Zeit, Argument-Sonderband 240 (Ideologische Mächte im deutschen Fascismus, Bd 7), Hamburg/Berlin 1995, 48. Das Titelbild besteht aus einer Collage, die Platon und Aristoteles aus Raffaels berühmtem Gemälde *Die Schule von Athen* vor den Eingang eines nationalsozialistischen Monumentalbaus stellt. Offenbar soll damit die These symbolisiert werden, Gadamer mißbrauche die Griechen für faschistische Zwecke.
14 Joachim Ritter und die »metaphysische Wendung«, in: Deutsche Philosophen 1933, hg. von Wolfgang Fritz Haug, Argument-Sonderband 165 (Ideologische Mächte im deutschen Faschismus, Bd. 3), Hamburg/Berlin 1989, 232.
15 Zur Widerlegung Orozcos und zu Gadamers Verhältnis zum Nationalsozialismus vgl. die ausgewogene Darstellung von Jean Grondin: Hans-Georg Gadamer. Eine Biographie, Tübingen 1999, Kap. IX–XI, insbes. 189f, 241ff.

dung zu Aristoteles erfolgt und daß diese Zuwendung in keiner Weise von nationalsozialistischem Geist beseelt war.

Ein weiterer Versuch, Gadamers und Ritters Denken ideologiekritisch zu diskreditieren, wurde in den siebziger Jahren von J. Habermas und H. Schnädelbach unternommen. Sie setzten »Neoaristotelismus«, »Neohegelianismus« und »Neokonservativismus« einander gleich und stempelten die unter diese Etiketten fallenden Autoren als unverbesserliche Modernisierungsgegner ab. Über die Fragwürdigkeit dieses Unternehmens ist bereits in der Gesamteinleitung gesprochen worden. Aufschlußreich ist es vor allem deshalb, weil es die intellektuell aufgeheizte Stimmung der siebziger und achtziger Jahre zum Ausdruck bringt. Habermas und Schnädelbach standen innerhalb der Rehabilitierungsdebatte auf Seiten der ›Kantianer‹. Im Verbund mit Karl-Otto Apel, Manfred Riedel, Norbert Hoerster, Willi Oelmüller und anderen bemühten sie sich um die Verteidigung des neuzeitlichen Rationalismus, des Autonomiegedankens in Philosophie und Praxis und des emanzipatorischen »Projekts der Moderne«.[16] Zwar wollten auch sie die praktische Relevanz der Philosophie rehabilitieren, jedoch verstanden sie Philosophie weiterhin als streng theoretische Disziplin, welche dem Sein der Praxis ein unabhängiges Sollen entgegensetzt. Aus dieser Perspektive mußte jeder Versuch, an vormoderne Denkfiguren anzuknüpfen, auf kategorische Ablehnung stoßen.

Wie groß das Unverständnis war, läßt sich paradigmatisch dem Beitrag des Herausgebers der Sammelbände entnehmen.[17] Riedel will in der praktischen Philosophie des Stagiriten eine dreifache Aporie ausmachen, die der Rehabilitierung aristotelischer Denkfiguren grundsätzlich im Wege stehe und erst mit neuzeitlichen Mitteln zu lösen sei. Die erste Aporie soll darin bestehen, daß es vom veränderlichen Sein, mit dem die praktische Philosophie zu tun hat, kein methodisch gesichertes Wissen gebe.[18] Tatsächlich ist dies für Aristoteles überhaupt keine Aporie, weil er im Unterschied zur modernen Wissenschaft Genauigkeit nicht am methodischen Vorgehen, sondern an den Gegenständen ausrichtet und daher auch ein Wissen anerkennen kann, das meist, aber nicht immer gilt. Die von Riedel genannte Lösung, die Gleichsetzung von *verum* und *factum*,[19] betrifft gar nicht die praktische, sondern die poietische Philosophie. Gewiß trifft es zu, daß die Neuzeit seit Descartes diesen Unterschied preisgibt. Allerdings stellt sich die Frage, ob darin nicht eine phänomenale Verkürzung der Wirklichkeit liegt. Ähnliches gilt für die zweite Aporie. Riedel moniert, daß Aristoteles Handeln nicht nur höher bewerte als Arbeiten, sondern noch nicht einmal eine dialektische Vermittlung vorsehe.[20] Auch das stellt innerhalb der Strukturen der attischen Gesellschaft keine Aporie dar. Riedel weist zwar zu Recht darauf hin, daß die Auflösung der Sklavengesellschaft eine solche Vermittlung voraussetze. Er unterschlägt jedoch, in welchem Maße die Vermittlung neuzeitlich bloß als Umkehrung der Hierarchie und als Glorifizierung der Arbeit realisiert wurde. Die dritte Aporie bezieht sich auf die »mangelhafte norma-

---

16 Vgl. die jeweiligen Beiträge in Riedels Sammelbänden.
17 Über einige Aporien in der praktischen Philosophie des Aristoteles, in: Rehabilitierung der praktischen Philosophie I, aaO., 79–97.
18 Ebd., 84–89.
19 Ebd., 95.
20 Ebd., 89–94.

tive Fundierung« der aristotelischen Theorie des Politischen.[21] Aristoteles, so der Vorwurf, vermöge nicht anzugeben, unter welchen Bedingungen Herrschaft von Menschen über Menschen legitim sei. Das ist wohl richtig, weil der Stagirit solche Herrschaft für ein wesenhaft unpolitisches Phänomen hält. Wenn Riedel in Vertragstheorie und Naturrecht die Lösung sieht, muß er sich fragen lassen, ob er nicht einer sehr eingeschränkten Vorstellung von Politik anhängt. Seine Schlußfolgerung, daß »die Frage nach der Möglichkeit einer Erneuerung der praktischen Philosophie des Aristoteles nur negativ beantwortet werden [kann]«,[22] wird nur teilen können, wer den Horizont der modernen Philosophie partout nicht transzendieren will.

Angebracht sind noch einige Bemerkungen zur Auswahl der drei nachfolgend behandelten Autoren. Innerhalb des philosophischen Kontexts ist zu begründen, warum Gadamer und Ritter gegenüber Kuhn bevorzugt werden. Schließlich hatte sich Kuhn ebenfalls Anfang der sechziger Jahre für Aristoteles stark gemacht. Allerdings war sein bevorzugter Gesprächspartner Platon geblieben.[23] Wenn Kuhn auf den Stagiriten Bezug nahm, blickte er stets durch eine platonische Brille. In seinem Beitrag für den ersten von Riedel herausgegebenen Band wirft er etwa die Frage auf, ob »praktische Philosophie« nicht eine Tautologie sei.[24] Für Kuhn ist Philosophie von Grund auf praktisch, weil sie nicht nur die »wesenhafte Totalordnung« des Seins erkenne, sondern daraus zugleich die »herrscherliche Funktion« ableite, das Leben in einer ihr entsprechenden Weise »zu lenken und zu ordnen«.[25] Damit hat er die von Aristoteles vollzogene Herauslösung der praktischen Philosophie aus der Metaphysik zurückgenommen. Wie Platon geht Kuhn davon aus, daß Praxis und Philosophie durch ein selbiges, übergreifendes Gut verbunden seien.[26] Das Erfordernis einer praktischen Philosophie begründet er allein mit der Kluft zwischen universalen Normen und konkreten Handlungssituationen. Während erstere von der theoretischen Philosophie erkannt werden, bleibt ihre praktische Erscheinungsform auf pragmatische Klugheitsregeln beschränkt, die die Verwirklichung des Guten unter kontingenten Bedingungen gewährleisten sollen. Folglich bringt sich Kuhn um die Chance, die aristotelische Kritik an der platonischen Ontologie und die darin angelegten, über Platon hinausweisenden Differenzierungen aufnehmen zu können. Deshalb scheint es gerechtfertigt zu sein, ihn hier nicht weiter ins Auge zu fassen.

Was den Kontext der deutschen Politikwissenschaft anbetrifft, drängt sich neben Sternberger – Voegelin ist ja bereits im zweiten Teil untersucht worden – vor allem Wilhelm Hennis als ›Aristoteliker‹ auf. Wenn er nachfolgend nicht berücksichtigt werden kann, liegt dies vor allem am begrenzten Raum der vorliegenden Studie. Für Sternberger spricht, daß seine Auseinandersetzung mit Aristoteles einen noch weiteren Horizont umfaßt und seine Auslegung der *Politik* ein wichtiges Korrektiv zu vielen ande-

---

21 Ebd., 94–96.
22 Ebd., 96f.
23 Vgl. Das Sein und das Gute, München 1962; Der Staat. Eine philosophische Darstellung, München 1967.
24 Ist ›praktische Philosophie‹ eine Tautologie?, in: Rehabilitierung der praktischen Philosophie I, aaO., 57–78.
25 Ebd., 60.
26 Ebd., 62.

ren Ansätzen liefert. Gleichwohl sei die Rolle von Hennis innerhalb des Rehabilitierungs-Kontextes kurz skizziert, weil er sowohl den politikwissenschaftlichen als auch den philosophischen Diskurs stark beeinflußte. Seine 1959 eingereichte und 1963 veröffentlichte Habilitationsschrift *Politik und praktische Philosophie* verstand sich als Beitrag zur Erneuerung einer an Aristoteles orientierten Politikwissenschaft. Eine solche Wissenschaft soll wieder die Brücke zur Anthropologie schlagen und Institutionen danach beurteilen, was sie zur Entfaltung humaner Möglichkeiten beitragen. Nicht mehr auf das bloße Überleben des Menschen beschränkt, hat sie Wege zum guten Leben ins Auge zu fassen. In späteren Aufsätzen fragte Hennis nach den *Motiven des Bürgersinns* oder der Rolle von *Rat und Beratung im modernen Staat*, dabei stets aristotelische Denkfiguren auf gegenwärtige Fragen beziehend. Der Erfolg seiner Habilitationsschrift beruhte vor allem auf den methodischen Überlegungen ihres vorletzten Kapitels. Hennis weist darin die Topik als eigentliche Methode der praktischen Philosophie, mithin auch der politischen Wissenschaft aus:

»Topisches ›Beweisen‹ bewegt sich in der Sphäre der Meinungen, des bloß Wahrscheinlichen. Die Stringenz apodiktischer Demonstrationen geht ihm ab. Eine dialektische Untersuchung nimmt ihren Ausgang immer von den herrschenden Anschauungen der Menschen, sie setzt voraus, daß es unter diesen Anschauungen erfahrenere und verständigere gibt, sie appelliert an ›Einsicht‹ und ›gesunden Menschenverstand‹ ihre Prämissen zwingen sich nicht auf, sie wollen freiwillig anerkannt sein, ihre Ergebnisse sind immer vorläufiger Art, ›diskutabel‹.[27]

Über diese Thesen kam es zu einer intensiven Debatte mit den Philosophen. Schützenhilfe erhielt Hennis von Günther Bien, einem Schüler Joachim Ritters. Bien stellt heraus, daß Aristoteles in der Ethik einen Mittelweg zwischen dem an sich Guten und dem scheinbar Guten wähle, indem er das Handeln jener, die als gut gelten, zur praktischen Norm erhebe. Diese Norm habe denselben Wahrheitsbezug wie die *endoxa*, die qualifizierten Meinungen, welche Aristoteles in *Topik* und *Rhetorik* behandelt.[28] Folglich ist für Bien ebenso wie für Hennis das Wissen der praktischen Philosophie strikt von dem der theoretischen Philosophie unterschieden, sofern letztere die meinungsmäßige Grundlage überschreitet. Dagegen setzte sich Kuhn zur Wehr, die »unerbittliche Forderung nach Gewißheit« als »Ursprungsmotiv der platonisch-aristotelischen ›Wissenschaft‹« reklamierend.[29] Die Wahrscheinlichkeit der *endoxa* sei mit Wissenschaft nicht vereinbar; die Gegenüberstellung von Meinungen diene nur der »experimentierenden Hinführung zur Erkenntnis«.[30] Erkenntnis deutet Kuhn ganz platonisch als objektiv gültige Gewißheit, von der sich Praxis nur insofern unterscheide, als sie ihr nicht immer gerecht werde. Den Grund dafür sucht er indessen bei der unvollkommenen Praxis, nicht bei der vollkommenen Wissenschaft.[31] Sein Schüler Otfried Höffe hat die systematischen Implikationen dieser Position noch deutlicher herausgearbei-

---

27 AaO., 93f.
28 Die menschlichen Meinungen und das Gute, in: Rehabilitierung der praktischen Philosophie I, aaO., 345–371.
29 Aristoteles und die Methode der politischen Wissenschaft, in: Rehabilitierung der praktischen Philosophie II, aaO., 265.
30 Ebd., 270f.
31 Ebd., 289f.

tet.³² Aus Höffes Sicht setzt Aristoteles zwar bei einer umrißartigen, skizzenhaften Erkenntnis der Dinge ein, jedoch nur um sich dann zu Prinzipien emporzuarbeiten, die uneingeschränkt gelten. Dieses Verfahren komme sowohl in der praktischen als auch in der theoretischen Philosophie zur Anwendung. Da Aristoteles in der praktischen Philosophie das Prinzipielle und Universelle vom Kontingenten scheide, bewahre er der Wissenschaft ihre Genauigkeit, der Praxis ihre Freiheit.³³

Aufgrund des begrenzten Umfangs der vorliegenden Arbeit wird es nicht möglich sein, diese Positionen näher zu behandeln. Die kurze Skizze vermag vielleicht einen Eindruck davon zu geben, wie reich und umfassend die Auseinandersetzung mit der praktischen Philosophie in der bundesdeutschen Politikwissenschaft und Philosophie seit den sechziger Jahren gewesen ist. Mit Gadamer, Ritter und Sternberger werden nachfolgend die wichtigsten und prägendsten Autoren behandelt, ohne daß dadurch die Vielfalt der Diskussionen schon erschöpft wäre. Das gilt im übrigen nicht nur für die Bundesrepublik, sondern auch für die DDR. Dort veranstaltete man im Jahr 1978 eine Reihe wissenschaftlicher Kolloquien, um den 2300. Todestag des Stagiriten zu feiern. Offenkundig wollte man auf diese Weise auch in einen Wettlauf mit dem westlichen Klassenfeind eintreten. Helmut Seidel stellte in seiner an der Karl-Marx-Universität Leipzig gehaltenen Gedenkrede fest, daß sich »bürgerliche Philosophen, Altphilologen und Historiker« verstärkt mit Aristoteles beschäftigten und ihn für sich beanspruchten.³⁴ »Hier muß gehandelt werden!«, forderte er seine philosophierenden Genossen eindringlich auf. Die Richtung gab er selbst vor: Marx' offene Bewunderung des Stagiriten sei so zu explizieren, daß dieser einen »Ehrenplatz in der Vorgeschichte des historischen Materialismus und der Politischen Ökonomie« erhalte.³⁵ In solcher Optik erscheint noch die aristotelische *Poetik* als Aufruf zum Klassenkampf. Seidel beendete seinen Vortrag mit einem Zitat von Karl Marx: »Die Handlung ist, wie Aristoteles gesagt hat, das herrschende Gesetz des Dramas.« Die Geschichte des marxistisch-leninistischen Aristotelismus der DDR steht noch aus; sie könnte sich als durchaus vergnügliches Kapitel deutscher Philosophie erweisen.

---

32 Praktische Philosophie. Das Modell des Aristoteles, München/Salzburg 1971.
33 Ebd., 197.
34 Zum Verhältnis von Karl Marx zu Aristoteles, Leipziger Universitätsreden 52, Leipzig 1979, 17.
35 Ebd., 12.

III.1 Hans-Georg Gadamer – Hermeneutik als praktische Philosophie

Es drängt sich förmlich auf, die Untersuchung des dritten aristotelischen Diskurses im 20. Jahrhundert mit Hans-Georg Gadamer zu beginnen. Zunächst ist er derjenige Denker, der sich, nicht zuletzt aufgrund seines hohen Lebensalters, am längsten mit Aristoteles beschäftigt hat. Im Alter von 28 Jahren veröffentlichte er 1928 als erste Probe eine Kritik von Werner Jägers entwicklungsgeschichtlicher Interpretation der aristotelischen Ethik. 1998 erschien als vorerst letztes Werk eine kommentierte und neu übersetzte Ausgabe des sechsten Buchs der Nikomachischen Ethik. Dazwischen liegen sieben Jahrzehnte des kontinuierlichen, jedoch keineswegs gleichförmigen Dialogs mit dem Griechen. Sodann läßt sich gerade an der Person Gadamers zeigen, wie weit die Anfänge der »Rehabilitierungs«-Debatte zurückreichen. Er geriet früh in den engsten Kreis um Heidegger, blieb ihm ein Leben lang verbunden und dachte dessen Denkanstöße auf eigenständige Weise im Feld der Hermeneutik und der praktischen Philosophie weiter. Sie entsprangen Heideggers frühen Vorlesungen und Seminaren zu Aristoteles, die Gadamer sowohl in Freiburg als auch in Marburg besuchte. Obendrein gewährte ihm der Lehrer viele Privatstunden, in denen sie gemeinsam Aristoteles auszulegen suchten.[36] Gadamer hat diese Erinnerungen in vielen Aufsätzen und einigen biographischen Schriften übermittelt – lebendige Zeugnisse einer philosophischen Wirkung, welche die Erneuerung der praktischen Philosophie in Deutschland erst ermöglichte.

Wäre der junge Doktorand 1923 nicht zu Heidegger nach Freiburg gewechselt, hätte er beste Aussichten auf eine glänzende Karriere als Neukantianer gehabt. Schon während der ersten drei Semester an der Universität Breslau hatte er mit Richard Hönigswald einen prominenten Vertreter der damals die Universitäten beherrschenden Lehre kennengelernt. Als er zum Wintersemester 1919 an die Universität Marburg wechselte, wurden dort Paul Natorp und Nicolai Hartmann seine philosophischen Lehrer. Beide vertraten die durch Hermann Cohen begründete Marburger Schule des Neukantianismus, die neben der Südwestdeutschen Schule als wichtigste Bastion in Lehre und Forschung galt. Bei Natorp promovierte er 1922 mit einer Arbeit über *Das Wesen der Lust in den platonischen Dialogen*. Der »Idealist« Platon war neben Kant die

---

36 Wie Jean Grondin: Hans-Georg Gadamer. Eine Biographie, Tübingen 1999 berichtet, besuchte Gadamer in seinem ersten Semester bei Heidegger im Sommer 1923 alle fünf Lehrveranstaltungen, darunter die berühmte Vorlesung »Ontologie. Hermeneutik der Faktizität« und zwei Seminare zu Aristoteles, eines davon über Buch VI der *Nikomachischen Ethik* (117). Darüber hinaus wurde er von Heidegger eingeladen, einmal wöchentlich mit ihm die Substanzbücher der *Metaphysik* zu lesen (124).

wichtigste Autorität der Neukantianer, während Aristoteles als »Realist« nicht viel galt. Hartmann begann hingegen, sich aus dieser Verengung zu lösen und publizierte 1926 eine Ethik, die zwar auf Aristoteles zurückgriff, gleichwohl aber vom kantischen Blick bestimmt blieb. In diesem Umfeld erfuhr Gadamer die Begegnung mit Heidegger als »völlige Erschütterung allzu früher Selbstvergessenheit« (PhL 23). Er, der gerade mit einer Arbeit zu Platon promoviert worden war, wurde durch Heideggers Bewerbungsmanuskript für die Natorp-Nachfolge – *Phänomenologische Interpretationen zu Aristoteles* – wie von einem »elektrischen Schlag« getroffen. »Der ganze Aristoteles rückte einem auf den Leib, und als ich in Freiburg erste Anleitung empfing, gingen mir die Augen auf.« (PhL 212f).

Die erschütternde Wirkung sowohl Heideggers als auch Aristoteles' war indessen in zweierlei Hinsicht vorbereitet gewesen. Zum einen durch jenen »gewaltigen Traditionsbruch«, als den Gadamer die Katastrophe des Ersten Weltkriegs erlebte (GW4 203)[37]. 1914 hatte er den Ausbruch des Krieges noch im Schwange der aufbrandenden nationalen Begeisterung mit Freude begrüßt (EEu 8), vier Jahre später fühlte er sich auf sich selbst zurückgeworfen. Das neukantianische Streben nach transzendentaler Selbstbegründung, die Marburger Ausrichtung an Erkenntnistheorie, Hartmanns »geduldige Forschung« – das alles vermochte ihm keinen Halt und keine Orientierung zu gewähren (GW4 203). Zum anderen war Gadamer im Sommer 1918 erstmals auf Kierkegaard gestoßen und hatte mit jugendlichem Enthusiasmus »Entweder-Oder« gelesen, das Grundbuch der existenzialistischen Bewegung. Schon in Marburg erfüllte ihn deshalb eine »tiefe Skepsis gegen alle philosophische Systematik, auch gegen das sogenannte System der Probleme« (EEu 166), an welchem Hartmann arbeitete. Zwar hatte dieser ihn wie einen Sohn aufgenommen, doch vermochte er mit jenen wilden Schemata, die Hartmann zuerst in der Vorlesung an die Tafel zeichnete und anschließend in nahen Cafés begeistert weiterentwickelte, nicht viel anzufangen (PhL 21). Seine erste Veröffentlichung zog einen Schlußstrich unter diese frühen Jahre. 1923 rezensierte er Hartmanns zwei Jahre zuvor erschienenes Werk »Metaphysik der Erkenntnis«, wies das phänomenologische Ideal einer »standpunktfreie[n] Aufnahme des schlichten Befundes« zurück und setzte dagegen die Einsicht, daß jeder Sachzugang durch die Wahl des eigenen Standorts entscheidend bestimmt sei.[38] Hartmanns Problemgeschichte der Metaphysik erschien ihm als vorbereitender Beitrag zu einer erst noch zu leistenden »kritischen Destruktion der philosophischen Tradition«. Das war eine Wendung, die Gadamer direkt von Heidegger übernommen hatte.[39] Dieser Text ist neben der philosophischen Auseinandersetzung daher auch persönliches Dokument eines existenziellen Schritts weg von Hartmann und Natorp, hin zu Heidegger.

---

37 Es wird zitiert nach: Gesammelte Werke, 10 Bände, Tübingen 1986–1995 – [GW].
38 Metaphysik der Erkenntnis. Zu dem gleichnamigen Buch von Nicolai Hartmann, in: Logos 12 (1923/24), 341 u. 346f.
39 Ebd., 350. Gadamer will den Text noch vor der Abreise nach Freiburg geschrieben haben. Heideggersche Wendungen, wie die Idee einer »kritischen Destruktion der philosophischen Tradition« hat er nach seinen Angaben erst bei der Fahnenkorrektur eingefügt. Heidegger schrieb jedenfalls in einem Brief an Löwith, daß die Gedanken jener Rezension von ihm selbst stammten; vgl. dazu die Hinweise bei Grondin: Biographie, aaO., 92, Anm. 28.

Wie Gadamer den neuen Lehrer zuerst in Freiburg, dann zwischen 1924 und 1928 als sein (unbezahlter) Assistent in Marburg erlebte, ist bereits dokumentiert worden.[40] Er lernte ihn als »Anwalt des Aristoteles« kennen, »der alle traditionellen Aspekte des Aristotelismus, Thomismus, ja, des Hegelianismus an Unmittelbarkeit und phänomenologischer Frische weit überragte« (GW10 129). Das sollte auch ihn zu eigenen Gehversuchen anspornen, doch mußte er zuerst einsehen, daß er der Wucht der Heideggerschen Interpretationen akademisch nicht standhalten konnte. Heidegger ließ ihn das wohl spüren, und im Rückblick sprach Gadamer von »Jahre[n] eines tiefen Zweifels an meiner wissenschaftlichen Begabung« (PhL 34). Diese Zweifel waren nur durch ein abermaliges Studium abzuwenden, das Gadamer 1925 in klassischer Philologie bei Paul Friedländer aufnahm und zwei Jahre später mit dem Staatsexamen abschloß. »Ich bin eigentlich deshalb klassischer Philologe geworden, weil ich das Gefühl hatte, von der Überlegenheit dieses Denkens einfach erdrückt zu werden, wenn ich nicht einen eigenen Boden gewann, auf dem ich vielleicht fester stünde als dieser gewaltige Denker selber.« (GW10 332). Die zweite Hälfte dieser Auskunft läßt das neugewonnene Selbstbewußtsein ahnen, mit dem Gadamer fortan dem Lehrer begegnete. In seinen Erinnerungen an Heideggers Wege weist er mitunter auf manche »Gewaltsamkeit« Heideggerscher Auslegungskunst hin, auf die er, der Philologe, den Lehrer aufmerksam gemacht habe, auch wenn der sich meistens nicht darum scherte. 1929 habilitierte er sich bei Heidegger mit einer Interpretation des *Philebos*. Anschließend wechselte dieser auf den Husserl-Lehrstuhl in Freiburg, womit für den Privatdozenten Gadamer die »Niemandsjahre« beendet waren und die »Dozentenjahre« begannen.[41]

Nach langen Jahren ohne Professur erhielt er Anfang 1939 einen Ruf als Nachfolger Arnold Gehlens an die Universität Leipzig, wo er nach Ende des Zweiten Weltkriegs sogar zum Rektor gewählt wurde. Dennoch bemühte er sich um eine Stelle in den westdeutschen Besatzungszonen und ging 1947 an die Universität Frankfurt. Zwei Jahre danach übernahm er in Heidelberg den Lehrstuhl von Karl Jaspers, wo er bis zu seiner Emeritierung im Jahr 1968 – und darüber hinaus – lehrte. Seit Anfang der dreißiger Jahre hatte er sich Fragen der Ästhetik und der Geschichtlichkeit zugewandt und dabei Impulse Heideggers aufgenommen, die unter dem Vorzeichen von dessen »Kehre« zur Seinsgeschichte standen. Im Unterschied zu Heidegger versuchte er jedoch, diese mit dem frühen Programm der »Hermeneutik der Faktizität« zu vermitteln. Das Ergebnis dieser Denkanstrengungen war Gadamers philosophisches Hauptwerk, der Entwurf einer philosophischen Hermeneutik in *Wahrheit und Methode* (1960). Darin findet sich jenes Kapitel über »Die hermeneutische Aktualität des Aristoteles«, das die deutsche Debatte um eine Renaissance der praktischen Philosophie maßgeblich beeinflußte. Zu Fragen der Ethik, Politik und Sozialwissenschaft nahm Gadamer unter dem Eindruck der von ihm mitausgelösten Diskussion seit Ende der sechziger Jahre Stellung, bis in die Gegenwart hinein. In Veröffentlichungen gemessen, sind diese letzten dreißig Jahre die produktivste Zeit seines Schaffens gewesen. Er griff mannigfach auf andere Disziplinen aus, nahm an internationalen Kongressen teil und hielt mehrere Gastprofessuren in Nordamerika, um dem Universalitätsanspruch seiner Hermeneutik

---

40 Vgl. das letzte Kapitel von Teil I.
41 So lautet die entsprechende Kapiteleinteilung in Gadamers Autobiographie (PhL).

Geltung zu verschaffen. Neben Platon, Hegel und Heidegger ist Aristoteles dabei immer privilegierter Gesprächspartner gewesen.

Bei der Frage nach Gadamers Auseinandersetzung mit der aristotelischen Philosophie zeichnen sich drei unterschiedliche Phasen ab, die bei aller Kontinuität des Dialogs voneinander abzuheben sind, damit die Eigenart des Zugriffs hervortreten kann. Die erste Phase umfaßt die Jahre zwischen 1923 und etwa 1933, in denen Gadamer unter dem Einfluß Heideggers aristotelische Ethik und platonische Dialektik miteinander zu verbinden suchte, um den spezifischen Charakter eines existenzialen Wissens, eines *allo eidos gnōseōs*, zu klären. In diese Zeit fallen erste Veröffentlichungen zu Buch VI der *Nikomachischen Ethik*, die 1931 unter dem Titel *Platos dialektische Ethik* veröffentlichte Habilitationsschrift sowie mehrere Vorlesungen und Übungen zur aristotelischen Ethik. Ab 1934 beschäftigte er sich zunehmend mit Fragen im Umfeld von Kunst und Geschichte. In dieser zweiten Phase unter dem Eindruck von Heideggers »Kehre« verschob sich auch Gadamers Zugang zu Aristoteles, was im Lehrprogramm darin zum Ausdruck kam, daß *Physik* und *Metaphysik* an die Seite der Ethik traten. Die »ontologische Wendung« der Hermeneutik, an der Gadamer in jenen Jahren arbeitete, rückte den Begriff der *energeia* in den Mittelpunkt. Eine dritte Phase hob 1967 mit einem Literaturbericht von Jürgen Habermas an, der die Logik der Sozialwissenschaften mit dem Universalitätsanspruch der Hermeneutik konfrontierte. Daraus entwickelte sich eine Debatte um »Hermeneutik und Ideologiekritik«, die angesichts des neu erwachten Interesses an der praktischen Philosophie großes Interesse fand. Gadamer selbst nahm sie zum Anlaß, in einer Vielzahl von Aufsätzen die methodischen und sachlichen Konsequenzen einer das Erbe der aristotelischen praktischen Philosophie antretenden Hermeneutik auszumessen. Dabei wurde auch das zeitkritische und -diagnostische Potential eines Denkansatzes deutlich, der im Anschluß an Aristoteles nach der Rolle des *ēthos* in der modernen Welt fragt. Die drei Unterkapitel dieses Hauptkapitels entsprechen den genannten drei Phasen von Gadamers Rezeption und Transformation des aristotelischen Denkens.

1.1 Praktisches Wissen: Die Entdeckung des *allo eidos gnōseōs*

Gadamer betonte oft, daß Heidegger ihm die Augen für ein echtes Verständnis des Aristoteles geöffnet habe. Ort, Zeit und Anlaß der Erleuchtung lassen sich recht genau benennen: Sie ereignete sich im Sommersemester 1923, in einem Seminar über das sechste Buch der *Nikomachischen Ethik*. Nach allem, was darüber bekannt ist, hat Heidegger dort zum ersten Mal entwickelt, was er dann in der *Sophistēs*-Vorlesung (WS 1924/25) vortrug, die Unterscheidung der fünf Weisen des *alētheuein* (VI.2–3, 1139b12–17). »Damals wurde für mich die ›Phronesis‹, die Arete der ›praktischen Vernunft‹, eines *allo eidos gnōseōs*, einer ›anderen Art von Einsicht‹, ein wahres Zauberwort.« (GW2 485). Gadamer lernte in jenen Stunden, »das existenzphilosophische Pathos der seinerzeitigen Kierkegaardrezeption ins Begriffliche durchzuklären« (GW4 470). Was Kierkegaard angeht, war er bei Heidegger auf einen Geistesverwandten gestoßen. Kierkegaard hatte im 19. Jahrhundert gegen Hegels idealistische Versöhnung von Glauben und Wissen im Namen eines radikal verstandenen Christentums aufbegehrt, das die in keiner dialektischen Vermittlung und spekulativen Reflexion auflösbare Grundentscheidung des Christen für oder gegen Gott erinnerte. Mit allem religiösen Ernst rückte so die Existenz des Menschen und die Grundsituation des Wählenmüssens in den Mittelpunkt. Das hatte den frühen Heidegger stark beeinflußt und ihm nach eigenen Angaben »Stöße« bei der Vorbildnahme an Aristoteles zugefügt (GA63 5). Was Gadamer von sich selbst sagt, galt somit auch für seinen Lehrer.

Gadamers Entdeckung der *phronēsis* als einer anderen Art des Wissens steht somit im Horizont von Heideggers existenzialer Analyse. Gleichwohl unternimmt er zwei eigenständige Erweiterungen. Zum einen bezieht er das praktische Wissen auf die platonischen Dialoge, die zwar ebenfalls eine andere Art des Wissens intendieren, diese jedoch nicht auf den Begriff zu bringen vermögen. Zum anderen erhellt er die bei Heidegger im Halbdunkeln bleibende Bedeutung des Mitseins für das Dasein, und zwar auf Wegen, die sowohl zum sokratischen Gespräch als auch zur aristotelischen Theorie der Freundschaft führen.[42] Im Rückblick liegt es nahe, in allen diesen Überlegungen schon die Keime von *Wahrheit und Methode* zu erblicken. So richtig das im einzelnen sein mag, so sehr ist doch zu beachten, daß Gadamers philosophische Hermeneutik eine ontologische Wendung voraussetzt, die er selbst erst in den dreißiger Jahren vollzieht. Deshalb sei die nachfolgende Analyse der frühen Schriften Gadamers zunächst aus der Optik dieser Hermeneutik herausgenommen. Darin liegt der weitere Vorteil, daß die durch Heidegger angestachelte Radikalität von Gadamers Zugriff zur Tradition hervortreten kann. Vom Einrücken in ein Überlieferungsgeschehen ist noch gar nicht die Rede. Im Gegenteil, auch Gadamer erprobt die »Destruktion«. Am Anfang des wichtigen Aufsatzes *Praktisches Wissen* fragt er, ob nicht unsere moralischen Begriffe so sehr christlicher Färbung unterlägen, daß wir das griechische Lebensbewußtsein gar nicht richtig in den Blick bekämen, wenn wir von ihnen ausgingen. Die Antwort darauf ist natürlich positiv. Gadamer will seinen Zugriff zur griechischen Ethik von Begriffen wie Gewissen, Schuld, Pflicht und Moral freihalten, um die Griechen von ihren eigenen Begriffen her zum Sprechen zu bringen (GW5 230f). Das nannte Heidegger den »Rückbau von Verdeckungen«, die in diesem Fall der Scholastik zuzuschreiben waren. Daß Heidegger hier Pate steht, erfährt der Leser indessen ebensowenig wie in der Habilitationsschrift. Erst im Vorwort zur überarbeiteten Druckausgabe bekennt er sich zur »methodischen Haltung« des Lehrers. Er sucht so ein Vorgehen zu rechtfertigen, das die Texte neu aufschließen will, unbelastet von der gelehrsamen Rezitation der Lehrmeinungen – von der »Last des Längsterkannten«, wie es heißt (GW5 158f).[43] Das war der neue Stil, den Heidegger seinen Schülern eingeprägt hatte.

---

42 Die entsprechenden, nachfolgend herangezogenen Schriften für diese erste Phase von Gadamers Aristoteles-Interpretation sind: Praktisches Wissen, 1930 geschrieben für die nicht zustandegekommene Natorp-Festschrift und daher erst 1985 in den Gesammelten Werken erschienen (GW5 230–248); Platos dialektische Ethik (1931), wiederabgedruckt in GW5 3–163; Freundschaft und Selbsterkenntnis. Zur Rolle der Freundschaft in der griechischen Ethik, der überarbeitete Text der (unveröffentl.) Marburger Antrittsvorlesung von 1929 (GW7 396–406).

43 In der Fassung, die Gadamer als Habilitationsschrift einreichte, gibt es nur fünf Fußnoten; erst in der Druckfassung erweiterte er den Text, um sich mit einigen der damals wichtigsten Untersuchungen zu Platon auseinanderzusetzen.

(a) Platonische Dialektik und aristotelische Ethik: Die Frage nach dem agathon

Gadamer hat zeit seines Lebens versucht, Platon und Aristoteles aufeinander zu beziehen und ihre Texte in einen Dialog zu verflechten, welcher die Selbigkeit des Anliegens bei aller Unterschiedlichkeit des Zugangs herausstellt. Sicherlich ist da ein hermeneutischer Instinkt bestimmend, der die Antworten von den Fragen her zu verstehen und die Fragen gegenüber den Antworten aufzuwerten sucht. Wenn die Antworten oft entgegengesetzt zu sein scheinen, schließt das keineswegs aus, daß die sie motivierende Frage eine gemeinsame ist. Da die Frage in der Regel verschwiegen bleibt, muß sich die Aufmerksamkeit des Interpreten auf das Ungesagte, aber in allem stets Mitgemeinte richten. Diese hermeneutische Haltung leitet bereits Gadamers erste Auslegungen von Platon und Aristoteles an. Es deutet manches darauf hin, daß sie die Konsequenz ist, welche Gadamer aus jenem Zwiegespräch zieht, daß Aristoteles an vielen Stellen seiner Schriften mit dem eigenen Lehrer führt. Denn die vernichtende Kritik an der Ideenlehre, etwa am Anfang der *Nikomachischen Ethik*, taugt in Gadamers Augen nicht zum Vorbild eines echten Gesprächs.

Aristoteles führt eine Reihe von Argumenten gegen Platons in der *Politeia* geäußerte Theorie ins Feld, es gebe eine höchste Idee des Guten, die zu wissen die Vollendung aller Erkenntnis und aller Sittlichkeit sei (Politeia VI, 504ff). Eine Idee im Sinne eines Übergreifend-Allgemeinen (*koinon ti katholou*) kann es nach Ansicht des Schülers jedoch nicht geben, weil ›gut‹ auf vielerlei Weise ausgesagt werde (NE I.4, 1096a17–29), also immer schon ein Konkretes meine. Das zeige sich auch daran, daß statt nur einer mehrere Wissenschaften das jeweils Gute behandelten (a29–34). Des weiteren führe es nicht weiter, etwas »an sich« (*autoekaston*) anzusprechen (a34–b2) und als Immerseiendes (*aidion*) auszuzeichnen (b2–8), schließlich sei dieses nicht zwangsläufig besser als das Ephemere. Das »Gute an sich« als Idee aufzufassen, die allem einzelnen Guten zukommt, erscheint Aristoteles wie eine Entleerung des Begriffs »gut« (b8–26). Denn selbst wenn es ein solches Gut gäbe, das eines sei und in übergreifender Weise ausgesagt werden könne oder abgetrennt und an sich existiere, wäre ein solches doch niemals durch menschliches Handeln zu erreichen (b32–35). Damit kommt es für eine ethische Untersuchung, die nach dem *anthrōpinon agathon* sucht, nicht in Frage. So verabschiedet Aristoteles die Ideenlehre Platons kurz und präzise, darauf hinweisend, daß es zwar »Freunde« seien, die sie eingeführt hätten, gleichwohl aber der Wahrheit der Vorzug gebühre (a9–17) – *amicus Plato, sed magis amica veritas*, wie das lateinische Sprichwort pointiert festhält.

Gadamer war mit dieser Kritik wohlvertraut, weil sie ihn an etwas erinnerte, daß er schon aus seiner Jugendlektüre kannte: Was war die Ablehnung des abstrakten, metaphysischen Guten im Namen des konkreten, lebensweltlichen Guten anderes als die Kritik Kierkegaards am existenzfernen Dogmatismus Hegels? In diesem Sinne jedenfalls lehrte Heidegger ihn, »die Nikomachische Ethik wie einen wiederauferstandenen Kierkegaard [zu] lesen« (GW10 262). Gleichwohl muß bei Gadamer ein Unbehagen zurückgeblieben sein. Hatte Aristoteles wirklich die Sache Platons verstanden? War Platon tatsächlich ein so lebensferner Dogmatiker, der über Ethik nichts mitzuteilen wußte, wie der Schüler ein ums andere Mal insinuiert? Ein solches Platonbild hatte – freilich unter positivem Vorzeichen – Paul Natorp in seinem 1903 erschienen Werk *Platos Ideenlehre* entworfen, das auf die Gleichsetzung der Ideen mit Naturgesetzen hinauslief.

Diese Interpretation ermöglichte die enge Annäherung Platons an Kants Transzendentalphilosophie, was ganz nach dem Geschmack der Neukantianer war. Daß Platons Philosophie als Dialektik überliefert ist, spielte dafür keine Rolle – wohl aber für Gadamer. Es sei keine angemessene Interpretationsmethode, »sich an den platonischen Begriffsbestimmungen festzuhängen und Platos ›Lehre‹ zu einem einheitlichen System auszubilden«. Statt dessen müsse man sich bemühen, »den Gang des Fragens, den der Dialog darstellt, als Fragender nachzugehen und die Richtung zu bezeichnen, in die Platon nur weist, ohne sie zu gehen« (GW5 12). Diese methodischen Bemerkungen können auf drei Gegner bezogen werden. Erstens richten sie sich gegen Natorps Platon-Buch, zweitens gegen das Systemdenken des Neukantianismus überhaupt, drittens gegen Aristoteles, der zwar kein Systematiker war, jedoch die Philosophie auf begriffliches Denken umstellte, auf »wissenschaftliche Philosophie« (GW5 10). Gerade deshalb, so Gadamers leitende Überzeugung, vermag er dem Wesen der platonischen Dialektik nicht gerecht zu werden, weil diese sich bloß »unterwegs zum Begriff« hält (GW5 6), ohne jemals in begrifflichen Resulaten aufzugehen. Eine platonische Lehre, die sich aus dem Zusammenhang des Fragens ablösen und als solche kritisieren ließe, wie bei Aristoteles der Fall, gibt es schlichtweg nicht. Wo immer solche Lehren tradiert worden sind, müssen ihre Einsichten wieder »verflüssigt« werden (GW5 11).

Was besagt das nun für die Frage nach dem *agathon*? Gadamer meint nicht, daß die aristotelische Platon-Kritik ein »historisch unbegreifliches Mißverstehen« bekunde, sondern durchaus einen richtigen Punkt treffe (GW5 9). Schließlich ist es unleugbar, daß jene Idee des Guten, von der Sokrates in der *Politeia* spricht, jenseits des Seins (*epekeina tēs ousias*, Politeia VI, 509b9f) steht. Sie ist der letzte Grund alles Seienden, sowohl der Natur als auch der menschlichen Gesellschaft. Das menschliche Gute läßt sich nicht davon abtrennen, sondern es gewinnt seine Auszeichnung allein aus der Hinordnung auf die Idee des Guten. Es scheint nur so, als habe das Wissen um sie mit der eigenen Existenz gar nichts zu tun. Doch in Wahrheit, so Gadamer, sei das Wissen um die »sinnvolle Ordnung und Bezogenheit alles Seienden« eine »dringliche Sorge der Existenz«, weil sie sich im letzten nur aus dieser Ordnung verstehen könne (GW5 238). Das ist es, was Aristoteles unterschlägt. Nach seiner Darstellung ist das Wissen vom Guten bei Platon Sache der Wissenschaft (*epistēmē*, NE VI.13, 1144b18–21) und zwar einer Wissenschaft, die nicht vom Menschen, sondern vom Immerseienden handelt. Dies wäre in der Tat ein Wissen, das dem Handeln der Menschen keine Führung zu geben vermag. Aristoteles unterscheidet deshalb zwischen theoretischer und praktischer Philosophie, wobei Ethik und Politik zur Sache letzterer werden. Auf diese Weise gibt er den allgemeinen Vorgriff auf das Gute *allen* Seins zugunsten regionaler Ontologien auf, die es erlauben, getrennt voneinander nach dem Guten der Natur, des Kosmos und des Menschen zu

---

44 Der Begriff »regionale Ontologie« bedarf der Klärung. Aristoteles erhebt durchaus den Anspruch auf eine Wissenschaft vom Seienden als Seiendes (*on hē on*; vgl. Met. IV 1–2, VI 2–4 u. VII–IX), eine *metaphysica generalis*, wie es im Mittelalter heißt. Gleichwohl entwirft er daneben noch das Programm einer *metaphysica specialis*, die allein das höchste Seiende, den unbewegten Beweger, untersucht, ohne daß klar wäre, wie sich beide Ontologien zueinander verhalten. Hinzu kommt, daß keine von ihnen das Feld menschlicher *praxis* behandelt, dessen Untersuchung allein der praktischen Philosophie zu obliegen scheint. Deshalb ist es in der Sache zutreffend, noch die allgemeine Ontologie als regionale Wissenschaft auszuweisen.

fragen.⁴⁴ Zugleich verwirklicht er »die Möglichkeit der Ablösung des Gewußten vom einzelnen Leben der Seele« (GW5 240), also das Programm begrifflicher, theoretischer Erkenntnis. Der Preis dafür ist indessen ein »Verlust an erregender Vieldeutigkeit«. Aristoteles projiziert Platons Dialoge auf die Ebene begrifflicher Explikation. Daß er selbst diese Ebene erst geschaffen hat und ihm Platons Anliegen darauf nicht wirklich begegnen kann, sieht er offenbar nicht (GW5 9).

Was Platon im Sinn hat, läßt sich aus Gadamers Sicht nicht von der Dialektik ablösen. Sokrates nennt in der *Politeia* zwar eine Reihe von Wissenschaften (*epistēmai*), in denen jene Wächter geschult werden sollen, die zu Philosophen auserkoren sind. Gleichwohl können sie beim Aufstieg zur Schau des Guten nur mithelfen (*symperiagōgois*). Zum Schluß ist es der *methodos dialektikē*, der Weg der Dialektik, allein, der »das in barbarischem Schlamm vergrabene Auge der Seele hervorzieht und aufwärts führt« (Politeia VII 533c–d). Darin liegt ein Wissen, das offenkundig weder Arithmetik noch Geometrie, Stereonomie, Astrononomie oder Harmonielehre vergleichbar ist. Mit dem, was alle Befähigten lernen und lehren können, hat es nichts zu tun. Gadamer umreißt die Wissensart, indem er die berühmte Formel des Sokrates' von der »Bekümmerung um das eigene Selbst (die ›Seele‹)« aufgreift – *epimeleisthai tēs psychēs* (Apologie 30b). Platon meine damit ein Gutes, das man »nicht aus dem Abstand und für alle«, sondern bloß »ursprünglich für sich selber« wissen könne. Jede Seele hat den Aufschwung zum höchsten Guten je für sich zu leisten, auch wenn dieses Gute allen ein selbes ist. So gesehen stellt es keine falsche Abstraktion Platons dar, die Idee des Guten unbestimmt zu lassen, wie Aristoteles moniert. Nicht habe Platon das praktische Wissen zur Ideentheorie umgedeutet, sondern diese »selbst noch in der sokratischen Weise des praktischen Wissens in das konkrete Wissen des Menschen um sich eingesenkt« (GW5 239f).

Daß Aristoteles der Schöpfer einer »philosophischen Wissenschaft der Ethik« ist (GW5 8), läßt mithin nicht den Umkehrschluß zu, Platon habe keine Ethik verfaßt. Dies will der ungewöhnliche Titel der Habilitationsschrift ausdrücken: »Platos dialektische Ethik« ist eine Ethik, die nur in der dialektischen Bewegung Bestand hat und sich aller begrifflichen Fixierung entzieht. Darin liegt ihr eigentümlicher Vorzug, aber auch ihre Grenze. Gadamer sieht sehr wohl, daß wissenschaftliche Philosophie im Anschluß an Aristoteles »Arbeit des Begriffes« sein muß. Bei aller ›Verflüssigung‹ festgefahrener Begriffe ist ohne Begrifflichkeit nicht auszukommen. Deshalb richtet sich sein Blick auf den Kritiker der Ideenlehre zurück. Wenn er auch das Anliegen Platons nicht auf der Ebene der Wissenschaft treffen kann, bleibt er ihm doch insofern treu, als seine Ethik nicht nur ein philosophisches, sondern auch ein damit nicht identisches praktisches Wissen kennt. Dieses Wissen ist selbst kein begriffliches, d.h. es kann wie bei Platon weder gelehrt noch gelernt werden. Jedoch ist es gerade diese besondere Struktur des *allo eidos gnōseōs*, die Aristoteles im Rahmen seiner wissenschaftlichen Ethik begrifflich klärt. Wenn Gadamer sagt, die Philosophie Platons könne nur im Durchgang durch Aristoteles interpretiert werden (GW5 10), hat er jene ›andere Art von Wissen‹ stets im Blick. Sie macht »die sich gleichbleibende Sachanschauung« aus, »die Platon allerorten mit Aristoteles zusammenrückt, sowie man über die Vorläufigkeit seiner dialektischen Explikationen hinauszugehen weiß« (GW5 13). Diese zu erhellen, ist Sinn und Zweck des von Gadamer entfachten Dialogs. Weder geht es darum, Aristoteles mit den Augen Platons zu lesen, noch umgekehrt Platon mit den Augen Aristoteles'. Das Ziel besteht vielmehr darin, beide Perspektiven zu verschränken, wobei das Interesse an einer solchen Verschränkung dem Horizont der eigenen Zeit entspringt: Heideggers Frage nach der Seinsverfassung eines Daseins, dem es »in seinem Sein *um* dieses Sein selbst geht« (SZ 12).

(b) Sich-Wissen: phronēsis

Für Platon sind Philosophie, Ethik und Politik nicht voneinander ablösbar, weil sie in der Bekümmerung der Seele um sie selbst auf dieselbe Idee des Guten bezogen bleiben. Aus diesem Grund müssen die Herrscher der Stadt zugleich Philosophen sein, denn sonst bestünde die Gefahr, daß die Ordnung der Stadt der Ordnung des Kosmos und der Seele zuwiderliefe. An der Figur des Philosophenkönigs zeigt sich, wie stark *prattein* und *theōrein* miteinander verwoben sind – so sehr, daß diese begriffliche Unterscheidung erst von Aristoteles getroffen wird. Aristoteles entdeckt Handeln und Wissenschaft als unterscheidbare Möglichkeiten des Menschen. Dem korreliert seine Einsicht, daß das Handeln über eine eigene Art von Wissen verfügt: »Auch eine Art von Wissen ist es, das Eigene zu wissen, doch von allen anderen ist sie verschieden (*eidos men oun ti an eiē gnōseōs to autō eidenai: all'echei diaphoran pollēn*).« (NE VI.9, 1141b33f). Als *phronimos* gilt, wie es weiter heißt, *ho ta peri auton eidōs kai diatribōn*, wer um sich selbst weiß und sich um sich bemüht (1141b34 – 1142a1). In Anspielung auf diese Stelle spricht Gadamer von »Sich-Wissen« bzw. »Für-sich-Wissen« (GW5 241).[45] Aristoteles beruft sich für die Erhellung dieser Wissensart zunächst auf den allgemeinen Sprachgebrauch: Menschen wie Anaxagoras und Thales werden »weise« (*sophous*), nicht aber »verständig« (*phronimous*) genannt, da man sie gleichgültig gegen das ihnen Zuträgliche sieht (*agnoountas ta sympheronta heautois*) und meint, sie wüßten zwar Außerordentliches, Wunderbares, Schwieriges und Übermenschliches, aber nichts von Nutzen, weil sie nicht das für den Menschen Gute suchen (*ou ta anthrōpina agatha zētousin*, VI.7, 1141b3–8). Hingegen stehen Männer wie Perikles im Ansehen, »verständig« (*phronimous*) zu sein, weil sie einen Blick dafür besitzen, was für sie und für andere Menschen gut ist (*ta hautois agatha kai ta tois anthrōpois dynantai theōrein*, VI.5, 1140b7–10).

Allein an diesen kurzen Stellen läßt sich zeigen, wie Aristoteles von Platon abweicht, obwohl für beide die Alltagssprache am Anfang aller Überlegungen steht. Daß *phronēsis* ein praktisches Vermögen ist, wird auch in den platonischen Dialogen oft gesagt. Wenn die Tugend nützlich (*ōphelimon*) sei, müsse sie *phronēsis* sein; ohne ihr Hinzukommen wäre alles in der Seele ohne Nutzen für den Menschen. So argumentiert Sokrates im *Menon* (88c–d) und beendet damit eine Passage, zu deren Beginn die Tugend als eine Art von Wissen (*epistēmē tis*) bezeichnet wurde (87d). Zwischen *phronēsis* und *epistēmē* scheint also im Unterschied zu Aristoteles kein Widerspruch zu bestehen. Ähnliches ist

---

45 Das ist gewiß eine mögliche Übersetzung von *ta peri auton eidenai*. Freilich erinnert sie auch an Hegels Beschreibung des absoluten Geistes: »So ist also der Geist *sich selbst* wissender Geist; er weiß *sich*; das, was ihm Gegenstand ist, oder seine Vorstellung ist der wahre absolute *Inhalt*; er drückt, wie wir sahen, den Geist selbst aus.« (PhG 572). Sollte es sich um eine bewußte Anspielung handeln, kann sie nur besagen, daß das Wissen des *phronimos* zwar »für sich«, aber doch nie »an sich« gilt: Es ist existenziales, kein absolutes Wissen.

etwa im Kontext der *Politeia* zu bemerken. Dort steht die *phronēsis* in der Liste der vier »Kardinaltugenden« zwar neben *andreia*, *sōphrosynē* und *dikaiosynē*, doch kann ohne weiteres *sophia* an ihre Stelle treten (vgl. 433b8 mit d8). Im *Philebos* schließlich kann *phronēsis* sowohl ›Gedanke‹ als auch ›Vernünftigkeit‹ oder ›Klugheit‹ heißen. Das ist jene »erregende Vieldeutigkeit«, welche die platonische Dialektik aus einem Sprachgebrauch übernimmt, der verschiedene Wissensweisen und -bereiche nicht terminologisch auseinanderhält. Aristoteles lehnt sich daran an, sofern er den Praxisbezug der *phronēsis* hervorhebt. Sofern er aber *phronēsis* und *sophia* nach ihren verschiedenen Gütern unterscheidet, findet er dafür zwar Belege in der Poliswelt, jedoch setzt die strenge begriffliche Trennung bereits die Differenzierung von theoretischem und praktischem Wissen voraus.

Darin liegt gewiß ein Verlust an Vieldeutigkeit, jedoch ein nicht minder großer Gewinn, was den Blick auf die Alltagswelt und ihr spezifisches Wissen anbetrifft. Man bedenke etwa, welches negative Bild Platon von den attischen Politikern im *Gorgias* zeichnet. Sie seien nur den Begierden des Leibes, nicht aber der Ordnung der Seele dienlich gewesen. Einen wirklichen Staatsmann habe es in der Stadt noch gar nicht gegeben, nur Sophisten (518a–519b). Zugrunde liegt diesen Tiraden das Ideal eines Menschen, der sich allein auf das höchste Gute hin versteht und keine Kompromisse zu machen bereit ist. Dieses Ideal hat offenkundig nichts mit dem Selbstbewußtsein der Athener Bürger zu tun, es steht ihm vielmehr diametral entgegen. In diesem Punkt ist Aristoteles, wenn er Perikles und Thales vergleicht, der Wirklichkeit näher. Gadamer geht daran keineswegs vorbei. Wenn sich der Mensch allein auf seine höchste Möglichkeit, das affektlose Dasein des reinen *nous* hin verstehe, gerate das Feld täglicher praktischer Bewährung nur als Minderung und Abfall vom wahren Guten in den Blick (GW5 156). Die Bedeutung des Aristoteles sieht er deshalb darin, »daß er zum ersten Male Ethos und Arete nicht privativ von diesem Jenseits des Menschlichen, der reinen Theorie aus und auf sie hin, sondern positiv in sich selbst zu bestimmen unternahm« (GW5 8). Mit der *phronēsis* nimmt Aristoteles die Vielfalt der *praxis* aus einer Perspektive in den Blick, die einem Dasein gerecht zu werden vermag, das »immer im konkreten Jetzt einer Situation steht« (GW5 157) und das Gute nur als ein Bestimmtes kennt.

Die Strukturen der *phronēsis* gewinnt Gadamer an den begrifflichen Klärungen von NE VI, die in dieser Arbeit schon des öfteren behandelt wurden, nicht zuletzt bei Heidegger, dessen Auslegung im Fall Gadamers stets im Hintergrund zu sehen ist. Es seien hier deshalb nur jene Aspekte behandelt, die den existenzialontologischen Vorgriff verraten. Aristoteles grenzt die *phronēsis* einerseits gegen *sophia* und *epistēmē* ab, andererseits gegen *technē*. Wenn sie ein Für-sich-Wissen ist, kann das wissenschaftliche Wissen als »Für-alle-Wissen« bezeichnet werden (GW5 240), weil es sich, abgelöst vom Gang der dialektischen Erörterung, eben durch »eindeutige Auffaßbarkeit« und »wiederholbare Gewißheit« auszeichnet (GW5 9). So gefaßt, hat es gewiß nicht mehr die »Dringlichkeit der ›eigenen Sache‹«, im Unterschied zur Schau des Guten bei Platon (GW5 238). Indessen weist Gadamer darauf hin, daß Aristoteles auch hier noch Erbe Platons ist, wenn er nämlich in NE X den *bios theōretikos* als höchste Möglichkeit der Existenz auffaßt. *Sophia* und *epistēmē* stehen also als ablösbares Wissen ihrerseits noch einmal in einer Differenz zur *theōria*, die auch eine Weise der *epimeleia* ist. Aber eben nur »auch«, weil das »zweitbeste Leben«, der *bios politikos*, von Aristoteles positiv als eigene und vollendete Seinsmöglichkeit des Menschen bestimmt wird (GW5 7).

Auf dieser Seite fällt die Unterscheidung von *phronēsis* und *technē* an (GW5 240–243). Was Gadamer dabei herausstellt, sind die verschiedenen Weisen, Wissen zu ›haben‹. Die *technē* ist dann am besten, wenn sie vor aller Tätigkeit schon über alle Mittel des Herstellens verfügt, so daß sie die Herstellung anleiten kann, ohne langer Überlegung zu bedürfen. Ein solches Wissen muß vorgängig erworben sein und ist daher Gegenstand des Lehrens bzw. Lernens. Hingegen besteht das Wesen der *phronēsis* gerade im eigenen Suchen und im Mit-sich-selbst-zu-Rate-Gehen, das keine Ausbildung ersetzen kann, »weil es kein vorgängig verfügbares Wissen um das der eigenen Existenz Gute gibt«. Ebensowenig vermag der *phronimos* über seine eigene Existenz zu verfügen, während der *technitēs* dann im höchsten Ansehen steht, wenn er sein Handwerk vollends beherrscht. Weil es verschiedene Steigerungsformen gibt, bezeichnet Aristoteles die *sophia* als *aretē* der *technē*. Gadamer erklärt so, warum er umgekehrt der *phronēsis* keine *aretē* zuweist: »Es gibt keine steigende Beherrschung der eigenen Existenz, die dazu führte, daß man nicht mehr je neu nach dem Besten für sich zu fragen hätte, weil man es im Voraus schon wüßte. Gerade als die Wachsamkeit der Sorge um sich selbst vielmehr ist die *phronēsis* das, was sie eigentlich sein kann. Sie ist selbst schon *aretē*.« Natürlich gibt es Menschen mit mehr und weniger Lebenserfahrung, doch ist das damit gemeinte Wissen nur »gesteigertes Vorwissen«, welches keineswegs die Suche nach dem Guten abzunehmen vermag. Am wichtigsten ist Gadamer, daß diese Suche nicht ins menschliche Belieben gestellt ist. Man kann zwar wählen, ob oder sogar welches Handwerk man ausüben möchte, nicht aber, ob man ein Mensch sein möchte. »Der Mensch steht immer schon im Umkreis dessen, wofür es auf *phronēsis* ankommt.« (GW5 241f). Aus diesem Grund kann er die *phronēsis* ebensowenig verlieren wie erwerben. Sie ist auch noch da, wenn die Sorge sich verirrt und das Gute aus dem Blick verliert, als ein dem Dasein Aufgegebenes, über das es nie verfügt. Diese tiefgreifenden phänomenologischen Deskriptionen mögen jene dunkle Bemerkung des Aristoteles erhellen, daß zwar eine *hexis poiētikē*, nicht aber eine *hexis phronēseōs* vergessen werden könne (VI.5, 1140 b29f).

Gadamer hat überliefert, wie Heidegger diesen Satz einst im Seminar kommentierte: »Das ist das Gewissen.« (GW2 485). Als »pädagogisch spontane Übertreibung« wollte er dies gelten lassen und brachte nach eigener Auskunft sogar Karl-Heinz Ilting einmal davon ab, daran einen Verriß des Heideggerschen Philosophierens zu knüpfen. Daß sich Gadamer dieser Satz so tief einprägte, liegt wohl auch am Hintergrund der Kierkegaard-Lektüre, den er mit dem Lehrer teilte. Es war ja ein offensichtlicher Kurzschluß, den Heidegger zwischen griechischer *lēthē* als Nichtvergessenkönnen und christlichem Gewissen als innerer Stimme Gottes vollzogen hatte. In *Sein und Zeit* sollte daraus der Ruf des Daseins werden, der zwar »aus mir und doch über mich [kommt]« (SZ 275). Damit ist das Gewissen, seiner religiösen Implikationen entkleidet, zu einem Existenzial geworden. Blickt man von dort aus auf Gadamers Interpretation, dann scheint sie dies alles vorauszusetzen, ohne es weiter zu erläutern. Wenn er von der »Wachsamkeit der Sorge um sich selbst« spricht, klingt darin unverkennbar die von Heidegger aufgewiesene Grundverfassung des Daseins als »Sich-selbst-vorweg-sein« an. Zugleich präsent sind aber auch Sokrates' *epimeleia heautou*, Aristoteles' *orexis* und Kierkegaards temporale Deutung des Sorgens, welches sich stets »auf den morgenden Tag« richtet – alles Konzepte, die Heidegger miteinander verschmolzen hatte. Gadamer beschreibt die Vollzugsstruktur der *phronēsis* als »erwägenden Rückgang von einem Erstrebten zu seiner Ermöglichung«. In Heideggerschen Begriffen hieße dies: das Rückkommen des Daseins aus seinem Entwurf auf seine Geworfenheit, welche dadurch erst in ihren Möglichkeiten erschlossen wird. Das »je Tunliche« – so übersetzt Gadamer *kath'hekaston* – wird durch den *nous* vernommen: »als das schlichte Meinen des Gemeinten (und das heißt: des ›Zweckes‹) und als das schlichte Begegnenlassen des Nächsten« (GW5 244f). Auch das läßt an Heidegger denken, der die Dignität der *phronēsis* gerade darin sah, daß in ihr ebenfalls der *nous* walte, sie somit eine eigene *hexis tou alētheuein* sei.

Alle diese Einzelbeobachtungen zeugen von einem tiefen Verständnis des aristotelischen Textes, bei Heidegger wie Gadamer. Freilich war die eigentümliche Transformation, welche Heidegger vornimmt, an zwei Ausblendungen offenkundig geworden. Zum einen verschwieg er, wie das Überlegen jedes einzelnen mit dem der anderen zusammenhängt, zum anderen, woher eigentlich die Dispositionen stammen, die allem Überlegen vorausliegen und ihm die Richtung weisen. Beides, die Dimensionen sowohl des Politischen als auch des Ethischen, blieben merkwürdig unterbestimmt. Das war die natürliche Konsequenz einer Existenzialontologie, die vom auf sich selbst zurückgeworfenen Dasein ausgeht. In den beiden folgenden Abschnitten soll das Hauptaugenmerk darauf liegen, wie sich Gadamers Analyse des Sich-Wissens vor diesem Hintergrund ausnimmt.

(c) Sich-im-Anderen-Wissen: synesis, dialegesthai und philia

Der bisherige Gang von Gadamers Argumentation läuft darauf hinaus, daß die Vollzugsstruktur der *phronēsis*, *euboulia*, ein »Sich-Beraten in eigener Sache« ist. Mit diesem Aufweis schließt NE VI.10 – damit schloß auch Heideggers Textauslegung. Tatsächlich folgt bei Aristoteles aber ein Abschnitt, der dem Zusammenhang von *phronēsis* und *synesis* nachspürt. Den Sinn dieses Übergangs faßt Gadamer klar zusammen: »Aber liegt nicht in jedem Sich-beraten die Möglichkeit, *sich mit anderen zu beraten* und sie um ihr Urteil anzugehen?« (GW5 245). Diese Frage richtet sich weniger an Aristoteles als an Heidegger, der bei diesen frühen Arbeiten als »impliziter Leser« anzunehmen ist. Für den Griechen klingt in jenem *bouleuesthai* von NE VI.10 ohnehin stets ein doppeltes an: sich selbst beraten und von anderen beraten werden (die grammatische Form unterscheidet ja nicht zwischen Medium und Passiv).

Aristoteles teilt über die *synesis* mit (in Gadamers Übersetzung von 1998): »So nennt man ›Verstehen‹ (*synienai*) das Lernen (*manthanein*), wenn einer sich Wissen (*epistēmē*) aneignet, und ebenso wenn einer eine Meinung teilt (*chrēsthai tē doxē*), um vernünftigerweise (*peri hōn hē phronēsis estin*) über die Rede eines Anderen zu urteilen – aber natürlich richtig zu urteilen.« (NE VI.11, 1143a12–15). Im Kommentar weist er auf die »begriffliche Gewaltsamkeit« hin, die darin bestehe, daß hier die theoretische ›Auffassungsgabe‹ in das praktische Feld des Miteinanders übertragen werde.[46] Wenn Gadamer sie mit »Verstehen« übersetzt, schwingt darin natürlich seine jahrzehntelange Arbeit an der Hermeneutik mit. Folglich spricht er von der »hermeneutischen Grund-

---

46 Aristoteles: Nikomachische Ethik VI, hg. und übers. v. Hans-Georg Gadamer, Frankfurt a.M. 1998, 14f.

tugend«, die jedem Lernen von anderen zugrundeliege.⁴⁷ Im Kontext der frühen Arbeiten wirft die *synesis* die Frage auf, wie denn ein Sich-Wissen jemals sich auf einen anderen beziehen könne. Ist die Beurteilung des Anderen nicht notwendig abständig? Zweifellos ist ja eine äußere Distanz gegeben, gleichwohl nicht in derselben Weise wie beim theoretischen Wissen. Der andere soll nicht ›an sich‹, sondern ›für sich‹ beurteilt werden. Der Urteilende hat sich in ihn hineinzuversetzen, um dann zu fragen, wie er selbst handeln würde. Er muß also die Sache des anderen zu seiner eigenen machen, um darüber mit *phronēsis* sprechen zu können. Diese Struktur könnte man in Anlehnung an das Sich-Wissen als »Sich-im-Anderen-Wissen« bezeichnen.

Von hier führt ein untergründiger Weg zu Gadamers Phänomenologie des Gesprächs im ersten Teil der Habilitationsschrift. Sie sei nun eingeflochten, weil sie belegt, wie Gadamer mit Heidegger gegen Heidegger denkt, um den solipsistischen Einschlag der Existenzialontologie zu korrigieren.⁴⁸ Heidegger hatte auf den Anfang der *Metaphysik* verwiesen, um die Genese der Wissenschaft aus dem Dasein aufzuweisen, so daß die *theōria* als eine mögliche Verhaltensweise des Daseins in der Welt erschien. Dabei war es stets der einzelne, der Erfahrungen sammelt, eine Kunst ausbildet und schließlich nach den Gründen der Dinge fragt. Wissen schien von Anfang an monologisch zu sein. Dagegen hält Gadamer die platonische Dialektik und das sokratische Gespräch, deren Wissensbegriff dialogisch ist. Es ist seine These, daß die monologische *epistēmē* des Aristoteles erst die letzte Stufe eines ursprünglich in der gemeinsamen Verständigung gewonnenen Wissens ausmacht und Platon gewissermaßen das Zwischenglied darstellt (GW5 15–17). Am Anfang aber stand das sokratische, das ›lebensweltliche‹ Gespräch, ein *dialegesthai* ohne Ideenlehre. Gadamer verfolgt die Absicht, den Blick vom Ende, dem monologischen Wissen, zum Anfang, dem Wissen im direkten Gespräch, zurückzuwenden. Darin liegt eine verborgene Kritik am monologischen Wissensbegriff, der noch Heidegger beherrscht. Wenn diese Kritik nicht sofort zutage tritt, liegt das allein daran, daß Gadamers Phänomenologie des »sachaufweisenden Gesprächs« exakt in den Bahnen der Daseinsanalytik von *Sein und Zeit* (§ 15ff) verläuft.

Entscheidend ist jedoch der differente Ausgangspunkt: bei Heidegger das »umsichtige Besorgen« (SZ 76) des einzelnen, bei Gadamer das »gemeinsame Besorgen«. Wo der eine mit stummem Hantieren einsetzt, beginnt der andere mit jenem »ursprünglichen Sprechen«, welches das Herstellen begleitet (GW5 13). Dieses Sprechen betrifft noch nicht die Sachen als solche, mit denen hantiert wird, sondern nur ihre ohnehin schon offenbare, in der Umsicht entdeckte Zuhandenheit. Auch sprechen die Hantierenden nicht wirklich miteinander, sondern über anderes. Das geschieht noch nicht einmal im Pausengespräch, solange es bloßes »Sichmitteilen« über das gemeinsame Werk bleibt. Wenn hingegen das Gespräch nach den Gründen des gemeinsamen Tuns forscht und wenn dabei der andere als anderer beansprucht wird, setzt in Gadamers Optik »echtes Miteinandersein« im »sachaufweisenden Gespräch« ein. Es beginnt mit der Behauptung eines Grundes, woraus die Notwendigkeit der Begründung folgt. Dadurch ist der andere in seiner Zustimmung oder seinem Widerspruch gefordert, was rein aus dem Mitgehen mit der Aufweisung des Grundes der infragestehenden Sache erfolgen

---

47 Ebd., 15.
48 Vgl. Claude Thérien: Die Sprache als Sagbarkeit der Bedeutsamkeit der Welt. Untersuchungen zur Deutung der Sprache bei Heidegger und Gadamer, Tübingen 1992, 111–160.

soll. Die leitende Idee der Verständigung ist die zu erzielende Übereinstimmung in der Sache. Was damit nicht gemeint ist, demonstriert Gadamer an der »reflexiven Verfallsform des Miteinanderseins«, in der nicht die Sache, sondern der andere Zielpunkt des Verstehens ist. Dieser Fall liegt vor, wenn sich ein Gesprächspartner in die Perspektive des anderen ›einfühlt‹, um sie als solche zu verstehen, ohne jedoch dazu aus der eigenen Ansicht Stellung zu nehmen. Dann wird der andere nur vermeintlich ernst genommen, denn tatsächlich gerät seine Meinung über die Sache so zu einer unter vielen, mithin zu einer gleich-gültigen (GW5 25–31).

Man kann das Gemeinte gut an dem verdeutlichen, was Gadamer über die *synesis* sagt. Sich in einen anderen ohne Rück-Sicht auf die richtige Handlung hineinzuversetzen, bedeutet, dem anderen etwas zu raten, was zwar aus seiner Sicht klug wäre, man selbst an seiner Stelle aber nicht täte. Dann hätte man vielleicht den anderen verstanden, aber doch auf Abstand geurteilt, d.h. in Absehung vom eigenen Vorblick auf das Angeratene. Übernähme man die Perspektive des anderen für das eigene Handeln, würde dadurch nichts besser werden, denn so setzten sich dessen Vor-Urteile an die Stelle der richtigen Urteile. Ein ›Sich-im-anderen-Wissen‹ wäre auch das nicht. Umgekehrt ist festzuhalten, daß dieses Wissen exakt dem »sachaufweisenden Gespräch« korreliert: Hier wie dort geht es um die Verständigung in einer gemeinsamen Sache. Diese Struktur »echten Miteinanderseins« fehlt gerade in Heideggers Daseinsanalytik. Dort gibt es nur die Alternative zwischen dem »Gerede«, an welchem »Man« teilnimmt, ohne jemals zu den Sachen zu gelangen, und einer Fürsorge, die den anderen für seine eigenen Möglichkeiten freigibt, ohne daß klar würde, welche Gemeinsamkeit solche Freigabe stiftet (SZ 122). In diesem wichtigen Punkt bringt der Blick auf die Griechen wichtige Klärung. Woraufhin sich die Menschen in ihrem Tun und Überlegen verstehen, ist immer schon ein Gemeinsames. »Was und wie der gute Staatsbürger zu sein hat, ist in einer das ganze öffentliche Daseinsverständnis beherrschenden Auslegung, der sog. Moral, einem jeden vorgezeichnet. Der Begriff der Arete ist also ein ›öffentlicher‹ Begriff. In ihm ist das Sein des Menschen als Mit-Anderen-in-einer-Gesellschaft (der Polis)-Sein verstanden.« Die Leistung des Dialogs sieht Gadamer darin, genau dieses ›Vorgezeichnete‹ zu erhellen und so aus dem vagen Vorverständnis in die Gemeinsamkeit wissenden Einverständnisses zu heben. Das meint nicht die bloße Übernahme anderer Ansichten, sondern jene Sachaufweisung, die im *logon didonai* besteht (GW5 39–41). Es meint ebensowenig, daß alles öffentliche Daseinsverständnis vom Gerede affiziert ist, wie Heidegger nahelegt. Im Grunde rehabilitiert Gadamer hier jenen positiven Begriff von Öffentlichkeit, der mit der Polis in die abendländische Geschichte trat und sich erst nach ihrem Ende so verdunkelte, daß das Private nicht mehr als Privatives empfunden wurde.

Dieser Befund trifft auch für Gadamers Auslegung der *Nikomachischen Ethik* zu. Zur *phronēsis* gehören ein Sinn für Haushaltung (*oikonomia*), Gesetzgebung (*nomothesia*) und das Politische (*politikē*), welches eine beratende (*bouleutikē*) und eine richterliche (*dikastikē*) Seite hat. Allesamt sind weder *epistamai* noch *technai*, sondern ein *eidos gnōseōs to autō eidenai* (NE VI.8–9, 1141b31–34). Gerade diese Stelle hebt er hervor und interpretiert sie im Licht der aristotelischen Bestimmung des Menschen als eines *zōon logon echon*: »Auch in die Politik tritt man nicht ein (da man wesenhaft staatliches Wesen ist, denn das heißt Mensch) und könnte es etwa ebensogut auch lassen. Die Sorge um das eigene Beste erweitert sich vielmehr von selbst in den Bereich von Haus und Staat.« (GW5 243). Aus dieser Perspektive mußte Gadamer auch auffallen, welche Rolle die Freundschaft (*philia*) in der griechischen, insbesondere aber der aristotelischen Ethik spielt. Seinen Habilitationsvortrag in Marburg hielt er 1929 zu diesem Thema. Zwar ist sie nie veröffentlicht worden, doch erschien in den *Gesammelten Werken* eine überarbeitete Fassung, die hier abschließend herangezogen sei (GW7 396–406). Das Interesse an der Freundschaft verdankte Gadamer paradoxerweise Heidegger, bei dem sie gar kein Thema ist. Es war seine Kritik am Subjektbegriff, die ihn auf das Phänomen der *philia* aufmerksam werden ließ, weil gerade die Freundschaft vom Selbstbewußtsein her nicht angemessen zu verstehen ist (GW7 397). Das Besondere an der aristotelischen Analyse besteht darin, daß sie den *philos* als *allos autos*, als ein anderes Selbst, in den Blick nimmt (NE VIII.4, 1166a31f; IX.9, 1170b6f). Dieses Selbst ist, wie Gadamer betont, aber nicht als verdoppeltes Selbstbewußtsein zu denken. Vielmehr gilt es, den anderen als »Spiegel der Selbsterkenntnis« zu entdecken (GW7 404). Der entscheidende Hinweis bei Aristoteles lautet: »Es ist erforderlich, immer auch mitwahrzunehmen, wer der Freund ist, und dies geschieht im Zusammenleben und in der Gemeinschaft von Wort und Gedanke (*synaisthanesthai ara dei kai tou philou hoti estin, touto de genoit'an en tō synzēn kai koinōnein logōn kai dianoias*, 1170b10–12).« In dieser *syn-aisthēsis* liegt eine Erweiterung der *aisthēsis* für das andere Selbst, die offenlegt, woraufhin sich beide verstehen, ihre gemeinsame Sache, ihr gemeinsames Gutes (GW7 404f). Somit besteht *philia* exakt in jener Weise des Sich-im-anderen-Wissens, die Gadamer schon an der *synesis* und im *dialegesthai* aufgewiesen hat. Und was anderes meint die »Gemeinschaft von Wort und Gedanke«, auf die Aristoteles anspielt, wenn nicht die wechselseitige Beratung im Gespräch?

(d) Sich-aus-der-Geschichte-Wissen: ēthos

Im vorherigen Abschnitt wurde deutlich, daß Menschen sich immer schon auf ein Gemeinsames verstehen, auch dort, wo dieses noch nicht als solches aufgewiesen ist. Weder *phronēsis* noch *synesis* können über das Dasein verfügen; es gibt kein technisches »Lebensbewältigungswissen«, nur eine in der *praxis* selbst liegende Aufhellung des Vorverständnisses. Damit muß jene Dimension in den Blick treten, die der Ethik ihren Namen gegeben hat: das *ēthos*. Offenbar ist dieses *ēthos* die tragende Basis sowohl des Sich-Wissens als auch des Sich-im-anderen-Wissens. In Heideggers Existenzialontologie stellte sich die Schwierigkeit, daß *ēthos* zweimal auftaucht, als uneigentliches Miteinandersein im öffentlichen Gerede und als eigentliches Miteinandersein im übernommenen »Geschick« der Gemeinschaft. Darin bildete sich die bereits angesprochene unvermittelte Struktur des Mitseins ab. Da Heidegger die *phronēsis* in Abwendung vom »Man« aufnahm, wurde die Selbsterhellung der Existenz ganz aus dem ethischen Zusammenhang herausgedreht. Bei Aristoteles ist die Analyse der *aretē dianoētikē* hingegen das Korrelat zur Behandlung der *aretē ēthikē* in NE II–IV. Am Ende von NE VI heißt es zusammenfassend: »Aus dem Gesagten ist also klar, daß es weder möglich ist, im eigentlichen Sinne tugendhaft zu sein ohne Vernünftigkeit (*phronēsis*), noch vernünftig (*phronimon*) ohne die sittliche Tugend (*ēthikē aretē*).« (13, 1144b30–32). Diese innere Verbundenheit von *ēthos* und *phronēsis* hatte Heidegger aufgrund seiner verfallstheoretischen Analyse der Öffentlichkeit kappen müssen – Gadamer hingegen will gerade daran festhalten (GW5 246).

»Die *aretē* stellt das richtige Ziel auf, während die *phronēsis* die Wege dorthin wählt (*hē men gar aretē tou skopou poiei orthon, hē de phronēsis ta pros touton*; 8, 1144a7–9).« Es könnte scheinen, als sei die *phronēsis* reines Mittelwissen. Dann aber wäre sie von der *technē* nicht mehr zu unterscheiden, die es gerade auszeichnet, über die Mittel zu vorgegebenen (Herstellungs-)Zwecken zu verfügen. Gadamer faßt den Verdacht so: »Wenn die Norm aus der selbstverständlichen Geltung der Sitte vorgegeben ist, dann steht sie in solchem Wissen-Wollen nicht mit in Frage.« Von einem Für-sich-Wissen könnte keine Rede sein, lediglich von einem »Sich-halten an vorgegebene Geltung«, an ein »Wissen für alle«. Das aber wollte Gadamer schon für die sokratische Dialektik ausschließen, die ja Sachen durch Gründe und Begründungen aufweist. »Vorgegebene Geltung« kann kein zureichender Grund sein, wo es um das Gute geht; zu fragen ist vielmehr, ob das Geltende ein Gutes ist. Das setzt die Aneignung des in Rede Stehenden voraus, nicht als Fremdes, sondern als Eigenes. Dieselbe Struktur weist Gadamer nun auch im praktischen Wissen des Aristoteles auf. »Die Gestalt der Tugend, auf die das menschliche Streben gerichtet ist, ist in Wahrheit nicht das Allgemeine, als das sie ihm vorgeschrieben ist, sondern stets eine konkrete Weise, zu sein und zu handeln im Gegenwärtigen und Einmaligen.« (GW5 246f). Zwar hat die *phronēsis* schon eine allgemeine Richtung, die vom *ēthos* abhängt, doch fällt dessen Konkretisierung ganz in ihren Zuständigkeitsbereich. Praxis meint nicht die Subsumtion des einzelnen Falls unter die generelle Regel, sondern die Konkretion der Regel im Lichte je neuer Fälle. Dadurch wird immer auch die Regel, mithin das *ēthos*, fortgebildet. Es ist zweifellos Gadamers Leistung, dies klar gesehen und gegen die Herabstufung der *phronēsis* zu den technischen Imperativen der Klugheit, wie bei Kant und seinen Nachfolgern der Fall, wieder geltend gemacht zu haben. Zugleich bewahrt es ihn davor, jenen Sprung vom *ēthos* der Praxis zum *ēthos* der Theorie zu machen, der Heidegger als einziger Ausweg aus dem Dilemma der Uneigentlichkeit erschien. Es gibt, so die wichtige Einsicht, eine sowohl echte wie gemeinschaftliche Aneignung vorgegebener Seinsmöglichkeiten, jenseits von »Gerede« und »Geschick«.

Die nächste Frage ist, welche Bedeutung das für das Selbstverständnis des Menschen in der Moderne haben kann. Die aristotelische Analyse des praktischen Wissens steht ja zunächst im Horizont der Polis. Die »Vereinzelung des Selbstbewußtseins in die angstvolle Wachheit des Gewissens, des Schuldbewußtseins und der Selbstverantwortung« – das sind Erfahrungen, die erst mit dem Christentum in die abendländische Geschichte treten. Was der Christ und was auch Heidegger Gewissen nennt, ist mit ihnen unlösbar verbunden. Dagegen lebt der Grieche aus Gadamers Sicht »in der beruhigten Gewißheit verständlich vor ihm stehender menschlicher Gestalt«. »Es ist die unaufgelöste Wirklichkeit des sittlichen Gemeingeistes, was dem griechischen Selbstbewußtsein seine Umgrenzung gibt.« (GW5 248). Das *ēthos*, mit dem die *phronēsis* verbunden ist, stellt keine geschichtslose Größe dar: »Nicht nur ist ihr Horizont, das Gewollte oder Gehörige, als die Richtigkeit und Richtung seines Wollens durch *ethos* und *ēthos* geschichtlich vorgegeben, sondern das in diesem Horizont je neue Wissen des Guten ist selbst ein eminent geschichtliches.« (GW5 242). Verbindet man diese Stelle mit der vorherigen, stellt sich das Problem der Geschichtlichkeit mit aller Wucht: Ist ein den Menschen auf ihn selbst zurückwerfendes Wissen um das Gute denkbar, das die »Wirklichkeit des sittlichen Gemeingeistes« sprengt und die *phronēsis* ins Bodenlose fallen läßt? Wäre dies nicht die Erfahrung des Christentums? Wenn ja, ist dann nicht das praktische Wissen Platons und Aristoteles' geschichtlich überholt? Kann *ēthos* jemals noch eine Rolle spielen, wo die Einheit der Polis verloren ist?

Es waren solche Fragen, die Heideggers existenzialer Transformation der aristotelischen Ethik zugrundelagen. Wie deutlich wurde, nimmt Gadamer im Horizont dieser Transformation gewichtige Verschiebungen vor, insofern er die Dimension echten Mitseins im Rückgang zu den Griechen entfaltet. Doch welches ist sein Anspruch? Will er Heideggers Analysen nur ins geschichtlich rechte Licht rücken? Oder erhebt die Erhellung des praktischen Wissens einen über die Griechen hinausreichenden Anspruch? Wenn man die frühen Schriften liest, scheint letzteres doch zuzutreffen, obwohl es nicht ausdrücklich ausgesprochen ist. Die historische Relativierung am Ende des Aufsatzes über *Praktisches Wissen* deutet indessen darauf hin, daß Gadamer dem Problem der Geschichtlichkeit noch nicht recht beizukommen weiß. Im Grunde war Heidegger am Ende von *Sein und Zeit* auf dasselbe Problem gestoßen. Wenn »das schicksalhafte Geschick des Daseins in und mit seiner ›Generation‹ [...] das volle, eigentliche Geschehen des Daseins aus[macht],« (SZ 384f), dann muß die vom entwerfenden Dasein ausgehende Existenzialontologie als unangemessen erscheinen. Heidegger nahm die Geworfenheit als Faktizität, hinter welche nicht zurückzugehen sei. Soll die Geworfenheit indessen als »Geschehen« begriffen werden, ist diese Position nicht aufrechtzuerhalten. ›Sein‹ kann nicht mehr allein am Seinsverständnis des Daseins abgelesen werden. Mehr noch, es wird fraglich, ob das Seinsverständnis des Daseins überhaupt immer dasselbe ist oder ob es selbst einem geschichtlichen Wandel unterliegt. Im zweiten Fall hätte Heidegger in seiner Daseinsanalytik mit ihrer Kritik des ›Man‹ und des ›Geredes‹ nur *eine* geschichtliche Gestalt abgebildet. Daneben würde es andere Gestalten geben, etwa jene, die Gadamer an Platon und Aristoteles aufzuweisen sucht. Was aber besagte das für das Verstehen von Sein? Ist es so relativ wie die geschichtlich manifesten Gestalten der Daseinsauslegung? Gibt es also gar kein eigentliches Sein? Oder muß die Seinsfrage ganz anders gestellt werden?

Diese Überlegungen, ausgelöst durch sein Ungenügen an *Sein und Zeit*, brachten Heidegger in den dreißiger Jahren auf jenen Weg, den er später als »Kehre« bezeichnen sollte. Er führt weg vom verstehenden Dasein, hin zum sich sowohl entbergenden als auch verbergenden Sein. Darin liegt die Umkehrung der zentralen Ansätze von *Sein und Zeit* beschlossen: Nicht soll Sein aus dem Dasein heraus, sondern Dasein vom Sein her befragt werden. Das Geschehen, von dem in SZ §74 die Rede war, wird zum Seinsgeschehen und zur Seinsgeschichte, welche die Denkgeschichte ereignet. An die Stelle der Sorge um sich selbst tritt das Besorgen des Seins; der Ruf des Seins löst die Stimme des Gewissens ab. Gadamer folgte Heidegger auf einem Weg, den er oft als »Überwindung der transzendentalen Selbstauffassung« von *Sein und Zeit* – das Dasein als Apriori – begrüßte, zugleich aber verschwieg, wie sehr seine eigenen Frühschriften derselben Auffassung unterlagen (GW2 505). Gleichwohl ging Gadamer nicht den ganzen Weg Heideggers, insofern er versuchte, das Denken nach der Kehre mit dem vorherigen zu vermitteln. Was das bedeutet, sei am Schluß dieses ersten Kapitels kurz angedeutet, um den Übergang zur Analyse der Hermeneutik im nächsten Kapitel vorzubereiten.

Gadamers vertiefte Auseinandersetzung mit dem Problem der Geschichtlichkeit setzte in den dreißiger Jahren ein. In Leipzig hielt er regelmäßig Übungen zu Hegel und zum deutschen Idealismus. Die Antrittsvorlesung in Leipzig trug den Titel *Hegel und der geschichtliche Geist* (1939), seine einzige während des Dritten Reichs veröffentlichte Monographie behandelte das Thema *Volk und Geschichte im Denken Herders* (1942). Die Erträge seiner Überlegungen lassen sich am besten dem Aufsatz *Das Problem der Geschichte in der neueren deutschen Philosophie* (1943) entnehmen. Das im Titel angesprochene Problem stellt sich Gadamer nicht als eines der wissenschaftlichen Erkenntnis von Geschichte, wie noch bei Hegel und dem südwestdeutschen Neukantianismus der Fall. Vielmehr sieht er es als ein Problem der Geschichtlichkeit des eigenen Lebensbewußtseins: »Das Entscheidende ist [...], daß wir gerade in dieser Schicksalsbewegung [der Geschichte] den Sinn unseres Seins suchen.« (GW2 29). Die Frage nach der Geschichtlichkeit ist also mit der nach dem Sinn des Daseins verknüpft. Dabei kann Hegel nicht weiterhelfen, weil er den für das Dasein unhintergehbaren Standpunkt der Endlichkeit gegen ein »absolutes Wissen« eintauscht. Statt dessen wendet Gadamer sich Dilthey zu, der den Sinn des Lebensschicksals nicht vom Ende der Geschichte her bestimmt (wie Hegel), sondern aus der Mitte des Lebens selbst, die immer schon in einem Bedeutungszusammenhang steht (GW2 30f). Nun geht Dilthey davon aus, daß die »geschichtliche Vernunft« ihren Ort in der Geschichte souverän bestimmen kann, es ihr also möglich ist, sich aus dem, worin sie steht, herauszureflektieren. Gadamer kreidet ihm das als »Abstand des Verstehens« an, der das Problem der Geschichtlichkeit, nämlich die geschichtliche Begrenztheit des Selbstbewußtseins, umgeht (GW2 32f). Darin klingt unüberhörbar die frühere Kritik am »Wissen auf Abstand« an, das kein »Für-sich-Wissen« war. Doch was meint »Für-sich-Wissen«, wenn es in eine unverfügbare Schicksalsbewegung gestellt ist? Es muß, so Gadamers Antwort, sich im »Wirkungszusammenhang der Geschichte« erkennen und sich für die geschichtliche Erfahrung öffnen. »So aber tritt man in ein Seinsverhältnis zu den Dingen und gehört ihrer Ordnung an, indem man sie sich zuordnet. Dann erst wird die Einmaligkeit eines Geschehens, die Erfülltheit des Augenblicks darstellbar.« (GW2 34f). Die Anerkennung der Begrenztheit des eigenen Verstehens ist somit Voraussetzung für die Erfahrung eines Geschehens, in dem das Sein selbst begegnet. »[...] Sein zur Geschichte ist, sich etwas bedeuten zu lassen«, sagt Gadamer. »Zwischen Ich und Du erwächst daraus allein echte Bindung, zwischen uns und der Geschichte bildet sich so allein das Verbindliche des geschichtlichen Schicksals.« (GW2 35).

Man erkennt leicht, wie sich das Problem des Sich-Wissens hier verschoben hat. In der früheren Optik ging es darum, im Miteinander das immer schon vorhandene Vorverständnis in die Gemeinschaft des Einverständnisses zu heben. Solches Entbergen vollzog sich im argumentativen, »sachaufweisenden Gespräch«. Nun hat sich die Betrachtungsrichtung herumgedreht: vom aufweisenden Verstehen der Praxis zum Sich-Öffnen gegenüber dem Seinsgeschehen. Was Gemeinschaft stiftet, ist zunächst keine aktive Leistung der Handelnden und Sprechenden, sondern eine passive Erfahrung. Das Sein ist selbst zum Akteur geworden. Für das Dasein geht es darum, sich in ein rechtes Verhältnis zum geschichtlichen Geschehen zu setzen. Gadamer macht keinen Hehl daraus, daß diese Überlegungen auf Heidegger zurückgehen (GW2 34). Gleichwohl nimmt er in drei Punkten Verschiebungen vor. Erstens verknüpft Gadamer Sein und Bewußtsein so, daß jenes von diesem aus in den Blick gerät, wiewohl es eine eigenständige Macht ist. Hingegen zielt Heideggers ganzes Denken nach *Sein und Zeit* darauf, vom Sein aus zu denken und das Bewußtsein zu überspringen. Die Konsequenz dieses Ansatzes ist, daß es wenig zählt, wie sich das Bewußtsein zum Sein verhält, weil nicht das Bewußtsein entdeckt oder verdeckt, sondern allein das Sein sich entbirgt oder verbirgt. Zweitens resultiert daraus ein anderes Verständnis von Sinn als bei Gadamer. Wenn sich das Sein verbirgt, verschließt es Sinn, was immer das Denken auch anstellt. Hingegen resultiert Sinnerfahrung bei Gadamer aus der rechten Zuordnung des Bewußtseins zum Sein, auch wenn es über das Sein nicht verfügen kann. Er geht davon aus, daß Sein, welches verstanden werden *kann*, immer entborgen und somit sinnbildend ist. Solches Sein west nach Gadamer im Kunstwerk an und ist dort zu erfahren. Deshalb wendet sich sein Blick drittens den Gütern der Vergangenheit zu, während Heidegger in die »Frühe« des Denkens nur zurückgeht, um den Menschen für die kommende Ankunft des Seins in der »Späte« zu rüsten. Insofern Gadamer sich auf den festen Boden der Kunst vergangener Zeiten stellt, ist sein Wahrheitsverständnis affirmativer als das des Lehrers, der stärker aus der ›Bodenlosigkeit‹ des vergessenen Seins zu denken sucht.

1.2 Philosophische Hermeneutik: Die ontologische Wende von der *praxis* zur *energeia*

Gadamers Wende zur Geschichtlichkeit verlief parallel zu einer tieferen Beschäftigung mit Ästhetik. 1933 fanden sich in seinem Lehrangebot erstmals Veranstaltungen zur Kunstphilosophie. Ab 1936 hielt er regelmäßig eine Vorlesung »Kunst und Geschichte (Einleitung in die Geisteswissenschaften)«, welche nach seinen eigenen Angaben der Ursprung von *Wahrheit und Methode* war (GW2 171). Die Beschäftigung mit Kunst reichte aber viel weiter zurück. Schon den Jugendlichen hatten die »Träume der Innerlichkeit, Dichtung und Theater« von der vorausgesagten Offizierslaufbahn abgebracht (PhL 8); als Zwanzigjähriger war er in den Bann Stefan Georges geraten (PhL 17). Im selben Jahr, in dem er erstmals über »Kunst und Geschichte« las, reiste er nach Frankfurt, um Heideggers drei Vorträge über den Ursprung des Kunstwerks zu hören. Daß der Lehrer inzwischen ebenfalls auf die Kunst gekommen war, überraschte ihn. Was Heidegger dann aber vortrug, ließ ihn nicht mehr los. Das Wesen der Kunst, so die These, sei das »Sich-ins-Werk-Setzen der Wahrheit des Seienden« (GA5 21). So trat mit dem Kunstwerk eine Eröffnung von Sein in den Blick, die tiefer als alle philosophische Forschung war. Gadamer sah sich in seinen eigenen Intuitionen bestätigt und gewann von Heidegger die Begrifflichkeit, um das Wahrheitsgeschehen in der Kunst formulieren zu können. Die Kunst blieb für ihn bei allem universalen Anspruch der philosophischen Hermeneutik blickbestimmend. Hingegen schritt Heidegger vom Kunstwerk zum »Gestell« und zur »Seinsgeschichte« fort, um sein Hauptaugenmerk auf die »Seinsvergessenheit« zu richten.

Für die hier verfolgte Frage nach der Art und Weise der Aristoteles-Rezeption ist es bedeutsam, daß Gadamer die Wende vom Sich-Verstehen zum Geschehen in allem Verstehen mit griechischen Begriffen plausibel zu machen sucht. Dabei tritt der Begriff der *energeia* hervor, eine Kunstbildung des Aristoteles. *Energeia* meint im Kontext der aristotelischen Handlungstheorie den Vollzug von in sich zielhafter *praxis*. Seine Zentralität verdankt der Begriff jedoch *Metaphysik* und *Physik*. Als allgemeine ontologische Kategorie bezeichnet *energeia* dort die Wirklichkeit alles Seienden (im Unterschied zur Möglichkeit), des Veränderlichen (*physis*) und des Unveränderlichen (*kosmos*, Met. IX.8). Im höchsten Maße wirklich, weil immerwährend und in sich am zielhaftesten, ist die *noēsis noēseōs* des unbewegten Bewegers, die *energeia* des *nous* (Met. XII.7, 1072b26–32). Solches Sein hatte Heidegger in *Sein und Zeit* als Vorhandenheit deklariert. Später entdeckte er an der *energeia* der *physis* eine andere Präsenzweise von Sein, ein Geschehen von Anwesung und Abwesung. Aus diesem veränderten Horizont, der nachfolgend noch näher zu behandeln ist, erwuchs die Vorstellung eines Seinsgeschehens, das allem Verstehen vorausliegt und es übersteigt. Insofern Gadamer dies aufnimmt, vollzieht er eine Wende von der *praxis* zur *energeia*, die für das Sich-Wissen des Daseins nicht ohne Folgen bleiben kann.

Die fünf Unterabschnitte folgen dem Argumentationsgang von *Wahrheit und Methode*. Gadamer stellt die Wahrheitsfrage in drei Hinsichten, denen äußerlich die drei Hauptteile des Werks entsprechen: zuerst im Blick auf das Sein der Kunst (Abschnitt (a)) und das des Kunstverstehenden (b), dann im Blick auf das Verstehen in den historischen Geisteswissenschaften (c) und schließlich im Blick auf das Sein der Sprache überhaupt (d). Der letzte Abschnitt behandelt Gadamers Begriff hermeneutischer Wahrheit, wie er am Anfang und am Ende des Werks entfaltet wird (e). Es werden nachfolgend ausschließlich solche Stellen berücksichtigt, an denen Gadamer auf Aristoteles zurückgreift.

(a) Das Sein des Kunstwerks als energeia

Der erste Teil von *Wahrheit und Methode* soll die Erfahrung der Kunst, genauer: der Wahrheit des Kunstwerks aufweisen. Gadamer ist der Überzeugung, daß die gängige Ästhetik vor dieser Aufgabe versagt, weil sie das Kunstwerk allein vom subjektiven Erleben des Rezipienten aus zu fassen vermag. Er bringt seine Kritik daran auf die Begriffe »ästhetisches Bewußtsein« und »ästhetische Unterscheidung«. Mit dem ersten Begriff ist ein Bewußtsein gemeint, das sich zur Kunst rein ästhetisch verhält, indem es alle anderen Lebens- und Weltbezüge suspendiert. Es hat sich aus allem bestimmenden und bestimmten Geschmack herausreflektiert, um das Werk nur von sich aus zu erleben und zu beurteilen. Auf diese Weise geht auch das Werk seines »ursprünglichen Lebenszusammenhang[s]« verlustig, in welchem es immer schon bedeutsam war. Solche Abstraktion von allen Zugangsbedingungen nennt Gadamer »ästhetische Unterscheidung«. »Ihm [dem ästhetischen Bewußtsein] gilt nicht mehr die Zugehörigkeit des Kunstwerks zu seiner Welt, sondern umgekehrt ist das ästhetische Bewußtsein das erlebende Zentrum, von dem her alles in der Kunst Geltende sich bemißt.« An die Stelle der Sinnhaftigkeit des Werks tritt die subjektive Sinngebung, welche frei, spielerisch und unverbindlich ist (WM 90f). Dann aber fällt die Wahrheit der Kunst in die Beliebigkeit des Subjekts – und verliert ihren Wahrheitsanspruch. Um aus dieser Sackgasse der Ästhetik herauszukommen, sucht Gadamer nach einem weiteren Begriff von Erfahrung, in welchem das Kunstwerk nicht dem Erleben unterworfen ist, sondern seine eigene Wahrheit übermitteln kann. Dies führt zu einer Konzeption der »ästhetischen Nichtunterscheidung« von Kunstwerk, Verstehen und Welt (WM 122). Daher könnte es als unsinnig erscheinen, wenn hier zunächst das Sein des Kunstwerks und dann das Sein des Kunstverstehenden (b) untersucht werden. Die Berechtigung dafür liegt indessen darin, daß Gadamer »Nichtunterscheidung« als Einheit in der Differenz denkt.

Gadamer fragt zuerst nach der »Ontologie des Kunstwerks«. Damit ist bereits eine wichtige Vorentscheidung getroffen, daß nämlich das Sein des Kunstwerks als solches bestimmbar ist. Leitfaden für diesen Aufweis ist das Spiel, dem in der Ästhetik seit Schillers Briefen *Über die ästhetische Erziehung des Menschen* (1795) eine herausragende Rolle zufällt. Schiller spricht vom Spieltrieb des Menschen, der im ernsten Alltag nicht zur Geltung komme, sich aber im Reich der Schönheit frei entfalten könne. Der Mensch sei »nur da ganz Mensch, wo er spielt«, heißt es mit Emphase.[49] Einen solchen Begriff des Spiels meint Gadamer gerade nicht, weil er, im Bann der Erlebnisästhetik stehend, allein vom Subjekt aus entworfen ist. Tatsächlich liegt er aber seiner Phänomenologie des Spiels als negative Folie zugrunde. Was er nämlich gegen Schiller hervorhebt, ist der »heilige Ernst« des Spiels. Es macht eine eigene Wirklichkeit geltend, in welcher die das tätige Dasein bestimmenden Zweckbezüge zum »Verschweben« kommen. Diese Wirklichkeit ist im Moment des Spielens die einzige, in welcher die Spieler aufgehen. Von ihrer Präsenz werden sie, wenn sie sich dem Spiel gemäß dessen eigenen Regeln hingeben, so vereinnahmt, daß nicht mehr sie selbst, sondern das Spiel das eigentliche Subjekt ist. Es bringt sich durch die Spieler selbst zur Darstellung, spielt *sich* ab und ist »Vollzug der Bewegung als solcher«. Gadamer spricht vom »Primat des Spieles gegenüber dem Bewußtsein« und faßt, Schiller ins Gegenteil verkehrend, zusammen: »Alles Spielen ist ein Gespieltwerden.« (WM 107–112). Gleichwohl ist es für sich selbst noch nicht Kunst, sondern erst, wenn zwei weitere Bedingungen erfüllt sind. Zum einen muß die Selbstdarstellung des Spiels Darstellung für jemanden sein; das Theaterstück bedarf der Zuschauer wie das Bild der Betrachter (WM 114f). Zum anderen muß sie von der einmaligen Aufführung ablösbar, mithin prinzipiell wiederholbar sein. Das nennt Gadamer »Verwandlung ins Gebilde« (WM 116).

Genau an dieser Stelle greift er zur ontologischen Explikation des Kunstwerks auf Aristoteles zurück. Kunst, so Gadamer, habe den Charakter sowohl des *ergon* als auch der *energeia* (WM 116). Sie ist zugleich Werk und Vollzug der Selbstdarstellung, ohne daß eine Seite für sich stehen könnte. Darin liegt: Das Werk existiert zwar über den Vollzug hinaus, aber doch so, daß es nur im Vollzug wirklich ist. Der Vollzug tritt nicht bloß zum Werk hinzu, sondern gehört ihm wesenhaft an. Die Verwendung der aristotelischen Begriffe scheint unmittelbar einzuleuchten. Gleichwohl ist zu beachten, daß Gadamer zusammendenkt, was bei Aristoteles nur getrennt vorliegt. Er kennt allein *ergon* oder *energeia*, den Gegenstand oder den Vollzug, weil er im Paradigma der Produktion denkt. Deshalb erscheint es so, daß die *energeia* des Herstellens im *ergon* erlischt und dieses unabhängig davon besteht. Diese Betrachtungsweise mag für das Handwerk hinreichen, das Sein des Kunstwerks kann sie indessen nicht erschöpfen. Darauf hatte Heidegger in seinem ersten Vortrag zum Ursprung des Kunstwerks hingewiesen. Als Werk ist es weder von Natur seiendes »Ding« noch zum Gebrauch verfertigtes »Zeug«. Jenes ruht schweigend in sich, diesem fehlt die Selbstgenügsamkeit. Das Werk zeichnet sich dagegen durch sein Sprechen und seine Selbständigkeit aus (GA5 5–17). Heidegger wollte mit diesen Bestimmungen die in der abendländischen Geschichte vorherrschende Ontologie der Gegenständlichkeit, der ›Ergonalität‹, überwinden. Zwar stünden uns auch Kunstwerke entgegen, doch nur als Folge eines vormaligen Insichstehens (GA5 26f). Vom Werk und nicht vom Betrachter aus gesehen, eröff-

---

49 Briefe über die ästhetische Erziehung des Menschengeschlechts, XV, Nationalausgabe, Bd. 20 (1962), 357.

nen sie einerseits eine eigene »Welt«, während sie sich andererseits in die »Erde« zurückstellen. ›Welt‹ meint das In-Erscheinung-Treten von Sein im Kunstwerk, welches aus der Geborgenheit der ›Erde‹ hervor- und wieder in sie zurückgeht (GA5 30–34). Erscheinen gibt es nur im Wechsel mit Verbergen, als Hervortreten und Zurückweichen, so der ontologische Sinn dieser Zweiheit, welche die traditionellen, am Gegenstand gewonnenen Begriffe ›Form‹ und ›Stoff‹ ablöst. Das Kunstwerk besteht nicht in der ruhigen Geformtheit von Stoff, sondern im unaufhebbaren »Streit« von Welt und Erde (GA5 35f). Mittels dieser Bestimmungen weist Heidegger das Werk als »Geschehen« der Wahrheit aus, in welchem Sein sich entbirgt.

Heidegger spricht selbst vom Kunstwerk als dem *ergon*, das in der Weise der *energeia* ist (GA5 69, 71). Man muß diese Bemerkung im Licht seines 1939 entstandenen Aufsatzes *Vom Wesen und Begriff der physis*, einer Interpretation von Aristoteles' *Physik* II.1, verstehen. Darin geht er der *physis* als jener Weise nach, in der den Griechen das Sein ursprünglich erschienen sei, nämlich als »verbergendes Entbergen«. Heidegger beruft sich dafür auf Heraklits Spruch *physis kryptesthai philei* (»die Natur liebt es, sich zu verbergen«)[50] (GA9 300f). Von dieser anfänglichen Erfahrung der Natur vermag er in der aristotelischen Abhandlung über die Natur jedoch nur noch Spuren zu sichten. Die erste Spur ist Aristoteles' Bestimmung der Natur, aufgefaßt als Werden, als auf dem Weg hin zur Natur befindlich (*eti d'hē physis hē legomenē hōs genesis hodos estin eis physin*, 193b13). Natur geht aus ihr selbst hervor und vollendet sich selbst – im Unterschied zum Herstellen, dessen Werk weder von noch aus ihm selbst entsteht, sondern durch einen anderen. Heidegger wendet sich dagegen, die Art des Werdens der *physis* überhaupt in Analogie zur *technē* auffassen zu wollen. Dann erscheint das Werden nämlich nur als Weg vom Anfang zum Ziel. Das Wesen des Weges sieht er jedoch darin, daß er durch etwas führt und dabei sowohl sich selbst als auch anderes eröffnet: »Weg als das Unterwegssein«. Solcher Weg ist *energeia atelēs*, unvollendete Bewegung, und gerade darin soll die Art der Anwesung von Natur angemessen erfaßt sein (GA8 291–3). Wohlgemerkt, auf diese Weise ist die teleologische Struktur, die Aristoteles als *entelecheia* beschreibt, zurückgenommen in aufgehende, aber unvollendete Bewegtheit. Soweit die eine Seite der Natur, ihre Anwesung.

Die andere Seite versucht Heidegger am Begriff der *sterēsis* zu erhellen – der zweiten Spur anfänglicher Naturerfahrung. *Sterēsis* meint Beraubung, Abwesenheit, jedoch nicht als Gegenteil der Anwesung. Das trifft den aristotelischen Sinn: Wenn *entelecheia* Vollendung meint, dann ist jeder unvollendete Zustand als Noch-nicht-im-Ziel-Sein eine Beraubung, etwa der Anfang einer Bewegung im Verhältnis zu ihrem Ende (Phys. I.8, 191a12–14). Also ist *sterēsis* – nun in Heideggers Worten – eine Anwesung, in der gerade die Abwesung anwest. Das Beispiel verdeutlicht es: Eine Blüte geht auf, woraufhin die Knospenblätter abfallen; die Frucht kommt zum Vorschein, während die Blüte ihrerseits verschwindet. Erst wird die Blume der Knospe, dann der Blüte und schließlich der Frucht beraubt. Jede Anwesung hat eine Abwesung zur Folge, jede Abwesung eine Anwesung. Bei Aristoteles gibt es jedoch eine letzte Anwesung (*telos*), in welcher das Werden im Sein aufgeht (*genesis eis on*, V.1, 224b10), etwa die Blume auf dem Höhepunkt ihrer Entwicklung. Freilich ist das, wie gerade dieses Beispiel zeigt, nicht immer

---

50 Diels-Kranz, 22 B 123.

leicht zu sagen. Deshalb ist der aristotelische Sprachgebrauch auch nicht eindeutig; mal heißt das Werden, mal dessen Vollendung *entelecheia/energeia*.[51] Diese Unklarheit nutzt Heidegger aus, um die Zielstruktur zugunsten des Unterwegsseins zu suspendieren, so daß aus dem zielhaften Prozeß das verbergend-entbergende Geschehen des Seins wird. Zusamenfassend sagt er, die *physis* sei »die aus sich selbst her und auf sich selbst zu unterwegige Anwesung [*hodos ek physeōs eis physin*] der Abwesenheit ihrer selbst [*sterēsis*]« (GA8 294–9). Auf diese Weise ist die Ontologie der Vorhandenheit, des fest-stellbaren *eidos*, gesprengt. Es läßt sich der Natur kein *eidos* mehr abgewinnen, das sie nicht zugleich verbergen würde. Jede Präsenz ist auch Absenz. Heidegger erweckt den Anschein, daß dies das Wesen des aristotelischen *physis*-Begriffs sei, Aristoteles aber nicht gewagt habe, daraus für seine Metaphysik Konsequenzen zu ziehen. Deshalb sei die *physis* nur eine und keineswegs die höchste Art von Sein neben anderen (GA8 299f). Letzteres trifft zweifellos zu. Für den Stagiriten ist das höchste Sein die *energeia* des *nous*, die *noēsis noēseōs* des unbewegten Bewegers, welche am besten und ewig ist. Was aber weder Anfang noch Ende hat, sondern immer schon im Ziel ist, kennt keine *sterēsis*. Deshalb ist die beständige Welt des Kosmos der unbeständigen Welt der Natur überlegen. Ob aber die Unbeständigkeit der Natur von Aristoteles her angemessen mit *energeia atelēs* beschrieben ist, daran darf man zweifeln. Eher handelt es sich um eine produktive Transformation, die Heidegger mit Heraklit und Aristoteles gegen Aristoteles unternimmt.

Dieser Exkurs zu Heidegger war notwendig, um die ontologischen Implikationen in der Bestimmung des Kunstwerks als *energeia* herauszustellen. Zwar gelten sie zunächst für Heidegger, doch stellt sich die Frage, in welchem Sinne sie auch Gadamers Antwort auf die Frage nach dem Sein des Kunstwerks zugrundeliegen. Daß Gadamer nicht nur mit Heideggers Kunst-Vorträgen von 1936, sondern auch seinen Überlegungen zur aristotelischen Physik bestens vertraut war, daran kann kein Zweifel bestehen.[52] Ob und wie weit er ihnen folgte, ist am besten aus *Wahrheit und Methode* selbst zu ersehen. Ein erster Befund darf schon festgehalten werden: Wie Heidegger trachtet er nach einer Überwindung der Deutung des Kunstwerks am Leitfaden des Gegenstandes. Kunst soll *ergon* und *energeia* sein. In welchem Sinne aber ist *energeia* nun zu verstehen? Auch als entbergend-verbergendes Geschehen? »Das Sein alles Spiels ist stets Einlösung, reine Erfüllung, Energeia, die ihr ›Telos‹ in sich selbst hat. Die Welt des Kunstwerks, in der ein Spiel sich derart in der Einheit seines Ablaufs voll aussagt, ist in der Tat eine ganz und gar verwandelte Welt. An ihr erkennt ein jeder: so ist es.« (WM 118). Das klingt zunächst stärker nach Aristoteles als nach Heidegger, denn von Verborgenheit ist gar keine Rede. Auch scheint das Spiel in sich zielhaft zu sein. Indessen führen diese Be-

---

51 Diese Doppelwertigkeit hat ihren Grund im je verschiedenen Fokus aristotelischen Fragens. Wo er *physis* unter dem Aspekt der Bewegung (*kinēsis*) untersucht, also in der *Physik*, steht das Werden im Mittelpunkt (vgl. die Bestimmung der *kinēsis* als *entelecheia atelēs* in VIII.5, 257b8f). Wo hingegen der Aspekt der Vollendung, des *telos* bzw. *eidos* dominiert, erhält *entelecheia* die zweite Bedeutung. Letzteres ist, mit der signifikanten Ausnahme von Met. IX.1–3, in den Büchern der *Metaphysik* der Fall.
52 Gleich nach der Habilitation hatte Heidegger seinen Schüler auf die aristotelische Physik gestoßen und ihm eine kommentierte Übersetzung angeraten. Gadamer erhielt dafür ein zweijähriges Stipendium, doch brachte er das Vorhaben nie zu einem Abschluß. Vgl. Grondin: Biographie, aaO., 163–166 und GW2 486f.

merkungen auf den Holzweg. Vorher sagt Gadamer, das Spiel sei »Vollzug der Bewegung als solcher« (WM 109) und zwar als Sich-selbst-zur-Darstellung-Bringen (WM 113). Es gibt dann gerade kein vorgängiges Ziel, von dem her die Zielhaftigkeit der Bewegung zu greifen wäre. Man vergleiche Aristoteles: Der menschliche *nous* strebt nach dem *kath'hauto ariston*, dem an sich Besten, nämlich dem göttlichen *nous*. Indem er jenen ergreift, denkt er sich selbst – »selbst« hier verstanden als die höchste, eben göttliche Möglichkeit des Menschen (Met. XII.7, 1072b19–24). Das *theōrein* ist *energeia* und *entelecheia*, aber nicht schon an sich, sondern nur sofern es der *noēsis noēseōs* nahekommt. Der bloße Vollzug von Bewegung (*kinēsis*) – etwa noch suchendes *theōrein* – ist zwar *energeia*, jedoch *energeia atelēs*, denn ihr Mögliches ist noch nicht im Wirklichen vollendet (*to dynaton ateles hou estin energeia*, Met. XI.9, 1066a20–22). Diese für Aristoteles zentralen Kategorien von Wirklichkeit und Möglichkeit greifen in Gadamers Theorie des Kunstwerks jedoch nicht mehr. Es ist keineswegs mögliches *ergon* und wirkliche *energeia*, sondern beides *zugleich*, was die Kategorien gegeneinander aufhebt. Darin zeigt sich, daß Gadamer mit Heidegger die Wende vom zielhaften Prozeß der *entelecheia* zum ereignishaften Geschehen der *energeia atelēs* vollzogen hat.

Wie aber steht es mit der Dualität von Verborgenheit und Entborgenheit? Wenn ein jeder erkennt: »so ist es«, scheint das Sein in reiner Anwesung zu stehen. Auch das ist jedoch irreführend. Es ist allein das Anwesende, das verstanden werden kann, jedoch nicht so, als würde Sein damit ein für allemal erhellt, also in der Anwesenheit festgestellt. Wäre es so, fiele Gadamer in die geschmähte Ontologie der Vorhandenheit zurück. »Die vollendete Unverborgenheit alles Seienden, die totale Vergegenständlichung von allem und jedem (durch ein in seiner Perfektion gedachtes Vorstellen), würde das Insichsein des Seienden aufheben und eine totale Einebnung bedeuten.« (GW3 260). Die Wahrheit des Kunstwerks ist jedoch niemals »das plane Offenliegen von Sinn, sondern vielmehr die Unergründlichkeit und Tiefe seines Sinnes« (GW3 259). Das schreibt Gadamer im Nachwort zur Reclam-Ausgabe von Heideggers Kunstwerk-Aufsatz (1960); es gilt auch für ihn selbst. Was es aber heißt, die Einzigartigkeit des Werks mit der Jeweiligkeit seiner Aufführungen, die Einheit der Sagkraft mit der Vielheit des Sinnes zusammenzudenken, kann nur geklärt werden, wenn die Frage nach dem Sein sich mit der nach der Zeit verbindet.

Gadamer stellt sich explizit »die Aufgabe einer temporalen Interpretation des Kunstwerks« (WM 126ff). Wo Kunst allein als *ergon* aufgefaßt wird, also in der Tradition der Ästhetik, zeichnet sie sich durch »Zeitlosigkeit« aus. Ein Werk kann immer wieder aufgeführt, gelesen oder angeschaut werden, ohne daß es sich selbst wandelte. Als Aufgabe des Verstehens gilt es, die eine, in jeder Aktualisierung präsente Substanz auf den Begriff zu bringen. Es scheint, als sei die Zeitlosigkeit des Kunstwerks im »ästhetischen Bewußtsein« aufgehoben. Das ästhetische Erleben zeichnet sich ja gerade durch Gleichzeitigkeit aus; das Werk hat seinen Ort in der Welt verloren und bietet erst so jedem Subjekt eine eigene ›Erlebniswelt‹. Nicht der bleibende Werkcharakter, sondern die Einmaligkeit und Unwiederholbarkeit des Erlebens stehen im Vordergrund. Das Werk löst sich in *energeia* auf. Allerdings hat solche Auflösung die »ästhetische Unterscheidung« zur Voraussetzung, durch welche das Werk seinen Ort in der Welt verliert. Deshalb erweist sich gleichzeitige Unverbindlichkeit nur als die andere Seite zeitloser Allverbindlichkeit. Ein möglicher Ausweg bestünde darin, Kunst wieder in ihren Kontext zu setzen und als historische zu verstehen. Das *ergon* würde dann durch seine ›ursprüngliche‹ *energeia* erklärt. Allein führt auch dieses vom Historismus des 19. Jahrhunderts praktizierte Verfahren in den Relativismus, weil das Werk nur mehr Ausdruck einer überholten Weltanschauung zu sein scheint. Alle drei Weisen, die Zeit der Kunst zu bedenken – Zeitlosigkeit, Gleichzeitigkeit, Historizität –, hält Gadamer für unangemessen, um den Wahrheitsanspruch des Werks in der Zeit zu vernehmen.

Dieser Aufgabe kann nur gerecht werden, wer *ergon* und *energeia*, Zeitlosigkeit und Zeitlichkeit so zusammendenkt, daß Gleichzeitigkeit dem Bewußtsein nicht gegeben, sondern aufgegeben ist. »Die Darstellung [des Gebildes] hat auf eine unauflösbare, unauslöschliche Art den Charakter der Wiederholung des Gleichen. Wiederholung meint hier freilich nicht, daß etwas im eigentlichen Sinne wiederholt, d.h. auf ein Ursprüngliches zurückgeführt würde. Vielmehr ist jede Wiederholung gleich ursprünglich zu dem Werk selbst.« Es liegt als *ergon* weder seiner Darstellung als *energeia* voraus noch fällt es hinter sie zurück. Das zeitlose *ergon* ist nur als zeitliche *energeia* und doch als immer Gleiches. Gadamer expliziert diese komplizierte Struktur am Zeitcharakter des Festes. Es kehrt regelmäßig wieder und wird stets anders gefeiert; gleichwohl ist es als Fest dasselbe. Die Wiederholung verhält sich nicht sekundär zum ursprünglichen Fest; vielmehr liegt im Wesen des Festes von Anfang an, daß es regelmäßig gefeiert wird. »Seiendes, das nur ist, indem es stets ein anderes ist, ist in einem radikaleren Sinne zeitlich, als alles, was der Geschichte angehört. Es hat nur im Werden und im Wiederkehren sein Sein.« (WM 127f). Diese letzte Formulierung mag nun endgültig erhellen, in welchem Sinne Heidegger und Gadamer *energeia* auffassen: als Sein, das nur *im* Werden sein Sein hat. Hingegen meint *energeia* bei Aristoteles Werden *zum* Sein, *genesis eis on*. Das Werden vollendet sich im feststellbaren Ankommen, was den modernen Interpreten gerade als Rückfall in die Ontologie der Vorhandenheit erscheint. Deswegen läuft ihre *Radikalisierung* der Zeitlichkeit auf die spekulative Idee eines erfüllt-unerfüllten Seins im Werden hinaus.

(b) Das Sein des Kunstverstehenden als ekstasis

In der Ontologie des Kunstwerks wurde schon deutlich, daß Gadamer von der »ästhetischen Nichtunterscheidung« ausgeht: Der Verstehende gehört dem Geschehen des Werks unmittelbar zu, anstatt es abständig betrachten zu können. Bei der Vielfalt der Aufführungen handelt es sich nicht um eine Varietät von Meinungen, sondern »um eigene Seinsmöglichkeiten des Werks, das sich gleichsam in der Varietät seiner Aspekte selber auslegt« (WM 123). Es darf dies jedoch nicht so verstanden werden, als agiere das Werk ganz von allein, ohne das Zutun der Verstehenden. Als Kunst sollte ja nur gelten, was wiederholbar und somit stets neu *für* jemanden ist. Der ›jemand‹ wird aber nicht bloß als Akzidens der Substanz des Werks beansprucht, sondern nimmt an ihm *wesentlich* teil. Dem Verstehen wird ausdrücklich abverlangt, das zeitlich-zeitlose Kunstwerks mit der eigenen Zeitlichkeit zu vermitteln – Gadamer sagt, in »totaler Gegenwärtigkeit« aufzuheben (WM 132). Solche Vermittlung bedarf des kontrollierten Verstehens, mithin der philosophischen Hermeneutik. Aus diesem Grund ist es nicht nur möglich, sondern sogar erforderlich, das Verstehen ontologisch zu erhellen: als Öffnung für das Geschehen.

Wie also verhält sich der Verstehende zum Werk? Als *ergon* und *energeia* ist es in der Weise unendlicher Zeitlichkeit, während die Zeitlichkeit des Menschen endlich ist.

Wo aber beides zusammenkommt, im Geschehen und Verstehen, wird das Werk gegenwärtig, während der Verstehende seine Gegenwart zum Werk hin überschreitet. Es liegt im Verstehen somit eine Struktur der Transzendenz. Gadamer spricht von ›Dabeisein‹, das er im Unterschied zu bloßer Mitanwesenheit als ›Teilhabe‹ charakterisiert, als ›Bei-der-Sache-Sein‹. Was damit gemeint sei, expliziert er am griechischen Sinn von *theōria*, daran erinnernd, daß dieses Wort zunächst nichts mit Wissenschaft zu tun hat. *Theōros* heißt der Teilnehmer an einer Festgesandtschaft, der an einem feierlichen Akt durch Dabeisein teilhat (WM 129). Diese Bedeutung steht noch dort im Hintergrund, wo die *theōria* als Seinsweise des Philosophen gefaßt wird. Auch er hat an anderem teil, ohne darüber verfügen zu können. Gleichwohl rückt zuerst bei Platon, dann bei Aristoteles der Gedanke der Wissenschaft in den Vordergrund. Daher stammt die Bedeutung von *theōria* als »Verhalten, durch das man sich eines Gegenstandes bemächtigt oder ihn sich durch Erklärung verfügbar macht« (GW4 48). Es war dieser Sinn von Theorie, den Heidegger als Vergegenständlichung des Seins angegriffen hatte. Gadamer teilte diese Einschätzung mit Blick auf die neuzeitliche Wissenschaft. Für die Antike empfand er ihn aber als ungenügend, gerade weil er dem älteren Sinn nicht gerecht wurde. Freilich sieht auch er, daß dieser Sinn gerade bei Aristoteles der Erinnerung bedarf. Solche Erinnerung findet ihre Basis jedoch nicht in den Substanzbüchern der *Metaphysik*, sondern im ›theologischen‹ Buch XII.

Was Aristoteles über den unbewegten Beweger sagt, hat gewiß nicht den Charakter der Bemächtigung. Als oberstes Wesen im Kosmos wird er gerade nicht bewegt, während alles andere von ihm her erst seine Bewegung empfängt. Der Bezug zu ihm ist begehrendes Angezogenwerden, nicht souveränes Verfügen (Met. XII.7, 1072b4f). Worin das Wesen dieses Gottes besteht, läßt sich ohnehin kaum erklären, wenn erklären denn heißt: Gründe und Ursachen angeben können. Schließlich ist der Gott selbst *archē*. Was das heißt, enthüllt sich dem Menschen nur in der *noēsis noēseōs*, worin der *nous* als Göttliches im Menschen mit sich selbst zur Deckung kommt. Die Sperrigkeit dieser aristotelischen Bestimmung der *theōria* liegt jedoch darin, daß sie merkwürdig »leer« ist. Der Gott und mithin der göttliche *nous* im Menschen denken ja allein sich selbst. Hingegen hat die Teilhabe an einer Festgesandtschaft einen konkreten Bezug. Dadurch erhält sie den Charakter einmaliger Besonderheit, während bei der *noēsis noēseōs* unklar bleibt, worin ihre Einmaligkeit und Jeweiligkeit liegen könnte. Es ist das Problem des immerwährenden Seins, der reinen *energeia*, das hier abermals auftaucht. Was immer in unbeschränkter Weise gegenwärtig ist, existiert überzeitlich. Wird der Mensch einfach überzeitlich, wenn sein Denken das Denken denkt? Was bedeutet es, wenn er gleichwohl ein zeitliches Wesen bleibt? Welches ist der Zeitcharakter der *theōria* des endlichen Menschen im Unterschied zu der des unendlichen Göttlichen? Diese Fragen werden bei Aristoteles so gar nicht aufgeworfen. Gadamer versucht sie dennoch zu klären, indem er eine andere Stelle der *Metaphysik* heranzieht. Einmal heißt es zur Erläuterung der *energeia*, daß sie Tätigkeit im vollendeten Vollzug sei. Wer sieht, hat zugleich gesehen (*heōrake kai hora hama*), wer denkt, hat zugleich gedacht (*noei kai nenoēken*; IX.6, 1048b33f). Gadamer zielt auf das *hama* ab, das die Gleichzeitigkeit von Vollendung (gesehen, gedacht haben) und Vollzug (sehen, denken) angibt; dies sei die »Zeitstruktur des Verweilens«, des »bei des Sache seins«, des Aufgehens in etwas. Auf solche Weise verweilt der Mensch beim Göttlichen – und beim Kunstwerk (GW8 387). Der Zeitcharakter der Weile meint hier ein doppeltes, sowohl ihre chronologisch nicht meßbare Dauer als auch ihre Endlichkeit. Denn was eine Weile dauert, währt weder nur einen Augenblick noch ewig (GW8 392; WM 131). Gadamer drückt dies im Paradoxon des »absoluten Augenblicks« aus (WM 133).

Eine zweite Näherung an das Sein des Verstehenden unternimmt Gadamer mit dem Begriff der *ekstasis*, des Außersichseins. Platon bezeichnet damit denjenigen, der sich, getrieben von der gottgesandten *mania*, aus den menschlichen Angelegenheiten heraushält, um allein mit den Göttern umzugehen; zwar gilt er unter den Menschen als Verwirrter, in Wahrheit ist er aber ein Enthusiast (Phaidros 249c–d). Gadamer hebt daran hervor, daß die Selbstvergessenheit kein privativer Zustand des Menschen ist. Nur wer nicht mehr bei sich ist, öffnet sich für das Verweilen bei anderem. Positiv ist daran, daß das Selbst sich nicht bloß weggibt, sondern sich mit dem Anderen vermittelt. Auf die Erfahrung von Kunst gewendet: »Der ekstatischen Selbstvergessenheit des Zuschauers entspricht daher seine Kontinuität mit sich selber. Gerade von dem her, worein er sich als Zuschauer verliert, wird ihm die Kontinuität des Sinnes zugemutet. Es ist die Wahrheit seiner eigenen Welt, der religiösen und sittlichen Welt, in der er lebt, die sich vor ihm darstellt und in der er sich erkennt.« (WM 133). Diese zentralen Überlegungen setzen Gadamers anschließende Auslegung der aristotelischen Theorie der Tragödie schon voraus. An der *ekstasis* soll deutlich werden, in welcher Weise der Verstehende die Wahrheit des Kunstwerks vernimmt und mit sich selbst vermittelt.

Was Gadamer an der Bestimmung der Tragödie interessiert, ist nicht gattungsgeschichtlich motiviert. Vielmehr will er daran das Tragische als Grundphänomen aller Kunstgattungen und letztlich des Lebens überhaupt aufweisen. Die *Poetik* kommt dafür in Frage, weil sie die Wirkung des Werks auf den Leser ausdrücklich in die Wesensbestimmung der Tragödie aufnimmt (WM 133f). Zwar spricht Aristoteles an keiner Stelle von *ekstasis*, wohl aber von *eleos* und *phobos*. Gadamer lehnt die (zumindest damals) gängige Übersetzung mit ›Furcht‹ und ›Mitleid‹ ab, weil diese Wörter zu sehr der Sphäre der Innerlichkeit entstammten. Gemeint seien jedoch »Jammer und Bangigkeit« als »Weisen der ›Ekstasis‹, des Außer-sich-seins, die den Bann dessen bezeugen, was sich vor einem abspielt«. Der Jammer überkommt den Zuschauer angesichts der Verblendung des tragischen Helden und löst einen Schauer der Bangigkeit ob der nahenden Katastrophe aus. Nach Aristoteles führt das Durchleben solcher Leidenschaften jedoch nicht zur Verzweiflung der Zuschauer, sondern zu einer heilsamen Reinigung, der *katharsis*. Diese gegen Platons Dichterkritik aufgestellte Bestimmung hat zahllose Deutungsversuche auf sich gezogen, die das gesamte Spektrum zwischen einer sittlichen Besserung der Zuschauer und einer bloß lustvollen psychisch-physischen Enthemmung füllen. Gadamer spricht von »tragischer Wehmut«, um auszudrücken, daß in der Erleichterung Lust und Schmerz miteinander gemischt sind. Einerseits stemmt sich der von Jammer und Bangigkeit überkommene Zuschauer gegen das tragische Geschehen, andererseits widerfährt ihm in der Unabwendbarkeit der Katastrophe eine »universale Befreiung der beengten Brust« (WM 136). Gadamer beschreibt dies als Prozeß der Entzweiung und Rückkehr des Zuschauers zu sich selbst. Ekstatisch, aus sich heraustehend, nimmt er jammernd und bangend am Schicksal des Helden teil, um zum Schluß wieder mit sich eins zu werden. Einheit mit sich selbst heißt dann ein doppeltes: schmerzvolle Einsicht in die Macht des Schicksals, lustvolle Gemütsbefreiung und Annahme des eigenen Geschicks. Darin liegt nach Gadamers Überzeugung eine Bejahung, nicht der Gerechtigkeit des Geschicks, sondern einer »metaphysische[n] Seinsordnung, die für alle gilt«. »Die tragische Affirmation ist Einsicht kraft der Sinnkontinuität, in die sich der Zuschauer selbst zurückstellt.« Die »Sinnkontinuität« stammt aus der Überlieferung des *mythos*, aus dem die Tragödie geformt ist. Der Zuschauer erkennt sich selbst in seiner eigenen Sage wieder (WM 137f).

Die Rede von der »metaphysischen Seinsordnung« ist freilich mißverständlich. Der Zuschauer erfährt das Geschick des Helden ja gerade als etwas Außer-ordentliches, das allen menschlichen Maßstäben von Recht und Unrecht, Maß und Unmäßigkeit zuwiderläuft. Was er anerkennt, ist die Unerforschbarkeit und Unbezwingbarkeit der Macht des Schicksals. Dies ist eine Wahrheit, welche die Tragödie immer wieder übermittelt und der gegenüber der Mensch nicht frei ist, sich dafür oder dagegen zu entscheiden. Es kommt allein darauf an, Schicksalsschläge (*atychias*) mit Gelassenheit zu ertragen (*eukolōs*; NE I.10, 1100b30–33). Die tragische Handlung läßt zwar jeden spüren, wie schwer es ist, im Unglück Haltung zu bewahren. Zugleich befreit sie jedoch von leidenschaftlichen Aufwallungen und bereitet den Zuschauer so auf neue *praxis* vor – das ist der politische Sinn der Tragödie. Daran zeigt sich, daß alles Verstehen an Handeln gebunden ist. Das gilt freilich auch für die Erfahrung von Sinn, wenn denn mit Sinn ein gelingendes, glückliches Leben, also *eudaimonia*, gemeint ist. Die Hinnahme von Schicksalsschlägen und die kathartische Befreiung von Ängsten gehören zwar der *eudaimonia* zu. Indessen richtet Aristoteles den Blick vom unabänderlichen Geschehen zur selbstgestalteten *eupraxia* der Menschen. Erst darin kommt jene Freiheit des Menschen zum Ausdruck, durch die er sich von allen anderen Lebewesen unterscheidet – eine Freiheit, das Glück in die eigene Hand zu nehmen, auch wenn der *daimōn* sich nicht bezwingen läßt. Ob Gadamer diesem Verständnis von ›Sinn‹ gerecht wird? Sein Bestreben geht dahin, das Tragische in universalem Sinne auszuweiten. Dann aber kommen der Mensch und sein Bedürfnis nach Kontinuität mit sich selbst nur vom Geschehen einer höheren Macht her in den Blick, nicht aber von der täglichen Praxis her. Diese Praxis muß zwar immer mit Schicksalsschlägen rechnen, ihre Grunderfahrung ist jedoch weniger passiv als aktiv.[53]

Gadamers Auslegung des Verstehens als *ekstasis* kann im Ausgang von Aristoteles nicht vollständig erhellt werden. Es scheint, im Hintergrund stehe auch hier Heidegger. Ein wesentlicher Bestandteil seiner Selbstinterpretation nach der »Kehre« war die »ekstatische« Auslegung von Existenz als »Ek-sistenz«: »Hin-aus-stehen in die Wahrheit des Seins«. ›Ek-sistierend‹ steht der Mensch in der Lichtung des Seins und übernimmt sein vom Sein geschicktes Da als Sorge (GA9 326f). An diese Sorge ist der Anspruch gestellt, daß der Mensch in das dem Geschick entsprechende Schickliche seines Wesens finde (GA9 331). Dann erst kann er zum »Hüter des Seins« werden und seine Nähe zu ihm erfahren. Heidegger fordert den Menschen auf, mit seiner Verlorenheit ins Seiende zu brechen, sein unbezwingbares Hinausstehen ins Sein zu übernehmen, um schließlich eine vertiefte Kontinuität mit sich als dem der Wahrheit des Seins gehörenden Wesen zu finden. Darin liegt jene »tragische Wehmut« in Gadamers Sinne, gilt es doch, einem höheren Geschick zu entsprechen, das keinen Widerspruch duldet und sich ge-

---

53 Aus diesem Grund behandelt Aristoteles das schicksalhafte Geschehen der Tragödie in NE III.1–5 im Zusammenhang mit unfreiwilligen Handlungen, um anschließend zu den freiwilligen Handlungen überzugehen, die im vollen Sinne *praxeis* heißen dürfen.

rade so für dessen Zuspruch zu öffnen. Hingegen bezieht der Zuschauer der griechischen Tragödie die Kontinuität mit sich selbst nicht von einem fremden Sein her, dem er sich öffnete, sondern allein aus der Annahme seiner *conditio humana*, welche neue Praxis ermöglicht.

(c) Die Einheit von Erklären, Verstehen und Anwenden: phronēsis als Modell

Im zweiten Hauptteil von *Wahrheit und Methode* behandelt Gadamer die Wahrheitsfrage im Hinblick auf das Verstehen in den historischen Geisteswissenschaften. Damit betritt er das angestammte Feld der Hermeneutik. Doch setzt sich das Ungenügen, welches er schon im ersten Teil an der überlieferten Ästhetik empfand, darin fort. Es scheint, als sei das »hermeneutische Grundproblem« gerade von der romantischen Hermeneutik verdeckt worden, wie sich nämlich Verstehen, Auslegen und Anwenden zueinander verhalten. In der Sprache der älteren Hermeneutik ist dies die Trias von *subtilitas intelligendi, subtilitas explicandi und subtilitas applicandi*. Die Romantik erkannte zwar, daß Verstehen und Auslegen miteinander verwoben sind. So wurde das Verhältnis der Sprache von Text und Auslegendem als Problem virulent, und es erwuchs der Anspruch an den Interpreten, sich so kongenial wie nur möglich dem Text anzugleichen. Die Folge war indessen, daß die Anwendung des Textes auf die Situation des Interpreten, von der die vorromantische Hermeneutik noch etwas gewußt hatte, an den Rand gedrängt wurde. Es bildete sich die Überzeugung, daß der Sinn eines Textes zunächst an sich erfaßt werden muß, bevor die Aufgabe seiner Vermittlung ansteht (WM 312f). Damit wiederholen sich freilich jene Aporien, die Gadamer schon am Zeitcharakter der Kunst aufwies. Der Wahrheitsanspruch des Kunstwerks ist nur erfaßt, wo sich die Begegnung mit ihm die bewußte Aufgabe stellt, seine Zeitlosigkeit mit Zeitlichkeit zu vermitteln und in »totaler Gegenwärtigkeit« aufzuheben. Das war nicht als Nacheinander von Verstehen, Auslegen und Anwenden, sondern als Ineinander dieser drei Momente gemeint. Da die bisherige Hermeneutik diese Struktur theoretisch nicht aufzuweisen vermochte, muß Gadamer Anleihen in einem ganz anderen Feld machen: der praktischen Philosophie des Aristoteles.

Es geht ihm nicht darum, Aristoteles als ersten Theoretiker einer Hermeneutik zu rehabilitieren. Daß es eine Schrift mit dem Titel *Peri hermeneias* gibt, erwähnt Gadamer nicht einmal; mit Recht, fällt doch diese Abhandlung in den Bereich der Logik, also der theoretischen Philosophie. Was Gadamer dagegen an der aristotelischen Ethik anzieht, ist die situierte Vernunft, deren Wissen von ›gewordenem Sein‹ nicht abzulösen ist. Die Leistung der praktischen Vernunft liegt darin, die feste sittliche Haltung (*hexis*) in immer neuen Situationen zu bewähren. Das ist aber gerade nicht so gemeint, als sei zunächst die *hexis* zu bestimmen, um dann eine Situation darunter zu subsumieren. Ebensowenig ist zuerst die Situation zu analysieren, um anschließend die passende *hexis* auszuwählen. Das wären zwei theoretische Handlungsmodelle, die einen Abstand des Handelnden zur Handlung voraussetzen, der tatsächlich nie gegeben ist. Zum einen steht alles Handeln in konkreten Situationen und Verbindlichkeiten, zum anderen sind die Situationen aufgrund sittlicher Vorprägungen immer schon auf ein Ziel hin erschlossen. Wie das Ziel konkret zu verwirklichen ist, bleibt die Aufgabe praktischer Vernunft (*phronēsis*). Der Überlegende muß sowohl am Ziel festhalten als auch alle Umstände berücksichtigen, um im Hin und Her des Überlegens die richtige Wahl unter verschiedenen Alternativen zu treffen. Gadamer entdeckt darin eine Strukturanalogie zur Hermeneutik, wo es zwar nicht um konkretes Handeln, wohl aber um konkretes Verstehen geht: Hier wie dort soll ein Allgemeines im Lichte des Besonderen und ein Besonderes im Lichte des Allgemeinen erschlossen werden, um schließlich als konkretes Allgemeines angeeignet werden zu können. Im Unterschied zum romantischen Verstehen behandelt Aristoteles Wissen und Anwenden nicht in sukzessiver Abfolge, sondern als Zirkel, worin Anwenden sowohl durch Wissen vor-geprägt ist als auch dieses weiter-prägt. Darin liegt seine »hermeneutische Aktualität«, von der dieser Abschnitt handelt (WM 317–319).[54]

In der Sache gibt Gadamer hier selbst ein Musterbeispiel dafür, was er unter hermeneutischer »Integration« versteht.[55] Denn alle Strukturbestimmungen der *phronēsis* finden sich bereits in der frühen Schrift über *Praktisches Wissen*. Sie ist kein gegenständliches Wissen, weder im Sinne der *epistēmē* noch der *technē* (WM 319–321). Vielmehr handelt es sich um ein Sich-Wissen, dessen Anwendung ohne Regeln geschieht (WM 321–326), das sowohl Mittel als auch Zwecke umfaßt (WM 326–328) und Urteilskraft ausbildet (WM 328f). Die Übertragung dieser Momente auf die Hermeneutik erfordert vom Verstehenden, daß er einen Text immer auf seine eigene Situation hin bezieht, weil er nur so dessen Sinn und Bedeutung erfassen kann (WM 329). Was mit dem eigenen Leben nichts zu tun hat, kann gar keinen Anspruch auf Wahrheit erheben, geschweige denn einen solchen geltend machen. Des weiteren klärt sich an der *phronēsis* nochmals das Verhältnis von Verstehen und Geschehen. Der Interpret kann seine Auslegung nicht einfach mit der höheren Macht eines sich selbst auslegenden Textes begründen. Verstehen ist ebensowenig wie Handeln selbstverständlich. Es bleibt stets die Anforderung, ein rechtes Verhältnis zum Allgemeinen einzunehmen, in dem allein es sich konkretisieren kann. Wie aber viele Wege zum Ziel führen, so kann ein Text auf viele Weisen sprechen. Was er in einer konkreten Auslegung sagt, muß der Interpret deshalb ebenso mitverantworten wie der Handelnde seine Entscheidung, etwas so und nicht anders zu tun. Weil es dieses Moment der Freiheit gibt, ist Verstehen nie nur reproduktiv, sondern immer auch produktiv. Der eigentlich spekulative Gedanke Gadamers besteht darin, diese Produktivität in das Sinnpotential des Textes zurückzurechnen. Nur deshalb kann er sagen, daß ein Text sich in der Vielfalt seiner Aspekte selbst auslege. Gibt es dafür einen Anhalt bei Aristoteles? Kann die Vielfalt von *ēthos*-Formen und *hexeis* auf ein gemeinsames, dem Menschen als Menschen zukommendes *ēthos* zurückbezogen werden? Diese Fragen stellen sich erst im Kontext der Hermeneutik, wo sich Wissen nicht allein durch existenziale Bedeutsamkeit, sondern noch mehr durch seinsgeschichtliche Kontinuität ausweisen muß. Man kann daraus ersehen, welche Pro-

---

54 Zu diesem Kapitel gibt es eine Reihe von Darstellungen, die am Begriff der *phronēsis* das Verhältnis von Gadamer zu Aristoteles untersuchen. In der Regel beschränken sie sich jedoch auf eine Vermessung der Gemeinsamkeiten, während die im differenten ontologischen Vorgriff begründeten Unterschiede im Hintergrund bleiben oder gar nicht behandelt werden. Deshalb bleiben die »produktiven Differenzen« weitgehend verborgen. Vgl. Paul Schuchman: Aristotle's Phronēsis and Gadamer's Hermeneutics, in: Philosophy Today 23 (1979), 41–50; Lawrence Kennedy Schmidt: The Epistemology of Hans-Georg Gadamer, Frankfurt a.M. u.a. 1985, 101–113.
55 Vgl. Richard J. Bernstein: From Hermeneutics to Praxis, in: Review of Metaphysics 35 (1982), 823–845.

bleme die ontologische Wendung von der verstehenden *praxis* zur geschehenden *energeia* aufgibt.

Zur Beantwortung der aufgeworfenen Fragen nimmt sich Gadamer eines der schwierigsten Stücke der praktischen Philosophie des Aristoteles vor, die Behandlung des Naturrechts in NE V. Wie bereits im Kapitel über Leo Strauss deutlich wurde, besteht die Herausforderung für den Interpreten darin, zu erklären, warum das Rechte von Natur (*dikaion physikon*) einerseits überall dieselbe Macht hat (*pantachou tēn autēn echon dynamin*; V.10, 1134b18f), andererseits aber bei den Menschen der Veränderung unterworfen ist (*par hēmin d'esti men ti kai physei, kinēton mentoi pan*, b29f). Die Qualifikation ›von Natur‹ scheint die Qualifikation ›veränderlich‹ *per definitionem* auszuschließen. Immerhin besteht Aristoteles darauf, daß die Veränderlichkeit des Naturrechts anderer Art ist die des gesatzten Rechts (*nomikon dikaion*), sonst machte die Unterscheidung ja keinen Sinn. Gadamer versucht diese Bemerkungen im Licht des an der *phronēsis* aufgewiesenen Verhältnisses zwischen dem Allgemeinen und dem Besonderen zu erhellen. Zwar gebe es einen Freiraum, in dem der Mensch nach Belieben Vereinbarungen treffen könne, doch finde er immer dort seine Grenzen, wo sich ›die Natur der Sache‹ zur Wehr setze. Ebenso ist das Feld möglicher Handlungen durch gemeinsame *hexeis* begrenzt, von denen her die Alternativen allein in den Blick kommen. Wie aber die *hexeis* einen Spielraum zulassen, so auch das von Natur Rechte. Das erläutert Gadamer an einem Beispiel des Aristoteles. Wer Wein oder Öl kaufe, bevorzuge größere Maße, der Verkäufer hingegen kleinere (1135a1–3). Damit sei nicht gemeint, daß jeder den anderen zu betrügen suche. Vielmehr gebe es für Käufer und Verkäufer einen gemeinsamen Maßstab, der jedoch eine Schwankungsbreite umfasse, innerhalb derer jeder den größten Vorteil suche (WM 324f).

Im Bereich des Rechts sieht Gadamer diese Toleranzspanne mit dem Begriff der Billigkeit (*epieikeia*) eingeholt. Aristoteles bestimmt die Billigkeit als Berichtigung des gesatzten Rechts (*epanorthōma nominou dikaiou*, V.14, 1137b11–13). Sie sei deshalb erforderlich, weil manche Fälle von der Allgemeinheit des Gesetzes nicht recht erfaßt würden (b14f). In Gadamers Augen trägt Aristoteles damit dem gesamten Problem der Konkretion des Richtens Rechnung. Dies besagt, daß jede Form der Gesetzesanwendung eine Billigkeitsüberlegung einschließen muß, weil das Allgemeine immer in Spannung zum Besonderen steht. Gleichwohl kann die Berufung auf das Naturrecht nur eine kritische Funktion besitzen, um zwischen verschiedenen Rechtsansprüchen zu schlichten. Wo dem Naturrecht im Unterschied zum positiven Recht ein eigener Inhalt zugesprochen wird, verliert die Berufung darauf ihre Legitimität (WM 325). Das Recht, so könnte man Gadamers Ausführungen über das Kunstwerk variieren, soll sowohl *ergon*, allgemein gesatztes Recht, als auch *energeia*, konkrete Auslegungspraxis, sein. Diesen Gedanken wendet Gadamer gegen die unter Juristen gängige Unterscheidung von Rechtshistorikern und Rechtssystematikern. In Wahrheit könne weder der Systematiker von der Auslegungspraxis noch der Historiker vom Sinngehalt der Rechtssatzung absehen (WM 330ff). Das Äquivalent zum Naturrecht im Feld des Rechts sieht Gadamer im Bereich der Ethik in den »Leitbildern«, womit er auf die Rolle des *spoudaios* in der aristotelischen Ethik anspielt. Solche Leitbilder haben denselben Geltungsanspruch wie Schemata; sie stellen kein lernbares nomothetisches Wissen dar, sondern erweisen ihre Richtigkeit allein in der Konkretion der Praxis. Gadamer bringt das auf die Formel, sie seien weder »Normen, die in den Sternen stehen« noch »bloße Konventionen« (WM 325f).

Gewiß ist die aristotelische Suche nach einem Mittelweg bei der Bestimmung des *anthrōpinon agathon* zwischen willkürlicher Satzung und natürlicher Determination so angemessen auf den Begriff gebracht (NE I.1, 1094b12–14). Gadamer kann überzeugend darlegen, daß sich die Bestimmungen der praktischen Philosophie innerhalb eines Spielraums bewegen, der durch die Natur einer Sache sowohl eröffnet als auch umgrenzt ist. Was läßt sich daraus für die Hermeneutik lernen? Wenn Gadamer sagt, ein Text lege sich in der Vielfalt seiner Aspekte selbst aus, kann dies vor dem Hintergrund der Ausführungen zu Aristoteles nur metaphorisch verstanden werden. Zwar setzt der Text jeder Auslegung Grenzen, doch eröffnet er damit zugleich einen Spielraum für die produktive Interpretation. Nach Gadamer unterstehen alle Interpretationen einem »kritischen Leitmaßstab der ›richtigen‹ Darstellung«. ›Richtig‹ steht deshalb in Anführungszeichen, weil ein solcher Maßstab ein »höchst beweglicher und relativer« sein muß; an dogmatischen Kanonisierungen ist ihm offenbar nicht gelegen (WM 124f). Die entscheidende Frage ist indessen, welche Valenz dem Maßstab zukommen kann. Setzt er sich von selbst durch, infolge der unabweisbaren Wirkung des Werks? Oder ist seine Geltung vom menschlichen Erkennen abhängig, in das mehr und Kontingenteres einfließt als die Wahrheit der Kunst? Es ist die Frage nach der Wahrheit der Hermeneutik, die sich hier aufdrängt. Bezieht das Verstehen seine Geltung aus dem ekstatischen Verweilen beim Werk, aus dem Konsens einer Interpretationsgemeinschaft oder gar aus beidem? Auf diese Frage ist am Ende des Kapitels zurückzukommen (Abschnitt (e)). Zuvor muß jedoch die volle Dimension der Wahrheitsfrage gewonnen werden, die Gadamer im dritten Teil von *Wahrheit und Methode* eröffnet.

(d) Das Sein der Sprache als energeia – das Sein als Sprache

Es könnte nach den ersten beiden Hauptteilen von *Wahrheit und Methode* so aussehen, als erhebe Gadamer den Anspruch, die geisteswissenschaftliche Hermeneutik auf neue Füße zu stellen. Das wäre gewiß eine beträchtliche Leistung, doch reicht sein Anspruch noch darüber hinaus. Gadamer will eine *universale* philosophische Hermeneutik vorlegen, die das Verstehen als Grundverhalten allen menschlichen Welt- und Seinsbezugs ausweist. Diese ontologische Wendung, die natürlich in den ersten beiden Teilen immer schon vorausgesetzt war, vollzieht er im dritten Teil am »Leitfaden der Sprache«. Die zu belegende These lautet: »Sein, das verstanden werden kann, ist Sprache« (WM 478). Damit ist nicht mehr nur die Sprache des Kunstwerks gemeint, sondern alles Sprechen, in dem Sein erschlossen ist. Darunter fällt auch die gesamte Dimension sozialen und politischen Miteinanders, sofern es sich im Medium der Sprache vollzieht. Welches die Konsequenzen für die praktische Philosophie sind, ist zwar noch nicht Sache des Schlußteils von *Wahrheit und Methode*. Wohl aber knüpft die fundamentalontologische Wendung zur Sprache an die aristotelische Bestimmung des Menschen als eines *zōon logon echon* an. Diese Anknüpfung sei im folgenden näher untersucht.

Bereits Gadamers erste Arbeiten hatten die Sprache zum Thema. Ob platonische Dialektik oder aristotelische Ethik, immer ging es um das Verhältnis philosophischer Begriffe zur Alltagssprache. Dabei war vorausgesetzt, daß in der alltäglichen Sprache Welt bereits erschlossen ist, wenn auch nur in unausdrücklicher Weise. Die Leistung des sachaufweisenden Gesprächs sah er darin, daß es das Vorverständnis in begründetes Einverständnis hebt. Dieser Theorie lag die Annahme zugrunde, daß zwischen Wort und Sache eine »innige Einheit« bestehe, an welcher die Philosophie und ihre Begriffssprache unmöglich vorbeigehen können. Eine Rechtfertigung dafür liefert Gadamer jedoch erst in *Wahrheit und Methode*, freilich vom gewandelten Standpunkt aus. Welche Schwierigkeiten sich dabei ergeben, zeigt der Blick auf *das* Paradigma linguistischer Reflexion im 20. Jahrhundert, die konventionalistische Sprachtheorie. Sie beruht seit Ferdinand de Saussure auf der Trennung zwischen Zeichenkörper (Signifikant) und Bedeutung (Signifikat), die mit zwei Implikationen versehen ist. Erstens ist die Bedeutung eines Zeichens arbiträr, weil sie auf willkürlicher Setzung beruht. Zweitens kann ein Zeichen überhaupt nur deshalb als es selbst identifiziert werden, weil es sich differentiell zu anderen Zeichen verhält. Arbitrarität und Differentialität des Zeichens lenken die Aufmerksamkeit der Linguistik von der diachronen auf eine synchrone Betrachtung der Sprache. Dabei steht nicht im Vordergrund, wie Zeichen im Laufe der Zeit Bedeutungen annehmen oder abstoßen, sondern welches System sie unabhängig von ihrer Bedeutung bilden. Es ist das Interesse an der Logik und an den internen Strukturen der Sprache, das zuerst die Sprachwissenschaft, dann die sprachanalytische und strukturalistische Philosophie ergriff.

Solche Sprachtheorien beziehen einen nicht geringen Teil ihrer Legitimität aus der aristotelischen Philosophie. Aristoteles wird oftmals als Urheber der *Trennung* von Wort und Wahrheit berufen. Zwar kennt er eine natürliche Semantizität beseelter Laute; Tiere und Menschen vermögen durch ihre bloße Stimme anzuzeigen, was ihnen angenehm und unangenehm ist (*phonē tou lupēraou kai hēdeos esti sēmeion*, Pol. I.2, 1253a10f). Wo es jedoch um Sprache im eigentlichen, nämlich nur dem Menschen zukommenden Sinne geht, wird das *sēmainein* zum *symbolein*. Alle sprachlichen und schriftlichen Äußerungen des Menschen, heißt es am Anfang von *De Interpretatione*, sind Symbole dessen, was seiner Seele widerfährt (*tōn en tē psychē pathēmatōn symbola*; I, 16a3–6). Symbol von gr. *sym-ballein* meint das, was zusammengeworfen wird und zuvor nichts miteinander zu tun hatte. Solcher ›Zusammenwurf‹ geschieht bei Wörtern, wie Aristoteles ausdrücklich hervorhebt, nicht von Natur, sondern allein durch menschliche Übereinkunft (*to de kata synthekēn, hoti physei tōn onomatōn ouden estin, all'hotan genētai symbolon*, a26–28). Deshalb verlagert sich der Ort der Wahrheit vom Wort auf den Aussagesatz (*logos apophantikos*), dessen Richtigkeit mit logischen Mitteln bestimmt werden kann (De Int. IV). Eine solche Trennung von Wort und Wahrheit bezeichnet Gadamer generell als »instrumentalistische Zeichentheorie, die Wort und Begriff als bereitliegende oder bereitzumachende Werkzeuge auffaßt« (WM 407). Ihre Grundannahme ist, daß man vorgängig über Sprache verfügen kann, gerade so wie der Techniker vor jedem Gebrauch sein Werkzeug beherrscht. Nach Gadamers Überzeugung ist so jedoch das Wesen der Sprache, die sich nie objektivieren lasse, verkannt. Menschen lebten immer *in* der Sprache, ohne jemals einen archimedischen Punkt außerhalb ihrer einnehmen zu können. Auch der Aussagenlogik gelinge das nur scheinbar. In Wahrheit bleibe sie in die sprachliche Grundverfassung des Menschen verwoben – nur, daß sie dies gar nicht mehr zu Gesicht bekomme (WM 457).

Was das meint, demonstriert Gadamer mit seiner Lesart von *De Interpretatione*. Es handele sich gar nicht um eine vom natürlichen Sprechen abgelöste Theorie, vielmehr stehe sie, ohne daß Aristoteles eigens darauf hinweise, im Horizont von Pol. I.2. Dort heißt es, der Mensch zeichne sich vor allen anderen Lebewesen durch den *logos* aus, welcher ihn befähige, sich vom Guten und Schlechten, von Recht und Unrecht Vorstellungen zu machen. Die Gemeinschaftlichkeit dieser Vorstellungen rufe das Haus und die Polis ins Leben (1253a15–18). Gadamer kommentiert: »Das Übereingekommensein in der sprachlichen Verwendung von Lauten und Zeichen ist nur ein Ausdruck jener grundlegenden Übereinkunft in dem, was als gut und recht gilt.« (WM 435). Ohne solche Übereinkunft wäre die Kodifizierung der Sprache gar nicht möglich. Die Übereinkunft im Guten und Rechten geschieht nach Gadamer indessen nicht willkürlich, sondern geht aus der gemeinsamen Erfahrung der Menschen hervor. Diese Erfahrung ist wiederum sprachbezogen, genauer: gesprächsbezogen.

»Sprachliche Verständigung stellt das, worüber sie stattfindet, vor die sich Verständigenden hin, wie einen Streitgegenstand, der zwischen den Parteien in der Mitte niedergelegt wird. Die Welt ist derart der gemeinsame, von keinem betretene und von allen anerkannte Boden, der alle verbindet, die miteinander sprechen. Alle Formen menschlicher Lebensgemeinschaft sind Formen von Sprachgemeinschaft, ja mehr noch: sie bilden Sprache. Denn Sprache ist ihrem Wesen nach die Sprache des Gesprächs. Sie bildet selber durch den Vollzug der Verständigung erst ihre Wirklichkeit. Deshalb ist sie kein bloßes Mittel der Verständigung.« (WM 450).

Diese Passage gibt Gadamers Auslegung des Anfangs der *Politik* wieder. Sprache, die ihr Sein im Gespräch hat, ist kein *ergon*, sondern *energeia*. Jede Verfestigung des lebendigen Sprechens, sei es durch Grammatik oder Logik, bleibt darauf bezogen. Darin kann er sich auf Humboldt berufen, der die berühmte Formel von der Sprache als *energeia* zuerst prägte.[56] Der Sache nach liegt eine solche Auffassung von Sprache in Gadamers Augen schon der praktischen Philosophie des Aristoteles zugrunde. Daß dies lange Zeit verdeckt wurde und Aristoteles als Ahnherr der Konventionalisten beansprucht werden konnte, führt er auf die Dominanz der Logik im abendländischen Denken zurück. Das einseitige Interesse an fester Begrifflichkeit ließ die Lebendigkeit des Sprechens nur privativ in den Blick geraten. Dennoch findet Gadamer in einer der Schriften des *Organons* eine Stelle, die er immer wieder anführt, um das Wesen der Begriffsbildung zu erläutern. Aristoteles behandelt im letzten Buch der *Analytica Posteriora* – analog zu Metaphysik I.1 –, wie aus der Sinneswahrnehmung (*aisthēsis*) die Erinnerung (*mnēmē*), daraus die Erfahrung (*empeiria*) und schließlich das Prinzip (*archē*) hervorgeht (II.19, 100a2–9). Diesen Vorgang faßt er in ein Bild: Das Allgemeine gehe aus dem Einzelnen etwa so hervor, wie wenn in einem in die Flucht geschlagenen Heer plötzlich einer stehenbleibe, dann der nächste, bis die Ausgangsstellung (*archē*) wieder erreicht sei (a12–14). Die Flucht verläuft völlig chaotisch und zerstreut, jede einzelne Wahrnehmung bleibt flüchtig. Doch sobald sich eine Wahrnehmung wiederholt, weil ein zweiter stehen bleibt, bildet sich ein Kristallisationspunkt für Erfahrung. Wenn schließlich alle stehen, geht aus der Erfahrung die *archē* hervor, was hier ein dreifaches meint: die Anfangsstellung, das Kommando über das Heer und im übertragenen Sinne das Prin-

---

56 »Die Sprache in ihrem wirklichen Wesen aufgefaßt, ist etwas beständig und in jedem Augenblicke Vorübergehendes. Selbst ihre Erhaltung durch die Schrift ist immer nur eine unvollständige, mumienartige Aufbewahrung, der es doch erst wieder bedarf, daß man dabei den lebendigen Vortrag zu versinnlichen sucht. Sie ist selbst kein Werk (Ergon), sondern eine Tätigkeit (Energeia).« Wilhelm von Humboldt: Über die Verschiedenheit des menschlichen Sprachbaus und ihren Einfluß auf die geistige Entwicklung des Menschengeschlechts (1830–35), in: Werke, hg. von A. Flitner u. K. Giel, Stuttgart-Berlin 1963, Bd. III, 418. Vgl. auch Schmidt: The Epistemology of Hans-Georg Gadamer, aaO., 159–168.

zip. Aristoteles spricht auch vom *logos*, um anzuzeigen, daß einheitliche Wahrnehmung im Begriff behalten wird (a1–3).

Was Gadamer an der Metapher vom stehenbleibenden Heer anspricht, ist zweierlei. Zum einen verdeutlicht sie, daß Begriffe nicht künstlich gebildet werden, sondern »die natürliche Begriffsbildung der Sprache immer schon im Gang ist« (WM 436). Zum anderen weist sie dieses »schon im Gang sein« als »Geschehen« aus, »dessen niemand Herr ist, wofür auch kein Eigengewicht der einen oder anderen Beobachtung als solches bestimmend ist, sondern wo sich alles auf eine undurchschaubare Weise zusammenordnet«. Daraus folgert er, daß echte, nämlich hermeneutische Erfahrung die Offenheit für das Unerwartete und Unplanbare erfordere (WM 358). Indessen bringt noch die Heeres-Metapher die Schwierigkeiten der aristotelischen Begriffsforschung zum Ausdruck. Es ist nämlich in dem Bild implizit vorausgesetzt, was in der täglichen Erfahrung gerade nicht gegeben ist: eine Ausgangsposition, die *wieder* eingenommen wird. Aristoteles setzt jene Allgemeinheit der *archē* und des *logos* schon voraus, die der Erfahrung erst aufgehen soll. Prinzip und Begriff, merkt Gadamer an, stellen für ihn ein »ontologisches Prius« dar, was die Problematik der *Bildung* des Allgemeinen eher verhüllt als aufdeckt.

Gadamer stößt an diesem Punkt auf die innere Grenze der aristotelischen Metaphysik. Wo alles Wirkliche (*energeia*) nur als Verwirklichung eines Möglichen (*dynamis*) gedacht werden kann, ist ein schlechthin Neues ontologisch nicht erklärbar. Alle Erfahrung und alle Entdeckung von Prinzipien weisen auf eine statische Ordnung zurück, die lediglich rekonstruiert werden kann. Daß Sein selbst sich fortbestimmt und sich in der Sprache auf immer neue, niemals zu erschöpfende Weise vermittelt, dieser spekulative Gedanke sprengt den griechischen Horizont. Zwar ist es möglich, Sprache und Erfahrung als *energeia* zu denken, jedoch eben nur in jenem schon behandelten Sinne einer zur Vollendung führenden und sich schließlich darin haltenden Bewegung. Jedes »sachaufweisende Gespräch« gelangt früher oder später an den Punkt, wo die Sachen klar zutage treten und das Gespräch sein Ziel erreicht hat. Sprache bildet die Seinsordnung bloß ab, welche im Denken von den Wörtern abgelöst und rein durch den *nous* vernommen werden kann. Folglich endet der *logos* des Gesprächs, wo das Sein dem Denken von selbst einleuchtet – *aneu logos*. Man könnte fragen, inwieweit sich in der praktischen Philosophie des Aristoteles dazu eine Alternative abzeichnet. Darin geht es ja nicht um die immerseiende Seinsordnung, sondern um das Seiende, welches auch anders sein kann. Dieses liegt allein in der sprachlichen Selbstauslegung der Bürger vor und kann niemals jenseits der Sprache entdeckt werden. Deshalb gibt es auch keine strengen Allgemeinbegriffe wie in der theoretischen Philosophie, sondern bloß Schemata, die von ihren Konkretionen *nicht* ablösbar sind. In welchem ontologischen Verhältnis dieses Anderssein zum Immersein steht, läßt Aristoteles jedoch offen.

Da Gadamer die Universalität der philosophischen Hermeneutik erweisen will, kann er sich mit regionalen Ontologien nicht zufriedengeben. Das Sein, nach dem er fragt, liegt der Trennung von Seinsbereichen voraus. Es ist so umfassend und so unabgeschlossen wie die Sprache, mehr noch: es ist allein als Sprache verstehbar. Sprache als *energeia* meint deshalb nicht bloß, daß das Wesen der Sprache im Gespräch liegt. Vielmehr ist damit auch und vor allem gesagt, daß im Sprechen Sein selbst sich entbirgt, Sein als *energeia atelēs*, als »Sein im Werden«. Die »innige Einheit von Wort und Sache« meint im Kontext der in *Wahrheit und Methode* vollzogenen ontologischen Wendung nichts anderes als die Einheit von Sein und Sprache, welche sich selbst in unerschöpflicher Weise kundtut, ohne daß der Verstehende je darüber verfügen könnte. Er spricht – und durch ihn hindurch bringt sich das Sein zur Sprache. Nicht kommt es darauf an, die Sprache zu gebrauchen, sondern auf sie zu hören (WM 467, 473f, 478f). Das sind alles Gedanken, die nicht von ungefähr an Heidegger denken lassen. Gadamer sucht sie indessen von der Tradition her plausibel zu machen, allerdings nicht der griechischen, sondern der christlich-theologischen. Was aus der »Sprachvergessenheit« der Griechen befreit, ist der Anfang des Johannes-Evangeliums. Dort wird die Inkarnation Gottes in Jesus gleichgesetzt mit dem Wort des Evangeliums, das davon Zeugnis ablegt. Es ist nicht das Wort des Johannes, sondern das Wort Gottes, welches den Menschen leuchtet. Wo und wann immer es gehört und nachgesprochen wird, ist dieses Wort Verkündigungsgeschehen, in dem Gott den Menschen seine Wahrheit offenbart. Die von dieser Stelle ausgehende Sprachspekulation bietet Gadamer in dreifacher Hinsicht ein Korrektiv zur griechischen Tradition. Erstens eröffnen die Inkarnation Gottes und ihre sprachliche Bezeugung die Dimension der Geschichte, die dadurch Anfang und Richtung erhält als Geschichte Gottes mit den Menschen. Darin liegt eine Dynamisierung der Ontologie, sofern der Mensch aufgefordert ist, seine eigene Zeitlichkeit im Verhältnis zur Ewigkeit Gottes neu zu bestimmen. Zweitens spiegelt sich das göttliche Wort nach augustinischer Lehre im inneren Wort (*verbum interius*) des Menschen wider. Auf diese Weise ermöglicht, trägt und durchwirkt es alles menschliche Verstehen. Drittens vermittelt sich das Wort als Geschehen im Sinne der *energeia atelēs*, insofern es der fortschreitenden Verkündigung bedarf (WM 422–431).

Nun spricht die philosophische Hermeneutik weder von Gott noch vom Jenseits oder vom Glauben. Ihre Sache ist die unvollkommene menschliche Sprache und der sich darin eröffnende Bezug des Menschen zum Sein, das in »totaler Gegenwärtigkeit« präsent ist. Dennoch ist offenkundig, daß dieses Sein wesentliche Attribute des Göttlichen aufgenommen hat: Es manifestiert sich in beständiger sprachlicher Vermittlung, als ein Geschehen, das das menschliche Verstehen sowohl ermöglicht als auch begrenzt. Wenn Gadamer das Verstehen als »Hören« auf die Überlieferung auslegt, wird transparent, wie sehr hinter seiner Sprach- und Seinsspekulation eine ursprünglich religiöse Erfahrung waltet. Wer hört, läßt sich etwas sagen und übernimmt dessen Wahrheit. Es ist diese passive, beinahe demütige Haltung zum Geschehen der Sprache, welche die christliche von der griechischen Welt trennt und jene Schwelle markiert, an der auch Gadamer den griechischen Boden verläßt.

(e) Wahrheit: methexis und sensus communis

Der Anfang und das Ende von *Wahrheit und Methode* sind durch die Frage nach der Wahrheit miteinander verknüpft. Die Suche nach Antworten nimmt zwei unterschiedliche Stränge des griechischen Denkens auf. Zum einen die platonische Philosophie, die den Begriff der Teilhabe (*methexis*) prägt; zum anderen die im Humanismus lebendige Tradition des *sensus communis*, die auf die praktische Philosophie des Aristoteles zurückgeht. Gadamers Bestreben geht dahin, beide Stränge miteinander zu verschmelzen. Es scheint, als werde so die entscheidende Frage seines Werks allein auf griechischem Boden gestellt. Doch wird sich abermals zeigen, daß Gadamers Rückgriff auf die Griechen die christliche *logos*-Spekulation voraussetzt.

Teilhabe ist einer der zentralen, immer wiederkehrenden Begriffe in *Wahrheit und Methode*. Gadamer gebraucht ihn zunächst im Hinblick auf die griechische Bedeutung von *theōria*. Der *theōros* gehört zu einer Festgesandtschaft und hat an einem feierlichen Akt teil. Davon abgeleitet ist das »hingerissene Eingenommensein« des Philosophen beim Anblick des wahrhaft Seienden. Gadamer hebt hervor, daß solche Teilhabe nie ein Tun, sondern ein Erleiden ist, insofern sich der »Theoretiker« von der Wahrheit des Geschauten bestimmen läßt (WM 129f). Auch ist es bedeutsam, daß Teilhaben kein Aufteilen meint, also eine Minderung, sondern im Gegenteil, daß dadurch das Seiende noch an Sein gewinnt. Diese Einsichten überträgt Gadamer auf das Verstehen, die Teilhabe am gemeinsamen Sinn (WM 297, 395). Die passive Bestimmung der Relation des Erkennenden zum Erkannten ist gegen die neuzeitliche Erkenntnistheorie gerichtet, welche sich nicht der Wahrheit aussetzt, sondern diese mit methodischen Mitteln ans Licht bringen will. Wissen wird als Konstruktionsvorgang verstanden, der das Chaos von Eindrücken und Erfahrungen ordnet. Ordnung gilt somit nicht mehr als ontologischer Grundzug alles Seienden, sondern als Leistung des Erkennens. Derart betriebene Wissenschaft heißt »theoretisch«. Indem Gadamer einen älteren Begriff von *theōria* dagegen setzt, will er ein Verständnis von Ordnung rehabilitieren, die der Mensch nicht schafft, sondern der er zugehört. Wer wahrhaft verstehen will, so das Anliegen von *Wahrheit und Methode*, muß seine Zugehörigkeiten kennen: zum Kunstwerk, zum Überlieferungsgeschehen, zur Tradition, zur Sprache, mithin zu jenem Sein, das sich darin kundtut.

Gadamer knüpft mit dem Begriff der Teilhabe an die platonische Tradition des Philosophierens an. *Methexis* bezeichnet bei Platon das Verhältnis, in dem etwas zum höchsten Sein steht, dem Immerseienden, das ohne Werden ist (*to on aei, genesin de ouk echon*; Timaios 27d). Alles Vergängliche und Einzelne hat Anteil am Sein; Platon spricht seit den mittleren Dialogen von den Ideen. Die Ideen haben ihrerseits wieder an der Idee des Guten teil, die noch jenseits des Seins steht. Vom Menschen heißt es, er habe am Göttlichen teil, zwar nur wenig, doch liege gerade darin der Ernst seiner Existenz (Nomoi 804b–c). Es ist dem Menschen nämlich möglich, aufgrund seiner Vernunft das Wahre zu erkennen und so am höchsten Sein zu partizipieren (Politeia 511b–e). Wenn er bei dem weilt, was unvergänglich ist, gewinnt er selbst Anteil an der Ewigkeit. Diese Überzeugung hat das Selbstverständnis der griechischen Philosophen maßgeblich bestimmt. Darin liegen indessen Implikationen geborgen, die Gadamers Begriff hermeneutischer Teilhabe zuwiderlaufen. Zunächst bleibt es allein wenigen Auserwählten vergönnt, ihr an sich niedriges menschliches Sein emporzuheben. Sodann ist die Sprache – das Gespräch der Dialektik – nur ein Vehikel der *epagōgē*, nicht jedoch ihre Vollendung. Die Kunst spielt auf diesem Weg, wie es angesichts der platonischen Dichterkritik in der *Politeia* scheint, überhaupt keine Rolle. Da sie bloß Abbilder von Werken schafft, die ihrerseits auf unvollkommene Weise Ideen nachbilden, sind ihre Werke gleich zwei Stufen vom eigentlichen Sein getrennt. Schließlich zeichnet sich das höchste Sein durch unwandelbare Statik, nicht aber durch *energeia* aus.

Gadamer muß daher, sofern er von Platon ausgeht, ein gespaltenes Verhältnis zur *methexis* haben. Allerdings wird dies in *Wahrheit und Methode* nur indirekt virulent. Die Art und Weise, wie er dieses platonische Theorem auszulegen sucht, stellt nämlich eine Transformation dar. Gadamer erläutert die *methexis* im Rückgriff auf die Idee des Schönen, welche Platon manchmal der Idee des Guten beiseite stellt (vgl. Philebos

64e5f). Er beruft sich auf eine Stelle im *Phaidros*, wo sie gegenüber allen anderen einzelnen Ideen dadurch hervorgehoben wird, daß sie am meisten hervorscheine (*ekphanestaton*, 250d). Mag wahrnehmbare Schönheit auch nur ein Abglanz der wahren Schönheit sein, folgert Gadamer, reiche sie doch ins Sinnliche hinein. Mehr noch, sie habe ihr Sein im Scheinen als das Licht, das an sich selbst erscheine (WM 486). Die Idee des Schönen ist somit nicht bloß eine Lichtquelle, die das sinnlich Schöne beleuchtet. Vielmehr scheint alles Schöne aus sich selbst. Offenkundig ist hier der *chorismos* zwischen Idee und Erscheinung in ein Erscheinendes aufgelöst, das sich selbst als Idee vermittelt. Dieselbe Struktur erkennt Gadamer in der Idee des Guten wieder, die – nach dem Sonnengleichnis der Politeia – alle Erkenntnis erst ermöglichen soll. In Wahrheit sei damit das Licht des Geistes (*nous*) gemeint, das dem Menschen innewohne. Unter dieser Voraussetzung ist der *chorismos* zwischen Seinsordnung und menschlichem Erkennen überwunden (WM 487). Im nächsten Schritt verbindet Gadamer beide Ideen, um eine Beziehung zwischen dem Vorschein des Schönen und dem Einleuchten des Verständlichen herzustellen. Das Schöne, sagt Gadamer, sei wie alles Verständliche »einleuchtend« (WM 488).

Diese Argumentation ist so sprunghaft, daß sie eher metaphorisch als logisch genannt zu werden verdient. Es sei daher gar nicht versucht, die Stichhaltigkeit der einzelnen Schritte zu prüfen. Was zählt, ist allein das Ergebnis. *Methexis* meint nach Gadamers Aufweis zweierlei. Zum einen birgt alles sinnlich erscheinende Schöne in sich die Idee des Schönen, mithin: das Sein selbst. Sein erscheint im Schönen auf je andere Weise, und doch ist alles Erscheinen niemals nur ›bloßer Schein‹. Damit wird die Abbildtheorie der Kunst aus *Politeia* X stillschweigend verabschiedet. Zum anderen kann das Sein durch den menschlichen Geist verstanden werden, weil dieser selbst ein Licht in sich trägt. Gleichwohl fehlt hier noch das entscheidende Zwischenglied, die Sprache als Mitte, in der sich Mensch und Sein begegnen. Dieses Glied gewinnt Gadamer aus der augustinischen Interpretation des Schöpfungsberichts. Augustinus stellt heraus, daß Gott bei der Erschaffung des Lichts zum ersten Mal spricht. Das Sprechen stellt sich ihm als geistige Lichtwerdung dar, die erst den Unterschied zwischen den gestalteten Dingen ermöglicht. Gadamer erkennt darin einen Vorklang seiner »spekulativen Deutung der Sprache [...], wonach aus der Einheit des Wortes die Vielheit des Gedachten hervorgeht«. Er sieht indessen selbst, daß ihn die Verbindung platonischer und augustinischer Gedanken weit über den »Horizont der Substanzmetaphysik« hinausgetrieben hat (WM 487f).

Für die hier verfolgte Frage nach der Auslegung des *Aristoteles* war dieser Exkurs zur *methexis* erforderlich, weil sich Gadamer in dem Maße, wie er von Platon abrückt, der Tradition der praktischen Philosophie wieder anzunähern scheint. Wenn das Licht, das den Geist erhellt, zu Sprache wird, stellt sich die Frage, in welchem Sinne Gesagtes wahr ist. Gadamer vermeidet es, nach außersprachlichen Maßstäben zu suchen, weil Sein als Sprache nur an ihm selbst aufgewiesen werden kann. Das einzige innersprachliche »Wahrheitskriterium« ist das ›Einleuchten‹ von Gesagtem.[57] Das Wort, das die Sache trifft und so Sein zum Vorschein bringt, ist wie ein Licht, das einem aufgeht.

---

57 Vgl. Jean Grondin: Hermeneutische Wahrheit? Zum Wahrheitsbegriff Hans-Georg Gadamers, Königstein 1982.

Hier ist die platonisch-augustinische Lichtmetapher offenkundig festgehalten – als sprachliche Evidenzerfahrung. Solche Evidenz kann jedoch nicht bewiesen werden; es zeichnet sie aus, sich ohne Beweis einzustellen. An diesem Punkt bringt Gadamer die rhetorische Tradition ins Spiel, die von jeher die Berechtigung des Wahrscheinlichen gegen das Bewiesene verteidigt habe (WM 488f). Es ist dieser Gedanke gewesen, der ganz am Anfang von *Wahrheit und Methode* die Bedeutung der humanistischen Tradition für die Wiedergewinnung des Selbstverständnisses der Geisteswissenschaften belegen sollte. Gadamer greift dort auf jene Wissensform zurück, die innerhalb dieser Tradition *sensus communis* heißt, »gemeinschaftlicher Sinn« für »das Sagen des Richtigen«, wie er übersetzt (WM 24f).

Die unmittelbare Textgrundlage ist eine Schrift Giambattista Vicos, welche das Recht der Rhetorik und ihres wahrscheinlichen Wissens gegen den Anspruch der cartesianischen Kritik auf wahres, nämlich beweisbares Wissen verteidigt. Es liegt wesentlich in der praktischen Relevanz des Wahrscheinlichen, aus dem sich die Menschen immer schon in ihrem Leben verstehen. Das meint ein doppeltes, weil dieses Wissen sowohl inhaltlich bestimmt als auch gemeinschaftlich integrierend ist. Es tradiert einen über lange Zeit hinweg gebildeten *sensus communis* hinsichtlich der Ordnungen und Zwecke des gemeinsamen Lebens. Gadamer sieht deutlich, daß Vico in der Sache den aristotelischen Gegensatz von praktischem und theoretischem Wissen, von *phronēsis* und *sophia* rehabilitiert. Bei beiden zeichnet sich praktisches Wissen dadurch aus, daß es auf konkrete Situationen gemünzt ist und von einer sittlichen Haltung getragen wird (WM 26–28). Der verminderte Wahrheitsanspruch ist kein Manko, sondern entspricht der Bewegtheit des Lebens selbst. Außerdem liegt das Wissen immer schon als sprachliches vor (in den *endoxa* und den *loci commmunes*). Da die Geisteswissenschaften, so Gadamers eigene Schlußfolgerung, die moralische und sittliche Existenz des Menschen zum Gegenstand haben, muß ihr Wissen daran zurückgebunden sein. Deshalb habe es »etwas sofort Einleuchtendes«, ihre Arbeitsweise auf den Begriff des *sensus communis* zu gründen (WM 28). Gadamer stellt sich damit selbst in die Tradition der von Aristoteles herkommenden praktischen Philosophie.

Es muß allerdings gefragt werden, ob er diese Tradition nicht zugleich entscheidend transformiert. Dafür gilt es, sich der ontologischen Voraussetzungen zu erinnern. Aristoteles kennt drei verschiedene Präsenzweisen von Sein: (1.) das ewige Sein des Kosmos und des unbewegten Bewegers, (2.) das sich entelechial entfaltende (und wieder vergehende) Sein des Organischen (*physis*), (3.) das Sein des Menschen, welches sich nicht von selbst entfaltet, sondern dem Menschen einen Spielraum der Freiheit läßt. Er kommt darin zum Ausdruck, daß der Mensch wählen kann, über *proairesis* verfügt. Was im Rahmen des der Natur nach Richtigen liegt, gibt Aristoteles im Umriß an: *polis*, *ēthos* und *nomos*. Es läßt sich nur ausgehend von der Mannigfaltigkeit existenter Formen bestimmen, ohne jemals als solches zugänglich zu sein. Gadamer reizt daran die Vorstellung, daß jede einzelne (gute) Manifestation von Stadt, Sitte und Recht als natürlich angesprochen werden kann – dieselbe Natur erscheint auf je andere Weise. Die entscheidende Frage zwischen Aristoteles und Gadamer ist indessen, welche ontologische Valenz dies hat. Ist es nur das Sein des Menschen, das sich so in aller Vielheit als eines zeigt? Oder ist es das Sein alles Seienden – des Menschen, der Natur, des Kosmos –, welches sich darin auslegt? Aristoteles' Antwort ist zweideutig: Das *ergon tou anthrōpou*, das Werk des Menschen, ist gemäß NE I.6 die Tätigkeit der Seele gemäß ihrem vernünftigen Element (*psychēs energeia kata logou*, 1098a7f); sollte es mehr als eine solche Tätigkeit geben, dann gemäß der besten und vollendetsten (*kata tēn aristēn kai teleiotatēn*, a17). Die Analyse von NE VI ergibt zwei höchste Tätigkeiten innerhalb des *logistikon*, nämlich *sophia* und *phronēsis*. Während die *phronēsis* an den Bereich menschlicher Praxis gebunden bleibt, greift die *sophia* zum Göttlichen aus. Daraus ergeben sich in NE X zwei Lebensformen, eine dem politischen, die andere dem theoretischen Leben gewidmet. Sofern der Mensch im *bios theōrētikos* am göttlichen *nous* teilhaben kann, ist sein eigenes Sein als endliches Wesen mit dem höchsten Sein des ewigen Wesens verbunden. Hingegen bleibt der *bios politikos* an die endliche Seinsverfassung des Menschen gebunden; wie sie sich zum obersten Sein verhält, wird nicht mitgeteilt. Was sich in *polis*, *ēthos* und *nomos* zeigt, ist daher ohne expliziten Bezug zum Sein alles Seienden.

Einen solchen Bezug stellt erst Gadamer her, indem er die ontologische Differenz zwischen Immersein und Anderssein in einem sich selbst vermittelnden Sein aufhebt. Dieses Sein ist wesenhaft bewegt und legt sich in der Vielheit seiner Manifestationen selbst aus. Auch das Sein des Menschen – aller Menschen – hat daran Anteil. Es enthüllt sich als Sprache, die den Menschen anspricht. Wo der Mensch sich für die Sprache öffnet, erfährt er ihren An- und Zuspruch. Das ist der *methexis*-Aspekt der Wahrheit hermeneutischen Verstehens. Weil Sprechen und Verstehen aber keine Privatangelegenheiten, sondern fundamentale Züge des menschlichen Seins überhaupt sind, wird die Teilhabe als gemeinsame erfahren und erfahrbar. Das kommt in Gadamers Rede vom *sensus communis* zum Ausdruck, dem anderen Aspekt des Verstehens. Damit ist mehr gemeint als eine aus gemeinsamer Praxis hervorgehende Verständigung, eine im Gespräch getroffene Übereinkunft. Es ist das Sein selbst als das Geschehen in allem Verstehen, welches die Übereinkunft besorgt. Wenn Gadamer vom ›Einleuchtenden‹ spricht, schwingt darin, wie er selbst bemerkt, »ein mystisch-pietistischer Klang von *illuminatio*« mit. Das ›Einleuchten‹ beruht nicht auf dem fragilen Selbstverständnis der Handelnden, sondern hat die Gewißheit vorgängiger Erleuchtung zur Voraussetzung. Es handelt sich daher beim ›Einleuchtenden‹ um etwas, das »sich innerhalb des Möglichen und Vermutlichen als ein Vorzügliches zur Geltung bringt«. Deshalb spricht Gadamer auch nicht vom Wahrscheinlichen, welches unaufhebbar an das (Menschen-) Mögliche gebunden ist, sondern vom »Wahr-Scheinlichen«. Damit meint er das Wahre, das wie das Schöne aus sich selbst hervorscheint (*ekphainesthai*) und sich auf immer andere Weise dem Menschen offenbart. Weil dieser Wandel wesenhaft zum Wahren gehört, kann es nie festgestellt und allgemein gewußt werden, sondern behält immer etwas Überraschendes an sich (WM 488f).

Gadamers Ontologie hat den Vorzug, jenes Neue erklären zu können, welches die aristotelische Metaphysik mit ihren Kategorien von *dynamis* und *energeia* nicht recht zu fassen vermag. Ein weiterer Vorzug liegt im Hinweis darauf, daß überhaupt nur verstanden werden kann, was sich zuvor dem Verstehen eröffnet hat – und zwar in letztlich unverfügbarer Weise. Als problematisch erscheint indessen jene Gewißheit, mit der Gadamer das Wahr-Scheinliche dem Sein zurechnet.[58] Die ontologische Trennung von

---

58 Vgl. die Kritik von Theodore Kisiel, der bei Gadamer »the lack of emphasis of a sense of the erratic, of the impossibility of failure and of all the other contingencies that enter into human existence« konstatiert; The Hermeneutics of Gadamer and Heidegger, in: Man and World 2 (1969), 380.

Immersein und Anderssein ist ja gerade aus der Erfahrung von Ungewißheit und Kontingenz heraus entstanden, aus dem Willen, die menschlichen Angelegenheiten als genuin *menschliche* ernstzunehmen. Deshalb trägt Aristoteles auch dem Phänomen des Zufalls (*tychē*) Rechnung, der glücklichen oder unglücklichen Fügung, welche die Grenze aller teleologischen Betrachtung markiert. Wenn Gadamer hingegen gerade die Fügung als Entbergung des Seins verstehen will, wie in seiner Auslegung des »Tragischen« der Fall, nimmt er ein Wissen in Anspruch, vor dem Aristoteles und mit ihm die gesamte Tradition der Rhetorik zurückweicht. Wenn es gerade das Anliegen dieser Tradition gewesen ist, der Fragilität der *conditio humana* gerecht zu werden, fällt Gadamer dahinter zurück.[59] Das schlägt sich auf nicht immer vorteilhafte Weise in seinen Schriften zur praktischen Philosophie nieder, welche als nächstes zu untersuchen sind.

1.3 Praktische Philosophie: Verstehen, Handeln, Verantworten

Gadamer zeichnet zwar am Ende von *Wahrheit und Methode* eine Verbindungslinie zwischen seiner philosophischen Hermeneutik und der Tradition der praktischen Philosophie. Welche Konsequenzen dies für das Feld der Praxis hat, wird jedoch, wie vorstehend deutlich geworden ist, nur zwischen den Zeilen deutlich. Fragen der Ethik und Politik bleiben ausgespart. Gleichwohl liegt es im universalontologischen Anspruch der Hermeneutik, auch dafür zuständig zu sein. Gadamer formulierte diesen Anspruch in zahlreichen Arbeiten, die seit Ende der sechziger Jahre erschienen. Anlaß dafür war eine Kontroverse, die Jürgen Habermas 1967 mit seinem Literaturbericht *Zur Logik der Sozialwissenschaften* ausgelöst hatte. Habermas nahm als erster den umfassenden Anspruch Gadamers ernst und stellte ihn aus Sicht des Sozialwissenschaftlers auf die Probe. Gegen die Bindung des Verstehens an das Überlieferungsgeschehen setzte er die emanzipatorische Kraft der Reflexion, die alle Traditionen zu überwinden vermag. Er entwarf damit ein Modell kritischen Wissens, welches das praktische Wissen der historisch-hermeneutischen Wissenschaften ablösen sollte. Es war das Erbe der Aufklärung, welches Habermas für sich reklamierte. Hingegen berief sich Gadamer auf die von Aristoteles ausgehende Tradition der praktischen Philosophie. Allerdings meinte er, daß diese »heute nicht mehr wirklich lebendige Tradition« (HpP 325) keineswegs aus ihrer eigenen Substanz heraus wiederbelebt werden könne. Vielmehr lebe sie »in einer Hermeneutik weiter, die sich ihrer philosophischen Implikationen bewußt wird« (HpP 343). Daraus resultiert das selbsterklärte Programm einer »Hermeneutik als praktische Philosophie«, das keine Korrektur von *Wahrheit und Methode* darstellt, sondern nur ihren universalen Anspruch einlösen will.

Stehen die Arbeiten bis zu *Wahrheit und Methode* unter deutlichem Einfluß Heideggers, tritt Gadamers Eigenständigkeit vor allem auf dem Gebiet von Ethik und Politik hervor. Heidegger hatte im *Brief über den Humanismus* (1946) die Aufforderung,

---

59 Das ist gegen jene Interpreten einzuwenden, die Gadamers Anknüpfung an die Rhetorik loben, ohne die gewandelten ontologischen Voraussetzungen zu berücksichtigen. Vgl. Klaus Dockhorn: Hans-Georg Gadamer, Wahrheit und Methode, in: Göttingsche Gelehrte Anzeigen 218 (1966), 169–206; Otto Pöggeler: Gadamers philosophische Hermeneutik und die Rhetorik, in: Rhetorik und Philosophie, hg. von Helmut Schanze u. Josef Kopperschmidt, München 1989, 201–216.

endlich eine Ethik zu verfassen (GA9 353), mit dem Hinweis abgewiesen, daß seine Frage nach der Wahrheit des Seins schon die »ursprüngliche Ethik« sei. Unter *ēthos* verstand er den Aufenthalt des Menschen, welchen er als Ek-sistenz zu bedenken suche (GA9 354–356). Dieses Denken ereigne sich vor der Unterscheidung von Theorie und Praxis (GA9 358); es sei selbst »ein Tun, das zugleich alle Praxis übertrifft« (GA9 361). Diese Bemerkungen waren nicht dazu angetan, der praktischen Philosophie nach dem Zweiten Weltkrieg wieder auf die Beine zu helfen, wiewohl sie aus Heideggers Sicht konsequent aus seiner »Kehre« folgen mußten. Obwohl Gadamer diese Kehre mitvollzog, wollte er sich dennoch nicht damit begnügen, Handeln in Denken aufzulösen. Zwar sei das Denken eine höchste Weise der Praxis, aber doch längst nicht die einzige. Der Mensch könne sich nicht allein ins Denken zurückziehen, weil er als handelndes Wesen ständig vor Entscheidungen stehe, in denen er sich bewähren müsse (GW10 240). Mit dieser an Aristoteles gewonnenen Einsicht zog Gadamer seiner eigenen Kehre eine Grenze. Sie stand im Hintergrund, wenn er sich gegen Versuche wandte, unmittelbar an die Spätphilosophie des Lehrers eine Ethik anzuschließen (GW3 366–374).

Gadamers Arbeiten zur praktischen Philosophie kreisen um die Wechselbezüge zwischen Verstehen, Handeln und Verantworten. Im ersten Abschnitt wird untersucht, wie er mit Aristoteles die Unterscheidung von praktischer Vernünftigkeit und praktischer Philosophie aufnimmt, um einen Wissenschaftsbegriff zu gewinnen, den er gegen Habermas' Programm der Ideologiekritik ausspielen kann (a). Der zweite Abschnitt behandelt die Rolle der praktischen Vernünftigkeit angesichts der Dominanz technischen Wissens in der modernen Welt (b). Darauf folgt ein dritter Abschnitt, in dem Gadamer jenes Thema neu aufrollt, daß er in seinen frühen Schriften nicht recht zu lösen vermochte, wie sich nämlich moderne Pflichten- und antike Tugendethik zueinander verhalten (c). Abschließend geht es um die Bedeutung von Tradition und *ēthos* im Zeitalter der Globalisierung und des Pluralismus (d). Insgesamt ist zu fragen, welche Perspektiven eine an Aristoteles anknüpfende »Hermeneutik als praktische Philosophie« auf die Herausforderungen des 20. Jahrhunderts eröffnet und worin ihre Blickbeschränkungen bestehen.

(a) Praktische Philosophie, praktische Vernünftigkeit und Ideologiekritik

Gadamer hatte sich in *Wahrheit und Methode* sowohl auf die *phronēsis* als auch auf die praktische Philosophie berufen, ohne je zu klären, wie sich beides zueinander verhält. Das praktische Wissen des in sittlichen und religiösen Lebensordnungen stehenden Menschen sollte auch für die Geisteswissenschaften, schließlich für die Hermeneutik überhaupt verpflichtend sein. Ist aber das Sich-Wissen und Sich-Verstehen des Handelnden schlichtweg identisch mit dem Wissen und dem Verstehen des Hermeneutikers? Gadamers Überlegungen implizieren eher eine Unterscheidung. Für den, der mitten im Leben steht, reicht es aus, wenn er sich auf die Bewältigung aller konkreten Herausforderungen versteht. Daß in diesem Verstehen ein eigenartiges Geschehen wirksam ist, darüber muß er sich nicht jedesmal Rechenschaft ablegen. Es reicht, wenn er sich in rechter, immer schon eingeübter Weise aus der Tradition zu bestimmen vermag. Hingegen zeichnet es den philosophischen Hermeneutiker aus, daß er die Bedingungen und Grenzen des Verstehens eigens aufzeigt. Erst diese Perspektive weist über die *praxis* hinaus zum Bedenken der *energeia*. Das Wissen darum besitzt für das Handeln dagegen nur begrenzte Relevanz, weil das Sein sich von alleine Geltung verschafft – das war ja die Grundthese Gadamers. Gleichwohl ist das Wissen des einen von dem des anderen nicht völlig verschieden. Wie sich der Hermeneutiker der Praxis zugehörig weiß, mag es auch für den Handelnden eine Rolle spielen, sein Verstehen in allgemeiner Weise aufgewiesen zu finden. Es ist diese schwierige Struktur von Verschiedenheit und Zusammengehörigkeit, die Gadamer mit Hilfe der praktischen Philosophie des Aristoteles zu klären sucht.

Allerdings bietet Aristoteles nicht schon von selbst eine Lösung an. Zwar sind *epistēmē praktikē* und *epistēmē theōretikē* deutlich voneinander abgehoben. Wie sich *phronēsis* und *epistēmē praktikē* zueinander verhalten, wird hingegen an keiner Stelle des Werks ausdrücklich diskutiert, was auch Gadamer sieht (NEK 63, GW2 252; 302f). Deshalb muß die Interpretation einzelne, verstreute Hinweise des Aristoteles aufeinander beziehen. Zunächst fällt die Bemerkung am Anfang der *Nikomachischen Ethik* ins Auge, Ziel des Vortrags sei nicht die Erkenntnis, sondern das Handeln (*to telos estin ou gnōsis alla praxis*, I.1, 1095a5f). Das klingt, als würde dem Zuhörer die *phronēsis* regelrecht beigebracht. Gerade das ist jedoch nicht der Fall. Aristoteles schließt junge Hörer von seinen Vorlesungen aus, weil sie noch nicht genügend Lebenserfahrung haben (*apeiros gar tōn kata ton bion praxeōn*, a2) und zu sehr von den Leidenschaften abhängen. Der Hörer der Vorlesungen über die *politikē* wird nur davon profitieren können, wenn er bereits besitzt, worum es in diesen geht, *phronēsis*. Er muß also wie der Vortragende mit dem Thema vertraut sein. In welchem Sinne ist das Ziel dann aber *praxis*? Zuhören ist ja doch etwas anderes als Handeln. Gadamer stellt heraus, daß es sich um einen »theoretischen« Bezug handle. Was Aristoteles lehre, sei kein wirkliches Handlungswissen, das konkrete Situationen der Praxis kläre und entscheide, sondern er vermittle »›allgemeine‹ Erkenntnisse über menschliches Verhalten und die Formen seines ›politischen‹ Daseins« (GW2 253). Für den praktischen Nutzen solcher Erkenntnisse verweist Gadamer auf ein Bild des Aristoteles (GW2 316; GW10 240): Mit der praktischen Wissenschaft ist es wie beim Bogenschießen, wer eine Marke gesetzt hat, trifft leichter ins Ziel (NE I.1, 1094a22–24). Wenn sie die sittliche Praxis auch niemals herstellen kann, vermag sie doch, sie von innen zu erhellen und dem immer schon vorausgesetzten Streben größere Transparenz zu verleihen.

Das nimmt Gadamer auch für seine Hermeneutik in Anspruch. Sie kann das Geschehen im Verstehen weder herbeiführen noch verhindern, wohl aber es dem Verstehenden ins Bewußtsein heben. Auf solche Weise vermindert sie ›Sinnstreuung‹ und vertieft das Sich-Verstehen. Ein weiterer Anknüpfungspunkt ist durch das Verhältnis zur Sprache gegeben. Die praktische Philosophie müsse bei den *legomena* ansetzen, den allgemeinen *doxai* über das Gute, das Glück und die Tugenden. Jeder Bürger hege darüber bereits Ansichten, die er für allgemein halte. Allerdings werden solche Ansichten oft von anderen übernommen und sind möglicherweise widersprüchlich. Die Leistung des Philosophen besteht darin, die ungenauen Begriffe in genaue Begriffe zu übersetzen, allerdings in »Begriffe von seinem Wesen nach Ungenauem« (GW10 240f). Dabei darf er jedoch nicht den *oikeios logos* aufgeben: »Es ist also immer schon eine Selbstauslegung des Lebens, an die sich die verallgemeinernde, schematisierende, typisierende Begriffsbildung der praktischen Philosophie anschließt und auf der sie aufbaut.« (GW10 264). Mit diesen Bemerkungen gewinnt Gadamer Anschluß an seine frühen Studien über platonische und aristotelische Begriffsbildung. Freilich hat sich die Perspektive inzwischen verschoben: Die Aufmerksamkeit für das alltägliche Sprechen ist nun dem Sein verpflichtet, das sich darin entbirgt. Vor diesem Hintergrund kann Gadamer einerseits anerkennen, wie sehr sich Aristoteles bei *phronēsis* und *synesis* an den Sprachgebrauch anlehnt. Andererseits provoziert es ihn jedoch, wie dieser »mit Gewalt« *sophia* auf den theoretischen Sinn von Weisheit einzuschränken suche (NEK 5). Gadamer kann sich das nur als Schwäche der Begriffsbildung erklären, bestehe doch in Wahrheit eine »verborgene Einheit« von *sophia* und *phronēsis*. »Die ›Weisheit‹ zeigt sich im theoretischen wie im praktischen Bereich und besteht am Ende in der Einheit von Theorie und Praxis.« Daß »Aristoteles privilegierter Partner unseres Gesprächs bleiben [wird]«, macht er geradezu von dieser Voraussetzung abhängig (GW10 246). Wie steht es mit dem Recht dieser Behauptung, und was besagt sie im Hinblick auf die ontologischen Annahmen der philosophischen Hermeneutik?

Natürlich kann Gadamer mit Recht auf das Lob des *bios theōretikos* in NE X.7–9 verweisen. Der *theōros* ist zugleich *phronimos*. Muß aber der wahre *phronimos* auch *theōros* sein? Diese starke These stellt Gadamer auf, wenn er mit Aristoteles »ein unauflösliches Wechselverhältnis zwischen dem Wissen des praktisch Rechten und Guten und dem theoretischen Ideal der Theorie« behauptet (NEK 21). Wenn sie zutrifft, wäre der Philosoph in der Tat berufen, allen Bürgern Vorbild zu sein. Er hätte einen privilegierten Zugang zum Sein, der ihn auch zur Autorität im Handeln erhöbe. Das ist der Kerngedanke, den Platon im Philosophenkönigsatz ausspricht. Es gilt dagegen als Leistung des Aristoteles, diese Verengung von Praxis und praktischem Wissen auf *theōria* aufgehoben zu haben – eine Leistung, die Gadamer schon früh anerkannte, als er Aristoteles zugestand, er allein nehme den *bios politikos* nicht privativ vom Jenseits her in den Blick, sondern weise ihn als eigene, der Vollendung fähige Lebensform aus (GW5 8). Warum geht der späte Gadamer dahinter zurück? Die ontologische Wende zur *energeia* führte in *Wahrheit und Methode* – wie gesehen – zur Aufhebung des Gegensatzes von *sophia* und *phronēsis*, von wahr und wahrscheinlich. Dennoch stellte sich Gadamer in die Tradition der praktischen Philosophie. Die dadurch entstandenen Probleme harrten einer ausdrücklichen Bearbeitung, die Gadamer erst nach vielen Jahren in Angriff nahm. Das Ergebnis war seine Akademie-Abhandlung über *Die Idee des Guten zwischen Plato und Aristoteles* (1978).[60]

Gadamers Bestreben läuft darauf hinaus, die praktische Philosophie in einen »teleologischen Rahmen« zurückzustellen und so Aristoteles Platon wieder anzunähern (GW7 224–227). Er verweist darauf, daß in NE VI *sophia* und *phronēsis* beide als *beltistē hexis tou alētheuein* ausgezeichnet würden, weil in ihnen der *nous* walte. Es sei dieselbe Vernunft, die sowohl in der Theorie als auch in der Praxis die Führung habe. Bei Aristoteles stehen die Vollzugsweisen der Vernunft allerdings unvermittelt nebeneinander, während Gadamer die *phronēsis* letztlich der *sophia* unterstellen will, sofern *sophia* das Sein im ganzen erschließt. Dazu muß er jedoch den Boden der Ethik verlassen und in die Metaphysik hinüberwechseln. Dort – und nur dort – ist eine teleologische Gesamtperspektive angedeutet, wenn es vom unbewegten Beweger heißt, er sei das letzte Worum-

---

60 Vgl. Pierre Fruchon: L'herméneutique de Gadamer. Platonisme et modernité, tradition et interprétation, Paris 1994, 429–437; Antonio Da Re: L'ermeneutica di Gadamer et la filosofia practica, Rimini 1982, 131–138.

willen für alles Bewegte und von allem Bewegten (*to hou heneka tini kai tinos*, Met. XII.7, 1072b2f). Von dieser Stelle aus läßt sich die gesamte Natur, mithin auch der Mensch, in einen kosmologischen Gesamtrahmen einordnen. Kosmologie, Physik, Biologie, Ethik, Politik und Anthropologie erhalten einen Fixpunkt, in dem das jeweils Gute in einem höchsten Guten kulminiert. Es sei, so Gadamer, eben nur »argumentative, methodische Vorsicht«, wenn Aristoteles sich in der praktischen Philosophie verbiete, auf diesen universalontologischen Zusammenhang auszugreifen. In Wahrheit setze er ihn stets voraus. So rückt der Stagirit ganz an Platons Seite: »Damit wird eine letzte substantielle Gemeinsamkeit zwischen der platonischen Philosophie und der aristotelischen praktischen Philosophie sichtbar. Sie beruht auf dem Verhältnis zum Göttlichen, von dem aus beide die endliche, bedingte, eingeschränkte Natur des Menschen denken.« (GW7 226).

Mit dieser Aussage gibt Gadamer indessen selbst jede »argumentative, methodische Vorsicht« auf. Unter der Einschränkung, daß er das Göttliche nicht als *energeia*, sondern als *energeia atelēs* (›Sein‹) denkt, trifft das Gesagte auf sein eigenes Programm zu: Die philosophische Hermeneutik beruht auf einem Verhältnis zum Sein, wenn sie die bedingte Natur des Menschen denkt. Ihr Wissen überschreitet das lebensweltliche Verstehen, weil es den Anspruch des Seins vernommen hat. Auch das ist eine religiöse Erfahrung. Während Aristoteles das Religiöse aus der *philosophia peri ta anthrōpeia* heraushält, erhebt Gadamer es zu ihrem verborgenen Fluchtpunkt. So kann er zwar Aristoteles' Unterscheidung von *phronēsis* und *epistēmē praktikē* übernehmen, nicht jedoch die von *epistēmē praktikē* und *epistēmē theōrētikē*. Wie Heidegger geht er hinter die Unterscheidung von praktischer und theoretischer Wissenschaft zurück. Die ontologische Struktur, die er so gewinnt, will er jedoch im praktischen Wissen selbst wiedererkennen. Das ist nur konsequent: Wenn das Sein zu allen spricht, müssen auch alle etwas davon wissen. Der es am besten und am meisten kennt, ist der philosophische Hermeneutiker. Ob Gadamer aber bereit wäre, seinen universalontologischen Anspruch fallen zu lassen, wenn ihm die Bürger widersprechen? Oder müßte er sie dann zum Sein zurückrufen?

Einer, der Gadamer widersprach, war Jürgen Habermas.[61] Habermas erkennt zwar die Bindung der Hermeneutik an die »kommunikative Erfahrung des Alltags« an, nicht jedoch den universalen Anspruch, den sie damit verbindet.[62] Die Hermeneutik bekomme nur das Selbstverständnis der Handelnden in den Blick, die sich, in ihrer Sprache und in ihren Traditionen lebend, beständig ihrer Sinnzusammenhänge vergewisserten.

---

61 Zur Habermas-Gadamer-Debatte gibt es inzwischen eine Reihe von Abhandlungen; vgl. D. Misgeld: Critical Theory and Hermeneutics: The Debate between Habermas and Gadamer, in: On Critical Theory, hg. von John O'Neill, London 1974, 164–183; J. Mendelson: The Habermas-Gadamer-Debate, in: New German Critique 18 (1979), 44–73; Sumio Takeda: Reflexion, Erfahrung und Praxis bei Gadamer, Tübingen 1981; David Ingram : The Historical Genesis of the Gadamer/Habermas Controversy, in : Auslegung. A Journal of Philosophy 10 (1983), 86–151; Samuel Jakob: Zwischen Gespräch und Diskurs. Untersuchungen zur sozialhermeneutischen Begründung der Agogik anhand einer Gegenüberstellung von Hans-Georg Gadamer und Jürgen Habermas, Bern/Stuttgart 1985. Die wichtigsten Beiträge der Debatte, an der sich auch andere Wissenschaftler beteiligten, liegen vor in dem Sammelband Hermeneutik und Ideologiekritik, Frankfurt a.M. 1971.

62 Jürgen Habermas: Zur Logik der Sozialwissenschaften, Frankfurt a.M. ^{5}1982, 301.

»Das hermeneutische Verstehen kann nicht vorurteilslos in die Sache eindringen, sondern ist unvermeidlich vom Kontext, in dem das verstehende Subjekt seine Deutungsschemata zunächst erworben hat, voreingenommen.«[63] Solche Voreingenommenheit vermag aus Habermas' Sicht allein die »Kraft der Reflexion« zu erschüttern, die sich aus der Überlieferung emporhebt, ihre Genesis durchschaut und so »die Dogmatik der Lebenspraxis erschüttert«.[64] Damit will er an das aufklärerische Erbe kritischer Wissenschaft anschließen, die die alltägliche Erfahrung durch die »methodische Verfremdung des Gegenstandes« suspendiert.[65] Weil diese Wissenschaft ein Teil der modernen Welt geworden ist, vermag sie auch auf das Selbstverständnis der Akteure zurückzuwirken und ihnen den Blick für unbedachte Vorurteile zu öffnen. Diese Aufgabe bezeichnet Habermas als »Ideologiekritik«. Sie richtet sich im Fall der Hermeneutik gegen die Gleichsetzung von Sprache und Sein, die menschliche Verständigung als ein letztes Unbedingtes erscheinen läßt, das unverbrüchlichen Sinn garantiert. Dem Sozialwissenschaftler geht dagegen auf, daß Sprache von gesellschaftlichen Prozessen abhängig ist, die nicht in normativen Zusammenhängen aufgehen: »Sprache ist *auch* ein Medium der Herrschaft und sozialer Macht. Sie dient der Legitimation von Beziehungen organisierter Gewalt. Soweit die Legitimationen das Gewaltverhältnis, dessen Institutionalisierung sie ermöglichen, nicht aussprechen, soweit dieses in den Legitimationen sich nur ausdrückt, ist Sprache *auch* ideologisch. Dabei handelt es sich nicht um Täuschungen in einer Sprache, sondern um Täuschung mit Sprache als solcher.«[66] Habermas erhebt den Anspruch, daß solche Täuschungen in *jedem* Fall erkannt werden können, weil der Wissenschaftler sich *prinzipiell* aus ihnen herausreflektieren kann. Dafür bedarf er indessen eines Maßstabs, der jenseits von Praxis und Geschichte liegt, nämlich des herrschaftsfreien Dialogs, in dem alle Autorität der Kritik preisgegeben und alle Ungleichheit in Gleichheit transformiert ist. »Erst die formale Vorwegnahme des idealisierten Gesprächs als einer in Zukunft zu realisierenden Lebensform garantiert das letzte kontrafaktische Einverständnis, das uns vorgängig verbindet und an dem jedes faktische Einverständnis, wenn es ein falsches ist, als falsches Bewußtsein kritisiert werden kann.«[67] So setzt Habermas an die Stelle des materialen Universalitätsanspruchs des Sprachverstehens den formalen Universalitätsanspruch des idealen und unbedingten Gesprächs.

Gadamer sah deutlich, daß Habermas mit dieser rigorosen Trennung von Sein und Sollen, Verstehen und Reflexion, Alltag und Wissenschaft, Autorität und Vernunft hinter Heideggers frühe Kritik am Selbstbewußtsein und am Objektivismus der Wissenschaft zurückfiel. Die methodische Verfremdung der Praxis, so die Einsicht von *Sein und Zeit*, ist nur ein defizienter Modus des Daseins, das die Ungewißheit der eigenen Existenz künstlich festzustellen sucht, anstatt sich aus ihrer wesenhaften Bewegtheit heraus zu verstehen. In seiner Antwort hält Gadamer deshalb dem Frankfurter Sozialwissenschaftler vor, er unterliege einem »dogmatischen Objektivismus«, weil er die Grenzen der wissenschaftlichen Vernunft mißachte (GW2 240, 245). Aus Habermas'

---

63 Ebd., 333.
64 Ebd., 303.
65 Ebd., 301.
66 Ebd., 307f.
67 Ebd., 362f.

verfremdeter Perspektive kommen die Vorurteile und das tägliche Miteinander nur einseitig in den Blick. In der Fixierung auf eine abstrakte Vernunft vermag er nicht anzuerkennen, wie sehr alle Verständigung schon von Einverständnis getragen wird und des idealisierenden Vorgriffs nicht bedarf. Mehr noch, Habermas vergißt die Genesis seines eigenen transzendentalen Denkens aus einer Tradition, die einen künstlichen Abgrund zwischen Tradition und Reflexion aufgerissen hat (GW2 243f, 246). Somit unterliegt er selbst jenem »Vorurteil gegen die Vorurteile«, das schon in *Wahrheit und Methode* angeprangert worden war (WM 276–281). Insofern Gadamer die universalen Prätentionen von Habermas' Ideologiekritik als Ausdruck eines allzu selbstgewissen Bewußtseins bloßstellt, übt er sich selbst in Ideologiekritik: am »naiven Objektivismus« der Natur- und Sozialwissenschaften. Die philosophische Hermeneutik führt jene Vorurteile vor Augen, die allem unhistorischen und monologischen Denken unbewußt im Rücken liegen (GW2 254f).

Gleichwohl sind damit die Einwände gegen ihren sprachlichen Idealismus nicht vollständig erschüttert. Gadamer geht weiterhin davon aus, daß sich im kontrollierten Verstehen die ›guten‹ Vorurteile bewähren. Diese Vorurteile machen das Sein aus, das alles Bewußtsein trägt (GW2 247), und sie garantieren die »Aneignung eines überlegenen Sinnes« (GW2 264). Es ist, mit anderen Worten, das Sein selbst, das sich in ihnen zur Geltung bringt. Diese Haltung ist auf ihre Art nicht minder idealistisch als die von Habermas. Man kann ebensowenig naturwüchsige und reflektierte Tradition unterscheiden (Habermas) wie schlechte und gute Vorurteile (Gadamer). Woher nimmt Gadamer die Gewißheit, daß sein eigenes Verstehen nicht selbst wieder von Täuschungen, Blickverengungen und humaner Endlichkeit bedingt ist? Das Argument, Tradition sei kein monolithischer Bestand, sondern in »beständigem Anderswerden« begriffen, greift solange nicht, wie dieses Anderswerden dem Sein selbst zugeschrieben wird (WM 307). Derselben Fragwürdigkeit unterliegt es, wenn Gadamer sich in der Debatte mit Habermas beständig auf Rhetorik und praktische Philosophie, auf das Wahrscheinliche, den Gemeinsinn und die praktische Vernunft, und in allem auf Aristoteles beruft (GW2 252–254, 274). Nähme er es ernst mit der Endlichkeit, müßte er den universalontologischen Anspruch aufgeben. Gerade die griechische Tradition der Rhetorik weiß ja etwas von der Macht des Wortes und der Schwierigkeit, in einem starken Sinne zwischen wahren und falschen Argumenten zu unterscheiden. Nicht ohne Grund macht griech. *peithein* zwischen ›überzeugen‹ und ›überreden‹ keinen Unterschied. Wenn Gadamer sich dennoch auf Platons Unterscheidung zwischen wahrer (epagogischer) und falscher (sophistischer) Redekunst im *Phaidros* stützt, weicht er wie Platon der Herausforderung lebensweltlichen Argumentierens aus. Es hilft nicht weiter, die Rhetorik in einem immer schon vorhandenen Einverständnis zu fundieren, das alles Reden trage, wenn nicht gleichzeitig deutlich wird, wie sehr solches Einverständnis rhetorisch bedingt ist (GW2 238). Der Vorzug der aristotelischen Rhetorik gegenüber Platon, Gadamer und schließlich auch Habermas scheint doch gerade in der Anerkennung einer universalen Sprachlichkeit zu bestehen, die das *pithanon* als Anfang und Ende alles praktischen Wissens akzeptiert (Rhet. I.2, 1355b25f). Diese gar nicht idealistische, sondern nüchtern-pragmatische Tradition des Nachdenkens über die *conditio humana* mochte sich indessen kein Teilnehmer der Kontroverse um »Hermeneutik und Ideologiekritik« zu eigen machen.

(b) Praktische Vernünftigkeit und moderne Wissenschaft

Wenn es einen gemeinsamen Gegner von Gadamer und Habermas gab, waren dies solche Wissenschaften, die Wissen allein um des Wissens oder Könnens willen produzieren, ohne jemals danach zu fragen, ob es überhaupt gewollt oder gebraucht werde. Habermas versuchte selbst, innerhalb der Sozialwissenschaften sein »emanzipatorisches Erkenntnisinteresse« gegen das »technische Erkenntnisinteresse« der Sozialingenieure Luhmannscher Provenienz zu profilieren. Gadamer rechnete ihm dies bei aller Kritik stets als Leistung an und erhob die Wissenschaftskritik zum eigenen Anliegen. Analog zu Habermas' Rede von der »Kolonialisierung der Lebenswelt« warnte auch er davor, daß die moderne Zivilisation nichts stärker bedrohe als die Usurpation des Alltagslebens durch die Wissenschaften. Die Studentenunruhen Ende der sechziger Jahre führte er auf ein berechtigtes Unbehagen daran zurück und warb in Vorträgen um Verständnis (LdT 62f). So entfaltete er das kritische Potential seiner Hermeneutik und berief sich abermals auf die aristotelische Ethik.

Gadamer betrachtet das zwanzigste Jahrhundert als »Zeitalter der Wissenschaften« (GW4 247).[68] Zwar ereignete sich die Trennung von Philosophie und Wissenschaft, die den Aufstieg der letzteren erst ermöglichte, schon im 17. Jahrhundert. Doch blieb das Feld der Wissenschaft zunächst auf die Natur beschränkt, während politische und sittliche Praxis weiterhin auf den »großen tragenden Kräfte[n] der europäisch-abendländischen Kultur« ruhten. Noch im 19. Jahrhundert hielten trotz des Traditionsbruchs der Französischen Revolution religiöse Bindungen die Gesellschaft zusammen. Aus Gadamers Sicht war es erst der folgende Traditionsbruch des Ersten Weltkriegs, den er selbst erlebte, der alle haltenden Kräfte erschütterte. Einerseits zerbrachen die sittlichen Fundamente der Gesellschaften unter dem Einfluß von Ideologie und Demagogie. Andererseits konnten Selbständigkeit und Einfluß der Staaten angesichts der modernen Waffentechnik nur durch immer schneller expandierende Forschung und Produktion gesichert werden. Daraus resultierte die Erwartung, technisches Können nicht nur bei der Beherrschung der Naturkräfte, sondern auch bei der rationalen Planung des gesellschaftlichen Lebens einzusetzen. In der Folge gelangte die Praxis unter die Imperative der technischen Vernunft: Effizienz, Automatisierung und Fremdsteuerung. So entstand das »Ideal der Expertengesellschaft, in der man sich an den Fachmann wendet und bei ihm Entlastung für praktische, politische, ökonomische Entscheidungen, die man zu treffen hat, sucht« (GW4 218). Dadurch wuchsen auf der Seite des Staats gewaltige Bürokratien, die ihrerseits die Gesellschaft zu kontrollieren suchten. Gadamer betrachtet die moderne Informationstechnologie als Gefahr, weil die Bürger durch gezielte, von staatlicher Seite betriebene Informationsselektion bevormundet würden. Als Folgeerscheinung diagnostiziert er eine »steigende Apathie der Massengesellschaft gegenüber den öffentlichen Dingen« (GW4 219; EEu 101). Während die Selbständigkeit der Urteilsbildung zu kurz komme, prämiere die technische Zivilisation »Tugenden der Biegsamkeit, der Anpassung, der Einpassung« (LdT 102). Seine Bestandsaufnahme gelangt zu dem Ergebnis, daß die Ideale, welche die neuzeitliche Wissenschaft auf ihre Fahnen geschrieben hat, nicht eingelöst worden sind: »Der technologische Traum benimmt uns, sofern das Ideal des Machenkönnens zum Zwang des Machenmüssens wird.

---

68 Zu Gadamers Technikkritik vgl. Jakob: Zwischen Gespräch und Diskurs, aaO., 104–114.

Die emanzipatorische Utopie ihrerseits zeichnet sich mehr und mehr als das bürokratische Trauma der Weltverwaltung ohne Freiheit ab.« (LdT 98). Diese Krise der modernen Zivilisation läßt sich nicht durch eine weitere Steigerung des Machenkönnens lösen. Vielmehr ruft Gadamer zu einem Paradigmenwechsel auf. Es gelte, sich der Frage nach den Zielen und Zwecken zu erinnern, von der es keine Wissenschaft gebe, weil sie nicht abstrakt zu bestimmen seien (EEu 148).

Es ist ein aristotelischer Gedanke, den Gadamer hier vorträgt. Der Titel eines Aufsatzes von 1974 stellt die Frage, welche die moderne Gesellschaft zu ihren griechischen Ursprüngen zurückführen soll: *Was ist Praxis?* Sie stellt sich so dringlich, weil das Bewußtsein der Gegenwart durch die Annahme präformiert ist, Praxis sei die Anwendung von Theorie (GW4 216). Gadamer hebt hervor, daß diese Sichtweise erst seit der neuzeitlichen Trennung von Wissenschaft und Philosophie bestehe. Für die vorherige Philosophie sei es selbstverständlich gewesen, daß sie nicht auf Praxis angewendet werden konnte, vielmehr ihrer Selbsterhellung diente. Praxis selbst meinte »nicht das Handeln nach Regeln und das Anwenden von Wissen, sondern [...] die ganz ursprüngliche Situiertheit des Menschen in seiner natürlichen und gesellschaftlichen Umwelt« (GW10 234). Situiertheit hängt mit Selbsteinrichtung und gemeinsamem Handeln zusammen, das nicht regeldeterminiert ist, weil es stets die Auswahl zwischen verschiedenen Möglichkeiten umfaßt. Gadamer expliziert dies am aristotelischen Begriff der *proairesis*. Der Mensch ist vor dem Tier dadurch ausgezeichnet, daß er sich frei an verschiedenen Lebensordnungen orientieren kann, anstatt unmittelbaren Impulsen nachgeben zu müssen (HaP 327). Allerdings kommt er um eine Entscheidung nicht herum, da er ständig vor neuen Bewährungsproben steht; die Wahl selbst ist keine Wahl des Menschen (GW7 390f). Das birgt zwei Implikationen. Zum einen kommt die wesenhaft unabgeschlossene Wissenschaft immer zu spät, wenn sie ihr vermeintlich besseres Wissen empfiehlt (GW4 245). Zum anderen muß der Mensch seine Zwecke und Zielsetzungen selbst verantworten (EEu 149).

Um die von Wissenschaft verschiedene Rationalität der Verantwortung zu klären, wendet Gadamer sich der *phronēsis* zu. In diesem Zusammenhang kommt er auf etwas zurück, das ihn schon in den ersten Arbeiten zu Aristoteles beschäftigte, nämlich das Verhältnis von Zwecken und Mitteln. Wäre die *phronēsis*, wie es an einigen Stellen der *Nikomachischen Ethik* heißt, allein für die Mittelwahl zuständig, käme sie technischer Rationalität gleich. Gegen eine entsprechende Auslegung als bloße »Lebensklugheit« hat sich Gadamer wiederholt gewandt, weil dann die aristotelische Abhebung der *phronēsis* von der Gerissenheit (*deinotēs*) verwischt würde (GW4 212f; GW7 382). Bei aller Beschränkung der Zwecksetzung durch »Erziehung, Sitte und gesellschaftliche Einpassung« bleibe doch ein Spielraum des Wählens, der *proairesis* erhalten. Gadamer bringt seine Auslegung auf die Formel, daß zum Finden der rechten Mittel konstitutiv das Festhalten der rechten Zwecke gehöre (EEu 142f). Deshalb stellt die ›praktische Vernünftigkeit‹, wie er häufig übersetzt, eine Alternative zur technischen Rationalität dar. Sie allein vermag das von den Wissenschaften bereitgestellte Können mit den Zwecken der Praxis zu vermitteln und auf verantwortliche Weise zu integrieren. Das ›Wie‹ der Integration ist Sache der Urteilskraft, die sich nicht theoretisch lernen läßt, weil sie nur aus Lebenserfahrung hervorgeht (GW4 255). Es fällt auf, daß Gadamer an keiner der genannten Stellen ontologische Ansprüche erhebt. Die gesamte Darstellung hält sich im Rahmen dessen, was auf dem Boden der aristotelischen Ethik gedacht werden kann.

Gleichwohl deutet nichts darauf hin, daß er sich korrigieren wollte. Vielmehr beschäftigt er sich ausschließlich mit der klaren Frontstellung zwischen moderner Wissenschaft und Lebenswelt, ohne die lebensweltliche Vorprägung selbst näher zu behandeln.

Was Gadamer angesichts der Entmündigung der Praxis fordert, ist die Unterordnung der Wissenschaft unter politische Kontrolle (GW4 262). Damit wechselt die Wissenschaftskritik von der ethischen in die politische Dimension. Was versteht Gadamer unter *phronēsis politikē*? Hegels Ideal des Berufsbeamtentums, das alle Verantwortung für das Gemeinwesen einer neutralen Exekutive überantwortet, teilt er nicht, weil es einer freiheitlichen Gesellschaft zuwiderlaufe, selbst wenn jeder das Ideal erfüllte. »Freiheitliche Gesellschaft, freiheitliche Demokratie weisen in die umgekehrte Richtung. Nicht auf abstrakte Repräsentation des Staates, sondern auf konkrete Teilhabe am Allgemeinen, an dem allen Gemeinsamen, in Verwaltung, Gesetzgebung, Rechtspflege, kurz im gesellschaftlichen Leben im Ganzen.« Gadamer appelliert an die »gesellschaftliche Vernunft« und geht dabei vom freien und gleichen Bürger aus. Diese Perspektive verdient durchaus aristotelisch genannt zu werden. Allein, bei ihrer Entfaltung gerät er doch ins Stocken. Der Hinweis auf Platons Regel, jeder solle »das Seine tun« (EEu 130f), hilft nicht weiter, weil die von Platon konstruierte *Politeia* nur den Philosophenkönigen Freiheit zugesteht und das ganze Staatswesen auf Ungleichheit beruht. Auch die Ableitung des Begriffs ›Herrschaft‹ von lat. *dominium* statt griech. *tyrannis* führt ins Leere. Gewiß klingt Hausherr besser als Tyrann, und ebenso gewiß ist der Herr im Hause »Pfleger und Verwalter des Oikos«. Fraglich ist aber der Analogieschluß von der Hausgemeinschaft auf »Lebensordnungen in allen Größenordnungen« (EEu 134). Die konstitutive Ungleichheit zwischen dem Hausherrn und den anderen Mitgliedern der Hausgemeinschaft kann nach Aristoteles gerade *kein* Vorbild für eine freiheitliche Gesellschaft sein (Pol. I.7, 1255b16–20). Die eigentliche Aufgabe des Menschen besteht eben *nicht* darin, »Herrschaft zu üben und Dienen zu ehren«, wie Gadamer mit Platon sagt (LdT 18), sondern in der wechselseitigen Regierung freier und gleicher Bürger.

Daß Gadamer dies nicht sieht, vielleicht auch nicht sehen kann, hat mit seinem Verständnis von Autorität zu tun. Weil das Sein Traditionen und Überlieferungen stiftet, bedürfen sie der Pflege und Weitergabe durch Autoritätspersonen. Damit ist zwar nicht der blinde Gehorsam gemeint, den ein Tyrann fordert, wohl aber die freie Anerkennung der Urteilsüberlegenheit anderer (WM 284f). Wo Autorität der Leitbegriff ist, kommt jener freie Dialog unter Gleichen, den Aristoteles in seiner politischen Philosophie ins Auge faßt, jedoch nicht recht in den Blick. Zweifellos sind auch die *eleutheroi* durch dasselbe *ēthos* geprägt, aber eben als Gleiche. Hingegen beruht die Gadamersche Hermeneutik stets auf dem Gespräch mit einem überlegenen Partner.[69] Dieser überlegene Partner ist kein Autor, sondern ein Text, aus welchem das Sein spricht und den Leser in ein Geschehen verwickelt. Gadamer hat zweifellos Recht, wenn er hervorhebt, daß »alle sozialen und politischen Willensbekundungen […] vom Aufbau gemein-

---

69 Hans Robert Jauß rückt deshalb Gadamers Gespräch mit der Tradition in die Nähe des »magistralen Dialogs neutestamentlicher Herkunft«, in dem es um die Anwendung einer als überlegen anerkannten Wahrheit geht, im Unterschied zum »sokratischen Dialog«, der sich durch die nie abgeschlossene, gemeinsame Wahrheitssuche auszeichnet; Ästhetische Erfahrung und literarische Hermeneutik, Frankfurt a.M. 1991, 675–686.

samer Überzeugungen durch Rhetorik abhängig [sind]« (GW2 275). Wenn die Rhetorik aber bloß nachvollzieht, was vom Sein schon verfügt worden ist, spielt Meinungsbildung nur sekundär eine Rolle. Im Grunde sprechen ja alle schon dieselbe Sprache und verstehen sich auf ein gemeinsames Sein hin. In seiner Kritik der Massenmedien macht Gadamer immerhin deutlich, daß dieses Sich-schon-Verstehen manipuliert werden kann. Aufgrund seines eigenen universalontologischen Vorgriffs vermag er jedoch nicht zu sehen, daß Meinungsbildung immer einen institutionellen Rahmen erfordert, weshalb in sie Faktoren eingehen, die mit dem Sprachgeschehen gar nichts zu tun haben: Teilnahmebeschränkungen, Redeordnungen, Abstimmungsprozeduren. Würde Gadamer das Problem »konkreter Teilhabe am Allgemeinen« wirklich ernst nehmen, also auch konkret behandeln, könnte er in der aristotelischen *Politik* eine Fülle von Anregungen finden. Jedoch ist gerade die *Politik* das Werk, mit dem er allem Anschein nach am wenigsten anfangen kann.

(c) Bedingtheit des Handelns und Unbedingtheit der Pflicht

Gadamers Interesse an Ethik reicht bis in seine ersten akademischen Jahre zurück. Auslöser dafür waren sowohl seine Kierkegaard-Lektüre als auch die lebensgeschichtlich bedeutsame Erfahrung des durch den Ersten Weltkrieg bewirkten Traditionsbruchs. Wiewohl ihn das Bedürfnis nach ethischer Reflexion zu Aristoteles führte, blieb es doch in den ersten beiden Abschnitten seiner wissenschaftlichen Laufbahn merklich ungestillt. Heideggers existenziale Lesart der *Nikomachischen Ethik* ging hinter das eigentlich Ethische zurück; die spätere ontologische Wende entfernte ihn noch weiter davon. Sofern Gadamer von beiden Phasen stark beeinflußt war, wurde es auch bei ihm von anderen Fragestellungen überlagert. Vielleicht hatte die Zurückhaltung auch damit zu tun, daß er 1930 nicht recht gewußt hatte, ob bzw. wie griechisches *ēthos* und christliches Gewissen miteinander zu vereinbaren waren. Gadamer erkannte zwar die »Vereinzelung des Selbstbewußtseins in die angstvolle Wachheit des Gewissens, des Schuldbewußtseins und der Selbstverantwortung« durchaus als Erfahrung an, die im spannungsvollen Verhältnis zu jener »unaufgelösten Wirklichkeit des sittlichen Gemeingeistes« in der griechischen Polis stand. War letzteres mit dem Ende der Polis aber nur mehr eine geschichtlich überholte Gestalt? Oder gab es neben dem Gewissen noch eine Wirklichkeit des *ēthos*, die auch auf dem Boden des christlichen Abendlandes fortlebte? Hinter den Fragen stand der Konflikt zwischen der Bedingtheit des Handelns durch *ēthos* und der Unbedingtheit der Pflicht, die das Gewissen einfordert. Erst der späte Gadamer kehrte zu diesem Grundproblem der Ethik zurück, indem er es von der aristotelischen und der kantischen Ethik her in den Blick nahm.

Beides scheinen ganz unterschiedliche Pole der Ethik zu sein. Hier die Ausrichtung der praktischen Vernunft am kategorischen Imperativ, der situationsindifferent vorschreibt, die Maxime des eigenen Handelns im Licht ihrer uneingeschränkten Universalisierbarkeit zu prüfen. Dort die Rückbindung der praktischen Vernunft an das *hōs dei* des partikularen Gemeinwesens, das eine Pflicht gegenüber dem ›Menschen an sich‹ gar nicht kennt. Kant betrachtete die von der aristotelischen Ethik herkommende Tradition als überholt. Das Streben nach Glück erschien ihm als rein individueller »Eudämonismus«, die *prudentia* als strategische Klugheit. Die kantische Moralphilosophie rechnete mit der alten praktischen Philosophie ab, was geistesgeschichtlich deren (vorläufiges) Ende bewirkte. Nach dem Zwischenspiel Hegels, der beide Ansätze zu vermitteln suchte, setzte der Neukantianismus Kant wieder in sein Recht. Nicolai Hartmann griff dabei auch auf Aristoteles zurück, ohne allerdings kantischen Boden zu verlassen. Gadamer war mit diesen Versuchen bestens vertraut. Im Rückblick klärte er seine eigene Position, indem er sich kritisch mit der Schule, der er längst entwachsen war, auseinandersetzte.

Die neukantianische Anknüpfung an die *Kritik der praktischen Vernunft* stand im Zeichen des Wertbegriffs. Er wurde von Hermann Lotze eingeführt, um den kantischen Formalismus in der Ethik zu erweitern und für die analytische Forschung zu operationalisieren. Während Kant die menschliche Pflicht allein im kategorischen Imperativ formuliert, übernahm Lotze den Gedanken unbedingter Geltung, explizierte ihn aber an bestimmten Werten, die ihrerseits eine Ordnung bilden. Auf diese Weise errichtete er analog zu Kants »Reich der Zwecke«, welches alle das Sittengesetz erfüllenden Maximen umfaßt, ein »Reich der Werte«. Dieses Reich war im Unterschied zu Kant jedoch konkret benannt und durch den »fühlenden Geist« mit der Menschenwelt verbunden. Im Anschluß an Lotze führten Max Scheler und Nicolai Hartmann die Wertethik fort, indem sie den Wertekosmos mit phänomenologischen Mitteln zu erfassen suchten. Dieses Vorhaben ließ sich empirisch nur verwirklichen, wenn sie beim tatsächlichen »Wertfühlen« ansetzten, also die Lebenspraxis zur ausdrücklichen Grundlage der Forschung erhoben. Gleichwohl suchten sie nach absoluten, apriorisch geltenden Werten. Der Konkretion sittlichen Handelns vermochten sie nur dadurch gerecht zu werden, daß sie diese selbst in den Wertekosmos aufnahmen, als »Wert der Situation«. Das konkrete Handeln sollte durch das Erkennen und Verbinden von Wert und Situation Orientierung gewinnen. Hartmann beanspruchte dafür sogar die aristotelische Ethik. Er interpretierte die aristotelischen Tugenden als Verhaltensweisen zu Werten. In der *phronēsis*, der ja die Konkretion der Tugenden obliegt, wollte er den »Wert der Situation« wiedererkennen.

Gadamer vermißte schon als Schüler Hartmanns »den Reichtum und die Weite sittlicher Wahrheit und Wirklichkeit [...], die man bei Aristoteles findet« (GW7 381). Auf die Hypostasierung von Tugenden zu Werten traf aus seiner Sicht derselbe Vorwurf zu, den Kierkegaard gegen Hegels »Verstehen auf Abstand« und Aristoteles gegen Platons Trennung des Guten von der Wirklichkeit geltend gemacht hatte (GW4 206). 1932 rezensierte er die Dissertation von Harald Schilling, einem Schüler Hartmanns, über *Das Ethos des Mesotes*. Schilling hatte ganz auf der Linie seines Lehrers die Behandlung der Tugenden in NE II–IV unter dem Aspekt der Wertdifferenzierung analysiert. Gadamer kritisierte, der Verfasser verrate an keiner Stelle »ein Bewußtsein der historischen Fragwürdigkeit dieser Interpretationstendenz« und bleibe in »sachunangemessenen Kategorien stecken« (GW5 301–303). Dieser Vorwurf war indirekt gegen Hartmann selbst gerichtet, der sich folglich sehr über die Rezension ärgerte (GW4 206). Im Abstand mehrerer Jahrzehnte wandte Gadamer gegen das gesamte Programm der Wertethik ein, daß es wider Willen einem Relativismus Vorschub geleistet habe. Die Umwandlung von Tugenden in Werte verkannte deren lebensweltliche Verbindlichkeit. Wo das Handeln erst von der Einsicht oder dem Fühlen apriorischer Werte abhängig sein soll, ist die »fraglose Selbstverständlichkeit« der geltenden Sitten auf künstliche Weise suspendiert. Die eternisierten Wertetafeln bieten ihrerseits keine Gewähr, dem gelebten Ethos zu entsprechen, damit aber auch keinen Schutz vor jenem praktischen Werterelativismus, den Nietzsche inaugurierte (GW4 195–199, 203–207). Aus dieser Sackgasse führt nach Gadamers Überzeugung nur der Weg der praktischen Philosophie des Aristoteles heraus, die nicht mehr sein wolle »als die bloße Selbstaufklärung des konkret bestimmenden Ethos«. Daß sie eine »fest umschließende Ethosgestalt« voraussetze, will er nicht als Einwand gelten lassen: »Das ist zwar so, aber das ist immer so, daß praktische ›Philosophie‹ sich aus der praktischen Bestimmtheit unseres Seins erhebt und auf sie zurückbezieht. Ihr Anspruch ist gleichwohl, das ›richtige‹ Ethos in seinen rahmengebenden Strukturen zu erfassen.« (GW4 201).

Hier ist, in einem Text von 1971, implizit jene Frage beantwortet, die 1930 offen geblieben war. Die praktische Philosophie des Aristoteles besitzt auch dort noch Vorbildcharakter, wo das Ethos sich gewandelt und ›gelockert‹ hat. Es ist keineswegs mit dem Untergang der Polis verschwunden, sondern besteht immer und überall, wo Menschen in Gemeinschaften zusammenleben. Diese klare Haltung Gadamers kann angesichts von *Wahrheit und Methode* niemanden überraschen. Die philosophische Hermeneutik will nachweisen, »wieviel *Geschehen* in allem *Verstehen* wirksam ist und wie wenig durch das moderne historische Bewußtsein die Traditionen, in denen wir stehen, entmächtigt sind« (WM 3). Das gilt nicht nur für die Wirkungsgeschichte von Kunstwerken, sondern auch für tradierte Sittlichkeit. Gadamer betrachtet es gerade als bleibende Auszeichnung der aristotelischen Ethik, ständig in Erinnerung zu rufen, daß sittliches Handeln »soviel mehr von unserem Sein als von unserem ausdrücklichen Bewußtsein abhängt«. Er übersetzt *hexis* mit »Seinsverfassung«, was bei ihm mehr als nur die Verfassung des *Daseins* meint (GW4 185). Im *ēthos* ist das *Sein* selbst am Werk und setzt »aller menschlichen Verwirrung eine Grenze« (GW4 188). Vor einer solchen universalontologischen Vereinnahmung des Aristoteles kann indessen nur gewarnt werden. Der Stagirit wußte aufgrund seiner vergleichenden Untersuchung der Verfassungen von 158 Poleis, daß das *ēthos* nicht vom Sein, sondern von der fragilen menschlichen Natur und ihrer Wechselbeziehung zu politischen Institutionen und Gesetzen abhängt. Außerdem hatte er, wie die *Politik* lehrt, ein waches Bewußtsein von der Vielfalt menschlicher Verwirrungen und den beständigen Gefahren kriegerischer Konflikte, sei es in oder zwischen den Städten. Daß sich ein politisch aufmerksamer Grieche, zumal in der persönlichen Situation des Aristoteles, am Ende des 4. Jahrhunderts ruhig auf ein in allem waltendes »Sein« zurückziehen konnte, scheint wenig plausibel. Im Unterschied zu Gadamer wollte Aristoteles auch nicht seine Mitbürger von der unbezwingbaren Macht des Traditionsgeschehens überzeugen. Was die Menschen suchen, heißt es unmißverständlich in der *Politik*, ist nicht der Brauch der Väter, sondern das Gute (*zētousi d'holōs ou to patrion [nomos] alla tagathon pantes*; Pol. II.8, 1269a3f). Gewiß betrachtet er die eingespielte Sittlichkeit als eine tragende und daher nur behutsam zu verschiebende Basis des Zusammenlebens. Deshalb verfällt er jedoch nicht darauf, sie zur »Seinsverfassung« hochzuspielen. Wenn die Idee der praktischen Philosophie von der konkreten Gestalt des Polis-Ethos ablösbar ist, liegt dies wohl eher an ihrer ontologischen Zurückhaltung als an jener Zumutung, die Gadamer ihr abgewinnen will.

Daß Aristoteles ein Modell situierter praktischer Vernunft entwirft, die sich aus ihrer Bedingtheit nie vollständig herausreflektieren kann, ist indessen nicht zu leugnen. Bleibt da noch Platz für jene Unbedingtheit, die Kants kategorischer Imperativ der praktischen Vernunft abnötigt? Wo, wie bei Aristoteles und laut Gadamer noch heute, die fraglose Befolgung der Sitte der Regelfall des Zusammenlebens ist, kommt die »gesetzprüfende Vernunft« gar nicht zum Zuge. Wenn Gadamer ihr dennoch ein Recht zuspricht, dann beschränkt er sie zugleich auf den »Ausnahmefall des Konflikts«. Er tritt dort ein, wo sich ein Mensch gegen alle Neigung auf seine reine Pflicht besinnt. Dadurch wird er indessen nicht ganz aus der Praxis herauskatapultiert. Vielmehr bewirken solche extremen Fälle nach Gadamers Überzeugung die »feste Gründung des Charakters«, weil der Betroffene der sittlichen Grundsätze gewahr wird, die sein Leben immer schon leiten (GW4 180f). Die Formulierung verrät, daß Gadamer nicht von einem fundamentalen Konflikt zwischen sittlicher Praxis und kategorischem Imperativ ausgeht. Er betrachtet den »Grundsatz der Humanität« als »das schönste Erbe der christlichen Kultur an die Menschheit« (GW7 393). Irgendwie sei dieser Grundsatz in der Lebenspraxis aufgegangen. Was das genau heißt, danach muß man aber ohne Not nicht fragen. Wenn Gadamer von Pflicht redet, ist von der »heiligen Pflicht«, die der kantische Rigorismus anmahnt, nichts mehr zu spüren: »Der Begriff der Pflicht beschreibt im Grunde nur die einfache Selbstverständlichkeit, mit der ein festgegründeter Charakter die Maxime seines Handelns festhält.« (GW7 392). Hier ist die Pflicht mehr von der Verbindlichkeit der geltenden Sitte als von einem darüber stehenden Sittengesetz abgeleitet. *Diese* Pflicht befolgt auch der aristotelische *phronimos*, von dem Gadamer dasselbe sagt: Er wählt die Mittel und hält zugleich an den Zwecken fest. Auch sonst sieht er zwischen Kant und Aristoteles eher Parallelen: Beide weisen die wissenschaftliche Steuerung der Lebenspraxis ebenso ab wie sie aller bloß subjektiven Klugheit eine Grenze ziehen (GW7 392–394; EEu 151).

Nicht alle Kantianer werden diese Vermittlung von sittlicher Praxis und Sittengesetz teilen wollen. Apel und Habermas etwa, die das Sittengesetz zum Apriori des herrschaftsfreien Dialogs transformieren, müssen darin ihren »hypothetischen Vorgriff auf eine Geschichtsphilosophie in praktischer Absicht«[70] vermissen. Ein solcher Vorgriff soll den Menschen immer wieder vor Augen halten, in welchen Zwängen sie noch leben und welches das Ziel ihrer Befreiung sein muß. Wenn Gadamer sich hingegen auf die Normalität und Unaufgeregtheit täglicher Praxis beruft, weiß er sich zu Recht an der Seite des Aristoteles. Allerdings speist sich seine Gelassenheit, wie gesehen, aus anderen Quellen als die behutsame Vorsicht des Griechen.

(d) Tradition, Solidarität und kulturelle Vielfalt im Zeitalter der Globalisierung

Es sollte inzwischen deutlich geworden sein, daß Gadamers Anspruch, die »methodische Idee der praktischen Philosophie« zu rehabilitieren, ontologische Implikationen birgt, die über Aristoteles hinausreichen. Hinter aller hermeneutischen Erhellung der Praxis und allem Fragen nach dem Guten für den Menschen steht immer die Frage nach der Wahrheit des Seins. Man muß diese Perspektive nicht teilen, um gleichwohl die blicköffnende Kraft vieler Einzelstudien anerkennen zu können. Da Gadamer Sein als Bewegtheit denkt und es im Verstehen des Menschen aufweisen will, bleibt er methodisch an humane Selbstauslegung gebunden. Ein absolutes Wissen des sich selbst erfassenden Geistes, wie Hegel es beansprucht, kommt für ihn aus rein ontologischen Gründen nicht in Frage, denn Sein als *energeia atelēs* erreicht niemals abschließende,

---

70 Habermas: Zur Logik der Sozialwissenschaften, aaO., 310.

wißbare Vollendung. Sinn und Tradition gelten ihm zwar als Manifestation von Sein, aber doch so, daß sie sich mit der Wandelbarkeit des Seins selbst verschieben. Gadamer kann deshalb geschichtlichen Wandel, sogar Traditionsbrüche anerkennen, ohne einen eindeutigen Richtungssinn in alles hineinlesen zu müssen. Auch das unterscheidet ihn von Hegel, der im Aufgang des Weltgeistes die innere Vollendung der Geschichte denkt. Bleibt die Verbindung von *ēthos* und Sein zwar fragwürdig, hat sie doch den Vorzug, daß Gadamer die tiefgreifenden Umbrüche in der modernen Welt nicht einseitig als Verfallsphänomene auslegt, sondern ins Auge faßt, was die Menschen vorgängig verbindet. In der Debatte mit Habermas bezeichnet er es einmal als hermeneutischen Sinn seines »›konservativen Vorurteils‹«, »bewußt zu machen, wie viele selbstverständliche Voraussetzungen in Anspruch genommen werden, wo Gespräch ist« (GW2 270). Es sei deshalb abschließend betrachtet, wie Gadamer mit (beinahe) aristotelischem Blick ein Zeitalter sichtet, das fortschrittliche Soziologen schon als »posttraditional« erkannt haben wollen.[71]

In Gadamers Warnung vor der Usurpation der Lebenswelt durch die Wissenschaften war die Diagnose inbegriffen, daß sich traditionelle Bindungen zuerst durch die Französische Revolution, dann infolge des Ersten Weltkriegs gelöst haben. Er betrachtet das 20. Jahrhundert als jene Epoche, in der sich das explosive Potential der neuzeitlichen Wissenschaft entfalten konnte, weil die Beharrungskräfte der vorangegangenen Jahrhunderte – antikes Erbe, Humanismus, Christentum – an Wirkungskraft verloren haben (GW4 218, LdT 92). Dadurch sind nicht nur Probleme im Inneren von Gesellschaften entstanden. Gadamer erkannte früh, daß die grenzüberschreitende Macht der Wissenschaft alle von ihr erzeugten Probleme ins Globale gesteigert hat. Die Atombombe, schrieb er 1972, erweise sich »als ein bloßer Spezialfall der weltweiten Selbstgefährdung der Menschheit und ihres Lebens auf diesem Planeten« (GW4 248). Auch beobachtete er, wie sehr die wirtschaftliche Expansion die Grenzen des Nationalstaats sprengte und den Begriff ›Nationalökonomie‹ veraltet klingen ließ (EEu 10). Daß diese Herausforderungen angenommen, mithin auch global gelöst werden müßten, war seine feste Überzeugung. Ein rückwärtsgewandter Traditionalismus, womöglich gar mit der romantischen Vision einer Erneuerung der Polis verbunden – solche Gedanken wird man vergeblich in Gadamers Schriften suchen. Er ließ keine Zweifel daran, daß die »Einheitlichkeit eines gelebten Ethos […] im Zeitalter des ethischen, des ethnischen und des historischen Pluralismus gewiß nicht gegeben« und ebensowenig erreichbar sei (GW4 213). Allerdings war er überzeugt, daß es so etwas wie *ēthos* weiterhin gebe. »In jeder Kultur gilt eine Reihe von ihrem eigenen Bewußtsein völlig entzogenen Selbstverständlichkeiten, und selbst in der allergrößten Auflösung von Herkommensformen, Sitten und Gewohnheiten ist es nur verborgen, in welchem Grade noch immer Gemeinsamkeiten alle bestimmen.« Schon das gemeinsame Bewußtsein einer Krise, argu-

---

71 Dieser beliebte *topos* findet sich etwa bei: Ulrich Beck: Risikogesellschaft. Auf dem Weg in eine andere Moderne, Frankfurt a.M. 1986, 113ff (»Enttraditionalisierung der Lebensformen«); Jürgen Habermas: Geschichtsbewußtsein und posttraditionale Identität. Die Westorientierung der Bundesrepublik, in: Eine Art Schadensabwicklung. Kleine politische Schriften VII, Frankfurt a.M. 1987; Anthony Giddens: Jenseits von Links und Rechts. Die Zukunft radikaler Demokratie, Frankfurt a.M. 1997 (engl. OA 1994), 11ff, 23ff (»Ende der Traditionen«, »posttraditionale Gesellschaft«). Die Auswahl ließe sich problemlos erweitern.

mentiert er, stelle eine erste Solidarität dar, die auf tieferliegende gemeinsame Prägungen verweise (GW4 226f). Worin diese bestehen, weist er an den Phänomenen der Sprache und des Rituals auf.

Daß Menschen, die eine gemeinsame Sprache sprechen, immer schon vorgängig miteinander verbunden sind, ist eine Einsicht, die Gadamer zuerst an der platonischen Dialektik gewann. Durch Sprache ist Welt in fundamentaler Weise entdeckt, und zwar nie bloß für Individuen, weil es, wie er Wittgenstein beipflichtet, keine Privatsprachen gibt. Zum Sprechen gehören mindestens zwei. Es gewinnt indessen nicht durch künstliche Vereinheitlichung. Eine internationale Wissenschaftssprache, wie sie der Wiener Kreis entwickeln wollte, lehnte Gadamer ab. Sprache, so seine Überzeugung, »ist primär das, was die natürliche Sprachgemeinschaft spricht, und nur natürliche Sprachgemeinschaften werden das, was sie eint und was sie am anderen erkennen, im Miteinander aufzubauen in der Lage sein« (EEu 31f). Auch wenn man von den ontologischen Prätentionen absieht, die Gadamer bezüglich des *logos* erhebt, und einrechnet, daß Sprache nie bloß natürlich, sondern immer auch konventionell ist, behält diese Aussage noch ihr Recht. Eine gemeinsame Welt setzt eine gemeinsame Sprache voraus und besteht nur dort, wo Menschen im Gespräch bleiben – das ist die Kernaussage der Bestimmung des Menschen als *zōon logon echon*. In einer späten Arbeit von 1992 sucht Gadamer noch einen Weg hinter die Sprache zurück und führt dazu den (für ihn neuen) Begriff des Rituals ein. Damit meint er das »Gesamtverhalten« einer Gemeinschaft, aus der keine einzelnen hervortreten, im Unterschied zum »Miteinander« des Gesprächs individueller Sprecher. Der Ritus ist dem Phänomen nach eher Handlung als Sprache, auch dort, wo er im Vortrag von Worten aufgeht. Was Gadamer vor Augen steht, ist der Vollzug religiöser Kulthandlungen, bei dem Priester und Gemeinde eins sind. Solche sakralen Riten spielen in der westlichen Welt gewiß keine große Rolle mehr. Allerdings will Gadamer den Blick auf ihr Fortleben in der profanen Zivilisation lenken. Als Beispiel nennt er das Schweigen bei der Verkündung von Gerichtsurteilen und führt es auf das heilige Schweigen am Höhepunkt einer Kulthandlung zurück. Dieses erscheint ihm nicht bloß als Nachhall vergangener Zeiten, sondern als echtes Wirken, welches noch heute die Gemeinschaft jener trägt, die auf der Einhaltung der Gebräuche bestehen. Eine scheinbare Konvention erweist sich so als normativ »richtig«, wie Gadamer an der Ableitung des Ritus von lat. *rite* zu zeigen sucht (GW8 409–416). Das Argument ist nicht bloß etymologisch gemeint; im Ritus sind nach seiner Überzeugung *ēthos* und *logos* auf eine Weise miteinander verwoben, die dem Bewußtsein zumeist entgeht (GW8 438). Auch hier wird man Gadamer eine große Aufmerksamkeit für die Normativität von Selbstverständlichkeiten konzedieren dürfen, wiewohl es bedenklich wäre, diese Normativität ontologisch festzuschreiben. Zwischen dem Schweigen vor Gericht und dem Verstummen bei der Kommunion liegen schließlich doch Welten.

Die Untersuchungen zur Sprache und zum Ritual machen deutlich, daß auch dort, wo die ausdrückliche Verständigung abgerissen ist, noch Ressourcen bereitliegen, um neue Gemeinsamkeiten aufzubauen. Das läßt den Pluralismus innerhalb von Gesellschaften in einem milderen Licht erscheinen. Wie aber steht es mit dem Pluralismus der Staaten und Kulturen? Wo die Menschen infolge globaler Probleme gar keine andere Wahl haben, als miteinander ins Gespräch zu treten, bilden sie neue Gemeinsamkeiten aus, unter Umständen sogar neue Solidaritäten. Die Bedingung für deren Tragfähigkeit ist aus Gadamers Sicht jedoch, daß die Vielfalt der Kulturen, Sprachen und geschichtlichen Schicksale nicht unterdrückt wird. Er ist kein Anhänger einer globalen Weltgesellschaft, deren einzige Basis ein künstliches Rechtssystem wäre. Was ihm vorschwebt, ist eine Vermittlung von Vielfalt und Einheit, für die Europa Modell stehen könnte. Europa ist es im Laufe seiner Geschichte gelungen, die größte Vielfalt sprachlicher, politischer, religiöser, ethnischer Traditionen zu integrieren (EEu 61). Nirgendwo anders kann man besser lernen, wie die Andersheit zur bereichernden Selbstbegegnung im Anderen einlädt. Gadamer verschweigt nicht, daß Europa keineswegs nur von guter Nachbarschaft, sondern ebensosehr von Kriegen geprägt worden ist. Er hält es dennoch für bemerkenswert, daß die Staaten immer wieder mit gutem Willen neue Gemeinsamkeiten gesucht haben. Darin sieht er das »Erbe Europas« für die »Zukunft der Menschheit im ganzen« (EEu 30f). Zu diesem Erbe rechnet er auch die Geisteswissenschaften. Er verweist darauf, daß sie nach dem Traditionsbruch der Französischen Revolution entstanden seien, um ein neues Kontinuitätsbewußtsein zu stiften (EEu 42f). In ihnen sei sowohl die alte Metaphysik als auch die praktische Philosophie aufgegangen (EEu 44f, GW2 325). Ihre bleibende Aufgabe bestehe darin, »daß sie für die Beharrungskräfte des gelebten Lebens den Blick schärfen und damit auch für die Aufgaben der Zukunft Wirklichkeitserfahrung anmahnen« (EEu 61).

Natürlich spricht Gadamer hier nicht für *die* Geisteswissenschaften. Was er bewirbt, ist sein eigenes Programm der Hermeneutik. Es vermag, wie gesehen, im Feld des Politischen den Blick für jene Gemeinsamkeiten zu schärfen, die immer schon vorausgesetzt sind, wenn von *praxis* die Rede ist. Gadamer verhilft damit der aristotelischen *phronēsis* und der praktischen Philosophie gegenüber einer sich aus allen Bindungen herausreflektierenden Ratio zu ihrem Recht. Den Apologeten des »Projekts der Aufklärung« führt er vor, wie sehr ihnen die Orientierung am Ideal einer vollkommen durchrationalisierten, »emanzipierten« Gesellschaft die Sicht auf die vernünftigen Ressourcen immer schon geübter Lebenspraxis trübt. Wie er ihnen zu Recht ein »Vorurteil gegen die Vorurteile« vorhalten kann, macht er sich indessen selbst eines »Vorurteils für die Vorurteile« verdächtig. Wer ein so waches Bewußtsein von der Situiertheit der praktischen Vernünftigkeit besitzt, sollte sich nicht anmaßen, gute und schlechte Vorurteile nach universalontologischem Maßstab unterscheiden zu können. Auch bei allergrößter hermeneutischer Besinnung muß einem *endlichen* Wesen verborgen bleiben, wie sich sein eigenes Sein zum Sein im ganzen verhält. Das war die Einsicht der praktischen Philosophie des Aristoteles, die es gegen Gadamers philosophische Hermeneutik zu erinnern gilt.

III.2   Joachim Ritter – Metaphysik und Politik

Im Frühjahr 1929 kam es während der Davoser Hochschulwoche zum Gipfeltreffen zweier Antipoden der deutschen Philosophie. Ernst Cassirer, der eine, vertrat den schulmäßig fest etablierten Neukantianismus, den er mit seinem gerade abgeschlossenen philosophischen Hauptwerk, der *Philosophie der symbolischen Formen* (1923–29), auf das gesamte kulturwissenschaftliche Feld ausgedehnt hatte. Martin Heidegger, der andere, stand für eine dagegen aufbegehrende, den radikalen Neuanfang suchende Philosophie, der seit dem Erscheinen von *Sein und Zeit* (1927) großes nationales und internationales Interesse zuteil geworden war. Beide hielten zunächst je drei Einzelvorträge, um dann in einem Streitgespräch direkt aufeinander zu treffen. Vordergründig ging es um Kant, hintergründig um das Verhältnis von Geist und Leben. Cassirer argumentierte zugunsten der symbolschaffenden, kulturstiftenden Kraft des menschlichen Geistes, dessen »Objektivität« und »Absolutheit« jedem einzelnen Leben überlegen seien.[72] Heidegger berief sich dagegen auf die »Geworfenheit« des Daseins, das die »Härte seines Schicksals« nur zu fassen vermöge, wenn es sich von allen kulturellen Vorgaben befreie.[73] Zwei junge Teilnehmer hielten die Disputation für die Nachwelt fest. Mit den Zuhörern teilten sie das »erhebende Gefühl, einer geschichtlichen Stunde beigewohnt zu haben«.[74] Otto Friedrich Bollnow war Student bei Heidegger, Joachim Ritter, der Koautor, Assistent von Cassirer.

Ritter, 1903 geboren, kannte beide Disputanten aus seinem Studium. Anfang der zwanziger Jahre hatte er für kurze Zeit Heidegger in Freiburg gehört und war dann zu Cassirer nach Hamburg gewechselt. 1925 promovierte er dort mit einer Arbeit über Cusanus,[75] sieben Jahre später wurde er mit Hilfe seines Lehrers habilitiert. Der Weg von Freiburg nach Hamburg war für ihn eine Richtungsentscheidung gewesen, gegen die Existenz- und für die Kulturphilosophie, gegen die »Destruktion« und für die Anerkennung der »Objektivität« geistiger Schöpfungen. Zum Ausdruck kommt das in einem Aufsatz von 1933 über neuere Tendenzen in der Anthropologie.[76] Heidegger, schreibt Ritter, vollziehe eine »subjektivistische Wendung«, um die wissenschaftliche Forschung einem »›weltanschaulichen‹ Lebensgrund« unterzuordnen (SGL 54). Er stößt

---

72   Otto Friedrich Bollnow/Joachim Ritter: Davoser Disputation zwischen Ernst Cassirer und Martin Heidegger, in: Martin Heidegger: Kant und das Problem der Metaphysik, Gesamtausgabe, Bd. 3, Frankfurt a.M. 1991, 278 u. 292f.
73   Ebd., 283–285 u. 291.
74   Otto Friedrich Bollnow: Gespräche in Davos, in: Erinnerung an Martin Heidegger, hg. von Günther Neske, Pfullingen 1977, 28. – Zur Niederschrift der »Davoser Disputation« vgl. GA3 XV, Anm. 5.
75   Docta ignorantia. Die Theorie des Nichtwissens bei Nicolaus Cusanus, Leipzig 1927.
76   Über den Sinn und die Grenze der Lehre vom Menschen (1933), in: Subjektivität. Sechs Aufsätze, Franfurt a.M. 1974, 36–61 – [SGL].

sich daran, daß Heidegger die theoretische Haltung zur uneigentlichen Seinsweise erklärt, somit auf Objektivität im herkömmlichen Verständnis verzichtet und statt dessen die alltägliche Existenz befragt. Das führe zu »Skepsis«, zu »Subjektivismus und Mystizismus«, zu »anthropologischer Metaphysik«, schließlich zur »Absolutsetzung des eigenen Ich« (SGL 59). Im erregten Tonfall scheint das Erlebnis von Davos noch nachzuwirken. Ritter verteidigt den Ansatz seines Lehrers, eine im kantischen Sinne kritische Philosophie, die empirische Ergebnisse aufnimmt und in den Grenzen des Wißbaren zu klären sucht: »Will man die Lebensbedeutung der Philosophie bestimmen, so kann sie nur die sein, gegenüber allem spekulativen, gegenüber allem mystischen und subjektivistischen Denken den Sinn der objektiven Erkenntnis, der rationalen Klarheit und die Erweiterung unserer wissenschaftlichen Erfahrung zu sichern.« (SGL 61).[77]

Fünf Jahre später nahm Ritter das Problem, wie Geist und Leben zusammenhängen, abermals auf. Die Namen Heidegger und Cassirer – letzterer war als Jude inzwischen emigriert – fallen nicht, ihre divergenten Ansätze sind jedoch präsent. Ritter trägt den Konflikt zwischen »geschichtlich-existentialer« und »ontologisch-gegenstandstheoretischer« Deutung des Logos (GwE 178), zwischen »Lebenswahrheit« und »Sachwahrheit« (GwE 182) aus. Diese wird von jener mit den Argumenten der »Abhängigkeit der Wissensform von Lebenszielen« und der »weltanschaulichen Gebundenheit an das Sein der Völker und Rassen« herausgefordert (GwE 176). Im Unterschied zu seiner früheren Haltung sucht er nun nach einer vermittelnden Position. Damit greift er ein Problem auf, dem Cassirer stets ausgewichen war, die Geschichtlichkeit wissenschaftlicher Erkenntnis. Cassirer betrachtet die »symbolischen Formen« als »wahrhafte Urphänomene des Geistes«; zwar treten sie historisch variant auf, doch sollen sie auf ein invariantes Bewußtsein zurückführbar sein.[78] Ritter betont dagegen, daß »der Geist geschichtlich ist und Geschichte hat«. Unter dieser Prämisse können seine Schöpfungen nicht mehr auf transzendentale Bewußtseinsstrukturen zurückgeführt werden. Das schmälert jedoch nicht seine Leistung, sondern verleiht ihr erst besondere Valenz. Alles Erkennen ist neben sachlich-kategorialem Bestimmen zugleich »Darstellung des Seins [...] als die Mitte, in der das menschliche Dasein in seiner Zeit dem ihm sich erschließenden Sein begegnet« (GwE 186). Auf diese Weise will Ritter beide Deutungen des Logos in ihrem Recht belassen, jedoch nicht getrennt, sondern als zwei Seiten derselben Wahrheit: Die Sachwahrheit wird bewahrt als geschichtliche Lebenswahrheit.[79]

Ritter sieht freilich auch, daß bestimmte existentiell bedeutsame Phänomene wie Innerlichkeit, Gefühl und Glaube überhaupt nicht auf dem Wege »exakter« Erkenntnis erfaßt werden können. Aus diesem Grund seien im 19. Jahrhundert – angesichts der »Entzweiung des Zeitalters in sich selbst« – die Geistes- neben den Naturwissenschaften entstanden (GwE 188). Erstmals ist hier formuliert, was Ritter fortan immer stär-

---

[77] Zuvor war ein Aufsatz erschienen, in dem Ritter die Hauptgedanken seines Lehrers erläuterte: Ernst Cassirers Philosophie der symbolischen Formen, in: Neue Jahrbücher für Wissenschaft und Jugendbildung 6 (1930), 593–605.
[78] Wesen und Wirkung des Symbolbegriffs, Darmstadt ^{4}1969, 82.
[79] Hingegen hatte Ritter 1930 mit Blick auf Cassirer von der »ursprünglichen Unableitbarkeit der symbolischen Ausdrucks-, Darstellungs- und Bedeutungsform aus dem unmittelbaren Wirk- und Lebenszusammenhang« gesprochen (Ernst Cassirers Philosophie der symbolischen Formen, aaO., 600).

ker beschäftigen sollte, der moderne Konflikt zwischen dem Endlich-Rationalen und dem Unendlich-Spirituellen. »Dem gewöhnlichen Verstande erscheint alles, was er nicht begreift zwischen Himmel und Erde, gewöhnlich, und die Welt wird zur Ordnung der Verständigkeit verflacht und ihre Tiefe ins Triviale und Nichtige umgesetzt.« (ÜL 92). Dagegen macht das Lachen aus Ritters Sicht die »vitale Freude am Reichtum des Lebens und am Recht des Unsinns und Unverstands« geltend (ÜL 80). Als diese Gedanken 1940 erschienen,[80] war Ritter bereits als Soldat im Krieg. Es half ihm nichts, daß er auf den Berufungslisten der Universitäten in München, Königsberg, Halle und Graz stand.[81] Den 1943 ergangenen Ruf nach Kiel konnte er wegen Krieg und Gefangenschaft nicht mehr antreten.[82] Nach notgedrungenem Schweigen meldete er sich im Oktober 1945 erstmals wieder zu Wort, mit einem offenbar im Kriegsgefangenenlager geschriebenen Beitrag über T. S. Eliot.[83] Von Lachen konnte keine Rede mehr sein: »Die Bindungen sind zerrissen, der Mensch steht vor Trümmern. In der realen Zerstörung erscheint der innere Verlust.« (DuG 96). Die Aufgabe, »das, was im Gegenwärtigen preisgegeben und nicht gesehen wird, als das der Gegenwart Zugehörige und in ihr Nicht-Beachtete fest[zu]halten«, fällt nun dem »Religiösen« zu. Darunter versteht Ritter in Anlehnung an Eliot die »Rück-Bindung« des Menschen an das von ihm nicht beherrschbare, seinem Dasein aber erst Sinn gebende »mysterium veritatis« (DuG 94f).

1947 wurde Ritter Ordinarius für Philosophie in Münster, wo er sehr schnell einen großen Schülerkreis um sich scharen konnte. Es begann der Aufstieg der »Ritter-Schule«, die sich der Erneuerung der praktischen Philosophie verschrieb und das Gesicht der deutschen Nachkriegsphilosophie maßgeblich prägte.[84] Odo Marquard, ein Schüler der ersten Generation, hat die Nachkriegsjahre seines Lehrers bis zur Gastprofessur in Istanbul (1952–55) dessen »Wende zur Bürgerlichkeit« genannt. Dadurch verschiebe sich die »traditionalistisch-verfallstheoretische« Haltung des Eliot-Essays zur »Philosophie der positivierten Entzweiung«, die die Ausgrenzung des Subjektiven aus der Gesellschaft nicht mehr als Verlust, sondern als Bedingung von beider Gedeihen begreife.[85] Diese Wende speist sich aus hegelianischen Quellen, zuerst in der philosophischen Bilanz des Türkei-Aufenthalts,[86] dann voll ausgearbeitet in der epochemachenden Schrift *Hegel und die französische Revolution* (1957). Parallel dazu vollzog sich seit

---

80 Über das Lachen (1940), in: Subjektivität, aaO., 62–92.
81 Vgl. Thomas Weber: Joachim Ritter und die »metaphysische Wendung«, in: Deutsche Philosophen 1933, hg. von Wolfgang Fritz Haug, Hamburg 1989, 236.
82 Vgl. Hermann Lübbe: Laudatio, in: Gedenkschrift Joachim Ritter, Schriften der Gesellschaft zur Förderung der Westfälischen Wilhelms-Universität zu Münster, Heft 65, Münster 1978, 14.
83 Dichtung und Gedanke. Bemerkungen zur Dichtung T. S. Eliots, zuerst ersch. in: Arbeit am Aufbau. Stimmen aus dem Lager 13 Shap Wells, 30. Oktober 1945; wiederabgedr. in: Subjektivität, aaO., 93–104.
84 Zu dieser Schule gehörten u.a. Günther Bien, Karlfried Gründer, Martin Kriele, Hermann Lübbe, Odo Marquard, Reinhard Maurer, Günter Rohrmoser und Robert Spaemann. Von ihnen haben vor allem Bien und Spaemann eigene Interpretationen zu Aristoteles vorgelegt, die hier allerdings nicht weiter besprochen werden können.
85 Zukunft und Herkunft. Bemerkungen zu Joachim Ritters Philosophie der Entzweiung (1989), in: Skepsis und Zustimmung. Philosophische Studien, Stuttgart 1994, 26f. Marquard war von 1955–63 wissenschaftlicher Assistent Ritters in Münster.
86 Europäisierung als europäisches Problem (1956), in: Metaphysik und Politik. Studien zu Aristoteles und Hegel, Frankfurt a.M. 1969, 321–340 – [EeP].

1953 die Auslegung der aristotelischen Philosophie. Von beiden, Hegel und Aristoteles, war zuvor kaum die Rede gewesen; nach 1953 sind sie die geistigen Kristallisationspunkte aller Veröffentlichungen Ritters.[87] Es scheint, als habe Ritter sich dem bürgerlichen Leben erst zuwenden können, nachdem er sich von Cassirer und Heidegger gelöst hatte und die vermeintlich einander ausschließenden Gegensätze Geist und Leben als Subjektivität und Gesellschaft dialektisch zu fassen vermochte. Cassirer wird niemals mehr erwähnt, Heidegger kommt bloß am Rande vor und dient wie 1930 als Zielscheibe pointierter Kritik.

An Ritters Stellung in der deutschen Nachkriegsphilosophie gemessen, sind seine Schriften bislang nur wenig untersucht worden, insbesondere die zu Aristoteles. Vielleicht hat dazu der eher unspektakuläre, ›geisteswissenschaftliche‹ Gestus von Ritters Texten beigetragen. Wohlgesonnene Rezensenten konzedieren »textgerechte Interpretation und klare Diktion«[88] und freuen sich, daß die Ausflüge in die Antike auch der Gegenwart etwas zu sagen hätten.[89] Manfred Riedel rechnet Ritter wie Strauss einem »neuhumanistisch geprägten Aristotelismus« zu, »der im Bannkreis von Dilthey der Tradition der Geistesgeschichte verhaftet blieb«.[90] Damit sollte wohl gesagt werden, es handele sich bei den Werken um recht bodenständige, aber doch wenig innovative Auslegungen. Für Leo Strauss konnte bereits gezeigt werden, daß ein solches Urteil der wohlkalkulierten Autorintention in die Falle gegangen ist. Bei Ritter gibt es zwar keine erkennbar differenzierten Schreibebenen, doch kommt ebenfalls unspektakulär daher, was sich bei genauer Prüfung als höchst brisant herausstellt. Tatsächlich kann es Ritters Aristoteles-Transformation an Radikalität mühelos mit den Lesarten der ›Heidegger-Schule‹ aufnehmen, obwohl sie beständig dagegen polemisiert. Die Typik dieser Transformation soll nachfolgend in drei Schritten aufgewiesen werden. Das erste Kapitel behandelt Ritters Deutung des Verhältnisses von Theorie und Praxis, das zweite die daraus resultierende Konzeption von Philosophie, das dritte schließlich das damit gewonnene Bild der bürgerlichen Lebenswelten in Antike und Moderne. Bei allen drei Schritten ist, wie sich noch zeigen wird, auch danach zu fragen, inwieweit Hegel die Gedankenbildung beeinflußt, obwohl die Aristoteles-Rezeption im Vordergrund der Untersuchung stehen muß.

---

87 Veröffentlichungen zu Hegel: Hegel und die französische Revolution (1956), in: Metaphysik und Politik, 183–255 – [HfR]; Subjektivität und industrielle Gesellschaft (1961), in: Subjektivität, 11–35 – [SiG]; Person und Eigentum. Zu Hegels ›Grundlinien der Philosophie des Rechts‹ §§ 34 bis 81, in: Metaphysik und Politik, 256–280; Moralität und Sittlichkeit. Zu Hegels Auseinandersetzung mit der kantischen Ethik (1966), in: ebd., 281–309; Hegel und die Reformation (1968), in: ebd., 310–317 – [HuR].
Veröffentlichungen zu Aristoteles: Die Lehre vom Ursprung und Sinn der Theorie bei Aristoteles (1953), in: ebd., 9–33 – [LUS]; Aristoteles und die Vorsokratiker (1954), in: ebd., 34–56 – [AV]; Das bürgerliche Leben. Zur aristotelischen Theorie des Glücks (1956), in: ebd., 57–105 – [BL]; Zur Grundlegung der praktischen Philosophie bei Aristoteles (1960), in: Riedel, Rehabilitierung der praktischen Philosophie II, 479–500 – [GpP]; ›Politik‹ und ›Ethik‹ in der praktischen Philosophie des Aristoteles (1967), in: Metaphysik und Politik, 106–132 – [PE]; ›Naturrecht‹ bei Aristoteles (1963), in: ebd., 133–179 – [NRA].
88 Annemarie Pieper: Rezension zu ›Metaphysik und Politik‹, in: Philosophischer Literaturanzeiger 24 (1971), 206–209.
89 Bernhard Pesendorfer: Rezension zu ›Metaphysik und Politik‹, in: Wort und Wahrheit 25 (1970), 279f.
90 Riedel, Heidegger und der hermeneutische Weg zur praktischen Philosophie, 171.

2.1 Theorie und Praxis

Der Sammelband, in dem Ritters Studien zu Aristoteles und Hegel 1969 erschienen, trägt den Titel *Metaphysik und Politik*. Obwohl beide Begriffe in keinem der Texte direkt aufeinander bezogen werden – möglicherweise war der Titel ein Vorschlag des Verlags –, beschreiben sie doch das Feld, das von allen Interpretationen abgesteckt wird. Es kann ebenso durch die klassischen Begriffe Theorie und Praxis umrissen werden, die allerdings häufig vorkommen. Jede Auslegung der aristotelischen Philosophie muß zu ihnen Stellung beziehen. Die bisher untersuchten Denker nahmen gegenüber der *theōria* eine durchweg kritische Haltung ein, sofern damit eine Deutung des Kosmos nach den anthropomorphen Vorbildern des lebendigen Organismus bzw. des Artefakts gemeint war. Ritters erste Abhandlung zu Aristoteles – *Die Lehre vom Ursprung und Sinn der Theorie bei Aristoteles* – geht hingegen einen anderen Weg. Gerade weil das Herstellen in der *Metaphysik* eine so herausragende Stellung einnimmt, betrachtet Ritter es als ausgezeichnete Weise humaner Welt- und Seinserschließung. Damit bereitet er eine in allen späteren Untersuchungen durchgehaltene Position vor, die das Verhältnis von Theorie und Praxis auf markante Weise neu bestimmt und zur Grundlage eines ebenso gewandelten Politikbegriffs wird.

(a) Bios und praxis, praxis und poiēsis

»›Praxis‹ ist bei Aristoteles mehr als eine von anderen Verhaltensweisen unterschiedene Tätigkeit; sie meint das Leben des Lebendigen überhaupt, weil es sich im Tun und Wirken vollzieht und ›Praxis‹ so die Form seiner Bewegung ist. ›Praxis‹ ist daher auch synonym mit den bestimmten Formen lebendigen Verhaltens (*bios*), so daß die Verschiedenheit der Lebewesen selbst sich in der Verschiedenheit ihrer Praxis darstellt und zu Tage tritt.« (LUS 25).

Diese Aussagen stehen in Ritters erstem Aufsatz über Aristoteles und wurden in allen nachfolgenden Veröffentlichungen zum Werk des Griechen wiederholt (BL 59; NRA 148; PE 117; GpP 492). Sie bilden den Grundstein von Ritters Auslegung und Transformation dieses Werkes, worüber die lakonische Aufzählung von Lehrinhalten allerdings leicht hinwegtäuschen kann. Auf den ersten Blick scheinen sie nur wiederzugeben, was sich auch am Text belegen läßt. Doch auf den zweiten Blick muß deutlich werden, was das Zitat besagt, indem es andere aristotelische Aussagen zum Praxisbegriff verschweigt. Beides sei der Reihe nach untersucht.

Ritter bezieht sich auf zwei Stellen in den biologischen Schriften des Aristoteles. Gleich am Beginn der *Historia Animalum* (Hist. an.) heißt es, die Lebewesen unterschieden sich hinsichtlich ihrer Lebensweisen (*bious*), Betätigungen (*praxeis*), Gewohnheiten (*ēthē*) und Körperteile (*moria*, 487a11f). In der Untersuchung letzterer wird diese Aussage noch weiter spezifiziert. Mannigfach seien die Tätigkeiten und Bewegungen (*tōn praxeōn kai tōn kinēseōn*) der Lebewesen selbst und ihrer ›Teile‹ (Part. an. 646b14–16). Offensichtlich meint Praxis in diesem Kontext ganz allgemein eine der Lebensweise bzw. -funktion entsprechende Tätigkeit jedes Lebewesens und gibt gewissermaßen den Generalnenner einer biologischen Untersuchung ab, die den Menschen in seiner Zugehörigkeit zum Tierreich betrachtet. Aus diesem Grund hat der Begriff im Vergleich zu seinem Gebrauch im kosmologischen Kontext bereits eine Einengung erfahren. In *De Caelo* ist *praxis* ebenfalls der Vergleichsnenner, jedoch nicht allein für

Menschen, Tiere und Pflanzen, sondern zugleich für Gestirne und Himmel. Auch sie, sagt Aristoteles, hätten an Tun und Leben (*praxeōs kai zoēs*, II.12, 292a20f) teil. Komme nämlich dem vollkommensten Wesen das Gute ohne Tun zu (*tō men arista echonti hyparchein to eu aneu praxeōs*), erreiche es der ihm nächste Himmel mit einem oder doch bloß wenig (*dia oligēs kai mias*), die entfernteren dagegen nur mit viel Tun (a22–24). Am meisten von allen sei der Mensch tätig, während die Vielfalt der Tätigkeiten bei Tieren und Pflanzen aufgrund geringerer Mobilität regrediert (b2–8). Zwar ist hier die ontologische Perspektive durch das *eu* als Ziel angedeutet, doch führt die Abhandlung dies nicht weiter aus, so daß unter *praxis* im allgemeinsten Sinne nur ›Bewegung‹ (*kinēsis*) zu fassen ist (vgl. II.6, 288b33f). Während das angenommene oberste Wesen nicht bewegt ist, bewegen sich die jeweiligen Himmelssphären und Gestirne auf geschlossenen Bahnen. Der Mensch dagegen vollbringt vielfache und unregelmäßige Bewegungen.

Der Hinweis auf *De Caelo* soll deutlich machen, daß es *den* Praxisbegriff bei Aristoteles überhaupt nicht gibt, sondern eine Vielzahl von Verwendungsweisen in differenten Kontexten. Damit ist nicht gesagt, daß sie sich jeweils widersprechen, wohl aber, daß die Begriffsklärung nicht einfach vom Kontext absehen kann.[91] Ritter indessen gibt die Bedeutung von *praxis* innerhalb der biologischen Forschungen als Endprodukt der aristotelischen Überlegungen aus. Damit übergeht er genau jenen Bereich, in dem dieser Begriff den größten Stellenwert einnimmt, nämlich die praktische Philosophie und dort vor allem die Schriften zur Ethik. In ihnen wird *praxis* so weit eingeengt, daß sie allein dem Menschen zukommt: »Nur der Mensch ist unter den Lebewesen Urheber von Handlungen (*anthrōpos praxeōn tinōn esti archē monon tōn zōōn*), denn von den anderen kann nicht gesagt werden, sie handelten.« (EEu II.6, 1222b18–20). Urheber wird der Mensch durch die Fähigkeit zur Entscheidung (*proairesis*) für bestimmte Handlungen, die ihrerseits auf einem vom Denken geführten Streben bzw. einem vom Streben gerichteten Denken (*dio ē orektikos nous ... ē orexis dianoētikē*, NE VI.2, 1139b4f) beruhen. Andere Lebewesen streben zwar ebenfalls Zielen zu, können jedoch nicht frei über ihren Weg verfügen. Deshalb heißt es auch in der *Nikomachischen Ethik*, daß sie keinen Anteil am Handeln nehmen (a19f). Welcher Art ist nun das menschliche Handeln? Auch darüber gibt die Stelle Auskunft: Aristoteles unterscheidet zwischen dem Herstellen (*poiēsis*), das für sich kein Ziel (*ou telos haplōs*), sondern bezogen auf etwas und Gestaltung von etwas ist, und dem gelingenden Handeln (*eupraxia*), das selbst Ziel ist (b1–4).

Damit ist der für die Ethik entscheidende Gegensatz zwischen *poiēsis* und *praxis* eingeführt, der der Sache nach bereits in der *Metaphysik* zur Sprache kommt. Aristoteles erläutert die ontologische Kategorie der Wirklichkeit (*energeia*) mit einem Beispiel aus der humanen *praxis*. Einerseits gebe es Tätigkeiten, die auf ein Ziel hinführten, es aber nicht enthielten (IX.6, 1048b18f), wie etwa das Abmagern, Lernen, Gehen oder Bauen (b24f). Solche Tätigkeiten bezeichnet er zuerst als *praxis* (b18), um sie dann näherhin als unvollendete Bewegung (*kinēsis atelēs*) zu bestimmen. Ihnen stehen ande-

---

91 Vgl. dazu die Ausführungen von Günther Bien, der den »topischen« und daher kontextvariablen Charakter des *praxis*-Begriffs bei Aristoteles herausstellt: Eintrag ›Praxis, praktisch‹, in: Historisches Wörterbuch der Philosophie, hg. von Joachim Ritter u.a., Bd. 7 (1989), Sp. 1277–1285.

rerseits die vollendeten Tätigkeiten (*praxis teleia*, b21f) gegenüber, wie Sehen (*horein*), Überlegen (*phronein*), Denken (*noein*), ein gutes Leben führen (*eu zēn*) oder Glücklichsein (*eudaimonein*, b23–26). Sie allein können auch als *energeia* bezeichnet werden (b28), als geschlossene, zielhafte Bewegungen, denen – ontologisch gesehen – höhere Wirklichkeit zukommt als Tätigkeiten, die in einem ihnen äußerlichen Ziel erlöschen. Zwar überschreiten diese Beispiele den in der Ethik umrissenen engeren Bereich menschlicher Aktivität, sachlich begründen sie jedoch schon in der *Metaphysik* die Unterscheidung zwischen einer aufs Herstellen und einer aufs Handeln bezogenen Wissenschaft (*epistēmē poiētikē* bzw. *praktikē*, VI.1, 1025b18–24). Wenn die Ethik dann *praxis* bzw. *eupraxia* zu ihrem Leitbegriff erklärt, ist sie ihrem Wesen nach praktische Wissenschaft bzw. praktische Philosophie. Diese Begriffsdifferenzierungen vorausgesetzt, ist *praxis* als »Leben des Lebendigen« von Ritter weit unterbestimmt. Gemeint ist vielmehr, was er begründungslos übergeht: »eine von anderen Verhaltensweisen unterschiedene Tätigkeit« (LUS 25). Ontologisch wie ethisch ist sie aus allen anderen Verhaltensweisen herausgehoben, weil nur sie den Menschen *archē* und *telos* seines Tuns sein läßt – *die* Bedingung, um überhaupt einen Vollzug auf seine ethische Qualität hin beurteilen zu können.

Warum aber übergeht Ritter diese Differenzierungen und setzt statt dessen bei den biologischen Schriften an? Darüber geben die unmittelbar auf die eingangs zitierte Stelle folgenden Sätze Aufschluß:

»In der Zugehörigkeit zur menschlichen Praxis ist daher Wissenschaft diejenige Form, durch die sich der menschliche Lebensvollzug von dem der übrigen Lebewesen unterscheidet, so daß sich in einem konstitutiven Sinn das Leben des Menschen zum menschlichen Leben macht. [...] Das Gleiche gilt für die Kunst (*technē*). Im Zusammenhang mit der Wissenschaft ist sie die Form, in der sich das menschliche Schaffen und Werken vollzieht, sofern der Mensch das Gerät und die Dinge, die er gebraucht, nicht ›zufällig‹ (*tychē*) oder ›von Natur‹ (*physei*) zustande bringt, sondern dadurch, daß er sein Schaffen zum Können einer Kunst gebildet hat. [...] Die Wissenschaft gehört mit der Kunst daher zum Menschen als Menschen; er lebt, indem er sein Sein in den Künsten und den sie tragenden Wissenschaften findet. Er ist ohne sie nichts; wer nichts gelernt hat und nicht in einer Kunst und ihrer Wissenschaft gebildet ist, hat keinen Stand in der Gemeinschaft und bleibt ohne menschliche Geltung.« (LUS 26).

Ritter erhebt hier die Künste und über sie die Wissenschaften zur *differentia specifica* des Menschen. Was ihn von anderen Lebewesen abhebt, soll sich an seinen mit Vernunft gefertigten Werken ablesen lassen. Anders formuliert: Der Mensch realisiert seine Natur – menschliche *praxis*, sagt Ritter, ist »menschliche Natur im Prozeß und im Stande ihrer Verwirklichung« (NRA 148) – als *homo faber*. Das ist, solange man im biologischen Kontext bleibt, eine für Aristoteles durchaus zutreffende Aussage. Zwar gehen auch die Tiere und Pflanzen ans Werk (*poiein*) und verrichten ihre Arbeit (*ergazesthai*), etwa wenn die Spinnen ihre Netze, die Schwalben ihre Nester ›bauen‹ und die Pflanzen ihre Wurzeln in den Boden treiben (Phys. II.8, 199a20–30). Doch geschieht dies weder mit Kunstfertigkeit noch mit vorherigem Suchen oder Überlegen (*oute technē oute zētēsanta oute bouleusamena poiein*, a20f), sondern von Natur (*physei*, a25). Allein der Mensch vermag mit *technē* herzustellen und dadurch seine im Vergleich zu Tieren größere Hilfsbedürftigkeit auszugleichen (vgl. Part. an. IV.10, 687a30f). In diesem Sinne hält Aristoteles am Anfang der *Metaphysik* fest, daß manche Tiere in Vorstellungen (*phantasiais*) und Erinnerungen (*mnēmais*) leben, das Geschlecht der Menschen hingegen auch in Kunst (*technē*) und Überlegung (*logismois*; I.1, 980 b25–28).

Wenn *praxis* also *bios* meint, Lebensweise und -vollzug, zeichnet sich der Mensch vor allen anderen Lebewesen durch rational gesteuertes kunstgemäßes Verhalten aus. Zur Rede steht dann freilich nur seine Fähigkeit zur Lebenserhaltung, zum Überleben, nicht jedoch die zum guten Leben. Ihrer nimmt sich erst die praktische Philosophie an, die nach dem Wesen des Glücklichseins fragt und von der allgemein geteilten Annahme ausgeht, daß es mit ›gut leben‹ und ›gut handeln‹ zusammenhängt (*to eu zēn kai to eu prattein*, NE I.2, 1095a15f; I.8, 1098b20f). In diesem Kontext spielen das Herstellen und die Kunst eine untergeordnete Rolle, weil sie nur auf äußere Güter zielen, die zwar auch zum Glück gehören, jedoch gegenüber den inneren Gütern der *eupraxia* zweitrangig sind. Die Differenz von Handeln und Herstellen ist Aristoteles so wichtig, daß er sie am Anfang von NE VI.4 gleich zweimal wiederholt: »Denn weder ist das Handeln Herstellen noch das Herstellen Handeln (*oute gar hē praxis poiēsis oute hē poiēsis praxis estin*, 1140a5f; vgl. a2).« Dieser Satz ergibt überhaupt keinen Sinn, wenn man statt ›Handeln‹ ›Lebensvollzug‹ liest, schließlich ist das Herstellen aus aristotelischer Sicht – wie gesehen – für das Leben des Menschen unverzichtbar. Gerade deshalb, so ist zu vermuten, verweist Ritter an keiner Stelle auf diese für den Praxisbegriff der Ethik zentralen Aussagen.

Gleichwohl äußert sich Ritter ausführlich zur Rolle der *technē* in der Stadt, wobei er stets den ›biologischen‹ Gehalt von *praxis* voraussetzt: »Praxis ist die Befriedigung der Lebensbedürfnisse, das Besorgen und Herstellen des Notwendigen, das Tun von allem, was der Mensch tun muß, um zu leben und um zu verwirklichen, was er sein kann und was als Möglichkeit in ihm bereit liegt.« Die Künste sind dann die spezifischen Formen, in denen sich das Leben innerhalb der Polis organisiert. Aristoteles, so Ritter, habe drei Klassen von Künsten unterschieden, die Künste des Herstellens, Gebrauchens und des verfügenden Leitens und Führens. In der Fußnote nennt er dafür entsprechende griechische Termini, jedoch ohne Stellenangabe (BL 78). Entscheidend ist der nächste Argumentationsschritt. Aus der Dreiteilung bei Aristoteles folge nicht, daß jeder alles selbst verrichte; vielmehr sei eine Gesellschaft, »die wie die Polis das Notwendige in den Künsten besorgt«, eine »arbeitsteilige Gesellschaft« (BL 79). Die Künste vermittelten arbeitsteilig den einzelnen, was ihnen jeweils zuträglich und nützlich sei. Zudem bildeten sie die fähigsten Bürger zu Fachleuten heran. So bringe die »Vernunft der Künste […] die Allgemeinheit hervor, in der die Einzelheit der Dinge, der Bedürfnisse und der Zwecke durchbrochen und in den vernünftigen Zusammenhang einer gemeinsamen Welt aufgehoben wird« (BL 81). Die Künste sind nach dieser Darstellung nicht bloß ein, sondern *der* Ordnungsfaktor innerhalb der Polis. Sie weisen, gemäß der drei Klassen, jedem einzelnen seinen Platz innerhalb des Ganzen zu. Oder, in Ritters Worten: Sie fügen den einzelnen, der nur für sich »in die bloße Subjektivität seines Wollens und Wünschens verstrickt bleibt«, in die gesellschaftliche Praxis ein, in welcher »die Macht der allgemeinen und über die Zufälligkeit und Einzelheit hinausgehobenen Vernunft« lebt und wirkt (BL 84).

Die Polis geordnet in drei Klassen, in denen jeder das Seine tut, wodurch sich das Gemeinsame wie von selbst ergibt – das klingt nicht zufällig wie eine Erläuterung zu Platons *Politeia*. Platons Analogie zwischen der Seele und der Stadt, wonach die Stadt der großgeschriebene Mensch ist, wird nach Ritters Überzeugung von Aristoteles grundsätzlich übernommen (ebd). Zwar habe Aristoteles in seinem politischen Ordnungsmodell Platons Gleichsetzung des einzelnen mit seinem Stande korrigiert und damit die individuelle Freiheit rehabilitiert (BL 96f), doch kann Ritter darin nur eine Modifikation, nicht jedoch eine prinzipielle Abkehr von Platon erkennen. »Die platonische Theorie der Kunst und des Standes bildet das Kernstück auch der aristotelischen Theorie.« (BL 95). Unter dieser Voraussetzung kann er unumwunden behaupten: »So ist die Form der Praxis in der Stadt Kunst. Es gibt auch Handeln, das nicht kunstgerecht ist; aber solches Handeln ist für die Stadt unwesentlich, es geht in ihr mit, ohne daß es die gesellschaftliche Praxis konstituiert.« (BL 79). Allein, der Nachweis für diese These ist kaum zu erbringen. Daß alles nicht kunstgerechte Handeln für die Stadt unwesentlich sei, führt in dieser pointierten Formulierung unweigerlich zum Paradoxon. Denn Aristoteles bezeichnet ja gerade das für die Stadt wesentliche Handeln als *praxis*, die keine *poiēsis* ist und der deshalb auch eine andere Haltung (*hexis*) entspricht (NE VI 4, 1140 a3–5), die *phronēsis*. Es hilft auch nicht weiter, wenn Ritter von »praktischen und poietischen Künsten« spricht (LUS 22), solange die *technē* und ihre Implikationen der Bedürfnisorientierung und des Expertentums leitend bleiben. Ritter muß die eminenten Begründungsnöte, in die ihn seine These treibt, gespürt haben, schließt er doch seine Argumentation mit dem Hinweis, daß in der *Nikomachischen Ethik* »dieser ganze für uns schwierige und andererseits für das Verständnis der aristotelischen Theorie so entscheidende Fragenkomplex nicht ausdrücklich behandelt« werde. Aristoteles setze die Lehre von der Kunst und der vernünftigen Praxis einfach voraus, und er könne dies tun, weil sie ja schon von Platon bis ins Detail entwickelt worden sei (LUS 83).

Nun muß es bei einem Autor wie Aristoteles, der seine Grundbegriffe in der expliziten Auseinandersetzung mit den Sachen wie mit den Lehrmeinungen gewinnt, stutzig machen, wenn er das Kernstück seiner Theorie stillschweigend von Platon übernommen haben soll. Vorsicht ist zumal geboten, als die für Platon relevanten Begriffe zwar in der Ethik auftauchen, dort jedoch auf typisch aristotelische Weise differenziert werden. Ritter vermag die Unterschiede, die die Gegensatzpaare *poēsis/technē* und *praxis/phronēsis* zum Ausdruck bringen, nur durch Auslassungen im Rekurs auf Platon aufzulösen. Neben den bereits genannten Beispielen zeigt sich das auch in der Aristoteles unterstellten Nähe zum platonischen Polis-Ideal. Diese Nähe ergibt sich nur, wenn der Ordnungsentwurf von Pol. VII/VIII Referenztext ist, weshalb etwa Voegelin und Strauss, die ebenfalls die Kontinuität zwischen den beiden Griechen herausstellen, dort ansetzen. Geht man dagegen von Pol. IV aus, kommt die aristotelische Kritik am platonischen Einheitsgedanken voll zum Tragen. Das Prinzip unaufhebbarer Pluralität ist darin nicht nur ›qualitativ‹ innerhalb der ›Klasse‹ der *aristoi* entfaltet, sondern auch ›quantitativ‹, indem Handwerkern, Kaufleuten und Ackerbauern die Teilhabe am politischen Handeln zugestanden wird. Das ist nur dann sinnvoll, wenn *praxis* für das Leben aller höhere Bedeutung besitzt als arbeitsteilige, bedürfnisorientierte kunstgemäße Tätigkeit.[92]

---

92 Ante Pazanin: Geisteswissenschaften und praktische Philosophie in Joachim Ritters Werk, in: Philosophisches Jahrbuch 99 (1992), 352–362 betont ebenfalls, daß »die ›Praxis‹, von der Ritter spricht, mehr dem aristotelischen Begriff der Erzeugung oder Herstellung (poiesis) entspricht, die durch Können, Werken und Erfahrung erzielt wird« (356).

(b) Technē und epistēmē, epistēmē und theōria

Bislang wurde nur die Kunstförmigkeit der Praxis betrachtet, weshalb ein wichtiges Element ausgeklammert blieb. Schon an den zitierten Stellen betont Ritter, daß mit Kunst stets eine spezifische Weise des Wissens verbunden sei, in welcher sich die menschliche Vernunft »praktisch« entfalte. Wissenschaft gehöre für Aristoteles zunächst gar nicht zur Theorie, »sondern zur praktischen Welt und zu den Künsten des schaffenden Lebens« (LUS 22). Bezugsgrundlage für den Zusammenhang von *technē* und *epistēmē* sind die ersten beiden Kapitel der *Metaphysik*, die bereits bei Heidegger und Voegelin eine wichtige Rolle spielten. Aristoteles sagt, daß für die Menschen Kunst und Wissenschaft aus der Erfahrung (*empeiria*) hervorgehen (I.1, 981a2f). Die Kunst entstehe, wenn sich aus der Erfahrung allgemeine Annahmen über das Ähnliche bildeten (a5–7). Weil die Kunst der Kenntnis des Allgemeinen (*gnōsis tōn kathoulou*) bedürfe, alles Werden sich jedoch am einzelnen vollziehe (*hai geneseis pasai peri to kat'hekaston eisin*), müsse der wahre Künstler über beides verfügen: Kenntnis des ›Daß‹ (*to hoti*) aus Erfahrung und Kenntnis des ›Warum‹ (*dihoti*), der Ursache (*aitia*) aus Weisheit (*sophia*, b15–30). Ihn bezeichnet Aristoteles auch als *architektōn*, leitenden Künstler, im Unterschied zum *cheirotechnēs*, dem Handwerker, der allein aus Gewöhnung (*ethos*) tätig ist (a30–b5). Der *architektōn* besitzt die fünf Prädikate des Weisen (*sophon*): Er weiß soviel wie möglich, er erkennt das sinnlich nicht Erkennbare, ist in jeder Wissenschaft der Genauere, vermag die Ursachen zu lehren und bestimmt bei allem, wo es lang geht (I.2, 982a8–19). Damit sind Wissenschaft und Weisheit im Umriß geklärt, offen ist dagegen noch, welche Wissenschaft die wichtigste von allen ist. Es müsse, so Aristoteles weiter, die Wissenschaft des im höchsten Sinne Wißbaren sein (*tou malista epistētou epistēmē*), nämlich der ersten Prinzipien und Ursachen (*ta prōta kai ta aitia*, a29–b2). Dieses stellt sich am Schluß des Abschnitts als das Göttliche heraus, weil es allen als Prinzip und Ursache gilt (983a5–10). Wie verhält sich nun die *epistēmē theōrētikē* des *philosophos*, die zugleich *theologikē* heißen kann, zur *epistēmē* des *architekton*, mithin zur *technē*? In den einleitenden Passagen der *Metaphysik* erfährt man dazu nur, daß jene die spätere ist, die erst aufkommen konnte, nachdem alles zum Leben Notwendige schon von dieser besorgt worden war. Denn während es dem leitenden Künstler um den Nutzen geht, sucht der Philosoph das Wissen um seiner selbst willen (982a19–27). Ob und gegebenenfalls welche Beziehung zwischen den jeweils entdeckten Ursachen und Prinzipien besteht, bleibt offen.

Ritter spricht vom »Übergang der Theorie in die Welt des praktischen und schaffenden Lebens«. Als *Wissenschaft* nehme sie die Form der das praktische Dasein leitenden Einsicht an (LUS 24):

> »Weil Einsicht als Wissenschaft schon auf dem Boden des praktisch-tätigen Lebens in den zu ihm gehörigen und verfügbaren Dingen und ihren Gründen und Ursachen die Welt erschließt und weiß, bedeutet der Übergang der Theorie zur Wissenschaft, daß sie die göttliche und in der Theologie von alters gewiesene Ordnung als die Ordnung und als das Sein derselben Welt zu begreifen sucht, die schon in den Wissenschaften des praktischen Daseins und seiner Künste gewußt und erschlossen wird.« (LUS 25).

Das ist eine ausgesprochen starke These. Ritter erhebt die *epistēmē* zur Schalt- und Verbindungsstelle zwischen dem praktischen Lebensvollzug und der göttlichen Kontemplation. Die *archai* und *aitiai*, die der Künstler kennt, sollen *derselben* Ordnung angehören, deren oberste *archē* und *aitia* ein Gott ist. Was immer Menschen durch Kunst hervorbringen, verweist auf jene Ordnung und stellt sie mit dar. So begegnet ihnen, ohne daß sie dies ausdrücklich wissen müßten, in allen ihren Werken ihr eigener Seinsgrund. Dies, so Ritter, habe Aristoteles »mit einer Bestimmtheit ausgesprochen, die unmißverständlich ist« (LUS 30). Sie ist offenbar so »unmißverständlich«, daß Ritter es erst gar nicht für nötig erachtet, entsprechende Belege anzuführen. Statt dessen beruft er sich auf Thomas von Aquin, der »im Rückgriff auf Aristoteles« die Unterscheidung des theoretischen und praktischen Erkennens dem Gegenstand nach zurückgewiesen habe, um sie am jeweiligen Erkenntnisziel festzumachen. »Während die Wissenschaft der Praxis die Dinge erkennt, um sie zu nutzen, begreift die theoretische Wissenschaft die Dinge als sie selbst und als das Seiende, um im Seienden dem Sein des Ganzen und in diesem Gott als Grund und Herrn von allem, was ist, zu begegnen.« (LUS 29f). Offenbar ist Aristoteles doch nicht so »bestimmt« und »unmißverständlich«, wie Ritter behauptet, ist doch das, was hier mit Thomas gesagt wird, selbst wieder eine kritische Interpretation der aristotelischen Philosophie. Thomas greift nämlich nicht *mit*, sondern *gegen* Aristoteles auf die Differenzierung von Erkenntnisweisen nach Gegenständen zurück.

Zielpunkt der Kritik des Aquinaten ist die in dieser Arbeit schon mehrfach behandelte Unterscheidung zwischen der Erkenntnis des Seins, dessen Seinsgrund keine Veränderung zuläßt (*tōn ontōn hosōn hai archai mē endechontai allōs echein*), und der des veränderlichen Seins (*ta endechomena*, NE VI.2, 1139a6–8). Während jenes von Natur aus notwendig ist, steht dieses in der Macht des Menschen (*tōn eph'hēmin*), was sowohl für das Handeln als auch für das Herstellen gilt (NE VI.4). Von der *technē* heißt es ausdrücklich, sie beziehe sich weder auf das notwendig Seiende oder Werdende noch auf das, was sein Dasein der Natur verdanke (*oute gar tōn ex anankēs ontōn ē gignomenōn hē technē estin, oute tōn kata physin*), weil dieses seinen Seinsgrund in sich selbst trage (1140a14–16), während der Seinsgrund des mit *technē* Hervorgebrachten nicht darin, sondern im Hervorbringenden liege (*hē archē en tō poiounti, alla mē en tō poioumenō*, a13f). Somit hat die *epistēmē poiētikē* (wie die *epistēmē praktikē*) ihren eigenen, von der *epistēmē theōrētikē* streng geschiedenen Seins- und Gegenstandsbereich. Auf dem Boden der *Nikomachischen Ethik* läßt sich diese Trennung in keiner Weise aufheben. Gleichwohl stehen sich Kunst und Natur nicht in allen Schriften des Aristoteles so unvermittelt gegenüber. Gerade auf dem Boden der *Physik* und *Metaphysik* und den zugehörigen Einzelschriften ist die Kunst beinahe omnipräsent. Unzählige Male erklärt Aristoteles natürliche Vorgänge analog zu Herstellungsprozessen; immer wieder ist von Erzsäulen, Holzliegen und vom Hausbau die Rede, so etwa auch in der schon besprochenen Einleitung zur *Metaphysik*. Da Ritter auf diesem Boden seine These von der Selbigkeit der Gegenstände theoretischen und poietischen Wissens aufstellt, ohne sie jedoch zu belegen, muß dort nach ihrem Recht gefragt werden.

Im zweiten Buch der *Physik*-Vorlesungen unterscheidet Aristoteles zwei Weisen, in denen Kunst und Natur aufeinander bezogen sein können: »Allgemein gesprochen, bringt die Kunst teils zum Ende, was die Natur nicht hat bewerkstelligen können, teils ahmt sie die Natur nach (*holōs te hē technē ta men epitelei ha hē physis adynatei apergasasthai, ta de mimeitai*, Phys. II.8, 199a15–17).« Der zweite Fall liegt vor, wenn die Kunst etwas herstellt, das die Natur zwar selbst hervorbringt, jedoch nicht in ausreichender Menge oder nicht zum gewünschten Zeitpunkt. Aristoteles gibt dafür in den

Meteorologica selbst ein Beispiel. Die Kunst ahme die Natur nach, wenn sie die Nahrung genauso zubereite wie sie im Magen verdaut werde, nämlich durch Erwärmen und Weichkochen (Metor. IV, 381b6–9). In diesem Fall sind sowohl die Materie (*hylē*), aus der etwas entsteht, als auch Form (*eidos*) und Zweck (*telos*) des Entstandenen bei Natur- und Kunstvorgang identisch. Nur die Bewegungsursache (*kinēsis*) ist verschieden, weil dort vom Magen, hier aber vom Koch die Bewegung ausgeht. Ein weiteres Beispiel wäre die Errichtung von Brunnen, um Regenwasser aufzufangen, auch dies eine *mimēsis* der *physis*. Bis auf den heutigen Tag spielt die Simulation der Natur eine große Rolle für technische Prozesse, man denke nur an die Gewinnung von Energie aus Kernspaltungsreaktionen. Immer müssen die mannigfachen Ursachen und Zwecke des Naturgeschehens schon erschlossen sein, bevor die Kunst es nachahmen kann. Hier läßt sich wohl sagen, daß die *epistēmē poiētikē* auf dieselbe Ordnung bezogen ist wie die *epistēmē theōrētikē*, zu der Aristoteles bekanntlich Mathematik, Physik und Theologie zählt (Met. VI.1, 1026 a18f).

Der erste Fall, daß die Kunst vollbringt, was die Natur nicht bewerkstelligen kann, ist komplizierter. Aristoteles gibt dafür ein anschauliches Beispiel: Vergrübe man eine Holzliege in der Erde und ließe sie verrotten, so wüchse zwar ein Sproß heraus, doch wäre der keine Liege, sondern bloß Holz (Phys. II.1, 193a12–14). Das gilt in ähnlicher Weise auch für viele andere Exempla, auf die er immer wieder zurückgreift, etwa die Erzsäule oder den Hausbau. Bei ihnen stellt die Natur allein den Stoff bereit, Form und Zweck aber können in ihr kein Vorbild finden. Das Wissen um die stofflichen Qualitäten heißt *technē chromēnē*, das um die maßgebliche Form dagegen *technē architektonikē* (II.2, 194a36–b5). Jenes wird im Umgang mit Naturmaterialien erworben und betrifft allein ihr ›was‹, nicht aber ihr ›warum‹. Darüber kann indessen auch der *architekton* keine Auskunft erteilen, weil das von ihm gewußte *eidos* und *telos* dem Seinsbereich nicht des von Natur, sondern des durch den Menschen Bestehenden entstammen. Aristoteles sagt, daß wir alles Vorhandene um unsertwillen in Gebrauch nähmen, denn in gewissem Sinne seien auch wir Zweck (*...chrometha hōs hēmōn heneka pantōn hyparchontōn. esmen gar pōs kai hēmeis telos*, a34f).

Je nachdem, wie diese *telos*-Struktur des Menschen ausgelegt wird, kann die Interpretation zwei ganz unterschiedliche Wege einschlagen. Auf dem Boden von Ethik und Politik besteht das *telos* des Herstellens wesentlich darin, die Autarkie einer Polis zu gewährleisten und die (männlichen erwachsenen) Bürger für die Gestaltung der gemeinsamen Angelegenheiten freizustellen, also für politisches Handeln im weiteren Sinne. Zugrunde liegt die Annahme, nur so könne der einzelne wirklich zu einem glücklichen und erfüllten Leben finden. Das *telos* der *poiēsis* ist somit Ermöglichung von *eupraxia*, die ihr *telos* selbst enthält. Da Ritter hingegen den Praxisbegriff zuerst biologisch, dann technisch transformiert, bezieht sich die kunstförmige *poiēsis* nicht primär auf das ›gut leben‹, sondern auf ›leben‹ schlechthin. Ihr *telos* ist deshalb allein die geplante, methodisch geleitete Erfüllung der natürlichen Bedürfnisse. Da diese Bedürfnisse in der *physis* des Menschen vorgezeichnet sind – so zumindest Ritters Annahme –, gehört das *telos* des Menschen der Gesamtordnung der Natur an und nicht einer eigenen, humanen Seinssphäre. Das gilt in gleicher Weise für die Vernunft, die in der *technē* wirksam ist; ihr Zweck ist der Ausgleich der instinktiven Minderausstattung des Menschen. Insofern sie Form, Stoff, Zweck und Prozeß des Herstellens der Natur abliest, weiß sie um ihre eigene Zugehörigkeit zur natürlichen Ordnung; insofern sie die Form selbst erfindet, den Zweck aber als ihre natürliche Bedürftigkeit erfährt, gliedert sie sich ebenfalls dieser Ordnung ein. Wohlgemerkt, diese Interpretation ist so nur unter Ritters Voraussetzungen möglich. *Physik* und *Metaphysik* halten das *telos* des kunstförmigen Herstellens in der Schwebe, es kann sowohl dem Überleben als auch dem guten Leben dienen. Nur im ersten Fall gehört es unmittelbar derselben Ordnung an, von der sich sagen ließe, daß sie im Herstellen um des Nutzens willen, in der Kontemplation dagegen um der Erkenntnis ihrer selbst willen erschlossen würde.

Bis hierhin ist festzuhalten, daß Ritters technische Umdeutung des Praxisbegriffs eine Denkbewegung in Gang setzt, welche die praktische Philosophie widerstandslos in die theoretische Philosophie zu integrieren erlaubt.[93] Diese Integration geschieht auf dem Boden der biologischen Schriften des Aristoteles. Ihr Ergebnis ist die These einer umfassenden, vom *selben* Ursprung verfügten teleologischen Struktur des natürlich gewordenen *und* des künstlich erzeugten Seins. Das kommt Platons Theorie des Zusammenhangs von *physis, nomos* und *technē* sehr nahe. Als ihren gemeinsamen Seinsgrund nennt er die unveränderlichen, ewigen Ideen, die jeweils durch den göttlichen *demiourgos* ins Werk gesetzt werden. Der bringt nicht allein alles Natürliche zur Wirklichkeit; der Appell an ihn soll auch dem (menschlichen) Gesetz und der Kunst zu Hilfe kommen (*kai nomō autō boēthēsai kai technē*) und erweisen, daß beide von Natur sind oder doch von nichts geringerem als Natur abstammen, wenn es sich denn um Erzeugnisse der Vernunft handelt (*hōs eston physei ē physeōs ouch hēttoni eiper nou ge estin gennēmata kata logon orthon*, Nomoi X, 890d). Die Polis kann nur glücklich werden, wenn die Philosophen ihr göttliches Urbild nachzeichnen (*diagrapseian hoi tō theiō paradeigmati*, Politeia VI, 500e). Dabei blicken sie von dem von Natur Gerechten, Schönen und Besonnenen zu dem bei den Menschen bereits Vorhandenen und mischen beides, bis sie die menschlichen Sitten gottgefällig gemacht haben (500b–c). Was die anderen Künste (neben der Gesetzgebung) angeht, so sind sie zwar in der Nachbildung weniger genau, gleichwohl aber göttlichen Ursprungs. Denn alle Künste haben zwei Werke, ein vom Gott hervorgebrachtes und ein vom Künstler nachgebildetes (*duo erga ... to men auto autourgikē, to de eidōlon eidōlopoiikē*; Sophistēs 266d). Deshalb läßt sich widerspruchslos behaupten, daß zwar der Mensch durch seine eigene Kunst Häuser baue, deren Urbild jedoch »wie in einem menschlichen Traum für Wachende« (*hoion onar anthrōpinon egēgorosin*) empfange (266c). Im letzten ist alles schon durch einen Gott verfügt und geplant, der selbst qua *technē* agiert, indem er die Ideen des Seienden ins Werk setzt. Wenn sich die Menschen nach der Kunst richten, führen sie nicht bloß menschliche, sondern göttliche Werke aus; in ihren eigenen Ordnungen repräsentieren sie die kosmische Gesamtordnung.

Diese Theorie will Ritter auch für Aristoteles gelten lassen. Das enthebt ihn jedoch der Möglichkeit, die von Aristoteles vorgenommenen Modifikationen anzuerkennen: die Konzepte der *entelecheia* im Bereich der *physis*, der *phronēsis* im Bereich der *praxis* und des *nomos*, schließlich der nicht bloß findenden, sondern auch erfindenden *technē* im Bereich der *poiēsis*. Vielleicht, heißt es an einer wichtigen Stelle von Met. VIII.3, seien künstlich verfertigte Dinge wie Häuser und Werkzeuge, gar keine Wesenheiten,

---

93 Vgl. Pazanin: Geisteswissenschaften und praktische Philosophie in Joachim Ritters Werk, aaO., 358.

so wenig wie alles, was nicht von Natur bestehe (*isōs men oun oud'ousiai eisin out'auta tauta oute ti tōn allōn hosa mē physei synestēken*), sehe man die Natur doch wohl zu Recht als einzig Göttliches unter den vergänglichen Wesenheiten an (*tēn gar physin monēn an tis theiē tēn en tois phthartois ousian*, 1043b21–23). Hier wird das Kunstgemäße deutlich vom natürlichen Sein getrennt und aus der ontologischen Untersuchung ausgeschlossen (vgl. auch Met. VII.17, 1041b28–31) – was weder Platon noch Ritter so je akzeptieren könnten.

(c) Die substanzielle Einheit von Theorie und Praxis im geschichtlichen Dasein des Menschen

Es ist deutlich geworden, daß Ritters technischer Praxisbegriff Aristoteles ganz in die Nähe Platons rücken läßt. Gleichwohl ist damit die Pointe dieser Transformation im Kern noch nicht erfaßt. Die Realisierung der Ideen in der Menschenwelt ist bei Platon Sache vor allem philosophischer Herrschaft; die Künstler taugen nicht viel und gefährden den Staat mehr als sie ihm nützen. Daß die göttliche Ordnung ohne weiteres im kunstvollen Hantieren zum Ausdruck kommt, läßt sich mit Platon gerade nicht behaupten. Ritter will dagegen aufzeigen, daß sich diese Ordnung allen Werktätigen und nicht bloß einigen wenigen Privilegierten erschließt. Deshalb kann der *bios theōrētikos*, die Lebensform des Philosophen, nicht den schlechthin privilegierten Zugang zum Göttlichen beanspruchen, jedenfalls nicht in Entgegensetzung zur praktischen Welt und ihrem anwendungsorientierten Wissen:

> »Vielmehr gilt, daß die ›reine‹ Vernunft der theoretischen Wissenschaft in der ›praktischen‹ Vernunft des Einzelnen und der Gesellschaft angelegt ist. Die theoretische Wissenschaft schließt daher die angewandte Wissenschaft nicht aus. Beide gehören zusammen, und beide sind im Wesen des Menschen und seiner Vernunft angelegt, so daß erst da, wo es durch Wissenschaft geleitete vernünftige Praxis gibt, auch die Theorie ihre ursprüngliche Aufgabe als Wissenschaft zu erfüllen hat.« (LUS 31)

Solch substanzielle Einheit von Theorie und Praxis meint Ritter bei Aristoteles auffinden zu können. Beide Bereiche verlieren ihre Eigenständigkeit und durchdringen sich wechselseitig. Für die Theorie hat das zur Folge, daß sie das Göttliche nicht mehr in einem Jenseits, sondern in der diesseitigen Welt aufsucht. Die Praxis verliert hingegen ihre reine Nutzenorientierung und Selbständigkeit, weil »der Mensch bereits in seiner Bedürftigkeit und in der Notwendigkeit praktischer Erkenntnis auf das Göttliche bezogen [ist]« (LUS 30). Indessen hat sich in der bisherigen Untersuchung herausgestellt, daß Aristoteles dieser engen Verschmelzung von Theorie und Praxis äußerst skeptisch begegnet, nicht nur in der praktischen, sondern auch in der theoretischen Philosophie. Die Trennung von Seinsbereichen und entsprechenden Erkenntnisweisen, der Ausschluß des Artefakts aus der *Metaphysik*, schließlich auch die strikte Differenz von *bios politikos* und *bios theōrētikos* stehen Ritters synthetischer Betrachtung entgegen. Aus welcher Quelle diese tatsächlich stammt, läßt eine kurze Bemerkung erahnen: »Das Wissen des Göttlichen wird zum Wissen der Gründe und Ursachen der Dinge«, schreibt Ritter, »weil die göttliche Weltordnung die Welt des Menschen in seinem geschichtlichen und gesellschaftlichen Dasein ist.« (LUS 30).

In diesem Satz steckt die brisante These, daß göttliche und menschliche Ordnung nicht zeitlos verklammert sind, sondern daß sich ihre Durchdringung *geschichtlich* realisiert.[94] Unter dieser Voraussetzung kann man aus Sicht des in der Geschichte stehenden Menschen nicht mehr sinnvoll von einer ewigen Seinsordnung sprechen. Vielmehr manifestiert sich diese Ordnung in der fortschreitenden Zeit und stellt sich zu verschiedenen Zeitpunkten ebenso verschieden dar – aus Metaphysik wird zwangsläufig Geschichtsphilosophie. Dieses Feld hat aber weder Platon noch Aristoteles bestellt, sondern jener Denker des 19. Jahrhunderts, an dem sich Ritter nicht weniger orientiert als an den Griechen: Hegel. Wie Hegel die klassische Metaphysik transformiert, sei daher in groben Zügen angedeutet, weil sich erst vor diesem Hintergrund die Typik der Ritterschen Transformation voll erschließen läßt.

Geschichtsphilosophie hat bei Hegel die Gestalt einer Philosophie der Selbstentfaltung und Selbstbestimmung des Geistes. Geist ist dabei sowohl im engeren wie im weiteren Sinn zu verstehen. Im engeren Sinn spricht Hegel erst von der Philosophie des Geistes, wo der Geist aus der humanen Existenz aufsteigt und sich erkennt. Indessen ist dies nur möglich, weil er schon in allen Inhalten des Erkennens präsent ist. In diesem weiteren Sinn beginnt die Geschichte des Geistes lange vor dem Menschen und vor Erschaffung der Welt mit dem reinen Geist (W10 §385). In der systematischen Darlegung seiner Philosophie, der *Enzyklopädie der philosophischen Wissenschaften*, entspricht ihm die Ebene der Logik, wo sich das Denken allein auf es selbst bezieht, ohne einen von ihm verschiedenen Inhalt zu haben. Deshalb bleibt der Geist notwendig abstrakt und allgemein. Sein Wesen liegt darin, kein Ruhendes, »sondern vielmehr das Unruhige, die reine Tätigkeit, das Negieren […], – nicht abstrakt einfach, sondern in seiner Einfachheit zugleich ein Sich-von-sich-selbst-Unterscheiden, – nicht ein vor seinem Erscheinen schon fertiges, mit sich hinter dem Berge der Erscheinungen haltendes Wesen, sondern nur durch die bestimmten Formen seines notwendigen Sichoffenbarens in Wahrheit wirklich« zu sein (W10, §378 12). Weil zum Bestimmen immer zwei gehören, eines und ein davon unterschiedenes anderes, kann der reine Geist nur konkret werden, indem er sich negiert und ein ihm Äußeres hervorbringt. Hegel spricht vom Entschluß, »sich als *Natur* frei *aus sich zu entlassen*« (W8, §244 393). Damit beginnt die Naturgeschichte, der in der *Enzyklopädie* die Naturphilosophie entspricht. Die Natur ist sowohl Widerschein des reinen Geistes als auch der »sich entfremdete Geist« (W9, §247 25); sie besteht gleichermaßen in Notwendigkeit als auch in Zufälligkeit, weil ihre Bestimmungen äußere sind (W9, §248). Die Ausfaltung und Differenzierung der zuerst anorganischen, dann organischen Natur erreicht im Menschen die höchste Stufe; mit ihm entsteht ein Wesen, das als einziges denkender Geist ist. Damit erreicht die Selbstbestimmung des Geistes einen neuen Umschlagpunkt, der Geist kommt aus der Natur zurück, um sich darin selbst zu erkennen (W10, §381).

Diese dritte Stufe heißt nun explizit Philosophie des Geistes und zerfällt ihrerseits in drei Teile. Der »subjektive Geist« ist noch ganz auf die Natur als ein anderes bezogen und hält sich in der Unmittelbarkeit äußerlichen und vereinzelten Daseins. Hingegen erkennt der »objektive Geist« die Natur als von ihm formbaren Gegenstand. Indem er aus der Unmittelbarkeit in ein Verhältnis der Vermittlung mit der Natur und mit anderen Menschen eintritt, gestaltet er die Menschenwelt, wozu die in der *Rechtsphilosophie* behandelten Bereiche des äußeren Rechts, der inneren Moralität und der beides vermit-

---

94 Vgl. dazu Henning Ottmann: Individuum und Gemeinschaft bei Hegel. Band 1: Hegel im Spiegel der Interpretationen, Berlin/New York 1977, 327–337.

telnden Sittlichkeit zählen. Damit beginnt die Menschengeschichte als Geschichte des sich in seiner Freiheit erkennenden und verwirklichenden Geistes. Die letzte Stufe des »absoluten Geistes« erklimmt er jedoch erst, wenn er die Dimension der Endlichkeit verläßt und in allem Seienden das Unendliche erkennt, nämlich seine Zugehörigkeit zu allem Seienden als Subjekt und als Substanz. Hegel formuliert diesen, das System der Philosophie und Geschichte beschließenden Gedanken in der aristotelischen Formel der *noēsis tēs noēseōs*, des bei sich selbst ankommenden Geistes (W10, §552 u. 577). Der anfängliche abstrakt-allgemeine Geist hat sich durch Selbstbestimmung erst zu äußerer Konkretion gebracht und kehrt, darin sich erkennend, schließlich zu sich als konkret-allgemeinem Geist zurück.

Wenn ein Geist alles Werdende und Seiende durchwirkt und als seine eigenen Bestimmungen hervorbringt, liegt genau jener Fall vor, den Ritter beschreibt: »Das Wissen des Göttlichen wird zum Wissen der Gründe und Ursachen der Dinge, weil die göttliche Weltordnung die Welt des Menschen in seinem geschichtlichen und gesellschaftlichen Dasein ist.« (LUS 30). Der Gott hält sich nicht in einem jenseitigen Ort verborgen, sondern erst indem er sich ins Diesseits entäußert, kann er überhaupt von sich wissen. In diesem Sinn hat Hegel die Schöpfungs- und Trinitätslehre interpretiert. »Gott als ein Abstraktum ist nicht der wahrhafte Gott, sondern nur als der lebendige Prozeß, sein Anderes, die Welt zu setzen, welches, in göttlicher Form gefaßt, sein Sohn ist; und erst in dieser Einheit mit seinem Anderen, im Geist, ist Gott Subjekt.« (W9, §246 23). In Christus schafft Gott jenen von ihm unterschiedenen Sohn, in dem er sich selbst anschaut, sein Ebenbild erkennt und zur Einheit des Heiligen Geistes zurückkehrt, welche nicht abstrakt, sondern konkret ist (W10, §381). So wird einerseits der Gott der *theōria* praktisch, während andererseits die menschliche *praxis* das Göttliche in sich aufnimmt und widerspiegelt. Auch wenn es nicht als solches herausgehoben wird, ist es doch in allem Tun des Menschen präsent: »Im Praktischen also hat der Mensch ein Anderes zum Gegenstande [...]. Im Theoretischen reflektiert er nicht auf diesen Gegensatz, da ist diese unmittelbare Einheit, unmittelbares Wissen, Glauben.«[95] Praxis meint zunächst bei Hegel wie bei Ritter die Verwandlung der Natur durch den Organismus zum Zweck der Lebenserhaltung. »Das praktische Verhalten zur Natur ist durch die Begierde, welche selbstsüchtig ist, überhaupt bestimmt; das Bedürfnis geht darauf die Natur zu unserem Nutzen zu verwenden, sie abzureiben, aufzureiben, kurz, sie zu vernichten.« (W9, §245 13). Dabei ist ebenso *technē* im Spiel wie bei den höheren, freieren Formen von Praxis auf der Ebene des »objektiven Geistes«, welche das gemeinsame Tätigsein der Menschen betreffen, sowie auf der Ebene des »absoluten Geistes«, wozu die (schöne) Kunst zählt. Jedesmal verwirklicht sich der Geist selbst, sowohl im Organischen als auch im Geistigen, nach der Aufhebung der Entzweiung von Subjekt und Objekt strebend.[96] Menschliche Kunstwerke stehen aus Sicht einer Philosophie des Geistes nicht hinter Naturdingen zurück, etwa weil sie aus ihnen ihr Material beziehen und nicht lebendig sind. Vielmehr gehen sie darüber hinaus, weil erst in ihnen der Geist zu sich zurückkommt (W9, §248). Es scheint also, als lese Ritter

---

95 Vorlesungen über die Philosophie der Religion, 1. Bd.: Begriff der Religion, hg. von Georg Lasson, Leipzig 1925, ND Hamburg 1966, 227.
96 Ebd., 225

Aristoteles vornehmlich mit den Augen Hegels, denn nur so läßt sich behaupten, was bei Aristoteles zu vielerlei Ungereimtheiten und Einseitigkeiten führen muß.⁹⁷

Gleichwohl hintergeht er damit Hegel selbst, für den die Einsicht in die Geschichtlichkeit des Geistes erst infolge des Christentums in die Welt kommt. Zwar hätten die Griechen zuerst das, was sie sich als das Göttliche gegenüberstellten, als Geist gefaßt, doch werde dieses Gegenüber zu einem vermittelten Miteinander allein »durch die Lehre von der Menschwerdung Gottes und von der Gegenwart des Heiligen Geistes in der gläubigen Gemeine« (W10, §377 10). Gleichwohl ist das beschränkte antike Bewußtsein für Hegel kein Grund, die auf der Ewigkeit der Welt beruhende Metaphysik einfach »auf der Seite liegen [zu] lassen«, weil sie geschichtlich überholt ist (W9, §247 25). Das Alte birgt nämlich für die Gegenwart unerwartet tiefe Einsichten, die nicht durch das Aufzählen dogmatischer Lehrgehalte, sondern erst durch »Aneignung an unsere Gedankenbildung« wirklich verstanden werden, wie Hegel in der Vorrede zur *Enzyklopädie* programmatisch verkündet (W8 31). Der Denker, den sich Hegel auf diese Weise am stärksten ›aneignet‹, ist zweifellos Aristoteles.⁹⁸ Ritter folgt ihm, indem er Hegels Philosophie auf die aristotelische »zurückbiegt« – auch wenn das dessen Intention zuwiderläuft. So viel läßt sich aus der Untersuchung des Verhältnisses von Theorie und Praxis festhalten. Dieses Ergebnis muß nun in zwei Richtungen weiter verfolgt werden, hinsichtlich Ritters Begriffen von Philosophie (2.2) und vom bürgerlichen Leben (2.3).

2.2 Hermeneutik und Spekulation: Philosophie als »ihre Zeit in Gedanken erfaßt«

Wenn sich Theorie und Praxis wechselseitig durchdringen, wie es Ritter mit Hegel auch Aristoteles unterstellt, wird die Unterscheidung von theoretischer und praktischer Philosophie zweitrangig. Hegel gibt sie sogar ganz auf. An die Stelle des »theoretischen Verhaltens«, das bloß eine Allgemeinheit ohne Bestimmtheit erfaßt, und des »praktischen Verhaltens«, das umgekehrt die Einzelheit ohne Allgemeinheit erkennt, tritt als neues, vermittelndes Verhalten das »begreifende Erkennen«, in dem beide Einseitigkeiten aufgehoben sind (W9, §246 22). Seine Aufgabe ist »das *Ergründen des Vernünfti-*

---

97 Robert Spaemann, ebenfalls ein Ritter-Schüler der ersten Generation, hat schon früh darauf hingewiesen, daß die geschichtsphilosophische Orientierung seines Lehrers, Theologie und Metaphysik nicht bewahrt, sondern letztlich zum Verschwinden bringt: »Metaphysik aber versteht sich als philosophia prima. Diese philosophia prima kann nicht als sie selbst bewahrt werden durch eine Hermeneutik der geschichtlichen Lebenswelt, sondern nur durch sich selbst, durch den Vollzug metaphysischer Einsichten.« (313); Philosophie zwischen Metaphysik und Geschichte, in: Neue Zeitschrift für systematische Theologie 1 (1959), 291–313.
98 Hegel hat sich seit der Jenaer Zeit intensiv mit der gesamten aristotelischen Philosophie beschäftigt. Vgl. dazu Nicolai Hartmann: Aristoteles und Hegel, Erfurt 1923; Walter Kern: Aristoteles in Hegels Philosophiegeschichte – eine Antinomie, in: Scholastik 32 (1957), 321–345; ders.: Die Aristoteles-Deutung Hegels, in: Philosophisches Jahrbuch 78 (1971), 237–259; Karl-Heinz Ilting: Hegels Auseinandersetzung mit der aristotelischen Politik, in: Philosophisches Jahrbuch 71 (1963/64), 38–58.

gen«, als *»Erfassen des Gegenwärtigen und Wirklichen«*. Hegel kleidet dies in die berühmte Formulierung: »Was vernünftig ist, das ist wirklich; und was wirklich ist, das ist vernünftig.« (W7 24). Dieser Satz faßt zunächst nur zusammen, was schon Parmenides annahm, als er die Identität von Sein und Denken behauptete, daß das Seiende im ausgezeichneten Sinn nur dann wirklich ist, wenn es als Wahres, Unvergängliches, Ewiges gedacht werden kann. Eben dieses Vernünftige begreift Hegel jedoch im Unterschied zu Parmenides nicht mehr als Zeitenthobenes in der Ordnung des Denkens, sondern als Gewordenes in der Ordnung des Wirklichen. Eine Philosophie, die solchermaßen das Vernünftige ihrer Gegenwart hervorzuheben sucht, ist deshalb *»ihre Zeit in Gedanken erfaßt«* (W7 26).

Ist Hegel von der historischen Neuheit eines solchen Vorhabens überzeugt, führt Ritter es auf die aristotelische Philosophie zurück. Hegel *und* Aristoteles, so seine These, bringen »hermeneutisch zum Begriff«, was dem Gewordenen »als seine Wahrheit zugrunde liegt« (NRA 171, BL 77, PUE 266, Anm. 9, GpP 484). Beide betreiben Philosophie als hermeneutisch-spekulative Theorie ihrer Zeit. Was das für die Auslegung des aristotelischen Denkens, mithin für Ritters eigenes Philosophieverständnis besagt, soll nachfolgend in drei Schritten geklärt werden: zuerst die von Ritter adaptierte Verfahrensweise der *hypolepsis* (a), dann das Zusammenspiel von Interpretation und Spekulation (b), schließlich die daraus resultierenden geschichtsphilosophischen Probleme (c).

(a) Hypolepsis: Anknüpfen an die Vielheit der Meinungen und die Kontinuität der Tradition

Hypolepsis, von griech. *hypolambano* abgeleitet, meint sowohl die Annahme von etwas als auch das Aufgreifen einer fremden Rede. Bei Aristoteles kommt nur die erste Bedeutung vor, jedoch so, daß sich die zweite mittelbar daraus ergibt. Grundsätzlich bestimmt er *hypolepsis* als eine nur dem Menschen eigentümliche Auffassung des Allgemeinen (*hypolepsis tōn katholou*, NE VII.5, 1147b3–5). Dieses Allgemeine kann eine bloße Vermutung (*doxa* – hier im abwertenden Sinn gebraucht) sein, der überhaupt keine Wahrheit zukommt (NE VI.3, 1139b17f). Es kann darin aber auch ein *alētheuein* liegen, bezogen auf das notwendig Seiende im Bereich der *epistēmē* (*hypolepsis tōn ex anankēs ontōn*, 6, 1140b31f), auf den veränderlichen Bereich des Handelns und Ratgebens im Bereich der *phronēsis* (10, 1142b31–34) oder auf die aus vielen einzelnen Erfahrungen gewonnene Anschauung über das Ähnliche im Bereich der *technē* (*hypolepsis peri tōn homoiōn*, Met. I.1, 981a5–7). Im Sinn dieser Vielheit faßt De An. III.3 zusammen: »Es gibt bei der Annahme Unterschiede hinsichtlich Wissenschaft, Meinung, Einsicht und dem diesen Entgegengesetzten (*eisi de kai autēs tēs hypolēpseōs diaphorai, epistēmē kai doxa kai phronēsis kai tanantia toutōn*, 427 b24–26).« Der zwischen bloßer Vermutung, echter Einsicht und wissenschaftlicher Gewißheit schwankende Charakter läßt die *hypolepsis* für Aristoteles jedoch nicht obsolet, sondern vielmehr zum Ausgangspunkt jeder wissenschaftlichen Untersuchung werden. Es ist seine methodische Maxime, stets die vorliegenden Annahmen über eine Sache aufzugreifen und kritisch zu prüfen (vgl. etwa Met. I.2, 982a6ff) – insofern meint *hypolepsis* dann auch Anknüpfung an die Rede anderer. Gerade das stellt Ritter heraus, um die aristotelische Wissenschaft vom neuzeitlichen Ideal voraussetzungslosen Erkennens abzuheben (AV 40f). Was der tiefere Sinn eines gezielt an vorhandene Meinungen anknüpfenden Denkens sei, versucht er sowohl auf dem Feld der theoretischen als auch auf dem der praktischen Philosophie zu klären.

Es gehe Aristoteles, so Ritter, um mehr als um bloße Doxographie, wenn er die Meinungen der früheren Philosophen aufzeichne, wie es etwa im ersten Buch der *Metaphysik* geschehe. Sie würden zu Rate gezogen, um den Weg (*methodos*) der Untersuchung festzulegen. Der Weg aber bestimme sich im Hinblick auf das Ziel; dieses sei durch die Forschung der Vorgänger vorgegeben als Frage nach dem Sein (AV 39f). Ritter bezieht sich auf eine Stelle in Met. I.3, in der jene, die schon früher das Seiende erforscht und über das Wahre philosophiert haben, als Gehilfen auf dem weiteren Weg berufen werden (983b2–4). Für Aristoteles seien die Alten nicht wie für Descartes die Überkommenen, sondern die »Väter«; »sie verkörpern das Herkommen und das von alters Gültige, das es zu bewahren und gegenwärtig zu halten gilt«. Damit wird er aus Ritters Sicht zum Verfechter des »Traditionsprinzips« in der Philosophie (AV 40f). »Erkennen im Sinn von Philosophie ist Bewahrung einer schon immer und von altersher zum Menschen und seinen Lebensordnungen gehörigen Wahrheit.« (AV 42). Indem sich der Philosoph in einen ihn übergreifenden Traditionszusammenhang stelle, erkenne er sowohl die Selbigkeit der gesuchten Wahrheit als auch die von den Früheren offengelassenen Fragen (AV 47–49). Die tragenden philosophischen Begriffe würden nicht von Aristoteles gesetzt, sondern »›hypoleptisch‹ aus dem Sprachgebrauch auf[genommen]« (AV 53).

Bei diesen Ausführungen ist zu beachten, daß Ritter eine wichtige Anmerkung des Aristoteles unterschlägt. Unmittelbar bevor er sich nämlich auf die Alten beruft, gibt er zu erkennen, daß von den vier Ursachen schon in den Physikvorlesungen hinreichend gehandelt worden sei (*tetheōrētai men oun hikanōs peri autōn hēmin en tois peri physeōs*, 983a34f). Ziel und Ergebnis stehen somit schon fest, *bevor* er sich an der genannten Stelle der Tradition versichert. Daß diese erst den Weg weise, läßt sich in dieser starken Form nicht sagen. Vielmehr ist Aristoteles *seinen* Weg schon gegangen, um nun *rückschauend* festzustellen, wo und wie er sich mit dem Weg der Vorgänger trifft. Auch verhält sich die Tradition aus seiner Sicht nur sekundär zur Wahrheit. Die Philosophen seien von der Wahrheit dazu genötigt worden, die Prinzipien des Seienden zu suchen (*hyp'autēs tēs alētheias anankazomenoi tēn echomenēn ezētēsan archēn*, Met. I.4, 984b9–11). Was sich geltend macht und der Suche den Weg bahnt, ist nicht die Tradition, sondern die Natur der Sache selbst (*auto to pragma hōdopoiēsen autois kai synēnankase zētein*, 984a18f). Dagegen gleicht die *prōtē philosophia* mitunter einem stammelnden Kind (*psellizomenē eoiken hate nea*, I.10, 993a15f). Wenn man dennoch denen dankbar sein muß, deren Lehren mehr an der Oberfläche geblieben sind (*tois epipolaioteron apophēnamenois*), so gerade nicht, weil sie den Weg wiesen, sondern weil ihre Oberflächlichkeit neues Fragen erzwang (II.1, 993b11–14). Es sei nämlich so, sagt Aristoteles, daß die vielen einzelnen nichts oder nur wenig zur Wahrheit beitragen, weshalb sich erst aus allen zusammengenommen etwas Größeres ergebe (*kath'ena men ē mēthen ē mikron epiballein autē, ek pantōn de synathroizomenōn gignesthai ti megethos*, b2–4). Auf solche Weise spricht der Rückblickende, nicht der noch Unterwegsseiende. Das methodische Selbstbewußtsein des Aristoteles beruht auf seinem Verhältnis zur Wahrheit, nicht auf dem zur Tradition; deshalb ist er ein schlechter Zeuge für das »Traditionsprinzip«, das Ritter beruft. Nur im Vergleich zum neuzeitlichen Rationalismus kann es so scheinen, weil dieser anders als der Grieche ganz darauf verzichtet, die eigenen Ergebnisse im Licht der früheren zu prüfen.

Auf dem Terrain der praktischen Philosophie knüpft der Philosoph nicht an zurückliegende wissenschaftliche Lehrmeinungen, sondern an gegenwärtige lebenspraktische Überzeugungen an. Nicht nur aufgrund von Schlußfolgerungen, sondern auch aufgrund dessen, was darüber gesagt werde, sei die Untersuchung über das Glück zu führen (*skepteon de peri autēs ou monon ek tou symperasmatos kai ex hōn ho logos, alla kai ek tōn legomenōn peri autēs*; NE I.8, 1098b9–11). Ritter kommentiert diesen Satz so: »Die ethische Theorie muß hermeneutisch an die Vieldeutigkeit und Mehrsinnigkeit des menschlichen Daseins anknüpfen, weil nur so Begriffe gewonnen werden können, deren Gültigkeit sich auf das, was ist, bezieht, dies zugleich voraussetzt und stehen läßt.« (BL 64). Die Meinungen, an die sie anknüpfe, seien ihrem Wahrheitsgehalt nach dem schon Begriffenen unter-, leerem Vorstellen und Reden dagegen überlegen. In ihnen spiegele sich die Verschiedenheit des Lebens und seiner Praxis wider, worüber die philosophische Theorie nicht einfach hinweggehen könne (BL 65). In der Anerkennung dieser Vielfalt sieht Ritter den Vorzug des Aristoteles vor Platon, der so »das Recht des individuellen Lebens« geltend mache (BL 99). Worauf es aus Sicht der Theorie ankomme, sei, »hypoleptisch das begrifflich herauszuheben, was in allen diesen Vorstellungen und Meinungen als ihre gemeinsame Natur wirkt und als der in ihnen allen treibende Zweck in ihrem Nennen zu Wort kommt« (BL 65).

Das ist alles schön gesagt, allein, der letzte Satz muß aufmerken lassen. Wie wird denn die allen Vorstellungen »gemeinsame Natur« erkannt? Welcher Art ist sie? Die Formulierung erinnert nicht zufällig an die soeben zitierten Stellen aus der *Metaphysik*, nach denen sich die Sache selbst, nämlich die *alētheia* Geltung verschafft. Genau in diesem Sinne erläutert Ritter seine Aussage in einer Anmerkung: »Die allgemeine Begründung für diese Gültigkeit des Gemeinsamen ist ontologisch. Was wahr ist, kann nicht für das Dasein, dessen Wahres es ist, schlechthin verborgen bleiben. Es kommt in ihm – unbestimmt – zur Sprache.« (BL 65, Anm. 12). Ritter spielt offensichtlich auf den Wortsinn von *alētheia* (Un-Verborgenheit) an und erinnert an NE I.8, 1098b11f.: »Denn mit dem Wahren singt alles [dem Meinen] zugrunde Liegende mit, mit dem Falschen aber geht es schnell auseinander (*tō men gar alēthei panta synadei ta hyparchonta, tō de pseudei tachy diaphōnei talēthes* – i. d. Übers. v. J. R.).« Genau diese Überzeugung nehme Hegel in seinem Satz von der Wirklichkeit des Vernünftigen wieder auf; für Hegel wie für Aristoteles gelte »die gleiche Affirmation des Seins im Seienden« (ebd). Ritter verschweigt auch hier, daß ›Sein‹ bei Aristoteles nach ›veränderlichem‹ und ›unveränderlichem‹ Sein differenziert ist und entsprechend auch das Vernünftige in zweifacher Weise besteht, als menschliches und als göttliches. Ebenso verwendet er kein Wort auf die ausführlichen methodischen Exkurse im Kontext der zitierten Stellen, weshalb der *methodos* der praktischen Philosophie gar nicht zur Sprache kommt. Statt dessen scheint Ritter mit Hegel jenen Geist zu berufen, der sich in allem Tun der Menschen selbst bestimmt und in ihrem Meinen, wenn auch dunkel, selbst erkennt. Diese Vermutung ist nun zu prüfen; sie führt ins Feld der Spekulation.

(b) Hermeneutik und Spekulation: Die Frage nach der verborgenen Tätigkeit der Natur

Die Theorie, so war eben deutlich geworden, soll nach Ritters Darstellung bestimmen, was als »Natur«, als der in allem Meinen und Vorstellen »treibende Zweck« wirksam ist.

Wer oder was aber ist diese Natur? Was kann über sie gesagt werden? Ritter hält zunächst fest, diese Natur »treibe« den Menschen wie alle Lebewesen »als Zweck in der Macht seiner naturgegebenen Anlagen und seines Seinkönnens«. Jedoch führe sie dabei nicht unmittelbar ans Ziel, sondern mehr mittelbar, genauer: indem sie »verborgen und hintergründig in den gewollten und gesetzten Zielen treibt«. Für den Handelnden ist die Natur also nicht direkt erkennbar, sie wirkt auf dunkle und unergründliche Weise in seinem Wollen, ohne damit einfach identisch zu sein. Keineswegs sind seine Ziele in ihrer Gesamtheit natürliche Ziele, wohl aber gibt es solche darunter. Deshalb bleibt die Natur, wie Ritter sagt, »dem Wollenden und Handelnden eigentümlich fremd« und »drängt [...] im Spiel seiner Ziele«. Es wäre demnach falsch zu sagen, der Mensch bestimme sich selbst und sei allein für sein Wollen verantwortlich. Noch weniger kann man sagen, darin spiegele sich immer seine Natur. Vielmehr ist die Natur etwas, das dem Handelnden »fremd« bleibt, gerade weil es sich durch ihn hindurch willentlich-unwillentlich geltend macht. Zusammenfassend heißt es, »die Natur, die ihn nicht unmittelbar bestimmt, zieht ihn als das in seinen Möglichkeiten und Anlagen vorgezeichnete Gute und als Zweck in den Vorstellungen, in denen er selbst sein Ziel und das Bild des höchsten Guts entwirft, dem er nachjagt« (BL 63).

Daß das Gute, welches die Menschen anstreben, nicht einfach Gegenstand ihrer freien Wahl ist, entspricht in der Tat einem Kerngedanken der *Nikomachischen Ethik*. Zwar wünschten wir (*boulometha*), glücklich und gesund zu sein, jedoch könnten wir uns dafür nicht entscheiden (*proairoumetha*), sondern nur für das, was die Gesundheit fördere (*di'hōn hygianoumen*, III.2, 1111b27–29). Das Wünschen des Menschen richte sich mehr auf die Ziele, das Entscheiden hingegen mehr auf die Wege dorthin (*eti d'hē men boulesis tou telous esti mallon, hē de proairesis tōn pros to telos*; b26f). Der Mensch vermag zwar das höchste Ziel, ein gutes und gelungenes Leben, handelnd zu verwirklichen, in seiner Wahl liegt es dennoch nicht. Da alle Menschen nach diesem Ziel streben, läßt sich wohl sagen, daß es seinen natürlichen Anlagen entspricht. Ebenso ist aber zu sagen, daß ein Ziel wie »gut leben« und »glücklich sein« merkwürdig unbestimmt bleibt, solange es sich nicht in einzelnen Handlungen konkretisiert. Aus diesem Grund untersucht Aristoteles die sittlichen und geistigen Vorzüge *(aretai)*, die nach allgemeiner Auffassung den Menschen zu seiner Bestform führen. Von den sittlichen Vorzügen sagt er nachdrücklich, daß sie weder durch noch gegen die Natur entstanden seien (*out'ara physei oute para physin egignontai hai aretai*), es vielmehr unserer Natur entspreche, sie aufzunehmen, und wir uns durch Gewöhnung vervollkommneten (*alla pephykosi men hēmin dexasthai autas, teleioumenois de dia tou ethous*, II.1, 1103a23–26). In gleicher Weise heißt es hinsichtlich der geistigen Vorzüge, der Mensch verfüge von Natur über Einsicht (*gnōmē*), Verständigkeit (*synesis*) und Auffassungsgabe (*nous*), nicht jedoch über Weisheit (*sophia*), die erst im Gebrauch dieser Vermögen entstehe (VI.12, 1143b11f). Dasselbe gilt für die *phronēsis* (13, 1144b14–17). Der Mensch besitzt also vielfältige Voraussetzungen, um sein Gutes zu erreichen; wie er sie einsetzt, ist jedoch nicht schon in seiner Natur vorgezeichnet. Diesen unzweideutigen Bestimmungen steht Ritters Rede von der »verborgenen« Tätigkeit der Natur sichtlich entgegen. Die Vorzüge gewinnen wir erst, indem wir uns tätig darum bemühen (*tas d'aretas lambanomen energēsantes proteron*, II.1, 1103a31), sagt Aristoteles. »Wir haben gesehen, daß die Natur als Zweck in den Glücksvorstellungen der Menschen treibt und ihre Praxis auf den Stand hinlenkt, in dem der Mensch als er selbst in Selbständigkeit bestehen und leben kann«, sagt Ritter (BL 82). Einmal handelt der Mensch, das andere Mal die Natur. Daß letzteres aus dem aristotelischen Text zu entnehmen sei, ist nicht ersichtlich, zumal Ritter die soeben erwähnten Textstellen über die *physis* gar nicht erwähnt.

Nicht von Aristoteles, sondern erst von Hegel her lassen sich diese Formulierungen erhellen. Der Geist, durch den alles wird, gibt sich auch im Handeln und Wollen der Menschen objektives Dasein. Zunächst entzweit er sich in die *an sich* seiende Freiheit, die Sphäre des formellen, abstrakten Rechts, und in die *für sich* seiende Freiheit, die Sphäre des partikularen, subjektiven Willens, mithin der Moralität. Beide Sphären bleiben je für sich unvollständig und instabil. Das Recht »verflüchtigt sich zu einem vollkommen Kraftlosen, in das ich allen Inhalt bringen kann«, während die Moralität unter der »Qual der Leerheit und der Negativität« leidet. In beiden Fällen bleibt das Gute abstrakt, wirklich wird es erst im Dritten, der Sittlichkeit als »der Einheit des subjektiven und des objektiven an und für sich seienden Guten« (W7, §141 290f). Für den einzelnen Wollenden bedeutet dies, daß sein subjektiver Wille rein zufällig und willkürlich bleibt, solange er sich nicht mit dem objektiven Willen zur konkreten Allgemeinheit der Sitte verbindet. Erst dann macht sich im »Spiel seiner Ziele«, wie man mit Ritters Worten sagen könnte, neben den rein subjektiven Absichten ein Objektives geltend und treibt den einzelnen zur Versöhnung mit dem bestehenden Allgemeinen. Was so in allem menschlichen Wollen und Handeln »treibt« und »lenkt«, ist der sich selbst bestimmende Geist. »Der Geist hat Wirklichkeit, und die Akzidenzen derselben sind die Individuen«, wie Hegel es ausdrückt (W7, §156 305). Die Geschichte als das diachrone Resultat des Handelns ist unter diesen Voraussetzungen kein »oberflächliches Spiel, *zufälliger*, sogenannter *nur menschlicher* Bestrebungen und Leidenschaften« (W7, §343 504), sondern der Gang des Geistes durch die Welt, bei dem alle Handelnden – Individuen, Völker und Staaten – »bewußtlose Werkzeuge und Glieder jenes inneren Geschäfts sind, worin diese Gestalten vergehen, der Geist an und für sich aber sich den Übergang in seine nächste höhere Stufe vorbereitet und erarbeitet« (W7, §344 505).

Ob Ritter in diesem starken Sinne verstanden werden will, ist nicht recht auszumachen. Seine Annahme, der Gott der *theōria* wohne allen Lebensordnungen inne, und ebenso seine steten Querverweise von Aristoteles zu Hegel (und umgekehrt) machen jedenfalls deutlich, daß seine Rede von ›Natur‹ dem sich geschichtlich verwirklichenden ›Geist‹ Hegels näher steht als Aristoteles. Das zeigt sich auch in Ritters Auslegung der aristotelischen Bestimmung des Menschen als eines *physei politikon zōon* (Pol. I.2, 1253a2), des von Natur auf die Stadt verwiesenen Lebewesens, wie Ritter übersetzt (PE 126, GpP 493). Aristoteles habe erkannt, daß »die menschliche Natur zur Substanz eines Staates geworden ist« (GpP 496). »So liegt die menschliche Natur in ihrer institutionellen Verwirklichung der Satzung der Stadt zugrunde.« (GpP 499). Darin sieht Ritter die Lösung jener von den Sophisten aufgebrachten Aporie, die Aristoteles im ersten Buch der *Nikomachischen Ethik* anspricht, daß es nämlich so scheine, als beruhe alles Edle und Rechte in der Stadt lediglich auf Brauch und Satzung nicht aber auf der Natur (*ta de kala kai ta dikaia ... hōste dokein nomō monon einai, physei de mē*, 1094b14f; GpP 483). *Ethos* und *physis*, so Ritter, seien eben nichts Verschiedenes, denn in jenem spiegele sich nur der Stand der Verwirklichung von dieser (GpP 498).

Gleichwohl ist von aktualer Natur als »Substanz« bei Aristoteles gar nicht die Rede. Er ist weit davon entfernt, den Bereich des *ēthos* zu substanzialisieren.[99] Nur solche Gewohnheiten erkennt er als Sitten im ausgezeichneten Sinn an, die nicht bloß befolgt werden, sondern unter Leitung der *phronēsis* stehen (VI.13, 1144b30–32). Die *phronēsis* hat es mit dem in unserer Macht Stehenden zu tun (*eph'hēmin*), was niemals notwendig und unveränderlich ist; dies aber wäre nach Aristoteles die Grundbestimmung der ›Substanz‹ (*hypokeimenon*). Die sittlichen und geistigen Vermögen des Menschen verhalten sich auch nicht bloß akzidentiell zu einer substanziellen Natur. Was die menschliche Natur in Wirklichkeit ist, läßt sich aus der Betrachtung ihrer Anlagen gar nicht sagen. Wer es wissen möchte, wird von Aristoteles auf die Selbstauslegung der Menschen verwiesen, die sich niemals abschließend festlegen läßt, wodurch aller spekulativen Selbstüberhebung eine Grenze gezogen ist. Erst Hegel kann unter gewandelten Prämissen Sitte als »Substanz« und als »zweite Natur« denken, »die an die Stelle des ersten bloß natürlichen Willens gesetzt und die durchdringende Seele, Bedeutung und Wirklichkeit ihres Daseins ist, der als eine Welt lebendige und vorhandene *Geist*, dessen Substanz so erst als Geist ist« (W7 §151). Darin und nicht bei Aristoteles findet Ritters spekulative Hermeneutik ihre zwar nicht explizierte, gleichwohl aber stets vorausgesetzte Basis.[100]

(c) Philosophie zwischen Dämmerung und Morgengrauen

Ritter sagt einmal, Aristoteles habe »die Polis als die zu ihrer Verwirklichung gebrachte Natur des Menschen begriffen« (GpP 494). Ein anderes Mal betont er, der aristotelische Praxisbegriff ermögliche es erst, »die menschliche Natur im Prozeß und im Stande ihrer Verwirklichung« zu erfassen (NRA 148). Aufeinander bezogen wirken beide Aussagen wie Spannungspole, im ersten Fall ist die Natur schon zu ihrer Höchstform gelangt, im zweiten Fall befindet sie sich dagegen noch auf dem Weg dahin. Für einen geschichtsphilosophischen Ansatz ist diese Spannung von erheblicher Bedeutung. »Als der *Gedanke* der Welt«, so Hegel, erscheint die Philosophie »erst in der Zeit, nachdem die Wirklichkeit ihren Bildungsprozeß vollendet und sich fertig gemacht hat«. »Wenn die Philosophie ihr Grau in Grau malt, dann ist eine Gestalt des Lebens alt geworden, und mit Grau in Grau läßt sie sich nicht verjüngen, sondern nur erkennen; die Eule der

---

99 Vgl. dazu auch die Kritik von Otfried Höffe: Ethik als praktische Philosophie – Die Begründung durch Aristoteles, in: Ethik und Politik. Grundmodelle und -probleme der praktischen Philosophie, Frankfurt a.M. 1979, 38–83. Höffe weist Ritters spekulative, von Hegel stammende Hermeneutik für Aristoteles zurück: »Denn Aristoteles will sich keinesfalls dem Bestehenden als Bestehendem unterwerfen. Seine Ethik ist keine unterschiedslose Affirmation der verschiedenen; auch auf dem Boden der griechischen Polis praktizierten Lebensweisen: hedonistischer, kaufmännischer, politischer und wissenschaftlich-politischer Lebensformen. Sie ist vielmehr immer auch philosophische Kritik: die nicht dem persönlichen Dafürhalten, sondern einer intersubjektiv ausweisbaren Erkenntnis überantwortete wissenschaftliche Unterscheidung der gegebenen *bioi* in sittliche und nicht-sittliche.« (54).
100 Am Rande eines Hegel-Textes stellt Ritter den Bezug selbst her, wenn er sagt, daß Hegels »Lehre von der Freiheit und ebenso der menschlichen Natur [...] das Kernstück der praktischen Philosophie des Aristoteles« aufnehme und »durch die Bestimmung, es sei die ›Welt des Geistes‹ eine ›zweite Natur‹, unmittelbar belegt« (PuE 265, Anm. 8). An der ›Unmittelbarkeit‹ dieses Beleges darf nach dem Gesagten gezweifelt werden.

Minerva beginnt erst mit der einbrechenden Dämmerung ihren Flug.« (W7 28). Dieser Satz birgt zwei Implikationen: Zum einen läßt sich das Wahre erst dann aus dem Gewordenen herausheben, nachdem dieses zu einem Abschluß gekommen ist; zum anderen kann ein solcher Abschluß selbst Ausgangspunkt eines neuen Aufbruchs werden. Gestalt wandelt sich nicht kontinuierlich, sondern im dialektischen Umschlag – das ist eine der wesentlichen spekulativen Voraussetzungen Hegels, der Ritter zumindest nicht widerspricht. Welche Perspektive eröffnet sich von dort aus auf die aristotelische Philosophie?

Ritter stellt Aristoteles als Philosophen am Ende der antiken Polis dar. Zeit seines Lebens habe er erfahren, wie die gründende Ordnung im Streit verfalle (AV 42, BL 104, GpP 483). Als die *Nikomachische Ethik* entstanden sei, »war das Schicksal der Polis schon besiegelt, ihr Ende herangekommen«. Im Unterschied zu Platon habe er nicht mehr an eine Erneuerung gedacht. Sein Denken sei »Philosophie der Späte« (GpP 497), deren Bestimmung darin liege, »im Wanken der Dinge der politischen Ordnung der Stadt auf den Grund zu gehen und diese aus ihrem Grunde zu begreifen« (GpP 483). Sie bewahre »das substanziale Prinzip, das mit der Polis in der von ihr politisch nicht bewältigten Krise der Überlieferung in die Welt gekommen ist«, nämlich, daß die Natur des Menschen zur Basis der Ordnung geworden sei. Dies alles geschehe ohne Aufregung »in der Gelassenheit des Begriffs«, weil Aristoteles »das Kommende bereits begegnet« sei (GpP 497). Er sehe »hinaus auf das kommende Reich Alexanders, das über sie [die *polis*] und ihre politische Ordnung hinweggehen wird« (BL 104). So erscheint Aristoteles als der geschichtsbewußte Denker mit prophetischen Gaben. Daß er in der *Metaphysik* vermutet, vielleicht werde jede Kunst und jede Philosophie mehrfach gefunden und wieder vergessen (*kata to eikos pollakis heurēmenēs eis to dynaton hekastēs kai technēs kai philosophias kai palin phtheiromenōn*, XII.8, 1074b10–12) – eine Wissenstheorie, die auf einem Kreislaufmodell geschichtlichen Entstehens und Vergehens beruht –, übergeht Ritter mit Schweigen. Schon bei Hegel gibt es Ansätze, Aristoteles ein historisches Bewußtsein zuzuschreiben, obwohl er das sonst als Errungenschaft erst des Christentums ansieht. Der Stagirit habe keinen Wert mehr auf die schon verfallene Demokratie gelegt, statt dessen aber auf seinen Zögling Alexander gesetzt (W19 228f u. 136f). Wenn er in der *Politik* dem Besten ein unbeschränktes Herrschaftsrecht (über dem Gesetz) zugestehe, schwebe ihm »ohne Zweifel sein Alexander vor« (W19 228). Weder Hegel noch Ritter können so freilich erklären, warum Aristoteles sich die Mühe macht, in Pol. IV ein Ordnungsmodell zu entwerfen, das sich gerade durch Praxisnähe und Umsetzbarkeit auszeichnen soll.

Ebenfalls mit Hegel nimmt Ritter an, daß der aristotelischen Philosophie noch die Anerkennung der Freiheit und Selbständigkeit *aller* Menschen fehle. Die Geschichte ist somit nicht nur über die Polis, sondern auch über Aristoteles hinweggegangen (BL 81f., Anm. 38; PE 112). Die Stadt als verwirklichte Natur des Menschen stellt sich im Rückblick – nach Ritters Auffassung angeblich auch schon im Vorblick des Aristoteles – als *eine* Stufe der Selbstbestimmung des Weltgeistes dar, keineswegs aber bereits als ihre letzte. In sich abgeschlossen schlägt sie dialektisch in das ökumenische Reich Alexanders um, dem seinerseits das römische Reich nachfolgt, aus dessen Zerfall wiederum die Nationen und später dann die modernen Nationalstaaten hervorgehen. Aus dieser Optik sind die beiden anfänglich zitierten Äußerungen Ritters zu lesen: Aristoteles beschreibt einerseits die verwirklichte Natur des Menschen, im Endstadium der Polis.

Andererseits bedenkt er die weitere Entwicklung bereits mit, wenn er nach dem »Stand der Verwirklichung« und nicht nach dem Endstand fragt. Wie sich die Polis zum modernen Staat verhält, ist Gegenstand der Analyse des nächsten Kapitels. An dieser Stelle sei jedoch schon eine Vorüberlegung unternommen: Welche Bedeutung kann einer vergangenen Philosophie als »ihre Zeit in Gedanken erfaßt« in späteren Zeiten zukommen?

Die »konkrete geschichtliche, ethische Fülle des Menschseins«, die Aristoteles in seiner Polis-Theorie festhält (GpP 499), ist als solche überkommen und durch neue Gewohnheiten, Institutionen und Gesetze ersetzt worden. Ritter lehnt es ab, die Philosophie des Griechen durch die Behauptung ihrer »Zeitlosigkeit« einfach in die Gegenwart zu überführen (PE 130, Anm. 29). In diesem Sinn wandte er sich in einer Diskussion gegen Wilhelm Hennis' Anliegen, die moderne politische Wissenschaft in der aristotelischen *epistēmē politikē* zu fundieren: »Vergangenes kann nicht unmittelbar als Vergangenes zu neuer Gegenwart gebracht werden; es hält es in der gegenwärtigen Lebendigkeit nicht aus.«[101] Dabei hat er die Problematik der Wolffschen Schulmetaphysik vor Augen. Zwar fasse sie im Anschluß an eine zweitausendjährige Lehrtradition diese noch einmal zusammen, doch habe sie dabei »die geschichtlich-politische Realität grundsätzlich außer sich«. Die ›reichen‹ Begriffe verkommen zu ›armen‹, die als solche abstrakt werden. Wolff zerteile die menschliche Natur in eine apriorische, geschichtsenthobene Vernunft- und eine empirische Bedürfnis- und Triebnatur. Gegen die von dort ausgehende Naturrechtstradition, die dem positiven, konkreten Recht zeitenthobene, ewige Rechtsprinzipien entgegenzusetzen sucht, meldet Ritter schwere Bedenken an. Ein solches Naturrecht habe sich aus seinem Begründungszusammenhang gelöst und sei dazu verdammt, neben der Wirklichkeit dahinzuvegetieren (NRA 140). Diese Kritik geht bis ins Detail der Formulierung auf Hegel zurück.[102] Ritter hat sie lediglich anläßlich der nach 1945 unternommenen Versuche, die naturrechtliche Tradition zu erneuern, wiederholt (NRA 140–146). Ebenso weist er alle Versuche zurück, durch aktualisierende Textübersetzungen (wenn etwa Polis durch Staat wiedergegeben wird, vgl. NRA 152; PE 115), die aristotelische Philosophie in die Gegenwart zu holen. Die Bedeutung, die einer Philosophie über ihre Zeit hinaus zukomme, lasse sich nicht dadurch der Gegenwart näherbringen, »daß ihr eigentümlicher Gegenstand in seinem geschichtlichen Zusammenhang zum Verschwinden gebracht wird« (NRA 152).

Ein Ansatz, der die Geschichtlichkeit seines Gegenstandes ebenfalls explizit aufweisen will, ist der Nietzsches. Wie kein zweiter Denker seiner Zeit fragte Nietzsche Ende des 19. Jahrhunderts in die griechische Antike zurück. Doch was ihm dort begegnete, stellte sich weniger als einheitlich geschlossene Tradition denn als Verdeckung der Vorsokratiker durch die Sokratiker dar. Dies wollte er rückgängig machen, indem er die Tradition klassischer Philosophie einer ätzenden Kritik unterzog, um das von ihr Ausgeschlossene neu anzueignen und in die eigene Gegenwart zurückzuholen. Das Vergangene gewinnt seine Bedeutung bei diesem Vorgehen weder durch scheinbare ›Zeitlosigkeit‹ noch durch ununterbrochene Tradierung, sondern durch eine Geschichtlichkeit,

---

101 Diskussion, in: Ludwig Landgrebe: Über einige Grundfragen der Politik, Arbeitsgemeinschaft für Forschung des Landes Nordrhein-Westfalen, Heft 158, Köln 1969, 47.
102 Vgl. W2 451, 529f.

die erst *gegen* die Tradition rehabilitiert werden muß. Mit diesem Ansatz ist Ritter jedoch nicht einverstanden. Er wertet ihn als einen die deutsche Romantik weiterführenden Versuch, »die entschwindende Substanz des gegenwärtigen Lebens in der Rückkehr zum Ursprung und zum Ursprünglichen wiederzugewinnen«. Dieser wirke in Heideggers Intention weiter, »die Geschichte der Metaphysik und ihrer Überlieferung zu destruieren, um von der Philosophie der Frühe und des Anfangs her das Verlorene in die Gegenwart einzuholen«. Doch würden bei ihm wie bei Nietzsche die »Tradition selbst und ihr Anliegen kaum noch beachtet und gehört« (AV 38). Daß Ritter jeden dekonstruktiven Rückgriff auf Vergangenes ablehnt, ist freilich nur konsequent. Unter seinen geschichtsphilosophischen Prämissen entfalten sich der äußere wie der innere Geist zwar dialektisch, trotzdem aber mit folgerichtiger Notwendigkeit. Die Tradition verdeckt nicht, sondern sie ›entfaltet‹ sich und ihr Anliegen. Auf diese Weise hatte Ritter das Verhältnis des Aristoteles zu den früheren Philosophen zu deuten versucht: Zur Wahrheit habe der Stagirit nur finden können, weil er den Weg der Vorgänger gegangen sei und so die »innere Einheit der Philosophie« bewahrt habe (AV 56).

Was Aristoteles für seine Zeit leistete, wiederholte Hegel aus Ritters Sicht im 19. Jahrhundert. Überzeugt »von der inneren, durch Platon und Aristoteles vollendeten Einheit der Philososophie«, sei es ihm darum gegangen, »den Gedanken der Einen (von Griechenland herkommenden) Philosophie noch einmal in einer Epoche zu vergegenwärtigen, welche sich anschickt, diese Eine Philosophie preiszugeben und sich aus dem Zusammenhang ihrer zwei Jahrtausende übergreifenden Tradition zu lösen«. Ritter weiß, daß Hegel den Zerfall seiner Schule ebensowenig verhindern konnte wie die ›destruktive‹ Philosophie Nietzsches. Da er ihn jedoch als Abkehr von der alle Zeiten »übergreifenden Tradition« wertet, sieht er es als seine eigene Aufgabe, das darin gewahrte Anliegen sowohl des Aristoteles als auch Hegels im 20. Jahrhundert in Erinnerung zu rufen:

»Tradition als Wahrung des Weges und Vergegenwärtigung des Erbes bedeutet weder für Aristoteles noch überhaupt in der Philosophie, daß der Geist aus der Gegenwart fliehen und in die Vergangenheit zurückkehren will, um durch Destruktion und das Opfer des Gewordenen im Ursprung eine zur Gegenwart beziehungslose Erneuerung zu suchen. Tradition ist philosophisch die ›Weitergabe‹; sie ist Mnemosyne, das erinnernde Behalten, das nicht zuläßt, das die Gegenwart und Zukunft die Fülle des Wesens verlieren.« (AV 49).

Die »Fülle«, welche Ritter nach dieser programmatischen Aussage bewahren will, ist geschichtlich gewordene »Substanz«. Als solche setzt sie jeder Zeit Maßstäbe, die zu übernehmen sind. Die klassische Theorie, insbesondere des Aristoteles, hat nach seiner Überzeugung die »Substanz« der griechischen Polis zum Begriff erhoben und an alle Zeiten weitergegeben. »Weil diese Substanz die Natur des Menschen als Menschen ist, darum werden in diesem Wissen Maßstäbe überliefert, die dann für alle Staaten und Gesellschaften gelten, nachdem einmal eine Gesellschaft des Menschen geschichtlich wirklich geworden ist« (BL 105). Welche Maßstäbe es genau sind, an die sich die Gegenwart zurückbinden soll, läßt sich nur dort erkennen, wo die aristotelische Philosophie in ihrer »ursprünglichen Aktualität« aufgesucht wird, als Analyse der bürgerlichen »Lebenswelt«.

2.3 Lebenswelten des Bürgers

Ritter spricht mehrfach davon, Aristoteles wolle die attische »Lebenswelt« in ihrer Fülle erfassen und in ihrer Substanz begreifen. Der phänomenologische Terminus soll anzeigen, wie sehr diese Philosophie im Leben steht und sich an vorphilosophische Erfahrung gebunden weiß. Im engeren Sinne ist die Lebenswelt des *Bürgers* die Polis, wo er als *politēs* agiert. Allerdings hält Ritter gerade eine solche Betrachtungsweise für verfehlt, weil sie trenne, was in der Lebenswelt aufs engste miteinander verbunden sei: die familiären Bande, Nachbarschaften und Freundschaften einerseits, die arbeitsteiligen Künste andererseits. An Aristoteles bewundert er gerade dessen wachen Sinn für die Vielfalt und Verflochtenheit der Lebens*welten*. Grundlage dieser Betrachtungsweise ist, daß für den Stagiriten die Polis nicht allein die Vollendung der vorpolitischen Gemeinschaften darstelle, sondern diese in sich aufnehme und sie in ihrer Eigenart bewahre (BL 100f; vgl. Pol. I.1, 1252a4–7). Der Bürger gehört sowohl zum Haus (*oikos*) als auch zu seinem Dorf (*komē*) und zur Polis im engeren Sinne. Wie diese Zugehörigkeiten einander bedingen, versucht Ritter in zwei Blickbahnen aufzuweisen, hinsichtlich der Interdependenz von individueller Freiheit (*eleutheria*) und gemeinschaftlicher Praxis (*technē*) einerseits sowie von überlieferter Sitte (*ēthos*) und gesetztem Recht (*nomos*) andererseits. Beides wird nachfolgend getrennt untersucht; die übergeordnete Fragestellung ist, wie sich aus Ritters Optik das Verhältnis von ›leben‹ und ›gut leben‹ darstellt. Die so gewonnenen Ergebnisse werden abschließend auf ihre mögliche Maßstäblichkeit für die Gegenwart hin befragt.

(a) Individuelles Selbstsein (eleutheria) und gemeinsames Seinkönnen (technē)

Als frei wird nach einer klassischen Formulierung in der *Metaphysik* bezeichnet, wer um seiner selbst und nicht um eines anderen willen existiert (*anthrōpos, phamen, eleutheros ho autou heneka kai mē allou ōn*, I.2, 982b25f). In ähnlicher Weise heißt es in der *Politik*, das vollständige Haus bestehe aus Sklaven und Freien (*doulōn kai eleutherōn*, I 3, 1253b3f); Sklaven zeichneten sich dadurch aus, von Natur her nicht sich selbst, sondern einem anderen Menschen zu gehören (*ho mē autou physei all'allou anthrōpos ōn*, 4, 1254a14f). Diese Bestimmung belastet die aristotelische Philosophie von jeher mit einem Makel. Zugleich spricht sie für Ritter jedoch das Prinzip aus, »das mit der Polis in die Geschichte getreten ist«, die Freiheit und die Bestimmung der Stadt als Gemeinschaft der Freien (BL 73 u. 82; HFR 198). Der politische Sinn der Freiheit sei die »Teilnahme der Bürger am staatlichen Leben«; dies könne jedoch nicht abermals politisch begründet werden. »Er folgt viel mehr daraus, daß es in der Stadt darum geht, das Freisein der Bürger in seinem [sic] eigenen Leben zu ermöglichen und zu sichern.« (BL 73). Damit ist die Generallinie von Ritters Argumentation vorgezeichnet. Für Hannah Arendt war die Selbstregierung der Bürger der höchste Zweck ihres Daseins und die eigentliche Erfahrung von Freiheit gewesen. Ritter dagegen führt die politische Freiheit auf die private Freiheit zurück. Alle politischen Begriffe weisen über sich hinaus auf die »vorpolitische Substanz« des bürgerlichen Daseins (BL 74).

Die Stoßlinie dieser Ausführungen scheint zunächst die *Politeia* zu sein. Zwar habe Platon die Bedeutung der Polis für das Selbstsein des einzelnen erkannt, doch verliere er dies in der Abwehr der Sophisten aus den Augen (BL 96). Er lasse die individuelle

Freiheit ganz im Stand aufgehen, mit der Folge, daß nur noch ein allgemeines Menschsein übrig bleibe, ohne Eigentum und ohne Familie (BL 97). Diese Argumente gehen beinahe wörtlich auf Hegel zurück, der an der *Politeia* ebenfalls das »Ausschließen des Prinzips subjektiver Freiheit«, weshalb »alle nur als allgemeine Menschen gelten«, bemängelt (W19 124). Im Unterschied zu Ritter übt Hegel jedoch keine Kritik, sondern hält es für Platons große Leistung, das »Prinzip griechischer Sittlichkeit« festgehalten zu haben, wonach »jedes einzelne Subjekt den Geist, das Allgemeine zu seinem Zwecke, zu seinem Geiste und Sitte habe, nur aus, in diesem Geiste wolle, handle, lebe und genieße« (W19 113f). Weiter konnte er zu seiner Zeit aus Hegels Sicht nicht gehen, weil das antike Griechenland noch nicht vermochte, »das Erblühen der subjektiven Freiheit [...] auszuhalten« (W19 123). Zwar sei sie schon mit Sokrates in die griechische Welt eingedrungen, jedoch nur als deren Verderben. Zuerst habe Sokrates scheitern müssen, dann die Polis, weil sie für die von der substanziellen Sittlichkeit abweichende moralische Reflexion und Selbständigkeit der Bürger noch nicht reif gewesen sei (W19 114 u. 129). »Das Recht der *Besonderheit* des Subjekts, sich befriedigt zu finden, oder, was dasselbe ist, das Recht der *subjektiven Freiheit* macht den Wende- und Mittelpunkt in dem Unterschiede des *Altertums* und der *modernen* Zeit. Dies Recht in seiner Unendlichkeit ist im Christentum ausgesprochen und zum allgemeinen wirklichen Prinzip einer neuen Form der Welt gemacht worden.« (W7, §124 233). Aus dieser geschichtsphilosophischen Perspektive rückt die politische Philosophie des Aristoteles zwangsläufig an die Seite seines Lehrers. Auch bei ihm sei »der Staat das Substantielle, die Hauptsache« (W19 226), während die »*bürgerliche* Freiheit« als »Entbehrung des Allgemeinen« der alten Welt unbekannt bleibe (W19 228). Was immer Aristoteles über das Glück, das Gute und die Tugend des einzelnen sagt, fällt für Hegel auf die Seite des bloß »Empirischen«, das »alles keine tiefe Einsicht in spekulativer Rücksicht hat« (W19 224f).

Ritter korrigiert dies stillschweigend. Aristoteles, heißt es ausdrücklich, mache das »Recht des individuellen Lebens« geltend, wenn er den Staat nicht als abstrakte Einheit, sondern als konkrete Vielheit bestimme (BL 98f). Dadurch trage er der »Selbständigkeit der Subjektivität« Rechnung, die der klassischen Theorie keineswegs unbekannt sei. »Das positive Recht des Selbstseins muß von Aristoteles im Verhältnis zur Polis schon darum voll anerkannt werden, weil die Polis politisch Freiheit und d.h. das Selbstseinkönnen der Einzelnen zum Inhalt hat.« (BL 85). Am Rande einer Hegel-Interpretation läßt Ritter einmal einfließen, im Sokrates-Bild Hegels komme immerhin »systematisch die Auffassung zu Wort, daß da, wo Freiheit Prinzip des politischen und sittlichen Lebens ist, die Subjektivität an sich schon eingeschlossen ist« (MUS 294f., Anm. 6). An anderer Stelle führt er Hegels Bestimmung von Freiheit als »Beisichselbstsein des Menschen« auf die bereits zitierte Stelle von Met. I.2 zurück (HFR 197f). In Wahrheit sei sie schon Grundlage der *Polis*, was Aristoteles aus Ritters Sicht in seiner politischen Theorie nachvollzieht, indem er hypoleptisch an die Vielfalt der Glücksvorstellungen anknüpft (BL 99). Zwar erreicht die griechische Bürger-Freiheit noch nicht die Stufe der Moralität und des Gewissens (PE 111f., MUS 300), gleichwohl wirft sie aber Probleme auf, die noch die Philosophie des objektiven Geistes austrägt. Das Selbstsein des *eleutheros* ist nämlich mit dem Makel der »bloße[n] Subjektivität seines Wollens und Wünschens« behaftet; in den Schwankungen des Augenblicks bleibt er vieldeutigen und unbestimmten Glücksvorstellungen unterworfen. Im gleichen Sinne schreibt Hegel, Selbstbestimmung sei »in der Moralität als die reine Unruhe und Tätigkeit zu denken, die noch zu keinem *was ist* kommen kann« (W7, §108 207). Durch die Verschiebung der systematischen Position Hegels wird es Ritter – wie bereits bei seiner geschichtsphilosophischen Umdeutung der aristotelischen Metaphysik – möglich, moderne und antike Theorie miteinander zu verspiegeln und einander anzunähern. Das hat Folgen sowohl für seine Interpretation Aristoteles' und Hegels als auch für die von ihm prätendierte »Maßstäblichkeit« beider im Kontext der Gegenwart.

Der Übergang vom unbestimmten, schwankenden Selbstsein zum bestimmten, standhaften Seinkönnen setzt nach Ritters Auffassung voraus, daß *praxis* die Form der *technē* annimmt. Aus der »Verstrickung« in die Subjektivität des Wünschens werde der *eleutheros* nur durch die Kunst befreit, »denn in ihr lebt und wirkt die Natur des Menschen als Menschen nicht unbestimmt, sondern in der Macht der allgemeinen und über die Zufälligkeit und Einzelheit hinausgehobenen Vernunft« (BL 84). Es ist in Kapitel 1.1 bereits deutlich geworden, daß Ritter mit dem Schritt zur *technē* ein Lehrstück der platonischen *Politeia* in die aristotelische Theorie implantiert, um dadurch den wesentlichen Fortschritt des Aristoteles gegenüber seinem Lehrer – die Differenzierung von *poiēsis* und *praxis* – wieder zu kassieren. An dieser Stelle ist das Folgeproblem zu sichten, welches er sich dadurch einhandelt: die Frage nach Sinn und Bedeutung der *aretē* für das gemeinsame Handeln der Menschen. Bei Aristoteles ist *technē* die *aretē* der *poiēsis*, während der *praxis aretē* in zweifacher Weise zukommt. Die *aretē ēthikē* richtet den strebenden Seelenteil auf das Gute aus, während die *aretē dianoetikē*, nämlich die *phronēsis*, ein Auge für dieses Gute ausbildet und die rechten Wege zu seiner Verwirklichung ersinnt. Beide *aretai* hebt Aristoteles in hinreichender Deutlichkeit von der *technē* ab. Während sie sich durch klares fachliches Wissen auszeichnet (*plēn auto to eidenai*), vermag dies bei den *aretai ēthikai* nichts auszurichten. Vielmehr kommt es darauf an, daß einer richtig zu entscheiden und mit fester Haltung zu handeln versteht. Denn bei der *technē* liegt das Gute im äußeren Werk, beim Handeln dagegen in der Tätigkeit selbst (NE II.3, 1105a26–b5). Eine Parallelstelle wiederholt diesen Sachverhalt mit Blick auf die *phronēsis*. Es macht einen großen Unterschied, ob jemand beim Handeln oder beim Herstellen einen Fehler begeht, denn nur im zweiten Fall läßt er sich durch verbessertes Können wieder rückgängig machen. So gibt es vom Können im Unterschied zur Einsicht auch ein vollendetes Wissen, jedoch kann es ebenso schnell vergessen wie erlernt werden, weil es dem Menschen äußerlich bleibt (VI.5, 1140b21–30). Bei Aristoteles hat die kunstförmige Tätigkeit somit *keine* ethische Relevanz.

Ritter geht hingegen von der allgemeinen Bedeutung von *aretē*, ›Tüchtigkeit‹, aus. Tüchtigkeit gehöre konstitutiv zur Kunst, weil Kunst erstens die Tüchtigkeit des einzelnen und seiner Praxis sei und dazu zweitens ein Können gehöre, das sich nicht auf das Durchschnittliche beschränke. Wer sich vom Durchschnitt abhebe, realisiere seine eigenen Möglichkeiten »zur Tüchtigkeit des guten und meisterlichen Könnens« (BL 89). Nach diesen recht tautologischen Ausführungen folgt die entscheidende Übertragung:

»Das hat nun auch ethische Bedeutung im geläufigen Sinne, sofern der Tüchtige und derjenige, der in seinem Stande taugt, das Rechte zu treffen vermag; das seinen Händen anvertraute Allgemeine ist bei ihm in guten Händen; es kommt zu seinem Recht; deshalb hat die Tüchtigkeit als solche sittliche Bedeutung; sie ist die Tugend der Kunst (*aretē tektonikē*) und des bürgerlichen Standes, weil sie Gediegenheit, Verantwortung, Verläßlichkeit und die Fähigkeit zu rechter Entscheidung und zum rechten Handeln einschließt. Der Tüchtige wird in seinem Werk dem Gemeinsamen gerecht; es kommt durch ihn auf gute Weise zustande. Aber diese Tüchtigkeit des Standes bringt dann auch die allgemeinen sittlichen Tugenden, Gerechtigkeit, Besonnenheit, Tapferkeit, Frömmigkeit zur vollen Wirkung.« (BL 89).

Bedenkt man die kategoriale Trennung von technischem Können und sittlichem Handeln, die Aristoteles vornimmt, ist es schon eine erstaunliche Leistung, die Ritter an dieser Stelle vollbringt. Er hangelt sich scheinbar spielend über den Abgrund der Begriffe und erledigt das entscheidende Problem in drei Sätzen. Allein, ist es auch erledigt? Ritter führt eine Reihe von Begriffen ein, die sich beim besten Willen nicht bei Aristoteles finden lassen. »Gediegenheit« ist keine Eigenschaft einer Person, sondern einer Sache; sie meint die Qualität des »Gelungenseins« eines Werks, nicht jedoch einer in sich zielhaften Handlung. »Verantwortung« und »Verläßlichkeit« sind ebenfalls ohne Vorbild im griechischen Text. »Frömmigkeit« entstammt als Tugend dem christlichen Denken und hat für Aristoteles überhaupt keine Bedeutung. Außerdem wird weder hier noch an späterer Stelle deutlich, was Gerechtigkeit, Besonnenheit und Tapferkeit mit dem Können eines Meisters zu tun haben. Gerecht, besonnen und tapfer ist man doch weder gegenüber einem Werkstoff noch gegenüber einem abstrakten »Gemeinsamen« als vielmehr gegenüber anderen Menschen. Noch nicht einmal unter platonischen Vorgaben läßt sich verstehen, warum der Meister, der sein Werk auf gute Weise ausführt, tapfer oder gerecht sein soll. Es hilft nichts: Ritter hat sich in eine Sackgasse manövriert, in der von der »Fülle und dem Reichtum des Daseins« (BL 89) nicht mehr viel übrig geblieben ist.

An dieser Stelle treten die Konsequenzen einer Auffassung hervor, die den Bereich des Politischen an vorpolitisches Selbstsein zurückbindet. »Die gemeinsamen Angelegenheiten der Stadt leben nur im Element des persönlichen Interesses«, wie Ritter mit aller Klarheit sagt (BL 97). Das persönliche Interesse gehört der Privatsphäre an, in der der Mensch für sich existiert. Was ihm fehlt, ist die Sicherung und dauerhafte Erfüllung seiner Interessen, allen voran der Schutz vor äußerer und innerer Bedrohung, die Regulierung von Konflikten, die Gewährleistung seiner materiellen Subsistenz. Dafür sorgen die arbeitsteiligen Künste der Stadt, die alle Bedürfnisse auf koordinierte Weise erfüllen (BL 78). Daß gerade die Politik bei Aristoteles nicht arbeitsteilig organisiert ist, sondern nach dem Entwurf von Pol. IV allen Bürgern offenstehen soll, läßt Ritter zwar bisweilen durchblicken (vgl. PE 115f), ohne jedoch daraus systematische Konsequenzen zu ziehen. Politische Freiheit ist ihm kein Selbstzweck, sondern wie alle Künste ein Mittel zum Zweck privater Freiheit. Folglich spricht er von »Staatskunst«, die »die Gesellschaft leitet, das Gesetz gibt und festsetzt, was in der politischen Gemeinschaft zu tun und nicht zu tun ist« (BL 69). In allen diesen Erwägungen dominiert der technische Handlungsbegriff. Dieser fällt bei Aristoteles im wesentlichen in die Sphäre der *oikonomia*, der Verwaltung des Hauses und der Sicherung des täglichen Daseins. In der Darlegung der *oikonomia* im ersten Buch der *Politik* zieht Aristoteles allem auf äußere Werke bedachten Tun eine klare Grenze (*peras*). Besitz und Reichtum seien nämlich selbst keine Endziele. Wer so denke und nach unendlicher Vermehrung äußerer Güter strebe, sorge sich nur um das (Über-)Leben, nicht aber um das gute Leben (*spoudazein peri to zēn, alla mē to eu zēn*; 1257b30 – 1258a1). Jenes gute Leben beginnt nach Überzeugung des Stagiriten erst, wo die Schwelle des Hauses überschritten ist, die *eleutheroi* miteinander verkehren und an der Gestaltung ihres Gemeinwesens teilhaben. Nur dort sind sie frei, wo sie die persönlichen Interessen, d.h. ihre Bedürfnisse, so weit geregelt haben, daß sie sich den gemeinsamen Interessen widmen können. Dabei geben sie keineswegs ihre Individualität auf, sondern bringen sie überhaupt erst ins Spiel, als Gleiche, die sich in Vortrefflichkeit üben. Was Ritter dagegen als bürgerliches Glück auslobt, ist nur ein schwacher Abglanz davon: »Das Glück, daß der Mensch sich schaffen kann, ist die Selbständigkeit und die Festigkeit des bürgerlichen Lebens.« Standhaft sei, wer in der bürgerlichen Tüchtigkeit den Mächten des inneren Schwankens und des äußeren Geschicks zu trotzen vermöge (BL 90f). Dieses Glück scheint eher an neuzeitlichen als an antiken Maßstäben gemessen zu sein.

(b) Überlieferter Brauch (ēthos) und gesatztes Recht (nomos)

Wenngleich der einzelne erst in der Polis zu seinem Menschsein und zu seiner Vernunft kommt, bedeutet das nach Ritters Auffassung nicht, daß er außerhalb des bürgerlichen Standes nichts wäre. Den abstrakten, aus allen Bindungen gelösten Menschen kenne Aristoteles gar nicht. Was dem Leben außerhalb der gemeinsamen *praxis* Fülle gebe, seien die Zusammenhänge der Verwandtschaft, Nachbarschaft und Freundschaft (BL 99). Damit kann Ritter sich zweifellos auf den Griechen berufen. Daß einer sich selbst genüge, heißt es in der *Nikomachischen Ethik*, werde von niemandem ausgesagt, der nur für sich allein sei, ein von allen gelöstes Leben führe (*to d'autarkes legomen ouk autō monō, tō zōnti bion monōtēn*), sondern von ei nem, der mit seinen Eltern, Kindern, seiner Frau und überhaupt seinen Freunden und Mitbürgern lebe, da der Mensch von Natur für die Gemeinschaft bestimmt sei (*alla kai goneusi kai teknois kai gynaiki kai holōs tois philois kai politais, epeidē physei politikon ho anthrōpos*, I.5, 1097b8–11). Folglich behandelt Aristoteles gerade in den beiden Büchern über die Freundschaft (NE VII/VIII) eine Vielzahl partikularer Gemeinschaftsformen im Rahmen der Polis. Ritter sieht ganz richtig, daß Aristoteles deren Bedeutung für das Leben jedes Menschen zu schätzen weiß. Die Frage ist nur, welchen Stellenwert er ihnen zuweist. Ritter geht nämlich sehr weit: »Sie [die Fülle persönlicher Beziehungen] ist für Aristoteles auch der Nährboden, der das Allgemeine der Stadt nährt und trägt; es lebt, indem es von Einzelnen besorgt und getan wird, aus ihrem substantiellen persönlichen Reichtum.« Wie schon bei der *eleutheria* wird dem vorpolitischen Raum abermals substanzielle Qualität zugesprochen. Ohne den Reichtum von *oikos* und *kōmē* wären weder das Glück der einzelnen vollständig noch könnte die Stadt als autarke Einheit bestehen. »Die Politik kann nicht selbst das Glück schaffen, das sie herbeiführen und sichern soll; dies bleibt die Sache der Einzelnen und ihres persönlichen Lebens.« (BL 101f).

Ritter sieht die Bedeutung der Häuser vor diesem Hintergrund darin, daß sie die auf Herkommen, Überlieferung und Brauch gegründete sittliche Ordnung bewahren und tradieren. In diese Ordnung sei das tägliche Leben des einzelnen eingelassen; »zu ihr gehören Gottesdienst, Gebet und Opfer, die Sitte und das Geziemende im Verhältnis der Menschen untereinander, die Ordnung des Besitzes« (BL 103). Aus ihr lebe alles gesatzte Recht der Stadt. Dieser substanzielle Zusammenhang erklärt aus seiner Sicht, warum *nomos* sowohl ungeschriebenes, gewohnheitsmäßig überliefertes Recht als auch geschriebenes, gesatztes Recht heißen kann (PE 113f). »Das Rechte‹, in dem Handeln ›ethisch‹ bestimmt wird, ist daher, ohne auf den Rückgriff auf an sich seiende Normen und Werte verwiesen zu sein, konkret durch die ›gewohnte‹ institutionelle Lebenswelt und in den mit ihr gesetzten herkömmlichen Formen des Redens und Handelns vermittelt. Es gehört zum ›Ethos‹ und zum ›Nomos‹ der Polis, zur ›Gewohnheit des Hauses‹.« (PE 110). Als Bezugsgrundlage des letztgenannten Satzes ist NE X.10, 1180b3 verzeichnet; dort steht: »Wie in den *poleis* Gesetz und Sitte eine starke Kraft sind, so in den Häusern die Worte der Väter und die Gewohnheiten (*hōsper gar en tais polesin enischyei ta nomina kai ta ēthē, houtō kai en oikiais hoi patrikoi logoi kai ta ethē*).«

Dieser Satz sagt offenkundig etwas anderes als Ritter behauptet. Aristoteles stellt eine *Analogie* zwischen *nomos* und *ēthos* der *polis* einerseits, *ethos* des *oikos* andererseits her, keineswegs behauptet er jedoch ihre Identität. Zwar beruht, wie er selbst vermerkt, alle Tugend (*ēthos*) auf Gewohnheit (*ethos*, II.1, 1103a14–18), doch ist die Tugend des *oikos* von der Tugend der Polis verschieden. Aristoteles gesteht jedem Haus seine eigenen Bräuche und Sitten zu, erhebt allerdings eine wichtige Bedingung. Die Erziehung der Frauen und Kinder muß mit Rücksicht auf die Gesamtverfassung der Polis betrieben werden (*anankaion pros tēn politeian blepontas paideuein kai tous paidas kai tas gynaikas*, Pol. I.13, 1260b15f), denn das Haus ist nur ein Teil der Polis, und die *aretē* des Teils hat sich nach dem Ganzen zu richten (*epei gar oikia men pasa meros poleōs ... tēn tou holou dei blepein aretēn*, b13–15). Das wichtigste Argument dafür ist, daß aus der Gemeinschaft des (männlichen) Nachwuchses die neue Bürgerschaft hervorgeht (*ek de tōn paidōn hoi koinōnoi gignontai tēs politeias*, b19f). Wie man ein guter Mann und ein guter Bürger (*agathos, spoudaios*) wird, läßt sich aus der ›Substanz‹ des Hauses jedoch nicht ableiten. Für den *politēs*, der im öffentlichen Leben steht, ist entscheidend, daß er sich als Freier unter Freien bewegt und es versteht, sowohl zu regieren als auch sich regieren zu lassen (Pol. III.4, 1277b14–16). Der *despotēs* bzw. *patrios* im Haus lebt indessen unter Unfreien bzw. Ungleichen. Über den Sklaven herrscht er wie ein Tyrann, über die Kinder wie ein König und über die Frau wie ein Aristokrat, als *primus inter pares* (NE VIII.12, 1160b22–35). Die sittlichen Tugenden, die Aristoteles in der *Nikomachischen Ethik* darlegt, werden daher nicht primär im Haus, sondern in der Polis ausgebildet. Sie gehören wie die Gesetze zur Überlieferung, jedoch zu der einer *öffentlichen* Kultur. In der häuslichen Erziehung können sie nur vorbereitet, nicht aber vollendet werden.

Aus dieser Perspektive erfahren auch private Freundschaftsbünde eine wichtige Einschränkung. Die vielen vorpolitischen Gemeinschaftsformen, die Aristoteles aufzählt, bleiben der politischen Gemeinschaft untergeordnet (*pasai d'autai hypo tēn politikēn eoikasin einai*), denn diese strebt nicht nach dem, was hier und jetzt zuträglich ist, sondern nach dem, was das Leben als Ganzes voranbringt (*ou gar tou parontos sympherontos hē politikē ephietai, all'eis hapanta ton bion*; NE VIII.11, 1160a20–23). Die Freundschaft unter guten Bürgern – ein wesentlicher Bestandteil des *eu zēn* – setzt Freiheit, Gleichheit und ökonomische Unabhängigkeit voraus, deshalb entsteht sie nur innerhalb der öffentlichen Sphäre. Ritter sagt, was die Bürger politisch seien, ließe sich für Aristoteles »in keiner Weise von dem loslösen, was die Polis als Gemeinschaft gemeinsamen Lebens im Gesamt der zu ihr gehörigen Schichten, Institutionen, Bünde, Freundschaften, Nachbarschaften usf. ist« (NRA 158). Gerade das trifft aber nicht zu; alle Untersuchungen seiner praktischen Philosophie betreffen primär die öffentliche Verfassung von Gemeinwesen und nehmen die vorpolitische Sphäre nur soweit in den Blick, wie es im Interesse des Ganzen erforderlich ist. Diese Konzentration auf das Öffentliche begreift Aristoteles aber ebensowenig wie seine Mitbürger als ›Substanz‹

Verlust. Die Fülle bürgerlichen Daseins eröffnet sich nach ihrer Selbstauslegung erst dort, wo der Mensch vom *idiōtēs* zum *politēs* wird.

(c) Antike und moderne Lebenswelt, Entzweiung und Kompensation

Das Bild, welches Ritter im Rückgriff auf Aristoteles von den Lebenswelten des antiken Bürgers zeichnet, mutet merkwürdig modern an. Arbeitsteilige *praxis*, in der alles Handeln bedürfnisbefriedigendes Herstellen ist, die obendrein Tüchtigkeiten wie Verläßlichkeit und Verantwortung vermittelt – läßt dies nicht unwillkürlich an die Industrie- und Arbeitsgesellschaft denken? Ein Recht, das die Privatsphäre schützt; ein Staat, der das reibungslose Funktionieren seiner Glieder sicherstellt; ein Glück, das seine Fülle erst im Privaten gewinnt – sind das nicht alles Güter (oder, besser: Werte), die man mit dem 19. und 20. Jahrhundert verbindet? Warum bringt uns Ritter Aristoteles so nahe, daß seine Welt der unseren fast zum Verwechseln ähnlich sieht, selbst wenn es darin noch Sklaven gibt? Damit ist die schon gestellte Frage nach den Maßstäben, die Aristoteles der Gegenwart übermitteln soll, endgültig zu beantworten.

Der Ausgang ist indessen bei Hegels Denken zu nehmen, nach Ritters Ansicht der »größten politischen Philosophie, die die moderne bürgerliche Gesellschaft als ihre Philosophie hervorgebracht hat« (HFR 243, Anm. III). Die Probleme, welche sie austrägt, »sind noch (oder wieder) Probleme des gegenwärtigen Lebens« (HFR 236, Exkurs I). Dieser Aussage liegt die Annahme zugrunde, daß Hegel diese Probleme nicht zu lösen, wohl aber zu formulieren vermag. Ritter sieht sein bleibendes Verdienst darin, daß er »Entzweiung« als notwendige Bedingung der bürgerlichen Gesellschaft begreift. Nur weil Individuum und Gesellschaft getrennt sind, kann jenes sich aus den Ordnungen der Herkunft verstehen, während diese die Produktivkräfte der Zukunft entfesselt. Die Probleme beginnen erst, wenn eine Seite die andere zum Verschwinden bringen will, was entweder Restauration oder permanente Revolution zur Folge hätte. Diese Gefahr bestand aus Ritters Sicht zu Hegels Zeit ebenso wie im 20. Jahrhundert, während sie der Antike noch unbekannt war. Deshalb ist Hegel der moderne und Aristoteles der antike Denker. Gleichwohl täuscht diese Trennung – immer in Ritters Optik gesehen – über den fundamentalen Tatbestand hinweg, daß Hegel den Griechen erst wieder zur Geltung brachte. Er erneuerte die aristotelische praktische Philosophie, »um sie in ein Verhältnis zum modernen Staat zu setzen«, »um aus dem Zusammenhang der modernen politischen Wirklichkeit zum Begriff hervorzubringen, was ohne ihre Vergegenwärtigung nicht ausgesagt und nicht begriffen werden kann« (PE 108f). Das ist eine starke These: Ohne Aristoteles hätte Hegel das Wesen der bürgerlichen Gesellschaft nicht erfassen können. Sie setzt voraus, daß dieses Wesen schon Aristoteles vertraut war, wenn nicht in der starken Form moderner Entzweiung, so doch in einer zumindest nicht völlig verschiedenen Form. Vor diesem Hintergrund ist Ritters vorstehend analysiertes Bild der antiken Lebenswelt zu lesen. Im Kern hebt er drei Zusammenhänge hervor, in denen die Substanz der Polis aufgehoben sein soll: (1.) subjektives Selbstsein und gemeinschaftliches Seinkönnen, (2.) überlieferte und gesatzte Ordnung sowie (3.) freie Erkenntnis und praktischer Nutzen. Es sei nun abschließend belegt, inwiefern diese Bezüge aus Ritters Sicht das Verstehen moderner Probleme ermöglichen und zugleich Maßstäbe ihrer Bewältigung bereitstellen.

»Wir leben in einer Gesellschaft, zu deren Selbstbewußtsein die Trennung des Einzelnen in seinem Dasein von der Objektivität und der ihm gegenüber verselbständigten Sachlichkeit der gesellschaftlichen Praxis als Arbeit gehört.« (BL 84f)

Zu dieser Dissoziation von Individuum und Gesellschaft stellt die praktische Philosophie des Aristoteles nach Ritters Darstellung eine Alternative bereit. Ihre Problemlage ist ganz ähnlich: hier das freie, aber in seiner Freiheit schwankende und bedürftige Subjekt, dort die am Allgemeinen ausgerichtete technische Produktion und Führung. Dennoch kommt es nicht zu Konflikt und Trennung, sondern zu »Vermittlung«. Der einzelne erkennt, daß nur er selbst sein kann, wer sich in die Praxis einfügt, denn diese Praxis ist auf alle naturalen Bedürfnisse und sittlichen Haltungen zugeschnitten. Indem sie die Befriedigung der Lebensnotwendigkeiten dauerhaft sichert, festigt sie auch noch den Charakter, erzeugt »Gediegenheit, Verantwortung, Verläßlichkeit«. Der Stand, zu dem jeder in der Gesellschaft kommt, gewährt Ansehen und vor allem Halt; ohne Arbeit gäbe es dauerhaft kein glückliches Leben. »In dieser Vermittlung liegt das Leben der aristotelischen Theorie, das auch die moderne Ethik aus ihrer abstrakten Erstarrung zu neuem Leben wecken könnte, in die sie die Entfremdung des Einzelnen und der Gesellschaft und d.h. der Verlust der Vermittlung gebracht hat.« (BL 85). Dazu gehört, daß sich die moderne Ethik die Herkunft und Rückbindung aller rechtlichen Normen an gelebte Sittlichkeit in Erinnerung bringt. Aristoteles begreift die in der Polis verwirklichte Natur des Menschen als »Substanz«, die *allen* Institutionen zugrunde liegt, den häuslichen, dörflichen und den städtischen. Sie gibt seinem Glück die wahre Fülle und hält das Ganze der Stadt zusammen. Deshalb besteht die oberste Aufgabe der »Staatskunst« darin, diese Substanz gegenwärtig zu halten und vor allen anderen Interessen zu schützen:

> »Es könnte so nahe liegen, in die ethische Neutralisierung des Politischen den Begriff des Politischen zurückzurufen, der von Aristoteles in der praktischen Philosophie begründet wird. Staat könnte dann als die Institution gelten, die im Verhältnis zu allen Gruppen und Institutionen die ihr eigentümliche Aufgabe hat, zu erreichen und zu gewährleisten, daß in ihnen der Mensch als er selbst in einem menschlichen Leben bestehen kann. Dadurch war für Aristoteles politische Macht und Herrschaft ihrem Wesen nach von dem unterschieden, was Macht und Herrschaft sonst in der Welt sind.« (PE 132).

Ritter skizziert einen Staatsbegriff, der die Entzweiung von *ēthos* und *nomos* auf höherer Ebene »aufzuheben« vermag. Folglich muß die Gefahr der Entzweiung schon in der antiken Polis bestanden haben. Warum sollte sonst das *ēthos* aus den Privatordnungen und nicht aus der arbeitsteiligen Praxis hervorgehen? Es scheint, als spüre Ritter ein Problem, das er selbst verdeckt, wie nämlich produktive Tätigkeit sittliche Prägungen erzeuge. Unter seinen eigenen Prämissen droht bereits der Polis die Dissoziation von bedürfnisorientierter Arbeits- und sittlicher Lebenspraxis, nur kommt sie nicht zum Ausbruch, weil die ihr Gemeinwesen verwaltenden Bürger noch in der Lage sind, beides zu verbinden. So entwickeln schon sie jenes Staatsverständnis, daß Ritter ansonsten Hegel zuschreibt, nämlich »die Freiheit des Selbstseins gegen den Machtanspruch der Gesellschaft zu schützen«: »Man könnte so auch sagen, daß Hegels ›Staat‹ die in ihrer Geschichtlichkeit verstandene bürgerliche Gesellschaft ist, während sie in ihrer geschichtslosen Abstraktheit im Anschluß an ihre ökonomische Theorie ›Gesellschaft‹ heißt.« (HFR 255, Exkurs XV). Daß der Staat den Bürgern nicht wie ein Fremdkörper gegenüber steht, sondern die sittliche Substanz ihrer Herkunft bewahrt, diesen Gedanken führt Ritter gleichermaßen auf Aristoteles und Hegel zurück. Damit will er nicht zuletzt alle antiliberalen Einschläge der Hegelschen Staatstheorie, die er zu Formulierungsproblemen herabstuft, beiseite setzen (MUS 300f).[103]

Zum Bewahren zählt er auch die Aufgabe, den Bürgern Räume freier Bildung zu sichern. In ihnen sollen die Geisteswissenschaften die ganze Fülle substanzieller Ordnungen pflegen dürfen, entlastet von allen gesellschaftlichen Erwartungen technischen Nutzens. Ritter hat nachdrücklich für die Zugehörigkeit sowohl der betrachtenden als auch der angewandten Wissenschaften zur modernen Welt argumentiert. Beide betrachten dieselbe göttlich-geschichtliche Ordnung, vermögen allerdings nur getrennt dem Menschen Herkunft und Zukunft zu erschließen. Hat die Moderne diesen Zusammenhang aus den Augen verloren, sind Bildung und Gesellschaft, Theorie und Praxis beim griechischen Vorbild noch als Gegensätze zur »substanziellen Einheit« verklammert.[104] Das sei die Lehre, »die Aristoteles der Zeit gibt oder doch geben kann«; in ihr lägen Einsichten bereit, die »an die Möglichkeit der Versöhnung und der Verbindung des äußerlich Geschiedenen erinnern« (LUS 32f).

»Versöhnung« ist das Schlüsselwort, um die Typik der von Ritter vorgenommenen Transformation der aristotelischen Philosophie auf einen Nenner zu bringen. Aristoteles soll der Gegenwart in Erinnerung rufen, daß zusammengehört, was sie vermittlungslos trennt, und daß gerade darin die »Substanz« der bürgerlichen Gesellschaft liegt. Derweil bleibt zu fragen, inwieweit Ritter noch an die Möglichkeit der »Versöhnung des äußerlich Geschiedenen« glaubt? »*Versöhnung* mit der Wirklichkeit«, schreibt Hegel in der Vorrede zur *Rechtsphilosophie*, gewähre die Philosophie denen, »an die einmal die Aufforderung ergangen ist, *zu begreifen* und in dem, was substantiell ist, ebenso die subjektive Freiheit zu erhalten sowie mit der subjektiven Freiheit nicht in einem Besonderen und Zufälligen, sondern in dem, was an und für sich ist, zu stehen« (W7 27). Ritter könnte diesen Satz nur bedingt unterschreiben. Im »an und für sich« stehen, das meint bei Hegel: Der Weltgeist hat seinen Weg durch die Welt vollendet, alle Entzweiung ist im sittlichen Gebilde des Staates aufgehoben; der Philosoph muß es nur noch begreifen. Für Hegel stehe fest, so Ritter, »daß Bürgertum, Adel, Beamten, der einzelne in seiner gediegenen sittlichen Bildung und Gesinnung den Staat tragen«. Diese Schicht habe jedoch seitdem »ihre Bedeutung und Kraft verloren; sie wird mehr und mehr ausgezehrt, und die bedrängende Frage ist es, wer noch den Staat trägt und die Substanz seiner Wirklichkeit zu bilden vermag.«[105] In dieser »beunruhigenden« Situation kommt den Geisteswissenschaften eine höchst bedeutsame Aufgabe zu:

---

103 Wie Ritter durch seine »Aristotelisierung« Hegels dessen Staatstheorie transformiert, hat Ottmann: Individuum und Gemeinschaft bei Hegel, aaO., 306–323 aufgewiesen.
104 Diese Zusammenhänge werden zuerst in dem in Kapitel 1.1.(a) besprochenen Aufsatz über die Theorie bei Aristoteles expliziert und im Geisteswissenschaften-Aufsatz wiederholt: »[...] die theoretische Wissenschaft gehört zur Polis, um für sie die Zusammenhänge der Welt offenzuhalten, in denen sie mit ihrer Praxis an sich ›immer schon‹ steht, ohne sie jedoch, auf den Verfolg ihrer praktischen Zwecke und Aufgaben eingeschränkt, als ihre Welt begreifen und gegenwärtig haben zu können. *Die theoretische Wissenschaft tritt so zur praktischen hinzu, um das begreifend zu ›erinnern‹, was diese notwendig auslassen und ›vergessen‹ muß.* So gehört für Aristoteles die ›freie‹, ›nicht notwendige‹ Theorie positiv zur Praxis der Polis und zu den Wissenschaften, die ihre Künste tragen.« (AGG 110f).
105 Diskussion, in: Ernst-Wolfgang Böckenförde: Die verfassungstheoretische Unterscheidung von Staat und Gesellschaft als Bedingung der individuellen Freiheit, Arbeitsgemeinschaft für Forschung des Landes Nordrhein-Westfalen, Heft 183, Köln 1973, 60.

»Während sonst die geschichtliche Mnemosyne in der realen Kontinuität des geschichtlichen Lebens das je die Gegenwart selbst repräsentierende Vergangene und nur dies erinnert, *übernehmen es die Geisteswissenschaften, das zu vergegenwärtigen, was ohne sie und da, wo der reale Prozeß der Entgeschichtlichung sich selbst ohne die Möglichkeit der Korrektur überlassen bliebe, notwendigerweise für die Gesellschaft mehr und mehr bedeutungslos werden und schließlich überhaupt aus dem Zusammenhang der Welt verschwinden müßte:«* (GMG 131).

Das Stichwort, das Ritter gemeinsam mit seinem Schüler Odo Marquard dafür prägte, ist »Kompensation«.[106] Wo der substanzielle Staat wegzubrechen droht, bedarf die Gesellschaft eines Organs *»das ihre Geschichtslosigkeit kompensiert und für sie die geschichtliche und geistige Welt des Menschen offen und gegenwärtig hält, die sie außer sich setzen muß«* (GMG 131f). Im »an und für sich« stehen, heißt unter diesen Bedingungen, sich zu einer *philosophischen* Tradition bekennen, in der das Wahre seit der Antike bewahrt und weitergegeben wird. Zwar kann sie nicht unmittelbar die *praktischen* Probleme lösen, doch birgt sie das Potential, wenigstens im Geiste zu verbinden, was äußerlich geschieden ist. Aristoteles hält die versöhnlichen Gedanken bereit, das Individuum und Gesellschaft, Überlieferung und Gesetz, Herkunft und Zukunft, Bildung und Technik im Grunde zusammengehören, auch noch auf dem Boden der Gegenwart. Wer das begreift, mag auch am (vermeintlichen) Glück der Griechen teilzuhaben: Freude am Arbeits- und Familienleben; das Gefühl, letztlich doch im Staat zu Hause zu sein; das Wissen um Geborgenheit in substanziellen Zusammenhängen, auch wenn es bloß von Geisteswissenschaftlern stammt.[107] Wie produktiv diese kompensatorische Transformation der praktischen Philosophie ist, kann aus ihrer eigenen Perspektive nur am praktischen Erfolg gemessen werden: An die Stelle philosophischer Argumentation tritt die therapeutische »Funktion« (AGG 137) als Kriterium der Auslegung.[108]

---

106 Ritter verweist bei der ersten Nennung auf Marquards Dissertation (Skeptische Methode im Blick auf Kant, Freiburg/München 1958). Henning Ritter: Entwegt. Odo Marquard wird sechzig, in: FAZ, 26.2.1988 hat daraus im Rückblick geschlossen, die Ritter-Schule habe dem Lehrer diesen Begriff regelrecht aufgedrängt. Marquard, der auch den entsprechenden Eintrag im Historischen Wörterbuch der Philosophie verfaßte, hat diese These jedoch zurückgewiesen. Ritter habe ihn aus »reiner Fürsorglichkeit« zitiert (Zukunft und Herkunft, aaO., 23). Die Kompensationstheorie wurde ebenfalls von Hermann Lübbe aufgegriffen; vgl. Georg Lohmann: Neokonservative Antworten auf moderne Sinnverlusterfahrungen. Über Odo Marquard, Hermann Lübbe und Robert Spaemann, in: Konservatismus in Geschichte und Gegenwart, hg. von Richard Faber, Würzburg 1991, 183–201.
107 Jürgen Habermas: Der philosophische Diskurs der Moderne, Frankfurt a.M. 1989 weist auf die Schwierigkeiten einer Kompensationstheorie hin, die Geisteswissenschaftlern zumutet, was sie den politischen Institutionen abspricht: »Wie sollen Traditionen, denen mit dem Zerfall religiöser und metaphysischer Weltbilder die einleuchtenden Gründe verlorengehen, als subjektive Glaubensmächte fortleben können, wenn nur noch die Wissenschaft die Autorität hat, ein Für-Wahr-Halten zu begründen?« (91).
108 Das kommt nicht zuletzt im Titel (ebenso im Inhalt) der Schrift: Landschaft. Zur Funktion des Ästhetischen in der modernen Gesellschaft, in: Subjektivität, aaO., 141–163 zum Ausdruck. Habermas wendet mit Recht ein, daß mit dem Hinweis auf die Funktion der Geisteswissenschaften die theoretische Geltung ihrer Inhalte noch nicht begründet sei: »Joachim Ritter verbindet eine technokratische Deutung der modernen Gesellschaft mit der funktionalistischen Aufwertung der traditionellen Kultur.« (Der philosophische Diskurs der Moderne, aaO., 92). Spaemann teilt diese Kritik und führt die funktionale Begründung der Geisteswissenschaften auf Ritters »marxistische Phase« Anfang der dreißiger Jahre zurück: »Auch über Metaphysik und ihre Notwendigkeit dachte er wider Willen funktional. Er sprach über die Unersetzlichkeit der Metaphysik, trieb sie aber nicht weiter, während ich der Meinung bin, daß die Modernisierung so weit vorangeschritten ist,

Wer, aus welchen Gründen auch immer, an ersterem festhalten will, muß feststellen, daß das von Ritter gezeichnete Bild der Antike und der aristotelischen Philosophie viel von deren Fülle preisgibt. Die Berufung auf ›Substanz‹, ›Tradition‹ und ›Hermeneutik‹ wirkt gerade dann besonders leer, wenn sie dazu dient, die Vergangenheit der Gegenwart anzuverwandeln und versöhnliche Kontinuität zu stiften, wo sich mitunter Gräben eröffnen. Damit kann sich Ritter nur bedingt auf Hegel berufen. So sehr auch dieser dazu neigt, im Namen der Vernunft über die Kontingenzen der Wirklichkeit hinwegzugehen, so spannungsvoll und gedankenreich sind zugleich seine Synthesen. Hegel ist nie auf die Idee gekommen, die aristotelische Metaphysik zur Geschichtsphilosophie, die antike Freiheit zur Subjektivität oder die griechische Familie zum Hort substanzieller Sittlichkeit zu erklären – der Abstand zwischen Gegenwart und Vergangenheit bleibt stets gewahrt. Es scheint, daß erst dort, wo die Gewißheit der Synthese schwindet, das Bedürfnis nach ihr aber fortdauert, die Neigung aufkommt, das dialektisch Geschiedene einander anzunähern. Darin kann eine Blickerhellung liegen, sofern alles, was aus dem dialektischen Raster herausfällt, wieder in Erinnerung gerufen wird. Ritter betont zu Recht, daß der antike Bürger keineswegs nur ein »allgemeiner Mensch« ist, der sich ins Ganze einfügt. Wenn er jedoch dessen Individualität aus dem Horizont moderner Subjektivität verstehen will, verbleibt er innerhalb des von Hegel vorgegebenen Begriffsgefüges. Was die Antike positiv von der Gegenwart unterscheidet, muß so außer acht bleiben. Der Anspruch, die »geschichtliche und geistige Welt des Menschen offen und gegenwärtig« zu halten, meint dann nicht, daß in der Offenheit das Potential produktiver Differenzen steckt. Vielmehr soll nur offen gehalten werden, was konfliktfrei »gegenwärtig« sein kann – in Ritters Worten: was es »in der gegenwärtigen Lebendigkeit« aushält.[109]

Diese ›Verdünnung‹ der Überlieferung ist in einem Ansatz vorgezeichnet, der das Wahre auffinden will, ohne es suchen zu müssen. Die philosophische Tradition, in welche Ritter sich zu stellen glaubt, war schon für Hegel längst abgebrochen. Es kostete ihn viel Gedankenarbeit, sie dialektisch zu rekonstruieren. Anstatt diese Arbeit im Abstand von 150 Jahren zu wiederholen, streicht Ritter nur Resultate ein, von denen er annimmt, sie entsprächen Hegels Intention und seien weiterhin gültig.[110] Wenn Hegel die moderne Welt in ein spannungsreiches Verhältnis zu Aristoteles setzt – was in dieser allgemeinen Form durchaus zutrifft –, setzt Ritter Aristoteles in ein harmonisiertes Verhältnis zu Hegel, um dann beide der Zeit zur Kompensation ihrer »Modernisierungsschäden« zu empfehlen.[111] Doch ebensowenig wie Aristoteles vom *methodos* der Vorso-

---

daß man sich entscheiden muß: Man kann nicht mehr nur Traditionsbestände pflegen, man muß schon inhaltlich fragen, ob das, was bei Platon steht, die Wahrheit ist oder nicht. Wenn ja, dann muß man sich entschließen, *prima philosophia* wirklich zu treiben und nicht nur über ihre Wirklichkeit zu sprechen.«; zit. nach einem Interview mit Claus Leggewie, in: ders.: Der Geist steht rechts. Ausflüge in die Denkfabriken der Wende, Berlin 1987, 159.

109 Diskussion, in: Landgrebe: Über einige Grundfragen der Politik, aaO., 47.

110 In diese Richtung weist auch die Kritik von J. Wachters Rezension zu Ritters Aufsatzsammlung ›Subjektivität‹, in: Hegel-Studien 10 (1975), 352–355: »Der Ausgang von der Philosophie Hegels als einer Gegenwartstheorie impliziert nicht die Notwendigkeit, bei dem anzusetzen, was für Hegel Gegenwart war, sondern hermeneutisch zu bestimmen, was gegenwärtig ist.« (355).

111 Diese Formulierung stammt, in ausdrücklicher Anknüpfung an Ritter, von Odo Marquard: Über die Unvermeidlichkeit der Geisteswissenschaften, in: Apologie des Zufälligen, Stuttgart 1986, 105: »Die Geisteswissenschaften helfen den Traditionen, damit die Menschen die Modernisierungen

kratiker ins Ziel getragen wird, gelingt dies seinem modernen Interpreten im Ausgang von einer zusammengemogelten Tradition. Unter den eigenen Voraussetzungen kann Ritter dieses Problem jedoch nicht reflektieren. Wenn alle lebendige Fülle zu Substanz gerinnt, stellt Kontingenz kein philosophisches Problem dar. Wenn die Substanz sich von selbst kundtut, spielen die Bedingungen des eigenen Verstehens keine Rolle. Und wenn schließlich das Bewahren der Substanz mit einer als ungenügend empfundenen Wirklichkeit versöhnen soll, muß man es auch mit der Überlieferung nicht mehr so genau nehmen.

---

aushalten können: sie sind [...] nicht modernisierungsfeindlich, sondern – als Kompensation der Modernisierungsschäden – gerade modernisierungsermöglichend.« Als selbsterklärter »Skeptiker« stimmt Marquard jedoch im Unterschied zu seinem Lehrer das »Lob der Vieldeutigkeit« an, freilich nicht aus wissenschaftlichen, sondern aus »lebens- und sterbensweltlichen« Gründen (ebd., 107–110).

III.3 Dolf Sternberger – Metamorphosen des Politischen

Zur politischen Philosophie und zu Aristoteles kam Dolf Sternberger eher unfreiwillig. Es bedurfte erst des Verlustes aller persönlichen Freiheit während der nationalsozialistischen Gewaltherrschaft, bis er, der Literat und Feuilletonist, sich mit dem Phänomen des Politischen zu beschäftigen begann. Hitler, so pflegte er später zu sagen, habe ihn die Politik gelehrt, »ex negativo« (VIII 11, 23)[112] – ein ›dämonologischer‹ Lehrmeister, dessen Schüler einer der wichtigsten politischen Denker der Bundesrepublik werden sollte.

Was Sternberger vor Hitler gelernt hatte, stammte zum größten Teil von Karl Jaspers. Im Alter von zwanzig Jahren war er 1927 als Student an die Universität Heidelberg gekommen, hatte eine Vorlesung über »Philosophische Weltanschauung« besucht und sich daraufhin für ein Studium der Philosophie entschieden.[113] Er stand im Bann der Existenzphilosophie mit ihren »Zauberwörtern« ›Existenzerhellung‹, ›Grenzsituation‹ und ›Kommunikation‹ (VIII 21f). Aus der Distanz sah er jedoch, daß da immer nur eine halbe Existenz zur Sprache kam, eine *res intima* ohne *res publica*: »Was Jaspers lehrte, war eine Philosophie der Intimität. Intimität, das ist die Sphäre der nächsten und vertrautesten Nähe, aber der Nähe zweier gesonderter Wesen.« Das schärfte zwar seinen Sinn für die Andersheit und Eigenheit des Nächsten, für eine »Philosophie der Publizität« war so jedoch noch nichts gewonnen (VIII 23). Mit einer wichtigen Einschränkung: Als der nationalsozialistische Terror begann, wußte Sternberger, was zu verteidigen war, die »Freiheit der Person« (VIII 32). Spuren hinterließ auch die Begegnung mit Martin Heidegger. Sternberger hatte 1927 gleich nach dem Erscheinen *Sein und Zeit* gelesen und darüber in Jaspers' Seminar referiert.[114] Im Winter 1929/30 ver-

---

112 Alle Texte Dolf Sternbergers, die in der zwölfbändigen Schriften-Ausgabe des Insel-Verlags (Frankfurt a.M. 1977–96) enthalten sind, werden unter Angabe der römischen Bandzahl und der arabischen Seitenziffer zitiert. Die anderen, hier herangezogenen Texte werden nach den gängigen Ausgaben gemäß dem Siglenverzeichnis zitiert.
113 Autobiographische Hinweise von Dolf Sternberger finden sich v.a. in Band VIII (Gang zwischen Meistern) der Schriften, von ihm selbst als »indirekte Autobiographie« bezeichnet (VIII 9). Für weitere biographische Angaben vgl. Gerhard Storz: Statt einer Vita im Stil des Sallust, in: Sprache und Politik. Festgabe für Dolf Sternberger zum sechzigsten Geburtstag, hg. von Carl-Joachim Friedrich und Benno Reifenberg, Heidelberg 1968, 9–19; Udo Bermbach: Dolf Sternberger – zur Erinnerung an seinen 80. Geburtstag, in: PVS 29 (1988), 85–89; Bernhard Vogel: Ein Lehrer der Verfassung. Zum Tode Dolf Sternbergers, in: FAZ, 28.7.1989; Eckhardt Nordhofen: Der Gang des Meisters. Zum Tode von Dolf Sternberger, in: Die Zeit, 4.8.1989; Hans Karl Rupp: Dolf Sternberger – Sprache als Fundament des Politischen, in: ders. u. Thomas Noetzel: Macht, Freiheit, Demokratie. Anfänge der deutschen Politikwissenschaft, Marburg 1991, 97–106.
114 Vgl. die Notiz vom 2.3.1928 bei Karl Jaspers: Notizen zu Martin Heidegger, aus dem Nachlaß hg. von Hans Saner, München 1978.

brachte er ein Gastsemester in Freiburg, hörte dort die Vorlesung *Grundbegriffe der Metaphysik* (GA 29/30), nahm an einem Seminar zu Leibniz teil und wurde von Heidegger einmal auf seine Hütte in Todtnauberg geladen (VIII 457). Sein Verhältnis zum Heideggerschen Denken beschrieb er im Rückblick als eine Art »Besitzergreifung durch Sprachmagie« (VIII 28). Um sich davon zu befreien, entschloß er sich zu einer Dissertation über das Problem des Todes in *Sein und Zeit*. Darin übt er scharfe Kritik an der Figur des »Seins zum Tode«, der bewußten Übernahme des Todes, welche dem Dasein erst Ganzheit und Sinnhaftigkeit ermögliche. Auf diese Weise, so Sternberger, werde der Tod »ontologisiert« (I 190), seine stumme und fremde Kontingenz beseitigt, obwohl er doch gerade das Ende aller Verständlichkeit sei (I 161, 171). Der Fluchtpunkt dieser Argumentation ist, daß die Aufhebung der Kontingenz das Rätsel des Daseins selbst zu lösen vorgebe und jeder Gedanke an »Erlösung« obsolet werde (I 145). In dieser Hinsicht lag Sternberger ganz auf der Linie seines Heidelberger Lehrers (vgl. I 248), in einer anderen Hinsicht kam es jedoch zum Streit. Sternberger attackierte in langen Tiraden Heideggers »Sprachmagie«, um das leere Pathos der Existenzphilosophie bloßzustellen (I 88). Offenbar – und nicht ganz zu Unrecht (VIII 142) – fühlte sich Jaspers in diese Kritik mit eingeschlossen. Sternberger ging daraufhin nach Frankfurt, wo er die Dissertation bei Paul Tillich einreichte. 1932 wurde er promoviert und begann zwei Jahre später eine journalistische Laufbahn bei der Frankfurter Zeitung. Den Nationalsozialismus verbrachte er in der ›inneren Emigration‹, zwischen dem Rückzug auf unverfängliche Themen, verdeckter Kritik und offener Gängelung durch die Zensurbehörden.[115] Noch vor Auflösung der Frankfurter Zeitung wurde er 1943 von der Berufsliste der Journalisten gestrichen.

Mit dem Berufsverbot begann Sternbergers Wandlung zum entschieden politischen Menschen.[116] Er pflegte heimlich Umgang mit liberalen Kreisen, u.a. Theodor Heuss, und bereitete sich auf die Zeit nach dem Ende des Terrors vor.[117] Auch kam es zur Wiederannäherung mit Jaspers. Das hatte nach dem Ende des Krieges zwei unmittelbare Folgen. Zum einen gründeten beide die *Wandlung*, deren Redaktionsleiter er wurde. Zum anderen verschaffte Jaspers ihm 1947 den ersten Lehrauftrag der Nachkriegszeit für Politische Wissenschaft in Heidelberg. Damit begann die Phase großer öffentlicher Wirkung als politischer Schriftsteller und als akademischer Lehrer, aus der sämtliche nachfolgend behandelten Schriften stammen. Ab 1951 leitete er eine Forschungsgruppe, die die neuen Institutionen der Bundesrepublik untersuchte, 1955 erhielt er eine Honorar- und 1960 eine ordentliche Professur. In Heidelberg lehrte er bis zu seiner Emeritierung 1972 und hielt in dieser Zeit wichtige Ämter als Präsident sowohl der Deutschen Vereinigung für Politische Wissenschaft (1962–64) als auch des PEN-Zentrums (1964–70). Bis zu seinem Tod 1989 veröffentlichte er eine Vielzahl politikwissenschaftlicher, geisteswissenschaftlicher und philosophischer Arbeiten, die zum Großteil in der Insel-Ausgabe seiner gesammelten Schriften zugänglich sind (12 Bände, 1977–96).

---

115 Vgl. Günther Gillesen: Auf verlorenem Posten. Die Frankfurter Zeitung im Dritten Reich, Berlin 1986, 352ff, 398f.
116 Vgl. Bermbach: Dolf Sternberger – zur Erinnerung an seinen 80. Geburtstag, 85.
117 Vgl. Storz: Statt einer Vita, 15; Bernhard Vogel: Dolf Sternberger zum 80. Geburtstag, in: ZfP 34 (1987), 371f.

Aristoteles war von Beginn an der Dreh- und Angelpunkt von Sternbergers politikphilosophischen Reflexionen. Schon in seinen ersten öffentlichen Vorträgen über das »Wesen der Politik« wendete er 1946 die Formel vom *zōon politikon* auf die eigene Zeit (PRR 79ff). In zahllosen Vorträgen, Aufsätzen und Schriften bezog er sich danach immer wieder auf den Griechen, der ihm als das bleibende »große Vorbild eines Staatsphilosophen« erschien (III 119). Seine Anknüpfungspunkte fand er fast ausschließlich in der ›Politik‹ – aus seiner Sicht »das bedeutendste Werk der politischen Wissenschaft und der politischen Philosophie« –, und zwar sowohl in methodischer als auch in sachlicher Hinsicht, bei der begrifflichen Klärung politischer Phänomene (X 134). Seine Interpretationen kreisen um den Versuch, die aristotelischen Analysen der Polis für das Verständnis der modernen parlamentarischen Demokratie fruchtbar zu machen. Die Titel seiner Arbeiten sprechen für sich: *Der Staat des Aristoteles und der unsere* (1972), *Der Staat des Aristoteles und der moderne Verfassungsstaat* (1985), *Die neue Politie* (1985), um nur einige zu nennen. Sein wichtigstes Werk, *Drei Wurzeln der Politik* (1978), unternimmt den Nachweis, daß alle gute, menschenmögliche und -freundliche Politik der »Politologik« des Aristoteles entspringe. Diese und andere Schriften spielten in der politikwissenschaftlichen Diskussion eine gewisse Rolle, obwohl meistens verfassungstheoretische Überlegungen im Mittelpunkt standen, während die Art und Weise des Sternbergerschen Zugriffs zu Aristoteles nicht erörtert wurde. Inzwischen liegen einige kleinere Arbeiten vor, die auch solche Aspekte berücksichtigen.[118] Innerhalb der philosophischen Diskussion um eine »Rehabilitierung der praktischen Philosophie« wurde Sternberger hingegen überhaupt nicht beachtet. In den beiden einschlägigen, von Manfred Riedel herausgegebenen Bänden ist sein Name an keiner Stelle verzeichnet. Entsprechend mußte in der wissenschaftlichen Untersuchung dieser Debatte erst darauf hingewiesen werden, daß auch Sternberger zu den »Neoaristotelikern« zu zählen sei.[119]

Diese relative Geringschätzung von Sternbergers origineller und innovativer Weise, auf Aristoteles zurückzugreifen, wurde indessen durch eine 1996 erschienene Monographie von Jörg Pannier beendet.[120] Sie nimmt sich zur Aufgabe, Sternberger als »politischen Aristoteliker« zu präsentieren, zu untersuchen und zu verteidigen. Der Verfasser gelangt zu einer Reihe trefflicher Einsichten, von denen auch die vorliegende Studie profitieren konnte. So sehr er sich freilich um eine kritische Würdigung bemüht, die Sternberger ernst nimmt, so wenig nähert er sich ihm mit Kategorien, die diesem Anspruch gerecht werden könnten. Pannier trennt strikt zwischen politischer Wissenschaft als einer empirisch-analytischen und politischer Philosophie als einer nicht-empirischen, normativ-ontologischen Disziplin; an Sternberger interessiert ihn nur letzteres.[121] Ge-

---

118 Alexander Schwan: Dolf Sternbergers Philosophie freiheitlicher Politik, in: Geschichte in Wissenschaft und Unterricht 33 (1982), 472–486; Manfred Gawlina: Politische Interpersonalität, aristotelisierend. Eine Erörterung von Dolf Sternbergers Gesamtwerk, in: Philosophische Rundschau 45 (1998), 228–238. Die neuere Untersuchung von Claudia Kinkela: Die Rehabilitierung des Bürgerlichen im Werk Dolf Sternbergers, Würzburg 2001, zeichnet die Genese von Sternbergers Begriff des Bürgerlichen sozialgeschichtlich nach; Anknüpfungspunkte an Aristoteles werden jedoch nur referiert (255–261), nicht auf Differenzen hin befragt.
119 René Weiland: Bruch und Vor-Bild: Auf neoaristotelischer Spur, in: Merkur 43 (1989), 361f.
120 Das Vexierbild des Politischen. Dolf Sternberger als politischer Aristoteliker, Berlin 1996.
121 Ebd., 14f.

rade dieser Vorgriff, der sichtlich an einem (neu-) kantianischen, auf der Trennung von Sein und Sollen basierenden Wissensmodell orientiert ist, vermag aber weder Aristoteles' noch Sternbergers Verständnis von politischer Wissenschaft gerecht zu werden. Es beruht, in Sternbergers eigenen Worten, darauf, »aus handfester Erfahrung und Beobachtung, als ein Empiriker, [...] gleichwohl die einwohnenden Normen, den einwohnenden Zweck und Sinn der Einrichtungen durchgängig im Auge [zu behalten]« (III 118f). Aus diesem Grund lassen sich empirische Untersuchungen zur Verfassungspraxis nicht einfach von normativen Reflexionen ablösen, wie Pannier es intendiert, wenn er die große Zahl von ›politikwissenschaftlichen‹ Arbeiten Sternbergers gar nicht in Betracht zieht. Die Folge ist, daß er ihn in einen geisteswissenschaftlichen Dialog mit Platon, Hobbes, Max Weber und Carl Schmitt verwickelt, der zwar viele Aspekte behandelt und neue Perspektiven eröffnet, das Zusammenspiel von Erfahrung und Reflexion aber ganz ausblendet. Als weiterer Kritikpunkt ist aus Sicht der vorliegenden Untersuchung zu nennen, daß Pannier einen ebenfalls (neu-) kantianischen Systemanspruch an philosophisches Denken stellt und diesen auf Aristoteles zurückprojiziert. So betrachtet er Ethik, Politik und Metaphysik als umfassende Einheit, was jedoch immer nur behauptet, aber nie begründet wird.[122] Daran gemessen, scheint Sternberger umgekehrt ständig hinter Aristoteles zurückzubleiben und systematische Begründungsansprüche offen zu lassen.[123] Das verleitet Pannier zu zahlreichen Urteilen und Einschätzungen, die den behandelten Texten »windschief« gegenüber stehen, weil sie sich aus einem ganz fremden Vorgriff herleiten.

Der Anspruch dieser Untersuchung ist dagegen – wie in den anderen Kapiteln auch –, produktive Differenzen in der Auslegung der aristotelischen Texte zu sichten, unter Berücksichtigung aller Brüche und Widersprüche bei Aristoteles selbst, die gerade die interpretatorischen Anstrengungen des Interpreten herausfordern. So soll deutlich werden, daß Sternbergers Arbeiten Musterfälle hermeneutisch reflektierter und kontrollierter Interpretationsarbeit sind. Am Anfang steht daher ein Kapitel, welches Sternbergers methodisches Selbstbewußtsein analysiert und den Begriff der »Metamorphose« als Leitfaden seines Umgangs mit der überlieferten Tradition herausarbeitet (Kap. 3.1). Anschließend werden die beiden zentralen Fragen behandelt, zu deren Beantwortung Sternberger sich Aristoteles zuwendet: Was ist bürgerliche Legitimität (3.2)? Welches ist die gute institutionelle Ordnung eines Gemeinwesens (3.3)? Die erste Frage erfordert die Klärung anthropologisch-politischer Voraussetzungen, die zweite die Auseinandersetzung mit dem Konzept der gemischten Verfassung. Als Textgrundlage dienen neben den Schriften alle weiteren für die Untersuchung relevanten Arbeiten Sternbergers, sowohl die veröffentlichten als auch die unveröffentlichten, die sich im Nachlaß des Deutschen Literaturarchivs (DLA) in Marbach befinden.

---

122 Ebd., 93, 101, 116, 157–160, 166f.
123 Ebd., 9, 18, 140f, 159, 166f.

3.1 Vor den Ruinen von Athen: Ist das Politische mit der Polis untergegangen?

Das ungeheure Ausmaß der nationalsozialistischen Gewaltherrschaft ging Sternberger erst auf, als sie beendet war. Er erfuhr von der ›industriellen‹ Judenvernichtung und widmete die ersten Ausgaben der *Wandlung* der Frage nach der Schuld oder Verantwortung der Nachkriegsdeutschen für diese Taten. In der Augustausgabe des Jahres 1947 veröffentlichte er den dienstlichen Bericht eines SS-Brigadeführers über die Vernichtung des Warschauer Ghettos, welchen er mit eigenen Gedanken in der Tagebuch-Rubrik der Zeitschrift kommentierte. Daraus spricht der unverhohlene Schrecken eines Menschen, der von diesen Vorgängen nichts wußte, vielleicht auch nichts wissen wollte, und sich plötzlich vor die drängende Frage gestellt sah, ob man »mit einer solchen Vergangenheit noch eine Zukunft haben kann« (VI 317). Die Antwort, welche er darauf findet, lautet, daß es eine Zukunft nur dann geben könne, wenn die Vergangenheit nicht verdrängt, sondern im Bewußtsein der vollen moralischen Verantwortung aufgearbeitet und übernommen werde (VI 325). Damit war die unmittelbare Vergangenheit gemeint. Zugleich schwingt in dem Text aber noch etwas anderes mit, nämlich die Frage, wie sich die Gegenwärtigen zu der Vergangenheit überhaupt, also auch zu den »guten Erinnerungen«, stellen sollen. Diese Frage war nicht weniger dringlich. Wie konnte es nach Auschwitz, dem »Abbruch der Überlieferung« (X 53), noch möglich sein, an die Zeit vor Auschwitz anzuknüpfen? So wie die Frage gestellt ist, liegt in ihr bereits eine gewisse Tendenz der Antwort vorgezeichnet. Für Sternberger stand fest – im Unterschied etwa zu Adorno –, daß es nicht ausreichen werde, die neue Bundesrepublik allein auf dem negativen Fundament von Auschwitz zu errichten, ohne Halt und Orientierung an überlieferten Maßstäben. In einem am 3. August 1945 verfaßten Papier hatte er festgelegt, die geistige Einstellung der *Wandlung* werde »durchgehend und entschieden humanistisch sein«.[124] Dies war indessen nicht im Sinne einer unkritischen Fortsetzung der bildungsbürgerlichen Tradition gemeint, sondern schärfer und radikaler als Aufgabe, den Menschen zu erkennen und daraus Maßstäbe für das Handeln zu gewinnen. Was diese Positionsbestimmung für das Verhältnis zum ›alten‹ Humanismus und zur Antike bedeutete, läßt sich am besten an einem Aufsatz ablesen, den Sternberger schon 1939 geschrieben hatte.

Dieser Text trägt den programmatischen Titel »Die Ruinen von Athen« und behandelt die Eindrücke von Deutschen, die im frühen 19. Jahrhundert nach Griechenland reisen. Das war die Konfrontation der im ›Geist des Griechentums‹ erzogenen Bildungsbürger mit einer Zeit, von der nur mehr Ruinen zeugten, und einem Land, das sich unter türkischer Herrschaft weit von Europa entfernt hatte. Ihr Bewußtsein überzeitlicher Normen wurde unweigerlich auf die Historizität eben dieser Normen gestoßen. Darauf gab es zwei unterschiedliche Reaktionsweisen, die Sternberger paradigmatisch an Hölderlins Romanheld Hyperion und an Lord Byron vorführt. Hyperion ist der »Eremit in Griechenland«, wie es im Untertitel des Romans heißt, einer, dem das

---

124 Zit. nach Birgit Pape: Vorschule der Demokratie in Deutschland. Dolf Sternbergers Zeitschrift »Die Wandlung« trat zwischen 1945 und 1949 für die Bürgergesellschaft ein, in: FAZ, 11.12.1999 (Bilder und Zeiten, II).

neue Hellas fremd bleibt, weil er nur das alte, vergangene sucht. Die Ruinen sind die Kulisse seiner schwärmerischen Erinnerung an bessere Zeiten, als Mensch, Natur und Götter noch eine harmonische Einheit bildeten. Sternberger nennt das den »Sturz der Normen in die Geschichte«; man kann sich des wahren Lebens nur versichern, indem man aus dem gegenwärtigen Dasein flieht. Gleichwohl ist dies nur die erste Hälfte des Romans. In der zweiten folgt der Aufbruch Hyperions in den Freiheitskampf der Griechen. Die alte Zeit soll wieder auferstehen – die »Politik des elegischen Charakters« (VI 70–73). Das Unternehmen scheitert, doch der Betroffene deutet gerade das Scheitern in höchste Sinnhaftigkeit um. Diese Haltung nimmt aus Sternbergers Sicht zwei epochentypische Erscheinungen vorweg, die philhellenische Bewegung einerseits, den sie tragendenden Bildungsglauben andererseits (VI 78–84). Einer der wenigen, die sich diesem Trend verweigerten, war Lord Byron, der nicht die Alt- gegen die Neugriechen, sondern die Vorurteile der Europäer gegen eine krude Wirklichkeit ausspielt (VI 75–78). Mit seiner Illusionslosigkeit hält es Sternberger, wenn er Hölderlin und seinen geistigen Verwandten im deutschen Bildungsbürgertum des 19. Jahrhunderts den Prozeß macht. Ihre Elegie vor den Ruinen sei »keine eigentliche Begegnung, keine harte Auseinandersetzung, keine Erfahrung und darum auch keine Prüfung des Erfahrenen am Überlieferten und des Überlieferten am Erfahrenen« (VI 70). Einen solchen Humanismus wollte er nach dem Krieg gerade nicht wiederbeleben; er war eigentlich schon tot, als er entstand. Nicht die Idealität des Ursprünglichen heiligt die Überlieferung, allein die eigene Erfahrung entscheidet darüber, ob und wie Vergangenes wieder sprechend werden kann. Das ist das Programm einer Hermeneutik, die die Erfahrung des Bruchs ernst nimmt. Dieses Programm wurde von Sternberger in verschiedenen Hinsichten entfaltet, zuerst in der Auseinandersetzung mit Hannah Arendt (a), dann im Bezug auf Sprache und Politik (b) sowie auf eine Phänomenologie des Politischen (c). Die Überlegungen münden schließlich in den von Goethe entlehnten Begriff der Metamorphose (d). Sie sind nun nachzuzeichnen und zu analysieren.

(a) Die versunkene Stadt – Auseinandersetzung mit Hannah Arendt

Hannah Arendt gehörte zeit seines Lebens zu den wichtigsten Gesprächspartnern von Sternberger, fachlich wie persönlich. Beide hatten sich 1927 im Seminar von Jaspers kennengelernt und alsbald eine Freundschaft geknüpft. Arendt wurde seine Trauzeugin, bevor sie aus Deutschland flüchten mußte. Nach den Wirren des Krieges nahmen sie wieder Kontakt auf, der bis zum Tod Arendts 1975 währte. Sie schrieben einander zahlreiche Briefe,[125] besuchten sich regelmäßig und pflegten einen regen Austausch über ihre jeweiligen Schriften. Dabei gab es oft Spannungen und Differenzen, doch versichern sie in den Briefen immer wieder, daß sie weit mehr verbinde als trenne. Insgesamt scheint es, als sei Sternberger in dieser intellektuellen Beziehung eher der Nehmende, Arendt dagegen die Gebende gewesen.[126] Das ist bedeutsam, weil beinahe al-

---

125 Die Briefe erstrecken sich über den Zeitraum von 1946–1975 und befinden sich im Nachlaß Sternberger des DLA Marbach unter der Zugangsnummer HS 1989.0010; die Briefe von Sternberger sind im Unterschied zu denen von Arendt (soweit ersichtlich) nicht vollständig erhalten geblieben.
126 In Arendts Veröffentlichungen findet sich weder ein Hinweis auf Sternberger noch eine sachliche

les, was er nach dem Krieg über Aristoteles schrieb, ihren Rückgriff auf die praktische Philosophie des Stagiriten als Folie voraussetzt. Dies freilich in doppelter Weise. Zum einen übernimmt er die scharfen, von Arendt an Aristoteles herausgearbeiteten Unterscheidungen zwischen Privatsphäre und Öffentlichkeit, Herrschaft und Freiheit, Einheit und Pluralität. Zum anderen ist er dagegen bemüht, einen an diesen Grenzbestimmungen orientierten Begriff des Politischen nicht gegen den modernen Verfassungsstaat auszuspielen, sondern darin wiederzufinden. Im folgenden wird es allein um diesen zweiten Punkt gehen, weil an ihm besonders deutlich wird, wie er gerade *nicht* an Aristoteles anknüpfen will.

Mit öffentlicher Kritik war Sternberger zu Arendts Lebzeiten ausgesprochen vorsichtig, wiewohl er im Briefwechsel nicht damit sparte. Es gibt aus den Jahren bis 1976 nur einen einzigen veröffentlichen Text, der sich mit ihrem Denken auseinandersetzt, nämlich eine Rezension der deutschen Ausgabe von *Vita activa*, die 1960 erschien. Sternberger konzediert ihr darin einen »hoch kostbaren, von Enthusiasmus, ja von Entzücken durchpulsten, entschieden normativen, zugleich aber auch hoch prekären, ganz im Vergangenen angesiedelten und aller möglichen Nachahmung entrückten Begriff [des Politischen]«. Diese Einschätzung ist der Generalnenner auch seiner späteren Äußerungen. Er lobt ihr Verdienst, das »Urbild der Polis« so klar konturiert vor aller Augen gestellt zu haben, bemängelt indessen, daß im hellen Licht dieses Bildes die eigene Zeit nur mehr als Schatten sichtbar wird. Was er »begierig« erfahren möchte, ist, »wie das Politische denn nun in unserer Welt aufzufassen, zurückzugewinnen oder neu zu verwirklichen sei«. Daß dieses Begehren ungestillt bleibt, liegt aus Arendts Sicht am Abfall der Neuzeit von dem, was die Antike als Möglichkeit des Menschen entdeckt und gewußt hatte. Eine solche Sichtweise ist Sternberger entschieden zu ›un-hermeneutisch‹ sie scheint ihm typisch für eine bestimmte deutsche Tradition zu sein: »Die heroisch-freudige, zuweilen fast übermütige Grundstimmung, welche Hannah Arendts Denk- und Schreibkunst auszeichnet, wirkt ungemein anziehend, ja ansteckend, und doch macht sich im Untergrund immer wieder jener dunklere, klagende Ton vernehmlich, den wir von Hölderlin kennen.« Beide teilen dasselbe Schicksal: ein Denken aus dem Anfang, das der eigenen Zeit vermittlungslos gegenüber steht. Der Ruinen-Essay klingt hier deutlich an und verbirgt sich auch hinter dem Titel der Rezension, *Sehnsucht nach der Unsterblichkeit* (VIII 379–383).

Es mag zunächst überraschen, daß Arendt in ihrem Antwortbrief Sternbergers Kritik für berechtigt hält und für Korrekturen auf ihr Revolutionsbuch verweist, dessen Manuskript sie schon abgeschlossen hatte.[127] Die Untersuchung des Revolutionsphänomens sollte beweisen, wie ein emphatischer Begriff des Handelns auf dem Boden der

---

Auseinandersetzung. Im Briefwechsel mit Karl Jaspers (1926–1969, hg. von Lotte Köhler und Hans Saner, München 1985) schlägt sie öfter einen etwas hochnäsigen Ton an, wenn von Sternberger die Rede ist. Sie hält ihn für »eine Journalistenbegabung auf hohem Niveau« (25.10.1964, 605), womit sie ihn zugleich aus dem erlauchten Kreis der Wissenschaftler und Philosophen ausschließt. Zwar verhalf sie ihm zu einer kurzen Gastprofessur an der University of Chicago (Oktober–Dezember 1964), doch wies sie seine anschließenden Bemühungen um eine Berufung an die University of Chicago ab, weil er dafür nicht »außergewöhnlich« genug sei (19.2.1965, 617). Gegen die Veröffentlichung solcher Stellen hat Sternberger in seiner Rezension des veröffentlichten Briefwechsels protestiert (VIII 401–410).

Neuzeit wiederkehrt. Gleichwohl überwiegt auch dort der negative Befund: Nirgendwo, auch nicht in Amerika, konnte der Geist des revolutionären Miteinanderredens und -handelns institutionell bewahrt werden. So geriet das Revolutionsbuch schließlich zur Abrechnung mit parlamentarischer Repräsentation überhaupt. Damit konnte und wollte Sternberger sich nicht zufrieden geben. Unmittelbar nach Arendts Tod brachte er seine Kritik in dem Gedenk-Aufsatz »Die versunkene Stadt« (1976) zu Papier. Arendt blicke »mit antihistorischen Augen« in die Geschichte. Das sei »nicht ungut«, weil sie so die »hohen Augenblicke« des Politischen sichte, wie er in Anklang an eine Wendung Jaspers' sagt (IV 181). Doch wiegt der Preis das Verdienst auf, weil dem »antihistorischen« Blick eine große Zahl weniger spektakulärer Phänomene entgehen. Nicht nur habe sich Arendt auffallend wenig mit der Rolle von Parteien in der Moderne beschäftigt. Auch in der Antike sei ihr entgangen, was Aristoteles deutlich gesehen habe, daß nur jene Ämter halten könnten, die abkömmlich seien, während die anderen allein durch ›Diätenzahlungen‹ zur regelmäßigen Teilnahme an der Ekklesia zu bewegen gewesen seien. Die spontanen Arbeiter-Räte mußten nach Sternbergers Überzeugung aus eben diesen Gründen verschwinden, denn ihre Mitglieder waren weder abkömmlich noch verfügten sie über eine eigene Alimentationsquelle (IV 184–187). Darüber hinaus bemängelt er, daß sie bei ihrer Rekonstruktion des Politischen den Austausch der Meinungen ganz von der Entscheidung abgetrennt habe, weshalb ihr das Wesen der Regierung in der Antike wie in der Neuzeit fremd geblieben sei (IV 187–189). Es zeigt sich also, daß schon im hellen Bild der Polis manches über- und einiges unterbelichtet war. In der Wirklichkeit gab es nicht nur die »hehren Augenblicke«, sondern auch einen ›Alltag‹ der Politik. Wird er in den Blick genommen, dann zeigt auch die eigene Zeit ein freundlicheres Gesicht, und es besteht Grund zu der Hoffnung, daß die »versunkene Stadt« in historischer Verwandlung wieder aufzutauchen vermag (IV 188f).

Diese Argumentationslinie kehrt in den späteren Texten zu Hannah Arendt wieder, wo sich Sternberger zusätzlich auf die von ihm ausgezogene Traditionslinie des politischen Aristotelismus beruft, um die Fortwirkung der aristotelischen *Politik* auf neuzeitlichem Boden nachzuweisen.[128] Daß sie dies nicht gesehen habe, schreibt er immer wieder ihrem ›ahistorischen Blick‹ zu, der den hermeneutischen Zugang zur Antike durch Idealisierungen versperre (II/1 394; X 252). In rezeptionstheoretischer Hinsicht läßt sich diese Differenz schon durch die unterschiedliche Aufmerksamkeit für die praktische Philosophie des Aristoteles erklären. Arendt knüpft in der *Politik* nur an die begriffliche Grundbestimmung der Polis in Buch I und die Kritik der platonischen Verfassungsentwürfe in Buch II an, schlägt von dort aber einen Bogen zur Handlungstheorie der *Nikomachischen Ethik* zurück. Dadurch enthebt sie ihren in der *Politik* gewonnenen Begriff der Pluralität dem Kontext der Verfassungs- und Institutionenlehre, um ihn für die phänomenale Bestimmung von *praxis* zu gewinnen. Hingegen spielen die mit der Abgrenzung von *theōria* und *praxis*, *praxis* und *poiēsis* sowie *phronēsis* und *sophia* verbundenen Probleme für Sternberger gar keine Rolle. Sein Terrain ist die Verfas-

---

127 Brief vom 27.1.1961, NL Sternberger, DLA.
128 Vgl. Drei Wurzeln der Politik (1978), II/1 389–401: Sternberger zieht hier erneut eine Parallele zu Hölderlins *Hyperion* (389) und stellt die Frage, welche hier als Kapitelüberschrift aufgenommen wurde, »ob nicht ›Politik‹ mit der Polis selber untergegangen und versunken sei« (394). Vgl. auch Politie und Leviathan (1986), X 246–284.

sungstheorie, insbesondere in der Variante des vierten Buchs der *Politik*. Damit knüpft er genau an jene Passagen an, die praktisch wie theoretisch in späteren Jahrhunderten fortgeschrieben wurden.

(b) Der Weg der Wörter – semantische Spurensuche

Die Geschichte des politischen Aristotelismus liegt freilich keineswegs klar zutage. Sternberger hat mehrfach darauf hingewiesen, daß sie erst noch zu schreiben sei (IV 40); er selbst hat einige zentrale Kapitel dazu beigesteuert. Sein erster Zugang zur Überlieferung führt jedoch weniger über den geisteswissenschaftlichen Dialog als über die Wörter, welche sich im alltäglichen Sprachgebrauch seit der Antike durchgehalten haben. Daß wir heute immer noch von ›Politik‹ und ›Politikern‹ sprechen, scheint ihm bedeutsam zu sein, zu bedeutsam, um sich mit dem Hinweis zu begnügen, darunter werde doch etwas ganz anderes als einst verstanden. Die semantische Polyvalenz der Worte leugnet er nicht, wohl aber eine Sichtweise, die daraus ableitet, sie seien von ihren Ursprüngen abgeschnitten worden. »Bei allen Wandlungen, welchen der Bedeutungsgehalt dieser Wörter seither unterworfen war, muß doch etwas sich identisches [sic] durchgehalten haben, muß doch eine Spur lesbar bleiben, muß doch ein Band oder Faden uns mit dem Ursprung verknüpfen: sonst könnten es nicht dieselben Wörter sein!« (IV 41f). Unter dieser Prämisse ist Sternberger vor allem in den *Drei Wurzeln der Politik* den »Weg der Wörter« gegangen, um vom Alltagsverständnis Schritt für Schritt in frühere Bedeutungsschichten zurückzusteigen und so über die Sprache auf die Sachen zu stoßen – Semantik als »Leitfaden der Phänomenologie« (II/1 22). Dies ist nicht der Ort, um seine filigranen Sprachanalysen aufzulisten. Vielmehr sollen die erkenntnistheoretischen Voraussetzungen von Sternbergers Semantik untersucht werden, denn diese Frage führt über Jaspers und Heidegger ebenfalls zu Aristoteles zurück.

Sternberger unterscheidet Wörter und Begriffe. Das Wort ist eine lexikalische Einheit, die sich gleichbleibt; daran heften sich immer neue Bedeutungen, die alte überlagern oder abstoßen. Deshalb sind Wörter vieldeutig. Hingegen zeichnen sich Begriffe durch Eindeutigkeit und Festigkeit aus; in ihnen spricht sich aus, was klar und deutlich begriffen worden ist (PdF 107, II/1 24). Ein Wort kann somit auf mehrere Begriffe hin verstanden werden und dann je anderes bedeuten. Das macht die Spannung zwischen Wörtern und Begriffen aus, die es dem Forscher untersagt, einfach beides gleichzusetzen. Vielmehr muß er, ausgehend von schillernden Wortbedeutungen, die leitenden Begriffe erkunden, die sich mit einem Wort verbinden, um sodann zwischen den Begriffen Unterscheidungen zu treffen. Das Ziel ist die Entscheidung für den richtigen, den wahren Begriff (PdF 108–110). Dieses Ziel ist jedoch mit rein semantischen Mitteln nicht zu erreichen. Die Sprache enthält für sich genommen keine Kriterien, um richtige und falsche Politik voneinander abzuheben. Trotzdem geht Sternberger davon aus, daß zwischen Politik und Sprache eine innere Relation besteht, daß politische Phänomene als sprachliche existieren und aus diesem Zusammenhang nie ganz gelöst werden können. In einer Randbemerkung gibt er einmal einen Hinweis, woher diese sprachphilosophische Überzeugung stammt, nämlich von Jaspers. Gemeint ist die in *Von der Wahrheit* entfaltete These, die Sprache habe »eine Verwandtschaft zum Sein« (II/2 9).[129]

---

129 Von der Wahrheit, München 1947, 412.

Jaspers wendet sich damit gegen die technische Sprachanalyse der modernen Linguistik, die die interne Verbindung von Zeichen und Bedeutung aufgegeben hat und statt dessen von der Arbitrarität und Konventionalität des Zeichens ausgeht. Nach seinem Verständnis ist Sprache das primäre Medium, welches Seiendes offenbar zu machen vermag. Sprechen ist Ansprechen, Auslegen von Seiendem, mithin die Grundbedingung von Verstehen und Denken überhaupt. Was nicht angesprochen ist, verliert sich im Fluß der Erscheinungen und tritt nie als es selbst hervor.[130] Dennoch erschöpft sich das Seiende nicht im Wort, sondern ›überschießt‹ es an Fülle. Jaspers sagt, das Sein erscheine den Menschen als Chiffre.[131] Aus diesem Grund bleibt in Worten »immer ein *Rest*, der das eigentliche *Rätsel* ist«, welches nie aufgelöst werden kann.[132] Die Sprache ist dem Sein zwar verwandt, nicht jedoch mit ihm identisch. Was Jaspers an der Sprache interessiert, sind nicht die eindeutig definierten Zeichen und Begriffe, sondern eben die »lebendige[n] Worte«, an denen das Bewußtwerden von Sinn, Wesen, Sachen und Erfahrung immer neu und ohne abschließende Fixierung kristallisiere.[133] Solche Worte tragen geschichtliche Tiefe und geschichtlichen Sinn in sich; sie sind »Urwörter«, nicht bloß leere »Schlagwörter«.[134] Es sind genau diese »Urwörter«, nach denen auch Sternberger Ausschau hält, Wörter, deren Sinn im Abtragen von oberflächlichen Bedeutungen freizulegen ist, auch wenn dieser Sinn selbst keine stabile Größe darstellt. Sternberger fügt der Jaspersschen These in besagter Anmerkung noch hinzu, daß auch das Sein »eine Verwandtschaft zur Sprache habe« (II/1 9). Logisch gesehen, ist daran nichts auszusetzen. Trotzdem erinnert diese Wendung an die Heideggersche Position, wonach sich das Sein in Sprache ent- und verbirgt. Gerade das kann aber nicht gemeint sein, ist es doch gerade diese Sichtweise, die Sternberger ein Leben lang bekämpft hat. Die Auseinandersetzung mit Heideggers Sprachverständnis sei hier kurz eingeflochten, weil sie Sternbergers Hermeneutik weiter zu klären vermag.

Schon in der Dissertation von 1931 moniert er, daß Heidegger das ursprüngliche Ansprechen von Phänomenen mit ihrem Sichzeigen unmittelbar und bruchlos gleichsetze. Wo alle kritische Differenz aufgegeben sei, werde Wahrheit »der Sprache als Selbst, als mythischer Macht, unbedenklich ausgeliefert«. Aus dieser Diagnose ergibt sich umgekehrt die Aufgabe, »die Herrschaft zu brechen, die Heidegger ›der‹ Sprache als einem Urwesen einräumt« (I 87f). Nach der »Kehre« hat Sternberger dieses Ziel weiterverfolgt. Inzwischen war die Sprache aus ihrer Randstellung herausgetreten und in den Mittelpunkt des Heideggerschen Denkens gerückt. Markstein dieser Entwicklung sind die drei Vorlesungen über den Ursprung des Kunstwerks gewesen, die Heidegger Ende 1936 in Frankfurt hielt.[135] Sternberger rezensierte jede einzelne für die Frankfurter Zeitung. Er kritisiert, wie sich Heidegger bewußt vom herrschenden Sprachgebrauch distanziere, um seinerseits zu einem »vormenschlichen Ursinn« vorzustoßen, der allem menschlichen Sprechen vorausliege. Der Philosoph beschwöre eine »paradiesische Vorzeit«, worin »das Sagen und Nennen als mit den Sachen wie durch eine Nabelschnur

---

130 Ebd.
131 Ebd., 400.
132 Ebd., 403.
133 Ebd., 401–403.
134 Ebd., 409.
135 Zu diesen Vorlesungen und zu Gadamers (ganz anderer) Reaktion darauf vgl. II.1.2.(a).

verknüpft vorgestellt wird« (VIII 194–196). Das *klingt* trotz aller Kritik genauso wie Sternbergers schon erwähnte Überzeugung, daß die Wörter ungeachtet ihrer Wandlungen wie durch einen Faden mit dem Ursprung verbunden seien. Es ist aber nicht so *gemeint*. Der Ursprung, den Sternberger im Sinn hat, ist menschliches Sprechen. Was er Heidegger vorwirft, ist der Versuch, noch dahinter zurückzugehen, ein Versuch, der notwendigerweise zur »menschenleeren Kunstlandschaft« führe, die Sternberger als »ahuman« brandmarkt (VIII 190–194). Diese Differenz gilt auch dort, wo er später im Blick auf Heidegger von »Urworten« spricht, die ursprüngliche Seins-Verhältnisse kundtun sollen (VIII 207): »Immer tiefer muß er graben in der Zeit und in der Vorzeit, um des Ursprungs, der ursprünglichen Offenbarung habhaft zu werden. Aber in Wahrheit war Sprache immer Sprache der Menschen, ihrer Einsicht wie ihrem Irrtum verbunden. [...] Dieses Auswühlen der wirklichen oder vermeintlichen Wurzeln zerstört notwendig die Pflanze, nämlich den ausgebildeten Wuchs und Bau der Sprache.« (VIII 208).[136]

Diese Position ist negativ gegen Heidegger gewonnen, positiv liegt ihr aber ein Sprachverständnis zugrunde, das Sternberger bei Jaspers kennenlernte und dann selbst bis zu Aristoteles zurückverfolgte. Die entscheidende Stelle hat er dem ersten Teil der *Drei Wurzeln*, der den »Weg der Wörter« behandelt, als Motto vorangestellt: »Die Sprache ist dazu bestimmt, das Nützliche und Schädliche deutlich kundzutun und also auch das Gerechte und Ungerechte.« (II/1 17; Pol. I.2, 1253a14f). Weil dies so ist, nennt Aristoteles den Menschen ein *zōon logon echon*, ein Wesen, das Sprache hat. Sternberger hat diese Stelle immer so verstanden und übersetzt. Der *logos* ist ihm ganz wesentlich Sprache, nicht einfach nur Sprache, die Denken und Vernunft impliziert. Allerdings hat er das Verhältnis von Sprechen und Denken keiner Reflexion unterzogen. Was ihn an der Sprachlichkeit des Menschen primär interessiert, ist der Umkehrschluß: die Menschlichkeit der Sprache. Darüber hat er 1960 einen programmatischen Vortrag gehalten. Sternberger folgt darin der griechisch-aristotelischen Tradition, welche die Sprache in der Geselligkeit des Menschen entspringen läßt. Abermals weist er Heideggers Diktum »die Sprache spricht« zurück und nennt es nicht nur ahuman, sondern sogar »inhuman«. Die Sprache gilt ihm als das »langher überlieferte, im unendlichen Gespräch des Menschengeschlechts fortwebende Zeugnis und Medium gerade der Menschlichkeit selber« (XI 22f). Und doch steckt in dieser Aussage mehr als nur der griechische Sinn. Zur Menschlichkeit zählt Sternberger nicht nur die »Herrlichkeit«, sondern auch die »Knechtschaft«. Das sind deutliche Anklänge an die biblische Tradition, an die Lehre vom Sündenfall, die dem teleologischen Denken des Aristoteles fremd ist. Die Sprache, so Sternberger, sei für den Menschen ebenso »Glück« wie »Verhäng-

---

[136] Die Bemerkung steht in einer Besprechung von Heideggers Buch *Einführung in die Metaphysik*, die 1953 unter dem Titel *Heidegger bleibt unverständlich* (VIII 202–214) erschien. Über die Rezension kam es zu einem brieflichen Schlagabtausch mit Hannah Arendt, der im NL Sternberger (DLA) dokumentiert ist. Arendt verteidigte Heideggers auf Kosten der Verständlichkeit unternommene Versuche, mit den Mitteln der Tradition gegen die Tradition zu denken, und warf Sternberger vor, seinerseits den gesunden Menschenverstand überzubetonen (vgl. Brief vom 28.11.1953). Dieser verwies in seinem Antwortschreiben auf die einfachen Wahrheiten der Theologie bezüglich der *condition humaine* (Kreatürlichkeit, Sterblichkeit und Sündhaftigkeit des Menschen), die Heidegger nicht wahrhaben wolle (Brief vom 6.12.1953).

nis« und »daher unsere Verantwortung, die uns niemand abnimmt« (XI 23). Hinter dieser Auslegung steht der *logos* des Johannesevangeliums, welcher dem Schöpfergott zugehört und mit der Inkarnation Jesu in die Menschenwelt eingeht. Daraus erwächst sowohl der an die Menschen gerichtete Anspruch, dem *logos* zu folgen, als auch die Möglichkeit, ihn zu verfehlen. Dieser *logos* ist nicht allein menschlich, sondern bezieht seine Heiligkeit gerade aus seinem göttlichen Ursprung. Wie aber stehen menschlicher und göttlicher, geselliger und heiliger *logos* zueinander? Sternberger läßt die Frage offen. Sein Hinweis, auch der Gott rede menschlich, wenn er zu den Menschen spreche, hilft gewiß nicht weiter.

Was Sternberger offenbar sucht, ist eine Verbindung von aristotelischem und christlichem Sprachverständnis. Einerseits will er der wesentlichen Geselligkeit des Menschen, seinem Bedürfnis nach und seiner Fähigkeit zu Austausch und Beratung gerecht werden. Andererseits weiß er um die Möglichkeit der Perversion sprachlicher Verständigung und führt diese Möglichkeit auf die untilgbare Sündhaftigkeit des Menschen zurück. Insofern müßte der aristotelische Satz über die Sprache erweitert werden: Nicht nur teilen sich die Menschen durch sie Nützliches und Schädliches mit, sie können einander auch nutzen oder schaden, je nachdem, ob sie ihrer geselligen Natur gerecht werden oder nicht. Natürlich sind in diesem Punkt anthropologische Grundfragen berührt, die erst später behandelt werden können. Vorerst sei festgehalten, daß zur Menschlichkeit der Sprache das Gute wie das Böse zählt. Gleiches sagt Sternberger in diesem Zusammenhang über das Politische, das »sowohl als das Gute wie auch als das Böse erscheinen kann« (II/1 23). Es ist diese Doppelwertigkeit, die nicht nur den »Weg der Wörter« erzwingt, sondern aus der Sternberger obendrein die Legitimation seines lebenslangen Bemühens um eine menschliche Sprache abgeleitet hat.[137] Schließlich ist sie es auch, die die Grenzen der Semantik aufzeigt: Diese kann nur den Zugang zu den Phänomenen eröffnen, selbst aber kein Kriterium für ihre Beurteilung bereitstellen.

(c) Hermeneutische Phänomenologie – Aristoteles als Vorbild

Zugang zur Überlieferung gewinnt man nur durch »ausdrückliche« und »methodische« Kontrolle (II/1 24), so steht es am Anfang von *Der Weg der Wörter*. Das ist eine der wenigen Stellen in Sternbergers Werk, an denen er sich positiv zur Methode äußert, auch wenn das, was anschließend zur Semantik folgt, ausgesprochen rudimentär bleibt. Ansonsten überwiegen reservierte bis ablehnende Äußerungen. Es liege nicht viel dar-

---

137 An erster Stelle ist *Aus dem Wörterbuch des Unmenschen* zu nennen, eine Sammlung von Sprachglossen, die Sternberger zusammen mit Gerhard Storz und Wilhelm E. Süskind zuerst in der *Wandlung* veröffentlicht hatte, bevor sie 1957 erstmals als Buch erschienen. In einer erläuternden Vorbemerkung schrieb er 1945: »Sprache ist die Gabe allein des Menschen, das verwirrende und befreiende, verrätische und erhellende, ausgreifende und fesselnde, lösende und bindende, selige und gefährliche Medium und Siegel seines Wesens.[...] Der Verderb der Sprache ist der Verderb des Menschen. [...] Denn der Begriff des Menschen schließt die Möglichkeit (und Wirklichkeit) des Unmenschen in sich [...]« (XI 324). Dieses Wörterbuch hatte einen frühen Vorläufer in Sternbergers *Wörterbuch der Regierung Papen* von 1932 (Auszüge in XI 25–32). Die wichtigsten sprachkritischen Arbeiten sind in Band XI der Schriften erschienen; vgl. dort das instruktive Nachwort von Elsbet Orth (428–442). Sternberger hat seine Sprachkritik auch als langjähriges Mitglied und Vizepräsident der Deutschen Akademie für Sprache und Literatur in den gesellschaftlich-politischen Diskurs einzuführen gesucht.

an, heißt es an einer späteren Stelle der *Drei Wurzeln*, »als Methode kenntlich zu machen und als Intention auszugeben, was einigermaßen unversehens sich dem Auge des Betrachters gezeigt hat«, schließlich gehe Wahrheit »über Methode und Methoden« (II/ 1 227). Das mag alles zutreffen, ändert aber nichts daran, daß *methodos* der Weg zur Wahrheit ist, die unweigerlich an ihn gebunden bleibt. Darüber ist sich Sternberger selbst im klaren gewesen (vgl. I 73f). Seine Kritik wendet sich daher auch nicht gegen Methodik schlechthin, sondern nur gegen die »Eitelkeit bloßer Methodologie«. Dazu hat er einmal am Anfang einer neuen Vorlesungsreihe bemerkt:

»Das einzig Interessante an der Wissenschaft, an den Wissenschaften sind ihre gegenständlichen Erkenntnisse, Einsichten in die Gegenstände. Die Methoden sind immer von untergeordneter Bedeutung – man wählt oder entwickelt sie nur zu dem Zweck, damit sie Einsichten möglich machen, und nur insoweit, als sie Einsichten möglich machen. Was darüber ist, ist von Übel. [...] Auf die Anwendung kommt es an. Die Methoden zeigt man nicht. Am besten ist es, wenn sie sozusagen in der Anwendung ganz unsichtbar werden.«[138]

Diese Haltung stellt spätere Forscher vor die Schwierigkeit einer angemessenen Rekonstruktion von Sternbergers methodischem Selbstbewußtsein. Es bietet sich eigentlich nur der Weg an, einige verstreute Bemerkungen aufeinander zu beziehen. Sie finden sich in negativer Abgrenzung im Zusammenhang mit Aussagen zu Carl Schmitt und Max Weber, in positiver Affirmation hingegen in den Studien zu Aristoteles. So wird auch der nachfolgende Rekonstruktionsversuch wieder in die Nähe des Griechen führen.

Mit Carl Schmitt und seinen Schülern, davon insbesondere Gerhard Leibholz, hat sich Sternberger öfter auseinandergesetzt. Schmitt kritisiert er als typischen Vertreter der geistesgeschichtlichen Methode, die sich an überzeitlichen Ideen orientiert, anstatt sich den zeitlichen Erscheinungen zuzuwenden. Wie sich so der Blick für die Wirklichkeit verstellt, demonstriert er an dessen früher Abhandlung *Zur geistesgeschichtlichen Lage des heutigen Parlamentarismus* (1923). Darin wird die These vertreten, zum wahren Parlamentarismus gehöre das Prinzip der Öffentlichkeit. Sternberger zeigt jedoch, daß eher das Gegenteil zutrifft, weil es erstens Parlamente schon lange vor der Forderung nach öffentlichen Debatten gab und weil zweitens auch nach ihrer Erfüllung parlamentarische Beratung in nicht-öffentlichen Foren ihren Platz hat (VII 274–276). »Phänomene sind wichtiger als Ideen, lebendige Verfassungsgebilde für die politische Erkenntnis bedeutsamer als Doktrinen, die sich geistesgeschichtlich anordnen lassen.« (VII 280). Die in diesem Satz anklingende Betrachtungsweise nennt Sternberger »phänomenologisch«, weil sie sich den »lebendigen Phänomenen der Weltgeschichte« zuwende. »Das Bild der politischen Formen gewinnt an Umfang und Farbigkeit, zugleich rückt Ferneres, ja Entlegenes in die Nähe, und der ganze Vorrat an Einrichtungen, den die menschliche Geschichte erzeugt hat, tritt in einen großen Zusammenhang.« (VII 283). Auch Sternberger sucht nach Zusammenhängen, die einzelne Sachverhalte übersteigen. Jedoch wendet er sich dafür nicht den Ideen zu, sondern anderen historischen Erscheinungen, um Phänomene vergleichen zu können. Zuwendung meint ausdrücklich nicht Intuition oder Wesensschau, wie er an anderer Stelle hervorhebt. Da will er zeigen, daß

---

138 Vorformen parlamentarischer Regierung in Deutschland, VL im Sommersemester 1956, Ms., 4.5.1956, S. 1, NL Sternberger, DLA.

die vorgeblich phänomenologischen Studien von Gerhard Leibholz ganz in der Spur seines Lehrers verbleiben. Was Leibholz »Gestaltwandel« nenne – etwa der der parlamentarischen Repräsentation des 19. Jahrhunderts zum Parteienstaat des 20. Jahrhunderts –, nehme sich bei genauer historischer Betrachtung weit undramatischer aus, als dieser vorgebe. Unter dem Mantel der Wesensschau verbirgt sich, so der Vorwurf, der realitätsferne Vorgriff auf geistesgeschichtliche Dogmen. Im Ergebnis bleibe eine »Phänomenologie ohne Phänomene, nämlich ohne historische und empirische Phänomene« übrig (VII 200–202).

Moniert Sternberger bei Schmitt und Leibholz einen Hang zu übertriebenen Pauschalurteilen, nimmt er bei Max Weber gerade das Gegenteil ins Visier, eine streng methodische Sozialwissenschaft, die sich jedes Urteils enthalten will. Auch ihm gegenüber spart er nicht mit deutlichen Worten: »Jene willentliche, ja wütende Askese der Weberschen Epistemologie ähnelt, wie mir scheint, einer Art von chronischem Krampfzustand, der den Geist ergreift, das Erkenntnisvermögen beschränkt und am Ende die Aussicht verkürzt, menschliche Phänomene in ihrer Vollständigkeit wahrzunehmen und zu begreifen [...]« (III 143). Zur Vollständigkeit gehört nicht nur die Beschreibung von Symptomen, sondern auch die Frage nach dem Ursprung und Sinn von Phänomenen (III 142). Sternberger sieht durchaus, daß solche Fragen niemals ›objektiv‹ beantwortet werden können, weil es keinen archimedischen Punkt außerhalb des Lebens gibt (BdP 8). Deswegen ist Erkenntnis aber noch nicht ins subjektive Belieben des einzelnen gestellt. Vielmehr, heißt es in einer Vorlesung, werde sie »erst eigentlich reif mit und aus der Verantwortung gegenüber dem Gegenstande selber«. »Das bedeutet eine eigentümliche Teilnahme oder Beteiligung an dem, worauf es hinaus will oder hinaus soll mit aller Politik.« Mit »Beteiligung« ist gewiß auch das praktisch-politische Engagement gemeint. Worum es jedoch primär geht, ist eine Beteiligung, die noch dort vorliegt, wo nicht direkt beraten und entschieden wird, etwa im akademischen Hörsaal. Auch handelt es sich bei ihr um nichts, was man lassen könnte. »Es gibt keine Unbeteiligtkeit«, wie er deutlich sagt.[139] Jeder ist mit dem Politischen immer schon verbunden. Deshalb kann es auch keine ›reinen‹ Phänomene geben. Alle Phänomene werden durch historische Menschen konstituiert, selbst wenn die Weise solcher Konstitution nicht in ihr subjektives Belieben gestellt ist. Anders ausgedrückt: Menschliches Verstehen ist notwendig horizontgebunden. Es geht nicht darum, die Horizonte aufzusprengen oder zu negieren, sondern sie zu erkunden, zu erweitern und zu verschieben. Phänomenologie gibt es nur als hermeneutische Phänomenologie. In diesem Sinne versteht Sternberger die politische und die historische Wissenschaft als Disziplinen, in denen der »Erkennende aus demselben Stoff gemacht ist wie der Gegenstand seiner Erkenntnis« – die Basis jeder »humanistischen Wissenschaft« (VI 105).[140]

Das Vorbild, an welches Sternberger in der politischen Wissenschaft anknüpfen will, ist, wie er immer wieder sagt, Aristoteles. Bei ihm, genauer: in der *Politik*, findet er jene kongeniale Verbindung von »soziologischem Scharfblick« (II/1 118), »erstaunlichem

---

139 Ebd., 6f.
140 Zur politischen Wissenschaft vgl. Begriff der Politik als Wissenschaft, in: Synopsis. Festgabe für Alfred Weber, Heidelberg 1948, 687–704; wiederabgedruckt in: Aufgabe und Selbstverständnis der Politischen Wissenschaft, hg. von Heinrich Schneider, Darmstadt 1967, 3–19. Zur Geschichtswissenschaft vgl. Geschichte als Erfahrung und Geschichte als Erkenntnis (1977; VI 97–114).

und bewunderungswürdigem Realismus« (II/1 126) einerseits und normativer Reflexion andererseits. Damit soll gesagt sein: Aristoteles steht an Vorurteilslosigkeit und Illusionslosigkeit nicht hinter Max Weber zurück. Was er ihm aber voraus hat, ist die Frage nach dem Ursprung und Sinn der Institutionen. Für ihre Beantwortung wendet sich der Grieche nicht von der Polis ab, um in anderen Seinsregionen Ordnungsprinzipien zu suchen und sie dann auf das Politische zu übertragen. Diesen Vorwurf hat Sternberger gegen Platon und in schwächerer Form gegen Carl Schmitt erhoben. Es lohnt sich, einmal im Zusammenhang zu zitieren, wie Sternberger die aristotelische Methodik kennzeichnet. Sie zeichne sich dadurch aus, daß sie

»Beobachtung und Wesensbestimmung derart ineinander flicht, daß der Leser nicht immer sicher ist, ob er das eine oder andere vor sich hat, ob der Autor jeweils eine Bestimmung trifft, die sich aus der Norm herleitet oder eine ›Bestimmung‹ gleichsam in der Weise des Botanikers, der Pflanzen nach ihren Merkmalen bestimmt. In Wahrheit liegt gerade in diesem Hin- und Hergehen zwischen dem Wesenhaften und dem Vorkommenden die Genialität seiner Methode: nicht schroff das Sein am Sollen zu messen, wobei das eine Phänomen gerechtfertigt, das andere verworfen würde, sondern vielmehr die Norm so plastisch zu fassen, daß die empirische Beschreibung niemals außer Reichweite gerät, und die Beschreibung wiederum so anzulegen, daß die Phänomene (die Verfassungen, die Staaten) ihre wesenhafte Seite zeigen.« (II/1 113)

Diese instruktive Bemerkung ist in eine Passage eingeschoben, in der Sternberger den Begriff des Bürgers bei Aristoteles untersucht. Zuerst heißt es da, Bürger (*politēs*) seien solche, die am Richten und Regieren Anteil hätten (*metechein kriseōs kai archēs*, Pol. III.1, 1275a22f), nicht nur sofern sie ein befristetes Amt versähen, sondern sofern sie überhaupt Zugang zur Ekklesia und den Dikasterien hätten (a23–29). Dann geht Aristoteles eine Reihe von Einwänden durch, die gegen diese Bestimmung sprechen. Einige werden abgewiesen, einer läßt sich aber nicht so einfach widerlegen. Es gibt nämlich in den Städten Handwerker, die zwar Freie sind und somit zur Volksversammlung gehen dürfen, denen jedoch die Muße fehlt, um sich wirklich in der Tugend des Bürgers zu üben (III.5, 1278a8–11). Darf man sie noch zu den Bürgern zählen? Die aristotelische Antwort ist ambivalent. Zum einen sieht er, daß die Verfassungen je anders bestimmen, wer Bürger ist, und daß es durchaus reiche Handwerker gegeben hat, die die Muße zur Politik fanden. Andererseits stellt er fest, daß man im eigentlichen Sinne nur den Bürger nenne, der an allen Ehrenämtern Anteil habe (*legetai malista politēs ho metechōn tōn timōn*, a35f). An dieser Stelle ergibt sich genau jene Verwirrung, die Sternberger auf die ständige Überlagerung von Deskription und Definition zurückführt (II/1 113). Aristoteles scheint hinter seine anfängliche, weite Definition des Bürgers zurückzufallen, insofern er nur noch die *archontai* im engeren Sinne, die Inhaber der höchsten Regierungsämter, als Bürger bezeichnen will. Es drängt sich die Frage auf, welches denn nun die rechte Norm sei. Sternberger spricht von einem »Schwanken zwischen mehr platonischer und mehr ›demokratischer‹ oder – in unserem präzisen Sinn – politologischer Denkart« (II/1 118). ›Platonisch‹ ist der enge Begriff des Bürgers deshalb, weil Aristoteles zuvor die *archontai* dadurch vor den *archomenoi* ausgezeichnet hatte, daß sie die Tugend des guten Mannes und nicht nur die des guten Bürgers besäßen (III.4). Aus Sternbergers Sicht handelt es sich um eine »über-politische« Differenzierung, da es in der Politik nur auf die guten Bürger ankomme (II/1 114). Eine Orientierung an der Norm des guten Mannes würde ein Sollen postulieren, dem das Sein in der Regel nicht genügen kann. Folglich wären die meisten Phänomene zu verwerfen.

Das *kann*, so seine Überzeugung, nicht das letzte Wort des Aristoteles sein. Deshalb entscheidet er sich für die plastische Norm des weiten Bürgerbegriffs. Sie enthält ein fundamentales Kriterium zur Unterscheidung von Bürgern und Nichtbürgern, nämlich die Teilhabe an Volksversammlung und Volksgerichten, und wird zugleich der politischen Wirklichkeit in den meisten Städten gerecht.

Aus diesem Beispiel ist ersichtlich, in welchem genauen Sinn Sternberger sich Aristoteles zum Vorbild nehmen will. Er greift allein auf solche Abschnitte der *Politik* zurück, die sich »politologischer Denkart« verdanken. Das ist nach seiner Überzeugung immer dann *nicht* der Fall, wenn ethische Höchstforderungen in die Institutionenlehre einfließen, also in allen Abschnitten, die den guten Mann zum Leitmaßstab haben. Neben den genannten Stellen betrifft dies vor allem die Bücher VII und VIII, das Programm der besten Polis, in der alle Bürger zugleich gute Männer sind. Sternberger hat diese Kapitel, die für einen Philosophen wie Eric Voegelin der Hauptanknüpfungspunkt sind, komplett ignoriert. »Der Platoniker in ihm konstruierte den besten Staat schlechthin, der Empiriker Aristoteles aber beobachtet und vergleicht die wirklichen Staaten und Staatsverfassungen, ohne doch sein Ziel aufzugeben, und landet schließlich bei dem bestmöglichen, bei dem besten menschenmöglichen, bei dem gesellschaftlich bestmöglichen Staat und bescheidet sich dabei.« (IV 50). Diesen Preis der Bescheidenheit muß der Politikwissenschaftler zahlen, sonst wird er keine Phänomenologie betreiben können. Gewiß darf er ethische Höchstformen für wünschenswert halten, doch hat sich sein Forscherblick nicht auf das schlechthin Wünschenswerte zu richten, sondern auf »die einwohnenden Normen, den einwohnenden Zweck und Sinn der Einrichtungen« (III 118). Da Sternberger solchermaßen den Entwurf der besten Verfassung aus seinem Gesichtsfeld ausschließt, könnte man von einer »politologischen« Transformation der aristotelischen Philosophie sprechen.

(d) Metamorphose – Morphologie und Anthropologie

Die Untersuchung von Sternbergers methodischem Rückgriff auf Aristoteles (und die antike Polis) ist noch nicht vollständig. Es bleibt ein wesentlicher Unterschied zwischen beiden, der noch nicht behandelt wurde. Die *Politik* ist zweifellos ein Werk auch des wissenschaftlichen Vergleichs, dessen, was heute *comparative politics* oder vergleichende Regierungslehre genannt wird. Bei Aristoteles nicht anders als in der Gegenwart werden Systemvergleiche primär in synchroner Perspektive vorgenommen. Hingegen zieht sich durch Sternbergers Schaffen eine durchgehende Linie des diachronen Vergleichs von Institutionen. Dahinter steht die Annahme, daß die *Politik*, zumindest ihr »politologischer« Teil, nicht nur theoretisch, sondern vor allem praktisch-politisch tiefe Spuren in der europäischen Geschichte hinterlassen hat, Spuren, die bis zu den modernen Verfassungsstaaten reichen. Auf diese Spuren stieß er über den »Weg der Wörter«, der zumindest indiziert, wo Moderne und Antike noch immer verwoben sind. Dabei war er sich bewußt, daß es nicht darum gehen konnte, die überzeitliche ›Wiederkehr des Gleichen‹ zu erweisen. Wer wie er die historischen Phänomene ernst nehmen und nicht irgendwelchen Ideen subsumieren wollte, benötigte eine eigene Methode, um das »Unvergleichbare vergleichen« (VIII 383) und begrifflich bewältigen zu können. Diese Methode fand Sternberger nicht bei Aristoteles, sondern bei einem Humanisten des 18. Jahrhunderts, der dem Griechen in mancherlei Hinsicht nahestand.

Sie taucht erstmals in den *Drei Wurzeln* an prominenter Stelle auf. Nachdem Sternberger die drei verschiedenen Ursprünge des Politischen behandelt hat, wendet er sich der Frage zu, wie der moderne Staat mit der antiken Polis zusammenhänge. Das entsprechende Kapitel ist mit: »Metamorphosen der Bürgerschaft« überschrieben (II/1 389ff). Metamorphose, heißt es im Text, sei die »tief verwandelte Wiederkehr des Gleichen« (II/1 402), ein Gestaltwandel unter historisch je anderen Bedingungen, in dem sich dennoch ein Gleiches durchhalte und übermittle. In einem späteren Aufsatz schreibt Sternberger, »daß die antiken und modernen Ausprägungen [des Staates] nur im Sinne eingreifender und umschaffender Metamorphosen zusammenhängen« (X 296). Beide Male weist er darauf hin, er wolle den Begriff so verstanden wissen, wie ihn Goethe in seiner Pflanzenlehre entwickelt habe (II/2 271f; X 296). Nähere Erklärungen gibt er nicht, spielt die Anknüpfung eher herunter. Es handle sich bloß um eine »improvisierte Bemerkung«, und es liege ihm nichts an der »Eröffnung oder Wiederholung einer Methodendiskussion«. Der Begriff der Metamorphose biete einfach einen »heuristischen Vorteil: er kann uns einen Zusammenhang des Antiken und Modernen zu erkennen helfen, ohne daß wir in perspektivische Verzerrungen geraten, wie sie die großen alternativen Anschauungsformen von Progression und Regression, Fortschritt und Verfall, Entwicklung und Entartung mit sich bringen« (II/2 271). An dieser Stelle wäre Sternbergers Überzeugung in Erinnerung zu rufen, Methoden sollten am besten hinter ihren Gegenständen zurücktreten. Im Begriff der Metamorphose steckt nämlich noch mehr als nur ein »heuristischer Vorteil«. Deshalb ist ein kurzer Exkurs zu Goethes Pflanzenlehre angebracht.

Bei dem Text, auf den Sternberger anspielt, handelt es sich um Goethes *Versuch die Metamorphose der Pflanzen zu erklären* (1790). Diese erste naturwissenschaftliche Arbeit ging auf botanische Studien zurück, die er während seiner Italienreise unternommen und anschließend in Weimar fortgesetzt hatte. In Italien war ihm der Gedanke gekommen, daß in der ihm «entgegentretenden Mannigfaltigkeit [...] man sich alle Pflanzenarten vielleicht aus einer entwickeln könne«.[141] Diese sogenannte »Urpflanze« wäre »das wunderlichste Geschöpf von der Welt, um welches mich die Natur beneiden soll«.[142] Davon ist in dem nüchternen wissenschaftlichen Traktat indessen keine Rede mehr. Goethe sucht nicht nach dem Grundmuster des gesamten Pflanzenreichs, sondern studiert den Gestaltwandel allein der einjährigen Blütenpflanze. Die »Wirkung, wodurch ein und dasselbe Organ sich uns mannigfaltig verändert sehen läßt«, bezeichnet er als »Metamorphose«.[143] Als dieses Organ macht er in der Untersuchung das Blatt am Sproßabschnitt aus, welches durch seine Metamorphose von der gestaltlosen Wurzel zur höchstgestalteten Blüte geführt wird. Dabei folgt er jener Maxime, die Sternberger für seine historischen Vergleiche übernehmen will, nämlich »die Erscheinungen vorwärts und rückwärts gegeneinanderzuhalten«.[144] Die zugrundeliegende Untersuchungsmethode hat Goethe später »Morphologie« genannt, »Lehre von der Gestalt, der

---

141 Italienische Reise (1816/17), zitiert nach: Goethes Werke, Hamburger Ausgabe in 14 Bänden, hg. von Erich Trunz, München ¹²1981, Bd. 11, 60.
142 Ebd., 324 (17.5.1787).
143 Die Metamorphose der Pflanzen (1790), Hamburger Ausgabe, Bd. 13, 64 (§ 4).
144 Ebd., 101 (§ 120); vgl. II/2 271f.

Bildung und Umbildung der organischen Körper«.[145] Auf diese Weise wollte er eine Naturwissenschaft überwinden, die beim Befund der Mannigfaltigkeit der Natur stehen blieb, eine ideale Ganzheit nur postulierte, anstatt sie in den organischen Prozessen selbst aufzusuchen und nachzuweisen. Sein eigener Anspruch war, auf den »regelmäßigen Weg der Natur« aufmerksam zu machen und die »Gesetze der Umwandlung« zu finden,[146] nicht nur im Feld der Pflanzen, sondern auch in dem der höheren Wirbeltiere. Die morphologische Naturwissenschaft sollte einerseits der Vielfalt empirischer Phänomene gerecht werden, ohne andererseits die Vorstellung einer Ganzheit der Natur zu opfern. Was sich tatsächlich durchsetzte, war die moderne, auf strenger Kausalanalyse beruhende Naturforschung. Ihrem strengen Verständnis von Gesetzen als eindeutigen Ursache-Wirkungs-Relationen konnte die Morphologie nicht genügen. Goethe ging es um die Erkenntnis des Ähnlichen, seinen Konkurrenten hingegen um die des Immergleichen. Deshalb war dem Begriff der Metamorphose keine Karriere innerhalb der Naturwissenschaft gegönnt.

Im Blick auf die kausalanalytische Naturforschung läßt sich durchaus schon bei Goethe von einem »heuristischen Vorteil« der Morphologie sprechen. Zum einen findet sie Ähnlichkeiten, die erst noch der genauen Erforschung bedürfen, zum anderen, hält sie Zusammenhänge fest, die sich zwar nicht in Gesetzesaussagen formulieren lassen, aber doch nicht zufällig zu sein scheinen. Es handelt sich um hypothetische Vermutungen, die es erlauben, vermeintlich Unvergleichbares aufeinander zu beziehen. Gemäß ihrer Intention und Ausführung bei Goethe ist die Morphologie eine vergleichende Phänomenologie. Gerade das macht sie für Sternberger so attraktiv. Ihr Ziel ist das Auffinden von »Urphänomenen«, was nach Goethes Überzeugung nicht durch Regeln oder Gesetze, sondern allein durch »Anschauen« gelingen kann.[147] Ein solches Urphänomen ist nach der Pflanzen-Schrift das genannte Blatt am Sproßabschnitt, als dessen Verwandlung alle anderen Erscheinungsweisen der Pflanze zumindest vorstellbar sind. Es kommt nicht von ungefähr, daß Sternberger selbst den »drei Wurzeln« der Politik den Rang von »Urphänomenen« zuspricht (II/1 11). Aus den Verwandlungen der aristotelischen Politologik, der machiavellistischen Dämonologik und der augustinischen Eschatologik, so seine Überzeugung, lassen sich alle Erscheinungsformen des Politischen im europäischen Abendland erklären. Daß es sich hier um theoretische Entwürfe handelt, steht der Rede von Urphänomenen nicht im Weg. Sternberger geht davon aus, daß sie aus der Anschauung wirklich vorhandener Erscheinungen hervorgegangen sind. Was Aristoteles begreift, ist das Grundmuster einer guten, menschlichen politischen Ordnung – Sternberger spricht daher immer wieder von der »Stadt als Urbild« (VIII 381), das sich auch in den späteren Gestalten des mittelalterlichen Reichs, der britischen Monarchie und des modernen Verfassungsstaats wiederfinden lasse.[148] Die Polis ist zugleich »Urwort« im erwähnten Jasperschen Verständnis, weil es die Tiefe geschichtlicher Erfahrung in sich trägt und bei seiner Übernahme in die Nationalspra-

---

145 Betrachtung über die Morphologie (nach 1794), Hamburger Ausgabe, Bd. 13, 124; vgl. Zur Morphologie (1817), Hamburger Ausgabe, Bd. 13, 54ff.
146 Die Metamorphose der Pflanzen, aaO., 64 (§3).
147 Zur Farbenlehre, Hamburger Ausgabe, Bd. 13, 367f.
148 Die Stadt als Urbild, so lautet auch der Titel eines Bandes mit gesammelten Studien, den Sternberger 1985 veröffentlichte.

chen (*politics, politique, politisch* etc.) bewahrt hat, selbst wenn es oftmals nur Fremdwort blieb.

Für Goethe sind die Urphänomene das Ziel, zugleich aber auch die Grenze der Naturforschung. Hinter sie kann wissenschaftlich nicht mehr zurückgefragt werden – wohl aber philosophisch: »Der Naturforscher lasse die Urphänomene in ihrer ewigen Ruhe und Herrlichkeit dastehen, der Philosoph nehme sie in seine Region auf, und er wird finden, daß ihm nicht in einzelnen Fällen, allgemeinen Rubriken, Meinungen und Hypothesen, sondern im Grund- und Urphänomen ein würdiger Stoff zu weiterer Behandlung und Bearbeitung überliefert werde.«[149] Damit öffnet sich das Tor für Goethes poetisch-spekulative Gesamtdeutung der Natur als einer beständig sich entfaltenden und in sich zurückkehrenden Materie, der der Geist innewohnt. Darauf kann hier nicht weiter eingegangen werden, nur sei darauf hingewiesen, daß sie den naturwissenschaftlichen Studien selbst schon zugrundeliegt.[150] Deshalb, so darf vermutet werden, weicht Sternberger einer weitergehenden Erläuterung seines Verständnisses von Metamorphose aus. Goethes Pflanzenlehre beruht auf der selbst nicht ausgewiesenen Annahme, es gebe einen durchgängigen Gesamtzusammenhang der Lebensformen. Der Gedanke, es könne Brüche und Neuanfänge geben, wie ihn Darwin später vertreten hat, ist durch die Idee fortwährender Verwandlungen abgewehrt bzw. ausgeschlossen. Gerade die Geschichte des politischen Aristotelismus ist jedoch ohne den Gedanken des Bruchs nicht zu schreiben. Der erste Bruch ereignet sich mit dem Untergang der antiken Städte und Republiken und dem Verschwinden der *Politik*. Sternberger verortete diesen Bruch am Ende Roms, auf das aus seiner Sicht Herrschaftssysteme folgen, denen die augustinische Zwei-Reiche-Lehre normativ zugrundeliegt. Eine Renaissance setzt erst wieder mit Thomas von Aquin und seinem Schüler Ptolemäus von Lucca ein, die die *Politik* kommentieren, bevor Marsilius von Padua ihre Grundgedanken auf das spätmittelalterliche Reich überträgt. Von dort aus hat Sternberger eine durchgehende Linie gezeichnet, die über die englische Monarchie mit ihren Interpreten John Fortescue, John Locke und Edmund Burke bis zur Gründung der Vereinigten Staaten und der europäischen Verfassungsstaaten reicht. Doch ist diese Linie nur *eine* neben der eschatologischen und dämonologischen, die sie immer wieder bedroht haben. Deshalb mündet Sternbergers Rekonstruktion dieser Linien nirgendwo in eine geschlossene teleologische Geschichtsbetrachtung.

Dennoch implizieren die Übernahme des Begriffs der Metamorphose und die Ausführung einer Morphologie des Politischen mehr als nur einen »heuristischen Vorteil«.[151] Auch für Sternberger ist die Rekurrenz des Urphänomens der Polis nicht bloß ein historisches Zufallsprodukt. Daß Menschen zu verschiedenen Zeiten unter ebenso verschiedenen Bedingungen die Polis in Verwandlung neu gründeten, auch ohne die *Politik* zu kennen, verweist aus seiner Sicht auf einen Grundzug der menschlichen

---

149 Zur Farbenlehre, aaO., 368.
150 Vgl. dazu das Fragment *Die Natur* von 1783 und Goethes eigene Erläuterung von 1828 in: Hamburger Ausgabe, Bd. 13, 45–49. Goethe bekennt sich im Rückblick zu den Grundzügen dieser aphoristischen Naturdeutung und erblickt ihre Vollendung in seiner späteren Erkenntnis von »Polarität« und »Steigerung« als den »zwei großen Triebräder[n] aller Natur« (48).
151 Zur Morphologie des Politischen bei Goethe vgl. Theo Stammen: Goethe und die Französische Revolution, München 1966.

Natur. Es öffnet sich das Tor zur Anthropologie. Das Politische ist eine bleibende Möglichkeit der Menschen – so versteht er die aristotelische Wesensbestimmung des Menschen als *zōon politikon*. Sie können, aber sie müssen sie nicht verwirklichen. Daß sie die Möglichkeit vergeben, liegt nicht am Faktum des Sündenfalls, das Sternberger stets anerkannt und als unaufhebbare Entzweiung, mithin Fehlbarkeit des Menschen ausgelegt hat.[152] Es liegt vielmehr an dem darin gründenden Verlangen, die Sündhaftigkeit des Menschen zu übersteigern, abzuschaffen oder sie zu verkörpern. Die Übersteigerung der Sündhaftigkeit hat Sternberger an Augustinus festgemacht, dessen Eschatologik das irdische Dasein herabsetze, um die Aussicht auf Erlösung nach dem Tode noch zu steigern (II/1 352–357). Das Modell der zwei Reiche rechtfertige die Unterwerfung unter irdische Herrschaft, weil sie gegenüber der göttlichen Herrschaft verblasse, der alle Untertan seien (II/1 23–25). Wird aus den zwei Reichen eines gemacht, welches das *eschaton* schon auf Erden verspricht, liegt darin der Versuch, die Sünde abzuschaffen. Sternberger zählt auch das noch zur Eschatologik und macht den Vorwurf all jenen, die den Staat abschaffen wollen, sei es auch mit Gewalt und Terror (II/1 267–304, 412–421). Die Verkörperung der Sünde schließlich schreibt er Machiavellis Dämonologik zu, die den neuen Fürsten in der Gestalt des Teufels auftreten läßt (II/1 222–227). Als einen späten Nachfolger führt er Hitler an (II/1 422–439). Alle diese Versuche, die Politologik und mit ihr das *zōon politikon* auszulöschen, verweisen für Sternberger auf die »Möglichkeit (und Wirklichkeit) des Un-Menschen« (XI 324, II/2 127). Sie ist es, die eine geschlossene Morphologie des Politischen, seine Herleitung aus *einer* Wurzel, unmöglich macht.

Im Rekurs auf Goethe enthüllt sich somit, daß Sternbergers phänomenologische Methode, wie er selbst sagt, »eine Anthropologie voraussetzt, eine Einsicht in die ›Conditio humana‹, in die Lage und Beschaffenheit der Menschen überhaupt« (II/1 440). Diese Anthropologie ist, soweit sich das bis hierher sehen läßt, gleichermaßen von aristotelischen und biblischen Vorstellungen geprägt. Aristotelisch ist der Gedanke, daß das Politische einen Wesenszug der menschlichen Natur ausmacht, biblisch das Wissen, daß der Mensch in der unaufhebbaren Entzweiung lebt. Beide Traditionen kommen aus Sternbergers Sicht darin überein, daß der Mensch nicht perfekt sein muß, um gleichwohl würdig auf Erden leben zu können. Er faßt ihre Sicht der menschlichen Natur in die Formel: »Es ist die Natur des Menschen, stets auf dem Wege zu seiner Natur zu sein.« (IX 125). Man könnte von einer ›offenen‹ Teleologie sprechen, die innerhalb der praktischen Philosophie des Aristoteles dem menschlichen Glück des *bios politikos* näher kommt als dem göttlichen Glück des *bios theōrētikos*. Wenn Sternberger von der »normativ[en] und teleologisch[en]« Definition des Menschen durch den Stagiriten spricht, läßt er diese Unterscheidung offen (II/1 96f). Im Grunde zielen jedoch alle seiner Anknüpfungsversuche auf den *bios politikos* und das ›Menschenmögliche‹. Darüber fragt er nicht hinaus, um die Grenze zwischen Philosophie und Theologie, Politik und Glauben nicht zu verwischen.

---

152 Vgl. hierzu die 1944/45 verfaßten Notizen zu *Gesetz, Sünde, Gewissen* (IX 97–115). Sternbergers Auslegung des Römerbriefes mündet in die Position, daß Sünde und Gesetz einander wechselseitig voraussetzen als unausweichliche Bedingungen des Menschseins (bes. 111–115).

Es bleibt nun weiter zu untersuchen, was diese anthropologischen Ansätze im einzelnen für Konsequenzen haben. Dabei werden zwei Perspektiven eingeschlagen: zum einen auf Sternbergers Begründung politischer Legitimität (Kap. 3.1), zum anderen auf seine Deutung des Verfassungsstaats als Mischverfassung (3.2). Der Sache nach stehen im zweiten Kapitel stärker anthropologische, im dritten hingegen stärker phänomenologische Betrachtungen im Vordergrund. Das ist aber nicht so zu verstehen, als seien Anthropologie und Phänomenologie strikt zu trennen. Wenn es die Aufgabe des Phänomenologen ist, »aus handfester Erfahrung und Beobachtung, als ein Empiriker, [...] gleichwohl die einwohnenden Normen, den einwohnenden Zweck und Sinn der Einrichtungen durchgängig im Auge [zu behalten]« (III 118f), sind beide Disziplinen eng miteinander verwoben. Die Normen erkennt nur, wer sowohl von den Möglichkeiten der menschlichen Natur ahnt als auch ihre Erscheinungsweisen mit scharfem Blick zu analysieren weiß.

3.2 Politische Legitimität: Die Bürgerschaft als *koinonia politikē*

»Ich wünschte, ein Bürger zu sein« – diesen Ausspruch Theodor Mommsens von 1899 hat Sternberger mehrfach zitiert und sogar zum Buchtitel erhoben. Er war ihm Ausdruck einer Hoffnung, die er selbst hegte, und einer Resignation, vor der er sich und andere zu bewahren suchte. Was Mommsen ausdrücken wollte, war die Klage zwar im bürgerlichen Jahrhundert gelebt zu haben, aber nie aus dem »Dienst im Gliede« herausgekommen zu sein (IV 55f). Er war immer nur *bourgeois*, nie *citoyen* gewesen. Sternberger betrachtete diese Äußerungen als symptomatisch für die Tradition des deutschen Staatsverständnisses, wonach der Bürger als »Staatsbürger« dem Staate gegenübersteht und ihm zugleich untergeordnet ist (IV 57f, 71). Ungewöhnlich war daran, daß jemand dies als Manko empfand, hatte sich doch die Mehrzahl der Staatsbürger nie daran gestört. Als der Krieg vorüber war und die neue Bundesrepublik noch in den Kinderschuhen steckte, sah Sternberger selbst die Chance, erstmals als *citoyen* zu leben, zugleich wissend, daß diese Chance von möglichst vielen Bürgern genutzt werden mußte, sollte das neue Staatswesen auf Dauer Bestand haben. In dieser Situation erinnerte er seit 1946 in zahlreichen öffentlichen Vorträgen daran, daß die Politik nicht erst beim Staat, sondern bei den Menschen anfange (PRR 75, 78). Dazu kam er stets auf die aristotelische Bestimmung des Menschen als *zōon politikon* zurück (PRR 79, IV 57f). Noch 1969 begann er jenes Buch, das Mommsens Ausspruch im Titel trug, mit dem Satz: »Es ist an der Zeit, den Begriff des Bürgers zu rehabilitieren.«[153]

Diese Rehabilitation, die zugleich ein Stück Rehabilitation der praktischen Philosophie des Aristoteles ist, verstand Sternberger nicht allein als pädagogischen, sondern zugleich als philosophischen Auftrag. Es galt eine Form der Legitimität wiederzufinden, die in der deutschen Tradition des Staatsdenkens verlorengegangen schien: politische, d.h. bürgerliche Legitimität. Max Weber hat sie in seiner berühmten Aufstellung der drei Typen legitimer Herrschaft unter den Tisch fallen lassen. Dieser »blinde Fleck«

---

153 Frankfurt a.M. 1967, 7.

im Auge des Soziologen resultiert nach Sternbergers Überzeugung aus einem elementaren Vorgriff, den Weber selbst nie in Frage stellte. Indem er den Staat neutral als ›Herrschaftsverband‹ bestimmte, vermochte er die »Erscheinungen der bürgerliche Vereinbarung, der Zivilität« niemals wahrzunehmen. Was er kannte, die ›rationale Legitimität‹, betrifft nur die Legalität gesatzter Ordnungen, nicht aber die Art und Weise, wie sie zustande kommen. Weber, so Sternbergers These, hat daher die eigentliche Legitimität des Verfassungsstaates nie begriffen (III 137–158). Sie gerät erst in den Blick, wenn der Staat nicht mehr als Herrschaftsverband, sondern als *koinonia politikē*, als Gemeinschaft der Bürger verstanden wird (X 135).[154] Was das im einzelnen heißt, ist Gegenstand dieses Kapitels. Die Gliederung folgt den drei basalen Bedingungen, denen nach Sternberger eine gute Ordnung genügen muß: Freiheit (a), Gleichheit (b) und Gerechtigkeit (c). Sie wurden sowohl in der Antike als auch in der Neuzeit formuliert, freilich mit unterschiedlichen Vorstellungen verbunden. An diesen Differenzen setzt Sternberger an, um zu klären, welche Metamorphosen erforderlich sind, damit das *zōon politikon* und die *koinonia politikē* unter den Bedingungen der Moderne rehabilitiert werden können.

(a) Freiheit: Autonomie, Gesetz, Sitte

Gerhard Storz berichtete einmal, wie sein langjähriger Freund Sternberger angesichts der sich abzeichnenden Niederlage der Wehrmacht an der Westfront »in einem Ton, der mir als neu auffiel von der Freiheit [sprach], die jetzt vielleicht vor der Tür stehe«.[155] Als die Tür dann aufging, wurde Sternberger bald klar, daß Befreiung noch nicht mit Freiheit gleichzusetzen war. Dieser Reflexionsprozeß schlug sich in den *Vier Reden über die Freiheit* nieder, die er 1946 im Hessischen Rundfunk hielt. Darin greift er die klassische Freiheitslehre des Liberalismus auf, wie sie 1789 in der französischen Erklärung der Menschenrechte niedergelegt worden ist: »La liberté consiste à pouvoir faire tout ce qui ne nuit pas à autrui [...]« (Art. 4 – PRR 22). Aus diesem sogenannten ›Schadensprinzip‹ folgt, daß staatliche Gesetze nur regeln dürfen, was den Freiheitsraum des einzelnen überschreitet und die Freiheit anderer einschränken könnte. Es begründet und legitimiert den liberalen Rechtsstaat, der sich nicht in die Privatsphäre seiner Bürger einmischt. Ein derartiges Verständnis von Freiheit war Sternberger seit seiner Studienzeit geläufig. Der Staat schafft und sichert jenen Freiheitsraum, in dem sich die einzelne Existenz verwirklichen kann und muß. Es entsprach seiner liberalen Gesinnung ebenso wie der Grundhaltung seines Arbeitgebers, der Frankfurter Zeitung.

Nach Ende des Krieges wurde ihm deutlich, daß damit allein kein Staat mehr zu machen war. Es setzte nämlich als selbstverständlich voraus, was infolge der etatisti-

---

[154] Da die moderne Soziologie und mit ihr die sogenannte empirisch-analytische Schule der Politikwissenschaft weithin in die Fußstapfen Max Webers getreten ist, hat Dolf Sternberger seine Kritik auch gegen mächtige Tendenzen der zeitgenössischen Forschung gerichtet. In anderen Fächern gibt es verwandte Erscheinungen. So konstatiert der Rechtswissenschaftler Peter Schneider anläßlich Sternbergers Unterscheidung von Herrschaft und Vereinbarung einen »dramatische[n] Gegensatz zwischen dem Geschichtsbild des Politikwissenschaftlers Sternberger und dem Geschichtsbild, das für die Juristen fast selbstverständlich ist und welches den modernen Staat mit dem höchsten Herrschaftsverband identifiziert«; Dolf Sternberger und der Begriff des Politischen, in: Archiv für Rechts- und Sozialphilosophie 74 (1988), 107.

[155] Statt einer Vita, 15.

schen Tradition des Obrigkeitsstaates, vor allem aber infolge der nationalsozialistischen Diktatur in Deutschland nicht vorhanden war, eine politische Kultur, in der die Bürger nicht bloß Gesetze einhalten, sondern auch die Regeln des Anstands und Umgangs miteinander beherrschen. Das »wirkliche politische Leben«, so Sternberger, spiele sich »in der Mitte zwischen jener allgemeinen Freiheit und dem Gesetz des Staates ab«, weshalb »es in der Demokratie auf die *Sitte*, auf die Bildung der freien Sitten, auf den Umgang des Menschen mit dem Menschen ankommen wird« (PRR 24). Hier tritt ein neues Verständnis von Freiheit in den Blick, das der liberale Begriff nicht explizierte, weil er es noch als fraglos vorhanden annehmen durfte. Es handelt sich nicht um die Freiheit des Individuums von der Willkür anderer, sondern um die Freiheit zur geselligen Interaktion, zum gesellschaftlichen Austausch und zur politischen Teilhabe. Oder, um es mit der geläufigen Unterscheidung von Isaiah Berlin zu sagen, um positive statt negative Freiheit. Damit tritt der Begriff der Sitte und der Sittlichkeit zwischen die klassisch liberalen Grenzmarken von Autonomie und Gesetz. Worauf es ankommt, ist die praktische Bildung solcher Sitten im Nachkriegsdeutschland. »Sitten können nicht allein aus Lehren wachsen, sie können schon gar nicht kommandiert werden. Die politischen und gesellschaftlichen Institutionen selbst müssen so beschaffen sein, daß sie freie Sitte, freien Anstand ermöglichen und fördern.« (PRR 24). Dieses ist die institutionelle Seite, die andere, individuelle Seite nennt Sternberger auch, »die freie und selbständige und persönliche Teilnahme des Einzelnen an den Geschäften der Allgemeinheit« (PRR 28). Beides zusammen bezeichnet er als »Herrschaft der Freiheit« und, in Anlehnung an eine amerikanische Formel, als »aktiven Grundsatz« der Regierung (PRR 42). Das ist die Begründung eines partizipatorischen Gemeinwesens, welches nicht auf den *bourgeois*, sondern auf den *citoyen* baut – für Sternberger das Leitbild der entstehenden Bundesrepublik.

Der Begründungsfigur nach – Sittlichkeit als Vermittlerin von individueller Autonomie und staatlichem Recht – erinnert Sternbergers Argumentation stark an Hegel. Gleichwohl spielt Hegel weder an diesen noch an anderen Stellen eine Rolle. Sternberger rechnet ihn der preußisch-etatistischen Tradition zu, die nur den untertänigen Staatsbürger kennt. Der politische Raum, welchen Hegel der Teilhabe des Einzelnen am Allgemeinen läßt, die Ständeversammlung, kann ihm keinesfalls genügen. Da räumt ein obrigkeitlicher Staat seinen Untertanen ein wenig Mitsprache ein, verpflichtet ansonsten aber seine neutralen Beamten, für das Gemein-, besser: das Staatswohl zu sorgen (IV 278f). Deshalb knüpft Sternberger nicht an den Schwaben, sondern an den Griechen an. Was er über Sitten und Institutionen sagt, geht auf typisch aristotelische Denkfiguren zurück. Sitte, *ēthos*, ist nicht einfach eine natürliche Gegebenheit oder gar eine Substanz, sondern ein Habitus, der sich in Abhängigkeit von Verfassungen ausprägt, wie er diese umgekehrt auch trägt oder zerstört, je nach Beschaffenheit. Statt durch Lernen und Lehren wird er durch eigene Praxis angeeignet und fortgebildet. Solche Praxis ist immer gemeinschaftliche, politische. Als autark – also wörtlich als »selbstregierend« – bezeichne man, heißt es in NE I.5, nicht das vereinzelte Selbst, das auf sich beschränkte Dasein (*ouk auto monō, tō zōnti bion monōtēn*), sondern das Leben mit Eltern, Kindern, Frau und überhaupt Freunden und Mitbürgern (*philois kai politais*), denn der Mensch sei ein politisches Wesen (*epeidē physei politikon ho anthrōpos*, 1097b8–11). Dieser Satz bringt sehr deutlich die griechisch-aristotelische Vorstellung von Autarkie zum Ausdruck. Selbstgenügsam ist nie der Einzelne, sondern nur die

Gemeinschaft, an der er Anteil hat (vgl. Pol. I.2, 1253a26–29). Als im eigentlichen Sinn frei gilt nicht der *despotēs*, der dem Haushalt vorsteht, sondern der *eleutheros*, der unter seinesgleichen die gemeinsamen Angelegenheiten gestaltet (Pol. I.7, 1255b16–20). Dieses Verständnis von Freiheit hat Sternberger im Sinn, wenn er die Freiheit zum »aktiven Grundsatz« der Regierung erhebt.

Trotzdem ist eine Grenze anzuzeigen, die Sternberger von Aristoteles trennt. Es geht ihm nicht darum, Sittlichkeit an die Stelle von Autonomie zu rücken. Gemeint ist vielmehr ein Vermittlungsverhältnis zwischen persönlicher und gemeinschaftlicher Freiheit. Das Prinzip individueller Autonomie gehört nicht dem griechisch-aristotelischen Denken zu, sondern kommt erst in christlicher Zeit auf. Als eigenständiges Individuum erscheint der Mensch erst vor Gott, herausgenommen aus allen politischen Bezügen. Diese Zusammenhänge hat Hegel klar gesehen. Auch Sternberger steht, da er daran festhält, fest auf christlich-neuzeitlichem Grund. »Wir leben [...] in einem Zustand, der uns nun endlich zum kritischen, wachsamen Wahrnehmen und Denken, zum eigenen Urteil, zur selbständigen Verantwortlichkeit in einer durchaus nicht paradiesischen, sondern geschichtlichen Wirklichkeit treiben und bilden muß.« (PRR 17). Wie aber Sittlichkeit und Autonomie einander ergänzen, so treten auch aristotelisches und christliches Denken in ein verwandtschaftliches Verhältnis. Sternberger hebt nicht die Unterschiede auf, betont jedoch die Kontinuitäten. Deshalb sind viele Aussagen doppelwertig zu verstehen, etwa die anthropologische Rechtfertigung für den politischen Akt des Wählens: »[...] das entspricht der menschlichen Natur selbst: nicht umsonst sprechen wir von der Freiheit des Wählens und Entscheidens, wenn wir die menschliche Freiheit näher beschreiben wollen« (PRR 60). Einerseits kann hier die *proairesis* gemeint sein, die vom Wünschen und Meinen abgehobene Entscheidung für eine bestimmte Handlung. Sie kommt unter allen Lebewesen nur dem Menschen zu. Gleichwohl ist sie nicht völlig frei, sondern eine Vorzugswahl aus gegebenen Möglichkeiten, die mit natürlichem Streben (*orexis*) ebenso wie mit Überlegung (*bouleusis*) verbunden ist (NE III.4–7). Andererseits meint Freiheit der Wahl im christlichen Sinne die mit dem Sündenfall gegebene Freiheit, sich für Gott oder für die Sünde zu entscheiden. Solche Freiheit geht allem Streben voraus und hat den Charakter einer existenziellen Wahl. Diese hat Sternberger im Sinn, wenn er davon spricht, »daß es für den Menschen kein ›Jenseits von Gut und Böse‹ gibt« (IX 8). Die Differenzen zwischen teleologischer und theologischer Deutung der Freiheit bleiben dabei stets unausgetragen.

Das Ausweichen vor theoretischen Problemen mag man als Manko verbuchen. In anderer Hinsicht ermöglicht es Sternberger jedoch den Anschluß der aristotelischen ›Politik‹ an die neuzeitliche politische Theorie, die ganz selbstverständlich von der Autonomie des Individuums ausgeht. In ihrer Optik treten die Individuen erst zusammen, um ein politisches Gemeinwesen zu begründen. Sternberger hat dieses Modell im Falle Hobbes' vehement abgelehnt, weil im *Leviathan* die Individuen nur ihre freiwillige Unterwerfung unter einen absoluten Herrscher vereinbaren. Hingegen sieht er den »großen John Locke« (VI 33) in einem weit freundlicheren Licht. Seine in den *Two Treatises of Government* (1689) entfaltete Lehre, die das Königtum ebenso wie alle politischen Ämter auf den »consent of the people« gründet, erscheint ihm als »Knoten- und Wendepunkt in der politischen Geistesgeschichte des Abendlandes«. Es handele sich um nichts weniger als die Entdeckung »des bürgerlichen oder auch des humanistischen Legitimitätsprinzips« (VI 35). Dieses löst sowohl die »numinose Legitimitätsvorstellung« ab, wonach sich die Autorität eines Herrschers aus direkter göttlicher Offenbarung herleitet, als auch die »pragmatische Legitimität«, welche die göttliche Abkunft des Herrschers um menschliche Regeln der Erb- und Thronfolge ergänzt (VI 25f). Gleichwohl ist Lockes Theorie keineswegs areligiös, wie Sternberger ausdrücklich hervorhebt. Sie geht von einem Naturzustand aus, in dem die Menschen bereits das göttliche Gesetz kennen, ein Bedürfnis nach Gerechtigkeit verspüren und sich deshalb zu einer Ordnung ihrer Beziehungen entschließen. Diese Lockesche Variante des Naturzustandes kommt Sternbergers eigenen Vorstellungen sichtlich nahe. Weil der Naturzustand weniger schauerlich als bei Hobbes gezeichnet ist, muß auch der Übergang in einen Gesellschaftszustand kein Sprung unter absolute Herrschaft sein. Vielmehr kann er als Erfüllung eines in der Natur der Menschen von Anfang an gegebenen Ziels vorgestellt werden, nämlich »sich ein verbindliches Gericht und eine gemeinsame Regierung [zu verschaffen], damit Friede unter ihnen sei oder doch in jedem Augenblick hergestellt werden könne« (VI 34f). Das ist mit einem christlichen Verständnis des Menschen vereinbar, wie Sternberger es an Thomas von Aquin expliziert hat (III 17–22). Mehr noch, es steht in keinem Widerspruch zur aristotelischen Lehre: »Ich vermag zwischen Lockes Lehre vom Ursprung des Staates aus menschlicher Vereinbarung und jenem berühmten Satze des Aristoteles, wonach der Mensch – der Mensch schlechthin und allgemein – ein bürgerliches Wesen sei (ein Zoon Politikon), keinen irgend erheblichen Unterschied wahrzunehmen, jedenfalls soweit man diese Theorie im Lichte der Legitimitätsfrage prüft. Eher scheinen sie nahe verwandt miteinander.« (VI 36f). Blickt man unbefangen auf die *Politik*, wird man sich diesem Argument nicht ohne weiteres entziehen können. Die teleologische Perspektive des Aristoteles meint ebensowenig wie die theologisch-naturrechtliche bei Locke, daß der Mensch wie von selbst in einen politischen Zustand übergehe. Hier wie dort bedarf es der Gründung der Freiheit. Zwar lebe von Natur in allen Menschen der Trieb, in eine politische Gemeinschaft einzutreten (*physei oun hē hormē en pasin epi tēn toiautēn koinōnian*), heißt es in Pol. I.2, doch sei Urheber der höchsten Güter erst derjenige, der sie zuerst vereinige (*ho de prōtos systēsas megistōn agathōn aitios*, 1253a29–31). Solche Vereinigung, so wäre hinzuzufügen, ist nur denkbar unter einer Verfassung, in die die Bürger einstimmen können.[156]

(b) Gleichheit: menschenrechtlich, politisch, sozial

Das Prinzip der Autonomie wurde oben gemäß der französischen Erklärung der Menschenrechte zitiert. In deren erstem Artikel ist zu lesen: »Les hommes naissent et demeurent libres et égaux en droits.« Neben dem Menschenrecht auf Freiheit steht das auf Gleichheit. Beide werden naturrechtlich fundiert, als »droits naturels, inaliénables et sacrés de l'homme«. Ihre Erklärung nimmt die Nationalversammlung »en présence et sous les auspices de l'Etre suprême« vor. In dieser Formel aus der Präambel ist noch erkennbar, daß die naturrechtliche Begründung von Freiheit und Gleichheit ein christ-

---

156 Auf die von Sternberger heruntergespielten Unterschiede, die Aristoteles und Locke trennen, weist korrigierend hin: Günther Nonnenmacher: Die Ordnung der Gesellschaft. Mangel und Herrschaft in der politischen Philosophie der Neuzeit, Weinheim 1989, 115–119.

liches Menschenbild voraussetzt, nach dem alle Menschen vor Gott gleich sind und ihre Würde aus ihrer göttlichen Abkunft (*imago dei*) beziehen. Wenn dann daraus allgemeine Menschenrechte abgeleitet werden, die jeder staatlichen Verbindung vorausgehen, handelt es sich um eine Figur, die der griechischen Antike völlig unbekannt ist. Dort sind Rechte nur als Bürgerrechte denkbar, die aber nicht allen Mitgliedern einer Polis, sondern nur den Freien unter ihnen zukommen. Sternberger hat diese fundamentale Differenz zwischen Neuzeit und Antike nie herunterzuspielen versucht, sondern eher noch verschärft. In den *Drei Wurzeln* verwendet er einige Energie darauf, Argumente zu entkräften, die gegen eine ontologische Rechtfertigung der Sklaverei durch Aristoteles ins Feld geführt werden können. Eines der wichtigsten Argumente, die im siebten Buch der *Politik* ausgesprochene Empfehlung, im besten Staat den Sklaven als Lohn für ihre Dienste die Freilassung in Aussicht zu stellen (I.10, 1330a31–33), übergeht er einfach (vgl. II/1 60f). Aus dem scharfen Gegensatz von Sklaverei und menschenrechtlicher Gleichheit folgt indessen nicht, daß die Polis eine überwundene, nur mehr historisch interessierende Gestalt ist. Was Sternberger in ihr sichtet und für das Verständnis der Gegenwart wiederbeleben will, ist eine paradoxe »Humanität ohne Gleichheit« (II/1 88).

Genau genommen, handelt es sich um eine Humanität, die nicht auf *menschenrechtlicher* Gleichheit, sondern auf *politischer* Gleichheit beruht. Dazu erinnert er an die kategoriale Unterscheidung zwischen Oikos und Polis; deren Schattenseite zwar die Sklaverei und Ungleichheit im Haus, deren Lichtseite jedoch die Freiheit und Gleichheit der Bürger ist. Herrscht dort der *despotēs*, regieren hier die Bürger (vgl. Pol I.7, 1255b16–20). Die Differenzierung verschiedener Weisen der *archē*, die Aristoteles intendiert, aber mangels eines anderen Begriffs nur verbal umschreiben kann, bringt Sternberger dadurch zum Ausdruck, daß er terminologisch zwischen ›Herrschaft‹ (über Ungleiche) und ›Regierung‹ (der Gleichen) trennt. »Es ist diese scharfe grundlegende Unterscheidung, welche die entscheidende Neuerung und die Originalität der aristotelischen ›Politik‹ ausmacht [...]« (II/1 90). Von den Bürgern, den Freien, heißt es bei Aristoteles, sie seien alle von Natur aus gleich (*tēn physin isous einai pantas*) und verfügten daher über das Recht, an der Regierung teilzunehmen (*pantas autou [archein] metechein* – II.2, 1261a39–b1). Allerdings wirft die Wahrnehmung dieses Rechtes ein politisches Problem auf, denn es können nicht alle zur selben Zeit regieren. Die aristotelische Lösung lautet, daß die Gleichen im Wechsel ein Amt versehen und außerhalb des Amtes einander gleich seien (*to en merei tous isous eikein to th'homoious einai exō archēs*, b3f). An dieser Stelle verwendet Aristoteles mit Bedacht zwei unterschiedliche Wörter für ›gleich‹. Im Amte sind die Bürger *isoi*, d.h. an Zahl, Stärke, Größe, Amt absolut Gleiche; es handelt sich um exakte Maßgleichheit, die im stets gleichen Amt ihren Grund hat. Außerhalb des Amtes sind sie *homoioi*, d.h. Gleichartige, Ähnliche, Leute ihresgleichen. Gemeint ist eine Gleichheit, die weniger exakt ist und Unterschiede zuläßt; hier handelt es sich ganz konkret um die Unterschiede zwischen denen, die Ämter besitzen, und denen, die nur an der Volksversammlung teilnehmen. Sie sind gewiß *an-isoi*, nicht jedoch *an-homoioi*. Sternberger drückt diesen Unterschied so aus: Sie sind artgleich in ihrer Eigenschaft als Bürger, jedoch maßverschieden hinsichtlich ihres Anteils an der Regierung (II/1 132f).

Es gibt somit auf dem Boden der politischen Gleichheit eine Weise der Ungleichheit. Das ist ein Sachverhalt, ein phänomenaler Befund, den Sternberger besonders ernst nimmt und weiter befragt. Welcher Art und welchen Ursprungs ist diese Ungleichheit? Zu sagen, sie beruhte auf der unterschiedlichen Verteilung der Ämter, wäre zu einfach. Aristoteles spricht zwar vom Wechsel zwischen *archein* und *archesthai*, jedoch ergibt seine Analyse der politischen Wirklichkeit ein differenzierteres Bild. Die Gruppe derer, die einander im Amt wechseln, ist faktisch beschränkt und keineswegs für jederman zugänglich. Sie setzt sich in den meisten Städten aus Adligen und Reichen zusammen, weil die Städte nicht Bestand hätten, wenn sie nur aus Armen und Sklaven bestünden. Denn die Adligen und Reichen tragen die Hauptlast des Steuereinkommens, und nur sie können es sich leisten, ein Amt dauerhaft zu versehen (Pol. III.12, 1283a16–19). Daß die ungleiche Amtsverteilung nur selten anders ist, hängt mit einer soziologischen Beobachtung des Aristoteles zusammen: »Es scheint nämlich zwei wesentliche Teile in den Städten zu geben, die Armen und die Reichen. Da überdies die Reichen für gewöhnlich die Minderheit, die Armen hingegen die Mehrheit bilden, scheinen diese beiden Teile der Städte einander entgegengesetzt zu sein.« (Pol. IV.4, 1291b7–11). Es sind solche Feststellungen, die Sternberger immer wieder mit dem Prädikat des »soziologischen Scharfblicks« (II/1 118) versieht. Sie vermitteln im vorliegenden Fall die Einsicht, daß der Grund für die Ungleichheit des Zugangs zu den Regierungsämtern nicht politischer, sondern *sozialer* Art ist. Zwar sind alle Bürger politisch gleichgestellt und besitzen dasselbe natürliche Anrecht auf Teilhabe an der Regierung, doch spaltet sich diese Teilhabe aufgrund sozialer Unterschiede in eine kleine Gruppe von Amtsinhabern und eine große Gruppe von Teilnehmern allein an der Volksversammlung. In normativer Hinsicht ist diese Zweiteilung durchaus problematisch, folgt doch »aus der Seinsgleichheit der Anspruch der Maßgleichheit«, die volle und umfänglichste Teilhabe des Bürgers an der Regierung (II/1 134). Dennoch kann und soll der politische Philosoph bzw. der Gesetzgeber nicht einfach über die realen Unterschiede hinweggehen. Um das politische Gemeinwesen zu bewahren, mithin auch die *homoiosis* und *eleutheria* zu sichern, bedarf er der Zustimmung sowohl der Reichen als auch der Armen. Deshalb kann seine Aufgabe nur darin bestehen, die einander widerstrebenden Teile in eine ausgleichende Verbindung zu setzen, nicht aber sie gegeneinander aufzuheben (Pol. IV.12). Diese Überzeugung teilt Sternberger mit Aristoteles. Sie entspricht jener Humanität, die er über die Zeit hinweg bewahren will.

Das hat zwei Konsequenzen. Zum einen folgen daraus institutionelle Arrangements, die erst im nächsten Kapitel erörtert werden können. Zum anderen hält Sternberger den Gedanken fest, daß es wirkliche Gleichheit der Rechte nur für Bürger, in bürgerlichen Gemeinschaften geben kann. »Ein Menschenrecht als solches taugt nichts, ist nicht einzufordern und nicht einzulösen ohne Bürgerrecht. Und darum bleibt das Modell eines Staates denkwürdig – und nicht allein denkwürdig, sondern aktuell –, der zum erstenmal in der uns bekannten Geschichte, jedenfalls zum erstenmal mit deutlichem Bewußtsein, in vollkommener theoretischer Klarheit, auf Bürgerrecht und Bürgerschaft gegründet wurde. Das ist die Polis, das ist der Staat des Aristoteles.« (IV 46). Um Mißverständnisse zu vermeiden: Sternberger hält an den Menschenrechten und ihrer Begründung fest, bindet die Legitimität eines modernen Staatswesens an ihre Anerkennung. Er wendet den Blick jedoch auf ihre politische Umsetzung, weil sie sonst ein »wolkiges Versprechen« blieben (II/1 405). Umsetzung meint kein einmaliges Ereignis, sondern den politischen Prozeß der Einformung eines rechtlichen Anspruchs in die Überzeugungen der Menschen und die Strukturen ihrer Institutionen. Sternberger erinnert daran, daß die Unterzeichner der amerikanischen Unabhängigkeitserklärung, die allen Menschen dieselben Rechte zugestand, selbst Sklavenhalter waren. Die Befreiung der Sklaven sei weit weniger von der Natur- und Menschenrechtsbewegung als von einer gleichzeitig einsetzenden Welle religiös motivierter Philanthropie getragen worden (IV 85). Diese Beobachtung hat ihn bewogen, immer wieder »Gerechtigkeit für das 19. Jahrhundert« zu fordern. Zwar werde es oft als Zeitalter des Imperialismus, Kapitalismus und Liberalismus geschmäht, doch sei es zugleich »das Zeitalter der praktischen Humanität« (IV 86; VI 118–122). Deshalb kann es auch als »Metamorphose« der alten Polis unter neuen, menschenrechtlichen Bedingungen verstanden werden, in der sich »das politologische Lebens- und Ordnungsprinzip wiederhergestellt oder aufs neue hergestellt [hat]« (II/1 404).

(c) Gerechtigkeit: Wirtschaft, Gesellschaft, Pluralität

Vom Wintersemester 1956/57 an hielt Sternberger eine dreisemestrige Vorlesung über »Maßstäbe des Regierens«. In der einleitenden Stunde umriß er das Gesamtprojekt und stellte die einzelnen Maßstäbe als Ausfaltungen eines großen Leitmaßes vor, der Gerechtigkeit. Dabei berief er sich explizit auf eine Stelle in Pol. III.12, wo es heißt, jede Wissenschaft und Kunst habe ein Ziel, bei der *politikē dynamis* sei dies die Gerechtigkeit (*to dikaion*), die das gemeinsam Zuträgliche (*to koinē sympheron*) bewirke (1282b14–18).[157] In diesem Sinne wollte Sternberger seine Absicht verstanden wissen. Was aber ist das gemeinsam Zuträgliche in einer politischen Gemeinschaft?

 Es scheint ratsam, eine Näherung über das Problem zu unternehmen, das im vorherigen Abschnitt angeklungen ist: die Differenz von politischer Gleichheit und sozialer Ungleichheit. Aristoteles plädiert für eine ausgleichende Verbindung (*synkrisis*) von Armen und Reichen, von Amtsträgern und einfachen Stimmbürgern. Damit ist im wesentlichen eine politische Lösung gemeint, die die soziale Ungleichheit nicht aufhebt, sondern nur gewährleistet, daß jene ihre politischen Rechte wahrnehmen können, die zu den Armen zählen. Zwar ist auch die Polis auf Steuereinnahmen angewiesen, um Gemeinschaftsaufgaben zu finanzieren. Der natürliche Ort der Ökonomie (*oikonomikē*) ist jedoch, wie der Name deutlich ausspricht, das Haus, der *oikos*. Was Aristoteles darüber denkt, wird systematisch in Buch I der *Politik* abgehandelt und dann in den ersten Kapiteln des zweiten Buchs gegen den Entwurf des platonischen Einheitsstaates gewendet. In I.11 findet sich die empirische Beobachtung, daß viele Poleis darauf angewiesen seien, Geld herbeizuschaffen und sich Einnahmequellen zu erschließen, ebenso wie Hauswesen, sogar in noch höherem Maße. Deshalb laufe bei manchen Regierenden das Regieren allein auf das Wirtschaften hinaus (1259a33–36). Das ist mit Mißbilligung gesprochen, und diese Mißbilligung verschärft sich, wo Aristoteles den Verfassungsentwurf der platonischen *Politeia* untersucht. Er weist den zentralen Gedanken einer Kinder-, Weiber- und Besitzgemeinschaft mit deutlichen Worten zurück. »Denn es wird sich weniger um das gekümmert, was vielen gemeinsam ist. Um das Eigene (*idiōn*) kümmern sie sich mehr, um das Gemeinsame (*koinōn*) hingegen weni-

---

[157] Vgl. Maßstäbe des Regierens I. Legitimität und Kontinuität, VL vom Wintersemester 1956/57, Ms., 11.1.1957, S. 11–13, NL Sternberger, DLA..

ger, jedenfalls nur, soweit es den Einzelnen betrifft. Abgesehen von anderen Gründen vernachlässigen sie es schon deshalb mehr, weil jeder denkt, die anderen kümmerten sich darum [...]« (II.3, 1261b33–36). Die Folgen sind aus aristotelischer Sicht eine schlechtere Erziehung der Kinder, ein schwächerer Zusammenhalt der Familien und ein verwahrlostes öffentliches Leben (II.3–6). Offensichtlich kann sich das *koinē sympheron* nicht auf das beziehen, was jeder einzelne am besten selbst bestellt. Sein Ort liegt jenseits der Schwelle des Hauses, dort, wo es darum geht, sich über die Gestaltung des inneren Zusammenlebens und der äußeren Beziehungen einig zu werden. An diesem *koinon* hegen alle ein Interesse, gerade weil kein einzelner autark genug ist, es selbst zu bestimmen. Die daraus gezogene Lehre lautet, daß die Autarkie der Polis um so höher sein wird, je mehr private und öffentliche Interessen auseinander gehalten werden (II.2, 1261b14f).

Sternberger hat selbst empfunden, wie weit sich die politische Wirklichkeit in modernen Staaten davon entfernt hat. Mit der Durchsetzung der Menschenrechte ging unmittelbar die Auflösung des alten Hauses einher, wodurch häusliche Aufgaben an den Staat fielen. Es entstand, was John Stuart Mill *political economy* nannte, was in den Ohren des Aristoteles aber wie ein »monströser Widerspruch« klingen müßte, nämlich eine Volkswirtschaftslehre, die Fragen der Wirtschafts-, Sozial- und Finanzpolitik behandelt – neue, heute oft im Mittelpunkt des politischen Interesses stehende Staatsaufgaben. »Der Staat ist offenbar weithin zu einer großen ›Haushaltung‹ (oikia) geworden, und dies nicht allein im Bereich der Regierung, sondern ebenso in den mehr oder weniger regierungsunabhängigen Bereichen der bürgerlichen Betätigung [...]«, wie etwa im Bereich der Verbände und Gewerkschaften. Offenbar, so Sternberger, klaffe zwischen dem Staat des Aristoteles und dem unseren »nicht nur ein Abgrund der Ferne und der Fremdheit, sondern zudem und vor allem ein handfester und kardinaler Widerspruch« (II/1 407f). Es zeichnet ihn aus, daß er solche Differenzen offen austrägt, anstatt sie herunterzuspielen. Gerade bei der Frage sozialer Gerechtigkeit scheint sich der moderne Staat *nicht* als Metamorphose der Polis verstehen zu lassen. An die Stelle der grundbesitzenden, wirtschaftlich autarken Bürger sind die staatlichen Leistungsempfänger getreten, an die Stelle geringer Steuereinkünfte ein in hohem Maße umverteilender Sozial- und Wohlfahrtsstaat. Diese starke Interferenz von sozialen und politischen Dingen hatte Hannah Arendt dazu verleitet, die Moderne überhaupt zu verwerfen, weil in ihr das Politische keinen Ort mehr habe. Sternbergers ›metamorphotischer‹ Blick ist aber gegen solche eindimensionalen Verfallstheorien gefeit. Er sieht erstens, daß die moderne Situation unmittelbar mit den bürgerlichen Emanzipationsbewegungen und der Auflösung der Ständegesellschaft zusammenhängt. Zweitens beobachtet er, daß es zwischen einem Wirtschaftsstaat und einer Staatswirtschaft auch in der Gegenwart einen kardinalen Unterschied gibt: Im einen Fall ist die Wirtschaft Teil des Staates, mithin auch Feld politischen Handelns, im anderen aber der Staat selbst ein wirtschaftliches Unternehmen, eine ›Planwirtschaft‹. Und indem Sternberger diesen realen Systemgegensatz erkennt, wendet er den Blick zurück, um, drittens, bei Aristoteles selbst ein Kriterium zu entdecken, das eine Parteinahme ermöglicht.

Denn wiewohl Aristoteles gegen Platon die Trennung von Oikos und Polis anmahnt, verstößt er die Haushalte ja nicht einfach aus der Stadt. Die Polis wird ganz zu Anfang der *Politik* gerade deswegen vor allen anderen Gemeinschaften ausgezeichnet, weil sie diese in sich schließt (*polin ... pasas periechousa tas allas [koinonias]*, I.1, 1252a1–

6). Daher kommt dem guten Gesetzgeber die Aufgabe zu, sie zu einer »gewissen Einheit« zu gestalten, nur eben nicht zu einer umfassenden (*dei men gar einai pōs mian kai tēn oikian kai tēn polin, all'ou pantōs*; II.5, 1264b31f). Denn durch letzteres würde die Polis zuerst eine schlechte werden und dann ganz aufhören (b32–35). Den Staat in einer Gütergemeinschaft aufzuheben, ist für Aristoteles kein wünschenswertes Ziel. Das ist gegen Platon gerichtet, doch fällt es Sternberger nicht schwer, eine Spitze gegen jede Form des Sozialismus herauszuhören. »Zu deutsch: Staatswirtschaft tötet Politik, nämlich bürgerliche Gemeinschaft.« (II/1 409). Hingegen hat er gegen einen Wirtschaftsstaat nichts einzuwenden. Auch da ist der Blick in die *Politik* lehrsam. Zu den Maßnahmen, mit denen Aristoteles eine ›gewisse Einheit‹ befördern will, gehört nämlich nicht nur die Erziehung (b36f). Dazu kommen die Einrichtung von Speisegenossenschaften für Bedürftige, wie er sie in Kreta lobt (b40f), und die teilweise Öffnung von Privatbesitz für gemeinschaftliche Nutzung (1263a21–40). Aus solchen Bestimmungen läßt sich doch eine gewisse Verpflichtung des wohlgeordneten Gemeinwesens zur Sozialstaatlichkeit herauslesen. Was natürlich in der Moderne zur direkten Staatstätigkeit hinzutritt, ist das gesamte Feld gesellschaftlich-ökonomischer Selbstorganisation, wo die Einträge erst erwirtschaftet werden müssen, die später der Umverteilung unterliegen. Sternberger befürwortet eine relative Trennung von politischer und wirtschaftlicher Sphäre in der Weise, daß die Politik den Rahmen setzt und die Oberaufsicht wahrt, ansonsten aber möglichst wenig in die Wirtschaft eingreift. Als prägnantes Beispiel führt er das deutsche Modell der Tarifautonomie an. Da sowohl Politik als auch Wirtschaft Sphären desselben Staates sind, kann er auch die Aushandlung eines Tarifabschlusses ohne Teilnahme von Regierungsvertretern noch als »staatliche Tätigkeit« bezeichnen (II/1 407f, 409f).

Sternbergers mit aristotelischer Schützenhilfe unternommenes Plädoyer für soziale Marktwirtschaft und gegen sozialistische Staatswirtschaft, für sozialen Ausgleich und gegen soziale Nivellierung beruht auf einer anthropologischen Voraussetzung, die abschließend zu betrachten ist. »Denn eine Vielheit ihrer Natur nach ist die Polis« (*plēthos gar ti tēn physin estin hē polis*; II.2, 1260a18). Sternberger hat diese zentrale Stelle »immer als eine der bedeutendsten und tiefsinnigsten Bemerkungen empfunden, die die ›Politik‹ des Aristoteles enthält« (II/1 107). Umstandslos ersetzt er Polis durch Staat – »in der Hoffnung nämlich, es lasse sich durch solche Verpflanzung des vertrauten Wortes in das fremde Erdreich (der antiken Verhältnisse) die alte, eben die aristotelische Bedeutung auch umgekehrt in das neue Wort herüberführen, das Fremde ins Eigene verwandeln« (II/1 104). Solche Metamorphose ist nur möglich, weil das, was in ihr gleichbleibt, im Wesen der Menschen liegt. Genannt wurden bereits der Drang zur Geselligkeit und die Fähigkeit zum politischen Zusammenleben (*zōon politikon*), das Vermögen sprachlicher Interaktion (*zōon logon echon*) und die unaufhebbare Fehlbarkeit. Neben diese Wesensbestimmungen tritt nun noch die Individualität jedes einzelnen, welche den Staat auf die Vielheit und nicht auf die (im starken Sinne) Einheit verpflichtet. Das stellt Sternberger mit emphatischem Tonfall heraus:

»In der ganzen Geschichte der politischen Theorie des Abendlandes ragt der einzige Aristoteles namentlich dadurch hervor, daß er den Staat auf die Vielheit (der gleichen Bürger) gegründet oder daß er dem Staat keine eigene Existenz außer ihr zugeschrieben hat, sei es eine gute oder böse, heilsame oder verderbliche, eine heilige oder dämonische, technische oder ästhetische oder metaphysische. Denn alle diese Varianten des Staatsbegriffs – und das ist der Modellbegriff des Politischen überhaupt – kommen darin überein, daß sie den Staat, logisch gesprochen, als Einheit auffassen oder konstruieren. Einzig die ›bürgerliche‹ Politik des Aristoteles – und all derer, die nachmals in seine Spur zurückgekehrt sind –, einzig diese ›Politologie‹ im strengen Sinne des Wortes hat die reale Vielheit der Bürger zum Gegenstand gemacht, derer, die den Staat bilden, indem sie miteinander und widereinander handeln, Einrichtungen schaffen und verwalten und sich nach Verfahrensregeln einigen.« (II/1 110f)

In anthropologischer Hinsicht meint Vielheit die Unverwechselbarkeit jedes einzelnen Menschen. In politischer Optik manifestiert sich diese Vielheit in einer *homoiosis*, ›Ähnlichkeit‹, aber eben nicht Identität aller Bürger. Zu ihrer Verschiedenheit gehört, daß sie in der politischen Praxis unterschiedliche Rollen einnehmen, also *an-isoi* sind. Die einen haben nur Zugang zur Volksversammlung, die anderen dagegen auch zu Regierungsämtern. Diese Ungleichheit ist – in der Polis zumal, aber auch sonst – sozialen Ursprungs und kann sich ganz kontingenten Umständen verdanken. Reichtum und Adel als solches keine zureichenden Gründe für die Übernahme der Regierungsgeschäfte, wie Aristoteles sagt, entscheidend ist die Leistung (*ergon*; Pol. III.12, 1283a1f). Das bedeutet jedoch nicht, daß alle Bürger gleichermaßen zur Regierung befähigt sind. Aristoteles und Sternberger gehen beide davon aus, daß aus ganz gleichen Menschen kein Staat entsteht (*ou gar ginetai polis ex'homoiōn*; II.2, 1261a24; II/1 105). Es wird somit in jedem Staat zu ungleichen Rollenverteilungen unter ansonsten Gleichen kommen. Dahinter werden oftmals soziale Ungleichheiten stehen, doch sind diese – bei allen notwendigen Einschränkungen – von individuellen Fähigkeiten nicht völlig abzutrennen. Wenn das Gemeinwesen will, daß die Fähigsten auch die wichtigsten Ämter versehen, muß es Unterschiede notwendigerweise in Kauf nehmen.

Was also ist nach Sternbergers und Aristoteles' Verständnis das Gerechte, das allen Zuträgliche? Die Antwort kann jetzt nur lauten: eine Seinsgleichheit, die mit Maßungleichheit zusammen besteht, aus der jedoch der Anspruch erwächst, grobe Ungleichheiten im Sinne aller auszugleichen. Solcher Ausgleich verpflichtet im Bereich des Wirtschaftlich-Sozialen zu Umverteilungen des gemeinsamen Wohlstands, die jedoch die individuelle Leistungsfähigkeit nicht schmälern dürfen. Im Bereich des Politischen verpflichtet er dazu, allen Bürgern die politische Teilhabe zu gewähren, wenn auch nicht allen in denselben Ämtern. Eine gerechte Politik orientiert sich nicht am Ziel der Einheit, sondern am Ziel der Einigkeit, die immer wieder neu zu erreichen ist, sei es durch Kompromiß oder durch die Anerkennung von Mehrheitsentscheidungen gemäß der bestehenden Verfahrensregeln. Um aber Einigungen zu erwirken, bedarf es der Institutionen. Sie werden im folgenden Kapitel untersucht.

3.3 Politische Ordnung: Der Verfassungsstaat als *synkrisis* von Demokratie und Oligarchie

Freiheit, Gleichheit und Gerechtigkeit sind die drei Grundbedingungen politischer Legitimität. Ihrer Erkundung und Begründung gilt die eine Seite politikphilosophischer Reflexion, die auf die normativen Fundamente zielt. Die andere Seite betrifft die institutionellen Strukturen, also die Frage, wie Freiheit, Gleichheit und Gerechtigkeit praktisch organisiert und gesichert werden können. In der aristotelischen *Politik* behandeln die ersten drei Bücher mehr die Grundlagen, die anderen fünf hingegen mehr die Institutionen, wobei freilich beides in der Beurteilung der jeweiligen Verfassungen ineinander greift. Sternberger hat seit Beginn seiner Lehrtätigkeit Legitimitäts- und Institutionenfragen parallel und im Wechsel bearbeitet. Im Sommersemester 1949 hielt er etwa eine Vorlesung über die »Schwäche und Stärke parlamentarischer Regierungsweise«, im anschließenden Wintersemester las er über den »Nutzen und Nachteil der politischen Parteien«. Seit 1951 leitete er am Alfred-Weber-Institut für Sozial- und Staatswissenschaften der Universität Heidelberg eine Forschergruppe, die empirische Untersuchungen über Parteien, Fraktionen, Parlamente und Regierungen anstellte. Eine Dokumentation der Forschungen veröffentlichte er 1956 unter dem Titel *Lebende Verfassung*. Damit wollte er ein Verfassungsverständnis zum Ausdruck bringen, das sich nicht auf die geschriebene Verfassung beschränkt, sondern die Wirklichkeit des Verfassungslebens zu begreifen sucht. In diesem weiten Sinne haben auch die Griechen *politeia* verstanden.

Aus politikwissenschaftlicher Warte machte Sternberger einige Beobachtungen, die sich mit der vorherrschenden juristischen Staatsrechtsdogmatik nicht vereinbaren ließen. Es waren vor allem zwei theoretische Ansätze, mit denen er sich kritisch auseinandersetzte: zum einen die neue Theorie des ›Parteienstaats‹ von Gerhard Leibholz, zum anderen die klassische Theorie der ›repräsentativen Demokratie‹. Leibholz deutet die Parteien in der Bundesrepublik als moderne Variante der direkten Demokratie. Hingegen betont die klassische Lehre die Rolle der Repräsentation durch vom Volk gewählte Abgeordnete, geht zugleich aber davon aus, daß ihr Wille den Gesamtwillen des Volkes repräsentiere. Beide Theorien teilen als stillschweigende Voraussetzung die von Rousseau eingeführte Doktrin der Volkssouveränität. Wiewohl diese Doktrin auch im deutschen Grundgesetz festgehalten ist (Art. 20 (2)), erbrachte Sternbergers phänomenologischer Blick, daß in der Wirklichkeit keineswegs »alle Staatsgewalt [...] vom Volke aus[geht]« (III 168, X 223). Deshalb wandte er sich einer viel älteren Tradition der Verfassungslehre zu, die den Staat als dynamische Verflechtung einer plebiszitär-demokratischen und einer repräsentativ-oligarchischen Komponente auffaßt. Diese Tradition, die Theorie der zusammengefügten (*synkrisis*) und gemischten (*mixis*) Politie, entspringt in Buch IV der aristotelischen *Politik*. Es war Sternbergers Absicht, sie wiederzubeleben und den modernen Verfassungsstaat als Metamorphose der alten Politie zu deuten. Die Abschnitte dieses Kapitels folgen der argumentativen Entfaltung dieser Absicht. Sie behandeln zuerst Sternbergers Auffassung von der faktischen Teilung der bürgerlichen Wahlgewalt in Vorschlag und Wahl (a), dann die metamorphotische Übersetzung der alten in die neue Politie (b). Im dritten Abschnitt wird das kritische Potential der Mischverfassungstheorie für die Diagnose von Legitimitätsschäden im politischen System der Bundesrepublik geprüft (c). Abschließend wendet sich der Blick auf Dispositionen, die das Zusammenspiel von Oligarchie und Demokratie auch dann noch tragen, wenn es aus der Balance kommt (d).

(a) Vorschlag und Wahl

Der erste systematische Versuch Sternbergers, die herkömmliche Souveränitätsdoktrin zu konterkarieren, erschien 1961 als *Vorschlag und Wahl. Umriß einer allgemeinen Theorie*. Im Titel kommt die vertretene These bereits zum Ausdruck. Die bürgerliche Wahlgewalt, von welcher nach Auffassung des Grundgesetzes die Staatsgewalt ausgeht, ist faktisch geteilt. Einerseits unterbreiten Parteien Personalvorschläge, aus denen andererseits die Wähler jene Personen aussuchen, denen sie ihr Vertrauen schenken. Diese Zweiteilung entspricht der gängigen Praxis in demokratischen Gesellschaften. Der Akt des Wahlvorschlags ist von den Wählern an besondere vorschlagende Körperschaften übergegangen, wodurch sich der verbliebene Akt der Wahl auf die basale Alternative ›Zustimmung‹ oder ›Ablehnung‹ beschränkt. So gesehen, ist die Wahl selbst keine freie Wahl, sondern eine *Aus*wahl unter gegebenen Angeboten. Diese Angebote entstehen zwar nicht völlig losgelöst von der Nachfrage der Wähler, doch werden sie unabhängig von ihnen beschlossen und aufgestellt (III 386f). Das in ständischen und aristokratischen Gesellschaften übliche Verfahren der Selbstkandidatur, in dem Vorschlag und Wahl noch eine relative Einheit bilden, ist im Zuge der Demokratisierung, d.h. der Ausweitung des Wahlrechts, auf politische Parteien übergegangen. Ihre Hauptfunktion ist die Bestellung von Regierungspersonal (III 398f). Daß sie sich konsolidieren konnten, hängt mit dem unaufhebbaren Zeitdruck von Entscheidungen zusammen. Es hat sich einfach herausgestellt, daß Parteien weitaus effizienter bei der Auswahl von Kandidaten sind als die ungegliederte Masse des Wahlvolks. »Die große Menge ist zwar ohnmächtig vorzuschlagen, aber sie ist mächtig zu entscheiden.« (III 416). Was bedeutet dies nun für die bürgerliche Legitimität? Widerspricht die Aufsplittung von Vorschlag und Wahl nicht der fundamentalen Bestimmung des Aristoteles, in einer *koinonia politikē* wechselten die Bürger einander im Amte ab (Pol. II.2, 1261a37–b4)?

Schließt man an die genannte Stelle an, muß die Frage bejaht werden. Denn es heißt mit aller Deutlichkeit: »So regiert der eine Teil, während der der andere Teil [der Bürger] sich regieren läßt, ganz so, als seien sie verwandelt (*hoi men gar archousin hoi d'archontai kata meros hōsper an alloi genomenoi*). Und auf diese Weise regieren stets andere, weil sie sich in den Ämtern abwechseln (*ton auton dē tropon archontōn heteroi heteras archousin archas*; b4–6).« Zwar gibt es in den Ämtern einen beständigen Personalwechsel, doch verdanken die Parteien ihre Existenz gerade der geringen Zahl politischer Posten im Verhältnis zur Größe der Wählerschaft. Wo Parteien existieren, ist es völlig ausgeschlossen, daß jeder Bürger einmal die Chance erhält, ein politisches Amt zu versehen. Für einen griechischen Bürger ist diese Chance um ein Vielfaches höher gewesen. Es gab keine Parteien; wer ein Amt anstrebte, mußte sich in der Volksversammlung darum bewerben. Die Ekklesia bestimmte ihre Kandidaten und bestellte sie zu Amtsträgern. Gleichwohl ist dies nur die eine Hälfte der Wahrheit. Die andere Hälfte wurde schon im vorigen Kapitel berührt. Tatsächlich konnten sich nur wenige Bürger leisten, ihren privaten Geschäften während der Amtsführung fernzubleiben. Sternberger spricht mit Max Weber von der Bedingung der »Abkömmlichkeit« (II/1 115f), der wirtschaftlichen Unabhängigkeit. Wenngleich Parteien unbekannt waren, gab es die eine große Partei der Aristokraten, aus der die wichtigsten Politiker hervorgingen.[158] In

---

158 Nach Christian Meier: Die Entstehung des Politischen bei den Griechen, Frankfurt a.M. 1983 waren die wichtigsten Ämter der Polis »in der Hand eines kleineren Kreises von Männern, die sich auf Politik besonders spezialisiert hatten« (261). Vgl. auch die Einschätzung von Wilfried Nippel: Mischverfassungstheorie und Verfassungsrealität in Antike und früher Neuzeit, Stuttgart 1980: »Insgesamt dürften auch im 4. Jh. die Politiker weiterhin in erster Linie zu der dünnen Oberschicht der Liturgie-Leistenden gezählt haben, die es sich erlauben konnten, für die Politik zu leben, wenngleich auch eine gewisse Zahl von Rhetoren hinzugekommen sein mag, die mittelbar von der Politik lebten.« (107). Obwohl Nippel in diesem Zusammenhang auch von einer »Tendenz zur ›Oligarchisierung‹« spricht, hält er die aristotelische Theorie der Mischverfassung für eine

dieser Optik scheinen moderne und antike Verhältnisse doch vergleichbar zu sein. Allerdings ist das Problem der Legitimität damit noch nicht gelöst. Es verschärft sich vielmehr, weil sogar bei Aristoteles ein offener Widerspruch vorzuliegen scheint.

Sternberger hat dieses Problem gesehen, aber er hat auch gezeigt, wie es von Aristoteles bewältigt wird. Es hängt alles am Verständnis von Amt und Regierung. Gemäß der genannten Stelle in Pol. II.2 bedeutet *archein* schlicht die Führung eines Amtes, *archē*. Anläßlich der Definition des Bürgers in III.1 entwickelt Aristoteles jedoch eine differenziertere Betrachtungsweise. Der Bürger lasse sich nicht anders bestimmen als dadurch, daß er sowohl am Richten als auch an der Regierung teilnehme (*tō metechein kriseōs kai archēs*). Die Regierungsämter gebe es jedoch in zweifacher Weise. Die einen seien zeitlicher Beschränkung unterworfen (*kata chronon*), so daß derselbe Bürger manche von ihnen entweder nicht zweimal oder erst erst nach Ablauf einer bestimmten Frist bekleiden dürfe; die anderen seien hingegen zeitlich unbeschränkt (*aoristos*), nämlich die Teilnahme an den Dikasterien und an der Ekklesia (1275a22–26). Den Einwand, solche Bürger seien im eigentlichen Sinne doch keine Amtsträger (*archontes*), kontert er mit der Bemerkung: »Es wäre doch lächerlich, wenn man den Wichtigsten die Teilnahme an der Regierung absprechen wollte (*kaitoi geloion tous kyriōtatous aposterein archēs*, a28f).« In einem weiteren Sinne, so die Pointe dieser Passage, versehen auch die gewöhnlichen Bürger ein Regierungsamt, und zwar ein zeitlich unbefristetes. Dafür gibt es zwar keinen eigenen Ausdruck, wie der Stagirit bedauert (a29–32), doch entspricht es, was wichtiger ist, der politischen Wirklichkeit. Sternberger versteht diese Stelle nicht bloß als einen rhetorischen Kniff, um die Differenz zwischen Regierenden und Regierten herunterzuspielen. Er knüpft daran vielmehr eine weitreichende Bestimmung. Aristoteles begründe die »verfassungspolitische Rolle der Stimmbürger«. Dabei hält er sich an die Schlossersche Übersetzung von *tous kyriōtatous* – im Singular –, »der durch seine Stimme den Entschließungen des Staates Kraft gibt«. In dieser Formel sei ausgesprochen, daß der Bürger zwar nicht die Entscheidungen selbst treffe, sie jedoch durch seine Abstimmung in der Ekklesia mit der höchsten Autorität versehe (VII 475–477). Solchermaßen rettet Aristoteles aus Sternbergers Sicht die Ehre des Stimmbürgers und die politische Legitimität angesichts der faktischen Zweiteilung der bürgerlichen Wahlgewalt.

Die ›verfassungspolitische Rolle des Stimmbürgers‹ ist für Sternberger nie nur eine theoretische Legitimationsfigur gewesen. Das Wählen, so seine feste Überzeugung, sei »der fundamentale, der begründende Akt in einem demokratischen Gemeinwesen, sein wahrer Lebensnerv« (PRR 60). Sein Interesse richtete sich deshalb auf die Phänomene der ›lebenden Verfassung‹, auf Wahlsysteme und Wahlkämpfe. Die Rolle und Bedeutung des Wahlsystems machte er seit 1946 zum Gegenstand einer jahrzehntelangen öffentlichen Einmischung. Gleich in der ersten der vier Rundfunkreden über das Wählen warnt er, daß »wir auf dem besten Wege sind, die Chance mit Glanz zu verspielen, die wir wirklich in der Hand haben: die Chance der Freiheit, der langsamen, allmählichen, aber gründlichen Bildung zur Freiheit« (PRR 50). Sternberger hat das in den Ländern bereits eingeführte, auch für den Bund erwogene System der Listenwahl (durch

---

ideologisch verzerrte Darstellung der attischen Demokratie, welche die politische Gleichheit der Bürger nicht zu akzeptieren bereit sei (122f).

Zweitstimme) im Visier. Es verstößt in seinen Augen gegen »das Wesen, die Natur der Wahl«, nämlich einen Abgeordneten mit einfacher Mehrheit direkt ins Parlament zu senden (PRR 52–54). Unverkennbar steht da das britische Mehrheitswahlrecht Pate. Sternberger wünscht sich einen Abgeordneten, der zwar kein Delegierter mit fester Wählerbindung, wohl aber ein Repräsentant seines Wahlkreises mit »direkter, lebendiger Beziehung« zu seinen Wählern sein soll (PRR 62). Er betrachtet die Wahl als »Akt des Zutrauens und des Anvertrauens [eines Amtes]«. Solches Zutrauen kann sich aber am besten gegenüber Personen einstellen, die einem persönlich bekannt sind (VII 232f). Offenbar erkannte er schon früh, welche Macht von den sich gerade erst formierenden Parteien ausgehen würde. Sein Plädoyer für das einfache Mehrheitswahlrecht wollte dagegen die Position des Wählers stärken und den Einfluß der Parteien auf die Bestimmung von Mandatsträgern korrigieren. Es war klar, daß bei direkter Personenwahl das öffentliche Ansehen und die öffentliche Präsentation eines Kandidaten ebenso wichtig wie dessen innerparteiliche Statur sein mußten. Wenn Vorschlag und Wahl schon faktisch zwischen Parteien und Wählern aufgeteilt waren, verlangte Sternberger wenigstens den zu kennen, dem er ein politisches Amt zu- und anvertraute. Um dieses Anliegen durchzusetzen, gründete er 1947 die »Deutsche Wählergesellschaft« und griff immer wieder in öffentliche Debatten ein.[159] Wohlwollende Aufmerksamkeit war ihm so beschieden, politischer Erfolg jedoch nicht.

Sternbergers Interesse am Wahlsystem und der Kandidatenauslese verband sich nahtlos mit seinem Interesse an Wahlkämpfen. Aus seiner Sicht sind sie kein notwendiges, den parlamentarischen Ablauf störendes Übel, sondern wesentlicher Teil des ›Lebensnervs‹ eines Gemeinwesens. Diese Betrachtungsweise macht er vor allem gegen Hannah Arendts Ablehnung von Repräsentationsstrukturen geltend. Arendt meint, dadurch würde der Zutritt zum öffentlichen Raum auf nur wenige gewählte Abgeordnete beschränkt. Hingegen erscheint es Sternberger so, als seien die Bürger in ihrer Rolle als Wählerschaft genau in diesen Raum eingetreten – das aber nicht nur am Wahltag, sondern schon im Wahlkampf:

»Ein großer nationaler Wahlkampf hat geradezu sein Wesen darin, die potentielle Wählerschaft in ihrer Breite und Tiefe in die personellen wie die programmatischen Alternativen hereinzuziehen, ihre Diskussion mit Anwendung aller publizistischen Möglichkeiten allgemein zu machen. Ein solcher Wahlkampf läßt sich durchaus als eine einzige in Raum und Zeit ausgedehnte Ratsversammlung ansehen, bei deren Ausgang schließlich die Teilnehmer [...] ihre Entscheidung treffen und derart ihre bürgerliche Rolle besiegeln.« (X 274).

›Ratsversammlung‹ meint im Kontext der Stelle: Ekklesia – wahrlich ein gewagter Vergleich. Arendt müßte dagegen geltend machen, daß in der Volksversammlung ein jeder seine Stimme erheben und an der gemeinsamen Beratung teilnehmen konnte, wobei er obendrein im hellen Licht der Öffentlichkeit seine Persönlichkeit enthüllte. Abgestimmt wurde nicht bloß einmal in vier Jahren, sondern alle acht bis zehn Tage. Allerdings gibt es noch eine andere Seite zu bedenken. Die attische Pnyx, wo die Ekklesia zu tagen pflegte, faßte bis zu 6.000 Menschen. Bei wichtigen Entscheidungen, die alle Bürger direkt betrafen, wird es kaum möglich gewesen sein, daß sich sehr viele einzelne Gehör

---

159 Die zwischen 1946 und 1963 verfaßten Beiträge sind dokumentiert in dem Band: Die große Wahlreform. Zeugnisse einer Bemühung, Köln und Opladen 1964.

verschafften. Aus der Masse hoben sich daher jene hervor, die über großes rhetorisches Talent verfügten. Alle bedeutenden Politiker Athens bezogen ihr Ansehen und ihre Autorität aus ihrem überzeugenden Auftreten in der Volksversammlung, aus der Fähigkeit, Mehrheiten zu organisieren. Schon für die Zeitgenossen verband sich die Vorstellung von der Größe ihrer Stadt mit den Taten einzelner. An ihnen, an Miltiades, Themistokles, Kimon, Perikles u.a., orientieren sich sowohl Arendt als auch Aristoteles, wenn sie politische Vorbilder anführen. Sie waren es, die durch ihr Handeln unsterblich wurden, nicht jedoch die große Masse der gewöhnlichen Bürger. Nüchtern betrachtet, scheint der Unterschied zwischen modernen Wahlkämpfen und antiken Volksversammlungen also doch nicht ganz so groß zu sein, wie Arendt glauben machen will.

Hinzu kommt, daß Sternberger Wahlkampf durchaus in einem weiteren Sinne versteht, als es sonst üblich ist. Er erkannte schon in den fünfziger Jahren den Strukturwandel des Parlaments in einer Mediengesellschaft. Je größer das öffentliche Interesse an Parlamentsdebatten wurde, desto stärker wandten sich die Redner nicht nur an ihre Kollegen, sondern auch und vor allem an die Zuhörer und -seher, die Journalisten und Kommentatoren außerhalb des Plenarsaals. Es entwickele sich, schrieb er 1955, ein »offener Wettbewerb um die Sympathie und Zustimmung im Lande«. Gerade der Opposition sei dadurch ein Mittel an die Hand gegeben, wenn schon nicht die Stimmverhältnisse im Hause, so doch die im Lande ändern zu können (III 359f). Sternberger mußte so auch auf das Phänomen der öffentlichen Meinung stoßen. Daran interessieren ihn nicht vordringlich die Verzerrungen, die asymmetrischen Machtstrukturen, die die veröffentlichte von der öffentlichen Meinung abzulösen drohen, sondern die durch sie gestiftete Verknüpfung von demokratischer Wählerschaft und repräsentativem Parlament. »Es ist die beständige Diskussion, Unterrichtung, Beratschlagung der öffentlichen Meinung, welche den Raum der bürgerlichen Regierung in ehedem unerhörten Maße erweitert, die Chancen der Teilnahme perpetuiert.« (VII 328f). Er ist hellsichtig genug, öffentliche Diskussion nicht mit Beratung umstandslos gleichzusetzen. Carl Schmitts Verbindung von Parlamentarismus und Öffentlichkeit verdreht er gerade in ihr Gegenteil: »Beratung scheut die Öffentlichkeit. Öffentlichkeit gefährdet die Beratung.« Das öffentliche Werben von Parteien um Zustimmung vermöge nämlich zur parlamentarischen Beratung, wo es zuallererst um die Formulierung politischer Inhalte und zuallerletzt um detaillierte Probleme geht, nicht viel beizutragen. Deshalb habe sich das öffentlich tagende Parlament neue Foren für freie und ungestörte Deliberation geschaffen, Fraktions- und Ausschußsitzungen (VII 287f). Auch in diesem Punkt läßt sich der moderne Parlamentarismus noch mit seinem antiken Vorbild vergleichen. In Athen mußten alle Vorschläge, die Bürger in der Volksversammlung behandelt wissen wollten, zuerst dem Rat (*boulē*) eingereicht werden. Er bestand seit den Reformen des Kleisthenes aus 500 Mitgliedern, die beinahe täglich zusammenkamen und ihrerseits in Ausschüssen tagten. Sie faßten nach Beratung zu allen Anträgen einen Beschluß und legten die Tagesordnung fest, der jeweilige, stets wechselnde Vorsitzende des Rates leitete auch die Volksversammlung. Der Beschluß hieß *probouleuma*, wörtlich: das ›Vorberatene‹, dem es nicht an Beratung mangelte, wohl aber an Zustimmung, die ihm erst Kraft und Autorität geben konnte (vgl. Pol. IV.15, 1299b30–38) – ganz so, wie Sternberger es im modernen Zusammenspiel von Wählern und Parteien bzw. Parlamenten wiedererkennen will.

(b) Alte und neue Politie

Hinter der Dualität von Vorschlag und Wahl verbirgt sich, was bereits anklang, die Dualität einer repräsentativ-oligarchischen und einer plebiszitär-demokratischen Komponente des Staates. Sternberger meint, daß sich alle Gestalten auf bürgerlicher Legitimität beruhender Gemeinwesen seit der Antike aus dem In- und Gegeneinander dieser Komponenten erklären lassen. Darin liegt bereits eine Provokation: Die Gleichheit demokratischer Bürger soll nur in einer Weise bewahrt werden können, die eine ungleiche, oligarchische Verteilung der politischen Rollen erfordert. Sternberger ist so überzeugt von der Plausibilität dieses Ansatzes, daß er den modernen Verfassungsstaat kurzerhand als »neue Politie« bezeichnet. »Weil im neuen Stoff ein altes Muster erkennbar ist«, soll die metamorphotische Verwandtschaft zur ›alten Politie‹ schon im Namen zum Ausdruck kommen (X 156).

Sternberger will die Lehre von der Mischverfassung nicht bloß für heuristische Zwecke adaptieren. Er erhebt vielmehr den Anspruch, die Politie sei von Aristoteles als die »eigentliche und wesenhafte«, darum aber auch »schwerste Verfassung« erkannt worden. Diesen Schluß zieht er aus der doppelten Verwendung des Begriffs *politeia*. Einerseits ist dies der gemeinsame Name aller Verfassungen, wie in Pol. III.7 zu lesen steht, andererseits wird er für jene Gemeinschaft verwendet, in der die Mehrzahl mit Rücksicht auf das Gemeinwohl regiere (*to plēthos pros to koinon politeuētai sympheron*; 1278a37–39). Im ersten Fall handle es sich, so Sternberger, um die »rein nominelle, laxe und unspezifische Bedeutung von ›Verfassung‹ und ›Regierungssystem‹ überhaupt«, im zweiten dagegen um die »wesenhafte, strenge und spezifische Bedeutung«. Indessen könne Aristoteles wohl auch deshalb beide Namen verwenden, weil nach seiner Auffassung sowohl Aristokratie als auch Königtum das *telos* der wirklichen *politeia* enthielten, nur eben gleichsam in »Verpuppung« (II/1 121f). Hier ist zu Recht anzumerken, daß selbiges für die entarteten Formen Oligarchie und Tyrannis gilt, weil Aristoteles Entartung nur auf dem Grund eines unterdrückten, gleichwohl aber stets vorhandenen Strebens nach der Erfüllung des natürlichen Ziels, der Teilhabe aller zum Wohle aller, denken kann.[160] Wichtiger ist noch, wie Sternberger mit dem Problem umgeht, daß es auch die gute *politeia* gleich in doppelter Ausführung gibt, als *aristē* und als *dynatē politeia* (IV.1, 1288b37f). Beide soll der tüchtige Gesetzgeber und Politiker kennen, weshalb Aristoteles in Buch IV die bestmögliche, in den Büchern VII und VIII hingegen die schlechthin beste Verfassung ins Auge faßt. An dieser Stelle muß jeder Rezipient entscheiden, welchen Weg er selbst folgen will. Bei Voegelin war es eindeutig letzterer, während Sternberger nicht minder eindeutig den ersteren wählt. Wie Voegelin betrachtet er den Entwurf der besten Politie als platonisches Erbe im aristotelischen Denken, als Wiederkehr des Philosophenkönigtums in leicht verwandeltem Gewand. Im Unterschied zu Voegelin wertet er ihn jedoch nicht als reale, den Menschen offene Möglichkeit, sondern als reine »Konstruktion des Denkens« (II/1 125). Es ist eben nicht die ganze *Politik*, der er folgen will, sondern nur die *Politologik*, der sogenannte »›politologische‹ Leitfaden«, welcher mit dem sechsten Buch abreißt.[161]

---

160 Pannier: Das Vexierbild des Politischen, aaO.,165.
161 A. Schwan verkennt die Produktivität der Sternbergerschen Interpretation ebenso wie die Ambivalenz des aristotelischen Textes, wenn er als eigentliche Leistung des Griechen das Ins-Werk-set-

Aristoteles hält die beste Verfassung und das beste Leben für etwas, dessen Maßstab, die Tugend des guten Mannes, weit über die gewöhnlichen Menschen hinausgeht, das zudem Bildung, glückliche Naturanlage und ebensolche äußeren Umstände voraussetzt. Deshalb wird es erforderlich, eine Verfassung und Lebensform ins Auge zu fassen, an der die meisten Menschen teilnehmen können und die in den meisten Städten erreichbar ist (IV.11, 1295a31). Eine solche bestmögliche Politie unterteilt er abermals in zwei Varianten. In der einen überwiegt der Mittelstand, d.h. die Gleichen (*isoi*) und Ähnlichen (*homoioi*) bilden die Mehrheit (b25–27). Folglich werden schwere Konflikte vermieden, so daß es sich um die stabilste und am meisten zu bevorzugende Verfassung handelt (1296a7–9). Gäbe es nur diese Variante, wäre die Untersuchung an diesem Punkt beendet. Tatsächlich handelt es sich jedoch um einen seltenen Ausnahmefall, denn in den meisten Staaten ist der Mittelstand nur gering an der Zahl. Deshalb kämpfen Arme und Reiche um die Vorherrschaft, so daß sie regelmäßig vom Bürgerkrieg bedroht sind (a23–32) – die zweite Variante. Für diese Mehrzahl der Politien, in denen Demokraten und Oligarchen miteinander um die Macht ringen, will Aristoteles das Modell einer tragfähigen Ordnung entwickeln. Damit setzt jene »Phänomenologie oder [...] Soziologie des realen Unterschieds« ein, die Sternberger so besticht (II/1 125). Wie er richtig bemerkt, geht Aristoteles in den folgenden Passagen vom fundamentalen Gegensatz der Wenigen und der Vielen, der Armen und der Reichen aus; von Tugend ist kaum noch die Rede. »Platon und seine Tugendwelt liegt nun weit dahinten. Die Gesellschaft, die hier den Stoff und das Substrat der Politik bildet, ist nicht mehr mit ethischen, sondern mit gleichsam nackten ökonomischen Begriffen beschrieben [...]« (II/1 151). Daraus erhellt, warum die Politie die »schwerste« sein soll; es handelt sich bei ihr um die Rekonstruktion der Polis »unter den Bedingungen der Zwei-Klassen-Gesellschaft« (II/1 147f, 151).

Das Rezept, mit dem diese Rekonstruktion allein gelingen kann, lautet so: »Man muß diese beiden [Arme und Reiche] miteinander in eine ausgleichende Verbindung setzten (*dio tauta pros allēla synkriteon*; IV.12, 1296b24).« An anderen Stellen spricht Aristoteles vorzugsweise von *mixis* (vgl. IV.8, 1293b33f; 1294a22f), woher die Rede von der ›Mischverfassung‹ rührt. Tatsächlich spricht der Begriff *synkrisis* jedoch präziser aus, worum es geht, die Zusammenfügung von geschiedenen (*krinein*) und gegensätzlichen Elementen. Die ausgleichenden Maßnahmen, welche Aristoteles erörtert, betreffen in diesem Kontext allein die Sicherung der politischen Gleichheit aller. Es geht um Arrangements, die den Armen ihre berechtigte Mitwirkung an der Regierung ermöglichen und zugleich die Privilegien der Reichen berücksichtigen sollen. Sternberger hebt aus der reichen Kasuistik drei Leitgedanken heraus. Der erste betrifft die Sicherung der gleichmäßigen Beteiligung von Armen und Reichen an der Volksversammlung. Die Reichen sollen bestraft werden, wenn sie fern bleiben, während das Kommen der Armen mit einem Sold zu belohnen sei (IV.13, 1297a38–b1). Sternberger weist darauf

---

zen-der-Wahrheit in allen Vollzügen von *theoria* und *praxis* herausstellt. In dieser Optik erscheint die *Politik* des Aristoteles primär als »Ordnungsphilosophie mit lediglich sekundär auch freiheitlichen Zügen« (Dolf Sternbergers Philosophie freiheitlicher Politik, aaO., 482f), an die kein moderner Theoretiker mehr anknüpfen könne, ohne die Aufklärung zu verleugnen. Eine solche Lesart vermag jedoch nicht die Differenzen zwischen den politischen Entwürfen von Aristoteles und Platon zu erfassen.

hin, wie sehr diese Regelung unserem Rechtsbewußtsein widerspreche, werde doch unverkennbar mit zweierlei Maß gemessen. Und doch sei die »bürgerliche Seinsgleichheit« anders nicht durchzusetzen (II/1 146). In der Moderne hat sich das Verhältnis von Strafe und Sold erkennbar verschoben, denn es sind die Abgeordneten, die Diäten beziehen. Auf diese Weise konnte das Problem der Abkömmlichkeit in einem stärker demokratischen Sinne gelöst werden, weil natürlicher Reichtum keine *conditio sine qua non* für einen Amtsinhaber darstellt. Diese »Metamorphose« hat indessen nicht verhindern können, daß heutige Parteien trotz ihres demokratischen Zugangs die oligarchische Funktion der Ämterbesetzung übernommen haben (X 210).

Der zweite Leitgedanke zielt auf die gerechte Verteilung der Ämter. Aristoteles schlägt vor, einerseits die Kandidaten vom Zensus zu befreien, was demokratisch ist, sie andererseits durch Wahl statt durch Los zu bestellen, was als oligarchisch gilt (IV.9, 1294b6–13). Gerade hinsichtlich des Wahlsystems entfaltet er eine ausgesprochen reiche, mathematisch präzise Kombinatorik (IV.15, 1300a8ff), woran Sternberger die »rationale Geistesart« im Umgang mit institutionellen Fragen hervorhebt. »Das Herkommen spielt hier – jedenfalls in der ausdrücklichen pragmatischen Erörterung – eine merkwürdig geringe Rolle. Es gibt vielmehr einen Vorrat des Möglichen, wie immer er seinerseits geschichtlich eingegrenzt sein mag, und es gibt eine Befugnis, zu vergleichen, auszuwählen und zusammenzufügen, wie sehr auch die historisch-gesellschaftliche Lage die Entscheidung prägen mag, was das ›Passende‹ sei.« (II/1 149f). Der dritte Leitgedanke steht im sechsten Buch und betrifft die Stimmengewichtung in einer aus Armen und Reichen zusammengefügten Verfassung. Das ist ein besonders heikler Punkt, weil jede Politie ein Richtmaß benötigt, die Vorstellungen darüber aber weit auseinanderklaffen. Die Demokraten vertreten den Vorrang der größten Zahl, die Oligarchen den der Würdigsten. Aristoteles plädiert für einen praktisch immer neu zu ermittelnden Ausgleich zwischen Quantität und Qualität, arithmetischer und proportionaler Gleichheit. Nur so ist ein Maß zu finden, das die Zustimmung beider Gruppen findet (VI.3, 1318a27–b1).

Obzwar ein solcher Weg in modernen demokratischen Gesellschaften nicht gangbar ist – es gilt das allgemeine Stimmrecht –, gewinnt Sternberger daraus doch eine allgemeine Lehre. Die Bürger, ob arm oder reich, Wähler oder Mandatsträger, müssen bereit sein, die Ansprüche der jeweils anderen anzuerkennen. Es geht nicht darum, die Widersprüche abzuschaffen und alle zu größtmöglicher Einheit zu bringen: »[...] es ist das Wesen der Politik und der Verfassung, die ›staatliche Gemeinschaft‹ der Bürger, trotz und mitsamt ihren Unterschieden, auch ihren ›Klassen‹-Unterschieden und -Interessen, möglich zu machen.« Deshalb bezeichnet Sternberger die gemischte als die »authentisch bürgerliche Verfassung«. Denn nur sie vermöge, die bürgerliche Seinsgleichheit trotz aller bürgerlichen Maß-Ungleichheit durchzusetzen (II/1 153–156). Soweit die ›positive‹ Seite – die ›negative‹ darf indessen nicht verschwiegen werden, weil sie unaufhebbar zur alten und neuen Politie dazugehört. Das Verhältnis zwischen demokratischer und oligarchischer Komponente ist kein statisches, mithin auch kein stabiles. Es schwankt und verschiebt sich, so daß dem Staat immer schon ein Keim des Bürgerkriegs innewohnt, der schnell Wurzeln schlagen kann. Sternberger hat diese Erfahrung – wie Aristoteles übrigens auch – am eigenen Leibe machen müssen. Als junger Mann erlebte er, wenngleich nur halb bewußt, den Untergang der Weimarer Republik, des ungeliebten Verfassungsstaates, in dem sich die Oligarchen die Köpfe einschlugen, bis schließlich eine Partei die Mehrheit übernahm und den Staat in eine Tyrannis verwandelte. Aufgrund dieser Erfahrungen war Sternberger in den sechziger Jahren sehr wachsam, als sich eine ›außerparlamentarische Opposition‹ bildete, die, zum Teil nur verbal, zum Teil aber auch mit handfester Gewalt, den Staatsorganen den Kampf ansagte. Ersteres tadelte, letzteres verurteilte er, nicht ohne selbst nach den Ursachen des Protestes zu fragen. Dabei bot ihm das Modell der Mischverfassung abermals Verständnishilfe, einmal nicht in legitimatorischer, sondern in diagnostischer Absicht.

(c) Diagnose von Legitimitätsschäden

»Je besser die Politie gemischt ist, desto beständiger wird sie sein« (IV.12, 1297a6f) – so lautet der allgemeine, von Aristoteles aufgestellte Grundsatz. Er beruht nicht auf spekulativen Annahmen, sondern auf der Anschauung und dem Vergleich der Verfassungswirklichkeit in 158 hellenischen Städten. Die Mischung sei dann gelungen, wenn man dieselbe Verfassung zugleich Demokratie und Oligarchie nennen könne (IV.9, 1294b13–16). »Es muß also in einer wohlgemischten Politie (*politeia memeigmenē kalōs*) beides zu erkennen sein und doch wieder keines von beiden, und sie muß sich selbst erhalten (*sōzesthai d'autēs*) und nicht bloß durch äußere Umstände, und zwar durch sich selbst nicht nur insoweit, daß diejenigen, welche ihren Fortbestand wollen, in der Mehrzahl sind, denn das könnte sich auch in einer schlechten Verfassung ereignen, sondern in der Weise, daß überhaupt keiner von den Teilen des Staates eine andere Verfassung will.« (b34–40). In dieser ausführlichsten und genauesten Formel, die Aristoteles gibt, ist der Kerngedanke der Politie ausgesprochen. Der Konflikt zwischen Demokraten und Oligarchen, Armen und Reichen, Stimmbürgern und ›Beamten‹ ist nicht abzuschaffen, sondern in eine verfassungsmäßige Form zu überführen, so daß jeder Teil den institutionell *geregelten* Streit der gewaltsamen Auseinandersetzung vorzieht. Allein dann werden Demokratie und Oligarchie als eigene Teile sowohl sichtbar als auch in einer Mischung verbunden, ›unsichtbar‹ sein. Genauer läßt sich die gelungene Mischung abstrakt nicht fassen, alles weitere erfordert empirische Fallstudien. Auf solche Weise geht Aristoteles in der *Politik* vor – und Sternberger folgt seinem Beispiel, wenn er die Entwicklung der Bundesrepublik mit kritischem Blick zwecks frühzeitiger »Diagnose von Legitimitätsschäden« (VII 14) verfolgt.

Auf der Seite oligarchischer Ungleichgewichte ist sein wichtigster Kritikpunkt bereits genannt worden, das Verfahren der Listenwahl durch die Zweitstimme. Sternberger will die Parteien auf ihr Vorschlagsrecht beschränken, dem Wähler hingegen das Wahlrecht in vollem Umfang belassen. Dieser Grundsatz oligarchisch-demokratischer Auswichtung wird aus seiner Sicht im Fall der Zweitstimmenwahl verletzt, weil der Wähler nur eine Partei wählt, nicht jedoch einen bestimmten Kandidaten vor anderen bevorzugen kann. Dasselbe Problem wiederholt sich im Fall des Ausscheidens eines direkt gewählten Kandidaten, der dann durch einen Nachfolger von der Liste ersetzt wird. Sternberger hält in einer solchen Lage das britische Modell der Nachwahlen für besser. Ein mögliches Gegenargument besteht in dem Hinweis, daß die innerparteiliche Kandidatennominierung – auch für Listenplätze – immerhin demokratisch erfolgt. Er weist es jedoch mit der Begründung zurück, daß sich zwischen Parteimitgliedern und Parteipolitikern dieselben oligarchisch-demokratischen Funktionsteilungen wiederholten wie zwischen Wählerschaft und Parteien im ganzen. Wo dies nicht so ist, sieht er eine andere Schwierigkeit auftauchen. »Parteitagsdemokratie« schränke den Spielraum des einzelnen Abgeordneten ungebührlich ein, weil dieser den Interessen der Nominierer mehr als denen seiner Wähler verpflichtet werde. Vor Augen steht ihm vermutlich die in den achtziger Jahren von den Grünen verfochtene »Basisdemokratie«, nach welcher der Mandatsträger bloß mit einem »imperativen Mandat« ausgestattet sein sollte (VII 340–347). Am bundesdeutschen Wahlgesetz bemängelt Sternberger neben der Listenwahl auch die Fünf-Prozent-Klausel. Große Parteien würden dadurch kleinere Konkurrenten und deren Wähler aus dem Parlament ausschließen. Darin liege ein Verstoß gegen »das Erfordernis der freien sozialen Kommunikation zwischen dem oligarchischen und dem demokratischen Element« (VII 344f). Dieses Argument wirkt indessen inkonsequent, wenn man seine sonstige Befürwortung des einfachen Mehrheitswahlrechts nach britischem Vorbild berücksichtigt. Das Quorum stellt eine Beschränkung gerade des Verhältniswahlrechts dar, weil es die Zahl der im Parlament vertretenen Parteien klein hält. Insofern kommt es Sternbergers Streben nach klaren Machtverhältnissen, einer deutlichen Trennung von Regierung und Opposition eher entgegen. Darüber hinaus hat die bundesdeutsche Praxis gezeigt, daß Splitterparteien oft an den extremen Rändern des Parteiensystems, mithin auch der Verfassung angesiedelt sind. Solche Organisationen suchen in der Regel nicht die ›freie soziale Kommunikation‹, sondern zielen entweder auf eine stark ideologisierte ›Gefolgschaft‹ oder auf Protestwähler, die sich über den Wahltag hinaus nicht für konkrete politische Vorhaben interessieren.

Verband Sternberger 1963 die Veröffentlichung seiner gesammelten Arbeiten zur Wahlreform noch mit der Hoffnung, sie könnten zu einer solchen beitragen,[162] war diese zwanzig Jahre später der »Resignation« gewichen. Immerhin wurde die Resignation jedoch »durch das Moment der langen Geltungsdauer des Gesetzes« gemildert: »So mag das Alter und die Tradition seiner Handhabung der Legitimität aufhelfen, die durch einige seiner Bestimmungen beschädigt war.« (VII 347). Diese pragmatische Argumentation erinnert wohl nicht von ungefähr an Aristoteles. Aus der *Politik* stammt auch der Rat an den klugen Gesetzgeber, kleine Fehler an Gesetzen lieber hinzunehmen als sie ständig zu ändern. Denn das Gesetz habe keine andere Macht, Folgsamkeit zu finden, als durch die Gewohnheit, die sich jedoch erst im Laufe der Zeit bilde (II.8, 1268b14–24). Bei einem anderen Gesetz wollte Sternberger hingegen solche Milde nicht obwalten lassen. Er nahm die Parteispendenaffäre Anfang der achtziger Jahre (»Flick-Skandal«) zum Anlaß einer Generalabrechnung mit der gesetzlichen Regelung zur Parteifinanzierung. Angriffspunkt ist dabei die *staatliche* Finanzierung der Parteien über Wahlkampfkostenerstattung, Haushaltsbeiträge an die Fraktionen, Steuerermäßigungen für Parteispenden sowie Globalzuschüsse an parteinahe Stiftungen. Alles das erscheint ihm als »Korruption des Verfassungslebens«, weil das Verhältnis zwischen Bürgern und Parteien einerseits, Parteien und Staatsorganen andererseits verfälscht werde. Im Unterschied zu Verfassungsrichter Leibholz, der maßgeblich daran beteiligt war, die Parteien »in den Rang einer verfassungsrechtlichen Institution« (BVerfGE 1, 1/ 73) zu heben, besteht Sternberger auf ihrer »bürgerlichen Natur« und ihrem »gesell-

---

162 Die große Wahlreform, aaO., 9.

schaftlichen Charakter [...] von freien Zusammenschlüssen«. Entsprechend sollen sie sich allein aus Mitgliedsbeiträgen und privaten Spenden finanzieren, wie andere bürgerliche Vereine auch. Die darin liegende Gefahr großer finanzieller Verzerrungen und Abhängigkeiten setzt er niedriger an als die einer kartellierten »Ausbeutung des Staatshaushaltes«. Da alle Parteien ein Interesse daran hätten, handelten sie als »einzige und einheitliche oligarchische Klasse«, was wiederum den »pluralen Charakter des Parteiengefüges« zunichte mache (VII 351–356). In diesem Punkt beruft er sich abermals auf Aristoteles, der für jede Verfassung eine Ordnung verlangt, der gemäß sich niemand an den Regierungsämtern bereichern kann (Pol. V.8, 1308b33–38). Gleichwohl erhebt sich unter Sternbergers eigenen Prämissen die Frage, ob nicht gerade die Wahlkampfkostenerstattung der oligarchischen Funktion der Parteien gerecht würde. Sofern sie nämlich die Kandidaten stellen und logistisch unterstützen, vollbringen sie doch eine Leistung, die im Allgemeinwohl liegt. Außerdem wird einem Wähler durch dieses Instrument staatlicher Finanzierung nicht zugemutet, daß er alle Parteien finanzieren muß. Die Rückerstattung erfolgt im wesentlichen proportional zu den jeweils errungenen Stimmen. Sie mit einem kollektiven Raubzug gegen die Staatskasse zu vergleichen, wird weder dem Geist des entsprechenden Bundesverfassungsgerichtsurteils (vgl. BVerfGE 20, 65ff) noch der eingespielten Praxis gerecht. Sternbergers hartes Urteil über die Parteien demonstriert jedoch, wie zwiespältig sein Verhältnis zu ihnen war. Offenkundig betrachtete er ihre starke Stellung in der Bundesrepublik als große Gefahr für die Balance der *synkrisis*.

Zum Ausgleich des oligarchischen »Übergewichts« (VII 341) empfiehlt er unabhängig von Gesetzesänderungen eine vorsichtige Stärkung des demokratischen Elements. Er begrüßt die Einrichtung von Bürgerbegehren und Bürgerentscheid in den Ländern und fordert ihren vermehrten Einsatz in den Gemeinden. Je näher die Bürger den verhandelten Angelegenheiten sind, desto stärker sollen sie auch daran mitwirken können (X 221f). Umgekehrt spricht er sich gegen plebiszitäre Instrumente auf Bundesebene aus, weil sie den Dialog zwischen Parteien und Wählern über politische Inhalte womöglich zu einem »Selbstgespräch des Volkes« verkommen lassen. In diesem Zusammenhang erinnert er auch an Weimarer Erfahrungen mit direktdemokratischen Mitteln.[163] Wie diese zu beurteilen sind, ist ein alter Streit unter Politikwissenschaftlern und Historikern. Was Sternberger beunruhigt, sind freilich weniger die einzelnen Plebiszite als die Entstehung von ›demokratischen‹ Massenbewegungen, welche die verfassungsmäßige Ordnung möglichst schnell abschaffen wollen. Deren Wiederkehr befürchtete er seit der Studentenrevolte Ende der sechziger Jahre. Deshalb fällt sein Urteil über Studenten-, Antiatomkraft- und Friedensbewegung ebenso gespalten aus wie das über die Parteien. Einerseits erkennt er an, daß deren Themen im allgemeinen Interesse liegen, von den herkömmlichen Parteien aber nicht genug berücksichtigt werden. Sofern Demonstranten und Bürgerinitiativen im Rahmen der Verfassung agieren, kann er auch sie als »Verfassungs-Lebensvorgänge« bezeichnen. Eine gewisse »maßvolle Unzufriedenheit« sei dem Staat sogar förderlich (X 15f). Wo sie sich andererseits aber bewaffnen und bereit sind, Gewalt gegen Sachen oder Personen auszuüben, zieht er eine

---

[163] Ist unsere Verfassung nicht demokratisch genug?, in: Nicht alle Staatsgewalt geht vom Volke aus. Studien über Repräsentation, Vorschlag und Wahl, Stuttgart u.a. 1971, 118f.

scharfe Grenze (X 25f). Ebenso warnt er vor ideologisch aufgeheizten Parolen, die die Abschaffung des Staates oder einen Systemwechsel fordern: »Hier ist Aufmerksamkeit, Wachsamkeit, feste Hand vonnöten.« (X 262). Sternberger diagnostiziert eine »Demonstrations-Demokratie«, die sich unterhalb der oligarchisch-demokratischen Doppelgestalt der Politie gebildet habe. Sie bestehe aus einer »politischen Gegenklasse«, bei der er »apolitische, ja antipolitische, nämlich schwärmerische und apokalyptische Züge« auszumachen glaubt (X 358–360). Solche pseudoreligiösen Erwartungen aber sind der größte Feind der Politologik, denn sie erwachsen aus dämonischer und eschatologischer Wurzel: Ihre Politik ist die Abschaffung der Politik. Der Eindruck, daß Sternberger die Gefahren von Verfassungsfeinden überzeichnet hat, läßt sich nicht ganz abweisen. Er ist indessen erklärbar, wenn man seine eigene Sozialisation berücksichtigt. »Keine Freiheit für die Feinde der Freiheit!« (PRR 42). Diese Forderung hatte er 1946 erhoben, und er wiederholte sie noch, als das Gemeinwesen bereits auf weitaus festerem Grund stand.

In seiner strikten Ablehnung revolutionärer Veränderungen sucht Sternberger Rückhalt auch bei Aristoteles. Das fünfte Buch der *Politik* behandelt die Ursachen der inneren Umwälzung (*metabolē*) von Städten. Zugleich schlägt der Verfasser Maßnahmen vor, wie jede einzelne Verfassung, sei sie auch noch so marode, vor dem Bürgerkrieg bewahrt werden könne. Aristoteles, so Sternberger, sei ein Denker der »praktischen Vernunft«, einer, der »die Kirche im Dorf läßt« (X 149) und an das Bestehende anknüpfe. Noch in einem weiteren Punkt ist eine fundamentale Übereinstimmung zu konstatieren. Zum »soziologischen Scharfblick« gehört unlöslich »die Entschiedenheit, ja die Treue, mit der er an der Polis festhält« (II/1 118) – das sagt Sternberger ebenso über den Griechen wie über sich selbst.[164] Nachdem seine Diagnose von Legitimitätsschäden der bundesrepublikanischen Verfassung behandelt worden ist, samt aller streitbaren Überhellungen, sei abschließend seine theoretische Untersuchung des Treueverhältnisses zu dieser Verfassung in den Blick genommen.

(d) Verfassungspatriotismus und Staatsfreundschaft als Metamorphosen der philia politikē

Die Politie, die alte wie die neue, beruht nicht auf der Einhelligkeit von Interessen. Vielmehr zeichnet sie sich durch deren Vielheit aus, die in der fundamentalen Pluralität ihrer Bürger gründet. Ihre Institutionen wollen den Streit nicht abschaffen, sondern in rechtsförmiger Weise bewahren. Gleichwohl muß die Politie vor allen einzelnen Interessen auf eine fundamentale Einmütigkeit bauen können, eine Einmütigkeit über die obersten Gesetze, Institutionen und Prozeduren, mithin: über die Grundzüge der Verfassung. Wie aber kommt solche Übereinkunft zustande? Ist sie Gegenstand rein rationaler Interessenkalkulation aller Akteure? Oder beruht sie auf tieferliegenden Gemeinsamkeiten? Das sind Grundfragen, die im politischen Alltag nicht virulent werden, sich aber immer dann stellen, wenn es zu schweren Verwerfungen kommt. Was hält eine

---

164 Diese Dualität unterschlägt A. Schwan: Dolf Sternbergers Philosophie freiheitlicher Politik, aaO., 484, wenn er Sternberger eine »konservative, reduktive, zugleich harmonistische Demokratiekonzeption« vorhält und dies auf seine aristotelischen Anleihen zurückführt. Beide, Sternberger und Aristoteles, sind sowohl Legitimatoren als auch Kritiker des bürgerlichen Gemeinwesens.

Politie auch dann noch zusammen, wenn die Mischung von Oligarchie und Demokratie aus dem Gleichgewicht gerät?

Der erste, in vielerlei Hinsicht weichenstellende Versuch einer Antwort erschien 1947 unter dem Titel *Begriff des Vaterlands*. Das war einst ein geläufiger Begriff gewesen, der keiner Klärung bedurft hätte. Der Krieg hatte jedoch alles durcheinander gebracht. Sternberger stand vor einer doppelten Schwierigkeit. Zum einen existierte vom früheren Vaterland nur noch ein Kern, der an den Rändern im Osten stark beschnitten worden war. Im Inneren bestand er aus vier Besatzungszonen, die unterschiedlichen Machtblöcken zugehörten. Von einem einheitlichen, geschlossenen oder gar souveränen Vaterland konnte keine Rede sein. Zum anderen waren Millionen deutscher Soldaten mit der Überzeugung in den Krieg gezogen, auf den Schlachtfeldern bis zum heldenhaften Tod fürs Vaterland zu kämpfen. Nachdem der Krieg verloren, die Propaganda versiegt war und die Alliierten den Deutschen die Augen für das verbrecherische Wesen des Nationalsozialismus geöffnet hatten, mußte sich die Frage aufdrängen, ob dieses Regime des Opfertodes wert, ob nicht die ganze Tugend der Vaterlandsliebe hinterhältig pervertiert worden war. Sternbergers Aufsatz will beide Probleme lösen und so zur »Neuordnung der Werte« beitragen, wie es der Titel des Sammelbandes verheißt, in dem er zuerst veröffentlicht wurde. Was die Fragmentarisierung Deutschlands angeht, so vermeidet er es, überhaupt von Vaterland zu sprechen. Statt dessen verwendet er den Begriff ›Heimat‹, und zwar nach einer Formel von T.S. Eliot: »Heimat ist, wovon wir ausgehn.« Das meint die unvermeidliche Tatsache, daß jeder Mensch eine Heimat hat, einen Ort, wo er geboren wird und aufwächst, von dem er sich aber eines Tages löst. In dieser Optik ist Heimat immer schon mit dem Signum des Bruchs, der »eigenen Wahl« verbunden, die den »vorgegebenen Bereich des Überlieferten« überschreitet (IV 11f). Das Bild erinnert an den Auszug aus dem Paradies infolge des Sündenfalls. Sternberger will sich damit von der gesamten Tradition eines an Blut und Boden, an die heimatliche Scholle gebundenen Patriotismus befreien.

Was das Vaterland von der Heimat unterscheidet, sind »moralische und politische« Bestimmungen, »Entscheidungen und Unterscheidungen« (IV 13). Sie aber stellen keine Gegebenheiten, sondern Aufgaben dar, nämlich »unser Vaterland erst in Freiheit selber zu errichten und zu bilden«. Was das heißen soll, verdeutlicht Sternberger am Namen selbst. Er stellt die Beziehung zum Vater, nicht zur Mutter her. Stehe sie für die natürliche Abkunft, so erscheine der Vater »ferner, fremder, mehr geistig als leiblich, [...], mehr als Erzieher denn als Erzeuger, als distanzierte Macht und schließlich als freier Partner«. Diese Steigerung symbolisiert die Aufgaben und die Rolle des Vaterlandes: Es erzieht seine Bürger, wozu zuerst auch »Autorität«, »Machtgebot«, »Zucht- und Züchtigungsrecht« gehören. Das Ziel der Erziehung ist indessen Mündigkeit, Freiheit und Selbstverantwortung. Deshalb erfülle sich der Begriff des Vaterlandes erst in einer politischen Verfassung, die dieses garantiere und ermögliche: »Das Vaterland steht im hellen Lichte, und wir können es nur lieben, indem wir tätig, frei und mündig an seiner Verfassung teilnehmen.« (IV 17–20). Sternberger verabschiedet hier die Vereinnahmung des Patriotismus durch die »konservative Mystik« eines Leopold von Ranke und beruft sich statt dessen auf Voltaire und die liberale Tradition. Mündigkeit, Freiheit und Selbstverantwortung – das sind die Leitideen der europäischen Aufklärung. Patriotismus ist in ihr an Konstitutionalismus gebunden. Durch diesen Perspektivenwechsel gewinnt Sternberger einen *politischen* Begriff des Vaterlandes, während er den *natürli-*

chen Begriff als alte Schale abwirft, die er ›Heimat‹ nennt.¹⁶⁵ Darin liegt der Sache nach die Unterscheidung zwischen einem ›Vaterland im Raum‹ (Heimat) und einem ›Vaterland in der Zeit‹ (Verfassung). Jenes war historisch zerbrochen, dieses aber erst zu schaffen. Der politische Begriff enthält somit eine *dynamische, zukunftsgerichtete* Bedeutung.

Diesen Begriff des Vaterlandes spielt Sternberger sodann gegen eine preußische Tradition aus, die allein den »Tod fürs Vaterland« kennt, von dem Thomas Abbt 1761 handelte. Er zeigt, daß die einseitige Beschränkung auf das Heldentum nur den Soldaten und Untertanen anspricht, nicht aber den freien Bürger. Diese auf Gehorsam beruhende, von freiheitlichen Prinzipien entkoppelte Spielart des Patriotismus mußte für den Mißbrauch des Nationalsozialismus anfällig sein. Sie war es, die Hitler »nach Wort und Sache ausgelöscht [hat]«, nicht jedoch die freiheitliche, aufgeklärte Form. »Das Vaterland ruft jeden Tag, denn jeden Tag müssen und wollen wir darin leben, miteinander leben. Das ist der lebendige Begriff des Vaterlands und nicht der tödliche.« (IV 26–33). Der Text führt somit selbst vor, was Sternberger mit moralisch-politischen Entscheidungen und Unterscheidungen meint. Am Ende stehen indessen nur ein Appell und eine vage Perspektive, mehr nicht. Der ins Auge gefaßte, sehr anspruchsvolle Patriotismus würde sich nicht von heute auf morgen etablieren können. Vorerst fehlte ihm sogar noch die Grundvoraussetzung einer geschriebenen Verfassung. Als das Grundgesetz dann in Kraft getreten war, mit provisorischer Geltung und ohne Volksabstimmung, spricht Sternberger selbst davon, »daß die Konstituierung der Bundesrepublik als solche sicherlich noch keine oder doch nur eine blasse und mittelbare Loyalität geschaffen hat« (X 85). Ein »Bürger der Bundesrepublik«, fügt er mit bedauerndem Unterton hinzu, »befindet sich im Grunde seines Herzens gleichsam noch im Wartestand« (X 87). Dafür macht er auch das aus Weimarer Zeiten weiter geltende Staatsangehörigkeitsrecht verantwortlich. Formell gab es überhaupt keine neuen Bundesbürger, nur Volkszugehörige. Dadurch sei auf ein »wesentliches Element spezifischen Zugehörigkeitsbewußtseins« verzichtet worden (X 88). Außerdem ermangele es dem neuen Staat an der erforderlichen symbolischen Integration durch Flagge und Hymne. Beides gab es zwar, doch handelte es sich noch nicht um Symbole, an die sich »starke Hoffnung« oder »glückliche Erinnerung« geknüpft hätten. Freilich verschweigt Sternberger nicht den Grund der allgemeinen Zurückhaltung, nämlich den im Dritten Reich gepflegten »theatralisch-imperialen Symbolrummel«, von dem nur noch ein »Überdruß

---

165 Der Perspektivenwechsel wird völlig verkannt von Hans J. Lietzmann: Integration und Verfassung. Oder: Gibt es eine Heidelberger Schule der Politikwissenschaft?, in: Schulen in der deutschen Politikwissenschaft, hg. von Wilhelm Bleeck u. Hans J. Lietzmann, Opladen 1999, 245–267. Lietzmann irrt, wenn er Sternberger einen »starken naturalistischen Bezug zur elterlichen, und zwar einzig und eindeutig zur väterlichen Gewalt« vorhält (253). Es kann keine Rede davon sein, daß Sternberger »auf dem Charakter der politischen Integration als eines Unterwerfungsprozesses« beharre und die »Definitionsmacht über das obersten Werte des Verfassungsstaates« einem »wohlmeinenden patriarchalischem Institutionalismus« zuschreibe (256). Vielmehr ist aus den herangezogenen Texten Sternbergers unzweideutig zu entnehmen, daß der politische Patriotismus den mündigen Bürger erfordert, ohne den die Verfassung nicht gedacht werden kann. Sternberger agierte selbst jahrzehntelang in diesem Sinne, wenn er Legitimitätsschäden herausstellte und sogar einen Verein zur Reform des Wahrechts gründete. In *Die große Wahlreform* begründet Sternberger sein Engagement mit dem eindeutigen Satz, »daß auch der Staatsbürger zu verantworten hat, wie sein Staat beschaffen ist« (9). Alle seinen öffentlichen Auftritte dienten dem Ziel, diesen Satz im allgemeinen Bewußtsein zu verankern.

an Symbolen« geblieben war (X 89–94). Diese Bestandsaufnahme aus dem Jahr 1956 läßt alle Schwierigkeiten erkennen, auf die der republikanische Patriotismus in einem Land stoßen mußte, dem die Republik von oben verordnet worden war. Es fällt auf, daß Sternberger nur mehr von »Loyalität« anstatt von »Vaterlandsliebe« sprechen will.

Diese Sprachregelung beendete er erst in den siebziger Jahren.[166] Inzwischen hatte sich die Bundesrepublik verändert. Sie war noch immer kein ›Vaterland im Raum‹, doch hatte das Grundgesetz die Wirklichkeit eines ›Vaterlandes in der Zeit‹ erheblich befördert. »Den nationalen Gefühlen«, schreibt Sternberger zum dreißigsten Tag der Unterzeichnung des Grundgesetzes, »[ist] seither ein helles Bewußtsein von der Wohltat dieses Grundgesetzes zugewachsen. Die Verfassung ist aus der Verschattung hervorgekommen, worin sie entstanden war.« (X 13). Was er im Sinne hat, ist indessen weder die geschriebene Verfassung als solche noch die Kurzformel des Bundesverfassungsgerichts von der freiheitlich-demokratischen Grundordnung (»FDGO«) (X 24). Vielmehr meint er die ›lebende Verfassung‹, die sich in den täglichen »Verfassungs-Lebensvorgängen« immer neu verwirklicht. Dazu rechnet er nicht bloß die Regierungstätigkeit im engeren Sinn, sondern jede Form bürgerlicher Teilhabe am Gemeinwesen, sei es in Parteien, Verbänden, Bürgerinitiativen, Demonstrationen oder schließlich im »vielstimmigen Simultan-Gespräch der sogenannten öffentlichen Meinung« (X 15). Den Geist, der sich darin äußert, bezeichnet er als »Verfassungspatriotismus«.[167] Das ist der Name für jenes Konzept von ›freier Anhänglichkeit‹ an das Vaterland, das Sternberger schon nach dem Krieg entworfen hatte. In der Bundesrepublik der achtziger Jahre machte es Karriere, wurde von ihren wichtigsten intellektuellen Kräften übernommen und bezeichnete – bis zur Wiedervereinigung – so etwas wie einen Konsens im öffentlichen Leben des Staates.[168] Sternberger selbst verwendete noch andere Namen für dieselbe Sache, sprach von »Staatsfreundschaft« (IV 209ff., 247ff), »Bürgersinn« (IV 191ff) oder »öf-

---

166 Mit einer Ausnahme: Anläßlich einer öffentlichen Würdigung von Theodor Heuss wies Sternberger 1959 in einer Leitglosse für die FAZ darauf hin, daß dabei das Wort ›Vaterland‹ gefallen sei (X 11f).

167 Der Begriff findet sich – soweit ersichtlich – erstmals in einem Text von 1971; vgl. Ist unsere Verfassung nicht demokratisch genug?, aaO., 115. Populär wurde er durch Sternbergers gleichnamige Festrede bei der 25-Jahr-Feier der Akademie für Politische Bildung in Tutzing (1982; X 17–31).

168 Der Begriff wurde vom damaligen Bundespräsidenten von Weizsäcker übernommen und in eigenen Reden propagiert (vgl. Nachdenken über Patriotismus, Tutzing 1988; X 7f). Auch Jürgen Habermas machte ihn sich 1987 zu eigen; vgl. Geschichtsbewußtsein und posttraditionale Identität. Die Westorientierung der Bundesrepublik, in: Eine Art Schadensabwicklung, Frankfurt a.M. 1987, 161–179. Habermas definierte Verfassungspatriotismus jedoch als »abstrakter gewordenen Patriotismus, der sich nicht mehr auf das konkrete Ganze einer Nation, sondern auf abstrakte Verfahren und Prinzipien bezieht« (173). Damit trennte er ihn von Sternbergers Verständnis einer ›lebenden‹ Verfassung und verengte ihn auf eine rationalistische Prinzipienorientierung. Diese Verengung war es, die nach der Wiedervereinigung im Mittelpunkt der Diskussion stand. Es eröffnete sich die Sternbergers Intentionen ganz fremde Antithese von Universalismus und Nationalismus, wobei oftmals seine Position mit der Habermasschen gleichgesetzt wurde, so daß die Kritik um so heftiger ausfiel. Vgl. den Sammelband: Verfassungspatriotismus als Ziel politischer Bildung?, hg. von Günter C. Behrmann u. Siegfried Schiele, Schwalbach 1993 (insbes. die Beiträge von Behrmann, Hättich, Sutor, Sarcinelli u. Reuter). Eine sehr ausgewogene Darstellung gibt Jürgen Gebhardt: Verfassungspatriotismus als Identitätskonzept der Nation, in: APuZ 14/93, 29–36. Zur Differenz zwischen Habermas und Sternbergers Konzeption des Verfassungspatriotismus vgl. auch Kinkela: Die Rehabilitierung des Bürgerlichen, aaO., 285–290.

fentlicher Tugend« (X 267ff). Worauf es im Kontext der vorliegenden Arbeit ankommt, ist die Wurzel des damit gemeinten Konzepts. Sie reicht bis in die antike Polis zurück, also bis zu Aristoteles.

Dafür liefern die Namen bereits Hinweise, denn sie legen selbst semantische Spuren. Zwar führt Sternberger ›Staatsfreundschaft‹ auf Schiller zurück (IV 7), doch hat Pannier ganz richtig darauf hingewiesen, daß der Sache nach die von Aristoteles behandelte *philia politikē* gemeint sei.[169] Diese politische Freundschaft, eine Freundschaft unter Bürgern, stellt für den Griechen die Basis politischer Gemeinwesen dar: »Die Erfahrung lehrt, daß Freundschaft die Städte zusammenhält (*tas poleis synechein hē philia*) und die Gesetzgeber sich mehr um sie als um die Gerechtigkeit bemühen, denn die Eintracht (*homonoia*) hat offenbar eine gewisse Ähnlichkeit mit der Freundschaft.« (NE VIII.1, 1155a22–25). *Homonoia*, Eintracht, ist hier der spezifisch politische Begriff, welcher der Selbstauslegung der Polis entstammt. Worin besteht nun diese Eintracht, die wörtlich ›Gleichgesinntheit‹ (*homo* + *noein*) meint? Aristoteles bestimmt dies, indem er die *homonoia* nach unten und nach oben abgrenzt, also gegen eine niedere und eine höhere Form der Gemeinsamkeit. Nach unten hebt er sie von der *homodoxia* ab, der zufälligen Gleichheit in den Meinungen, weil diese nicht gegenseitige Kenntnis erfordert und sich außerdem auf Dinge beziehen kann, die mit den spezifischen Angelegenheiten der Stadt nichts zu tun haben (IX.6, 1167a23–26). Nach oben unterscheidet er die Polis-Freundschaft von der Freundschaft der *agathoi*, der Guten, deren Einklang so groß ist, daß sie im anderen sich selbst erkennen. Das Gute, nach dem sie streben, ist im letzten das höchste Gute, das philosophische Leben, das beinahe schon ein göttliches ist. Dieses Ziel – die Betätigung des reinen *nous* – erlaubt gar nicht mehr die Schwankungen der *doxa*, welche den politischen Diskurs ausmachen (IX.8–10). In diesem geht es nicht um das höchste *agathon*, sondern um das *koinē sympheron*, das allen Zuträgliche, das zwar ein Teil davon, aber eben noch nicht das ganze Gute ist. Darüber sagt Aristoteles: »In Städten herrscht Eintracht, wenn die Bürger über die gemeinsamen Interessen eines Sinnes sind (*peri tōn sympherontōn homognōmonosin*) und wenn sie sich zu einmütigem Handeln entschließen und das gemeinsam Beratene auch ausführen (*tauta proairōntai kai prattōsi ta koinē doxanta*).« (IX.6, 1167a26–28). Die Eintracht beziehe sich auf Dinge der politischen Praxis (*peri ta prakta*) und zwar solche von großer Tragweite, die außerdem eine Lösung zuließen, welche alle Bürger befriedige. »Zum Beispiel ist eine Stadt einträchtig, wenn alle den Beschluß fassen, daß die Ämter durch Wahl verteilt werden sollen oder daß mit Sparta ein Bündnis zu schließen sei oder das Pittakos regieren solle zu einer Zeit, wo dies mit dessen eigenem Wunsch zusammentraf (a28–32).« Alle drei Beispiele betreffen Grund- und Richtungsentscheidungen der Polis: (a) die prozedurale Entscheidung, wie Ämter zu vergeben sind, (b) die strategische Entscheidung, mit wem man ein Bündnis eingeht, und (c) die politische Entscheidung, wer das Archontat übernimmt. Solche Entscheidungen sollen nach Aristoteles einmütig getroffen werden, denn sie betreffen auf eminente Weise das gemeinsame Wohl (*ta sympheronta*, b2).

---

169 Pannier: Das Vexierbild des Politischen, aaO., 81. Den Rückgriff auf das Konzept der *philia politike* teilt Sternberger mit Hannah Arendt; vgl. daher auch die betreffenden Ausführungen in II.3.2.(c).

In dieser kurzen Skizze sind alle Züge anzutreffen, die das Sternbergersche Konzept des Verfassungspatriotismus auszeichnen. Aristoteles beschreibt eine Einmütigkeit auf dem Boden der Pluralität. Sie verlangt von den Bürgern Übereinstimmung allein im Hinblick auf die allen zuträglichen Grundlagen der Verfassung, nicht im Hinblick auf weitergehende Konzeptionen des Guten. Solche Übereinstimmung ist indessen nicht einfach vom politischen Handeln getrennt. Sie trägt es, indem sie sich selbst immer neu in der Interaktion der Bürger bestätigt, erhält und erneuert. Die »Einheit des Staates«, sagt Sternberger einmal, »enthüllt sich dem geduldigen Beobachter und vor allem dem verantwortlich teilnehmenden, selber an der Legitimität mitwirkenden Bürger im Fortgang der Zeit und im Wechsel der Rollen, Funktionen oder Ämter« (VII 295). Die Rollen, Funktionen und Ämter bleiben dieselben, nur ihre Träger wechseln. Diese Kontinuität gründet nicht allein auf der geschriebenen Verfassung, sondern zuerst und zuletzt in der fundamentalen Übereinkunft der Bürger, die sich in der lebenden Verfassung andauernd in dem manifestiert, worüber es keinen Streit gibt. Eine weitere Parallele besteht darin, daß politische Freundschaft bei Aristoteles ihren Grund in fundamental gemeinsamen Zielen hat, nicht in verwandtschaftlichen, auf dem Herkommen beruhenden Beziehungen. Ihr Inhalt wie ihr Entstehungsgrund sind genuin politisch. Sie beruht wesentlich auf sittlichen Prägungen, auf dem *ēthos*, aber nicht auf den Sitten schlechthin, sondern, um es mit Sternberger zu sagen, auf der »Bildung der freien Sitten« (PRR 24), wie sie nur in einer Politie möglich ist. Natürlich können Verfassungspatriotismus und *homonoia* nicht umstandslos gleichgesetzt werden. Wo Aristoteles die einzelnen Bürger im Auge hat, sieht Sternberger zusätzlich das gesamte Feld in Verbänden organisierter Kollektivinteressen, die weite Sphäre gesellschaftlicher Vereinigungen, die zwischen Bürgern und staatlichen Organen vermitteln. Diese Ausdifferenzierungen des Sozialen gehören der Neuzeit und ihren spezifischen Rahmenbedingungen zu, sie wären in der Antike so nicht vorstellbar. Und doch hält sich bei allen Unterschieden etwas Gemeinsames durch, die ›bürgerliche Natur‹ der Zusammenschlüsse. Deshalb sind auch Verfassungspatriotismus und Staatsfreundschaft Metamorphosen der *philia politikē*.

III.4 Ergebnisse

Voegelin, Strauss und Arendt erneuerten, jeder auf seine Weise, die *querelle des anciens et des modernes*. Sie stellten sich auf die Seite der Alten, gewannen von dort aus kritischen Abstand zur Neuzeit und schilderten deren Geschichte über weite Strecken als eine des Verlusts humaner Möglichkeiten und Erfahrungen. Dafür zahlten sie den Preis der Selbstisolation innerhalb des Wissenschaftsbetriebs. Man warf ihnen vor, einer romantischen »Polis-Nostalgie« anzuhängen, der liberalen Demokratie zu schaden und die Moderne völlig einseitig wahrzunehmen. Wiewohl solche Vorwürfe das produktive Potential ihrer Gedanken unterschätzten, waren sie doch nicht einfach von der Hand zu weisen. Es kennzeichnet die Autoren des dritten Diskurses, daß sie der Versuchung widerstehen, das Alte vermittlungslos gegen das Neue auszuspielen. Gadamer, Ritter und Sternberger weisen einhellig den Gedanken einer Verfallsgeschichte der Moderne zurück, letzterer in expliziter Auseinandersetzung mit Arendt. Auf dem Boden der Moderne stehend, versuchen sie vielmehr in ihren Gestalten das Fortwirken der antiken Überlieferung aufzuweisen. Das bringt sie zwar in Opposition zu jenen, die die Legitimität der Moderne allein aus ihr selbst gewinnen wollen, nicht jedoch zur Moderne an sich. Ihr Anspruch ist, das Alte und Neue gleichermaßen als Einheit und Differenz zu denken. Wie sie ihm gerecht werden, gilt es hier in vergleichender Weise zusammenzufassen.

Gadamer, Ritter und Sternberger spielen die Differenzen ebensowenig herunter wie die Autoren des zweiten Diskurses. Die ersten beiden sprechen explizit vom »Traditionsbruch« und machen ihn an der Französischen Revolution fest (HpP 334, EE 41)[170]. Sternberger konstatiert einen »Abgrund der Ferne und der Fremdheit« zwischen dem Staat des Aristoteles und dem modernen, durch die Französische Revolution wesentlich beförderten Verfassungsstaat (II/1 407f). Bei genauem Hinsehen ist erkennbar, daß alle drei »Bruch« und »Abgrund« sowohl auf Veränderungen in der Praxis als auch in der Theorie beziehen. Was die Praxis angeht, heben sie insbesondere die Bedeutung von Technik und Ökonomie für das moderne Staatswesen hervor. Der in der Antike im Oikos angesiedelte Bereich des Herstellens und Wirtschaftens emanzipiert sich zur eigenständigen Sphäre zwischen privatem und politischem Raum. Sie unterliegt Imperativen des Nutzens, der Effizienz und des Fortschritts, die von sittlichen Haltungen unabhängig sind. Ritter diagnostiziert dies mit einer Hegelschen Formel als »Entzweiung« von Herkunft und Zukunft. Der Mensch ist einerseits als privates Subjekt noch an Herkunftsordnungen gebunden, während er andererseits als Mitglied der bürgerlichen Gesellschaft allein nach der Befriedigung seiner naturalen Bedürfnisse strebt (SiG

---

170 Für Ritter vgl. Diskussion, in: Landgrebe: Über einige Grundfragen der Politik, aaO., 47.

26). Gadamer und Sternberger sehen die Gefahr, daß sich dieses Streben verselbständigt, in dem es sittlich-politische Zwecksetzungen unterminiert. In diesem Fall sind sowohl die Integrität der Lebenswelt als auch die politische Handlungsfähigkeit bedroht. Hinsichtlich der Veränderungen in der Theorie verweisen die drei auf die neuen Wissensformen der Moderne. In ihr entstehen angewandte Wissenschaften, welche der Eigenlogik von Ökonomie und Technik folgen. Wie diese in immer weitere Bereiche vordringen, vergrößern auch jene ihre Untersuchungsfelder. Sie objektivieren humane Praxis, entwerten Tradition und Autorität und erzeugen technisches Herrschaftswissen, das politische Steuerung verspricht. Insofern verstärken die Wissenschaften Tendenzen, die bereits in der gesellschaftlichen Wirklichkeit der Moderne angelegt sind.

Im Unterschied zu den Autoren des zweiten Diskurses werfen die des dritten jedoch zugleich ein Licht auf die Tagseite der Moderne. In solcher Optik tritt hervor, daß die Auflösung des Oikos und die Emanzipation der bürgerlichen Gesellschaft das antike Versprechen der Freiheit für eine viel größere Zahl von Menschen eingelöst haben. Der Verfassungsstaat sichert jedem Rechte zu, die vor Fremdbeherrschung schützen. Sternberger deutet ihn als »tief verwandelte Wiederkehr« der griechischen Polis (II/1 402), weil er politische Teilhabe ermöglicht, Ämterwechsel vorsieht, oligarchische und demokratische Elemente zum Ausgleich bringt und insgesamt auf Einigung statt auf künstlicher Einheit beruht. Wie Sternberger betont Gadamer, daß die real vorhandene Pluralität von Lebens- und Ethosformen in der modernen Welt kein Verfallsphänomen ist, sondern ihrerseits auf tieferliegenden Gemeinsamkeiten beruht. Für Sternberger kommen diese in der gelebten Verfassung, der fundamentalen, täglich erneuerten Übereinkunft hinsichtlich der Institutionen, Prozeduren und Ziele des Gemeinwesens zum Ausdruck. Gadamer sichtet sie in der von allen geteilten sprachlichen Weltauslegung und in Verhaltensweisen, die als selbstverständlich gelten. Beide weisen so auf Kontinuitäten zwischen dem Alten und dem Neuen hin, die den »Traditionsbruch« überdauern. Auch Ritter macht solche Verbindungslinien aus, zwar nicht im gesellschaftlichen Raum, wohl aber in den privaten Lebensordnungen. Die Pointe der Entzweiungstheorie liegt nämlich darin, daß die Einschränkung aller äußeren Verhältnisse des Menschen auf sachliche Beziehungen die inneren Verhältnisse der Subjektivität erst freigibt. Dadurch erhält »der einzelne im Reichtum seines religiösen, sittlichen und persönlichen Seins das Recht, in seinem Leben bei sich selbst und er selbst zu sein« (HuR 317).

Wie Vergangenheit, mithin auch antike Überlieferung, untergründig in Sprache, Sitte und Institutionen fortwirkt, hat die Moderne neben den objektiven Wissenschaften auch Reflexionsformen hervorgebracht, die darüber Rechenschaft ablegen. Gemeint sind die hermeneutischen Geisteswissenschaften, die für alle drei Autoren eine exponierte Rolle spielen. Sie sind sich der Modernität dieser erst nach dem Traditionsbruch entstandenen Disziplinen bewußt. Nach Ritter fällt ihnen die Aufgabe zu, auf dem Boden der industriellen Gesellschaft die geschichtlich-geistige Welt des Menschen gegenwärtig zu halten. Gadamer spricht von der »Stiftung eines neuen Kontinuitätsbewußtseins« als Reaktion auf den Einschnitt der Französischen Revolution (EE 42). Erst nachdem die fraglose Geltung und Tradierung von Wissen und Normen abgerissen war, entstand das historische Bewußtsein, die Rückbesinnung auf die eigene Herkunft. Damit war das Bestreben verbunden, Vergangenes in bewußter Anstrengung anzueignen und zu bewahren. Sternberger sagt, daß »geschichtliche Erkenntnis notwendig und wesentliche teilnehmende Erkenntnis« sei, deren Motivation sich aus einem »vitalen

Interesse« der Gegenwart speise (VI 106). Er führt selbst vor, was er damit meint: den metamorphotischen Blick für die im Wandel der Zeiten wiederkehrenden Gestalten. Für alle drei schlagen die verstehenden Geisteswissenschaften eine Brücke zwischen Vergangenheit und Zukunft; sie beruhen auf der inneren Dialektik von Bruch und Kontinuität. Folglich eröffnen sie den Zugang auch zur aristotelischen Philosophie, und das gleich in zweifacher Hinsicht. Zum einen bringen Gadamer, Ritter und Sternberger ihr methodisches Vorgehen in einen Zusammenhang mit Überlegungen des Stagiriten. Sie wollen Hermeneutik nicht nur als moderne Methode ausweisen, sondern sie zugleich in seiner praktischen Philosophie verankern. Zum anderen greifen sie inhaltliche Konzepte wie Ethos, Freundschaft und Freiheit bei Aristoteles auf, um deren Beitrag zu einem angemessenen Verständnis der Moderne herauszuarbeiten.

Zunächst zum methodischen Zusammenhang von Hermeneutik und praktischer Philosophie des Aristoteles. Die drei hier untersuchten Autoren sind sich darüber im klaren, daß die spezifisch moderne Frage, was Herkunft und Zukunft verbinde, keine Frage des Aristoteles gewesen sein kann. Der Grieche hatte keinen radikalen Traditionsbruch zu verkraften und mußte keinen historischen Sinn ausbilden. Was ihn jedoch für seine modernen Interpreten interessant werden läßt, ist die spezifische Weise, in der seine (praktische) Philosophie ihrer Welt zugehört. Sie finden bei ihm einen Gegenentwurf zu den objektiven, die Praxis objektivierenden Wissenschaften der Neuzeit. Dieser Entwurf beruht auf einer situierten Vernunft, die sich nicht aus den praktischen Zusammenhängen, in welchen sie steht, herauszureflektieren sucht, sondern darum bemüht ist, sie gleichermaßen von innen zu erhellen. Gadamer hebt hervor, daß Aristoteles immer vom Vorverständnis, den Vorurteilen der Handelnden ausgehe, sie kritischer Klärung unterziehe, um jene herauszufiltern, die das Sein des Menschen trügen, in denen echte Erfahrung geronnen sei (WM 317ff). Bei Ritter heißt es, Aristoteles bringe hermeneutisch zum Begriff, was der Wirklichkeit als Substanz und Wahrheit zugrundeliege (NRA 171). Und Sternberger schreibt, der Stagirit analysiere die politische Wirklichkeit »aus handfester Erfahrung und Beobachtung, als ein Empiriker, der gleichwohl die einwohnenden Normen, den einwohnenden Zweck und Sinn der Einrichtungen durchgängig im Auge behielt« (III 118f).

Die ähnlichen Formulierungen verbergen indessen die verschiedenen ontologischen Annahmen, welche die drei Autoren mit der praktischen Philosophie verbinden. Für Sternberger verweisen die »einwohnenden Normen« und »Zwecke« auf Möglichkeiten des Menschen, die er unter bestimmten (politischen) Umständen realisieren kann. Ihre Wahrheit beruht allein auf der Selbstauslegung des Menschen. Auch Ritter und Gadamer verweisen darauf, verankern sie jedoch in universalen ontologischen Strukturen. Aus ihrer Sicht ist das substanzielle Sein des Menschen eine Manifestation des alles umgreifenden Seins. Wie der Mensch handelt und sich entscheidet, wird ihm von etwas her verfügt, das nicht er selbst ist. Es kommt darauf an, diese Verwiesenheit auf ein anderes und höheres Sein zu begreifen und sich in seine Ordnungen zu fügen. Dabei konzipiert Ritter Sein in Hegelscher Manier als Manifestation eines alles durchwaltenden Geistes, der sich ins Seiende entäußert und dort teleologisch fortbestimmt. Hingegen fehlt Gadamers Seinsspekulation eine solche Gerichtetheit, die auf einen Zustand höchster Vollendung und Erkenntnis zuliefe. Deshalb ist seine Ontologie flexibler als Ritters, für den jede Seinsstufe die vorherigen Entäußerungen in sich aufheben muß. Während Sternberger strikt zwischen praktischer und theoretischer Philosophie unterscheidet, lösen Gadamer und Ritter die aristotelische Unterscheidung auf. Folglich wird aus dem Gegensatz von unveränderlichem und veränderlichem Sein ein selbiges, prozessual konzipiertes Sein, das sich zur Darstellung bringt, auch im Sein und Handeln des Menschen. Ebenso verschmelzen *phronēsis* und *theōria*, denn das praktische Wissen steht in einem Verhältnis zum Sein im ganzen. Gadamer und Ritter behaupten, daß die Endlichkeit des Menschen in der Unendlichkeit des Seins aufgehoben ist und von daher ihren Sinn bezieht. Auch Sternberger verkennt nicht die Bedeutung des Geschicks für alles menschliche Handeln und Erfahren. Jedoch könne es »in einem Gefühl zwischen Schauder und Ehrfurcht nur hingenommen werden«. »Kein Fanatismus des Erklärens und kein Überschwang des Verstehens wird das Geschick aus der Geschichte je entfernen können.« (VI 102). Diese agnostische Haltung markiert die Grenze, die ihn von den beiden anderen trennt.

Die ontologischen Differenzen kommen auch in den jeweiligen Hermeneutiken zum Ausdruck. Gadamer betont die Einheit von Erklären, Verstehen und Anwenden und setzt sich damit von der romantischen Hermeneutik ab, die Geistesäußerungen allein aus ihrem Entstehungskontext heraus verstehen will und die Frage nach der Anwendung, dem Bezug des Überlieferten zur eigenen Situation ausblendet. Nach seiner Auffassung verkennt eine solche Hermeneutik ihre Zugangsbedingungen zur Tradition, die die Auslegung immer schon mitbestimmen. In diesem Punkt scheint er mit Sternberger einig zu sein, für den echte geschichtliche Erkenntnis ebenfalls die Teilnahme des Erkennenden an der Sache erfordert. Diese Teilnahme wird nicht zuerst durch die Sache, sondern durch ein in der eigenen Situation angelegtes Interesse ausgelöst. Da sich diese Umstände verändern, erscheint auch die Überlieferung in immer neuem Licht. Ganz in Gadamers Sinn sagt Sternberger, daß geschichtliche Erkenntnis nie in einem »endgültig gesicherten Bestand« zur Ruhe komme (VI 107). Uneins sind beide nur über den Status des Verstandenen: Handelt es sich um rein menschliche oder um universalontologische Wahrheiten? Versteht der Mensch sein eigenes Sein oder hat er am übergreifenden Seinsgeschehen teil? Ritter knüpft unterdessen an jene romantische Hermeneutik an, die Gadamer ein Dorn im Auge ist. Den Geisteswissenschaften schreibt er die Aufgabe zu, »die Schöpfungen und Objektivationen des menschlichen Geistes immer aus ihnen selbst und in ihrem je eigenen Zusammenhang zu ›verstehen‹ und zu begreifen, um sie so als sie selbst in die Gegenwart einzubringen«. »Von der Praxis getrennt und in die Freiheit reinen Erkennens gestellt, geben sie so dem Menschen die Möglichkeit eines Wissens von seinem nicht mit der Gesellschaft identischen Sein, das ohne sie ins Ferne gerückt oder seiner durch die Gesellschaft gesetzten Bestimmung geopfert würde.« (AGG 133f). Folglich ist die Anwendung geisteswissenschaftlichen Wissens auf gesellschaftliche Praxis nicht möglich, auf individuelle Subjektivität nicht nötig. Letzteres führt Ritter darauf zurück, daß dieses Wissen immer schon substanzieller Teil des eigenen Seins ist, dessen Wahrheit klar zutage liegt. Allerdings stellt er selbst in Frage, ob es ihm überhaupt um Wahrheit geht. Seine Begründung der Geisteswissenschaft klingt nämlich merkwürdig funktionalistisch. Sie würden auf dem Boden der Moderne ausgebildet, weil die Gesellschaft eines Organs bedürfe, »das ihre Geschichtslosigkeit kompensiert und für sie die geschichtliche und geistige Welt des Menschen offen und gegenwärtig hält, die sie außer sich setzen muß« (AGG 131). Zwischen dem Streben nach Wahrheit und dem Bedürfnis nach Kompensation besteht ein offensichtlicher Konflikt. Wann immer die Überlieferung eine Umgestaltung der

Praxis fordert, muß sie domestiziert und musealisiert werden, um die Praxis nicht zu überlasten.[171] Ritter verkennt, daß dies eine Form der Auslegung impliziert, die die Schöpfungen des menschlichen Geistes keineswegs als sie selbst in die Gegenwart einbringt.

Wenn es möglich ist, die praktische Philosophie des Aristoteles zu rehabilitieren, wovon alle drei Autoren auf ihre Weise ausgehen, erhebt sich die Anschlußfrage, ob nicht auch einige ihrer zentralen Konzepte zur Erhellung der Gegenwart taugen. Bei ihrer Beantwortung greifen Gadamer, Ritter und Sternberger gleichermaßen auf die Konzepte Ethos, Freundschaft und Freiheit zurück, geben ihnen jedoch jeweils verschiedene Wendungen. Keiner der in den beiden ersten Hauptteilen behandelten Autoren wollte der für die aristotelische Ethik so zentralen Kategorie des Ethos handlungsleitende Kraft zusprechen. Das Verlangen nach existenzieller Eigentlichkeit versah alle intersubjektiv gebildeten Haltungen mit dem Verdacht der Uneigentlichkeit, der leeren und manipulierbaren Konventionalität. Vor diesem Hintergrund nehmen die Autoren des dritten Diskurses eine beachtliche Aufwertung vor, die auch darin zum Ausdruck kommt, daß ein Interpret wie Schnädelbach in der Reflexion über den Zusammenhang von Ethik und Ethos das Charakteristikum des Neoaristotelismus erkennen will. Sternberger fordert unmittelbar nach Kriegsende die Bildung »freier Sitten« und denkt dabei zugleich an freie Institutionen, ohne welche sie nicht zustande kämen. Ihm ist wohlbewußt, daß es Deutschland entsprechender Traditionen ermangelt. Dennoch müssen sie nicht erfunden werden. Der metamorphotische Rückblick in die Antike kann eine Ahnung der menschlichen Möglichkeiten beim Aufbau eines guten Gemeinwesens vermitteln. Dabei legt Sternberger Wert darauf, Sittlichkeit mit persönlicher Autonomie und staatlicher Gesetzlichkeit zu vermitteln. Geht es ihm vor allem um die öffentlichen Sitten, die gemeinsames politisches Handeln tragen und ermöglichen, bleiben bei Ritter davon nur noch Sekundärtugenden einer arbeitsteiligen Gesellschaft übrig. Im Unterschied zu Hegel ist ihm fragwürdig geworden, »daß Bürgertum, Adel, Beamten, der einzelne in seiner gediegenen sittlichen Bildung und Gesinnung den Staat tragen«.[172] Wie es scheint, hat echte Sittlichkeit ihren Ort nur mehr in familiären und religiösen Ordnungen, die neben der Gesellschaft bestehen. Dem Staat verbleibt die Aufgabe, diese Sphäre vor gesellschaftlichen Übergriffen zu schützen. Daß Ritter Ethos im öffentlichen Leben nicht mehr wiederzufinden vermag, liegt vermutlich an einer sehr monistischen Vorstellung von Sittlichkeit. Er spricht mit Blick auf Aristoteles und die antike Polis wiederholt von der »Einformung« in die vorgegebene, von den Vätern überlieferte

---

171 Was Gadamer und Ritter in diesem Punkt trennt, hat ersterer einmal in einem Interview auf den Punkt gebracht: »Der historische Sinn, auf den das 19. Jahrhundert die Geisteswissenschaften gegründet hat, ist nicht das letzte Wort, sondern er stellt lediglich eine vorgängige Ausprägung der heutigen menschlichen Erfahrungswelt und ihres Überlieferungsverhältnisses dar. [...] Ich bin allerdings der Meinung, daß das Kompensationstheorem das Erfahrungspotential der Geisteswissenschaften unterschätzt. Wie sollen wir vorwegwissen, zu welchen Einsichten, zu welchem Verständnis und Selbstverständnis uns die Erfahrung der Überlieferung führt [...] Eine historische Grundlegung der Geisteswissenschaften, wie sie auch bei Ritter vorliegt, kann diese grundsätzliche Offenheit nicht gelten lassen. Wenn Ritter die Überlieferung als das Historische definiert, bleibt sein Denken im Wirkungskreis seines Lehrers Heimsoeth [...]«; Hermeneutik – Ästhetik – Praktische Philosophie. Hans-Georg Gadamer im Gespräch, hg. von Carsten Dutt, Heidelberg 1993, 34.
172 Diskussion, in: Bockenförde: Die verfassungstheoretische Unterscheidung von Staat und Gesellschaft, aaO., 60.

Sitte. Wie Gadamer herausstellt, ist die »Einheitlichkeit eines gelebten Ethos [...] im Zeitalter des ethischen, des ethnischen und des historischen Pluralismus gewiß nicht gegeben« und ebensowenig erreichbar (GW4 213). Während Ritter diese Diagnose zum Anlaß für einen Rückzug aus der Gesellschaft nimmt, fragt Gadamer nach verbindenden Solidaritäten, die auch die moderne Gesellschaft noch tragen. Diese sucht er in Dispositionen auf, die so selbstverständlich sind, daß sie als solche im Alltag nicht reflektiert werden. Im Unterschied zu Sternberger beurteilt er sie nicht nur im Hinblick auf die Ermöglichung humaner Praxis, sondern darüber hinaus im Hinblick auf das Seinsgeschehen als solches. Deshalb bezeichnet er echte ethische Haltung auch als »Seinsverfassung«.

Die zweite Kategorie der praktischen Philosophie des Aristoteles, an die alle drei Autoren anknüpfen, ist die der Freundschaft. Ihnen ist bewußt, wie fremd sie dem neuzeitlichen politischen Denken geworden ist, während der Stagirit ihr noch zwei ganze Bücher der *Nikomachischen Ethik* widmet. Indem sie diese Überlegungen aufnehmen, wollen sie die Einseitigkeit des Autonomiegedankens aufweisen. Wo die Moderne nur das auf sich gestellte Individuum in den Blick nimmt, stellt Aristoteles die mannigfachen Bezüge heraus, welche die Menschen untereinander verbinden. Gadamer, Ritter und Sternberger gehen davon aus, daß sie auch auf dem Boden der Moderne existieren, von der klassischen Vertragstheorie jedoch verkannt werden. Gadamer gewinnt aus der aristotelischen Darstellung der Freundschaft der guten Männer das Paradigma des hermeneutischen Dialogs. Wahres Selbstverständnis ist danach nur durch Fremdverstehen zu erlangen, wobei jeder Gesprächspartner seinen Horizont überschreitet. Das gemeinsame Gute wird nicht vorgängig gewußt, sondern im sachlichen Austausch der Ansichten herausgearbeitet. Sternberger setzt hingegen bei der unpersönlicheren, distanzierteren Form der politischen Freundschaft an, die Aristoteles mit der Eintracht des Gemeinwesens gleichsetzt. Seine moderne Abwandlung dieser Form heißt »Staatsfreundschaft« oder auch »Verfassungspatriotismus«. Damit ist jene Einigkeit über die Grundlagen und Ziele des politischen Handelns gemeint, die mit Konflikt und Pluralität zusammen bestehen kann. Ritter verortet Freundschaft nicht anders als Sittlichkeit in der außergesellschaftlichen Sphäre privater, d.h. familiärer, verwandtschaftlicher, nachbarschaftlicher Beziehungen.

Wo Ethos und Freundschaft existieren, ist der Mensch nicht auf seine eigene Freiheit beschränkt. Er kann Freiheit auch im gemeinsamen Handeln mit anderen erfahren. Dieser Gedanke aus der aristotelischen Philosophie taucht ebenfalls bei allen drei Autoren des dritten Diskurses auf. Beachtlich ist, daß sie ihn jeweils in ein Verhältnis zur Hegelschen Staatsphilosophie setzen. Hegel hebt die Differenz von innerer Freiheit der Moralität (Subjektivität) und äußerer Freiheit des Rechts (bürgerliche Gesellschaft) in der substanziellen Freiheit der Sittlichkeit auf, die der Staat repräsentiert. Den Bürgern teilt sie sich im »Grundgefühl der Ordnung«, nicht jedoch in tatsächlicher Partizipation mit. Gadamer und Sternberger wenden dagegen ein, daß freiheitliche Gesellschaft die »konkrete Teilhabe am Allgemeinen, an dem allen Gemeinsamen, in Verwaltung, Gesetzgebung, Rechtspflege, kurz im gesellschaftlichen Leben im Ganzen« erfordere (EE 131; vgl. PRR 28). Dies sei nicht bei Hegel, sondern bei Aristoteles expliziert. Ritter muß das Schwinden eines »Grundgefühls der Ordnung« konstatieren. Folglich beschränkt sich die Erfahrung von Freiheit auf das »Beisichselbstsein« des Menschen im privaten Raum und auf die Einfügung in eine arbeitsteilige Praxis, welche Halt und

Stand gewährt. Bei letzterem scheint er an die Funktion von Korporationen zu denken, nach Hegel Residuen der Sittlichkeit innerhalb der bürgerlichen Gesellschaft. Die Pointe seiner Überlegungen besteht darin, daß er ein solch unpolitisches Verständnis von Freiheit bereits bei Aristoteles auffinden will. Dafür bemüht er die im *theōrein* erfahrene Herauslösung des Menschen aus allen praktischen Bezügen und sieht sie im modernen Gedanken zweckfreier Bildung wiederkehren. Politik soll nur mehr dazu dienen, diese Freiheit zu bewahren, indem sie die Privatsphäre und die akademische Freiheit der Universitäten schützt. Daß es bei Aristoteles auch eine politische Freiheit gibt, die sich in der Teilhabe am Gemeinwesen erfüllt, wie Gadamer und Sternberger deutlich sehen, übergeht er.

Wie verhält es sich vor diesem Hintergrund mit der ideologiekritischen Gleichsetzung von Neoaristotelismus, Neohegelianismus und Neokonservativismus? Sie trifft – bei allen im Detail notwendigen Differenzierungen – allein auf Ritter zu. Er betrachtet die aristotelische Philosophie durch eine Hegelsche Brille, läßt freilich die von Hegel markierten Brüche zwischen Antike und Moderne verschwimmen, wodurch der Grieche noch näher an den Schwaben heranrückt. Die unvermittelte Verbindung von kompensatorischem Traditionalismus und modernistischem Fortschrittsdenken läßt sich als Gestalt eines neokonservativen Weltbilds beschreiben. Gadamer nimmt zwar ontologische Anleihen bei Hegel, steht jedoch dort, wo es politisch relevant wird, Aristoteles näher. Sternbergers Rückgriff auf den Stagiriten hat von Anfang an den Sinn, die in der deutschen Tradition so wirkungsmächtige, von Hegel gerechtfertigte Trennung von Staat und bürgerlicher Gesellschaft zu unterminieren. Beide sprechen sich für ein partizipatorisches, plurales Gemeinwesen aus, ohne jene Ressourcen aus dem Auge zu verlieren, die gemeinschaftliche Praxis ermöglichen und sich beständig darin erneuern. Das ist ebenso gewiß neoaristotelisch, wie es nicht neohegelianisch und neokonservativ ist.

IV. DIE AMERIKANISCHE KOMMUNITARISMUS-LIBERALISMUS-KONTROVERSE

Der vierte Teil dieser Untersuchung kehrt in den räumlichen Kontext des zweiten Teils zurück und schließt in zeitlicher Hinsicht an den dritten Teil an. Die Kontroverse zwischen Kommunitariern und Liberalen ist ein Phänomen der achtziger und neunziger Jahre, zwar nicht auf die Vereinigten Staaten beschränkt, wohl aber dort entstanden und maßgeblich von dort aus geprägt. Die Protagonisten der Kontroverse sind, qua Geburt oder persönlicher Entscheidung, Amerikaner. In viel höherem Maße als Voegelin, Strauss und Arendt, die deutschen Emigranten, sind sie von philosophischen Traditionen, politischen Problemen und kulturellen Selbstverständnissen geprägt, die für den amerikanischen Kontext typisch sind. Daraus ergibt sich eine doppelte Ferne. Zum einen spielt ein Denker wie Heidegger, der im angelsächsischen Bereich als dezidert »kontinentaler« Philosoph gilt, nur eine geringe Rolle. Zum anderen werden auch die deutschen Emigranten keineswegs als Vermittler zwischen den Traditionen wahrgenommen. Vielmehr bleiben sie philosophische Fremdkörper, die man höchstens einmal am Rande zitiert. Während somit direkte Wirkungszusammenhänge weitgehend ausgeschlossen werden können, gibt es eine Reihe struktureller Parallelen zu den vorstehend behandelten Autoren. Die wichtigste, hier näher zu untersuchende Parallele betrifft den bewußten Rückgang *auf* und die explizite Auseinandersetzung *mit* der aristotelischen Philosophie. Sehr allgemein gesprochen, schlägt sich dies in methodischen und inhaltlichen Anknüpfungen nieder, die vielfach das (logisch verengte) Korsett der analytischen Philosophie sprengen. Es geht um die epistemologische Frage nach der Einbettung von Philosophie in Praxis, die ontologische Frage nach dem Zusammenhang von Individuum und Gemeinschaft, die ethische Frage nach der Rolle von Tugenden und Glück für das menschliche Leben und um die politische Frage nach der guten Ordnung des Gemeinwesens. Diese Fragen sind ausführlich am Werk von Alasdair MacIntyre und Martha Nussbaum zu erörtern, wobei sich eine Reihe von Verbindungslinien zu den anderen Autoren ergeben werden. Zuvor sei aber der weitere philosophische und politische Kontext der Kommunitarismus-Liberalismus-Kontroverse umrißhaft dargestellt, um die beiden Protagonisten dieses vierten Teils besser verorten zu können.[1]

---

1 Für eine sehr viel ausführlichere und materialreiche Darstellung vgl. Walter Reese-Schäfer: Grenzgötter der Moral. Der neuere europäisch-amerikanische Diskurs zur politischen Ethik, Frankfurt a.M. 1997.

Die Kontroverse begann indirekt 1971 mit John Rawls' *A Theory of Justice*,[2] direkt 1982 mit Michael Sandels Erwiderung *Liberalism and the Limits of Justice*.[3] Rawls' Werk ist schon kurz nach seinem Erscheinen als Wiederbelebung der politischen Philosophie liberaler Provenienz gefeiert worden.[4] Es wendet sich gegen bis dahin dominierende utilitaristische Ansätze. Während diese vom nutzenmaximierenden Typus des *homo oeconomicus* ausgehen, zwingt ihm Rawls in der Konstruktion eines gesellschaftlichen Urzustandes eine moralische Perspektive auf. Jeder einzelne soll über eine öffentliche Gerechtigkeitskonzeption befinden, ohne die eigenen Wünsche, Fähigkeiten und Bindungen zu kennen. Rawls nimmt an, daß sich die hinter dem »Schleier des Nichtwissens« verborgenen Menschen dafür entscheiden, allen dieselben Freiheiten und Rechte zuzubilligen und soziale Ungleichheiten nur insoweit zu tolerieren, als sie die Position der schwächsten Mitglieder verbessern. Er ordnet den ersten Grundsatz dem zweiten vor, um zu verhindern, daß der Staat – wie von sozialutilitaristischer Seite gefordert – individuelle Rechte von einer Maximierung des Gesamtnutzens abhängig macht. Philosophisch bezieht sich Rawls mit seinem Konzept von Fairness-Gerechtigkeit sowohl auf die Intuitionen seiner Mitbürger als auch auf Kants Autonomie-Begriff. Das rief den Protest Sandels auf den Plan. Er kritisiert, daß sich kein Mensch jemals als das von allen konkreten Bindungen gelöste Selbst (»unencumbered self«) verstehen könne, welches Rawls dem Urzustand zugrunde lege. Vielmehr sei das Selbst sozial eingebettet, seine moralische Identität sozial konstituiert. Rawls setze dies implizit voraus, wenn er erwarte, daß die Menschen im Urzustand kooperierten und bereit seien, Wohlstand zu teilen. Solche Solidarität würde aber nur eine durch gemeinsame Ziele, Werte und Identität integrierte Gesellschaft aufbringen.

Sandels Kritik betraf somit nicht die Gerechtigkeitsgrundsätze an sich, sondern ihre mangelhafte philosophische Fundierung. Sie korrelierte mit den Arbeiten anderer Wissenschaftler, die – angeregt von Rawls – das liberale Verständnis von Autonomie einer Revision unterzogen. Charles Taylor hatte 1979 gegen den »Atomismus« neuzeitlicher Vertragstheorien eingewendet, daß er die politische Assoziierung verkürzt in den Blick nehme.[5] Bevor ein Mensch Rechte habe und ausüben könne, müsse er immer schon einer Gemeinschaft angehören und sich ihr verpflichtet fühlen. Autonomie manifestiere sich daher nicht im Gegensatz von Individuum und Gemeinschaft, sondern erst auf dem Boden der letzteren, in der Teilnahme an sozialer Praxis. Dieselbe Auffassung vertreten Michael Walzer, Benjamin Barber und Amitai Etzioni. Sie stellt den kleinsten gemeinsamen Nenner aller Kommunitarier dar, während sich auf der Gegenseite Liberale wie Bruce Ackerman, Ronald Dworkin und Thomas Nagel um Rawls' These vom Vorrang des moralischen Selbst vor allen partikularen Bindungen und Neigungen scharen. Im einzelnen nimmt die kommunitarische Kritik verschiedene Aspekte des libera-

---

2 Dt.: Eine Theorie der Gerechtigkeit, Frankfurt a.M. 1975.
3 Cambridge 1982. Für eine Zusammenfassung der wichtigsten Thesen vgl. Die verfahrensrechtliche Republik und das ungebundene Selbst, in: Kommunitarismus. Eine Debatte über die moralischen Grundlagen moderner Gesellschaften, hg. von Axel Honneth, Frankfurt a.M. 1993, 18–35.
4 Vgl. Philosophy, Politics and Society, hg. von Peter Laslett u. James Fishkin, Oxford ⁵1979, 1 (Einleitung).
5 Dt.: Atomismus, in: Bürgergesellschaft, Recht und Demokratie, hg. von Bert van den Brink u. Willem van Reijen, Frankfurt a.M. 1995, 73–106.

len Programms unter Beschuß. Sind Sandel und Taylor primär an einer Korrektur seiner anthropologischen Prämissen interessiert, attackiert Walzer auch Rawls' Gerechtigkeitskonzeption. In *Spheres of Justice* (1983) weist er das Ansinnen zurück, es könne ein einziges, universal gültiges und gerechtes Verteilungssystem geben.[6] Vielmehr bemesse sich die Verteilung sozialer Güter nach ihrer sozialen Bedeutung. Jedes soziale Gut bilde eine Distributionssphäre mit eigenem Verteilungskriterium und -verfahren. Etwa werden Geld und Waren nach den Regeln freien Tauschs, Sozialleistungen nach Bedarf, Ämter nach Qualifikation und Anerkennung nach Verdienst vergeben. Denkbar ist aber auch, daß eine Gesellschaft Güter anders bewertet und folglich anders verteilt. Gerecht ist eine Verteilung aus Walzers Sicht immer dann, wenn sie die Differenz der Sphären bewahrt, anstatt eine Sphäre gegenüber allen anderen zu privilegieren, und wenn sie dem Konsens der Gesellschaftsmitglieder entspricht.

Andere Kommunitarier erinnern die Liberalen an die Ursprünge des amerikanischen Liberalismus in den protestantischen *communities* der Einwanderer, die auf aktiver Selbstverwaltung beruhten. Zwar sind diese direktdemokratischen Einrichtungen im Laufe der Etablierung eines nationalen Gemeinwesens zunehmend entmachtet und durch bürokratische Strukturen abgelöst worden, doch setzen Autoren wie Benjamin Barber und Amitai Etzioni darauf, daß die gemeinsinnigen Ressourcen in kommunalen Strukturen ›überwintert‹ haben und durch eine neue politische Bewegung regeneriert werden können.[7] Folglich plädieren sie für Bürgersinn, öffentliche Tugend und eine partizipatorische, starke Demokratie. Unterstützt werden sie dabei von einer Gruppe Soziologen um Robert N. Bellah, die hundertfünfzig Jahre nach Tocqueville die Frage wiederholten, welche »habits of the heart« das Selbstverständnis der amerikanischen Bürger prägen.[8] Ihre Feldstudien spüren das verbreitete Gefühl auf, daß Konkurrenzkampf und Individualismus durch eine Erneuerung gemeinschaftlicher Bindungen ausbalanciert werden müßten. Diese Diagnose verbinden sie mit dem leidenschaftlichen Appell für die Erneuerung der republikanischen Tradition, in den sich zivilreligiöse Untertöne mischen. Tatsächlich war es diese Gruppe aktivistisch gesonnener Autoren, die den Namen ›communitarianism‹ prägte und für seine breite Außenwirkung sorgte. Etzioni, Barber und Bellah riefen 1991 mit Gleichgesinnten die vierteljährlich in Washington erscheinende Zeitschrift *The Responsive Community: Rights and Responsibilities* ins Leben. In der Winterausgabe 1991/92 proklamierten sie eine »Responsive Communitarian Platform«, die von 70 Intellektuellen unterzeichnet wurde.[9] Wiewohl sich darunter zahlreiche namhafte Sozialwissenschaftler, Theologen und Juristen befinden, feh-

---

6 Dt.: Sphären der Gerechtigkeit. Ein Plädoyer für Pluralität und Gleichheit, Frankfurt a.M. 1992.
7 Benjamin Barber: Starke Demokratie. Über die Teilhabe am Politischen (OA 1984), Hamburg 1994; Amitai Etzioni: Die aktive Gesellschaft. Eine Theorie gesellschaftlicher und politischer Prozesse (OA 1968), Opladen 1975; ders.: Die Entdeckung des Gemeinwesens. Ansprüche, Verantwortlichkeiten und das Programm des Kommunitarismus (OA 1993), Frankfurt a.M. 1998; ders.: Die faire Gesellschaft. Jenseits von Sozialismus und Kapitalismus (OA 1988), Frankfurt a.M. 1996.
8 Dt.: Gewohnheiten des Herzens. Individualismus und Gemeinsinn in der amerikanischen Gesellschaft (OA 1985), Köln 1987.
9 Abgedruckt im Anhang zu Amitai Etzioni: Die Entdeckung des Gemeinwesens, aaO., 281–299. Eine Liste der Erstzeichner findet sich im Internet unter der Adresse ›www.communitariannetwork.org/founders.htm‹ und in The Responsive Community 4 (1991/92), 19f.

len die Namen von Sandel, Walzer und Taylor. Als stärker philosophisch orientierte Autoren wahren sie offenkundig Distanz zu den kommunitarischen Aktivisten, die mit aller Macht nach Meinungsführerschaft streben und keiner öffentlichen Debatte ausweichen.

Gleichwohl gibt es hinsichtlich der politischen Orientierung genügend Berührungspunkte. Die Mehrzahl der Kommunitarier steht für ein sozialliberales Programm, wie es in den USA die Demokratische Partei auf ihre Fahnen geschrieben hat. Dazu gehören Forderungen nach dem Schutz von Bürgerrechten, nach Gleichberechtigung der ethnischen Gruppen (etwa durch *affirmative-action*-Programme) und nach einem starken Sozialsystem. Kommunitarier verbinden solche Forderungen mit der Erinnerung an Bürgerpflichten, gemeinschaftliche Verantwortung, Eigeninitiative und Subsidiarität. Das gilt insbesondere für die Aktivisten um Etzioni, Barber und Bellah. Aber auch ein philosophischer Kommunitarier wie Sandel erarbeitete 1988 ein politisches Konzept für den Präsidentschaftswahlkampf der Demokraten, in dem er diese aufforderte, wieder die Sprache der Selbstverwaltung und der Gemeinschaft zu sprechen.[10] Zwar wurden diese Hoffnungen enttäuscht, doch machte sich der nächste Kandidat die Vorschläge zu eigen und zog 1992 ins Weiße Haus ein. Der Sieg der Clinton-Kampagne war zugleich ein Sieg der »Kommunitarischen Plattform«. Bei ihrer Präsentation Ende 1991 auf dem Capitol Hill waren die angesehenen demokratischen Senatoren Daniel Patrick Moynihan und Al Gore, der spätere Vizepräsident, anwesend.[11] Einige Mitglieder berieten später den Präsidenten. Galston agierte während der ersten beiden Jahre der Clinton-Administration als »Deputy Assistant to the President for Domestic Policy«. Barber und Etzioni gehörten einer Regierungskommission zur Förderung des Bürgersinns an. Bereits kurz nach seinem Amtsantritt verkündete Clinton in dem von Barber geleiteten Walt-Whitman- Center der Rutgers University die Etablierung eines freiwilligen Zivildienstes, womit er einer kommunitarischen Idee nachkam.[12] Die politischen Affiliationen zwischen Demokratischer Partei und Kommunitariern lassen indessen nicht den Umkehrschluß zu, daß sich die Liberalen mit der Republikanischen Partei verbündet hätten. Auch sie setzen sich – mit unterschiedlicher Gewichtung und Intensität – für den Rechts- und Sozialstaat ein. Allerdings sind sie grundsätzlich weniger an praktisch-politischen Fragen als an normativen Prinzipien orientiert, welche die Ebene der Verfassung und der Rechtssprechung des obersten Gerichtshofs betreffen. In der Regel hängen sie einer philosophischen Konzeption an, die es erlaubt, strikt zwischen Begründungs- und Anwendungsdiskurs zu trennen.

Tatsächlich treten die politischen Gemeinsamkeiten von Liberalen und Kommunitariern jedoch gerade vor dem Hintergrund der Reagan-Administration hervor, welche die amerikanische Politik der achtziger Jahre bestimmte. Zwar hatte Ronald Reagan seinen ersten Präsidentschaftswahlkampf mit einer parteiübergreifenden Gemeinschaftsrhetorik geführt, doch überließ er nach seinem Amtsantritt neoliberalen Machern das Feld. Unter dem Schlagwort »Reagonomics« installierten sie eine konsequent nachfrageorientierte Wirtschaftspolitik, die von massiven Steuersenkungen begleitet war. Um

---

10 Democrats and Community. A Public Philosophy for American Liberalism, in: The New Republic, 10.6.1985, 20–23. Vgl. dazu Reese-Schäfer: Grenzgötter der Moral, aaO., 243–251.
11 Vgl. The First Communitarian Teach-In, in: The Responsive Community 4 (1991/92), 21–26.
12 Vgl. Reese-Schäfer: Grenzgötter der Moral, aaO., 377.

die fehlenden Staatseinnahmen zumindest partiell auszugleichen, wurden drastische Einsparungen im Bildungs- und Sozialbereich vorgenommen. Insgesamt vergrößerten sich dadurch gesellschaftliche Spannungen und wirtschaftliche Ungleichheiten. Während die Reichen immer wohlhabender wurden, fielen immer mehr Menschen unter die Armutsschwelle. Das Leitbild der Reagan-Ära – der sich im freien Markt entfaltende *homo oeconomicus* – wurde wirtschaftswissenschaftlich durch die Arbeiten des späteren Nobelpreisträgers Milton Friedman, philosophisch durch sogenannte »libertarians« wie James Buchanan und Robert Nozick fundiert.[13] Diesen Vertretern eines »fiscal conservatism« stand im Umfeld der Administration eine öffentlichkeitswirksame Gruppe von »social conservatives« entgegen, die Reagans Gemeinschaftsrhetorik prägte und eine moralisch-religiöse Erneuerung der Gesellschaft einklagte. Im Namen der »moral majority« forderte sie u.a. Schulgebete und Verbote von Abtreibung und Pornographie, was die »libertarians« als staatliche Eingriffe in die Privatsphäre ablehnten. Solche Spannungen traten vor allem während Reagans zweiter Amtszeit deutlich hervor. Liberale und Kommunitarier positionierten sich demgegenüber auf der Seite der demokratischen Partei, jedoch mit differenten Stoßrichtungen. Die Liberalen wandten sich gegen konservative Eingriffe in die Freiheit des Individuums und gegen unmoralische Auswüchse der freien Marktwirtschaft. Hingegen stellten die Kommunitarier die Idee des atomistischen Individuums grundsätzlich in Frage, erinnerten an die republikanische Tradition Amerikas und versuchten ihrerseits, die »moral majority« zu übernehmen. Dadurch wurde die Debatte zwischen den beiden Gruppen zu einer Auseinandersetzung über das Selbstverständnis der amerikanischen Gesellschaft und die Zukunft des Liberalismus.

Die deutsche Wahrnehmung dieser Auseinandersetzung ist lange Zeit von Mißverständnissen geprägt gewesen. Zunächst mußte es verstören, mit welcher Selbstverständlichkeit und positiven Konnotation jenseits des Atlantiks von Gemeinschaft gesprochen wurde. Schließlich hatte man sich seit Ferdinand Tönnies daran gewöhnt, strikt zwischen Gesellschaft und Gemeinschaft zu unterscheiden, wobei letztere durch die nationalsozialistische Ideologie der arischen Volksgemeinschaft in Verruch geraten war. Da man über die amerikanische Tradition der *communities* trotz Tocqueville nicht viel wußte, erschien es einigermaßen unverständlich, wie an Gemeinschaftsgeist und Gemeinschaftsbindungen appellierende Intellektuelle zugleich für ein sozialliberales Gesellschaftsmodell einstehen konnten.[14] Das Unverständnis war so groß, daß christdemokratische Politiker lange vor sozialdemokratischen und grünen Politikern Kontakt zu kommunitarischen Denkern aufnahmen.[15] Eine weitere Irritation bestand darin, daß

---

13 James M. Buchanan: Die Grenzen der Freiheit. Zwischen Anarchie und Leviathan (OA 1975), Tübingen 1984; Robert Nozick: Anarchie – Staat – Utopia (OA 1974), München 1976.
14 Dieses Unverständnis spricht etwa aus den Beiträgen von Holmer Steinfath: Der Verlust der Identität?, in: Kommunitarismus in der Diskussion, aaO., 86–93 und Sibylle Tönnies: Kommunitarismus – diesseits und jenseits des Ozeans, in: APuZ 36 (1996), 13–19. Es wird aufgeklärt bei Hans Joas: Gemeinschaft und Demokratie in den USA. Die vergessene Vorgeschichte der Kommunitarismus-Diskussion, in: Blätter für deutsche und internationale Politik 7 (1992), 859–869; Lothar Probst: Gesellschaft versus Gemeinschaft? Zur Tradition des dichotomischen Denkens in Deutschland, in: APuZ 36 (1996), 29–35; Reese-Schäfer: Grenzgötter der Moral, aaO., 418–435.
15 Walter Reese-Schäfer: Die politische Rezeption des kommunitarischen Denkens in Deutschland, in: APuZ 36 (1996), 3–11.

diese Intellektuellen philosophisch gerade nicht auf Kant, sondern auf Hegel und auf Aristoteles Bezug nahmen. Im linksliberalen Spektrum der Bundesrepublik hatte man sich soeben innerhalb der Diskussion um eine Rehabilitierung der praktischen Philosophie auf die Seite des Königsbergers geschlagen und für die Gegenseite die ideologiekritische Gleichung ›Neoaristotelismus = Neohegelianismus = Neokonservativismus‹ aufgestellt.[16] Wenn ein bekennender Sozialdemokrat wie Walzer mit Aristoteles von der Gemeinschaft als dem wichtigsten Gut sprach und den attischen Gemeinsinn lobte, wenn sich sowohl MacIntyre als auch Nussbaum gleichzeitig auf Aristoteles und Marx beriefen, sprengte dies den vorgegebenen Horizont. Jürgen Habermas sprach für viele, als er Anfang der achtziger Jahre etwas hilflos »die neue Unübersichtlichkeit« konstatierte. Erst sein Schüler Axel Honneth vermochte ein Jahrzehnt später die kommunitarischen Positionen im linksliberalen Meinungsspektrum hoffähig zu machen.[17]

Wie aber läßt sich die Unübersichtlichkeit hinsichtlich der philosophischen Grundlagen der Kommunitarismus-Liberalismus-Kontroverse aufklären? Offenkundig erweist sich das Erklärungsraster Kant versus Hegel als zu grob und ungenau, zumal wenn es mit dem politischen Gegensatz liberal versus konservativ aufgeladen wird. Das zeigt bereits seine Anwendung auf jene beiden Denker, die ihm philosophisch am nächsten zu kommen scheinen, Rawls und Taylor. Was das Raster nicht erfaßt, ist, daß *beide* ihre philosophischen Vorbilder mit Aristoteles re-interpretiert haben. Taylor knüpft bereits im Atomismus-Aufsatz an die aristotelische Bestimmung des Menschen als eines *zōon politikon* und *zōon logon echon* an, um das Bild einer Gemeinschaft zu entwerfen, in der »das gemeinsame Beraten der Menschen darüber, was für alle von ihnen bindend sein soll, ein wesentlicher Teil des Praktizierens der Freiheit« ist.[18] Dieses partizipatorische Politikverständnis braucht den Vorwurf eines hegelianischen Konservativismus nicht zu scheuen.[19] Außerdem lehnt er Hegels Konzeption des zu sich selbst kommenden Weltgeistes, von dessen Standpunkt ein absolutes Wissen möglich ist, ab. Taylor tritt für eine hermeneutische Philosophie ein, die die Grenzen menschlicher Erkenntnisfähigkeit nicht überschreitet, und hat diesen Ansatz sowohl mit Aristoteles als auch mit (einem kritisch gelesenen) Hegel begründet.[20] Dabei berührt er sich mit Rawls, was in der

---

16 Vgl. Jürgen Habermas: Rückkehr zur Metaphysik? – Eine Sammelrezension (1987), in: Nachmetaphysisches Denken. Philosophische Aufsätze, Frankfurt a.M. 1992, 270f; ders.: Die Kulturkritik der Neokonservativen in den USA und in der Bundesrepublik (1982), in: Die Neue Unübersichtlichkeit. Kleine Politische Schriften V, Frankfurt a.M. 1985, 30–56; Herbert Schnädelbach: Was ist Neoaristotelismus?, in: Moralität und Sittlichkeit. Das Problem Hegels und die Diskursethik, hg. von Wolfgang Kuhlmann, Frankfurt a.M. 1986, 38–63. Zu diesen Darstellungen vgl. auch die Diskussion in der Gesamteinleitung der vorliegenden Arbeit.
17 Honneth leitete eine Artikelserie zum Kommunitarismus ein, die von November 1991 bis März 1992 in der Frankfurter Rundschau erschien und in dem Sammelband von Christa Zahlmann: Kommunitarismus in der Diskussion, aaO., nochmals veröffentlicht wurde. Darüber hinaus gab er 1993 selbst einen Sammelband zum Kommunitarismus, aaO., heraus.
18 Atomismus, aaO., 75f, 101.
19 Taylor unterscheidet zwischen der ontologischen Grundlegung des Gemeinschaftsbegriffs und der Parteinahme für eine bestimmte Politik. Er weist darauf hin, daß die Anerkennung einer Sozialontologie alle politischen Optionen zwischen Individualismus und Kollektivismus offen läßt, und verortet sich selbst in einer vernünftigen Mitte; Aneinander vorbei: Die Debatte zwischen Liberalismus und Kommunitarismus, in: Kommunitarismus, aaO., 103–130.
20 Self-Interpreting Animals, in: Human Agency and Languge. Philosophical Papers, Bd.1, Cambridge 1985, 45–76; Interpretation and the Sciences of Man (1971), in: Philosophy and The Human

Rezeption der Gerechtigkeitstheorie oftmals verkannt worden ist. Anders als deutsche Kantianer will Rawls keineswegs den transzendentalen Autonomiebegriff Kants rehabilitieren, sondern seine Präsenz im moralischen Selbstverständnis wirklicher Personen aufweisen. Aus diesem Grund ist seine kontraktualistische Argumentation in eine kohärenztheoretische Interpretation unserer Gerechtigkeitsintuitionen eingebunden.[21] Während er bei ersterem auf Kant zurückgeht, beruft er sich bei letzterem auf eine von Aristoteles begründete Tradition der Moraltheorie.[22] Rawls' Projekt will seinen Geltungsanspruch nicht daraus herleiten, daß es die transzendentalen Bedingungen der Möglichkeit menschlicher Selbstbestimmung erkundete, sondern daraus, »daß dieses ganze Schema unsere Gedanken zu klären und zu ordnen scheint und [...] zur Vereinheitlichung gegensätzlicher Überzeugungen beiträgt«.[23] Folglich müssen sich alle theoretischen Modelle an der hermeneutischen Explikation des Gerechtigkeitssinns messen. Man kann Rawls (wie Sandel und Taylor es tun) vorwerfen, daß seine Modelle dazu untauglich sind, sollte aber hinzufügen, daß er seinen eigenen Anspruch verfehlt.

Rawls hat die kommunitarische Kritik an der Gerechtigkeitstheorie ernst genommen und letztere in nachfolgenden Arbeiten stärker situiert.[24] Er vertritt einen »politischen Liberalismus«, der sich nicht mehr auf einen metaphysischen Begriff der Person, sondern allein auf Grundüberzeugungen stützt, wie sie »in den politischen Institutionen eines demokratischen Verfassungsstaats und den öffentlichen Traditionen ihrer Interpretation verankert sind«.[25] Durch die explizite Hermeneutik moderner Verfassungsstaaten kann sich Rawls auf seine Weise zum »klassischen Republikanismus« bekennen, von »politischen Tugenden« und vom »Gut der wohlgeordneten Gesellschaft« sprechen, welches in einem »übergreifenden Verfassungskonsens« gründe.[26] Er kommt jenen Kommunitariern, die im Rückgang zu Aristoteles, Rousseau oder Tocqueville das Bild einer aktiven Bürgergesellschaft entwerfen, ausgesprochen nahe – bisweilen zur Irritati-

---

Sciences. Philosophical Papers, Bd. 2, Cambridge, 1985, 15–57; Philosophy and the Human Sciences, in: Philosophy and The Human Sciences, Bd. 2, aaO.; Social Theory as Practice, in: Philosophy and The Human Sciences. Philosophical Papers, Bd. 2, aaO., 91–115; Explanation and Practical Reason (1989), in: Philosophical Arguments, Cambridge 1995, 34–60. Vgl. auch Taylors Hegel-Studie (1975), Frankfurt a.M. 1978, 69–80, 284–293: »Es gibt strenge Dialektiken, deren Ausgangspunkt nicht geleugnet werden kann. Außerdem gibt es interpretierende oder hermeneutische Dialektiken, die uns durch die umfassende Plausibilität ihrer Interpretationen überzeugen. Hegel hat für die erste Kategorie einige Beispiele – besonders die ›Logik‹ -, und die historischen Dialektiken gehören in die zweite Kategorie. Sie überzeugen nicht durch strenge Beweisführung, sondern durch die Wahrscheinlichkeit ihrer Interpretation.« (289f.) Taylor optiert für die zweite Kategorie und wendet ihre Methode in seiner Studie *Sources of the Self* (1990) an, um die Genese der neuzeitlichen Identität zu erhellen.

21 Vgl. Norbert Hoerster: John Rawls' Kohärenztheorie der Normenbegründung, in: Über John Rawls' Theorie der Gerechtigkeit, hg. von Otfried Höffe, Frankfurt a.M. 1977, 57–76 und Wolfgang Kersting: John Rawls zur Einführung, Hamburg 1993, 95–142.
22 Eine Theorie der Gerechtigkeit, aaO., 71, Anm. 26. Vgl. dazu Steven M. De Lue: Aristotle, Kant and Rawls on Moral Motivation in a Just Society, in: American Political Science Review 74 (1980), 385–393.
23 Ebd., 73.
24 Die Idee des politischen Liberalismus. Aufsätze 1978–1989, hg. von Wilfried Hinsch, Frankfurt a.M. 1992.
25 Ebd., 258.
26 Ebd., 387ff., 393ff.

on hartgesottener Kantianer.[27] Aus der Gegenüberstellung von Rawls und Taylor ist somit zu lernen, daß nicht nur das Erklärungsschema Kant versus Hegel zu kurz greift, sondern auch ein Schema, in dem Hegel durch Aristoteles ersetzt bzw. ergänzt wird. Zumindest von Rawls aus lassen sich ebenfalls Verbindungslinien zu dem Griechen ziehen.[28] Diese Feststellung ist wichtig, weil in der Forschung ein gewisser Automatismus besteht, jeden Autor, der sich auf Aristoteles beruft, automatisch als Kommunitarier einzustufen.

Daß ein solcher Automatismus existiert, hat vermutlich zwei Gründe. Zum einen spielte der frühe Rawls seine Anknüpfung an die aristotelische Moraltheorie herunter und präsentierte sich vorrangig als Kantianer. Zum anderen haben sich Kommunitarier von Anfang an auf Aristoteles berufen. Neben dem bereits genannten Taylor gilt dies in noch stärkerem Maße für William A. Galston und Alasdair MacIntyre.[29] Galston veröffentlichte 1980 ein Buch, das den Versuch unternimmt, »inspired by Aristotle, to think about contemporary problems from a perspective that differs from both contemporary orthodoxies and heterodoxies«.[30] Im Kern geht es um die von Rawls ausgelöste Diskussion über Verteilungsgerechtigkeit. Galstons zentraler Gedanke besteht darin, universal gültige Verteilungsansprüche mit kontextuell differenten Kriterien für Verdienst zu kombinieren. Erstere umfassen objektive Bedürfnisse, die er aus der teleologischen Perspektive der aristotelischen Theorie des menschlichen Guten ableitet. Letztere analysiert er im Rückgriff auf die formale Bestimmung von proportionaler Gerechtigkeit im fünften Buch der *Nikomachischen Ethik*. Das Ziel besteht darin, eine solche Distribution öffentlicher Güter zu rechtfertigen, die humane Grundbedürfnisse erfüllt und dennoch genügend Spielraum für individuelle Ungleichheiten läßt. Im Vorwort weist der Verfasser auf den »großen Nachteil« seiner Anknüpfung an Aristoteles hin: »To the best of my knowledge, there is no Aristotelian regime, party, or movement in need of intellectual refurbishing that will hail me as its spokesman.«[31] Wenige Jahre später entstand mit dem Kommunitarismus eine Bewegung, die gegenüber einer Renaissance aristotelischer Denkfiguren sehr aufgeschlossen war, und Galston wurde einer ihrer führenden Aktivisten. Er verfaßte mit Etzioni und Mary Ann Glendon das Manifest der »Responsive Communitarian Platform« und gehörte später zu den Beratern von Präsident Clinton.[32]

In der »philosophical community« vermochte indessen Alasdair MacIntytre einen weit größeren, die amerikanischen Grenzen überschreitenden Einfluß auszuüben. Mit seinem Hauptwerk *After Virtue* unternahm er 1983 den ambitionierten Versuch, die aristotelische Tugendethik philosophisch zu erneuern, und beendete es mit dem Appell, »lokale Formen von Gemeinschaften« zu schaffen, in denen die von ihm beschriebenen

---

27 Vgl. Kersting: John Rawls zur Einführung, aaO., 201–232 und ders: Die Liberalismus-Kommunitarismus-Kontroverse in der amerikanischen politischen Philosophie, in: Politisches Denken. Jahrbuch 1991, Stuttgart 1992, 82–102; Otfried Höffe: Ist Rawls' Theorie der Gerechtigkeit eine kantische Theorie?, in: Ratio 26 (1984), 88–104.
28 Das hat Martha Nussbaum deutlich erkannt, siehe Kap. IV.2.1.(a) und (b).
29 Dagegen knüpft Barber an Rousseau, Sandel wie das Autorenteam um Bellah an Tocqueville an.
30 Justice and the Human Good, Chicago 1980, XI.
31 Ebd.
32 Vgl. auch sein jüngeres Werk: Liberal Purposes. Goods, Virtues, and Diversity in the Liberal State, Cambridge 1991, auf das Reese-Schäfer: Grenzgötter der Moral, aaO., 330–334 näher eingeht.

Tugenden gedeihen könnten (AV 350). Da er sich zudem vehement von Rawls distanzierte, wurde MacIntyre umgehend als aristotelischer Kommunitarist eingestuft. Als ihn jedoch Etzionis Zeitschrift *The Responsive Community* 1991 für ihre Zwecke gewinnen wollte, wies er dieses Ansinnen schroff zurück: »In spite of rumors to the contrary, I am not and never have been a communitarian.« Dafür gibt er zwei Gründe an. Erstens ist er im Unterschied zur kommunitarischen Bewegung nicht davon überzeugt, daß es der Zustand spätmoderner Gesellschaften erlaube, »worthwhile types of political community« zu verwirklichen, die auch nur im entferntesten früheren Vorbildern gleichkämen. Zweitens bekundet MacIntyre, daß er die Bedeutung fundamentaler moralischer Konflikte viel höher veranschlage als die Herausgeber der Zeitschrift. Deshalb, so sein Fazit, beschränke sich die Möglichkeit des ›community building‹ auf solche lokalen Kontexte, in denen Menschen eine gemeinsame Vorstellung des Guten schon teilten.[33] Später verschärfte er seine Kritik an den Kommunitariern noch. Sie vergötterten die Gemeinschaft um ihrer selbst willen und stünden auf dem Boden des Liberalismus, dessen Legitimationsdefizit sie durch eine Infusion kommunitarischer Werte und Partizipationsformen nur ausgleichen wollten. MacIntyre verwirft jeden (aus seiner Sicht: liberalen) Ansatz, der nicht auf einer substantiellen Theorie des Guten beruht (DRA 142f, MIR 244–246). Freilich kann sich seine Kritik nur gegen die aktivistische Front des Kommunitarismus richten, da Philosophen wie Sandel und Taylor durchaus von solchen Theorien ausgehen. Was MacIntyre von ihnen unterscheidet, ist weniger sein philosophischer Ansatz als ein tiefsitzender, aus seiner marxistischen Frühzeit herrührender Affekt gegen den Liberalismus. Deshalb spricht – systematisch gesehen – nichts dagegen, ihn dem Kommunitarismus zuzurechnen.

Schwieriger ist das im Fall Martha Nussbaums. Zwar wurde sie aufgrund ihrer Selbsteinstufung als Aristotelikerin automatisch dieser Seite der Kontroverse zugeordnet,[34] doch wollte sie selbst als Liberale, mithin als »liberale Aristotelikerin« gesehen werden.[35] Freilich ist letzteres Ausdruck einer späteren Werkphase, in der sie der Stoa und Kant zuneigt, sich gegen den Patriotismus und für das Weltbürgertum stark macht, lokale Traditionen als ungerecht brandmarkt und eine objektiv-universalistische Theorie des Guten einfordert. Solche Auffassungen sucht sie auch mit Aristoteles zu stützen. Unabhängig von der Frage, wie gut ihr das gelingt, wäre sie daher den »liberals« zuzurechnen. Indessen steht die späte Werkphase in einem eminenten Widerspruch zu ihren frühen Arbeiten, die ein ganz anderes Bild des Aristoteles entwerfen. In ihnen wird er für eine hermeneutisch-kontextualistische Theorie des Guten beansprucht, die mit kommunitarischen Intentionen konvergiert. Da Spuren dieser Argumentation in den späteren Arbeiten wiederkehren, werden die Spannungen rhetorisch verdeckt und von Nussbaum überspielt. In gewisser Hinsicht schwankt sie wie Rawls zwischen einer hermeneutischen und einer objektiven Theorie der Gerechtigkeit, zwischen einem eher aristotelischen und einem eher kantianischen Ansatz. Das macht ihre Einstufung so problematisch, weist aber auch auf den begrenzten Wert von Gruppenzuschreibungen hin. Heuristisch sind sie vor allem dann sinnvoll, wenn Theoriepositionen einander

---

33 I'm Not a Communitarian, But..., in: The Responsive Community 1 (1991), 91f.
34 So etwa bei Reese-Schäfer: Grenzgötter der Moral, aaO., 400ff.
35 Interview mit Klaus Taschwer, in: Vom Nutzen der Moraltheorie für das Leben. IWM-Vorlesungen zur modernen Philosophie 1997, Wien 2000, 89.

idealtypisch entgegen gesetzt werden. Philosophisch verlieren sie ihren Sinn, wenn dadurch argumentatorische Feinheiten oder Spannungen verlorengehen. Mittlerweile ist die Kommunitarismus-Liberalismus-Kontroverse in eine zweite Phase getreten, in der Liberale und Kommunitarier stärker nach Gemeinsamkeiten und wechselseitigen Mißverständnissen fragen.[36] Darin schlägt sich nieder, daß beide Seiten im Laufe eines zehnjährigen Dialogs ihre Positionen überarbeitet und einander angenähert haben. Wie der Fall Rawls zeigt, ist dies keineswegs zu Lasten aristotelischer Denkfiguren gegangen.

Daß nachfolgend allein MacIntyre und Nussbaum detailliert behandelt werden, hat zwei Gründe. Zum einen sind sie innerhalb der philosophischen Diskussion am deutlichsten als Aristoteliker hervorgetreten und haben mehrere philosophische Werke vorgelegt, in denen sie aristotelische Denkfiguren zu erneuern suchen. Das verschafft ihnen den Vorzug sowohl vor Galston, dessen Wirkungskreis begrenzter ist, als auch vor Taylor, der sich primär an Hegel als Gesprächspartner hält. Keineswegs sei damit jedoch gesagt, daß es nicht lohnte, beider Auseinandersetzung mit Aristoteles zu untersuchen. Es würde nur den Rahmen dieser Arbeit sprengen. Zum anderen scheinen MacIntyre und Nussbaum auch deshalb besonders geeignet zu sein, weil sie höchst verschiedene Zugänge zu Aristoteles wählen. Während MacIntyre an die Traditionslinie des mittelalterlichen, durch Thomas von Aquin begründeten Aristotelismus anknüpft, will Nussbaum eine Tradition des liberalen und sozialdemokratischen Aristotelismus erneuern, die sie jedoch an keiner Stelle geistesgeschichtlich erhellt.[37] Indessen wird sich im Verlauf der Untersuchung herausstellen, daß beider mit Aristoteles begründete Positionen weniger differieren, als die verschiedenen Traditionslinien vermuten ließen.[38]

---

36 Vgl. dazu die Einführung von Axel Honneth in den von ihm herausgegebenen Sammelband: Kommunitarismus, aaO., 7–17 und die darin befindlichen Beiträge von Charles Taylor: Aneinander vorbei: Die Debatte zwischen Liberalismus und Kommunitarismus (1989; 103–130), Michael Walzer: Die kommunitaristische Kritik am Liberalismus (1990; 157–180) und Rainer Forst: Kommunitarismus und Liberalismus – Stationen einer Debatte (181–212).

37 Die einzige dahingehende Äußerung findet sich in dem Interview: Tragische Konflikte und wohlgeordnete Gesellschaft, in: Deutsche Zeitschrift für Philosophie 44 (1996), 140f: »Mein Denken, um dies klarzustellen, fühlt sich einer so gänzlich anderen Rezeptionsgeschichte der aristotelischen Philosophie verpflichtet – nämlich jener der britischen Vertreter eines sozialistischen Perfektionismus wie Green und Barker und später David Ross –, daß es mir eigentlich nie in den Sinn kam, man könnte mich in irgendeiner Form der katholischen Naturrechtslehre zuordnen oder damit in Verbindung bringen.«

38 Vgl. dazu die Zusammenfassung der Ergebnisse am Ende dieses Kapitels.

IV.1 Alasdair MacIntyre – Rehabilitation der Tugendethik

Nach Alasdair MacIntyres Selbstauslegung ereignete sich um das Jahr 1971 ein »radical change« in seinem intellektuellen Leben (MIR 267).[39] Bis dahin war der 1929 in Irland geborene Philosoph vor allem als marxistisch geprägter Gesellschaftskritiker in Erscheinung getreten. 1956 hatte er der Kommunistischen Partei Großbritanniens den Rücken zugekehrt, um die Zeitschrift *New Reasoner* mitzubegründen, das Hauptorgan der entstehenden, vom Stalinismus Abstand nehmenden »New Left«-Bewegung. Bis 1968 war er Redakteur von *International Socialism* gewesen und hatte ein vielbeachtetes Erstlingswerk zum Marxismus veröffentlicht.[40] Weitere Monographien behandelten Sigmund Freud und Herbert Marcuse, die zusammen mit Marx zum geistigen Rüstzeug der Neuen Linken zählten.[41] Im Jahr 1971 erschien ein Sammelband mit kleineren Arbeiten aus jenen Jahren unter dem programmatisch-ideologiekritischen Titel *Against the Self-Images of The Age: Essays on Ideology and Philosophy*. Diese Veröffentlichung war zwar sehr wirkungsreich, hinterließ jedoch bei ihrem Verfasser ein zweifaches Ungenügen. Zum einen gelang es ihm nicht, über die kritische Haltung hinaus eine konstruktive Position zu entwickeln. Innerhalb seiner marxistischen Überzeugungen verwickelte er sich in unlösbare Widersprüche. Darüber hinaus fand er keinen befriedigenden Weg, seine christlichen Prägungen mit dem Marxismus zu verbinden (MIR 267). Zum anderen sah er sich in der analytischen Philosophie angelsächsischer Provenienz gefangen, welche mit ihrem »peacemeal approach« isolierte Probleme Schritt für Schritt zu lösen suchte, ohne jemals über ihre eigenen Voraussetzungen zu reflektieren (MIR 259).

MacIntyre nahm sein doppeltes Ungenügen zum Anlaß, systematisch über Fragen der Ethik nachzudenken. Einen Anknüpfungspunkt fand er in *A Short History of Ethics* (1966), die ihm als rein historischer Abriß jedoch nicht mehr genügte. Die Frage, welche Einsichten die Geschichte der Ethik für Probleme der Gegenwart bereithielt, führte ihn zu Aristoteles. In der *Short History* hatte er dem Griechen gleichermaßen »philosophischen Scharfsinn« und »gesellschaftlichen Obskurantismus« bescheinigt (GdE 83). Nach 1971 ging MacIntyre auf, daß Aristoteles nicht bloß ein Denker unter anderen war, sondern jener Denker, von dessen Standpunkt aus die moderne Moral und die ihr

---

39 Für biographische Informationen zu MacIntyre vgl. die einführenden Bemerkungen von Kelvin Knight, in: The MacInyre Reader, hg. von Kelvin Knight, Notre Dame 1998 – [MIR], 2–27, die beiden in diesem Band abgedruckten Interviews (MIR 255–266; 267–275) sowie das Interview mit Dimitri Nikulin, in: Deutsche Zeitschrift für Philosophie 44 (1996), 671–683.
40 Marxism: An Interpretation, London 1953 – überarbeitet als: Marxism and Christianity, London/NewYork 1968.
41 The Unconscious: A Conceptual Analysis, London 1958 (dt. 1968); Marcuse, London/New York 1970 (dt. 1971).

entsprechende Moralphilosophie überhaupt erst erhellt und überwunden werden konnten (MIR 268). Damit wandte er sich keineswegs von christlichen und marxistischen Positionen ab, vielmehr bot ihm ausgerechnet Aristoteles eine Basis, von der aus er sie in sein neues Denken (vermeintlich) widerspruchsfrei integrieren konnte. Das erste geistige Produkt des so vollzogenen »radical change« erschien 1981 unter dem Titel *After Virtue. A Study in Moral Theory*[42], bis heute MacIntyres Hauptwerk, das ihn zu einem der wichtigsten Moralphilosophen am Ende des 20. Jahrhunderts avancieren ließ. Es tritt unter dem Anspruch an, die neuzeitliche Verwerfung des aristotelischen Denkens zu revidieren und die »Frage nach dem Aristotelismus ganz neu zu stellen« (VT 162). Konkret geschieht dies im Versuch, die in der Moderne heruntergekommene Tugendethik als ernsthafte Alternative zur diagnostizierten moralischen Verwilderung zu rehabilitieren. Die hier zu führende Untersuchung wird im ersten Kapitel mit diesem Werk einsetzen und MacIntyres frühere, ›vor-aristotelische‹ Schriften nur gelegentlich heranziehen.

Ein zweiter Analyseschwerpunkt liegt auf *Whose Justice? Which Rationality?* (WJWR), jener Abhandlung, die schon in *After Virtue* angekündigt worden war, aber erst sieben Jahre später (1988) herauskam. MacIntyre wollte sie als Fortsetzung und Ergänzung verstanden wissen, spielte damit freilich herunter, wie sehr sich seine eigene Position verschob, je systematischer er mit Aristoteles über Ethik nachdachte. In *Whose Justice? Which Rationality?* steht nicht mehr der Grieche, sondern Thomas von Aquin, sein wohl systematischster Nachfolger, im Mittelpunkt der Argumentation. In der thomistischen Synthese von christlicher Theologie und aristotelischer Philosophie erkennt MacIntyre seine eigenen Glaubensgewißheiten wieder. Er bezeichnet sich selbst als »Augustinian christian« (WJWR 10) und bekennt sich zu einem »biblical theism« (MIR 267), der mit der aristotelischen Metaphysik vereinbar sein soll. Bestand MacIntyre in *After Virtue* noch auf der Unterscheidung von theoretischer und praktischer Philosophie, rücken aus der gewandelten Perspektive beide Bereiche zu einem kohärenten System zusammen. Er will beweisen, daß dieses System allen konkurrierenden Ansätzen auch heute noch rational überlegen und somit zu rechtfertigen ist. In *Whose Justice? Which Rationality?* führt MacIntyre diesen Nachweis im Blick auf Fragen der Gerechtigkeit und der Rationalität. Nachfolgende Arbeiten widmen sich ganz der weiteren Ausarbeitung, Verteidigung und Vermittlung des »Aristotelian Thomism« mit gegenwärtigen Debatten. Zu nennen sind insbesondere die 1988 an der Universität von Edinburgh gehaltenen *Gifford Lectures*, welche zwei Jahre später als *Three Rival Versions of Moral Enquiry* (TRV) veröffentlicht wurden, und die *Aquinas Lecture* von 1990[43]. Diese Arbeiten werden im zweiten Kapitel untersucht, wobei MacIntyres Rationalitätskonzeption im Vordergrund steht. Die leitende Frage zielt auf die Verwandlungen, die seine Aristoteles-Interpretation von *After Virtue* erfährt.

So groß die Unterschiede zwischen *After Virtue* und *Whose Justice? Which Rationality?* auch sein mögen, MacIntyres Vorstellungen von politischer Ordnung entwickeln sich in recht gleichmäßiger Form. Abermals ist Aristoteles der bevorzugte Gesprächspartner. Es geht um die Frage, wie eine politische Gemeinschaft in der modernen Welt

---

42 Nachfolgend wird die deutsche Übersetzung der zweiten englischen Auflage von 1984 zitiert: Der Verlust der Tugend. Zur moralischen Krise der Gegenwart, Frankfurt/New York 1995 – [VT].

beschaffen sein müßte, welche wie die Polis in der Antike das von Aristoteles beschriebene gute Leben gewährleisten könnte. Da MacInytre von *After Virtue* an im Rahmen der »community« dachte und zudem die Entwürfe liberaler Denker wie Rawls und Nozick heftig attackierte, wurde er stets zur Gruppe der Kommunitarier gezählt, obwohl er diese Zuschreibung selbst ablehnte. Im dritten Kapitel ist zu untersuchen, in welcher Weise sich MacIntyres Plädoyer für eine »politics of local community« aus aristotelischen Quellen speist und in welchem Verhältnis es zu seinen marxistischen Auffassungen steht. Im Kern geht es darum, das Paradoxon zu erklären, daß MacIntyre *zugleich* als revolutionärer und restaurativer Denker erscheint. Einbezogen werden auch Überlegungen aus seiner jüngsten Studie, *Dependent Rational Animals* (DRA, 1999). In ihr ist von der aristotelisch-thomistischen Tradition, welche sonst im Vordergrund stand, kaum noch die Rede. Vielmehr greift MacIntyre gegenwärtige Debatten über humane Personalität auf und argumentiert auf der Basis empirisch-anthropologischer Studien. Ob dies als Ergänzung vorangegangener Arbeiten oder als abermalige Wendung anzusehen ist, läßt sich noch nicht recht ausmachen. Bei einem Denker wie MacIntyre sollte man jedenfalls auf letzteres gefaßt sein. Wer wie er ständig bemüht ist, Widersprüche und Aporien zu beseitigen, setzt sich der Gefahr aus, um der Kohärenz des eigenen Gedankengebäudes willen immer neue Wendungen vollziehen zu müssen, die abermals Widersprüche hervorrufen. Diese Gefahr manifestiert sich, wie noch zu zeigen ist, insbesondere in der Typik seiner Rückgriffe auf aristotelische Denkfiguren.

Die intellektuelle Wendung von 1971 ging bei MacIntyre auch mit einem Wechsel des Lebensortes einher. Er gab seine Stelle an der Universität Essex auf und emigrierte in die Vereinigten Staaten. Dort lehrte er an renommierten Universitäten Philosophie und Soziologie, darunter der Brandeis University, Boston University, Vanderbilt University, University of Notre Dame und Duke University. Für einen zeitgenössischen Philosophen hat sein Werk sehr breite und fächerübergreifende Aufmerksamkeit gefunden; ein ausgezeichneter wirkungsgeschichtlicher Überblick findet sich in dem von Kelvin Knight herausgegebenen *MacIntyre Reader* (MIR 276–294). Hinzuweisen ist darüber hinaus auf einen Sammelband mit Aufsätzen zu den seit 1981 veröffentlichten Arbeiten des Iren[44] und auf eine Monographie von Peter McMylor, welche insbesondere das Frühwerk und die marxistischen Ursprünge MacIntyres behandelt[45]. Auf seine Auslegung der aristotelischen Philosophie, vor allem in *After Virtue*, gehen Studien von Christopher Smith, Richard Bernstein, Christof Rapp, T.H. Irwin und Giovanni Giorgini ein.[46] Bei letzterem findet sich die wichtige Warnung, MacIntyres Selbsteinstufung als

---

43 First Principles, Final Ends and Contemporary Philosophical Issues (MIR 171–201).
44 After MacIntyre. Critical Perspectives on the Work of Alasdair MacIntyre, hg. von John Horton u. Susan Mendus, Cambridge 1994. Am Ende des Bandes findet sich eine ausführliche Bibliographie aller bis dahin erschienenen Arbeiten MacIntyres.
45 Alasdair MacIntyre. Critic of Modernity, London 1994.
46 Christopher Smith: Hermeneutics and Human Finitude. Toward a Theory of Ethical Understanding, New York 1991, bes. 68ff; Richard Bernstein: Nietzsche or Aristotle? Reflections on Alasdair MacIntyre's *After Virtue*, in: ders.: Philosophical Profiles, aaO., 115–140; Christof Rapp: Was Aristotle a Communitarian?, in: Graduate Faculty Journal 17 (1994), 333–349; T.H. Irwin: Tradition and Reason in the History of Ethics, in: Social Philosophy and Policy 7 (1989), 45–68; Giovanni Giorgini: Crick, Hampshire and MacIntyre, or Does an English Speaking Neo-Aristotelianism Exist?, in: Praxis International 3 (1989), 249–272.

»Aristoteliker« nicht einfach für bare Münze zu nehmen. Zwar sei sein Zugang zur Ethik aristotelisch, nicht jedoch dessen Ergebnis: »[...] MacIntyre is a great thinker, an excellent writer, not a (neo-) Aristotelian but, alas, a liberal malgré lui.«[47] Der den Autor bewegenden Frage, was ein wahrer Aristoteliker sei, wird hier wie in den anderen Kapiteln ausgewichen. Hingegen verdient der Hinweis, der aristotelische Modernitätskritiker MacIntyre könnte sich am Ende als gar nicht so aristotelischer Moderner herausstellen, auch nachfolgend Beachtung.

1.1 Tugendethik – die Erneuerung der Frage nach dem guten Leben

MacIntyre gehört wie Eric Voegelin, Leo Strauss und z.T. auch Hannah Arendt in die Reihe jener Denker, welche die *querelle des anciens et des modernes* wiederaufnehmen und für die Sache der *anciens* optieren. So hebt *After Virtue* mit einer ätzenden Modernitätskritik an. Er sei, bekennt MacIntyre schon im Vorwort, zu der Erkenntnis gelangt, daß der liberale Individualismus »das Ethos der modernen Welt verkörpert, und daß nichts weniger als eine Ablehnung eines großen Teils jenes Ethos uns einen rational und moralisch vertretbaren Standpunkt liefert, von dem aus man urteilen und handeln kann« (VT 10). Wie er weiter ausführt, besteht dieses Ethos in einem Werte-Pluralismus, der in Wahrheit ein Werte-Relativismus sei, hinter welchem sich die Unfähigkeit verberge, moralische Überzeugungen rational zu begründen. Da es keine allgemeingültigen Maßstäbe für richtig und falsch mehr gebe, blieben grundlegende gesellschaftliche Konflikte – er nennt als Beispiele Debatten über den gerechten Krieg, das Recht auf Abtreibung und das Recht auf freie Berufswahl bzw. Ausbildung – ungelöst (VT 19–21). Aus MacIntyres Sicht ist diese Situation das geschichtliche Resultat des gescheiterten Projekts der Aufklärung, das Moralische unabhängig vom Theologischen, Rechtmäßigen und Ästhetischen zu begründen, als kontextfreies, übergeschichtliches System (VT 60f). Dieses Projekt mußte scheitern, weil es zwischen lebensweltlicher Praxis und ihrer Deutung eine Kluft riß, die schließlich das Selbstverständnis der Akteure beeinträchtigte. Die Gegenwart besitze nur mehr »Scheinbilder der Moral« und habe theoretisch wie praktisch ihre Moral verloren (VT 15).

Die Rückbesinnung auf das, was Moral einmal gewesen ist, leitet MacIntyre mit einem Begriffswechsel ein. An die Stelle der Moral tritt der Begriff der Tugend. Damit knüpft er gezielt an die aristotelische Ethik an, in der Tugend (*aretē*) das zentrale Konzept darstellt. Aristoteles fragt nach den Tugenden des Menschen als den Handlungs- und Verhaltensweisen, die ein Leben erst gelingen lassen. Das rechte Handeln ist dann nicht von den konkreten, zeitlich und räumlich situierten Vorstellungen über Gelingen und Mißlingen des Lebens abzulösen, sondern gewinnt erst von ihnen her seine Gestalt. Im Unterschied zur Moderne handelt es sich um eine teleologische Sichtweise des Menschen, welche sein gegenwärtiges Tun im Lichte des Ziels eines guten, d.h. gelungenen Lebens beurteilt. Diese Form der Tugendethik will MacIntyre im Rückgriff auf Aristoteles rehabilitieren. Die folgenden fünf Abschnitte untersuchen, welche Schritte er dabei vollzieht und inwiefern er selbst aristotelische Positionen zu modifizieren sucht, um sie der Gegenwart zu empfehlen.

---

47 Giorgini: Does an English Speaking Neo-Aristotelianism Exist?, aaO., 267.

(a) Dynamisierung des telos: Die »metaphysische Biologie« und das ergon tou anthrōpou

Es zeichnet MacIntyre aus, daß er die Schwierigkeiten nicht verschweigt, die einer Rehabilitierung der Tugendethik im Wege stehen. Als größte Schwierigkeit nennt er wiederholt die »metaphysische Biologie« des Aristoteles, welche heute verworfen werden müsse (VT 217f). Was er damit genau meint, bleibt indessen im Vagen. Weder handelt es sich um eine feststehende terminologische Wendung noch erklärt MacIntyre, worauf sich der Begriff beziehen soll. Daher ist zuerst zu untersuchen, wogegen seine Kritik überhaupt gerichtet ist. Als Ausgangspunkt bietet sich folgende Stelle an, in der der Verfasser die Grundlagen der aristotelischen Ethik referiert:

»Menschliche Wesen besitzen, wie die Angehörigen aller anderen Spezies, eine spezifische Natur; und diese Natur beinhaltet bestimmte Absichten und Ziele, so daß sie sich von Natur aus auf ein bestimmtes *telos* zubewegen. Das Gute ist im Sinne ihrer spezifischen Eigenschaften definiert. Folglich setzt die Ethik des Aristoteles – seinen Erläuterungen folgend – seine metaphysische Biologie voraus. Aristoteles stellt sich damit die Aufgabe, das Gute zu erklären, das lokal und speziell ist – angesiedelt in den Charakteristika der *polis* und zum Teil durch sie definiert –, und doch gleichzeitig auch kosmisch und universell.« (VT 200).

Was MacIntyre stört, ist sicher nicht die Aussage, daß menschliche Wesen auf ein Ziel zustreben, welches als Höchstform ihrer Natur anzusehen sei. Dieses ist ja gerade die grundlegende Annahme einer Tugendethik, welche nach dem *telos* des guten Lebens fragt. Was ihn jedoch stört, ist die Weise, in der dieses *telos* von Aristoteles angesprochen wird, *sofern* er seine »metaphysische Biologie« voraussetzt. In diesem Fall sieht er vom spezifischen Kontext der Polis ab und bestimmt das Ziel des Menschen in kosmisch-universeller Weise. Diese Abstraktion ist der modernen Moralphilosophie verwandt, die zwar nicht mehr nach Zielen fragt, aber doch Regeln aufstellt, nach denen sich alle Menschen zu allen Zeiten zu richten haben. MacIntyre bringt das aristotelische Vorgehen in Zusammenhang mit seinen biologischen Schriften. Aristoteles fragt darin nach den Eigenschaften, den Teilen und den Bewegungsarten der Tiere bzw. Pflanzen. Diese Informationen werden durch empirische Beobachtung erhoben und dann klassifiziert. Richtmaß der Bestimmung ist jeweils die volle Entfaltung, die ungestörte Funktion der bei artgleichen Lebewesen festgestellten Anlagen. Aristoteles geht davon aus, daß diese Anlagen als gegebene Natur eines Lebewesens nicht vom jeweiligen Lebensraum abhängen. Gleichwohl bleibt er auf Beobachtungen angewiesen, die nur in konkreten Lebensräumen gemacht werden können. Sofern er ein klassifikatorisches Muster festschreibt, spielt die Metaphysik in die Biologie hinein. Sie verläßt die Basis sinnlicher Beobachtung und fragt nach der Ordnung alles Seienden überhaupt. Daraus ergibt sich eine Stufenordnung des Seins, die sich an der Selbständigkeit, Unabhängigkeit und Vernunftfähigkeit eines Seienden bemißt. Ganz unten stehen Organismen, die ortsgebunden, vergänglich und instinktgeleitet sind, ganz oben steht der unbewegte Beweger, die vollkommenste Form von Autarkie, Ewigkeit und Denken. Dazwischen ist der Mensch verortet, einerseits Teil der organischen Natur, andererseits durch den *nous* darüber hinausgehoben und dem unbewegten Beweger ähnlich.

Inwiefern ist nun MacIntyres Vorwurf berechtigt, die Ethik des Aristoteles setze eine solche »metaphysische Biologie« voraus? Die oben zitierte Stelle bezieht sich auf den Eingangssatz der *Nikomachischen Ethik*, wonach jedes Können, jede Wissenschaft, jedes Handeln und Wählen auf ein Gutes zielen. In dieser Allgemeinheit bleibt offen, in welcher Weise das Gute zu bestimmen ist. Deshalb ist MacIntyres Kritik sehr vage. Erst eine genauere Betrachtung des ersten Buchs der *Nikomachischen Ethik* vermag zu erhellen, wogegen sie gerichtet ist. Tatsächlich beschreibt Aristoteles darin nämlich zwei unterschiedliche Wege. In den Kapiteln 2 und 3 heißt es, man müsse in der Ethik von dem ausgehen, was uns bekannt sei (*arkteon apo tōn hēmin gnōrimōn*, I.2, 1095b3f), von den Grundgegebenheiten, vom ›Daß‹ (*to hoti*, b6), von den bekannten Lebensformen (*tōn biōn hypolambanein*, I.3, 1095b15f). Die wesentliche Aufgabe des Philosophen besteht demnach in der kritischen Klärung der *legomena*, der in einer Polis vorhandenen Annahmen über das gute und gelungene Leben. Solche Klärung verläßt niemals die Basis der *doxa*, sondern beseitigt nur Widersprüche und Ungereimtheiten, um konsistente von inkonsistenten Annahmen abzuheben. Sie ist beendet, wenn das ›Daß‹ scharf genug hervortritt, so daß sich die Frage nach dem Warum erübrigt (*ei touto [to hoti] phainoito arkountōs, ooden prosdēsei tou dioti*, b6f). Dieser Ansatz setzt voraus, daß die Bürger immer schon in einem Vorverständnis von dem leben, was ein gutes Leben auszeichnet. In diesem Sinne hält Kapitel 5 fest, daß alle darin übereinkommen, ihr *telos* als *eudaimonia* zu benennen.

Dagegen meldet Kapitel 6 Zweifel am bisherigen Vorgehen an. Die Gleichsetzung von Glück und oberstem Guten könne auch bloß ein Gemeinplatz sein. Eine noch deutlichere Antwort sei zu finden, wenn man die dem Menschen eigentümliche Leistung zu erfassen suche, *to ergon tou anthrōpou* (1097b24f). Es scheint, als konzipiere Aristoteles hier einen Weg, der von den *legomena*, der humanen Selbstauslegung unabhängig ist, um ein *telos* aufzustellen, das jenseits aller Meinungen Bestand haben könnte. In diesem Zusammenhang zieht er selbst eine Parallele zu seinen biologischen Untersuchungen: »Sollte nicht so wie Auge, Hand, Fuß und jeder Körperteil eine bestimmte Leistung erbringen, auch für den Menschen eine noch darüber hinaus gehende Leistung (*ergon*) anzunehmen sein?« (b30–33). Die Leistung oder Funktion eines Teiles leitet sich aus seinem Beitrag zur Erhaltung des Ganzen her. Sie kann nur ermessen werden, wenn dieses Ganze bekannt ist. Was für den Organismus gilt, trifft auch für den Menschen zu. Demnach erfordert die Antwort auf die Frage nach dem *ergon tou anthrōpou* ein Wissen von der Gesamtordnung, an der der Mensch teilhat. Diese Gesamtordnung umfaßt, wie Aristoteles eindringlich betont, nicht bloß die organische Existenz, sondern auch den *logos*, das Vermögen, welches den Menschen in besonderer Weise vor anderen Lebewesen auszeichnet (1098a13f). Offensichtlich ist MacIntyres Vorwurf, Aristoteles setze in seiner Ethik eine »metaphysische Biologie« voraus, auf diese Stelle gemünzt. In ihrem Licht nimmt die gesamte folgende Untersuchung einzelner Tugenden einen stark objektivistischen Zug an. »Der einzelne als Angehöriger einer Spezies hat ein Telos, aber eine Geschichte der *polis* oder Griechenlands oder der Menschheit, die sich auf ein telos zubewegt, gibt es nicht.« (VT 214). Geschichte und geschichtlicher, mithin auch meinungsmäßiger Wandel spielen keine Rolle für die Frage nach dem guten Leben.

Zwischen den Kapiteln 2, 3 und 5 einerseits und Kapitel 6 andererseits besteht jene Spannung zwischen dem Lokal-Speziellen und dem Kosmisch-Universellen, welche nach MacIntyres Auffassung die »gesamte Argumentation« der *Nikomachischen Ethik* durchzieht (VT 200). In beiden Ansätzen spielt die Tugend eine höchst unterschiedliche Rolle. Nach dem, wie man sagen könnte, »hypoleptisch-induktiven« Verfahren ist das Gute für den Menschen nicht ohne Bezug auf die Tugenden, also auf tatsächliche

Praxis zu charakterisieren. Jeder Wandel in der Praxis, also in den geübten Tugenden hat einen Wandel in den Vorstellungen eines gelungenen Lebens zur Folge. Nimmt man diesen Ansatz ernst, wäre die Polis nur eine, aber längst nicht die einzige Erscheinungsform der menschlichen Natur. Ebenso würde es sich mit Aristoteles' Versuch verhalten, diese Erscheinungsform begrifflich zu erhellen. MacIntyre weist selbst darauf hin, daß es für den Stagiriten in der Ethik nur eine eingeschränkte Genauigkeit von der Art des *hos epi to polu* (meist, aber nicht immer) gibt (VT 214). Gerade diese Einschränkung wird jedoch vom in Kapitel 6 angedeuteten »deduktiven« Verfahren mißachtet. Nach ihm geht das Gute für den Menschen aus einer unabhängig von ihm bestehenden, noetisch zu erfassenden Ordnung hervor. Diese Ordnung schreibt bestimmte Tugenden vor und legt ihre Rangfolge unwiderruflich fest. Geschichtlicher Wandel wäre nur als Abfall von einer vorgegebenen Ordnung zu verstehen; ethisches Wissen entspräche der Exaktheit der *epistēmē*. Es ist dieses zweite Modell, welches Aristoteles nach MacIntyre dazu verleitet, in der *Politik* Sklaven und Barbaren als von Natur her niedere Wesen einzustufen und zahlreiche andere Mitglieder der Polis dauerhaft vom Bürgerrecht auszuschließen. Der Grieche vermochte nicht zu sehen, daß Sklaverei eine sozial bedingte, historisch kontingente Erscheinung sei, gerade so, wie er auch den historischen Untergang der Polis, den er selbst erlebte, nicht zu begreifen schien (VT 213f).

MacIntyre läßt keinen Zweifel daran, daß eine plausible Verteidigung der aristotelischen Tugendethik nur auf dem »hypoleptisch-induktiven« Weg möglich ist (VT 200f). Er allein bietet die Möglichkeit, auch nach dem Untergang der Polis und der Abschaffung der Sklaverei noch sinnvoll nach dem Telos des Menschen und den Wegen zu seiner Verwirklichung zu fragen. Da er für einen Wandel von Praxis und veränderte Selbstdeutungen von Menschen offen ist, entspricht ihm eine dynamische Auffassung des Telos. Außerdem bindet er die Philosophie immer an ihren »soziologischen« bzw. »politischen Ausgangspunkt« zurück (VT 199), so daß zwischen Theorie und Praxis niemals eine unüberbrückbare Kluft entstehen kann. Indessen wird man fragen müssen, ob dieser von MacIntyre eingeschlagene Weg Aristoteles' Vorgehen in der Ethik nicht viel näher steht, als der Ire vorgibt. Schon in NE I.6 bleibt die Bestimmung des *ergon tou anthrōpou* ausgesprochen formal. Es heißt nur, die dem Menschen eigentümliche Leistung bestehe im Tätigsein der Seele gemäß der ihr wesenhaften *aretē*, und zwar im höchsten und vollendeten Sinn (1098a7–18). Anschließend wird keineswegs eine metaphysische Seinsordnung zugrundegelegt. Vielmehr betont Aristoteles schon im nächsten Kapitel, daß die Untersuchung vom ›Daß‹ ausgehen müsse, welches im Fall der Ethik nicht durch Intuition zu gewinnen sei (1098b1–8). In Kapitel 8 fügt er noch hinzu, daß alle Prämissen und Schlußfolgerungen mit den *legomena* übereinstimmen müssen, um überzeugen zu können (b9–11). In diesem Zusammenhang wiederholt er auch seine Hinweise bezüglich der eingeschränkten Genauigkeit ethischer Aussagen. In den neun folgenden Büchern ist er peinlich darauf bedacht, begriffliche Klärungen auf einer reichen Basis empirischer Anschauung vorzunehmen und dem Sprachgebrauch der Polis anzumessen. Allein die hier schon öfter verhandelten Abschnitte NE X.7–9 (*bios politikos* versus *bios theorētikos*) und Teile von NE VI (*sophia* versus *phronēsis*) weichen davon ab und scheinen im Widerspruch zur restlichen Analyse zu stehen. Zwar trifft es zu, daß sie abermals die Spannung zwischen dem Lokal-Speziellen und dem Kosmisch-Universellen eröffnen. Daß diese Spannung in der gesamten Argumentation der *Nikomachischen Ethik* zu spüren sei, wie MacIntyre behauptet, stellt jedoch eine Übertreibung dar.[48]

(b) Sozialisierung des telos: Zwischen praxis und poiēsis

Die zweite Hürde, die sich aus MacIntytres Sicht vor einer Rehabilitierung der aristotelischen Tugendethik aufbaut, hängt unmittelbar mit der ersten zusammen. Da Aristoteles bestimmte Erscheinungen der Polis zu universellen Merkmalen der menschlichen Natur hypostasiert, bleibt er öfter in Vorstellungen befangen, die sein Blickfeld unnötig beschränken. Seine Rechtfertigung der Sklaverei und seine Beschränkung des Bürgerrechts in Teilen der *Politik* wurden bereits als Beispiele erwähnt. Aristoteles nimmt in diesen Fällen die Perspektive des hochstehenden und wohlhabenden attischen Bürgers ein, dem die Tätigkeiten von Sklaven, Bauern und Handwerkern fremd sind. Wie MacIntyre herausstellt, hat dies Folgen für seine Untersuchung der Tugenden. So umfänglich sie auch sein mag, es blieben doch »die besonderen Vorzüge der Anwendung handwerklicher Geschicklichkeit und körperlicher Arbeit unsichtbar« (VT 213). Dies wiegt um so schwerer, als beides in der Erfahrungswelt des modernen Menschen eine herausragende Rolle spielt. Um den aristotelischen Ansatz dennoch verteidigen zu können, bemüht sich MacIntyre um eine Erweiterung des zugrundeliegenden Praxisbegriffs. Er stellt folgende Definition auf:

»Mit ›Praxis‹ meine ich jede kohärente und komplexe Form sozial begründeter, kooperativer menschlicher Tätigkeit, durch die dieser Form von Tätigkeit inhärente Güter im Verlauf des Versuchs verwirklicht werden, jene Maßstäbe der Vortrefflichkeit zu erreichen, die dieser Form von Tätigkeit angemessen und zum Teil durch sie definiert sind, mit dem Ergebnis, daß menschliche Kräfte zur Erlangung der Vortrefflichkeit und menschliche Vorstellungen der involvierten Ziele und Güter systematisch erweitert werden.« (VT 251f).

In dieser Definition finden sich drei Elemente, die von Aristoteles her bekannt vorkommen. Erstens betont MacIntyre, daß es sich bei Praxis um zwischenmenschliche Interaktion handelt. Sie betrifft somit nicht das Verhältnis zwischen Menschen und Dingen, sondern den Umgang, den Menschen miteinander pflegen. Hervorgehoben ist damit auch das Moment der Aktion, des tatsächlichen und nicht bloß gedachten oder intendierten Handelns. Zweitens ist von »inhärenten Gütern« die Rede. Wie Aristoteles stellt MacIntyre heraus, daß Praxis niemals um eines äußeren Zwecks willen vollzogen wird, sondern ihr Ziel in sich selbst trägt. Drittens wird die Erreichung von Zielen an Maßstäben der Vortrefflichkeit gemessen, welche der Praxis entspringen und an sie zurückgebunden sind. Auf diese Weise wird der Ire der teleologischen Dimension des Praxisbegriffs gerecht.

---

48 Übertreibt MacIntyre bisweilen die Spannungen, erliegt sein Kritiker Christof Rapp: Was Aristotle a Communitarian?, aaO. der gegenteiligen Versuchung, indem er sie überhaupt nicht zur Kenntnis nimmt. Rapp vertritt eine universalistische Lesart der *Nikomachischen Ethik*, nach der die gesamte Argumentation für bestimmte Tugenden und das Glück kontextunabhängig ist. Damit repliziert er indessen (mit umgekehrter Wertung) jene »facile oppositions between tradition and autonomy« (aaO., 335), die er MacIntyre vorwirft. Wenn er seine Titelfrage schlicht verneint und feststellt, daß Aristoteles unter keinen Umständen für ein kommunitarisches Programm beansprucht werden dürfe, vermag er der philosophischen Komplexität von MacIntyres Argumentation nicht gerecht zu werden.

Mehr als diese Parallelen fallen die Transformationen ins Auge, welche MacIntyre vornimmt. Er spricht von »sozial begründeter« Tätigkeit, obwohl es in der Antike bekanntlich keine eigenständige soziale Sphäre gibt. Aristoteles unterscheidet nur zwischen Oikos und Polis, zwischen häuslichem und öffentlichem Raum. Die Tugenden, welche er in der *Nikomachischen Ethik* untersucht, betreffen vorrangig den Umgang zwischen gleichen Bürgern, also jenseits der Schwelle des Oikos. Für MacIntyre scheint diese Eingrenzung irrelevant zu sein. Die Beispiele, welche er nennt – »Kunst, Wissenschaft, Spiele, Politik im Sinne von Aristoteles, die Pflege des Familienlebens« – decken alle Bereiche menschlicher Kooperation, seien es die privaten, gesellschaftlichen oder politischen, ab. Freilich irrt er, wenn er bereits der Antike ein so weites, die Schaffung und Erhaltung von »Haushalten, Städten, Nationen« einbegreifendes Verständnis von Praxis unterstellt (VT 252). Wichtiger ist aber ein anderes Problem, das MacIntyre eher verschleiert als erhellt. Bei Aristoteles findet Praxis per definitionem unter gleichen Bürgern statt. Zwar weisen gerade jene Tugenden, die sich auf äußere Güter beziehen (NE IV.1–3: Großzügigkeit, IV.4–6: Großgeartetheit, IV.7–10), auf asymmetrische Beziehungen zwischen den Bürgern hin. Allerdings scheinen diese primär sozialen Unterschieden geschuldet zu sein, die mit politischer Gleichheit durchaus vereinbar sind. MacIntyres Definition läßt hingegen ebenso wie seine Erläuterungen offen, welcher Art die Beziehungen sozial »kooperierender« Bürger sind.[49] Verträgt sich Kooperation mit Asymmetrien? Wenn ja, wodurch könnten sie gerechtfertigt sein? MacIntyre spricht allein von der Autorität der Güter, Tugenden und Maßstäbe für Vortrefflichkeit (VT 255, 269). Wie aber verhält sich diese Autorität zur Autorität von Personen und Ämtern?

Daß diese Frage unbeantwortet bleibt, liegt an MacIntyres scharfer Konfrontation von Praxis und Institutionen. Nach seiner Auffassung sind Institutionen allein mit dem Erwerb materieller Güter beschäftigt, welchen sie mit der Vergabe von Geld, Macht und Status belohnen. Macht gerät somit erst ins Blickfeld, wenn von Tugenden und Vortrefflichkeiten keine Rede mehr sein kann. Institutionen verfolgen das ausschließliche Ziel, sich selbst zu erhalten und soweit wie möglich auszuweiten; ihr wichtigstes Kennzeichen ist Habgier. MacIntyre gibt zwar zu, daß Praxis auf Dauer ohne Institutionen nicht überleben könne, doch müsse sie sich ständig ihrer »korrumpierenden Macht« erwehren (VT 260). Das Verhältnis von Praxis und Institutionen, von Tugenden und Macht bleibt somit ein äußerliches und wesenhaft antagonistisches. Damit ist MacIntyre meilenweit von Aristoteles entfernt, für den Praxis und Institutionen einen integralen, interdependenten Zusammenhang bilden.[50] Die *Nikomachische Ethik* und die *Politik* setzen einander wechselseitig voraus. Zwar führt Aristoteles viele Beispiele für korrumpierte Institutionen an, doch verfällt er nie auf den Gedanken, Institutionen könnten per se etwas Schlechtes sein. Der Verfassungsentwurf von Pol. IV läßt sogar erhebliche Ungleichverteilungen von Macht (zwischen Oligarchen und Demokraten) zu und wird immer noch als der bestmögliche bezeichnet. Dagegen scheint Mac-

---

49 Vgl. Annette Baier: Postures of the Mind. Essays on Mind and Morals, Minneapolis 1985, 251: »A discreet veil is drawn, in MacIntyre's account of our moral decline, over the power-relations that obtained in those noncorrupt communities he cites.«
50 Vgl. auch die aus hegelianischer Warte geäußerte Kritik von Ch. Smith: Hermeneutics and Human Finitude, aaO., 30–38.

Intyres negative Sicht von Institutionen, mithin auch von Geld, Macht und Ansehen, Max Webers Bürokratisierungsthese verpflichtet zu sein. Danach wird moderne Herrschaft zunehmend über Bürokratien ausgeübt. Ihre Organisation richtet sich nach den Kriterien rationaler Effizienz, sachlicher Arbeitsteilung, hierarchischer Gliederung und äußerer Abgrenzung. Aufgrund ihrer Eigenlogik streben Bürokratien nach einer dynamischen Ausweitung auf immer größere Lebensbereiche, was sowohl eine Entpersönlichung der menschlichen Verhältnisse als auch eine Entmündigung immer größerer Bevölkerungsteile zur Folge hat. Schon Weber warnt davor, (ökonomische) Rationalisierung mit Demokratisierung zu verwechseln; tatsächlich komme es zu einer immer stärkeren Oligarchisierung.[51] Allerdings übersieht Weber ebenso wie MacIntyre, daß oligarchische und demokratische Strukturen durchaus in einem produktiven Wechselverhältnis stehen können. Eine solche, stärker dialektische Sichtweise ist bei Aristoteles zu finden und kann durchaus auf moderne Verhältnisse übertragen werden.[52]

MacIntyres Geringschätzung von Institutionen und seine Rede von »inhärenten Gütern« verdecken, daß er selbst eine Reihe von Praktiken anführt, etwa Architektur oder Landwirtschaft (VT 252), die durchaus mit der Produktion äußerer Güter beschäftigt sind. An einer Stelle behauptet er sogar, jede Praxis erfordere die Ausübung technischer Fähigkeiten (VT 259). Das ist mit der aristotelischen Trennung von *praxis* und *poiēsis* nicht vereinbar. Offenkundig zielt der Ire auf einen weiten, integralen Praxisbegriff, welcher auch auf herstellende Tätigkeiten anwendbar ist. Diesem weiten Begriff entspricht ein enges Verständnis von *poiēsis*. Mauern und Rübensetzen sind für MacIntyre keine Praktiken, wohl aber Architektur und Landwirtschaft. Der Unterschied liegt darin, daß es sich einmal um den Umgang zwischen einzelnen Menschen und Material bzw. Natur handelt, das andere Mal um weiter gefaßte Interaktionszusammenhänge. Wiewohl sie äußere Güter hervorbringen, bemißt sich ihre Daseinsberechtigung nicht am Erfolg oder an der Effizienz, sondern an der Weise des Umgangs, den die Menschen miteinander pflegen. Dadurch gewinnen sie Teilhabe an inneren Gütern, die nicht geteilt und somit auch nicht individuell besessen werden können. MacIntyre versucht dies am Beispiel einer »fishing crew« zu erläutern. Sie kann entweder ganz auf Effizienz ausgerichtet sein; alle Mitglieder streben nur nach maximalem Profit und verlassen die Crew, wenn sie anderswo mehr verdienen können. Oder aber sie ist an Exzellenz und Kooperation ausgerichtet. Dann übernehmen die Fischer Verantwortung füreinander, erfüllen die ihnen zugewiesene Rolle auf bestmögliche Weise, handeln stets zum Wohle der Allgemeinheit und bleiben auch in schweren Zeiten zusammen.[53] Aristotelisch gesprochen: Sie schätzen das gute Leben höher als das bloße Überleben. Freilich setzt Aristoteles voraus, daß das gute Leben sich immer schon auf eine entsprechende ökonomische Basis verlassen kann. Für seinen modernen Interpreten reicht der aristotelische *praxis*-Begriff hingegen weiter, als der Grieche selbst habe erkennen können: »It is my own experience, and not only mine, that some members of fishing crews and some small farmers are much better at recognizing the Aristotelian features of their

---

51 Max Weber: Wirtschaft und Gesellschaft. Grundriß der verstehenden Soziologie, hg. von Johannes Winckelmann, Tübingen ⁵1976, Bd. 1, Kap. III, § 4–5.
52 Vgl. Kap. III.3.3.
53 A Partial Response to my Critics, in: After MacIntyre, aaO., 284–286.

lives and practices, even although they may not frame that understanding in Aristotelian terms, than are, for example, characteristic members of contemporary legal, financial and academic professions.«[54]

Die Integration von *poiēsis* in ein weiteres Verständnis von Praxis läßt sich von zwei Seiten beurteilen. Einerseits gelingt es MacIntyre, die bei Aristoteles spürbare Herabsetzung von produktiven Tätigkeiten zu korrigieren und so den Praxisbegriff für die neuzeitliche Erfahrungswelt zu öffnen. Andererseits macht diese Öffnung an der Schwelle zur modernen Arbeitswelt halt. Da inhärente Güter externen Gütern vorgeordnet bleiben, wird ökonomisches Wachstum stark begrenzt. Für Aristoteles stellt dies kein Problem dar, da er von den Bedingungen einer Subsistenzwirtschaft ausgeht. Die Auflösung dieser Wirtschaft ging sowohl mit ökonomischem Wachstum als auch mit sozialer Emanzipation einher. Da MacIntyre letzterer gegenüber aufgeschlossen ist, müßte er erklären, wie sich sein Praxismodell zu diesem Ziel verhält. Dann könnte sich unter Umständen zeigen, daß eine stärkere Separation von gewinn- und gemeinschaftsorientierten Tätigkeiten für alle vorteilhafter wäre. Von der modernen Arbeitswelt trennt den Iren auch die Struktur industrieller Fabrikarbeit. Sämtliche von ihm genannten Beispiele – Landwirtschaft, Hausbau, Fischerei – beziehen sich auf vormoderne Formen des Erwerbs und der Produktion. Sie erlauben eine viel engere Kooperation als die arbeitsteilige Organisation einzelner Tätigkeiten, für welche die Fließbandproduktion paradigmatisch ist. Der Arbeiter ist von seinen Kollegen weitgehend isoliert, führt mechanische Arbeitsschritte aus oder bedient Maschinen. MacIntyre hat selbst gesehen, wie weit dies von seinem Praxismodell entfernt ist: »[...] much modern industrial productive and service work is organized so as to exclude the features distinctive of a practice.«[55] Es erhebt sich dann allerdings die Frage, ob nicht der weitaus größte Teil moderner Arbeit mit MacIntyres Vorstellungen unvereinbar ist. Seine geradezu idyllischen Schilderungen des Fischerlebens scheinen seinen Kinderphantasien einer »Gaelic oral culture of farmers and fishermen, poets and storytellers«, die schon damals beinahe untergegangen war, näher zu sein als der Arbeitswirklichkeit auf einem modernen Hochseetrawler.

Ein dritter Punkt, in dem MacIntyre den aristotelischen Praxisbegriff modifiziert, holt jene Dynamisierung des Telos ein, welche im vorangegangenen Abschnitt untersucht worden ist. Eine gute Praxis zeichne sich dadurch aus, »daß menschliche Kräfte zur Erlangung der Vortrefflichkeit und menschliche Vorstellungen der involvierten Ziele und Güter systematisch erweitert werden«. Ziele und Güter sind nicht für alle Zeiten festgelegt, sondern wandeln und verändern sich im Zuge des Tätigseins. Praxis gewinnt damit jene Offenheit für geschichtliche Entwicklung, welche bei Aristoteles in dem Maße beschnitten wird, wie seine »metaphysische Biologie« in die Ethik hineinspielt. MacIntyre will sie durch eine »sozial teleologische Darstellung« ersetzen und so den aristotelischen Standpunkt zusätzlich stärken (VT 263). Von Zielen läßt sich indessen in zweifacher Weise sprechen. Zum einen hat jede einzelne Praxis ein Ziel, das sie in ihr selbst erreicht (*entelecheia*). Zum anderen verweisen diese Einzelziele auf ein darüber hinausgehendes Gut, die *eudaimonia*. Sie kann nicht direkt angestrebt werden, sondern

---

54 Ebd., 301.
55 Ebd., 286.

nur über beständiges, tugendhaftes, d.h. in Höchstform vollbrachtes Tätigsein. Alle Tugenden sind somit zugleich in sich erfüllte Ziele und Teile des Endziels der *eudaimonia*. Diese komplexe Struktur kommt in MacIntyres Definition darin zum Ausdruck, daß die Maßstäbe der Vortrefflichkeit nur »zum Teil« durch die Tätigkeit selbst definiert sind. Eine einzelne Praxis bringt nicht alle Maßstäbe hervor, an denen sie zu messen ist. Vielmehr erfährt sie ihren Stellenwert durch ihr Verhältnis zum Gesamt- und Endziel des guten und gelingenden Lebens. Daran schließen sich zwei Fragen an: In welchem Verhältnis steht das Gesamtziel zu den Einzelzielen? Wie läßt sich die Dynamik des Zielstrebens mit der Kohärenz und Konvergenz vereinbaren, ohne welche jeder Praxiszusammenhang auseinanderfallen würde? MacIntyre antwortet darauf mit seinem Konzept der »narrativen Einheit des Selbst«, welches im nächsten Abschnitt behandelt wird.

(c) Narrativierung des telos: Vom zōon logon echon zum »story-telling animal« und zur narrativen Einheit des Selbst

Ein oberstes Ziel läßt sich in doppelter Weise vorstellen. Einmal kann es allen Einzelzielen als deren gemeinsamer Strebepunkt vorgeordnet sein. Das andere Mal geht es aus dem vielfältigen Streben hervor und unterliegt wie dieses der Veränderung. Jenes ist die statische, dieses die dynamische Konzeption. Bei Aristoteles entspricht ersterer die Idee des unbewegten Bewegers und der göttlichen *eudaimonia*, letzterer hingegen die des Strebens nach menschlicher *eudaimonia*. Während MacIntyre in *After Virtue* klar für die dynamische Konzeption plädiert, hat Charles Taylor ihr in seiner Besprechung des Buches die statische Variante zur Seite gestellt.[56] Nach Taylors Darstellung richtet sich unser Denken und Handeln sowohl an praxisinternen Gütern als auch an »transcendent goods« aus. Transzendente Güter liegen jeder Praxis voraus und treiben sie erst an, auch wenn sie noch gar nicht verwirklicht sind.[57] Das für die moderne Zivilisation wichtigste tranzendente Gut sei die Vision autonomen, freien und rationalen Handelns, die ursprünglich theologisch motiviert gewesen sei, weil ihr die Vision eines ebenso autonomen, freien, durch kein menschliches Handeln gebundenen Gottes entsprochen habe.[58] Zwar eröffnen sich dadurch Spannungen und Konflikte zwischen menschlichen und göttlichen Ansprüchen, etwa in Fragen der Gerechtigkeit, doch hält Taylor solche Konflikte für ethisch höchst bedeutsam.[59] Aristoteles lobt er – ohne weitere Erläuterung – dafür, daß seine Theorie im Unterschied zu MacIntyre einen Konflikt zwischen Gütern aus verschiedenen Quellen, zwischen einem transzendenten und einem praxisinternen Guten, zulasse.[60] Der Kritisierte weist in seiner Antwort diese Trennung abermals zurück. Was die Güter einzelner Praxen miteinander verbinde, sei ihr Bezug auf ein »common good«, das davon niemals völlig unabhängig sei. Die Integration dieses gemeinsamen Guten in alle einzelnen Praxen habe selbst die Form einer Praxis.[61]

---

56 Justice After Virtue, in: After MacIntyre, aaO., 16–43.
57 Ebd., 35.
58 Ebd., 36, 17–19.
59 Ebd., 40–42.
60 Ebd., 39.
61 A Partial Response to my Critics, in: After MacIntyre, aaO., 288f.

Um diese These zu untermauern, muß MacIntyre aufweisen, wie die umfassende Praxis der Integration eines gemeinsamen Guten vorzustellen ist. Dazu geht er der Struktur und Funktion von Erzählungen nach. Einzelne Handlungen sind nur dann zu verstehen, wenn sie in größere Zusammenhänge eingebettet werden können. Solche Zusammenhänge werden durch Erzählungen erzeugt, die Anfang, Mitte und Ende haben. Jeder Mensch erzählt seine Lebensgeschichte, um seinen vergangenen Taten und Erlebnissen einen kontinuierlichen Sinn zu verleihen. Auf diese Weise werden einzelne Praxen beständig in ein sinnvolles Ganzes integriert. Dabei handelt es sich nach MacIntyres Auffassung jedoch nicht um eine Leistung der Imagination oder Fiktion. Vielmehr vertritt er die starke These, daß das Leben selbst narrative Struktur besitze (VT 287). Erzählungen seien nicht primär das Werk von Dichtern, sondern wohnten dem Sprechen und Handeln von Menschen immer schon inne: »Geschichten werden gelebt, bevor sie erzählt werden [...]« (VT 283). Zusammengefaßt lautet seine These: »Der Mensch ist in seinen Handlungen und in seiner Praxis ebenso wie in seinen Fiktionen im wesentlichen ein Geschichten erzählendes Tier.« (VT 288). Im Originaltext steht dafür »story-telling animal«. Diese anthropologische Grundaussage kann als Auslegung der aristotelischen Rede vom Menschen als einem *zōon logon echon* verstanden werden. Die Weise, in der sich Menschen über das Gerechte und Ungerechte, das Nützliche und Schädliche austauschen, vollzieht sich, so MacIntyre, von Natur aus in narrativen Formen. Diese These läßt sich mit der *Poetik* in Verbindung bringen. Aristoteles begründet die Dichtkunst in einem dem Menschen angeborenen Drang zur Nachahmung (*mimēsis*) und zur ästhetischen Freude an Nachahmungen (4, 1448a5–12). In gewisser Hinsicht ruht also schon in jedem Menschen ein Künstler. Ein Künstler, so Aristoteles weiter, hält sich nicht bloß an das Tatsächliche, sondern auch an das Mögliche (9, 1451a36f). Auch dies läßt sich mit MacIntyres Ansicht vereinbaren. Wenn Menschen in ihrem Leben »Erzählungen ausleben«, überschreiten sie den Bereich des Gegebenen (VT 283). »Wir leben unser Leben – individuell und in unseren Beziehungen zu anderen – im Licht bestimmter Vorstellungen über eine mögliche gemeinsame Zukunft [...].« (VT 288). Das macht den teleologischen Charakter allen Handelns und Erzählens aus. Er besteht neben dem anderen Grundfaktum, daß Zukunft nicht vorausgesagt werden kann. Alle Vorstellungen von Zielen unterliegen dem Wandel, das Telos ist offen.

Wie hängen die vielen individuellen Erzählungen zusammen? Bei Aristoteles vollzieht sich der Austausch über das Gerechte und Nützliche im Gespräch. Erzählungen sind indessen keine Dialoge, sondern Monologe, die einen Autor haben. Jedoch ist nach MacIntyre diese Autorschaft stark eingeschränkt. Wir seien »nie mehr (und manchmal weniger) als die Koautoren unserer eigenen Erzählungen«. »Wir kommen auf eine Bühne, die wir nicht eingerichtet haben, und wir sehen uns als Teil einer Handlung, die nicht von uns stammt. Jeder von uns, der im eigenen Stück eine Hauptrolle spielt, hat in den Stücken anderer nur Statistenrollen [...]. Jedes unserer Stücke schränkt die anderen ein und läßt das Ganze anders als die Teile, aber immer noch dramatisch erscheinen.« (VT 285). Erzählungen sind somit wie Handlungen untereinander verknüpft. Lebensgeschichten sind zwar individuell verschieden, aber doch in einen Rahmen gemeinsamer Intentionen und Überzeugungen eingebettet (VT 278), den sie selbst mitprägen. Dieser Rahmen kommt explizit in den großen Geschichten zum Ausdruck, die Gesellschaften von sich hervorbringen. MacIntyre bezeichnet Mythologie als das »Herz aller Dinge«; sie liefert den Schlüssel zum Verständnis der Ziele, auf die hin sich eine Handlungsgemeinschaft entwirft (VT 289).

Um die Implikationen dieser Theorie schärfer in den Blick zu bekommen, bietet sich an, sie mit Überlegungen Hannah Arendts zu vergleichen, die bis in die Formulierungen hinein an MacIntyre erinnern. In *Vita activa* heißt es, daß handelnde Menschen ein Bezugsgewebe bilden, welches aus vielen individuellen Handlungsfäden besteht. Alle Fäden sind miteinander versponnen und ergeben, wo sie ein Ende erreichen, klar erkennbare Muster, die als Lebensgeschichten erzählbar sind. Indessen haben solche Geschichten aufgrund ihrer Verflochtenheit keinen klar benennbaren Verfasser. Es ist das Leben selbst, welches sie schreibt (VA 174–176). Wie MacIntyre gründet Arendt das Erzählen im Leben. Ebenso betont sie die Verflechtung aller Lebensgeschichten. Im Unterschied zu MacIntyre nimmt sie jedoch an, daß Lebensgeschichten erst nach dem Tod von Personen verfaßt werden können. Kein Handelnder kann zu Lebzeiten überblicken, wie seine Geschichte mit der von anderen verwoben ist, welche Folgen sein Handeln für die Zukunft anderer Menschen haben wird. Das liegt daran, daß Geschichten nach Arendts Verständnis nicht das Resultat von Zielen, sondern vielmehr nicht intendierte Nebenprodukte sind, die sich ergeben, wenn Ziele verfolgt werden. Erst die Nachwelt kann die Geschichte dieser Nebenprodukte, die für sie Hauptprodukte sind, verfassen. Hier zeigt sich, daß für Arendt jene teleologische Dimension wegfällt, welche bei MacIntyre immer vorausgesetzt ist. Die Ziele, von denen ein einzelner oder eine Handlungsgemeinschaft in Erzählungen kündet, müssen keineswegs mit den tatsächlichen Geschichten übereinstimmen, die ihre Verfolgung auslöst. In späteren Werken hat Arendt diesen Gedanken noch vertieft. Genau genommen, kann nämlich noch nicht einmal die Nachwelt eine objektive Lebensgeschichte erzählen, weil sie selbst immer an den Geschichten anderer teilhat und daher niemals ein Muster von einem archimedischen Punkt übersehen kann. Die Funktion des Erzählens besteht dann darin, vom eigenen Standort aus den vergangenen Ereignissen und dem Handeln anderer Menschen einen Sinn abzugewinnen. Diese Leistung ist im wesentlichen konstruktiv, weil sie sich nicht auf vergangene Sinnintentionen, die niemals eingelöst wurden, verlassen kann. Darin liegt, daß Handlungen in eine neue, retrospektiv gebildete Ordnung gebracht werden. Gerade dies weist MacIntyre in *After Virtue* zurück. Seiner Ansicht nach können Handlungen nur in bezug auf die Intentionen der Handelnden verstanden werden. Dem Geschichtenerzähler ist es daher verwehrt, »die menschlichen Ereignisse rückblickend in ein System [zu bringen], das sie gar nicht hatten, als sie gelebt wurden« (VT 286).

Diese Differenzen schlagen sich auch in der jeweiligen Auffassung von Erzählstrukturen nieder. Aus Arendtscher Sicht müßte eine Erzählung polyperspektivisch sein und Diskontinuitäten zulassen. Ersteres ist der Tatsache geschuldet, daß Geschichten keinen eindeutigen Verfasser haben, sondern sich wechselseitig bedingen. Letzteres liegt im Leben selbst begründet, das nach Arendts Auffassung immer wieder vor Neuanfänge gestellt wird. Hingegen orientiert sich MacIntyre am Muster der klassischen Tragödie mit Anfang, Mitte und Ende, die durch einen Spannungsbogen verknüpft sind (VT 282, 284). Obwohl auch er die Autorschaft an Erzählungen relativiert und die Unberechenbarkeit der Zukunft gelten läßt, steht für ihn das Erfordernis im Vordergrund, daß Personen in der Lage sein müssen, auf die Zuschreibung strenger Identität reagieren zu können (VT 289). Dem kommen sie nach, indem sie eine Geschichte ihrer Taten erzählen und so Rechenschaft über ihren Charakter ablegen. Die Einheit ihres Selbst beruht »in der Einheit einer Erzählung [...], die Geburt mit Leben und Tod wie die narrative Einleitung mit der Mitte und dem Ende verbindet« (VT 275). Es scheint, daß beide Sichtweisen, die diskontinuierliche Arendts und die kontinuierliche MacIntyres ein gewisses, aber nicht ausschließliches Recht für sich beanspruchen können. MacIntyre will unterbinden, daß Menschen sich der Verantwortung für ihre Handlungen entziehen, indem sie ihre Identität leugnen. Arendt will dagegen verhindern, daß Menschen ewig an die unwandelbaren Folgen ihres Tuns gebunden bleiben; sie betont die Möglichkeit des Neuanfangs. Die Komplementarität dieser Ansätze ist nicht zu übersehen. Gleichwohl stellt MacIntyre Kontinuität und narrative Einheit des Selbst in den Vordergrund. Seine Teleologie ist zwar offen, sie erlaubt jedoch keine Brüche. Geschichten mögen im Laufe der Zeit fortgeschrieben werden, die Sinnrichtung darf sich aber nicht ändern. Für das, was Arendt als Natalität faßt, ist in MacIntyres Theorie kein Platz. Statt dessen steht ein Begriff im Mittelpunkt, der Arendt nichts mehr zu sagen vermag: Tradition. Im nächsten Abschnitt ist zu untersuchen, wie sich Tradition zur Offenheit des Telos verhält.

(d) Historialisierung des telos: Lebendige Tradition und moralischer Fortschritt

Für Arendt ist das Erscheinen eines neuen Menschen in der Welt das Paradigma der humanen Fähigkeit, neu anzufangen. Aus MacIntyres Sicht nimmt sich dieser Vorgang weit weniger dramatisch aus. Jeder neugeborene Mensch betritt die Welt als »Träger einer besonderen sozialen Identität«. Er wird in einen sozialen Kontext hineingeboren, als Mitglied einer Familie, Stadt und Nation. Dieser Mitgliedschaft entsprechen soziale Rollen, die des Sohnes oder der Tochter, des Bürgers und viele andere mehr. An solche Rollen knüpfen sich Erwartungen und Verpflichtungen. »Sie konstituieren des Gegebene meines Lebens, meinen moralischen Ausgangspunkt. Dies verleiht meinem Leben einen Teil seiner moralischen Besonderheit.« (VT 294). Über die Rollen ist der einzelne nicht nur sozial, sondern auch historisch situiert. Sie haben sich in vielen Generationen des Zusammenlebens herausgebildet. Jeder Mensch steht in seiner Rolle als Sohn oder Bürger in einem Verhältnis zu jenen, die vor ihm diese Rolle innehatten. Persönliche Identität kann er nicht jenseits, sondern nur in seinen Rollen gewinnen. Die eigene Lebensgeschichte ist »stets eingebettet in die Geschichte jener Gemeinschaften, von denen ich meine Identität herleite«. Der Versuch, sich von sozialen Rollen und der darin kristallisierten Vergangenheit abzunabeln, würde die gegenwärtigen Beziehungen zu anderen deformieren. »Der Besitz einer historischen Identität und der Besitz einer sozialen Identität fallen zusammen.« (VT 295).

An diesen Bestimmungen ist zunächst bemerkenswert, daß kein Mensch seinen moralischen Ausgangspunkt frei wählen kann, ohne zugleich seine eigene Identität aufs Spiel zu setzen. Die Zugehörigkeit zu Traditionen ist keineswegs Sache eines persönlichen Bekenntnisses, vielmehr ist sie immer schon gegeben. »Ich sehe mich als Teil einer Geschichte, und das heißt ganz allgemein, als einer der Träger der Tradition, ob mir das gefällt oder nicht, ob ich es erkenne oder nicht.« (VT 295). Sodann ist darauf hinzuweisen, daß Rollen und Traditionen nur einen »Ausgangspunkt« konstituieren. Niemand ist gezwungen, so MacIntyre, die moralischen Beschränkungen der Gemeinschaften, denen er angehört, anzuerkennen (ebd). Vielmehr impliziert die Übernahme von

Rollen und Traditionen nur den Eintritt in die zukunftsoffene Praxis einer Suche nach dem Guten. Identität ist somit nur teilweise durch das Erbe der Vergangenheit bestimmt. Sie formt sich in dem Maße weiter, wie sich innerhalb einer Praxis die Vorstellungen der gemeinsamen Ziele erweitern. Vorgegeben ist zwar die Richtung der Suche, nicht jedoch ihr Ergebnis.»Eine lebendige Tradition ist also eine historisch erweiterte und sozial verkörperte Argumentation, und zwar teilweise eine Argumentation gerade um die Güter, die diese Tradition konstituieren.« (VT 296f). Die Frage ist nun, wie groß der Raum der Argumentation wirklich ist, d.h. wieviel Konflikt MacIntyre bei der Erörterung der Güter zulassen will. Sie stellt sich um so dringlicher, als MacIntyre die dritte und letzte Hürde (nach der »metaphysischen Biologie« und der Beschränkung auf die Verhältnisse der Polis), welche eine Rehabilitierung der Tugendethik überwinden muß, in Aristoteles' Unterbetonung moralischer Konflikte erblickt. Der Stagirit wolle Konflikte unbedingt verhindern, werde damit jedoch nicht der tragischen Erfahrung gerecht, daß das Gute mit dem Guten konfligieren könne. Gerade aus solchen Konflikten sei jedoch zu lernen, welche Ziele und Absichten man wirklich verfolge (VT 218f). MacIntyre erhebt somit den Anspruch, Praxis so zu denken, daß sie weit mehr Konflikt als bei Aristoteles zuläßt.

Wie weit er ihn einzulösen vermag, sei in einem Vergleich mit Edmund Burke untersucht, gegen den das Konzept der »lebendigen Tradition« explizit gerichtet ist. MacIntyre wirft ihm eine ideologische Vereinnahmung der Tradition für konservative Zwecke vor. Burke setze Tradition der Vernunft entgegen und huldige einer Begeisterung für das Alte um des Alten willen (VT 296f). Damit spielt er offenkundig auf die Revolutions-Schrift von 1790 an. Darin verteidigt Burke das britische Gemeinwesen, welches keiner Revolutionen bedürfe, weil es über viele Generationen hinweg organisch und im Einklang mit der Natur gewachsen sei. In diesem Zusammenhang stellt er die Formel auf, Natur, mithin auch Tradition beruhe auf »wisdom without reflection«.[62] Aus diesem Grunde hält er althergebrachte Vorurteile für gerechtfertigt. In sie sei im Laufe der Zeit mehr Vernunft eingegangen, als der »private stock of reason« jemals hervorbringen könne.[63] Die Legitimität politischer Institutionen beruhe darauf, daß sie sich jederzeit auf das Erbe und die Weisheit vorangegangener Generationen zurückführen ließen.[64] Aus diesen wenigen Stellen erhellt bereits, daß MacIntyres Vorwürfe Burkes Position nicht angemessen wiedergeben. Was Burke konfrontiert, sind nicht schlichtweg Tradition und Vernunft, sondern Traditionen, Vorurteile und Institutionen, in welchen historische Weisheit geronnen ist, einerseits und eine dekontextualisierte, »nackte« und beziehungslose Vernunft andererseits. Erklärtermaßen verfolgt MacIntyre mit seiner Erneuerung der Tugendethik dasselbe Anliegen. Die von ihm vertretene These, Vernunft könne sich überhaupt nur in Traditionen verkörpern und übermitteln,[65] ist gerade *kein* Argument gegen Burke, sondern eines, das von Burke selbst stammt. Wenn der Rauch des rhetorischen Feuerwerks, welches MacIntyre zu Burkes

---

62 Reflections on the Revolution in France, in: The Writings and Speeches of Edmund Burke, Bd. VIII, hg. von Paul Langford, Oxford 1994, 83.
63 Ebd., 138.
64 Ebd., 81.
65 Vgl. Epistemological Crises, Dramatic Narrative and the Philosophy of Science, in: The Monist 60 (1977), 461, wo dieses Argument explizit gegen Burke vorgebracht wird.

Lasten abbrennt, erst einmal verzogen ist, steht er selbst als Burkeaner da. Die Burkesche Auffassung von Gesellschaft als eines Vertrages, der die Gegenwärtigen mit ihren Vorgängern und ihren Nachfolgern in partnerschaftlicher Weise verbinde,[66] entspricht exakt MacIntyres Konzept des moralischen Ausgangspunktes, welcher der Suche nach dem Guten eine Richtung verleihen soll. Burke will ebensowenig wie der Ire das Rad der Geschichte anhalten. Neben das Prinzip der »conservation« stellt er das der »correction«, ohne welche nichts im Strom der Zeit bewahrt werden könne.[67] Ziele unterliegen soweit freier Diskussion und Entscheidung, wie nicht die Aufrechterhaltung gemeinsamer Praxis selbst in Frage gestellt ist. MacIntyres Einwand, Traditionen bedürften mitunter der »revolutionary reconstitution«, um nicht in Inkohärenz zu verfallen,[68] erübrigt sich, wenn man bedenkt, daß die Revolution, die Burke vor Augen steht, einen wirklichen Bruch mit aller bestehenden Praxis und ihren Institutionen intendierte. Es ist dieser Bruch, den Hannah Arendt mit ihrem Konzept der Natalität beantwortet. Dahinter steht die historische Erfahrung, daß menschliche Zielvorstellungen und bestehende Praxen sich so sehr voneinander entfernt haben, daß nur ein radikaler Neuanfang noch Aussicht bietet, etwas von diesen Vorstellungen umzusetzen. Diese Erfahrung ist sowohl bei Burke als auch bei MacIntyre definitorisch ausgeschlossen. Zielkonflikte dürfen nach beider Auffassung niemals die Grundlagen einer Praxis betreffen.

Alles in allem ist nicht zu erkennen, daß MacIntyre ein Konzept von Praxis entwickelt, welches der Struktur tragischer Konflikte gerecht werden könnte. Er weiß darüber nur mitzuteilen, daß der tragische Protagonist seine Aufgabe besser oder schlechter erfüllen könne, unabhängig von der Wahl, die er schließlich trifft (VT 299). »Besser oder schlechter« bezieht sich auf die Weise, wie jemand eine Rolle ausfüllt und sich an die Maßstäbe hält, die andere geprägt haben. Das eigentlich tragische Moment besteht jedoch darin, daß der Protagonist eine Entscheidung zwischen zwei inkommensurablen Rollen treffen muß und damit jeweils eine Praxis in ihren Grundfesten erschüttert. Antigone steht vor der Wahl, entweder als Bürgerin Thebens Kreons Gesetz zu folgen und ihren Bruder nicht zu bestatten oder als Schwester dem Gesetz der Götter zu genügen, welches die Bestattung verlangt. Im ersten Fall stellt sie die bürgerliche, im zweiten die religiöse Praxis in Frage. Der Zielkonflikt zwischen menschlichem und göttlichem Gesetz läßt sich anders nicht entscheiden. Nach MacIntyres Konzeption dürfte er gar nicht erst auftauchen. Damit steht er Aristoteles (ebenso wie Burke) näher, als er zugibt. Auch der Grieche ist stets darauf bedacht, den Praxiszusammenhang zu wahren. Zwar betont er, daß die Menschen nicht nach dem Hergebrachten, sondern nach dem Guten strebten (Pol. II.8, 1269a3f). Jedoch sollten die Gesetzgeber nur von Zeit zu Zeit und mit größter Behutsamkeit Änderungen vornehmen, weil sonst die Gesetze ihre Kraft verlören, wodurch der Bestand jeder Praxis bedroht wäre (a12–24). Was der *nomos* festschreibt, muß immer einen Rückhalt im gelebten *ēthos* der Bürger finden. Durch das *ēthos* werden Zielkonflikte nicht ausgeschlossen, wohl aber begrenzt. Mit einer Formulierung von MacIntyre gesprochen: Im *ēthos* bzw. in der »lebendigen Tradition« manifestieren sich jene Zukunftsmöglichkeiten, »die die Vergangenheit für die Zukunft

---

66 Reflections on the Revolution in France, aaO., 146f.
67 Ebd., 72.
68 Epistemological Crises, Dramatic Narrative and the Philosophy of Science, aaO., 461.

verfügbar gemacht hat« (VT 298). Auf solche Weise ist der Normalfall eingespielter Praxis gewiß zutreffend beschrieben. Indessen ist der Extremfall fundamental gestörter Praxis an den Rand gedrängt. Da weder MacIntyre noch Aristoteles diese Hürde zu nehmen wissen, erreicht die Tugendethik und der Versuch ihrer Rehabilitierung an ihr eine unübersteigbare Grenze.

(e) Materialisierung des telos: Antike und christliche Tugenden, megalopsychia und misericordia

Bislang ist von Praxis, der Bestimmung des obersten Telos, der narrativen Einheit des Selbst und von moralischer Tradition die Rede gewesen, nicht jedoch von spezifischen Tugenden. Indessen wird man von einem tugendethischen Ansatz erwarten müssen, daß er nicht nur formal von den Tugenden und ihren Anwendungsbedingungen spricht, sondern auch konkrete Tugenden benennt und ihre Relevanz für die Gegenwart aufweist. MacIntyre tut sich mit dieser Erwartung in *After Virtue* sichtlich schwer. Zwar gibt er einen Überblick über die Geschichte der Tugenden von der heroischen bis zur neuzeitlichen Gesellschaft, doch mag er daraus keine Vorbilder zur direkten Nachahmung empfehlen. Die aristotelische Darstellung der Tugenden krankt an der »universellen Blindheit seiner Kultur«, nämlich die Menschen vom Standpunkt der »Wohlhabenden und Hochgestellten« in verschiedene Klassen einzuordnen (VT 213). Dies wird im Mittelalter zwar korrigiert, doch leiden dessen theologische Systeme unter einer »idealisierten Sicht der Welt als einer in sich geschlossenen Ordnung, in der das Zeitliche das Ewige spiegelt«. Konkret bezieht MacIntyre dies auf Dante und Thomas von Aquin (VT 236). Ein neuzeitlicher Tugendkatalog wie der Benjamin Franklins steht dagegen ganz unter dem Eindruck des Utilitarismus und vermag nur mehr Sekundärtugenden aufzulisten (VT 246). Also beschließt MacIntyre, das »Wesen der Tugenden« aus seinem formalen Konzept von Praxis abzuleiten. Er vertritt die These, daß Ehrlichkeit, Gerechtigkeit und Tapferkeit notwendige Bestandteile *jeder* Praxis mit inhärenten Gütern und Maßstäben für Vortrefflichkeit seien (VT 256).

Alle drei Tugenden bestimmen auf basale Weise das Verhältnis, in dem Teilnehmer einer Praxis zueinander stehen. Wenn sie mißachtet werden, bricht der interne Zusammenhang auseinander. Ehrlichkeit oder Wahrheitsliebe ist vonnöten, weil jede Lüge die Treue im Streben nach gemeinsamen Gütern in Frage stellen würde. Der Gerechtigkeit bedarf es, damit alle Teilnehmer nach einheitlichen Maßstäben von Verdienst und Wert behandelt werden. Tapferkeit schließlich versteht MacIntyre als Fähigkeit, ohne Rücksicht auf den eigenen Vorteil für andere Verantwortung zu übernehmen (VT 257f). Diese Bestimmungen sind indessen so vage, daß sie selbst ganz im Formalen verbleiben. MacIntyre gesteht durchaus ein, daß ihre konkreten Ausformungen historisch ganz unterschiedlich sein können. Gerade das ist aber entscheidend. Umstritten ist stets, wo die Wahrheitsliebe endet, weil sie mit anderen Gütern (etwa der Selbsterhaltung, des Schutzes von Freunden) kollidiert, woran Verdienst zu messen ist (am individuellen Leistungsvermögen, am Beitrag zur Gemeinschaft oder an naturrechtlichen Vorschriften) und wo sich Tapferkeit in Leichtsinn bzw. Feigheit verwandelt. Die reiche Kasuistik, welche Aristoteles in seinen Untersuchungen dieser Tugenden anführt, fehlt bei MacIntyre. Aus diesem Grund lassen sich auch schnell Beispiele von Praxen konstruieren, für die die genannten Tugenden nicht erforderlich sind. Zwar ist es ein schon bei Kant beliebter Hinweis, daß sogar eine Räuberbande nicht umhin kommt, untereinander gleiche Regeln einzuhalten, also die Wahrheit zu sagen, die Beute wie vereinbart zu teilen und einander zu decken. Nach außen hin gehört es aber zu ihrem obersten Gut, im Verhältnis zu allen anderen Menschen diese Tugenden zu mißachten. Die Bande lebt davon, daß sie lügen und rauben kann, ohne als interne Praxis zu zerbrechen. Offenkundig macht es einen Unterschied, in welchem Bezugssystem die Tugenden betrachtet werden. Auf diese Problematik weist auch David Miller hin.[69] Einige Praxen sind gänzlich optional, etwa das häufig von MacIntyre herangezogene Beispiel des Schach- oder Hockeyspiels. Andere hingegen bergen einen Grad der Verpflichtung in sich, der den des Spiels weit übertrifft, etwa das Zusammenleben in einem Gemeinwesen. Was Ehrlichkeit, Gerechtigkeit und Tapferkeit dann jeweils meinen, hängt in nicht unbeträchtlicher Weise vom Grad der Freiwilligkeit ab. Ob es darum geht, in der Schachpartie eine riskante Eröffnung zu spielen, oder einen Menschen in Lebensnot unter Einsatz des eigenen Lebens zu retten, läßt die Tugend der Tapferkeit in höchst unterschiedlichem Licht erscheinen. Solche lebensweltlich zentralen Differenzen vermag MacIntyre jedoch nicht abzubilden.

MacIntyre hat die mangelnde inhaltliche Bestimmung der Tugenden in *After Virtue* später eingestanden. In seinem nachfolgenden Werk *Whose Justice? Which Rationality?* behandelt er die Tugenden nicht mehr von ihren historischen Ausformungen getrennt, sondern mit Bezug auf Aristoteles und Thomas von Aquin. Von Ehrlichkeit ist keine Rede mehr, statt dessen orientiert er sich am thomistischen Modell der vier Kardinaltugenden (Gerechtigkeit, Tapferkeit, Besonnenheit und Weisheit) und der drei theologischen Tugenden (Glaube, Liebe, Hoffnung). Damit tritt das Problem auf den Plan, wie sich die vier aus der Antike stammenden mit den drei christlichen Tugenden vertragen. In *After Virtue* wies MacIntyre noch auf die Spannungen hin, die daraus resultieren, daß nach Thomas die theologischen Tugenden in den Kardinaltugenden enthalten sein sollen. In diesem Fall müsse er etwas ganz anderes darunter verstehen, weil Demut für Aristoteles eher eine Untugend sei, während sie für Thomas aus dem gottesfürchtigen Dasein des Menschen folgt (VT 236). Diese Kritik nimmt er im Vorwort zu *Whose Justice? Which Rationality?* wieder zurück, indem er sie mit einer Fehlinterpretation des Aquinaten entschuldigt (WJWR X). Nach seiner neuen Lesart sollen die Tugenden in spannungsloser Weise einander ergänzen. Die Kardinaltugenden betreffen das Verhältnis zu den Menschen, die theologischen das zu Gott. Zwar folgen aus letzteren auch Gebote für das menschliche Zusammenleben – der Liebe zu Gott entspricht die Liebe zu den Mitmenschen –, doch scheinen sie auch ohne Gottesbezug rekonstruierbar zu sein. Nächstenliebe (»charity«) erklärt der Ire zur »form of all virtue«, überantwortet sie aber nicht moralischer Erziehung, sondern göttlicher Gnade. Er folgt der augustinischen Sichtweise, wonach Gnade dem Menschen unabhängig von seinen Werken zukommt (WJWR 205). Insofern kann auch ein Gemeinschaftsleben, das nicht explizit auf Gott ausgerichtet ist, als tugendhaft bezeichnet werden, solange es den Kardinaltugenden untersteht. »*Völlig* können die Tugenden nur theologisch verstanden werden, aber die Ausübung der natürlichen Tugenden und ein Verstehen dessen, was sie zu Vortrefflichkeit macht, ist mit dem Atheismus vereinbar.«[70]

---

69 Virtues, Practices and Justice, in: After MacIntyre, aaO., 252–254.
70 Interview mit Dimitri Nikulin, aaO., 677.

Die harmonistische Betrachtung von Aristoteles und Aquin hat MacIntyre in seinem neuesten Buch wieder zurückgenommen. Wie er im Vorwort erklärt, habe er sich von Thomas selbst täuschen lassen, der zwar oberflächlich dem Griechen folge, tatsächlich aber erhebliche Korrekturen anbringe (DRA XI). MacIntyre nimmt vor allem die unterschiedliche Bewertung menschlicher Abhängigkeit und Bedürftigkeit in den Blick. Er bezichtigt Aristoteles der Einführung des Standpunkts autarker, maskuliner Überlegenheit in Ethik und Politik. Damit knüpft er an seine frühere Kritik an, daß Aristoteles die Erfahrungen all jener nicht zu erfassen vermöge, die wie Frauen, Sklaven oder »those engaged in the productive labor of farmers, fishing crews, and manufacturers« in besonderem Maße abhängig und leidend seien (DRA 6f). MacIntyre fokussiert diese Kritik auf die in NE IV.7/8 porträtierte Figur des hochsinnigen Mannes (*megalopsychos*). Dieser strebt danach, anderen stets überlegen zu sein und gibt daher eher, als er nimmt, denn dies wäre ein Zeichen für Unterlegenheit (IV.8, 1124b9–17). Niedergestellte betrachtet er mit Herablassung, verbirgt dies jedoch hinter einer scheinheiligen Ausdrucksweise (b27–31). Äußerlich und innerlich bleibt er vom Urteil anderer unberührt und ist in höchster Weise unabhängig (1125a1–12). Was Aristoteles positiv einschätzt, betrachtet MacIntyre als »*the* outstanding example of bad character«.[71] Daß sich der hochsinnige Mann lieber ans Geben als ans Nehmen erinnert, wie Aristoteles anführt (1124b12–15), weist aus seiner Sicht auf eine »illusion of self-sufficiency« hin. Der *megalopsychos* ist mithin nicht nur ein durch und durch schlechter Mensch, sondern ihm ermangeln auch die Fähigkeiten, seine Schlechtigkeit zu erkennen und zu korrigieren (DRA 127). Gegen die vermeintliche Tugend der *megalopsychia* setzt MacIntyre die christliche Tugend der *misericordia*, des Mitgefühls. Wer sich davon leiten läßt, wird Schwächeren jenen Respekt und jene Anteilnahme gewähren, die der hochsinnige Mann bei Aristoteles höchstens vortäuscht. Diese für das gemeinschaftliche Leben zentrale Tugend besteht nach MacIntyre unabhängig von ihrer theologischen Ableitung aus der Nächstenliebe, die ihrerseits in der göttlichen Liebe und Gnade wurzelt (DRA 123–126). Gleichwohl muß man festhalten, daß die Anerkennung von Schwäche einen Wandel im Menschenbild voraussetzt, der ohne das Christentum nicht denkbar ist. Wie auch immer der Bezug des Menschen zu Gott theologisch verankert wird, ist er doch Voraussetzung für jene Relativierung menschlicher Hierarchien, die das Christentum von der antiken Welt trennt.

Bedeutsam ist die Gegenüberstellung von *megalopsychia* und *misericordia* vor allem deshalb, weil MacIntyre sich damit aus dem Schatten des thomistischen Systems herausbegibt, das ihm noch in *After Virtue* suspekt gewesen war. Zwar erwägt auch Thomas, wie es dem Stil seiner *quaestiones* entspricht, jene Argumente, die dagegen sprechen, daß die *magnanimitas* – so der lateinische Terminus – eine Tugend sei.[72] Zum Schluß verteidigt er jedoch die aristotelische Abhandlung, indem er eine Differenzierung einführt, die mit dem griechischen Text nichts mehr zu tun hat. Danach beruht die Größe der *magnanimitas* auf den Gaben, die der Mensch als Gottes Geschenk besitzt. Der Hochsinnige vermag seine natürliche Schwäche zu überwinden, weil er sich in jenen Tugenden übt, die über ihn als endliches Wesen hinausweisen. Zu dieser Hal-

---

71 In diesem Tenor schon in: Geschichte der Ethik im Überblick, aaO., 78f.
72 Summa theologica, 2–II, Qu. 129.

tung steht die Demut in keinem Widerspruch, denn in ihr bekennt der Mensch lediglich seine *eigene* Unzulänglichkeit. Wenn der Hochsinnige andere Menschen geringschätzt, liegt dies in deren Abstand von den göttlichen Gaben begründet, nicht in einer Form der Überheblichkeit.[73] Auch daß er die Wohltaten anderer schnell verdrängt, weiß Thomas eloquent zu verteidigen: Er vergesse nur, weil er fremde Wohltaten mit noch größeren vergelten wolle.[74] So steht der *megalopsychos* beim Aquinaten schließlich als Musterbild der *misericordia* da. Es zeichnet den späten MacIntyre aus, daß er solche Umwertungen nicht mehr zugunsten einer einheitlichen aristotelisch-thomistischen Position, von der im nächsten Kapitel zu handeln ist, übernimmt, sondern einen Sinn für die Unterschiede zwischen antiker und christlich-moderner Ethik entwickelt.

Diesen Sinn teilt MacIntyre mit Leo Strauss, allerdings in umgekehrter Bewertung. Strauss entwirft zwar das phänomenal selbe Bild von *megalopsychia* und *misericordia*, doch hält er erstere der letzteren Tugend gegenüber für überlegen.[75] Aus seiner Sicht ist sie Ausdruck von »noble pride« und entspricht der Haltung des Vornehmen, während sich nur der Pöbel in Demut und Mitleid übt. Ein wesentlicher Vorzug der aristotelischen vor der modernen Ethik liegt gerade in ihrer Verteidigung der *megalopsychia*. Darüber hinaus kann Strauss mit der Herablassung und gleichzeitigen Verstellung des hochsinnigen Mannes gegenüber dem Pöbel gut leben, weil so die esoterische Exklusivität einer überlegenen Lebensform gewahrt bleibt. Gegen diese Vereinnahmung des Aristoteles für eine einseitige Elitentheorie ist in der vorliegenden Arbeit eingewandt worden, daß Strauss die aristotelische Unterscheidung zwischen inneren und äußeren Gütern verschweigt. Derselbe Einwand trifft auch MacIntyres Rede vom »bad character« des *megalopsychos*: Eine angemessene Auslegung der entsprechenden Stellen muß berücksichtigen, daß nach Aristoteles Größe ihren Grund nur sekundär in Ehre, primär aber im Streben nach dem Guten hat. Damit bindet er eine im öffentlichen Leben seiner Zeit übliche Hochschätzung der Ehre an einen Maßstab zurück, dem der Erfolg im öffentlichen Wettstreit allein noch nicht genügen kann. Gleichwohl bleibt der Unterschied zum Christentum und zur Auslegung des Aquinaten bestehen, weil das Gute bei Aristoteles ebensowenig wie bei den Bürgern seiner Zeit eine Haltung der Demut einschließt.

1.2 Rationalität – Vernunft im Kontext der aristotelisch-thomistischen Tradition

After Virtue zog zwei Hauptkritikpunkte auf sich, denen MacIntyre zu begegnen suchte. Zum einen wurde ihm vorgeworfen, sich selbst über die verschiedenen Traditionen der Ethik zu stellen und damit genau jenen Perspektivismus zu vertreten, den er an Nietzsche heftig kritisiert hatte. Zum anderen hieß es, er habe nicht erweisen können, warum die aristotelische Tradition den anderen überlegen sein solle. Wie leicht zu erkennen ist, stellt der zweite Vorwurf eine abgeschwächte Version des ersten dar. Beide

---

73 Ebd., Art. 3, ad 4.
74 Ebd., ad 5.
75 Vgl. Kap. II.2.2.(c).

Male geht es um die Frage, ob und wie das Konzept einer »tradition of enquiry« rational verteidigt werden kann.

Der erste Vorwurf[76] begegnete bereits im vorstehenden Kapitel. MacIntyre trennt seine Bestimmung des »Wesens der Tugend« in undurchsichtiger Weise von seinem Gang durch die Geschichte der Tugend ab. Zwar bezeichnet er Aristoteles als den Denker, der die »Tradition des moralischen Denkens« als »rationale Tradition« begründe, auch wenn er selbst niemals in den Kategorien von Tradition denke (VT 197f). Jedoch unternimmt MacIntyre dann den Versuch, aus den rivalisierenden Traditionen der Tugendethik – behandelt werden Homer, Platon, Aristoteles, das Mittelalter sowie B. Franklin und J. Austen als Vertreter der Moderne – »eine einheitliche Kernvorstellung der Tugenden heraus[zu]lösen, die wir zwingender darstellen können als frühere Darstellungen« (VT 250). Dadurch erweckt er den Eindruck, in souveräner Weise über verschiedene Traditionen verfügen zu können, ohne selbst in einer bestimmten Tradition situiert zu sein. Diese Haltung entspräche nach seiner eigenen Analyse dem Voluntarismus und moralischen Pluralismus der Moderne. Deshalb haben sowohl der eingangs zitierte Giorgini als auch Gary Gutting MacIntyre als »liberal malgré lui« bezeichnet, ersterer mit Bedauern, letzterer mit Zustimmung.[77] Den zweiten Vorwurf[78] hatte MacIntyre schon in *After Virtue* vorhergesehen, denn er schreibt: »Meine negativen und positiven Bewertungen bestimmter Argumente *setzen* in der Tat eine systematische, obgleich hier nicht ausgeführte Darstellung der Rationalität *voraus*.« Diese Darstellung von Vernunft im Kontext der Tradition sollte *Whose Justice? Which Rationality?* vorbehalten bleiben (VT 346, vgl. WJWR 7).

Was MacIntyre als Ergänzung ankündigte, brachte indessen einen beträchtlichen Wandel seiner eigenen Position. Dieser Wandel kann als Bewegung von Aristoteles zu Thomas von Aquin, von einer Tugendethik zu einer Tugendmetaphysik beschrieben werden. War Thomas in *After Virtue* nicht mehr als eine »Randfigur« in der Geschichte der Ethik, deren Klassifikationssystem der Tugenden Mißtrauen erregte (VT 238f), mündet *Whose Justice? Which Rationality?* in eine »emerging Thomistic conclusion« (WJWR 403). Vom systematischen Standpunkt des Aquinaten aus, so MacIntyres zentrale These, ließen sich die aristotelisch-antike und die augustinisch-christliche Tradition in einer Weise verbinden, die noch in der Gegenwart allen anderen Traditionen rational überlegen sei. Fortan bezeichnet er seinen eigenen philosophischen Standort als »Thomistic Aristotelianism« (MIR 250, 138). Nachfolgend sei in drei Abschnitten untersucht, wie sich dieser Standortwechsel auf die Auslegung des Aristoteles auswirkt. Behandelt werden seine Konzepte wissenschaftlicher (a) und praktischer Vernunft (b) sowie des praktischen Syllogismus (c).

---

76 Vgl. die Kritik von Paul Nelson: Narrative and Morality: A Theological Enquiry, University Park (PA)/London 1987, 56f; Coleman: MacIntyre and Aquinas, in: After MacIntyre, aaO., 65f; Smith: Hermeneutics and Human Finitude, aaO., 54f; Bernstein: Nietzsche or Aristotle?, aaO., 115–121.
77 Giorgini: Does an English Speaking Neo-Aristotelianism Exist?, aaO., 267; Gary Gutting: Pragmatic Liberalism and the Critique of Modernity, Cambridge 1999, 69–112 (Kap. 2: »Alasdair MacIntyre: A Modern *Malgré Lui*«).
78 Vgl. Martha Nussbaum: Recoiling from Reason (Rezension von *Whose Justice? Which Rationality?*), in: New York Review of Books, 07.12.1989, 36.

(a) Wissenschaftliche Vernunft zwischen Metaphysik und Dialektik – epistēmē

Die rationale Überlegenheit der aristotelisch-thomistischen Tradition beruht nach MacIntyre auf einem Modell wissenschaftlicher Vernunft, das zwei Elemente zu integrieren vermag. Einerseits fragt sie nach den ersten Prinzipien allen Wissens und transzendiert so die endlich-beschränkte Perspektive des Menschen in Richtung auf eine Vision universeller Ordnung. Andererseits erhebt sie den Anspruch, ihre Annahmen jederzeit rational begründen zu können, indem sie sich dialektisch mit Gegenannahmen auseinandersetzt. Sollten diese Gegenannahmen überlegen sein, verfügt die Tradition über die Offenheit, ihre Position entsprechend zu erweitern. Ihr kognitiver Anspruch ist es, die jeweils beste bestehende Theorie zu sein (»best theory so far«).[79] MacIntyre will so den Bogen zwischen einem nicht-relativistischen Universalismus und einem traditionsgebundenen Kontextualismus schlagen. Im vollendeten Sinne ist dies aus seiner Warte der thomistischen Scholastik gelungen. Zugleich vertritt er die Ansicht, daß eine ähnliche Position der theoretischen Philosophie des Aristoteles zugrundeliegt. In *After Virtue* hatte MacIntyre noch argumentiert, daß die »metaphysische Biologie« des Aristoteles aus einer statischen Vision kosmischer Ordnung resultiere. Zu untersuchen ist nun, wie sich diese Position in seinen folgenden Arbeiten verschiebt.

Ansatzpunkt in *Whose Justice? Which Rationality?* ist Aristoteles' Verständnis von *epagogē*. Sie führe von einem »set of particulars to a universal«, und zwar nicht nur im induktiven Vergleich der Einzelteile. Vielmehr komme die Suchbewegung erst dadurch in ihr Ziel, daß der *nous* die reine Form bzw. die *archē* erfasse. Dabei handele es sich um eine »nondemonstrative mode of argument or enquiry« (WJWR 91). In der *Aquinas Lecture* hat MacIntyre herausgestellt, wie weit diese Konzeption vom zeitgenössischen Diskurs entfernt liegt. Das Prinzip werde zusammen mit seiner Bedeutung in einem einzigen Akt erfaßt (MIR 172). Es bleibt also kein subjektiver Interpretationsspielraum, alle Prinzipien gelten objektiv. Entsprechend handelt es sich nicht um eine Entscheidung über Prinzipien, sondern um die Entdeckung von etwas, das immer schon existiert. »Genuinely first principles, so I shall argue, can have a place only within a universe characterized in terms of certain determinate, fixed and unalterable ends, ends which provide a standard by which our individual purposes, desirers, interests and decisions can be evaluated as well or badly directed.« (MIR 173f). Es handelt sich um die Vision eines teleologisch geordneten Universums, an dessen Spitze ein Gott steht (MIR 182–186). MacIntyre bezeichnet dies auch als »theistic philosophy«.[80] Es scheint, als verfechte der Ire nun unter anderem Namen, was er einst als metaphysische Biologie« abgelehnt hatte. Von »first principles«, »final ends« oder »necessary truths« war in *After Virtue* gerade nicht die Rede gewesen, weil MacIntyre die geschlossene Teleologie des Aristoteles öffnen und dynamisieren wollte.

Allerdings macht er eine Einschränkung, die diesem Anliegen weiterhin Rechnung tragen soll: »[...] in some way or other falsification and defeat must remain possibilities

---

79 »In epistemology as much as in ethics the final appeal can only be to the best theory so far, that is in the case of epistemology to the best theory so far as to what constitutes good theory.«; Moral Rationality, Tradition, and Aristotle, in: Inquiry, Bd. 26 (1983), 452.
80 Plain Persons and Moral Philosophy: Rules, Virtues and Goods (MIR 152); Interview mit Giovanna Borradori (MIR 264, 266).

for any mode of enquiry and it is a virtue of any theory, and of the enquiry to which it contributes, that they should be vulnerable in this regard« (MIR 188). Die Behauptung absoluter Wahrheit ist immer nur ein *Anspruch*, der sich argumentativ ausweisen und gegebenenfalls korrigieren lassen muß. Auf diese Weise wird die Endlichkeit und Geschichtlichkeit des Menschen doch bedacht. Es besteht jederzeit die Möglichkeit, daß sich das Verständnis universeller Ordnung ändert, wenn auch nicht in radikaler Weise. MacIntyres Konzept teleologischen Wandels basiert nach wie vor auf der Idee von Fortschritt und Erweiterung. Neu ist allerdings, daß er dieses Konzept schon bei Aristoteles auffinden will:

> »It is of crucial importance, however, not only that what Aristotle presents us with are the accounts of sciences which are still in the process of construction, the ideal deductive and explanatory hierarchy furnishing a conception of the *telos* toward which scientific enquiry moves, but also that the dialectical procedures by means of which those tasks of construction are carried out never present us with a conclusion which is not open to further revision, elaboration, emendation, or refutation. Dialectic is essentially unfinished at any point in its development.« (WJWR 100).

Wohlgemerkt, MacIntyre behauptet an dieser Stelle nicht, daß Aristoteles aus heutiger Sicht so ausgelegt werden kann. Er vertritt die stärkere These, daß der Stagirit selbst eine solche Erkenntnistheorie konzipiert habe. In diesem Fall wäre die gesamte Metaphysik bewußt in Dialektik und Topik fundiert (vgl. MIR 183). Wenn MacIntyre Recht hätte, würde Aristoteles selbst eine Veränderung seiner Metaphysik legitimieren, die mit den Mitteln von Topik und Dialektik unternommen würde. Es wäre möglich, die aristotelische Tradition in einer Weise fortzuschreiben, die ihrerseits aristotelisch genannt werden dürfte (WJWR 101). Dagegen spricht ein Argument, das MacIntyre in *After Virtue* anbringt: Aristoteles entwerfe nach seinem Selbstverständnis die *prote philosophia* nicht vom Standpunkt der Tradition, sondern »vom Standpunkt der Wahrheit«, einer Wahrheit, die universale und uneingeschränkte Geltung beansprucht. »Der Begriff der Tradition verkörpert also eine sehr unaristotelische Erkenntnistheorie [...]«, wie MacIntyre in diesem Zusammenhang festhält (VT 197f).[81] Wer hat Recht, der Autor von *After Virtue* oder der von *Whose Justice? Which Rationality*?

Gegen die traditionsbezogene Erkenntnistheorie spricht, daß MacIntyre nicht hinreichend zwischen dialektischer und intuitiver Erkenntnis differenzieren kann. Während sich erstere grundsätzlich sprachlich (*meta logou*) vollzieht, erfaßt der *nous* die Dinge ohne sprachliche Vermittlung (*aneu logou*). Topik und Dialektik bilden Sätze über das, was glaubwürdig und anerkannt ist (vgl. Top. I.1). Im Bereich theoretischer Erkenntnis kann dies nützlich sein, weil wir nur von dem der Natur nach Undeutlicheren, uns aber Klareren zu dem gelangen können, was der Natur nach klarer, uns aber undeutlicher ist (Phys. I.1). Solche *epagoge* vollzieht sich diskursiv, sei es im Gespräch mit anderen oder mit sich selbst. Dabei können unzählige Fehlerquellen auftauchen: täuschende Sinneswahrnehmungen, falsche Schlüsse, sprachliche Unklarheiten. Der

---

81 Dasselbe Argument führt Janet Coleman: MacIntyre and Aquinas, aaO., mit Blick auf Aristoteles und Aquinas an. Vgl. auch die ausführliche Kritik von T.H. Irwin: Tradition and Reason in the History of Ethics, aaO. Irwin wendet wie Coleman gegen MacIntyre ein, daß für Aristoteles erste Prinzipien unabhängig von der Tradition gelten, in welcher sie entdeckt worden sind (57). Allerdings werden beide Autoren nicht der aristotelischen Unterscheidung von praktischer und theoretischer Philosophie, mithin dem ontologisch differenten Status von Prinzipien gerecht.

einzige Weg, der zum wahren Wissen führt, muß diese Fehlerquellen einem Quantensprung gleich überschreiten, also von sinnlicher Wahrnehmung, logischem Schließen und sprachlichem Bestimmen frei sein. Dies ist, wie Aristoteles an zahlreichen Stellen seines Werkes ausführt, die Leistung des *nous*, bei dem es nur Denken oder Nichtdenken, aber keine Täuschung geben kann (vgl. Met. IX.10, An. post. II.19). Erkenntnis qua *nous* vollzieht sich in jeder einzelnen Seele, nicht aber im gemeinsamen Gespräch. MacIntyre erweckt hingegen den Eindruck, dialektisches Argumentieren gelange von selbst zu zwingend evidenten Prämissen. Dagegen steht der Satz des Aristoteles, daß es von den *archai* keine *epistēmē meta logou* gibt, weil sie aller Wissenschaft vorausliegen (An. post. II.19, 100b10f). Was es in sprachlicher Form gibt, sind nur die versuchsweise Hinführung (*epagogē*) zu den *archai* und die demonstrative Beweisführung (*apodeixis*), in welcher die *archai* immer schon vorausgesetzt werden.

Ein zweiter Einwand gegen MacIntyres traditionale Erkenntnistheorie betrifft die von ihm nicht vollzogene Unterscheidung zwischen theoretischer und praktischer Philosophie. Während er in *After Virtue* noch zwischen dem notwendigen Wissen vom Unveränderlichen und dem ungenauen Wissen vom Veränderlichen unterscheidet, wirft er im späteren Werk beides zusammen. Sein Beispiel für *epagogē* ist etwa die Weise, wie Aristoteles in der *Politik* aus dem Vergleich der Polisverfassungen seiner Zeit zum Modell der besten Polis gelangt (WJWR 90f). Dabei läßt er zum einen außer acht, daß es in der genannten Untersuchung *zwei* Modelle guter Ordnung gibt, die beste und die bestmögliche Polis, wobei ganz unklar ist, wie sich diese Modelle zum empirischen Vergleich und zueinander verhalten. Zum anderen ignoriert er die für Aristoteles zentrale Trennung zwischen dem zeitlos Unveränderlichen und dem zeitlich Veränderlichen. Wenn der Satz von NE VI.3 gilt, daß es wissenschaftliche Erkenntnis nur vom notwendigen, ungewordenen und unzerstörbaren Sein gibt, politische Ordnung aber das Werk des Menschen ist, dann können wissenschaftliche Aussagen über Politik und Ethik nicht denselben kognitiven Status wie Aussagen über Natur und Kosmos haben. Bei ersteren liegt der Grund für Veränderung im Wandel des Objekts selbst begründet, bei letzteren dagegen nur in der Weise, wie das immergleiche Objekt angesprochen wird. Dort unterliegt das *telos* selbst der Veränderung, hier ist es festgelegt. Gewiß gibt es bei Aristoteles eine Reihe von Stellen, die auch andere Lesarten zulassen, gleichwohl müssen sie im Blick auf die genannten Unterscheidungen analysiert werden. Da MacIntyre dies nicht nachvollzieht, handelt er sich eine grundlegende Unklarheit ein. Seine Erkenntnistheorie schillert zwischen der Behauptung, daß sich innerhalb einer Tradition nur die Erfassung des Telos ändert, was mit der theoretischen Philosophie des Aristoteles vereinbar wäre, und der Behauptung, daß sich das Telos selbst ändern könne, was nur mit der praktischen, nicht aber mit der theoretischen Philosophie des Stagiriten in Einklang zu bringen ist. Wie sich dies auf seine Behandlung der *phronēsis* auswirkt, sei im nächsten Abschnitt untersucht.

(b) Praktische Vernunft zwischen universellen Zielen und partikularen Situationen –
  phronēsis

In *Whose Justice? Which Rationality?* vertritt MacIntyre die These, daß die »first principles« von »scientific knowledge« (*epistēmē*) und »practical intelligence« (*phronēsis*) dieselben seien. Verschieden soll jeweils nur die Weise sein, wie sich beide Wissensformen darauf beziehen. Während die *epistēmē* auf die »universals« gerichtet sei, habe es die *phronēsis* mit den »particulars« zu tun, in denen sie die »universals« wiederfinde. Obwohl Aristoteles bisweilen *epistēmē* und *phronēsis* miteinander konfrontiere, wie MacIntyre immerhin zugibt, hingen beide eindeutig zusammen (WJWR 91f). Dafür beruft sich der Ire auf die Diskussion des *nous* in NE VI.12. An der fraglichen Stelle sagt Aristoteles, daß der *nous* sowohl im Bereich wissenschaftlicher *apodeixis* als auch im Bereich des Handelns wirksam sei. Er erfasse das Letztgegebene (*eschaton*) nach zwei Seiten hin, bei der *epistēmē* die Begriffe des Unveränderlichen und Ersten (*tōn akinētōn horōn kai prōtōn*), bei den *praxeis* das Letzte und Veränderliche (*tou eschatou kai endechomenou*). Denn die *archai* führten zu den Zielen (*tou hou heneka*); vom Einzelgegebenen (*kath'hekasta*) gelange man zum Allgemeinen (*katholou*; 1143a35–b5)[82]. Aus MacIntyres Sicht belegt die Stelle, daß die *archai* von wissenschaftlicher und praktischer Vernunft identisch seien. Davon kann indessen keine Rede sein. Aristoteles sagt mitnichten, daß man vom Einzelgegebenen des Handelns zum Allgemeinen der theoretischen Wissenschaft gelangt. Gewiß gibt es auch ein Allgemeines beim Handeln, um dessentwillen gehandelt wird, doch kann dieses nach allen vorangegangenen, oben erwähnten ontologischen Differenzierungen nicht als Unveränderliches und Erstes angesprochen werden. Vielmehr handelt es sich um ein Allgemeines anderer Art – welcher, das wird terminologisch nicht bestimmt.

Wozu MacIntyres Lesart führt, zeigt sich in seiner Definition praktischer Vernunft: »*Phronēsis* is the exercise of a capacity to apply truths about what is good for such and such a type of person or for persons as such to do generally and in certain types of situation to oneself on particular occasions.« (WJWR 115f). Diese Wahrheiten entstammen nicht dem Gesichtsfeld der *phronēsis* selbst. Vielmehr bezeichnet MacIntyre es als Ziel theoretischer Forschung, »to elaborate a fully adequate and rationally defensible conception of the good and best« (WJWR 117, vgl. 121). Ohne eine solche Konzeption wäre das Handeln »blind, inadequately guided, and prone to error« (WJWR 93). Der Ire versteigt sich zu der Behauptung, daß tugendhaftes Handeln in erster Linie eine Frage des Wissens ist. Dadurch holt er jenen sokratisch-platonischen Intellektualismus in die Ethik zurück, den Aristoteles gerade aus ihr vertreiben wollte. Für den Stagiriten steht das Handeln nicht unter der Führung des Intellekts, sondern des *ēthos*. Davon ist bei MacIntyre nur am Rande die Rede. Nach seiner Darstellung ist das Streben des Menschen von Natur aus ungerichtet. Erst das Wissen um die wahren Ziele vermag »untutored passion« in »rational wish« zu verwandeln (WJWR 126f). Aus diesem Grund meint er, seine eigene Untersuchung sei »of crucial importance to everyone and not only to academic philosophers« (WJWR X). Es geht nicht darum, existierende Praxis zu verstehen, sondern eine gestörte Praxis über ihre wahren Ziele zu unterrichten. Ohne den Philosophen, so MacIntyres Überzeugung, ist die Kultur nicht zu retten. Dem wäre entgegenzusetzen, was Aristoteles im sechsten Buch über den Unterschied zwischen Thales und Anaxagoras einerseits, Perikles andererseits sagt.[83]

Was aber heißt ›wahre Ziele‹? An dieser Stelle ist wiederaufzunehmen, was MacIntyre über den Zusammenhang von Metaphysik und Dialektik schreibt. Sollte jede Vor-

---

82 Die von MacIntyre genannte Stellenangabe ist falsch.
83 Vgl. Kap. II.1.1.(a).

stellung teleologischer Ordnung steter dialektischer Revision unterliegen, kann es im starken Sinne keine wahren, also ewig gültigen Ziele geben. Entsprechend würde die Frage nach dem Guten auf vages Terrain führen, und es wäre gar nicht so sicher, ob der Philosoph die Praxis von ihrer Blindheit erlösen kann. MacIntyre reagiert auf dieses Dilemma, indem er, wann immer es um das Handeln geht, die Dialektik ab- und die Metaphysik aufwertet. »That there is a true theory to be found is a presupposition of the ongoing activity of the scientific community; that there is a supreme good for human beings is a presupposition of the ongoing activity of the *polis*.« (WJWR 134). Sowohl Theoretiker als auch Praktiker können sich darauf verlassen, daß ihre Suche nach Ordnung nicht ins Leere führt. So gesehen, scheint MacIntyre doch ein unveränderliches Telos vorauszusetzen. In ähnlicher Weise spricht er auch von »impersonal and objective standards of excellence«, die es für jedes Handeln gebe (WJWR 107). Hingegen tritt der in *After Virtue* prominente Gedanke einer Narrativierung des Telos in den Hintergrund. Eine sozial situierte, kontextabhängige Erzählung über gemeinsame Vorstellungen und Ziele, ein Mythos, mag intersubjektive Verbindlichkeit begründen. An die Objektivität theoretischer Ordnungsschau gelangt er damit jedoch nicht heran. Die objektive Wendung von *Whose Justice? Which Rationality?* zeigt sich auch in der Neueinschätzung des tragischen Konflikts. Hatte MacIntyre im früheren Werk immerhin zugestanden, daß es schwerwiegende Konflikte über oberste Ziele geben könne, bezeichnet er sie nun als »misconceptions« und »misunderstandings«. Er geht davon aus, daß es nur ein oberstes Ziel gibt, dem alle anderen Ziele hierarchisch nachgeordnet sind. Diese Annahme ist objektiv gültig; sie entspricht dem »character of moral reality«, mag sich die Vernunft auch manchmal darin täuschen (WJWR 142).

(c) Das Modell des praktischen Syllogismus

In welchen einzelnen Schritten die *phronēsis* universelle Ziele auf partikulare Situationen münzt, sucht MacIntyre am Modell des praktischen Syllogismus zu demonstrieren. Dieses Modell spielt im angelsächsischen Raum eine besondere Rolle, weil sowohl G.H. von Wright als auch G.E.M. Anscombe es für zeitgenössische Diskussionen fruchtbar zu machen suchten.[84] Während die sprachanalytische Philosophie daran gerade die Nähe zur Logik und ihren Objektivitätsstandards reizte, hat sich die im deutschen Raum prominente Richtung der hermeneutischen Philosophie aus selbigem Grund nicht weiter damit beschäftigt.[85] Der Syllogismus gehört in seiner reinen Form in den Bereich apodiktischer Beweisführung. Er besteht aus drei Gliedern: Der Obersatz enthält eine allgemeine gesetzmäßige Aussage; der Untersatz stellt eine nachgeordnete Zusatzbehauptung auf und die Schlußfolgerung gibt nach logischen Regeln an, was aus beiden Sätzen zwangsläufig folgt.[86] In NE VI.13 spricht Aristoteles von den *syllogismoi tōn praktōn*, den auf das Handeln bezogenen Schlüssen (1144a31f). An dieser und an

---

[84] G.H. von Wright: On So-Called Practical Inferences, in: Acta Sociologica 15 (1972); G.E.M. Anscombe: Absicht (OA 1957), Freiburg/München 1986.
[85] Vgl. etwa Gadamers Vorbehalte in: Die Idee des Guten zwischen Platon und Aristoteles, GW7 220f.
[86] Obersatz: A gilt von jedem B – Untersatz: B gilt von jedem C – Schluß: A gilt von jedem C.

anderen Stellen der Ethik bemüht er sich darum, eine der theoretischen Philosophie entstammende Lehre in den Bereich der praktischen Philosophie zu übertragen. Es fragt sich, welcher Erkenntnisgewinn darin liegt und warum der praktische Syllogismus für MacIntyres Auslegung der Ethik von Interesse ist.

Der Obersatz eines praktischen Schlusses ist folgender Art: »Weil das Ziel und das Beste (*to telos kai to ariston*) so und so beschaffen sind, ...« (VI.13, 1144a32f). Offenbar besitzt die folgende, von Aristoteles nicht ausgeführte Aussage nachgeordneten Status, d.h. sie spezifiziert das Ziel, etwa durch die Angabe einer abgeleiteten Handlungsregel. Über den Untersatz erfahren wir an der oben ausgelegten Stelle über den *nous* im Bereich der Praxis, daß er etwas Einzelnes und Veränderliches aussagt (12, 1143b3). Gemeint ist wohl die Angabe einer spezifischen Situation, eines besonderen Falls. Über die Konklusion gibt eine weitere Stelle diese Auskunft: »Es gibt einerseits die Meinung, welche auf das Allgemeine, andererseits die, welche auf das Einzelne geht und wo die Sinneswahrnehmung im Spiel ist. Wenn aus beiden Meinungen eine hervorgeht, so muß die Seele im einen Fall notwendig das Ergebnis bejahen, im anderen Fall, bei Handlungen, diese sofort ausführen.« (VII.5, 1147a25–28). Der erste Fall betrifft das wissenschaftliche Schließen. Da die Konklusion mit Notwendigkeit aus den Prämissen folgt – wie es auf den theoretischen Syllogismus zutrifft –, besteht ein logischer Zwang, ihr zuzustimmen. Hingegen mündet ein praktischer Syllogismus nicht in eine Aussage, sondern in den Vollzug der Handlung selbst. Grundsätzlich sind diese Stellen zum praktischen Schließen nicht besonders spektakulär: Ein spezifiziertes Ziel wird genannt, die Handlungssituation angegeben, die Handlung ausgeführt. Ihre Brisanz rührt indessen daher, daß sich infolge der starken Parallelisierung von theoretischem und praktischem Schließen die Frage aufdrängen kann, ob das vom Obersatz ausgesagte Allgemeine beim praktischen wie beim theoretischen Syllogismus vom Untersatz *unabhängig* ist. Läßt sich das Ziel des Handelns ohne Berücksichtigung seiner Umstände angeben?

MacIntyre bejaht diese Frage, weil er davon ausgeht, daß die obersten *archai* in beiden Syllogismen identisch sind. Allerdings muß er dann zeigen, wie das sehr allgemeine Wissen um die oberste *archē* in einem praktischen Syllogismus wirksam wird. Dies soll in zwei Stufen geschehen. Zunächst formuliert jemand ein »well-founded and true judgment« über sein eigenes Gutes, sein höchstes Ziel. MacIntyre geht wie selbstverständlich davon aus, daß diesem Urteil eine rational gesteuerte Ordnung der Neigungen entspricht. Sodann gilt es, dieses Gute soweit zu spezifizieren, daß daraus ein unmittelbar erreichbares Ziel hervorgeht. Das geschieht durch Ableitung. Ein kompletter Obersatz hat demnach folgende allgemeine Struktur: »Da X mein oberstes und höchstes Ziel ist, sollte ich jetzt genau das und das tun, um das daraus folgende Unterziel Y zu erreichen.« Offenbar geht in die Bestimmung dessen, was hier und jetzt zu tun ist, eine Analyse der Umstände ein. Allerdings besteht MacIntyre darauf, daß diese Analyse keinen Einfluß auf die rationale Festlegung des Handlungsziels hat: »But the good specified in it [the major premise/Obersatz] will only be his genuine good if it not merely is consistent with but is derivable from *the archē*, the set of ultimate first principles and concepts, which specifies the good and best for human beings as such.« (WJWR 130). Die im Obersatz ausgedrückte Handlungsregel hängt von der konkreten Situation somit nur nach dem Grad ihrer Spezifizierung, nicht jedoch nach dem Wesen ihres Inhalts ab. MacIntyre plädiert für eine Subsumtion von spezifischen Fällen unter objektiv gültige Regeln.

Auf den ersten Blick scheint er sich damit auf den Griechen beziehen zu können. In NE VII.5 gibt Aristoteles zwei Beispiele eines praktischen Syllogismus. Das erste lautet »Trockene Nahrung ist gut für jeden Menschen.« – »Ich bin ein Mensch.« – »Also esse ich trockene Nahrung.« (1147a5–10). Das zweite geht so: »Von allem Süßen muß man kosten.« – »Dies einzelne hier ist süß.« – »Also koste ich vom Süßen.« (a29–31). In beiden Fällen ist der Obersatz vom Untersatz unabhängig; er gilt für jeden Menschen, unabhängig von spezifischen Handlungskontexten. Freilich ist auf den zweiten Blick nicht zu verkennen, daß beide Beispiele ethisch irrelevant sind, da sie allein mit äußeren Gütern zu tun haben und zudem das Verhältnis zu anderen Personen ausgeblendet bleibt. ›Essen‹ erfüllt in keiner Weise die aristotelischen Kriterien für *praxis*. Hinzu kommt noch, daß im zweiten Beispiel eine rationale Ordnung der Neigungen nicht vorliegt. Wer den Obersatz befolgt, wird vermutlich seine Gesundheit dauerhaft aufs Spiel setzen. Obwohl das Beispiel logisch völlig konsistent ist, ließe sich seine Rationalität also durchaus anzweifeln. Die Orientierung an einem der theoretischen Philosophie entstammenden Modell des Schließens erzeugt im Bereich der Praxis einen Scheinzwang. Es mag sein, daß Aristoteles dieser Versuchung nicht immer widerstehen kann, jedoch ist dies noch kein guter Grund, ihm zu folgen.[87]

Tatsächlich scheint die Position des Stagiriten im Kontext genuin ethischer Überlegungen besser zum Ausdruck zu kommen. Danach zeichnet sich Wohlberatenheit (*euboulia*) dadurch aus, im Hin- und Hergehen zwischen ethischen Handlungsdispositionen und konkreten Situationen die richtige Entscheidung zu treffen (vgl. NE VI.10). Wird sie vollzogen, so bleibt das Verständnis der Ziele davon nicht unberührt. Durch jedes einzelne Handeln bereichert sich das Verständnis der Ziele und festigt sich der Habitus des Handelnden. Worin das gute Leben besteht, läßt sich nach der *Nikomachischen Ethik* nicht deduktiv aus obersten Sätzen ableiten oder berechnen.[88] Vielmehr bedarf es dafür der Lebenserfahrung, der Fähigkeit, aus vergangenem Handeln für die Zukunft zu lernen. MacIntyres Konzeption des Narrativs aus *After Virtue* war ein Versuch, dem Aspekt der Lebenserfahrung und der sittlichen Prägung Rechnung zu tragen. Mit der Wendung zu »first principles« tritt beides hinter dem Wissen und Schlußfolgern zurück. In *Whose Justice? Which Rationality?* vermag sich MacIntyre Wohlberatenheit nur mehr als »rational construction« vorzustellen, die Zwischenziele hierarchisch aus einem obersten Ziel deduziert (WJWR 132). Den Gewinn an logischer Schlüssigkeit bezahlt er mit dem Preis, nicht mehr wie Aristoteles den *deinos* vom *phronimos* unterscheiden zu können. Der *deinos* ist intellektuell so gewandt, daß er die zu jedem vorgesetzten Ziel führenden Mittel (*ta pros ton hypothenta [telos]*) findet und einsetzt. Dies vermag auch der *phronimos*; was ihn jedoch gegenüber dem *deinos* auszeichnet, ist die Fähigkeit, die *richtigen* Ziele zu verfolgen. Daß das im Obersatz formulierte Ziel ein richtiges und gutes ist, sieht nämlich nur derjenige, der unter Führung der Tugend steht (NE VI.13, 1143b23–36).

---

87 Vgl. die auf Aristoteles und MacIntyre bezogene Kritik von Smith: Hermeneutics and Human Finitude, aaO., 83–85.
88 Vgl. ebd., 81–83. – Rüdiger Bubner modifiziert in diesem Sinne das Modell praktischen Schließens in: Handlung, Sprache und Vernunft. Grundbegriffe praktischer Philosophie, Frankfurt a.M. 1976, 238–250.

1.3 Politische Ordnung – von der antiken Polis zur modernen ›community‹

Kein Teil von MacIntyres Werk hat mehr Verwunderung und Ablehnung hervorgerufen, als seine Vorstellungen von politischer Ordnung. Er erwarb sich den Ruf eines nostalgischen Romantikers, der sich in die Zeiten der Polis zurücksehnt.[89] Innerhalb des Kommunitarismus wird er als Konservativer eingestuft.[90] Dagegen sah er sich selbst als revolutionärer Denker, der der Moderne den Spiegel vorhält und ihre Selbstbilder als Selbsttäuschungen enthüllt. Zwar hatte er sich vom dogmatischen Marxismus losgesagt, doch blieb sein gesellschaftskritischer Impetus marxistisch beeinflußt. In diesem Kapitel ist zu untersuchen, wie es zu diesen sehr konträren Einschätzungen kommen konnte und wie sie mit seinen philosophischen Affiliationen zusammenhängen. Dafür werden alle relevanten Texte MacIntyres herangezogen, da seine politischen im Unterschied zu den philosophischen Ideen sehr konstant bleiben. Seine sich durchhaltende Grundfrage lautet, ob und wie es möglich ist, auch nach dem Untergang der Polis noch Aristoteliker zu sein, d.h. soziale und politische Formen zu finden, in denen die Tugendethik bewahrt werden kann (AV 218).

Die Antwort, die er in *After Virtue* darauf gibt, fällt höchst pessimistisch aus. Zwar gab es auch nach dem Ende der Polis noch politische Gemeinschaften, die sich der Tugendethik verpflichtet fühlten, vor allem im Mittelalter. Doch wurde ihnen mit dem Ende des Aristotelismus das theoretische Selbstverständnis entzogen. Da für MacIntyre die richtige Tugend von der richtigen Theorie abhängt, mußte es in der Folge zwangsläufig zum Verfall der Praxis kommen. Innerhalb der Aufklärung entdeckt er nur eine Ausnahme, die Jakobinerklubs der französischen Aufklärung. Diese versteht er als »Projekt, eine Gemeinschaft der Tugend wiederherzustellen«. In ihnen soll der Geist des Aristoteles und auch Rousseaus lebendig gewesen sein. Gleichwohl waren sie zum Untergang verdammt, weil sich die Mehrheit der Gesellschaft der wiedergefundenen Moral schon zu sehr entfremdet hatte (VT 314–316). Entsprechend negativ fällt das Bild der Gegenwart aus. Moderne Politik ist mit allen ihren Institutionen zu verwerfen. Nur an den Rändern der Gesellschaft vermag MacIntyre noch Gemeinschaften aufzuspüren, welche die Tradition der Tugenden als ihr eigenes Erbe ansehen und sie fortführen. Er nennt »gewisse katholische Iren, orthodoxe Griechen und Juden« sowie »schwarze und weiße protestantische Gemeinschaften« im Süden der Vereinigten Staaten (VT 335). Daß sie ausreichen, um eine lebendige Tradition zu erhalten, scheint er nicht zu glauben. Am Ende von *After Virtue* ergeht der Appell zur »Schaffung lokaler Formen von Gemeinschaft, in denen die Zivilisation und das intellektuelle und moralische Leben über das neue finstere Zeitalter hinaus aufrechterhalten werden können, das bereits über uns gekommen ist« (VT 350).

Der resignative Grundton bleibt auch in den nachfolgenden Arbeiten erhalten. Nur bei den »lokalen Formen von Gemeinschaften« verschieben sich die Akzente. Denkt MacIntyre zunächst offenbar an religiöse Gemeinschaften, rücken danach intellektuelle Gemeinschaften in den Vordergrund. Im Einklang mit seiner Ausrichtung an Thomas

---

89 Philip Pettit: Liberal/Communitarian: MacIntyre's Mesmeric Dichotomy, in: After MacIntyre, aaO., 181–186.
90 Günter Rieger: Wieviel Gemeinsinn braucht die Demokratie, in: ZfP, Bd. 40 (1993), 310.

von Aquin erhebt er das akademische Kollegium zum Inbegriff einer guten Ordnung. Neben der mittelalterlichen Sorbonne schwebt ihm die präliberale Universität im Schottland und Amerika des 18. Jahrhunderts als Musterfall vor. In ihr gehörten die Schriften des Aristoteles und Thomas noch zum verbindlichen Kanon. Es bestand ein »high degree of homogeneity in fundamental belief« mit anerkannten Rationalitätsstandards, was jene rationale Auseinandersetzung ermöglichte, die MacIntyre in der modernen Gesellschaft und ihren Universitäten vermißt. Folglich enden die *Gifford Lectures* mit der Aufforderung, eine Debatte über den Sinn der Universität zu führen und wenigstens einige Bildungsinstitutionen nach dem Vorbild der präliberalen Universität umzugestalten, damit sie in den Wettbewerb mit ihren liberalen Gegenspielern treten können. An solchen Universitäten sollte es auch wieder Pflicht sein, Griechisch zu lernen und Aristoteles zu studieren (TRV 222–236).

Im ersten Abschnitt wird untersucht, wie MacIntyre seine Ordnungsmodelle von Aristoteles her zu begründen sucht. Dabei geht es um die für das Gemeinschaftsleben zentralen Tugenden der Freundschaft und Gerechtigkeit (a). Daran schließt sich die Frage an, wie sich Zeitkritik und utopischer Gegenentwurf zueinander verhalten (b). Schließlich sei geklärt, warum in seinem Werk revolutionäre und restaurative Tendenzen nebeneinander stehen (c).

(a) Politische Tugenden: Freundschaft und Gerechtigkeit

Alle Tugenden sind bei Aristoteles politisch, weil sie das Zusammenleben der Bürger betreffen. Besonders herausgehoben werden die Gerechtigkeit und die Freundschaft, die in der *Nikomachischen Ethik* jeweils in ganzen Büchern abgehandelt werden. Auf die Freundschaft entfallen sogar zwei Bücher, wofür Aristoteles indirekt eine Erklärung zu geben scheint: »Wie man weiß, werden die Städte durch die Freundschaft zusammengehalten, und die Gesetzgeber bemühen sich mehr um sie als um die Gerechtigkeit. Denn die Eintracht (*homonoia*) scheint der Freundschaft ähnlich zu sein.« (VIII.1, 1155a23–25). MacIntyre knüpft an diesen Satz das Bild einer durch Freundschaft verbundenen Polis. Sie zeichnet sich durch dreierlei aus: ein gemeinsames Ziel, die Verwirklichung des Guten, breite Übereinstimmung über das Gute und die Tugenden, schließlich die gemeinsame Verfolgung des Guten in der Praxis. Was die Bürger zusammenhält, ist somit nicht primär wechselseitige Zuneigung, sondern eine »gemeinsame Treuepflicht gegenüber dem Guten und dem Streben nach ihm« (VT 209f). Paradigma der Freundschaft ist für MacIntyre mithin die Freundschaft der *agathoi*, der guten Männer, die die Höchstform im Erkennen und Verfolgen des Guten aufweisen. Daran hält er über alle Jahre hinweg fest (vgl. DRA 160f). Indessen stellen sich zwei grundlegende Probleme, will man auf dieser Basis eine politische Ordnung begründen. Erstens sagt Aristoteles, daß man nur wenige sehr gute Freunde haben kann (NE VIII.7, IX.10), obwohl man mit vielen Menschen in einer Stadt zusammenlebt. Zweitens schließt der Stagirit in der besten Verfassung der *Politik* all jene vom Bürgerrecht aus, die nicht zu den *agathoi* gehören.

Dem ersten Problem sucht MacIntyre zu begegnen, indem er die Polis als »Netzwerk aus kleinen Freundesgruppen« auslegt. Sie alle nähmen an dem gemeinsamen Projekt teil, »das Leben der Stadt zu erwecken und aufrechtzuerhalten [...], eingegliedert in die Unmittelbarkeit der Freundschaften des einzelnen« (VT 209f). Allerdings spezifiziert er nicht weiter, wie sich das Streben nach dem Guten in freundschaftlichen Kleingruppen zum übergreifenden ›Projekt‹ verhält. Denkbar sind zwei Szenarien. Entweder verfolgen alle Kleingruppen dasselbe Gute. Dann wäre das gemeinsame Projekt mit dem Projekt jeder einzelnen Gruppe identisch und die Stadt könnte beliebig erweitert werden. Oder die Kleingruppen streben nach unterschiedlichen Vorstellungen des Guten. In diesem Fall bestünde das gemeinsame Projekt vor allem in der Regelung und Gewichtung der jeweiligen Ziele. Je größer die Zahl der Kleingruppen würde, desto schwieriger wäre die zu erbringende Vermittlungsleistung. Wie es scheint, tendiert MacIntyre zum ersten Szenario, denn er spielt die »moralische Einheit des Aristotelismus« gegen den »moralischen Pluralismus« moderner Staaten aus (VT 210). Tatsächlich findet sich auch bei Aristoteles ein Verfassungsentwurf, der auf »moralischer Einheit« beruht, nämlich die uneingeschränkt beste Verfassung von Pol. VII/VIII. In ihr ist die *eudaimonia* der Polis mit der *eudaimonia* jedes einzelnen Bürgers unmittelbar identisch (VII.2). Daraus erwächst jedoch das zweite Problem. Wollte jeder Bürger seine höchste Erfüllung erreichen, müßten alle auf äußere Güter gerichteten Tätigkeiten eingestellt werden. Ohne diese würde die Polis jedoch ihre Eigenständigkeit verlieren. Also schlägt Aristoteles vor, Handwerker, Kaufleute, Bauern und Sklaven nur als Bewohner, nicht jedoch als Bürger zu dulden (VII.9). Die moralische Einheit ist also nur um den Preis eines Ausschlusses der übergroßen Mehrheit der Bevölkerung einer Stadt zu haben. Mit dieser Lösung will sich MacIntyre indessen nicht zufrieden geben. Aus seiner Sicht fällt der Grieche in diesem Fall einer »ideology of irrational domination« zum Opfer. Niemand dürfe aufgrund seiner Tätigkeit a priori von öffentlichen Ämtern ausgeschlossen werden. Das einzige Kriterium, welches MacIntyre zulassen will, ist »excellence«. Solche ›Vortrefflichkeit‹ gebe es in jeder »shared enterprise« von Bürgern, seien sie Soldaten, Bauern oder Redner. Hier schlägt sich die in *After Virtue* vollzogene Transformation des Praxisbegriffs nieder, die herstellende und arbeitende Tätigkeiten aufwertet. Nach MacIntyres Vorstellung ergänzen sich alle einzelnen Praxen im Streben nach demselben höchsten »human good as such« (WJWR 105–107). Die Möglichkeit, daß es zu Zielkonflikten kommen kann, scheidet offenbar aus. Die gute Ordnung wird als vollendete Harmonie ihrer Teile gedacht.

Freilich ist es nicht diese Harmonie, die Aristoteles vorschwebt, wenn er an der eingangs zitierten Stelle von *homonoia* spricht. Wie die weitere Darlegung ergibt, setzt Eintracht keineswegs eine gemeinsame Ausrichtung am höchsten Guten voraus. Es reicht, wenn die Bürger eine Übereinstimmung hinsichtlich des für alle Zuträglichen (*to koinon sympheron*) erreichen. Das meint nicht, daß sie bloß ihre individuellen Bedürfnisse befriedigen (*to chrēsimon*, vgl. VIII.3, 1156a14–19) oder nach dem Vorteil des Augenblicks streben (*tou parontos sympherontos*, VIII.11, 1160a22). Vielmehr besagt es, daß sie über die wichtigsten Institutionen und Prozeduren, die Vergabe der höchsten Ämter und die gemeinsame Bündnispolitik einig sind (IX.6). Dieser Entwurf politischer Eintracht steht zwischen den Modellen eines zersetzenden moralischen Pluralismus und einer harmonischen moralischen Einheit. Er läßt genug Differenzen zwischen den Bürgern zu, um mit der bestmöglichen Verfassung von Pol. IV vereinbar zu sein.[91] Einheit ist darin nicht von der Vollendung, sondern von den Voraussetzungen

---

91 Vgl. dazu die Ausführungen in Kap. III.3.2.(c) und Kap. III.3.3.(d).

her konzipiert, so daß genügend Raum für Vielheit, mithin auch für Konflikte bleibt. Daß MacIntyre dieses Modell gar nicht in den Blick bekommt, liegt daran, daß er die angebliche Einheit der antiken und mittelalterlichen Gemeinschaften gegen den Pluralismus liberaler Staaten ausspielt, in denen die Bürger nur mehr als Wirtschaftssubjekte existieren sollen. Offenbar läßt ihn eine ausgeprägte antithetische Neigung die Mitteltöne der aristotelischen Ethik und Politik überhören. Folgt man Dolf Sternberger, dann wäre gerade eine Wahrnehmung dieser Mitteltöne die Voraussetzung dafür, die Form der Polis in den Formen des modernen Verfassungsstaates wiederzufinden.[92]

Für MacIntyre geht die Freundschaft der Gerechtigkeit voran, weil erst sie das gemeinsame Projekt konstituiert, das Streben nach dem Guten, aus welchem Maßstäbe für Gerechtigkeit hervorgehen. Als Leitmaßstab nennt er das Verdienst und meint damit den Beitrag, den jemand für das Gelingen des Projekts leistet. Ein solches Verständnis von Gerechtigkeit schreibt er einer »älteren, traditionelleren, stärker aristotelischeren und christlicheren Sicht« zu und konfrontiert es mit den zwei einflußreichsten liberalen Gerechtigkeitstheorien der Zeit von J. Rawls und R. Nozick. In dieser Optik rücken die beiden Antipoden ungewohnt nahe zusammen. Einmütig bestimmen sie Gerechtigkeit gemäß der rationalen Erwartungen eines vorgesellschaftlichen Individuums. Sie stellen somit Kriterien auf, die unabhängig von dem Beitrag gelten, den jemand zum Gelingen der Gemeinschaft leistet (VT 325–339). Diese Gegenüberstellung ist sicher gerechtfertigt. Allein fragt sich, was MacIntyres Konzeption im Ergebnis von der Rawls' und Nozicks unterscheidet. Diese Frage sei getrennt nach den Feldern der austeilenden und der ausgleichenden Gerechtigkeit untersucht. Wo es um die Verteilung von Gütern geht, scheint die Orientierung am Verdienst dem genuin liberalen Prinzip der Leistungsgerechtigkeit zu entsprechen. Wer die höchsten Leistungen bringt, erhält auch den größten Lohn. Wer umgekehrt keine Leistungen bringt, kann keine legitimen Ansprüche auf Vergütung gegenüber seiner Gemeinschaft erheben und bleibt auf wohlwollende Alimentierungen angewiesen. Mit dieser Sicht wäre Nozick einverstanden, während Rawls gerade eine Konzeption zu begründen sucht, nach der in einer Gesellschaft ungleiche Güterverteilung nur in dem Maße berechtigt ist, wie sie deren schwächste Mitglieder begünstigt. Allerdings will sich MacIntyre von beiden Positionen absetzen, indem er einen extrem weiten Begriff von Verdienst zugrundelegt. Dieser läßt die Möglichkeit zu, daß das Leistungsprinzip selbst unverdiente Güteransprüche befördert. Arme und Schwache könnten sich darauf berufen, daß sie ihre Not nicht verdient hätten (VT 332). Sie dürften etwa natürliche Bedürfnisse geltend machen oder auf natürliche Rechte der Gleichheit bzw. des Eigentums rekurrieren. MacIntyre verfolgt diese Argumentation in *After Virtue* nicht weiter – aus gutem Grund, würde sie ihn doch genau jenem Vorwurf aussetzen, den er Rawls und Nozick macht, nämlich Gerechtigkeit unabhängig vom sozialen Kontext zu bestimmen.

Als nächstes sei die Position untersucht, die MacIntyre bezüglich der Strafgerechtigkeit bezieht. Den Rechtsgrund einer Strafe sieht er darin, daß jemand durch seine Handlungsweise »die Bindungen des Gemeinwesens in einer Weise zerstört, daß das Tun oder Erreichen des Guten zumindest für einige Zeit unmöglich ist« (VT 203). Kriterium ist in diesem Fall das Gegenteil des Verdienstes, der Schaden, den jemand

---

92 Vgl. Kap. III.3.1.(a).

anrichtet. Das Strafmaß richtet sich nach der Höhe des entstandenen Schadens. Gemäß dieser Argumentation könnten eine Reihe von Handlungen durchaus straffrei sein, obwohl sie heute als schädlich bewertet werden. Würde ein Gemeinwesen etwa ein anderes überfallen, es berauben oder dauerhaft unterdrücken, wären dadurch seine internen Bindungen keineswegs zerstört. Vielleicht wären sie sogar gestärkt, so daß die Beteiligten besondere Ehren erwarten dürften. Um dies auszuschließen, postulieren Rawls und Nozick gewisse Rechte, die jedem Individuum zukommen und die Handlungsmöglichkeiten jedes Staates beschränken. Auch MacIntyre will sich nicht dem Verdacht ausliefern, koloniale Repression oder Angriffskriege zu rechtfertigen. Deshalb rekurriert er auf die angeblich aristotelische Annahme, bestimmte Handlungen seien durch »absolute Verbote der natürlichen Gerechtigkeit« ausgeschlossen und bei Mißachtung mit Strafe belegt (VT 203). Mehr teilt er indessen nicht mit, ist er doch unversehens schon wieder auf ein Terrain geraten, das auch Rawls und Nozick bearbeiten.

Erst in *Whose Justice? Which Rationality?* klärt MacIntyre, was es mit der natürlichen Gerechtigkeit bei Aristoteles auf sich hat. Er behauptet im Rekurs auf das fünfte Buch der *Nikomachischen Ethik*, natürliche Gerechtigkeit sei von Stadt zu Stadt unveränderlich und entspreche der Gerechtigkeit in der absolut besten Polis. Obwohl sie mit den jeweiligen Konventionen der Städte nicht identisch sei, verpflichte sie die Bürger der verfaßten Städte dazu, sich an ihre Gesetze zu halten. Nach MacIntyre will Aristoteles damit ausdrücken, daß die verfassungsgemäße Polis die natürliche Gerechtigkeit in ihrer Ordnung verwirklicht hat. Allerdings sagt Aristoteles auch, daß die natürliche ebenso wie die konventionelle Gerechtigkeit dem Wandel unterliege. Wie kann sie dann von ihr unterschieden werden? Der Ire schlägt folgende Lösung vor: Die Regeln als solche bleiben immer dieselben, veränderlich sind allein ihre Formulierungen unter den Menschen. Nur die Götter könnten sie auf die immer selbe Weise ansprechen (WJWR 120f). Derart wird Aristoteles zum Theoretiker des ewigen Naturrechts. Freilich gibt es für diese Auslegung im Text nicht das mindeste Indiz.[93] Vielmehr erweist sich, wie sehr MacIntyres Blick durch den des Thomas von Aquin vorgeformt ist. Thomas unterscheidet in der *Summa* zwischen göttlichem, natürlichem und menschlichem Gesetz (1–II Qu. 93–96). Das von Gott geschaffene Gesetz wird dem Menschen durch das natürliche Gesetz bekannt. Natürlich heißt es, weil es der menschlichen Natur entspricht und dem Menschen immer schon vertraut ist. Das Organ, dem sich die Regeln des Naturgesetzes mitteilen – Thomas spricht von den obersten Prinzipien der menschlichen Werke –, heißt *synderesis*, was bisweilen mit ›Gewissen‹ übersetzt wird.[94] Während beim göttlichen bzw. ewigen Gesetz unzweifelhaft feststeht, daß es immer ein und dasselbe ist, scheint dies beim natürlichen Gesetz nicht ganz sicher zu sein. Einer der Einwände, die Thomas in diesem Zusammenhang aufgreift, ist der aristotelische Hinweis auf die Veränderlichkeit des Naturrechts. Seine Widerlegung nimmt die Form einer Begriffsdifferenzierung an. Zwar seien die Prinzipien bei allen und für alle dieselben, jedoch ließen die unmittelbar daraus abgeleiteten Schlußfolgerungen auch Ausnahmen zu.[95] MacIntyre wendet dies sprachtheoretisch, übernimmt aber die grundsätzliche Argumentation für ein unveränderliches, objektiv bestehendes Naturrecht. Hieß es noch in *After*

---

93 Zur Problematik des Naturrechts vgl. die Ausführungen in Kap. II.2.3.(c) und Kap. III.1.2.(c).
94 1–II Qu. 94, Art. 1, ad 2.
95 1–II Qu. 94, Art. 4. Vgl. auch 2–II Qu. 57, Art. 1 u. 2.

Virtue, daß eine wohlgeordnete Gemeinschaft über eine »sozial begründete Übereinstimmung« hinsichtlich der Gerechtigkeitsmaßstäbe verfügen muß (VT 205), wird im späteren Werk der soziale Konsens durch »timeless standards of justice« (WJWR 198) ersetzt. Damit kommt MacIntyre nicht nur Thomas, sondern auch den modernen Naturrechtstheoretikern sehr viel näher, als es seine Kritik ursprünglich ahnen ließ. Im selben Maß entfernt er sich von Aristoteles, von dem aus ein zeitloses Naturrecht nicht hinreichend zu begründen ist.

(b) *»The Politics of Local Community«*: Zeitkritik und utopischer Gegenentwurf

Da MacIntyre »moderne systematische Politik, ob liberal, konservativ, radikal oder sozialistisch« verwirft (VT 339) und in der Gegenwart nur mehr rudimentäre Überbleibsel einer älteren Tradition ausmachen kann, gerät die Frage, wie eine Gesellschaft nach aristotelisch-thomistischen Maßstäben aussehen würde, zum reinen Gedankenspiel: »[...] we are required in the first instance to identify ourselves imaginatively with the standpoint of the citizen of a well-ordered *polis*« (WJWR 110). Gleichwohl ist das Gedankenspiel mehr als nur ein Spiel. MacIntyre gewinnt von ihm her einerseits jenen Abstand, den ein externer Beobachter für seine schonungslose Kritik benötigt. Andererseits kann er diese Kritik aus einem positiven Gegenmodell herleiten. Den Vorwurf, er spiele die Wirklichkeit gegen eine ganz irreale Utopie aus, will er nicht gelten lassen. Die Alternative bestünde darin, einem pragmatischen Realismus zu huldigen, der mit der Gegenwart heillos verstrickt bliebe: »[...] the gap between Utopia and current social reality may on occasion furnish a measure, not of the lack of justification of Utopia, but rather of the degree to which those who not only inhabit contemporary social reality but insist upon seeing only what it allows them to see and upon learning only what it allows them to learn, cannot even identify, let alone confront the problems which will be inscribed in their epitaphs« (TRV 234f). Nachfolgend wird untersucht, welche Hauptübel MacIntyre in modernen politischen Systemen ausmacht und welche Ressourcen seine aristotelisch-thomistische Utopie bereitstellt, um sie zu kurieren.

In einem Aufsatz über die Entwicklung Schottlands im 18. Jahrhundert macht MacIntyre zwei Gründe aus, die zum Untergang der wohlgeordneten »nation of small local communities« führten: Größe der Bevölkerung und wirtschaftliches Wachstum.[96] Beide Faktoren gehören zusammen, können aber analytisch getrennt voneinander behandelt werden. Aus der Sicht des Iren sind alle Fehlentwicklungen der Moderne auf sie zurückzuführen. Bezüglich der Größe nennt er in seinen Schriften drei einzelne Probleme. Das erste betrifft den Konflikt zwischen lokalen Gemeinschaften und den großen Nationalstaaten um die Loyalität des Bürgers. Sie gilt grundsätzlich der partikularen und überschaubaren moralischen Gemeinschaft, in der der Bürger sein Streben nach dem Guten aufgehoben sieht. Hingegen verlangt der moderne Staat eine Bindung nicht an die Gemeinschaft, sondern an sein Regierungs- und Rechtssystem (AV 338). Da sich diese Bindung natürlicherweise nie einstellen würde, muß sie entweder erzwungen oder manipuliert werden.[97] Jenes geschieht in totalitären Systemen, dieses in den National-

---

96 The Idea of an Educated Public, in: Education and Values. The Richard Peters Lectures, hg. von Graham Haydon, London 1987, 18, 27.
97 Interview mit D. Nikulin, aaO., 676.

staaten. Die Nationalstaaten versuchen die Loyalität des Bürgers von seiner originären Gemeinschaft auf sie selbst umzulenken, indem sie sich ihrerseits als große Gemeinschaft darstellen. In Anlehnung an Herder spricht MacIntyre in diesem Zusammenhang stets vom »Volk« als »type of collectivity whose bonds are simultaneously to extend to the entire body of citizens and yet to be as binding as the ties of kinship and locality« (DRA 132). Während der Zusammenhalt in einer moralischen Gemeinschaft nicht primär auf Neigung, sondern auf einem gemeinsamen, rationalen Streben nach dem Guten basiert, soll die Idee des Volkes dieses durch prä- bzw. irrationale Bindungen ersetzen (MIR 241). Verschleiert werden so »sinister realities«, wie MacIntyre vieldeutig sagt (DRA 132). Allerdings sieht auch er, daß es zumindest einige moderne Staaten gibt, auf die dieses Bild nicht passen kann. Seine eigene Wahlheimat ist ein Beispiel, denn gerade die Vereinigten Staaten wollen doch keine homogene Volksgemeinschaft, sondern ein pluralistisches Gemeinwesen mit gemeinsamen Idealen sein. Allerdings traut er diesen Idealen nicht recht. Ihrem Anspruch nach sind sie universal und können daher nicht die Loyalität gegenüber einem besonderen Gemeinwesen begründen. Daß ihnen dennoch patriotische Verehrung zuteil wird, will MacIntyre nur als Beweis für eine »systematische Inkohärenz in der Form der öffentlichen Anerkennung miteinander unvereinbarer Prinzipien« gelten lassen. Er mutmaßt, solche Inkohärenzen seien vielleicht »für das Überleben eines modernen Staatswesens mit großen Ausmaßen notwendig«.[98]

Ein zweites Problem, das laut MacIntyre aus der Größe moderner Staaten erwächst, betrifft die mangelnde öffentliche Auseinandersetzung über gemeinsame Güter. Nach der Diagnose von *After Virtue* liegt das am Unwillen pluralistischer Staaten, tiefgreifende Konflikte einer Lösung zuzuführen. In den späteren Arbeiten gesteht er auch dem Liberalismus zu, eine eigene Tradition mit inhärenten Gütern zu sein, wenngleich sie sich auf »the continuance and sustenance of the liberal social and political order« beschränke (WJWR 345). Somit muß es auch eine Erörterung dieser Güter geben. MacIntyre beklagt jedoch, daß solche Erörterung nur mehr in einem »heterogeneous set of specialized publics« stattfinde,[99] was einer systematischen Argumentation im Weg stehe (MIR 238). Daß Parlamente der Ort solcher Argumentation sein könnten, glaubt er nicht. Dies führt zum dritten Problem, der verzerrten politischen Meinungsbildung. MacIntyre moniert, daß Bürger zwar frei wählen können, jedoch nur solche Kandidaten, die politische Eliten zuvor ausgewählt haben. Auf diese Weise etabliere sich eine politische Klasse, deren Interessen nicht mit denen ihrer Wähler übereinstimmten. »Politically the societies of advanced Western modernity are oligarchies disguised as liberal democracies.« (MIR 236f).

Gegen völkisch-nationale Ideologie, mangelnde öffentliche Debatten und eine verselbständigte Klasse von Politikern setzt MacIntyre ein Programm mit dem Titel »the politics of small-scale local community« (MIR 248, 251).[100] Es will zurückkehren zur

---

98 Ist Patriotismus eine Tugend?, in: Kommunitarismus. Eine Debatte über die moralischen Grundlagen moderner Gesellschaften, hg. von Axel Honneth, Frankfurt a.M. 1993, 102.
99 The Idea of an Educated Public, aaO., 25.
100 Synonym spricht MacIntyre auch von »politics of good community« (DRA 145). Angesichts der Vielzahl von Äußerungen MacIntyres zu diesem Komplex muß es unverständlich bleiben, warum Walter Reese-Schäfer: Grenzgötter der Moral. Der neuere europäisch-amerikanische Diskurs zur

überschaubaren, selbständigen politischen Gemeinschaft. Sie muß die Anhänglichkeit ihrer Bürger nicht künstlich erzeugen. Vielmehr bietet sie jedem die Möglichkeit, am öffentlichen Leben aktiv teilzunehmen und so die gemeinsamen Geschicke mitzuprägen. Zum einen geschieht dies in institutionalisierten, unbeschränkten Foren für systematische Debatten, die sich MacIntyre nach dem Vorbild der scholastischen Disputation vorstellt. Zum anderen stellt er in Aussicht, daß nicht nur die Deliberation, sondern auch das »decision making« zur Sache aller werden (DRA 129). An die Stelle von spezialisierten Berufspolitikern treten Laien, für die Politik eine, aber längst nicht die einzige Praxis ist, an der sie teilnehmen. Repräsentation soll nur noch im absoluten Ausnahmefall zugelassen sein, nämlich als Vertretung von Kindern, Schwerkranken und geistig Behinderten, die selbst nicht am politischen Prozeß teilnehmen können. Vertreter müssen im besten nur erdenklichen Interesse der Betroffenen handeln, als ihr »second self«, wie er in Anspielung auf die aristotelische Theorie der Freundschaft sagt (DRA 139–141).

Was MacIntyre konzipiert, ist eine direktdemokratische, identitäre Konzeption von Demokratie, in der alle Bürger durch das gemeinsame Streben nach demselben obersten Guten verbunden sind. Wiewohl Konflikt über die Verwirklichung des Guten durchaus zugelassen ist, zieht der Ire ihm eine sehr enge Grenze. Die Möglichkeit von »genuinely radical criticism« sei unbedingt auszuschließen, weil dadurch das gemeinschaftliche Projekt der Bürger in Gefahr gebracht würde (DRA 154). Konkret hat MacIntyre die Kanonisierung der öffentlichen Bildung gefordert und die Wiedereinführung von Glaubensprüfungen (»religious tests«) an Universitäten nahegelegt (TRV 228, 224; WJWR 399f). Interessanterweise würde er somit in einer »good community« ausschließen, was er sich selbst in einer angeblich schlechten Gemeinschaft als natürliches Recht herausnimmt, die fundamentale Kritik des öffentlichen Lebens. Abgesehen von institutionalisierten Diskussions- und Entscheidungsforen werden keine weiteren Institutionen genannt. Es ist also davon auszugehen, daß die Bürger entweder ohne ein Verwaltungs- und Gerichtswesen auskommen oder dieses in ehrenamtlicher Tätigkeit selbst ausfüllen. Wie das »außenpolitische« Verhältnis zu anderen politischen Gemeinschaften vorzustellen ist, bleibt offen. Sicher ist nur, daß allein die eigene, nach dem Guten strebende »community« Anspruch auf politische Loyalität und patriotische Bindung erheben kann.

Neben dem politisch-institutionellen hat MacIntyres Programm noch einen wirtschaftlichen Aspekt. Auch hier sei zuerst seine Diagnose des modernen Kapitalismus dargelegt, bevor dann sein Gegenentwurf vorzustellen ist. MacIntyres Diagnose geht von der Annahme aus, daß wirtschaftliches Wachstum *per se* korrumpierende Einflüsse auf eine Gesellschaft ausübe. Diese lassen sich abermals in dreifacher Weise spezifizieren. Der erste betrifft die moderne Ausrichtung an Konsumwerten und äußeren Gütern. MacIntyre zieht eine Parallele zur von Aristoteles behandelten Untugend der *pleonexia*, des ›Mehr-haben-Wollens‹ (NE V.2, 1129b9), und bezieht sie auf die im ersten Buch der Politik getroffene Unterscheidung von naturgemäßer und unnatürlicher Erwerbskunst (*chrēmatistikē*). Für erstere gilt, daß sie sich den Zwecken der Hausver-

---

politischen Ethik, Frankfurt a.M. 1997 zu dem Urteil kommt, MacIntyre beschränke sich auf Kritik und biete »keinererlei politisch-praktische Lösungen an« (251, 260f).

waltung (*oikonomikē*) unterordnet, während letztere um des immer höheren Gewinns willen betrieben wird und folglich jede Zweckbindung verliert (Pol. I.9–10). Als Ursache des bloßen Erwerbsstrebens macht der Stagirit aus, daß sich die meisten Menschen nur um das bloße Leben, nicht jedoch um das gute Leben sorgten. Da dieser Trieb ins Endlose gehe, trachteten sie danach, auch die erforderlichen Mittel bis ins Endlose anzuhäufen (9, 1257a40 – 1258a2). MacIntyre weist darauf hin, daß diese Untugend bei Hobbes erstmals in einen unabänderlichen Grundzug des menschlichen Wesens umgedeutet wird. Durch diese Neueinschätzung werden am Anfang der Neuzeit die geistigen Voraussetzungen für den Kapitalismus geschaffen, dessen unbeschränktes Wachstum auf einem schrankenlosen Mehr-haben-Wollen beruht. Die Folgen für bestehende Praxen sind verheerend: Das gemeinsame Streben nach inhärenten Gütern, die nicht aufgeteilt werden können, wird durch ein nur mehr äußerlich gemeinsames, in Wahrheit dem eigenen Vorteil geltenden Streben nach Gütern ersetzt, die jeder einzelne besitzen und vor allem konsumieren kann. Fand jenes Streben im gelingenden Leben sein Ziel und seine Grenze, setzt sich dieses ins Unendliche fort (VT 302–305; WJWR 111–112).

Ein zweiter negativer Effekt ökonomischen Wachstums betrifft die große Ungleichverteilung von Geld und Macht. Die moderne Gesellschaft belohnt einseitig den, der sich um »goods of effectiveness« sorgt und bereit ist, dafür alle »goods of excellence« preiszugeben. Für MacIntyre ist der Manager (neben dem Bürokraten und dem Therapeuten) der für unsere Zeit charakteristische Typus (VT 44–50). Auch Universitäten oder Krankenhäuser, die ihrem Wesen nach auf Vortrefflichkeit ausgerichtet sind, unterliegen im Kampf um Geldmittel der ständigen Gefahr, sich allein Effizienzkriterien auszuliefern. Wie bereits dargelegt, hält der Ire das Streben nach Geld, Macht und Status für den Grundzug aller Institutionen (VT 260f). Je besser Interessen organisiert und institutionalisiert sind, desto höher ist ihr Anteil an diesen äußeren Gütern. MacIntyre steht offenbar das amerikanische politische System, das den Wettbewerb von Interessengruppen und das damit verbundene Lobbying besonders fördert, vor Augen. Seiner Ansicht nach entspricht die daraus hervorgehende Güterverteilung in keiner Weise »a common mind arrived at through widespread shared deliberation governed by norms of rational enquiry« (DRA 131). Der dritte negative Effekt des Wachstums schlägt sich im Erfordernis extremer Arbeitsteilung nieder. Sie führt zur »compartmentalization« der Gesellschaft, zu ihrer Aufsplitterung in isolierte Einheiten, die ihrerseits den Bezug zu einem übergreifenden Guten verlieren. Politische Entscheidungen werden von Experten und nicht mehr von Bürgern getroffen (MIR 249). Arbeitsteilung erfordert zudem eine erhöhte Mobilität und Flexibilität der Arbeitskräfte. Sie werden aus ihren »local communities« herausgerissen und in die Anonymität der Großstädte hineingezogen. An diesem Punkt ist der Zusammenhang von Größe und Wachstum am deutlichsten zu erkennen: »Communities« lösen sich als integrale Lebenspraxen auf, entweder weil sie Mitglieder verlieren oder weil sie so viele neue Mitglieder gewinnen, daß sie ins Unermeßliche wachsen. Diese Entwicklungen zeichnet MacIntyre am Beispiel Schottlands nach.[101]

---

101 The Idea of an Educated Public, aaO., 26ff.

Sein Gegenprogramm steht unter dem Leitgedanken einer Wiedereingliederung von »market relationships« in »certain types of local nonmarket relationships, relationships of uncalculated giving and receiving« (DRA 117). Dadurch würde alles Streben nach äußeren Gütern und nach Effizienz dem übergeordneten Ziel des guten Lebens untergeordnet. Die Verteilung äußerer Güter richtete sich nach den notwendigen Bedürfnissen der Gemeinschaftsmitglieder und nach ihren Beiträgen zur Erreichung des übergeordneten Ziels. Folglich gäbe es auch gerechte Preise und gerechte Löhne, die sich nicht mehr nach den Marktmechanismen von Angebot und Nachfrage bemäßen. Es wäre gut möglich, daß ein systematisch niedrigerer einem systematisch höheren Lebensstandard vorgezogen würde: »[...] a community which was guided by Aristotelian norms would not only have to view acquisitiveness as a vice but would have to set strict limits to growth insofar as that is necessary to preserve or enhance a distribution of goods according to desert« (WJWR 112). MacIntyre nennt einige Maßnahmen, die er als legitim erachtet, um Wachstumsbegrenzungen und eine Senkung des Lebensstandards durchzusetzen. Die »community« dürfe das Entstehen von »competing interests« so weit wie möglich verhindern. Außerdem habe sie das Recht, bestehende wirtschaftliche Ungleichheiten durch großzügige Maßnahmen der Umverteilung auszugleichen. Schließlich könne sie sich selbst »limits to labor mobility for the sake of the continuities and the stabilities of families and other institutions« auferlegen (DRA 144f).

Wie die politische greift somit auch die ökonomische Seite von MacIntyres »politics of local community« tief in die gewohnten Freiheitsrechte moderner Staaten ein. Insgesamt sieht sein Programm Einschränkungen fast aller dieser Rechte vor, konkret: der Rechte auf Glaubens- und Bildungsfreiheit (Einführung religiöser Schulen und Universitäten), Meinungsfreiheit (Verbot radikaler Kritik), Versammlungs- und Vereinigungsfreiheit (Verhinderung von »competing interests«), Freizügigkeit (Begrenzung der »labor mobility«), Berufsfreiheit (Einführung von »religious tests«) und Eigentum (Enteignung durch Umverteilung). Obwohl MacIntyres Kritik der modernen Gesellschaft durchaus hellsichtig deren Probleme und Herausforderungen aufzeigt, läßt sich des Eindrucks nicht erwehren, daß sein utopischer Gegenentwurf eine extrem illiberale und paternalistische Gesellschaft zur Folge hätte. Wie bei Rousseau scheint auch bei ihm die direktdemokratische Struktur der Willensbildung nicht ohne die Figur eines autokratischen *législateur* auszukommen, der letztendlich die *volonté générale* festlegt und vollzieht. Anders wären die Einschränkungen, die MacIntyre als *conditiones sine qua non* des Gemeinschaftslebens ansieht, nämlich nicht durchzusetzen. Geschuldet sind sie wie beim Franzosen einer übergroßen Orientierung an Identität bzw. »moralischer Einheit«. Es ist geradezu ein Witz, wenn MacIntyre Aristoteles dafür einerseits in Anspruch nimmt (VT 210), ihm andererseits aber vorwirft, er habe Platons Glauben an die Einheit und Harmonie der Seele des einzelnen wie der Polis übernommen und daher die Bedeutung von Konflikten nicht erkannt (VT 218f). In Wahrheit hat nicht Aristoteles, sondern MacIntyre selbst diesen Glauben mit allen Konsequenzen übernommen. Schließlich ist er es, der von der »local community« ein Bild vollendeter Harmonie zeichnet. Die Risse zeigen sich in diesem Bild jedoch immer dann, wenn der Maler Maßnahmen nennt, wie solche Harmonie künstlich herzustellen und zu befördern wäre. Das ist in MacIntyres Arbeiten nicht anders als in der *Politeia* (vgl. die Vertreibung der Dichter). Gerade Aristoteles erhebt sich dagegen zum Kritiker regierungsamtlich verordneter Einheit. Davon künden seine Analyse des platonischen Einheitsstaates im zweiten und sein eigener, pluraler Verfassungsentwurf im vierten Buch der *Politik*. Es nimmt nicht weiter wunder, daß diese Bücher für MacIntyre keine Rolle spielen.

(c) Trotzki und der heilige Benedikt: MacIntyre zwischen Revolution und Restauration

Wie im vorigen Abschnitt deutlich geworden sein sollte, ist die Kritik an MacIntyres illiberalen Ordnungsvorstellungen nicht aus der Luft gegriffen. Wenn er bisweilen als »liberal malgré lui« eingestuft wird, bezieht sich dies keineswegs auf sein politisches Programm, sondern auf sein nicht immer widerspruchsfreies Verhältnis zu Traditionen.[102] MacIntyre selbst legt auch gar keinen Wert darauf, in irgendeiner Weise als ›Liberaler‹ zu gelten; für ihn ist das nur ein Schimpfwort. Allerdings wehrt er sich auch gegen eine Einstufung als ›Konservativer‹. Das liegt darin begründet, daß er den Konservativismus lediglich als eine bestimmte Spielart innerhalb der liberalen Bewegung ansieht. MacIntyre erkennt zwar, daß er einige Anliegen wie etwa die Einführung von Lektürekanons an öffentlichen Schulen mit amerikanischen Konservativen teilt (WJWR 228f). Jedoch weiß er auch, daß seine radikale Gesellschaftskritik bei ihnen auf taube Ohren stoßen muß, weil sie für das Projekt einstehen, das er bekämpft. Wie er sich selbst sieht, bringt er am Ende von *After Virtue* auf kongeniale Weise zum Ausdruck. »Nietzsche *oder* Aristoteles, Trotzki *und* der heilige Benedikt«, vor diese Wahl stellt das letzte Kapitel des Buches. MacIntyre entscheidet sich für Aristoteles, und er meint, daß darin zugleich eine Option für Trotzki und den heiligen Benedikt liege. Diese überraschende Zusammenstellung, in der sich verschiedene Phasen seines intellektuellen Lebens verdichten, bedarf der Erläuterung.

Trotzki steht für radikale Gesellschaftskritik, die sich aus marxistischer Quelle speist. Sie wird von einem revolutionären Impuls getragen, der sich nicht mit dem Bestehenden abfinden will. Dieser Impuls und die kritische Haltung sind auch da noch am Werke, wo es um die sozialistische Gesellschaft geht. Trotzki war Stalins Gegenspieler; er erkannte, wie weit sich die Sowjetunion von den revolutionären Zielen entfernt hatte und stand mit seinem Urteil nicht zurück. Als MacIntyre 1956 die ›Communist Party‹ verließ, um sich vom Stalinismus abzuwenden, wurde er Trotzkist.[103] Damit verbanden sich wie beim späten Trotzki große Zweifel über die Zukunftschancen einer kommunistischen Gesellschaft. Mit Blick auch auf sich selbst schreibt MacIntyre in *After Virtue*: »Ein Marxist, der Trotzkis letzte Schriften sehr ernst nähme, würde zu einem Pessimismus gezwungen, der der marxistischen Tradition völlig fremd ist, und indem er zum Pessimisten würde, hätte er auf bedeutsame Weise aufgehört, Marxist zu sein.« (VT 349). Freilich könnte er weiterhin wesentliche Punkte der marxistischen Kritik am Liberalismus vertreten, wie MacIntyre dies für sich in Anspruch nimmt (VT 10, MIR 258). Wenn die Vision, welche die Revolution antreibt, aber nicht mehr in der Zukunft des kommunistischen Menschen zu finden ist, muß sie sich aus anderen Quel-

---

102 Eine Ausnahme ist allerdings Jeffrey Friedman: The Politics of Communitarianism, in: Critical Review 8 (1994), 297–340, der Taylor, Sandel, Walzer und MacIntyre vorwirft, hinter kommunitarischem Schleier ein liberales Programm zu vertreten, weil sie Gemeinschaften nur dann anerkennten, wenn diese mit universalistischen Werten vereinbar seien. Wie im vorangegangenen Abschnitt aber deutlich wurde, trifft dies auf MacIntyre nicht zu.
103 Knight: Introduction (MIR 2).

len speisen. Damit kommt der heilige Benedikt ins Spiel. Als Begründer des abendländischen Mönchtums steht er für die Schaffung neuer Formen von Gemeinschaft, »in denen das moralische Leben aufrechterhalten werden konnte, so daß Moral und Zivilisation die heraufziehende Zeit der Barbarei und Finsternis überleben konnten« (VT 350). Diese neue Gemeinschaft beruht auf der Vision eines christlichen Lebens, das sich durch besondere Ortsbeständigkeit und das Streben nach Vollkommenheit auszeichnet. Aus MacIntyres Perspektive handelt es sich um eine Vision, die im ganzen Mittelalter lebendig war, in der modernen Welt aber keinen Platz mehr hat. Als gläubiger, zumal irischer Christ fühlt er sich ihr dennoch sehr zugetan. Will man es auf einen Nenner bringen, dann verkörpern Trotzki und der heilige Benedikt zwei Haltungen, welche MacIntyre zu verbinden sucht: die der Revolution, der Kritik an den herrschenden Verhältnissen und die der Restauration, der Etablierung einer Gemeinschaft der Tugend und des Glaubens.[104] Vor 1971 suchte MacIntyre vergebens einen Weg, um Marxismus und Christentum zu verbinden. Erst mit seiner Entdeckung des Aristoteles findet er dafür eine geeignete Basis. Das ist keineswegs selbstverständlich und wirft Fragen auf. Gewiß sind Aristoteles und das Christentum über die Synthese des Thomas von Aquin miteinander verschmolzen. Insofern besitzt es sogar eine gewisse innere Folgerichtigkeit, daß MacIntyre nach *After Virtue* einen aristotelisch-thomistischen Standpunkt einnimmt. Weniger ersichtlich ist indessen, wie sich Marxismus und Aristotelismus vereinbaren lassen. Dieser Frage sei abschließend nachgegangen.[105] Eine Antwort läßt sich am besten auf den zwei Pfaden finden, die MacIntyre mit Marx *und* Aristoteles abschreitet. Auf dem ersten begegnet man dem Problem entfremdeten Menschseins, auf dem zweiten dem Verhältnis von Philosophie und Praxis.

MacIntyres Konsumkritik beruht auf der Unterscheidung von inneren und äußeren Gütern. In einer »consumer society« bestimmen letztere die menschlichen Interaktionen, wodurch es zur Deformation der sozialen Beziehungen kommt. Die Menschen sind nur mehr äußerlich miteinander verbunden, vereinzeln und verlieren die Teilhabe an einer Praxis, die wahrhaft Identität stiftet. Diesen Sachverhalt beschreibt MacIntyre sowohl von Aristoteles als auch von Marx her. Aus aristotelischer Sicht erscheint die Konsumgesellschaft als eine, die nur die (Un-) Tugend der *pleonexia* kennt und über der Erhaltung des bloßen Lebens das gute Leben vergißt. Die Marxsche Perspektive sieht folgendermaßen aus: »In dem Maße, wie die Arbeit aus dem Haus [dem Oikos der antiken Polis] nach draußen verlagert und in den Dienst des unpersönlichen Kapitals gestellt wird, neigt der Bereich der Arbeit dazu, von allen anderen getrennt zu werden, außer von der Aufrechterhaltung des biologischen Überlebens und der Reproduktion der Arbeitskraft einerseits, der institutionalisierten Habgier andererseits.« (VT 303). Zwar ist an dieser Stelle von Marx nicht explizit die Rede. Doch weist das Vokabular (»unpersönliches Kapital«, »Reproduktion der Arbeitskraft«) klar auf die geistige Herkunft dieser Gedanken hin. Nach Marx besteht in der Polis noch ein enger Zusam-

---

104 Diese Verbindung kommt paradigmatisch zum Ausdruck in Sätzen wie »[...] being virtuous may require one to be at odds with the established modes of the common life in radical ways. The virtue of *so ̄phrosyne ̄* may be the virtue of revolutionaries«; *So ̄phrosune ̄*: How a Virtue Can Become Socially Disruptive, in: Midwest Studies in Philosophy 13 (1988), 11. Wenn es darum geht, moderne Praxis zu verändern, läßt MacIntyre die Möglichkeit von Revolutionen zu. Im Rahmen einer aristotelisch geprägten Praxis schließt er sie hingegen kategorisch aus.

menhang zwischen Eigentum und Arbeit. Obwohl die arbeitende Klasse der Sklaven selbst eigentumslos ist, dient ihre Arbeit primär der Erhaltung bestehenden Eigentums. Hingegen soll Arbeit im modernen Kapitalismus immer neues Eigentum hervorbringen, das zum handelbaren Besitz, zu Kapital wird. Der Dynamik der Produktivkräfte, des von Menschen erzeugten Besitzes, entspricht eine weltgeschichtlich einmalige Verschärfung der Produktionsverhältnisse: Immer mehr Kapital akkumuliert sich in den Händen von immer weniger Eigentümern, die Kluft zwischen Eigentümern und Eigentumslosen, Kapital und Arbeit, Arbeitsprodukt und Arbeitsprozeß weitet sich ins Unermeßliche.

Marx beschreibt die darin verborgene Dialektik mit dem Begriff der Entfremdung, den er in vier Hinsichten entfaltet:[106] Erstens entfremdet sich der Arbeiter vom Produkt seiner Arbeit, in das er sich entäußert, ohne jemals darüber verfügen zu können; folglich tritt es ihm als »fremdes Wesen« und »unabhängige Macht« gegenüber.[107] Dadurch entfremdet er sich zweitens der Arbeitstätigkeit selbst. Anstatt ein eigener Zweck zu sein, in dem der Arbeiter sich selbst realisiert und gehört, verkommt die Tätigkeit zu einem bloßen »Mittel, um Bedürfnisse außer ihr zu befriedigen«.[108] Da er so nicht freies Wesen, sondern Knecht ist, entfremdet er sich drittens von seinem »Gattungswesen«, welches darin besteht, durch selbstbewußte Arbeit das rein tierische, der Notwendigkeit unterliegende Leben zu übersteigen.[109] Viertens folgt daraus die Entfremdung auch von allen Mitmenschen, zu denen er nur noch in instrumentellen Verhältnissen steht, seien sie wie er Knechte oder wie die Kapitalisten Ausbeuter.[110] Diese vierfache Entfremdung bedeutet, wie MacIntyre schreibt, daß Arbeit nur mehr der Reproduktion der Arbeitskraft, d.h. dem biologischen Überleben und der institutionalisierten Habgier dient. Jene Seite betrifft den Arbeiter, diese den Kapitalisten. Über die des Arbeiters schreibt Marx, daß ihm »die Arbeit, die Lebensthätigkeit, das produktive Leben selbst nur ein Mittel zur Befriedigung eines Bedürfnisses, des Bedürfnisses der Erhaltung der physischen Existenz« sei.[111] Über die des Kapitalisten heißt es, daß er der »Macht des Geldes« unterliege, weil sein einziges Bedürfnis die Vermehrung des eigenen Reichtums sei. Er verwandelt alle Qualitäten in Quantitäten und wird selbst zum »quantitativen Wesen«. »Die Maßlosigkeit und Unmäßigkeit wird sein wahres Maß.«[112] Marx spricht auch von der »Habsucht« und dem »Krieg unter den Habsüchtigen«.[113] Wie MacIntyre sehr deutlich erkennt, findet sich ein Korrelat dazu in der aristotelischen Kritik eines an *pleonexia* orientierten Lebens. Auch der Marxsche Kapitalist verwirklicht nicht sein humanes Potential, er bleibt wie der Arbeiter in einer äußerlichen, unfreien Tätigkeit gefangen. Beide sind einer Praxis entfremdet, die in einem inneren, qualitativen Bezug zu ihrem Selbst und dem Selbst anderer steht. Sie kennen nur mehr

---

105 Zur Möglichkeit einer Verknüpfung vgl. Peter McMylor: Alasdair MacIntyre: Critic of Modernity, aaO., der in Kap. 2 (»An excursus on the possibility of an Aristotelian Marxism«) einen Überblick über MacIntyres Anliegen vergleichbare Ansätze gibt.
106 Vgl. zum folgenden: Ökonomisch-philosophische Manuskripte (1844), in: Marx/Engels Gesamtausgabe (MEGA), Erste Abteilung, Bd. 2, hg. vom Institut für Marxismus-Leninismus beim ZK der KPdSU und der SED, Berlin 1982, 363–375.
107 Ebd., 364f.
108 Ebd., 367.
109 Ebd., 368–370.
110 Ebd., 370f.

äußere, ihnen äußerliche Güter. Bei allen Unterschieden zwischen dem aristotelischen und dem Marxschen Begriff von Praxis, die hier nicht ausgeführt werden können,[114] kommen beide in der phänomenalen Analyse depotenzierten humanen Tätigseins einander recht nahe.

MacIntyre, mit der Marxschen Entfremdungstheorie bestens vertraut,[115] ist sich dieser Nähe bewußt. Einmal schreibt er, daß Marx Antworten bezüglich der unauslöschlichen Schäden, die die freie Marktwirtschaft dem Gemeinschaftsleben zufüge, bereit halte, »which are badly needed by any form of Aristotelianism that aspires to contemporary relevance« (MIR 251). Und in einem Interview bezeichnet er Marx wegen seiner Auffassungen von Gemeinschaft und gerechter Güterverteilung als »partiellen Aristoteliker«.[116] Er fordert, »daß wir vom Marxismus noch einmal zu lernen beginnen«. Konkret nennt er sowohl den »durchdringenden Charakter vieler in seiner Kritik des Kapitalismus enthaltenen Einsichten« als auch »Fragen nach dem Verhältnis der Philosophie zur sozialen Praxis«.[117] Dieser zweite Hinweis führt auf den anderen oben genannten Pfad, den MacIntyre mit Marx und Aristoteles gemeinsam erkundet. Als Textgrundlage empfiehlt sich ein Aufsatz, den er 1994 unter dem Titel *The Theses on Feuerbach: A Road Not Taken* veröffentlich hat. MacIntyre will darin nachweisen, daß die Feuerbach-Thesen einen Bezug von Theorie und Praxis avisieren, dessen Implikationen Marx nicht verstehen konnte, weil er innerhalb eines hegelianischen anstatt eines aristotelischen Paradigmas dachte. Marx war zwar ein Aristoteliker, aber nur ein partieller, soll heißen: ohne es zu wissen. Wie ist das gemeint? Marx wendet sich in den *Thesen über Feuerbach* gegen eine kontemplative Haltung der Philosophie gegenüber der Praxis.[118] Eine solche Haltung tritt der sozialen Welt in souveränem Abstand entgegen, hält sie als Objekt der eigenen Gedanken auf Distanz. Die Distanznahme beruht auf der Prätention intellektueller Überlegenheit. Der Philosoph diagnostiziert, wie Feuerbach, daß das Denken der Menschen das Produkt entfremdeter sozialer Umstände ist. Wie selbstverständlich nimmt er sein eigenes Denken davon aus und meint sogar noch, er vermöge die Verblendeten zu erziehen. In Wahrheit, so Marx, täuscht er sich damit über seine wahre Lage hinweg. Der Praxis, welcher er sich entgegenzustellen sucht, gehört er selbst zu. Wie die anderen ist auch er das »Ensemble der gesellschaftlichen Verhältnisse«. Sein vermeintlicher Abstand ist eine Illusion und als solche Ausdruck von Entfremdung. Es handelt sich um die Illusion des Standpunkts der bürgerlichen Gesellschaft«, einer Gesellschaft, die von »isoliert-menschlichen Individuen« ausgeht. Die Entfremdung aufzuheben, heißt den Standpunkt der »menschlichen Gesellschaft« oder der »gesellschaftlichen Menschheit« einzunehmen. Dann erst erkennt der Philosoph, daß er mit dem Schicksal aller verbunden ist und es nur durch das Tun

---

111 Ebd., 369.
112 Ebd., 419.
113 Ebd., 364.
114 Vgl. aber die Kritik von Hannah Arendt, Kap. II.2.2.
115 Vgl. Marxism and Christianity, London 1968, Kap. 5, wo MacIntyre die Entfremdungstheorie der *Ökonomisch-philosophischen Manuskripte* behandelt.
116 Interview mit D. Nikulin, aaO., 675.
117 Ebd., 672.
118 Marx/Engels Werke (MEW), Bd. 3, hg. vom Institut für Marxismus-Leninismus beim ZK der SED, Berlin 1969, 5–7.

aller geändert werden kann. Solche »revolutionäre Praxis« ist zugleich Änderung der Umstände und Selbstveränderung (3. These). Bis zu diesem Punkt kann MacIntyre Marx folgen. Wie er meint, läßt sich die von Marx aufgewiesene Struktur auch in »Aristotelian vocabulary« formulieren: »Individuals discover in the ends of any such practice goods common to all who engage in it, goods internal to and specific to that particular type of practice, which they can make their own only by allowing their participation in the activity to effect a transformation in the desires which they initially brought with them to the activity.« (MIR 226). Was MacIntyre Marx und seinen Nachfolgern indessen vorhält, ist, daß sie sich nicht an diese Einsicht gehalten haben, weil sie die Ziele und Güter der menschlichen Gesellschaft nicht aus dem Selbstverständnis der Praxis, sondern aus objektiven Theorien über den Verlauf der Geschichte gewannen. In der Annahme, es gebe ein absolutes Wissen, sind sie Hegelianer geblieben, obwohl sie Aristoteliker hätten sein können (MIR 224, 232f).

Angesichts des im vorigen Abschnitt herausgearbeiteten politischen Programms MacIntyres wird man allerdings fragen müssen, ob MacIntyre nicht derselbe Vorwurf treffen muß.[119] Auch für ihn geht die Philosophie der Praxis voran, ist die Praxis ohne den Philosophen blind. »It is central to my argument that the practice of the moral life by plain persons always presupposes the truth of some particular theoretical standpoint [...]« (MIR 149) – damit könnte der kritisierte Marx gut leben. Die Einnahme des Standpunkts der »menschlichen Gesellschaft« ist in MacIntyres Traditionsphilosophie ebensowenig wie in der durchgeführten marxistischen Geschichtsphilosophie eine hermeneutische Rekonstruktion des Selbstverständnisses von »members of fishing crews and farming cooperatives and string quartets« (MIR 234). Beide postulieren bloß, daß sich diese Menschen so verstehen müßten, wie ihre Philosophie vorgibt, wenn sie sich wahrhaft verstehen wollten. Obwohl sich MacIntyre vom Optimismus des Marxismus losgesagt hat, bleibt er viel tiefer davon geprägt, als er je eingesteht. Er entwirft das Bild einer Gesellschaft ohne soziale Unterschiede, ohne die Herrschaft organisierter Interessen, ohne innere Konflikte, ohne hochspezialisierte Arbeitsteilung und ohne materielle Sorgen, einer Gesellschaft also, »wo jeder nicht einen ausschließlichen Kreis der Tätigkeit hat, sondern sich in jedem beliebigen Zweige ausbilden kann, die Gesellschaft die allgemeine Produktion regelt und mir eben dadurch möglich macht, heute dies, morgen jenes zu tun, morgens zu jagen, nachmittags zu fischen, abends Viehzucht zu treiben, auch das Essen zu kritisieren, ohne je Fischer, Hirt oder Kritiker zu werden, wie ich gerade Lust habe«. So steht es in *Die deutsche Ideologie*, wo Marx schon einmal den Blick in die Ferne der kommunistischen Gesellschaft schweifen läßt.[120] Vielleicht würde MacIntyre zu den Tätigkeiten noch die der Politik hinzufügen, die ja ebenfalls nur »one aspect of the everyday activity of every citizen capable of engaging in it« sein soll (DRA 141). In jedem Fall aber knüpft sein utopisches Denken vielfach an das Marxsche an. Deshalb trifft ihn auch in gleicher Weise der Vorwurf der Sozialromantik. Wie

---

119 Diesen Einwand übersieht K. Knight, der MacIntyre gerade wegen seiner Nähe zu Marx als revolutionären Denker interpretiert und sein Programm unter dem Stichwort »Revolutionary Aristotelianism« zusammenfaßt, vgl: Revolutionary Aristotelianism, in: Contemporary Political Studies 1996, hg. von I. Hampsher-Monk u. J. Stanyer, Bd. 2, 885–897 u. ders: Introduction, aaO., 20–24.
120 MEW, Bd. 3, aaO., 33.

bei Marx steht hinter der Analyse der Entfremdung die Vision der totalen Aufhebung aller Widersprüche, der Versöhnung des Menschen mit sich selbst. Marx projiziert diese Vision in die Zukunft, MacIntyre in die Vergangenheit der Polis und der mittelalterlichen Ordensgemeinschaften. In *dieser* Perspektive konvergieren Marxismus und Aristotelismus. Gleichwohl dürfte nach der vorangegangenen Analyse deutlich geworden sein, daß MacIntyre für diese Konvergenz den Preis zahlt, die aristotelische Differenz zwischen der besten und der bestmöglichen Polis, zwischen theoretischer und praktischer Philosophie preisgeben zu müssen. Dadurch verschenkt er die vielen wertvollen Einsichten, welche er in *After Virtue* hinsichtlich der Binnenstruktur von Praxis gewann, ganz so, wie auch Marx seine Einsichten in »revolutionäre Praxis« nach den Feuerbach-Thesen aufgab.

IV.2 Martha Craven Nussbaum – Die Fragilität des guten Lebens

Martha Craven Nussbaum ist von allen in dieser Untersuchung behandelten Autoren die mit Abstand jüngste. 1947 geboren, gehört sie als einzige zur Nachkriegsgeneration. Damit verfügt sie über einen Erfahrungshorizont, der sich generationsspezifisch von jenem der vor dem Ersten bzw. Zweiten Weltkrieg Geborenen unterscheidet. Ihr Zugang zu Aristoteles ist von praktischen Fragen und politischen Problemen bewegt, die erst in der zweiten Hälfte des 20. Jahrhunderts virulent geworden sind. Dies zeigt sich wohl am deutlichsten an der Tatsache, daß Nussbaum von 1986 bis 1993 ein Forschungsprojekt der Vereinten Nationen leitete, welches Konzepte zur Messung der Lebensqualität in Entwicklungsländern erarbeiten sollte. Ihre Ergebnisse hatten nachhaltigen Einfluß auf den jährlich erstellten *United Nations Development Report*. Nussbaum selbst entwarf das Programm einer »Aristotelian Social Democracy« und wurde damit weit über akademische Kreise hinaus bekannt. Inzwischen liegen die entsprechenden Texte auch in deutscher Übersetzung vor, was die Rezeption weiter befördern dürfte.[121]

Die Frage, was an Nussbaums Entwurf aristotelisch oder »neoaristotelisch« sein könnte, spielte bislang keine herausgehobene Rolle. In dieser Untersuchung wird sie selbstverständlich ausführlich beleuchtet werden. Gleichwohl ist es dafür nötig, etwas weiter auszuholen, um die philosophische Entwicklung Nussbaums und die darin liegenden, das politische Konzept beeinflussenden Spannungen besser nachvollziehen zu können. Deshalb steht hier das gesamte philosophische Werk der Amerikanerin zur Verhandlung, was durchaus im Sinne der Fragestellung ist, da dieses Werk von Anfang an um Aristoteles kreist. Es wird sich herausstellen, daß gerade die frühen, in Deutschland weniger bekannten Arbeiten Nussbaums ein gedankliches Potential enthalten, welches ihre politischen Schriften nicht nur nicht auszuschöpfen vermögen, sondern streckenweise sogar negieren.

Nussbaum studierte an der Harvard University Philosophie und Altphilologie. Sie promovierte mit einem Kommentar zu *De Motu Animalium*, der maßgeblich dazu beitrug, daß diese Schrift aus dem biologischen Segment des *Corpus Aristotelicum* seither für authentisch gehalten und wissenschaftlich ernstgenommen wird.[122] Schon diese

---

[121] Gerechtigkeit oder Das gute Leben, hg. von Herlinde Pauer-Studer, Frankfurt a.M. 1999 – [GgL]. Der Band enthält die Aufsätze: Der aristotelische Sozialdemokratismus (1990, 24–85); Die Natur des Menschen, seine Fähigkeiten und Tätigkeiten: Aristoteles über die distributive Aufgabe des Staates (1988, 86–130); Gefühle und Fähigkeiten von Frauen (1993, 131–175); Menschliche Fähigkeiten, weibliche Menschen (1993, 176–226); Nicht-relative Tugenden: Ein aristotelischer Ansatz (1993, 227–264).

[122] Aristotle's De Motu Animalium. Text with Translation, Commentary, and Interpretive Essays by Martha Craven Nussbaum, Princeton 1978 – [DMA].

erste Arbeit zeigt neben aller philologischen Sachkenntnis ein ausgeprägtes philosophisches Gespür. Zusätzlich zu Textedition und Kommentar enthält der veröffentlichte Band fünf Essays, die Überlegungen aus *De Motu* in den Gesamtzusammenhang des aristotelischen Denkens einzuordnen suchen. In ihnen klingen viele Themen an, die Nussbaum anschließend weiterverfolgte, etwa die Rolle teleologischer Argumente bei der Deutung von Handlungen, das Zusammenspiel von empirischer Forschung und konzeptioneller Explikation in der theoretischen Philosophie, die Eigenart praktischer Philosophie und die Funktion von *phantasia* innerhalb der Handlungstheorie. Gleichwohl verspürte Nussbaum nach Abschluß ihrer Dissertation zunächst ein doppeltes Unbehagen. Zum einen wollte sie stärker über Ethik arbeiten, doch ließ das von der analytischen Philosophie geprägte akademische Umfeld dieses nur in einer Weise zu, die mit ihrem von den Griechen geschulten Verständnis nicht zu vereinbaren war. Zum anderen lag ihr an einer Verbindung von literarischen und philosophischen Texten, was ebenfalls dem Zeitgeist zuwiderlief und gegen die Trennung von Literatur und Philosophie in unterschiedliche *departments* verstieß. Sie entschloß sich, diese Hindernisse in Kauf zu nehmen, und wandte sich ganz der griechischen Kultur zu, wo Tragödie und Philosophie dieselbe ethische Grundfrage verfolgten, nämlich wie man leben solle (LK 13–15). Offenkundig stand sie dabei auch unter dem Einfluß von Bernard Williams, der selbst daran arbeitete, die sokratische Frage wieder in den Diskurs der analytischen Philosophie einzuführen.[123]

Während Williams jedoch mit Blick auf Platon die Ansicht vertrat, daß sich die griechische Philosophie von den Antworten der Tragödie abkehre, blickte Nussbaum auf Aristoteles und gelangte zur entgegengesetzten Einschätzung. Es ist Aristoteles, so Nussbaums These, der die Weltsicht der Tragiker ernst nimmt, in seiner praktischen Philosophie die Kluft zwischen einem guten Charakter und der Abhängigkeit von kontingenten, äußeren Umständen bedenkt und sie in seiner Konzeption des guten Lebens zu überbrücken, nicht jedoch abzuschaffen sucht. Diese These entfaltete sie in einer umfangreichen Studie mit dem sprechenden Titel *The Fragility of Goodness. Luck and Ethics in Greek Tragedy and Philosophy*[124], die man als ihr Hauptwerk ansehen darf. Die produktive Verbindung von Philosophie und Literatur übertrug sie in mehreren Aufsätzen auf die Romane von Henry James, welche sie als moderne Variationen einer »aristotelian conception of ethical enquiry« versteht (LK 26f). Sie erschienen 1990 in dem Sammelband *Love's Knowledge*.[125] Beide Bücher stehen im Mittelpunkt der ersten beiden Kapitel. Das erste Kapitel behandelt Nussbaums Konzeption einer praktischen Philosophie, die literarischen Erfahrungen gerecht zu werden vermag. In ihrem Licht

---

123 Nussbaum hatte Williams 1972/73 kennengelernt und ein Seminar von ihm über »Moral Luck« besucht, als er Gastprofessor in Harvard war (FoG XIV u. 424, Anm. 13). Zur sokratischen Frage vgl. ders: Ethik und die Grenzen der Philosophie (OA 1985), Hamburg 1999, Kap. 1.
124 Cambridge 1986, [14]1999 – [FoG].
125 New York 1990 – [LK]. Der Band enthält u.a. die folgenden Aufsätze: The Discernment of Perception: An Aristotelian Conception of Private and Public Rationality (1985, 54–105); Flawed Crystals: James's *The Golden Bowl* and Literature as Moral Philosophy (1983, 125–147); »Finely Aware and Richly Responsible«: Literature and the Moral Imagination (1987, 148–167); Perceptive Equilibrium: Literary Theory and Ethical Theory (1989, 168–194); Perception and Revolution: The *Princess Casamassima* and the Political Imagination (1990, 195–219); Transcending Humanity (1990, 365–392).

tritt neu hervor, was das aristotelische Diktum *tithenai ta phainomena* (»die Phänomene festhalten«) im Bereich der Ethik bedeutet. Nach diesen metaphilosophischen Überlegungen wird im zweiten Kapitel untersucht, wie Nussbaum mit Aristoteles die verschiedenen Dimensionen der Kontingenzerfahrung erkundet und welche Möglichkeiten sie sieht, Kontingenz in einem menschlichen Leben zu transzendieren.

Mit der Projektleitung am World Institute for Development Economics Research (WIDER) verschoben sich Nussbaums philosophische Interessen ab 1986 stärker in den Bereich der Politik und der Ökonomie. Sie lernte Amartya Sen kennen, der nicht nur Kodirektor des von ihr betreuten Forschungsprogramms, sondern auch zeitweilig ihr Lebensgefährte war. Sen gilt als führender Vertreter der »social choice«-Theorie in den Wirtschaftswissenschaften und erhielt 1998 den Nobelpreis für Ökonomie. Stark von Sen beeinflußt, schlug Nussbaum einen Bogen von der modernen Entwicklungstheorie zur aristotelischen *Politik*.[126] Mit dem Griechen wollte sie den Zusammenhang zwischen einer Konzeption des guten Lebens und einem Modell wohlgeordneter Gesellschaft aufweisen. Folglich verteidigte sie einerseits eine zwar essenzialistische, aber nichtmetaphysische Theorie der menschlichen Natur, andererseits den schon erwähnten Entwurf des »aristotelischen Sozialdemokratismus«.[127] Nussbaum selbst meinte, daß diese Überlegungen widerspruchslos mit ihren anderen Arbeiten zu Ethik und Literatur vereinbar seien. Indessen ist zu Recht auf eine »große Spannung« bzw. einen »radikalen Bruch« zwischen ihrem »aristotelischen Ästhetizismus« und ihrem »aristotelischen Essenzialismus« hingewiesen worden.[128] In den zwei weiteren Kapiteln der folgenden Untersuchung wird daher zu fragen sein, worin diese Spannungen bzw. Brüche genau bestehen und wie sie sich auf die Rezeption und Transformation aristotelischer Denkfiguren auswirken. Das dritte Kapitel behandelt Nussbaums essenzialistische »thick vague theory of the good«, das vierte die daraus abgeleitete wohlfahrtsstaatliche Ordnung. Wie zu erkennen sein wird, stellt dieser Ordnungsentwurf den Versuch dar, Kontingenz durch Sozialtechnik weitgehend zu beseitigen. Damit steht er in eklatantem Widerspruch zu Nussbaums früherer Überzeugung, daß Humanität die Anerken-

---

126 Sen kann in dieser Arbeit nicht näher behandelt werden. Eine gute Darstellung der Gemeinsamkeiten zwischen seinen und Nussbaums Überlegungen zu einer »Entwicklungs-Ethik« gibt jedoch David A. Crocker: Functioning and Capability. The Foundations of Sen's and Nussbaum's Development Ethic, in: Political Theory 30 (1992), 584–612.

127 Die wichtigsten Texte finden sich in GgL; daneben sind noch zu nennen: Aristotle on human nature and the foundations of ethics, in: World, Mind, and Ethics, hg. von J.E.J. Altham u. Ross Harrison, Cambridge 1995, 86–131 – [AHN]; The Good as Discipline, the Good as Freedom, in: Ethics of Consumption. The Good Life, Justice, and Global Stewardship, hg. von David A. Crokker, Lanham 1998, 312–341 – [GD]; Human Functioning and Social Justice. In Defense of Aristotelian Essentialism, in: Political Theory 20 (1992), 202–246 – [HF]; Social Justice and Universalism: In Defense of an Aristotelian Account of Human Functioning, in: Modern Philology 90 (1993), Supplement, S46–73. Die beiden letztgenannten Aufsätze sind größtenteils textidentisch mit Menschliche Fähigkeiten, weibliche Menschen (GgL 176–225). In einem engen, wenn auch aufgrund des historisch-philologischen Themas nicht unmittelbar sichtbaren Bezug zu der genannten Schriftengruppe steht auch: The Therapy of Desire. Theory and Practice in Hellenistic Ethics, Princeton 1994 – [TD].

128 Tragische Konflikte und wohlgeordnete Gesellschaft. Interview mit Josef Früchtl u. Herlinde Pauer-Studer, in: Deutsche Zeitschrift für Philosophie 44 (1996), 139; Christiane Scherer: Das menschliche und das gute menschliche Leben. Martha Nussbaum über Essentialismus und menschliche Fähigkeiten, in: Deutsche Zeitschrift für Philosophie 41 (1993), 905.

nung von Kontingenz, d.h. von nicht-verfügbaren Dimensionen des Daseins, voraussetzt. Im Zusammenhang mit ihren politischen Vorstellungen muß auch geklärt werden, was von Habermas' Diktum zu halten ist, Nussbaum spreche über den »britischen, sozialdemokratischen Aristoteles [...] und nicht den katholisch-konservativen«.[129] Wer ist damit gemeint? Läßt sich Aristoteles überhaupt für eine sozialdemokratische Konzeption vereinnahmen?

2.1 Praktische Philosophie und Literatur – *Tithenai ta phainomena*

In einer methodischen Zwischenreflexion legt Aristoteles im siebten Buch der *Nikomachischen Ethik* dar, daß die philosophische Abhandlung zu allererst die Phänomene sichern müsse (*dei ... tithentas ta phainomena*, VII.1, 1145b2–3), bevor sie nach ihrer Wahrheit fragen könne. Daraus ist ein geflügeltes Wort geworden. Indessen handelt es sich keineswegs um eine Selbstverständlichkeit. Nach Nussbaums Ansicht stellt die genannte Maxime exakt jene Marke dar, an der sich die Wege Platons und Aristoteles' scheiden. Ersterer sieht nämlich überhaupt keinen Wert darin, im Bereich des Phänomenalen zu verweilen und springt sogleich in den Bereich des Noumenalen, des *kosmos noētos*. Mehr noch, Platon schreckt in der *Politeia* nicht davor zurück, eine bestimmte Klasse von Phänomenen einfach von der Bildfläche zu verbannen. Mit dem Ausschluß der Dichter aus dem Gemeinwesen sollen die »Wehklagen und das Jammern um ausgezeichnete Männer« verschwinden (Politeia III, 387d), mit anderen Worten: die Tragödien, welche solche Klagen bewirken, weil sie den Fall hochstehender Männer vorführen. Hingegen würdigt Aristoteles in der *Poetik* die Bedeutung der Tragödie für das öffentliche Leben und zieht in seinen ethischen Schriften immer wieder Beispiele aus einzelnen Dramen heran. Deshalb betrachtet Nussbaum den Stagiriten als jenen Denker, der die Phänomene der Tragödie sichert und sich für ihre poetische Wahrheit öffnet.

Worin diese Wahrheit besteht, wird erst im nächsten Kapitel untersucht. Zunächst ist zu fragen, welche Konzeption von praktischer Philosophie es überhaupt erlaubt, Poetik und Ethik zu verbinden. Daß eine solche Verbindung bei Aristoteles besteht, ist am häufigen Rückgriff auf tragische Stoffe innerhalb der ethischen Traktate zu erkennen. Allein, wodurch sie sich genau auszeichnet, ist weit weniger evident. Aristoteles verwendet zwar Beispiele und greift auf identische Konzepte (Leitbegriff *praxis*) zurück, jedoch entwickelt er an keiner Stelle einen systematischen Zusammenhang. Diese »Lücke« sucht Nussbaum zu füllen, indem sie Querverbindungen zwischen Ethik, Poetik und Rhetorik zieht. Dies wirft die Frage auf, ob und inwiefern sie dadurch unser Verständnis von Aristoteles' praktischer Philosophie bereichert. Ihre Beantwortung erfolgt in drei Schritten. Im ersten Schritt wird analysiert, wie Nussbaum die spezifische Methode aristotelischen Philosophierens auslegt, sie mit Überlegungen von John Rawls verbindet und als hermeneutische Theorie reformuliert (a). Das darin implizierte Verständnis von Rationalität, welches Nussbaum im Rückgriff auf *Poetik* und *Rhetorik*

---

129 Nussbaum bezieht sich auf eine entsprechende Äußerung von Jürgen Habermas in einem Gespräch mit Klaus Taschwer, das im Anhang zu ihren Wiener Vorlesungen Vom Nutzen der Moraltheorie für das Leben, Wien 2000 – [VNM], abgedruckt ist (ebd., 89).

gewinnt, wird im zweiten Schritt behandelt (b). Der dritte Schritt betrifft Nussbaums Übertragung dieses Rationalitätsbegriffs von der antiken Tragödie auf den modernen Roman; es wird nach der Bedeutung gefragt, die ästhetische Erfahrung innerhalb von ethischer Reflexion spielen kann. Dabei geht es sowohl um die blicköffnende Kraft von Kunst als auch um ihre Begrenzung durch lebensweltliche Normen (c).

(a) ›Perzeptives Gleichgewicht‹: Hermeneutik zwischen Theorie und Praxis

Nussbaums Rekonstruktion der Methode aristotelischer Wissenschaft setzt bei jener schon genannten Zwischenreflexion in NE VII.1 an; sie sei daher vollständig zitiert:

»Man muß hier, wie in allen anderen Fällen, die Phänomene darlegen *(tithentas ta phainomena)* und, indem man sich zuerst durch die Unklarheiten arbeitet *(diaporēsantas)*, auf diese Weise die Wahrheit möglichst aller unserer Überzeugungen über solche Erfahrungen *(pathē)* aufzeigen; falls dies nicht möglich ist, die der meisten und der herausragendsten *(ta pleista kai ta kuriōtata)*. Wenn es gelingt, die Probleme zu lösen, und wenn die plausiblen Überzeugungen *(endoxa)* übrigbleiben, hätten wir genug gezeigt.« (1145b2–7)

Diese Stelle steht in einer Abhandlung aus dem Bereich der praktischen Philosophie. Für Nussbaum trifft sie jedoch das Wesen der gesamten aristotelischen Philosophie, also auch das der biologischen, kosmologischen und metaphysischen Arbeiten. Wie sie hervorhebt, setzt sich Aristoteles deutlich von der bei Platon und den Vorsokratikern üblichen Entgegensetzung von Erscheinen *(phainesthai)* und Sein *(einai)* ab. Ebenso vermeidet er die gängige Konfrontation von Meinung *(doxa)* und Wahrheit *(alētheia)*. Vielmehr geht er davon aus, daß Wahrheit immer schon in den Erfahrungen der Menschen enthalten ist und somit in ihren sprachlichen Äußerungen *(legomena)* aufgespürt werden kann. Nach Nussbaums Auffassung bekennt sich Aristoteles damit zum grundsätzlichen Anthropozentrismus des Protagoras, der, wie noch zu zeigen sein wird, keineswegs mit jenem Relativismus gleichzusetzen ist, den Platon ihm vorgeworfen hat. Er besagt zunächst nur, daß der Mensch die Dinge zu ermessen vermag, nicht, daß dieses Maß willkürlich sei (FoG 240–243). Dieses »Messen« nimmt, wie Nussbaum weiter sagt, seinen natürlichen Ausgang von den Meinungen, die Aristoteles in seiner eigenen »linguistic community« und in aufgrund der Lebensumstände vergleichbaren Sprachgemeinschaften auffindet. Diese Meinungen sind »common beliefs« bzw. »shared interpretations«, d.h. Aristoteles sucht nicht nach »belief-free fact« wie der moderne Positivist. Seiner Überzeugung nach gibt es keine »reine«, wertfreie Wahrheit, sondern alle Phänomene erscheinen *als* etwas und werden *als* etwas bezeichnet, also interpretiert. Die Schwierigkeit liegt nur darin, die treffenden von den verstellenden Ansichten zu scheiden.

Dieser Prozeß des Auswählens und Begutachtens der *legomena* läßt sich nach Nussbaum als dreistufige Abfolge vorstellen. Zuerst muß der Philosoph die vorhandenen Ansichten in ihrer größtmöglichen Spannweite zu erfassen suchen. Aristoteles beschränkt sich keineswegs nur auf die Meinungen der Weisen, sondern fragt immer auch, was alle oder zumindest die meisten denken (Top. 100b21–22, 1004a8–9). Offenbar können sich auch die irren, die im Ansehen stehen, besonders gut zu urteilen. Gerade Aristoteles wirft den sogenannten *sophoi* immer wieder vor, daß sie sich nicht an die Phänomene halten, sondern die Welt aus abstrusen Theorien zu deduzieren versuchen. Die Übersicht über die vorhandenen Ansichten dient daher nicht dem Ziel, möglichst schnell zu einem kohärenten Bild zu gelangen, sondern überhaupt erst einmal alle Konfliktlinien und Schwierigkeiten in den Blick zu nehmen. Man muß sich durch die Unklarheiten hindurcharbeiten (*diaporein*), wie es in NE VII.1 heißt. Erst auf der zweiten Stufe kommt es darauf an, die Meinungen zu ordnen und zu selektieren. Das Selektionsziel ist nach Nussbaum »internal clarity and consistency«, das Selektionskriterium Widerspruchsfreiheit (FoG 246f). Es sollte nicht möglich sein, gleichzeitig zwei entgegengesetzte Meinungen zur selben Sache vertreten zu können. Unter Umständen läßt sich zeigen, daß Meinung B eine andere Sache betrifft als Meinung A oder daß sie einen Ausnahmefall angibt, der gleichwohl A im Prinzip bestätigt usw. Auf diese Weise fügt sich das Chaos der vielen verschiedenen Ansichten zu einem relativ kohärenten Bild. Wahrscheinlich bleiben aber mehrere Grundtypen über, die in sich kohärent sind, während sie einander widersprechen. Wollte Aristoteles nur den *status quo* des Wissens einer Sprachgemeinschaft verzeichnen, wäre seine Aufgabe damit beendet. Tatsächlich fordert er aber dazu auf, die Probleme zu lösen und zwar so, daß die plausiblen Überzeugungen (*endoxa*) Bestand haben. Deshalb ist eine dritte Stufe notwendig, auf der die selektierten und dadurch vom konkreten Einzelfall abstrahierten Erklärungstypen an die lebensweltlichen Erfahrungen zurückgebunden werden müssen. Sie können nur dann Autorität beanspruchen, wenn sie eine hinreichend große Menge an Erfahrungen bzw. Ansichten explizieren und zudem begründen können, warum dies anderen theoretisch konsistenten Positionen nicht gelingt. Darin liegt die Aufforderung, daß sich die Mitglieder der Sprachgemeinschaft jener Position anschließen, die am meisten mit den Phänomenen übereinstimmt. Nussbaum zieht daraus noch einen weiteren, grundlegenden Schluß: »Theory must remain committed to the ways human beings live, act, see – to the *pragmata*, broadly construed.« (FoG 247). Es gibt keine Theorie um ihrer selbst willen.

Wie somit ersichtlich wird, ist das Stufenmodell nicht ganz zutreffend. Die Theorie soll sich schließlich nicht immer weiter von der Praxis ablösen, sondern zu ihr zurückkehren, freilich in verwandelter, erhellter Form. Dafür bietet sich das Bild eines Kreises an, welches Nussbaum selbst verwendet, wenn sie darauf hinweist, daß jede ernsthafte ethische Theorie zirkulär sein muß. Worauf es ankomme, sei, daß der Zirkel der aristotelischen Methode entspreche: »to work through the complexities of our beliefs [...], correctly describe the conflicts and contradictions they present, and to produce the ordering that will save what we most deeply consider worth saving« (FoG 312). Offenkundig beruft sich Nussbaum an dieser Stelle auf dasselbe Denkmodell wie der frühe Heidegger und wie Gadamer, den hermeneutischen Zirkel, in welchem alles Verstehen aus Vorverstehen hervorgeht und dazu zurückkehrt. Wie diese zieht sie daraus dieselben epistemologischen Konsequenzen: Wissen bleibt relativ zu Erfahrung, es ändert sich mit neuen Erfahrungen und unterliegt somit einem dynamischen Wandel. Diese Einsicht hat Auswirkungen sowohl auf die theoretische als auch auf die praktische Philosophie. Was erstere angeht, gerät sie in Konflikt mit dem in den *Analytica Posteriora* entworfenen Modell einer streng deduktiven Wissenschaft. Nussbaum löst dieses Problem wie MacIntyre, indem sie das Modell in der Dialektik selbst verankert, so daß alle obersten Prinzipien erfahrungsgebunden und -abhängig bleiben (FoG 250f). Freilich kann diese Antwort nur teilweise überzeugen. Es wäre zu fragen, ob Aristoteles nicht bisweilen Prinzipien verwendet, die nicht aus lebensweltlicher Erfahrung heraus zu verstehen sind. Diese Frage erhebt sich etwa bei der teleologischen Erklärung des Naturgeschehens. Am Anfang der *Politik* sagt Aristoteles, die Natur tue nichts vergeblich (I.2, 1253a9), und folgert daraus später, daß sie alles um des Menschen willen hervorbringe (I.8, 1256b20–22). Gleichwohl berichtet er in der *Physik* von Ereignissen, die weder aus Notwendigkeit noch in der Regel eintreten. Da alle sagten, sie seien aufgrund von (undurchschaubarer) Fügung eingetreten (*pantes phasin einai apo tychēs*), müßten Fügung und Zufall wirklich etwas sein (*phaneron hoti esti ti hē tychē kai to automaton*, II.5, 196b11–15). Aristoteles beruft sich also ausdrücklich auf eine weitverbreitete Ansicht, um bestimmte Theorien abzuwehren, die den Zufall »wegerklären« wollen. Er betont, daß es neben der *tychē* im Bereich des planvollen Tätigseins das *automaton* (wörtl. »Selbstgeschehen«) im Bereich der Naturereignisse gibt, wenn nämlich etwas wider die Natur eintrete (*hotan gar genētai ti para physin*, II.6, 197b32–35). Diese phänomenal gesättigten Aussagen widersprechen deutlich den Behauptungen am Anfang der *Politik*. Es scheint, Aristoteles widerlege sich in diesem Falle selbst. So würde vermutlich auch Nussbaum argumentieren. Im *De Motu*-Kommentar nennt sie zwar mit Blick auf die *Politik*-Stelle nur das schwächere Argument, es handle sich um eine vorläufige, theoretisch nicht gehaltvolle Äußerung (DMA 95f). Doch vertritt sie insgesamt die These, daß Aristoteles keine universale Naturteleologie anstrebe, sondern teleologische Argumente allein zur wissenschaftlichen Erklärung der Bewegung von Lebewesen einsetze (DMA 60).

In *Fragility of Goodness* und *Love's Knowledge* liegt ihr Interesse stärker auf den Konsequenzen des hermeneutischen Zirkels für den Bereich der praktischen Philosophie. Ihre zentrale Frage lautet, ob die korrelative Dynamik von Einzelfällen und Handlungsregeln nicht unausweichlich zum Relativismus führt. Ein solcher droht aus zwei Gründen. Zum einen lehnt Aristoteles es ab, alle Tugenden nach demselben Maß auszurichten. Das gute Leben besteht in einer Vielzahl von Gütern und Tätigkeiten, die nicht miteinander verrechnet werden können. Worauf es ankommt, ist die Aktualisierung aller Tätigkeiten und die darin liegende Verwirklichung aller Güter. Nussbaum spricht von den »pluralen« und »inkommensurablen« Werten, die ein gutes Leben ausmachen (FoG 294). Diese Pluralität könnte freilich auch als richtungslose Willkür ausgelegt werden und rückte dann in die Nähe eines Relativismus, der alle Handlungsweisen zuläßt. Zum anderen besteht die Relativismus-Gefahr darin, daß schon jede einzelne Tugend eines festen Maßes ermangelt. Wie Nussbaum hervorhebt, müsse Deliberation im Bereich des Handelns ein großes Maß an Flexibilität und »respect for complexity« aufweisen, da das Handeln immer auf Einzelnes ziele: »It [good deliberation] does not assume that the form of the rule *governs* the appearances; it allows the appearances to govern themselves and to be normative for correctness of rule.« (FoG 301). Insgesamt führt sie drei aristotelische Argumente gegen universale Regeln an. Erstens unterliege der Bereich des Praktischen der zeitlichen Veränderung (»mutuability«). Zweitens sei er unendlich und nicht determiniert (»indefiniteness«/»indeterminacy«), d.h. kontextuell verschieden. Drittens könne jeder Einzelfall Elemente enthalten, die so speziell seien, daß sie nicht verallgemeinert werden könnten (»particularity«). Um sich daher im Handeln zurecht zu finden, bedürfe es einer Art »improvisatory conjectural use of reason« (FoG 302–304). Auffallend ist, wie sehr Nussbaum die Bedeutung des Einzelnen, Nicht-Wiederholbaren und Inkommensurablen hervorhebt; in *Love's Knowledge* ist durchgehend von der »priority of the particular« die Rede (LK 37–40, 67–75). Dagegen spricht sie von Regeln eher herablassend als »guidelines or rules of thumb«. Sie seien deskriptive Zusammenfassungen früherer guter Urteile, deren normative Kraft davon abhinge, wie sie auf neue Situationen »paßten«. Man könne sie gut zu pädagogischen Zwecken einsetzen, doch führe dies zwangsläufig zur Reduktion von Komplexität (FoG 299; LK 68f).

Es waren solche Äußerungen, die Hilary Putnams Protest auf den Plan riefen. In Antwort auf einen Essay Nussbaums wandte er sich gegen die Abwertung von Regeln und gegen den Versuch, Aristoteles gegen Kant auszuspielen. Er wirft ihr vor, daß ihre ständige Betonung der Einzigartigkeit jedes Falles nicht weit von einer leeren Situations-Ethik entfernt sei, die keinen Unterschied zwischen Regeln und Ausnahmen mehr kenne.[130] Putnam will gerade diesen Unterschied bewahren, um zu verhindern, daß jedes Gut mit jedem anderen Gut verrechnet werden kann. Ohne Regeln könnten wir niemals unser Gewissen befragen und Gründe dafür verlangen, warum ein bestimmtes Handeln besser als ein anderes ist. In dieser Hinsicht sieht er keinen Unterschied zwischen Aristoteles und Kant.[131] Allerdings vertritt Putnam einen gemäßigten Kantianismus. Er distanziert sich von zeitgenössischen Moralphilosophen, die unter Berufung auf den Königsberger aus apriorischen Prinzipien lebensweltliche Vorschriften ableiten, ohne jemals die Komplexität von Problemen wahrzunehmen. Auch gesteht er zu, daß Kant selbst mitunter zu solchen Vereinfachungen neige, etwa mit seinem Verbot der Notlüge.[132] Insofern steht er nicht weit von Nussbaum entfernt, die weltfremden Rigorismus im Sinn hat, wenn sie die Bedeutung des Einzelfalls hervorhebt. Ebensowenig wie Putnam will sie dem Relativismus das Wort reden. Deshalb hat sie in Reaktion auf Putnams Kritik die Unterscheidung zwischen »general« und »universal« in ihre Argumentation eingebaut. Eine generelle Regel gilt demnach unabhängig vom einzelnen Fall, während eine universelle Regel nur auf vergleichbare Fälle angewandt werden und daher auch »highly concrete« sein kann (FoG 67). Die Priorität des Partikularen kann somit nur einen Einwand gegen generelle, nicht aber gegen universelle Regeln abgeben. Auf Kant übertragen heißt das: Nussbaum argumentiert gegen kategorische, aber für hypothetische Imperative, gegen absolute Prinzipien, aber für Maximen. Maximen zeichnen sich dadurch aus, daß sie neue Handlungssituationen im Licht bewährter Erfahrungen erschließen und somit eine Handlungsrichtung vorgeben. Die Herausforderung für den Handelnden besteht darin, in einer bestimmten Situation die jeweils treffenden Maximen auszuwählen. In Nussbaums Worten klingt das folgendermaßen: »Perception, we might say, is a process of loving conversation between rules and concrete responses, general conceptions and unique cases, in which the general articulates the particular and is in turn further articulated by it.« (LK 95).[133]

Um diese »loving conversation« zwischen Regeln und Einzelfällen zu explizieren, hat Nussbaum auf John Rawls' Denkfigur des Überlegungs-Gleichgewichts (»reflective equilibrium«) zurückgegriffen. Rawls führt sie in den methodischen Vorüberlegungen seiner Gerechtigkeitstheorie ein. Er will damit herausstellen, daß seine Theorie des

---

130 Taking Rules Seriously – A Response to Martha Nussbaum, in: New Literary History 15 (1983), 193f.
131 Ebd., 195f.
132 Ebd., 194f.
133 Dieser Stelle liegt noch nicht die begriffliche Differenzierung von »general« und »universal« zugrunde. Vor ihrem Hintergrund hätte Nussbaum von »universal conceptions« gesprochen.

Urzustands und die daraus folgenden Gerechtigkeitsgrundsätze nicht auf purer Evidenz oder apriorischer Gewißheit beruhten. Vielmehr seien diese Konzepte und Normen im ständigen Abgleich mit »wohlüberlegten« Gerechtigkeitsurteilen entstanden, wie sie in der Praxis moralischen Urteilens vorlägen. Eine Theorie ist demnach nur so gut, wie sie »unsere festesten Überzeugungen« explizieren kann.[134] Das erinnert in aller Allgemeinheit an eben jene methodische Reflexion aus NE VII, die am Anfang dieses Abschnitts zitiert worden ist. Diese Parallele hat Rawls selbst gesehen und seine Idee des Überlegungs-Gleichgewichts auf »das Verfahren des Aristoteles in der Nikomachischen Ethik« zurückgeführt.[135] Wiewohl dieser aristotelische Zug bei einem eher kantianisch auftretenden Denker in der Forschung oft übersehen worden ist, mußte er gerade Nussbaum auffallen (LK 25f, 172–176). Sie knüpft daran an und spricht ihrerseits vom »perceptive equilibrium«. Daß sie »reflective« durch »perceptive« ersetzt, liegt in einem Rationalitätsverständnis begründet, welches weiter als das Rawlssche ist. Die Gründe dafür werden im nächsten Abschnitt erläutert.

Zuvor ist noch zu klären, inwieweit es Nussbaum gelingt, den Relativismus-Verdacht abzuwehren. Was Aristoteles angeht, so verweist sie auf den *spoudaios*, der bekanntlich aufgrund von Erziehung, Gewöhnung und praktischer Vernunft in jedem einzelnen Fall so weise entscheidet, daß er seinen Mitbürgern Richtschnur und Maß (*kanon kai metron*, NE III.6, 1113a33) sein kann. Diese Figur ist für Nussbaum geradezu der Beweis, daß der *homo-mensura*-Satz des Protagoras keine relativistischen Konsequenzen zeitigt (FoG 300f, 306, 310). Indessen ist das Problem damit noch nicht vollständig gelöst. Der *spoudaios* mag zwar innerhalb seiner Sprach- und Lebensgemeinschaft die Norm verkörpern, an der gutes Handeln gemessen wird – was aber, wenn er in eine andere Gemeinschaft versetzt wird, die seine Sprach- und Lebensgewohnheiten nicht teilt? Möglicherweise würde er dann nicht mehr als Vorbild angesehen, weil diese Gemeinschaft andere Tugenden schätzt und eine andere Konzeption des guten Lebens verfolgt. Es gäbe keinen archimedischen Standpunkt, von dem aus mit Sicherheit entschieden werden könnte, welche Lebensweise besser ist. Der hermeneutische Zirkel und das ›perzeptive Gleichgewicht‹ können in einem solchen Fall nicht zur Anwendung kommen, weil sie die Bindung an jeweils eine Gemeinschaft schon voraussetzen. Somit bliebe eine bestimmte Form des Relativismus – man könnte mit Bernard Williams von einem »Relativismus der Distanz« sprechen[136] – weiterhin bestehen; sie wäre der Preis für den Verzicht auf kategorische Imperative und generelle Regeln. Nussbaum nimmt diesen Preis selbst in Kauf, wenn sie im Vorwort zu *Love's Knowledge* darauf hinweist, daß die aristotelische Methode der Ethik von Aristoteles' eigenem ethischen Programm ablösbar sei. Wenn wir erstere auf uns anwendeten, wäre letzteres nur eine der Konzeptionen, die wir zu erwägen hätten (LK 25). Nicht ausgeschlossen also, daß der *spoudaios* für heutige Menschen kein *kanon kai metron* mehr ist. Diese Aussicht vermochte Nussbaum allerdings nicht lange zufrieden zu stellen. Schon wenig später verteidigte sie eine von Aristoteles ausgehende Theorie des guten Lebens, die über Zeiten und Räume hinweg universale Geltung beansprucht. Davon wird in Kapitel 2.3 zu handeln sein.

---

134 Eine Theorie der Gerechtigkeit (1971), Frankfurt a.M. 1975, 37–39 u. 68–71.

(b) Kathartische Rationalität: Emotion (pathos), Imagination (phantasia) und Identifikation (syngnomē)

Wie bereits angeklungen, knüpft Nussbaum an Rawls' Idee eines »reflective equilibrium« an und geht doch gleichzeitig auf Distanz, indem sie selbst von »perceptive equilibrium« spricht. Hier ist nun zu untersuchen, in welcher Hinsicht sie sich von Rawls abheben will. Nussbaum nennt drei Elemente des Rawlsschen Modells, die ihr Schwierigkeiten bereiten: die Dominanz intellektuellen Urteilens, der Ausschluß konkreter Moralurteile und die Letztinstanzlichkeit des Überlegungs-Gleichgewichts (LK 174–176). Alle lassen sich gemeinsam behandeln. Rawls fordert ein Überlegungsgleichgewicht zwischen den systematisch ermittelten Gerechtigkeitsgrundsätzen und unseren »festesten Überzeugungen«.[137] Nussbaum reklamiert, daß ein Gleichgewicht zwischen Handlungsregeln und »our deepest and most pervasive beliefs« herzustellen sei. Gleichwohl haben beide höchst verschiedene Vorstellungen davon, worin sich Festigkeit und Tiefe zeigen. Rawls wendet sich Urteilen zu, »in denen sich unsere moralischen Fähigkeiten am ehesten unverfälscht entfalten«, weil sie allein auf Vernunftgründen beruhen. Sie sollen fünf formale Kriterien erfüllen, nämlich Allgemeinheit der Formulierung, uneingeschränkte Anwendbarkeit, Öffentlichkeit, Geordnetheit und Letztinstanzlichkeit.[138] Alle Moralurteile, die diese Kriterien verfehlen, scheiden aus. Nussbaum weist zu Recht darauf hin, daß dies für alle »immersed situational perceptions« gelte (LK 174f). Sie scheitern schon an der ersten Hürde, weil sie an die Ich-Perspektive gebunden sind. Rawls nennt selbst einige Fälle: »Man könnte zum Beispiel die Urteile weglassen, die zögernd oder mit wenig Vertrauen gefällt werden, ebenso diejenigen, die unter Verwirrung oder Angst oder im Hinblick auf eigene Vor- und Nachteile zustandekommen.« Das letztgenannte Beispiel illustriert die verbotene Bindung an die Ich-Perspektive, die anderen Beispiele illustrieren Fälle, in denen nach Rawls entweder nur wenig Vernunft (Zögern) oder überhaupt keine Vernunft (Verwirrung, Angst) am Werke ist, weil sie von Emotionen überlagert wird. »Wohlabgewogene Urteile« sind somit erst auf einer Ebene zu erwarten, die von den konkreten Lebensumständen relativ weit entfernt ist. Auf ihr werden Urteile gefällt, die in jeder Hinsicht von der Person des Urteilenden abgelöst werden können.

Aus Nussbaums Sicht hat Rawls auf dieser Ebene aber bereits alles verloren, was im praktischen Handeln ethisch bedeutsam ist. Tiefe Überzeugungen finden sich nämlich zuerst in einer Person, nicht außerhalb. Sie werden daher grundsätzlich in der ersten Person formuliert, auch wenn sie verallgemeinerbar sind. Während die Reflexion aus der Perspektive der dritten Person spricht, bleibt die Perzeption an die der ersten gebunden;[139] nach Nussbaum handelt es sich dabei um die »ability to discern, acutely

---

135 Ebd., 71, Anm. 26.
136 Vgl. Ethik und die Grenzen der Philosophie, aaO., 231–241.
137 Theorie der Gerechtigkeit, aaO., 37.
138 Ebd., 152–159.
139 Die Unterscheidung zwischen ethischer Reflexion aus der Perspektive der ersten bzw. dritten Person stammt von Bernard Williams. Ähnlich wie Nussbaum wendet sich Williams gegen deontologische Ethiken, die ausschließlich die dritte Person berücksichtigen, und versucht statt dessen an Sokrates anzuknüpfen, der von der ersten Person ausgehe. Vgl. Ethik und die Grenzen der Philosophie, aaO., Kap. 1.

and responsively, the salient features of one's particular situation« (LK 37). Diese Leistung vermag kein nüchtern abwägender Verstand zu erbringen. Wie sie hervorhebt, ist Vernunft lebensweltlich immer schon mit Emotionen verbunden. Darunter versteht sie nicht blinde körperliche Triebe, sondern »discriminating responses closely connected with beliefs about how things are and what is important« (LK 41). Wenn jemand Angst verspürt, ist dies mit der Ansicht verbunden, daß ihm Leid droht und er Leid besser vermeiden sollte. Diese Ansicht ist grundsätzlich nicht unvernünftig und die entsprechende Emotion trägt erheblich dazu bei, auf eine konkrete Situation (Bedrohung) richtig zu reagieren. Warum also a priori Urteile aus der ethischen Erwägung ausschließen, die mit Emotionen verbunden sind, wie Rawls es fordert? Zur angemessenen Beschreibung situativen Urteilens gehört neben der Rolle von Emotionen auch die Bedeutung von Imagination. Um überhaupt Angst zu verspüren, muß jemand schon einmal das Gefühl erlebt haben, bedroht zu sein, und er muß sich im rechten Augenblick daran erinnern, um die konkrete Bedrohung erfassen zu können. Folglich wohnt auch der Vorstellungskraft, die mit dem Gedächtnis in Verbindung steht, ein »selective and discriminatory character« inne (LK 77). Ein drittes Element taucht schließlich auf, wenn jemand nicht seine eigene Situation, sondern die eines anderen einschätzen soll. Um die jeweils relevanten Aspekte zu erfassen, bedarf er der Fähigkeit zur Einfühlung und Identifikation. Das meint nicht, daß er von sich absieht; vielmehr kann er nur dann mitfühlen, wenn er *sich* selbst in die Lage des anderen hineinversetzt. Von solchem Fremdverstehen bleibt das Selbstverstehen nicht unberührt. Dieser Dialog wird in der ersten und zweiten Person geführt; da Rawls nur Urteile in der Allgemeinheit der dritten Person (»Man«) anerkennt, muß ihm dessen ethische Relevanz entgehen. Nussbaums Rede vom perzeptiven Gleichgewicht beruht somit auf einem Rationalitätsverständnis, in dem Vernunft mit Emotion, Imagination und Identifikation untrennbar verwoben ist. Philosophisch leitet sie jede dieser Komponenten aus aristotelischen Texten her, die der Ethik, Rhetorik, Poetik und *De Motu* entstammen. Dabei gelangt sie, indem sie diese Texte aufeinander bezieht, zu verblüffenden Einsichten, welche die enorme Komplexität der aristotelischen Theorie einer praktischen, lebensweltlichen Vernunft freilegen.

Imagination, *phantasia*, spielt innerhalb der handlungstheoretischen Überlegungen, die Aristoteles in der *Nikomachischen Ethik* anstellt, praktisch keine Rolle. Eine der wenigen Referenzstellen wirft ein schlechtes Licht auf diese Fähigkeit. Unbeherrschte Menschen, so heißt es, erinnerten sich gar nicht ihrer Vernunft (*logos*), sondern gehorchten ausschließlich ihrer *phantasia* (VII.8, 1150b27f). *Phantasia* und *logos* scheinen einander zu widerstreben. Diese Sichtweise befindet sich im Einklang mit dem *locus classicus* der aristotelischen Theorie der Imagination. In De An. III.3 läßt Aristoteles wissen, daß *phanatasia* im Gegensatz zu *epistēmē* und *nous* keineswegs nur auf das Wahre gerichtet sei, sondern sich oft schlichtweg als Täuschung herausstelle (428a11f, a16–18). Wenn im *noein* Fehler auftreten, hat dies offenkundig mit seiner Abhängigkeit von den *phantasmata* zu tun (427b27f), welche nach den Wahrnehmungsakten zurückbleiben (429a4f). Wie Aristoteles am Ende der Diskussion sagt, verrichteten die Lebewesen vieles nach solchen Vorstellungen, die Tiere, weil sie keine Vernunft (*nous*) hätten, die Menschen, weil ihre Vernunft zuweilen durch Emotionen, Krankheiten oder Schlaf verdunkelt werde (a5–8). Diese Vernunft bleibt zwar auf die *phantasmata* angewiesen, da sie nicht nur die wahrnehmbaren Eigenschaften, sondern auch die intelligiblen Formen der Dinge enthalten, jedoch ist die Ablösung dieser Formen eine rein geistige Leistung (III.4/5 u. 7/8). Wie Aristoteles betont, handelt es sich um Formen sowohl des Wahren als auch des Guten (III.7, 431b8–11). Somit abstrahiert die Vernunft auch im Bereich des Handelns das Erstrebenswerte aus den *phantasmata*. Folglich müßte eine angemessene Handlungstheorie gerade die Funktion der Imagination berücksichtigen. Dies ist in den Ethiken jedoch nicht der Fall.

Nussbaum öffnet mit *De Motu* eine Quelle, aus der diese Lücke gefüllt werden könnte. Da *De Motu* zum Ziel hat, die Bewegung aller Lebewesen zu klären, und da die meisten Lebewesen ohne Vernunft auskommen müssen, spielt *phantasia* darin eine herausgehobene Rolle. Aristoteles zählt sie zu den fünf Kräften, die ein Lebewesen bewegen: *dianoia, phantasia, proairesis, boulēsis* und *epithymia*. Diese fünf faßt er zu zwei Gruppen zusammen, dabei fallen *dianoia* und *phantasia* in die Gruppe *nous, boulēsis* und *epithymia* in die Gruppe *orexis*, während *proairesis* an beiden Gruppen teilhat (6, 701b17–23). Diese Gliederung entspricht exakt der Bestimmung von NE VI.2, wonach *proairesis* auf einem vom Denken geführten Streben bzw. einem vom Streben gerichteten Denken (*dio ē orektikos nous ... ē orexis dianoētikē*, 1139b4f) beruht. Bemerkenswert ist jedoch, daß Aristoteles in *De Motu* noch einen Schritt zurückgeht, wodurch die *phantasia* erst in den Blick tritt. Vor dem skizzierten Hintergrund von De An. III.3 ist es zudem erstaunlich, daß er sie der *dianoia* zuordnet. Dies scheint möglich zu sein, weil beide wie die *aisthēsis* eine kritische Funktion erfüllen (*kritikē gar panta*, 700b19–21) – Nussbaum übersetzt treffend mit »all are concerned with making distinctions« (DMA 38). Es ist diese Stelle, von der aus sie die Bedeutung der *phantasia* im Handeln zu rekonstruieren sucht. Danach handelt es sich um jenen aktiven Teil der *aisthēsis*, welcher die Vielzahl sinnlicher Daten so selektiert, daß eine Situation unter einem bestimmten Aspekt erschlossen wird: »We are always passively receiving perceptual stimuli; but when we actively focus on some object in our environment, separating it out from its context and seeing it as a certain thing, the faculty of *phantasia*, or the *phantasia*-aspect of *aisthēsis*, is called into play.« (DMA 259). Die aktive Fokussierung meint nichts anderes als eine *Interpretation* der Situation im Hinblick auf etwas Wichtiges, Hervorstechendes, das Aufmerksamkeit verdient. Wie Nussbaum mit Aristoteles zeigt, ist bereits in basaler Wahrnehmung keine Unterscheidung zwischen Tatsachen und Werten möglich. Alle Dinge erscheinen *als* etwas und werden *als* etwas vernommen. Es ist sicher kein Zufall, daß der frühe Heidegger im Rückgriff auf Aristoteles zu demselben Ergebnis gekommen war, freilich ohne zwischen *aisthēsis* und *phantasia* zu differenzieren.[140] Wie ihm geht es Nussbaum um die Rückbindung von Wahrnehmung an Erfahrung: »There is no receptive ›innocent eye‹ in perception. How something *phainetai* to me is obviously bound up with my past, my prejudices, and my needs.« (DMA 261). Die Imagination speist sich aus vergangenen Erfahrungen, Urteilen und daraus hervorgehenden Bedürfnissen. Sie verspannt so das aktuelle Erleben mit der gesamten Erinnerung und Zukunftserwartung. Das ist kein arationales Geschehen, sondern eine Leistung, an der die Vernunft beteiligt ist. Nussbaum liefert ein überzeugendes Argument dafür, daß die Zuordnung von *dianoia* und *phantasia* beider Entgegensetzung in De An. III.3 phänomenal überlegen ist.

---

140 Vgl. I.2.3.

De Motu erlaubt es auch, eine Brücke von der Imagination zur Emotion, *pathē*, zu schlagen. Aristoteles stellt folgende Wirkungskette zwischen körperlicher Bewegung und motivationalem Bewegungsursprung auf: »Die organischen Teile (*organika*) werden durch die Emotionen (*pathē*) in erforderlicher Weise vorbereitet, diese durch das Streben (*orexis*), das Streben durch die Imagination (*phantasia*); und Imagination kommt entweder durch Überlegung (*noēsis*) oder sinnliche Wahrnehmung (*aisthēsis*) ins Spiel.« (8, 702a17–19). Dies läßt sich am besten durch ein Beispiel erhellen: Jemand steht im Wald (*aisthēsis*) – er erblickt ein wildes Tier und verspürt Gefahr (*phantasia*; er weiß aus Erfahrung, daß wilde Tiere gefährlich sein können, deshalb hebt es sich thematisch von anderen Sinnesdaten ab) – er strebt danach wegzulaufen (*orexis*) und fürchtet sich (*pathos*) – es wird Adrenalin ausgestoßen (*organon*) und er läuft davon. In diesem Schema sind Geistiges, Psychisches und Physisches miteinander verknüpft. Es zeigt, daß die Emotion keineswegs nur eine psychische Äußerung ist, sondern stets in Verbindung mit einer kognitiven Überzeugung (wilde Tiere sind gefährlich, dies ist ein wildes Tier) auftritt. Aristoteles bietet somit einen Ansatz, der ohne den neuzeitlichen Dualismus von *res extensa* und *res cogitans* auskommt. Allerdings ist auch dieser Ansatz nicht in den Ethiken ausgearbeitet, denn dort ist *orexis* die Leitgröße. Wie im Fall der *phantasia* muß sich der Interpret nach anderen Texten umsehen, die mit einem feineren Korn den Bereich der Emotionen erfassen. Dafür bietet sich, wie Nussbaum klar erkennt, das zweite Buch der *Rhetorik* an. Dort erhebt Aristoteles den Zusammenhang von Emotionen und Urteilen sogar zum Strukturmerkmal der Untersuchung. Bereits die Ausgangsdefinition lautet: »Emotionen (*pathē*) sind solche Gemütsregungen, durch die Menschen sich hinsichtlich des Wechsels ihrer Urteile (*kriseis*) unterscheiden und denen Schmerz bzw. Lust folgen, wie etwa Zorn, Mitleid, Furcht und dergleichen sowie deren Gegensätze.« (II.1, 1378a19–22). In den folgenden Kapiteln untersucht der Stagirit, aufgrund welcher Urteile eine bestimmte Emotion ausgelöst wird. Gedacht ist diese Untersuchung als Hilfestellung für den Redner, der nur dann vor seinem Publikum glaubwürdig erscheinen wird, wenn seine Argumente die »richtigen« Emotionen beim Publikum bewirken (1377b20–28; II.2, 1380a1–5).

Nussbaum fokussiert ihre Analyse auf jene beiden Emotionen, die in der aristotelischen Poetik im Mittelpunkt stehen (FoG 383–388; TSS 133–137). Eine gute Tragödie muß gemäß der aristotelischen Bestimmung so beschaffen sein, daß die nachgeahmte Handlung beim Zuschauer Furcht (*phobos*) und Mitleid (*eleos*) hervorruft (Poet. 6, 1149b24–28; 9, 1452a2f; 14, 1453b1–14). Die damit verbundene »belief-structure« wird dezidiert in Rhet. II.5 und II.8 behandelt. Aristoteles beschreibt Furcht als schmerzvolle und beunruhigende Empfindung, die aus der Vorstellung (*ek phantasias*) eines großen Übels hervorgehe, das unmittelbar bevorstehe (II.5, 1382a21–26). Die Stelle belegt sehr schön die bereits in *De Motu* erkennbare Verbindung von *pathos* und *phantasia*. Etwas später weist Aristoteles darauf hin, daß Furcht auch in Fällen auftreten könne, wo das Übel anderen drohe – Fälle, die Mitleid erregen (1382b24–26). Mitleid (*eleos*) bestimmt er als Schmerzgefühl über ein erscheinendes, vernichtendes und leidbringendes Übel, das jemanden treffe, der es nicht verdiene, und das man auch für sich selbst oder einen der unsrigen erwarten müsse, und zwar wenn es in der Nähe erscheine (II.8, 1385b13–16). Es hängt somit von einer dreifachen Überzeugung ab: (a) es droht großes Übel in der Nähe, (b) das Übel trifft jemanden, der es nicht verdient, (c) es könnte auch uns treffen. Die dritte Überzeugung bildet das Bindeglied mit der Furcht.

Wer Mitleid fühlt, versetzt sich nicht nur in die Lage des Betroffenen, er versteht sich *selbst* als möglichen Betroffenen. Auf diese Weise, so Nussbaum, erweitert sich sein Selbstverständnis: »Through attending to our responses to pity, we can hope to learn more about our own implicit view of what matters in human life, about the vulnerability of our own deepest commitments.« (FoG 385).

Diese für die Tragödientheorie so wichtige Interdependenz des emotionalen Selbst- und Fremdverstehens hat in der *Nikomachischen Ethik* freilich nur wenige Spuren hinterlassen. Sie sind überhaupt erst vor dem Hintergrund von *Poetik* und *Rhetorik* zu entziffern. Bevor Aristoteles im dritten Buch von der Entscheidung handelt, grenzt er unfreiwillige gegen freiwillige Handlungen ab. Zu ersteren zählt er auch solche Handlungen, die unter Unwissenheit der konkreten Umstände ausgeführt werden. Der Handelnde führt zwar Gutes im Sinn, doch täuscht er sich über seine tatsächliche Situation. Wenn dies schlimme Konsequenzen für ihn oder andere hat, dann verdient er nach Aristoteles' Ansicht nicht Tadel, sondern Mitleid (*eleos*) und verständnisvolle Nachsicht (*syngnōmē*; 2, 1110b28 – 1111a2). Das gilt auch für den Fall, daß jemand an etwas scheitert, das die Grenzen der menschlichen Natur überschreitet (*tēn anthrōpinēn physin hyperteinei*; 1, 1110a23–26). Was Aristoteles damit meint, ohne es ausdrücklich zu sagen, ist das Schicksal des tragischen Helden, der durch einen unfreiwilligen Fehler ins Unglück gerissen wird. Die Beschreibung paßt exakt auf den Paradefall der *Poetik*, die Geschichte von König Ödipus, der aus Unwissenheit den eigenen Vater erschlägt und die eigene Mutter zur Frau nimmt. Sie löst, dramatisch von Sophokles gestaltet, beim Zuschauer Furcht und Mitleid aus. An den genannten Stellen in NE III spricht Aristoteles von Mitleid und Verständnis. Der zweite Begriff, *syngnōmē*, taucht noch einmal in NE VI auf. Da bringt Aristoteles ein verständnisvolles Wesen mit der Fähigkeit zur billigen Beurteilung eines anderen in Verbindung (*syngnōmē gnōmē esti kritikē tou epieikous orthē*, 11, 1143a23). Damit verknüpft er ihn mit dem zentralen, in NE V.14 verhandelten Begriff der *epieikeia*, des umsichtigen Urteilens in Fällen, die nicht unter eine bestehende Regel subsumiert werden können. In diesen Kontexten ist wiederum nicht von der Tragödie die Rede. Gleichwohl meint Nussbaum, im Licht von NE III einen solchen Bezug zwischen Poetik und Ethik herstellen zu können. In der Tragödie sympathisiere und identifiziere sich der Zuschauer mit dem tragischen Helden. Er lerne es, mit ihm zu urteilen und seine Motive zu verstehen. Das tragische Unglück entdecke er als eigene Möglichkeit. »Tragedy is thus a school of equity, and therefore of mercy.« (EqM 95). Nussbaum legt nahe, daß der durch die Tragödie geschulte Mensch im politischen Leben umsichtiger und milder urteilen wird als jemand, für den Imagination, Emotion und Identifikation keine Rolle spielen – wie der »kompetente Moralbeurteiler«, den Rawls fordert. Wiewohl sich eine solche Aussage nicht direkt bei Aristoteles findet, wirft sie doch ein erhellendes Licht auf die Hochschätzung, die der Stagirit der Tragödie entgegenbringt.

Die Überlegungen zur Bedeutung von *phantasia, pathos* und *syngnōmē* für ein komplexeres Rationalitätsverständnis (als bei Rawls) lassen sich abschließend auf einen Begriff bringen. Dafür sei Nussbaums Auslegung der *katharsis* kurz vorgestellt. Aristoteles sagt in seiner Tragödiendefinition, daß die wohlgeformte Handlung nicht nur Furcht und Mitleid hervorrufe, sondern auch eine *katharsis* derartiger Emotionen bewirke (6, 1149b27f). Die Stelle ist kryptisch und in der philologischen Forschung seit jeher umstritten. Eine Interpretation besagt, daß Aristoteles *katharsis* im Sinne von »emotionaler Reinigung« verwendet. Die Tragödie steigert die Gefühle des Zuschauers bis zu dem Punkt, an dem sie sich in lustvoller Weise entladen und einem Gefühl emotionaler Erleichterung Platz machen. Es handelt sich danach ausschließlich um eine psychophysische Reaktion ohne kognitive Bestandteile. Diese Position liegt Nussbaums Auslegung als negative Folie zugrunde. Die Amerikanerin verweist darauf, daß *katharsis* ursprünglich lediglich »Aufklärung« (»clearing up«, »clarification«) bedeute und Platon *katharos* sogar im (kognitiven) Sinne der reinen Sehkraft (*katharos opseōs*) der Seele verwende (Politeia 508c). Zwar meine Aristoteles nicht, daß *katharsis* emotionsfreie Aufklärung sei; ebensowenig könne ihm aber die entgegengesetzte Ansicht zugeschrieben werden, sie sei vernunftfrei. Vielmehr soll das Wort in der *Poetik* dieselbe Kombination von Emotion und Kognition zum Ausdruck bringen, die auch den *pathē* eignet. »For Aristotle, pity and fear will be sources of illumination or clarification, as the agent, responding and attending to his or her responses develops a richer self-understanding concerning the attachments and values that support the responses.« (FoG 388–391). Der mit dem tragischen Helden leidende Zuschauer verläßt das Theater mit einer vertieften Einsicht in die *conditio humana*, der er nicht anders als die tragischen Protagonisten unterliegt. Darin mag Erleichterung, aber auch Betroffenheit, Lust ebenso wie Ernst mitschwingen. Eine solche Form der Einsicht, die Emotionalität, Imagination und Identifikation einschließt, wäre vielleicht am besten als »kathartische Rationalität« zu bezeichnen, auch wenn Nussbaum selbst diesen Ausdruck nicht verwendet.

(c) Von der antiken Tragödie zum modernen Roman und zurück zur praktischen Philosophie

Im Begriff »kathartischer Rationalität« sind Ethik und Ästhetik eng miteinander verwoben. Nussbaum versteht die ethischen Traktate des Aristoteles als Explikationen ästhetischer Erfahrung. Daß sich diese Traktate durch ihren abstrahierend-wissenschaftlichen Stil radikal vom konkret-emotionalen Stil der Tragödie unterscheiden, rechnet sie ihnen nicht als Nach-, sondern eher als Vorteil an. Während Platon in seinen kunstvollen Dialogen einige Elemente der Dichter übernehme, um sie dann als Philosoph aus dem Feld zu drängen, lasse Aristoteles die Grenzen zwischen Ethik und Ästhetik intakt und respektiere damit den autonomen kognitiven Wert tragischer Dichtung. Seine praktische Philosophie wolle die Dichtung nicht verdrängen, sondern ihr überhaupt erst zu ihrem Recht verhelfen. »They [the ethical works] do not replace tragedy: for only tragedy can give us illumination through and in pity and fear. But they supply an essential part of tragic learning, a part that Aristotle might fear losing, were he to run together [as Plato does] criticism and madness, explanation and passion.« (FoG 393). Diese Aussage enthält zugleich die Behauptung, daß die tragische Erfahrung an sich noch nicht ausreicht, um lebenspraktisch wirksam werden zu können. Erst ihre Explikation und Reflexion in der Ethik vermag das »tragic learning« zu vollenden. Im Zusammenspiel von Ethik und Ästhetik wird somit ein doppeltes erreicht. Zum einen gelangen die reflektierenden Zuschauer der Tragödie zu einem tieferen und besseren Verständnis ihrer selbst (»promote individual clarification and self-understanding«). Zum anderen erinnern sie sich ihrer gemeinsamen *conditio humana* und ihrer geteilten Wertschätzungen, was ihren Zusammenhalt stärkt (»move individuals towards communal attunement«, LK 173).

Bis zu diesem Punkt ist Nussbaums These über den Zusammenhang von Ethik und Ästhetik in der Welt der Polis lediglich von historischem Interesse. Zwar gehören griechische Tragödien weiterhin – und in beträchtlichem Ausmaß – zum Programm zeitgenössischer Theater, doch haben sie ihre singuläre Vorrangstellung in der öffentlichen Kultur längst eingebüßt. Das mag daran liegen, daß andere Kunstformen erfolgreicher darin sind, das Selbstverständnis gegenwärtiger Menschen zu artikulieren, vielleicht, weil dieses Selbstverständnis nicht ohne weiteres mit dem der Griechen übereinstimmt. Daran schließt sich die Frage an, ob und gegebenenfalls inwiefern es in der gegenwärtigen Welt noch jenen Zusammenhang von Ethik und Ästhetik gibt, der die griechische Welt prägt. Nussbaum sucht eine Antwort, indem sie sich der im 19. Jahrhundert entstandenen Gattung des Gesellschaftsromans zuwendet. Ihrer Einschätzung nach ist er für die Moderne, was die Tragödie für die Antike gewesen ist, »the central morally serious yet popularly engaging fictional form of our culture« (PJ 6). Um dies zu belegen, muß Nussbaum aufzeigen, welchen Beitrag der Roman zu den genannten ethischen Aufgaben – Erhellung des individuellen Selbstverständnisses und Stärkung des gemeinsamen Zusammenhalts – leisten kann.

Was ersteres angeht, so verweist Nussbaum sowohl auf die Komplexität als auch auf die Wertungen von narrativen Texten. Der Roman sei konkreter als andere literarische Gattungen (PJ 7). Er werde durch genaue Beschreibungen der Bedeutung gerecht, die Handlungsumstände, Einzelheiten und unkontrollierbare Ereignisse für das menschliche Leben besäßen. In all dem nehme er stets Stellung, unterscheide das Wichtige vom Unwichtigen, das moralisch Bedeutsame vom Ephemeren. »Built into the very structure of a novel is a certain conception of what matters.« (LK 26, 35, 37). Der Roman verlangt einen empathischen und emotional sensiblen Leser, der sich mit den Figuren identifiziert, eine Sache mit ihren Augen sieht, um die komplexeren von den einfacheren Sichtweisen unterscheiden zu lernen. Solche Identifikation setzt keineswegs voraus, daß Leser in denselben Situationen wie die Romanhelden sind. Vielmehr erweitern narrative Texte den Lebens- und Erfahrungshorizont ihrer Rezipienten, machen sie mit Situationen und Perspektiven vertraut, die sie ansonsten nicht wahrnehmen würden (LK 46f, PJ 7). Zur Identifikation reicht es, wenn Romane einen Bezug zu »our pressing questions and perplexities« haben, so daß wir darin »images of what we might do and be« finden, die das eigene Leben erhellen (LK 29). Eine Wendung Henry James' aufgreifend spricht Nussbaum von der Fähigkeit des Künstlers, Moral zu projizieren (»the projected morality«) und dadurch dem Betrachter Möglichkeiten vor Augen zu führen, die ihm im gewöhnlichen Leben verborgen bleiben (LK 7f, 46, 166, 289). Dies geschehe nicht bloß im einsamen Dialog zwischen Leser und Autor bzw. Text, sondern in einem Dialog mit allen anderen Lesern. Neben das »absorbed imagining« des einsamen Lesers träten Phasen »of more detached (and interactive) critical scrutiny«, in denen die Leser miteinander kommunizierten. Das »novel-reading« wird zum Modell für »public reasoning« (PJ 8f). Solchermaßen will Nussbaum erklären, wie der Roman das individuelle Selbstverstehen der Leser zu einem »communal attunement« führt. Daß diese Gattung dafür besser als andere geeignet sei, führt sie auf die spezifische Sprache des (Gesellschafts-)Romans zurück: »It [the novel] uses the language of community, and joins readers with both characters and author (and with one another) in bonds of community.« (LK 166f).

Nussbaums Überlegungen, die hier nur in sehr gestraffter Form wiedergegeben werden können, beruhen auf Essays zu Romanen von Henry James und Charles

Dickens. Ob sie ohne weiteres auf andere Romanciers übertragen werden können, ist ungewiß. Was ihre selbstgewählten Vorbilder angeht, sind die Überlegungen zum Zusammenhang von Literatur und Moral von literaturwissenschaftlicher Seite angezweifelt worden.[141] Ohne in den einzelnen Streitpunkten Partei zu ergreifen, darf man die Einwände doch als indirekte Hinweise auf die immensen Schwierigkeiten betrachten, in Sachen Textauslegung zu einem »communal attunement« zu gelangen. An dieser Stelle sei indessen eine andere Richtung der Kritik eingeschlagen. Es könnte sich nämlich als nützlich erweisen, Nussbaums Überlegungen zur antiken Tragödie und zum modernen Roman etwas genauer zu vergleichen. Während die Amerikanerin ausschließlich auf Strukturanalogien hinweist, gibt es eine Reihe von Unterschieden, die ihrerseits ein Schlaglicht auf die differente Rolle von Kunst in der modernen Gesellschaft werfen. Der erste Unterschied betrifft das Selbstverständnis der Rezipienten, wie es im impliziten Zuschauer einer Tragödie bzw. im impliziten Leser eines Romans angelegt ist.[142] Der moderne Roman thematisiert, so Nussbaum, »the interaction between general human aspirations and particular forms of social life that either enable or impede those aspirations, shaping them powerfully in the process«. Der vom Text intendierte Leser soll die »mutable features of society« erkennen und begreifen, wie durch soziale Veränderungen »shared hopes and desires« verwirklicht werden könnten (PJ 7). Offenkundig handelt der moderne Roman vom Antagonismus zwischen bestehenden gesellschaftlichen Normen und dadurch beschränkten individuellen Möglichkeiten. Insofern er dies seinen Lesern vorführt, deutet er zugleich als Fluchtperspektive eine bessere Welt an, in der alle Individuen freier leben und sich verwirklichen können. Der implizite Leser wird gleichermaßen als unterdrücktes Individuum und als Sozialreformer, wenn nicht sogar als Sozialrevolutionär konstruiert. Er versteht sich selbst, wenn er – in negativer wie in positiver Hinsicht – seine Abhängigkeit von anderen begreift. Hingegen spielt der Konflikt zwischen Individuum und Gesellschaft in der griechischen Tragödie keine Rolle. Gegenspieler der Menschen sind meistens die Götter oder der Zufall, auf wen auch immer er zurückgehen mag. Wo Menschen in tragischer Weise aufeinanderstoßen, handeln sie entweder aus Nichtwissen oder sie folgen göttlichen Aufträgen, die unvereinbar sind. Selbst die *Antigone* des Sophokles taugt nicht als Beispiel für den modernen Konflikt zwischen dem Einzelnen und der Gesellschaft. Zwar widersetzt die Protagonistin sich den Anordnungen König Kreons, mithin dem Gesetz der Stadt, doch beruft sie sich auf das Gesetz der Götter, keineswegs auf individuelle Rechte. Außerdem klagt sie die Rückkehr zu einem überlieferten Kodex ein, anstatt sich auf eine »projected morality« zu berufen. Überhaupt handelt die Tragödie nicht von den »mutuable features of society«, sondern von dem, was der Mensch nicht ändern, sondern bloß ertragen kann. Der Zuschauer versteht sich selbst, wenn er die Grenzen seines Handelns und die »Fragilität des Guten« einbekennt. Er ist als einer konstruiert, der beständig das Maß zu verlieren droht und durch Furcht und Mitleid der Folgen von Maßlosigkeit gemahnt wird.

---

141 Vgl. Patrick Gardiner: Professor Nussbaum on *The Golden Bowl*, in: New Literary History 15 (1983), 179–184; Richard Wollheim: Flawed Crystals: James's *The Golden Bowl* and the Plausibility of Literature as Moral Philosophy, in: New Literary History 15 (1983), 185–191.

142 Die Theorie des »implied reader« stammt von Wayne C. Booth, von dem Nussbaum sie übernimmt (vgl. LK 8f, 230–244). Sie besagt, daß jeder Autor mit seinem Werk einen idealen Leser entwirft, der das Werk entziffern kann. Wiewohl diese Theorie enge Grenzen hat, wird sie hier übernommen, um auf eine Inkohärenz innerhalb von Nussbaums Argumentation hinzuweisen.

Diese Unterschiede hinsichtlich des möglichen Selbstverständnisses von Rezipienten wirken sich auf die Funktion der Gattungen im öffentlichen Leben aus. Der Roman steht nach Nussbaums Darlegung im ständigen Konflikt mit gesellschaftlichen Normen. Er wendet sich an einen Leser, der im Akt der Lektüre geltende Verbindlichkeiten suspendiert, sich auf die Vision einer anderen Gesellschaft einläßt und daraus das Potential für eine Kritik gegenwärtiger Zwänge ableitet. Die Gemeinschaft kritischer Leser muß sich zunächst in halböffentlichen Schutzräumen (etwa in literarischen Salons) finden, bevor sie die dominierenden gesellschaftlichen Kräfte herausfordern kann. Dagegen ist die Tragödie von Anfang an eine öffentliche und aus öffentlichen Mitteln finanzierte Angelegenheit. Sie wendet sich nicht an das private Individuum, sondern an die im politischen Leben stehenden Bürger. Symbolisch kommt das dadurch zum Ausdruck, daß die Zuschauer bei hellem Tageslicht nebeneinander im Theater sitzen, als Polis-Gemeinschaft (LK 15f, TSS 115f). Die Stücke führen ihnen die Unberechenbarkeit von Handlungen und die ständigen, individuellen wie gemeinschaftlichen Gefahren der Selbstüberschätzung vor Augen. Insofern eignet auch ihnen eine kritische Distanz zur Praxis, freilich eine solche Distanz, die vor allem zur Selbstkritik einlädt. Diese Kritik speist sich nicht aus der utopischen Vorwegnahme einer anderen Gesellschaft, sondern aus einer indirekten Bekräftigung der überlieferten Tugenden des Maßhaltens und der Standhaftigkeit in noch so aussichtslosen Situationen. Wer sich auf die tragische Handlung einläßt, bestätigt diese gemeinsamen Werte. Wer sich indessen auf den Roman, wie er Nussbaum vorschwebt, einläßt, bestätigt zunächst nur die Suspension geltender Normen.[143] Das »communal attunement« wird in eine vage Zukunft verlegt; zunächst gilt es, die Differenz zwischen ästhetisch-fiktionalen und ethisch-realen Normen auszuhalten. Aus diesem Grund verwandelt sich die in der Antike bestehende Komplementarität von Ethik und Ästhetik in ein Spannungsverhältnis.

Nussbaums Rede vom »perceptive equilibrium« verschleiert diese Unterschiede. Sie mag auf die alte Welt zutreffen, die Konflikte des modernen Lesers/Bürgers bildet sie nicht ab. Indessen hat Nussbaum zumindest zeitweise die Existenz solcher Konflikte eingestanden. Gerade jener Essay, der die Theorie des perzeptiven Gleichgewichts entwirft, endet mit einer Reflexion über die Grenzen dieser Theorie. Der von ihr konstruierte Leser wird nämlich immer einen gewissen Abstand wahren, der es erlaubt, Perzeptionen mit eigenen Erfahrungen auszubalancieren. Dadurch bleibt ihm jene Erfahrungsdimension verschlossen, die das Gleichgewicht zwischen Ethik und Ästhetik sprengt, nämlich »the tumultuous perceptions of personal passion« (LK 187–189). Diese Perzeptionen sind so privat, daß sie sich einer öffentlichen Rechtfertigung entziehen. Sie können sogar ethischen Erwägungen entgegenstehen. Nussbaums Beispiel ist die »hidden vision of love«, romantische Liebe, die alle anderen Verbindlichkeiten negiert und gleichwohl höchste Erfüllung verspricht. Um dieser Erfahrung gerecht zu werden, deutet sie die Möglichkeit an, daß sich das Gleichgewicht in eine »unsteady oscillation

---

143 Die Erfahrung des privaten Romanlesers unterscheidet sich nicht allzusehr von der des modernen Theaterbesuchers, die Nussbaum folgendermaßen beschreibt: »Going to a play [...] is often done in a way that emphasizes the notion that the function of the activity is to detach the imagination from daily life and its tensions, to release the spectator into a private world of fantasy and delight. The theatre is usually dark; one cannot see the other members of the audience; the stage, bathed in light, is a separate world, cut off from the spectators by the proscenium arch and the curtain – a framed world of magic quite separate from one's own.« (TSS 115).

between blindness and openness, exclusivity and general concern, fine reading of life and the immersion of love« verwandelt (LK 189f).

Freilich relativiert Nussbaum diese für das Verständnis der im 19. Jahrhundert geprägten Gattung Roman zentrale Einsicht in der Einleitung zu *Love's Knowledge* wieder. Nach ihrer dort vertretenen Position bilden Liebe und ethische Verbindlichkeit zwar nicht unbedingt ein Gleichgewicht, doch ergänzen sie einander in dynamischer Weise, ohne daß es zu tragischen Konflikten käme (LK 52f). Um diese Position zu plausibilisieren, beruft sie sich auf Aristoteles und die Griechen, bei denen es ebenfalls keine starke Unterscheidung zwischen der öffentlichen und der privaten Sphäre gebe. »The public sphere was suffused with the emotional and imaginative energy that we sometimes associate, instead, with the private sphere, just as the private sphere of the household was itself suffused with public concern.« (LK 98). Nussbaums Intuition, daß die Moderne, die moderne Literatur zumal, nicht unbedingt ein Vorbild für ihre Position abgibt, ist zutreffend. Daß sie aber ausgerechnet die Griechen dafür in Anspruch nehmen will, verleitet sie zu einem krassen Anachronismus. Keineswegs ergänzen sich bei ihnen öffentliche und private Sphäre. Vielmehr liegt eine strikte Trennung vor, die auf einer eindeutigen Vorrangstellung des politischen Lebens vor dem häuslichen Leben beruht. Diese Trennung wird in keiner Weise durch private Liebesbeziehungen beeinträchtigt, denn der Ort für herausgehobene Beziehungen ist die Öffentlichkeit selbst, in der die Gleichen miteinander Umgang pflegen. Gewiß ergänzen sich dieser Umgang und die politische Deliberation, jedoch ganz unabhängig vom »privaten« Leben im Haushalt. Es ist diese Ergänzung, die das Leiden mit dem Helden der Tragödie vom Leiden mit den Liebenden des modernen Romans unterscheidet, denn jenes festigt, dieses bedroht das öffentliche Leben. Wo aber das öffentliche Leben bedroht ist, stehen Ethik und Ästhetik, praktische Philosophie und Literatur in einem prekären Verhältnis zueinander. Von daher ist Nussbaums Versuch einer Annäherung dieser Disziplinen eine Grenze gezogen, die im Wesen der Moderne selbst liegt.

2.2 Kontingenzerfahrung: Die Fragilität des guten Lebens

Nussbaum ist an der griechischen Tragödie interessiert, weil sie das Ausmaß erkundet und vorführt, in dem das Gelingen des Lebens von Dingen abhängt, die nicht in der Macht des Menschen liegen. Dahinter steht indessen keine religiös motivierte Einstellung, die Schicksal auf die Vorsehung höherer Mächte zurückführte. Ebensowenig ist ihr an einer Abwertung des menschlichen Daseins gelegen. Vielmehr will sie von einer streng anthropozentrischen Position aus aufzeigen, daß ein Teil der »peculiar beauty of *human* excellence« gerade in deren »vulnerability« liege. Die Bedeutung der Tugenden und des menschlichen Glücks sei nur in Relation zur *conditio humana* zu ermessen. Während sich ein großer Teil der Philosophie von der verletzbaren *conditio humana* abwende, um im reinen Denken Selbstgenügsamkeit zu finden, findet Nussbaum in der Tragödie jenen »vivid sense of the special beauty of the contingent and mutable«, ohne den die griechische Welt nicht zu verstehen sei (FoG 1–3). Diese Betrachtungsweise setzt eine Entscheidung für den Vorrang der *vita activa* vor der *vita contemplativa* voraus, die an Hannah Arendt erinnert. Beide wissen, daß sie es sich damit nicht leichter machen, weil ein auf Handeln angelegtes Leben in viel geringerem Maße geplant und gesteuert werden kann. Und beide gehen davon aus, daß die praktische Philosophie des Aristoteles dies ausdrücklich reflektiert. Freilich scheint diese Ähnlichkeit rein struktureller Natur zu sein; bei Nussbaum findet sich an keiner Stelle ein Hinweis auf die Schriften Arendts.

In diesem Kapitel ist zu untersuchen, wie Nussbaum im Dialog sowohl mit attischen Tragödien als auch mit aristotelischen Texten die verschiedenen Dimensionen der Kontingenz auslotet. Dabei lautet die leitende Frage, wie der Mensch unter kontingenten Umständen ein gutes Leben führen und wie weit er sie beherrschen und transzendieren kann. Ihre Beantwortung erfolgt in drei Abschnitten. Der erste Abschnitt behandelt den gesamten Bereich externer Kontingenz, d.h. solcher Umstände und Geschehnisse, die von außen auf den Menschen treffen (a). Im zweiten Abschnitt geht es um das Feld interner Kontingenz. Damit sind die vermeintlich irrationalen Seelenteile – »appetites, feelings, emotions« – gemeint, die den Menschen von ›innen‹ her mit der »world of risk and mutability« verbinden (FoG 7). Externe und interne Kontingenz gehören zwar zusammen, lassen sich aber analytisch trennen (b).[144] Der dritte Abschnitt wirft schließlich die Frage auf, ob und in welchem Ausmaß Kontingenz vom Menschen transzendiert werden kann. Nussbaum konfrontiert dabei zwei Alternativen, das Streben nach göttlicher Unsterblichkeit (externe Transzendenz) und das Streben nach einer ›humaneren‹ Welt (interne Transzendenz), von denen sie nur die zweite gelten läßt (c).

(a) Externe Kontingenz: tychē und eudaimonia

Im ersten Buch der *Nikomachischen Ethik* findet sich so etwas wie eine Liste all jener externen Kontingenzen, von denen das menschliche Glück abhängt:

»Unmöglich, zumindest aber nicht leicht ist es, gut zu handeln, wenn man über keine Hilfsmittel verfügt. Vieles läßt sich eben nur mit Hilfe von Freunden, von Reichtum und politischer Macht, gleichsam mit Werkzeugen, erreichen. Das Fehlen einiger Güter beeinträchtigt die reine Gestalt des Glücks, zum Beispiel edle Geburt, prächtige Kinder, Schönheit. Denn es wird nicht sehr glücklich sein, wer häßlich aussieht oder eine niedere Herkunft hat oder allein lebt und kinderlos ist. Noch weniger gilt das, wenn jemand ganz schlechte Kinder oder Freunde hat oder wenn er gute durch Tod verloren hat.« (8, 1099a32–b6)

Nicht alle dieser Güter sind gleicher Art. Von der Schönheit abgesehen, beziehen sie sich zwar alle auf etwas, das außerhalb des Betroffenen liegt, wie Freunde, Kinder oder Herkunft. Doch gibt es unter diesen Gütern noch einmal Rangunterschiede; einige, wie Geld oder Macht, sind bloß instrumentell von Bedeutung, andere, wie Kinder und (echte) Freunde besitzen intrinsischen Wert. Unabhängig von solchen Differenzierungen macht Aristoteles zwei gängige Urteile über den Wert solcher Güter aus. Einige stellten die Gunst des Zufalls (*eutychia*) auf eine Stufe mit dem Glück (*eudaimonia*), während andere der Tugend diesen Platz zuwiesen (b7f). Im weiteren Verlauf der Diskussion wird sich Aristoteles dem zweiten Urteil anschließen und seine Implikationen systematisch entfalten. Nussbaum setzt an der genannten Stelle an, führt aber noch eine weitere Position ein, die platonische. Danach ist das Glück des Menschen eine Angelegenheit allein des *nous* und des *logos* und von *tychē* völlig unabhängig. Sie will zeigen,

---

144 Die terminologische Unterscheidung führt Nussbaum auf B. Williams zurück (FoG 424, Anm. 13).

daß Aristoteles beide Positionen (*eutychia* = *eudaimonia* vs. *eutychia* ≠ *eudaimonia*) als Extreme kennzeichnet, die er mit seinem Mittelweg überwindet (FoG 318ff). Diese Auslegung ist, wie aus der folgenden Untersuchung hervorgehen wird, mit zahlreichen Stellen bei Aristoteles zu vereinbaren. Im Kontext von NE I erscheint sie indessen nicht als unproblematisch. Gemäß I.11 kann sich die zum guten Leben erforderliche Tugend sowohl auf *praxis* als auch auf *theōria* beziehen, wobei der Text nahelegt, daß die Beständigkeit des Glücks im *theōrein* am größten sei (1100b12–20). Zumindest nach dieser Stelle, die einen Widerhall in der Behandlung des *bios theōretikos* in NE X.7–9 findet, scheint Aristoteles Platon näher zu stehen, als es Nussbaum lieb ist. Interpreten wie Eric Voegelin haben daraus den Schluß gezogen, daß zwischen beiden keine gravierenden Differenzen bestehen und Aristoteles die platonische Position lediglich erweitert. Nussbaum geht indessen einen anderen Weg, auf dem Platon nicht anders als die Anhänger der Zufalls-Theorie von Aristoteles überwunden wird.

In NE I.3 erwägt Aristoteles die Möglichkeit, daß jemand zwar die *aretē* zum politischen Leben habe, jedoch schlafe oder ein Leben lang untätig und darüber hinaus noch mit größtem Leid und Unglück (*kakopathein kai atychein*) beladen sei. Einen solchen werde niemand glücklich nennen, es sei denn, um eine paradoxe Behauptung zu retten (1095b32 – 1096a2). Diese Stelle spielt sicher nicht auf Platon an, den Aristoteles erst nachfolgend behandelt. Gleichwohl bringt Nussbaum sie mit diesem in Verbindung, indem sie an die Dichterkritik der *Politeia* erinnert (FoG 322, 381f). Dort heißt es, die Dichter sollten nicht das Leid und Unglück besingen, sondern den rechtschaffenen Mann (*ho epieikēs anēr*), der sich am meisten selbst genüge, um gut zu leben, und mehr als alle übrigen eines anderen nicht bedürfe (*malista autos autō autarkēs pros to eu zēn kai diapherontōs tōn allōn hēkista heterou prosdeitai*). Er werde am wenigsten jammern, wenn ihn das Unglück treffe, etwa wenn er Söhne, Brüder oder Besitztümer verliere (III, 387d–e). Diese Forderung scheint in der Tat dem aristotelischen Beispiel sehr nahe zu kommen. Zwar sagt Platon nicht, daß der rechtschaffene Mann untätig sei, jedoch scheint Tätigkeit für seine Beurteilung nicht relevant zu sein. Was zählt, ist allein sein guter Charakter. Damit trennt Platon das gute Leben vom guten Handeln ebenso wie von allen äußeren Umständen ab und verortet es allein in inneren Qualitäten. Nussbaum weist auf die Wirkungsmächtigkeit dieser Position hin, indem sie Kant erwähnt (FoG 329), für den es nichts in und außerhalb der Welt gibt, »was ohne Einschränkung für gut könnte gehalten werden, als allein ein guter Wille«.[145] Ebensogut hätte sie auch das stoische Ideal der *ataraxia* nennen können, von welchem sich die kantische Sichtweise herleitet. Wie Nussbaum darlegt, handelt es sich jeweils um eine reduktive Strategie, die das Gute so sehr einengt, daß es jeder Welthaftigkeit verlustig geht und entsprechend gegen weltliche Kontingenz immunisiert wird. Aristoteles findet deutliche Worte für solche Bestrebungen: »Wenn aber manche sagen, der Mensch auf der Folter oder der von schwerem Unheil (*dystychia*) Getroffene sei glücklich, weil er innerlich gut (*agathos*) sei, so sprechen sie, ob sie wollen oder nicht, Unsinn.« (NE VII.14, 1153b19–21). Seinem und dem Verständnis der meisten Polisbürger nach besteht das gute Leben im guten Handeln. Denn wer in guter Verfassung ist, ohne jemals etwas Gutes zu verwirklichen, verdient nicht, glücklich genannt zu werden. Die Sieges-

---

145 Grundlegung zur Metaphysik der Sitten, in: Akademie-Ausgabe, Bd. IV, Berlin 1911, 393.

preise des Lebens erringen nur die (richtig Handelnden), wie auch bei den Olympischen Spielen nur die Kämpfer und nicht etwa die Schönsten erfolgreich sind (NE I.9, 1098b31 – 1099a7). Nussbaum stellt zu Recht heraus, daß Aristoteles aus diesem Grund in der *Poetik* Dramen fordert, die auf Handlungen und nicht bloß auf Charakterschilderungen beruhen (TSS 116f). Wer jemand ist, zeigt sich erst *in actu*, nicht *in potentia*.

Mit der Position, die *eutychia* umstandslos mit *eudaimonia* gleichsetzt, befaßt sich Aristoteles in NE I.10–11. Für ihre Vertreter ist das Glück eine Gabe der Götter oder des Zufalls (1099b9–11). Aristoteles weist auf die Konsequenzen dieser Ansicht hin. Wenn wir uns dem Wechselspiel des Zufalls unterwürfen, so müßten wir denselben Menschen bald als glücklich, bald als unglücklich bezeichnen. Dadurch ließen wir ihn aber zu einer Art Chamäleon werden (1100b4–7). Aristoteles verweist auf die Evidenz lebenspraktischer Erfahrung, daß es glückliche Menschen gibt. Mehr noch, er zeigt, wie der Zufalls-Theoretiker mit dem Charakter-Theoretiker eine wichtige Voraussetzung teilt. Beide bestimmen wahres Glück in einer Weise, die dem täglichen Leben weit entrückt ist, mit dem Unterschied nur, daß der eine dies zum Anlaß nimmt, sich vom Leben abzuwenden, der andere aber, sich vom wirklichen Glück abzuwenden und dem Schicksal auszuliefern (1100a34–b4). Dagegen lautet der aristotelische Mittelweg, daß das menschliche Leben zwar der *eutychia* bedürfe, entscheidend jedoch die *eudaimonia* sei, welche durch tugendgemäße Vollzüge erreicht werde (b12f). In gewissen Maßen ist *eutychia* zwar eine notwendige Bedingung der *eudaimonia*, doch stellen erst *energeiai kat'aretēn* deren ausreichende Bedingungen dar. Alles andere würde zu einer Entwertung praktischen Handelns führen, die mit den Erfahrungen und Meinungen der Bürger nicht zu vereinbaren wäre.

Diese Haltung wirft gleichwohl die weitere Frage auf, wieviel *atychia* ein Leben vertragen kann, um noch als glückliches zu gelten. Darauf gibt Aristoteles eine Antwort, die ausnahmsweise im Zusammenhang zitiert sei, weil sie den Anknüpfungspunkt für weitergehende Überlegungen Nussbaums darstellt:

»Wenn aber Handlungsvollzüge das Beste im Leben sind, wie wir gesagt haben, dann kann ein glücklicher Mensch nicht ins Unglück fallen, denn niemals tut er etwas Verabscheuenswertes oder Minderwertiges. Wir meinen, daß der wahrhaft gute und umsichtige Mann alle Wendungen des Schicksals in anständiger Weise erträgt und aus dem Gegebenen das Beste macht – gerade so wie der gute Heerführer das ihm zur Verfügung stehende Heer am besten für die Entscheidung des Krieges einsetzt oder der Schuster das verfügbare Leder zum besten Schuhwerk verarbeitet. Denn so machen es alle Handwerker. Wenn es sich so verhält, kann der Glückliche wohl nie ins Unglück geraten, jedoch auch nicht zur höchsten Erfüllung gelangen, wenn ihn Schicksalsschläge wie Priamos treffen.« (NE I.11, 1100b33 – 1101a8)

Diese Stelle findet sich unmittelbar nach der anfangs erwähnten Beteuerung der Stetigkeit des Glücks in *praxis* wie *theōria*. Wenn Aristoteles darin eher zu einer platonischen Haltung neigt, so ist dies auch hier zu spüren. Der Charakter vermag dem guten Mann zwar nicht die Vollform des Glücks zu garantieren, doch bewahrt er ihn zumindest vor dem tiefsten Fall. Das mag für Priamos zutreffen, der, wie die *Ilias* berichtet, seine fünfzig Söhne im Krieg verloren hat und doch den Mut faßt, zum Mörder seines letzten Sohnes Hektor zu eilen, um dessen Leichnam zu holen.[146] Trifft es aber für die uns

---

146 24. Gesang, Vers 145ff.

überlieferten Tragödien in gleicher Weise zu? Indem Nussbaum diese Frage stellt, bindet sie die aristotelische Ethik an die Poetik und an die Evidenz der Überlieferung zurück. Das letzte Kapitel von *Fragility of Goodness* behandelt Hekabe, eines der düstersten Stücke nicht nur des Euripides, sondern der attischen Tragödie überhaupt. In formaler Hinsicht ist es das komplementäre Gegenstück zur Priamos-Geschichte. Hekabe, die Frau des trojanischen Königs, ist in griechischer Gefangenschaft zur Sklavin geworden. Wie dieser erfährt sie vom Tod ihrer letzten (beiden) Kinder – anders als er verdrängt sie jedoch ihren Schmerz durch Rachegelüste. In einer besonders hinterhältigen Aktion tötet sie die Kinder Polymestors, des Mörders ihres Sohnes, und blendet ihn. Polymestor prophezeiht, daß Hekabe zur Hündin geraten werde, symbolischer Ausdruck ihrer moralischen Degeneration. Nussbaum kommentiert: »This alarming story of metamorphosis arouses and explores some of our deepest fears about the fragility of humanness, and especially of character, which might seem to be the firmest part of humanness.« (FoG 399). Damit stellt ausgerechnet Euripides, den Aristoteles in der *Poetik* als »tragischsten« unter den Dichtern lobt (13, 1453a24–30), massiv in Frage, was in NE I.10 über die Unverwundbarkeit des guten Charakters steht. Nussbaum nimmt diesen Widerspruch zum Anlaß, den ›tragischen‹ gegen den ›platonischen‹ Aristoteles auszuspielen. Für letzteren spricht, daß auch die *Poetik* die Kontinuität des Charakters verlangt, weshalb die Wandlung Hekabes nicht plausibel erschiene (TSS 156). Für ersteren spricht hingegen eine längere Passage der *Rhetorik*, die Nussbaum anführt. Darin teilt Aristoteles über die jungen Menschen mit, sie seien großgesinnt (*megalopsychoi*), weil sie wenige Schlechtigkeiten erlebt hätten und vom Leben noch nicht gedemütigt worden seien (II.12, 1389a16f, a29–32). Aus demselben Grund bezeichnet er die Alten als kleinsinnig (*mikropsychoi*; II.13, 1389b25f). Nussbaum nimmt diese Stellen als Beleg dafür, in welchem Ausmaß Aristoteles anerkenne, daß Lebensumstände den Charakter beschädigen könnten (FoG 338). Sie gelangt zu dem Ergebnis, daß das in der *Nikomachischen Ethik* und anderswo entwickelte Verständnis von Ethik letztlich mit der Evidenz der tragischen Überlieferung zu vereinbaren sei (FoG 418f).

Dieses Ergebnis bedarf indessen eines weiteren Tests. Ein Teil der uns bekannten Tragödien (etwa Sophokles' *Antigone* oder Aischylos' *Agamemnon*) bezieht ihre innere Spannung aus dem tragischen Konflikt zwischen gleichrangigen, aber inkommensurablen Gütern. MacIntyre wirft, wie im vorigen Kapitel deutlich wurde, Aristoteles vor, daß er solchen Konflikten aufgrund einer zu harmonischen Sichtweise der Tugenden in der Ethik nicht gerecht werde.[147] Man kann dem hinzufügen, daß auch die *Poetik* von ihnen nichts weiß. Nussbaum nimmt Aristoteles indessen gegen diese Vorwürfe in Schutz. Zu seiner Entlastung führt sie drei Argumente an. Das erste bezieht sich auf NE IX.2, wo Aristoteles die Möglichkeit konfligierender Verpflichtungen gegenüber Freunden einräume. Allerdings verschweigt sie, daß er in dem fraglichen Abschnitt gerade damit befaßt ist, solche Konflikte zu lösen, indem er die Verpflichtungen gegenüber anderen nach Verpflichtungsgründen und -graden differenziert. Das zweite Argument bezieht sich auf NE III.1. Dort erwähnt Aristoteles Taten, die zwar verwerflich

---

147 Vgl. IV.1.1.(d).

sind, aber aus Angst vor noch größerem Unheil oder für ein edles Ziel dennoch ausgeführt werden. Dafür verdienten die Handelnden sogar Lob (FoG 355). Gegen dieses Argument spricht jedoch, daß der Stagirit von einer klaren Rangordnung der Ziele ausgeht, so daß kein tragischer Konflikt zwischen *gleich*rangigen Gütern vorliegt. An anderer Stelle nennt Nussbaum noch ein drittes Argument, welches auf das aristotelische Diktum in Pol. II.2 rekurriert, die Polis bestehe aus einer Vielzahl von Menschen und vertrage daher nur eine begrenzte Einheit. Damit bewahre er die Möglichkeit kontingenter Wertkonflikte als Bedingung des Reichtums und des Elans bürgerlichen Lebens (FoG 353). Indessen greift auch dieses Argument zu kurz. Gewiß läßt Aristoteles im Unterschied zu Platon politische Konflikte zu, Konflikte, die sich auf das Zusammenleben im ganzen beziehen können. Jedoch begrenzt er die Sprengkraft solcher Konflikte durch die Forderung nach *philia politikē*, die wiederum auf einem Konsens über die Verfassungsgrundlagen beruht. Darüber hinaus betreffen politische Konflikte nicht letzte Dinge, welche in den Zuständigkeitsbereich der *theōria* fallen. Solche Güter und Verbindlichkeiten sind es aber, die Antigone und Kreon zusammenstoßen und Agamemnon seine Tochter opfern lassen.

Hinsichtlich des tragischen Konflikts scheint Aristoteles somit nicht mit der Überlieferung in Einklang zu stehen. Das mag daran liegen, daß die Dichter die Verpflichtung göttlicher Gesetze und göttlicher Befehle, welche zu tragischen Konflikten Anlaß geben, noch in einem Maße anerkennen, das Aristoteles fremd geworden ist. Die Konflikte zwischen rein menschlichen Zielen scheinen indessen weder für die Dichter noch für Aristoteles tragisches Format zu erreichen. Gewiß weiß Aristoteles wie kaum ein anderer um die Sprengkraft solcher Konflikte innerhalb von Bürgerschaften. Gerade deshalb ist er aber an ihrer institutionellen Ausbalancierung interessiert, um den politischen Frieden zu wahren. Wenn Nussbaum sie hingegen für ethisch bedeutsam hält, nimmt sie das mögliche Zerbrechen von Gemeinwesen bewußt und billigend in Kauf. Es bleibt daher festzuhalten, daß sie die Verletzbarkeit und Zerbrechlichkeit des guten Lebens gegenüber Aristoteles eher noch aufwertet. So verschärft sie das Problem der Kontingenz, und es erhebt sich die Frage, wie sie damit in ihrem Entwurf einer guten politischen Ordnung umzugehen weiß.

(b) Interne Kontingenz: pathos und hybris

Als Gegenstück zur Liste externer Kontingenzen in NE I.8 findet sich in NE III.4 diese Liste:

»Als Emotionen (*pathē*) bezeichne ich die Begierde (*epithymia*), den Zorn, die Furcht, die blinde Zuversicht, den Neid, die Freude, die Freundschaft, den Haß, die Sehnsucht, die Mißgunst, das Mitleid, die alle von Lust oder Schmerz begleitet werden.« (1105b21–23)

Alle genannten *pathē* umreißen das Feld der internen Kontingenz; es handelt sich, wie der Name bereits sagt, um Leidenszustände der Seele, die entweder lustvoll oder schmerzhaft sind. Sie sind keineswegs von externen Kontingenzen getrennt, sondern stellen Reaktionen auf äußere Geschehnisse dar. In der Rede von »Kontingenzen« schwingt mit, daß diese Reaktionen nur begrenzt, womöglich gar nicht zu beherrschen sind. Um die aristotelische Position und Nussbaums Interpretation besser verstehen zu können, empfiehlt es sich, wie im vorigen Abschnitt zuerst jene beiden Positionen zu skizzieren, zwischen welchen der Stagirit einen Mittelweg sucht. Die erste Position kann abermals Platon zugeschrieben werden. Nach dem Bericht im *Phaidon* stehen Seele und Leib des Menschen in einem spannungsvollen Verhältnis. Während jene nach der Wahrheit strebt, wird sie von diesem hintergangen (65b). Als Gründe dafür nennt Sokrates das Bedürfnis nach Nahrung, die Gefahr von Krankheiten, Begierden, Gelüsten und mancherlei Schattenbildern – allesamt Strebungen, die die Seele von ihrer ruhigen Schau der Wahrheit abzuhalten drohen (66b–c). Wer, so die Folgerung, wirklich etwas erkennen will, muß sich davon freimachen und einen Zustand vorwegnehmen, der eigentlich erst nach dem Tod eintritt, die Abtrennung der Seele vom Körper (66d–f). Platon geht somit davon aus, daß die *pathē* als kontingente, irrationale Eigenschaften des Leibes zu unterdrücken sind, weil sie den Menschen sonst vom Weg der Wahrheit führen. Die Gegenposition findet sich in der aristotelischen Beschreibung des *bios apolaustikos*, einer Lebensform im Zeichen der Lust. Aristoteles spricht von einem viehischen Dasein (*boskēmatōn bion*), weil dessen Anhänger allen Begierden freien Lauf ließen (NE I.3, 1095b15–22). Wie diese Lebensform aus ihrer Sicht zu verteidigen wäre, erfahren wir nicht. Zu vermuten ist jedoch, daß sie den kurzfristigen, aber sicheren Genuß dem langfristigen, aber unsicheren Wahrheitsstreben vorziehen. Strukturell entspräche diese Haltung der platonischen, nur mit entgegengesetzter Bewertung der *pathē*.

Aristoteles hebt sich von den beiden angeführten Positionen ab, indem er die *pathē* als natürliche Vermögen des Menschen bezeichnet, die als solche weder gut (wie die Anhänger des *bios apolaustikos* behaupten) noch schlecht (wie Platon behauptet) seien und daher weder Lob noch Tadel verdienten. Man tadle nicht den Zorn schlechthin, sondern nur eine bestimmte Weise des Zürnens (NE II.4, 1105b32 – 1106a10). Worauf es ankommt, ist der richtige, der angemessene Umgang mit den *pathē*, nur er kann gut oder schlecht genannt werden. Damit eröffnet Aristoteles das Feld der (*ēthikē*) *aretē* (II.5). Wenn die Tugend richtig ist, dann sind auch die *pathē* mit Vernunft verbundene Seelenzustände. ›Richtig‹ meint nicht ihre Unterdrückung, sondern ihre rechte Dosierung. Wer bei jeder Kleinigkeit in Zorn gerät, ist nicht besser als der, der niemals zürnt. Diese Lehre, die Aristoteles auf jede einzelne Tugend anwendet, stets nach der rechten Mitte fragend, setzt ein integrales Verständnis von Körper, Seele und Vernunft voraus. Danach bilden diese drei Elemente eine lebendige Einheit, worin die Seele alle Körperfunktionen, von der Ernährung bis zur Überlegung steuert und verbindet. Ausführlich wird diese Theorie in *De Anima* begründet, in der *Nikomachischen Ethik* begnügt sich Aristoteles mit einem kurzen und, wie er selbst sagt, vereinfachenden Referat (I.13). Danach besteht die Seele aus zwei »Teilen«, einem vegetativen (*phytikon*) und einem vernünftigen *(logistikon)*, die jedoch nicht streng getrennt, sondern durch das Strebevermögen (*orektikon*), welches beiden angehört, verbunden sind (1102b28–31). Wie bereits angesichts des erweiterten Rationalitätsbegriffs deutlich wurde, knüpft Nussbaum an diese Theorie an. Sie betont, daß Emotionen immer mit einer vernunftbestimmten Überzeugung verbunden sind. Diese Überzeugung kann falsch oder richtig sein, doch ist sie ebensowenig wie die emotionale Reaktion niemals arational (TD 78–81). Ihr spezielles Interesse entzündet sich an der Frage, wie sehr *pathē* von Meinungen und Überzeugungen abhängen. Sind diese nur notwendige oder auch hinreichende Bedingungen für gefühlsmäßige Empfindungen? Falls letzteres zutrifft: Können sie beliebig gesteuert oder gar abgeschafft werden? Läßt sich vom Fehlen bestimmter Überzeugungen auf das Fehlen von Emotionen schließen?

Die Beantwortung dieser Fragen erfordert zunächst eine nähere Differenzierung dessen, was Aristoteles als *pathē* bezeichnet. Nussbaum spricht von »appetites, feelings, emotions« (FoG 7), geht meistens aber selbst über die Unterschiede hinweg. Im Fall von »feelings« und »emotions« liegt das vermutlich daran, daß »feeling« zwar extensional weiter als »emotion« ist (es bedeutet nicht nur ›Gefühl‹, sondern auch ›Vorgefühl‹, ›Meinung‹), aber doch alle Fälle von »emotion« abdeckt. Klar ist aber, daß Gefühle etwas anders als Begierden »appetites« sind. Mit letzterem Begriff spielt Nussbaum auf den phänomenalen Bereich der von Aristoteles unter *pathē* subsumierten *epithymia* an, der körperlichen Begierden Hunger, Durst und sexuelles Verlangen (TD 81). Sie hängen mit den Gefühlen insofern zusammen, als ihre Erfüllung von Lust, ihre Nichterfüllung von Schmerz begleitet wird. Indessen scheinen sie in geringerem Maß kognitiv steuerbar zu sein. Das gilt insbesondere für Hunger und Durst. Der Mensch kann zwar erhebliche kognitive Kapazitäten darauf verwenden, *wie* er diese Begierden erfüllt. *Daß* sie erfüllt werden müssen und sich an einem bestimmten Punkt von selbst melden, hat indessen rein physische Ursachen. Gewiß gibt es Menschen, die über einen langen Zeitraum hinweg fasten können, doch ist ihnen aus rein organischen Gründen eine unübersteigbare Grenze gezogen. Hingegen ist die Plastizität sexueller Begierde bereits größer; die Kulturgeschichte kennt eine Fülle von enthaltsamen oder asexuellen Lebensweisen. Gleichwohl handelt es sich um einen Trieb, der niemals völlig ausgeschaltet worden ist, weil sonst die Reproduktion gestoppt worden wäre. Aristoteles unterscheidet zwischen Begierden, die allen Lebewesen gemeinsam sind, und solchen, die einzelnen Arten eigentümlich sind. Das Verlangen nach Nahrung und Sexualität rechnet er der ersten Gruppe zu (NE III.13, 1118b8–12), während die Gier nach Besitz (*pleonexia*) ein Beispiel für die zweite Gruppe wäre, da sie nur beim Menschen zu beobachten ist. Über die erste Gruppe sagt er, daß sie nicht völlig in unser und anderer Lebewesen Belieben falle, weil in ihr etwas Natürliches liege (b13f). Dagegen scheint *pleonexia* aus aristotelischer Sicht etwas Unnatürliches, geradewegs Schädliches zu sein, das nur in deformierten sozialen Beziehungen und bei schwachen Charakteren auftaucht (vgl. Pol. I.9–10). Folglich kann der Mensch nicht ohne das Verlangen nach Nahrung und Sexualität, wohl aber ohne Geldgier leben. Ersteres läßt sich formen, aber nicht abschaffen. Insofern sind Meinungen und Überzeugungen zwar ein notwendiger, jedoch kein hinreichender Teil der natürlichen *epithymia*. Anders gesagt: Alle körperlichen Triebe richten sich auf bestimmte Objekte, über deren Wertschätzung eine Meinung besteht, doch existieren sie nicht erst wegen solcher Wertschätzungen. Mit dieser Schlußfolgerung scheint Nussbaum insgesamt übereinzustimmen (TD 81f, 98).

Wie verhält es sich aber mit dem Bereich der Gefühle? Wer dem zweiten Buch der *Rhetorik* folgt, könnte den Eindruck gewinnen, daß sich Gefühle beliebig hervorrufen lassen. Aristoteles nennt jeweils die kognitiven Überzeugungen, die ein bestimmtes *pathos* auslösen. So wird nur jemand Zorn empfinden, der (1.) nach Rache sinnt für (2.) eine Kränkung, die ihm oder den seinigen widerfahren ist von jemandem, dem (3.) das Kränken nicht zusteht (2, 1379a30–32), und zwar (4.) im Hinblick auf etwas von nicht geringer Bedeutung (b12–14). Fehlt ein Element, bleibt der Zorn aus, etwa wenn die Kränkung von jemandem stammt, dem sie, aus welchen Gründen auch immer, zustand, wenn der Kränkende nicht mehr am Leben ist, so daß sich keine Gelegenheit der Rache bietet, oder wenn es sich um eine Lappalie handelt. Umgekehrt ruft ein Zusammentreffen aller vier Elemente automatisch Zorn hervor. Nussbaum schließt aus solchen Beispielen, daß für Aristoteles bestimmte Überzeugungen nicht nur notwendig, sondern sogar ausreichend sind, um entsprechende Emotionen auszulösen (TD 88f). Unter dieser Voraussetzung eröffnet sich die Möglichkeit, durch die Änderung von Überzeugungen auch Emotionen zu verlagern. Daher rührt Nussbaums Interesse an den Stoikern. Gewiß will sie anders als diese nicht alle Emotionen abschaffen und einem Ideal der *ataraxia* das Wort reden. Trotzdem hält sie deren »arguments for radically cutting back the passions«, gerade im Hinblick auf Zorn sowie dessen Zusammenhang mit Leid und Liebe, für »unavoidably strong« (TD 9). Nussbaum bekennt, daß sie *Therapy of Desire* aus Sympathie für die hellenistischen Argumente bezüglich der Auslöschung von Zorn geschrieben habe. »A motivation for me in writing about them was to discover whether it was possible to accept their arguments about the elimination of anger, while still rejecting their more general attack on passions such as love, fear, and grief.« (TD 508f).

Diese Einstellung mag gerade bei einer Autorin wie Nussbaum, die die positive Funktion der Emotionen so vehement herausgestellt hat, überraschen. Gleichwohl ist sie nur die Kehrseite der von ihr betriebenen Aufwertung emotionaler Reaktionen, mithin des Bereichs interner Kontingenzen. Wie sie selbst zugibt, führte ihr gerade der Fall der Hekabe in Euripides' Tragödie »the risk of corrosive anger« vor Augen (TD 509). Auch war ihr in den Essays von *Love's Knowledge* aufgegangen, daß Imagination, Emotion und Identifikation einen Leser nicht nur milde stimmen und ethisch vorteilhaft disponieren, sondern ebenso erregen und über alle ethischen Belange hinaustragen können. Deshalb mutierte das perzeptive Gleichgewicht zu einer »unsteady oscillation between blindness and openness, exclusivity and general concern, fine reading of life and the immersion of love« (LK 190). Wenn es ihr vor diesem Hintergrund gelänge aufzuzeigen, wie negative von positiven Emotionen gelöst und ausgeräumt werden könnten, würde ihre in der Einleitung zu *Love's Knowledge* vertretene Position ein ganzes Stück plausibler erscheinen. Dann wäre nämlich bewiesen, daß der außerethische Raum der Liebe zwar *neben*, aber nicht *entgegen* ethischen Verbindlichkeiten bestünde. Indessen schlägt dieser Beweis fehl, wie Nussbaum am Ende von *Therapy of Desire* eingestehen muß. Gefühle wie Liebe, so ihre Einsicht, lassen sich nicht einfach von Gefühlen wie Zorn trennen (TD 509f). Darauf scheint bereits Aristoteles hinzuweisen. Wie er im Abschnitt über den Zorn schreibt, zürnten wir den Freunden mehr als denen, mit denen wir nicht befreundet seien; denn wir meinten, es stünde uns zu, von ihnen eher mehr als weniger Gutes zu erfahren (Rhet. II.2, 1379b2–4). Zwischen *philia* und *thymos* besteht ein Zusammenhang. Da Zorn nur bei Kränkungen in bedeutsamen Dingen auftaucht, enthält er zugleich eine Wertschätzung dessen, was einem wichtig ist. Wenn Liebe oder Freundschaft aber wichtig sind, werden sie im Falle von Kränkungen eine um so heftigere Reaktion des Zornes nach sich ziehen. Wer letzteres abschaffte, würde ebenso den Wert des ersteren tilgen (TD 92). Nussbaum folgert, daß man nur die Wahl habe, entweder alle Gefühle abzuschaffen oder mit ihnen, d.h. mit allen ihren förderlichen wie zerstörerischen Äußerungen, zu leben (TD 510).

Wiewohl diese Schlußfolgerung konsequent zu sein scheint, wohnt ihr eine nicht ganz geringe Unklarheit inne: Ist es denn eine menschliche Möglichkeit, alle Gefühle abzuschaffen? Diese Möglichkeit setzte, wie zu sehen war, die Annahme voraus, daß Überzeugungen eine ausreichende Bedingung von Gefühlen sind, eine Annahme, die Nussbaum nicht nur den Stoikern, sondern auch Aristoteles zuschreibt. Da sie am Ende von *Therapy of Desire* nicht widerrufen wird, scheint die Abhandlung weiter offen zu lassen, was ihr Titel verspricht: eine Therapie des Verlangens bis zu seiner Abschaffung. Damit käme Nussbaum Platon ausgesprochen nahe. Schließlich setzt die Ablösung der Seele vom Körper voraus, daß (beinahe) alles Verlangen therapiert werden kann. Gerade Aristoteles darf dafür aber nicht als Kronzeuge reklamiert werden. Das zweite Buch der *Rhetorik* führt nur die Überzeugungen an, welche in der Polis-Welt mit bestimmten Gefühlen verknüpft sind. Es sagt nichts darüber aus, daß solche Überzeugungen manipuliert oder abgeschafft werden können. Der Rhetor mag sein Publikum in Zorn versetzen oder besänftigen, indem er ihm bald versichert, es sei in einer schweren Angelegenheit verletzt worden, bald, es sei ihm keine Kränkung widerfahren. Mit letzterem wird er indessen nur überzeugen, wenn er nachzuweisen vermag, daß nur scheinbar eine Kränkung vorlag, etwa weil etwas anders aufgefaßt wurde, als es gemeint war. Hingegen wird er scheitern, wenn er den Sachverhalt eingesteht, ihn aber für keinen Grund zum Zürnen hält. Dann hätte er sich nämlich soweit von den *endoxa* entfernt, daß ihm der Boden, auf welchem das Publikum steht, entschwünde und ihm niemand mehr Glauben schenkte.

Überzeugungen, so ist daraus zu ersehen, sind zwar ausreichende Bedingungen von Gefühlen, jedoch nicht willkürlich mit ihnen verbunden. Ebensowenig wie die Überzeugungen hält Aristoteles die Gefühle für willkürlich. Sie sind *dynatoi physei*, natürliche Vermögen, die der Mensch nicht abschaffen, sondern nur formen kann (NE II.4, 1106a9). Zweifellos verfügt er bei Gefühlen wie Zorn, Freude, Furcht oder Mitleid über eine größere Freiheit als bei Begierden wie Hunger, Durst und Sexualität, doch schließt diese Freiheit niemals die Freiheit ein, sie aus der Welt zu räumen. Eine therapeutische Gemeinschaft wie die Stoa, die sich von allen Gefühlsregungen befreien will, schafft nach aristotelischem Verständnis die Gefühle und Begierden nicht ab, sondern unterdrückt sie bloß. Was sich ihre Mitglieder als Tugend der *ataraxia* anrechnen, erscheint in den Augen des Stagiriten als Untugend des Hochmuts, der *hybris*. Nach Rhet. II.8 neigen jene zur *hybris*, die sich im Besitz aller Güter wähnen und glauben, es könne ihnen kein Übel zustoßen (1385b21–23, b30f). Daß der Versuch, externe und interne Kontingenzen einfach zu ignorieren, letztlich ins Unheil führt, darüber ist sich Aristoteles mit den Tragikern einig. Die Götter, heißt es in den *Trachinierinnen* des Sophokles, bestrafen die Menschen für ihre Beleidigungen und für ihren Hochmut (Vers 280–282). Und Aristoteles hält den Hochmut der Regierenden in der *Politik* für eine der Hauptursachen der Umwälzungen (*metabolē*) in den Poleis (V.3). Auf die Dauer, so wollen beide sagen, kann man sich den Bedingungen und den Grenzen des Menschseins nicht entziehen, ohne schweren Schaden zu erleiden.

(c) Externe versus interne Transzendenz

Gewiß läßt sich die Anerkennung der Kontingenz mit einem Großteil der praktischen Philosophie des Aristoteles vereinbaren. Allerdings ist bereits angeklungen, daß der Stagirit an manchen Stellen seinem Lehrer näher zu stehen scheint, als seine explizite Kritik an ihm und seine eigene Erkundung des humanen Daseins vermuten lassen. Die größte Schwierigkeit bereitet in dieser Hinsicht die Gegenüberstellung von *bios politikos* und *bios theōretikos* in NE X.7–9. An diesen Passagen schieden sich auch die anderen hier behandelten Philosophen. Dabei zeigten sich zwei grundsätzlich differente

Auslegungsstrategien. Entweder wird, wie bei Hannah Arendt, darauf gepocht, daß die Vorordnung des philosophischen Lebens mit der ansonsten von Aristoteles verfolgten Wertschätzung des bürgerlichen Lebens nicht vereinbar sei. Oder es wird die Zusammengehörigkeit von theoretischer und bürgerlicher Existenz betont, wie etwa in Voegelins Ideal des *spoudaios*. Nussbaum schließt sich der ersten Strategie an. Die Passagen befänden sich »in flat contradiction« mit der anthropozentrischen Methode des Aristoteles, die ethische Fragen in steter Rückbindung an die Wertschätzungen der Bürger zu klären suche. Indem Aristoteles eine quasi-göttliche Lebensform als höchste Erfüllung des Menschseins ins Auge fasse, werte er nicht nur das bürgerliche Leben in ungebührlicher Weise ab, sondern maße sich eine »external perspective« an, welche es erlaube, alles Leben im Universum von einem archimedischen Standpunkt zu ordnen. Nussbaum führt einige weitere problematische Stellen aus dem *Corpus Aristotelicum* an (De Caelo II.12, De part. I.5, EN VI.6, De An. III.5, Met. XII), in denen Aristoteles ihrer Ansicht nach einer »platonischen« Sichtweise anhängt (FoG 373–375). Damit kommt sie der entwicklungsgeschichtlichen Hypothese Werner Jägers recht nahe, der solche Stellen einer Frühphase des aristotelischen Schaffens zugeschrieben hatte, während er im stärker empirischen Werk eine spätere Phase erkennen wollte, in der Aristoteles sein wissenschaftliches Bewußtsein unabhängig von Platon entfaltete. Ähnlich wie Jäger vermutet die Amerikanerin, daß das Lob des *bios theōrētikos* einer platonisch geprägten Schaffensphase entstammen und entweder von Aristoteles oder einem späteren Editor in das Vorlesungsmanuskript der *Nikomachischen Ethik* eingefügt worden sein könnte (FoG 375–377).

Gegen diese Auslegung regte sich Protest von Charles Taylor, der in seiner Besprechung zu *Fragility of Goodness* eine Interpretation einklagte, die der Voegelinschen Position vergleichbar ist. Wie dieser von einem jüdisch-christlichen Menschenbild ausgehend, plädiert er für ein umfassendes Verständnis des menschlichen Guten, wozu neben dem weltimmanenten »human standpoint« auch das »desire for self-transcendence [...]«, das Streben nach einer Überwindung des »merely human point of view« gehöre. Für Taylor implizieren gerade Stellen wie NE X.7–9, daß diese Auffassung bereits bei Aristoteles angelegt sei.[148] Nussbaum beantwortet diesen Einwand im Schlußessay von *Love's Knowledge*. Darin unterscheidet sie zwei verschiedene Weisen, das menschliche Dasein zu transzendieren. Die eine Variante – externe Transzendenz – will das menschliche Leben samt seiner konstitutiven Kontingenz überwinden und schließt eine Abwertung der bloß menschlichen Dinge ein. Die andere Variante – interne Transzendenz – trachtet hingegen danach, »our ordinary humanity« in Richtung auf »complete virtue« zu überschreiten. Dadurch sollen die menschlichen Möglichkeiten zu ihrer vollen Entfaltung gelangen, ohne daß die Bedingungen und Grenzen rein menschlichen Strebens vernachlässigt würden. Menschliche Vortrefflichkeit beziehe ihren Sinn überhaupt erst von diesen Grenzen her; würden sie negiert, entfielen auch alle daran gebundenen Ziele. Ein grenzenloses Leben im Sinne der ersten Variante sei keine bessere, sondern eine grundsätzlich andere Existenz. Obwohl Nussbaum nicht ganz sicher ist, ob sich

---

148 Critical Notice of Martha C. Nussbaum: The Fragility of Goodness, in: Canadian Journal of Philosophy 18 (1988), 812f. Diese Position vertritt Taylor auch gegen MacIntyres Aristoteles-Interpretation in *After Virtue*, die auf ein immanentes, nie abgeschlossenes Streben nach dem Guten ohne Möglichkeit der Transzendenz hinausläuft; vgl. die Diskussion dieser Kritik in IV.1.1.(c).

die erste Variante wirklich mit Taylors christlichem Ansatz deckt, plädiert sie ohne Einschränkung für die zweite Variante. Sie enthalte zwar mehr Spannungen und Konflikte als bei Aristoteles, sei aber grundsätzlich mit diesem zu vereinbaren (LK 378–382).

Diese Überlegungen provozieren die Anschlußfrage, wodurch und bis zu welchem Grad sich das menschliche Leben gegen externe und interne Kontingenzen absichern kann. Diese Frage führt automatisch auf das Gebiet politischer Institutionen. Im Hinblick auf Nussbaum läßt sie sich in zweifacher Hinsicht beantworten. Zum einen kann der Blick auf die frühen Arbeiten bis Ende der achtziger Jahre fallen, die im Zeichen der Frage nach der Fragilität des guten Lebens stehen. Zum anderen kann er auf die anschließend verfaßten, explizit politischen Schriften fallen, die eine essenzialistische Theorie des guten Lebens voraussetzen. An dieser Stelle sei die erste Blickrichtung verfolgt, weil sie ein Paradigma guter Ordnung anpeilt, an dem die späteren Arbeiten Nussbaums zu messen sind. Am Anfang stehe die Frage nach der Absicherung gegen externe Kontingenzen. Dabei ist klar, daß es gegen plötzliche Unglücksfälle (Naturkatastrophen, Unfälle, Todesfälle) keine primäre Absicherung geben kann (Versicherungen, wie sie heute üblich sind, bieten nur eine sekundäre Absicherung gegen die Folgen solcher Unglücksfälle). Anders verhält es sich mit längerfristigen Umständen, die stärker in menschlicher Hand liegen. Aristoteles nennt diesbezüglich die Glücksgüter adelige Herkunft, Reichtum und politische Macht (Rhet. II.12, 15–17). Sie hängen offenkundig zusammen; wer eines dieser Güter besitzt, verfügt meistens auch über die anderen. Gleichwohl ist ihnen der Mensch nicht schicksalhaft ausgeliefert. Wie Wohlstand und politische Macht verteilt werden, welche Rolle Adlige spielen, das sind Fragen politischer Verfassungsgebung, die den Bürgern obliegen. Nussbaum hat diese Fragen in ihren frühen Schriften im Zusammenhang mit Aristoteles tangiert. Es darf unterstellt werden, daß sie dabei nicht bloß ein historisches Interesse verfolgt, sondern einige Grundzüge festhalten will, die aus ihrer Sicht auch für die Gegenwart maßgeblich sein sollten.

Was die adelige Herkunft und überhaupt den Zufall der Geburt angeht, hebt Nussbaum hervor, daß Aristoteles für ein »public scheme of education« eintrete, welches die private Erziehung nicht nur ergänzen, sondern auch vervollständigen solle. Nur ein öffentliches Erziehungs- und Bildungssystem garantiere jene »consistency and uniformity that is highly important for the regulation of daily life«. Es gliedere alle Menschen so in die Stadt ein, daß sie sich als ihr natürlicher Teil fühlten. Allerdings erwähnt Nussbaum auch das zu Aristoteles' Zeiten virulente Risiko der »cultural instability«, vor dem ein noch so gutes System nicht gefeit sei. Darüber hinaus vermögen öffentliche Einrichtungen zwar private Ungleichheiten in gewissem Maße auszugleichen. Jedoch scheinen die Zugangschancen zu öffentlicher Erziehung und Bildung infolge der Arbeitsteilung innerhalb des Gemeinwesens nicht gleichmäßig verteilt zu sein. Nussbaum weist darauf hin, daß sogar im Entwurf der besten Polis Handwerker, Kaufleute und Bauern von den vollen Bürgerrechten ausgeschlossen seien, weil ihnen die Zeit und Muße für die erforderliche Charakterschulung fehle. »Some injustice is required by the exigencies of social life itself under contingent existing economic conditions.« (FoG 346f). Hinsichtlich der Teilhabe an politischer Macht stellt Nussbaum heraus, daß es sich dabei für Aristoteles sowohl um ein instrumentelles als auch ein intrinsisches Gut handle. Es gebe einen Anspruch jedes Bürgers auf Partizipation, selbst wenn er diesen nicht aktuell ausübe (FoG 348–351). Grundsätzlich stünde jedem Bürger die »autonomy of individual choice« zu, was auch die (schon erwähnte) »possibility of contingent conflict of values« einschließe. Indessen läßt Nussbaum an dieser Stelle die Implikationen ungeklärt: Inwiefern wird das Risiko solcher Konflikte durch ein Erziehungssystem, das eine gewisse Vereinheitlichung der individuellen Werthaltungen gewährleisten soll, gemindert? Daß Aristoteles Perikles mehrfach lobend erwähnt, verrät allein keine »preference for ambitious endeavor over conservative safety«, wie Nussbaum insinuiert (FoG 352f). Sollte sie selbst eine solche Präferenz verspüren, müßte sie die Rolle öffentlicher Bildung und Erziehung überdenken. Was schließlich die Verteilung von Wohlstand angeht, ist Nussbaum im Unterschied zu späteren Arbeiten, die diese Frage in den Vordergrund rücken, auffallend zurückhaltend. Während sich in *Fragility of Goodness* dazu überhaupt keine Aussage findet, enthält ein noch früherer Aufsatz eine radikale Kritik an der Gütergemeinschaft in Platons *Politeia*. Nussbaum behauptet mit Aristoteles, daß privates Eigentum die Voraussetzung für autonomes Handeln sei, weil es eine Art Absicherung körperlicher Bedürfnisse darstelle.[149] Dadurch wären radikale Enteignungs- und Umverteilungsmaßnahmen ausgeschlossen.

Nun gilt es noch die zweite Frage anzugehen, inwiefern Menschen ihre interne Kontingenz transzendieren können. Im vorstehenden Abschnitt wurde bereits argumentiert, daß Nussbaums Alternative – entweder alle Gefühle oder Begierden abzuschaffen oder mit ihnen zu leben – zumindest für Aristoteles keine Alternative sein kann, weil er ersteres für unmöglich hält. Nussbaum ist immerhin insofern mit ihm einig, als sie selbst für letzteres plädiert. Gleichwohl ist ihr Argument noch etwas komplexer. Sie arbeitet nämlich heraus, daß die Gefühle und die mit ihnen verbundenen Überzeugungen zumindest teilweise eine Funktion von sozialen und materiellen Bedingungen seien (TD 11). Der Sklave, welcher seinem Herrn nie zürnt, weil er meint, dieser dürfe ihn kränken, mag sich zwar emotional angemessen verhalten; ob dieses Verhalten aber in einem normativen Sinne »richtig« ist, stellt eine andere Frage dar. Diese Frage aufwerfen, heißt, hinter die *endoxa* zurückzugehen und zu fragen, welche Umstände dazu beitragen, daß ein Mensch kein Selbstwertgefühl entwickeln kann. Dann wendet sich der Blick von der internen wieder auf die externe Kontingenz, freilich in verschärfter Form: Das Selbstwertgefühl ließe sich weniger durch eine Änderung der »deep beliefs and attachments« als durch gesellschaftliche Veränderungen – im konkreten Fall die Aufhebung der Sklaverei – steigern. Nussbaum ist sich im klaren darüber, daß die aristotelische Dialektik der *endoxa*, die sich im Rahmen der gängigen Überzeugungen hält, zu einer solchen Analyse der Tiefenstrukturen des Selbst wie der Gesellschaft nicht in der Lage ist (TD 99–101). Sie setzt immer schon voraus, daß die befragten Personen in nichtdeformierten Umständen leben. Aristoteles befragt eben die Polis-Bürger und nicht die Sklaven oder die Frauen, deren Platz im Oikos ist. Würde er sich ihnen zuwenden, müßte er das, was sie an »beliefs und attachments« haben, nochmals hinterfragen. Dies leisten erst die hellenistischen Denker, was sie für Nussbaum attraktiv werden läßt. Sie gewinnen kritischen Abstand zu ihrer Gesellschaft, indem sie sich an eine »normative notion of health« halten, die von den *endoxa* unabhängig ist, weil sie auf dem Gedankenexperiment eines »unconstrained flourishing« beruht. »It does imply that we gravely

---

149 Shame, Separateness, and Political Unity: Aristotle's Criticism of Plato, in: Essays on Aristotle's Ethics, hg. von Amélie O. Rorty, Berkeley 1980, 411–415.

mistrust society as it is, and would like to scrutinize possibilities that lie outside of it, in search of norms of a flourishing life.« (TD 30f). Damit eröffnet sich ein Pfad, der von Aristoteles wegführt. Gleichwohl hat Nussbaum immer wieder versucht, ihn mit Überlegungen des Stagiriten zu verbinden und die Unterschiede herunterzuspielen. In den beiden folgenden Kapiteln ist deshalb beständig zu fragen, wie sich die Einsichten in die Fragilität des guten Lebens mit dem Gedankenexperiment des »unconstrained flourishing« vereinbaren lassen. Im einen Fall tritt die Kontingenz vor Augen, im anderen in den Hintergrund. Sollte sie jemals ganz aus dem Blick geraten, droht die Gefahr der *hybris*, des Vergessens jener Bedingungen und Grenzen, die dem Menschen gesetzt sind.

2.3 Natur als Norm – die Potenz des guten Lebens

Nussbaums Interesse an einer »normative notion of health« steht in unmittelbarem Zusammenhang mit ihrer Tätigkeit im WIDER-Forschungsprojekt zur Messung der Lebensqualität in Entwicklungsländern. Wie ihr sehr bald aufgegangen ist, kann die hermeneutische Methode des Aristoteles dort keinen Erkenntnisgewinn bringen, wo Menschen so depraviert sind, daß sie ihre Depravation als völlig normal erleben. Eine quantitative oder qualitative empirische Erhebung dessen, was solche Menschen in ihrem Leben für unverzichtbar halten, würde in vielen Fällen nicht weit führen. Der Sozialforscher könnte nur verzeichnen, daß die von ihm befragten Menschen kein Bedürfnis nach Alphabetisierung, Schulbildung oder politischer Teilhabe hätten. Dieses Ergebnis läge unseren eigenen Intuitionen so fern, daß wir es für unbefriedigend hielten. Um zu einem aussagekräftigeren Ergebnis zu gelangen, wäre eine normative Konzeption des guten Lebens erforderlich, mit der die Befragten konfrontiert werden müßten. Erst wenn das, was erfragt werden soll, überhaupt im Horizont des Befragten erscheint, macht die Befragung Sinn. Wer nicht weiß, was politische Teilhabe ist, kann kaum ein Bedürfnis danach verspüren. Gleichwohl ist auch diese komplexere Methode nicht unproblematisch. Sie birgt das Risiko, daß der Befragte zum Schluß nur bestätigt, was der Frager ohnehin schon wußte. Dann würde der hermeneutische Zirkel nicht bereichert werden, sondern sich das Vorverständnis bloß perpetuieren. In diesem Kapitel wird zu fragen sein, ob Nussbaum dieses Problem erkennt und wie sie damit umzugehen weiß.

Der erste Abschnitt behandelt die erkenntnistheoretischen Voraussetzungen einer essenzialistischen Theorie der Potenz des guten Lebens. Dieses Problem ist für Nussbaum besonders heikel, weil sie einerseits Aristoteles' hermeneutischer Methode folgen will, andererseits aber erkennen muß, daß sie in deformierten Kontexten nicht anwendbar ist. Ein wesentlicher Bestandteil der Analyse wird darin bestehen, diese von ihr eher heruntergespielten Spannungen aufzuweisen und somit die Frage nach dem normativen Status ihres Essenzialismus zu präzisieren (a). Im zweiten Abschnitt geht es um die inhaltliche Dimension dieses Essenzialismus. Nussbaum nimmt sich vor, eine »thick vague theory of the good« aufzustellen, die Rawls' Konzeption der Grundgüter ersetzen könnte. An die Stelle von instrumentellen Gütern wie Chancen, Einkommen, Besitz sollen intrinsisch wertvolle Güter treten, die ein gutes Leben erst ermöglichen. Eine Liste solcher Grundfähigkeiten entwickelt Nussbaum ausgehend von humanen Grunderfahrungen, dabei stets den Dialog mit Aristoteles suchend. Zu untersuchen ist, wo und wie Nussbaum vom Griechen abweicht (b). Der dritte Abschnitt betrifft das durch Nussbaums spannungsvolle Epistemologie entstehende Problem, wie Norm und Wirklichkeit zu vermitteln seien. Er konfrontiert die Alternativen einer hermeneutischen Dialektik (Aristoteles) und einer therapeutischen Dialektik (Späthellenisten). Die Diskussion dieser Ansätze wird das Kapitel abrunden (c).

(a) Metaphysischer versus internalistischer Essenzialismus

In *Fragility of Goodness* spricht Nussbaum im Hinblick auf das wissenschaftliche Vorgehen des Aristoteles von einem »kind of realism« und betont die »internality« seiner Untersuchungen. Sie hebt die zugrundeliegende Methodik sowohl gegen den Idealismus als auch gegen den Skeptizismus ab und gibt folgenden Abriß davon:

> »It has no tendency to confine us to internal representations, nor to ask us to suspend or qualify our deeply grounded judgments. It is fully hospitable to truth, to necessity (properly understood), and to a full-blooded notion of objectivity. It is not relativism, since it insists that truth is one for all thinking, language-using beings. It is a realism, however, that articulates very carefully the limits within which any realism must live.« (FoG 257)

In den Anmerkungen verweist Nussbaum auf Hilary Putnam, freilich ohne nähere Erläuterung (LK 482, Anm. 37). Putnam hat innerhalb der angelsächsischen analytischen Philosophie seit Anfang der achtziger Jahre eine erkenntnistheoretische Position entwickelt, die er als internalistischen Realismus (»internal realism«) bezeichnet und von einem metaphysischen Realismus (»metaphysical realism«) abhebt. Der metaphysische Realist operiert mit drei Annahmen: (a) die Welt besteht aus einer finiten Gesamtheit geistunabhängiger Gegenstände; (b) es gibt genau eine wahre und vollständige Beschreibung davon, wie die Welt ist; (c) Wahrheit ist eine Entsprechungsbeziehung zwischen Wörtern oder Gedankenzeichen und äußeren Dingen. Er bezieht somit eine externalistische, quasi-göttliche Perspektive. Hingegen nimmt der internalistische Realist an, daß die Welt zwar unabhängig von einem wahrnehmenden Geist besteht, dem Menschen aber nur darüber zugänglich ist. Deshalb lauten seine Gegenthesen: (a) Aussagen über Gegenstände sind von menschlichen Erfahrungen und Überzeugungen abhängig; (b) sie unterliegen somit der Perspektivität menschlicher Wahrnehmung und dem Wandel von Überzeugungen; es kann mehr als eine wahre Theorie oder Beschreibung der Welt geben; (c) wahr ist eine Theorie, wenn es ihr gelingt, unsere Erfahrungen mit unseren (längerfristigen) Überzeugungen und diese Überzeugungen untereinander in Übereinstimmung zu bringen.[150] Epistemologisch geht Putnam damit von der traditionellen Korrespondenz- zur Kohärenztheorie der Wahrheit über. Zwar gibt er nicht den Anspruch auf Repräsentation auf, jedoch beschränkt er sie auf eine Repräsentation der Dinge, wie sie *uns* (und nicht wie sie *an sich*) erscheinen. Grundsätzlich läßt diese Position zwei Lesarten zu. Nach der einen Lesart gibt es keine Möglichkeit, rational zwischen mehreren gleich kohärenten und daher gleich akzeptablen, untereinander jedoch differenten Beschreibungen der Welt zu unterscheiden. Folglich zerfällt die eine Welt in

---

150 Wie man zugleich interner Realist und transzendentaler Idealist sein kann (1980), in ders.: Von einem realistischen Standpunkt. Schriften zu Sprache und Wirklichkeit, hg. von Vincent C. Müller, Reinbek 1993, 156–161.

mehrere Welten, wodurch sich der Begriff der Wahrheit relativiert. Nach der anderen, von Putnam bevorzugten Lesart stellt Wahrheit eine »*Idealisierung* von rationaler Annehmbarkeit« dar. Eine Beschreibung der Welt ist dann wahr, »wenn sie unter epistemisch idealen Bedingungen gerechtfertigt wäre«.[151] Diese Einschränkung stellt alle faktisch möglichen Theorien unter einen Wahrheitsvorbehalt und behauptet, daß unter idealen Bedingungen nur eine richtig sein könne. Auch wenn solche Bedingungen nur schwerlich antizipiert werden können,[152] läßt die Einschränkung auf jeden Fall eine Ex-post-Beurteilung früherer Theorien von einem späteren, epistemisch ›fortgeschritteneren‹ Zeitpunkt zu.

Nussbaum hat sich nicht nur in *Fragility of Goodness* auf Putnam berufen.[153] Von 1992 an bekennt sie sich zu einem internalistischen Essenzialismus und verteidigt ihn wie Putnam gegen einen metaphysischen Essenzialismus (HF 205ff, AHN 121ff, GgL 182ff). Wahlweise spricht sie auch von einem »Aristotelian essentialism«, um deutlich zu machen, daß Aristoteles die internalistische Variante vertritt. Damit wendet sie sich implizit gegen Putnam, der den Stagiriten wie die übliche Philosophiegeschichtsschreibung als Proponenten der Korrespondenztheorie der Wahrheit, mithin als metaphysischen Realisten einstuft.[154] Vor diesem Hintergrund sind zwei Fragen zu klären: (1) Mit welchem Recht kann Nussbaum Aristoteles für den internalistischen Essenzialismus reklamieren? (2) Für welche der beiden Varianten dieses Ansatzes könnte Aristoteles in Anspruch genommen werden? Die Klärung dieser Fragen muß nicht bei Null beginnen, sondern kann auf eine Reihe früherer Ergebnisse zurückgreifen. Was die erste Frage angeht, so ging bereits aus der Untersuchung von Nussbaums hermeneutischem Ansatz hervor, daß sie – von wenigen Ausnahmen im *Corpus Aristotelicum* abgesehen – die gesamte aristotelische Wissenschaft als anthropozentrisches Unternehmen deutet, welches von den Überzeugungen der Menschen und nicht von den Dingen an sich ausgeht. Diese Deutung bringt sie explizit gegen Bernard Williams und Alasdair MacIntyre in Stellung, die dem Griechen (wie Putnam) eine starke Neigung zum metaphysischen Essenzialismus vorwerfen. Aus beider Sicht beruhen zentrale Aussagen, die Aristoteles über das Wesen des Menschen trifft, auf teleologischen, aus externalistischer Perspektive gewonnenen Annahmen. Sie besitzen den Status von Fakten (im Unterschied zu Werturteilen) und erheben einen objektiven Geltungsanspruch. Folglich steht die aristotelische Ethik auf dem Fundament der Metaphysik.[155]

---

151 Referenz und Wahrheit (1980), in: Von einem realistischen Standpunkt, aaO., 151–153.
152 Ein Beispiel für die Antizipation epistemisch idealer Bedingungen im Bereich der Sozialphilosophie wäre Habermas' Idee einer »formale[n] Vorwegnahme des idealisierten Gesprächs als einer in Zukunft zu realisierenden Lebensform«, an der »jedes faktische Einverständnis, wenn es ein falsches ist, als falsches Bewußtsein kritisiert werden kann«; vgl. die Diskussion dieser Position in III.1.3.(a).
153 Vgl. auch den gemeinsam mit Amartya Sen verfaßten Aufsatz: Internal Criticism and Indian Rationalist Traditions, in: Relativism. Interpretation and Confrontation, hg. von Michael Krausz, Notre Dame 1989, 299–325. In diesem Text wird der Gedanke einer »internen Kritik« mit Bezug auf Aristoteles entwickelt und ebenfalls mit Putnam in Verbindung gebracht.
154 Wie man zugleich interner Realist und transzendentaler Idealist sein kann, aaO., 163–165.
155 Vgl. Williams: Ethik und die Grenzen der Philosophie, aaO., Kap. 3; MacIntyre: Der Verlust der Tugend, aaO., Kap. 12. MacIntyres Einwände gegen Aristoteles, die um den Vorwurf einer »metaphysischen Biologie« kreisen, werden in Kap. IV.1.1.(a) behandelt. Zu Nussbaums Kritik vgl. neben AHN noch GgL 45f, 122.

Nussbaum hält dagegen, daß nicht nur Ethik, sondern auch Metaphysik, Physik und Biologie des Aristoteles auf »evaluative beliefs« beruhten, die nicht von außen gewonnen würden. Vielmehr handle es sich um »matters for communal judgement«, die der Gemeinschaft selbst entstammten und ihre Wertschätzungen explizieren sollten (AHN 101–104). Solche Wertschätzungen ließen sich nicht nur aus den philosophischen Arbeiten, sondern auch aus den griechischen Mythen rekonstruieren: »They are stories of communal self-definition and self-clarification, told to humans (especially to young ones) in order to initiate them into, or keep them within, or, for those securely in, to promote reflective understanding of, the way of life that is constituted by the boundaries that the stories display.« (AHN 95). Nussbaum nimmt an, daß die Mythen hinsichtlich ihrer »evaluative beliefs« sowohl untereinander als auch mit Aristoteles übereinstimmen. Mehr noch, diese Überzeugungen hinsichtlich des menschlichen Wesens sollen *universale* Geltung beanspruchen dürfen: »Nature comes into the ethical enterprise, here again, not as an external fixed point, but as a humanly experienced context for human lives, evolving in history, yet relatively constant, presenting certain possibilities and foreclosing others, our sphere of hope and finitude.« Da Natur im Verlauf der Geschichte nicht nur konstant bleibt, sondern auch konstant *erfahren* wird, soll das aristotelische »human nature project« für alle späteren Zeiten den Charakter eines normativen Vorbilds besitzen. Nussbaum spricht von »großen kulturübergreifenden Übereinstimmungen«, die zu der Hoffnung Anlaß gäben, daß eine Theorie der menschlichen Natur »nicht nur unsere eigenen lokalen Traditionen darstellt, sondern auch für kulturübergreifende Spezifikationen offen ist« (GgL 48).

Angenommen, diese Argumente treffen zu, ist die zweite Frage zu beantworten, welche Variante des internalistischen Essenzialismus von ihnen unterstützt wird. Sofern Nussbaum beweisen kann, daß »bestimmte Erfahrungen als konstitutiv für das Menschsein« zu betrachten seien (GgL 48), wäre die Frage nichtig. Wenn Menschen zu allen Zeiten und an allen Orten über dieselben Erfahrungen verfügen, kann es nur eine einzige Theorie geben, die diese Erfahrungen im Einklang mit dem ebenfalls konstanten Überzeugungssystem expliziert. Dieses Ergebnis käme einer Sensation gleich. Es würde bedeuten, daß alle philosophie- und kulturgeschichtlich überlieferten Deutungen des Menschens zu einer Gesamtdeutung konvergierten, die Aristoteles auf den Punkt gebracht hätte. Zu einer solchen Hoffnung besteht freilich nicht der geringste Anlaß, wie schon ein kleines Beispiel zeigt. Eine der von Nussbaum genannten Erfahrungskonstanten ist die Sterblichkeit, verbunden mit der Überzeugungskonstante, daß »alle Menschen eine Abneigung gegen den Tod haben« (GgL 49). Da Aristoteles an vielen Stellen seines Werkes den eigenen Tod bzw. den Tod der Angehörigen als größtes Unheil bezeichnet, scheint er diese Überzeugung zu teilen. Hingegen läßt sein Lehrer Platon Sokrates im *Phaidon* sagen, daß ein Mann, der sein ganzes Leben mit Philosophie verbracht hat, froher Hoffnung sein dürfe, viel Gutes nach seinem Ableben zu erlangen (63e–64a). Er nimmt an, daß sich seine unsterbliche Seele dann endgültig vom sterblichen Leib trennt, so daß lebenslange Knechtschaft ein Ende findet. Da wäre es wirklich lächerlich, den Tod zu fürchten (67d). Nussbaums These scheitert bereits an diesem einen Beispiel. Zwei Angehörige derselben Kultur, Bürger derselben Stadt und sogar Freunde verbinden die Erfahrung der Sterblichkeit mit völlig verschiedenen Überzeugungssystemen.

Folglich bleibt die Frage nach den Varianten des internalistischen Essenzialismus virulent. Nussbaum stehen zwei Möglichkeiten offen. Einerseits kann sie argumentieren, daß Aristoteles die Überzeugung der qualifizierten Mehrheit griechischer Bürger formuliert. Im Fall der Todesfurcht ist das sicher zutreffend. Der Sokrates des *Phaidon* setzt sich ja gerade gegen die attische Bürgerschaft ab und lobt eine Existenzform, die nur ganz wenigen offensteht. Darüber hinaus gehen die von Platon erzählten Seelen-Mythen auf Distanz zur Überlieferung der Polis. Am Ende der *Politeia* bekommt Glaukon bewußt keine Alkinoos-Geschichte, sondern die Geschichte von Er zu hören (614b). Das spielt auf den Bericht der Hadesfahrt des Odysseus im elften Buch der *Odyssee* an. Nach diesem Bericht ist der Hades gewiß kein Ort, wo man nach dem Tod leben möchte. Platon wendet sich deshalb von der mythischen Überlieferung ab und erzählt nicht nur von der Bestrafung der schlechten, sondern auch von der Belohnung der guten Seelen. Aristoteles steht mit seiner Auffassung der *Odyssee*, die das griechische Bewußtsein erheblich geprägt hat, offenkundig näher. Somit formuliert er einen »deep belief«, der große intersubjektive Geltung beanspruchen kann, gleichwohl aber neben anderen Überzeugungen existiert, ohne seine Wahrheit in objektiver Weise rechtfertigen zu können. Diese Position wäre mit Nussbaums hermeneutischem Programm zu vereinbaren. Andererseits kann Nussbaum aber auch argumentieren, daß Aristoteles einen objektiven Anspruch erhebt. Dieser müßte unter epistemisch idealen Bedingungen gerechtfertigt sein. Im gewählten Beispiel würde dies bedeuten, daß man etwas über die Existenz nach dem Tode aussagen könnte, was jedoch zwangsläufig mit einer Preisgabe des Anthropozentrismus verbunden wäre. Außerdem drängt sich die Frage auf, warum Aristoteles nach einer Wahrheit über die Natur des Menschen streben sollte, die universelle Geltung beansprucht. Für die ethische Praxis ist dem Bedürfnis nach Rechtfertigung Genüge getan, wenn ihre theoretische Erhellung einen Rückhalt im Handeln des *spoudaios* hat. Nussbaum hebt dagegen öfter hervor, daß Aristoteles über die engeren Grenzen seines Kulturkreises hinaus frage (GgL 184, 261). Sie verweist dann stets auf einen Satz aus NE VIII.1, wonach man in der Fremde sieht, wie nah und wie befreundet ein Menschen dem anderen ist (1155a21f). Er soll die universalistische Haltung des Aristoteles belegen. Freilich scheint dies die Bedeutung der Stelle innerhalb des Werkes deutlich überzustrapazieren. Es ist ja derselbe Aristoteles, der anderswo vielfach betont, wie überlegen die Griechen den Nicht-Griechen, d.h. den Barbaren seien. Auch ist es derselbe Aristoteles, der den Sklaven eine menschliche Natur abspricht. Von »kulturübergreifender Reflexion« (GgL 260) kann da nicht die Rede sein, zumal Nussbaum selbst solche Stellen als »unerfreulich« und »ungerecht« bezeichnet (GgL 109).

Eine konsistente universalistische Position gewinnt Nussbaum erst mit ihrer Wendung zu den hellenistischen Philosophen, insbesondere den Stoikern. Diese Wendung ist in *Therapy of Desire* dokumentiert und im Verhältnis zu Aristoteles verortet. Die Idee einer »normative notion of health«, die durch das Gedankenexperiment eines »unconstrained flourishing« und nicht durch hermeneutische Reflexion der *endoxa* gewonnen wird, setzt konsequent um, was Putnam unter idealisierter Rechtfertigung versteht. Nussbaum entwirft ein Bild der menschlichen Natur, das von kontingenten Umständen der Verwirklichung unabhängig ist und daher universell gilt. Dieses Bild ist zwar von »deep beliefs and attachments« nicht völlig losgelöst, wohl aber von ihrem empirischen Vorhandensein. Es kann nur um Zustimmung werben, anstatt sich auf Übereinkunft zu berufen. Solange Nussbaum Aristoteles zum Vorbild wählt, bleibt sie innerhalb der Grenzen eines nicht-universalistischen hermeneutischen Internalismus. Die ganze Problematik ihrer Argumentation kommt dadurch zustande, daß sie diese Variante des Essenzialismus beharrlich in Putnamsche Begriffe zu fassen sucht. Dafür ist die eingangs zitierte Stelle aus *Fragility of Goodness* der beste Beweis. Ein Realismus bzw. Essenzialismus, der sich an die »limits« der »deeply grounded judgments« hält, lädt gerade nicht zu einer »full-blooded notion of objectivity« ein, die für alle denkenden und sprechenden Wesen identisch wäre. Entweder fallen die »limits« infolge epistemisch idealer Bedingungen weg, dann besteht ein objektiver Wahrheitsanspruch. Oder die »limits« bleiben infolge epistemisch kontingenter Bedingungen intakt, was einen intersubjektiven Wahrheitsanspruch begründet – *tertium non datur*.[156]

*(b) Grunderfahrungen, Grundfähigkeiten, Grundfunktionen –
die starke vage Konzeption des guten Lebens*

Nachdem bisher nur von den erkenntnistheoretischen Voraussetzungen einer Verteidigung des Essenzialismus die Rede war, ist nun die eigentliche Ausführung des Projekts ins Auge zu fassen. Nussbaum legte 1990 erstmals eine Liste vor, die all jene Komponenten enthielt, welche ihrer Ansicht nach für ein gutes Leben erforderlich sind. Diese »thick vague theory of the good« sollte an die Stelle von Rawls' Theorie der Grundgüter treten und eine alternative Konzeption von Verteilungsgerechtigkeit begründen helfen.[157] Bei ihrer Genese sind drei Stufen zu unterscheiden. Auf der ersten Stufe setzt Nussbaum bei humanen Grunderfahrungen an. Zwar gibt sie zu, daß Erfahrungen immer sozial konstruiert werden, doch ist sie – wie gesehen – davon überzeugt, daß es über Zeiten und Räume hinweg hinreichend große Überschneidungen gibt, von denen sich sogenannte »Erfahrungskerne« (GgL 260) abstrahieren lassen. Auf der zweiten Stufe verbindet sie die Grunderfahrungen mit Grundfähigkeiten (»capabilities«), über die jeder halbwegs gesunde Mensch qua seiner *Natur* verfügen soll. Sie ermöglichen es dem Menschen, in der Welt nicht nur zu überleben, sondern ein gehaltvolles, gutes Leben zu führen. Hergeleitet werden sie von Nussbaum mit Bezug auf Aristoteles, der indessen sehr lose ausfällt. Von den Grundfähigkeiten unterscheidet die Amerikanerin nach dem *dynamis-energeia*-Muster auf der dritten Stufe die (verwirklichten) Grundfunktionen (»functionings«). Ihre normative Konzeption betrifft allein die Fähigkeiten, während sie deren Aktualisierung ins Belieben jedes einzelnen stellt. Das trennt die ›starke

---

156 In eine ähnliche Richtung zielt die Kritik von Ch. Scherer: Das menschliche und das gute menschliche Leben, aaO., 907–911. Sie weist auf den Widerspruch zwischen der von Nussbaum prätendierten empirischen Rekonstruktion des Essenzialismus und der in die Zukunft verlegten universalen Konsensfähigkeit hin: »Hält man trotz mangelnden empirischen Konsenses daran fest, daß es universale ethische Kriterien gibt, fällt man zurück in eine metaphysische Ethik, selbst wenn diese Kriterien angeblich von einem internalistischen Standpunkt aus gewonnen wurden.« (911). Allerdings beruht diese Kritik auf der sehr starken Voraussetzung, daß eigene Überzeugungen letztendlich unbegründbar seien (920), weshalb »Dissens bezüglich des guten Lebens […] Ausdruck eines unhintergehbaren ethischen Pluralismus ist« (914). Für Scherer fallen folglich sowohl die idealisierte als auch die hermeneutische Variante des Essenzialismus aus. Hingegen plädiert Walter Reese-Schäfer: Grenzgötter der Moral. Der neuere europäisch-amerikanische Diskurs zur politischen Ethik, Frankfurt a.M. 1997 dafür, »bei einem zunächst zu konstatierenden Dissens die möglichen Grundlagen einer Gemeinsamkeit herauszuarbeiten« (416). Allerdings läßt er in diesem Zusammenhang offen, ob ein solcher Konsens nur partikulare oder universale Geltung beanspruchen könnte.
157 Zum Verhältnis zwischen den Konzeptionen von Rawls und Nussbaum vgl. die Einleitung von Herlinde Pauer-Studer in die Aufsatzsammlung Gerechtigkeit oder das gute Leben (GgL), 16–21.

vage‹ von einer ›starken konkreten‹ Konzeption des Guten, die Nussbaum ablehnt, weil sie die individuelle Entscheidungsfreiheit zu sehr eingrenze. Gleichwohl bleibt die Differenz zwischen Fähigkeiten und Funktionen politisch relevant, weil der Staat jene Güter bereitstellen soll, die die Verwirklichung der Fähigkeiten jedem Menschen ermöglichen. Dieser Teil der Konzeption ist Gegenstand des vierten Kapitels. Hier sei allein die Fähigkeiten-Liste ins Auge genommen. Da Nussbaum sehr schematisch vorgeht, empfiehlt es sich, zunächst eine ebenso schematische Aufstellung der Grunderfahrungen- und Grundfähigkeiten zu reproduzieren:[158]

Grunderfahrung	Grundfähigkeit, ...
Sterblichkeit: Abneigung gegen den Tod	ein volles Menschenleben zu Ende zu führen
Körperlichkeit: Bedürfnis nach Nahrung, Sexualität und Mobilität	sich guter Gesundheit zu erfreuen, sich angemessen zu ernähren, angemessene Unterkunft zu haben, Möglichkeiten der sexuellen Befriedigung zu haben, sich von einem Ort zum anderen zu bewegen
Erleben von Freude und Schmerz	unnötigen Schmerz zu vermeiden und freudvolle Erlebnisse zu haben
Kognition: wahrnehmen, vorstellen, denken	die Sinne zu benutzen, sich etwas vorzustellen, zu denken und zu urteilen
Frühkindliche Entwicklung: extreme Abhängigkeit, Bedürftigkeit und Zuwendung	Bindungen zu Dingen und Personen außerhalb unserer selbst zu haben, zu lieben und zu trauern
Praktische Vernunft: Lebensplanung gemäß einer Konzeption des Guten	sich Vorstellung vom Guten zu machen und kritisch über eigene Lebensplanung nachzudenken
Verbundenheit mit anderen Menschen: familiäre, soziale, politische Beziehungen	für andere und bezogen auf andere zu leben, Beziehungen einzugehen
Verbundenheit mit anderen Arten und mit der Natur: Sinn für Schönheit der Natur	in Verbundenheit mit Tieren, Pflanzen und der ganzen Natur zu leben
Humor und Spiel	zu lachen, zu spielen und Freude an Erholung zu empfinden
Getrenntsein: Eigenheit der Person und ihrer Erfahrungen	ein eigenes Leben zu leben
Starkes Getrenntsein: Leben in eigenem Raum und eigener Umgebung, individuelle Identität	ein eigenes Leben in eigener Umgebung und eigenem Kontext zu leben

Nussbaum bezeichnet diese Liste bald als Grundlage politischen Handelns, bald als Diskussionsvorschlag. Gleichwohl hat sie die Liste trotz zahlreicher Einwände nicht wesentlich verändert. Am schwächsten ist der Einwand, die Liste sei nicht vollständig, da es Nussbaum nur darauf ankommt, jene Fähigkeiten aufzunehmen, auf die Menschen keinesfalls in einem guten Leben verzichten wollten. Stärker sind hingegen Einwände, die auf die Partikularität der von der Liste bevorzugten Konzeption des Guten abheben. Im Fall der Auslegung von Sterblichkeit ist ein entsprechender Einwand bereits im vorigen Abschnitt erörtert worden. Er ließe sich beliebig ausdehnen: Indem Nussbaum den Menschen auf interne Transzendenz beschränkt, schließt sie den gesamten Bereich religiöser Erfahrung aus. Gerade das damit verbundene Streben nach der Transzendenz von Körperlichkeit und Sterblichkeit macht aber einen Großteil der mythischen Überlieferung aller Völker aus.[159] Kritiker weisen auch darauf hin, daß

---

158 Die Aufstellung folgt GgL 49–59. Für vergleichbare Listen siehe GgL 200ff, 257ff; GD 318–320.
159 Christopher Bobonich: A Response to Martha Nussbaum, in: Modern Philology 90 (1993), Supplement, S79f.

Erfahrungen der Fehlbarkeit und Sündhaftigkeit des Menschen in der Liste fehlen.[160] Tatsächlich lehnt Nussbaum die christliche Erbsündenlehre kategorisch ab (VNM 71f). Zwar spricht auch sie von einer Welt mit »beschädigter moralischer Wahrnehmung« (VNM 18), doch führt sie diese Schäden auf »schlechte, kulturbedingte Theorien« (VNM 62) und nicht auf originäre Anlagen der menschlichen Natur zurück. Damit engt sie den Kreis humaner Selbstauslegung weiter ein. An solchen gravierenden Einschränkungen wird deutlich, daß Nussbaum gewiß nicht an einem »kulturübergreifenden Konsens«, der sich in der Überlieferung niederschlüge, gelegen sein kann. Ihre Position wäre stärker und vielleicht überzeugender, wenn sie die hermeneutischen Voraussetzungen ihrer Frage nach dem Guten, d.h. ihre eigenen Erfahrungen und Vorurteile, reflektieren und dadurch ihren Standort begründen könnte. Dann müßte sie auch klären, wie sich ihre Theorie des Guten zu aristotelischen Denkfiguren verhält. Da diese Selbstklärung fehlt, muß sie hier analytisch nachgeholt werden. Es gilt den Abstand zu vermessen, der Nussbaum vom Stagiriten trennt.

In einem ersten Schritt sei dies im Hinblick auf die beiden zentralen anthropologischen Aussagen der praktischen Philosophie unternommen. Daß der Mensch ein *zōon logon echon* und ein *zōon politikon* sei, zählt nach Nussbaum zu den starken evaluativen Urteilen, die Aristoteles mit den Bürgern seiner Zeit und mit der griechischen Überlieferung teilt. Was wird aus ihnen in Nussbaums Konzeption? Die Sprach- und Vernunftfähigkeit des Menschen ermöglicht gemäß der berühmten Einleitung von Pol. I.2 den wechselseitigen Austausch der Menschen über das Gute und Gerechte. Bei der Amerikanerin heißt es dazu unter dem Punkt praktische Vernunft: »Alle Menschen planen und führen ihr Leben (oder versuchen es zumindest), indem sie Fragen nach dem Guten und dem erstrebenswerten Leben stellen und beantworten.« (GgL 53). Diese Formulierung läßt offen, ob unter ›alle‹ ›jeder für sich allein‹ oder ›im wechselseitigen Dialog‹ zu verstehen ist. Darüber könnte jedoch ihre Auslegung von *zōon politikon* Aufschluß geben. Nussbaum betont einerseits die natürliche Verbundenheit mit anderen Menschen, welche schon in der frühkindlichen Entwicklung angelegt sei. Andererseits stehen der Verbundenheit die Hervorhebung von »Getrenntsein« und »starkem Getrenntsein« gegenüber.[161] Damit will sie dem »Individualismus« und der individuellen Autonomie Raum geben. Zugleich beruft sie sich beim starken Getrenntsein auf die aristotelische Kritik an der Weiber- und Gütergemeinschaft in Platons *Politeia* (GgL 275, Anm. 72). Es dürfte jedoch fraglich sein, ob Aristoteles damit einen Individualismus begründen will, wie ihn die Moderne für sich reklamiert. Die andere Seite der Platon-Kritik findet sich in der – auf die Sprach- und Urteilsgewohnheiten der Polis rekurrierenden – Aussage, daß nur derjenige autark genannt werde, der mit Eltern, Kindern, Frau, Freunden und Mitbürgern lebe, anstatt ein vereinzeltes Dasein zu führen (I.5, 1097b8–11). Soweit will Nussbaum gerade nicht gehen, weshalb sie durchaus die Möglichkeit offen läßt, daß jeder für sich eine Vorstellung vom guten Leben entwickelt. Noch ein weiteres kann hinsichtlich des *zōon-politikon*-Topos festgehalten werden. Aristoteles betont da-

---

160 David L. Gitomer: Social Justice and ›Virtuous Roots‹, in: Modern Philology 90 (1993), Supplement, S93–101.
161 Vgl. die kritischen Hinweise von Susan Wolf: Comments on Nussbaum, in: Women, Culture and Development. A Study of Human Capabilities, hg. von Martha Nussbaum u. Jonathan Glover, New York 1995, 110.

mit nicht nur die natürliche Neigung des Menschen, familiäre und freundschaftliche Bindungen einzugehen. Was er besonders hervorhebt, ist die Fähigkeit zu politischer Bindung, zum bürgerlichen Leben. Davon ist in Nussbaums Güterlisten indessen kaum noch die Rede. Sie spricht vorrangig von der Bedeutung frühkindlicher Beziehungen zu den Eltern und von der Notwendigkeit, die eigene Sexualität ausleben zu können, was beides in den privaten Bereich fällt. Politik scheint nur mehr ein Lebensbereich unter anderen zu sein. Folglich fehlt bei Nussbaum auch die Wahrnehmung dessen, was Aristoteles einem apolitischen Leben zuschreibt, Gesetz- und Besitzlosigkeit sowie die Gier nach Krieg (Pol. I.2, 1253a3–7). Auch wenn er aus gutem Grund keine Doktrin der Erbsünde, d.h. einer verdorbenen Natur, aufstellt, läßt sich Aristoteles nicht ohne weiteres für einen Perfektionismus vereinnahmen, wie er Nussbaum vorschwebt.

Neben diesen offenkundigen Abweichungen gibt es noch weitere Differenzen. Sie zeigen sich bei Nussbaums Versuch, die aristotelischen Tugenden jeweils Erfahrungsbereichen zuzuordnen (GgL 232–239). Damit will sie die Nicht-Relativität dieser Tugenden erweisen. Was sie jedoch verschweigt, sind die Erfahrungsbereiche, denen keine aristotelische Tugend entspricht, und jene Tugenden, die in ihrer eigenen Liste keinen Ort haben. Auch dies sei schematisch dargestellt:

Grunderfahrung	Tugend bei Aristoteles
Sterblichkeit	Tapferkeit/*andreia*
Körperlichkeit	Mäßigung/*sophrosynē*
Freude und Schmerz	dito
Kognition	Dianoetische Tugenden
Frühkindliche Entwicklung	?
Lebensplanung	Praktische Vernunft/*phronēsis*
Verbundenheit mit anderen Menschen	Freundschaft/*philia*
Verbundenheit mit Natur	?
Humor und Spiel	?
Getrenntsein	Seelengröße/*megalopsychia*
Starkes Getrenntsein	?
?	Gerechtigkeit/*dikaiosynē*
?	Gastfreundschaft/*eleutheria*
?	Freigebigkeit/*megaloprepeia*

Vier Erfahrungsbereichen korreliert keine Tugend, wie die Aufstellung sehen läßt. Das hat verschiedene Ursachen. Frühkindliche Entwicklung spielt für Aristoteles deshalb keine Rolle, weil er die Tugenden allein des erwachsenen Bürgers unter die Lupe nimmt. Verbundenheit mit der Natur scheint für Aristoteles kein besonderes Gut gewesen zu sein, obwohl es in seiner Kultur eine hochentwickelte Debatte über die »vegetarische Lebensweise« gab (GgL 285, Anm. 141). Mehrere Äußerungen deuten daraufhin, daß Aristoteles trotz seines Interesses an der Artenvielfalt Natur im Verhältnis zu den Menschen instrumentell versteht. Humor und Spiel sind ihm zwar bekannt, jedoch hält er Erholung für kein Endziel (NE X.6, 1176b26 – 1177a1). Vom Fehlen einer Vorstellung starken Getrenntseins war bereits die Rede. Einzig das Getrenntsein läßt sich im Katalog der Tugenden auffinden, nämlich beim richtigen Umgang mit dem eigenen Wert (*megalopsychia*). Auffällig ist auch, was bei Nussbaum fehlt. Gastfreundschaft, Freigebigkeit und (austeilende) Gerechtigkeit betreffen bei Aristoteles den richtigen Umgang mit äußeren Gütern. Die Amerikanerin läßt diese Fähigkeiten aus ihrer Liste mit der Begründung heraus, daß Geld und Reichtum nur instrumentelle, keine intrinsischen Güter seien. Gewiß kann sie sich damit auf Aristoteles berufen (GgL 68, 93, 202). Wiewohl für ihn das gute Leben nicht im Erwerb solcher Güter besteht, setzt es sie doch in nicht unbeträchtlichem Maße voraus. Sie sichern das Dasein gegen die Notwendigkeit ab, einer Erwerbsarbeit nachzugehen, und garantieren eine gewisse Unabhängigkeit von anderen, auch im politischen Handeln. Nussbaum will sich hingegen in diesem Punkt gezielt von Rawls, der nur äußere Güter kennt, absetzen. Zudem nimmt sie an, daß Eigentum eine sehr westliche »Erfindung« sei, die in anderen Kulturen keine wichtige Rolle spiele. Mittlerweile mußte sie sich in dieser Hinsicht korrigieren lassen.[162]

Der größte Unterschied zwischen Nussbaum und Aristoteles besteht jedoch in der Unterscheidung von Fähigkeiten und Funktionen. Die aristotelische Ethik bewegt sich grundsätzlich auf der Ebene der Funktionen; Tugenden werden in ihrer realen Ausprägung analysiert, nicht als bloße Möglichkeiten des Menschen. Nussbaum sieht darin jedoch die Gefahr, daß die Konzeption des Guten unnötig beschränkt wird. »Denn für jede vage Fähigkeit ist eine unbeschränkte Pluralität konkreter Spezifikationen vorstellbar, entsprechend den äußeren Erscheinungsweisen und den Vorlieben.« (GgL 73). Der »zeitgenössische Aristoteliker« müsse in diesem Punkt »ein wenig« von seinem Vorbild abweichen, da »heutzutage großer Wert auf individuelle Selbstentdeckung und Selbstverwirklichung gelegt wird« (GgL 278, Anm. 96). Tatsächlich handelt es sich aber nicht um eine graduelle, sondern eine kategorische Abweichung. Die »idea of the citizen as a free and dignified human being, a maker of choices« (GD 324) geht weit über das hinaus, was Aristoteles mit *proairesis* anspricht (GgL 125). Die *proairesis* ist niemals völlig ungebunden, sondern hält sich im Bereich des Möglichen und Schicklichen (*hōs dei*). Sie beruht tatsächlich auf starken evaluativen Urteilen über die Welt und den Menschen, doch sind diese Urteile nicht beliebig austauschbar. Dies scheint wesentlich konsistenter zu sein als der von Nussbaum betonte »Wert der Entscheidungsfreiheit«. Tatsächlich ist zu fragen, wie weit sich ein solcher Wert überhaupt mit ihrem Projekt einer Theorie des Guten vereinbaren läßt. Ist das Projekt noch konsistent zu verteidigen, wenn jemand die absolute Wahl hat, eine Fähigkeit nicht zu aktualisieren, also etwa weder mit anderen Menschen noch mit der Natur in Verbundenheit zu leben? Das würde jede Konzeption des guten Lebens ad absurdum führen. Will sie dies vermeiden, kann Nussbaum nur jenen Spielraum lassen, den auch Aristoteles gewährt, die Aktualisierung der Fähigkeiten unter je wechselnden Umständen. Dann fallen freilich einige bestehende Lebensformen als Alternativen aus, bei Nussbaum nicht anders als beim Stagiriten.

---

162 »Aber dann sagten mir Frauen in Indien, daß für sie Eigentum viel wichtiger sei als Bildung, da es die Bedingung dafür sei, den eigenen Körper gegen Gewalt zu schützen. Damit ist es das wichtigste Verhandlungsinstrument, das sie haben. Meine Position wurde durch die Gespräche in eine Richtung gelenkt, die noch ›westlicher‹ war als jene, mit der ich begonnen hatte. Die Lehre daraus ist, daß diese Werte nicht nur westliche Werte sind, sondern daß auch indische Frauen selbst über die Bedeutung des Rechts auf Privateigentum nachdenken.« Aus: Liberaler Aristotelismus. Klaus Taschwer im Gespräch mit Martha Nussbaum, VNM 91f.

(c) Norm und Wirklichkeit: Hermeneutische versus therapeutische Dialektik

Angenommen, ein Entwicklungshelfer will in einem Entwicklungsland erheben, über welche Fähigkeiten die Menschen verfügen. Um dies zu tun, muß er von den wirklichen Tätigkeiten der Menschen auf ihre Fähigkeiten zurückschließen. Umgekehrt bedeutet dies, daß das Fehlen von bestimmten Tätigkeiten Rückschlüsse auf das Fehlen entsprechender Fähigkeiten zuläßt. Sollte er bei den Menschen keine Neigung zu Spiel und Humor ausmachen können, müßte er davon ausgehen, daß ihnen solche Fähigkeiten fehlen. Auch Aristoteles legt bisweilen eine solche Betrachtungsweise an den Tag. Da bestimmte Menschen ihren Herren nur als Werkzeug dienen, müssen sie von Natur aus Sklaven sein. Gleichwohl widerspricht er damit anders lautenden Einsichten, wonach alle Menschen über Sprache und Vernunft verfügen, auch wenn sie aktuell keinen Gebrauch davon machen. Diese Einsichten können auf einer metaphysischen Gesamttheorie des Kosmos beruhen, ebenso aber auch auf menschlichen Wertungen, die geschichtlich entstanden sind. Jenes wäre ein Beleg für den externen, dieses für den internen Essenzialismus bzw. Realismus. Beide Ansätze lassen sich zweifelsohne bei Aristoteles auffinden, und es sei hier nicht entschieden, welcher im Vordergrund steht. Um sinnvoll von der externalistischen Perspektive unterscheidbar zu sein, darf sich die internalistische Perspektive nicht allzu weit von tatsächlichen Wertungen entfernen. Putnams Variante idealisierter Rechtfertigung nimmt einen extrem großen Abstand in Kauf, wenn sie die Möglichkeit zukünftiger Annehmbarkeit postuliert. Nussbaum fühlt sich zu ihr hingezogen, weil sie gerade in Kontexten von Entwicklungsländern die einzige Richtschnur für vernünftiges Handeln bereitzustellen scheint. Sie fordert daher, »die Grunderfahrungen im Hinblick auf eine Vorstellung von gedeihlicher menschlicher Entwicklung zu bewerten, die auf eine unabhängige Art und Weise zustande gekommen ist« (GgL 246). Auf diese Weise will sie die aristotelische Teleologie und eine gewisse perfektionistische Tendenz für die konkrete Entwicklungshilfe fruchtbar machen (GgL 109f).

Je länger Nussbaum dieses Anliegen verfolgte, desto mehr ging ihr jedoch auf, daß es mit dem Stagiriten auf recht wackeligen Beinen steht. Der Fall totaler Depravation innerhalb seines Kulturkreises ist für Aristoteles schlicht nicht vorstellbar. Deshalb kommen seine teleologischen Deutungsmuster ohne idealisierte Rechtfertigung aus und bewahren die Verbindung zu tradierten Überzeugungen. Erst bei den hellenistischen Philosophen und dort vor allem bei den Stoikern findet Nussbaum ein sicheres Fundament, weil diese sich radikal von der Gesellschaft distanzieren und auf unabhängige Normen berufen. Damit wird es ihr möglich, die aristotelische Dialektik gegen ein Verfahren medizinischer bzw. therapeutischer Dialektik abzugrenzen. Diese systematisch sinnvolle Unterscheidung sei hier näher untersucht, weil sie die *praktischen* Implikationen von Nussbaums Position deutlicher hervortreten läßt. Auch in diesem Fall bietet sich zunächst ein Schema an (TD 35–47, 73–77):

Hermeneutische Dialektik	Therapeutische Dialektik
Annahme: Wahrheit ist immer schon in den gängigen Meinungen enthalten, muß nur genauer herausgearbeitet werden	Wahrheit kann von gängigen Meinungen vedeckt werden, muß durch psychologisch geschulte Fragetechniken freigelegt werden
Ziel: normative Selbstklärung der Gemeinschaft	Ethische Gesundheit des Individuums
Argumentation als Selbstzweck	Argumentation als Mittel zum Zweck der Gesundheit
Symmetrischer Dialog von Gleichen zu Gleichen	Asymmetrischer Dialog zwischen Arzt und Patient
Vergrößerung der Meinungsbasis	Reduktion der Meinungsbasis

Nussbaum demonstriert in *Therapy of Desire*, daß die hellenistischen Denker das aristotelische Modell der Philosophie verlassen und sich statt dessen an einer Konzeption orientieren, die der medizinischen Diagnose entstammt. An die Stelle des Dialogs unter Gleichberechtigten tritt das asymmetrische Verhältnis zwischen Lehrer und Schüler, Arzt und Patient. Dabei ist immer schon vorausgesetzt, daß der Patient krank ist und sich selbst nicht mehr helfen kann. Der Philosoph versucht durch gezieltes Fragen die Störungen des Befragten herauszufinden. So dringt er bis ins Unterbewußtsein vor und weist Schichten der Persönlichkeit auf, die durch gesellschaftliche Einflüsse vorgeprägt sind, ohne daß dies dem Betroffenen jemals zu Bewußtsein träte. Er selbst vermag dies zu entdecken, weil er sich radikal von der Gesellschaft abgrenzt. Den Zustand des Patienten bemißt er nicht nach gesellschaftlichen Wertvorstellungen, sondern nach der »possibility of unconstrained flourishing«. Die Legitimität dieser kritischen Norm erweist sich am therapeutischen Erfolg. Die Methode verlangt, daß der Patient im Verlauf seiner Therapie in sich selbst Antriebe erkennt und entwickelt, die der Norm entsprechen. Mit Hilfe des Arztes lernt er, seine bis ins Unterbewußtsein reichenden »deep human desires and judgments« von allen schädlichen Überlagerungen zu befreien (TD 26–32). Diesen Prozeß bezeichnet Nussbaum als »therapy of desire« (TD 38).

Das Ziel therapeutischer Dialektik ist Gesundung, das Ziel hermeneutischer Dialektik ist dagegen Selbstklärung – jenes verhält sich extrinsisch, dieses intrinsisch zum Prozeß der Argumentation. Da der therapeutische Lehrer an Diagnose und Heilung interessiert ist, kann ihm nicht daran gelegen sein, möglichst viele Aspekte zu diskutieren oder seine Norm von Gesundheit der Kritik auszusetzen. Folglich entzieht er sie partiell dialogischer Prüfung, und dem Schüler bleibt nur die Wahl zwischen Ablehnung (Scheitern der Therapie) und Zustimmung (Erfolg der Therapie). An diesem Punkt läßt sich die therapeutische Konzeption von Aristoteles aus kritisieren. Während er einerseits öfter Analogien zwischen praktischer Philosophie und Medizin herstellt (etwa im Hinblick auf die begrenzte Genauigkeit der Aussagen), betrachtet er medizinische Behandlung andererseits auch als eine Form des Zwangs, die auf den Patienten ausgeübt wird. So vergleicht er etwa Heilverfahren mit Strafen; beide beruhten darauf, daß durch zeitweilige Unlust/Schmerzen ein späterer Zustand der Lust erreicht werde (NE II.2, 1104b15–18). Grundsätzlich gilt ihm die *hiatrikē* als *technē*, die ein äußeres Ziel verfolgt, nämlich die *hygieia* des Patienten, während die praktische Deliberation ihr Ziel in sich trägt: gutes Handeln und das Wissen darüber. Deshalb besteht für den Stagiriten zwischen Philosophie und Medizin nur eine beschränkte Analogie, keineswegs aber jene weitreichende Identität, nach der die Philosophie selbst als *technē biou* betrachtet wird. Nussbaum nimmt diese Einwände zwar zur Kenntnis (TD 69–77), hält jedoch unter den hellenistischen Schulen die Ansätze der Stoa für so ausgefeilt, daß sie der aristotelischen Kritik weitgehend standhalten müßten (TD 485–494).

Anstatt den philologischen Faden weiterzuküpfen, sei hier zum Eingangsbeispiel zurückgekehrt. Das Modell therapeutischer Dialektik birgt, sofern es noch sinnvoll von einem Modell hermeneutischer Dialektik zu unterscheiden ist, eine Reihe von Schwierigkeiten, mit denen sich auch der Entwicklungshelfer konfrontiert sehen kann. Die größte Schwierigkeit besteht darin, daß sich die von ihm vorausgesetzten Normen in Form einer »self-fulfilling prophecy« bestätigen: Er fragt einfach so lange, bis ihm die »Patienten« zustimmen. In einem solchen Verfahren käme kein hermeneutischer Zirkel, keine Gesprächsbereicherung in Gang, sondern es bliebe bei einer Affirmation bestehender Vor-Urteile. Der »Arzt« könnte sich in der Sicherheit wiegen, daß er ohnehin Recht hat und nichts wesentlich Neues mehr dazulernen müßte. Nussbaum betont zwar ständig, wie sehr sie sich für fremde Kulturen interessiert, doch findet sie in ihnen mit großer Sicherheit, was sie ohnehin schon für richtig hielt. Indem sie ihre essenzialistische Theorie des guten Lebens mit dem Placet der Objektivität versieht, immunisiert sie sie gegen mögliche Kritik. Wenn der Entwicklungshelfer genauso vorgeht, ist die Gefahr westlichen Chauvinismus' nicht von der Hand zu weisen. Es wäre eine verheerende Vorstellung, wenn man meinte, der interkulturelle Dialog sei auf Dauer nach dem Arzt-Patienten-Rollenmuster zu führen. Vereinzelt und in extremen Fällen mag der therapeutische Ansatz von Nutzen sein. Sobald er aber auf größere Gemeinschaften ausgeweitet wird, muß er seine Legitimität einbüßen.[163]

2.4 Politische Planung – Abschaffung der Kontingenz?

Nussbaums Verteidigung einer essenzialistischen Konzeption des guten Lebens wurde durch praktisch-politische Fragen, wie sie im WIDER-Projekt auftraten, motiviert. Die eigentliche Antwort auf diese Fragen findet sich jedoch erst in ihrem Entwurf einer wohlgeordneten Gesellschaft, welche die Bedingungen des »unconstrained human flourishing« zu garantieren vermag. Wie Rawls möchte Nussbaum auf der Grundlage einer Theorie der menschlichen Natur eine Gerechtigkeitskonzeption begründen, die sowohl politische Rechte als auch ökonomische Ansprüche einschließt. Auch dabei wählt sie Aristoteles zum bevorzugten Gesprächspartner. Ihr natürlicher Ansatzpunkt ist die Konzeption der besten Verfassung in Pol. VII/VIII, welche Aristoteles ebenfalls aus einer Vorstellung des besten Lebens gewinnt. Paradigma der Ordnung ist der gute Mann, der alle sittlichen und geistigen Vorzüge entfaltet hat. Nussbaum will im Anschluß an diesen Entwurf einen »aristotelischen Sozialdemokratismus« begründen, der politische Liberalität mit sozialer Wohlfahrt verbindet. Um diesen Anspruch einzulösen, muß sie nicht nur den aristotelischen Entwurf, sondern auch ihre früheren politischen Überlegungen einer tiefgreifenden Revision unterziehen.

Der erste Abschnitt behandelt die Dimension der Verteilungsgerechtigkeit, welche das Sozial- und Wirtschaftssystem betrifft. Nussbaum versucht sich zwar mit ihrem »Sozialdemokratismus« von utilitaristischen Vorstellungen der Gesamtnutzen-Maximierung zu lösen, kommt ihnen jedoch aufgrund eines sehr unscharfen Verteilungsprinzips gefährlich nahe (a). Im zweiten Abschnitt geht es um die Dimension politischer Rechte und politischer Partizipation. Wiewohl Nussbaum in diesem Feld eine dezidiert liberale Haltung einnimmt, impliziert ihre Vorstellung von Staat und Politik einen damit

---

163 Bezeichnenderweise rekurriert auch Habermas in seiner Auseinandersetzung mit Gadamer auf das psychoanalytische Modell des therapeutischen Gesprächs, das die »Entfremdung« des Patienten an der idealen Norm reflexiver und autonomer Mündigkeit diagnostizieren soll. In seiner Erwiderung weist Gadamer aber mit Recht darauf hin, daß die »emanzipatorische Kraft der Reflexion« an jenem allgemeinen Bewußtsein ihre Grenze finden müsse, in welchem sich der Analytiker und der Patient mit allen anderen verstehen. Ansonsten läuft die Kritik des Analytikers zwangsläufig ins Leere, zu Schaden sowohl seiner selbst als auch des Patienten. Auf den Fall des Entwicklungshelfers übertragen heißt dies, daß er nur dann erfolgreich sein wird, wenn er mit seiner Kritik Anknüpfungspunkte in der Kultur seiner »Patienten« sucht.

unvereinbaren Paternalismus (b). Der dritte Abschnitt betrifft schließlich die Frage nach der Zugehörigkeit und Loyalität des Bürgers. Nussbaum spielt patriotische Loyalität zum Nationalstaat gegen kosmopolitisches Weltbürgertum aus, findet jedoch keine Konzeption, die beides widerspruchsfrei verbinden könnte (c).

(a) Distribution: Zwischen »aristotelischem Sozialdemokratismus« und Utilitarismus

Nussbaum entdeckt bei Aristoteles eine Konzeption »staatlicher Planung«, die darin bestehe, »jedem Bürger die materiellen, institutionellen und pädagogischen Bedingungen zur Verfügung zu stellen, die ihm einen Zugang zum guten menschlichen Leben eröffnen und ihn in die Lage versetzen, sich für ein gutes Leben und Handeln zu entscheiden«. Sie könne die philosophische Grundlage für eine bestimmte Variante des Sozialdemokratismus abgeben, welche die Amerikanerin kurz als »aristotelischen Sozialdemokratismus« bezeichnet. Dessen Elemente seien die ausreichende Bereitstellung aller lebensnotwendigen Ressourcen, die Umverteilung eines erheblichen Teils des Privateigentums und die Sozialpflichtigkeit des fortbestehenden Privateigentums sowie die Förderung des guten gesellschaftlichen Miteinanders. Bei jedem dieser Punkte beruft sich Nussbaum auf entsprechende Stellen bei Aristoteles aus Pol. II und Pol. VII/VIII. Sie will in ihnen das Leitbild eines Staates erkennen, in dem alles so geregelt sei, »daß jeder Bürger zu jedem Zeitpunkt mit allem Lebensnotwendigen versorgt ist« (GgL 24–27). Ihr Ziel besteht darin, die philosophische Begründung dieses Leitbilds bei Aristoteles zu rekonstruieren und damit seine zeitgenössischen Ausprägungen auf ein sicheres, theoretisch gerechtfertigtes Fundament zu stellen. Hier ist zu untersuchen, ob und inwiefern die aristotelische *Politik* ein solches Fundament sein könnte.

Nussbaum setzt ihre Auslegung bei folgender Stelle an: »Daß nun notwendigerweise die beste Verfassung diejenige sein muß, gemäß deren Ordnung es mit jedem einzelnen (*hostisoun*) aufs beste bestellt ist und er ein glückliches Leben führt, ist offensichtlich.« (Pol. VII.2, 1324a23–25). Die Evidenz dieser Aussage beruht auf dem vorher von Aristoteles bewiesenen Zusammenhang zwischen dem guten Leben des einzelnen und dem guten Leben der Gemeinschaft. Dieser Zusammenhang ist keineswegs so selbstverständlich, wie es scheint. In Platons *Politeia* kommt es nicht auf das Glück jedes einzelnen, sondern auf das des gesamten Gemeinwesens an. Es tritt ein, wenn jeder Teil analog zur Seele die ihm zustehende Funktion ausübt, so daß sich alle Teile zu einer Gesamtordnung verbinden. Das kann aus Sicht des einzelnen schmerzvoll und erniedrigend sein, aus Gesamtsicht ist es aber ein Beitrag zum allgemeinen Gedeihen. Pikanterweise repliziert Aristoteles diese Ansicht am Ende von VII.2, ohne sich im geringsten davon zu distanzieren: »Es muß doch wohl eine Polis für sich selbst glücklich sein können (*eiē g'an ... kath'heautēn mia polis eudaimōn*), die auf gute Weise regiert wird (*politeuetai kalōs*; 1324b41 – 1325a2). Nussbaum erkennt diesen Unterschied und bezeichnet diese Ansicht als »holistische Konzeption« (HK), gegen die sie die »distributive Konzeption« (DK) abhebt, welche der ersten Äußerung entspreche (GgL 97f). Nach ihrer Überzeugung bringt DK die reifere Einsicht des Aristoteles in die Eigenständigkeit jedes Bürgers zum Ausdruck. Sie sei sowohl breit als auch tief angelegt; breit, weil sie das gute Leben von möglichst vielen Menschen befördern wolle, und tief, weil sie auf die Totalität von Fähigkeiten ziele, derer ein gelungenes Leben bedürfe (GgL

88–91). Mit dieser zweiten Qualifikation stellt sie die Verbindung zwischen der Theorie des guten Lebens und der politischen Ordnung her.

Bei der kritischen Beurteilung dieser Auslegung läßt sich am leichtesten von HK absehen. Sie taucht neben der genannten Stelle noch einmal in VII.1, 1323b29–37 auf, wo Aristoteles wie Platon die gute Polis nach Analogie der guten Seele deutet. Diese Stellen, die der Polis an sich das Glück zuschreiben, stehen in markantem Widerspruch zum gesamten Gedankengang im siebten und achten Buch. Deshalb wird DK von ihnen her kein starker Konkurrent erwachsen. Gleichwohl bleiben immer noch drei grundsätzliche Einwände gegen Nussbaums Auslegung. Der erste betrifft den epistemologischen Status des Verfassungsentwurfs von Pol. VII/VIII, der zweite die Beschränkung der Mitgliedschaft auf gute Männer und der dritte das in NE V dargelegte Verteilungsprinzip des Verdienstes. Sie seien nun nacheinander durchgegangen. Um mit dem ersten zu beginnen: Er besagt, daß es sich bei der Konzeption der besten Polis um ein reines Gedankenexperiment handelt, wie ein Gemeinwesen aussähe, wenn es sich unabhängig von allen kontingenten Faktoren planen ließe. Weder die Beschaffenheit der Bürger noch ihre Anzahl, Besitzverteilung oder Lage sind darin durch reale Umstände festgelegt, so daß alle relevanten Parameter in idealer, zugleich aber auch irrealer Weise bestimmt werden können. Folglich kann es keine direkte Anleitung für die tatsächliche Verfassungsgebung darstellen.

Nussbaum weist dieses Argument unter Hinweis auf eine andere Stelle zurück, an der Aristoteles sagt, daß der Philosoph zwar gewisse wünschenswerte Voraussetzungen machen müsse, diese aber nichts Unmögliches enthalten dürften (*dei men oun hypotithesthai kat'euchēn, mēden mentoi adynaton*, II.6, 1265a17f). Damit wendet er sich gegen Platons *Nomoi*, in denen eine viel zu große, daher niemals zu ernährende Bürgerschaft angesetzt werde. Als Aristoteles in Pol. VII.4 selbst auf die angemessene Größe des Gemeinwesens zu sprechen kommt, wiederholt er die Maßgabe, nichts Unmögliches vorzusehen, nochmals (1325b38f). Aus dem Kontext geht hervor, was er damit meint. Zum einen muß jedes einzelne Element der besten Polis in der Wirklichkeit vorkommen, etwa eine bestimmte Bevölkerungs- und Gebietsgröße, eine Lage am Meer oder der Zugang zu wichtigen Handelswegen. Zum anderen muß die Kombination der Elemente untereinander konsistent sein. Etwa ist auszuschließen, daß die Zahl der Bürger viel größer ist als jene, die eine Stadt ernähren könnte. Unter diesen Voraussetzungen dürfen die Elemente jedoch frei kombiniert werden. ›Möglich‹ meint dann soviel wie ›denkbar‹. Hingegen sagt Aristoteles in IV.1, daß die *aristē politeia* ohne jegliche äußere Hemmnisse (*mēdenos empodizontos tōn ektos*) entworfen und vielen Menschen ganz unmöglich (*adynaton*) sei, weshalb der gute Gesetzgeber auch die nach den Umständen beste Verfassung (*tēn ek tōn hypokeimenōn aristēn*) kennen müsse (1288b21–27). Letztere bezeichnet er schlicht als die mögliche Verfassung (*tēn dynatēn [politeian]*, b38). In diesem Kontext bedeutet ›möglich‹ nicht ›denkbar‹, sondern ›machbar‹. Nussbaum übergeht diese Bedeutungsdifferenz und setzt ›möglich‹ im Hinblick auf Pol. VII/VIII umstandslos mit ›machbar‹ gleich (GgL 90). Deshalb vermag ihr Gegenargument den Einwand nicht zu entkräften.

Der zweite Einwand beruht darauf, daß der Entwurf der besten Verfassung keineswegs jeden erwachsenen und freien Polisbewohner zum Polisbürger macht. Aristoteles schließt neben Sklaven, Frauen und Metöken (VII.4) auch alle Handwerker, Bauern und Kaufleute vom vollen Bürgerrecht aus (VII.9). Damit beschränkt er den Zugang zum guten Leben auf die kleine und feine Schicht der vollendet guten Männer. Diese Beschränkung ist funktionell begründet: Die Polis ist zwar zum Überleben auf Erwerbsberufe angewiesen, doch fehlt denen, die ihnen nachgehen, die notwendige Zeit und Muße, um sich in der Vortrefflichkeit zu üben. Eine Distribution von Gütern und Chancen, die diese Ungleichheit beseitigen oder zumindest lindern könnte, sieht Aristoteles nicht vor. Nussbaum erkennt die Existenz einer solchen Konzeption an und bezeichnet sie als »Teil-Ganzes-Konzeption« (TGK), wonach das Glück der Polis nur im Glück einer Teilklasse ihrer Mitglieder besteht. Allerdings ficht dieses Modell ihrer Überzeugung nach DK nicht an. Dafür beruft sie sich auf die Kritik der spartanischen Verfassung im zweiten Buch der *Politik*. Aristoteles moniert, daß sie arme Bürger von den Bürgerrechten ausschließe, die nicht für die gemeinsamen Speisungen zahlen könnten, obwohl doch gerade solche Speisegenossenschaften den Armen helfen und somit staatlich finanziert werden sollten (II.9, 1271a29–37). Nussbaum meint, dieser Mißbilligung liege DK bereits zugrunde: »DK fordert uns auf, die gesamte Gruppe (wie auch immer spezifiziert) zu betrachten und ein Konzept zu entwerfen, das es jedem Mitglied ermöglicht, gut zu leben.« (GgL 99). Dagegen spricht jedoch, daß Aristoteles im zweiten Buch weniger an der unbehinderten Entfaltung des guten Lebens als an der Stabilität von Verfassungen interessiert ist.[164] Stabilität bemißt sich, wie er im vierten Buch ausführlich darlegt, am gelungenen Ausgleich zwischen Qualität und Quantität der Bürger, zwischen dem guten Leben der Wenigen und dem Leben der Vielen, zwischen den Interessen der Reichen und denen der Armen. Verteilungsmaßnahmen richten sich in solcher Optik nach ihrem pragmatischen Beitrag zur Ausbalancierung gesellschaftlicher Kräfte, nicht jedoch nach einer starken Konzeption des guten Lebens. Allenfalls läßt sich sagen, daß Stabilität Teil des *koinon politikon* ist. Darüber hinaus sprechen alle philologischen Überlegungen dagegen, im siebten Buch DK von TGK abzuheben. Wie David Charles detailliert darlegt, handelt es sich bei Nussbaums bevorzugter Referenzstelle in VII.2 (s.o.) um einen allgemeinen Passus, der nachfolgend dahingehend spezifiziert wird, daß das Glück »jedes einzelnen« das Glück der guten Männer meint, die als einzige Vollmitglieder der Polis sind.[165]

Der dritte Einwand gegen DK bezieht sich auf die in NE V.6 genannten Kriterien austeilender Gerechtigkeit. Wie Aristoteles darlegt, sind diese Kriterien relativ zur Verfassungsform: Anspruch auf äußere Güter (Geld, Ämter, Ehren) besitzen in Demokratien die Freien, in Oligarchien die Reichen oder Adligen und in Aristokratien die Vortrefflichen (1131a25–29). Während das Verteilungskriterium in Demokratien und Oligarchien statisch ist (frei oder unfrei, reich oder arm, adlig oder nichtadlig), läßt allein die Aristokratie eine dynamische Verteilung in Abhängigkeit vom Verdienst (mehr oder weniger) zu. Aristoteles neigt offenkundig zu letzterem, da er fordert, äußere Güter nach verhältnismäßiger und nicht nach absoluter Gleichheit zu verteilen (V.7). Anders gesagt: Gerechte Verteilung ist vom Verdienst für das Gemeinwohl und nicht von vorgegebenen Ansprüchen oder Bedürfnissen abhängig. Nach Nussbaum soll dieses Verteilungsprinzip, wenn überhaupt, nur für politische Ämter gelten. Was dagegen die Erzie-

---

164 Vgl. die ausführliche Argumentation von David Charles: Comments on M. Nussbaum, in: Aristoteles' »Politik«. Akten des XI. Symposium Aristotelicum, hg. von Günther Patzig, Göttingen 1990, 187–201.
165 Ebd., 190–196.

hung angehe, solle sie sich gemäß Aristoteles nicht nach meritokratischen Gesichtspunkten richten. Der gute Erzieher müsse jeden einzelnen gemäß seiner individuellen Bedürfnisse und Fähigkeiten fördern, keineswegs aber die besonders herausragenden Menschen gegenüber den zurückgebliebenen bevorzugen (GgL 112f). Indessen ist diese Argumentation mit dem Entwurf weder der besten noch der bestmöglichen Verfassung zu vereinbaren. In jener, der Aristokratie der guten Männer, erhalten die Vortrefflichsten auch die meisten und wichtigsten Güter, während Handwerker, Bauern und Kaufleute, die den Tugenden nicht nachgehen können, vom Erziehungssystem ausgeschlossen bleiben. In dieser, der gemischten Verfassung, ist von Tugend nicht mehr die Rede, nur noch von Arm und Reich, von Demokraten und Oligarchen. Es gilt, jenseits der sozialen Unterschiede die allgemeine politische Gleichheit der Bürger durchzusetzen. Dafür darf die Polis in eng definierten Bahnen Mittel einsetzen, um die Bürger zur Ausübung ihrer politischen Rechte zu befähigen. Die Höhe und der Einsatz der Mittel bemessen sich nach Stabilitätserwägungen, nicht nach Vorstellungen eines unumschränkt guten Lebens. Für großangelegte Umverteilung läßt diese Konzeption ebenfalls keinen Raum.

Da Nussbaum keinen der drei Einwände überzeugend widerlegen kann, scheitert ihre Transformation der *Politik*. Aristoteles kann für die distributive Konzeption nicht vereinnahmt werden. Somit läßt sich das von Nussbaum ins Auge gefaßte, institutionell verankerte Gesundheits-, Erziehungs- und Wohlfahrtssystem keineswegs mit dem Gütezeichen »aristotelischer Sozialdemokratismus« versehen. In philosophischer Hinsicht scheint es vielmehr jenen utilitaristischen Ansätzen nahezustehen, die Nussbaum vehement ablehnt (GgL 95f). Das läßt sich an ihrem allgemeinen Verteilungsgrundsatz erkennen. Nussbaum sagt, daß »der Gesetzgeber die Pflicht hat, sich um Menschen zu kümmern, die ihre Fähigkeiten noch nicht voll entfaltet haben [...], anstatt die außerordentlichen Leistungen zu fördern, falls diese beiden Ziele im Widerstreit liegen sollten« (GgL 113, 63). Christopher Bobonich macht auf die systematischen Implikationen dieses Grundsatzes aufmerksam.[166] Er besagt erstens, daß jede auch noch so große Ausgabe gerechtfertigt ist, die eine weitere Person dem guten Leben näher bringe. Da dafür jene aufkommen müssen, die diesen Status bereits erreicht haben, mutet Nussbaum ihnen unbegrenzte finanzielle Opfer zu. Darin liegt zweitens, daß jede Form individuellen Rechtsschutzes durch die Förderung schwacher oder zurückgebliebener Menschen außer Kraft gesetzt werden kann. Die von Nussbaum gewünschte distributive Konzeption erweist sich trotz aller gegenteiligen Beteuerungen als extrem konsequentialistisch: »any sacrifice of *any number* of those above (as long as they stay above) [the threshold of a good life], is required to bring just *one person* across«.[167] Das Glück der größten Zahl rechtfertigt jede Form des Unglücks von wenigen, solange der Gesamtnutzen maximiert wird – dies ist das utilitaristische Glaubensbekenntnis. Historisch gesehen diente es der Begründung des von der Wiege bis zur Bahre (»from craddle to grave«) allzeit für den Bürger zuständigen Wohlfahrtsstaates, der mittels hoher Steuern eine umfassende Redistribution gesellschaftlichen Wohlstands und eine Nivellierung sozialer Unterschiede anstrebte. Wenn Nussbaum mit Putnam für eine sozialisti-

---

166 Response to Martha Nussbaum, aaO., S87–S89.
167 Ebd., S89.

sche Ökonomie plädiert und als Vorbild die Politik der britischen Labour-Regierung vor Thatcher anführt (LK 205f), dann hat sie exakt jenes inzwischen in die Jahre gekommene Modell staatlicher Wohlfahrt im Blick. Wie weit sie sich damit von Aristoteles entfernt hat, demonstriert die Behauptung, seine distributive Konzeption »verlange eine gründliche Untersuchung der Arbeitsformen und Produktionsverhältnisse und die Schaffung von wahrhaft menschlichen und gemeinschaftsfördernden Arbeitsformen für alle Bürger« (GgL 67). Dies entspricht gewiß dem traditionellen, sozialutopisch geprägten Wohlfahrtsdenken. Was aber den Griechen angeht, der es gewohnt ist, daß Sklaven die Arbeit verrichten, so liegen »wahrhaft menschliche und gemeinschaftsfördernde Arbeitsformen« jenseits seines Vorstellungsvermögens.[168]

(b) Partizipation: Zwischen Liberalismus und Paternalismus

Ein wohlfahrtsstaatliches System funktioniert auch, wenn große Teile der Bevölkerung nicht an der Regierung teilhaben. Seine wichtigsten Grundsätze können verfassungsmäßig festgeschrieben sein. Konkrete Entscheidungen lassen sich auf dem Verordnungsweg treffen und verfügen. Nussbaum weist selbst darauf hin, daß ein solches System »nicht notwendig demokratisch« sein müsse (GgL 69). Sein eigenes Leitbild ist die bürokratische, unpersönliche Verwaltung von Sachen gemäß streng instrumenteller Rationalität, wie es treffend von Max Weber beschrieben worden ist. Über diese Form technischer Vernunft bemerkt Nussbaum in *Fragility of Goodness*:

»The project of constructing a *technē* of practical choice has included as one of its central aspirations the elimination – or at least the reduction – of the troublesome force of the passions. To make our lives safe from *tychē* was to make them safe, as well, from these internal sources of uncontrolled danger. Commensurability and universality both contributed to the pursuit of this aspiration: for to make objects of desire commensurable is to remove, already, one source of our passional intensity about them; [...]« (FoG 307).

Obwohl diese Analyse nicht auf den modernen Wohlfahrtsstaat gemünzt ist, könnte man sie als solche verstehen. Dessen zentrale Idee besteht darin, das Leben von Kontingenz zu befreien, und alle Beziehungen zwischen Institutionen und Menschen so zu versachlichen, daß sie rational beherrschbar sind. Daß Güter kommensurabel sind und folglich in universaler Weise miteinander verrechnet werden können, macht den Kern der utilitaristischen Idee aus. Frappierend ist die Stelle vor allem deshalb, weil sie etwas auf den Punkt bringt, das Nussbaum in den frühen Arbeiten vehement ablehnt, während sie es in ihren späteren Aufsätzen selbst zu vertreten scheint. Um nur drei Belege anzuführen: Nussbaum optiert – wie gesehen – für eine distributive Konzeption, die den Wert des einzelnen preisgibt und Wohlergehen nach der Gesamtnutzenmaximierung bemißt. Zudem spricht sie beständig von »political planning«, was an technische Rationalität denken läßt. Schließlich umfaßt die von ihr konzipierte Grundstruktur des

---

168 Zu Nussbaums Neigung, Aristoteles, sozialistische Beweggründe zu unterstellen, vgl. Niko Strobach: ›Mi casa es tu casa‹ – Why Aristotle Is Not the Socialist Nusbbaum Wants Him to Be, in: Martha C. Nussbaum: Ethics and Political Philosophy, Lecture and Colloquium in Münster 2000 (= Münsteraner Vorlesungen zur Philosophie, Bd. 4), Münster 2001, 105–114. Strobach weist insbesondere Nussbaums These zurück, daß Aristoteles Privatbesitz nur als etwas Vorläufiges anerkenne.

Staates alle Lebensbereiche. Institutionen sollen unter anderem für die Schulung und Ausbildung der Sinne, die Bereitstellung von Erholungsmöglichkeiten und die »Schaffung von Arbeitsformen, die erholsame und freudvolle Tätigkeiten zulassen« verantwortlich sein (GgL 65). Es handelt sich um sehr paternalistische Strukturvorstellungen, nach denen der Staat dem einzelnen so weit wie möglich die Sorge für sein Glück abnimmt. Wenn Nussbaum etwas von Pol. VII/VIII übernimmt, dann ist es nicht die distributive Konzeption, sondern der Gedanke umfassender gesetzgeberischer Planung zu Lasten praktisch-politischer Deliberation. Die Bürger der *aristē politeia* leben in einem so perfekten Gemeinwesen, daß sie sich geruhsam der *theōria* zuwenden können. Aristoteles fällt es sichtlich schwer zu begründen, wozu politisches Handeln überhaupt noch erforderlich sei (VII.3). Bei Nussbaum scheint das ähnlich zu sein.

Daß es in Pol. VII/VIII eine Reihe paternalistischer Vorschläge gibt, gesteht auch Nussbaum ein. Sie nennt als Beispiele die Bestimmungen zum richtigen Heiratsalter und zur Geburtenkontrolle (VII.16). Allerdings seien »diese Form und dieses Maß an Paternalismus der aristotelischen Konzeption nicht immanent« (GgL 80). Diese Ansicht gründet offenkundig auf anderweitigen Äußerungen hinsichtlich der Pluralität der Polis und der Bürgerfreiheit. Nussbaum geht wie selbstverständlich davon aus, daß sie sich mit dem Entwurf der besten Verfassung vereinbaren lassen. Ebenso selbstverständlich weist sie den Vorwurf zurück, daß es in ihrer Konzeption des »aristotelischen Sozialdemokratismus« eine starke Spannung zwischen dem Wert des Wohlergehens bzw. der staatlichen Fürsorge einerseits und dem Wert der Entscheidungsfreiheit andererseits gebe. Dahinter verberge sich schlicht die »Illusion«, Entscheidungsfreiheit mit reiner Spontaneität gleichzusetzen, ohne nach ihren materiellen Bedingungen zu fragen. Die Bürger übten ihre Entscheidungsfreiheit weiterhin in vier Formen aus. Erstens würden sie zum guten Handeln befähigt, aber nicht gezwungen. Zweitens würden sie an der Erstellung des »Plans« beteiligt. Drittens lasse der vage Charakter der Konzeption genug Raum für viele Spezifikationen. Viertens schließlich schütze die Politik die private Sphäre durch einen Katalog von Grundrechten (GgL 77-79). Im folgenden sei geprüft, wieviel Freiheit jede einzelne Form dem Bürger tatsächlich läßt, um zu ermessen, wo Nussbaums Konzeption zwischen den Polen Liberalismus und Paternalismus anzusiedeln ist.

Der erste Punkt betrifft die Unterscheidung zwischen »functions« und »capabilities«, von der bereits die Rede war. Nussbaum meint, daß es ausreiche, wenn der Staat genügend Lebensmittel bereitstelle oder die freie Ausübung der Sexualität gesetzlich schütze. Es bleibe dann jedem einzelnen immer noch die Freiheit, zu fasten oder enthaltsam zu leben. So plausibel diese Beispiele klingen, verdecken sie doch drei Probleme. Zunächst verschweigt Nussbaum, daß die Befähigung der einen auf Kosten der Befähigung anderer Bürger gehen kann. Nach ihrem Verteilungsprinzip wäre es etwa undenkbar, staatliche Ausgaben für höhere Bildung zu machen, solange auch nur ein Bürger nicht in ausreichendem Maße mit dem Lebensnotwendigen versorgt ist. Das mag gerecht erscheinen, würde aber niemals ein Entwicklungsland voranbringen. Dafür fehlt bei Nussbaum ein Grundsatz, wie Rawls ihn vorsieht, nämlich Ungleichheiten zuzulassen, solange die Schlechtergestellten davon profitieren (durch die Schaffung von Arbeitsplätzen, ein höheres Bruttosozialprodukt etc.). Ein weiteres Problem besteht darin, daß die staatliche Versorgung einen Punkt erreichen kann, wo der Bürger nicht befähigt, sondern in künstliche Abhängigkeit gebracht wird. Dieses Problem entsteht gewiß nicht in Entwicklungsländern, wohl aber in hochentwickelten Industrienationen. Dort wurde die Erfahrung gemacht, daß wohlfahrtsstaatliche Programme häufig die Eigeninitiative der Menschen bremsen, wenn nicht sogar einschläfern. Deshalb setzen moderne sozialdemokratische Programme inzwischen auf mehr Subsidiarität (Hilfe zur Selbsthilfe) und auf Anreizsysteme, die Eigeninitiative belohnen. Ein drittes Problem betrifft die Messung von Lebensqualität, womit Nussbaum im WIDER-Projekt beschäftigt war. Nach dem »capability«-Ansatz dürften statistische Erhebungen nur die Bereitstellung von Ressourcen messen, nicht aber ihre tatsächliche Inanspruchnahme (GgL 80–84). Wie sollte jedoch eine Befähigung zur politischen Partizipation gemessen werden, wenn Menschen de facto nicht partizipieren? Und wie sollte gute materielle Versorgung beurteilt werden, wenn Menschen de facto unterernährt sind? Zwischen der Bereitstellung und der Inanspruchnahme von Ressourcen oder Chancen sind Hindernisse möglich, die nur ein »functions«-Ansatz erfassen kann.

Was den zweiten Punkt, die Beteiligung der Bürger am »Plan« angeht, so sagt Nussbaum, die Bürger »sollen sich in jeder Phase nicht wie Mitläufer, sondern wie aktive Teilnehmer fühlen« (GgL 78). Diese Formulierung ist zweideutig: Sollen sie wirklich beteiligt *sein* oder sich nur beteiligt *fühlen*? Falls Nussbaum wirklich ersteres meint, stellt sich die weitere Frage, wie jemand an der Planung der Grundstruktur beteiligt sein kann, wenn er erst durch sie zur Partizipation befähigt werden soll. Diese Frage verliert an Dringlichkeit, wenn die Grundstruktur steter legislativer Aushandlung oder Interpretation unterliegt, so daß sie nicht ein für allemal festgelegt ist. Allerdings scheint Nussbaum nicht in diese Richtung zu neigen. Wie sie sagt, muß die Politik vernünftige Ergebnisse hervorbringen, auch wenn die Menschen noch nicht zum guten Urteilen und Handeln fähig sind (GgL 144). Was »vernünftig« ist, sollen die Experten, allen voran die Philosophen bestimmen. Ihnen kommt es zu, »Idealvorstellungen vom (Staats-)Bürger und von Rationalität als Richtschnur für die moralische und staatsbürgerliche Erziehung und als Normen sowohl für die Familie als auch für das politische Leben« zu entwerfen. Diese sollen sie sodann ausgewählten Führungseliten wie Gesetzgebern und Richtern vermitteln (GgL 163–165). Das klingt sehr nach »Philosophenkönigtum«![169] Man kann darüber streiten, ob solches Vorgehen in unterentwickelten Staaten förderlich wäre (»Erziehungsdiktatur«). Wird es aber auf moderne zivilgesellschaftlich organisierte Staaten übertragen, birgt es die eminente Gefahr der Bevormundung. Davor scheint Nussbaum nicht zurückzuschrecken: »Kein moderner Staat ist eine reine Demokratie, und es sollte an diesem Punkt offenbleiben, welche Rolle relativ undemokratische Institutionen wie etwa der Oberste Gerichtshof bei der Förderung der Fähigkeiten der Bürger spielen sollten.« (GgL 303, Anm. 245). Im Zusammenhang mit anderen Äußerungen, die diese Rolle für sehr groß erachten,[170] impliziert die Aus-

---

169 Nicht nur über andere, sondern auch über sich selbst sagt Nussbaum einmal: »Die meisten Moraltheorien rechnen damit, daß sie die Praxis nicht durch Gewinnung einer universellen Gefolgschaft verbessern, sondern indem sie sozusagen die Durchschnittspraxis auf ein höheres Niveau heben, und vor allem, indem sie die Aufmerksamkeit von solchen Menschen – etwa Gesetzgebern und Richtern – auf sich lenken, die dazu in der Lage sind, auf Menschen einzuwirken, die von der Vernunft nicht erreicht werden.« (VNM 54).

170 Vgl. dazu die Diskussion zahlreicher Supreme-Court-Entscheidungen in *Poetic Justice* (PJ). Diese Textsammlung spiegelt Nussbaums Tätigkeit an der Chicago Law School wider, wo sie seit 1994 eine Professur für »Law and Ethics« innehat. Nachdem Nussbaum zuvor Philosophie, Klassische

sage, daß es durchaus zulässig wäre, demokratisch nicht mehrheitsfähige Entscheidungen auf dem Gerichtsweg durchzusetzen. Tatsächlich ist dies gerade in den Vereinigten Staaten häufig der Fall gewesen. Zentrale, die Gesellschaft spaltende Fragen wurden in diesem Jahrhundert vom Obersten Gerichtshof entschieden, von der Abschaffung rassisch begründeter Ungleichheiten (Brown vs. Board of Education, 1954) über *Affirmative-action*-Programme (University of California vs. Bakke, 1978) bis zum Recht auf Abtreibung (Roe vs. Wade, 1973). Jedoch vermochten diese Entscheidungen die zugrundeliegenden Konflikte nur in rechtlicher, nicht jedoch in politischer Hinsicht zu lösen. Langfristig führt kein Weg an mühevoller demokratischer Argumentation und Auseinandersetzung vorbei, soll eine Gesellschaft nicht zerbrechen. Nussbaum scheint diesen Weg eher zu scheuen.

Die dritte Form der Freiheit soll in der Möglichkeit bestehen, die vage Konzeption der Grundstruktur an diverse Kontexte anzupassen. Nussbaum spricht von »pluraler« und »lokaler Spezifikation« (GgL 72ff, 212ff). Zu einer guten Meinungsbildung gehöre »eine große Sensitivität gegenüber dem konkreten Kontext, dem Charakter der handelnden Subjekte und ihrer sozialen Situation«. Wenn die Aristotelikerin ihre Konzeption anderen Menschen und Völkern vorlegt, soll sie das nicht von oben herab tun, sondern sich auf einen »partizipatorischen Dialog« mit den Betroffenen einlassen (GgL 213). Diese Problematik kam bereits bei der Unterscheidung zwischen hermeneutischer und therapeutischer Dialektik zur Sprache. Dabei wurde deutlich, daß ein therapeutischer Dialog unter Ungleichen weit weniger Partizipation zuläßt als ein hermeneutischer Dialog unter Gleichen. Nussbaum denkt aber im Paradigma des ersteren, wenn sie »radikale institutionelle und gesellschaftliche Veränderungen« einklagt (GgL 43) oder pauschal dekretiert, daß die Lebensqualität von Frauen grundsätzlich von den Normen traditionaler Kulturen eingeschränkt würde (GgL 210). Im Konfliktfall beruft sie sich stets auf nicht weiter kritisierbare Idealvorstellungen. Daher ist nicht zu erkennen, wieviel Freiheitsspielraum sie anderen Kulturen zuzubilligen bereit ist. Darüber hinaus läßt ihr Verteilungsgrundsatz überhaupt keine Spezifikationen zu, weil er immer und überall derselbe ist.[171]

Ein vierter Raum der Freiheit soll sich nach Nussbaums Worten durch einen Katalog von Grundrechten eröffnen, der staatlichem Handeln Grenzen zieht. Solche Rechte ließen sich jedoch nicht aus naturrechtlichen oder apriorischen Prinzipien ableiten. »Ihre Berechtigung ergibt sich aus der Rolle, die sie beim Schutz einer Lebensweise spielen, die die Bürger übereinstimmend als gut für sie als Menschen einschätzen.« (GgL 79). An dieser Stelle argumentiert Nussbaum offenkundig unter Berufung auf einen hermeneutischen Internalismus. Da er auf dem Konsensprinzip beruht, kann er allerdings höchst unterschiedliche Grundrechtskataloge begründen. Tatsächlich äußert Nussbaum aber an anderer Stelle sehr konkrete Rechtsvorstellungen, die sie aus ihrer idealisierten Vorstellung des »unconstrained human flourishing« herleitet. Dazu gehören neben dem Recht auf freie Meinungsäußerung, Versammlungs- und Organisationsfreiheit auch umstrittene Rechte wie das Recht auf Abtreibung, das Recht auf Prostitu-

---

Philologie und Komparatistik an der Brown University gelehrt hatte, bringt dieser Wechsel ihre Überzeugung zum Ausdruck, daß sich der Philosoph sich vor allem an die gesellschaftlichen Entscheidungsträger zu wenden habe.
171 Vgl. Bobonich: Response to Martha Nussbaum, aaO., 90.

tion und freien Drogenkonsum sowie das Recht auf Arbeit (GD 332–335, GgL 64f, 200–202). Bei den Rechten auf Abtreibung, Prostitution und Drogenkonsum steht Nussbaum eindeutig auf der Seite der »liberals« bzw. sogar der »libertarians«. Sie begründet dies jeweils mit der Bedeutung, die ihre Konzeption der individuellen Entscheidungsfreiheit zubillige. Allerdings nimmt sie das Recht auf Eigentum davon aus, was gerade für den »libertarian« (wie Robert Nozick) unannehmbar wäre. Eigentum sei »eine Größe, die bei der allgemeinen gesellschaftlichen Planung immer wieder neu auszuhandeln ist« (GgL 202). Dabei soll die allgemeine Befähigung Vorrang vor privatem Besitz genießen (GgL 67–69). Anders wären die immensen Wohlfahrtsprogramme, die Nussbaum im Blick hat, nicht zu finanzieren. Stellt man dies in Rechnung, verliert der vorgeschlagene Grundrechtskatalog viel von seinem liberalen Anstrich.

Alles in allem vermag Nussbaum die Paternalismus-Vorwürfe nicht überzeugend zu entkräften.[172] Obwohl sie einige Persönlichkeitsbereiche (insbesondere Sexualität und freie Entfaltung) unter rechtlichen Schutz stellt, erlaubt und fordert ihre instrumentelle Sicht des Eigentums von staatlichen Bürokratien weitreichende Eingriffe in die Integrität der Privatsphäre. Daß politische Mitwirkungsrechte vor solchen Eingriffen schützen könnten, ist nicht zu erkennen, weil der deliberative Spielraum von Nussbaum stark eingeengt wird. Offensichtlich soll philosophisch-politische Planung kontingente Faktoren so weit wie möglich reduzieren. Wie es scheint, träumt Nussbaum von jener Abschaffung der Kontingenz, die sie in *Fragility of Goodness* noch als Hybris denunziert. Ob sich dadurch aber das gute Leben in unverkürzter Weise verwirklichen läßt? Was in der Theorie richtig ist, taugt – Kant zum Trotz – nicht automatisch für die Praxis. Je weiter sich Nussbaum mit ihrem Essenzialismus und ihrem Sozialdemokratismus von der Praxis entfernt, desto mehr verliert sie die originären, nämlich kontingenten Bedingungen aus den Augen, denen alles Planen und Handeln unterliegt. Welche Kehrtwendung sie dabei im Verhältnis zu ihren früheren Überzeugungen vollzieht, verrät ihre Neueinschätzung tragischer Konflikte. Was sie einmal als unausweichliche Folge inkommensurabler Wertvorstellungen deutete, erscheint nun als staatliche Planungsaufgabe: »In einer wohlgeordneten Gesellschaft sollten tragische Konflikte extrem selten sein.«[173] Wenn es einen Zusammenhang zwischen dem »ästhetischen« und dem »ethischen Aristotelismus« gibt, kann er nur darin bestehen, daß die Entdeckung der enormen Fragilität des guten Lebens Nussbaum dazu verleitet, das Heil in philosophischen wie politischen Idealvorstellungen zu suchen, die von allen äußeren Umständen unabhängig sind. Dies ist der *platonische* Weg, den Aristoteles zwar in vielerlei Hinsicht mit Pol. VII/VIII selbst einschlägt, ansonsten jedoch aus guten Gründen vermeidet.

(c) Zugehörigkeit: Zwischen Patriotismus und Kosmopolitismus

Nussbaum wirft ihren amerikanischen, an der Liberalismus-Kommunitarismus-Debatte beteiligten Kollegen vor, wie selbstverständlich den Nationalstaat als politische Grundeinheit anzusehen. Ob es um die Verteilung von Gütern oder Rechten gehe,

---

172 Zu diesem Ergebnis gelangt auch Scherer: Das menschliche und das gute menschliche Leben, aaO., 914–918.
173 Tragische Konflikte und Wohlgeordnete Gesellschaft, aaO., 138.

immer werde vorausgesetzt, daß sich die damit verbundenen Fragen auf ein fest definiertes Staatsgebiet und Staatsvolk bezögen. Dagegen erhebt Nussbaum – animiert durch ihre Tätigkeit für die Vereinten Nationen – einen globalen Anspruch (GgL 30, LoC 4f). Zwar will sie den Nationalstaat nicht auflösen, doch betrachtet sie ihn im größeren Zusammenhang einer globalen Weltordnung. Dieser Perspektivenwechsel bringt es mit sich, daß neben den Verpflichtungen, die ein Staat seinen Bürgern gegenüber hat, auch solche Verpflichtungen sichtbar werden, die ein Staat und seine Bürger gegenüber anderen Staaten und ihren Bürgern haben (können). Wenn zwischen diesen Verpflichtungen eine Spannung besteht, erhebt sich die Frage nach der Zugehörigkeit und der Loyalität des einzelnen Bürgers. Soll er nur seinem Gemeinwesen dienen oder muß er sich auch für Menschen einsetzen, mit denen er nicht direkt zusammenlebt? Wie weit reichen globale Verpflichtungen? Nussbaum stieß die Diskussion dieser Fragen mit einem Beitrag über *Patriotism and Cosmopolitanism* an, der 1994 gemeinsam mit 29 Antworten in der *Boston Review* veröffentlicht wurde. Zwei Jahre später erschien eine Buchfassung, die das gesamte Spektrum amerikanischer Intellektueller repräsentieren soll.[174] Sie dokumentiert am besten, wo Nussbaum steht und wie sie das Spannungsverhältnis von Patriotismus und Kosmopolitismus interpretiert.

Nussbaums politische Konzeption beruht auf der »grundlegenden Intuition [...], daß das Vorhandensein der menschlichen Fähigkeiten den moralischen Anspruch auf Entfaltung begründet« (GgL 205). Diese Intuition können sowohl der Patriot als auch der Kosmopolit teilen und daraus resultierende Verpflichtungen, anderen Menschen zu helfen, anerkennen. Indessen unterscheiden sie sich hinsichtlich der Reichweite dieser Verpflichtungen. Der Patriot gibt im Zweifelsfall immer den Angehörigen seiner eigenen Gemeinschaft den Vorzug vor Menschen, mit denen er nicht zusammenlebt. Hingegen fühlt sich der Kosmopolit der »worldwide community of human beings« verpflichtet (LoC 4). Grundlage dieser Verpflichtung ist der Respekt vor der »dignity of reason and moral choice in every human being«, wie Nussbaum unter Berufung auf Kant und die Stoiker ausführt (LoC 8). Da dieser Respekt jedem Menschen qua Menschen zusteht, kann der Kosmopolit *prinzipiell* keinen Unterschied in seinen Verpflichtungen gegenüber anderen ausmachen. Gleichwohl lebt er *praktisch* nicht mit allen Menschen in gleicher Weise zusammen, sondern verfügt über engere und losere Bindungen. Daraus resultiert ein moralisches Dilemma: Können solche Bindungen überhaupt gerechtfertigt werden? Setzt nicht jede prinzipielle Verpflichtung eine bestehende praktische Verpflichtung außer Kraft? Auf diese Fragen gibt Nussbaum zwei höchst verschiedene Antworten. Die erste Antwort besagt, daß das Selbst von mehreren konzentrischen Kreisen umgeben sei, denen unterschiedliche Grade der Loyalität entsprächen. Dabei nimmt die Verpflichtung von innen nach außen ab. Solange wir anerkennen, daß es neben den Pflichten gegenüber Familie, Freunden, Nachbarn und Mitbürgern auch solche gegenüber »humanity as a whole« gebe, müßten wir auf unsere »special affections and identifications, whether ethnic or gender-based or religious« nicht

---

[174] For Love of Country. Debating the Limits of Patriotism. Martha C. Nussbaum with Respondents, hg. von Joshua Cohen, Boston 1996 – [LoC]. Der Band enthält neben *Patriotism and Cosmopolitanism* (LoC 2–17) auch eine Stellungnahme, in der Nussbaum ihren Kritikern antwortet (LoC 131–144).

verzichten (LoC 9). Nach dieser Antwort gibt es kein grundsätzliches moralisches Dilemma.[175] Anders die zweite Antwort: Nussbaum sagt, daß Weltbürgertum oft ein einsames Geschäft sei. Sie verweist auf Diogenes von Sinope, der sich »from the comfort of local truths, from the warm, nestling feeling of patriotism, from the absorbing drama of pride in oneself and one's own« in eine Art inneres Exil zurückgezogen habe. Ein solches Leben möge zwar flacher und grauer erscheinen als das des Patrioten, doch sei es in Wahrheit das erfülltere und bessere (LoC 15–17). Nach dieser Antwort gibt es sehr wohl ein moralisches Dilemma, das zugunsten universaler Verpflichtungen zu lösen sei. Die erste Antwort könnte jeder Patriot mit Nussbaum teilen, weil sie seine grundsätzlichen Loyalitäten nicht aufs Spiel setzt, während die zweite alle partikularen Loyalitäten suspendiert. Wie beide Antworten miteinander zu vereinbaren wären, ist nicht zu sehen.

Insgesamt scheint Nussbaum der ersten Antwort näher zu stehen. Die von ihr aufgestellten praktischen Maximen fallen nämlich ziemlich moderat aus. Sie fordert keinen Weltstaat und sagt auch nichts über die Rolle der Vereinten Nationen im Verhältnis zu den Nationalstaaten. Was letztere angeht, führt sie folgende Verhaltensnormen an: Verzicht auf Angriffskriege, Beschränkung von Lügen in Kriegszeiten, absolutes Verbot von Vernichtungskriegen, menschliche Behandlung von Kriegsgefangenen und Verzicht auf koloniale Eroberungen (LoC 134). Diese Normen, die auf der Anerkennung staatlicher Souveränität und Integrität beruhen, sind mit dem Patriotismus vereinbar. Die Bindung an das Wohl der eigenen Gemeinschaft verträgt sich mit der Anerkennung der Eigenständigkeit anderer Gemeinschaften. Die eigentliche Herausforderung des Patrioten bestünde in der Frage, ob er bereit wäre, die staatliche Souveränität im Namen universaler Menschenrechte in Frage zu stellen, wenn ein Staat seine Bürger in damit unvereinbarer Weise behandelt. Sie stand hinter den in den neunziger Jahren geführten Debatten über die Zulässigkeit von »humanitären Interventionen« bzw. militärischen Blauhelmeinsätzen in Somalia, Ruanda, Burundi oder dem ehemaligen Jugoslawien. Vertreter einer patriotischen Haltung plädierten in diesen Debatten für große Zurückhaltung, zum einen, weil sie das Gut staatlicher Souveränität sehr hoch bewerteten, zum anderen, weil sie das Leben von Soldaten grundsätzlich nur für die Verteidigung ihrer eigenen Mitbürger aufs Spiel setzen wollten. Hingegen beriefen sich kosmopolitische Vertreter auf allgemeine, die nationale Gemeinschaft transzendierende menschenrechtliche Verpflichtungen und befürworteten humanitäre wie militärische Interventionen. Nussbaum müßte dieser zweiten Haltung nahestehen; um so mehr fällt es auf, daß sie dazu schweigt. Vielleicht liegt das am Mitte der neunziger Jahre eingetretenen Wandel der öffentlichen Meinung in Amerika, die sich nach anfänglicher Interventionsbegeisterung ins Gegenteil drehte, als CNN Bilder toter US-Soldaten zeigte, die von Freischärlern durch Mogadischu geschleift wurden. Nussbaum beschränkt sich auf die Forderung nach »cosmopolitan education«, was innerhalb des amerikanischen Kontextes vor allem das Erlernen von Fremdsprachen und ein erweitertes geographisches wie kulturelles Wissen betrifft. Auch die Maximen für das persönliche Handeln klingen recht unspektakulär. Weltbürger sollten sich über Nichtregierungsorganisationen am globalen Dialog beteiligen oder sie zumindest finanziell unterstützen. Eine

---

175 Darauf weist sehr deutlich Michael Walzer: Spheres of Affection, LoC 126f hin.

Mutter müsse überlegen, ob sie ihrem Kind eine teure College-Ausbildung zukommen lasse, während andere Kinder verhungerten. Ebenso hätten Amerikaner zu überdenken, ob sie durch ihren hohen Konsum nicht die Lebenschancen anderer Menschen beeinträchtigten (LoC 134–136). In diesen Beispielen liegt viel moralischer Appell, aber wenig bis gar keine politische Verpflichtung. Ein überzeugter Universalist würde sich damit kaum zufrieden geben können.

Folglich gewinnt die aristotelische Position trotz aller stoisch-kantischen Rhetorik an Stärke. Es ist die Position des Patrioten, der sich zuerst seiner Stadt verbunden fühlt und eine Fülle konkreter Verpflichtungen miteinander in Einklang zu bringen versucht. Ausdrücklich sagt der Stagirit in NE IX.2, daß man nicht gegenüber allen Menschen auf dieselbe Weise verpflichtet sei (*ou tauta pasin apodoteon*, 1165a14). Im einzelnen Fall müsse man stets abwägen, was der Grund einer Verpflichtung sei, der Grad der Verwandtschaft (*oikeiotēs*), die Trefflichkeit des Charakters (*aretē*) oder der Nutzen (*chrēsis*; a30–33). Das könne bisweilen eine schwierige Prozedur sein, die aber niemand scheuen solle. Alle von Aristoteles genannten Verpflichtungen setzen voraus, daß zwischen Menschen ein Lebenszusammenhang besteht. Erkennt der Stagirit somit keine abstrakten, universell geltenden Pflichten an? So scheint es zu sein, mit einer Ausnahme: In Pol. VII.2 kritisiert er Städte, deren Gesetze es zum Ziel haben, Herrschaft über die Nachbarstaaten zu erlangen oder die kriegerische Tätigkeit zu schüren (1324b4–22). Aristoteles hält solches Streben für despotisch, d.h. unpolitisch. Im Wesen politischer Regierung liegt es, sich um die Dinge des eigenen Gemeinwesens zu kümmern und andere in Frieden leben zu lassen. Es gibt die Verpflichtung zu guter Nachbarschaft, nicht mehr, aber auch nicht weniger. Weitergehende Verpflichtungen, wie etwa Bündnisse mit anderen Gemeinwesen, bedürfen vertraglicher Vereinbarung. Das aber ist Sache der Politik und der Bürger, nicht der (Moral-)Philosophen. Die aristotelische Position schließt globale Regelungen keineswegs aus, nur ihre Ableitung aus Grundsätzen reiner Vernunft. Daß Nussbaum zumindest ansatzweise letzteres versucht, stößt sogar bei ihren Freunden auf Unverständnis. Putnam schreibt: »Indeed, it is so out of keeping with what she has written about the moral life in her many wonderful books that I am really puzzled as to whether she can really mean what she wrote [...].«[176]

---

[176] Must We Choose between Patriotism and Universal Reason?, LoC 93.

IV.3 Ergebnisse

Sowohl Alasdair MacIntyre als auch Martha Nussbaum bezeichnen sich selbstbewußt als »Aristoteliker«. Das unterscheidet sie deutlich von allen anderen vorstehend behandelten Autoren, die zwar ihre philosophische Affinität zu dem Griechen keineswegs verstecken, vor einer entsprechenden Selbsttitulierung jedoch zurückstehen. Gewiß hat solche Zurückhaltung einen Grund im kontinentaleuropäischen Respekt vor der philosophischen Tradition, in die man sich nicht einfach von selbst einreiht. Im deutschen Kontext der Rehabilitierungsdebatte kommt noch hinzu, daß Habermas, Schnädelbach und andere für eine negative Belegung des Begriffs »Neoaristoteliker« gesorgt haben: Wer sich so nennt, bekennt sich gleichermaßen zu einem rückständigen Traditionalismus. Weder MacIntyre noch Nussbaum scheinen davon etwas zu ahnen. Für sie bedeutet die Berufung auf Aristoteles zu allererst eine Provokation der analytischen Philosophie, für welche es undenkbar wäre, innerhalb der Philosophiegeschichte einseitig Rückhalt zu suchen. Wiewohl beide vom argumentativen, systematischen Stil dieser angelsächsischen Richtung merklich geprägt sind, formulieren sie – zumindest im Frühwerk – hermeneutische Positionen. Nicht anders als ihre deutschen Kollegen von Heidegger bis Sternberger nehmen sie dafür die praktische Philosophie des Aristoteles zum Vorbild. Angesichts der vielen strukturellen Parallelen und der Wirkung, die nicht nur die deutschen Emigranten, sondern auch Gadamer in der neuen Welt erzielen konnten, würde man einen interkontinentalen Gedankenaustausch vermuten. Was Nussbaum angeht, finden sich dafür jedoch überhaupt keine Spuren. Von MacIntyre existiert immerhin eine längere Besprechung der englischen Ausgabe von *Wahrheit und Methode*.[177] Er konzediert die enorme Bedeutung des Werks, das einen »intellectual shift« in der angelsächsischen Philosophie herbeiführen könne.[178] Gadamers Überlegungen zu dialogischer Sprache, verstehender Interpretation und zur praktischen Situiertheit des Wissenschaftlers stünden in »the most radical of oppositions to our current academic practice«.[179] Dieses zustimmende Urteil ließe erwarten, daß zumindest MacIntyre stark von Gadamer geprägt wurde. Indessen finden sich dafür neben dieser relativ entlegenen Publikation keine weiteren Hinweise.[180] Auch bekundet MacIntyre in der Rezension Mißfallen daran, daß Denker wie Aristoteles und Collingwood bei Gadamer »in the

---

177 Contexts of Interpretation. Reflections on Hans-Georg Gadamer's *Truth and Method*, in: Boston University Journal 24 (1976), 41–46.
178 Ebd., 41.
179 Ebd., 46.
180 Christopher Smith übersieht zwar die genannte Rezension, hat ansonsten aber mit seinem Urteil recht, daß es »no indication of direct influence of Gadamer's thought on MacIntyre« gebe; Hermeneutics and Human Finitude, aaO., 94f, Anm. 1.

disguise of naturalized Germans« erschienen. Sie vom »over-Germanic idiom« zu befreien, kann daher nur heißen, selbständig auf die philosophische Überlieferung zurückzugehen.[181] Das steht einem echten Dialog im Wege und führt dazu, daß die Diskussionen in Deutschland und in Amerika getrennt voneinander verlaufen.

Zwischen MacIntyre und Nussbaum ist nur eine einseitige Auseinandersetzung zu verzeichnen, die von letzterer geführt wird. Nachdem sie seit Anfang der neunziger Jahre mit ihrem Programm einer »Aristotelian Social Democracy« und eines »Aristotelian Essentialism« hervorgetreten war, wurde Nussbaum von Rezensenten und Interpreten automatisch mit MacIntyre verglichen. Allerdings fühlte sie sich in der Gesellschaft des gebürtigen Iren nicht besonders wohl und wurde auch von anderen gedrängt, auf Distanz zu gehen. In einem Interview zitiert sie Habermas' freundschaftlichen Hinweis: »Wenn Sie Aristoteles erwähnen, müssen sie darauf hinweisen, daß sie über den britischen, sozialdemokratischen Aristoteles sprechen und nicht den katholisch-konservativen.«[182] Sie akzeptiert diese Unterscheidung unter der Voraussetzung, daß sozialdemokratisch zugleich auch liberal bedeute. Allerdings macht sie sich niemals die Mühe zu belegen, welche ideengeschichtliche Tradition hinter einem zugleich britischen, sozialdemokratischen und liberalen Aristotelismus steht. Nur einmal nennt sie die Namen T. H. Green, Barker und David Ross als »Vertreter eines sozialistischen Perfektionismus«, der an Aristoteles orientiert sei, ohne dies weiter auszuführen.[183] In stärker zeitpolitischer Perspektive suchte sie sich 1998 vom »conservative Catholic neo-Aristotelianism« abzusetzen, als dessen Vertreter sie zeitgenössische Naturrechtsdenker wie John Finnis, Germaine Grisez, Robert P. George und Alasdair MacIntyre anführt (GD 325). Zwar teilt sie mit ihnen die Frage nach dem guten Leben, doch will Nussbaum diese allein auf der Ebene der »capabilities« beantworten, während die anderen die Ebene der »functions« wählen. Nussbaum stellt heraus, daß sie den Bürger dazu befähigen möchte, sich für ein gutes Leben zu entscheiden, ohne in seine individuelle Autonomie einzugreifen – »the good as freedom«. Hingegen setzten die konservativen Antipoden auf bestimmte vorbildliche Lebensweisen und schränkten die Wahlfreiheit stark ein – »the good as discipline«. Nussbaum plädiert für das Recht auf Abtreibung, für die Zulassung von Pornographie und Prostitution sowie für die Freigabe von Drogen, gesellschaftspolitische Themen, bei denen Konservative in der Regel auf der Gegenseite stehen. Der Aufsatz trägt somit dazu bei, die von Habermas umrissene Opposition festzuschreiben.

Gleichwohl hat die philosophische Untersuchung zentraler Positionen MacIntyres und Nussbaums ein anderes Bild ergeben. Beide verbinden mehr Parallelen und trennen weniger Differenzen, als es Nussbaum recht sein dürfte. MacIntyre ist keineswegs allein der konservative Naturrechtsdenker in der Nachfolge Thomas von Aquins, als den Nussbaum ihn porträtiert. Umgekehrt ist sie ebensowenig die liberale Vordenkerin, als die sie sich selbst sieht. Vielmehr trifft sich beider Aristotelismus auf einer überraschenden, weder konservativen noch liberalen Basis: Marx. Beide versuchen, eine Brücke von Aristoteles zu Marx zu schlagen, von daher kritischen Abstand zur liberalen, kapitalistischen Moderne zu gewinnen und ein alternatives, perfektionistisches Bild

---
181 Ebd., 42.
182 Liberaler Aristotelismus. Klaus Taschwer im Gespräch mit Martha C. Nussbaum, in: VNM 89.
183 Tragische Konflikte und wohlgeordnete Gesellschaft, aaO., 140f.

des vollendet guten Lebens zu entwerfen. Für MacIntyre ist dies bereits ausführlich nachgezeichnet worden. Was Nussbaum angeht, so stellt sie in ihren politischen Arbeiten mehrfach Bezüge zwischen dem frühen Marx und Aristoteles her. Wie MacIntyre betont sie, daß Marx während seiner Arbeit an den ökonomisch-philosophischen Manuskripten die aristotelische *Politik* genau studiert und an sie angeknüpft habe. Er finde in Aristoteles einen geistesverwandten Denker, der nach den materiellen Voraussetzungen humaner Entfaltung frage, die zeitgenössischen Produktionsverhältnisse analysiere und die Vision einer gerechteren und menschlicheren Gesellschaft entwickle (GgL 41f., 66, 129f.). Indem Marx sich von den hellenistischen, am Ideal der inneren Selbstgenügsamkeit orientierten Philosophen ab- und Aristoteles zuwende, werde er überhaupt erst zum politischen Denker, so ihre These (GgL 287, Anm. 154). MacIntyres und Nussbaums Interesse an Marx und Aristoteles korreliert mit einer Reihe zeitgleich erschienener wissenschaftlicher Studien, die sowohl ideengeschichtliche als auch systematische Vergleiche zwischen beiden Philosophen anstellen.[184] Wiewohl hier nicht der Ort ist, diese Studien näher zu betrachten, bleibt die Frage zu stellen, welche Spuren der Marx-Bezug in beider Aristoteles-Interpretation hinterläßt.

Zunächst ist auffällig, daß sich MacIntyre und Nussbaum in dem Maße von ihren hermeneutischen Positionen zurückziehen, wie sie Marx näher kommen. Gehen sie zunächst noch von der Praxisbindung und der kontextuellen Verwobenheit alles Philosophierens aus, tritt später ein strenger und objektiver Wissensbegriff in den Vordergrund. Zwar soll philosophische Reflexion durchaus der Praxis dienen, nicht aber ihren kontingenten Bedingungen ausgeliefert sein. Beide verorten ihr Denken in Opposition zu dominanten gesellschaftlichen Diskursen, die sie als »liberal« kennzeichnen. Danach streben alle Menschen nach Geld, Macht und Prestige, und dem Staat kommt die Aufgabe zu, einen minimalen Ordnungsrahmen bereitzustellen. MacIntyre und Nussbaum halten dies mit Aristoteles und Marx für eine verkürzte Auffassung vom menschlichen Glück und von guter staatlicher Ordnung. Um eine unverkürzte Auffassung in den Blick zu bekommen, wenden sie sich vom herrschenden gesellschaftlichen Konsens ab und nehmen bewußt in Kauf, als Philosophen am Rande der Gesellschaft zu stehen. Sie bekennen sich zu einem »idealen Denken« und entwerfen in der Form von »Gedankenexperimenten« alternative Vorstellungen des »human flourishing«. Dafür reklamieren sie objektive und universale Gültigkeit, einen Anspruch, den sie argumentativ ausweisen wollen. Allerdings verwickeln sich beide in Widersprüche und Inkonsistenzen, weil sie ihren hermeneutischen Standpunkt nicht restlos preisgeben möchten.

MacIntyre setzt, wie er selbst sagt, »die Möglichkeit einer adäquaten Darstellung und Verteidigung einer streng realistischen Wahrheitskonzeption voraus«.[185] In seiner

---

184 Thomas Ehleiter: Die Kategorie des Bonum Commune bei Karl Marx in Beziehung zu Aristoteles und Thomas von Aquin, Berlin 1971; Cornelius Castoriadis: Wert, Gleichheit, Gerechtigkeit, Politik. Von Marx zu Aristoteles und von Aristoteles zu uns (1975), in: ders.: Durchs Labyrinth der Vernunft, Frankfurt a.M. 1983, 221–276; Helmut Seidel: Vom Verhältnis von Karl Marx zu Aristoteles. Leipziger Universitätsreden, Leipzig 1979; Jacques de Monléon: Marx et Aristote. Perspectives sur l'homme, Paris 1984; Marx and Aristotle. Nineteenth Century German Social Theory and Classical Antiquity, hg. von George E. McCarthy, Savage 1992 [enthält u.a. Nussbaums Aufsatz: Nature, Function, and Capability: Aristotle on Political Distribution, vgl. GgL 86–130].
185 Interview mit Dimitri Nikulin, aaO., 682.

Aquinas-Vorlesung spricht er von einem teleologisch geordneten Universum, in dem es »fixed and unalterable ends« gebe, nach denen wir unser Handeln auszurichten hätten. Die Ziele würden in einem »single act of comprehension« vom menschlichen Verstand erfaßt, und zwar so, daß hinsichtlich ihrer Bedeutung Klarheit bestehe (MIR 172f). Es handelt sich um eine klassische Wiederaufnahme der *adaequatio-ad-intellectus-rei*-Theorie (»coincidence of the mind with what is«), ein Musterfall dessen, was Putnam »metaphysischen Realismus« nennt. MacIntyre behauptet, daß es nur eine richtige Beschreibung der Welt gibt und daß diese Beschreibung von menschlichen Interpretationen unabhängig ist. Wenn er diese Gedanken auch mit Thomas von Aquin und Aristoteles entwickelt, treffen sie mit dem Objektivitätsanspruch des Marxschen Theorieunternehmens zusammen. Allerdings nimmt er ihnen später wieder die Schärfe. Perfektes Wissen gebe es nur in perfekt geordneten sozialen Kontexten; solange sie noch nicht geschaffen seien, könnten Fehler nicht ausgeschlossen werden. Der Thomist müsse in Kauf nehmen, daß sein Wissen unvollständig sei (»best theory so far«) und er zu einem späteren Zeitpunkt bessere Formulierungen finde (MIR 188f). So gesehen, nimmt er an einer »ongoing enquiry« teil, die kontextuell situiert ist. Philosophisches Wissen bleibt an lebensweltliches Verstehen rückgekoppelt. Diese Position läßt an die hermeneutische Variante des »internen Realismus« denken, und es ist nicht zu erkennen, wie sie mit der ersteren zu vereinbaren wäre. Bei Nussbaum ist es ganz ähnlich. Zwar lehnt sie den »metaphysischen Realismus« rundweg ab, doch stellte sich heraus, daß die Rede von idealisierter Rechtfertigung einem solchen recht nahe kommt, weil Wissen dann intersubjektiver Kontrolle entzogen ist. Folglich erhebt Nussbaum mit ihren Gedankenexperimenten des »unconstrained flourishing« einen ebenso objektiven Geltungsanspruch wie MacIntyre. Sofern sie aber darauf besteht, daß diese Experimente unsere tiefsten Wünsche und Überzeugungen explizierten und dieses auch in der kulturellen Überlieferung zum Ausdruck komme, verwickelt sie sich in dieselben Widersprüche. Entweder werden humane Ziele hermeneutisch-kontextuell rekonstruiert oder objektiv-universalistisch präjudiziert, einen dritten Weg gibt es nicht.

MacIntyres und Nussbaums Unentschiedenheit hinsichtlich ihres Wissensbegriffs läßt sich in mehrfacher Weise theoretisch beschreiben: als Schwanken zwischen der praktischen Philosophie des Aristoteles und der von Marx avisierten wissenschaftlichen Theorie der Praxis, aber auch als Schwanken zwischen der praktischen und der theoretischen Philosophie, zwischen dialektischem und apodiktischem Wissen, zwischen einer stärker aristotelischen und einer stärker platonischen Seite im Werk des Stagiriten. Sofern sie zu letzterem tendieren, was insbesondere im jeweiligen Spätwerk der Fall ist, hat dies markante Auswirkungen auf ihre Anknüpfung an Ethik und Politik. Was die Ethik angeht, arbeiten beide zwar an einer Rehabilitierung der Tugendethik, jedoch so, daß sie jenen Intellektualismus in die Ethik zurücktragen, den Aristoteles gerade aus ihr verbannen wollte. Für MacIntyre setzt die moralische Lebenspraxis einer vollwertigen Person jederzeit »the truth of some particular theoretical standpoint« voraus (MIR 149); ohne philosophisches Wissen sei das menschliche Zusammenleben gestört. In gleicher Manier hält Nussbaum die menschlichen Leidenschaften nicht für angeboren, sondern für »so etwas wie eine schlechte, kulturbedingte Theorie«. »Das erste, was die [gute] Theorie für die Praxis leisten muß, besteht also darin, daß sie die Oberhand über schlechte Theorien gewinnt, welche wichtige Gedanken zum Schweigen bringen.« (VNM 61f). Zwar geht auch Aristoteles davon aus, daß die theoretische Erhellung der

Praxis für die Lebensführung Gewicht hat, indem sie zumindest umrißhaft das Ziel vor Augen stellt (NE I.1). Jedoch hat alle Reflexion vom ›Daß‹, von der guten Praxis auszugehen, wie sie sich im tatsächlichen Handeln vorbildlicher Bürger manifestiert (NE I.2). Für MacIntyre und Nussbaum scheint solche Praxis in weite Ferne gerückt zu sein. Folglich degeneriert sie zum theoretischen Konstrukt, das mehr durch logische Konsistenz als durch erfahrungsmäßige Prüfung glänzt.

Es ist nur konsequent, wenn sie dann in der *Politik* an den Entwurf der schlechthin besten Verfassung anknüpfen und alle damit verbundenen Schwierigkeiten replizieren. Anders als der Stagirit wollen sie keinen Bürger von ihren Segnungen ausnehmen. Um dies zu erreichen, müssen sie allerdings in noch stärkerer Weise Idealisierungen und staatliche Eingriffe vornehmen. Während MacIntyre Arbeitsteilung praktisch aufhebt, damit es zu keinen Rollen- und Machtdifferenzierungen kommt, verlangt Nussbaum einen Staat, der »wahrhaft menschliche und gemeinschaftsfördernde Arbeitsformen für alle Bürger« schaffe (GgL 67), was wohl auf dasselbe hinausläuft. Beide sind in diesem Punkt stark von Marx' Kritik an kapitalistischen Produktionsverhältnissen beeinflußt. Wie er gleiten sie in sozialromantische Vorstellungen einer heilen Welt ab, in der alle gleich sind und jeder alles macht. Eine weitere Parallele besteht darin, daß sie den Raum politischer Deliberation stark einengen, um möglichst alle Kontingenzen der Praxis durch vernünftige Planung auszuschalten. Ähnlich wie in Pol. VII/VIII ist zum Schluß nicht mehr ersichtlich, worüber die Bürger politisch noch zu entscheiden hätten. MacIntyre ist in dieser Hinsicht konsequenter als Nussbaum, da er die erforderliche Homogenität einer wohlgeordneten Praxis und die erforderlichen Eingriffe in liberale Freiheitsrechte klar benennt. Nussbaum erweckt den Eindruck, Planung und Pluralität könnten zusammen bestehen, doch würde die Etablierung ihres Wohlfahrtsstaates Freiheits- und Eigentumsrechte kaum weniger beschneiden. Beide Verfasser entwickeln allen anderslautenden Beteuerungen zum Trotz eine extrem paternalistische Staatsauffassung. In ihrer Orientierung an Idealbildern des »unconstrained flourishing« verlieren sie die bescheidenere, gleichwohl aber plurale Variante der bestmöglichen Verfassung von Pol. IV ganz aus den Augen. Diese Variante rechnet mit vielfachen Ungleichheiten und Kontingenzen, ohne indessen vor ihnen zu kapitulieren. Sie stellt einen Weg vor Augen, wie politische Gleichheit und das gemeinsame Wohl unter Bedingungen sozialer Ungleichheit verwirklicht werden können. MacIntyre und Nussbaum wollen dagegen soziale Gleichheit durchsetzen, auch um den Preis des Verlusts politischer Freiheit. Damit kommen sie Marx abermals sehr nahe.

Vordergründig sieht es so aus, als bestünde zumindest hinsichtlich der Bedeutung von Religion ein klarer Unterschied zwischen beiden Autoren. Während MacIntyre einen zweiten heiligen Benedikt herbeiwünscht und sich für Glaubensprüfungen an Universitäten einsetzt, erklärt Nussbaum Religion zur reinen Privatsache. Allerdings beruht ihre Vorstellung einer guten Gesellschaft auf der Zivilreligion universalen Mitleids, das die Bürger untereinander verbindet. In dieser Hinsicht tritt sie, wie sie selbst eingesteht, in die Fußstapfen Rousseaus.[186] Für den Franzosen ist Mitleid aus dem the-

---

186 Vgl. Compassion: The Basic Social Emotion, in: The Communitarian Challenge to Liberalism, hg. von Ellen Frankel Paul u.a., Cambridge 1996, 27–58, bes. 33–38.

ologischen Zusammenhang von Selbst- und Nächstenliebe herausgetreten und zur einzigen natürlichen Tugend geworden, die dem Eigensinn (*amour propre*) vorausliegt und alle gesellschaftlichen Tugenden begründet.[187] Gleichwohl setzt der Gedanke, daß Menschen einen angeborenen Widerwillen dagegen besitzen, ihre Mitmenschen leiden zu sehen, jene Anerkennung von humaner Schwäche voraus, die erst das Christentum in die Welt bringt. Darüber geht Nussbaum, die Rousseau und Aristoteles unumwunden nebeneinander stellt, hinweg. MacIntyre ist präziser, wenn er die griechisch-aristotelische Tugend der *megalopsychia* mit der christlichen *misericordia* konfrontiert. Daß Aristoteles Mitleid (*eleos*) in die Tragödientheorie einbaut, steht der *megalopsychia* nicht entgegen, schließlich handelt es sich stets um ein Leiden mit seinesgleichen. Was jedoch MacIntyre nicht anders als Nussbaum aus dem Blick verliert, ist jener durch gemeinsame Deliberation gestiftete Zusammenhang, der das politische Leben nach aristotelischer Auffassung trägt. Mitleid mag ein hinreichendes Motiv dafür sein, persönliche Entbehrungen zugunsten allgemeiner Wohlfahrt hinzunehmen. Ob es aber ein hinreichendes Motiv für politische Teilnahme und Beratung ist, daran darf man zweifeln.

Der größte Unterschied zwischen MacIntyres und Nussbaums Aristotelismus scheint in der Reichweite ihrer politischen Entwürfe zu liegen. Der Ire hält tugendhafte Gemeinschaften (wie Rousseau) nur im kleinen Maßstab für realisierbar. Nussbaum hat dagegen die gesamte Menschheit vor Augen. Beide stellen zwar nicht den Nationalstaat, wohl aber patriotische Loyalität in Frage. Aus der Sicht des einen gilt Loyalität zuerst der dem Streben nach dem Guten verpflichteten Partikulargemeinschaft, aus der Sicht der anderen muß sie alle Menschen gleichermaßen einschließen (»community of mankind«). Damit sind sie etwa gleich weit von dem Denker entfernt, auf den sie sich berufen. Für Aristoteles besteht kein Zweifel daran, daß der Bürger die höchste Verpflichtung gegenüber seinem politischen Gemeinwesen hat, welches weder mit Familie, Verwandten und Freunden noch mit anderen Städten identisch ist.

---

187 Discours über die Ungleichheit/Discours sur l'inégalité, hg. von Heinrich Meier, Paderborn ²1990, 1. Teil, 141–151.

SYNOPSIS: ARISTOTELISCHE DENKFIGUREN IN DER POLITISCHEN PHILOSOPHIE DES 20. JAHRHUNDERTS

In der Geschichte der aristotelischen Philosophie hat es viele Brüche gegeben. Genau genommen, begann sie sogar mit einem Bruch. Neleus von Skepsis, der als letztes Mitglied des *Peripatos* die Manuskripte des Schulgründers von Theophrast erbte, brachte diese nach Kleinasien in die Nähe des alten Troja, wo sie 200 Jahre lang in einem Keller gelegen haben sollen. Nachdem man sie wiedergefunden hatte, wurden sie nach Athen geschafft, gelangten dort in die Hände des Konsuls Sulla, der sie seinerseits in Rom von Andronikus edieren ließ. Daraufhin kam es im 2. Jahrhundert nach Christus zu einer ersten Aristoteles-Renaissance, die den Neuplatonismus beeinflußte und besonders den arabischen Raum erfaßte. Das christliche Europa brach hingegen mit dem Griechen, als Justinian 529 der Akademie von Athen das Studium der Philosophie untersagte. Über sieben Jahrhunderte hinweg kannte es allein die logischen Schriften des *Organon*. Erst durch die Übersetzungen des Robert Grosseteste und Wilhelm von Moerbeke, durch die Kommentare des Albertus Magnus und Thomas von Aquin gelangte die gelehrte Welt des Hochmittelalters wieder zur Kenntnis der *Metaphysik*, der *Nikomachischen Ethik* und der *Politik*. Man kann sich kaum einen radikaleren Bruch vorstellen – und kaum eine enthusiastischere Renaissance. Schon Thomas sprach durchweg von »dem Philosophen«, als hätte es keine anderen Denker gegeben. Den nächsten Einschnitt vollzogen die Denker der Neuzeit, denen Aristoteles Synonym dogmatischer, autoritätshöriger Schulgelehrsamkeit geworden war. Es sollte rund 400 Jahre dauern, bis man sich abermals des Griechen besann, von regionalen Sonderformen (wie dem deutsch-niederländischen Protestantismus) und einzelnen Denkern (Hegel) einmal abgesehen. Es bedurfte erst der Katastrophe zweier Weltkriege, bis die Moderne bereit war, ihre Frontstellung gegen die Antike aufzugeben. Damit begann jene Aristoteles-Renaissance im Feld der praktisch-politischen Philosophie, die Gegenstand der vorliegenden Untersuchung gewesen ist.

Offenkundig hat der mehrfache Abbruch der Überlieferung dem aristotelischen Werk nicht geschadet. Im Gegenteil scheint seine Vitalität wesentlich mit den Brüchen zusammenzuhängen. In der Spätantike, noch stärker im Hochmittelalter und auch in der Spätmoderne wurde der Grieche gerade deshalb zum bevorzugten Gesprächspartner, weil seine Schriften auf irritierende Weise frisch und unbekannt waren und nach ausdrücklicher Aneignung verlangten. Was Alexander von Aphrodisias und Thomas von Aquin für ihre Zeit leisteten, kann Martin Heidegger für das 20. Jahrhundert zugeschrieben werden: Ein von den Problemen und Herausforderungen der Gegenwart geleiteter Werkzugang, der den Stagiriten auf neue und originelle Weise zum Sprechen brachte. Wie im ersten Hauptteil nachgewiesen wurde, entwickelte Heidegger seine Neuausrichtung von Phänomenologie, Ontologie und Hermeneutik im intensiven Dialog mit den aristotelischen Schriften, insbesondere mit der *Nikomachischen Ethik*. Die zwischen 1921 und 1925 de- und rekonstruktiv gebahnten Wege zu Aristoteles hinterließen tiefe Spuren im Denken des 20. Jahrhunderts, obwohl dies erst nach 1945 sichtbar wurde. Hatte Heideggers existenzialontologische Transformation der praktischen Philosophie das Ethische und Politische überblendet, stellten seine Schüler es neu ins Licht der Aufmerksamkeit, auf der Suche nach Orientierungsmarken in einer tief empfundenen Zivilisationskrise. Dies wurde an den Arbeiten von Leo Strauss, Hannah Arendt und Hans-Georg Gadamer demonstriert. Sie wirkten wiederum auf andere Denker wie Dolf Sternberger, Alasdair MacIntyre und Martha Nussbaum, obwohl direkte Einflüsse nicht immer nachzuweisen sind. Mindestens in struktureller Hinsicht gibt es aber zwischen allen hier untersuchten Autoren zahlreiche Parallelen. Sie sollen nun zum Abschluß der Untersuchung noch einmal in systematischer Form zusammengefaßt werden. Es gilt, das Spektrum produktiver Auseinandersetzung mit Aristoteles an acht Denkfiguren aufzuweisen, die bei den neun Autoren jeweils Gegenstand der Reflexion sind.

(a) Praktische Philosophie

Aristoteles unterscheidet eine *epistēmē praktikē* hinsichtlich ihres Seinsbereichs, ihrer Methode, ihrer Aussagengenauigkeit und ihrer Lebensbedeutsamkeit von einer *epistēmē poiētikē* und einer *epistēmē theōretikē*. Allerdings läßt er im unklaren, wie weit die Abgrenzung geht. So spricht er auch dort von einem von Natur aus Rechten (*physikon dikaion*), wo dieses seine Ursache in der menschlichen Entscheidung hat und folglich der Veränderung unterworfen ist. Paradoxerweise leugnet er dies gar nicht, unterscheidet jedoch die Veränderlichkeit des natürlichen Rechts von der des rein konventionellen Rechts. Was heißt das für die Aussagen der praktischen Philosophie? Gelten sie in einem absoluten oder nur in einem relationalen Sinn? Und was bedeutet es, daß praktische Philosophie einerseits der lebenspraktischen Vernunft des Bürgers nahesteht, andererseits aber doch Theorie und nicht Praxis ist? Wie verträgt sich dies mit der strikten Trennung zwischen bürgerlicher und philosophischer Lebensform? Es sind solche Fragen, die im 20. Jahrhundert zu neuer Aktualität gelangen. Der in der Neuzeit verdrängte Ansatz einer praktischen Philosophie, die weder direkt der theoretischen Philosophie nachgeordnet ist noch in einer positivistischen Erfahrungswissenschaft aufgeht, verschafft sich abermals Geltung. Nun allerdings in verschärfter Form: Den modernen Interpreten des Aristoteles ist die klassische Metaphysik, das Feld der theoretischen Philosophie, fremd geworden. Sie bezweifeln, daß es möglich ist, von einem geradezu göttlichen Standpunkt die Gesamtordnung des Kosmos zu überschauen. Einige meinen sogar, daß es eine solche Ordnung überhaupt nicht gibt. Zur Skepsis gegenüber der Metaphysik trägt auch der Verdacht bei, Aristoteles deute Sein im ganzen nach Modellen, die er der Menschenwelt entnimmt, sei es der Technik oder dem Organismus.

Der erste, der diese Skepsis artikuliert, ist Heidegger. Für ihn stellt das *theōrein* eine Weise des abständigen Betrachtens dar, das alle natürlichen Weltbezüge negiert und sich aus ihnen herausreflektiert. Heidegger meint, die Haltung der *theōria* sei eine verborgene Erblast der aristotelischen Metaphysik, die bis in die eigene Zeit hinein wirke. Hingegen entdeckt er in der praktischen Philosophie des Aristoteles einen Ausweg, ein Denken, das sich seines In-der-Welt-Seins und seiner wesenhaften Bewegtheit zu versichern sucht. Was ihn daran interessiert, ist nicht die ethische und politische Reflexion, die bei Aristoteles im Vordergrund steht. Vielmehr will er Ontologie neu in jenem Seinsverständnis fundieren, über das Dasein immer schon verfügt. Methodisch löst er damit den Gegensatz von praktischer und theoretischer Philosophie in ein Programm auf, das er anfänglich als »Hermeneutik der Faktizität« bezeichnet. Diesem Weg sind die anderen Autoren auf ihre Weise gefolgt. Die eigentypische Wendung hängt jeweils von der Art ab, wie sie das natürliche Weltverhältnis des Menschen auffassen. Für Voegelin gehört dazu die Erfahrung einer Spannung zum Seinsgrund. Folglich wird aus der existenzialen Ontologie Heideggers eine existenziale Pneumatologie, der gemäß der Mensch nicht bloß sich selbst, sondern darin immer auch sein Verhältnis zu Gott auslegt und symbolisch repräsentiert. Die anderen Autoren gehen nicht vom vereinzelten Dasein, sondern von intersubjektiver Praxis aus. Für sie ist Verstehen ein dialogisches Unterfangen, das darauf zielt, Gemeinsamkeiten ins Bewußtsein zu heben. Alle bekennen sich zu einem hermeneutischen Philosophiebegriff, unterscheiden sich dann aber wieder in der Reichweite dieses Begriffs.

Gadamer, Ritter und MacIntyre hegen universalontologische Absichten; aus ihrer Sicht verweist humane Praxis auf größere Zusammenhänge, in die der Mensch eingebettet ist. Gadamer prägt die Figur eines sich selbst beständig vermittelnden Seins, in das er alle Kontingenzen zurückrechnet. Für Ritter besitzt diese Vermittlung obendrein eine eindeutige teleologische Richtung, die der Geschichte abzulesen ist. MacIntyre rekurriert auf ein Wissen von obersten Prinzipien, bindet dieses jedoch an diskursive Verständigung zurück. Nussbaum entwirft (mit Putnam) das Konzept eines internalistischen Realismus, der alle Weltauslegung an menschliche Erfahrung koppelt. Allerdings gibt sie ihm eine objektiv-idealisierende Wendung, die stark in MacIntyres Richtung tendiert. Arendt ist auf der Suche nach neuen Urteilsmaßstäben, um die Diskontinuität der eigenen Zeit und des eigenen Handelns zu verstehen. Diese sollen *in der* Menschenwelt gewonnen werden und beständiger Revision unterliegen. Von der *theōria* bleibt nur mehr die verflüssigende Leistung des individuellen Denkens übrig, das Maßstäbe auflöst, ohne neue zu setzen. Während Arendt den Wandel betont, wendet sich Sternbergers metamorphotischer Blick auf das, was in tiefgreifender Verwandlung als Gleiches wiederkehrt. Ebensowenig wie Arendt verbindet er damit aber universalontologische Prätentionen. Aussagen über die menschliche Natur und die Struktur des politischen Zusammenlebens können sich allein auf humane Erfahrung und Selbstauslegung berufen. Strauss besteht wie Arendt und Sternberger auf dem endlich-menschlichen Standpunkt, behauptet allerdings, daß nur wenige »gute Naturen« zum philosophischen Denken berufen seien. Hermeneutik meint daher für ihn die Kunst des Schreibens und Lesens, welche die esoterische Botschaft von einer exoterischen Oberfläche abzuheben weiß. In der ein oder anderen Form bringen somit alle Autoren ihren philosophischen Ansatz mit der Hermeneutik in Verbindung und arbeiten an einer Auflösung oder zumindest Neupositionierung der aristotelischen Unterscheidung von praktischer und theoretischer Philosophie.

Um die Konsequenzen zu ermessen, bietet sich eine weitere Vergleichsperspektive an. Bei Aristoteles ist praktische Philosophie zwar nicht unmittelbar dem Handeln dienlich, soll aber doch helfen, das Ziel klarer zu sehen. Hingegen kommt der theoretischen Philosophie überhaupt keine lebenspraktische Bedeutung zu, da sie nicht mit menschlichen Dingen befaßt ist. Wenn dieser Gegensatz aufgehoben oder verschoben wird, stellt sich die Frage, in welchem Maß sich philosophisches Denken auf Praxis bezieht. Den hier verhandelten Autoren lassen sich in dieser Hinsicht drei unterschiedliche Positionen zuordnen. Die erste Position schreibt der Philosophie eine rein verstehende Leistung zu, die ohne Rückwirkung auf politische Praxis bleibt. Sie wird von Ritter vertreten, nach dessen Auffassung Theorie die Zusammengehörigkeit des faktisch Entzweiten (Subjektivität und Gesellschaft, Herkunft und Zukunft) begreifen soll, ohne je etwas daran zu ändern. Es handelt sich um die Schwundstufe eines hegelianischen Denkmodells, das noch auf der Annahme beruhte, die Ordnungen des Staates und der Sittlichkeit könnten die Entzweiungen in der Wirklichkeit aufheben. Da Ritter diese Gewißheit geschwunden ist, verlegt er sich auf die geisteswissenschaftliche Kompensation von Modernisierungsschäden, die gesellschaftlich folgenlos bleibt. Die zweite Position geht von einem Wechselverhältnis zwischen Philosophie und Praxis aus, wonach philosophische Reflexion eine Art interner Praxiskritik einschließt. Sie wird von Heidegger, Voegelin, Strauss, Arendt, Gadamer, Sternberger und MacIntyre vertreten. Danach greift Philosophie korrigierend und normierend in politische Gemeinwesen ein, indem sie Vorbilder heraushebt. Da sie den Bürgern zu einem besseren Verständnis ihrer Ziele und Möglichkeiten verhilft, nimmt sie mittelbaren Einfluß auf ihr weiteres Tun. Insofern sich einige Autoren aber in eine Frontalkonfrontation zwischen Antike und Moderne begeben, neigen sie dazu, ihre eigene Zeit von einem externen Standpunkt aus zu kritisieren. Dann kommen sie der dritten Position nahe, wonach philosophische Reflexion Praxis von außen betrachten und nach universell gültigen Maßstäben beurteilen kann. Dies ist etwa der Fall, wenn Voegelin ein diskursiv nicht ausweisbares, meditativ gewonnenes Ordnungswissen postuliert und MacIntyre auf oberste Prinzipien rekurriert, die tatsächlich höchst umstritten sind. Um eine theoretische Begründung dieser dritten Position ist vor allem Nussbaum bemüht. Aus ihrer Sicht entspringt die kritische Distanz des Philosophen zur realen Praxis einem idealisierenden Denken, das eine Welt ins Auge faßt, in der alle Menschen ihre natürlichen Fähigkeiten in unverkürzter Form entfalten können. Freilich legt auch Nussbaum Wert darauf, daß die Spannweite der Fähigkeiten kulturgeschichtlich zu rekonstruieren ist, also kein im starken Sinne metaphysisches Wissen beansprucht.

(b) Phronēsis

Aristoteles bringt die *phronēsis* in engen Zusammenhang mit der praktischen Philosophie. Er beschreibt sie als eigenen Rationalitätstypus im Feld der menschlichen Dinge. Der *phronimos* muß zwar kein Philosoph sein, um richtig zu handeln, wohl aber muß der praktische Philosoph auch über *phronēsis* verfügen. Nur jene sind zur politischen Wissenschaft berufen, die über Erfahrung im Handeln und einen festen Charakter verfügen. Diese enge Verbindung läßt bereits erahnen, warum der im 20. Jahrhundert vollzogene Rückgang zur praktischen Philosophie zugleich eine Rehabilitierung der *phronēsis* einschließt. Solange technisch-naturwissen-schaftliches Denken *more geometrico* dominierte, war es nicht gut um eine Art von Vernunft bestellt, deren Wissen auf Erfahrung beruht und nur im Umriß anzugeben ist. Gerade die Krise der instrumentellen Rationalität mußte dann aber die *phronēsis* in einem neuen Licht erscheinen lassen. Wieder ist es Heidegger, der diese Wendung vollzieht. In seinen frühen Vorlesungen spricht er von der *phronēsis* als einer eigenen Weise des *alētheuein*, die gleichberechtigt und unabhängig neben der *sophia* stehe. Es entspricht seiner existenzialen Transformation, daß er sie schließlich als »Gewissen« bezeichnet, welches das Dasein auf sich zurückwirft, und, zwischen Geworfenheit und Entwurf vermittelnd, seine Eigentlichkeit gewährleistet. Im Grunde hat Heidegger mit dieser Auslegung bereits jene Themen vorgegeben, die auch alle nachfolgenden Denker beschäftigen. Erstens wirft er die Frage auf, ob die *phronēsis* eine rein individuelle Eigenschaft ist (wie das Gewissen) oder ob sie intersubjektiv konstituiert wird. Zweitens liegt in der Opposition zur *sophia* die Frage beschlossen, wie autonom deren Wissen wirklich ist. Und drittens erhebt sich die Frage nach ihrem Wahrheitsgrad.

Hinsichtlich der ersten Frage liegt Voegelin auf Heideggers Linie. Er deutet die *phronēsis* als Existenzialtugend, welche die von Gott ausgehende Seinsbewegung in die eigene Existenz überführt. Es handelt sich somit um die Fähigkeit der Einfügung in eine vorgegebene Ordnung, die jeder Mensch für sich selbst erbringen muß. Voegelin meint, daß es schon zu Aristoteles' Zeiten nur wenige *spoudaioi* gegeben habe, die dazu in der Lage gewesen seien, von der Moderne ganz zu schweigen. Allerdings gesteht er den angelsächsischen Gesellschaften zu, daß ihr Common Sense zumindest eine Art Restbestand der *phronēsis* darstelle. Bei Strauss findet sich eine ähnliche Einschätzung. MacIntyre deutet sie nach Art der Aquinschen *synderesis* als natürlichen Besitz allgemeiner ethischer Sätze. Die anderen Autoren bemühen sich dagegen um eine stärkere Fundierung der *phronēsis* in gemeinschaftlicher Praxis. Gadamer hält sie für die »hermeneutische Grundtugend« schlechthin und erinnert den bei Aristoteles bestehenden Konnex zur *synesis*, dem verstehenden Urteil über das Tun eines anderen. Arendt zielt in dieselbe Richtung, wenn sie die *phronēsis* und Kants Konzept des Geschmacksurteils zu einer Theorie des unparteiischen Urteilsvermögens zusammenzieht. Betonen Gadamer und Arendt den sachlichen, distanzierten Charakter des Urteilens, stellt Nussbaum stärker die empathischen, emotionalen Elemente heraus. Sie rekurriert auf die von Aristoteles ebenfalls im Zusammenhang mit der *phronēsis* genannte *syngnōmē*, als deren Paradefall sie die kathartische Identifikation des Zuschauers mit dem Schicksal des Helden in der Tragödie ansieht. Indem sie deren Vernünftigkeit herausstellt, will sie die neuzeitlichen Oppositionen zwischen Vernunft und Gefühl, Verstand und Phantasie überwinden.

Für Arendt, Gadamer und (die frühe) Nussbaum ist die *phronēsis* wie für Heidegger ein eigenständiges und unabhängiges Vernunftvermögen. Folglich verankern sie ihre Konzeption von (praktischer) Philosophie in ihr. Bei Strauss, MacIntyre und Voegelin bestehen dagegen gewisse Vorbehalte. Strauss setzt ihr Wissen mit dem Durchschnittsglauben der Bürger gleich, gegen welchen er die hohe Schule der *theōria* abhebt. Die exoterische Fassade philosophischer Werke erfüllt den Zweck, mittels eingängiger Dogmen den Wissensdurst der gewöhnlichen Menschen zu befriedigen, während es wenigen erlesenen Köpfen vorbehalten bleibt, dem endlosen Gespräch des Denkens zu frönen. MacIntyre meint, daß auch eine noch so wohlgeordnete Praxis des Philosophen bedarf, weil sie ohne theoretische Rechtfertigung bald in Unordnung fiele. Der Sache nach vertritt Voegelin dieselbe Position, nur mit dem Unterschied, daß er die Differenz zwischen *phronēsis* und *sophia* restlos aufhebt, dann aber erstere über den Common Sense stellt. Wie der Ire behauptet er, daß dieser nicht in der Lage sei, sich angesichts ideologischer Herausforderung angemessen zu verteidigen. Arendt sieht dieselbe Gefahr, will sie jedoch nicht mit einem transzendenten Ordnungswissen kurieren. Vielmehr konzipiert sie ihre Urteilstheorie so, daß sie nicht auf tradierten Überzeugungen, sondern auf kritischen, immer neu zu leistenden Reflexionsakten beruht. Wenn Nussbaum von idealisierenden Gedankenexperimenten spricht, durch die sich der Philosoph von den gängigen Ansichten der Praxis distanzieren kann, verfolgt sie eine ähnliche Intention. Beide, Nussbaum und Arendt, erkaufen ihre kritische Distanz jedoch durch eine Art transzendentalen Schein und eine Entkopplung von Urteilen und Entscheiden. Bei Aristoteles waren diese Momente noch integraler Bestandteil der *phronēsis*.

Die Nähe und Ferne zur *phronēsis* hängt mit dem jeweiligen Wahrheitsgrad zusammen, der ihr zugeschrieben wird. Für Arendt und Gadamer kommt ihr hohe intersubjektive Verbindlichkeit zu, die bei letzterem ontologisch fundiert ist. Voegelin und MacIntyre halten sie insoweit für wahr, wie sie mit objektiv gültigen Maßstäben zusammenbesteht. Nussbaum neigt mal zur ersten, mal zur zweiten Position. Strauss reserviert Wahrheitsfragen für den philosophisch-esoterischen Diskurs und sieht die Bedeutung des Common Sense primär in seiner stabilisierenden Funktion. Ritter zahlt für seinen hegelianischen Ansatz denselben Preis wie sein Vorbild: Wenn Geschichte die Geschichte der Entäußerung und Rückkehr des Geistes zu sich selbst ist, bleibt für eine Unterscheidung zwischen *sophia* und *phronēsis* innerhalb des *nous* kein Raum. Jede Vernunftäußerung ist Moment desselben umgreifenden Reflexionsprozesses. Gadamer kommt diesem Modell zeitweilig sehr nahe, obwohl er sich der Differenz beider Vernunftformen durchaus bewußt ist. Die Figur eines sich selbst vermittelnden Seins ist durchaus hegelianisch, allerdings fehlt ihr die teleologische Gerichtetheit, die auch Ritter noch bewahren will.

Bei mehreren Autoren ist die Wahrheitsfrage mit einer Reflexion über das Wesen der Sprache verbunden. Aus Gadamers Sicht legt sich Sein, das die *phronēsis* versteht, in Sprache aus. Voegelin teilt diese Position, betont jedoch etwas stärker die Grenzen menschlichen Sprechens. Jede Symbolisierung von Transzendenzerfahrung bildet zugleich die unauflösbare Spannung ab, welche Teil dieser Erfahrung ist: eine Spannung zwischen göttlicher Unendlichkeit und menschlicher Endlichkeit. Für MacIntyre schwankt nicht das Naturrecht selbst, sondern nur dessen Formulierungen. Folglich ist das Verhältnis von objektiver Wahrheit und sprachlicher Repräsentation unkomplizierter als bei Voegelin. Gegenüber diesen drei Ansätzen, für die Sprache eine höhere Wahrheit zum Ausdruck bringt, messen Arendt, Sternberger und Nussbaum ihr einen bescheideneren Stellenwert bei. Nach ihrer Auffassung ist sie jene Weise, in der Menschen ihre Welt auslegen und sich auf gemeinsame Ziele verständigen. Ihre Wahrheit bleibt aber unaufhebbar an den menschlich-endlichen Standpunkt gebunden.

(c) Ethos

Aristoteles leitet in NE VI.5 die *phronēsis* etymologisch von der *sophrosynē* ab. Wiewohl dies wortgeschichtlich falsch ist, deutet es doch auf den engen Zusammenhang hin, den der Stagirit zwischen dianoetischen und ethischen Tugenden sieht. Die *phronēsis* setzt einen gefestigten Charakter ebenso voraus wie sie ihn mitprägt. Sie überlegt die Wege zum Ziel, erstrebt es aber aufgrund sittlicher Haltungen. Diese komplizierte reziproke Struktur wirft die Frage auf, wie hoch der Anteil des Ethos am guten Handeln ist und wie sehr es reflexiv überschritten werden kann. Sie ist von der neuzeitlichen Philosophie systematisch verdrängt worden, insofern diese Gewohnheit und Reflexion, Tradition und Vernunft als einander ausschließende Gegensätze behandelt. Wenn die Frage nach der Rolle des Ethos im 20. Jahrhundert wieder aufgenommen wird, stellt sie sich mit besonderer Dringlichkeit: Einerseits nimmt die Pluralisierung von Lebensstilen rapide zu, andererseits erscheint dies nicht mehr allein als Befreiung und Emanzipation, sondern als Bedrohung des gesellschaftlichen Zusammenhalts. Alle hier behandelten Autoren befassen sich mit diesem Problem und suchen im Rückgang zu Aristoteles nach Auswegen.

In Heideggers Denken taucht Ethos gleich doppelt auf, als faktizitäre und als existenziale Seinsweise. Erstere bezieht sich auf die durchschnittliche und alltägliche Vorausgelegtheit von Welt, die das eigentliche Sein zumeist verdeckt. Letztere erfordert den Entwurf des Daseins auf seine eigenen Möglichkeiten, die als »Erbe« Teil der Geworfenheit sind, aber kongenialer Wieder-Holung bedürfen. Die Paradoxie dieses Ansatzes besteht darin, daß eigentliches Ethos nur dem einzelnen Dasein und gerade nicht einer Handlungsgemeinschaft zukommt. Heidegger will sie am Ende von *Sein und Zeit* überwinden, indem er vom »Geschick« der »Generation« spricht. Wie sich aber einzelnes und gemeinschaftliches Geschick vermitteln, vermag er nicht zu erklären. Diese Lösung konnte nicht befriedigen, weshalb Gadamer und Arendt Selbstsein und Mitsein viel stärker aufeinander beziehen. Allerdings bleibt ihnen das Problem der Geschichtlichkeit erhalten: Ist nicht der Faden der Tradition längst gerissen, der sowohl im Denken als auch im Handeln allgemeinverbindliche Maßstäbe bereitstellte? Arendt bejaht diese Frage und meint, daß es in der modernen Welt nur mehr austauschbare Verhaltensregeln ohne sittliches Fundament gebe. Gadamer verneint die Frage, konzipiert aber Tradition so, daß sie auch Brüche in sich aufnehmen kann, ohne jemals völlig abzubrechen. Folglich ist er davon überzeugt, daß sich noch auf dem Boden der Gegenwart Gestalten tradierter sittlicher Haltungen aufweisen lassen. Diese Position wird von den anderen Autoren geteilt, allerdings mit zum Teil beträchtlichen Vorbehalten. Voegelin will ein vernunftgemäßes Ethos allein den angelsächsischen Gesellschaften zugestehen, MacIntyre sogar nur den religiösen Gemeinschaften in ihnen. Ritter verortet es in der privaten Sphäre der Verwandtschaft und Nachbarschaft, nicht aber im geschichtsfreien Raum der Gesellschaft. Und Nussbaum überlegt, wie sich die dem Ethos zugrundeliegende »belief-structure« verändern ließe.

Wie es scheint, kommt Sternberger Gadamers Anliegen am nächsten. Wie dieser fragt er nach Metamorphosen des Sittlichen. Allerdings richtet sich sein Interesse sehr spezifisch auf die »freien Sitten« bürgerlicher Gemeinwesen und auf die Institutionen, die diese Sitten befördern. Nach seinem Verständnis beruht der politische Zusammenhalt auf einer Übereinstimmung hinsichtlich gemeinsamer Ziele und Prozeduren, einem Verfassungskonsens. Wo die Politologik dominiert, lassen sich über die Zeiten hinweg Parallelen erkennen, deren Grund in der politischen Natur des Menschen liegt. Gadamer fragt hinter das zurück, was Gegenstand ausdrücklicher und bewußter Übereinkunft ist. Für ihn schlägt sich die Wirkungsmacht des Ethos in jenen Selbstverständlichkeiten nieder, die in der Praxis niemals in Frage gestellt werden. Sie markieren die Ränder des geteilten Horizonts, beschränken und eröffnen gleichermaßen das Sichtfeld. Wie aber lassen sie sich theoretisch fassen? Gadamer weist einerseits auf die gemeinsame Sprache, andererseits auf rituelles Handeln hin. Beides wandelt sich im Lauf der Zeit und zeichnet sich doch durch Kontinuität aus. Offenbar ergänzen sich Sternbergers und Gadamers Ansätze wechselseitig. Jedoch unterscheiden sie sich in ihrer Reichweite. Während die freien Sitten für den einen Ausdruck der guten Verfassung der Gesellschaft sind, will der andere in Sprache und Ritual eine »Seinsverfassung« erkennen. Solchermaßen versieht Gadamer das Ethos mit einer ontologischen Dignität, die Sternberger ihm bewußt versagt.

Die konkreten Gestalten des Ethos sind die diversen Tugenden, die Aristoteles für seine Zeit auf den Begriff zu bringen sucht. Die Neuzeit denkt weniger an Tugenden als an Pflichten und Rechte. Dagegen erhebt MacIntyre die Forderung nach einer Erneuerung der Tugendethik. Nussbaum stimmt diesem Anliegen zu, will es aber nicht auf der Ebene der Tätigkeiten, sondern auf der der Fähigkeiten ansiedeln. Auch Voegelin, Strauss, Arendt und Ritter räumen den Tugenden einen besonderen Rang ein. Im einzelnen setzen sie jedoch ganz unterschiedliche Schwerpunkte. MacIntyre verbindet die antiken Kardinaltugenden (Gerechtigkeit, Besonnenheit, Tapferkeit, Weisheit) mit den theologischen Tugenden (Glaube, Liebe, Hoffnung). Voegelin bezeichnet *phronēsis*, *philia* und *dikaiosynē* als »Existenzialtugenden«, weil sie sowohl das Verhältnis der Menschen zueinander als auch zum göttlichen Grund betreffen. Ritter nimmt in die Liste der Tugenden neben Sekundärtugenden auch die Frömmigkeit auf. In allen drei Fällen gehen Antike und Christentum (nicht unproblematische) Symbiosen ein. Auch Strauss zielt eine solche Symbiose an, jedoch so, daß die vornehmen Bürger den antiken, das gemeine Volk den christlichen Tugenden huldigen soll. Für erstere erklärt er die *megalopsychia* zum Leitbild, jene Tugend, die, wie MacIntyre ganz richtig bemerkt, am weitesten von der christlichen Nächstenliebe entfernt ist. Arendt will die Tugenden ebenfalls von christlichen Konnotationen freihalten und orientiert sich an Machiavellis Verständnis von *virtu* als Performanz. Konkret hebt sie neben der *phronēsis* die *sophrosynē* als Tugend des Maßhaltens und die *andreia* als Tugend des zum öffentlichen Auftritt gehörenden Mutes heraus.

Ein Problem der aristotelischen Ethik besteht in der Frage, ob es zwischen den Tugenden zu unlösbaren Konflikten kommen kann. Zum einen heißt es, wer eine Tugend habe, verfüge über alle. Zum anderen nennt der Stagirit eine Reihe von Fällen, in denen Verpflichtungen gegenüber hochrangigen Gütern miteinander konfligieren. Die modernen Anknüpfungen bilden das gesamte Spektrum zwischen Harmonie und Konflikt nach. Auf der Seite der Harmonie befinden sich solche Denker, für die es eine wißbare Seinsordnung gibt, in die sich der Mensch nur einzufügen braucht, also Voegelin, Strauss, Ritter, MacIntyre und (mit Einschränkungen) Gadamer. Auf der anderen Seite stehen Heidegger, Arendt, Sternberger und Nussbaum, die eine übergreifende verbindliche Ordnung ausschließen und folglich Zielkonflikte zulassen. Arendt und Nussbaum nehmen sogar den möglichen Zerfall eines Gemeinwesens in Kauf, während Sternberger auf die kluge Ausbalancierung gesellschaftlicher Kräfte setzt, womit er dem aristotelischen Anliegen am nächsten kommt.

(d) Freundschaft

In der *Nikomachischen Ethik* nimmt kein Thema soviel Raum ein wie das der Freundschaft. Bei einem neuzeitlichen Denker wie Hobbes ist es gerade umgekehrt: von Freundschaft kein Wort. Wo der Mensch dem Menschen ein Wolf ist, werden soziale

Beziehungen im Paradigma von Feindschaft und Bedrohung analysiert. Wer dieses Paradigma im 20. Jahrhundert aufgibt, räumt der aristotelischen Auffassung vom Menschen als einem *zōon politikon* höheren Kredit ein. Damit kehrt die Figur der Freundschaft in die praktische Philosophie zurück. Allerdings gibt es diese Figur im aristotelischen Werk gleich in mehrfacher Ausführung. Besonders auffällig ist die Unterscheidung zwischen der *philia tou agathou*, der Freundschaft der guten Männer, und der *philia politikē*, der Freundschaft der Bürger, die auch *homonoia* heißt. Die guten Männer sind auf ein gemeinsames oberstes Gut hin orientiert und erkennen sich im jeweils anderen wieder. Hingegen pflegen die Bürger einen loseren und distanzierteren Umgang. Ihre Einigkeit betrifft das *koinon politikon*, das für alle ein Gut ist, ohne mit dem jeweils höchsten Lebensziel identisch zu sein. Deshalb scheint die politische Freundschaft eher der wesenhaften, von Aristoteles in der *Politik* aufgewiesenen Pluralität der Polis zu entsprechen, während die andere Form auf eine homogene philosophische Beziehung hinausläuft, in der jeder dem anderen als zweites Selbst erscheint. Für die modernen Interpreten stellt sich die Frage, welche Form der Freundschaft Grundlage eines wohlgeordneten Gemeinwesens sein soll.

Arendt und Sternberger knüpfen an die *philia politikē* an, da sie die Pluralität zur nicht hintergehbaren Ausgangsbedingung des Politischen erklären. Wie Arendt hervorhebt, wahrt allein dieser Typ der Freundschaft die Balance von Gleichheit und Verschiedenheit der Menschen, indem sie einen weltlichen, polyperspektivisch strukturierten Raum zwischen den Menschen eröffnet. Würde die Vielfalt der Perspektiven, auf der die Vielfalt der Ansichten und Meinungen beruht, harmonisiert, käme das Politische selbst zum Verschwinden. Hinter der *philia politikē* steht das gemeinsame Interesse am Austausch und an der Gestaltung der Welt. Ähnlich bei Sternberger: Die Bürger bekennen sich zu einem Gemeinwesen, seinen Grundsätzen, Zielen und Institutionen, ohne sich über letzte Sinnfragen und partikulare Interessen einig sein zu müssen. Die politische Freundschaft erlebt ihre metamorphotische Wiederkehr im Konzept des Verfassungspatriotismus. Auch Voegelin bekennt sich zum Modell des *civil government*, welches letzte Dinge aus der Politik heraushält. Allerdings nimmt er an, daß ein solches System nur in einer christlich geprägten, dem transzendenten Grund gegenüber offenen Gesellschaft funktionieren kann. Vor diesem Hintergrund verschmelzen die bei Aristoteles unterschiedenen Freundschaftsformen zu einer einheitlichen Gestalt. Voegelin führt *homonoia* etymologisch korrekt auf *homo-noein* zurück, um dann seine Konzeption eines durch die Spannung zum Seinsgrund konstituierten *nous* einzusetzen. Paradigma der Freundschaft wird dadurch »der Mann, der auf der Höhe seiner Entwicklung fähig ist zum *bios theōrētikos*«. In ähnlicher Weise erhebt MacIntyre die *philia tou agathou* zum Muster der »good community«. Was die Bürger zusammenhalten soll, ist die »gemeinsame Treuepflicht gegenüber dem Guten und dem Streben nach ihm«. Dieses Gute wird nicht bloß als *koinon politikon*, sondern als schlechthin höchstes Ziel konzipiert. Folglich wird der plurale Raum so stark verengt, daß nur noch die vollendet tugendhafte und harmonische *community* in ihn hineinpaßt.

Dagegen bemüht sich Gadamer um eine vermittelnde Position, die beide Freundschaftsformen in produktiver Weise verbindet. Von der *philia politikē* übernimmt er das plurale und offene, von der *philia tou agathou* das dialogische, auf Selbsterkenntnis im anderen bezogene Moment. Beide werden zusammengeführt im sachaufweisenden hermeneutischen Gespräch. In ihm sind die Gesprächspartner zwar vorgängig verbunden, doch geht es darum, diese Verbundenheit gemeinsam aufzuweisen. Der Prozeß des Aufweises entfaltet eine Dynamik, die keinen Partner unverändert läßt und die Horizonte verschiebt. Der andere interessiert nicht primär als ein die eigene Subjektivität zurückspiegelndes Wesen, sondern als jemand, der dazu beiträgt, die Selbstbeschränkung zu überschreiten und so das Selbstverständnis zu vertiefen. Diese Intention verfolgen auch Arendt und Sternberger, allerdings nicht im Hinblick auf vorgängige Gemeinsamkeiten, sondern auf gegenwärtige und zukünftige Ziele. Wie bereits gesagt, müssen diese Perspektiven einander keineswegs ausschließen.

Nussbaum versucht dem Konzept der Freundschaft eine kosmopolitische Wendung zu geben. Die Partikularität freundschaftlicher Beziehungen soll mit einer weltbürgerlichen Haltung vereinbar sein. Tatsächlich bildet ihre Auslegung allerdings jene Spannungen ab, die sie gerade überwinden soll. Wer mit allen Menschen gleichermaßen Freund sein will, muß im Konfliktfall Entscheidungen treffen. Entweder räumt er bestimmten Loyalitäten Priorität ein oder er führt wie Diogenes von Sinope ein von allen sozialen Bindungen gelöstes Leben im inneren Exil. Letzteres mag mit dem stoischen Rückzug aus der Welt, der zahlreiche neuzeitliche Denker tief geprägt hat, zusammenstimmen. Bei Aristoteles heißt es dagegen, daß nur der sich selbst genüge, der kein zurückgezogenes, vereinsamtes Leben (*bion monotēn*) führe, sondern mit seinen Eltern, Kindern, seiner Frau und überhaupt seinen Freunden und Mitbürgern zusammen lebe, da der Mensch von Natur für die Gemeinschaft bestimmt sei (NE I.5). Dies wird von Ritter richtig erkannt, allerdings in einer Weise ausgelegt, die nicht mehr zwischen familiären und bürgerlichen Freundschaften zu differenzieren erlaubt. Er verankert das gesamte freundschaftliche Zusammenleben in privaten Herkunftsordnungen, während für Aristoteles und die Griechen die öffentliche Kultur den Umgang der Bürger bestimmt. Wo sie zu schwinden scheint, liegt es nahe, die Flucht in den vermeintlich unversehrten Raum des Privaten anzutreten, bei Ritter nicht anders als bei MacIntyre. Unterdessen zeigen Arendt, Sternberger und Gadamer einen Weg auf, der Pluralität und Freundschaft zu verbinden erlaubt. Damit lösen sie ein, was Heidegger in *Sein und Zeit* mit seiner Rede von der Gleichursprünglichkeit von Selbstsein und Mitsein im Auge hatte, begrifflich aber nicht zu fassen vermochte.

(e) Eudaimonia

Aristoteles geht wie selbstverständlich davon aus, daß alle Menschen nach *eudaimonia* streben und daß es eine gemeinsame Konzeption von *eudaimonia* gibt, in der die verschiedenen Intuitionen der Bürger konvergieren. Ihrem Aufweis dient die *Nikomachischen Ethik*. Der Neuzeit ist diese Gewißheit abhanden gekommen; sie hat vor allem das egoistische, seinen privaten Nutzen maximierende Individuum vor Augen. Kant spricht verächtlich von Eudämonismus, um eine solche Einstellung gegen die der Pflicht gehorchende Haltung wahrer Sittlichkeit abzugrenzen, die erst nach dem Tode ihren Lohn empfängt. Damit verschwindet die Kategorie der *eudaimonia* aus der Ethik. Wenn sie im 20. Jahrhundert eine Renaissance erlebt, liegt dies an jener Leerheit des Pflichtbegriffs, die ihn für alle möglichen Zwecke instrumentalisierbar werden ließ (auch Adolf Eichmann berief sich auf Kant). Die modernen Aristoteles-Interpreten werfen die Frage auf, ob die Eudämonismus-Kritik den Stagiriten überhaupt trifft. Und sie überlegen, inwiefern es auf dem Boden der Moderne noch sinnvoll sein kann, von einem Glück zu sprechen, das die Vorstellungswelt des *homo oeconomicus* transzendiert.

Heidegger vermeidet es, von ›Glück‹ zu sprechen; der Sache nach nimmt sein Begriff der ›Eigentlichkeit‹ aber wesentliche Elemente des aristotelischen Vorbilds in sich auf. Wie der Grieche betont er, daß das Streben des Menschen auf ein Um-Willen gerichtet ist, das weder willkürlicher Setzung noch natürlicher Determination entspricht. Zudem stellt er das Erfordernis der Ganzheit und der Aktivität heraus. Für Aristoteles ist Glück kein Besitz, sondern etwas, das immer neu im Handeln zu erringen ist, nicht bloß zeitweise, sondern ein ganzes Leben lang. Daraus erwächst freilich eine heikle Aporie: Da der Mensch körperliche Bedürfnisse hat, die dem Glücksstreben entgegenstehen (wie Schlafen), da er sterblich ist und obendrein nicht souverän über sein Handeln verfügt, sondern von Mithandelnden abhängig ist, bleibt sein Glück vielfachen Kontingenzen ausgeliefert. Das göttliche Glück erfordert Muße, reine Geistigkeit und völlige Autarkie. An ihm haben die Bürger niemals teil, während die Philosophen zumindest zeitweise in seinen Genuß kommen. Das scheint am Ende der *Nikomachischen Ethik* den *bios politikos* gegenüber dem *bios theōrētikos* abzuwerten. Heidegger will diese Aporie lösen, indem er die Bewegtheit der einen mit der Vollendung der anderen Lebensform kombiniert. Sein Gedanke einer vorlaufenden Vorwegnahme des Todes soll dessen Kontingenz aufheben. Eine ähnliche Intention verfolgen auch andere Autoren. Für Voegelin hebt das Bewußtsein der Spannung zum Grund den Menschen über seine Endlichkeit hinaus, auch wenn es diese nicht beseitigen kann. Aus Gadamers und Ritters Sicht empfängt handelndes Dasein seinen Sinn und seine Erfüllung nicht aus sich selbst, sondern vom Sein her. Alle diese Ansätze wollen das menschliche Glück an einem höheren Glück partizipieren lassen und so über die Zufälle des Handelns hinausheben.

Auf der anderen Seite stehen Autoren wie Sternberger, Arendt und Nussbaum, die sich mit dem rein menschlichen Glück begnügen. Sternberger wirft schon in seiner Dissertation Heidegger vor, daß er den Tod regelrecht »ontologisiere«, um seine stumme, fremde und schlechthin unverständliche Kontingenz zu beseitigen. Auch Nussbaum hält es für gefährliche Hybris, wenn der Mensch die Fragilität seiner Existenz verleugnen will. Sie stellt heraus, daß deren Ziele überhaupt nur unter der Bedingung der Kontingenz existierten. Würde der Mensch ewig leben, gingen ihm seine Wertschätzungen verloren. Warum sollte er noch handeln und andere Menschen lieben, wenn ihm alles in ewiger Fülle gegeben wäre? Nussbaum macht bei Aristoteles eine gewisse Tendenz aus, den *bios politikos* zugunsten einer scheinbar göttlichen Lebensform zu entwerten. Dieselbe Beobachtung leitet auch Arendts Zugang zu dem Griechen. Sie wirft ihm vor, die Selbstauslegung der Polis durch die Konstruktion des *bios theōrētikos* zu verzerren. Das Glück der attischen Bürger beruhe auf der Freiheit gemeinsamen Handelns, das niemals einfach in sein Ziel führe, sondern ganz unvorhersehbare Ergebnisse zeitigen könne. Arendt spricht deshalb vom »Verfolg des Glücks«, nicht von seiner Erfüllung. Was ihm Dauerhafigkeit verleihe, sei allein die kollektive Erinnerung der Späteren, kein Verweilen bei einem göttlichen Sein. MacIntyre steht hinsichtlich der *eudaimonia* den drei ›Agnostikern‹ nahe, denn er betont wie sie das Moment des Unterwegsseins zum Guten, das alle Erfüllung mit dem Vorbehalt der Endlichkeit versieht.

Was kann nun aus Sicht der hier behandelten Autoren *eudaimonia* auf dem Boden der Moderne noch meinen? Für Voegelin handelt es sich um eine meditative Erfahrung, die kaum zu kommunizieren ist. Gadamer erhebt die Kommunizierbarkeit dagegen zur konstitutiven Bedingung und will den Sinn der Existenz dem Hören auf die Sprache des Seins abgewinnen. Damit wendet er sich freilich eher der geisteswissenschaftlichen Überlieferung als dem politischen Leben zu. Bei Ritter ist es ganz ähnlich, mit dem besonderen Akzent auf der Kompensation von Modernisierungsschäden. Im Verkehr mit anderen bedeutet ihm Glück nur mehr soviel wie ein fester Halt und Stand im arbeitsteiligen Produktionsprozeß. Dagegen ist Glück für Arendt, Sternberger, MacIntyre und Nussbaum das oberste Ziel gemeinsamen Handelns von Menschen. Auch da gibt es natürlich Unterschiede. Die beiden letztgenannten sind in den Arbeiten ihrer zweiten Werkphase vorrangig damit beschäftigt, Kontingenzen durch staatliche Planung zu beseitigen. Wie vorstehend argumentiert wurde, fallen sie damit hinter frühere Einsichten zurück. Der Versuch, Glück förmlich zu erzwingen, steht jener Hybris nahe, die sich über die Fragilität des guten Lebens hinwegzusetzen sucht.

(f) Teleologie

Daß der Mensch wie alle Lebewesen nach natürlichen Zielen strebt, gilt der Neuzeit als besonders zweifelhaftes Lehrstück der aristotelischen Philosophie. Man nimmt sogar an, der Stagirit unterstelle dies auch leblosen Gegenständen: Der Apfel falle vom Baum, weil er dies »wolle«. Mit der modernen, mechanistischen Physik werden solche Modelle verabschiedet. Man wendet ihre Logik auch auf die Welt des Handelns an und vermag nur noch viele Individuen zu sehen, die von wandelnden Bedürfnissen und Begierden getrieben werden, ohne jemals ein höchstes Ziel anzusteuern. Hobbes hält im *Leviathan* apodiktisch fest, daß es »kein *finis ultimus*, d.h. letztes Ziel, oder *summum bonum*, d.h. höchstes Gut [gibt], von dem in den Schriften der alten Moralphilosophen die Rede ist« (I.11). Wer im 20. Jahrhundert an das Konzept der *eudaimonia* anknüpft, kann sich mit dieser Sichtweise nicht zufriedengeben. Mit der Frage nach dem guten Leben kehrt unweigerlich die nach der Begründbarkeit teleologischen Denkens auf die philosophische Agenda zurück.

Von Aristoteles her bieten sich zwei unterschiedliche Wege der Beantwortung an. Der Stagirit geht in seinen Untersuchungen einerseits von den vielen Ansichten und Meinungen aus, die zu einer Sache vorliegen. Er prüft sie sowohl auf ihre logische Konsistenz (nach dem Prinzip der Widerspruchsfreiheit) als auch auf ihren Beitrag zur Klärung von Beobachtungen und Erfahrungen. Im Dialog mit beidem gelangt er zu philosophischen Aussagen, die Aporien anderer Theorien überwinden sollen. Dieses Verfahren kommt sowohl in der theoretischen als auch in der praktischen Philosophie zum Einsatz; Aristoteles bezeichnet es als Dialektik bzw. als Hypolepsis. Vor seinem Hintergrund stellt das teleologische Denken den Versuch dar, vom menschlichen Standpunkt aus bestimmte Phänomene in einen sinnvollen Zusammenhang einzuordnen. Andererseits entwirft der Stagirit in den *Analytica posteriora* und in Teilen der *Metaphysik* das Programm einer vollendeten Wissenschaft, die die Seinsordnung vom Standpunkt des unbewegten Bewegers aus erfaßt. Es kann seine obersten Annahmen nur mehr als wahr postulieren, wodurch sie dem kritischen Dialog des Fragens und Forschens und dem Test an der humanen Erfahrung entzogen zu sein scheinen. In diesem Fall setzt die Teleologie ein göttliches Wissen voraus, das den Philosophen von allen anderen Menschen unterscheidet. Die Ambivalenz dieser beiden Wege bildet sich in der Ethik ab, wenn Aristoteles zum einen von den *legomena* der Bürger ausgeht, zum anderen aber in einer davon unabhängigen Weise nach dem *ergon tou anthrōpou* fragt. In der metaphysikkritischen Haltung der modernen Aristoteles-Interpreten ist ein sicheres Gespür für solche Ambivalenzen angelegt. Niemand maßt sich an, er könne einfach einen archimedischen Standpunkt einnehmen, um von dort aus die wahren Ziele menschlichen Strebens zu ermessen. Für alle muß die Rede darüber in der menschlichen Erfahrung fundiert sein.

Was die hier analysierten Ansätze unterscheidet, ist jedoch die Spannweite ihres Verständnisses von Erfahrung. Für Voegelin, Gadamer, Ritter und MacIntyre existiert der Mensch in Offenheit gegenüber einem ihn übersteigenden und umgreifenden Sein. In seinem Denken und Handeln macht sich immer etwas geltend, das er nicht kontrollieren kann. Die Frage nach seinem natürlichen Ziel, seinem Wesen oder seiner Natur läßt sich nur im Blick auf dieses »etwas« zureichend beantworten. Deshalb knüpft der Philosoph zwar an die *legomena* an, befragt sie dann jedoch auf eine Dimension hin, die in ihnen nur indirekt zum Ausdruck kommt. Nach Voegelins Auffassung symbolisiert die Sprache die Spannung zum Seinsgrund. Gadamer und Ritter meinen, daß sich das Sein in und durch Sprache vermittelt. MacIntyre geht von einem natürlichen Bestand von Seinssätzen aus, über die jeder Mensch verfügt. Für alle vier Autoren weist die Frage nach dem Telos des Menschen auf eine Vernunft oder ein Sein, das erst die Bedingung der Möglichkeit seiner Erfahrung ist. Aus ihrer Optik ist es ganz unangemessen, von einem ›rein‹ menschlichen Standpunkt zu sprechen, da es einen solchen nicht geben kann. Aufgrund der merkwürdigen Verquickung von menschlichem und göttlichem Sein nähern sie das philosophische dem theologischen Denken an. In der Abwehr »agnostischer« Gegenpositionen nehmen ihre Überlegungen mitunter einen obkektivistisch-apodiktischen Zug an. Es scheint dann, als verfügten sie als einzige über ein wahres Wissen von den Zielen des Menschen und als müßten sie dieses Wissen gar nicht mehr diskursiv ausweisen. Auf diese Weise kommen sie dem zweiten Weg aristotelischer Wissenschaft auffallend nahe. Voegelin spricht souverän von der hierarchischen Struktur des Kosmos, Ritter von der Natur, die hinter dem Rücken der Menschen wirkt, Gadamer vom Sein, das sich durch den Menschen hindurch Geltung verschafft und MacIntyre von den »first principles« der Seinsordnung. In diese Gesellschaft reiht sich auch Strauss ein, der an Ontologie gar kein Interesse hat, aber um so dogmatischer auf einer Hierarchie der Naturen besteht.

Hingegen folgen Arendt, Sternberger und Nussbaum dem ersten Weg des Aristoteles. Sie messen der menschlichen Selbstauslegung zwar Wahrheit zu, ziehen ihr jedoch enge Grenzen. Die Rede von einer menschlichen Natur muß sich an allgemein zugänglichen Phänomenen und Erfahrungen messen lassen. In diesem Sinne betont Nussbaum, daß Aussagen über das Wesen des Menschen stets einen »humanly experienced context for human lives« voraussetzen. Ihre Erneuerung des Essenzialismus will »internalistisch« und offen sein. Deshalb vermeidet sie es, von *functions* zu sprechen, von eindeutig angebbaren Höchstformen, und zieht eine Analyse der *capabilities* vor. In dieser Hinsicht kommt sie Arendt nahe, die ebenfalls nur von den in der *conditio humana* begründeten Fähigkeiten des Menschen spricht. Sternberger sagt in seinen Worten, daß die Natur des Menschen darin bestehe, auf dem Weg zu seiner Natur zu sein. Ein abschließendes Wissen gibt es nicht. Freilich handeln sich diese Ansätze ein Folgeproblem ein: Sie können nicht mehr mit der Autorität objektiven Wissens auftreten und nur insofern überzeugen, wie sie den Intuitionen der Mitmenschen entsprechen.

Darin liegt, daß sie in unlösbarer Weise kontextgebunden sind. Während Arendt und Sternberger mit diesen Beschränkungen leben können, bereiten sie Nussbaum Schwierigkeiten. Der theoretische Kunstgriff eines Gedankenexperiments des »unconstrained flourishing« soll ihrem Essenzialismus eine objektiv-universalistische Wendung geben, ohne die Basis humaner Wertschätzungen zu verlassen. Darin liegt jedoch die eminente Gefahr, eine bestimmte Auslegungsgeschichte humanen Seins nach innen zu homogenisieren und nach außen gegen Kritik zu immunisieren. Wie es scheint, läßt sich unter modernen Bedingungen nur mehr ein solches teleologisches Programm rechtfertigen, dessen Antworten die zugrundeliegenden Fragen nicht verdecken.

(g) Politische Freiheit

Von Isaiah Berlin stammt die nützliche Unterscheidung zwischen negativer und positiver Freiheit. Erstere meint jene liberale Willkürfreiheit, die nur insofern durch Gesetze beschränkt werden darf, wie sie die Freiheit anderer behindert. Letztere bezieht sich auf das Vermögen der Selbstkontrolle, sowohl im individuellen als auch im gesellschaftlichen Bereich. Man kann den Gegensatz auch dadurch zum Ausdruck bringen, daß man von »Freiheit von etwas« und »Freiheit zu etwas« spricht. Bemerkenswerterweise finden sich diese beiden Freiheitsbegriffe auch in der *Politik*. Aristoteles führt sie als die beiden Grundsätze der Demokratie an, nämlich leben zu können, wie man will und einander im Wechsel zu regieren. Zwischen ihnen besteht eine gewisse Spannung, weil völlige Willkür sich gar nicht mit fremder Regierung verträgt. Aus aristotelischer Sicht ist der regelmäßige Wechsel der Regierung aber der beste Kompromiß zwischen Freiheit und Gleichheit (VI.2, 1317a40–b17). Überhaupt legt er den Akzent auf die positive Freiheit: Den Status des Bürgers spricht er nur denen zu, die am Richten und Regieren Anteil nehmen (Pol. III.1). Unter den politischen Verhältnissen des Mittelalters mußte dies auf Unverständnis stoßen. Obwohl nur einer oder wenige herrschten, gab es doch zahlreiche Bürger. Sie zeichneten sich nicht durch Partizipation, sondern durch rechtlich gesicherte negative Freiheit aus. Diesen Akzent setzte auch der neuzeitliche Liberalismus, von seinen Anfängen bis zu Isaiah Berlin, für den Entwürfen positiver Freiheit der Ruch des Autoritären und Totalitären anhaftet. Dahinter stehen nicht anders als bei Aristoteles Erfahrungen der Zeit. Allerdings wird die liberale Position nach 1945 nicht mehr nur von ideologisch-totalitären, sondern auch von demokratisch-partizipatorischen Strömungen herausgefordert. Sie verhelfen dem von Aristoteles explizierten Verständnis von Freiheit und politischer Ordnung zu neuer Aktualität.

Am deutlichsten kommt dies in den Arbeiten Arendts und Sternbergers zum Ausdruck. Beide konfrontieren den privaten Wirtschaftsbürger (*bourgeois*) mit dem am öffentlichen Leben teilnehmenden *citoyen*. Dieser *citoyen* ist nach dem Vorbild des griechischen *politēs* keinem obrigkeitlichen Staat entgegengesetzt oder eingegliedert, sondern er bildet mit anderen die *koinonia politikē*, die bürgerliche Gemeinschaft, die allen funktionalen Differenzierungen vorausgeht. Für Arendt wie für Sternberger beruht die Legitimität eines Staatswesens auf der Existenz einer solchen *koinonia politikē*. Sie zeichnet sich ebenso durch die Verschiedenheit und Selbständigkeit ihrer Mitglieder wie durch gemeinsame Orientierungen und Zusammenschlüsse aus. Auf diese Weise sind negative und positive Freiheit miteinander verquickt, was beide mit dem Begriff der Pluralität zum Ausdruck bringen wollen. Arendt verleiht dem Handeln der Bürger nicht nur politische, sondern existenzielle Bedeutung. Aus ihrer Sicht handelt es sich um eine Weise nicht beherrschbarer Selbstdarstellung und Selbstentäußerung, die zum Ausdruck bringt, wer jemand wirklich ist. Dagegen ist Sternbergers Verständnis von politischer Freiheit nüchterner. Es beruht vor allem auf einem Appell an die Verantwortung der Bürger für *ihr* Gemeinwesen. Ein solcher Appell findet sich auch bei MacIntyre. Allerdings richtet er sich an die kleine und homogene Einheit der *community*, während Sternberger den Verfassungsstaat im Sinn hat. Der Ire will Deliberation und Entscheidung in die Hände der Bürger zurückgeben und auf repräsentative Strukturen verzichten. Dabei folgt er einer starken Konzeption positiver Freiheit, die auf ein oberstes, für alle verpflichtendes Gutes zielt. Nussbaum setzt sich dagegen ab, indem sie die individuelle Entscheidungsfreiheit hervorhebt. Indessen bleibt bei ihr im dunkeln, wie groß der Spielraum bürgerlicher Partizipation tatsächlich ist; dazu paßt es, daß sie die Teilnahme der Bürger an den politischen Entscheidungen für nicht unbedingt erforderlich hält.

Bemühen sich die genannten vier Autoren der Sache nach um eine Aufwertung positiver politischer Freiheit, an der alle Bürger teilhaben, spielt dies bei Strauss, Voegelin, Gadamer und Ritter keine wichtige Rolle. Gadamer hält zwar eine »Teilhabe am Allgemeinen« für geboten, vermag dies aber nicht in politische Begriffe zu übersetzen. Für Ritter meint Teilhabe primär die Eingliederung in arbeitsteilige Praxis, innerhalb derer es einigen zukommt, die Regierungsgeschäfte zu führen. Voegelin spricht von *civil government*, ohne die Teilnahmechancen der Bürger näher zu behandeln. Ebenso wie bei Strauss krankt sein Ansatz an der Übernahme der platonischen Analogie zwischen politischer Ordnung und Seelenordnung. Diese Analogie führt, wie Arendt überzeugend darlegt, die Kategorie der Herrschaft in den politischen Raum ein: Vernünftige Experten, am besten die Philosophen selbst, sollen die unvernünftige Mehrheit im Zaum halten, sei es durch Überredung oder durch Zwangsmittel. Diese Figur verbietet sich eigentlich angesichts der aristotelischen Differenzierung von despotischer, auf Ungleichheit beruhender Herrschaft und politischer, auf Gleichheit beruhender Regierung. Strauss und Voegelin berufen sich indessen auf den Entwurf der schlechthin besten *politeia* in Pol. VII/VIII. Nach diesem Modell herrschen die guten Männer, die zugleich Philosophen sein könnten, über jene Handwerker, Bauern und Kaufleute, die das Lebensnotwendige herbeischaffen.

Es fällt auf, daß von der ersten, an Partizipation orientierten Gruppe Nussbaum und MacIntyre ebenfalls auf Pol. VII/VIII zurückgreifen. Sie wollen die volle Entfaltung des guten Lebens zum Ziel der politischen Ordnung erheben. Dies führt bei beiden zu sehr paternalistischen Konzeptionen. Wer von einer starken Konzeption des Guten ausgeht, und sei sie noch so vage angelegt, scheut nichts mehr als die unberechenbare Pluralität der Bürger, die sich nicht gerne hinsichtlich ihrer Lebensziele bevormunden lassen. Solche Bevormundung umfaßt bei MacIntyre Eingriffe in alle liberalen Freiheitsrechte, bis hin zur Zensur. Nussbaum profiliert zwar dagegen ihre ›Liberalität‹. Jedoch liegt es in der Konsequenz ihres Ordnungsdenkens, daß die aus dem guten Leben abgeleiteten Zielvorgaben nicht Gegenstand politischer Revision sind. Sie schlägt eine indirektere und subtilere Bevormundung der Bürger vor. Philosophen sollen auf Entscheidungsträger der Exekutive und Legislative Einfluß nehmen, um ihr »ideales Denken« notfalls auch gegen gesellschaftliche Mehrheiten durchzusetzen. Wenn Berlin von Konzeptionen positiver Freiheit Disziplinierung und Entmündigung fürchtet, scheinen MacIntyre und Nussbaum die Berechtigung seines Anliegens ungewollt zu bestätigen. Ersterer schreckt noch nicht einmal davor zurück, die Jakobinerklubs der Französischen Revolution zum Vorbild tugendhafter Gemeinschaft zu erklären. Aus Berlins Sicht wären sie der Inbegriff des Tugendterrors.

Auch bei Arendt verschwimmen partizipatorische und paternalistische Züge, obwohl sie den Entwurf von Pol. VII/VIII und jede Form der Herrschaft ausdrücklich ablehnt. Sie fordert, daß jeder eine Stimme in den gemeinsamen Angelegenheiten habe, der dies wolle. Die Selektion politisch Verantwortlicher solle ausschließlich auf Spontaneität und Vertrauen beruhen, ohne jegliche Machtstrukturen. Im Ergebnis würde sich dann eine Pyramide ergeben, in der die Macht nicht von oben nach unten flösse, sondern auf jeder Stufe neu entstünde. Dies könne als »im wahrsten Sinne des Wortes ›aristokratische‹ Staatsform« gelten, an der nur Anteil hätte, »wer an der Welt wirklich interessiert ist«. Dieses Modell wirft mehr Probleme auf, als es löst. Wer legt fest, was ›wirkliches Interesse‹ ist? Wer kontrolliert die Regierenden? Wer verantwortet Regierungshandeln, wenn sich die Pyramide »spontan« umgestaltet? Insbesondere muß irritieren, daß ein einziger Mensch an der Spitze steht, wie es das Bild der Pyramide impliziert. Arendt läßt sich durch ihren euphorischen Handlungsbegriff dazu verleiten, jegliche Rollen- und Machtdifferenzierungen innerhalb des politischen Raums aufzugeben – und begibt sich der Möglichkeit, Macht auszubalancieren und zu kontrollieren. Auf diese Schwäche hat Dolf Sternberger nicht nur hingewiesen, sondern zugleich einen aristotelischen Lösungsvorschlag unterbreitet.

Dieser Vorschlag bezieht sich auf den Entwurf einer best*möglichen* Verfassung in Pol. IV. Wie Sternberger darlegt, beruht sie auf der faktischen Existenz von Interessengegensätzen zwischen einer demokratischen und einer oligarchischen Fraktion. Die Leistung des Stagiriten bestehe darin, diese Gegensätze nicht aufzuheben, sondern sie zu einer ausgleichenden Verbindung zu bringen. Auf diese Weise werde die Artgleichheit der Bürger trotz bestehender Maßungleichheit gesichert. Die Oligarchen besetzen die wichtigsten Ämter, müssen sich aber regelmäßig der Wahl stellen. Die Demokraten verleihen allen Entscheidungen erst durch ihre Zustimmung Autorität und Legitimität. Was Aristoteles für die Polis konzipiert, sieht Sternberger in moderner Verwandlung wiederkehren: Die Parteien stellen das Führungspersonal, die Wähler setzen es rechtmäßig ein und berufen es wieder ab. Dabei sind sie nicht nur am Wahltag frei, wie Montesquieu vom englischen Volk mutmaßte. Vielmehr werben Politiker im modernen nicht anders als im antiken Staat täglich um Zustimmung und Vertrauen der Wähler, nur daß sie nicht auf der Agora, sondern vor Fernsehkameras stehen. Von allen anderen Autoren spricht sich nur noch Leo Strauss für das Modell einer gemischten Verfassung aus. Allerdings verfolgt er dabei andere Interessen als Sternberger. Für Strauss ist die gemischte Verfassung einfach jene, die sich unter demokratischen Bedingungen als einzige rechtfertigen läßt. Zudem gewährt sie den Philosophen genügend Muße, da sie diese von direkter Führung entlastet. Indirekt sollen sie aber, wann immer es nötig ist, ihren Einfluß geltend machen, weniger zur Erhaltung des Gemeinwohls als zur Sicherung ihrer Privilegien. Dieses Motiv liegt Aristoteles fern, so sehr Strauss es auch in seine Schriften hineinzulesen versucht.

(g) Soziale Gerechtigkeit

Im protestantischen Deutschland beriefen sich Pufendorf und Wolff auf die aristotelische *Politik*, um den aufgeklärten Absolutismus mit einer wohlfahrtsstaatlichen Komponente zu versehen. Das mag überraschen, schließlich ist die Vorstellung eines Wohlfahrtsstaates der griechischen Welt denkbar fremd. Der freie Bürger ist ökonomisch abgesichert und läßt Sklaven für sich arbeiten. Gleichwohl gibt es zahlreiche Menschen, die sich als politisch Freie um ihre Subsistenz sorgen müssen. In der *Politik* heißt es dazu unmißverständlich: »Es scheint nämlich zwei wesentliche Teile in den Städten zu geben, die Armen und die Reichen. Da überdies die Reichen für gewöhnlich die Minderheit, die Armen hingegen die Mehrheit bilden, scheinen diese beiden Teile der Städte einander entgegengesetzt zu sein.« (Pol. IV.4, 1291b7–11). Es sind solche Sätze, die nicht nur Pufendorf und Wolff, sondern auch dem jungen Marx in den Ohren klangen. Sie schienen ebenso auf antike wie auf moderne Verhältnisse zu passen. Daraus erwuchs die Frage, ob sich von Aristoteles her ein Weg eröffne, die sozialen Probleme zu lösen. Von den hier behandelten Autoren spielt sie für Heidegger, Strauss und Gadamer keine Rolle, für die anderen aber sehr wohl.

Voegelin und Ritter setzen schlicht auf Wachstum. Sie bekennen sich zur freien Marktwirtschaft und erhoffen von einer möglichst ungehinderten Entfaltung der Marktkräfte Produktivitäts- und Wohlstandsgewinne, von denen alle profitieren. Voegelin stehen die USA als leuchtendes Beispiel vor Augen; er fordert deutsche Unternehmer auf, es mit der betrieblichen Mitbestimmung nicht zu weit zu treiben und die Gewerkschaften klein zu halten. Ritter trennt in hegelianischer Manier strikt zwischen Privatsphäre, Wirschaft und Politik, wobei er den Produktionsprozeß um keinen Preis mit Fragen der Herkunft und der Tradition belasten möchte. Über Kriterien für die Verteilung gesellschaftlichen Wohlstands machen sich beide keine Gedanken. Das ist bei Arendt ähnlich, die den individuellen Bedarf am liebsten verwaltungsmäßig errechnen und verteilen ließe. Ihr Verhältnis zum Wachstum ist indessen ambivalenter, denn sie sieht die stete Gefahr, daß die wirtschaftliche Logik den politischen Raum ergreife, seine Grenzen einreiße und politische Fragen zur Funktion sozialer Prozesse verkommen lasse. Aus diesem Grund will sie die Sphären von Politik und Wirtschaft so weit wie möglich trennen und betrachtet Aristoteles als Bündnispartner. Arendt beruft sich auf die Trennung von Oikos und Polis, von Ökonomie und Politik. Allerdings klammert sie aus, daß dieser Trennung eine Subsistenzwirtschaft zugrundeliegt, die den gesellschaftlichen *status quo* zementiert und Sklaven kein selbständiges Dasein in Aussicht stellt. Darüber hinaus ist die Abgrenzung bei Aristoteles komplizierter, als es auf den ersten Blick scheint. Wo die sozialen Gegensätze zwischen Arm und Reich zu groß werden und der Bestand des Gemeinwesens gefährdet ist, fordert er den »wahren Volksfreund« zu Ausgleichsmaßnahmen auf (Pol. VI.6). Die Frage ist nur, wie weit solche Maßnahmen reichen sollen. Darauf geben MacIntyre, Nussbaum und Sternberger drei unterschiedliche Antworten, die jeweils den Stagiriten als Autorität zitieren.

Aus MacIntyres Sicht richtet sich gerechte Verteilung gleichermaßen nach notwendigen Bedürfnissen und nach Beiträgen zur Erreichung des übergeordneten Ziels einer Gemeinschaft. Er nimmt an, daß sich beides genau angeben läßt. Mit »gerechten Löhnen« will er die ungerechten Marktmechanismen von Angebot und Nachfrage ausschalten. Sie bedrohen bloß die Integrität der *community* und seien für die großen sozialen

Unterschiede verantwortlich. Allerdings sieht er auch den Preis, der für die Integrität zu zahlen ist. Ein gute Gemeinschaft müsse bereit sein, auf Wachstum zu verzichten und einen systematisch niedrigeren gegenüber einem systematisch höheren Lebensstandard vorzuziehen. Die politische Führung soll obendrein innergemeinschaftliche Konkurrenz verhindern, Ungleichheiten einebnen und die Berufsfreiheit beschränken. Für diese rigiden Maßnahmen beruft sich MacIntyre auf die aristotelische Unterscheidung zwischen gutem und bloßem Leben. Er hat insbesondere jene Stellen im Sinn, an denen Aristoteles eine naturgemäße von einer unnatürlichen Erwerbskunst abhebt und die korrumpierenden Wirkungen der letzteren bloßstellt (Pol. I.9–11).

Nussbaum sagt, daß weder Bedürfnis noch Verdienst, sondern vielmehr die Befähigung jedes einzelnen Menschen zur optimalen Entfaltung seiner humanen Potenz das Ziel sozialer Umverteilung sei. Damit wechselt sie im Unterschied zu MacIntyre auf die Ebene der Fähigkeiten, um jedem einzelnen die Freiheit zu lassen, ob oder wie er seine Möglichkeiten einsetzt. Der Gesetzgeber soll dafür sorgen, daß alle Menschen in gleicher Weise diese Freiheit erhalten, bevor er außerordentliche Leistungen fördert und Ungleichheiten zuläßt. Faßt man dies als Verteilungskriterium auf, wäre die Förderung von Kultur und höherer Bildung illegitim, solange nur ein Mensch Analphabet ist. Des weiteren wäre jeder Eingriff in privates Eigentum gerechtfertigt, der einem anderen Menschen zur Entfaltung seiner Möglichkeiten verhülfe. Nussbaum beruft sich dafür auf sozialstaatliche Maßnahmen, die Aristoteles in seiner Kritik zeitgenössischer Verfassungen und in seinem eigenen Entwurf einer Idealverfassung vorschlägt: die Einrichtung von Speisegenossenschaften, die gleichmäßige Verteilung von Grund und Boden und das Recht zum allgemeinen Nießbrauch. Sie nimmt an, daß diese Maßnahmen direkt aus einer umfassenden Konzeption des guten Lebens abgeleitet sind. Kann sie gerechtfertigt werden, wären alle ihr entsprechenden wohlfahrtsstaatlichen Eingriffe in gesellschaftliche Ungleichheiten ebenfalls gerechtfertigt.

Während Nussbaum und MacIntyre gleichermaßen soziale Unterschiede im Licht einer Theorie des guten Lebens beheben wollen, bewahrt Sternberger größere Zurückhaltung. Zwar ist er der Auffassung, daß bürgerliche Seinsgleichheit einen Anspruch auf Maßgleichheit einschließt. Jedoch will er diesen Anspruch nicht durch eine Staatswirtschaft nach sozialistischem Vorbild durchsetzen, die für die beiden anderen durchaus das Vorbild abgibt. Aus Sternbergers Sicht sind Ansprüche gleich welcher Art Gegenstand der politischen Auseinandersetzung, wodurch sie den Gesetzen des Kompromisses und des Ausgleichs unterliegen. Diese Gesetze gehorchen keiner starken Theorie des guten Lebens, sondern dem Erfordernis der Stabilität des Gemeinwesens. Gleichwohl sind sie nicht bloß funktional zu verstehen. Stabilität zählt zum *koinon politikon*, das nicht bloß dem Vorteil des Augenblicks dient, sondern das Leben im ganzen voranbringt. Mit dieser Auffassung kann sich Sternberger auf den Entwurf von Pol. IV berufen. Insbesondere scheint sie dem nüchternen und realistischen Blick zu entsprechen, mit dem der Grieche die Poleis seiner Zeit analysiert. Auf die Situation der Moderne bezogen, entspricht ihm bei Sternberger ein Plädoyer für Sozialstaatlichkeit und soziale Marktwirtschaft. Es vertraut auf das rechtlich abgesicherte Zusammenspiel von Gewerkschaften und Unternehmen und auf die vermittelnde Rolle der Politik. Es will Pluralität bewahren, indem es Gegensätze ausgleicht, anstatt sie aufzuheben.

(f) Ausblick

Die systematische Zusammenfassung der in der vorliegenden Arbeit aufgewiesenen Rezeption und Transformation aristotelischer Denkfiguren in der politischen Philosophie des 20. Jahrhunderts sollte nicht den Anschein erwecken, als seien alle Anknüpfungen an Aristoteles in gleicher Weise blickerhellend und zukunftsweisend. Gewiß konnten bei jedem einzelnen Autor »produktive Differenzen« nachgewiesen werden, Auslegungen, die in einer Art Horizontverschmelzung den griechischen Text zugleich erschließen und überschreiten. Leitend dafür sind jeweils Fragen, die aus der Perzeption gegenwärtiger Problemlagen herrühren. Insofern stehen Diagnose der Moderne und Rückgriff auf die Antike in einer unlösbaren Wechselbeziehung. Dies aber begründet sowohl die Stärke als auch die Schwäche einzelner Ansätze. Eine Antwort kann nur in dem Maß befriedigen, wie ihre zugrundeliegende Frage die Komplexität eines Problems erfaßt. Umgekehrt hängt die Differenziertheit der Analyse von dem Maß an hermeneutischem Bewußtsein ab, mit dem der aristotelische Text erfaßt wird. Der Verfasser hat sich deshalb in den einzelnen Studien nicht auf einen neutralen, »wertfreien« Standpunkt zurückgezogen, sondern die Ansätze immer auch im Hinblick darauf befragt, welchen Beitrag sie zu einer Erweiterung des Horizonts der Moderne und zu einem tieferen Verständnis der Zeit erbringen.

In dieser Hinsicht scheinen insbesondere die Arbeiten von Leo Strauss und Joachim Ritter in eine Sackgasse zu führen. Strauss' Frage nach esoterischer und exoterischer Botschaft gibt zweifellos ein heuristisches Instrument an die Hand, das den Blick des Interpreten schulen und die »Kunst des Lesens« befördern kann. Wird diese Kunst jedoch nicht zur Entschlüsselung von Texten, sondern zur Verschlüsselung solcher Botschaften eingesetzt, die der Kommentator selbst nicht offen aussprechen will, verliert sie ihren Sinn. Was immer Strauss zwischen den Zeilen über die vermeintlichen Intentionen des Aristoteles andeutet, klingt so ›nietzscheanisch‹, daß von einer echten Auseinandersetzung mit den Texten keine Rede sein kann. Ob gerade das zweifelhafteste Stück von Nietzsches Denken – die Züchtung einer Herrenrasse, welche über die Herde niederer Naturen herrscht – dazu taugt, Probleme moderner Demokratien zu lösen, darf füglich bezweifelt werden. Mit Aristoteles hat es jedenfalls nichts zu tun. Auch die Problemlösungskapazität von Ritters Ansatz läßt zu wünschen übrig. Wer philosophisches Denken auf die geistige Kompensation von Modernisierungsschäden verpflichtet und es kategorisch ablehnt, in einen Dialog mit gesellschaftlicher Praxis zu treten, macht sich jene technokratischen Kategorien zu eigen, die er aus den Geisteswissenschaften heraushalten will. Folglich kann es nicht überraschen, daß Ritter diese Kategorien in seine Deutung der aristotelischen Texte hineinträgt und politische *praxis* notorisch nach dem Muster von *poiēsis* versteht. Wie gezeigt wurde, macht sich darin ein dominanter ›hegelianischer‹ Blick geltend, der in Ritters Fall aber nicht auf Auseinandersetzung, sondern auf Einformung aus ist.

In geringerem Maße bereiteten die Ansätze Voegelins, Gadamers und MacIntyres Schwierigkeiten. Alle drei erwiesen sich als in hohem Maß ambivalente Denker, woraus die Frage entspringt, an welchen Strang ihrer Überlegungen man anknüpfen möchte. Voegelin erkennt einerseits sehr klar die Bedeutung des Common Sense und des *civil government*. Andererseits bringt er sich um diese Einsichten, wenn er politisches Ordnungswissen in der meditativen Erfahrung verankert und aus der Selbstbeherrschung die Herrschaft über andere ableitet. Der (von einem Schüler geäußerte) Eindruck, Voegelin verwende Aristoteles als Projektionsfläche seiner selbst, wenn er ihn als »mystischen Philosophen« bezeichnet, der die Hoffnung auf eine bessere Polis aufgegeben habe und sich lieber Platon zuwende, läßt sich nicht abwehren. Voegelins Rede vom »theophantischen Ereignis« korreliert Gadamers Neigung zu einer gewissen Seinshörigkeit. Der eminent wichtige Hinweis auf die Vorurteilsstruktur des Verstehens büßt seine kritische Funktion ein, wenn das »eigentliche« Verstehen und die »eigentlichen« Vorurteile in ein sich selbst vermittelndes Sein zurückgerechnet werden, dem der Verstehende in quasi-religiöser Ergebenheit gegenüber steht. Sollte die Selbstbestimmung des Menschen wirklich nur ein »Flackern im geschlossenen Stromkreis des geschichtlichen Lebens« sein, wie es in *Wahrheit und Methode* heißt (WM 281), könnte man den Problemen der Gegenwart mit größter Gelassenheit begegnen. Allerdings verraten die stärker zeitbezogenen Arbeiten, daß sich Gadamer keineswegs daran hält. Gerade das läßt eine Anknüpfung auch an seine philosophische Hermeneutik attraktiv werden, solange diese den Standpunkt des Menschen nicht zu überwinden sucht. Gleiches gilt für MacIntyre, der in *After Virtue* beachtliche Versuche anstellt, die aristotelische *praxis*-Konzeption zu erneuern – ohne Letztbegründungsanspruch. Erst die Wende zum »Thomistic Aristotelianism«, zu »first principles« und »final ends« bringt einen dogmatischen Zug in sein Werk. Dieser Zug schlägt sich in einer Theorie der »good community« nieder, die einseitig auf Harmonie setzt und Homogenität notfalls erzwingt.

Dagegen war es der Vorzug der Ansätze von Arendt, Sternberger und (mit den genannten Einschränkungen) Nussbaum, daß sie einen Mittelweg zwischen zwanghafter Einheit und teilnahmsloser Differenz, zwischen universeller Ontologie und purem Relativismus suchen. Alle drei knüpfen an die aristotelische Figur des durch unaufhebbare Vielheit konstituierten Gemeinwesens an, in dem Meinungsunterschiede dialogisch ausgetragen und politisch geregelt werden. Sie verlangen Einigkeit nur im Bezug auf das *koinon politikon* und nicht auf das Gute schlechthin. Solchermaßen vermögen sie die Bedeutung einer öffentlichen politischen Kultur innerhalb eines republikanischen Staatswesens anzuerkennen und zu würdigen. Darüber hinaus widerstehen sie der Versuchung, die von Aristoteles aufgewiesene Kontingenz menschlicher Angelegenheiten theoretisch aufzuheben oder absolut zu setzen. Die Anerkennung einer wesenhaften Pluralität von Meinungen schließt nicht aus, daß es unter ihnen bessere und differenziertere gibt. Wenn sie es als die Aufgabe des Philosophen ansehen, diese herauszuheben und ihren menschlichen Wahrheitsgehalt aufzuweisen, legen sie eine Haltung an den Tag, die Stephen Toulmin mit Blick auf die Renaissance-Humanisten treffend als »freundliche Vernünftigkeit« bezeichnet hat.[1] Diese freundliche und humane Weise rationalen Denkens folgt nicht nur der praktischen Philosophie des Aristoteles, sondern sie weist auch in die Zukunft – eine Zukunft, in der man auf die Anregungen des Stagiriten nur ungerne wird verzichten wollen.

---

1 Kosmopolis. Die unerkannten Aufgaben der Moderne, Frankfurt a.M. 1990, 137, 316–321.

LITERATURVERZEICHNIS

1. Aristoteles-Ausgaben, Neoaristotelismus, Heidegger

(a) Textausgaben Aristoteles

Opera, hg. von Immanuel Bekker im Auftrag der Königlich Preußischen Akademie der Wissenschaften, 2 Bände, Berlin 1831, ND Darmstadt 1960.
Ars Rhetorica, hg. von W.D. Ross, Oxford 1959. – Rhetorik, übers. von Franz G. Sieveke, München 1995.
Categoriae et liber De Interpretatione, hg. von L. Minio-Paluello, Oxford 1959.
De Anima, hg. von W.D. Ross, Oxford 1956. – Über die Seele. Griechisch-Deutsch, übers. von Horst Seidl, Hamburg 1995.
De Motu Animalium, übers. von Martha C. Nussbaum, Princeton 1978.
Ethica Nicomachea, hg. von I. Bywater, Oxford 1894. – Nikomachische Ethik, übers. von Franz Dirlmeier, Stuttgart 1983. – Nikomachische Ethik VI, übers. von Hans-Georg Gadamer, Frankfurt a.M. 1998.
Metaphysica, hg. von Werner Jäger, Oxford 1957. – Metaphysik, übers. von Hermann Bonitz, Reinbek 1994. – Metaphysik XII, übers. von Hans-Georg Gadamer, Frankfurt a.M. 1976.
Peri Hermeneias, übers. von Hermann Weidemann, in: Aristoteles. Werke in deutscher Übersetzung, Bd. 1/II, Berlin 1994.
Physica, hg. und kommentiert von W.D. Ross, Oxford 1936. – Physik. Vorlesung über die Natur, übers. von Hans Günther Zekl, Hamburg 1995.
Poetik. Griechisch-Deutsch, übers.von Manfred Fuhrmann, Stuttgart 1982.
Politica, hg. von W.D. Ross, Oxford 1957. – Politik, übers. von Franz Susemihl, Hamburg 1994.
Posteriora analytica/Zweite Analytiken. Griechisch-Deutsch, übers. von Horst Seidl, Würzburg 1984.
Topica et Sophistici Elenchi, hg. von W. D. Ross, Oxford 1958. – Topik, übers. von Eugen Rolfes, Hamburg 1992.

(b) Weitere philosophische Quellen

AQUIN, Thomas von: Summa theologica. Vollständige, ungekürzte deutsch-lateinische Ausgabe, 36 Bände, hg. vom Katholischen Akademikerverband, Salzburg 1934–36, ab Bd. 31 hg. von der Albertus-Magnus-Akademie Walberberg, Heidelberg u.a. 1958–62.
BURKE, Edmund: Reflections on the Revolution in France (1791), in: The Writings and Speeches of Edmund Burke, Bd. VIII, hg. von Paul Langford, Oxford 1994, 53–293.
CASSIRER, Ernst: Wesen und Wirkung des Symbolbegriffs, Darmstadt ^{4}1969.
GOETHE, Johann Wolfgang: Werke. Hamburger Ausgabe in 14 Bänden, hg. von Erich Trunz, München ^{12}1981, darin:
- Italienische Reise (1816/17), Bd. 11.
- Die Natur (1783)/Erläuterung zu dem aphoristischen Aufsatz ›Die Natur‹ (1828), Bd. 13, 45–49;
- Zur Morphologie (1817), Bd. 13, 53–250;
- Die Metamorphose der Pflanzen (1790), Bd. 13, 64–101;
- Betrachtung über die Morphologie (nach 1794), Bd. 13, 120–127;
- Zur Farbenlehre, Bd. 13, 314–52.

HEGEL, Georg Friedrich Wilhelm: Werke in 20 Bänden, auf der Grundlage der Werke von 1832–45, neu hg. von Eva Moldenhauer u. Karl Markus Michel, Frankfurt a.M. 1970, darin:

- Über die wissenschaftlichen Behandlungsarten des Naturrechts, seine Stelle in der praktischen Philosophie und sein Verhältnis zu den positiven Rechtswissenschaften, Bd. 2, 434–530.
- Phänomenologie des Geistes, Bd. 3.
- Grundlinien der Philosophie des Rechts, Bd. 7.
- Enzyklopädie der philosophischen Wissenschaften I–III, Bd. 8–10.
- Vorlesungen über die Geschichte der Philosophie II, Bd. 19.

—: Vorlesungen über die Philosophie der Religion, 2 Bände, hg. von Georg Lasson, Leipzig 1925, ND Hamburg 1966.

HOBBES, Thomas: Leviathan oder Stoff, Form und Gewalt eines kirchlichen und bürgerlichen Staates, hg. von Iring Fetscher, Frankfurt a.M. 1966.

HOMER: Ilias. Griechisch-Deutsch, übertr. von Hans Rupe, Düsseldorf [10]1994.

HUMBOLDT, Wilhelm von: Über die Verschiedenheit des menschlichen Sprachbaus und ihren Einfluß auf die geistige Entwicklung des Menschengeschlechts (1830–35), in: Werke, hg. von Andreas Flitner u. Kurt Giel, Stuttgart/Berlin 1963, Bd. III, 368–756.

HUSSERL, Edmund: Die Idee der Phänomenologie (1907), in: Husserliana (Gesammelte Werke), Bd. 2, hg. von Walter Biemel, Den Haag [2]1958.

JASPERS, Karl: Von der Wahrheit, München 1947.

KANT, Immanuel: Werke in zwölf Bänden, hg. von Wilhelm Weischedel, Frankfurt a.M. 1977, darin:
- Kritik der reinen Vernunft (1781/87), Bd. 3/4.
- Kritik der praktischen Vernunft (1785/86), Bd. 7.
- Kritik der Urteilskraft (1790/93), Bd. 10.

—: Grundlegung zur Metaphysik der Sitten, in: Kant's gesammelte Schriften, hg. von der Königlich Preußischen Akademie der Wissenschaften, Bd. IV, Berlin 1911, 385–463.

LYOTARD, Jean-François/THÉBAUT, Jean-Loup: Au Juste, Paris 1973.

MARX, Karl: Ökonomisch-philosophische Manuskripte (1844), in: Marx/Engels Gesamtausgabe (MEGA), Erste Abteilung, Bd. 2, hg. vom Institut für Marxismus-Leninismus beim ZK der KPdSU und der SED, Berlin 1982, 363–375.

—: Thesen über Feuerbach (1845), in: Marx/Engels Werke (MEW), Bd. 3, hg. vom Institut für Marxismus-Leninismus beim ZK der SED, Berlin 1969, 5–7.

NIETZSCHE, Friedrich: Kritische Studienausgabe, hg. von Giorgio Colli und Mazzino Montinari, Berlin 1967ff, darin:
- Unzeitgemäße Betrachtungen. II: Vom Nutzen und Nachtheil der Historie für das Leben (1874), Bd. 1, 243–334;
- Fünf Vorreden zu fünf ungeschriebenen Büchern. III: Der griechische Staat (1872), Bd. 1, 764–777;
- Fünf Vorreden zu fünf ungeschriebenen Büchern. V: Homer's Wettkampf (1872), Bd. 1, 783–792.
- Jenseits von Gut und Böse. Vorspiel einer Philosophie der Zukunft (1886), Bd. 5, 9–243;
- Zur Genealogie der Moral. Eine Streitschrift (1887), Bd. 5, 244–412.
- Götzen-Dämmerung oder Wie man mit dem Hammer philosophiert (1889), Bd. 6, 55–161;
- Ecce Homo. Wie man wird, was man ist (1888), Bd. 6, 255–374.

PLATON: Sämtliche Werke in zehn Bänden. Griechisch und Deutsch, München 1991.

POPPER, Karl Raimund: Die offene Gesellschaft und ihre Feinde. I: Der Zauber Platons (engl. 1944), Bern 1957.

ROUSSEAU, Jean-Jacques: Discours über die Ungleichheit/Discours sur l'inégalité, hg. von Heinrich Meier, Paderborn [2]1990.

SCHILLER, Friedrich: Über die ästhetische Erziehung des Menschen in einer Reihe von Briefen (1795), in: Sämtliche Werke. Nationalausgabe, Bd. 20, hg. von Benno von Wiese. Weimar 1962, 309–412.

TOCQUEVILLE, Alexis de: De la Démocratie en Amérique, in: Oeuvres, Bd. 1, hg. von Jean-Pierre Mayer, Paris 1982.

WEBER, Max: Wirtschaft und Gesellschaft. Grundriß der verstehenden Soziologie, hg. von Johannes Winckelmann, Tübingen [5]1976.

WELSCH, Wolfgang: Unsere postmoderne Moderne, Berlin [5]1997.

(c) Untersuchungen zum ›Neoaristotelismus‹ in Politik und Ethik (s. auch 3.(a))

BERTI, Enrico: La philosophie pratique d'Aristote et sa ›réhabilitation‹ récente, in: Revue de Métaphysique et de Morale 2 (1990), 249–266.

BUBNER, Rüdiger: »Philosophie ist ihre Zeit, in Gedanken erfaßt«, in: Hermeneutik und Ideologiekritik, hg. von Jürgen Habermas u.a., Frankfurt a.M. 1971, 210–243.

CORTELLA, Lucio: Aristotele e la razionalita della prassi. Una analisi del dibattito sulla filosofia pratica aristotelica in Germania, Rom 1987.
HÜTTER, Reinhard: Ethik in Traditionen. Die Neo-Aristotelische Herausforderung in der philosophischen und theologischen Ethik der USA, in: Verkündigung und Forschung 35 (1990), 61–84.
HABERMAS, Jürgen: Der philosophische Diskurs der Moderne, Frankfurt a.M. 1985.
—: Rückkehr zur Metaphysik? – Eine Sammelrezension (1987), in: Nachmetaphysisches Denken. Philosophische Aufsätze, Frankfurt a.M. 1992, 267–279.
—: Die Kulturkritik der Neokonservativen in den USA und in der Bundesrepublik (1982), in: Die Neue Unübersichtlichkeit. Kleine Politische Schriften V, Frankfurt a.m. 1985, 30–56.
KLOWSKI, Joachim: Die Bedeutung der Antike für die Gegenwart dargestellt am Aristotelismus, in: Gymnasium 101 (1994), 177–192.
PASSERIN D'ENTRÈVES, Maurizio: Aristotle or Burke? Some comments on H. Schnaedelbach's »What is Neo-Aristotelianism?«, in: Praxis International 7 (1987/88), 238–245.
RIEDEL, Manfred (Hg.): Rehabilitierung der praktischen Philosophie, Band I: Geschichte, Probleme, Aufgaben, Freiburg 1972 – Band II: Rezeption, Argumentation, Diskussion, Freiburg 1974.
SCHNÄDELBACH, Herbert: Was ist Neoaristotelismus?, in: Moralität und Sittlichkeit. Das Problem Hegels und die Diskursethik, hg. von Wolfgang Kuhlmann, Frankfurt a.M. 1986, 38–63.
VOLPI, Franco: Che cosa significa neoaristotelismo? (1984), in: Tradizione e attualità della filosofia pratica, hg. von Enrico Berti, Genua 1988, 111–135.
—: Réhabilitation de la philosophie pratique et néo-aristotélisme, in: Aristote politique. Etudes sur la ›Politique‹ d'Aristote, hg. von Alsonso Tordesillas, Paris 1993, 461–484.
WALLACH, John R.: Contemporary Aristotelianism, in: Political Theory 20 (1992), 613–641.
WEILAND, René: Bruch und Vor-Bild. Auf neoaristotelischer Spur, in: Merkur 43 (1989), 358–365.
WILLIAMS, Bernard: Ethik und die Grenzen der Philosophie (OA 1985), Hamburg 1999.

(d) Aristotelische Ansätze in Rhetorik, Ökonomie und Pädagogik

KOPPERSCHMIDT, Josef: Allgemeine Rhetorik. Einführung in die Theorie der persuasiven Kommunikation, Stuttgart 1976.
KOSLOWSKI, Peter: Prinzipien der Ethischen Ökonomie: Grundlegung der Wirtschaftsethik und der auf die Ökonomie bezogenen Ethik, Tübingen 1988.
—: Politik und Ökonomie bei Aristoteles, Tübingen ³1993.
—: Die Ordnung der Wirtschaft: Studien zur Praktischen Philosophie und Politischen Ökonomie, Tübingen 1994.
MAINBERGER, Gonsalv K.: Rhetorica I: Reden mit Vernunft. Aristoteles, Cicero, Augustinus, Stuttgart 1987.
OESTERREICH, Peter L.: Fundamentalrhetorik. Untersuchung zu Person und Rede in der Öffentlichkeit, Hamburg 1990.
PERELMAN, Chaïm Perelman: La théorie de l'argumentation, Louvain/Paris 1963.
—/ OLBRECHTS-TYTECA, Lucie: Traité de l'argumentation, Paris 1958.
PRONDCZYNSKY, Andreas von: Pädagogik und Poiesis. Eine verdrängte Dimension des Theorie-Praxis-Verhältnisses, Opladen 1993.
PTASSEK, Peter: Rhetorische Rationalität. Stationen einer Verdrängungsgeschichte von der Antike bis zur Neuzeit, München 1993.
RIEMEN, Jochen: Die Suche nach dem Glück als Bildungsaufgabe. Zur Rehabilitierung einer verschwundenen pädagogischen Kategorie, Essen 1991.
SOLOMON, Robert C.: Ethics and Excellence. Cooperation and Integrity in Business, New York 1992.
—: Corporate Roles, Personal Virtues. An Aristotelean Approach to Business Ethics, in: Business Ethics Quarterly 2 (1992), 317–339.
TOULMIN, Stephen: Der Gebrauch von Argumenten, Kronberg 1975.
VIEHWEG, Theodor: Topik und Jurisprudenz, München 1954, ⁵1974.
WÖRNER, Markus H.: Das Ethische in der Rhetorik des Aristoteles, Freiburg/München 1990.

(e) Aristoteles-Rezeption vor 1945

CASTORIADIS, Cornelius: Wert, Gleichheit, Gerechtigkeit, Politik. Von Marx zu Aristoteles und von Aristoteles zu uns (1975), in: Durchs Labyrinth der Vernunft, Frankfurt a.M. 1983, 221–276.

DENZER, Horst: Moralphilosophie und Naturrecht bei Samuel Pufendorf, München 1972.
EHLEITER, Thomas: Die Kategorie des Bonum Commune bei Karl Marx in Beziehung zu Aristoteles und Thomas von Aquin, Berlin 1971.
HARTMANN, Nicolai: Aristoteles und Hegel, Erfurt 1923.
ILTING, Karl-Heinz: Hegels Auseinandersetzung mit der aristotelischen Politik, in: Philosophisches Jahrbuch 71 (1963/64), 38–58.
KERN, Walter: Aristoteles in Hegels Philosophiegeschichte – eine Antinomie, in: Scholastik 32 (1957), 321–345.
—: Die Aristoteles-Deutung Hegels, in: Philosophisches Jahrbuch 78 (1971), 237–259.
MAIER, Hans: Die ältere deutsche Staats- und Verwaltungslehre, Neuwied/Berlin 1966.
—: Die Lehre der Politik an den älteren deutschen Universitäten, in: Politische Wissenschaft in Deutschland. Lehre und Wirkung, München 1969, erw. 1985, 31–67.
PETERSEN, Peter: Geschichte der aristotelischen Philosophie im protestantischen Deutschland, Leipzig 1921.
SEIDEL, Helmut: Vom Verhältnis von Karl Marx zu Aristoteles. Leipziger Universitätsreden, Leipzig 1979.
MCCARTHY, George E. (Hg.): Marx and Aristotle. Nineteenth Century German Social Theory and Classical Antiquity, Savage 1992.
MONLÉON, Jacques de: Marx et Aristote. Perspectives sur l'homme, Paris 1984.

(f) Primärliteratur MARTIN HEIDEGGER

Der Ursprung des Kunstwerkes (1935/36), in: Holzwege (1949), hg. von Friedrich-Wilhelm von Herrmann, Gesamtausgabe [GA], Bd. 5, Frankfurt a.M. 1994, 1–74.
Wegmarken (1967), hg. von Friedrich-Wilhelm von Herrmann, GA, Bd. 9, Frankfurt a.M. 1996, darin:
 – Vom Wesen und Begriff der *Physis*. Aristoteles, Physik B, 1 (1939), 239–302;
 – Brief über den Humanismus (1946), 313–364.
Einführung in die phänomenologische Forschung (Marburger Vorlesung WS 1923/24), hg. von Friedrich-Wilhelm von Herrmann, GA, Bd. 17, Frankfurt a.M. 1992.
Platon: Sophistes (Marburger Vorlesung WS 1924/25), hg. von Ingeborg Schüßler, GA, Bd. 19, Frankfurt a.M. 1992.
Prolegomena zur Geschichte des Zeitbegriffs (Marburger Vorlesung SS 1925), hg. von Petra Jäger, GA, Bd. 20, Frankfurt a.M. 1979.
Logik. Die Frage nach der Wahrheit (Marburger Vorlesung WS 1925/26), hg. von Walter Biemel, GA, Bd. 21, Frankfurt a.M. 1976.
Grundbegriffe der antiken Philosophie (Marburger Vorlesung SS 1926), hg. von Franz-Karl Blust, GA, Bd. 22, Frankfurt a.M. 1993.
Die Grundprobleme der Phänomenologie (Marburger Vorlesung SS 1927), hg. von Friedrich-Wilhelm von Herrmann, GA, Bd. 24, Frankfurt a.M. 1975.
Phänomenologische Interpretationen zu Aristoteles: Einführung in die phänomenologische Forschung (Freiburger Vorlesung WS 1921/22), hg. von Walter Bröcker und Käthe Bröcker-Oltmanns, GA, Bd. 61, Frankfurt a.M. 1985.
Ontologie (Hermeneutik der Faktizität) (Freiburger Vorlesung SS 1923), hg. von Käte Bröcker-Oltmanns, GA, Bd. 63, Frankfurt a.M. 1988.
Phänomenologische Interpretationen zu Aristoteles (Anzeige der hermeneutischen Situation) (1922), in: Dilthey Jahrbuch 6 (1986), 235–269.
Sein und Zeit (1927), Tübingen [17]1993.
Brief an William J. Richardson, in: William J. Richardson: Heidegger. From Phenomenology to Thought. Den Haag 1974, VIII-XXIII.

(g) Sekundärliteratur Martin Heidegger

BERNASCONI, Robert: The Fate of the Distinction Between ›Praxis‹ and ›Poiesis‹, in: Heidegger Studies 2 (1986), 111–139.
BROGAN, Walter: The Place of Aristotle in the Development of Heidegger's Phenomenology, in: Reading Heidegger from the Start. Essays in His Earliest Thought, hg. von Theodore Kisiel u. John van Buren, Albany 1994, 213–227.

GETHMANN, Carl Friedrich: Heideggers Konzeption des Handelns in ›Sein und Zeit‹, in: Heidegger und die praktische Philosophie, hg. von Otto Pöggeler u. Annemarie Gethmann-Siefert, Frankfurt ²1988, 140–176.
GILLESPIE, Michael Allen: Martin Heidegger's Aristotelian National Socialism, in: Political Theory 28 (2000), 140–166.
HARRIES, Karsten: Heidegger as a Political Thinker, in: The Review of Metaphysics 29 (1976), 642–669.
KISIEL, Theodore: The Genesis of Heidegger's ›Being and Time‹, Berkeley 1993.
JONAS, Hans: Wissenschaft als persönliches Erlebnis, Göttingen 1987.
PRAUSS, Gerold: Heidegger und die Praktische Philosophie, in: Heidegger und die Praktische Philosophie, hg. von Otto Pöggeler u. Annemarie Gethmann-Siefert, Frankfurt a.M. ²1989, 177–190.
PÖGGELER, Otto: Philosophie und Politik bei Heidegger. Freiburg/München 1972.
—: Der Denkweg Martin Heideggers, Pfullingen ³1990.
—/ Gethmann-Siefert, Annemarie (Hg.): Heidegger und die praktische Philosophie, Frankfurt a.M. ²1989.
SHEEHAN, Thomas: Heidegger's Philosophy of Mind, in: Contemporary Philosophy IV. Philosophy of Mind, hg. von Gutturm Floistad, Den Haag 1983, 287–318.
—: Herneneia and Apophansis. The early Heidegger on Aristotle, in: Heidegger et l'idée de la phénoménologie (= Phaenomenologica, Bd. 108), hg. von Franco Volpi u.a., Dordrecht 1988, 67–80.
SCHWAN, Alexander: Politische Philosophie im Denken Heideggers, Opladen ²1989.
TAMINIAUX, Jacques: ›Poiēsis‹ et ›Praxis‹ dans l'articulation de l'ontologie fondamentale, in: Heidegger et l'idée de la phénoménologie (= Phaenomenologica, Bd. 108), hg. von Franco Volpi u.a., Dordrecht 1988, 107–125.
—: La fille de Thrace et le penseur professionnel: Arendt et Heidegger, Paris 1992.
VOLPI, Franco: Heidegger e Aristotele, Padua 1984.
—: Heidegger in Marburg. Die Auseinandersetzung mit Aristoteles, in: Philosophischer Literaturanzeiger 37 (1984), 172–188.
—: Dasein comme praxis. L'assimilation et radicalisation heideggerienne de la philosophie pratique d'Aristote, in: Heidegger et l'idée de la phénoménologie (= Phaenomenologica, Bd. 108), hg. von Franco Volpi, Dordrecht 1988, 1–41.
—: ›Being and Time‹: A »Translation« of the ›Nicomachean Ethics‹?, in: Reading Heidegger from the Start. Essays in His Earliest Thought, hg. von Theodore Kisiel u. John van Buren, Albany 1994, 195–211.
WEISS, Helene: Kausalität und Zufall in der Philosophie des Aristoteles, Darmstadt 1967 (Nachdruck, Original 1942).
WOLIN, Richard: Seinspolitik. Das politische Denken Martin Heideggers, Wien 1991.

2. Deutsche Emigranten in Amerika

(a) Primärliteratur ERIC VOEGELIN

Politische Religionen, Wien 1938, Stockholm ²1939; neu hg. von Peter J. Opitz, München 1996.
Die Neue Wissenschaft der Politik. Eine Einführung (engl. 1952), hg. von Peter J. Opitz, München ⁴1991.
The Origins of Totalitarianism, in: The Review of Politics 15 (1953), 68–76;
Concluding Remark, in: The Review of Politics 15 (1953), 85f.
Order and History. Volume I: Israel and Revelation, Baton Rouge 1956.
Order and History. Volume II: The World of the Polis, Baton Rouge 1957.
Order and History. Volume III: Plato and Aristotle, Baton Rouge 1957.
Order and History. Volume IV: The Ecumenic Age, Baton Rouge 1974.
Order and History. Volume V: In Search of Order, Baton Rouge 1987.
Die geistige und politische Zukunft der westlichen Welt (1959), hg. von Peter J. Opitz, Occasional Papers I, München ²2000.
Demokratie im Neuen Europa, in: Gesellschaft – Staat – Erziehung 4 (1959), 293–300.
Die industrielle Gesellschaft auf der Suche nach der Vernunft, in: Die industrielle Gesellschaft und die drei Welten. Das Seminar von Rheinfelden, Zürich 1961, 46–64.
Anamnesis. Zur Theorie der Geschichte und Politik, München 1966, darin:

- Brief an Alfred Schütz über Edmund Husserl (17. September 1943), 21–37;
- Das Rechte von Natur (1963), 117–133;
- Was ist Natur? (1965), 134–152;
- Was ist Politische Realität? (1965), 283–354.

Universität und Öffentlichkeit. Zur Pneumopathologie der deutschen Gesellschaft, in: Wort und Wahrheit 21 (1966), 497–518.

Conversations with Eric Voegelin, hg. von Eric O'Connor. Thomas More Institute Papers 76 (Transcript of four Lectures and Discussions in Montreal in 1965, 1967, 1970, and 1976), Montreal 1980.

Der meditative Ursprung philosophischen Ordnungswissens, in: ZfP 28 (1981), 130–137.

The Collected Works of Eric Voegelin. Volume 12 (Published Essays 1966–1985), hg. von Ellis Sandoz, Baton Rouge 1990, darin:
- On Debate and Existence (1967), 36–51;
- Immortality (1967), 52–94;
- The Gospel and Culture (1971), 172–212.

Autobiographische Reflexionen, hg. von Peter J. Opitz, München 1994.

—/ STRAUSS, Leo: Faith and Political Philosophy. The Correspondence Between Leo Strauss and Eric Voegelin, 1934–1964, übers. und hg. von Peter Emberley und Barry Cooper, University Park (PA) 1993.

—/ ARENDT, Hannah: 13 Briefe 1951–1972, Nachlaß Voegelin, Hoover-Institution, Stanford, Box 6.23.

(b) Sekundärliteratur Eric Voegelin

ANASTAPLO, George: On How Eric Voegelin has Read Plato and Aristotle, in: Independent Journal of Philosophy 5/6 (1988), 85–91.

BURKE, John Francis: Voegelin, Heidegger, and Arendt: Two's a Company, Three's a Crowd?, in: Social Science Journal 30 (1993), 83–97.

FLASHAR, Hellmut: Dekomposition einer mythischen Philosophie – Eric Voegelin über Aristoteles (unveröffentl. Vortrag beim IV. Internationalen Eric-Voegelin-Symposium, München, 15.12.2000).

FORTIN, Ernest L./HUGHES, Glen: The Strauss-Voegelin-Correspondence: Two Reflections and two Comments, in: Review of Politics 56 (1994), 337–357.

GEBHARDT, Jürgen: Die Suche nach dem Grund – eine zivilisationsgeschichtliche Konstante?, in: Symbol- und Ordnungsformen im Zivilisationsvergleich. Wissenschaftliches Symposion in memoriam Eric Voegelin, hg. von Peter Hampe, Tutzing 1990, 7–28.

HENKEL, Michael: Eric Voegelin zur Einführung, Hamburg 1998.

HENNINGSEN, Manfred: Between Philosophy and Common Sense: Voeglin's Evasion of Politics, Vortrag während der Jahrestagung der APSA 1995 (unveröffentl. Manuskript).

HERZ, Dietmar/WEINBERGER, Veronika: Die Münchener Schule der Politikwissenschaft, in: Schulen in der deutschen Politikwissenschaft, hg. von Wilhelm Bleek u. Hans J. Lietzmann, Opladen 1999, 269–292.

KRAUS, Hans-Christof: Auf der Suche nach der verlorenen Ordnung. Theologische Spekulation als politische Philosophie bei Eric Voegelin, in: Criticón 120 (1990), 177–181.

—: Eric Voegelin redivivus? Politische Wissenschaft als Politische Theologie, in: Criticón 146 (1995), 105–109.

MAIER, Hans: ›Totalitarismus‹ und ›Politische Religionen‹. Konzepte des Diktaturvergleichs, in: Totalitarismus im 20. Jahrhundert, hg. von Eckhard Jesse, Bonn 1996, 118–134.

—: Eric Voegelin und die deutsche Politikwissenschaft, in: Hans Maier/Peter J. Opitz: Eric Voegelin – Wanderer zwischen den Kontinenten, Occasional Papers XIV, München 2000, 37–63.

MCALLISTER, Ted : Revolt Against Modernity. Leo Strauss, Eric Voegelin, and the Search for a Postliberal Order, Lawrence (Kansas) 1996.

NOETZEL, Thomas: Eric Voegelin: Episteme und Doxai – eine Verfallsgeschichte des politischen Wissens, in: ders. u. Hans Karl Rupp: Macht, Freiheit, Demokratie. Anfänge der deutschen Politikwissenschaft, Marburg 1991, 137–152.

OPITZ, Peter J. Opitz: Erste Spurensicherung: Zur Genesis und Gestalt von Eric Voegelins ›History of Political Ideas‹, in: Eric Voegelin. Das Volk Gottes, hg. von Peter J. Opitz, München 1994, 132–156.

—: Philosophieren aus kontemplativer Distanz, in: Eric Voegelin: Ordnung und Geschichte, Bd. VII: Aristoteles, hg. von Peter J. Opitz, München 2001, 157–189.

RANIERI, John J.: Eric Voegelin and the Good Society, Columbia/London 1995.

SCHÜTRUMPF, Eckart: Eric Voegelins Deutung der aristotelischen Politik in Order and History, Occasional Papers XXIV, München 2001

SCHWAABE, Christian: Seinsvergessenheit und Umkehr. Über das »richtige Denken« bei Eric Voegelin und Martin Heidegger, Occasional Papers V, München 1997.

c) Primärliteratur LEO STRAUSS

Fârâbî's Plato (1945), in: Louis Ginzberg Jubilee Volume, New York 1945, 357–393.
On a New Interpretation of Plato's Political Philosophy, in: Social Research 13 (1946), 326–367.
The Mutual Influence of Theology and Philosophy (1952), in: Independent Journal of Philosophy 3 (1979), 111–118.
Persecution and the Art of Writing, Glencoe 1952.
What is Political Philosophy and Other Studies, Glencoe 1959, darin:
 - What is Political Philosophy? (1955), 7–56;
 - On Classical Political Philosophy (1945), 78–94;
 - How Fârâbî Read Plato's ›Laws‹ (1957), 134–154.
Über Tyrannis. Eine Interpretation von Xenophons ›Hieron‹ mit einem Essay über Tyrannis und Weisheit von Alexandre Kojève (engl. 1948), Neuwied 1963.
Naturrecht und Geschichte (engl. 1953), Stuttgart 1956.
An Unspoken Prologue to a Public Lecture at St. John's, in: Interpretation 7 (1959), 1–3.
An Epilogue (1962), in: Political Philosophy. Six Essays by Leo Strauss, hg. von Hilail Gildin, Indianapolis 1975, 99–129.
Marsilius of Padua (1963), in: History of Political Philosophy, hg. von Leo Strauss u. Joseph Cropsey, Chicago ²1972, 251–270.
The City and Man, Chicago 1964.
Political Philosophy and the Crisis of Our Time (1964), in: The Post-Behavioral Era. Perspectives on Political Science, hg. von George Graham u. George Carey, New York 1972, 217–242.
Liberalism Ancient and Modern, New York 1968, darin:
 - What is Liberal Education? (1959), 3–8;
 - Liberal Education and Responsibility (1962), 9–25;
 - The Liberalism of Classical Political Philosophy (1959), 26–64.
Brief an Helmut Kuhn (ohne Datum), in: The Independent Journal of Philosophy 2 (1978), 23–26.
Studies in Platonic Political Philosophy, Chicago 1983, darin:
 - Philosophy as a Rigorous Science and Political Philosophy (1971), 27–37;
 - Jerusalem and Athens. Some Preliminary Reflections (1967), 147–173;
 - Note on the Plan of Nietzsche's ›Beyond Good and Evil‹ (1973), 174–191.
An Introduction to Political Philosophy. Ten Essays by Leo Strauss, hg. von Hilail Gildin, Detroit 1989, darin:
 - Three Waves of Modernity, 81–98;
 - Progress or Return? The Contemporary Crisis in Western Civilization (1952), 249–289.
The Rebirth of Classical Political Rationalism. An Introduction to the Thought of Leo Strauss. Essays and Lectures by Leo Strauss, hg. von Thomas L. Pangle, Chicago 1989, darin:
 - Relativism (1961), 13–26;
 - An Introduction to Heideggerian Existentialism (1950), 27–46;
 - Exoteric Teaching (1939), 63–71;
 - How to Begin to Study Medieval Philosophy (1944), 207–226.
—/ KLEIN, Jacob: A Giving of Accounts, in: The College 22 (1970), 1–5.
—/ GADAMER, Hans-Georg: Correspondence Concerning ›Wahrheit und Methode‹, in: Independent Journal of Philosophy 2 (1978), 5–12.
—/ LÖWITH, Karl: Correspondence Concerning Modernity (Briefwechsel, 1946), in: Independent Journal of Philosophy 4 (1983), 105–120.
—/—: Briefwechsel (1935), in: Independent Journal of Philosophy 5/6 (1988), 177–191.

(d) Sekundärliteratur Leo Strauss

BERNS, Laurence: The Prescientific World and Historicism: Some Reflections on Strauss, Heidegger, and Husserl, in: Leo Strauss's Thought. Toward a Critical Engagement, hg. von Alan Udoff, Boulder 1991, 169–182.

BRAGUE, Rémi: Vers la découverte d'un art d'écrire oublié (unveröffentl. Manuskript).
DRURY, Shadia B.: The Political Ideas of Leo Strauss, Houndmills 1988.
GOUREVITCH, Victor: Philosophy and Politics I/II, in: Review of Metaphysics 22 (1968/69), 58–84 (I); 281–328 (II).
HERZ, Dietmar: Der Philosoph als Verführer – Überlegungen zur Philosophie des Leo Strauss, in: Archiv für Rechts- und Sozialphilosophie 79 (1993), 544–549.
HOLMES, Stephen: Wahrheiten für wenige. Leo Strauss und die Gefährlichkeit der Philosophie, in: Merkur 44 (1990), 554–569.
KAUFFMANN, Clemens: Leo Strauss zur Einführung, Hamburg 1997.
KIELMANNSEGG, Peter Graf u.a. (Hg.): Hannah Arendt and Leo Strauss. German Emigrés and American Political Thought After World War II, Washington, D.C. 1995.
KUHN, Helmut: Naturrecht und Historismus, in: Zeitschrift für Politik 3 (1956), 289–304.
MEIER, Heinrich: Die Denkbewegung von Leo Strauss. Die Geschichte der Philosophie und die Intention des Philosophen, Stuttgart 1996.
ROSEN, Stanley: Hermeneutics as Politics, Oxford 1987.
—: Leo Strauss and the Quarrel between the Ancients and the Moderns, in: Leo Strauss's Thought. Toward a Critical Engagement, hg. von Alan Udoff, Boulder 1991, 155–168.
ROTHMAN, Stanley: The Revival of Classical Political Philosophy: A Critique, in: American Political Science Review 56 (1962), 341–352.
SCHALL, James V.: A Latitude for Statesmanship? Strauss on St. Thomas, in: Leo Strauss. Political Philospher and Jewish Thinker, hg. von Kenneth L. Deutsch und Walter Nicgorski, Lanham (Maryland) 1994, 211–230.
TARCOV, Nathan: On a certain critique of ›Straussianism‹, in: Leo Strauss. Political Philosopher and Jewish Thinker, hg. von Kenneth Deutsch u. Walter Nicgorski, Lanham (Maryland) 1994, 259–274.
UMPHREY, Stewart: Natural Right and Philosophy, in: Leo Strauss. Political Philspher and Jewish Thinker, hg. von Kenneth L. Deutsch und Walter Nicgorski. Lanham (Maryland) 1994, 275–296.

(e) Primärliteratur HANNAH ARENDT

Was ist Existenzphilosophie?, in: Sechs Essays, Heidelberg 1948, 48–80.
Concern with Politics in Recent European Philosophical Thought (1954), in: Essays in Understanding. 1930–1954, hg. von Jerome Kohn, New York 1994, 428–446.
Elemente und Ursprünge totaler Herrschaft. Antisemitismus, Imperialismus, Totalitarismus (engl. 1951), Frankfurt a.M. 1955, München ^{5}1996.
A Reply, in: The Review of Politics 15 (1953), 76–84.
Was ist Politik? Fragmente aus dem Nachlaß (1956–1959), hg. von Ursula Ludz, München 1993.
Vita activa (engl. 1958), Stuttgart 1960, München ^{8}1994.
Über die Revolution (engl. 1963), München 1965, ^{4}1994.
Eichmann in Jerusalem: Ein Bericht von der Banalität des Bösen (engl. 1963), München 1964.
Martin Heidegger ist achtzig Jahre alt (1969), in: Menschen in finsteren Zeiten, hg. von Ursula Ludz, München 1989, 172–184.
Vom Leben des Geistes. Band I: Das Denken (engl. 1977), München1979, ^{3}1993.
Vom Leben des Geistes. Band II: Das Wollen (engl. 1978), München 1979.
Das Urteilen. Texte zu Kants politischer Philosophie (engl. 1982), hg. und mit einem Essay von Ronald Beiner, München 1985.
Zwischen Vergangenheit und Zukunft. Übungen im politischen Denken I, hg. von Ursula Ludz, München 1994, darin:
– Tradition und die Neuzeit (engl. 1954), 23–53;
– Verstehen und Politik (engl. 1953), 110–127;
– Über den Zusammenhang von Denken und Moral (engl. 1971), 128–155;
– Was ist Autorität? (1956), 159–200;
– Freiheit und Politik (1958), 201–226;
– Revolution und Freiheit (engl. 1962), 227–251;
– Kultur und Politik (1958), 277–304;
– Wahrheit und Politik (1964), 327–370.
Ich will verstehen. Selbstauskünfte zu Leben und Werk, hg. von Ursula Ludz, München 1996.
—/ JASPERS, Karl: Briefwechsel 1926–1969, hg. von Lotte Köhler u. Hans Saner, München 1993.
—/ HEIDEGGER, Martin: Briefe 1925–1975, hg. von Ursula Ludz, Frankfurt a.M. 1998.

(f) Sekundärliteratur Hannah Arendt

BEINER, Ronald: Hannah Arendt über das Urteilen, in: Hannah Arendt. Das Urteilen. Texte zu Kants Politischer Philosophie (engl. 1982), hg. von Ronald Beiner, München 1985, 115–197.
—: Hannah Arendt and Leo Strauss. The Uncommenced Dialogue, in: Political Theory 18 (1990), 238–254.
BENHABIB, Seyla: Hannah Arendt – Die melancholische Denkerin der Moderne, Hamburg 1998.
—: Selbst im Kontext. Gender Studies (OA 1992), Frankfurt a.M. 1995.
—: Urteilskraft und die moralischen Grundlagen der Politik im Werk Hannah Arendts, in: Zeitschrift für philosophische Forschung 41 (1987), 521–547.
BERNSTEIN, Richard: Judging – the Actor and the Spectator, in: Philosophical Profiles, Cambridge 1992, 221–237.
—: Rethinking the Social and the Political, in: Philosophical Profiles, Cambridge 1992, 238–259.
BIELEFELDT, Heiner: Wiedergewinnung des Politischen. Eine Einführung in Hannah Arendts politisches Denken, Würzburg 1993.
CANOVAN, Margaret: The Contradictions of Hannah Arendt's Political Thought, in: Political Theory 6 (1978), 5–26.
—: Hannah Arendt. A Reinterpretation of Her Political Thought, Cambridge 1992.
DIETZ, Mary G.: Hannah Arendt and Feminist Politics, in: Feminist Interpretations and Political Theory, hg. von Mary Lyndon Shanley u. Carole Pateman, Oxford 1991, 232–253.
DOSSA, Shiraz: The Public Realm and the Public Self. The Political Theory of Hannah Arendt, Waterloo (Ontario, Ca.) 1989.
FUSS, Peter: Hannah Arendt's Conception of a Political Community (1973), in: Hannah Arendt: The Recovery of the Public World, hg. von Martin Hill, New York 1979, 157–176.
GUTSCHKER, Thomas: Ästhetik und Politik. Annäherungen an Kants politische Philosophie, in: Kant als politischer Schriftsteller, hg. von Theo Stammen, Würzburg 1999, 43–56.
—: Rezension zu Hannah Arendt/Martin Heidegger: Briefe 1925–1975, in: Politische Vierteljahresschrift 40 (1999), 182–184.
—: Polis-Nostalgie oder kritische Theorie der Moderne? Neue Beiträge zur Hannah-Arendt-Forschung, in: Philosophisches Jahrbuch 107 (2000), 498–510.
GOTTSEGEN, Michael G.: The Political Thought of Hannah Arendt, Albany 1994.
HABERMAS, Jürgen: Hannah Arendts Begriff der Macht (1976), in: Hannah Arendt. Materialien zu ihrem Werk, hg. von Adelbert Reif, Wien 1979, 287–305.
HANSEN, Phillip: Hannah Arendt: Politics, History and Citizenship, Stanford 1993.
HERMENAU, Frank: Urteilskraft als politisches Vermögen. Zu Hannah Arendts Theorie der Urteilskraft, Lüneburg 1999.
HÖFFE, Otfried: Politische Ethik im Gespräch mit Hannah Arendt, in: Die Zukunft des Politischen. Ausblicke auf Hannah Arendt, hg. von Peter Kemper, Frankfurt a.M. 1993, 13–33.
INGRAM, David: The Postmodern Kantianism of Arendt and Lyotard, in: Review of Metaphysics 42 (1988), 51–77.
JAEGGI, Rahel: Welt und Person. Zum anthropologischen Hintergrund der Gesellschaftskritik Hannah Arendts, Berlin 1997.
JAY, Martin/BOTSTEIN, Leon: Hannah Arendt: Opposing Views, in: Partisan Review 45 (1978), 34–56.
KATEB, George: Hannah Arendt. Politics, Conscience, Evil, Oxford 1984.
—: The Questionable Influence of Arendt and Strauss, in: Hannah Arendt and Leo Strauss. German Emigrés and American Political Thought After World War II, hg. von Peter Graf Kielmannsegg u.a. Washington, D.C. 1995, 29–44.
MEIER, Christian: Athen. Ein Neubeginn der Weltgeschichte, München 1995.
MÜLLER, Severin: Phänomenologie und philosophische Theorie der Arbeit. Band I: Lebenswelt, Natur, Sinnlichkeit, Freiburg/München 1992.
OPSTAELE, Dag Javier: Politik, Geist und Kritik. Eine hermeneutische Rekonstruktion von Hannah Arendts Philosophiebegriff, Würzburg 1999.
PAREKH, Bikhou: Hannah Arendt and the Search for a New Political Philosophy, London 1981.
PASSERIN D'ENTRÈVES, Maurizio: The Political Philosophy of Hannah Arendt, London 1994.
PITKIN, Hanna Fenichel: The Attack of The Blob. Hanah Arendt's Concept of the Social, Chicago 1998.
SEYER, Seifried: Die versunkene Welt. Hannah Arendts Theorie des öffentlichen Handelns, Frankfurt a.M. 1998.
SITTON, John F.: Hannah Arendt's Argument for Council Democracy, in: Hannah Arendt. Critical Essays, hg. von Lewis P. und Sandra K. Hinchman, New York 1994, 307–329.

VILLA, Dana R.: Arendt and Heidegger. The Fate of the Political, Princeton 1996.
VOLLRATH, Ernst: Politik und Metaphysik – Zum Politischen Denken Hannah Arendts, in: Hannah Arendt. Materialien zu ihrem Werk, hg. von Adelbert Reif, Wien 1979, 19–57.
—: Hannah Arendts ›Kritik der politischen Urteilskraft‹, in: Die Zukunft des Politischen. Ausblicke auf Hannah Arendt, hg. von Peter Kemper, Frankfurt a.M. 1993, 34–54.
WELLMER, Albrecht: Hannah Arendt on Judgement: The Unwritten Doctrine of Reason, in: Hannah Arendt. Twenty Years Later, hg. von Larry May und Jerome Kohn, Cambridge 1996, 33–52.
WOLIN, Sheldon: Hannah Arendt: Democracy and the Political, in: Salmagundi 60 (1983), 3–19.
YOUNG-BRUEHL, Elisabeth: Hannah Arendt. Leben, Werk und Zeit (engl. 1982), Frankfurt a.M. 1986.

3. Rehabilitierung der praktischen Philosophie in Deutschland

(a) Literatur zum Kontext der Debatte

BIEN, Günther: Das Theorie-Praxis-Problem und die politische Philosophie bei Platon und Aristoteles, in: Philosophisches Jahrbuch 76 (1968/69), 264–314.
—: Die Grundlegung der praktischen Philosophie bei Aristoteles, Neuwied 1972.
—: Die menschlichen Meinungen und das Gute. Die Lösung des Normproblems in der Aristotelischen Ethik, in: Rehabilitierung der praktischen Philosophie. Bd. I: Geschichte, Probleme, Aufgaben, hg. von Manfred Riedel, Freiburg 1972, 345–371.
BUBNER, Rüdiger: Eine Renaissance der praktischen Philosophie, in: Philosophische Rundschau 22 (1975), 1–34.
—: Handlung, Sprache und Vernunft. Grundbegriffe praktischer Philosophie, Frankfurt a.M. 1976.
—: Geschichtsprozesse und Handlungsnormen, Frankfurt a.M. 1984.
—: Dialektik als Topik, Frankfurt a.M. 1990.
—: Antike Themen und ihre moderne Verwandlung, Frankfurt a.M. 1992.
—: Welche Rationalität bekommt der Gesellschaft? Vier Kapitel aus dem Naturrecht, Frankfurt a.M. 1996.
DENNERT, Jürgen: Die ontologisch-aristotelische Politikwissenschaft und der Rationalismus. Eine Untersuchung des politischen Denkens Aristoteles', Descartes', Hobbes', Rousseaus und Kants, Berlin 1970.
FAHRENBACH, Helmut: Ein programmatischer Aufriß der Problemlage und systematischen Ansatzmöglichkeiten praktischer Philosophie, in: Rehabilitierung der praktischen Philosophie. Bd. I: Geschichte, Probleme, Aufgaben, hg. von Manfred Riedel, Freiburg 1972, 15–56.
HENNIS, Wilhelm: Politik und praktische Philosophie. Eine Abhandlung zur Rekonstruktion der politischen Wissenschaft (1963), in: Politikwissenschaft und politisches Denken. Politikwissenschaftliche Abhandlungen II, Tübingen 2000, 1–126.
—: Politik als praktische Wissenschaft. Aufsätze zur politischen Theorie und Regierungslehre, München 1968.
—: Politik und praktische Philosophie, Stuttgart 1977.
HÖFFE, Otfried: Praktische Philosophie. Das Modell des Aristoteles, München/Salzburg 1971.
KUHN, Helmut: Das Sein und das Gute, München 1962.
—: Der Staat. Eine philosophische Darstellung, München 1967.
—: Philosophie der Gegenwart und ihre Beziehung zu den geistigen Strömungen unserer Zeit, in: Philosophisches Jahrbuch 71 (1963/64), 1–13.
—: Ist ›praktische Philosophie‹ eine Tautologie?, in: Rehabilitierung der praktischen Philosophie. Bd. I: Geschichte, Probleme, Aufgaben, hg. von Manfred Riedel, Freiburg 1972, 57–78.
—: Aristoteles und die Methode der politischen Wissenschaft, in: Rehabilitierung der praktischen Philosophie. Bd. II: Rezeption, Argumentation, Diskussion, hg. von Manfred Riedel, Freiburg 1974, 261–290.
RIEDEL, Manfred: Über einige Aporien in der praktischen Philosophie des Aristoteles, in: Rehabilitierung der praktischen Philosophie. Bd. I: Geschichte, Probleme, Aufgaben, Freiburg 1972, 79–97.
SPAEMANN, Robert: Moralische Grundbegriffe, München 1982;
—: Philosophische Essays, Stuttgart 1983, erw. 1994.
—: Glück und Wohlwollen. Versuch über Ethik, Stuttgart 1989.
—/ LÖW, Reinhard: Die Frage Wozu? Geschichte und Wiedererinnerung des teleologischen Denkens, München 1981, erw. 1985.

WIELAND, Wolfgang: Die aristotelische Physik. Untersuchungen über die Grundlegung der Naturwissenschaft und die sprachlichen Bedingungen der Prinzipienforschung bei Aristoteles, Göttingen 1962.
—: Praktische Philosophie und Wissenschaftstheorie, in: Rehabilitierung der praktischen Philosophie. Bd. I: Geschichte, Probleme, Aufgaben, hg. von Manfred Riedel, Freiburg 1972, 505–534.

(b) Primärliteratur HANS-GEORG GADAMER

Hermeneutik I: Wahrheit und Methode. Grundzüge einer philosophischen Hermeneutik (1960), Gesammelte Werke, Bd. 1, Tübingen ^{6}1990.
Hermeneutik II: Wahrheit und Methode. Ergänzungen, Gesammelte Werke, Bd. 2, Tübingen ^{2}1993, darin:
- Das Problem der Geschichte in der neueren deutschen Philosophie (1943), 27–36;
- Die Unfähigkeit zum Gespräch (1972), 207–218;
- Die Universalität des hermeneutischen Problems (1966), 219–231;
- Rhetorik, Hermeneutik und Ideologiekritik (1967), 232–250;
- Replik zu Hermeneutik und Ideologiekritik (1971), 251–275;
- Rhetorik und Hermeneutik (1976), 276–291;
- Logik oder Rhetorik? Nochmals zur Frühgeschichte der Hermeneutik (1976), 292–300;
- Hermeneutik als theoretische und praktische Aufgabe (1978), 301–318;
- Probleme der praktischen Vernunft (1980), 319–329;
- Hermeneutik und Historismus (1965), 387–424;
- Selbstdarstellung (1973), 479–508.

Neuere Philosophie I: Hegel, Husserl, Heidegger, Gesammelte Werke, Bd. 3, Tübingen 1987, darin:
- Existentialismus und Existenzphilosophie (1981), 175–185;
- Die Marburger Theologie (1969), 197–208;
- Die Griechen (1979), 285–296;
- Die religiöse Dimension (1981), 308–319;
- Ethos und Ethik (MacIntyre u.a.) (1985), 350–374;
- Auf dem Rückgang zum Anfang (1986), 394–416.

Neuere Philosophie II: Probleme, Gestalten, Gesammelte Werke, Bd. 4, Tübingen 1987, darin:
- Die philosophischen Grundlagen des zwanzigsten Jahrhunderts (1965), 3–22;
- Lob der Theorie (1980), 37–51;
- Über die Möglichkeiten einer philosophischen Ethik (1967), 175–188;
- Das ontologische Problem des Wertes (1971), 189–202;
- Wertethik und praktische Philosophie (1982), 203–215;
- Theorie, Technik, Praxis (1972), 243–266;
- Was ist Praxis? Die Bedingungen gesellschaftlicher Vernunft (1974), 216–228;
- Das Erbe Hegels (1980), 463–483.

Griechische Philosophie I, Gesammelte Werke, Bd. 5, Tübingen 1985, darin:
- Platos dialektische Ethik (1931), 3–163;
- Der aristotelische Protreptikos und die entwicklungsgeschichtliche Betrachtung der aristotelischen Ethik (1927), 164–186;
- Plato und die Dichter (1934), 187–211;
- Praktisches Wissen (1930), 230–248;
- Platos Staat der Erziehung (1942), 249–262.

Griechische Philosophie II, Gesammelte Werke, Bd. 6, Tübingen 1985, darin:
- Die griechische Philosophie und das moderne Denken (1978), 3–8;
- Amicus Plato magis amica veritas (1968), 71–89.

Griechische Philosophie III: Plato im Dialog, Gesammelte Werke, Bd. 7, Tübingen 1991, darin:
- Die Idee des Guten zwischen Plato und Aristoteles (1978), 128–227;
- Die sokratische Frage und Aristoteles (1990), 373–380;
- Aristoteles und die imperativische Ethik (1989), 381–395;
- Freundschaft und Selbsterkenntnis. Zur Rolle der Freundschaft in der griechischen Ethik (1928/85), 396–406.

Ästhetik und Poetik I: Kunst als Aussage, Gesammelte Werke, Bd. 8, Tübingen 1993, darin:
- Wort und Bild – ›so wahr, so seiend‹ (1992), 373–399;
- Zur Phänomenologie von Ritual und Sprache (1992), 400–440.

Hermeneutik im Rückblick, Gesammelte Werke, Bd. 10, Tübingen 1995, darin:

- Erinnerungen an Heideggers Anfänge (1986), 3–13;
- Heidegger und die Griechen (1990), 31–45;
- Hermeneutik und ontologische Differenz (1989), 58–70;
- Hermeneutik auf der Spur (1994), 148–174;
- Bürger zweier Welten (1985), 225–237;
- Die Idee der praktischen Philosophie (1983), 238–246;
- Geschichtlichkeit und Wahrheit (1991), 247–258;
- Vernunft und praktische Philosophie (1986), 259–266;
- Von Lehrenden und Lernenden (1986), 331–335;
- Die deutsche Philosophie zwischen den beiden Weltkriegen (1987), 356–372.

Lob der Theorie. Reden und Aufsätze, Frankfurt a.M. 1983, darin:
- Die Kultur und das Wort (1980), 9–25;
- Über die Macht der Vernunft (1968), 51–66;
- Wissenschaft als Instrument der Aufklärung (1972), 88–102;
- Vereinsamung als Symptom von Selbstentfremdung (1970), 123–138.

Das Erbe Europas. Beiträge, Frankfurt a.M. 1989, darin:
- Die Vielfalt Europas. Erbe und Zukunft (1985), 7–34;
- Die Zukunft der europäischen Geisteswissenschaften (1983), 35–62;
- Das Faktum der Wissenschaft (1967), 87–125;
- Die anthropologischen Grundlagen der Freiheit des Menschen (1987), 126–135;
- Die Grenzen des Experten (1989), 136–157.

Metaphysik der Erkenntnis. Zu dem gleichnamigen Buch von Nicolai Hartmann, in: Logos 12 (1923/24), 340–359.

Hermeneutik als praktische Philosophie (1972), in: Rehabilitierung der praktischen Philosophie, Band I: Geschichte, Probleme, Aufgaben, hg. von Manfred Riedel, Freiburg 1972, 325–344.

Gadamer on Strauss: An Interview, in: Interpretation 12 (1984), 1–13.

Die Begründung der praktischen Philosophie, in: Aristoteles: Nikomachische Ethik VI, hg. und übers. von Hans-Georg Gadamer, Frankfurt a.M. 1988, 61–67.

Heideggers ›theologische‹ Jugendschrift, in: Dilthey-Jahrbuch 6 (1989), 228–234.

Philosophische Lehrjahre, Frankfurt a.M. 1977.

(c) Sekundärliteratur Hans-Georg Gadamer

BERNSTEIN, Richard J.: From Hermeneutics to Praxis, in: Review of Metaphysics 35 (1982), 823–845.

DA RE, Antonio: L'ermeneutica di Gadamer et la filosofia pratica, Rimini 1982.

DOCKHORN, Klaus: Hans-Georg Gadamer, Wahrheit und Methode, in: Göttingsche Gelehrte Anzeigen 218 (1966), 169–206.

FRUCHON, Pierre: L'herméneutique de Gadamer. Platonisme et modernité, tradition et interprétation, Paris 1994.

GRONDIN, Jean: Hermeneutische Wahrheit? Zum Wahrheitsbegriff Hans-Georg Gadamers, Königstein 1982.

—: Hans-Georg Gadamer. Eine Biographie, Tübingen 1999.

HABERMAS, Jürgen: Zur Logik der Sozialwissenschaften, Frankfurt a.M. ⁵1982.

INGRAM, David: The Historical Genesis of the Gadamer/Habermas Controversy, in : Auslegung. A Journal of Philosophy 10 (1983), 86–151.

JAKOB, Samuel: Zwischen Gespräch und Diskurs. Untersuchungen zur sozialhermeneutischen Begründung der Agogik anhand einer Gegenüberstellung von Hans-Georg Gadamer und Jürgen Habermas, Bern/Stuttgart 1985.

JAUSS, Hans Robert: Ästhetische Erfahrung und literarische Hermeneutik, Frankfurt a.M. 1991.

KISIEL, Theodore: The Hermeneutics of Gadamer and Heidegger, in: Man and World 2, 358–385.

MENDELSON, J.: The Habermas-Gadamer-Debate, in: New German Critique 18 (1979), 44–73.

MISGELD, D.: Critical Theory and Hermeneutics: The Debate between Habermas and Gadamer, in: On Critical Theory, hg. von John O'Neill, London 1974, 164–183.

OROCZO, Teresa: Platonische Gewalt. Gadamers politische Hermeneutik der NS-Zeit, Argument-Sonderband 240 (Ideologische Mächte im deutschen Faschismus, Bd. 7), Hamburg/Berlin 1995.

PÖGGELER, Otto: Gadamers philosophische Hermeneutik und die Rhetorik, in: Rhetorik und Philosophie, hg. von Helmut Schanze u. Josef Kopperschmidt, München 1989, 201–216.

SCHMIDT, Lawrence Kennedy: The Epistemology of Hans-Georg Gadamer, Frankfurt a.M. 1985.

SCHUCHMAN, Paul: Aristotle's Phronēsis and Gadamer's Hermeneutics, in: Philosophy Today 23 (1979), 41–50.
TAKEDA, Sumio: Reflexion, Erfahrung und Praxis bei Gadamer, Tübingen 1981.
THÉRIEN, Claude: Die Sprache als Sagbarkeit der Bedeutsamkeit der Welt. Untersuchungen zur Deutung der Sprache bei Heidegger und Gadamer, Tübingen 1992.

(d) Primärliteratur JOACHIM RITTER

Docta ignorantia. Die Theorie des Nichtwissens bei Nicolaus Cusanus, Leipzig 1927.
Ernst Cassirers Philosophie der symbolischen Formen, in: Neue Jahrbücher für Wissenschaft und Jugendbildung 6 (1930), 593–605.
Über die Geschichtlichkeit wissenschaftlicher Erkenntnis, in: Blätter für Deutsche Philosophie 12 (1938/39), 175–190.
Metaphysik und Politik. Studien zu Aristoteles und Hegel, Frankfurt a.M. 1969, darin:
- Die Lehre vom Ursprung und Sinn der Theorie bei Aristoteles (1953), 9–33;
- Aristoteles und die Vorsokratiker (1954), 34–56;
- Das bürgerliche Leben. Zur aristotelischen Theorie des Glücks (1956), 57–105;
- ›Politik‹ und ›Ethik‹ in der praktischen Philosophie des Aristoteles (1967), 106–132;
- ›Naturrecht‹ bei Aristoteles (1963), 133–179;
- Hegel und die französische Revolution (1956), 183–255;
- Person und Eigentum. Zu Hegels ›Grundlinien der Philosophie des Rechts‹ §§ 34 bis 81 (1961), 256–280;
- Moralität und Sittlichkeit. Zu Hegels Auseinandersetzung mit der kantischen Ethik (1966), 281–309;
- Europäisierung als europäisches Problem (1956), 321–340;
- Die große Stadt (1960), 341–354.
Subjektivität. Sechs Aufsätze, Frankfurt a.M. 1974, darin:
- Subjektivität und industrielle Gesellschaft. Zu Hegels Theorie der Subjektivität (1961), 11–35;
- Über den Sinn und die Grenze der Lehre vom Menschen (1933), 36–61;
- Über das Lachen (1940), 62–92;
- Dichtung und Gedanke. Bemerkungen zur Dichtung T. S. Eliots (1945), 93–104;
- Die Aufgabe der Geisteswissenschaft in der modernen Gesellschaft (1963), 105–140;
- Landschaft. Zur Funktion des Ästhetischen in der modernen Gesellschaft (1963), 141–164.
Zur Grundlegung der praktischen Philosophie bei Aristoteles (1960), in: Rehabilitierung der praktischen Philosophie, Bd. II, hg. von Manfred Riedel, Freiburg 1974, 479–500.
Diskussion, in: Ernst-Wolfgang Bockenförde: Die verfassungstheoretische Unterscheidung von Staat und Gesellschaft als Bedingung der individuellen Freiheit, Arbeitsgemeinschaft für Forschung des Landes Nordrhein-Westfalen, Heft 183, Köln 1973, 60.
Diskussion, in: Ludwig Landgrebe: Über einige Grundfragen der Politik, Arbeitsgemeinschaft für Forschung des Landes Nordrhein-Westfalen, Heft 158, Köln 1969, 47.
—/ BOLLNOW: Davoser Disputation zwischen Ernst Cassirer und Martin Heidegger, in: Martin Heidegger: Kant und das Problem der Metaphysik, Gesamtausgabe, Bd. 3, hg. von Friedrich-Wilhelm von Herrmann, Frankfurt a.M. ⁴1991, 274–296.

(e) Sekundärliteratur Joachim Ritter

BIEN, Günther: ›Praxis, praktisch‹, in: Historisches Wörterbuch der Philosophie, hg. von Joachim Ritter u.a., Bd. 7 (1989), Sp. 1277–1285.
BOLLNOW, Otto Friedrich: Gespräche in Davos, in: Erinnerung an Martin Heidegger, hg. von Günther Neske, Pfullingen 1977, 25–29.
HÖFFE, Otfried: Ethik als praktische Philosophie – Die Begründung durch Aristoteles, in: Ethik und Politik. Grundmodelle und -probleme der praktischen Philosophie, Frankfurt a.M. 1979, 38–83.
LOHMANN, Georg: Neokonservative Antworten auf moderne Sinnverlusterfahrungen. Über Odo Marquard, Hermann Lübbe und Robert Spaemann, in: Konservatismus in Geschichte und Gegenwart, hg. von Richard Faber, Würzburg 1991, 183–201.
LEGGEWIE, Claus: Der Geist steht rechts. Ausflüge in die Denkfabriken der Wende, Berlin 1987.
LÜBBE, Hermann: Laudatio, in: Gedenkschrift Joachim Ritter, Schriften der Gesellschaft zur Förderung der Westfälischen Wilhelms-Universität zu Münster, Heft 65, Münster 1978.

MARQUARD, Odo: Zukunft und Herkunft. Bemerkungen zu Joachim Ritters Philosophie der Entzweiung (1989), in: Skepsis und Zustimmung. Philosophische Studien, Stuttgart 1994.
—: Über die Unvermeidlichkeit der Geisteswissenschaften, in: Apologie des Zufälligen, Stuttgart 1986.
OTTMANN, Henning: Individuum und Gemeinschaft bei Hegel. Band 1: Hegel im Spiegel der Interpretationen, Berlin/New York 1977.
PAZANIN, Ante: Geisteswissenschaften und praktische Philosophie in Joachim Ritters Werk, in: Philosophisches Jahrbuch 99 (1992), 352–362.
PESENDORFER, Bernhard: Rezension zu ›Metaphysik und Politik‹, in: Wort und Wahrheit 25 (1970), 279f.
PIEPER, Annemarie: Rezension zu ›Metaphysik und Politik‹, in: Philosophischer Literaturanzeiger 24 (1971), 206–209.
RITTER, Henning: Entwegt. Odo Marquard wird sechzig, in: FAZ, 26.2.1988.
SPAEMANN, Robert: Philosophie zwischen Metaphysik und Geschichte, in: Neue Zeitschrift für systematische Theologie 1 (1959), 291–313.
—: Die Aristoteles-Deutung Hegels, in: Philosophisches Jahrbuch 78 (1971), 237–259
WACHTER, J.: Rezension zu ›Subjektivität‹, in: Hegel-Studien 10 (1975), 352–355.
WEBER, Thomas: Joachim Ritter und die »metaphysische Wendung«, in: Wolfgang Fritz Haug: Deutsche Philosophen 1933, Argument-Sonderband 165 (Ideologische Mächte im deutschen Faschismus, Bd. 3), Hamburg/Berlin 1989, 219–243.

(f) Primärliteratur DOLF STERNBERGER

Der verstandene Tod. Eine Untersuchung zu Martin Heideggers Existenzial-Ontologie (1931), in: Schriften, Bd. I, Frankfurt a.M. 1977, 69–264.
Drei Wurzeln der Politik, Schriften, Bd. II/1 u. II/2, Frankfurt a.M. 1978.
Herrschaft und Vereinbarung, Schriften, Bd. III, Frankfurt a.M. 1980, darin:
  – Der alte Streit um den Ursprung der Herrschaft (1978), 9–28;
  – Herrschaft und Vereinbarung (1964), 113–134;
  – Max Weber und die Demokratie (1964), 135–158;
  – Das Parlament als historisches Lebewesen (1979), 159–172;
  – Kritik der dogmatischen Theorie der Repräsentation (1971), 173–226;
  – Edmund Burkes Verteidigung der Repräsentation gegen die Demokratie (1971), 227–260;
  – Die Erfindung der ›Repräsentativen Demokratie‹. Eine Untersuchung von Thomas Paines Verfassungs-Ideen (1971), 261–304;
  – Opposition des Parlaments und Parlamentarische Opposition (1955), 337–366;
  – Vorschlag und Wahl. Umriß einer allgemeinen Theorie (1961), 367–420.
Staatsfreundschaft, Schriften, Bd. IV, Frankfurt a.M. 1980, darin:
  – Begriff des Vaterlands (1947), 9–34;
  – Der Staat des Aristoteles und der unsere (1973), 35–52;
  – Aspekte des bürgerlichen Charakters (1949), 53–74;
  – Das Menschenbild in der Erklärung der Menschenrechte (1968), 75–92;
  – Das Menschenrecht, nach Glück zu streben (1966), 93–114;
  – Autorität, Freiheit und Befehlsgewalt (1959), 115–144;
  – Rede über die Stadt, gehalten im Rathaus zu Bremen (1973), 145–158;
  – Jaspers und der Staat (1963), 159–170;
  – Die versunkene Stadt. Über Hannah Arendts Idee der Politik (1976), 171–190;
  – Rede über den Bürgersinn, gehalten in Frankfurt (1966), 191–208;
  – Staatsfreundschaft. Rede zur Hundertjahrfeier der Sozialdemokratischen Partei Deutschlands. Mit drei Glossen (1967), 209–246;
  – Das allgemeine Beste (1961), 267–292;
  – Begriff des Politischen. Mit drei Glossen (1960), 293–320.
Vexierbilder des Menschen, Schriften VI, Frankfurt a.M. 1981, darin:
  – Die Ruinen von Athen. Deutsche Reisende des neunzehnten Jahrhunderts in Griechenland (1939), 67–96;
  – Geschichte als Erfahrung und Geschichte als Erkenntnis. Rede für ein Archiv (1977), 97–114;
  – Gerechtigkeit für das neunzehnte Jahrhundert (1975), 115–178;
  – Zwischen Vergangenheit und Zukunft. Eine Tagebuch-Notiz (1947), 315–325.
Grund und Abgrund der Macht. Über Legitimität von Regierungen (1962), Schriften VII, Frankfurt a.M. 1986.

Gang zwischen Meistern, Schriften VIII, Frankfurt a.M. 1987, darin:
- Heidegger über die Kunst. Drei Berichte (1936), 183–196;
- Die beschworene Natur. Zu einer Studie Martin Heideggers über Hölderlin (1937), 197–201;
- Heidegger bleibt unverständlich (1953), 202–214;
- Bekenntnis an Heideggers 80. Geburtstag (1969), 219–220;
- Die großen Worte des Rektors Heidegger. Eine philologische Untersuchung (1984), 221–231;
- Sehnsucht nach der Unsterblichkeit (1960), 379–383;
- Hannah Arendt: Der antike und der moderne Staat (1985), 384–400;
- Vernünftige Erkenntnisse und übermütige. Zum Briefwechsel zwischen Hannah Arendt und Karl Jaspers (1985), 401–410.

Gut und Böse, Schriften IX, Frankfurt a.M. 1988, darin:
- Gut und Böse (1939), 68–73;
- Gesetz, Sünde, Gewissen. Philosophische Notizen zu einigen Stellen des Römerbriefs (1944/45), 97–116;
- Die Wurzeln des Menschen und der amor fati (1946), 119–125;
- Unzusammenhängende Notizen über Geschichte (1987), 261–285.

Verfassungspatriotismus, Schriften X, Frankfurt a.M. 1990, darin:
- Verfassungspatriotismus. Rede bei der 25-Jahr-Feier der ›Akademie für politische Bildung‹ (1982), 17–31;
- Komponenten der geistigen Gestalt Europas (1979), 39–57;
- Herrschaft der Freiheit (1946), 58–80;
- Der Staat des Aristoteles und der moderne Verfassungsstaat (1984), 133–155;
- Die neue Politie. Vorschläge zu einer Revision der Lehre vom Verfassungsstaat (1984), 156–231;
- Politie und Leviathan. Ein Streit um den antiken und den modernen Staat (1986), 232–300;
- Über die verschiedenen Begriffe des Friedens (1983), 301–386.

Dreizehn Politische Radio-Reden, Heidelberg 1946.
Begriff der Politik als Wissenschaft, in: Synopsis. Festgabe für Alfred Weber, Heidelberg 1948, 687–704; wiederabgedruckt in: Aufgabe und Selbstverständnis der Politischen Wissenschaft, hg. von Heinrich Schneider, Darmstadt 1967, 3–19.
Die große Wahlreform. Zeugnisse einer Bemühung, Köln und Opladen 1964.
Ist unsere Verfassung nicht demokratisch genug?, in: Nicht alle Staatsgewalt geht vom Volke aus. Studien über Repräsentation, Vorschlag und Wahl, Stuttgart u.a. 1971, 111–120.
Vorformen parlamentarischer Regierung in Deutschland, Vorlesung im Sommersemester 1956, Ms., Nachlaß Sternberger, Deutsches Literaturarchiv Marbach.
Maßstäbe des Regierens I. Legitimität und Kontinuität, Vorlesung im Wintersemester 1956/57, Ms., Nachlaß Sternberger, Deutsches Literaturarchiv Marbach.
—/ ARENDT, Hannah: Briefwechsel 1946–1975, Deutsches Literaturarchiv Marbach, HS 1989.0010.

(g) Sekundärliteratur Dolf Sternberger

BEHRMANN, Günter C./SCHIELE, Siegfried (Hgg.): Verfassungspatriotismus als Ziel politischer Bildung?, Schwalbach 1993.
BERMBACH, Udo: Dolf Sternberger – zur Erinnerung an seinen 80. Geburtstag, in: PVS 29 (1988), 85–89.
GAWLINA, Manfred: Politische Interpersonalität, aristotelisierend. Eine Erörterung von Dolf Sternbergers Gesamtwerk, in: Philosophische Rundschau 45 (1998), 228–232.
GEBHARDT, Jürgen: Verfassungspatriotismus als Identitätskonzept der Nation, in: APuZ 14 (1993), 29–36.
GILLESEN, Günther: Auf verlorenem Posten. Die Frankfurter Zeitung im Dritten Reich, Berlin 1986.
HABERMAS, Jürgen: Geschichtsbewußtsein und posttraditionale Identität. Die Westorientierung der Bundesrepublik, in: Eine Art Schadensabwicklung, Frankfurt a.M. 1987, 161–179.
JASPERS, Karl: Notizen zu Martin Heidegger, aus dem Nachlaß hg. von Hans Saner, München 1978.
KINKELA, Claudia: Die Rehabilitierung des Bürgerlichen im Werk Dolf Sternbergers, Würzburg 2001.
LIETZMANN, Hans J.: Integration und Verfassung. Oder: Gibt es eine Heidelberger Schule der Politikwissenschaft?, in: Schulen in der deutschen Politikwissenschaft, hg. von Wilhelm Bleek u. Hans J. Lietzmann, Opladen 1999, 245–267.
MEIER, Christian: Die Entstehung des Politischen bei den Griechen, Frankfurt a.M. 1983.
NIPPEL, Wilfried: Mischverfassungstheorie und Verfassungsrealität in Antike und früher Neuzeit, Stuttgart 1980.

NONNENMACHER, Günther: Die Ordnung der Gesellschaft. Mangel und Herrschaft in der politischen Philosophie der Neuzeit, Weinheim 1989.
NORDHOFEN, Eckhardt: Der Gang des Meisters. Zum Tode von Dolf Sternberger, in: Die Zeit, 4.8.1989.
PANNIER, Jörg: Das Vexierbild des Politischen. Dolf Sternberger als politischer Aristoteliker, Berlin 1996.
PAPE, Birgit: Vorschule der Demokratie in Deutschland. Dolf Sternbergers Zeitschrift »Die Wandlung« trat zwischen 1945 und 1949 für die Bürgergesellschaft ein, in: FAZ, 11.12.1999 (Bilder und Zeiten, II).
RUPP, Hans Karl: Dolf Sternberger – Sprache als Fundament des Politischen, in: ders. u. Noetzel, Thomas: Macht, Freiheit, Demokratie. Anfänge der deutschen Politikwissenschaft, Marburg 1991, 97–106.
SCHNEIDER, Peter: Dolf Sternberger und der Begriff des Politischen, in: Archiv für Rechts- und Sozialphilosophie 74 (1988), 102–113.
SCHWAN, Alexander: Dolf Sternbergers Philosophie freiheitlicher Politik, in: Geschichte in Wissenschaft und Unterricht 33 (1982), 472–486.
STAMMEN, Theo: Goethe und die Französische Revolution, München 1966.
STORZ, Gerhard: Statt einer Vita im Stil des Sallust, in: Sprache und Politik. Festgabe für Dolf Sternberger zum sechzigsten Geburtstag, hg. von Carl-Joachim Friedrich und Benno Reifenberg, Heidelberg 1968, 9–19.
VOGEL, Bernhard: Ein Lehrer der Verfassung. Zum Tode Dolf Sternbergers, in: FAZ, 28.7.1989.
—: Dolf Sternberger zum 80. Geburtstag, in: ZfP 34 (1987), 371–377.

4. Die amerikanische Kommunitarismus-Liberalismus-Kontroverse

(a) Literatur zum Kontext der Debatte

BARBER, Benjamin: Starke Demokratie. Über die Teilhabe am Politischen (OA 1984), Hamburg 1994.
BELLAH, Robert N. u.a.: Gewohnheiten des Herzens. Individualismus und Gemeinsinn in der amerikanischen Gesellschaft (OA 1985), Köln 1987.
BUCHANAN, James M.: Die Grenzen der Freiheit. Zwischen Anarchie und Leviathan (OA 1975), Tübingen 1984.
DE LUE, Steven: Aristotle, Kant and Rawls on Moral Motivation in a Just Society, in: American Political Science Review 74 (1980), 385–393.
ETZIONI, Amitai: Die aktive Gesellschaft. Eine Theorie gesellschaftlicher und politischer Prozesse (OA 1968), Opladen 1975.
—: Die Entdeckung des Gemeinwesens. Ansprüche, Verantwortlichkeiten und das Programm des Kommunitarismus (OA 1993), Frankfurt a.M. 1998.
—: Die faire Gesellschaft. Jenseits von Sozialismus und Kapitalismus (OA 1988), Frankfurt a.M. 1996.
FORST, Rainer: Kommunitarismus und Liberalismus – Stationen einer Debatte, in: Kommunitarismus. Eine Debatte über die moralischen Grundlagen moderner Gesellschaften, hg. von Axel Honneth, Frankfurt a.M. 1993, 181–212.
GALSTON, William A.: Justice and the Human Good, Chicago 1980.
—: Liberal Purposes. Goods, Virtues, and Diversity in the Liberal State, Cambridge 1991.
HÖFFE, Otfried: Ist Rawls' Theorie der Gerechtigkeit eine kantische Theorie?, in: Ratio 26 (1984), 88–104.
HOERSTER, Norbert: John Rawls' Kohärenztheorie der Normenbegründung, in: Über John Rawls' Theorie der Gerechtigkeit, hg. von Otfried Höffe, Frankfurt 1977, 57–76.
JOAS, Hans: Gemeinschaft und Demokratie in den USA. Die vergessene Vorgeschichte der Kommunitarismus-Diskussion, in: Blätter für deutsche und internationale Politik 7 (1992), 859–869.
KERSTING, Wolfgang: Die Liberalismus-Kommunitarismus-Kontroverse in der amerikanischen politischen Philosophie, in: Politisches Denken. Jahrbuch 1991, Stuttgart 1992, 82–102.
—: John Rawls zur Einführung, Hamburg 1993, 95–142.
NOZICK, Robert: Anarchie – Staat – Utopia (OA 1974), München 1976.
PROBST, Lothar: Gesellschaft versus Gemeinschaft? Zur Tradition des dichotomischen Denkens in Deutschland, in: APuZ 36 (1996), 29–35.
RAWLS, John: Eine Theorie der Gerechtigkeit (OA 1971), Frankfurt a.M. 1975.
—: Die Idee des politischen Liberalismus. Aufsätze 1978–1989, hg. von Wilfried Hinsch, Frankfurt a.M. 1992.
REESE-SCHÄFER, Walter: Grenzgötter der Moral. Der neuere europäisch-amerikanische Diskurs zur politischen Ethik, Frankfurt a.M. 1997.

—: Die politische Rezeption des kommunitarischen Denkens in Deutschland, in: APuZ 36 (1996), 3–11.
RIEGER, Günter: Wieviel Gemeinsinn braucht die Demokratie?, in: ZfP 40 (1993), 304–332.
SANDEL, Michael: Liberalism and the Limits of Justice, Cambridge 1982.
—: Die verfahrensrechtliche Republik und das ungebundene Selbst, in: Kommunitarismus. Eine Debatte über die moralischen Grundlagen moderner Gesellschaften, hg. von Axel Honneth, Frankfurt a.M. 1993, 18–35.
STEINFATH, Holmer: Der Verlust der Identität?, in: Kommunitarismus in der Diskussion. Eine Streitbare Einführung, hg. von Christa Zahlmann, Hamburg 1992, 86–93.
TAYLOR, Charles: Hegel (1975), Frankfurt a.M. 1978.
—: Self-Interpreting Animals, in: Human Agency and Language. Philosophical Papers, Bd. 1, Cambridge 1985, 45–76.
—: Interpretation and the Sciences of Man (1971), in: Philosophy and The Human Sciences. Philosophical Papers, Bd. 2, Cambridge 1985, 15–57;
—: Social Theory as Practice, in: Philosophy and The Human Sciences. Philosophical Papers, Bd.2., Cambridge 1985, 91–115;
—: Philosophy and the Human Sciences, in: Philosophy and The Human Sciences, Bd. 2, Cambridge 1985.
—: Explanation and Practical Reason (1989), in: Philosophical Arguments, Cambridge 1995, 34–60.
—: Aneinander vorbei: Die Debatte zwischen Liberalismus und Kommunitarismus, in: Kommunitarismus. Eine Debatte über die moralischen Grundlagen moderner Gesellschaften, hg. von Axel Honneth, Frankfurt a.M. 1993, 103–130.
—: Quellen des Selbst. Die Entstehung der neuzeitlichen Identität, Frankfurt a.M. 1994.
—: Atomismus, in: Bürgergesellschaft, Recht und Demokratie, hg. von Bert van den Brink u. Willem van Reijen, Frankfurt a.M. 1995, 73–106.
TÖNNIES, Sibylle: Kommunitarismus – diesseits und jenseits des Ozeans, in: APuZ 36 (1996), 13–19.
WALZER, Michael: Democrats and Community. A Public Philosophy for American Liberalism, in: The New Republic, 10.6.1985, 20–23.
—: Sphären der Gerechtigkeit. Ein Plädoyer für Pluralität und Gleichheit, Frankfurt a.M. 1992.
—: Die kommunitaristische Kritik am Liberalismus (1990), in: Kommunitarismus. Eine Debatte über die moralischen Grundlagen moderner Gesellschaften, hg. von Axel Honneth, Frankfurt a.M. 1993, 157–180.

(b) Primärliteratur ALASDAIR MACINTYRE

Marxism: An Interpretation, London 1953; überarbeitet als: Marxism and Christianity, London/NewYork 1968.
The Unconscious: A Conceptual Analysis, London 1958.
A Short History of Ethics, New York 1966, ²1998; dt. Geschichte der Ethik im Überblick, Meisenheim 1984.
Marcuse, London/New York 1970.
Against the Self-Images of the Age: Essays on Ideology and Philosophy, London 1971.
Contexts of Interpretation. Reflections on Hans-Georg Gadamer's ›Truth and Method', in: Boston University Journal 24 (1976), 41–46.
Epistemological Crises, Dramatic Narrative and the Philosophy of Science, in: The Monist 60 (1977), 453–472.
After Virtue: A Study in Moral Theory, Notre Dame 1981, ²1984; dt. Der Verlust der Tugend. Zur moralischen Krise der Gegenwart, Frankfurt/New York 1995.
Moral Rationality, Tradition, and Aristotle. A Reply to Onora O'Neill, Raimond Gaita, and Stephen R. L. Clark, in: Inquiry 26 (1983), 447–466.
Ist Patriotismus eine Tugend? (1984), in: Kommunitarismus. Eine Debatte über die moralischen Grundlagen moderner Gesellschaften, hg. von Axel Honneth, Frankfurt a.M. 1993, 84–102.
The Idea of an Educated Public, in: Education and Values. The Richard Peters Lectures, hg. von Graham Haydon, London 1987, 15–36.
Sōphrosunē: How a Virtue Can Become Socially Disruptive, in: Midwest Studies in Philosophy 13 (1988), 1–11.
Whose Justice? Which Rationality?, Notre Dame 1988.
Three Rival Versions of Moral Enquiry: Encyclopaedia, Genealogy, and Tradition, Notre Dame 1990.
I'm Not a Communitarian, But..., in: The Responsive Community 1 (1991), 91f.

A Partial Response to my Critics, in: After MacIntyre. Critical Perspectives on the Work of Alasdair MacIntyre, hg. von John Horton und Susan Mendus, Cambridge 1994, 283–304.

Wahre Selbsterkenntnis durch Verstehen unserer selbst aus der Perspektive anderer. Interview mit Dimitri Nikulin, in: Deutsche Zeitschrift für Philosophie 44 (1996), 671–683.

The MacIntyre Reader, hg. von Kelvin Knight, Notre Dame 1998, darin:
- Practical Rationalities as Forms of Social Structure (1987), 120–135;
- Plain Persons and Moral Philosophy: Rules, Virtues and Goods (1992), 136–152;
- First Principles, Final Ends and Contemporary Philosophical Issues (1990), 171–201;
- Moral Relativism, Truth and Justification (1994), 202–220;
- The *Theses on Feuerbach*: A Road Not Taken (1994), 223–234;
- Politics, Philosophy and the Common Good (1997), 235–252;
- An Interview with Giovanna Borradori (1991), 255–266;
- An Interview for Cogito (1991), 267–275.

Dependent Rational Animals. Why Human Beings Need the Virtues, London 1999.

(c) Sekundärliteratur Alasdair MacIntyre

ANSCOMBE, G.E.M.: Absicht (OA 1957), Freiburg/München 1986.
BAIER, Annette: Postures of the Mind. Essays on Mind and Morals, Minneapolis 1985.
BERNSTEIN, Richard: Nietzsche or Aristotle? Reflections on Alasdair MacIntyre's *After Virtue*, in: Philosophical Profiles, Cambridge 1992, 115–140.
COLEMAN, Janet: MacIntyre and Aquinas, in: After MacIntyre. Critical Perspectives on the Work of Alasdair MacIntyre, hg. von John Horton und Susan Mendus, Cambridge 1994, 65–90.
FRIEDMAN, Jeffrey: The Politics of Communitarianism, in: Critical Review 8 (1994), 297–340.
GIORGINI, Giovanni: Crick, Hampshire and MacIntyre, or Does an English Speaking Neo-Aristotelianism Exist?, in: Praxis International 3 (1989), 249–272.
GUTTING, Gary: Pragmatic Liberalism and the Critique of Modernity, Cambridge 1999.
IRWIN, T.H.: Tradition and Reason in the History of Ethics, in: Social Philosophy and Policy 7 (1989), 45–68.
KNIGHT, Kelvin: Revolutionary Aristotelianism, in: Contemporary Political Studies 1996, hg. von I. Hampsher-Monk u. J. Stanyer, Bd. 2, 885–897.
—: Introduction, in: The MacIntyre Reader, hg. von Kelvin Knight, Notre Dame 1998, 1–27.
MCMYLOR, Peter: Alasdair MacIntyre. Critic of Modernity, London 1994.
MILLER, David: Virtues, Practices and Justice, in: After MacIntyre. Critical Perspectives on the Work of Alasdair MacIntyre, hg. von John Horton und Susan Mendus, Cambridge 1994, 245–264.
NELSON, Paul: Narrative and Morality: A Theological Enquiry, University Park 1987.
NUSSBAUM, Martha: Recoiling from Reason (Rezension von ›Whose Justice? Which Rationality?‹), in: New York Review of Books, 07.12.1989, 36–41.
PETTIT, Philip: Liberal/Communitarian: MacIntyre's Mesmeric Dichotomy, in: After MacIntyre. Critical Perspectives on the Work of Alasdair MacIntyre, hg. von John Horton und Susan Mendus, Cambridge 1994, 176–204.
RAPP, Christof: Was Aristotle a Communitarian?, in: Graduate Faculty Journal 17 (1994), 333–349.
SMITH, Christopher: Hermeneutics and Human Finitude. Toward a Theory of Ethical Understanding, New York 1991.
TAYLOR, Charles: Justice After Virtue, in: After MacIntyre. Critical Perspectives on the Work of Alasdair MacIntyre, hg. von John Horton und Susan Mendus, Cambridge 1994, 16–43.
WRIGHT, Georg Henrik von: On So-Called Practical Inference, in: Acta Sociologica 15 (1972), 39–52.

(d) Primärliteratur MARTHA CRAVEN NUSSBAUM

Aristotle's De Motu Animalium. Text with Translation, Commentary, and Interpretive Essays, Princeton 1978.

Shame, Separateness, and Political Unity: Aristotle's Criticism of Plato, in: Essays on Aristotle's Ethics, hg. von Amélie O. Rorty, Berkeley 1980, 395–435.

Reply to Richard Wollheim, Patrick Gardiner and Hilary Putnam, in: New Literary History 15 (1983), 201–208.

The fragility of goodness. Luck and ethics in Greek tragedy and philosophy, Cambridge 1986, [14]1999.

Love's Knowledge. Essays on Philosophy and Literature, New York 1990, darin:

- The Discernment of Perception: An Aristotelian Conception of Private and Public Rationality (1985), 54–105;
- Flawed Crystals: James's *The Golden Bowl* and Literature as Moral Philosophy (1983), 125–147;
- »Finely Aware and Richly Responsible«: Literature and the Moral Imagination (1987), 148–167;
- Perceptive Equilibrium: Literary Theory and Ethical Theory (1989), 168–194;
- Perception and Revolution: The *Princess Casamassima* and the Political Imagination (1990), 195–219;
- Transcending Humanity (1990), 365–392.

Human Functioning and Social Justice. In Defense of Aristotelian Essentialism, in: Political Theory 20 (1992), 202–246.

Tragedy and Self-Sufficiency: Plato and Aristotle on Fear and Pity, in: Oxford Studies in Ancient Philosophy 10 (1992), 107–159.

Social Justice and Universalism: In Defense of an Aristotelian Account of Human Functioning, in: Modern Philology 90 (1993), Supplement, S46–73.

Equity and Mercy, in: Philosophy and Public Affairs 1993, 83–125.

The Therapy of Desire. Theory and Practice in Hellenistic Ethics, Princeton 1994.

Aristotle on human nature and the foundations of ethics, in: World, Mind, and Ethics, hg. von J.E.J. Altham u. Ross Harrison, Cambridge 1995, 86–131.

Poetic Justice. The Literary Imagination and Public Life, Boston 1996.

For Love of Country. Debating the Limits of Patriotism. Martha C. Nussbaum with Respondents, hg. von Joshua Cohen, Boston 1996, darin:
- Patriotism and Cosmopolitanism, 2–17;
- Reply, 131–144.

Tragische Konflikte und wohlgeordnete Gesellschaft. Interview mit Josef Früchtl u. Herlinde Pauer-Studer, in: Deutsche Zeitschrift für Philosophie 44 (1996), 135–147.

Compassion: The Basic Social Emotion, in: The Communitarian Challenge to Liberalism, hg. von Ellen Frankel Paul u.a., Cambridge 1996, 27–58.

The Good as Discipline, the Good as Freedom, in: Ethics of Consumption. The Good Life, Justice, and Global Stewardship, hg. von David A. Crocker, Lanham 1998, 312–341.

Gerechtigkeit oder Das gute Leben, hg. von Herlinde Pauer-Studer, Frankfurt a.M. 1999, darin:
- Der aristotelische Sozialdemokratismus (1990), 24–85;
- Die Natur des Menschen, seine Fähigkeiten und Tätigkeiten: Aristoteles über die distributive Aufgabe des Staates (1988), 86–130;
- Gefühle und Fähigkeiten von Frauen (1993), 131–175;
- Menschliche Fähigkeiten, weibliche Menschen (1993), 176–226;
- Nicht-relative Tugenden: Ein aristotelischer Ansatz (1993), 227–264.

Vom Nutzen der Moraltheorie für das Leben. IWM-Vorlesungen zur modernen Philosophie 1997. Mit einem Interview von Klaus Taschwer, Wien 2000.

—/ SEN, Amartya: Internal Criticism and Indian Rationalist Tradition, in: Relativism. Interpretation and Confrontation, hg. von Michael Krausz, Notre Dame 1989, 299–325.

(e) Sekundärliteratur Martha Craven Nussbaum

BOBONICH, Christopher: A Response to Martha Nussbaum, in: Modern Philology 90 (1993), Supplement, S74–S92.

CHARLES, David: Comments on M. Nussbaum, in: Aristoteles' »Politik«. Akten des XI. Symposium Aristotelicum, hg. von Günther Patzig, Göttingen 1990, 187–201.

CROCKER, David A.: Functioning and Capability. The Foundations of Sen's and Nussbaum's Development Ethic, in: Political Theory 30 (1992), 584–612.

GARDINER, Patrick: Professor Nussbaum on *The Golden Bowl*, in: New Literary History 15 (1983), 179–184.

GITOMER, David L.: Social Justice and ›Virtuous Roots‹, in: Modern Philology 90 (1993), Supplement, S93–S108.

PAUER-STUDER, Herlinde: Einleitung, in: Martha C. Nussbaum: Gerechtigkeit oder das gute Leben, Frankfurt a.M. 1999, 7–23.

PUTNAM, Hilary: Taking Rules Seriously – A Response to Martha Nussbaum, in: New Literary History 15 (1983), 193–200.

—: Von einem realistischen Standpunkt. Schriften zu Sprache und Wirklichkeit, hg. von Vincent C. Müller, Reinbek 1993, darin:
- Referenz und Wahrheit (1980), 133–155.
- Wie man zugleich interner Realist und transzendentaler Idealist sein kann (1980), 156–202;

—: Must We Choose between Patriotism and Universal Reason?, in: For Love of Country. Debating the Limits af Patriotism. Martha C. Nussbaum with Respondents, hg. von Joshua Cohen, Boston 1996, 91–97.

SCHERER, Christiane: Das menschliche und das gute menschliche Leben. Martha Nussbaum über Essentialismus und menschliche Fähigkeiten, in: Deutsche Zeitschrift für Philosophie 41 (1993), 905–915.

STROBACH, Niko: ›Mi casa es tu casa‹ – Why Aristotle Is Not the Socialist Nussbaum Wants Him to Be, in: Martha C. Nussbaum: Ethics and Political Philosophy, Lecture and Colloquium in Münster 2000 (= Münsteraner Vorlesungen zur Philosophie, Bd. 4), Münster 2001, 105–114.

TAYLOR, Charles: Critical Notice of Martha C. Nussbaum: The Fragility of Goodness, in: Canadian Journal of Philosophy 18 (1988), 805–814.

WOLF, Susan: Comments on Nussbaum, in: Women, Culture and Development. A Study of Human Capabilities, hg. von Martha Nussbaum u. Jonathan Glover, New York 1995, 105–114.

WALZER, Michael: Spheres of Affection, in: For Love of Country. Debating the Limits af Patriotism. Martha C. Nussbaum with Respondents, hg. von Joshua Cohen, Boston 1996, 125–127.

WOLLHEIM, Richard: Flawed Crystals: James's *The Golden Bowl* and the Plausibility of Literature as Moral Philosophy, in: New Literary History 15 (1983), 185–191.

SIGLENVERZEICHNIS

An. post.	Analytica posteriora – Aristoteles
De An.	De Anima
De Caelo	De Caelo
De Motu	De motu animalium
Eth. Eud.	Ethica Eudemia
Hist. an.	Historia animalium
Int.	De Interpretatione
Met.	Metaphysica
NE	Nikomachische Ethik
Part. an.	De partibus animalium
Phys.	Physica
Poet.	Poetica
Pol.	Politica
Rhet.	Rhetorica
Top.	Topica

AB	Autobiographische Reflexionen – E. Voegelin
AE	An Epilogue – L. Strauss
AGG	Die Aufgabe der Geisteswissenschaften in der modernen Gesellschaft – J. Ritter
AHN	Aristotle on human nature and the foundations of ethics – M. Nussbaum
AR	A Reply – H. Arendt
AV	Aristoteles und die Vorsokratiker – J. Ritter
BL	Das bürgerliche Leben – J. Ritter
CEV	Conversations with E. Voegelin – E. Voegelin
CM	The City and Man – L. Strauss
DE	On Debate and Existence – E. Voegelin
DMA	Aristotle's De Motu Animalium – M. Nussbaum
DRA	Dependent Rational Animals – A. MacIntyre
DuG	Dichtung und Gedanke – J. Ritter
EeP	Europäisierung als europäisches Problem – J. Ritter
EEu	Das Erbe Europas – H.-G. Gadamer
EqM	Equity and Mercy – M. Nussbaum
ET	Elemente und Ursprünge totaler Herrschaft – H. Arendt
ExT	Exoteric Teaching – L. Strauss
FoG	The Fragility of Goodness – M. Nussbaum
FP	Fârâbî's Plato – L. Strauss
FRP	How Fârâbî Read Plato's ›Laws‹ – L. Strauss
FUP	Freiheit und Politik – H. Arendt
GA3	Kant und das Problem der Metaphysik – M. Heidegger
GA5	Holzwege
GA9	Wegmarken
GA17	Einführung in die phänomenologische Forschung

GA19	Platon: Sophistes
GA20	Prolegomena zur Geschichte des Zeitbegriffs
GA21	Logik. Die Frage nach der Wahrheit
GA22	Grundbegriffe der antiken Philosophie
GA24	Die Grundprobleme der Phänomenologie
GA61	Phänomenologische Interpretationen zu Aristoteles
GA63	Ontologie. (Hermeneutik der Faktizität)
GC	The Gospel and Culture – E. Voegelin
GD	The Good as Discipline, the Good as Freedom – M. Nussbaum
GdE	Geschichte der Ethik – A. MacIntyre
GgL	Gerechtigkeit oder Das gute Leben – M. Nussbaum
GpP	Zur Grundlegung der praktischen Philosophie bei Aristoteles – J. Ritter
GW1–10	Gesammelte Werke – H.-G. Gadamer
GwE	Über die Geschichtlichkeit wissenschaftlicher Erkenntnis – J. Ritter
HF	Human Functioning and Social Justice – M. Nussbaum
HfR	Hegel und die französische Revolution – J. Ritter
HpP	Hermeneutik als praktische Philosophie – H.-G. Gadamer
HuR	Hegel und die Reformation – J. Ritter
I	Immortality – E. Voegelin
IHE	An Introduction to Heideggerian Existentialism – L. Strauss
IG	Die industrielle Gesellschaft auf der Suche nach der Vernunft – E. Voegelin
JA	Jerusalem and Athens – L. Strauss
KdU	Kritik der Urteilskraft – I. Kant
KpV	Kritik der praktischen Vernunft – I. Kant
KrV	Kritik der reinen Vernunft – I. Kant
KSA1–13	Kritische Studienausgabe – F. Nietzsche
LCPP	The Liberalism of Classical Political Philosophy – L. Strauss
LdT	Lob der Theorie – H.-G. Gadamer
LER	Liberal Education and Responsibility – L. Strauss
LK	Love's Knowledge – M. Nussbaum
LoC	For Love of Country – M. Nussbaum
LUS	Die Lehre vom Ursprung und Sinn der Theorie – J. Ritter
MH	M. Heidegger ist achtzig Jahre alt – H. Arendt
MIR	The MacIntyre Reader – A. MacIntyre
MITP	The Mutual Influence of Theology and Philosophy – L. Strauss
MP	Marsilius of Padua – L. Strauss
NIP	On a New Interpretation of Plato's Political Philosophy – L. Strauss
NPN	Note on the Plan of Nietzsche's ›Beyond Good and Evil‹ – L. Strauss
NRA	›Naturrecht‹ bei Aristoteles – J. Ritter
NRG	Naturrecht und Geschichte – L. Strauss
NWP	Die Neue Wissenschaft der Politik – E. Voegelin
OCPP	On Classical Political Philosophy – L. Strauss
OH1	Order and History. Volume I: Israel and Revelation – E. Voegelin
OH2	Order and History. Volume II: The World of the Polis
OH3	Order and History. Volume III: Plato and Aristotle
OH4	Order and History. Volume IV: The Ecumenic Age
OH5	Order and History. Volume V: In Search of Order
OT	The Origins of Totalitarianism – E. Voegelin
PAW	Persecution and the Art of Writing – L. Strauss
PE	›Politik‹ und ›Ethik‹ in der praktischen Philosophie des Aristoteles – J. Ritter
PhIA	Phänomenologische Interpretationen zu Aristoteles – M. Heidegger
PhL	Philosophische Lehrjahre – H.-G. Gadamer
PJ	Poetic Justice – M. Nussbaum
PP	Political Philosophy and the Crisis of Our Time – L. Strauss
PR	Progress or Return? – L. Strauss
PRR	Dreizehn Politische Radio-Reden – D. Sternberger
PRS	Philosophy as a Rigorous Science and Political Philosophy – L. Strauss
R	Relativism – L. Strauss
RN	Das Rechte von Natur – E. Voegelin

SA	Ich will verstehen. Selbstauskünfte zu Leben und Werk – H. Arendt
SGL	Über den Sinn und die Grenze der Lehre vom Menschen – J. Ritter
SiG	Subjektivität und industrielle Gesellschaft – J. Ritter
SMP	How to Study Medieval Philosophy – L. Strauss
SZ	Sein und Zeit – M. Heidegger
TD	The Therapy of Desire – M. Nussbaum
TRV	Three Rival Versions of Moral Enquiry – A. MacIntyre
TSS	Tragedy and Self-Sufficiency – M. Nussbaum
TWM	Three Waves of Modernity – L. Strauss
U	Das Urteilen. Texte zu Kants politischer Philosophie – H. Arendt
ÜL	Über das Lachen – J. Ritter
ÜR	Über die Revolution – H. Arendt
ÜT	Über Tyrannis – L. Strauss
VA	Vita activa – H. Arendt
VGD	Vom Leben des Geistes. Band I: Das Denken – H. Arendt
VGW	Vom Leben des Geistes. Band II: Das Wollen – H. Arendt
VNM	Vom Nutzen der Moraltheorie für das Leben – M. Nussbaum
VT	Der Verlust der Tugend – A. MacIntyre
VZ	Zwischen Vergangenheit und Zukunft – H. Arendt
W 1–20	Werke – G.W.F. Hegel
WEP	Was ist Existenzphilosophie? – H. Arendt
WIPP	What is Political Philosophy? – L. Strauss
WJWR	Whose Justice? Which Rationality? – A. MacIntyre
WLE	What is Liberal Education? – L. Strauss
WM	Wahrheit und Methode – H.-G. Gadamer
WN	Was ist Natur? – E. Voegelin
WP	Was ist Politik? – H. Arendt
WPR	Was ist Politische Realität? – E. Voegelin
I–XII	Schriften – D. Sternberger

PERSONENREGISTER

Adorno, Theodor W. 297
Agamemnon 426
Aischylos 426
Al Farabi 94f, 102f, 121
Albertus Magnus 467
Alexander der Große 13, 278, 295, 467
Anaxagoras 206, 384
Anscombe, G. E. M. 385
Antigone 375, 420, 426
Apel, Karl Otto 194, 251
Aquin, Thomas von 18, 90, 120, 265, 311, 317, 358, 360f, *377–381*, 389, 392f, 399, 462f, 467, 471, 486
Arendt, Hannah 1, 10–12, 14, 33, *44–52*, *53–61*, 64, 74, *130–183*, *184–188*, 190, 193, 281, 298–300, 303, 321, 327, 339, 341, 349, 362, 372f, 375, 401, 422, 432, *468–486*
Augustinus, Aurelius 3, 18, 40, 130, 156, 193, *233–235*, *310–312*, 377, 380
Averroes 120

Barber, Benjamin 350–352, 356
Bellah, Robert N. 351f, 356
Bergson, Henri 16
Bergstraesser, Arnold 63, 190
Bien, Günther 190, 196, 257, 260
Bodin, Jean 2
Bubner, Rüdiger 8, 189, 387
Burke, Edmund 5, 74, 311, 374f

Camus, Albert 71
Cassirer, Ernst 15, 45, 255f, 258
Castoriadis, Cornelius 462
Cicero, Marcus Tullius 3
Cohen, Hermann 198, 457
Cusanus (Nicolaus von Kues) 193, 255

Descartes, René 191, 194, 273
Dickens, Charles 419f

Etzioni, Amitai 350–352, 356
Euripides 426, 430
Fichte, Johann Gottlieb 19

Fortescue, John 311

Franklin, Benjamin 380
Friedländer, Paul 200

Gadamer, Hans-Georg 1, 5, 7–9, 11f, 14f, 19, 31, *44–52*, 54, 100f, 122, 176, 189f, 193, 195, 197, *198–254*, *341–347*, 409, 447, 460, *468–486*
Galston, William A. 352, 356, 358
Gehlen, Arnold 147
George, Stefan 80, 88, 93, 164, 183, 461f
Goethe, Johann Wolfgang 46, 298, *309–312*
Green, Thomas H. 461

Habermas, Jürgen 2, 5f, 8, 131, 178, 181, 194, 201, 238f, *242–245*, 251f, 290, 338, 354, 407, 437, 447, 460f
Hartmann, Nicolai 11, 15, 191, 198f, 249, 271
Hegel, Georg Wilhelm Friedrich 1, 2, 6, 11, 19, 43, 45, 51, 60, 76, 94, 115, 134, 147f, 193, 201, 214, 251, *257–259*, *269–272*, 274, *276–280*, 282, *287–289*, 291, 315f, 345, 347, 354f, 358, 467, 472
Heidegger, Martin 9f, 12, *13–52*, 53, 63, 72, 74, 76, 91–93, 95, 100f, 122, *129–131*, 136, 139, 142, 144, 149f, 152, 163f, 175, 184, 187, 192, *198–203*, *207–220*, 222f, 225, 233, 237f, 242, 255f, 258, 264, 293, *301–303*, 349, 409, 415, 460, *468–486*
Hennis, Wilhelm 3, 191, 195f, 279
Heraklit 220
Heuss, Theodor 294, 338
Höffe, Otfried 131, 196, 277, 355f
Hölderlin, Friedrich 298f
Homer 158, 170, 380
Hönigswald, Richard 198
Humboldt, Wilhelm von 231
Husserl, Edmund 12, 15, 19–21, 23, 38, 45, 49, 74, 200

Jäger, Werner 45, 93, 432
James, Henry 405, 419
Jaspers, Karl 45f, 54, 142, 175, 200, 293f, 298, *300–303*
Jonas, Hans 11f, 14, 44, 46f, 49, 52

Kant, Immanuel 2, 5, 19, 23, 30, 38, 55, 94, 142f, 157, 166, 169f, *172–174*, 180, 189, 191, 198, 213, 248f, 251, 255, 290, 354f, 357, 376, 411, 424, 456f, 476
Kierkegaard, Sören 16, 134, 199, 201, 203, 208, 248f
Kleisthenes 181, 328
Kuhn, Helmut 94, 120, 191f, 195f

Landgrebe, Ludwig 191, 279, 291, 341
Landshut, Siegfried 190
Leibholz, Gerhard 305f, 324, 333
Leibniz, Georg Wilhelm 99, 167, 294
Lessing, Gotthold Ephraim 15, 99
Locke, John 84, 145, 311, 316f
Lotze, Hermann 15, 249
Lucca, Ptolemäus von 311
Luther, Martin 133
Lyotard, Jean François 3, 173

Machiavelli, Niccolo 2, 58, 93, 106, 164, 312, 474
MacIntyre, Alasdair 1, 7, 11, *349–358*, *359–402*, 409, 426, 437, 460–464, *468–486*
Maier, Hans 2, 55, 63f, 191
Maimonides, Moses 93, 95
Marquard, Odo 257, 290f
Marsilius von Padua 311
Marx, Karl 51, 59, 134, 144f, 148, 178, 197, 354, 359, 388, *399–402*, *461–464*, 483
Melanchthon, Philipp 18
Mill, John Stuart 321
Montesquieu, Charles de 174, 482

Natorp, Paul 198f, 202f
Nietzsche, Friedrich 16, 51, 67, *122–129*, 134, 136, 142, 144, 164, 250, 279, 361, 379f, 398
Nozick, Robert 353, 361, 391f, 456
Nussbaum, Martha Craven 1, 3, 7, 11, 349, *354–358*, 380, *404–459*, *460–465*, *468–486*

Parmenides 19, 136, 272
Paulus 18
Perikles 181, 206f, 328, 384, 434
Platon 1, 11, 16, 19, 23, 31, 33, 48–51, 59, 62, 65f, 71f, *77–83*, 85, 88f, 92, *94–99*, 102–104, 106f, *114–117*, 123, 128f, 132, 136, 140, 142f, 151, 155, 161, 168, 179, 184, 186f, 190, 193, 195f, 198, *201–207*, 210, 214, 223f, 234f, 241, 244, 247, 263, 268f, 274, 278, 280f, 291, 296, 307, 321, 330, 380, 385, 405, 407f, 418, 424, 427f, 431f, 438f, 442, 449, 486
Popper, Karl Raimund 79f, 114
Protagoras 92, 408, 412
Pufendorf, Samuel 2, 483

Putnam, Hilary 411, 436f, 439, 451, 459, 463, 469

Rawls, John 350, *354–357*, 361, 391f, 407, 411, 413, 417, 435, 440, 444, 447, 453
Riedel, Manfred 5, 14, 31, 94, 122, 189, 191f, 194f, 258, 295
Ritter, Joachim 1, 5, 11f, 44, 94, 189f, 193, 195, 197, *255–292*, *341–347*, *468–486*
Rousseau, Jean-Jacques 169, 324, 355f, 397, 465

Sandel, Michael 351f, *355–357*, 398
Scheler, Max 15, 65, 249
Schelling, Friedrich Wilhelm Joseph 19
Schiller, Friedrich 218, 339
Schleiermacher, Friedrich 9
Schmid, Carlo 190
Schmitt, Carl 296, 305–307
Schnädelbach, Herbert 5, 8, 194, 345, 354, 460
Sen, Amartya 3, 406, 437
Sokrates 79, 96, 107, 128, 140–142, 204–206, 208, 282, 384, 413, 428, 438f
Sophokles 417, 420, 426, 431
Spaemann, Robert 190, 257, 271, 290
Spinoza, Baruch de 93, 95, 122
Sternberger, Dolf 1, 4, 11f, 44, 81, 131, 142, 182f, 190, 193, 195, 197, *293–340*, *341–345*, 391, 460, *468–486*
Strauss, Leo 1, 7, 10–12, 14, *44–61*, 64, 71, 80, *93–129*, 131f, *183–190*, 193, 228, 258, 263, 341, 349, 362, 379, *468–486*

Taylor, Charles 350, 352, *354–358*, 370, 398, 432
Thales 206f, 384
Theophrast 467
Thukydides 128f
Tocqueville, Alexis de 351, 353, 356
Trendelenburg, Friedrich Adolf 5, 11, 16
Trotzki 398

Vico, Giambattista 236
Voegelin, Eric 1, 10f, 51, *53–61*, *62–92*, 93–95, 131f, 136, *184–188*, 190, 193, 195, 263f, 308, 329, 341, 349, 362, 424, *468–486*

Walzer, Michael 350, 352, 354, 358, 398, 458
Weber, Max 45, 60f, 193, 257, 296, *305–307*, 313, 324f, 368, 452
Wieland, Wolfgang 190
Williams, Bernard 405, 412f, 423, 437
Wittgenstein, Ludwig 253
Wolff, Christian 279, 483
Wright, G.H. von 385

Xenophon 93f, 108, 115

SACHREGISTER

agathon
  anthrōpinon - 32, 203, 206, 229, 267
  theion - 70, 137, 160
Agora 96, 140, 482
aisthēsis 25f, 40, 163, 231, 415f
  syn- 212
alētheia 25, 29, 139, 274, 408
alētheuein 24f, 30–35, 151, 201, 209, 241, 272, 471
andreia 158, 207, 443, 474
Anthropologie 40, 59, 65, 143f, 148, 155, 177, 196, 242, 255, 308, 312f
Anthropozentrismus 408, 439
aporein 35, 41, 137
Arbeit, das Arbeiten 74, 134, 144–149, 151, 155, 166, 185, 194, 205, 261, 288, 290, 300, 304, 369, 390, 399f, 438, 444, 452f, 456, 464
Arbeitsteilung 262f, 284, 346, 368f, 396, 402, 433, 464, 481
archē 31–35, 66, 116, 157, 186, 223, 231f, 260f, 265, 318, 326, 381, 386
archein 82, 116, 141f, 155f, 158, 165, 180, 318f, 325f
archesthai 82, 319
aretē 30, 33f, 37, 70, 75, 77, 82, 109–112, 115–119, 154, 158, 160, 164, 171, 175, 208, 212f, 260, 275, 283, 286, 362, 365, 415, 424, 428, 459
Ästhetik 172, 200, 216f, 221, 226, 345, 418–422
ataraxia 424, 430f
athanatizein 70
Athen 181, 192f, 297, 328, 467
atychia 225, 425
Aufklärung 47, 99, 116, 118, 238, 254, 330, 336, 362, 388, 418
automaton 410
Autonomie 143, 153, 155, 314–317, 345, 350, 442, 461
Autorität 7, 9f, 99, 104, 128, 133f, 182, 199, 241, 243, 247, 290, 317, 326, 328, 336, 342, 367, 409, 479, 482f

Bedürfnis 97, 137–139, 148, 156, 178, 184f, 190, 225, 248, 270, 279, 291, 304, 317, 344, 400, 428, 435, 439, 441, 484
Beratung 112, 162, 171, 196, 212, 304f, 327f, 465
Beweger, unbewegter 68f, 204, 223, 241, 363
Billigkeit 228, 417
bios
  - *apolaustikos* 107–109, 185, 428
  - *politikos* 31, 36–38, 41, 46, 52, 75f, 107, 109–111, 116f, 140, 144, 185, 207, 237, 241, 268, 312, 365, 431, 477
  - *theios* 36
  - *theōrētikos* 31, 36–38, 41, 46, 52, 70, 72, 75f, 79–81, 107, 111–114, 116f, 127, 140, 185, 237, 268, 312, 432, 475, 477
boulē 119, 181, 328
boulēsis 76, 415
bouleuesthai 31, 157, 171, 209
euboulia 209, 387

chrēmatistikē 179, 395
Christentum 56, 67, 82, 85, 89–91, 125, 128, 213, 252, 282, 378f, 399, 465, 474
Common Sense 10, 61, 78, 80–86, 110f, 187f, 370, 471f, 485

Dekonstruktion 93, 100, 105, 130–133, 135f, 140–144, 153
Demokratie 63, 84f, 102, 118, 128, 162, 179, 192, 247, 252, 278, 293, 295, 297, 315, 323f, 326, 332, 335f, 341, 350f, 353, 388, 395, 454, 480
despoteia 116, 142, 459, 481
despotēs 186, 286, 316–318
Destruktion 12f, 15, 17, 19, 27, 29f, 36, 38f, 48, 136, 199, 202, 255, 280
Dialektik 20, 189, 192, 201, 203–205, 207, 210, 213, 229, 234, 253, 343, 381f, 384, 400, 409, 434, 436, 445f, 455, 478
Dialog 8, 10, 18, 27, 30, 46, 54, 58, 91, 115, 154, 184, 186, 203f, 247, 296, 301, 334, 414, 419, 423, 436, 442, 445, 447, 455, 458, 461, 468, 478, 485
  offener - 9
  magistraler - 9, 247

dianoia 75, 212, 415
dikaion
  nomikon 119, 228
  physikon 119, 228, 468
dikaiosynē 77, 110, 207, 443, 474
doxa 65, 70, 78, 167, 240, 272, 339, 364, 408
  endoxon 196, 236, 408f, 431, 434, 439
dynamis 163, 232, 237, 320, 440

eidos 32f, 35, 67, 88, 105, 201, 205f, 211, 220, 266
Einbildungskraft 68, 163, 170
Eintracht 84, 154, 339, 346, 389f
Ekklesia 119, 181, 300, 307, 325–327
ekstasis 222, 224f
eleos 224, 416f, 465
eleutheria 78, 109, 116, 247, 281–285, 316, 319, 443
empeiria 34, 231, 264
energeia 36, 68f, 72, 162–164, 201, 216–223, 228f, 231f, 234, 236f, 239, 241f, 251, 260, 440
  - *atelēs* 163f, 219–221, 232f, 242, 251
entelecheia 163f, 219– 221, 267, 369
Entzweiung 140, 224, 256f, 270, 287–289, 312, 341
epagogē 234, 381–383
epieikeia 228, 417, 424
epistēmē 30, 34f, 65f, 206f, 209f, 227, 264–268, 272, 365, 381–383, 384, 414
  - *poiētikē* 261, 265f, 468
  - *politikē* 1, 59, 61f, 64f, 78, 80, 191, 279
  - *praktikē* 32, 171, 240, 242, 261, 265, 468
  - *theōretikē* 240, 468
epithymetikon 79
ergon 32f, 151, 163f, 218–222, 228, 231, 323, 364
  - *tou anthrōpou* 236, 363–366, 479
Erziehung 37, 84, 99, 108f, 111f, 116f, 119, 126, 218, 246, 286, 321f, 336, 377, 412, 433, 451, 454
eschaton 35, 51, 56, 76, 310–312, 335, 384
Essenzialismus 406, 435–438, 440, 445, 456, 461, 479
ethos 108, 213, 264, 286
ēthos 37, 41, 43, 81, 173–176, 187, 201, 212f, 227, 236, 239, 247f, 250, 252f, 277, 281, 285f, 288, 315, 340, 375, 384
eu zēn 32, 171, 179, 261f, 284, 286, 424
eudaimonia 36, 42f, 109–111, 113, 157, 159, 162–164, 225, 364, 369f, 390, 423, 425, 476– 478
Eudämonismus 248, 476
eunomia 79
euporia 179
Ewigkeit 87, 126, 141, 233f, 271, 363

Faktizität 14–19, 21, 30, 34, 39, 41–43, 47, 145, 198, 200, 214, 469

Familie 112, 142, 153, 156f, 177, 282, 291, 373, 454, 457, 465
Fortschritt 81, 84, 106, 116, 118, 178, 283, 309, 373, 382
Französische Revolution 59, 168, 245, 252, 254, 311, 341f, 482
Freiheit 50, 58, 63, 67, 84, 107, 118, 121, 125, 129, 141, 143, 149, 151, 156–158, 160–162, 165, 170, 177f, 181, 184, 186, 197, 225, 227, 236, 246f, 263, 270, 276–278, 281f, 284, 286, 288f, 291, 293, 299, 314–318, 323, 326, 335f, 342–345, 353f, 431, 453, 455, 464, 477, 480f, 484
Freundschaft 76, 96, 126, 154, 202, 212, 285f, 298, 339f, 343, 345, 389, 391, 395, 427, 430, 443, 474– 476
Frieden 84, 99, 120, 179, 317, 427, 459

Geisteswissenschaften 216f, 226, 236, 239, 254, 263, 289–291, 342, 344f, 485
Gemeinsinn 138, 145, 188, 244, 351, 354, 388
Gemeinwohl 329, 450
Gerechtigkeit 106, 108–110, 119f, 177f, 225, 284, 314, 317, 320f, 323, 339, 350f, 355–357, 360, 370, 376f, 389, 391f, 404, 412f, 440, 443f, 450, 462, 474, 483
Geschichtsbruch 132f, 135, 173, 175f
Geschmack 108, 172, 204, 217
Geselligkeit 303f, 322
Gesellschaft, bürgerliche 104, 120, 287–289, 341f, 346, 401
Gesetzgebung 160f, 165, 171, 174, 211, 247, 267, 346
Gewalt 84, 141, 149, 178, 182, 193, 241, 243, 312, 332, 334, 337, 444
Gewissen 10, 14, 33f, 36, 42, 47, 120f, 175, 187, 202, 208, 213, 248, 312, 392, 411, 471
Gleichheit 106, 118, 124, 151, 154f, 165, 177f, 181, 243, 286, 314, 317–320, 323, 326, 329–331, 339, 351, 367, 391, 450, 462, 464, 475, 480f
Glück 3, 36, 42, 70, 102, 111, 113, 126, 159, 190, 225, 240, 248, 262, 274, 282, 285, 287f, 290, 303, 312, 349, 364, 366, 423, 425, 448–451, 453, 462, 477
Gott 36, 49f, 68f, 71f, 74–80, 83, 85, 89, 92, 97, 104f, 112, 115f, 120, 124, 126, 137, 149, 155f, 202, 223, 233, 235, 265, 267, 270, 276, 304, 316, 318, 377f, 381, 392, 469, 471
Gute, das 43, 76, 104, 107, 154, 190, 195f, 204, 207f, 213, 240, 250, 260, 275f, 282f, 304, 363f, 374, 379, 389, 424, 442, 486
Gütergemeinschaft 179, 322, 434, 442

Handeln 26, 31–33, 36–39, 41f, 59, 61, 64, 75–77, 83, 86, 92, 109, 113, 123f, 132–

134, 140–144, 148, 151, 153–168, 171–178, 184–186, 188, 192, 194, 196, 203f, 206, 211, 215, 225–227, 238–241, 246, 249–251, 260–263, 265, 275f, 283–287, 297, 299, 321, 328, 339, 344–346, 364–366, 370–372, 384–387, 410–413, 415, 422, 424f, 434, 439, 445f, 448, 453–456, 458, 463f, 469f, 473, 477–480
  politisches - 56, 155, 162f, 177, 181, 263, 266, 321, 340, 345f, 441, 444, 453
hēdonē 32, 36, 107, 110
Herrschaft 11, 50, 55f, 78f, 81, 108, 115–119, 121, 141f, 148, 152, 161f, 169, 174–177, 180, 184, 191, 195, 243, 247, 268, 288, 297, 299, 302, 312–315, 317f, 368, 402, 459, 481f, 486
Herstellen, das 31–35, 40, 59, 68–71, 144–151, 155, 162, 166f, 185, 208–210, 218f, 260–262, 265–267, 283, 287, 341
hexis 32, 36, 171, 208f, 226, 241, 250, 263
Historismus 16, 51, 59f, 101, 120, 123f
Höhlengleichnis 121
homonoia 142, 154, 272, 323, 339f, 389f, 475
Horizontverschmelzung 9f, 47, 101, 131, 172, 485
hybris 427, 431, 435
hylē 68, 88, 105, 266
hypokeimenon 22, 277
hypolepsis 272, 478

Ideenlehre 98, 168, 203, 205, 210
Ideologiekritik 5, 8, 201, 239, 242–244
Imperativ, kategorischer 250
Individualität 152, 269, 285, 287–291, 316, 322, 346, 349f, 392, 420f, 476
Industriegesellschaft 83, 287
Instinkt 128, 203
Institution 13, 54, 56, 84, 109, 118f, 176, 181, 188, 192, 196, 250, 279, 286, 288, 290, 294, 307f, 315, 320, 323, 333, 335, 342, 345, 355, 367f, 374, 388, 390, 395f, 433, 452, 454, 473, 475
Intentionalität 23, 26, 40, 137
isonomia 177, 181

kairos 36, 41, 43
kata symbebekos 22, 25
Kategorienlehre 22f, 28, 30
katharsis 224, 417
katholou 75, 139, 162, 171, 203, 272, 384
kinēsis 25f, 28f, 31f, 40, 72, 163f, 220f, 260, 266
koinonia 161, 313f, 325, 480
Kommunikation 3, 293, 333
Kommunitarismus 6, 11f, 349–351, 353f, 356– 358, 388, 394, 456
Kompensation 184, 287, 290–292, 344, 470, 478, 485
Konsum 149, 459

Kontingenz 157f, 160, 238, 292, 294, 406, 423f, 427, 431, 434, 447, 452, 456, 477, 486
Krieg 12, 44, 49, 84, 174, 184, 257, 298f, 313, 336, 338, 362, 400, 425, 443
krinein 26, 74, 171, 330
Kunstwerk 13, 216f, 219, 221, 223, 228, 234

Lebenswelt 61, 147, 245, 247, 252, 271, 280f, 286, 287, 342
Leiblichkeit 47, 78, 144f, 147f, 186, 441, 443
Liberalismus 11f, 56, 97, 106, 314, 320, 349, 351, 353–358, 394, 398, 452f, 456, 480
Logik 15, 21, 23f, 27f, 30, 38f, 167, 201, 226, 230f, 238, 242, 251, 269, 355, 385, 478, 483
logistikon 31, 79, 107, 116, 237, 428
logos 21, 23–28, 30f, 34, 74f, 107, 153, 230, 232f, 253, 274, 303, 364, 414, 423
  - *apophantikos* 24f, 27f, 230
  - *sēmantikos* 24
legomena 74, 240, 364f, 408, 478f
oikeios - 240
Lust 19, 32, 108, 145, 198, 224, 402, 416, 418, 427–429, 446

Macht 43, 56f, 62f, 67, 86, 108, 110, 114, 121, 123–127, 131, 159f, 175, 178, 181f, 186, 215, 224f, 227f, 243f, 250, 252, 262, 265, 275, 277, 283, 288, 293, 302, 327, 330, 333, 336, 352, 367, 396, 400, 422f, 433, 462, 482
Makroanthropos 79, 186
megalopsychia 110, 126, 376, 378f, 443f, 465, 474
Meinung 64f, 70, 86, 96, 99f, 119, 166–169, 173, 190, 196, 209, 211, 222, 272–274, 300, 311, 339, 364, 386, 408f, 425, 428–429, 445, 475, 478, 486
  öffentliche - 143, 153, 169, 171, 328, 338, 458
metabolē 335, 431
Metamorphose 296, 298, 308–311, 320–322, 324, 331
Metaphysik 2, 5, 14f, 22f, 30, 38, 40, 45, 49, 59, 63, 66, 72f, 88f, 91f, 104, 133, 135f, 139f, 149, 157, 184, 190, 195, 198f, 201, 210, 216, 220, 223, 231f, 237, 241, 254–261, 264f, 267–269, 271, 273f, 278, 280f, 283, 290f, 294, 296, 303, 354, 360, 363, 381f, 384, 424, 437f, 467–469, 478
methexis 233–235, 237
methodos 205, 273f, 292, 305
mimēsis 266, 371
Mischverfassung 81, 313, 326, 329f, 332
misericordia 376, 378f, 465
Modernitätskritik 7, 362
Moral 125, 127, 170, 174f, 202, 211, 349, 352f, 355–357, 359f, 362, 381, 388, 394, 399, 405, 419f, 440, 459

Mythos 73, 87f, 96, 98, 108, 112, 124, 155, 225, 385, 438f

Neoaristotelismus 5, 8, 64, 194, 345, 347, 354
Neohegelianismus 5, 194, 347, 354
Neokonservativismus 6, 290
Neukantianismus 15–17, 19, 191, 198, 204, 215, 249, 255
noēsis 25f, 68, 76, 104f, 138, 216, 220f, 223, 270, 416
— tēs noēseōs 76, 216, 220f, 223, 270
nous 25f, 30f, 35, 40, 66–71, 73–75, 78, 81, 107, 113, 116, 146, 154, 157, 162, 207, 209, 216, 220f, 223, 232, 235, 237, 241, 260, 275, 339, 363, 381f, 384, 386, 414f, 423, 472, 475
— *pathētikos* 68
— *poiētikos* 68
— *praktikos* 75
— *theōrētikos* 75

Öffentlichkeit, öffentlich 3, 41, 55, 57, 73, 83f, 94, 96, 98, 104, 112, 139, 148, 152, 158, 169, 180, 192, 211f, 299, 305, 327f, 413, 422
oikonomikē 116, 320, 396
oikos 146, 153, 281, 285f, 320
oikia 142, 153, 286, 321
Ökonomie 2f, 149, 179, 197, 252, 320, 341, 406, 451, 483
Oligarchie 323f, 329, 332, 336
Ontologie 12, 14f, 17–19, 37–40, 47, 59, 64–66, 71, 143, 147, 191, 195, 198, 204, 217f, 220–222, 232f, 237, 253, 256, 261, 274, 343, 382, 468f, 472, 479, 486
— der Vorhandenheit 72, 150, 217, 220–222
— des Kunstwerks 217, 222
Fundamental- 38f, 91
regionale - 204
Ordnung, politische- 84, 86, 115, 119, 128, 278, 383, 389
orexis 40, 66, 72, 113, 157, 208, 260, 316, 415f, 428
Organon 24, 28, 146, 231, 416, 467

Pädagogik 3
panourgia 113
Partizipation 78, 346, 433, 447, 452, 454f, 480f
Paternalismus 448, 452f, 456
pathos 408, 413, 415–417, 427–429
Patriotismus 336–338, 357, 394, 456– 458
peithein 172, 244
Perspektivität 138, 436
Phänomenologie 12, 14f, 19–25, 30, 33, 90, 139, 143f, 155, 165, 171, 210, 218, 298, 301, 304–313, 330, 468

phainomenon 21, 23f, 30, 76
phantasia 26, 68, 261, 405, 413–417
philia 75, 77, 110, 154f, 209, 212, 335, 339f, 427, 430, 443, 474f
Philosophenkönigtum 78f, 83, 107, 116, 128, 180, 186, 454
Philosophie
Existenzial- 12, 14, 130f, 143f, 155, 192–294
Geschichts- 62, 83, 133, 251, 269, 291, 402
Moral- 2, 191, 248, 360, 363
politische - 13, 51, 58, 92, 98f, 105f, 121, 129, 140f, 143, 155, 161, 166, 172, 190, 282
praktische - 2–5, 11, 13f, 31, 44, 47, 52, 63, 92, 94, 99, 107, 143, 189–192, 194–198, 200f, 204, 226, 228f, 231–233, 235f, 238–241, 244, 248, 250f, 254, 257f, 260–263, 267, 273f, 277, 286–288, 290, 295, 299f, 312f, 343, 345, 354, 386, 405, 408–410, 418, 422f, 431, 442, 460, 463, 468–470, 475, 478, 486
Rechts- 11, 269, 289
Staats- 346
theoretische - 9, 139, 195f, 226, 232, 267f, 381, 383, 386f, 405, 463, 468, 470
phobos 224, 416
phronēsis 3, 10, 14, 30–35, 37, 41f, 47, 52, 75, 77, 80, 99, 113, 118f, 162, 166, 169–172, 174, 176, 187, 202, 206–209, 211–213, 226–228, 236f, 239–242, 246f, 249, 254, 263, 267, 272, 275, 277, 283, 300, 344, 365, 383–385, 443, 470–472, 474
phronimos 32, 37, 75f, 171, 206, 208, 241, 251, 387, 470
physis 66, 88, 104f, 216, 219, 220, 236, 265–267, 276
phytikon 428
pleonexia 395, 399f, 429
Pluralität 3, 50, 74, 130f, 137–140, 142–144, 148, 150–155, 158–160, 162, 166f, 169, 181, 183, 186, 263, 299f, 320, 335, 340, 342, 346, 351, 410, 444, 453, 464, 475f, 480f, 484, 486
poiēsis 31, 39f, 43, 52, 68, 148, 151, 259–263, 266f, 283, 300, 366, 368f, 485
politēs 105, 162, 181, 281, 286f, 307, 480
Polis 58, 62, 69, 71, 79f, 82, 88, 93, 96, 105, 107–110, 115f, 120f, 128, 131, 140–143, 146–148, 153–155, 165, 170, 176f, 179–181, 184, 186, 211, 213, 231, 236, 248, 250, 252, 262f, 266f, 277–282, 285–289, 295, 297, 299f, 307–311, 318–323, 325, 330, 335, 339, 341f, 345, 361, 363–367, 374, 383, 385, 388f, 391–393, 397, 399, 403, 419, 421, 427, 431, 433f, 439, 442, 448–451, 453, 475, 477, 482f, 486

politeia 82, 105, 107, 115–119, 128, 151, 324, 329, 332, 449, 453, 481
  aristē - 115f, 119, 151, 237, 329, 449, 453
  dynatē - 329, 449
  kakistē - 118
  tōn hypokeimenōn aristēn - 81, 449
Positivismus 59, 64
Postmoderne 3, 122, 131
praxis 26, 29, 31f, 37, 39–41, 46, 52, 75, 131, 151, 154–156, 160, 162, 164f, 171, 204, 207, 212, 216, 225, 228, 239, 240, 254, 259–263, 267, 270, 283, 285, 287, 300, 330, 366, 368, 384, 387, 407, 424f, 485f
  eupraxia 32, 163, 225, 260–262, 266
pragma 25–27, 40, 273, 409
proairesis 33, 35, 42, 157, 236, 246, 260, 275, 316, 415, 444
psychē 25, 32, 65–67, 69, 78f, 107, 113f, 161, 164, 230

Querelle des anciens et des modernes 94, 188, 341, 362

Rationalität 2f, 27, 60, 64, 66, 79, 85, 189, 246, 360, 379f, 387, 407, 413, 418, 452, 454, 471
Recht
  konventionelles - 228, 285
  Menschen- 314, 317, 321, 458
  Natur- 2, 48, 53, 93f, 104, 114, 116, 119, 120, 123, 189, 191, 195, 228, 258, 279, 358, 392, 395, 472
Regierung 57, 85, 116, 118, 121, 142, 169, 247, 300, 304f, 315–319, 321, 323, 326, 328, 330, 333, 451f, 459, 480f
Relativismus 16, 58, 61, 76, 103, 125, 222, 249, 362, 408, 410f, 486
Religion 20, 36, 61, 70f, 77, 80, 82–84, 92, 124–126, 133f, 154, 188, 233, 242, 245, 270, 320, 353, 375, 388, 422, 464
Repräsentation 78, 180–182, 247, 300, 306, 324, 334, 395, 436, 472
Republik 133, 143, 162, 176, 181–183, 311, 338, 350
Revolution 45, 62, 83, 130, 143, 158, 162, 165, 181f, 257f, 287, 341, 374f, 398, 405
Rezeptionsforschung 8, 10
Rhetorik 3, 24, 32, 38, 176, 196, 236, 238, 244, 248, 407, 414, 416f, 426, 429, 431, 459
Rom 6, 189, 192, 467

Scholastik 2, 18, 38, 202, 271, 381
scholē 76
Schöne, das 70, 235, 237
Schreibkunst 48, 93, 95, 97f, 100, 102, 113, 122–124, 128, 469
Seinsordnung 64, 66, 68, 87, 185, 225, 232, 235, 269, 365, 474, 478
sensus communis 138, 172, 176, 233, 236f

Sittlichkeit 5, 43, 112f, 170, 173–176, 203, 213, 236, 246, 249–252, 258, 267, 270, 276f, 281f, 285f, 288, 291, 314–316, 340, 342, 345, 354, 424, 470, 473, 476
Sklaverei 7, 78, 85, 107, 109, 114, 124–126, 141f, 144, 146, 148, 178, 180f, 286f, 318-320, 365f, 378, 390, 400, 434, 439, 445, 449, 452, 483
Sonnengleichnis 235
sophia 30f, 34f, 37, 41, 52, 75, 77, 80, 113, 187, 207f, 236f, 241, 264, 275, 300, 365, 471f
sophos 35, 37, 264
sophrosynē 114, 207, 399, 443, 472, 474
Sozialstaatlichkeit 322, 484
Spontaneität 50, 157, 160, 182, 453, 482
spoudaios 75f, 80–82, 85f, 88, 90, 185, 187, 228, 286, 412, 432, 439
Sprache 7f, 10, 22, 26, 33, 41, 45–47, 60, 73, 77, 82, 96, 106, 130, 145, 153, 155, 173, 189, 210, 217, 226, 229–235, 237, 240, 242, 248, 253, 260, 274, 293, 298, 301–304, 342, 352, 387, 419, 436, 445, 455, 460, 472f, 478f
sterēsis 22, 219
Stimmungen 32, 36, 73, 194
Stoa 90f, 357, 431, 446
Streben 36, 40, 56, 72, 108, 112, 116, 126, 142, 157–159, 171, 178, 182, 199, 213, 240, 248, 260, 316, 333, 342, 344, 370, 376, 379, 384, 389–391, 393, 395–397, 399, 415f, 423, 432, 441, 459, 465, 475, 477
Subjektivität 13, 23, 145, 152, 255, 257f, 262, 282f, 290f, 342, 344, 346, 470, 476
Sündenfall 303, 316
Sündhaftigkeit 303f, 312, 442f
Syllogismus
  prakischer - 35, 37, 42, 380, 385–387
  theoretischer - 386
sympheron 108, 154, 179, 206, 320f, 329, 339, 390
synderesis 120, 392, 471
synesis 169, 171f, 209, 211f, 241, 275, 471
syngnomē 413, 417, 471
synkrisis 320, 323f, 330, 334

technē 30f, 33–35, 40, 52, 68, 207f, 213, 219, 227, 261–267, 270, 272, 281, 283, 446, 452
  - *architektonikē* 266
  - *chromēnē* 266
  technitēs 33, 208
Teleologie 58, 142, 156, 164, 190, 219, 238, 241, 267, 303, 311f, 317, 343, 356, 362, 366, 369, 371–373, 381f, 410, 437, 445, 463, 469, 472, 478
telos 31–33, 35–37, 109, 151, 157, 160f, 163f, 219f, 240, 260f, 266, 275, 329, 363–366, 369–371, 373, 376, 382f, 385–387, 479
Terror 56, 134, 293, 312
thaumazein 35, 41, 73, 136f

theōria 18, 31, 34, 37, 39, 41, 70, 76, 104, 154, 160, 163, 185, 207, 210, 223, 234, 241, 259, 264, 270, 276, 300, 330, 344, 424f, 427, 453, 468f, 471
  theōrein 27–31, 34–36, 41, 43, 73, 163, 206, 221, 347, 424, 468
  theōros 234, 241
thymos 116, 158, 430
Topik 3, 189, 196, 382
Totalitarismus 2, 11, 54–56, 58, 84, 86, 89, 130, 132–134, 153, 167, 170, 173–175, 184, 187
Tradition 1, 4, 15–20, 24, 30, 48, 55, 58, 83f, 93–95, 100, 130, 132–136, 139f, 143, 156, 168, 170, 174, 176, 184, 187, 190–192, 199, 202, 221, 233–236, 238–239, 241, 244, 247f, 251f, 258, 272f, 279f, 290f, 296f, 299, 303, 313, 315, 324, 333, 336f, 342, 344, 347, 351, 353, 358, 361, 373– 376, 379–383, 388, 393f, 398, 460f, 473, 483
Traditionsbruch 132f, 135, 199, 245, 254, 341–343
Tragödie 224–226, 372, 405, 407f, 416–422, 426, 430, 471
Transformation 4, 12, 14, 30, 33, 71, 77, 82, 86, 90, 92, 95, 103, 114, 117, 121, 131, 133, 139, 143, 150f, 170, 177, 182f, 201, 209, 214, 220, 234, 258f, 268f, 289f, 308, 390, 406, 451, 468, 471, 485
Transzendenz 63f, 66–68, 72, 76f, 81, 84, 89, 144, 158, 186, 223, 423, 431f, 441
  -erfahrung 62, 65, 68, 70, 77, 86–88, 91, 472
Tugend 75, 77, 106, 108, 114, 127, 164, 174, 181, 185, 206, 212f, 240, 245, 249, 282–284, 286, 307, 330, 336, 339, 349, 351, 355, 357, 360, 362, 364, 366f, 370, 376–380, 387–389, 394, 399, 404, 410, 412, 421–423, 426, 428, 431, 437, 443f, 451, 465, 472, 474
  -ethik 239, 356, 359f, 362f, 365f, 374, 376, 380, 388, 463
  Kardinal- 157, 207, 377, 474
  theologische - 377, 474
Tüchtigkeit 115, 283, 285
tychē 238, 261, 410, 423, 452
  eutychia 423, 425
Tyrannis 58, 93, 108, 115, 127, 141, 247, 329, 332

Überlieferungsgeschehen 9, 202, 234, 238
Universalismus 16, 173, 338, 381
Unsterblichkeit 36, 42, 70, 76, 141, 143, 165, 299, 423
Urteilskraft 3, 10, 166f, 169, 170, 172–176, 180, 187, 227, 246
Utilitarismus 149, 376, 448

Verfassung 81f, 84f, 88, 117–119, 121, 161, 179, 182, 250, 286, 293, 296, 305, 308, 317, 324, 326, 329, 330–338, 340, 342, 352, 389f, 424, 447–449, 451, 453, 464, 474, 482
Vernunft
  menschliche - 66, 134, 264
  praktische - 113, 201, 226, 244, 248–250, 335, 380, 384, 412, 442
  reine - 23, 459
  theoretische - 3
Vertragstheorie 2, 195, 346
vita activa 132, 144, 146, 422
vita contemplativa 132, 144, 173, 422
Vorurteil 1, 8, 48, 96, 132, 136, 211, 243f, 252, 254, 298, 343, 374, 442, 447, 486

Wahrheit
  absolute - 16, 139f, 168, 185, 382, 384, 439, 472
  Aussagen- 24f, 28, 230, 436f
  - des Kunstwerks 216–222, 224f, 226–229, 407
  hermeneutische - 217, 233–238
  lebensspendende -
  Tatsachen- 167f
  Vernunft- 167f
Wahrnehmung 20, 22, 25, 34, 66, 68, 137f, 152, 167, 231, 318, 353, 383, 391, 415f, 436, 442f
Weimarer Republik 176, 184, 331
Weltbürgertum 357, 448, 457
Weltlichkeit 144, 148–150
Wertethik 15, 249
Wille 70, 126f, 131, 144, 157, 166, 213, 275f, 324, 396, 424
Wissenschaft 2, 3, 11, 19, 23, 44–46, 53, 55f, 58f, 61, 64f, 74, 80f, 83, 92, 94f, 99, 115, 118, 190–192, 194, 196, 203–206, 210, 223, 234, 238, 240, 242f, 245–247, 252, 256, 261, 264f, 268f, 272, 289, 290, 294f, 305f, 320, 342f, 364, 367, 383f, 408f, 437, 470, 478f
  politische - 11, 79, 98, 121, 279
  praktische - 191, 261
  theoretische - 265, 268, 289

Zeitkritik 11, 55, 201, 389, 393
Zensur 101, 294, 481
Zivilreligion 85, 464
zōon logon echon 26, 74, 153, 211, 229, 253, 303, 322, 354, 370, 371, 442
zōon politikon 41, 77, 87, 112, 153, 276, 295, 312–314, 317, 322, 354, 442, 475
Zufall 31, 162, 238, 410, 423–425, 433